서울대학교 기술과 법 센터
Center for Law & Technology

디자인보호법 주해

DESIGN PROTECTION ACT COMMENTARY

■ 정상조 · 설범식 · 김기영 · 백강진 공편 ■

博 英 社

머 리 말

애플이 삼성을 상대로 해서 디자인특허권의 침해를 주장하면서 유사이래 최대 규모의 소송을 제기한 것을 계기로 해서, 디자인특허권과 그에 상응하는 디자인권에 관한 우리의 관심과 연구 및 활용도가 급증하고 있다. 그러나, 미국의 디자인특허권은 1842년도에 글자꼴에 대한 최초의 등록이 이루어진 후, 미국 역사상 중요한 디자인들을 줄곧 보호해온 오랜 역사를 가지고 있다. 예컨대, 1879년에는 프랑스 조각가 Auguste Bartholdi가 뉴욕항구에 건립하게 될 "자유의 여신상(Statue of Liberty)"을 설계하고 그 디자인에 대한 디자인 특허권을 취득한 바 있고, 소형 자유의 여신상을 제작해서 1달러(오늘날 100달러 상당) 이상 기부한 기부자들에게 기념으로 제공함으로써 모금활동에 그 디자인특허권을 활용한 바 있다. 또한 코카콜라는 1915년에 허리부분이 잘록하고 세로방향의 줄무늬가 들어간 병모양에 대해서 디자인특허권을 취득한 바 있다.

이와 같이 미국의 디자인특허권은 170여 년 전부터 디자인보호에 활용되어 왔지만, 미국뿐만 아니라 전세계적으로 알려지고 많은 논란의 대상이 된 디자인 특허는 애플의 스마트폰 외형디자인 등에 관한 것이다. 삼성과 애플의 스마트폰을 비교해보면 전면의 시작버튼모양도 다르고 옆모양과 뒷모양도 다르지만, 애플이 등록한 디자인특허에서 청구한 실선모양의 디자인에 한정해서 보면 배심원들이 아주 유사하다고 결론을 내릴 수 있게 되어 있다. 우리에게는 생소하게 들리지만, 실선으로 표시된 디자인에 한정된 디자인 특허가 선행디자인과 동일하지 않고 유효하다는 것을 전제로 해서 그러한 실선표시 디자인과 거의 동일한 디자인에 대해서 특허권침해를 이유로 한 엄청난 규모의 손해배상액을 부과하게 된 것이다.

우리는 애플이 등록한 단순하기 짝이 없는 사각형 모양의 스마트폰 디자인에 무슨 신규성이 있는지 의아해 하지만, 미국에서는 애플 소송 이후 그와 같이 아주 단순한 디자인에 대한 특허등록이 급증하고 있다. 또한, 미국 오바마 대통령은 2012년 12월 18일 "산업디자인의 국제등록에 관한 헤이그협약(Hague Agreement Concerning International Registration of Industrial Designs)"의 시행을 위한 개정법에 서명함으로써 디자인특허의 국제출원을 활성화한 바 있다.

우리도 뒤늦게나마 디자인보호에 관한 관심과 연구를 많이 하게 되어서 천만다행이다. 애플의 특허소송에서도 디자인특허 내지 디자인권의 중요성을 새삼 깨닫게 되었지만, 최근 국토교통부가 수입자동차의 대체부품인증제도를 도입하기 위해서 자동차관리법을 개정하게 되자 외국자동차회사들이 자사 부품들에 대한 디자인권등록을 하고 대체부품의 생산 및 판매를 저지하려고 하는 움직임에서 또 다시 디자인권의 중요성을 실감하고 있다. 디자인권은 중요한 지식재산일뿐만 아니라 관련 시장에서의 경쟁질서에 곧바로 영향을 미치는 중요한 변수가 되고 있는 현실을 직접 보게 된 것이다. 이에 국내외에서 디자인특허제도 또는 디자인보호제도에 대체부품의 예외를 인정하기 위한 입법론이 다양하게 제기되고 있다.

우리나라 디자인보호법이 전부개정되고 디자인 제도에 관한 실무와 학계의 관심이 높아진 시점에서, 디자인보호법 주해서를 출판하게 된 것이 무척 기쁘고 자랑스러운 일이 아닐 수 없다. 본래 서울대학교 기술과법센터는 저작권법 주해, 특허법 주해에 이어서 상표법 주해를 출판하기 위해서 준비해왔지만, 상표법 개정작업이 현재 진행중이어서 우선 디자인보호법 주해를 먼저 출판하게 되었다. 우리나라 디자인등록행정과 소송실무 그리고 기업실무에 디자인보호법 주해가 시의적절하게 좋은 안내 겸 출발점이 되어줄 수 있게 될 것으로 기대된다.

디자인보호법 주해 완성에는 특허행정과 법원실무가 잘 반영될 수 있도록 특허청에서 심사관 등 7분의 전문가 그리고 법원에서 판사 21분이 집필자로 참여했다. 다만 학계에서는 2명 밖에 참여하지 못하게 된 것이 조금 아쉽게 생각된다. 편집대표로서 집필자 여러분의 집필 노력과 열정에 감사드린다. 마지막으로 수많은 주해서 원고를 모두 기획하고 검토해준 설범식, 김기영, 백강진 세 분 편집위원께 감사드린다.

2015년 9월 30일
편집대표
정 상 조

축　사

　　우리 디자인보호법의 밝은 미래를 위한 여정에 획기적인 이정표가 될 디자인보호법 주해서의 발간을 진심으로 축하합니다.

　　최근의 산업 및 기술의 눈부신 발전과 더불어 디자인 보호의 중요성이 점차 커지고 있습니다. 수요자들의 취향이 종전과는 비교되지 않을 정도로 다양하면서도 세련된 형태로 나타나고 있고, 기술격차가 좁혀진 분야에서는 디자인의 차별성이 가장 중요한 경쟁력의 원천이 되고 있습니다. 또 종전에는 예상하지 못하였던 새로운 형태의 창작물에 대해서 디자인을 중심으로 보호하여야 한다는 요청도 늘어나고 있습니다.

　　반면 디자인은 비교적 모방이 쉽고 그 수명도 짧아서 유효적절하면서도 강력한 보호장치가 반드시 필요합니다. 특히 국제적으로 시장이 통합되어 가는 상황에서 우리나라의 기업들은 앞으로 한류로 대표되는 다양한 문화 콘텐츠에 강점을 보일 것으로 예상되므로, 그에 대해 국제적으로 통용되는 보호수단의 마련 또한 절실히 필요한 상황입니다.

　　그런데 이러한 요구사항을 만족하는 보호수단으로서 우리 디자인보호법의 규정들이 적절하게 구성되었고, 현실에서도 그 역할을 다하고 있는지에 대해서는 이제까지의 연구와 검토가 충분하지 못했던 측면이 있었던 것도 사실입니다. 그리고 지식재산권의 다른 분야에 비해 디자인보호법에 대해서는 개설서도 몇 권 없는 상황이다 보니 망라적이고 체계적이며 수준 높은 주해서의 발간에 대해 학계 및 실무계로부터 많은 갈망이 있어 왔습니다.

　　이에 부응하여 우리나라의 학계와 실무계의 대표적인 연구자들이 한뜻으로 모여 디자인보호법 주해서를 발간한다고 하는 소식을 접하니 마치 가뭄의 단비와 같이 기쁜 일이라 아니할 수 없습니다.

　　디자인보호법에 대한 이러한 주해서의 발간은 우리 사법 역사상 최초로 이루어지는 작업입니다. 더욱이 그 집필자들의 면면을 보면 각계의 최고의 권위 있는 전문가들로 구성되어 있을 뿐 아니라, 해당 조문별로 가장 전문성이 있는 집필자가 배치되어 있으므로 앞으로 이 주해서는 입문자로부터 전문가에 이르기까지 우리 디자인보호법에 관심 있는 모든 분에게 큰 도움이 되는 필독서로 자리매김하리라 확신합니다.

　　나아가 이 주해서가 이루어 낸 현재의 성과물에 만족하는 데 그칠 것이 아니라, 이를 바탕으로 지속적인 추가 연구와 논의가 활발하게 이루어짐으로써 우리 디자인보호체계에 대하여 국제적 공감대를 얻을 수 있는 합리적인 이론을 정립하고, 이를 통하여 관련 산업의 전 방위적 발전 및 이용자들의 편익 향상에도 획기적인 전기가 마련되기를 기대합니다.

　　우리나라의 제반 산업이 보다 글로벌한 견지에서 발전해 나가기 위해서는 합리적인 권리보호체계의 수립이 필수 전제 요건입니다. 기존 법체계에 대한 상세한 주해서의 발간은 이러한 합리적 권리보호체계 수립 작업을 위한 주춧돌의 역할을 할 것입니다. 디자인보호법 주해서 발간의 모범적 사례가 앞으로 다른 지식재산권법 분야에도 널리 전파되기를 바라마지 않습니다.

　　마지막으로 이 주해서의 발간을 위해 애쓰신 정상조 교수님을 비롯한 여러 분들에게 깊은 감사의 말씀을 드리며, 다시 한 번 디자인보호법 주해서의 발간을 축하합니다.

2015년 9월 30일

방송통신위원회 위원장 최 성 준

디자인보호법 주해 편저자

정상조(서울대학교 법학전문대학원 교수)
설범식(서울고등법원 부장판사 겸 대법원장 비서실장)
김기영(서울중앙지방법원 부장판사)
백강진(유엔 캄보디아 특별재판소 재판관)

디자인보호법 주해 집필자 명단

고재홍(특허청 특허심판원 심판관)
곽부규(특허법원 판사)
김기영(서울중앙지방법원 부장판사)
김 신(수원지방법원 판사)
김용덕(대전지방법원 부장판사)
김지훈(특허청 디자인심사정책과 사무관)
김창권(대법원 재판연구관)
김태현(대구고등법원 고법판사)
박성용(특허청 등록과 행정사무관)
박원규(의정부지방법원 부장판사)
박정훈(전주지방법원 정읍지원 판사)
박태일(대법원 재판연구관)
백강진(유엔 캄보디아 특별재판소 재판관)
설범식(서울고등법원 부장판사 겸 대법원장 비서실장)
손영식(특허청 특허심판원 심판장)
손천우(특허법원 판사)

염호준(광주지방법원 부장판사)

우라옥(서울중앙지방법원 부장판사)

유영선(서울고등법원 고법판사)

윤주탁(특허법원 판사)

윤태식(서울북부지방법원 부장판사)

이다우(서울중앙지방법원 판사)

장낙원(전주지방법원 남원지원장)

전호범(세계지식재산기구 국제디자인출원 심사관 겸 특허청 서기관)

정상조(서울대학교 법학전문대학원 교수)

정태호(원광대학교 법학전문대학원 교수)

정택수(대법원 재판연구관)

조준형(특허청 디자인심사과 사무관)

최종선(특허법원 판사)

홍정표(국민대학교 교수)

(이상, 가나다 순)

차 례

제1장 총 칙

제 2 장　 디자인등록요건 및 디자인등록출원

제 3 장 심　　사

제 4 장　등록료 및 디자인등록 등

제 5 장　디자인권

제 6 장   디자인권자의 보호

제 7 장 심   판

제 8 장　재심 및 소송

제 9 장 「산업디자인의 국제등록에 관한 헤이그협정」에 따른 국제출원

제 1 절 특허청을 통한 국제출원

제 2 절 국제디자인등록출원

제10장 보   칙

xvi   차   례

제1장
총 칙

> **제 1 조(목적)**
> 이 법은 디자인의 보호와 이용을 도모함으로써 디자인의 창작을 장려하여 산업발전에 이바지함을 목적으로 한다.

Ⅰ. 서 론

1. 제1조 개관

디자인보호법 제1조는 "디자인의 보호와 이용을 도모함으로써 디자인의 창작을 장려하여 산업발전에 이바지함"을 목적으로 한다고 규정하고 있다. 디자인보호법은 디자인의 보호 및 이용활성화라고 하는 중간목적 또는 수단을 통해서 산업발전이라고 하는 최종목적을 달성하고자 하고 있다. 디자인보호법 제1조는 디자인의 창작을 장려함으로써 산업발전에 기여한다고 하는 법목적을 규정함으로써, 디자인의 창작과 산업의 발전의 상호인과관계를 명확히 하고 있다. 다시 말해서, 디자인보호법은 산업의 발전이라고 하는 궁극의 법목적이 디자인의 창작을 장려함으로써 달성될 수 있음을 명확히 함과 동시에, 디자인의 창작을 장려하기 위해서는 창작자에게 디자인권의 부여 내지 디자인의 법적 보호라고 하는 법적 수단을 효율적으로 운영함으로써 가능하다고 하는 것을 확인해주고 있는 것이다. 그러나, 산업의 발전 및 디자인 창작의 장려라고 하는 법목적이 어떻게 디자인의 보호와 그 이용에 의해서 달성될 수 있는지,[1] 그리고 그러한 목적과 수단을 현실화하기 위해서 디자인보호법이 마련한 구체적인 법규정은 무엇이며,[2] 디자인의 보호·장려와 그 이용의 활성화가 서로 모순되거나 충돌되는 경우에는 어떻게 할 것인지[3] 등이 어려운 해석론 또는 입법론상의 문제로 제기된다.

2. 헌법적 근거

헌법은 디자인보호법을 비롯한 우리나라의 모든 법률이 추구해야 할 근본적인 가치와 질서를 규정하고 있다. 바꿔 말하자면, 디자인보호법은 우리의 헌법적 가치와 질서 가운데 일부를 반영 내지 실현하는 것이고, 디자인보호법의 목적도 그러한 헌법적 가치와 질서를 반영 내지 실현하는 것으로 해석될 수 있다. 국내에서는 디자인보호법의 역사가 일천해서 그러한 논의가 심각하게 제기된 바 없지만, 우리 헌법은 디자인보호법을 비롯한 지식재산권법 제정의 근거가 되는 명시적인 규정을 두고 있다. 대한민국헌법 제22조는 국가의 간섭을 받지 아니하고 학문과 예술의 자유를 누릴 수 있다고 하는 소극적 의미의 기본권 뿐만 아니라, 저작자·발명가·과학기술자와 예술가의 권리를 법률로써 보호한다고 규정함으로써 학문과 예술의 발전을 도모하기 위한 보다 적극적인 내용의 기본권도 부여하고 있다.[4] 따라서, 디자인을 창작한 사람은 저작자·발명가·과학기술자, 또는 예술가로서 법률에 의해서 자신의 권리를 보호받을 수 있는 기본권을 가지고 있다. 디자인보호법은 바로 그러한 헌법상 학문과 예술에 관한 기본권을 보장하기 위한 법률인 것이다.

헌법 제22조가 디자인보호법의 헌법적 근거를 제시해 준다는 점에서는 의미가 있지만, 왜 디자인보호법이 필요한 것인지, 다시 말해서 왜 저작자·발명가·과학기술자와 예술가의 권리를 법률로 보호해주어야 하는지에 대해서는 아무런 언급을 하지 않고 있다. 미국연방헌법이 "과학과 예술의 발전을 촉진"하기 위해서 저작자와 발명가에게 일정 기간동안 배타적 권리를 부여하는 법률을 제

---

1) 후술하는 디자인제도의 기원과 이념에서 볼 수 있듯이 구체적인 디자인보호방법 내지 수준에 대해서는 초기부터 많은 논란이 있어 왔다.
2) 후술 Ⅲ. 1. 디자인의 보호와 창작의 장려에 관한 해설 참조.
3) 후술 Ⅲ. 2. 디자인의 이용과 산업의 발전에 관한 해설 참조.
4) 정상조, 지적재산권법, 홍문사(2013), 35.

정하는 권한을 연방의회에 부여한 것과[5] 대조된다. 우리 헌법이 재산권의 보호를 규정한 제23조와는 별도로, 제22조에서 저작자와 예술가 등의 권리를 규정하고 있어서, 디자인권의 보호가 일반 재산권의 보호와는 상이한 목적을 위해서 규정된 것이 아닌가 하는 막연한 추측을 할 수 있게 해줄 뿐이다. 다시 말해서, 디자인 창작자의 권리를 보호해야 한다고 하는 헌법규정이 재산권보장에 관한 규정과는 상이한 근거와 원리에 입각하고 있음을 암시하고 있다. 디자인권도 재산권의 일종으로 헌법 제23조에 의하여 보장되지만, 헌법 제22조 제2항에서 지식재산권을 보장하는 별도의 규정을 둔 취지는 디자인을 비롯한 지식재산에 관한 별도의 헌법적 가치와 질서를 강조하려는 것으로 이해된다.[6]

헌법 제22조가 학문과 예술에 관한 기본권을 규정한 데 이어서 디자인권을 비롯한 지식재산의 보호에 관한 별도의 근거규정을 둠으로써 헌법이 추구하고자 하는 가치와 질서는 무엇인가? 디자인 등 지식재산의 창작과 유통이 지식집약적 사회에서 가장 중요한 경제활동임을 고려해보면, 헌법 제22조의 디자인보호도 창의성의 촉진 및 과학기술의 혁신을 위한 것이라고 해석할 수 있다. 이러한 해석은 미국헌법규정과 비교하더라도 유추해볼 수 있지만, 동시에 대한민국에서 경제활동의 창의를 보호하는 헌법 제119조 및 과학기술의 혁신을 통한 국민경제의 발전에 관한 헌법 제127조와 조화를 이룰 수 있는 해석론이라고 볼 수 있다. 이와 같이 헌법 제22조가 추구하는 구체적 가치와 질서를 헌법 제119조 및 제127조와의 조화 속에서 확인해볼 수 있다면, 디자인보호법의 입법 및 해석과 운용은 경제활동의 창의를 보호하는 헌법 제119조 및 국민경제의 발전에 관한 헌법 제127조의 취지에 반하지 않는 한도에서만 유효한 것이다.

3. 서술순서

디자인보호법 제1조는 디자인보호법의 첫 번째 조항에 해당되기 때문에 디자인보호법 주해의 도입부분에 해당되는 제1조 주해에서는 디자인제도의 기원과 이념 그리고 우리나라 디자인제도의 연혁에 대해서 살펴본다. 디자인보호법의 목적은 디자인제도의 근본취지가 무엇인가에 관한 철학과 시각을 토대로 하고 있고 동시에 다른 지식재산권과 구별되는 특징을 반영하고 있는 것이다. 따

---

5) Congress shall have power to promote the progress of science and the useful arts, by se-curing for limited times, to authors and inventors, the exclusive right to their respective writings and discoveries: US Constitution Art. I, Sec. 8, cl. 8.
6) 헌법재판소 2000. 11. 30. 99헌마624 결정.

라서 디자인제도의 본질과 다양한 지식재산권 속에서의 디자인권의 지위에 관
해서도 검토해본다.

   디자인보호법의 목적을 규정하고 있는 디자인보호법 제1조는 그 제2조 이
하의 법조문을 해석하는 데 있어서 항상 염두에 두어야 할 중요한 규정에 해당
된다. 우선 디자인보호법의 목적으로 제시되고 있는 "디자인의 보호와 장려"를
위한 디자인보호법 규정이 무엇인지 그리고 그러한 목적을 위한 해석론이 무엇
인지 검토해본다. 마지막으로, 디자인보호법의 목적에 제시되어 있는 "디자인의
이용"이 구체적으로 어떻게 구현되고 있는지 그리고 디자인의 보호와 장려를
위한 규정과 모순 내지 충돌되는 측면은 없는지에 대해서도 관련된 규정을 중
심으로 검토해본다.

   디자인보호제도는 나라마다 상당히 다르지만 동시에 국제적인 수준의 보호
가 절실히 요구되고 있다. 따라서, 제1조에 관한 주해는 마지막 부분에 보론의
형식으로 디자인보호에 관한 외국입법례 및 관련 국제협약에 대해서도 소개하
도록 한다.

Ⅱ. 디자인제도 일반론

1. 디자인제도의 기원

   특허제도나 저작권제도에 비해서 디자인제도는 뒤늦게 탄생해서 현재까지
도 그 변화가 진행 중인 제도라고 볼 수 있다. 특허제도는 동업자조합이나 장인
길드(Guilds)와 같이 일종의 계약에 의해서 보호되기 시작해서, 상공업에 관한
중앙집권화와 더불어 왕이 세금징수와 특권부여를 통해서 국내외 기술자를 보
호하던 시대를 거쳐서, 엄격하게 법률의 규정에 의해 일정한 배타적 권리를 부
여하기 시작한 영국의 1623년 독점법(Statute of Monopolies)에서 근대적인 모습을
찾아볼 수 있다.[7] 저작권의 경우에도 보통법상 계약과 불법행위에 관한 느슨한
형태의 권리로부터 시작해서, '학문을 장려(encouragement of learning)'함을 목적으
로 출판권을 보호하기 위해서 제정된 영국의 1710년 앤여왕법(Statute of Anne)[8]

---

7) William R. Cornish, *Intellectual Property: Patents, Copyrights, Trademarks & Allied Rights*, Sweet & Maxwell(2013), 185.

8) Anne, ch. 19(1710)은 "An Act for the Encouragement of Learning, by Vesting the Copies of Printed Books in the Authors or Purchasers of such Copies, during the Times therein mentioned"라고 하는 다소 긴 명칭으로 명명되어 있다.

으로부터 근대적인 모습의 저작권제도가 탄생되었다.

이에 반해서 디자인제도는 18세기 후반이 되어서야 탄생하게 된다. 그 당시 유럽에서 왕성하게 발전하고 있던 직물산업에서의 디자인을 보호하기 위해서 디자인제도가 탄생한 이후 단순한 장식적 작품뿐만 아니라 기능적 작품까지도 보호하는 데까지 그 보호범위가 확대되어 왔다.9) 예컨대, 영국은 1787년에 면직물과 마직물 등 직물에 권리자의 성명을 표시하는 한 그 디자인의 공표 시로부터 2개월의 단기간에 걸친 저작권보호를 부여하기 시작했고,10) 1794년에는 그 보호기간을 3개월로 연장했으며, 1839년에는 그 보호대상을 모직, 견직, 기타 혼합직물의 디자인과 모든 제품의 장식적 디자인의 모양과 형태로까지 확대했고,11) 1843년에는 자전거 스프링이나 깡통디자인과 같은 기능적 측면을 포함한 디자인까지 보호범위를 확대했다.12)

영국의 디자인제도는 그 보호범위뿐만 아니라 그 보호방법에 있어서도 커다란 변화를 겪어 왔다. 1839년부터 디자인보호는 저작권보호와 달리 반드시 공표 전에 등록을 해야 보호를 받을 수 있는 산업재산권제도로 바뀌게 되었고,13) 1843년에는 그 등록부가 산업부에서 특허청으로 이관되어 특허등록과 마찬가지로 운영되기 시작했으며,14) 20세기 후반에 이르러서는 특허권 및 저작권과의 조화를 위한 상당한 제도변화를 경험하게 된다.15)

다른 선진국의 경우를 보더라도 디자인제도는 비교적 뒤늦게 그리고 아주 다양한 모습으로 나타나게 된다. 프랑스는 18세기 말에 "지식재산권과 예술저작권"을 보호하는 일반조항에 의해서 디자인을 보호하기 시작했지만,16) 등록디자

---

9) 유럽연합은 디자인에 관한 지침과 규칙을 정해서 기능적 디자인을 일정한 범위에서 보호하되 불합리한 경쟁제한의 무기가 되지 않도록 하기 위한 노력을 기울이고 있다. 다시 말해서, 일정한 기술적 기능을 수행하기 위한 목적으로만 도안된 디자인은 보호대상에서 제외되는 것이 원칙이지만 동일한 기능을 수행할 수 있는 다른 대체적 디자인이 존재한다면 기능적 디자인도 보호받을 수 있다고 하는 해석론이 회원국에서 그대로 통용되는 것으로 이해된다. Opinion of Advocate-General RUIZ-JARABO COLOMER of European Court of Justice (AGO) of 23.1.2001, C-299/99, [2001] RPC. 38, 745. 자동차 부품처럼 일정한 제품에서만 사용될 수 있도록 도안된 제품의 디자인도 등록될 수는 있지만 당해 제품의 수리를 위한 용도로 당해 부품을 사용하는 것은 디자인권의 침해로 되지 않는다.

10) Designing & Printing of Linen Act of 1787.

11) Copyright and Design Act of 1839.

12) Design Act of 1843.

13) Copyright and Design Act of 1839.

14) Design Act of 1843.

15) Copyright, Designs and Patents Act of 1988.

16) Art. 1382, French Civil Code of 1793: Giorgio Bernini, "Protection of Designs: United

인제도는 1909년 디자인법의 제정에 의해 비로소 시작된 것으로 보인다. 미국은 1842년에 특허법을 개정함으로써 비로소 신규성을 갖춘 디자인에 대한 디자인특허제도를 도입하게 되었고, 독일은 1876년에 디자인보호법을 제정함으로써 등록디자인제도를 도입하게 되었다.17)

디자인제도의 탄생도 나라마다 다양한 모습으로 보여주고 있지만, 자국의 디자인제도가 과연 효율적인 법제도인지에 대한 논란과 고민도 다양한 모습으로 나타나게 된다. 예컨대, 미국의 경우에 1929년 주가폭락과 함께 대공황이 시작되자 유명패션디자인을 모방해서 저렴하게 판매하는 모방의류가 범람하게 되었지만, 저작권은 아무런 도움이 되지 않는다는 것을 확인한 패션의류업자들은 1932년 동업자조합(Guild)을 구성해서 모방의류를 판매하는 점포에 대해서는 의류공급을 거절하기로 합의하고 조합 스스로 등록부를 만들어 새로운 패션의류를 등록해서 스스로 보호하는 조직적인 노력을 시도한 바 있다.18) 또한, 유럽연합의 경우에는 디자인보호에 관한 지침19)과 규칙20)을 마련하면서, 등록디자인권과 디자인저작권의 단점을 보완하기 위해서 기존의 등록디자인 제도 이외에 등록 없이도 공표된 날로부터 3년이라고 하는 제한된 기간 동안 디자인에 대해서 저작권에 유사한 보호를 해주는 무등록디자인제도를 추가로 도입한 바 있다.21)

2. 우리 디자인제도의 연혁

1945년 해방이후 미군정청은 조선정부 광공국(鑛工局)에 소위 특허원(特許院)을 설립하여 특허, 상표, 디자인, 실용신안 및 저작권에 관한 모든 업무를 관장하도록 하였고, 특허원으로 하여금 1946년에 특허법을 제정토록 하였다.22) 이렇게 해서 제정된 1946년 특허법을 1951년 대한민국 국회가 그대로 수용하여 우리나라의 특허법으로 제정되었다. 우리나라 최초의 특허법은 미국 특허법의 영향을 많이 받을 수밖에 없었기 때문에, 특허권의 존속기간도 17년으로 규정되

States and French Law," *The American Journal of Comparative Law*, Vol. 1, No. 1/2 (Winter 1952), 133에서 재인용.

17) Gesetz betreffend das Urheberrecht an Mustern und Modellen.

18) 주요 대형 패션의류업자들이 동참한 동업자조합은 패션디자인의 보호에 상당한 성공을 거두게 되지만 후일 독점규제법 위반의 혐의를 받게 된다: Rochelle Cooper Dreyfuss and Jane C. Ginsburg, *Intellectual Property at the Edge*, Cambridge University Press(2014), 162.

19) Directive 98/71/EC of 13 October 1998 on the Legal Protection of Designs.

20) Council Regulation (EC) No 6/2002 of 12 December 2001 on Community Designs.

21) Article 11 of Council Regulation (EC) No 6/2002.

22) 군정법령(軍政法令) 제91호.

었고 무엇보다도 발명특허 뿐만 아니라 미장특허(design patent)까지도 함께 규정하고 있었다.[23) 특허법은 발명특허뿐만 아니라 디자인 즉 미장에 관한 사항도 함께 혼합규정하고 있어 법체제상 불합리할 뿐만 아니라 모순되거나 불분명한 규정이 많다고 판단되었다. 따라서 그 가운데 의장에 관한 사항만을 따로 떼어 내서 1961년 의장법을 제정하게 되었다.[24)

이와 같이 해방이후 식민지법은 사라지고 우리 스스로 특허법 및 의장법을 제정해서 운용해 왔지만, 정부나 기업 또는 개인 모두 선진 외국의 기술과 디자인을 모방 내지 수입하는 데 더 많은 관심을 가지고 있었고 우리 기술과 디자인에 대한 법적 보호의 중요성을 인식하지 못했다. 디자인을 포함한 지식재산제도는 1980년 후반에 이르러서 본격적으로 강화되고 그 등록 및 분쟁이 크게 증가하게 되었고, 그 후 디자인보호제도는 그 보호대상의 확대 및 존속기간의 연장 그리고 권리보호의 강화라고 하는 일관된 방향으로 상당한 변화를 겪게 된다.

예컨대, 1998년에는 의장무심사등록제도를 도입하게 되었는데, 이는 유행성이 강한 품목의 의장에 대하여는 당해 의장등록출원이 출원방식에 적합한지와 출원된 의장이 선량한 풍속을 문란하게 할 우려가 있는지 등 형식적이고 기초적인 사항만을 심사하여 의장등록하는 제도이다.[25) 또한, 2001년에는 의장의 보호범위를 확대하는 국제추세에 부응하여 부분의장제도를 도입했는데, 이는 물품 전체에 대한 의장등록을 허용하던 종전제도와 달리 물품의 일부분에 대하여도 의장등록을 할 수 있도록 함으로써 부분의장에 대한 창작적 가치를 보호하기 위한 제도였다.[26) 이러한 보호대상의 확대에 따라서, 컴퓨터와 스마트폰 등 정보기기의 영상표시부에 표현된 화면디자인도 보호하게 되었다.

2005년에는 의장법이 디자인보호법에 의해서 대체되었다. 이는 법령에 대한 국민의 기본적인 이해도를 제고하고 디자인의 창작이 장려될 수 있도록 하기 위하여 종전의 의장이라는 용어를 국민에게 친숙한 디자인으로 변경하게 된 것이다.[27) 2005년에 제정된 디자인보호법은 단순히 용어만 변경하는 것에 그치

---

23) 법률 제238호(1952.4.13. 일부개정) 특허법 제21조는 "물품의 형상, 모양, 색채 혹은 기 결합에 관하여 신규하고 장식적인 미장을 고안한 자는 기 미장에 대하여 미장 특허를 수 득할 수 있음"을 규정하고 있다.
24) 법률 제951호(1961.12.31. 제정, 1961.12.31. 시행).
25) 법률 제5354호(1997.8.22. 일부개정, 1998.3.1. 시행).
26) 법률 제6413호(2001.2.3. 일부개정, 2001.7.1. 시행).
27) 법률 제7289호(2004.12.31. 일부개정, 2005.7.1. 시행).

지 않고, 그 보호대상을 더 확대해서 드디어 글자체를 디자인의 범위에 포함시
키게 되었다. 그리고 최근에는 디자인권의 존속기간을 연장하고 국제출원 및 국
제디자인등록출원절차를 도입하게 되었다. 디자인권의 존속기간에 관해서는
「산업디자인의 국제등록에 관한 헤이그협정」과의 조화를 도모하고 국제추세를
반영하기 위하여, 설정등록일부터 15년까지인 디자인권의 존속기간을 설정등록
일부터 디자인등록출원일 후 20년이 되는 날까지로 연장하게 되었다.[28] 또한
동 협정에 따른 국제출원 및 국제디자인등록출원절차에 관한 명문의 규정을 두
게 되었다.

3. 디자인제도의 이념

디자인제도의 이념을 무엇으로 보느냐에 따라 디자인보호법의 해석과 운용
은 크게 달라질 수 있다. 한편으로, 육체적 노동을 한 자가 천부적 인권으로서
그 생산물에 대한 소유권을 취득하는 것과 마찬가지로, 새로운 디자인을 창작한
자가 당연한 사회적 보상으로 디자인권을 취득하는 것이라고 보는 견해가 있다.
이러한 자연권설 또는 보상설은 일응 타당한 견해인 것 같으나, 디자인제도의
실제를 자세히 들여다보면 반드시 그렇지는 않다는 것을 쉽게 발견할 수 있다.
예컨대, 디자인권은 최초로 디자인한 자에게 부여되는 것이 아니라 자신의 디자
인을 최초로 출원한 자에게 부여될 뿐이므로 양자가 항상 일치하는 것은 아니
다. 또한, 디자인권의 효력은 디자인권자의 허락 없이 디자인을 무단으로 이용
한 자에 대해서 뿐만 아니라 등록디자인과 동일한 디자인을 독자적으로 개발해
서 사용한 자에게도 적용된다는 점에서 보상설이 딱 들어맞지는 않는다. 자연권
설이나 보상설은 디자인제도에 대한 정확한 설명이라기보다는 디자인제도에 의
해서 디자인권자에게 결과적으로 부여되는 개인적 이익에 대한 재산법적 설명
에 불과한 것이라고 보인다.[29]

보상의 근거 또는 이유를 분명히 이해할 때 비로소 디자인제도의 본질과
취지를 정확히 하고 효율적인 해석론을 도출해낼 수 있을 것이다. 보상의 궁극
적인 이유는 우리 디자인보호법 제1조가 규정하고 있는 바와 같이 디자인의 창
작을 장려함으로써 산업의 발전을 도모하기 위한 것이다. 다시 말해서, 디자인

---

28) 법률 제11848호(2013.5.28. 전부개정, 2014.7.1. 시행).
29) William R. Cornish, *Intellectual Property: Patents, Copyrights, Trademarks & Allied
   Rights*, Sweet & Maxwell(1989), 79.

제도는 디자인권이라고 하는 보상 또는 배타적 지위를 부여함으로써 보다 많은 디자인의 창작을 유인·장려하고, 종국적으로는 산업의 발전 그리고 나아가서 전체적으로 경제의 발전을 도모하기 위한 인센티브를 제공하는 법제도인 것이다. 디자인제도가 존재하지 않는 시대나 사회에서는 디자인 활동은 비밀로 유지될 수 있는 성질의 디자인에만 집중될 것이고 대부분의 인적자원이 비밀유지 또는 타인 디자인의 모방에 투입될 것이기 때문에 인적자원은 극히 비효율적으로 배분되는 결과가 초래될 것이다.[30] 따라서, 디자인제도는 디자인 창작을 유도하는 경제적 인센티브가 되어서 인적자원의 효율적 배분을 가능하게 해주는 법제도라고도 볼 수 있다.[31]

    디자인제도의 이념이 디자인권이라고 하는 인센티브를 제공함으로써 보다 새로운 디자인의 창작을 유인·장려하고 산업과 경제의 발전에 기여하는 것이지만, 현실적으로 그러한 인센티브가 효율적으로 기능해서 그 제도상 목적을 달성하고 있는지 여부를 확인 내지 평가해보기는 어렵다. 가장 효율적으로 디자인과 창작을 유인·장려하기 위해서 일정한 제도적 뒷받침이 있어야 한다는 데에는 이의가 없으나, 그러한 유인·장려가 디자인제도에 의해서 이루어져야 하는 것인지 또는 국가로부터의 연구비지원 및 조세혜택 등 다른 제도에 의해서도 달성될 수 있는 것인지에 대해서 상당한 논란이 있을 수 있다. 또한, 디자이너 가운데 상당수는 디자인권이라고 하는 인센티브보다는 순수한 성취동기 또는 명예감을 더 중시하고 있다.

    다양한 이론적 논쟁에도 불구하고, 산업현장을 보면 예컨대 애플컴퓨터가 스마트폰을 개발하고 시판하기 직전에 그 디자인을 특허청에 등록하고 경쟁업체인 삼성을 상대로 소송을 제기한 것처럼, 디자인개발에 많은 자본과 시간을 투입한 기업으로서는 디자인에 대한 법적 보호 즉 디자인제도를 필요로 한다는 점을 부인할 수 없다. 또한 벤처 캐피털(venture capital)과 같이 디자인에 대한 투자회수 및 상당한 수익창출을 기대하고 있는 경우에는, 디자인제도와 같은 인센티브가 절실히 필요하고 그러한 디자인제도가 디자인에 대한 투자와 디자인 창작을 촉진하고 있음을 부인할 수 없다. 따라서 디자인제도만이 유일한 디자인의 유인·장려 방법이라고 할 수는 없지만, 디자인제도가 효율적인 방법으로 자유

---

30) 디자인제도가 존재하지 않던 조선시대부터 그 중요성이 인정되지 않던 1970년대까지 우리나라에서도 비밀유지 내지 기술모방에 인적자원이 집중되어 왔음을 부인할 수 없다.

31) Richard A. Posner, *Economic Analysis of Law (2d ed.)*, Little, Brown and Company(1977), 54.

경쟁시장에서의 투자회수를 기대하고 있는 대부분의 기업들에게 필수불가결한
디자인촉진 및 산업발전을 위한 법제도인 것이다.[32] 다만, 디자인제도의 그러한
이념을 실현하기 위한 가장 효율적인 방법과 수단이 무엇인가에 대해서는 많은
논란이 있고, 아래에서 보는 바와 같이 그 구체적인 방법에 있어서는 나라마다
다양한 방법을 채택하고 있는 것을 알 수 있다.

4. 디자인과 지식재산권

　디자인제도의 기원에서 살펴본 바와 같이, 디자인제도는 그 탄생초기부터
구체적인 보호방법을 둘러싸고 많은 논의가 있어왔고 나라마다 다양한 모습으
로 발전해왔다. 다시 말해서 다양한 지식재산권 보호방법 가운데 디자인을 어떠
한 유형의 지식재산권으로 보호할 것인지의 문제는 초기부터 어려운 문제였고
현재까지도 그 효율적인 방안을 찾고 있는 현재진행형의 과제인 것이다. 예컨
대, 저작권처럼 창작과 동시에 일정한 배타적 권리를 부여해서 보호할 것인지
아니면 특허권처럼 일정한 심사절차를 거쳐서 등록된 디자인에 대해서만 권리를
부여할 것인지 논의되어 왔다. 역사적으로 보면, 저작권에 의한 디자인보호의 대
상과 등록디자인권의 보호대상을 엄격히 구별하려고 하는 시도가 있었지만,[33]
‘일정한 요건을 갖추기만 한다면’ 두 가지 제도에 의한 중첩보호를 허용하지 못
할 이유가 없다고 하는 경향이 대세를 이루게 되었다.[34] 그럼에도 불구하고 일
정한 유형의 디자인은 여전히 저작물에 해당된다고 보기 어려운 경우가 엄연히
존재하고 있고, 디자인은 급속히 변하는 유행에 대응해야 하기 때문에 상당한 시
간을 필요로 하는 심사 및 등록절차를 기다리는 것조차 부적절한 경우도 있다.
　본래 지식재산권 가운데 발명이나 상표 등에 대한 권리와 같이 공업을 비
롯한 산업에서 중요한 기능을 수행하는 권리라는 의미의 공업재산권 또는 산업
재산권(industrial property right)이 있는가 하면, 창작적 표현물에 대한 저작자의
권리(author's rights) 또는 저작권(copyright)과 같이 소설이나 음악 또는 미술 등의
문화예술의 발전에 중요한 권리도 있는 것으로 이해되어 왔다. 그러나 과학기술
과 문화예술이 융합되고 있는 현실을 감안해보면,[35] 지식재산권의 전통적인 분

---

32) 정상조(주 4), 14.
33) 우리나라에서 뿐만 아니라 미국에서도 초기에 저작권보호를 부인한 사례가 많이 있었는
　　데, 예컨대 Chaney Bros. v. Doris Silk Corp., 35 F. 2d 279 (2nd Cir. 1929).
34) 후술 Ⅱ. 4. 가. 직물디자인 등의 저작권보호에 관한 해설 참조.
35) 현대 과학기술의 총아라고 할 수 있는 컴퓨터의 경우를 보더라도 수개월 만에 최고의

류가 디자인보호에 있어서는 처음부터 부적절한 것이었다. 따라서 디자인의 보
호에 관한 넓은 의미의 지식재산권이라고 한다면 저작권이나 등록디자인권 이
외에 부정경쟁방지법이나 일반 불법행위제도를 포함시키지 않을 수 없고, 이와
밀접하게 관련된 지식재산권으로 특허권, 실용신안권, 상표권, 그리고 부정경쟁
행위방지와의 관계도 검토대상이 되는 경우가 있다.36) 이하에서는 중첩적인 보
호가 특히 문제된 세 가지 유형의 디자인을 중심으로, 디자인권과 다양한 종류
의 지식재산권과의 관계에 대해서 검토해본다.

가. 직물디자인

직물디자인(textile design)이 디자인보호법에 따라서 공업상 이용가능성, 신
규성, 창작비용이성 등의 요건을 충족하면 등록디자인으로 보호받을 수 있음은
물론이다. 그러나 현실적으로 직물디자인과 의류패션 등은 급변하는 유행으로
인해서 시장에서의 수명이 짧기 때문에 디자인등록을 위한 출원 및 심사를 거
쳐서 등록을 받을 시점에는 이미 그 시장가치가 거의 사라지고 디자인 등록이
별다른 도움을 주지 못하는 문제점이 지적되어 왔다. 따라서 현실적으로 직물디
자인과 의류패션에 대해서는 저작권법이나 부정경쟁방지법 또는 불법행위이론
에 의한 구제수단이 중첩적 또는 선택적인 보호방법으로 활용될 수 있는지 논
의되어 왔다.

직물디자인 등의 응용미술저작물에 대해서 저작권법에 의한 보호와 디자인
보호법에 의한 보호를 중첩적으로 부여하는 것이 이론적으로 가능하고 바람직
한 것인지에 대해서 찬반의 논의가 많이 제기되었는데, 대법원은 초기에 디자인
보호법과의 조화를 위해서 저작권법에 의한 중첩적 보호를 극히 제한적으로만
인정해야 한다고 하는 사실상의 입법적 해석을 한 바 있다. 즉 직물디자인 등의
응용미술품에 대하여 디자인보호법 외에 저작권법에 의한 중첩적 보호가 일반
적으로 인정되면 신규성 요건이나 등록 요건, 단기의 존속기간 등 디자인보호법
의 여러 가지 제한 규정의 취지가 몰각된다는 점을 고려하여, 응용미술저작물에

베스트셀러로 등장한 애플의 iMac은 컴퓨터기술 자체는 종전의 애플컴퓨터와 동일했지만
단순한 기계가 아니라 누구가 갖고싶은 매력적인 디자인 덕분에 베스트셀러로 등극했고,
그 판매량의 3분의 1은 이제까지 한번도 컴퓨터를 사용해보지 아니한 일반인들의 구매로
연결된 바 있어서, 디자인이 단순한 예술의 차원을 넘어서 기술의 대중화 및 산업적인 성
공에 핵심적인 지위를 차지하고 있음을 잘 보여주었다(https://www.youtube.com/watch?v=
tNL3bDLgkh8).

36) 후술 디자인보호법 제95조(타인의 등록디자인 등과의 관계) 주해(박태일 재판연구관 집
   필) 참조.

대하여는 원칙적으로 디자인보호법에 의한 보호로써 충분하고 저작권법에 의한
중첩적 보호는 극히 예외적으로만 허용되어야 할 것이라고 전제하면서, 직물디
자인에 대한 저작권법적 보호는 인정되어서는 안 된다고 판시한 바 있었다.[37]
그러나 저작권법 어디에도 디자인보호법과의 조화를 위하여 저작물의 개념을
제한적으로 해석해야 한다는 규정이 없는 현행법 하에서 응용미술저작물에 대
해서는 디자인보호법에 의한 보호로써 충분하기 때문에 직물디자인은 저작물
로서 보호될 수 없다고 판시한 것은 응용미술저작물을 저작물로 명시하고 있
는 저작권법규정을 사문화시키는 입법적 해석에 해당된다는 비난을 피할 수 없
었다.

　　산업디자인에 대한 저작권보호를 인정해온 기존의 대법원판례[38]와 비교해
보면 직물디자인에 대한 저작권보호를 부인하는 것은 자가당착이라고 볼 수도
있고, 특히 한복을 반복적으로 제작하는 데 이용되는 한복문양에 대해서 저작권
보호를 인정한 대법원판례[39]와는 정면으로 모순된다는 비판을 면하기 어렵다.
그 후 개정된 저작권법은 응용미술저작물이란 "물품에 동일한 형상으로 복제될
수 있는 미술저작물로서 그 이용된 물품과 구분되어 독자성을 인정할 수 있는
것을 말하며, 디자인 등을 포함한다"고 그 개념을 명확히 하게 되었다.[40] 대법
원도 전통문양을 반복해서 만든 직물디자인이라고 해서 일률적으로 저작물에
해당되지 않는다고 본 하급심판결을 파기하면서 "그 디자인이 이용된 물품과
구분되어 독자성(separability)을 인정할 수 있는 것인지" 여부에 대해서 다시 심
리하도록 원심법원에 환송한 바 있다.[41]

나. 패션디자인

　　직물디자인과 달리 의류패션디자인은 그 물품 즉 의류 자체와 구분되어 저
작물로서의 독자성을 인정하기 어렵기 때문에 현행 저작권법과 판례 하에서 저
작물로 보호되기 어렵다. 의류패션에 대해서 디자인등록이 되어 있지 않다면 저
작권 이외에 어떠한 다른 보호방법이 있는지 문제되어 왔다. 앞의 디자인제도의

---

37) 대법원 1996. 2. 23. 선고 94도3266 판결.
38) 대법원 1992. 12. 24. 선고 92다31309 판결.
39) 대법원 1991. 8. 13. 선고 91다1642 판결.
40) 법률 제6134호(2000.1.12. 일부개정, 2000.7.1. 시행).
41) 소위 히딩크넥타이 디자인에 관한 대법원 2004. 7. 22. 선고 2003도7572 판결. 따라서 직
    물디자인의 저작물성을 부인한 대법원 1996. 2. 23. 선고 94도3266 판결 및 생활한복 디자
    인의 저작물성을 부인한 대법원 2000. 3. 28. 선고 2000도79 판결은 현행법의 해석상 그
    의미를 상실한 것으로 볼 수 있다.

기원에 관한 설명에서 살펴본 바와 같이, 미국에서는 의류업체들이 동업자조합 (Guild)을 결성해서 자력구제의 방법을 동원한 역사적 경험이 있었고, 독일에서는 최근까지도 부정경쟁방지법에 의한 의류패션 단순모방을 규제한 바 있다.[42] 우리나라에서도 패션의류에 대한 등록디자인권 이외의 다른 보호방법들이 시도되어 왔는데, 우리 대법원판례 가운데 패션의류디자인을 무단으로 모방한 행위가 저작권침해라거나 부정경쟁방지법 위반에 해당되지 않는 경우에도, 고급 이미지의 의류로서 명성과 신용을 얻고 있는 타인의 의류와 유사한 디자인의 의류를 제조하여 저가로 유통시킨 행위가 타인의 신용을 훼손하는 행위에 해당된다면 불법행위에 해당된다고 판시된 바가 있어서[43] 주목된다. 이는 부정경쟁방지법의 개정에 의해서 부정경쟁행위 일반조항이 도입되기[44] 이전의 판례라서 더 주목할 가치가 있고, 향후 부정경쟁방지법에 의한 의류패션의 보호에 있어서 중요한 해석론의 출발점이 될 것이다. 디자인제도의 이념에서 살펴본 바와 같이 기본적으로 디자인제도는 디자인창작에 관한 투자와 노력을 촉진하기 위한 인센티브제도라고 볼 수 있는데, 부정경쟁방지법의 일반조항도 창작과 혁신의 결과물을 무단으로 이용하지 못하도록 규제함으로써 장기적으로 창작을 위한 투자와 노력을 촉진할 수 있다고 하는 점에서 동일한 이념 위에 있는 것으로 볼 수 있다.[45]

다. 서체디자인

서체디자인(typeface)[46]도 디자인보호법의 요건을 충족하면 등록디자인으로 보호받을 수 있지만, 등록디자인권 이외의 다른 보호방법과의 중첩적인 보호가 가능한지 문제되어 왔다. 실용적인 기능을 가진 서체디자인과 달리 주로 미적

---

42) Rochelle Cooper Dreyfuss and Jane C. Ginsburg, *Intellectual Property at the Edge: the contested contours of IP*, Cambridge University Press(2014), 182.

43) 대법원 2008. 10. 9. 선고 2006다53146 판결.

44) 법률 제11963호(2013.7.30. 일부개정, 2014.1.31. 시행) 부정경쟁방지 및 영업비밀보호에 관한 법률 제2조 제1호 차목.

45) 저명한 포털사이트에 무단으로 광고를 삽입하거나 대체할 수 있는 프로그램을 배포해서 광고를 유치한 사안에서 대법원이 불법행위를 인정하면서 제시한 근거에서 경제적 불법행위법 또는 넓은 의미의 부정경쟁방지법의 그러한 이념을 확인해볼 수 있다(대법원 2010. 8. 25.자 2008마1541 결정).

46) 서체디자인이라고 함은 일반적으로 일관성 있는 디자인 요소들을 반복적으로 사용함으로써 서로 통일과 조화를 이루도록 만들어진 한 벌의 문자들, 숫자들 또는 기타 상징적인 기호들에 대하여 독특한 형태의 디자인을 한 것이라고 의미하는데, 글자꼴, 글꼴, 활자체, 서체자형 등으로도 불려진다.

감각의 대상이 되는 서예(calligraphy)가 서예가의 사상 또는 감정을 창작적으로
표현한 저작물이라는 점에 대해서는 이론의 여지가 없으나,[47] 서체디자인은 저
작권법에 의해서 보호될 수 있는 저작물에 해당되지 못한다고 해석되어 왔다.
우리 대법원은 서체디자인이 일부 창작성을 포함하고 있고 문자의 실용성에 부
수하여 미감을 불러일으킬 수 있는 점은 인정할 수 있지만, 그 미적 요소 내지
창작성이 문자의 본래의 기능으로부터 분리·독립되어 별도로 감상의 대상이
될 정도의 독자적 존재를 인정하기는 어렵다 할 것이어서, 그 자체가 예술에 관
한 사상 또는 감정의 창작적 표현물이라고 인정하기에는 미흡하다고 보여지므
로, 이를 저작권법상 보호대상인 저작물 내지는 미술저작물로 인정하기는 어렵
다고 판시하였다.[48]

    그러나 하급심판결 가운데 서체디자인을 컴퓨터화면·프린터로 출력하기
위한 프로그램, 즉 폰트(font) 프로그램은 '글자의 외곽선정보를 벡터화된 수치
내지는 함수로 구성된 폰트데이터에 따라서 출력기종에 맞게 변환하여 출력할
수 있도록 하기 위한 일련의 명령'으로서 컴퓨터프로그램에 해당되기 때문에
그에 대한 저작권이 보호된다고 판시한 사례가 있고, 대법원도 폰트 프로그램
의 저작물성 및 보호가능성을 인정한 바 있다.[49] 서체디자인은 대부분 폰트 프
로그램의 형태로 생산 및 유통되기 때문에, 폰트 프로그램에 대한 저작권을 인
정한 대법원판례는 실질적으로 서체디자인에 대한 등록디자인권과 저작권의 중
첩적 보호를 인정한 것과 마찬가지의 경제적 효과를 가져다 주는 것으로 해석
된다.

---

47) 대법원 1998. 1. 26. 선고 97다49565 판결.
48) 대법원 1996. 8. 23. 선고 94누5632 판결.
49) 서울지방법원 동부지원 1997. 11. 28. 선고 95가합11403 판결; 서울지방법원 1998. 2. 24.
   선고 97노1316 판결. 흥미로운 사실은 대법원 1997. 2. 11. 선고 96도1935 판결도 서체프
   로그램이 저작물로서 보호된다는 것을 전제로 하여 회사 영업의 일부를 인수받는 식으로
   분리·독립하기로 한 사람은 그 회사 소유의 서체프로그램을 복제·사용·판매할 수 있는
   권리가 있다고 판시하고 있다는 점이고, 대법원 2001. 5. 15. 선고 98도732 판결 및 대법원
   2001. 6. 29. 선고 99다23246 판결은 폰트 프로그램이 구 컴퓨터프로그램보호법에 의해서
   보호될 수 있음을 직접적으로 인정하고 있다. 유사한 취지의 미국판례로는 Adobe Systems
   Inc. v. Southern Software Inc., 45 U.S.P.Q.2d 1827 (N.D.Cal. 1998).

Ⅲ. 디자인보호법의 목적

1. 디자인의 보호와 창작의 장려

디자인보호법은 "디자인의 보호와 이용을 도모함으로써 디자인의 창작을 장려"한다고 규정하고 있다. 산업의 발전이 궁극적인 목적이지만 디자인의 보호와 창작의 장려가 그러한 최종 목적을 달성하기 위한 중간단계의 법목적 또는 수단이라고 말할 수 있다. 디자인제도는 그 보호대상이 되는 디자인의 범위를 넓혀왔고, 결과적으로 현행 디자인보호법은 산업계에서 만들어지는 거의 모든 디자인에 대해서 그 디자인자에게 권리를 부여하고 권리의 침해에 대해서 효율적인 구제수단을 부여해주고 있다. 현행 디자인보호법은 특정 물품에 고정된 전통적인 의미의 디자인뿐만 아니라 그 법개정을 통해서 부분디자인, 화상디자인, 글자체 등 아주 넓은 범위의 디자인을 보호대상으로 포함하게 되었다.

디자인을 보호하는 것은 디자인의 창작을 장려하고 궁극적으로 산업발전에 기여하기 위한 것이므로, 디자인보호법은 "디자인을 창작한 사람"에게 디자인등록을 받을 수 있는 권리를 부여해주고 있다.[50] 디자인보호법은 디자인등록을 받을 수 있는 권리의 사전승계에 의해서 그 승계인이 등록출원을 할 수 있게 함으로써 법인 등에 의해서 디자인개발에 투자를 하고자 하는 제도적 환경을 만들어주고 있다.[51] 다시 말해서 디자인을 창작하는 자는 심미적 감각과 자질을 갖춘 자연인이지만 그러한 디자인의 개발과 창작을 위해서 소요되는 시설 및 공간 등을 제공하고 비용을 투자하는 법인 등 투자자가 없다면 현실적으로 창작의 촉진을 기대하기 어렵다. 법인 등 투자자는 디자인 창작을 담당하는 디자이너 등과의 고용계약이나 창작위탁계약을 통해서 디자인을 개발하는 과정에서 소요되는 일체의 비용과 시설 등을 제공하고 그 대신 결과물로 생산된 디자인의 등록을 받을 권리를 승계 받을 수 있는 것이다.

발명진흥법은 디자인의 창작 및 투자촉진을 위한 합리적인 균형점을 제시하고 있다. 발명진흥법은 특허법상의 발명에 대해서뿐만 아니라 디자인보호법상의 디자인에 대해서도 적용되는데, 종업원이 그 직무수행 과정에서 디자인을 창작한 경우에 그러한 직무상 창작한 디자인에 대한 통상실시권을 사용자 또는

---

50) 디자인보호법 제3조 제1항.
51) 디자인보호법 제3조, 제44조, 제57조.

법인에게 부여하고,52) 고용계약 등에 의해서 디자인등록을 받을 수 있는 권리가
사용자 또는 법인에게 승계된 경우에 종업원에게는 그 디자인에 대한 정당한
보상을 청구할 권리를 부여해주고 있다.53) 발명진흥법이 사용자 또는 법인에게
통상실시권을 부여한 것은 디자인 창작에 상당한 투자를 한 자에게 투자회수를
가능하게 하는 권리를 부여함으로써 장기적으로 디자인창작에 대한 투자의 인
센티브를 제공하기 위한 것으로 해석된다. 다른 한편, 발명진흥법이 종업원에게
정당한 보상을 청구할 수 있는 권리를 부여한 것은 비록 고용계약 등에 의해서
디자인에 대한 권리가 사용자 또는 법인에 승계되더라도 종업원에게 자신의 창
작적 노력에 대한 정당한 보상을 보장해줌으로써 디자인 창작을 위한 충분한
인센티브를 부여하기 위한 것으로 해석된다. 요컨대, 디자인보호법의 합리적인
해석뿐만 아니라 발명진흥법상 사용자 및 법인의 통상실시권과 종업원의 정당
한 보상청구권이 잘 조화될 때에 비로소 디자인 창작과 그를 위한 투자의 생산
적인 균형이 이루어질 것이다.

　　디자인보호법이 출원된 디자인을 모두 보호해주는 것은 아니고 신규성과
창작비용이성 등의 요건을 갖춘 경우에 한해서 보호를 해주는데,54) 이러한 등록
요건은 디자인등록이 우리 사회에 혁신적인 디자인의 총량을 증가시키고 산업
발전에 기여할 수 있다는 것을 담보하고 확인하기 위한 것이다.55) 디자인보호법
의 신규성과 창작비용이성 등의 요건은 디자인의 보호를 통해서 창작을 촉진하
고 산업을 발전시킨다고 하는 법목적을 수행하는 데 반드시 필요한 실체법적
요건에 해당된다고 말할 수 있다. 따라서 디자인 가운데 신규성과 창작비용이성
이 인정된 부분 또는 범위가 그 디자인의 보호범위 또는 디자인권의 범위와 정
확히 일치해야 한다.56) 디자인권의 보유자는 자신의 권리범위 내에서 경제적 이
익을 극대화할 수 있다. 따라서 제3자 또는 권리침해자가 등록디자인의 보호범
위를 몰랐다거나 자신이 독자적으로 창작한 디자인에 불과하다고 하는 항변이
성립되지 않는다. 이러한 점에서 저작권법의 해석상 창작의 기준이 타인의 작품
을 모방하지 않고 독자적인 노력의 소산이면 족하고,57) 저작권침해여부의 판단

---

52) 발명진흥법 제2조 및 제10조.
53) 발명진흥법 제15조.
54) 디자인보호법 제33조.
55) 대법원 1989. 11. 24. 선고 88후769 판결; 대법원 1983. 4. 26. 선고 82후72 판결.
56) 디자인보호법 제37조 및 제93조.
57) 대법원 2003. 10. 23. 선고 2002도446 판결.

에 있어서 피고가 원고 저작권자의 저작물을 접할 수 없었던 사정이 명백한 경우에 저작권침해가 성립하지 않는 것과는 크게 대비된다.[58] 이러한 맥락에서 디자인권의 보호는 저작권보호보다 절차상 번거롭지만 그 권리보호에 있어서는 더 명확하고 더 강력하다고 할 수 있다.

디자인권의 범위가 분명하지 아니하면, 디자인권 침해의 사전예방이 어려워질 것이고 그에 따라서 디자인제도의 디자인 유인·장려책으로서의 기능도 현저히 떨어지게 된다.[59] 이러한 점을 고려하면, 디자인제도가 효율적인 유인·장려수단이 될 수 있는가는, 디자인권의 부여 시에 출원디자인이 진보성에 관한 객관적이고 명백한 심사기준에 의해서 철저하게 심사되었는지, 디자인권의 권리범위가 명확한 기준에 의해서 해석가능한지, 그리고 무효사유를 포함한 디자인에 대한 권리행사로 인해서 부당한 경쟁제한의 가능성을 효율적으로 차단할 수 있는지[60]의 여부 등에 의해서 좌우된다.

디자인권의 범위를 명확히 하는 것은 디자인의 보호뿐만 아니라 이용활성화에도 절실히 필요한 것이기 때문에, 우리 디자인보호법은 특허법과 마찬가지로 그 권리범위의 명확화를 위해 여러 가지 상세한 절차법적 규정을 두고 있다. 출원보정, 변경출원, 분할출원, 권리범위확인심판 등의 절차에 관한 상세한 규정이 바로 그것이다.[61] 또한, 디자인의 보호는 분쟁발생시 확실하게 권리집행이 보장됨으로써 가능한 것이므로, 우리 디자인보호법은 권리침해시 금지청구권과 손해배상청구권 등의 상세한 구제수단을 규정하고 있고, 더 나아가 권리침해로 간주되는 행위, 침해로 인한 손해액의 추정, 권리침해에 관한 과실의 추정 등에 관한 상세한 규정을 두고 있다.[62]

---

58) 정상조(주 4), 522 내지 525.
59) William R. Cornish, supra note 13 at 83.
60) 권리범위확인심판과 가처분신청사건에서는 권리의 전부 또는 일부가 출원 당시 신규성을 상실한 기술을 대상을 한 경우에는 디자인무효의 심결의 유무에 관계없이 그 권리범위를 인정할 수 없다고 하고(대법원 1983. 7. 26. 선고 81후56 전원합의체 판결) 가처분신청을 기각하고 있다(대법원 1993. 2. 12. 선고 92다40563 판결). 특히, 대법원은 2012. 1. 19. 선고 2010다95390 전원합의체 판결에서 특허발명에 대한 무효심결 확정 전이라 하더라도 특허가 무효로 될 것이 명백한 경우라면 특허권에 기초한 침해금지 또는 손해배상 등 청구가 권리남용에 해당한다고 판시한 바 있다.
61) 디자인보호법 제48조, 제50조, 제122조 등.
62) 디자인보호법 제113조 내지 제116조.

2. 디자인의 이용과 산업의 발전

디자인보호법은 "디자인의 보호와 이용을 도모함으로써 디자인의 창작을 장려하여 산업발전에 이바지함"을 목적으로 한다. 디자인의 보호를 도모함으로써 디자인의 창작을 장려한다고 하는 것은 앞에서 살펴본 바와 같이 이해할 수 있지만, 디자인의 이용을 도모함으로써 언제나 논리필연적으로 디자인의 창작을 장려할 수 있게 될 것인지에 대해서는 다소 의문이 든다. 아마도 그 입법취지는 한편으로 디자인의 창작을 장려함과 동시에 다른 한편으로는 그와 같이 창작된 디자인의 이용을 활성화함으로써 궁극적으로 산업의 발전에 이바지하고자 하는 것을 법목적으로 하는 것으로 이해된다. 다시 말해서 디자인의 창작을 장려하는 것과 디자인의 이용활성화는 상호모순 내지 충돌될 수 있는 중간목표이지만, 창작의 장려와 이용의 활성화를 균형 있게 추구함으로써 궁극적으로 산업의 발전이라고 하는 법목적을 달성할 수 있는 것이다. 따라서 디자인 이용의 활성화도 디자인 창작의 장려 못지않게 중요한 것이고, 양자의 바람직하고 생산적인 균형점을 찾아서 운영하는 것이 법목적 달성을 위해서 긴요한 해석론이 될 것이다.

디자인등록에 의해서 디자인권이 발생한 이후에, 디자인권의 권리범위가 지나치게 넓다든지 또는 지나치게 오랜 기간 동안 배타적 지위를 누림으로써 새로운 경쟁업자의 참여를 부당히 억제하거나 새로운 창작을 억제한다면, 오히려 산업의 발전을 저해할 위험도 있다. 따라서 디자인권의 권리범위를 합리적으로 제한하거나 합리적인 수준으로 존속기간을 제한함으로써 디자인의 이용을 활성화할 필요가 있고, 새로운 창작과 산업 내 경쟁을 촉진함으로써 산업의 발전을 도모할 수 있다.

디자인보호법이 디자인권의 효력이 미치지 않는 범위에 관해서 명문의 규정을 둔 것은, 바로 그러한 법목적의 달성을 위한 디자인권의 합리적인 제한인 것이다. 우리 디자인보호법은 특허법과 마찬가지로 "연구 또는 시험을 하기 위한 디자인의 실시" 등에 대해서 디자인권의 효력이 미치지 않는다고 규정하고 있다.[63] 연구 또는 시험을 위한 디자인의 실시·이용행위는 디자인권자의 이익을 크게 해하지 않는 범위 내에서 이루어질 수 있는 이용에 해당된다. 기존에 등록된 디자인이 새로운 창작의 밑거름이 되고, 연구와 시험을 통해서 추가적으

---

63) 디자인보호법 제94조.

로 새로운 디자인 및 혁신을 이루어냄으로써 산업의 발전에 기여하게 되기 때문이다.

Ⅳ. 소결: 디자인보호법의 목적과 해석론

디자인보호법은 "디자인의 보호와 이용을 도모함으로써 디자인의 창작을 장려하여 산업발전에 이바지함"을 목적으로 한다고 규정함으로써 그 법목적과 그 목적을 달성하기 위한 수단을 명확히 하고 있다. 디자인보호법이 산업의 발전에 기여한다고 하는 목적을 효율적으로 달성할 수 있는 적절한 수단 내지 방법을 채택한 것인지에 대해서는 많은 논란이 있을 수 있다. 따라서 디자인의 보호·장려와 그 이용의 활성화를 위해서 현행법이 구체적으로 채택한 수단과 제도가 무엇인지 그리고 그러한 법적 수단과 제도를 어떻게 해석 및 운용하는가는 디자인보호법의 목적을 효율적으로 달성할 수 있는지 여부를 결정짓는 중요한 변수가 된다. 전술한 바와 같이, 디자인보호법상의 보호대상과 신규성 및 창작비용이성의 판단기준으로부터 시작해서 디자인권의 보호범위와 침해여부의 판단기준 또는 연구·시험 등을 위한 디자인권의 제한, 디자인의 이용활성화, 무효사유가 있는 디자인권의 취급 등에 관한 디자인보호법의 해석에 있어 디자인보호법의 법목적은 항상 염두에 두어야 할 가장 중요한 해석기준이 된다. 또한, 한편으로는 디자인의 보호장려를 위한 인센티브의 제공을 가능하게 하면서 다른 한편으로는 디자인의 이용을 활성화할 수 있도록 균형 있는 해석론을 모색하는 것이 디자인보호법상의 목적달성을 위한 절실한 과제가 될 것이다. 제1조의 법목적이 디자인보호법의 해석론에 어떻게 영향을 미치는지에 관한 상세한 검토는 제2조 이하의 조문별 주석에서 차례대로 이루어진다.

〈정상조〉

[보론] 외국의 디자인제도

Ⅰ. 서   설

　　디자인보호제도는 기본적으로 물품의 외관을 창작하는 데 투입된 지적 노고를 보호하기위한 제도인데, 특허, 상표에 비해 국가들마다 제도적, 실무적 편차가 커서 사실상, 최소한의 절차적 조화를 이루는 것마저도 매우 어려운 형편이다. 가령 어떤 국가는 디자인을 위한 독자적인 법률을 가지고 특허, 상표와 더불어 산업재산권의 고유영역으로 간주하는 반면 어떤 국가들은 특허권의 일종으로 보고 특허법내에 특칙을 마련하여 디자인보호제도를 운영하기도 한다. 이는 2015년 현재 WIPO(세계지식재산기구)를 중심으로 회원국들간 디자인의 보호에 관한 절차의 조화에 관한 논의, 즉, 디자인법조약(DLT: Design Law Treaty)이 아직도 성안되지 못하고 교착상태에 있는 것만 보아도 알 수 있다.[1]

　　이러한 상황에서 각국의 디자인제도를 개념적으로 명확하게 구분하기란 여간 어려운 일이 아니나 형식적으로나마 다음과 같이 '특허적 접근'과 '저작권적 접근'으로 구분하는 것이 가장 일반적인 방법이다.[2] 간략히 말해서 디자인의 권리가 등록을 통해서만이 발생한다는 것이 '특허적 접근방식'이고 등록이 불필요하다는 것이 바로 '저작권적 접근방식'이다. 저작권적 접근방식은 1711년 견직물산업으로 유명한 프랑스 리옹시에서 직물의 도안을 부정적으로 사용하지 못하도록 한 것을 시초로 보는 견해가 있고, 특허적 접근방식은 1787년 영국의 린넨법(Designing and Printing of Linene Act)을 출발로 보는 견해가 일반적이다. 두 경우 모두 당시 주류 산업이었던 섬유산업과 관련이 있다는 것은 매우 흥미로운 점이다.[3]

---

1) WIPO, March. 2014, SCT(Standing Committee on the Law of Trademarks, Industrial Designs and Geographical Indications) Thirty-First Session 및 http://www.ip-watch.org/ 2014/05/10/no-wipo-industrial-design-treaty-in-2014-technical-assistance-still-in-the-way/
2) 특허청, 주요국의 디자인 보호대상 및 보호범위 관련 자료집(2010), 3.
3) 서재권, 디자인의 보호범위 확대와 그 한계에 관한 연구, 저작권위원회(2012), 81.

그러나 자세히 살펴보면 각국의 디자인제도간에는 앞서 언급한 형식적인 차이점보다 훨씬 근본적이고 실체적인 몇 가지 차이점들이 내재되어 있다. 대표적인 것이 바로 '디자인의 보호범위'에 관한 관점의 차이이다. 이것은 어찌 보면 상당히 기본적인 문제로서 디자인의 정의에 대한 개념의 차이로도 볼 수 있는데, 외관이 동일한 경우 디자인이 적용되는 물품이 상이한 경우에도 보호가 가능한지에 관한 실무적 문제와 직결된다. 또 하나는 '디자인의 보호대상'은 어디까지인가에 관한 견해의 차이다. 일반적으로 디자인은 예술적 창작물이 아닌 공업적 생산품의 외관에 대한 보호라는 점에서 국가별로 별반 차이가 없으나 주택과 같은 부동산에 관한 디자인에 대해서는 이를 공업적 생산품의 디자인인지 아닌지에 관하여 국가마다 다른 견해를 가지고 있다. 또한 유체물이 아닌 디지털상태로 표현되는 사용자 인터페이스(User interface), 아이콘 등 시각적 창작물도 물건의 외관으로 볼 수 있는지에 대하여도 국가간에 이견이 있다.

이러한 맥락에서 본 장에서는 미국, EU, 일본, 중국 등 주요 다출원 국가들의 디자인보호법제와 디자인보호를 위한 국제사회의 다각적인 노력에 대하여 간략하게 살펴보기로 한다.

Ⅱ. 주요국의 디자인제도

1. 미국의 디자인제도

가. 연 혁

우리나라, EU, 일본 등이 디자인을 특허, 실용신안 등 기술에 관한 권리와는 별개의 권리로 간주하고 독자적으로 법제화한 반면, 미국의 디자인제도는 디자인권을 특허권의 일종으로 간주하고 있다.[4] 따라서 우리나라, 일본, EU 등과 달리 디자인권에 관한 별도의 법률을 가지고 있지 않고, 특허법 내에 디자인에 관한 특칙(제171조, 제172조, 제173조, 제289조)을 규정하고 있으며, 디자인을 창작한 자 역시 특허와 마찬가지로 창작자 또는 디자이너가 아닌 발명자(inventor)로 기재하고 있다.

미국에서 디자인은 1842년 특허법에서 디자인에 관한 보호규정을 두면서 특허권으로 보호되기 시작했는데, 최초의 특허법 규정에는 「Any new, original

---

4) 미국법에 따르면 특허는 기술특허(utility patent), 식물특허(plant patent), 디자인특허 (design patent)로 크게 3가지로 나뉜다.

design for an article of manufacture」로 디자인 보호규정을 정했으나, 1902년 특허법 개정을 통하여 '장식적(ornamental)'이라는 요소를 추가하였다.[5] 따라서 현행 특허법 하에서 디자인 특허권은 「Any new, original and ornamental design for an article of manufacture(제조 물품의 새롭고, 창작성이 있는 장식적 형태)」에 대하여 부여되는 것으로 볼 수 있다.[6]

나. 보호대상과 범위

미국특허법은 보호대상에 관하여 명시적으로 규정하고 있지는 않으나 「제조 물품을 위한 새롭고, 독창적이고 장식적인 디자인을 창작한 자는 본법의 조건 및 요건에 따라 그에 대한 특허를 받을 수 있다(Whoever invents any new, original and ornamental design for an article of manufacture may obtain a patent therefore, subject to the conditions and requirements of this title)」라고 제171조에서 정하고 있어 그 대상을 제조물품(article of manufacture)에 대한 디자인으로 한정하고 있다고 볼 수 있다. 그러나 제조물품에 대하여는 동산, 부동산 여부를 가리지 않을뿐더러 시각적으로 일시적인지 지속적인지 여부도 묻지 않는다. 또한, 물품의 전체인지 아니면 부분의 디자인인지 여부도 규정하고 있지 않아 보호대상은 해석하기에 따라 매우 광범위할 수 있다. 실제로, 분수의 물 분사 패턴(pattern of water for a water fountain)에 대하여 물품성을 인정한 판례도 있고[7] 우리나라에서는 부동산이라는 이유로 보호되지 않고 있는 건축물, 인테리어 디자인 등도 보호되고 있다.

등록요건 중의 하나라고 할 수 있는 신규성 판단의 경우, 소위 평균관찰자(average observer)시점에서 판단하는데, 평균관찰자란 특정분야에 대한 지식이 없는 자이므로 선행디자인 검색시 출원된 디자인과 반드시 유사한 분야일 필요는 없다.[8] 반면, 비자명성 판단은 해당 분야에서 일반적인 수준의 기술을 갖춘 자(a person of ordinary skill in the art)에 의해 판단하므로 이 경우 출원된 디자인과 유사한 분야로 한정하여야 한다.[9] 즉, 출원된 디자인이 해당분야의 일반적인 수

---

5) 윤선희 외, 한·미·EU·중·일 등 주요국 디자인침해판단기준 비교·분석, 특허청 (2013), 33.
6) 35 U.S.C. §171. Patents for designs.
7) In re Hruby, 373 F. 2d 997, 153 USPQ 61(CCPA 1967).
8) 미국디자인특허심사기준(MPEP) 1504.02: The average observer test does not require that the claimed design and prior art be from analogous arts when evaluation novelty.
9) 미국디자인특허심사기준(MPEP) 1504.03: Non-obviousness.

준을 갖춘 자라면 누구나 공지디자인을 기초로 하여 용이하게 발명할 수 있는 경우, 자명한 디자인으로 간주하여 특허를 받을 수 없다. 따라서 미국의 특허법상 물품의 구분은 보호범위판단에 영향을 미치지 않는 것으로 볼 수 있다.

현재, 미국 디자인특허제도에서 사용하고 있는 물품에 관한 분류는 자국 고유의 디자인분류체계이다. 그러나 이것도 로카르노협정에 의한 산업디자인을 위한 국제분류체계(Locarno Classification)와 사실상 대분류는 거의 일치할 만큼 유사하다.10)

다. 권리의 형성

미국 디자인특허제도 하에서 디자인은 출원 후 심사관에 의한 실질심사를 거쳐 등록됨으로써 권리가 발생하는데, 앞서 언급한 신규성, 비자명성 등 기술특허와 동일한 등록요건(patentability)을 만족시키는지 여부가 실질심사단계에서 판단된다. 자기 스스로 공지한 경우 신규성이 상실되지 아니한 것으로 간주하는 유예기간(grace period)도 특허와 같이 1년이다. 다만, 권리의 존속연한은 기술특허와 달리 등록 후 14년이다. 또한 출원인이 동일할 경우 후출원된 디자인이 선출원된 디자인과 유사하거나 선출원디자인의 권리범위에 포함된다고 판단되면, 우리나라나 일본과 같이 '관련디자인제도'가 존재하지 않으므로 기본적으로 이중특허로 간주되어 등록이 거절되나, 후출원디자인의 존속연한을 선출원디자인으로 한정하는 존속기간 포기각서(terminal disclaimer)를 제출할 경우, 등록을 허락하기도 하는 등 기술특허와 여러 가지 특징을 공유하고 있는 것이 특징이다.

2. EU의 디자인제도

가. 연   혁

유럽은 오랜 기간을 거치면서 각국이 저마다 특색 있는 디자인제도를 발전시켜왔다. 그런데 이러한 개별 국가간 제도적 다양성은 EU가 형성되면서, 연합 내에서 각종 재화를 자유롭게 교류하는 데 있어서 장애물로 작용할 것으로 예상되었다. 이러한 맥락에서 마침내 회원국들간에 지식재산권제도의 조화 및 통일이 필요하다는 공감대가 형성되면서 공동체디자인법(Community Design Regulation)의 제정에 관한 연구가 시작됐다. 이 연구를 수행한 기관은 독일의 막스플랑크 연구소(the Max-Plank Institute)인데, 1991년 6월, 연구결과를 정리하여 디자인의 법

---

10) 미국 디자인특허의 분류체계의 대분류는 단순히 로카르노(Locarno)분류의 대분류 앞머리에 영어 대문자 'D'를 추가한 것일뿐 동일한 내용을 담고 있다.

적 보호에 관한 그린페이퍼11)를 발표하였다. EU는 이를 기초로 각계각층의 다양한 의견을 반영하였고, 드디어 1993년에 '디자인의 법적 보호에 관한 지침(Directive on the legal protection of designs)'과 EU전역에 동일한 효력이 미치는 '공동체디자인법(Community Design Regulation)'의 초안을 발표하기에 이른다. 각국은 대부분 이 지침에 의하여 자국의 디자인보호제도를 개정하였으며 마침내 공동체디자인법은 2001년 유럽 각료 이사회를 통과했고 2006년 헤이그협정가입을 위해 한 번의 개정을 거친 후 현재에 이른 것이다. 공동체디자인법의 제정은 유럽공동체 전역에 효력이 미치는 디자인권의 창설이라는 점은 물론 디자인의 정의와 보호요건에 있어 조화와 통일을 이룬 유럽 최초의 디자인제도라는데 큰 의미가 있다.

나. 보호대상과 범위

유럽공동체디자인법에서는 "디자인이란 제품 자체의 선, 윤곽, 색체, 모양, 형상, 구조, 재료 또는 그것의 장식으로부터 얻어지는 물품의 전체 또는 부분의 외관을 말한다"12)라고 제3조(a)에서 규정하고 있고, 제3조(b)는 "제품이란 복합물품의 구성부품, 포장, 차림새, 그래픽심볼, 활판 글자체를 포함(컴퓨터 프로그램은 제외)하는 공업제품 또는 수공업제품을 의미한다"13)라고 규정하고 있다. 여기서 디자인이 적용되는 대상으로, 우리나라, 미국, 일본과 달리, 물품(article)대신 제품(product)이란 용어를 사용했는데, 일반적으로 제품은 물품보다 상위개념으로 해석되므로 보호대상이 훨씬 포괄적인 것으로 볼 수 있다.14) 실례로 로카르노분류를 공식분류체계로 사용하고 있는 공동체디자인법15)은 우리나라에서 물품성이 결여된다는 이유로 디자인보호법으로 보호되지 않는 그래픽 심볼(32류)은 물론, 건축물(25류)과 설계도면(19류)에 적용된 디자인 등도 동산, 부동산에 구분 없이 보호되고 있다.

---

11) 배상철·이상정, 한국디자인보호법제의 발전방향, 지식재산연구원(2004), 7.

12) article 3 (a) "design means the appearance of the whole or part of a product resulting from the feature of, in particular, the lines, contours, colours, shape, texture and/or materials of the product itself and/ or its ornamentation."

13) article 3 (b) "product means any industrial or handicraft item, including inter alia parts intended to be assembled into a complex product, packaging, get-up, graphic symbols and typographic typefaces, but excluding computer programs."

14) 박형근 외, 디자인의 보호대상 확대에 따른 등록요건 및 권리범위에 대한 연구, 특허청(2012), 89.

15) 엄밀히 말해, EU는 '로카르노분류'에 장식물(ornamental)을 추가한 '유로 로카르노분류'를 채택하고 있다.

유럽공동체디자인법이 우리 디자인보호법과 구별되는 가장 큰 특징 중의
하나는 바로 디자인의 보호범위에 관한 것이다. EU의 경우도 우리와 마찬가지
로 공동체디자인을 출원하기 위해서 출원서에 디자인이 적용될 제품을 기재하
고, 해당 분류를 표시하나, 이것이 그 자체로 디자인의 보호범위에 영향을 미치
지 않음을 법문에서 명확히 하고 있다.16) 다시 말해서 외관이 동일하거나 유사
하면 용도나 기능이 다른 물품에 적용된 디자인에도 권리가 미칠 수 있다는 것
이다. 외관이 같거나 유사해도 디자인 적용되는 물품이 상이하면 별도의 디자인
으로 간주하는 우리나라와 일본의 법리와는 큰 차이가 있는 것이다.

다. 권리의 형성

공동체디자인법의 기초를 제공한 막스플랑크 연구소의 그린페이퍼에는 기
존 디자인의 보호에 관한 전통적인 두 가지 접근법, 즉, '저작권적 접근(copyright
approach)'과 '특허적 접근(patent approach)'과 구별되는 새로운 접근법이 제시되
고 있다. 그것을 소위 '디자인적 접근(design approach)'이라 부른다.17) 설명을 덧
붙이자면, 저작권적 접근은 설정등록없이 창작과 동시에 권리가 형성되지만, 모
방금지권에 한정된다는 관점이고, 특허적 접근은 설정등록을 통해서 권리가 발
생되며 이는 차단효과를 가지는 독점배타권이라는 것이다. 그런데 그린페이퍼
에서 의미하는 디자인적 접근이란 앞의 두 가지 관점을 적절히 조화한 것으로
서 등록없이도 권리가 발생하도록 하되 이것에는 복제금지권만을 부여하며, 상
대적으로 단기간만 존재하도록 하고 등록을 할 경우에는 차단효과를 가지며 장
기간의 보호가 가능하도록 한 것을 말한다. 현실적으로 디자인의 종류에 따라
섬유나 직물과 같이 유행이 빨라 설사 등록하지 않았더라도 신속한 법적 보호
가 필요한 분야가 있고, 가구와 같이 그렇지 않은 분야가 있기 때문이다. 사실
공동체디자인법이 재정되기 이전에 영국과 같이 부분적으로 이러한 접근이 이
미 입법화된 경우가 있었으므로18) 그린페이퍼는 넓은 의미에서 이러한 처지를
반영한 것이라고 볼 수도 있다. 즉, 공동체디자인법은 디자인적 접근을 다음과
같이 2개의 권리로 구분하여 부여하고 있는데, 첫 번째로, 등록 없이 자동으로
발생하는 권리를 '미등록 공동체디자인(Unregistered Community Design)'이라 하고,

---

16) article 36 (6) "The information contained in the elements mentioned in paragraph 2 and in
   paragraph 3(a) and (d) shall not affect the scope of protection of the design as such."
17) 배상철·이상정(주 11), 6.
18) 영국의 1988년 CDPA(Copyright and Design Patent Act)는 미등록디자인을 10년(또는 15
   년)간 한시적으로 보호하고 복제금지권을 부여하고 있었다.

복제금지권을 EU 내에서 공개된 시점 이후 3년간 부여하고 있으며, 두 번째로, 등록하여야만 발생하는 권리를 '등록 공동체디자인(Registered Community Design)' 이라 하고 차단효과를 가지는 권리로서 최초 5년, 갱신을 통해 최대 25년까지 보호할 수 있도록 한 것이다.

등록 공동체디자인은 기본적으로 유럽공동체상표—디자인청(Office for Harmo-nisation in Internal Market: Trademarks and designs)에 출원하여 등록되어야만 권리 가 발생하는데, 심사단계에서는 디자인의 정의에 합당한지 여부, 공서양속위반 여부, 도면의 불명확성 여부 등 기초적인 요건만을 확인하고 등록시키는 전면적 인 무심사제도를 시행하고 있다. 즉, 공동체디자인법에서 등록요건으로 규정하 고 있는 신규성(novelty)[19]과 개성(individual character)[20] 등은 심사단계에서 판단 하지 않는다.

3. 일본의 디자인제도

가. 연   혁

일본의 디자인보호제도는 우리나라의 디자인보호법에 해당하는 단독 법률 인 의장법에 기초를 두고 있다. 디자인보호제도가 일본에 처음 도입된 것은 1888년 공포된 의장조례를 통해서이며, 이 조례는 1883년 영국에서 공포된 특 허 · 디자인 · 상표조례를 모델로 한 것으로 알려져 있다. 일본의 디자인제도는 디자인은 물품에 적용할 형상, 모양, 색체라는 소위 '물품불가분성', 출원과 등 록을 필요로 한다는 '요식주의', 신규성 등을 등록요건으로 하고 심사를 거쳐 등록된다는 '심사주의'를 근간으로 하는데, 오늘날까지도 이러한 기본틀은 그대 로 유지되고 있다.[21]

일본에서 디자인보호제도가 법률의 형태를 갖추게 된 것은 1899년 의장법 이 제정되면서부터인데, 2007년 디자인의 유사판단기준에 관한 명문화와 존속 기간을 15년에서 20년으로 연장하는 등 큰 폭의 개정을 한 바 있고, 최근에는 헤이그협정 가입을 위한 조치들이 반영된 법개정을 완료하여 '15. 5월 협정발효

---

19) Community Design Regulation article 5 "A design shall be considered to be new if no identical design has been made available to the public."

20) Community Design Regulation article 6 "A design shall be considered to have individual character if the overall impression it produces on the informed user differs from the overall impression produced on such a user by any design which has been made available to the public."

21) 배상철 · 이상정(주 11), 36.

를 앞두고 있다.

나. 보호대상과 범위

일본의 디자인보호제도는 우리나라와 마찬가지로 디자인의 정의를 의장법 제2조에서 "물품의 형상, 모양, 색채 또는 이들의 결합으로, 시각을 통하여 미감을 일으키는 것"으로 규정하고 있으며, 1998년에 법개정을 통해 물품의 부분을 보호대상으로 추가한 바 있고 현재까지 변함없이 유지되고 있다. 일본 디자인제도의 가장 큰 특징이라고 할 수 있는 '디자인과 물품간 불가분(不可分)성'은 디자인은 물품을 떠나서는 존재할 수 없다는 개념인데, 이는 설사 외관이 동일하더라도 디자인이 적용되는 물품이 다르면, 다른 디자인으로 간주한다. 따라서 디자인의 보호범위를 해석하는 데 있어서 지대한 영향을 미친다고 할 수 있다. 다만, 2006년 개정법에는 '전기적 통전(通電)현상에 의해 화면을 통해 일시적으로 표현되는 모양'도 기존 개념으로는 물품성을 갖추고 있지 않으나 의장법 제2조 제2항에 별도의 규정을 두어 소위 '화면디자인'으로 보호하고 있다.[22] 최근 헤이그협정 가입을 위해 로카르노 조약에 가입함으로써 산업디자인에 관한 국제분류체계인 로카르노분류를 공식분류체계로 사용하기에 이르렀으나 이전까지는 일본 고유의 분류체계[23]를 운영하고 있었으며 우리와 마찬가지로 로카르노분류 32류에 속하는 그래픽 심볼은 물론 25류에 속하는 토지에 정착되는 부동산 등은 물품으로 인정되지 않아 의장법의 보호대상이 되지 않는다.

다. 권리의 형성

일본은 앞서 언급한 바와 같이 심사주의를 택하고 있어 권리형성을 위해서는 반드시 특허청에 디자인을 출원해야만 하며, 출원된 디자인이 등록요건인 공업상 이용가능성, 신규성, 창작비용이성 등을 모두 만족시켜야만 등록이 되고 독점 배타적 권리가 형성된다. 우리나라와 달리 '무심사제도'와 '복수디자인제도'

---

22) 일본의 '화면디자인'은 2003년 우리나라에 도입된 '화상디자인'과 유사한 개념이며 우리나라가 화상디자인을 심사기준과 시행규칙 개정만을 통해 부분디자인의 일종으로 간주하고 제도를 시행한 것과 달리 일본은 디자인의 정의조항에서 화면디자인을 의제하는 등 의장법을 개정하여 도입한 것이 특징이다. 또한 화면디자인이 물품을 조작하는 용도여야만 하고 변화의 양태가 고정적이어야만 하는 등 그 등록요건이 우리에 비해 매우 엄격하여 홈페이지, 화면보호기, 바탕화면, 사용자 단말기에 임의로 내려받아 설치하는 프로그램의 화면디자인 등은 등록할 수 없다.
23) 일본의 분류체계는 로카르노분류체계를 공식분류로 채택하기 전 우리나라의 구분류체계와 대분류가 완전히 일치한다.

는 운영하고 있지 않다.[24] 그러나 2014년 7월부터 우리나라에서 시행 중인 '관련 디자인제도'는 일본의 관련디자인제도에 뿌리를 두고 있는 것으로서 우리와 마찬가지로 동일출원인의 경우, 기본디자인에 기초한 변형디자인의 보호도 가능하다.

권리의 존속연한도 우리보다 먼저 2007년 의장법 개정을 통해 기존 15년에서 설정등록일부터 20년으로 연장한 바 있고, 자기 스스로 공지한 디자인에 한하여 신규성이 상실되지 아니한 것으로 간주하는 유예기간도 미국과 EU가 각각 1년인데 반해 일본은 우리나라와 마찬가지로 6개월을 부여하고 있다.

한편, 의장법은 아니지만, 부정경쟁방지법 제2조 제1항 제3호에서는 상품형태모방행위 금지 규정을 두어 EU의 미등록디자인보호와 동일하게 등록과 상관없이 상품의 형태를 일본 내에서 공개된 후 3년간 보호할 수 있도록 하고 있는데, 이 역시 우리나라 부정경쟁방지 및 영업비밀의 보호에 관한 법률 제2조 제1호 자목의 신설에 영향을 미친 것으로 알려져 있다.[25]

4. 중국의 디자인제도

가. 연   혁

중국에서 디자인은 우리나라 특허청에 해당하는 기관인 국가지식산권국(國家知識産權局, SIPO)[26]에 '외관설계(外觀設計) 전리권(專利權)'을 등록함으로써 보호받을 수 있다. 중국에서 외관설계, 즉 디자인은 우리나라의 디자인보호법과 같은 독자적인 법률체계가 아니라 특허법의 일종인 전리법(專利法)에서 규정되고 있는 개념이다. 중국의 전리법은 1984년에 제정되었으며, 우리나라의 특허에 해당하는 '특허 전리권', 실용신안에 해당하는 '실용신형(實用新型)' 그리고 디자인에 해당하는 '외관설계'에 관한 내용을 모두 담고 있다. 이러한 입법태도는 중국이 미국과 마찬가지로 디자인을 발명창작의 한 형태로 간주하고 있음을 잘 보여주는 것이다.[27] 전리법은 현재까지 1992년, 2000년, 2008년 등 3차례에 걸쳐 큰 폭으로 개정된 바 있는데, 가장 최근인 2008년 개정에서는 디자인 등록요건의 강화, 유사 디자인제도의 도입 등 디자인과 관련된 조문들이 대폭 개정되

---

24) 윤선희 외(주 5), 26.

25) 배상철, 형태모방으로부터 미등록디자인의 보호강화 방안 연구, 한국지식재산연구원 (2008), 35.

26) 중국은 특허, 실용신안, 외관설계(디자인)는 차관급 행정기관인 국가지식산권국에서 총괄하며, 상표업무는 공상총국(工商總局, SAIPO) 산하 상표국에서 관장한다.

27) 김창현 외, 디자인독자법화를 위한 개편방안 연구, 특허청(2008), 19.

어 결과적으로 권리가 크게 강화된 것으로 평가받고 있다.[28)]

중국은 1984년에 파리협약(Paris convention)에 가입했고, 1996년과 2001년에 각각 로카르노 협정(Locarno agreement)과 WTO/TRIPs 협정에 가입함으로써 디자인에 관한 국제규범이 요구하고 있는 최소한의 요건을 갖춘 디자인제도를 갖추었다고 볼 수 있다. 또한 최근에는 헤이그협정(Hague agreement) 가입을 추진 중인 것으로 알려졌으며 '부분디자인제도의 도입', '디자인존속연한의 연장' 등이 포함된 특허법 제4차 개정안을 마련한 것으로 보고되었다.

나. 보호대상과 범위

중국 전리법 제2조 제4항은 "디자인이란 물품(产品)의 형상, 도안 또는 그 결합 및 색채와 형상, 도안의 결합에 대하여 만들어진 풍부한 미감(美感)이 있고 공업응용에 적합한 새로운 설계이다"라고 규정하고 있어 정의 자체만 봐서는 개념적으로 우리나라, EU, 일본과 매우 유사하다고 볼 수 있다. 그러나 주요국들에서 모두 보호되고 있는 '부분디자인'과 '화상디자인' 등은 보호되지 않고 있다. 최근에는 심사지침을 개정하여 화상디자인을 화상디자인이 표시되는 물품과 같이 도시할 경우 디자인의 보호대상으로 간주하도록 한 바 있다.[29)] 하지만 우리나라를 포함한 주요 국가들과 같이 부분디자인의 표현법을 이용하여 점선 등으로 권리를 불요구화(disclaiming)하여 표현하는 것이 불가능하므로, 실질적으로 권리범위는 선진국가들에 비해 협소하다는 한계점을 가지고 있다.[30)] 또한 중국은 표면적으로 우리나라, 일본의 '관련디자인제도'와 유사한 '유사디자인제도'를 운영하고 있는 것으로 알려져 있는데, 이것은 우리나라, 일본의 관련디자인제도처럼 기본디자인과 유사하면서도 독자적인 권리범위를 가지는 디자인들을 출원하여 등록받을 있도록 한 것이 아니라, 기본디자인의 권리범위를 보여주는 다양한 실시예를 10개까지 표현할 수 있도록 한 것으로서 개념적으로 미국 디자인특허제도에서 허용하고 있는 다중실시예(multi-embodiment)에 매우 유사한 것을 볼 수 있다.[31)]

---

28) 특허청·한국지식재산보호협회, 해외지식재산권 보호가이드[중국](2009), 16.
29) 심사지침 제1부분 제3장을 "사용자와 상호 작용을 하지 아니하거나 제품 기능 실현과 관련이 없는 제품 디스플레이 장치에 표시되는 도안이 특허권을 부여 받을 수 없다"로 개정하여 인터페이스디자인을 한정적으로나마 보호하는 것이 가능해졌다.
30) 특허청, Design patent protection system and lates development in China, 2014년 한·중·일 디자인포럼(2014), 34.
31) A Guide to Filling A Design Patent Application, USPTO, 16.

디자인분류의 경우 중국은 우리보다 먼저 로카르노 협정에 가입하여 공식 디자인분류로 로카르노 분류를 사용하고 있다. 그러나 설정된 외관설계권리는 동일 또는 유사한 용도를 가진 물품에 적용된 디자인에만 미치는 것을 기본으로 하고 있어 우리나라, 일본과 차이가 크지 않다고 할 수 있다.

다. 권리의 형성

중국에서 외관설계 전리권을 획득하기 위해서는 출원된 디자인이 특허, 실용신형 전리권과 마찬가지로 전리법에서 규정하고 있는 신규성, 진보성, 실용성, 부등록사유 등을 모두 만족시켜야만 한다. 특히, 앞서 언급한 2008년 전리법 개정 이후 외관설계 전리권 등록을 위한 신규성, 진보성의 기준이 대폭 강화되었는데, 가령, 개정 전에는 외국에서 공지된 디자인은 신규성 판단에 근거가 될 수 없었으나 개정 후에는 외국에서 공지된 디자인에 대해서도 신규성을 가져야 한다는 소위 '절대적 신규성'으로 등록요건이 강화되었다.32) 그러나, 중국 국가지식산권국에서는 심사관이 선행디자인을 검색하여 출원디자인과 비교하는 실체심사를 하지 않고 있으며, 기초적인 요건만 심사하는 일종의 무심사제도를 운영하고 있다. 조약에 관한 우선권주장 기간과 신규성 상실에 관한 유예기간도 우리나라, 일본과 마찬가지로 6개월을 부여하고 있으나, 신규성 상실에 관한 유예기간의 경우, 국가지식산권국에서 주관 또는 승인한 국제전시회 등에 출품되어 공지된 경우에만 이를 인정하고 있어 출원인에게는 다소 불리하다고 볼 수 있다.33) 설정등록된 외관설계 전리권은 출원일로부터 최대 10년간 유지된다.

〈김지훈〉

---

32) 중국 전리법 제23조 "① 특허권을 수여하는 디자인은 현존설계에 속하지 않아야 하며, 어떤 조직 또는 개인이 동일한 디자인에 대하여 출원일 이전에 국무원 특허 행정부서에 제출하지 않아야 하고 출원일 이후에 공고된 특허서류 중에 기재되지 않아야 한다. ② 특허권을 수여하는 디자인은 현존설계 또는 현존 설계의 특징적 조합과 상호 비교하여 명백한 구별이 있어야 한다. ③ 특허권을 수여하는 디자인은 타인이 출원일 이전에 이미 취득한 합법적인 권리와 서로 충돌하지 않아야 한다. ④ 이 법의 현존 설계는 출원일 이전에 국내외 공중이 알고 있는 설계를 말한다."
33) 중국 전리법 제24조에는 신규성 상실의 예외규정에 관하여 "전리를 출원한 발명창조가 출원일 이전 6개월 내에 다음 각 호의 1에 해당되는 경우에는 신규성을 상실하지 않는다. ① 중국정부가 주관 또는 승인한 국제전시회에서 최초로 전시한 경우, ② 규정된 학술회의 또는 기술회의에서 최초로 발표한 경우, ③ 타인이 출원인의 동의를 얻지 않고 그 내용을 누설한 경우"라고 규정되어 있다.

Ⅰ. 세계지식재산기구(WIPO)

1. 개　　요[1]

세계지식재산기구(WIPO, World Intellectual Property Organization)는 국제연합의 16개 특별기구 중 하나로서, 인류의 창조활동을 증진하고 지식재산권의 국제적 보호의 촉진과 국제협력을 위하여 설립되었다. 실무적으로는 1883년 특허권, 상표권, 디자인권 등 산업재산권보호를 위한 '파리협약'과 1886년 발효된 저작권분야의 주요 조약인 '베른협약'을 관리하고 사무기구문제를 처리하기 위하여 1967년 스톡홀름에서 세계지식재산권기구 설립조약이 체결되면서 탄생한 것이다. 1974년에 국제연합(United Nations)의 특별기구가 되었고, 정책결정기구인 총회를 정기적으로 개최하고 있다. 주요업무는 조약의 체결이나 각국 법제의 조화도모, 개발도상국을 위한 지식재산권에 관한 법률 제정이나 기술 원조 등이며 특허, 상표, 디자인에 관한 국제출원 시 국제사무국(International Bureau)의 역할도 수행하고 있다. 우리나라는 1979년 가입하였고, 북한은 우리보다 앞서 1974년에 가입하였으며, 한국어는 2007년 9월 28일에 국제공개어로 채택된 바 있다. 본부는 스위스 제네바에 있다.

2. 디자인관련 활동

본 기구는 디자인과 관련해서 '디자인의 국제분류에 관한 국제조약인 로카르노협정(Locarno Agreement Establishing an International Classification for Industrial Designs)', '디자인의 국제기탁에 관한 헤이그협정(The Hague Agreement Concerning

---

1) 김창룡 외, 영한 지식재산권 용어 사전, 특허청(2008), 373.

the International Deposit of Industrial Designs, 1925년)', '디자인의 국제등록에 관한 헤이그협정(The Hague Agreement Concerning the International Registration of Industrial Designs, 1999년 제네바법)' 등을 관장하고 있다.

Ⅱ. 세계무역기구(WTO)

1. 개   요2)

세계무역기구(WTO, World Trade Organization)는 회원국 정부들간의 통상 문제를 해결하기 위한 기구로서 1986년부터 1994년까지 이루어진 '우루과이라운드협상(UR)'의 결과로 1995년 출범하였으며, 다자간 무역협상의 틀을 제공하고 우루과이 라운드 협상 결과의 이행 여부 감독 및 DDA(Doha Development Agenda, 도하개발의제)3) 등 신규 협상을 주요 업무로 한다.

WTO의 기본원칙은 차별 없는 교역, 교역의 자유화, 예측가능성, 공정경쟁의 촉진, 경제개발 및 개혁의 장려이며, 설립목적은 무역자유화를 통해 전 세계적인 경제발전을 이룩하는 것으로서 지식재산권과 관련해서는 WTO 조직 내에 지식재산권이사회(Council for TRIPS, Trade-Related Aspects of Intellectual Property rights)를 두고 WTO협정 부속서인 TRIPs협정(Trade-Related aspects of Intellectual Property Rights, 무역관련 지식재산권에 관한 협정)의 운영 등 일반적인 감독업무를 담당하고 있다.

2. 디자인관련 활동4)

WTO 무역관련 지식재산권에 관한 협정(TRIPs)은 1986년부터 1994년까지 진행된 우루과이라운드를 통해 체결된 것으로서 통상협정사상 최초로 상품, 서비스에 이어 지식재산권 규범을 다자무역체제 내로 편입시킨 협정이다. 이러한 배경에는 아이디어나 지식과 같은 무형의 자산이 무역에서 차지하는 중요도가

---

2) 외교통상부 세계무역기구과, WTO이해하기, 외교통상부(2007); 외교부 웹사이트(www. mofa.go.kr), 특허청 지식재산권 용어설명.

3) 2001년 11월 카타르 도하에서 개최된 세계무역기구 제4차 각료회의에서 합의되어 채택된 다자간 무역협상으로서 우루과이라운드의 뒤를 이어 새로운 세계무역질서를 형성하기 위해 추진되고 있으며 농업과 비농산물, 서비스, 지식재산권 분야의 무역자유화를 목표로 하고 있다.

4) 특허청, 우루과이라운드와 TRIPs 협정의 성립, 특허청(2005), 147 및 김문환 역, 무역관련 지적재산권 협정 해설, 저작권조정심의위원회(1996), 52.

점차 높아짐에 따라 국가마다 지식재산권 관련 규범이 달라 국제경쟁 관계에서 갈등의 원인을 제공하고 있다는 국가들간의 공통된 인식이 자리 잡고 있었기 때문이다. 따라서 본 협정은 세계 각국의 지식재산권의 보호방법에 관한 격차를 좁히고, 공통된 국제규범 하에 편입시키려는 목적이 있다.

　　WTO 지식재산권이사회가 담당하고 있는 WTO협정 부속서인 'TRIPs협정' 제4절은 지식재산권 중 디자인에 관한 조항을 담고 있는데, 대략적으로 25조는 디자인의 보호요건에 관하여, 제26조는 보호의 구체적인 내용에 관하여 규정하고 있다. 보호요건에 관해서는 신규 하거나(new), 독창성 있고(original) 독립적으로 창작된 디자인만을 보호하는 것으로, 다소 느슨하게 규정하고 있고 특히, 직물디자인(textile design)의 보호에 관하여 구체적인 규정을 두고 있는 것이 특징이다. 보호의 내용에 있어서는 독점권의 범위, 권리의 제한, 보호기간에 관한 내용을 담고 있는데 현재, 우리 디자인보호법은 모두 이에 상회하는 수준의 권리를 부여하고 있다.

Ⅲ. 파리협약

　　산업재산권 보호를 위한 파리협약(Paris Convention for the Protection of Industrial Property), 소위 '파리협약'은 1883년 3월 20일 프랑스 파리에서 저작권을 제외한 특허, 실용신안, 디자인, 상표 및 상호, 산지표시 및 원산지명 등 산업재산권의 국제적 보호와 부당경쟁의 방지를 위해서 체결된 최초의 지식재산권 협정 중의 하나이다. 이 협약에서는 내국민대우의 원칙(Principle of National Treatment), 특허독립의 원칙(Principle of the independence of patent), 우선권제도 (Right of priority) 등 3대 기본원칙이 담겨 있는데, 내국민대우의 원칙(제2조 및 제3조)은 각 동맹국의 국민은 산업재산권의 보호에 관하여 내국민과 동일한 보호를 받으며, 또한 권리의 침해에 대하여도 내국민과 동일한 법률적 구제를 받을 수 있다는 원칙이고, 특허독립의 원칙(제4조의2)은 각 동맹국에 출원한 특허는 동일한 발명에 대하여 타국에서 취득한 특허와는 상호 독립해서 존재한다는 원칙, 즉, 각 국가마다 특허를 취득하지 않으면 해당 국가의 보호를 받을 수 없다는 속지주의원칙(territorial principle)이며, 마지막으로 우선권제도(제4조의B)는 동맹 제1국출원에 기초한 동맹 제2국출원은 일정 규정의 적용에 있어서 동맹 제1국출원시에 출원한 것과 동등한 이익을 향유할 수 있다는 것을 의미한다.

디자인과 관련해서는 현재 우리나라의 경우 디자인보호법 제51조에서 '조약에 따른 우선권주장' 조항을 두어, 파리협약에 의거하여 동맹국에 출원한 디자인, 실용신안에 기초한 디자인출원에 대하여 6개월의 우선권기간을 부여하고 있다(제4조의C). 파리협약은 1883년 3월 20일 조인이후, 7차례(1900년 브랏셀, 1911년 워싱턴, 1925년 헤이그, 1934년 런던, 1958년 리스본, 1967년/1979년 스톡홀름)에 걸쳐 개정된 바 있으며 우리나라는 1980년 5월 4일에 가입했다.

Ⅳ. 헤이그협정

헤이그협정은 당초 스위스 제네바에 있는 국제사무국의 등록부에 각국이 디자인을 등록함으로써 한 번의 등록으로 여러 국가에서 보호를 받을 수 있도록 한다는 것을 기본 개념으로 했는데, 1925년 체결 당시 프랑스 등 출원하면 실체심사를 거치지 않고 등록되는 무심사등록주의를 취하는 국가들이 주축이 되어 체결된 것이었으므로 국제적 기탁에만 초점을 맞추었을 뿐 보호요건, 디자인의 표현 형식, 보호기간 등에 대한 자세한 언급은 없었다.[5] 헤이그협정은 그 후 1934년 런던 의정서, 1960년 헤이그 의정서, 1999년 제네바 개정법 등 여러 번의 개정을 거치게 되는데, 헤이그 의정서에 이르러서는 국제기탁의 효력 발생 기간, 효력 인정 요건, 복수 디자인의 범위, 보호기간에 관한 내용이 구체화되었고, 세계적으로 다출원국가인 심사주의 국가들의 상황을 고려한 여러 가지 제도적 장치들이 마련되면서 제네바 개정법[6]에까지 이르게 된다. 일반적으로 헤이그 의정서까지는 '구 헤이그 협정', 제네바 개정법 이후를 '신 헤이그협정'이라고 부른다. 헤이그협정을 통한 국제디자인출원은 2008년 EU가 가입함으로써 급격히 증가하기 시작하는데, 우리나라는 2014년 4월 국내출원인들의 해외 디자인권 취득의 편의성을 제고하기 헤이그협정 가입서를 기탁했으며, 7월 1일자로 헤이그협정이 발효되었고, 미국과 일본은 현재 헤이그협정 가입을 위한 국내법 개정작업을 완료하고 2015년 5월 협정발효를 앞두고 있는 것으로 알려졌다.[7]

---

5) 1925년 당시에는 협정의 이름 자체도 '기탁'에 초점을 맞추어 'The Hague Agreement Concerning the International Deposit of Industrial Design 1925'로 칭하였다.

6) 1999년 제네바법에서는 협정의 명칭도 'The Hague Agreement Concerning the International Registration of Industrial Design 1999'으로 Deposit 대신 Registration으로 변경하였다.

7) 특허청, 국제디자인출원에 관한 新헤이그협정 가입서 기탁, 특허청 2014. 4. 1.자 보도자료.

2015년 현재 헤이그협정에는 유럽국가들을 중심으로 총 49개 체약당사자, 79개 국이 가입한 상태이다.

Ⅴ. 로카르노협정

로카르노협정(Locarno Agreement Establishing an International Classification for Industrial Design)은 디자인분류체계의 국제적 조화를 도모하기 위해 만들어진 것으로, 1968년 스위스의 도시 로카르노에서 협정이 조인되어 1971년부터 발효되었으며, 1979년 10월에 한 차례 협정이 개정되어 1981년에 발효된 바 있다. 아프리카 지식재산기구(OAPI), 아프리카지역 지식재산권기구(ARIPO), 베네룩스 지식재산권기구(BOIP), 유럽공동체 상표·디자인청(OHIM) 등 주로 헤이그협정에 가입한 단체들이 공식분류로 사용하고 있다. 2014년 제10판이 발효되었고, 중국, 우리나라, 일본이 각각 1996년, 2011년, 2014년에 가입하였다. 미국은 현재 미가입상태다.

로카르노분류는 기본적으로 기능에 따른 포괄적인 분류체계이므로 주로 무심사주의 국가를 위한 분류체계일 수밖에 없고, 결과적으로 실질심사를 위한 정교한 분류체계가 아니므로 협정 제2조에서 밝히고 있다시피 권리범위에 대한 규정이라기보다 행정적·관리적 성격이 짙다고 있다고 할 수 있다.[8] 예를 들면, 물품의 수도 우리나라의 분류는 15,000개에 육박하는 반면, 로카르노분류체계는 단 7,125개(제10판 기준)에 불과하다. 따라서 2014년 현재 로카르노분류상 의류 및 잡화류에 해당하는 2류, 직물류에 해당하는 5류, 문방구 및 사무용품에 해당하는 19류에 적용된 디자인을 제외하고 모두 실체심사를 수행하고 있는 우리나라는 출원인이 출원서에 기재한 로카르노분류를 용도와 기능에 맞추어 구성된 기존 한국 분류로 변환하여 심사관이 선행디자인 검색 등의 효율성을 높일 수 있도록 하고 있다.[9]

---

8) 로카르노협정 제2조(국제분류의 사용 및 법적 범위) "1. 이 협정이 규정한 요건을 전제로 국제분류는 행정적 성격만을 갖는다. 그럼에도 불구하고 특별동맹의 각 회원국은 적절하다고 판단되는 분류의 법적 범위를 정할 수 있다. 특히 국제분류는 특별동맹의 회원국의 디자인에 부여된 보호의 성질과 범위에 관련하여 특별동맹의 회원국을 기속하지 아니한다."

9) 우리나라는 로카르노분류 2류, 5류, 19류에 속하는 물품의 경우, 디자인보호법 시행규칙 제38조 제3항에 의해 실체심사를 하지 않고 공업상이용가능성과 창작성 일부만을 심사하는 일부심사디자인 대상으로 규정하고 있다.

우리나라는 로카르노협정이 실질적으로 국제분류체계로서의 역할을 하고
있는 만큼 협정가입 이전인 2002년부터 디자인공보에 우리나라의 분류와 함께
로카르노분류를 병기해서 외국과의 정보 교환 및 일반인들의 디자인자료검색이
용이하도록 해오고 있다.[10]

〈김지훈〉

---

10) 최지민 외, 헤이그협정 및 로카르노 분류 도입에 따른 디자인 심사 및 무심사 품목 재
    조정 방안 연구, 특허청(2011), 124.

제 2 조(정의)

이 법에서 사용하는 용어의 뜻은 다음과 같다.

1. "디자인"이란 물품[물품의 부분(제42조는 제외한다) 및 글자체를 포함한다. 이하 같다]의 형상·모양·색채 또는 이들을 결합한 것으로서 시각을 통하여 미감(美感)을 일으키게 하는 것을 말한다.

2. "글자체"란 기록이나 표시 또는 인쇄 등에 사용하기 위하여 공통적인 특징을 가진 형태로 만들어진 한 벌의 글자꼴(숫자, 문장부호 및 기호 등의 형태를 포함한다)을 말한다.

3. "등록디자인"이란 디자인등록을 받은 디자인을 말한다.

4. "디자인등록"이란 디자인심사등록 및 디자인일부심사등록을 말한다.

5. "디자인심사등록"이란 디자인등록출원이 디자인등록요건을 모두 갖추고 있는지를 심사하여 등록하는 것을 말한다.

6. "디자인일부심사등록"이란 디자인등록출원이 디자인등록요건 중 일부만을 갖추고 있는지를 심사하여 등록하는 것을 말한다.

7. "실시"란 디자인에 관한 물품을 생산·사용·양도·대여·수출 또는 수입하거나 그 물품을 양도 또는 대여하기 위하여 청약(양도나 대여를 위한 전시를 포함한다. 이하 같다)하는 행위를 말한다.

<소 목 차>

Ⅰ. 디자인보호법의 보호대상인 디자인

1. 의   의

디자인보호법상 디자인은 '물품의(물품성) 형상·모양·색채 또는 이들을 결합한 것으로서(형태성) 시각을 통하여(시각성) 미감을 일으키게 하는 것(심미성)'을 말한다. 디자인은 원래 물품의 장식적인 연구에 의하여 만들어지는 것이고, 이렇게 창작된 것을 디자인이라고 부를 수 있는데, 상품의 판매 동향은 그 상품의 기능·품질의 우수함뿐만 아니라, 외관으로부터의 미적 감각, 즉 디자인의 좋고 나쁜 것에 상당히 좌우되므로, 디자인의 본질적인 기능은 디자인이 표현된 물품이 소비자의 구매의욕을 증진시키는 것이라고 할 수 있다.[1]

우리나라는 디자인보호제도를 창설하면서 원래 '의장(意匠)'이라는 용어를 사용해왔다. '의장'이란 용어는 일본에서 1888. 12. 28. 공포된 의장조례에서 처음 법적용어로 사용하기 시작하였고, 이를 1908년 8월 13일 공포된 한국의장령에서 받아들인 것이다.[2] 그 후 미군정시대에는 미국의 영향으로 의장법을 별도로 두지 않고 특허법(1946. 10. 5. 미군정령법 제91호) 속에 의장제도를 포함하고 있었으며, 의장이란 용어도 '미장특허(美匠特許)'로 바꾸어 사용하다가 1961년 군사혁명정부가 들어서 구 법령 정리 작업을 하는 과정에 같은 해 12월 31일 종전의 통합적인 '특허법(미군정령 제91호)'을 각 권리에 따라 '특허법(법률 제950호)'과 '실용신안법(법률 제952호)' 및 '의장법(법률 제951호)'으로 나누어 독립된 법률로 분리 제정하면서 '의장'이라는 용어를 다시 사용하게 되었다.[3] 그런데 특허청이 2002. 7. 15.부터 같은 해 8. 15.까지 실시한 설문조사에 따르면, 일반인들이 의장제도가 디자인을 보호하기 위한 제도인지를 제대로 인식하지 못하고 있고, 산업디자인진흥법 등 정부의 디자인 진흥을 위한 각종 시책과 용어가 통일되지 아니하여 디자인보호를 위한 정책의 시너지효과 거양에 미흡하며, 의장제도로 보호받지 못하고 있는 디자인영역을 장기적으로 의장제도로 수용하기 위하여 용어 변경이 필요하다는 이유로, 대부분의 조사대상이 '의장'이라는 용어를 '디자인'으로 변경하는 데 찬성(80.2%)하였으며, 이러한 결과를 받아들여

---

1) 윤선희, 지적재산권법(13정판), 세창출판사(2012), 196.
2) 윤선희, "의장(디자인) 무심사 등록제도에 관한 소고", 발명특허, 한국발명진흥회, 제29권 제1호(2004), 44 각주 8.
3) 윤선희(주 2), 44 각주 8.

2004. 12. 31. 법률 제7289호 개정법은 종전의 '의장법'이라는 법 명칭을 '디자인보호법'으로, '의장'이라는 용어를 '디자인'으로 변경하였다.4)

디자인이라는 용어 자체는 다양한 영역에서 광범위한 의미로 사용될 수 있으나, 디자인보호법은 디자인의 보호와 이용을 도모함으로써 디자인의 창작을 장려하여 산업발전에 이바지함을 목적으로 하므로(디자인보호법 제1조), 이러한 입법목적에 부합하는 일정한 요건을 구비한 디자인만을 보호대상으로 하고 있다. 디자인보호법이 정하고 있는 등록요건은 디자인의 정의규정에 부합되는지를 판단하기 위한 디자인의 성립요건, 실질적으로 독점권을 부여할 수 있는 디자인인지를 판단하기 위한 적극적·실체적 등록요건, 공익적 차원에서 등록을 불허할 것인지를 판단하기 위한 소극적 등록요건(부등록 사유), 행정 및 절차상의 편의를 위하여 요구되는 절차적 등록요건, 디자인보호제도에만 독특하게 존재하는 특유제도에 의한 등록요건으로 나눌 수 있다.5) 이 가운데 디자인의 성립요건에는 물품성, 형태성, 시각성, 심미성이 있고, 적극적·실체적 등록요건에는 공업상 이용가능성, 신규성, 창작성이 있으며, 절차적 등록요건에는 1디자인 1출원 원칙, 선출원주의, 확대된 선출원주의, 복수디자인등록출원요건이 있고, 특유제도에 의한 등록요건에는 부분디자인의 성립요건, 관련디자인의 등록요건, 한 벌 물품디자인의 성립요건이 있다.6) 이하에서는 디자인의 정의규정에 부합되는지를 판단하기 위한 디자인의 성립요건에 관하여 살펴본다.

2. 물 품 성

가. 디자인과 물품의 불가분성

디자인보호법상의 디자인은 공간에 존재하는 물품의 형식이므로 물품과 분리되어 독자적으로 존재할 수 없다.7) 물품과 분리된 형상·모양·색채 또는 이들의 결합, 즉 물품에 구체적으로 표현 또는 화체되지 아니한 추상적인 모티브만으로는 디자인보호법의 보호대상이 될 수 없는 것이다.8) 이와 같이 어떤 특정물품에 관한 어떤 특정형태가 하나의 디자인이 되는 것이므로, 동일한 형태가

---

4) 이러한 입법취지의 상세한 내용은 의장법중개정법률안심사보고서(2004. 12. 국회 산업자원위원회) 참조.
5) 특허청 국제지식재산연수원, 디자인보호법(2007), 122.
6) 특허청 국제지식재산연수원(주 5), 122.
7) 특허청 국제지식재산연수원(주 5), 125.
8) 노태정·김병진, 디자인보호법(3정판), 세창출판사(2009), 165.

다른 물품에 관한 것이라면 별개의 디자인이 되는 것이 원칙이다.9)

나. 보호대상이 되는 물품의 요건

디자인보호법은 물품의 정의규정은 두고 있지 않으나, 일반적으로 독립거래가 가능한 구체적인 물품으로서 유체동산을 말하는 것으로 해석하고 있고, 판례도 마찬가지이다.10)

(1) 독 립 성

디자인보호법상의 물품은 독립하여 거래될 수 있고 소유권의 객체로서 지배와 이동이 가능한 것을 말한다. 화투의 낱장·트럼프의 낱장·장기의 낱알 등과 같은 합성물의11) 구성각편(構成各片), 양말의 뒷굽·병의 주둥이·찻잔의 손잡이 등과 같은 물품의 부분은 독립성 요건을 갖추지 못한 것이나, 부분디자인제도에 의하여 디자인등록을 받을 수 있다.12) 다만 합성물의 구성각편 중에서도 완성형태가 다양한 조립완구의 구성각편과 같이 독립거래의 대상이 되고 있는 것은 디자인등록의 대상이 된다.13) 상거래나 지배의 객체로 되는 것은 물품의 전체이기 때문에 부분디자인의 경우에도 물품의 독립성은 부분디자인을 포함하고 있는 물품의 전체를 기준으로 판단한다.14)

그런데 물품의 부분과는 달리 부품은15) 전체를 구성하는 일부이지만 그것만을 떼어낼 수 있고 게다가 그것만으로 독립된 교환가치를 가지므로 디자인보호법상의 물품으로 될 수 있다.16) 그러나 현실적으로 물품은 다수의 구성부재에 의해 성립하는 것이 보통이고, 그러한 구성부재의 어디까지가 독립된 교환가치를 갖는 부품이며 어디부터가 물품의 부분인가의 구별이 곤란한 경우가 많다.17)

---

9) 예외적으로 유사물품에의 전용, 2차원적 평면디자인을 3차원적 입체디자인으로 이용하는 경우에는 물품이 다르더라도 신규성이 부정되거나 침해가 인정될 수도 있을 것이다[송영식 외 6인, 송영식 지적소유권법 (상)(제2판), 육법사(2013), 938].

10) 대법원 2001. 4. 27. 선고 98후2900 판결[공2001.6.15.(132), 1287], 대법원 2004. 7. 9. 선고 2003후274 판결[공2004.8.15.(208), 1371].

11) 디자인심사기준상 '합성물'은 수 개의 구성부분이 결합하여 이루어진 물품으로서 1개의 물품으로 취급되며, 장기짝, 트럼프, 화투, 완성형태가 단일한 조립완구 등이 그 예이다[특허청, 디자인심사기준(2014. 7. 1.), 176].

12) 특허청(주 11), 101.

13) 특허청(주 11), 101.

14) 특허청 국제지식재산연수원(주 5), 127.

15) 디자인심사기준상 '부품'은 완성품의 일부를 구성하는 물품으로서 분리가 가능하고 독립거래의 대상이 될 수 있는 것(예: 자전거핸들)을 말한다[특허청(주 11), 170].

16) 노태정·김병진(주 8), 167.

17) 노태정·김병진(주 8), 167.

이에 부품의 물품성에 관한 판단기준이 요구된다. 위에서 든 대법원 2001. 4. 27. 선고 98후2900 판결은 '디자인보호법에서[18] 말하는 물품이란 독립성이 있는 구체적인 유체동산을 의미하는 것으로서, 이러한 물품이 디자인등록의 대상이 되기 위해서는 통상의 상태에서 독립된 거래의 대상이 되어야 하고, 그것이 부품인 경우에는 다시 호환성을 가져야 하나, 이는 반드시 실제 거래사회에서 현실적으로 거래되고 다른 물품과 호환될 것을 요하는 것은 아니고, 그러한 독립된 거래의 대상 및 호환의 가능성만 있으면 디자인등록의 대상이 된다고 할 것이다'라고 하여 이 점에 관한 판단기준을 설시하였다.[19][20] 이러한 대법원의 판단기준은 물품(부품)의 독립거래의 대상성과 호환성이 그 가능성만으로도 족하다는 입장으로서, 타사가 생산하는 물품 또는 그 일부분의 디자인을 모방하여 실시하는 사례에서, 디자인의 물품성을 엄격하게 해석하는 대신 보다 넓게 해석함으로써 디자인보호의 목적을 실질적으로 달성하고자 한 태도로 이해된다.[21]

나아가 부품과 비슷하면서도 개념상 구분되는 부속품을 어떻게 취급할 것인지도 살펴볼 필요가 있다. 부속품은 그것만으로는 독립된 경제적 용도를 달성할 수 없고, 완성품에 부가되어서 완성품의 용도를 확장하거나 기능을 보조·보충하는 역할을 하는 물품으로서 그 자체가 독립거래의 대상이 될 수 있는 것을 말한다.[22] 부속품이 부품과 개념상 구별되기는 하지만, 부속품이 디자인등록의 대상이 되는지의 문제 또한 결국 독립거래의 대상성과 호환성 여부를 따져 결

---

18) 당시 용어로는 '디자인'을 '의장'으로, '디자인보호법'을 '의장법'으로 기재하여야 하나 현행법상 용어로 바꾸어 표기하였다(이 글 전체적으로 고유명사를 기재하는 경우를 제외하고는 같다).

19) 위 판결의 사안에서 대상물품은 '스위치'로서 전기회로를 개폐하는 본래의 기능을 하고 있는 물품이기는 하나, 스위치는 그 물품의 성격상 이를 사용하는 일반 소비자들에게 감전사고방지라는 기능이 무엇보다 중요한 것이고, 이러한 안전성의 기능은 주로 플레이트와 노브덮개에 의하여 이루어지므로, 위 대상물품인 '스위치'는 완성품이라고 단정하기는 어렵고, 완성품의 부품, 정확하게는 완성품에 가까운 부품이라고 보는 것이 보다 타당하다고 한다[권택수, "구 의장법 제2조 제1호 소정의 '물품'의 의미 및 그 물품이 의장등록의 대상이 되기 위한 요건(대법원 2001. 4. 27. 선고 98후2900 판결)", 대법원판례해설, 법원도서관, 제37호(2001), 314, 315].

20) 위에서 든 대법원 2004. 7. 9. 선고 2003후274 판결('온열치료기용 롤러'에 관한 사건이다) 역시 같은 취지를 설시하고 있다.

21) 권택수(주 19), 313, 316; 한국정보법학회 편, "의장의 대상이 되는 물품은 반드시 실제 거래사회에서 현실적으로 거래되고 다른 물품과 호환될 것을 요하는지 여부", 정보법 판례백선(Ⅰ), 박영사(2006), 180(조영호 집필부분).

22) 특허청(주 11), 170.

론을 내리는 것이 타당하다고 생각된다. 따라서 위에서 본 부품에 관한 판례의 판단기준을 부속품에도 적용하여, 부속품 역시 독립된 거래의 대상 및 호환의 가능성만 있으면 디자인등록의 대상이 된다고 보아야 할 것이다.[23] 한편 부속품의 경우는 구체적인 경우 그 성격에 따라 취급이 달라질 수 있다고 하면서, 예를 들면 카메라 케이스나 카메라용 후드 등은 그 본체인 물품과는 별개의 물품으로 거래의 대상이 되고 있기 때문에 독립된 물품으로 인정될 것이나, 반면 전기마사지기나 진공청소기 등의 부속품은 타사제품과는 호환성이 없고 또 사용할 때 모든 부속품을 동시에 사용하는 것은 아니지만 거래 시에는 본체에 부속하는 것으로서 본체와 일괄하여 거래되는 것이므로 그 자체 만에 대해서는 독립된 물품으로 인정되지 않는다는 견해[24] 역시 마찬가지 입장으로 이해된다.

(2) 유 체 성

디자인보호법상의 디자인은 일정한 형태가 존재하는 물품의 외관을 미적으로 설계한 것이므로 전기, 열, 광 등과 같이 형체가 없는 무체물은 보호객체가 될 수 없다. 즉 디자인의 대상이 될 수 있는 물품은 유체물이어야 하고 그것 자체가 공간상에 일정한 형상을 가지는 존재이어야 한다. 예를 들면 빛으로 형(形)이나 색채를 나타내는 폭죽, 레이저광의 간섭에 의하여 위상을 재현하고 삼차원의 상(像)을 만드는 홀로그래피, 빛의 점멸 등에 의하여 나타내어지는 네온사인 등은 그 형상, 모양, 색채 그 자체가 유형적으로 존재하는 것이 될 수 없는 무체물이기 때문에 디자인보호법상의 물품의 형상, 모양, 색채를 구성하지 못하게 된다.[25] 그러나 무체물일지라도 특정한 방법에 의해 일정한 형상·모양·색채로 파악될 수 있다면 디자인의 대상이 될 수 있다고 할 것이어서, 예를 들면 네온사인 자체는 디자인의 대상이 될 수 없으나 유리관으로 된 네온관은 전구와 마찬가지로 디자인의 대상이 된다.[26]

(3) 동 산 성

디자인보호법상의 물품은 유체물이면서, 그 성상, 특히 형상을 변화함이 없이 이전할 수 있는 동산을 말한다고 이해되고 있어서, 예를 들면 토지 그 자체에 의하여 형태를 가질 수 있는 정원이나, 도로, 그 토지의 위에서만 형태를 가

---

23) 안원모, "부분디자인의 성립 및 등록에 있어서의 특유한 문제점 고찰", 창작과 권리, 세창출판사, 제61호(2010), 60 각주 49는 이러한 취지의 견해로 보인다.
24) 노태정·김병진(주 8), 169.
25) 斉藤瞭二, 意匠法概説(補訂版), 有斐閣(1995), 57.
26) 송영식(주 9), 939.

질 수 있는 일반적 건축물과 건조물은 여기의 물품에 해당하지 않는다.[27] 즉 토지 그 자체에 의하여 성립하거나 또는 그 토지에 정착하고 그 토지의 위에서만 형태가 성립하는 것, 그 토지에 의하여 조건 지어져 1회성을 가지고 성립하는 것의 형태는 디자인보호법의 대상에서 제외된다.[28] 그러나 최종적으로는 토지에 정착하여 부동산이 되는 것이라도 그 생산·유통과정에 있어서 동산과 같이 관념되는 것은 그 동산성을 인정하여 디자인보호법상의 물품으로 인정한다.[29] 이와 관련하여 디자인심사기준에 방갈로, 공중전화부스, 이동판매대, 방범초소, 승차대, 교량, 이동화장실, 조립가옥 등은 물품성이 인정되는 예로 거시되어 있다.[30] 한편 특허법원 2007. 10. 4. 선고 2007허5260 판결은[31] '한증막'은 현장시공을 통해 건축되는 부동산에 해당하며, 공업적인 생산방법에 의하여 동일한 형태로 양산되고 운반될 수 있는 유체동산에 해당한다고 할 수 없어 공업상 이용가능성이 인정되지 아니하므로 등록받을 수 없다고 판단한 바 있다.[32][33]

(4) 일정성(구체성)

동산성을 구비한 유체물이라 하더라도 공간적으로 일정한 형태를 가진 구체적인 물품이 아니면 그 외관에 관한 미적 창작의 내용을 특정할 수 없으므로, 디자인의 대상이 될 수 없다. 이와 관련하여 디자인심사기준에는 기체·액체·전기·빛·열·음향 및 전파와 같이 일정한 형체가 없는 것, 시멘트·설탕 등과 같이 분상물(粉狀物) 또는 입상물(粒狀物)의 집합으로 된 것, 그리고 손수건 또는 타월을 접어서 이루어진 꽃모양과 같이 물품을 상업적으로 이용하는 과정에서 만들어지는 디자인으로서 그 물품 자체의 형태로 볼 수 없는 것이 규정되어 있다.[34] 이 가운데 일부는 위에서 본 유체성 결여로 분류할 수 있는 것도 있으나, 유체성을 구비하지 못하였다고 보든 일정성이 없다고 보든 디자인의 성립요건으로서의 물품성을 갖추지 못하였다는 결론은 동일하다. 한편 아이스크림, 얼음과자, 엿, 과자 등과 같이 일정 기간 동안 정형적인 형태를 유지하는 것은

---

27) 齊藤瞭二(주 25), 57.
28) 齊藤瞭二(주 25), 57-58.
29) 조국현, 의장법, 법경사(2002), 192.
30) 특허청(주 11), 101.
31) 미간행.
32) 위 판결은 대법원 2007후4311호로 상고되었으나 심리불속행으로 확정되었다.
33) 이와 같이 디자인의 정의에 합치되지 않는 것은 공업상 이용가능성 요건에 위반되어 디자인등록을 받을 수 없는 것으로 취급함이 재판례 및 특허청의 실무이다.
34) 특허청(주 11), 101-102.

일정성이 인정된다.[35]

다. 물품성에 관하여 논란이 되는 대상

(1) 자 연 물

돌, 조개, 나무, 동물 등과 같이 인공에 의하지 않고 자연에 이미 존재하는 자연물은 디자인으로 등록될 수 없다. 그 논리적 근거로는 ① 자연물은 디자인 보호법상의 물품이 아니라고 하여 디자인의 성립요건을 부정하거나, ② 디자인의 성립요건은 인정하되 공업상 이용가능성이 없는 것으로 보거나, ③ 위 두 가지 요건은 모두 인정하더라도 신규성과 창작성이 없다고 이해하는 태도 모두가 가능하다. 살피건대, 디자인보호법상의 물품은 독립거래가 가능한 유체동산을 의미하고 있으므로 자연물도 독립거래가 가능한 유체동산임에는 틀림이 없고 자연물을 디자인의 구성주체로 사용한 경우에도 그 가공비율이 높아서 동일물이 공업적 생산방법에 의하여 양산될 수 있다면 등록될 수 있다고 보아야 할 것이므로 물품성 자체를 부정할 필요는 없다고 본다.[36] 또한 물품성과 공업상 이용가능성이 인정되더라도 신규성이나 창작성이 없으면 등록되지 못하는 것은 당연하나, 자연물을 디자인의 구성주체로 사용하였다는 이유만으로 신규성·창작성이 부정된다고 할 수는 없을 것이다. 예를 들면 대나무 마디의 몸통겉면에 형상·모양을 부조하여 만든 연필꽂이 디자인의 경우 그 형상·모양에 신규성·창작성이 인정되면 디자인으로 등록될 수 있을 것이다. 이와 관련하여 디자인심사기준도 '자연물을 디자인의 구성주체로 사용한 것으로서 다량 생산할 수 없는 것'을 '공업적 생산방법에 의하여 양산이 가능한 것으로 볼 수 없는 디자인'으로 분류하면서 그 예로 동물박제, 꽃꽂이, 수석을 들고 있고,[37] 한편 '자연물을 기초로 한 디자인'을 용이창작의 유형으로 규정하고 있어,[38] 같은 입장으로 보인다.

(2) 전 사 지

전사지란 투명한 비닐 또는 특수지에 모양을 인쇄하여 대상물품에 그것을 전사하는 것으로 책받침, 장난감, 도자기, 가방, 운동화 등의 물품의 표면을 장식하기 위한 모양지를 말한다.[39] 전사지는 자체의 고유의 형상이 없다는 점, 다

---

35) 특허청 국제지식재산연수원(주 5), 129.
36) 특허청 국제지식재산연수원(주 5), 141-142.
37) 특허청(주 11), 107.
38) 특허청(주 11), 147. 나아가 위 심사기준은 자연물이더라도 그 표현방법이 특이한 것은 '주지'가 아니라고 규정하고 있다.
39) 특허청 국제지식재산연수원(주 5), 142.

른 물품에 전사되어야 그 효용이 완전하므로 그 자체로는 완성품이 아닌 원재료적 성질에 불과하다는 점 등을 우려하여 디자인의 대상이 되는 물품인가에 논란이 있었으나, 현재 전사지는 도자기, 가방, 신발 등의 부품으로 독립하여 판매되고 있고, 또한 최종소비재인 어린이용 유희구로도 판매되고 있으므로 물품성에 대한 논란은 없어졌다.[40] 2009. 12. 30. 지식경제부령 제108호로 개정되기 전의 구 디자인보호법시행규칙 별표4의 '물품의 구분'에서도 '도자기용 전사지'가 디자인의 대상이 됨을 명확히 하고 있었다. 이후 위 2009. 12. 30. 시행규칙 개정으로 구체적인 물품의 구분표 내용을 특허청 고시로 정하게 됨에 따라 2009. 12. 14. 특허청고시 제2009-39호 '디자인 물품분류 구분'으로 제정되었다가 2013. 5. 28. 디자인보호법 전부개정에 따른 2014. 4. 21. 산업통상자원부령 제58호 시행규칙 전부개정에 맞추어 2014. 6. 27. 전부개정된 특허청 고시 제2014-16호 '물품류별 물품목록' 제5류(섬유제품, 인조 및 천연 시트직물류) 제6군(인조 또는 천연 시트직물류)에도 '도자기용 전사지' 및 '전사지'가 명시되어 있다.

(3) 형   틀

형틀은 금형, 아이스크림 성형기, 과자 성형기 등과 같이 물건을 만들 때 그 형태의 틀로 삼는 것으로 몰드(Mold) 또는 금형이라고도 하는데, 이에 대해서도 형틀과 형틀로부터 만들어지는 물품과의 유사관계를 어떻게 이해하여야 할 것인가, 형틀과 형틀로부터 만들어지는 물품과의 권리의 경합은 어떻게 이해하여야 할 것인가 등의 의문점으로 인하여 물품성에 논란이 있었다.[41] 그러나 형틀이 독립성, 유체성, 동산성, 일정성을 모두 충족하는 이상 디자인의 대상으로 보아야 함이 당연하고, 위 전사지와 마찬가지로 앞서 본 구 디자인보호법시행규칙 별표4의 '물품의 구분', 현행 특허청 고시 '물품류별 물품목록'에도 형틀이 명시되어 있다.

(4) 반 제 품

물품의 생산이 한 사람(회사)의 손에 의하지 않고 여러 사람(회사)의 손을 거쳐 이루어지는 경우, 그 경제적 행위에 착안하면 거기의 독자의 경제가치가 있다고 볼 여지가 있는 것에 '반제품(또는 제작 중인 물품)'이 있다.[42] 물품은 그 자체로 용도가 있는, 즉 일정한 기능을 가지는 것이므로 그 자체가 그러한 기능

---

40) 특허청 국제지식재산연수원(주 5), 142.
41) 특허청 국제지식재산연수원(주 5), 143.
42) 斉藤瞭二 저·정태련 역, 의장법, 세창출판사(1993), 139.

을 갖지 못하는 반제품은 물품을 구성하지 않는다.43)44)

3. 형 태 성

가. 형태성의 요소

'형상·모양·색채'란 물품의 외관에 관한 디자인의 형태성의 요소를 말하는 것으로서, 물품은 유체동산이므로 글자체 외에는 형상이 결합되지 않은 모양 또는 색채만의 디자인 및 모양과 색채의 결합디자인은 인정되지 않는다.45)

(1) 형   상

물품의 형상(Shape, Form)이란 물품이 공간을 점하고 있는 윤곽을 말한다.46) 물품의 끝단의 외곽으로서 공간과 경계를 이루는 선을 의미하고, 따라서 물품이 일정한 형체를 갖는 유체동산인 경우에는 반드시 형상을 수반한다.47)

물품의 형상은 3차원의 공간적 부피를 가지는 입체적 형상과 2차원의 넓이만을 가지는 평면적 형상으로 대별되고, 손수건·비닐지·직물지·벽지·타월·보자기·표딱지(레테르)·상장·책받침·모포 등은 이념적으로는 3차원의 공간적 부피를 가지는 입체이나 그 권리의 내용면에서 볼 때 그 두께는 디자인 창작의 대상이 되지 못하므로 평면적 형상으로 취급한다.48)

(2) 모   양

모양(Pattern, Ornament)이란 물품을 평면적으로 파악하여 점, 선 등의 회화적 요소의 집합으로서 외관에 나타나는 도안, 선도, 색구분, 색흐림 등을 지칭한다.49) 여기서 선도란 선으로 그린 도형을 말하고, 색구분이란 공간이 선이 아닌 색채로써 구획되어 있는 것을 말하며, 색흐림이란 색과 색의 경계를 흐리게 하여 색이 자연스럽게 옮아가는 것 같이 보이게 하는 것을 말한다.50)

---

43) 斉藤瞭二 저·정태련 역(주 42), 139.
44) 한편 조립(組立)과정상에 놓인 부분에 대해 디자인의 대상이 되는 물품으로 기능하기 위해 검토되어야 하고 충족해야 할 제반 조건과 그 사례 및 실례를 조명해 봄으로써 당해 부분이 완성된 조립디자인의 전체를 구성하는 하나의 부분 단위의 부분품(부품)인가 혹은 용도와 기능을 전혀 갖지 못하는 반제품인가를 구별하는 기준에 관한 연구로는 이강휘, "조립의장의 물품성 기준에 관한 법적 고찰: 부분품과 반제품과의 구별적 기준을 중심으로", 경희대학교 국제법무대학원 석사학위논문(2000) 참조.
45) 특허청(주 11), 102.
46) 특허청(주 11), 102.
47) 특허청 국제지식재산연수원(주 5), 144.
48) 노태정·김병진(주 8), 178.
49) 대법원 1989. 9. 26. 선고 88후134 판결[공1989.11.15.(860), 1582].
50) 특허청(주 11), 102.

모양은 그 자체가 독립하여 존재하는 것이 아니고 항상 형상을 전제로 하
는 개념이다. 형상은 형태의 본질적인 요소이므로 이것 없이는 형태 그 자체가
존재하지 않는 반면에, 모양은 형태구성요소로서는 2차적·부가적인 것이므로
그 자체만으로는 디자인을 구성하지 못하는 한편, 물품에 따라서는 모양이 없는
디자인도 존재한다.[51] 일반적으로 형상의 표면에 모양이 나타나지만 물품 자체
가 투명한 경우에는 내부에 모양이 존재할 수도 있다.[52]

(3) 색   채

색채(Color)란 물체에 반사되는 빛에 의하여 인간의 망막을 자극하는 물체
의 성질로서, 디자인보호법상 색채에는 투명색 및 금속색 등이 포함된다.[53] 디
자인보호법상 물품의 색채로서 특이한 점은 색채학상의 색채로 보고 있지 않은
금속색과 투명색을 색채에 포함시키고 있는 것인데, 금속색에는 금색, 은색, 동색
등이 있고, 투명색이란 빛의 투과정도가 100%에 가까운 상태의 색을 말한다.[54]

디자인보호법 시행규칙 [별표 2] '디자인의 설명란의 기재사항' 제4호는 '도
면의 색채에 대한 설명'에 관하여 '도면 또는 사진에 색채를 입히는 경우 흰
색·회색 또는 검은색 중 하나를 생략한 경우에는 그에 관한 설명'을 디자인의
설명란에 기재하도록 정하고 있다. 즉 유채색 외에 흰색·회색 또는 검은색 즉
무채색 역시 디자인보호법상 색채로 인정하고, 무채색의 경우는 도면 또는 사
진에 그 색채를 입히는 대신 디자인의 설명란에만 기재하는 방식도 허용한 것
이다.

나. 디자인의 유형

디자인보호법상의 정의규정의 문언에만 따른다면 형상만의 디자인, 모양만
의 디자인, 색채만의 디자인, 형상과 모양의 결합디자인, 형상과 색채의 결합디
자인, 모양과 색채의 결합디자인, 형상과 모양과 색채의 결합디자인 등 7가지의
유형이 존재할 수 있는 것처럼 해석되나, 글자체 디자인을 제외하고는 형상이
없는 디자인은 인정되지 않으므로, 실제로는 모양만의 디자인, 색채만의 디자인,
모양과 색채의 결합디자인은 제외하고 아래 4가지의 유형만이 남게 된다.

---

51) 노태정·김병진(주 8), 178-179.
52) 특허청 국제지식재산연수원(주 5), 145.
53) 특허청(주 11), 102.
54) 송영식(주 9), 947.

(1) 형상만의 디자인

형상만의 디자인이 인정되는지, 즉 도면에 형상만을 도시하고 형상의 내부 여백에 어떠한 표시도 없으며 디자인의 설명란에도 아무런 설명이 없는 디자인 의 도면에서 여백으로 남겨진 부분을 어떻게 해석할 것인지에 관하여는 논의가 있다.

먼저 무색설(無色說)은 형상만을 추상적으로 상정한 것이어서 용지의 색대 로 남겨진 여백 부분은 아무것도 정하고 있지 않은 것이라는 견해이다.[55] 다음 으로 무모양설(無模樣說)은 도면의 여백 부분은 용지의 색도 공간(공백)도 아닌 무모양 즉 불특정한 일색(一色)이라고 보는 입장이다.[56] 무색설을 전제로 하면 모양과 색채가 없는 형상만의 디자인의 존재를 인정하게 되나, 무모양설에 따르 면 형상과 불특정한 일색의 결합디자인으로 해석하게 되어 결국 형상만의 디자 인은 있을 수 없게 된다.[57]

살피건대, 디자인보호법 제2조 제1호가 디자인의 정의를 '물품의 형상·모 양·색채 또는 이들을 결합한 것으로서 시각을 통하여 미감을 일으키게 하는 것'이라고 규정하고 있는 이상 '형상만의 디자인' 역시 인정된다고 할 것이어서 무색설의 입장이 타당하다고 생각된다. 뿐만 아니라 디자인의 창작에서 모양이 나 색채의 요소가 없는 물품의 형상만의 창작 역시 인간의 정신적 두뇌 활동의 결과물로서 보호의 가치가 충분히 있고, 경우에 따라서는 오히려 형상의 창작에 창작의 노력이 집중되고 모양이나 색채는 부가적인 요소로 취급하는 경우도 있 을 수 있으므로, 형상만의 디자인의 보호를 부정할 현실적인 근거도 없다고 본 다.[58] 따라서 도면에 형상만을 도시하고 형상의 내부여백에 어떠한 표시도 없으

---

55) 노태정·김병진(주 8), 183-184; 안원모, "디자인 이용관계의 본질 및 유형별 논점에 관 한 연구", 법조, 법조협회, 제650호(2010), 293, 297, 298(안원모 교수의 견해가 분명하게 나타나 있지는 아니하나 무색설에 동조하는 취지로 이해된다.); 김웅, 디자인보호법강의, 한국특허아카데미(2007), 73.

56) 송영식(주 9), 949; 오세중·이창훈, 의장법·상표법(개정판), 한빛지적소유권센터(2002), 111; 이수웅, 산업재산권법, 삼선(2002), 457; 공경식·이승훈, 코어 디자인보호법(제10판), 한빛지적소유권센터(2013), 104.

57) 이 외에 과거 일본에서는 도면의 여백부분의 색채를 용지의 색으로 해석하여 형상과 용 지색채의 결합디자인이라고 보는 용지색설, 형상 외에 당해 물품에서 통상 사용되는 재질 의 색채가 결합된 디자인이라고 보는 재질색설 등도 논의되었으나, 우리나라에서 이러한 입장을 취하는 견해는 발견되지 않는다[일본법상의 용어로는 '의장'이나 우리 디자인보호 법상의 용어에 맞추어 '디자인'이라고 표현한다(이 글 전체적으로 고유명사를 기재하는 경 우를 제외하고는 같다)].

58) 한편 안원모(주 55), 297은 "디자인에서의 형상은 기능적인 요소와 관련이 되고 모양이

며 디자인의 설명란에도 아무런 설명이 없는 디자인은 형상만이 디자인의 형태적 구성요소이고 모양이나 색채의 한정이 없는 디자인이라고 봄이 타당하다.[59]

(2) 형상과 모양의 결합디자인

형상만의 디자인에서와 같이 색채가 없고 형상과 모양만으로 된 디자인이 있을 수 있는가에 대하여 논란이 있지만 디자인보호법의 정의규정에 따라 형상과 모양만이 결합된 디자인도 인정된다고 보는 데 이견은 없다.

(3) 형상과 색채의 결합디자인

형상선 내부여백에 선도, 색구분, 색흐림이 없고 1색의 색채만 존재하는 디자인을 모양은 없이 형상과 색채가 결합된 디자인이라고 부를 수 있다.[60] 2 이상의 색채를 선택하여 이를 조합(혼합이 아니고 배치를 의미한다)한 것은 모양을 이루므로,[61] 이 경우에는 형상·모양·색채의 결합디자인이 될 것이다.

(4) 형상·모양·색채의 결합디자인

형상과 모양 및 색채의 결합디자인은 형상선 내부여백에 색구분, 색흐림이 있거나, 형상선 내부여백에 선도와 1색의 바탕색이 있는 디자인 등을 말한다.[62]

다. 평면디자인

위에서 본 손수건·비닐지·직물지·벽지 등 평면적 형상으로 취급되는 물품에 대해서는 몇 가지의 정해진 규격의 평면에 모양과 색채가 결합된 디자인이 창작되는 것이 일반적이므로, 그 형태성의 요소 가운데 형상은 생략한 채로 연속 반복되는 단위모양만을 디자인으로 등록하는 경우가 있다.[63] 그렇다고 하여 이러한 디자인이 형상 자체를 갖지 않는 것은 아니고 어디까지나 평면적인

나 색채는 장식적인 요소와 관련되고 있다. 미적인 요소를 보호한다고 하는 점에서 미술저작물과 디자인은 서로 공통되지만 디자인은 기능과 관련된 미를 보호한다고 하는 점이 미술저작물과 구분되는 하나의 기준이 되고 있다. 디자인의 창작에 있어서 기능과 관련된 형상의 창작에 창작의 노력이 집중되는 것이 일반적이고 모양이나 색채는 부가적인 요소로 취급하는 경우가 많다. 이러한 현실에 비추어 창작의 노력이 집중되는 형상에 창작적 가치가 인정된다면 그 자체로서 디자인의 보호가 인정되는 것이 마땅하다"고 견해를 피력하고 있다. 반드시 모양이나 색채의 창작이 형상의 창작보다 부가적으로 취급되어야 하는가에 관하여는 달리 볼 수도 있겠으나, 형상만의 창작도 보호할 가치가 충분하다는 취지는 분명 타당하다고 생각된다.

59) 이 문제는 디자인 상호간의 이용관계의 유형으로서 형상만의 디자인의 이용이 인정되는지와 관련성이 깊다(본서 디자인보호법 제95조 해당 부분 참조).

60) 특허청 국제지식재산연수원(주 5), 148.

61) 노태정·김병진(주 8), 179.

62) 특허청 국제지식재산연수원(주 5), 148.

63) 특허청 국제지식재산연수원(주 5), 148-149.

형상이 결합되어 있는 것이다. 따라서 경우에 따라서는 독창적인 평면적 형상을 창작하여 이를 디자인 창작내용의 요점으로 삼을 수도 있을 것이다.

라. 형태성에 관하여 논란이 되는 대상

(1) 문자와 표지

문자는 이미 공지·공용되어 독창성이 결여되어 있고, 정보전달이 주된 목적이므로, 이를 디자인의 형태성의 요소로 사용하더라도 디자인권을 인정할 수 없는 것인지 의문이 있다. 그러나 한편으로는 문자는 충분히 시각적인 요소로서 장식적인 기능을 발휘할 수 있는 성격이 있으므로, 형태성의 요소 가운데 모양으로 파악함이 타당한 경우가 있을 수 있다.

또한 디자인보호법에서 표지라 함은 시각을 통하여 특정한 관념을 일으키거나, 의미나 정보를 전달하는 것을 말하고, 상표, 심볼마크, 국·공공단체의 문장, 학교 또는 단체의 기장, 도로교통표지 등이 여기에 해당한다.[64] 표지도 문자와 마찬가지로 정보전달이 주된 목적이라는 점에서 디자인의 형태성의 요소로 인정하여도 좋은지 문제되고, 특히 특정의 관념 또는 특정인을 관념케 하는 표지(상표)에 대하여 디자인권을 부여하는 것이 적절한지 논란이 있을 수 있다. 그러나 표지 역시 문자와 마찬가지로 시각적인 요소로서 장식적인 기능을 발휘할 수 있으므로, 그 범위 내에서는 디자인의 형태성의 요소로 파악함이 타당하다고 할 수 있고, 상표권이나 부정경쟁행위와의 저촉은 별도의 법리로 해결할 문제이지, 이 때문에 근본적으로 모양성을 부정할 것은 아니라고 생각된다.[65]

이에 디자인심사기준은 (1) 물품에 표현된 문자·표지 중 ① 물품을 장식하는 기능만을 하는 것, ② 정보를 전달하는 기능과 물품을 장식하는 기능을 함께 하는 것은 모양으로 보아 디자인을 구성하는 것으로 취급하고, 반면에 (2) 오로지 정보전달을 위해 사용되고 있는 것으로서 ① 신문·서적의 문장부분, ② 성분표시, 사용설명, 인증표시 등을 보통의 형태로 나타낸 문자는 모양으로 보지 않아 디자인을 구성하는 것으로 취급하지 않도록 정하고 있다.[66] 다만, 후자에 해당하더라도 물품에 표현되어 있는 문자·표지의 삭제를 요하지는 않는다.[67]

---

64) 특허청 국제지식재산연수원(주 5), 187.
65) 디자인권과 상표권 또는 부정경쟁행위와의 저촉에 관하여는 본서 디자인보호법 제95조 해당 부분 참조.
66) 특허청(주 11), 109-110.
67) 특허청(주 11), 110.

(2) 그림문자(Pictorial symbol, Pictograph)

화장실 안내표시, 제품의 파손주의 표시, 제품의 취급주의 표시, 연료부족 및 엔진고장 등을 알려주는 자동차 실내의 각종 표시와 같은 그림문자는 의미나 정보전달을 목적으로 하는 도형적 표현으로서 시각언어라 할 수 있고, 공공시설에서의 안내, 제품의 설명, 기기 조작에 관한 설명 등의 역할을 한다.[68] 이들은 안내, 지시, 명령 등 정보전달을 목적으로 하는 점에서 문자와 같으나, 그 표현이 본래적으로 도형에 의해서 이루어지는 점에서, 거기에 나타낸 의미내용과 관계없이 디자인의 형태적 구성요소로서의 성립은 부정되지 않는다.[69] 그러나 이러한 도형들이 장기간 사용됨으로써 특정관념을 상기시키고 특정정보를 전달하는 것으로 고정화되면 이는 공공성을 가지게 되고 이때에는 문자나 표지가 장식적 기능은 없이 오로지 정보전달기능만 하는 경우와 같게 되므로 모양으로 인정하지 않아야 할 것이다.[70]

(3) 화상디자인

화상디자인이란 물품의 액정화면 등 표시부에 표시하는 도형 등이라고 정의되고 있다.[71] 종래 음악이나 비디오의 감상·집필·그림제작 등을 위해서는 각각의 기능을 가진 전용기기나 도구가 필요했지만 이제는 컴퓨터에 설치된 프로그램을 인스톨하는 것만으로 가능하게 되었을 뿐만 아니라 네트워크를 통하여 신문·잡지의 구독이나 음악청취가 가능하고, 상품의 판매나 금융기관에 의한 각종 서비스의 제공 등이 각종의 정보기기를 통하여 제공되게 됨으로써, 과거 물질적인 세계를 대상으로 창작활동이 이루어져왔던 산업디자인의 영역이 이제는 정보기기 화면상의 조작버튼인 아이콘이나 콤팩트디스크 플레이어 등 각종의 화상디자인 형태를 디자인하는 것으로 확대되었다.[72] 이처럼 정보사회에서 변화되는 환경에 맞추어 디자이너의 영역이 비물질적인 사이버 세계상의 디자인 창작으로 바뀌고 있고, 화상디자인이 소프트웨어의 심미성을 높이기 위한 것뿐 아니라 기능적 측면에서의 사용성 및 매출과 관련된 상업성에 영향을 주고 있으므로, 화상디자인을 정보화기기의 디자인과는 별개로 독자적으로 보

---

68) 특허청 국제지식재산연수원(주 5), 151.
69) 斉藤瞭二 저·정태련 역(주 42), 155.
70) 특허청 국제지식재산연수원(주 5), 151.
71) 특허청(주 11), 107.
72) 배상철, "화상디자인 보호제도에 대한 소고", 매헌송영식선생화갑기념 지적재산권법의 제문제, 세창출판사(2004), 404-405.

호할 필요성이 대두되었다.[73]

　화상디자인을 디자인보호법상의 디자인으로 보호할 것인가와 관련하여, 액
정화면 등에 표시되는 도형은 그 자체로는 물품성이 인정되지 않으므로 디자인
으로 성립되지 않는다고 할 것이나, 이것이 물품과 결합된 경우 이를 어떻게 취
급할 것인지가 관건이다. 물품에 상시적으로 표시되는 것이 아니고 그 기기가
전원에 의하여 작동될 때에만 표시되는 것이라는 점에서 논란의 여지가 있으나,
특허청은 2003. 7. 1. 특허청 예규 제25호로 디자인심사기준을 개정하여 화상디
자인을 보호하기 위한 규정을 마련하였다.[74] 이러한 규정을 이어받아 현행 디자
인심사기준도 화상디자인이 물품에 일시적으로 구현되는 경우에도 그 물품은
화상디자인을 표시한 상태에서 공업상 이용할 수 있는 디자인으로 취급한다고
규정하고 있다.[75] 이는 비록 물품에 일시적으로 나타나기는 하나 표시부에 표시
되는 도형 등을 디자인의 형태적 구성요소인 모양이라고 볼 수 있다는 입장이
라고 이해된다.[76]

　또한 부분디자인제도를 활용하면 화상디자인이 보다 유연하게 디자인보호
법의 보호대상으로 포섭될 수 있다.[77] 즉 화상디자인을 보호받고자 하는 경우에
는 물품과 결합하여 전체디자인 또는 부분디자인으로 출원할 수 있는데, 화상디
자인을 부분디자인으로서 등록받고자 할 때에는 전체디자인 중 화상디자인 부
분은 실선으로 표시하고, 그 외의 부분에 관한 형상은 파선으로 표현하여 등록
받고자 하는 부분을 특정하면 된다.[78] 나아가 2011. 4. 29. 특허청 예규 제58호
로 개정된 디자인심사기준에서는 동적화상아이콘디자인의[79] 참고도를 동영상파

---

73) 배상철(주 72), 406.
74) 이렇듯 심사기준을 통한 화상디자인 보호 근거 마련의 취지는, 물품성 요건에 있어 보다
　　완화된 입장을 취하고 있는 EU뿐만 아니라 물품성 요건을 비교적 엄격하게 요구하고 있
　　는 미국에서조차 GUI 및 Icon 등의 화상디자인을 디자인등록의 대상으로 인정하고 있으므
　　로, 우리나라에서도 2001년에 이미 도입되어 있는 부분디자인제도를 적극 활용하여 화상
　　디자인을 표시한 상태에서 공업상 이용가능한 디자인으로 취급할 수 있을 것이라고 해석
　　하면, 디자인보호법을 개정하지 않고서도 「디자인심사기준」의 개정만으로 화상디자인 보
　　호가 가능하다고 특허청 내부적인 정책결정을 한 것이다[전승철, "화상디자인의 디자인보
　　호법상 보호 현황", 산업재산권법 분야의 최근 동향: 2005년 춘계정기학술대회, 한국산업
　　재산권법학회(2006), 11].
75) 특허청(주 11), 107.
76) 노태정·김병진(주 8), 188.
77) 송영식(주 9), 944.
78) 특허청(주 11), 116.
79) 동적화상아이콘디자인이란 형태적 관련성과 변화의 일정성을 가지고 물품의 액정화면
　　등 표시부에 표시되는 동적아이콘에 관한 화상디자인을 말한다[특허청(주 11), 117].

일 형식으로 제출할 수 있도록 허용하고 이에 관한 규정을 마련하였다.

(4) 동적디자인

동적디자인은 그 창작의 요점이 '디자인의 특이한 변화상태'에 있는 디자인
으로서 그 물품이 갖는 기능에 기초하여 변화하고 변화 전에는 그 변화의 상태
를 용이하게 예측할 수 없을 뿐 아니라 그 변화가 시각에 호소하는 것을 말한
다.[80] 형상 자체가 움직이는 형상동적디자인, 모양만 움직이는 모양동적디자인,
색채만 움직이는 색채동적디자인 및 결합동적디자인 등으로 나눌 수 있다.[81]

디자인은 물품의 외관에 관한 창작으로서 대개의 경우 정적인 상태에서 포
착되나, 완구원숭이에 태엽을 감아 드럼을 치는 자태나 손발을 움직이는 형상
등의 경우에는 그 창작의 요점이 디자인의 특이한 변화상태에 있는 것이다.[82]
만약 이러한 디자인에서 움직이는 상태마다 별개의 디자인으로 취급한다면 형
상이 다른 상태마다 등록을 받지 않는 한 권리보전에 흠결이 생길 수 있어 창
작보호에 만전을 기할 수 없으므로, 이를 동적디자인 1출원으로 할 수 있도록
함으로써 완전한 디자인권을 취득할 수 있게 할 필요가 있다.[83] 비록 동적디자
인에 관하여 디자인보호법에 명문의 규정은 없으나, 시행규칙의 디자인의 설명
란 기재사항, 심사기준의 동적디자인의 유사여부 판단규정 등으로 미루어 디자
인으로서 등록적격이 있는 것으로 실무상 해석 · 운용되고 있다.[84]

한편 가위 · 냉장고 문 · 피아노 덮개 · 접철식 의자 등과 같이, 물품의 외관
이 변화하지만 이러한 변화가 기능상 예측가능하고 당연히 움직이는 것으로 인
정되는 경우라면, 이는 동적디자인이 아닌 통상의 디자인에 해당한다.[85]

4. 시 각 성

가. 의   의

디자인보호법은 디자인의 정의와 관련하여 시각을 통하여 미감을 일으키게
하는 것이라는 표현만을 규정하고 있을 뿐, 더 나아가서 시각성의 의미 즉 '시각
을 통하여'라는 것이 구체적으로 어떠한 의미를 담고 있는지에 대하여는 별다른

---

80) 오세중 · 이창훈(주 56), 107.
81) 송영식(주 9), 950-951.
82) 송영식(주 9), 950.
83) 오세중 · 이창훈(주 56), 108.
84) 송영식(주 9), 950 각주 1704.
85) 오세중 · 이창훈(주 56), 110.

설명이 없으나, 사람이 어떤 대상으로부터 미를 파악하는 방법 가운데 시각 외에
미각·촉각·청각·후각 등은 배제하고 오로지 시각을 통하여 파악되는 것만이
디자인보호법의 대상이 된다는 적극적인 의미에서 시각성의 개념을 사용한 것으
로 파악할 수 있다.[86] 따라서 디자인은 시각, 즉 원칙적 육안으로 디자인을 파
악·식별할 수 있어야 함은 물론 외부로부터 보이는 것이어야 하고, 물건이 완성
된 경우 시각에서 사라져 수요자나 거래자에게 미감을 자아낼 수 없는 부분(물
품을 분해하거나 파괴하여야만 볼 수 있는 것)은 디자인등록대상에서 제외된다.[87]

　　시각성에 관하여 대법원 1999. 7. 23. 선고 98후2689 판결은[88] 디자인보호
법상 디자인은 시각 즉, 육안으로 파악·식별할 수 있어야 함을 물론 외부로부
터 보이는 것이어야 하고, 물건이 완성된 경우 시각에서 사라져 수요자나 거래
자에게 미감을 자아낼 수 없는 부분 즉, 물품을 분해하거나 파괴하여야만 볼 수
있는 것은 디자인등록대상에서 제외된다고 판시한 바 있다. 일반적으로 이해되
는 시각성의 내용과 부합하는 판결로 보인다.

나. 시각성의 내용

　　디자인심사기준상 아래에 해당하는 것은 디자인의 시각성을 결여한 것으로
보고 있다.[89]

(1) 시각 외의 감각을 주로 하여 파악되는 것

　　시각 외에 감각을 주로 하여 파악되는 소리, 맛, 냄새, 질감 등은 디자인의
대상이 아니다.

(2) 육안으로 그 형태를 판별할 수 없는 것

　　시각성을 구비하였다고 하려면 육안으로 식별할 수 있는 것을 원칙으로 한
다. 따라서 분상물 또는 입상물의 하나의 단위와 같이 육안으로 그 형태를 판별
하기 어려운 것은 시각성을 결여한 것이다.

---

86) 안원모, "디자인보호법상의 디자인의 성립성: 시각성 요건을 중심으로", 법학연구, 연세
　　대학교, 제18권 제2호(2008), 120-121.
　　　위 논문은 우리 디자인보호법의 디자인 정의와 거의 동일한 규정을 두고 있는 일본에서
　　'디자인의 성립요건으로서 형태성(물품의 형상·모양·색채 또는 이들을 결합한 것)을 요
　　구하는 것은 이미 시각 이외의 것에 의하여 파악되는 대상은 제외되어 있으므로, 다시 '시
　　각을 통하여'라는 표현을 쓰는 것은 중복적인 표현에 불과하다'는 견해[斉藤瞭二(주 25),
　　70-71]도 주장되고 있으나, 물품의 형태성을 파악하는 것은 오감 중에서 촉각에 의하는 것
　　도 가능하므로 반드시 중복적인 표현이라고만은 할 수 없다고 설명한다.
87) 특허법원 지적재산소송 실무연구회, 지적재산소송실무(제3판), 박영사(2014), 428.
88) 공1999.9.1.(89), 1789.
89) 특허청(주 11), 102-103.

또한 확대경 등에 의해 확대하여야 물품의 형상 등이 파악되는 것 역시 원칙적으로 시각성이 부정된다. 다만 디자인에 관한 물품의 거래에서 확대경 등에 의해 물품의 형상 등을 확대하여 관찰하는 것이 통상적인 경우에는 시각성이 있는 것으로 본다. 이러한 기준에 따라 시각성이 있는 경우로 보는 경우의 예로서, 평면도에서 '한 변의 길이가 0.4mm인 발광다이오드'가 거시되어 있다. 위와 같은 확대경 관련 부분은 2011. 4. 29. 특허청 예규 제58호로 개정된 디자인심사기준에서 비로소 마련된 것이고, 그 전까지는 디자인심사기준에 없었던 내용이다.

(3) 외부에서 볼 수 없는 곳

외부로부터 보이는 곳만이 디자인이 될 수 있다. 따라서 분해하거나 파괴하여야만 볼 수 있는 곳은 디자인이 될 수 없다. 다만, 냉장고의 내부, 휴대폰의 번호 버튼부, 서랍장의 내부, 피아노의 건반 등과 같이 뚜껑을 열면 당연히 보이는 곳은 디자인의 대상이 된다.

다. 부품 또는 부속품의 시각성

완성품에 장착된 상태에서는 외부에서 보이지 않는 자동차의 부품, 복사기의 토너 카트리지 등과 같이 부품 또는 부속품에 대하여 시각성 충족 여부가 논의될 여지는 있으나, 완성품에 장착된 상태에서의 부품 또는 부속품의 시각성을 요구하는 것이 아니고 부품이나 부속품 자체의 독립거래단계에서의 시각성을 요구하는 취지이므로, 문제되지 않는다.[90]

라. 시각성에 관하여 논란이 되는 대상

(1) 극소 물품의 시각성 충족 여부

디자인보호법에서는 디자인의 성립요건으로 '시각을 통하여'라는 표현으로 시각성을 요구하고 있을 뿐이지 나아가서 육안에 의하여만 인식할 수 있는 형태에 한정하여 시각성을 인정한다는 규정은 없다. 그런데 2011. 4. 29. 특허청 예규 제58호로 개정되기 전까지 구 디자인심사기준은 이를 육안으로 식별할 수 있는 것을 말한다고 정하여 시각성 판단요건을 육안 관찰로 한정하고 있었다. 여기서 육안의 사전적 의미는 확대경이나 망원경 등을 이용하지 아니하고 맨눈으로 사물의 형태를 판별하는 것을 의미하고, 통상 안경이나 콘택트렌즈는 시력을 일상적으로 보조하는 도구일 뿐 대상물을 확대하는 것이 아니므로 안경이나 콘택트렌즈를 착용한 상태에서의 관찰도 육안관찰의 의미로 해석하는 것이

90) 특허청 국제지식재산연수원(주 5), 153.

일반적이다.[91] 위와 같은 구 디자인심사기준에 의하면, 물건의 크기가 매우 작아 확대경 등을 통하여서만 그 물건의 외관을 정확히 인식할 수 있는 물품의 경우에는 디자인의 시각성 요건을 충족하지 못한 것으로 되어 디자인 등록을 받을 가능성이 없게 된다.

이에 대하여는 첫째, 물품의 축소현상에 따른 문제점으로서, 소비자의 기호·운반 및 보관의 편의에 따라 통상적인 물품이 축소화되고 있는 오늘날 그러한 물품을 육안으로 파악할 수 없다는 이유만으로 디자인등록을 인정하지 않는 것은 지나친 형식논리에 의한 불합리라는 지적이 있고, 둘째, 보석의 세공과 같이 그 산업분야의 거래관습상 정교한 분석이 필요한 때에는 현미경이나 확대경이 통상 사용되고 있는바, 이러한 경우에는 그러한 관습을 존중하여 예외적으로 시각성을 인정하여야 한다는 문제제기가 있다.[92] 같은 취지에서, 육안에 의한 관찰이 가능하여야 한다는 것은 일반적인 디자인에 있어서는 당연한 요건이라고 할 수 있으나, 확대경 등을 통하여 물품의 시각성을 파악하고 그로부터 미감을 일으키는 것으로 하여 거래가 이루어지는 관행이 있는 극소물품의 경우에도 디자인보호법의 목적에 비추어 디자인의 성립성을 부인할 이유가 없고, 그로 인하여 물품의 수요가 창출되고 산업의 발전을 촉진시킬 수 있다면 당연히 디자인보호법의 보호대상으로 포섭하는 것이 바람직하다는 견해도 제시되었다.[93]

한편 우리와 같은 취지의 의장 정의 규정을 두고 있는 일본의 경우에도 이 점이 논란이 되다가 지적재산고등재판소가 平成17年(行ケ)10679号 사건에 관하여 2006. 3. 31. 판결로 '디자인에 관한 물품의 거래 시에 당해 물품의 형상 등을 육안으로 관찰하는 것이 통상인 경우에는 육안에 의하여 인식할 수 없는 형상 등은 의장법 제2조 제1항의 「시각을 통하여 미감을 일으키게 하는 것」에 해당하지 않고 디자인등록을 받을 수 없다고 해야 하지만, 디자인에 관한 물품의 거래 시에 현물 또는 샘플을 확대경 등에 의하여 관찰하는 확대사진이나 확대도를 카탈로그, 시방서 등에 게재하는 등의 방법으로 당해 물품의 형상 등을 확대하여 관찰하는 것이 통상인 경우에는, 당해 물품의 형상 등은 육안에 의하여 인식되지 않더라도 「시각을 통하여 미감을 일으키게 하는 것」에 해당한다고 해석함이 타당하다'는 법리를 설시하여 극소 물품의 경우에도 시각성이 인정될

91) 안원모(주 86), 127-128; 藤本 昇, "意匠法上の「視覚性」についての画期的判決: 意匠審査基準における肉眼観察限定認識手法について", 知財管理, vol.56 no.9(2006), 1348.
92) 송영식(주 9), 952.
93) 안원모(주 86), 128-129.

수 있는 판단기준이 제시되었다.

우리 특허청도 2011. 4. 29. 특허청 예규 제58호로 디자인심사기준을 개정하여, 위에서 본 바와 같이, 종래 디자인의 성립요건인 시각성 판단요건을 육안 관찰만 인정하던 태도에서 확대경 관찰이 통상적인 경우에도 시각성을 인정하도록 하는 태도로 입장을 변경하였다. 나아가 위 개정 디자인심사기준은 디자인의 유사여부 판단기준에 관하여도 '관찰'은 육안으로 비교하여 관찰하는 것을 원칙으로 하되, 디자인에 관한 물품의 거래에서 물품의 형상 등을 확대하여 관찰하는 것이 통상적인 경우에는 확대경 · 현미경 등을 사용하여 관찰할 수 있다는 내용을 추가하였다.94)

(2) 내부구조의 인식시점

위에서 본 바와 같이 뚜껑이나 문을 열면 보이는 내부구조도 시각성의 요건을 충족하는 것이라고 할 때에, 그러한 내부구조를 물품의 판매 시에 인식할 수 있는 경우만이 이에 해당한다고 볼 것인가 아니면 물품의 제조 시나 사용 시에 인식할 수 있는 경우도 역시 디자인을 구성하는 것으로 볼 것인가가 문제된다.95)

이와 관련하여 위에서 본 대법원 1999. 7. 23. 선고 98후2689 판결의 사안은 '조명 기구(氣球)용 틀'의 디자인 적격성이 문제된 것인데, 대법원은, 대상물품인 '틀'은 기구 속에 채워진 공기가 어떤 원인으로 약간 빠져나간 경우에도 기구의 외피의 형상과 모양을 틀에 의하여 어느 정도 유지하기 위한 물품일 뿐 틀 자체의 형상과 모양을 외부에 보이기 위한 것이 아니며, 이 사건 틀이 외피와 분리되어 독자적인 거래대상은 될 수 있을 것이나, 그 틀은 상당히 대형이어서 등록된 형상과 모양이 갖추어 진 상태 즉, 조립 · 설치된 상태로 거래, 운반되는 것이 아니라 부품으로 분해된 상태에서 거래 운반되는 것이 일반적이고, 기구의 설치 시에도 틀을 먼저 조립 설치한 후 즉, 등록된 디자인의 모습이 외부에 나타난 상태에서 외피를 덮어씌우는 것이 아니라 외피를 설치한 후 그 외피 속에 사람이 들어가서 외피의 하부로부터 틀을 조립 · 설치하게 되어 있으며, 따라서 이 사건 등록디자인품은 거래 시나 운반 시 또는 설치 시에도 등록된 형상과 모양이 외부에 나타난다고 보기 어렵고, 기구를 설치한 후에도 외피 안에 공기가 정상적으로 채워져 있는 한 외피의 형상과 모양만을 외부에서 볼 수

---

94) 이러한 규정 내용은 현행 디자인심사기준에도 그대로 유지되고 있다[특허청(주 11), 174].
95) 안원모(주 86), 135.

있을 뿐 그 틀은 외부에서 볼 수 없고 단지 외피 속에 채워진 공기가 약간 빠져
나간 비정상적인 경우에만 틀의 윤곽 즉, 틀의 형상을 어느 정도 짐작케 할 정
도로 나타날 뿐이며, 나아가 광고내용 등을 바꾸기 위하여 외피를 교체하는 경
우를 상정해 보아도 외피를 제거하면 일시적으로 디자인의 형상과 모양이 드러
날 것이나, 곧 디자인품인 틀 자체를 분해하고 새로운 외피를 설치한 후 그 새
로운 외피 안에 들어가 다시 틀을 재조립하게 될 것인 점에서 이 사건 등록 디
자인품인 틀은 그 자체의 완성된 형상과 모양이 거래자나 일반 수요자에게 노
출되어 심미감을 자아낼 수 있는 경우란 거의 없다고 볼 수 있고, 완성품인 기
구의 외피를 제거 내지 훼손하지 않는 한 그 형상과 모양을 외부에서 쉽사리
파악·식별할 수 없어 디자인등록의 대상이 되지 않는다고 볼 여지가 있다고
판단하였다.[96]

　위 판결은 물품의 제조 시에 있어서만 파악할 수 있는 내부구조는 디자인
의 대상이 아니라고 보는 입장을 밝힌 것으로 이해된다.[97] 제조 시에만 파악할
수 있는 물품의 내부형태는 결국 완성된 물품을 분해하거나 파괴하여야만 파악
이 가능한 것이고 그러한 형태는 물품의 수요를 창출하는 데에 역할을 할 수
없을 것이므로 디자인보호법의 목적상으로도 그러한 형태를 보호할 필요가 없
다고 할 수 있다.[98] 이러한 점에서 위 판결의 태도는 타당하다고 생각된다.

　한편 물품의 판매 시에는 그 내부구조를 파악할 수 없었으나 사용 시에는
그 내부구조가 파악되는 경우에는 어떻게 해석해야 할 것인가를 생각해 볼 필
요가 있다. 물품의 판매 시에는 파악할 수 없는 내부의 형태라고 하더라도 수요
자가 사용하는 경우에 파악될 수 있는 내부형태라면 물품의 수요창출에 어느
정도 기여하는 측면이 있음을 인정할 수 있고, 물품 구입 시에 사용 시의 형태
를 미리 알고 물품을 구입하는 경우도 충분히 있을 수 있으므로 물품의 사용
시에 그 내부구조가 비로소 파악되는 형태라고 하여도 디자인의 대상에 포함시

---

96) 원심은 이 사건 틀이 외피로 덮여 씌워져 외부에서 틀 전체의 모습을 볼 수 없다는 사실
　　을 인정하면서도 외부에서 틀의 외곽의 형상을 알아볼 수 있다거나, 기구의 설치 시나 수
　　리 시 또는 외피 교체 시나 외피를 들추는 경우에는 틀의 형상을 볼 수 있다는 사정만으
　　로 이 사건 등록디자인이 디자인등록 적격성이 있다고 판단하였는데, 대법원은 위와 같은
　　판단 아래 원심을 파기하였다.
97) 위 판결의 대법원판례해설도 물품의 제조 시에 있어서만 파악할 수 있는 내부구조는 디
　　자인의 대상이 아니라고 보는 입장을 전제로 서술하고 있는 것으로 보인다[하광룡, "특허
　　법원이 적극적 형성판결이나 이행판결을 할 수 있는지 여부 및 의장의 시각성 요건(대법
　　원 1999. 7. 23. 선고 98후2689 판결)", 대법원판례해설 제33호(2000), 법원도서관, 751].
98) 안원모(주 86), 135.

키는 것이 타당하다고 할 것이다.[99]

5. 심 미 성

가. 규정의 연혁과 취지

디자인보호법은 디자인의 성립요건의 한 가지로 '미감을 일으키게 하는 것'이라는 요건을 정하고 있다. 이를 일반적으로 심미성 또는 미감성 요건으로 부른다. 1961. 12. 31. 법률 제951호로 제정된 구 의장법 제2조는 '등록의 대상'에 관하여 "물건의 형상, 모양이나 색채 또는 이들이 결합한 것이 산업에 이용할 수 있는 신규한 의장을 고안한 자는 그 고안에 대하여 의장등록을 받을 수 있다"고 하여 심미성에 관한 규정을 두고 있지 않았다. 이후 1973. 2. 8. 법률 제2507호로 전부개정된 구 의장법 제4조가 '의장의 정의'에 관하여 "이 법에서 의장이라 함은 물품의 형상·모양이나 색채 또는 이들의 결합한 것으로서 시각을 통하여 미감을 일으키게 하는 것을 말한다"고 하여 비로소 심미성에 관하여 규정하였고, 이후 이러한 규정이 이어져오고 있다.

디자인보호제도는 물품의 상품가치를 높여 당해 물품에 대한 수요의 증대를 통해 산업발전에 이바지함을 목적으로 하므로, 디자인 성립요건으로서의 심미성의 요구는 이러한 디자인보호제도의 목적을 달성하기 위한 것이라고 이해되고 있다. 만약 디자인의 성립에 심미성을 요하지 않는다면, 물품의 외관을 구성하는 형태 모두가 디자인보호법상의 디자인으로 성립할 수 있게 되고, 결국 하등의 미적 가치가 없거나 그 형태로 인한 수요의 창출 기여가 전혀 없는 것에까지 디자인권을 인정하는 결과로 되어 디자인보호법의 입법목적과 맞지 않게 될 뿐만 아니라 특허법·실용신안법 등 다른 법역의 보호객체와 준별할 수도 없게 된다.[100] 이에 디자인의 성립요건으로서 심미성을 요구하는 것이다.

나. 미감의 의미

미감의 의미에 관하여는 명문으로 정의규정을 두지 않았던 1961년 제정 의장법 시절부터 현행법에 이르기까지 ① 미학상의 미적(Aesthetic) 개념에 근거하여 디자인은 미를 느끼는 것이어야 하므로, 디자인으로 성립하기 위해서는 심미적 가치가 있어야 한다는 심미성(審美性)설, ② 미의 관념은 주관적인 것이고 누구나 공통된 미의 가치를 느끼는 것이 아니므로 디자인은 미학상의 미적 가치

---

99) 안원모(주 86), 135-136.
100) 노태정·김병진(주 8), 195-196.

가 있어야 하는 것은 아니고 일반 수요자의 주의를 환기시킬 수 있도록 자극적
이면 된다는 주의환기성(注意喚起性)설 또는 자극(刺戟)설, ③ 17세기말의 프랑
스의 취미론이나 18세기 영국의 경험주의 미학에서 미적 경험의 주체가 취미
(Taste)라고 인식한 데서 비롯되어, 디자인은 시각을 통하여 외관을 지각할 때
취미감(심미성설과 주의환기설의 중간적 입장으로서 단순히 주의를 환기시킬 정도의
것보다는 좀 더 높은 미감을 의미한다), 즉 물품의 외관으로부터 느끼는 특수한 감
정(좋아하는 감정)이 있어야 한다는 취미성(趣味性)설, ④ 물품의 외관이 번잡감이
없고 일정한 통합과 질서가 있으며 통일되도록 처리되어 있어 미의 느낌을 가
질 수 있으면 디자인이 될 수 있다는 미적처리(美的處理)설 등이 제시되었다.[101]

또한 이와 관련하여 대법원 1966. 5. 3. 선고 63후30 판결[102]은 '디자인의
유사 여부를 결정함에 있어서는 전체 대 전체의 관계에 있어서 보는 사람의 마
음에 환기될 미감과 인상의 유사성 여부에 따를 것이며 그 심사에 있어서는 이
른바 대비적 관찰에 의할 것이다'라고 판시하였고,[103] 대법원 1982. 6. 8. 선고
81후7 판결은[104] 위 법리를 보다 발전시켜 '디자인의 본체는 이를 보는 사람의
마음에 어떤 미적 취미감을 환기시키는 것에 있는 것이므로 디자인의 유사여부
를 판단함에 있어서는 전체 대 전체의 관계에 있어서 보는 사람의 마음에 환기
될 미감과 인상의 유사성 여부에 따라야 할 것'이라고 하여 취미성설의 입장으
로 볼 수 있는 판시를 한 바 있다. 이후 대법원 1983. 6. 28. 선고 82후76 판
결,[105] 대법원 1984. 9. 11. 선고 83후56 판결,[106] 대법원 1985. 10. 22. 선고 85
후29 판결,[107] 대법원 1985. 11. 26. 선고 85후38 판결,[108] 대법원 1986. 2. 11.

---

101) 위 각 견해의 내용은 노태정·김병진(주 8), 196-198; 송영식(주 9), 953-954; 특허청 국
    제지식재산연수원(주 5), 154-155에 소개된 내용을 종합하여 정리한 것이다. 아울러 위 각
    견해는 일본에서의 논의가 우리나라에 영향을 주어 논의되고 있는 것이므로, 斉藤瞭二
    저·정태련 역(주 42), 162-166도 함께 참고하였다.
102) 미간행.
103) 위 판결을 나종갑, "Design 특허와 디자인의 기능성: 미국특허법을 중심으로", 연세법학
    연구 제7집 제1권(2000), 연세법학연구회, 372 각주 77은 「우리 의장법상 "미감을 일으키
    게 하는 것"에 대하여 통설과 판례는 보는 사람에게 미적 인상을 주어 심미적 가치를 의
    미한다는 심미감(대법원 1966. 5. 3. 선고 63후30 판결 참조)으로 해석된다고 한다」고 평가
    하는 근거로 삼고 있다.
104) 공1982.8.15.(686), 645.
105) 공1983.9.1.(711), 1191.
106) 공1984.11.1.(739), 1651.
107) 공1985.12.15.(766), 1552.
108) 공1986.1.15.(768), 132.
    다만 이 판결은 '디자인의 본체는 이를 보는 사람의 마음에 어떤 미적 심미감을 환기시

선고 85후56 판결,[109] 대법원 1987. 11. 10. 선고 86후101 판결,[110] 대법원 1991. 6. 11. 선고 90후1024 판결,[111] 대법원 1995. 11. 21. 선고 94후920 판결,[112] 대법원 1996. 6. 28. 선고 95후1449 판결,[113] 대법원 1997. 3. 14. 선고 96후1019 판결[114] 등도 같은 취지로 설시하고 있다. 그러나 위 96후1019 판결을 마지막으로 더 이상은 대법원이 이와 같은 설시를 하고 있지는 않고, 달리 디자인보호법상 미감의 의미에 관하여 설시한 판결을 찾아보기도 어렵다.

한편 디자인심사기준은 '디자인의 심미성'이라는 표제 아래 "'미감을 일으키게 하는 것'이란 미적 처리가 되어 있는 것, 즉 해당 물품으로부터 미를 느낄 수 있도록 처리되어 있는 것을 말한다"라고 규정하면서, '① 기능·작용·효과를 주목적으로 한 것으로서 미감을 거의 일으키게 하지 않는 것, ② 디자인으로서 짜임새가 없고 조잡감만 주는 것으로서 미감을 거의 일으키게 하지 않는 것은 미감을 일으키게 하지 아니한 것으로 본다'고 정하고 있어,[115] 미적처리설에 따른 것으로 보인다.

살피건대, 인간은 미적인 것에 대해 쾌감을 느끼지만 그렇다고 해서 단지 아름답기만 하면 어떤 것이라도 디자인의 대상이 된다고 볼 수는 없고 더욱이 그것이 바로 산업입법의 보호대상이 될 수 있는 것도 아니므로, 디자인의 심미성과 미학적 평가가 반드시 일치될 필요는 없다고 할 것이다.[116] 디자인보호법상 미감의 의미에 관한 위와 같은 논의와 종전 판례의 태도, 디자인심사기준의 내용 등을 종합하여 볼 때, 디자인보호법상의 디자인은 그 디자인이 표현된 물품을 보는 사람으로 하여금 지금까지 볼 수 없었던 특수한 취미감, 유행감, 안전감 또는 편리감 등을 줄 수 있으면 족하고 반드시 미학적으로 높은 수준의 우아하고 고상한 것을 요구하는 것은 아니라는 정도로 이해하면 충분하다고 생각된다.[117][118]

키는 것에 있는 것'이라고 하여 '취미감' 대신 '심미감'이라는 용어를 사용하고 있다. 그러나 위 82후76 판결을 참조판결로 거시하고 있고, 그 법리의 내용도 취미감이라는 용어를 사용하고 있는 전후의 다른 판결들과 같은 취지이다.

109) 공1986.4.1.(773), 456.
110) 공1988.1.1.(815), 101.
111) 공1991, 1926.
112) 공1996.1.1.(1), 60.
113) 공1996.8.15.(16), 2378.
114) 미간행.
115) 특허청(주 11), 103.
116) 송영식(주 9), 954.
117) 송영식(주 9), 953-954; 특허청 국제지식재산연수원(주 5), 154-155의 각 결론도 결국 이러한 취지로 이해된다. 다만 노태정·김병진(주 8), 198은 심미성설이 가장 합리적이라는

특허법원도 미감을 이와 같이 이해하는 전제에서 실무를 운용하고 있는 것으로
보인다.119) 다만, 디자인보호법상 미감은 위에서 본 시각성을 전제로 한 개념이
므로, 청각이나 촉각 등 다른 감각이 아닌 시각을 통해서 얻을 수 있는 것이어
야 한다.120)

다. 디자인의 본질에서 본 심미성의 범위

디자인의 본질을 어떻게 이해하느냐에 따라 디자인의 심미성의 범위가 달
라질 수 있는데, 여기에는 크게 ① 실용품의 미적 창작은 사상·감정의 표현이
아니고 그 물품이 지닌 고유한 용도 즉 기능을 해치지 않는 범위에서 하는 단
순한 장식에 불과하므로, 물품에 복잡한 모양이나 장식을 붙여서 아름답게 보이
도록 꾸미는 것을 디자인이라고 생각하는 장식주의, ② 수공업에 의한 제품의
생산시기를 넘어 기계에 의한 대량생산이 가능해짐에 따라 제품은 기능적으로
우수해야 좋은 제품이고 이를 위해서는 제품의 외형이 그 물품의 용도나 기능
에 일치하여야 하므로, 제품의 기능에 부합되도록 외형을 디자인한 것이 좋은
디자인이고 무용한 장식은 가능한 한 제거하여야 한다고 보는 기능주의의 사상
이 논의되어왔다.121)

극단적인 장식주의를 따른다면 디자인보호법상 디자인의 대상물품으로 '산
업기계, 건축재료, 나사, 못, 철사, 너트, 볼트' 등은 배제하게 될 것이고, 반면

입장을 취하고 있다.
118) 한편 미감의 의미에 관하여 우리나라와 마찬가지 논의가 이루어졌던 일본에서도 현재는
    일본 의장법상의 '미'는 반드시 높은 수준의 우아한 아름다움을 요하지 않고, 위 법상 '미
    감'은 '아름다움'을 중심으로 하는 가치의식을 가리키는 것이지만 여기에 한정되는 것은 아
    니며, 보다 널리 미적인 것 전체를 포함하여 이해되고 있다고 한다[満田重昭·松尾和子
    공편, 注解 意匠法, 靑林書院(2010), 123-124(斉藤瞭二 집필부분)]. 일본 의장심사기준도
    의장구성요건으로서의 미감에 관하여 '미술품과 같이 고상한 아름다움을 요구하는 것은
    아니고, 어떠한 미감이든 일으키는 것이라면 족하다'는 취지로 규정하고 있어(일본 의장심
    사기준 1.1.1.4), 이와 같은 취지라고 한다[斉藤瞭二(주 118), 124].
119) 특허법원 지적재산소송실무연구회(주 87), 428.
120) 이에 대하여 안원모(주 86), 122-126은 디자인보호법상 심미성이 반드시 시각성만을 전
    제로 한 것으로 볼 필요는 없고 최소한 촉각에 의하여 물품의 형태를 파악함으로써 얻어
    질 수 있는 미감도 포함하는 개념으로 이해함이 타당하다는 견해를 제시하고 있다. 이 견
    해는 나아가 형태성 요건에도 수정을 가하여 형상·모양·색채 또는 그 결합 외에 '질감'
    을 추가하는 것이 바람직하다고 주장한다. 경청할 만한 견해라고 생각된다. 다만 현재 우
    리 법률 규정 문언과 이에 기초한 실무가 시각성을 전제로 하여 전개되어 있으므로, 주해
    서의 성격상 이 글에서 더 이상의 상세한 논의는 생략한다.
121) 장식주의와 기능주의의 내용은 노태정·김병진(주 8), 202-203; 송영식(주 9), 955; 특허
    청 국제지식재산연수원(주 5), 155-156에 소개된 내용을 종합하여 정리한 것이다.

기능미만을 디자인의 본질로 이해한다면 '직물지, 벽지, 포장지'와 같이 장식이 디자인의 요점을 이루는 물품은 디자인보호법의 보호대상이 아니라고 보게 될 것이다. 그러나 디자인보호법령은 디자인의 대상물품을 시행규칙에서 구체적으로 정하고 있었던 2009. 12. 30. 지식경제부령 제108호로 개정되기 전까지의 구 디자인보호법시행규칙 별표4의 '물품의 구분'에서나, 위 2009. 12. 30. 시행규칙 개정으로 구체적인 물품의 구분표 내용을 특허청 고시로 정하게 된 2009. 12. 14. 특허청고시 제2009-39호 '디자인 물품분류 구분' 이후에서나 일관되게 장식미가 가미될 여지가 없는 물품과 기능미가 가미될 가능성이 희박한 물품을 모두 포괄하여 디자인의 대상으로 정하고 있으므로, 디자인보호법의 태도는 장식미와 기능미를 모두 디자인의 본질로 파악하는 태도라고 이해해야 한다. 따라서 디자인의 성립요건으로 요구되는 심미성에는 장식미와 기능미가 모두 포함된다고 할 것이다.

다만 여기서 기능미란 어디까지나 외관에 변화가 있고, 그 변화에 따라 물품의 기능을 좋게 하는 경우를 말하는 것이지 아무리 기능을 좋게 하는 것이라도 외관상의 변화가 없는 것이거나 그 변화가 극히 미미하여 인식하기 어려운 경우에는 미감을 일으키게 하는 것이라고 할 수 없다.[122] 한편 디자인의 형태가 기능은 물론 심미감을 불러일으킨다고 하더라도 그것이 물품의 기능을 확보하는 데에 불가결한 형상만으로 된 것인 때에는 디자인등록을 받을 수 없다(디자인보호법 제34조 제4호).

라. 심미성의 범위에 관한 대법원 판례의 태도

디자인보호법상 미감의 의미를 명시적으로 설시하고 있는 판결들은 위에서 살펴보았으나, 그 외에 대법원이 심미성의 범위를 어디까지로 보고 있는지 명시적으로 밝힌 판결은 발견하기 어렵다. 그런데 이와 관련하여 대법원 1984. 4. 10. 선고 83후59 판결은[123] 디자인 유사여부의 판단기준에 대하여 '디자인이라 함은 물품의 형상, 모양, 색채 또는 그 결합으로서 시각을 통하여 장식적 심미감을 불러 일으키는 것을 말하므로, 디자인의 동일 또는 유사 여부는 디자인을 구성하는 각 요소를 부분적으로 분리하여 대비할 것이 아니라 전체와 전체를 대비관찰하여 보는 사람이 느끼는 심미감 여하에 따라 판단하여야 하고, 그 구성요소 중 공지공용된 부분이 있다고 하여도 그것이 특별한 심미감을 불러 일

---

122) 노태정·김병진(주 8), 204.
123) 공1984.6.15.(730), 886.

으키는 요소가 되지 못하는 것이 아닌 한 이것까지 포함하여 전체로서 관찰하
여 느껴지는 장식적 심미감에 따라 동일 또는 유사여부를 판단하여야 할 것이
다'라는 법리를, 디자인의 신규성과 창작성에 대하여 '디자인을 구성하는 개개
의 형상·모양이 공지공용에 속한 것이라 하여도 이것들이 결합하여 새로운 장
식적 심미감을 불러일으키고 그것이 용이하게 창작될 수 없는 정도의 지능적
고안이라고 보여질 때에는 그 디자인은 신규성과 창작성이 있는 고안이라고
보아야 하는 것이지만, 이와 달리 개개의 형상·모양을 결합한 것이 새로운 장
식적 심미감을 불러일으키지 아니하거나 기술적 창작으로서의 가치도 없을 때
에는 신규성과 창작성을 결여하여 디자인등록의 대상이 될 수 없다'라는 법리
를 각 설시하여 '장식적 심미감'이라는 표현을 사용한 바 있다.124) 또한 이후
위 판결을 참조하여 선고된 수많은 대법원 판결들에도 같은 용어가 나타나고
있다.125)

　　위 판결들의 '장식적 심미감'이라는 표현이 마치 심미성의 범위에 장식미만
을 포함시키고 기능미는 배제하는 태도를 설시한 것으로 볼 여지도 있겠으나,
위 판결들에서 다루어진 대상물품들이 특별히 장식미만이 문제되는 성격의 것
들은 아니었고, 위 판결들이 특별히 기능미를 제외하는 취지를 설시하고 있지도
않으므로, 여기의 '장식적 심미감'이라는 표현은 그저 디자인보호법상의 심미감
이 물품의 '외형미'를 통해 느껴지는 개념임을 강조하는 의미로 사용된 것으로
이해함이 타당하다. 즉 '장식적 심미감'이라는 표현을 사용하였다는 이유만으로
대법원이 심미성의 범위에 장식미만을 포함시키고 기능미는 배제하였다고 해석
할 수는 없다고 생각된다.

　　오히려 대법원 1989. 7. 11. 선고 86후3 판결126)이 '디자인이라 함은 물품의

124) 이 가운데 디자인의 유사여부의 판단기준에 관한 법리는 대법원 1983. 7. 26. 선고 81후
　　46 판결[공1983.10.1.(713), 1333]을 참조하고 있으나, 위 81후46 판결에는 '장식적 효과'라
　　는 용어만 나올 뿐 '장식적 심미감'이라는 용어는 사용되고 있지 않다.
　　　　한편 1993. 12. 10. 법률 제4595호로 개정되기 전까지 구 의장법에서는 '고안'과 '창작'
　　이라는 용어가 혼용되고 있었으므로, 당시 판결들에는 디자인 사건임에도 '고안'이라는 용
　　어가 종종 사용되고 있음을 발견할 수 있다. 1993. 12. 10. 법률 제4595호 개정법은 종전까
　　지의 법률용어 혼용을 바로잡기 위하여 '창작'이라는 용어로 통일하였다[이러한 입법취지
　　의 상세한 내용은 의장법중개정법률안심사보고서(1993. 11. 국회 상공자원위원회) 참조].
125) 대법원 1986. 12. 23. 선고 85후27 판결[공1987.2.15.(794), 237], 대법원 1989. 11. 14. 선
　　고 88후479 판결[공1990.1.1(863), 36], 대법원 1991. 6. 14. 선고 90후663 판결[공1991,
　　1930] 등을 비롯하여 비교적 최근까지도 다수의 판결들에서 참조법리로서 인용되고 있다.
126) 공1989.9.1.(855), 1231.

형상, 모양이나 색채 또는 이들을 결합한 것으로서 시각을 통하여 미감을 일으키는 것을 말하므로, 디자인이 유사한 것인지의 여부는 디자인을 구성하는 각 요소를 분리하여 개별적으로 대비할 것이 아니라 외관을 전체적으로 대비관찰하여 보는 사람의 시각을 통하여 일으키는 심미감과 보는 사람에게 주는 시각적 인상이 유사한 것인지의 여부에 따라 판단하여야 한다'고 판시한 이래 수많은 판결들이 특별한 수식어 없이 '심미감'이라는 용어에 의하여 디자인 유사여부의 판단기준을 설시해오고 있으므로,127) 대법원은 장식미와 기능미 모두를 고려하여 디자인 유사여부를 판단하는 태도를 유지해왔다고 봄이 타당하다. 나아가 디자인 용이창작여부에 관한 대법원 1990. 7. 24. 선고 89후728 판결,128) 대법원 1991. 11. 8. 선고 91후288 판결,129) 대법원 1996. 6. 28. 선고 95후1449 판결,130) 대법원 2001. 4. 10. 선고 98후591 판결,131) 대법원 2005. 10. 13. 선고 2003후2980 판결132) 등을 비롯한 다수의 판결들과 용이창작 디자인의 의미에 대한 법리를 설시한 대법원 2010. 5. 13. 선고 2008후2800 판결133) 역시 미감이 장식적인 것에 한정됨을 보여주는 취지의 표현은 사용하고 있지 않다.

　　한편 대법원 1999. 10. 8. 선고 97후3586 판결,134) 대법원 2010. 8. 26. 선고 2009후4148 판결,135) 대법원 2010. 9. 30. 선고 2010다23739 판결136) 등은 "대비되는 디자인의 대상 물품들이 다 같이 그 기능 내지 속성상 사용에 의하여 당연히 형태의 변화가 일어나는 경우에 그 디자인의 유사 여부는 형태의 변화 전후에 따라 서로 같은 상태에서 각각 대비한 다음 이를 전체적으로 판단하여야 한다"는 법리를 설시하고 있는데, 이는 물품의 기능 내지 속성상 사용에 의

---

127) 대법원 1991. 3. 22. 선고 90후1628 판결[공1991.5.15.(896), 1285], 대법원 1994. 5. 27. 선고 93후1759 판결[공1994.7.1.(971), 1839], 대법원 1994. 6. 24. 선고 93후1315 판결[공1994.8.1.(973), 2106], 대법원 1996. 11. 12. 선고 96후443 판결[공1996.12.15.(24), 3581], 대법원 2001. 6. 29. 선고 2000후3388 판결[공2001.8.15.(136), 1778], 대법원 2006. 7. 28. 선고 2005후2915 판결(미간행), 대법원 2008. 9. 25. 선고 2008도3797 판결(미간행) 등 무수히 많은 판결들이 있다.

128) 공1990.9.15.(880), 1794.

129) 공1992.1.1.(911), 113.

130) 공1996.8.15.(16), 2378.

131) 공2001.6.1.(131), 1160.

132) 미간행.

133) 공2010상, 1163.

134) 공1999.11.15.(94), 2332.

135) 공2010하, 1846.

136) 공2010하, 1984.

하여 당연히 형태의 변화가 일어나고, 그와 같은 형태의 변화에 대해서 도면에 별다른 기재가 없는 경우에, 위와 같은 변화된 형태를 등록디자인의 보호범위에 포함하는 것이 "등록디자인의 보호범위는 디자인등록출원서의 기재사항 및 그 출원서에 첨부된 도면·사진 또는 견본과 도면에 적힌 디자인의 설명에 따라 표현된 디자인에 의하여 정하여진다"고 하는 디자인보호법 제93조에 위배되지 않는다는 취지를 담고 있는 것이어서,[137] 심미성 범위의 문제에서 말하는 기능미에 관한 판결은 아니라고 보인다.

Ⅱ. 부분디자인

1. 의의와 성격

디자인보호법 제2조 제1호는 디자인의 정의를 규정하면서 한 벌의 물품의 디자인의 경우를 제외하고는 '물품의 부분'의 형상·모양·색채 또는 이들을 결합한 것으로서 시각을 통하여 미감을 일으키게 하는 것 역시 디자인보호법상 디자인에 해당하는 것으로 규정하고 있다. 이를 부분디자인이라 한다. 부분디자인의 예로는 커피잔의 손잡이, 병의 주둥이, 오토바이의 본체, 안경테의 귀걸이부의 형태 등을 들 수 있다.[138]

부분디자인제도는 물품의 부분만을 전체디자인으로 출원하는 것을 인정하는 것은 아니고, 독립거래가 가능한 물품의 전체에 관한 디자인 중 일부분에 대해서만 디자인권의 권리범위로 요구하는 것을 허용한 제도, 즉 독립거래가 가능한 물품의 전체디자인 중 일부디자인에 대해서는 권리로 요구하지 않는 권리불요구(Disclaimer)제도로서의 성격을 가진다.[139][140] 부분디자인은 크게 보아 부분

---

137) 박병민, "대비되는 디자인의 대상물품이 다같이 그 기능 내지 속성상 사용에 의하여 당연히 형태의 변화가 일어나는 경우 디자인의 유사 여부 판단방법(대법원 2010. 9. 30. 선고 2010다23739 판결)", 대법원판례해설 제86호(2011), 법원도서관, 328-329.

138) 송영식(주 9), 940.

139) 특허청 국제지식재산연수원(주 5), 269.

140) 현재 다른 산업재산권법에는 권리불요구제도가 규정되어 있지 않으나, 1949. 11. 28. 법률 제71호로 제정된 상표법 제36조 제1항에 따라 1950. 3. 8. 대통령령 제284호로 제정된 상표법 시행규칙 제44조는 '등록을 출원하는 상표에 특별현저성이 없는 부분 또는 상표법 제5조 제1항 제5호(동종의 상품에 널리 관용하는 표장과 동일 또는 유사한 것)에 해당하는 부분이 포함되었을 경우에는 원서에 그 부분 자체에 대하여서는 권리를 주장하지 아니한다는 표시를 하여야 한다'고 규정하여 권리불요구제도를 두고 있었다. 이러한 상표법상의 권리불요구제도는 1973. 2. 8. 법률 제2506호로 상표법이 전부개정되면서 폐지되었다. 상

자체의 형태가 독창적으로 창작된 것과 부분의 위치 · 크기 · 범위에 있어 독창적으로 창작된 2가지 유형이 있을 수 있다.[141]

2. 도입취지

2001년 개정 전까지는 디자인보호법(당시 법 명칭으로는 의장법) 제2조 제1호에서 물품의 부분에 관한 규정을 두지 않았으므로 위 규정의 물품은 그 자체로 독립거래의 대상이 되는 것만으로 이해되었다. 이에 물품의 부분의 형태에 관한 미적 창작은 디자인으로 등록받을 수 없었다. 즉 하나의 디자인에서 독창적이고 특징이 있는 창작부분이 복수 포함되어 있는 경우에도 물품 전체로서 하나의 디자인권만을 취득할 수 있었으므로 당해 디자인의 한 부분이 모방되더라도 디자인 전체로서 모방으로 평가되지 아니하면 그 디자인권의 효력이 미치지 못하는 문제가 있었다.[142] 이러한 문제점을 해결하기 위하여 2001. 2. 3. 법률 제6413호 개정법은 제2조 제1호의 디자인을 구성하는 물품의 정의에 물품의 부분이 포함된다고 규정함으로써 부분디자인제도를 도입하였다.[143]

종전에는 디자인의 요부를 객관적인 파악의 대상으로 하여 부분적인 형태가 당해 디자인의 요부라고 평가되는 것에 한해서 전체 디자인의 보호를 통한 간접적인 보호의 형태로서만 부분디자인의 보호가 가능하였으나, 부분디자인제도의 도입으로, 객관적인 기준에 의하여 요부로서 인정되는 부분만이 아니라 출원인이 주관적으로 임의로 결정한 부분, 즉 전체적인 관점에서 요부를 구성하지 않는 부분의 형태에 대하여도 디자인의 보호가 가능하게 되었다는 점에서 중요

표법상 권리불요구제도의 내용과 폐지 경위 및 권리불요구제도가 없는 현재에도 그러한 취지가 담긴 위치상표출원 및 등록이 인정되어야 한다는 점에 관하여 박태일, "위치상표가 상표법상 상표의 한 가지로서 인정될 수 있는지 여부", 사법 제24호(2013), 사법발전재단, 285 이하 참조.

141) 안원모, "디자인의 단일성 판단(대법원 2013. 2. 15. 선고 2012후3343 판결을 중심으로)", 산업재산권 제41호(2013), 한국산업재산권법학회, 235.

142) 노태정 · 김병진(주 8), 326.

143) 부분디자인제도 도입의 입법취지에 관하여 의장법중개정법률안검토보고서(2000. 12. 국회 산업자원위원회 수석전문위원 류삼현)에는 '종래 물품의 일부분에 관한 디자인에 대해서는 독립거래의 대상이 아니므로 물품성이 없는 것으로 하여 보호하지 않고 있으나 미국, 일본, 유럽 등 세계 각국에서 이를 보호하고 있고, 우리나라에서도 부분디자인에 대한 창작적 가치를 보호할 필요성이 제기되고 있으며, 부분디자인의 도용으로 인한 권리간의 분쟁을 사전에 방지하기 위하여 부분디자인제도를 도입하는 것이라는 취지' 및 '부분디자인제도의 도입으로 향후 창작자의 창작의욕이 보다 고취되고 권리분쟁이 감소되는 효과가 있을 것으로 여겨진다는 취지'가 나타나 있다.

한 의미를 발견할 수 있다.[144] 또한 물품디자인의 특성이 특별히 전체 외관에서
발휘되는 것이 아니라면, 가능한 한 부분디자인제도를 활용하여 디자인 창작의
요점이 되는 물품의 부분의 외관을 등록받는 것이 디자인보호법상 권리범위 해
석 시 유리한 지위를 가질 수 있게 된다.[145] 이러한 의미에서 부분디자인제도의
도입으로 보다 강한 창작자 중심의 디자인제도가 마련되었다고 평가할 수 있다.

그런데 한 벌 물품의 디자인의 경우에는 그 보호의 취지 및 목적이 한 벌
전체로서 통일성 있는 통합적 미감의 보호에 있으므로 물품의 부분의 창작적
가치를 보호받고자 하는 부분디자인과 서로 취지가 맞지 않다.[146] 이에 디자인
의 대상이 되는 물품이 한 벌 물품인 경우에는 부분디자인의 출원을 할 수 없
도록 정하였다.

3. 성립요건

부분디자인으로 성립되기 위해서는 일반적인 디자인과 마찬가지로 물품성,
형태성, 시각성, 심미성 요건을 충족하여야 하고, 추가적으로 부분디자인 특유의
성립요건 즉 '물품의 부분의 형태라고 인정될 것'과 '다른 디자인과 대비함에
있어 대비의 대상이 될 수 있는 부분으로서 하나의 창작단위로 인정되는 부분
일 것'이라는 요건을 충족하여야 한다. 나아가 한 벌의 물품의 디자인에 관한
부분디자인이 아니어야 한다.

이와 관련하여 디자인심사기준은 부분디자인이 아래의 요건을 구비하지 못
한 경우에는 법상 정의규정에 따른 디자인의 정의에 합치되지 않는 것으로 본
다고 정하였다. 즉 (1) 부분디자인의 대상이 되는 물품이 통상의 물품에 해당할
것의 요건으로서, ① 독립성이 있으며 구체적인 유체물로서 거래의 대상이 될
수 있을 것, ② 디자인보호법 시행규칙 [별표 4](물품류구분) 중 어느 하나의 물
품류에 속하는 물품일 것을 규정하고 있고, 또한 (2) 물품의 부분의 형태라고
인정될 것의 요건으로서, ① 물품의 형상을 수반하지 않은 모양·색채 또는 이
들을 결합한 것만을 표현한 것이 아닐 것, ② 물품형태의 실루엣을 표현한 것이
아닐 것을 규정하고 있으며, 나아가 (3) 다른 디자인과 대비함에 있어 대비의

---

144) 안원모, "부분디자인의 유사 판단에 관한 연구", 산업재산권 제29호(2009), 한국산업재산
      권법학회, 95-96.
145) 김웅, "물품의 일부분에 표현된 외관을 보호하는 제도 — 부분디자인제도", 발명특허 제
      34권 제2호(2009), 한국발명진흥회, 74-75.
146) 특허청 국제지식재산연수원(주 5), 268.

대상이 될 수 있는 부분으로서 하나의 창작단위로 인정되는 부분일 것, (4) 한 벌의 물품의 디자인에 관한 부분디자인이 아닐 것이라는 요건을 규정하고 있다.[147]

부분디자인에서 '물품의 부분'은 물품성이 인정되는 물품의 부분을 말하는 것으로서, 그 자체만으로는 지배와 점유가 불가능하여 물품성이 인정되지 않으므로, 부분디자인의 경우에도 물품성의 판단은 부분디자인의 대상인 물품의 전체를 기준으로 판단하여야 한다.[148]

또한 '물품의 부분의 형태'라는 의미는 물품의 전체 중에서 일정한 범위를 차지하는 부분의 형상, 모양, 색채 또는 이들의 결합이어야 한다는 것이고, 완성품, 부품 또는 부속품의 일부분에 관한 형태가 부분디자인이 된다.[149] 부분의 형태가 물품 중에서 일정한 범위를 차지하고 있어야 한다는 의미는 물품의 외관 중에 포함된 하나의 닫힌 영역이 있어야 한다는 것이고, 따라서 면적을 가지지 않는 능선이나 승용차의 측면에서 외연선을 투영한 실루엣 등은 물품의 부분으로 인정되기 어렵기 때문에 부분디자인의 대상이 될 수 없다.[150] 또한 부분디자인이라고 하더라도 부분 자체만의 디자인등록을 허용하는 것은 아니므로 모양과 색채만의 디자인등록은 허용되지 않고, 따라서 도면상에 모양의 위치와 크기가 표현되지 않는 상태에서 모양만으로는 디자인등록을 받을 수 없다.[151] 한편, 부품 또는 부속품은 그 자체로도 물품성이 인정되므로 물품 전체에 관한 형태를 전체디자인으로 출원할 수도 있고 완성품에 결합된 상태로 완성품의 부분디자인으로 출원할 수도 있다. 예를 들어 승용자동차의 앞 범퍼의 경우 디자인의 대상이 되는 물품을 '승용자동차용 앞 범퍼'로 기재하고 전체디자인을 출원할 수도 있고, '승용자동차'라고 기재하고 앞 범퍼만을 실선으로 표현하여 부분디자인으로 출원할 수도 있다.[152]

---

147) 특허청(주 11), 103-104.
148) 특허청 국제지식재산연수원(주 5), 269.
    권리로 요구하는 부분과 권리로 요구하지 않는 부분, 즉 등록 받고자 하는 부분과 등록 받고자 하지 않는 부분 모두를 포함하여 물품성을 판단하여야 한다는 취지이다.
149) 특허청 국제지식재산연수원(주 5), 270.
150) 노태정·김병진(주 8), 328.
151) 안원모(주 23), 46.
    위 논문은 이러한 예로서, 티셔츠에 그려질 모양만을 따로 떼어내어 부분디자인의 대상으로 할 수 없고, 티셔츠 전체에서 특정한 부위에 특정한 크기로 존재하는 모양만이 부분디자인의 대상이 될 수도 없다고 설명하고 있다.
152) 특허청 국제지식재산연수원(주 5), 270.

그리고 '다른 디자인과 대비함에 있어 대비의 대상이 될 수 있는 부분으로
서 하나의 창작단위로 인정되는 부분일 것'이라는 우리 디자인심사기준의 요건
은 '창작의 단위가 포함되어 있지 않은 부분은 디자인등록을 받을 수 없다'는
일본 의장심사기준 71.4.1.1.6과 대응되는데, 일본 의장법 주해서에서는 이 요건
에 관하여 '창작의 단위가 하나도 포함되어 있지 않고, 다른 디자인과 대비함에
있어 대비의 대상으로 될 수 없는 부분은 부분디자인으로 등록받을 수 없다'고
설명하고 있다.153) 이러한 디자인은 신규성, 창작비용이성, 선출원의 요건에 관
하여 선행디자인과의 대비가 이루어질 수 없다는 실무적인 이유 외에도, 미적인
통합이 없는 부분은 심미성이 없다는 본질적인 이유가 있기 때문이며, 예를 들
면, 용기의 표면을 임의의 곡면에서 구름 형상으로 잘라낸 것과 같은 경우는 다
른 디자인과 대비함에 있어 대비의 대상으로 될 수 없기 때문에 부분디자인등
록을 받을 수 없다고 한다.154) 결국 이 요건은, 디자인은 창작물이어야 하므로
창작의 단위가 포함되지 않은 부분은 디자인등록을 받을 수 없고, 따라서 부분
디자인의 경우도 디자인등록을 받고자 하는 부분에 창작물임이 인정될 정도의
창작의 단위가 존재하여야 하는 것이며, 또한 창작물로서 미적인 통합이 나타나
있어야 한다는 의미로 볼 수 있다.

4. 등록요건에 관한 특수성

부분디자인으로 디자인등록출원된 경우에도 디자인등록을 받기 위해서는
공업상 이용가능성(디자인보호법 제33조 제1항 본문), 신규성(제33조 제1항 각호),
창작비용이성(제33조 제2항), 확대된 선출원(제33조 제3항), 선출원(제46조), 디자인
등록을 받을 수 없는 디자인(제34조) 등 일반의 등록요건에 관한 규정이 모두
적용된다.155)

또한 디자인등록출원이 '1디자인 1디자인등록출원' 요건을 갖추지 못한 경
우에는 디자인보호법 제40조 제1항에 위반되어 등록받을 수 없는데, 부분디자
인 등록출원에 있어 물리적으로 분리된 둘 이상의 부분이 표현된 경우를 어떻

다만, 승용자동차의 부분디자인으로 출원하는 경우에는 앞 범퍼의 배면 등은 도면 등에
서 표현할 수 없으므로 권리범위로 할 수 없게 된다고 설명하고 있다.

153) 寒河江孝允·峯唯夫·金井重彦 공편, 意匠法コンメンタール <第2版>, LexisNexis Japan
(2012), 69(中川裕辛 집필부분).

154) 中川裕辛(주 153), 69.

155) 이러한 등록요건 일반의 적용과 관련하여 보다 상세한 내용은 안원모(주 23), 48 이하
및 김웅(주 145), 76 이하 각 참조.

게 취급할 것인지가 문제된다. 물품의 부분에 디자인이 성립하는 부분디자인제
도를 도입한 것 자체가 디자인의 개념을 물품의 구속에서 약간 해방시킨 태도
라 할 수는 있으나, 그렇다고 하여 부분디자인의 개념에서 물품이 본질적인 성
립요소로부터 배제된 것은 아니다.[156] 디자인 보호의 근거가 물품의 수요증대
기능을 가지는 점에 있다고 보면, 부분디자인의 단위도 수요자의 구매심이 1회
적으로 작용하는 것인지 여부로 판단함이 타당하므로, 어떤 물품에서 물리적으
로 분리된 부분의 형상 등의 형태이더라도 그들이 합하여 1회적으로 구매심을
일으킨다고 볼 수 있다면, 1디자인이 성립한다고 할 수 있다.[157] 창작을 1디자
인의 성립단위로 보는 견해가 있을 수 있지만, 동일한 형상 등의 디자인 형태를
하나의 물품의 복수의 장소에 부착하더라도 창작은 한 개일 것이나, 형상 등의
디자인 형태가 동일하더라도 장소에 따라서는 구매심에의 작용이 다르게 이루
어질 수 있으므로, 이 경우를 1디자인이라고는 할 수 없을 것이다.[158]

　　이와 관련하여 디자인심사기준은 부분디자인등록출원에 있어 물리적으로
분리된 둘 이상의 부분이 표현된 경우 원칙적으로 1디자인 1디자인등록출원에
위반되는 것으로 취급하되, 다만 형태적 일체성이 인정되거나(물리적으로 분리된
부분으로서 대칭이 되거나 한 쌍이 되는 등 관련성을 가지고 있는 것), 기능적 일체
성이 인정되는 것(물리적으로 분리된 부분들이 전체로서 하나의 기능을 수행함으로
써 일체적 관련성을 가지고 있는 것)과 같이 전체로서 디자인 창작상의 일체성이
인정되는 경우에는 예외로 하도록 정하고 있다.[159] 이때 형태적 일체성이나 기
능적 일체성이 있는지를 '일반 수요자'를 기준으로 판단하여야 하는지, 아니면
'그 디자인이 속하는 분야에서 통상의 지식을 가진 사람'이나 '창작자의 주관적
창작동기'를 기준으로 판단하여야 하는지가 문제될 수 있는데, 대법원 2013. 2.
15. 선고 2012후3343 판결은[160] "하나의 물품 중 물리적으로 떨어져 있는 둘 이
상의 부분에 관한 디자인이더라도 그들 사이에 형태적으로나 기능적으로 일체
성이 있어서 보는 사람으로 하여금 그 전체가 일체로서 시각을 통한 미감을 일
으키게 한다면, 그 디자인은 디자인보호법 제11조 제1항에서 규정한 '1디자인'

---

156) 加藤恒久, 改正意匠法のすべて: 意匠法と関連法令の新旧対照条文つき, 日本法令(1999),
　　31.
157) 加藤恒久(주 156), 31.
158) 加藤恒久(주 156), 31.
159) 특허청(주 11), 73-74.
160) 공2013상, 516.

에 해당한다고 할 것이므로, 1디자인등록출원으로 디자인등록을 받을 수 있다"
라고 하여 '보는 사람' 즉 일반 수요자 기준이라는 취지로 판시한 바 있다.161)
부분디자인의 단위는 수요자의 구매심이 1회적으로 작용하는 것인지 여부에 의
하여 판단하여야 한다는 점에 비추어 보면, 디자인의 유사 여부 판단의 경우와
마찬가지로 일반 수요자를 기준으로 판단하여야 한다고 봄이 타당하다고 생각
된다. 다만 일반 수요자라는 개념 자체가 추상적이므로,162) 그 구체적인 의미에
대해서는 향후 좀 더 논의해볼 여지도 있다고 여겨진다.163)

5. 효력에 관한 특수성

부분디자인에 관한 디자인권자는 부분디자인으로 등록받은 당해 등록디자
인 또는 이와 유사한 디자인을 업으로서 실시할 권리를 독점한다. 그런데 부분
디자인은 독립거래가 불가능한 물품의 부분에 관한 디자인이므로 부분디자인만
을 분리하여 실시할 수는 없는 것이고, 부분디자인으로 등록받지 않은 부분의
디자인을 포함한 디자인전체의 실시를 통하여 부분디자인을 실시할 수밖에 없

---

161) 대법원은 1996. 1. 26. 선고 95후1135 판결[공1996.3.15.(6), 791], 2006. 1. 26. 선고 2005
   후1257 판결(미간행), 2010. 7. 22. 선고 2010후913 판결(미간행) 등 디자인의 유사 여부 판
   단에 관한 판결에서 '일반 수요자'를 '보는 사람'으로 표현해왔다.
162) 참고로 '일반 수요자'라는 용어는 상표 분야에서 많이 사용되어왔는데, 대법원 1995. 12.
   26. 선고 95후1098 판결[공1996.2.15.(4), 563]은 "상표의 유사 여부는 그 상표가 사용될 지
   정상품의 주된 수요계층과 기타 그 상품의 거래실정을 고려하여 평균 수요자의 주의력을
   기준으로 하여 판단하며, 그 일반 수요자란 최종 소비자는 물론이고 중간 수요자 또는 그
   상품판매를 위한 도·소매상을 포함하는 것"이라고 판시하여 '일반 수요자'라는 용어가
   당해 상품에 대한 어느 정도의 전문적인 지식을 가진 사업자(도·소매상)까지도 포함하는
   개념임을 밝힌 바 있다. 이러한 판시 취지를 참조하면 구체적으로 문제되는 상황마다 일반
   수요자의 범위를 다소 다르게 설정하는 방안도 가능하다고 생각된다.
163) 이와 관련하여 안원모(주 141), 239는 위 판결에서 출원디자인의 형태적 일체성을 인정
   하기 위한 주체적 기준으로 '당해 출원디자인을 보는 사람'이라는 표현을 사용하고 있는
   데, 여기서 '보는 사람'의 의미가 당업자(필자 주: 통상의 디자이너를 지칭하는 의미로 보
   인다)인지 또는 수요자를 의미하는 것인지 명확하지 않으나, 여기서의 디자인의 파악은 심
   사과정에서 이루어지는 것임에 비추어 볼 때, 당업자로 보는 것이 합리적이라고 설명하고
   있다. 또한 위 견해는 만일 위 '보는 사람'의 의미를 수요자로 파악하더라도 여기서의 수
   요자는 일반의 수요자가 아니라 당해 디자인 분야의 특징을 어느 정도 파악하고 있는 수
   요자(유럽공동체디자인에서의 "informed user"와 유사한 의미)를 의미하는 것이므로 그러
   한 자를 기준으로 출원디자인을 파악하여야 한다고 한다.
   위 판결 전까지는 이 점에 관하여 국내에서 뚜렷한 논의를 발견하기 어려웠으나, 위 판
   결을 계기로 이러한 논의가 일어난 것은 무척 반가운 현상이라고 여겨진다. 위 판결은 '보
   는 사람'의 기준과 범위에 관하여 특별한 언급을 하고 있지 않으나, 향후 이 부분에 관한
   논의가 더욱 활성화되면 후속 사례에서는 보다 구체적인 기준을 제시하는 판결이 나올 수
   도 있지 않을까 기대해본다.

으니, 부분디자인으로 등록받지 않은 부분의 형태에 대해서는 고려하지 않고 등록받은 부분디자인과 동일하거나 유사한 부분디자인을 포함하고 있으면 부분디자인의 디자인권의 효력이 미친다.164) 이에 부분디자인 침해를 이유로 하여 전체 물품의 판매를 금지시킬 수 있을 뿐만 아니라, 손해액 산정과 관련하여서도 전체 물품을 손해액 산정의 기초로 삼을 수 있으므로 부품디자인과 비교하여 손해액이 다액으로 산정될 가능성이 있다.165)

Ⅲ. 글자체 디자인

1. 의의와 도입경위

타이프페이스(typeface)의 본래의 의미는 활자(printing type)의 본체(body or shank)의 표면(face)에 묘사된 문자나 숫자를 가리키는데, 2004. 12. 31. 법률 제7289호로 개정된 이래 디자인보호법은 이를 번역하여 글자체라는 용어를 사용하고 있다.166) 관련 개념으로 폰트(font, fount)란 타이프페이스를 구체적인 기록이나 표시, 인쇄 등에 이용할 수 있도록 한 하드웨어, 소프트웨어를 말하는데, 활자조판에 필요한 모든 글자, 숫자, 그리고 특수기호들을 포함한 동일한 크기와 모양의 한 벌 전체를 말한다는 설명도 있다.167) 또 활자가족(Type Family/Font Family)은 기준이 되는 부모 폰트(Parents Font)가 여러 모양으로 다양하게 변형됨으로써 만들어지는데, 이렇게 만들어진 여러 벌의 폰트를 활자가족이라고 부른다.168)

디자인보호법상 "글자체"라 함은 기록이나 표시 또는 인쇄 등에 사용하기 위하여 공통적인 특징을 가진 형태로 만들어진 한 벌의 글자꼴(숫자, 문장부호 및 기호 등의 형태를 포함한다)을 말한다(디자인보호법 제2조 제2호). 2004. 12. 31. 법률 제7289호로 개정되기 전의 구 의장법에서는 "'의장'이라 함은 물품(물품의 부분을 포함한다. 이하 제12조를 제외하고 같다)의 형상·모양·색채 또는 이들을 결합한 것으로서 시각을 통하여 미감을 일으키게 하는 것을 말한다(위 구 의장법

---

164) 특허청 국제지식재산연수원(주 5), 284.
165) 안원모(주 141), 234-235 각주 25.
166) 한국디지털재산법학회, "글자체 및 화상디자인의 침해의 태양과 법적 구제에 관한 연구", 특허청 과제 결과보고서(2004), 2.
167) 한국디지털재산법학회(주 166), 3.
168) 한국디지털재산법학회(주 166), 3.

제2조 제1호)"고 정의하고 있었기 때문에 글자체는 물품의 형태에 해당되지 않
아 의장법의 보호대상이 되지 못하였다. 글자체는 그 개발에는 적지 않은 노력
이 들어감에도 그 모방이나 복제는 극히 용이하다는 특성이 있어 법에 의한 보
호가 필요하나, 저작권법의 보호대상이 되는지에 관하여 대법원 1996. 8. 23. 선
고 94누5632 판결이[169) 이를 부인한 바 있다.[170) 이에 글자체의 보호 방안에 관
한 논의 끝에,[171) 2004. 12. 31. 법률 제7289호로 기존의 의장법을 디자인보호법
으로 개정하면서 디자인의 개념 요소로서의 물품성에 글자체를 포함시킴으로써,
글자체가 디자인보호법에 의하여 보호될 수 있게 된 것이다.[172)

2. 성립요건

글자체 디자인도 디자인보호법상의 디자인인 이상 디자인의 일반적인 성립
요건인 물품성, 형태성, 시각성, 심미성 요건을 충족하여야 한다. 다만 디자인보
호법 제2조 제2호 정의규정을 충족하는 글자체에 대해서는 물품성이 있는 것으
로 의제되는 것이고, 형태성에 있어서도 실체적으로 형상은 없고 모양과 색채만

---

169) 공1996.10.1.(19), 2867.
170) 위 판결은 "원고들이 우리 저작권법상의 응용미술 작품으로서의 미술 저작물에 해당한
    다고 주장하면서 저작물등록을 신청한 이 사건 서체도안들은 우리 민족의 문화유산으로서
    누구나 자유롭게 사용하여야 할 문자인 한글 자모의 모양을 기본으로 삼아 인쇄기술에 의
    해 사상이나 정보 등을 전달한다는 실용적인 기능을 주된 목적으로 하여 만들어진 것임이
    분명한바, 위와 같은 인쇄용 서체도안에 대하여는 일부 외국의 입법례에서 특별입법을 통
    하거나 저작권법에 명문의 규정을 둠으로써 법률상의 보호 대상임을 명시하는 한편 보호
    의 내용에 관하여도 일반 저작물보다는 제한된 권리를 부여하고 있는 경우가 있기는 하나,
    우리 저작권법은 서체도안의 저작물성이나 보호의 내용에 관하여 명시적인 규정을 두고
    있지 아니하며, 이 사건 서체도안과 같이 실용적인 기능을 주된 목적으로 하여 창작된 응
    용미술 작품은 거기에 미적인 요소가 가미되어 있다고 하더라도 그 자체가 실용적인 기능
    과 별도로 하나의 독립적인 예술적 특성이나 가치를 가지고 있어서 예술의 범위에 속하는
    창작물에 해당하는 경우에만 저작물로서 보호된다고 해석되는 점(대법원 1996. 2. 23. 선
    고 94도3266 판결 참조) 등에 비추어 볼 때, 우리 저작권법의 해석상으로는 이 사건 서체
    도안은 신청서 및 제출된 물품 자체에 의한 심사만으로도 저작권법에 의한 보호 대상인
    저작물에는 해당하지 아니함이 명백하다고 할 것이다"고 판시하였다.
171) 글자체의 보호 방안에 대하여 저작권법을 통한 방법, 특별법 제정을 통한 방법 등을 포
    함하여 학계와 산업계에서 보호의 논의와 주장이 꾸준하게 이루어졌고, 특허청에서도
    1996년경부터 의장제도개선 실무위원회를 구성하여 글자체 디자인을 의장법으로 보호하
    는 방안을 검토하여 왔으며, 구 문화관광부에서도 저작권법에 의하여 보호하는 방안을 검
    토하여 왔다[이철현, "글자체 디자인보호의 법적 고찰", 연세대학교 법무대학원 석사학위
    논문(2005), 83].
172) 이러한 입법취지의 상세한 내용은 의장법중개정법률안심사보고서(2004. 12. 국회 산업자
    원위원회) 참조.

있는 것이지만 형태성이 의제된다.[173) 대신 위 정의규정에 따른 성립요건을 구
비하여야 한다.

　이와 관련하여 디자인심사기준은 글자체는 '물품'으로 보며 '형상'을 수반
하지 않는다고 하면서, 글자체 디자인이 아래의 요건을 구비하지 못한 경우에는
법상 정의규정에 따른 디자인의 정의에 합치되지 않는 것으로 본다고 정하였다.
즉 ① 디자인보호법 제2조 제2호에 따른 글자체일 것의 요건으로서, ㉮ 기록이
나 표시 또는 인쇄 등에 사용하기 위한 것일 것, ㉯ 공통적인 특징을 가진 형태
로 만들어진 것일 것, ㉰ 한 벌의 한글 글자꼴, 한 벌의 영문자 글자꼴, 한 벌의
한자 글자꼴, 그 밖의 한 벌의 외국문자 글자꼴, 한 벌의 숫자 글자꼴 또는 한
벌의 특수기호 글자꼴일 것을 규정하고 있고, 나아가 ② 글자체의 모양·색채
또는 이들의 결합일 것, ③ 글자체가 시각을 통하여 미감을 일으키는 것일 것이
라는 요건을 규정하고 있다.[174)

　먼저 '기록이나 표시 또는 인쇄 등에 사용하기 위한 것'이라는 목적이 요구
되므로 글자체가 독특한 형태로 디자인되었다 하더라도 정보전달이라고 하는
실용적 기능을 수행하는 것이 아니라 미적 감상의 대상으로 할 의도로써 작성
된 서예(calligraphy)나 회사 또는 상품의 이름 등을 표상하는 조립문자인 로고타
이프(logotype) 등은 여기서 말하는 글자체를 구성하지 않는다.[175) 또한 '공통적
인 특징을 가진 형태로 만들어진 것'이어야 하는데, 공통적인 특징을 가진 형태
란 글자꼴이 지니는 형태, 규모, 색채, 질감 등이 서로 비슷하여 시각적으로 서
로 닮아 있거나 같은 그룹으로 보이는 형태를 말한다.[176) 그리고 '한 벌의 글자
꼴'이란 개개의 글자꼴이 모인 그 전체로서의 조합을 의미하므로, 디자인보호법
상의 글자체란 글자 하나하나를 가리키는 것이 아니라 글자들 간에 공통적인
특징을 가진 형태로 만들어진 한 벌의 글자꼴을 말한다.[177)

　다음으로 '글자체의 모양·색채 또는 이들의 결합'이어야 한다. 그런데 글
자체의 실체는 유체동산이 아니어서 형상이 존재하지 않으므로, 글자체 디자인
은 예외적으로 모양·색채 또는 이들의 결합디자인만 존재하는 것이다.[178)

---

173) 특허청 국제지식재산연수원(주 5), 131-132.
174) 특허청(주 11), 104.
175) 노태정·김병진(주 8), 210.
176) 노태정·김병진(주 8), 211.
177) 노태정·김병진(주 8), 211.
178) 특허청 국제지식재산연수원(주 5), 146.

끝으로 '글자체가 시각을 통하여 미감을 일으키는 것'이라는 요건도 필요한
데, 이는 글자체 디자인도 디자인인 이상 당연히 요구되는 성립요건이다.

3. 등록요건 판단의 일반성과 특수성

글자체를 디자인보호법에 의하여 심사를 거쳐 등록되는 권리로 보호함으로
써, 글자체 디자인권자에게 독점배타적 권리가 부여됨에 따라 개발업체들간의
중복개발투자를 사전에 막을 수 있고, 심사등록을 통하여 명확한 권리관계의 형
성이 가능하다는 이점이 있다.[179] 한편 글자체 디자인권자에 대하여 독점배타적
권리를 부여하는 이상 그 출원에 대한 심사를 엄격하게 하여 신규성 등 디자인
등록요건을 구비한 글자체 디자인에 대하여만 권리가 부여되어야 한다는 점은
당연하다고 할 것이다.[180]

다만 글자체의 경우 인류가 문자생활을 영위한 이래 다수의 글자체가 다양
하게 개발되어왔고, 문자의 기본형태와 가독성을 필수적인 요소로 고려하여 디
자인하여야 하는 관계상 구조적으로 그 디자인을 크게 변화시키기 어렵다고 할
것이므로, 원칙적으로 그 디자인의 유사범위를 좁게 보아야 한다고 생각된다.
그런데 기존의 물품 디자인에 관하여 확립된 판단기준이 이미 신종의 탄생물품
등과 같이 기존에는 없었던 참신한 물품에 관한 디자인일수록 유사의 폭을 넓
게 판단하고, 동종의 물품이 많이 나올수록 유사의 폭을 좁게 판단한다는 원칙
을 가지고 있다. 이에 기존의 물품 가운데 창틀과 같은 물품은 그 형태적 제약
점이 대단히 많아서 구조적으로 그 디자인을 크게 변화시키기 어려우므로 디자
이너의 자유의 정도가 크게 제약을 받는다고 할 수 있으니, 기존의 창틀 디자인
과 대비하여 95%가 유사해도 동일·유사한 디자인으로 판단하지 않을 수 있다
고 하는 논의까지 있다.[181] 그러나 글자체 디자인의 경우 그 창작의 어려움을

---

179) 이철현(주 171), 85.
180) 참고로 문화관광부가 「글자체의 법적 보호에 관한 연구」(2001. 12.)의 수행과정에서 행
    한 설문조사에 따르면 아래와 같은 응답들이 제시되었다고 한다.
      · 글자꼴이 법적으로 보호될 필요가 있다(88.8%)
      · 법으로 보호하는 경우 등록이 필요하다 65.0%(디자인계 68.0%)
      · 등록하기 위하여는 심사가 필요하다 89.7%(디자인계 91.3%)
      · 심사시 창작성 48.1%, 신규성 25.1% 등을 심사할 필요가 있다.
    [이상은 전승철, "글자꼴의 의장법적 보호 방안", 지식재산21 제81호(2003), 특허청,
    72-73].
181) 한국디지털재산법학회, "글자체 및 화상디자인의 침해의 태양과 법적 구제에 관한 연
    구", 특허청 과제 결과보고서(2004), 50 각주 108.

고려하더라도 글자체 개발자의 자유의 정도가 이러한 정도에 이르기까지 제약
된다고 단정하기는 어렵다고 본다. 결국 글자체 디자인이든 일반 물품 디자인이
든 그 구체적인 대상의 속성에 따라 유사의 폭의 광협을 결정하면 족하다고 할
것이고, 글자체 디자인의 유사 여부에 관하여 기존의 판단기준과는 근본적으로
다른 별개의 기준이 필요하지는 않다고 생각된다.

  이와 관련하여 대법원 2012. 6. 14. 선고 2012후597 판결[182])은 "디자인의
등록요건을 판단할 때 디자인의 유사 여부는 이를 구성하는 각 요소를 분리하
여 개별적으로 대비할 것이 아니라 외관을 전체적으로 대비·관찰하여 보는 사
람으로 하여금 다른 심미감을 느끼게 하는지에 따라 판단해야 하므로, 지배적인
특징이 유사하다면 세부적인 점에 다소 차이가 있을지라도 유사하다고 보아야
하고, 이러한 법리는 디자인보호법 제2조 제1호의2에서 정한 글자체에 대한 디
자인의 경우에도 마찬가지로 적용된다. 한편 글자체 디자인은 물품성을 요구하
지 않고, 인류가 문자생활을 영위한 이래 다수의 글자체가 다양하게 개발되어
왔고 문자의 기본형태와 가독성을 필수적인 요소로 고려하여 디자인하여야 하
는 관계상 구조적으로 디자인을 크게 변화시키기 어려운 특성이 있으므로, 이와
같은 글자체 디자인의 고유한 특성을 충분히 참작하여 유사 여부를 판단하여야
한다"라는 법리를 설시한 바 있다. 위 판결은 글자체 디자인의 유사 여부 판단
기준에 관하여 최초로 설시된 대법원 판결로서, 글자체 디자인의 유사 여부 판
단도 기존의 일반 물품 디자인의 유사 여부에 관한 판단기준에 따르되 글자체
디자인의 고유한 특성을 충분히 참작하여야 한다는 법리를 선언하였다는 점에
의의가 있다.[183)]

4. 효력의 제한

  디자인보호법 제94조 제2항은 "글자체가 디자인권으로 설정등록된 경우 그
디자인권의 효력은 다음 각호의 1에 해당하는 경우에는 미치지 아니한다. 1. 타
자·조판 또는 인쇄 등의 통상적인 과정에서 글자체를 사용하는 경우, 2. 제1호
의 규정에 따른 글자체의 사용으로 생산된 결과물인 경우"라고 규정하고 있어,
글자체디자인권의 효력은 글자체의 생산 및 생산된 글자체의 유통행위에만 미

---

182) 공2012하, 1237.
183) 위 판결에 대한 상세한 평석은 박태일, "글자체 디자인의 유사 여부 판단 기준(대법원
    2012. 6. 14. 선고 2012후597 판결)", 대법원판례해설 제92호(2012), 법원도서관, 275 이하
    참조.

치도록 하고, 통상적인 과정에서의 글자체의 사용에는 디자인권의 효력이 미치지 않도록 하여 인쇄업체 등 최종 사용자는 등록된 글자체라 하여도 디자인권자의 허락 없이 자유롭게 글자체를 사용할 수 있도록 정하고 있다.184) "업으로서" 하지 않는 글자체의 사용이 디자인권의 침해가 되지 않는 것은 당연하므로, 이러한 측면에서만 본다면 위 제94조 제2항은 특별한 의미가 없는 규정이 된다고 볼 여지도 있다. 그런데 위 규정은 2004. 12. 31. 법률 제7289호로 기존의 의장법을 디자인보호법으로 개정하면서 함께 신설된 것이므로(당시 조문으로는 제44조 제2항이다), 위 규정이 마련된 경과를 살펴볼 필요가 있다. 특허청은 의장제도개선 실무위원회를 구성하여 1996년부터 타이프페이스(글자체)를 의장법으로 보호하는 방안을 검토하여 왔고, 문화관광부에서도 이와 별도로 저작권법에 의하여 타이프페이스를 보호하는 방안에 대하여 검토하여 왔는데, 2003년에 특허청과 문화관광부가 타이프페이스의 보호방안에 관하여 합의에 이르러, 특허청이 2003. 5.에 타이프페이스를 의장권으로 보호하려는 내용의 "의장법중개정법률안"을 마련하여 7. 23. 공청회를 거친 후 8. 1. 입법예고(산업자원부공고 제2003-158호)하였고, 그 후 타이프페이스의 보호에 관하여 문화관광부와 협의를 거쳐 일부 내용을 수정하여 11월 말경 의장법개정안을 확정하였다.185) 그 과정에 특허청과 문화관광부의 합의 내용에 의하면, 타이프페이스를 제작한 사람이 타이프페이스 자체를 판매하는 단계까지는 디자인권으로 보호하고 그 이후에 출판, 인쇄 등에 사용하는 것은 디자인권의 보호범위에서 제외하는 것으로 하였다고 한다. 즉 "업으로서" 하는 타자, 조판, 인쇄 등을 하는 데 타이프페이스를 사용하는 경우에도 디자인권의 효력이 미치지 않도록 할 취지로 위 규정을 둔 것이다.186) 이러한 입법 경과에 충실하게 위 규정을 해석하면, 예컨대 등록받은 글자체 디자인 중 일부 글자를 사용하여 현수막 또는 청첩장 등을 인쇄하는 방법 등으로 사용한 경우에 대하여 아래와 같이 해석해야 할 것이다. 즉, 유통 중인 글자체를 이용하여 청첩장 또는 현수막을 인쇄한 경우는 디자인보호법 제44조 제2항의 인쇄의 통상의 과정에서 사용하는 것으로서 디자인권의 효력이 미치지 아니한다. 반면, 인쇄하는 자가 스스로 인쇄용 활자체 또는 디지털폰트 등

---

184) 2004. 12. 31. 법률 제7289호 개정법에 관한 의장법 중 개정법률안 국회 산업자원위원회 심사보고서 참조.
185) 김영수, "타이프페이스의 법적 보호에 관한 연구", 한양대학교 대학원 석사학위논문 (2004), 3 각주 7.
186) 김영수(주 185), 97-98.

을 제작하여 인쇄한 경우는 생산·사용에 해당되어 디자인권 침해로 된다고 할 것이다.[187]

Ⅳ. 디자인의 등록과 일부심사등록

1. 디자인 보호제도의 기원과 심사등록제도 및 무심사등록제도

디자인에 관한 보호제도의 기원은 1711년 10월 25일 프랑스 리용시의 집정관(Consulat de Lyon)이 견직물업계의 도안을 부정사용하지 못하도록 발한 명령으로 보고 있는데, 이 명령은 직물의 도안을 모방하는 등의 행위를 금지하는 것으로 명령의 효력은 리용시에 한정되었다.[188] 오늘날과 같은 독점권을 기본으로 하는 디자인보호제도는 1787년 7월 14일 프랑스 참사원이 내린 명령으로서, 이 명령은 도안을 창작한 자에 대하여 그 도안을 견직물 등에 사용할 독점적 권리를 인정한 것인데, 도안을 보호받기 위해서는 원본 또는 견본을 기탁(기탁된 원본 또는 견본은 당해 조합의 각인을 찍은 후 반환하는 것으로 오늘날의 기탁과는 다르다)하도록 규정하고 있었고, 그 효력은 프랑스 전역에 미쳤다.[189] 또 같은 해 영국에서도 '린넨 등의 디자인 및 프린팅에 관한 조례(the Designing and Printing of

---

187) 이상정, "글자체디자인권의 침해에 관한 소고", 경희법학 제39권 제3호(2005), 경희대학교, 268-269.

　　또한 위 논문은 "일반적으로 적법하게 판매된 폰트를 사용하는 것은 허용된다고 본다. 그 이론 구성이 문제이나 판매행위 속에 묵시적으로 사용허락에 관한 합의가 포함되어 있다고 보거나 혹은 권리자가 일단 판매한 타이프페이스에 대해서는 디자인권이 소진(소모)되었다고 보아야 할 것이다. 문제는 위법하게 제작된 폰트를 사용하는 것을 어떻게 취급할 것인가이다. 이를 위법하게 취급하여 디자인권이 미치도록 하면 인쇄 등을 위하여 폰트를 소지하는 자는 소지하는 폰트의 판매경로를 추적해야 하는 등 우리 문자 생활에 불편을 끼치게 된다. 이에 디자인보호법은 제44조 제2항을 두고 있다. 따라서 통상의 인쇄과정에서 글자체를 사용하거나 글자체의 사용으로 생산된 결과물을 사용하는 것은 디자인권을 침해하는 것이 아니다. … (디자인보호)법은 권한 없는 양도를 금지하고 있으므로 디자인권의 침해로 제작된 물품을 판매하는 것은 설사 그 물건을 제작한 자가 아니라고 하더라도 디자인권의 침해이다. 설사 모르고 판매했다하더라도 형사처벌은 별론 디자인권 침해로 된다. 따라서 이를 금지시킬 수 있으며 위법하게 제작된 것임을 알았어야 함에도 부주의로 이를 알지 못하고(과실로) 판매한 경우에는 손해배상의 대상이 된다. 또 우리법이 제44조 제2항을 두어 위법하게 제작된 폰트를 사용하는 것을 허용하고 있으나 이렇게 사용하던 폰트를 판매하는 것은 디자인권의 침해로 된다. 다만 적법하게 제작된 디자인에 관한 물품을 구입한 자 등이 이를 다시 재판매하는 것은 허용된다고 본다. 역시 이 경우에도 디자인권이 소진되었다고 할 것이다"라고 2013. 5. 28. 전부개정 전의 구 디자인보호법 제44조 제2항의 존재의의를 설명하고 있다.

188) 노태정·김병진(주 8), 42.

189) 특허청 국제지식재산연수원(주 5), 6-7.

Linens, Cotton, Calicoes, and Muslins act of 1787)'가 제정됨으로써 공업상의 디자인이 저작권으로 보호받게 되었다.[190] 이 법은 발명, 디자인, 프린트(나염)한 자 또는 발명, 디자인, 프린트를 하는 데 있어 원인을 제공한 자, 그리고 린넨, 무명, 또는 옥양목의 프린트를 위한 새롭고 독창적인 모양을 창작한 자에게 그것의 공개일로부터 2개월(1794년에 3개월로 연장되었다)간 독점적으로 프린트할 수 있는 권리를 부여하는 것이었다.[191]

이와 같이 18세기 초에 시작된 디자인의 보호제도는 일정한 방식적 또는 실체적 요건을 갖추고 기탁 또는 등록의 절차를 거친 경우에만 단기간 배타적으로 보호하는 특허권적 보호제도 및 창작의 완성에 의하여 일정한 방식이나 요건을 필요로 하지 않고, 또는 등록이나 기탁이라는 절차를 거치지 않고 장기간 배타권이 발생하는 저작권으로 보호하는 제도로 나뉘어 발전하였다.[192] 이 외에도 디자인의 보호에 관하여 디자인접근 법체계의 유형이라고 부를 수 있는 새로운 접근방법도 나타났는데, 이는 비등록디자인에 대하여 비교적 단기간 동안 모방금지 등으로 디자인을 보호하는 유형이다.[193]

이 가운데 특허권적인 보호제도는 다시 창작된 산업 디자인 또는 응용미술을 일정한 방식에 따라 출원하도록 하여 심사관청이 실체적 등록요건을 심사한 다음 등록하는 심사주의(심사등록주의) 보호제도 및 일정한 방식을 갖추어 관청에 기탁 등을 하면 실체적 요건에 대해서는 심사를 하지 않고 형식적 요건이나 부등록사유 등만 심사하여 등록하는 무심사주의(무심사등록주의) 보호제도로 나뉘었다.[194] 무심사주의 하에서는 실체적 요건에 대해서는 등록 후 분쟁발생 시 쟁송절차에서 심사가 이루어지게 된다.[195]

2. 일부 디자인에 대한 일부심사등록제도

우리 디자인보호법은 디자인등록에 필요한 형식적·실체적 요건 모두를 심사하여 등록하는 심사등록제도를 기본원칙으로 하면서(제58조, 제62조 제1항), 일부 물품에 한해서는 일부 요건만 심사하여 등록하는 일부심사등록제도를 혼합

190) 노태정·김병진(주 8), 42-43.
191) 특허청 국제지식재산연수원(주 5), 7.
192) 특허청 국제지식재산연수원(주 5), 7.
193) 노태정·김병진(주 8), 59.
194) 특허청 국제지식재산연수원(주 5), 7.
195) 송영식(주 9), 926.

하여 운용하고 있다(제62조 제2항, 제3항, 제4항).

　심사주의를 채용하는 경우 국가의 심사를 거쳐 독점배타적 권리를 부여하므로 디자인등록 후 권리의 안전성 및 신뢰도가 높으나 출원 후 권리화가 지연되는 폐단이 있으므로, 1997년 개정법에서 유행성이 강한 일부 품목의 디자인에 대하여 디자인무심사등록제도를 도입함으로써, 타 품목에 대한 심사처리를 촉진하는 한편 life-cycle이 짧은 품목에 대한 출원인의 조기 권리화 요구를 수용하기에 이르렀고, 2007년, 2009년, 2011년 개정을 통해 그 대상을 더욱 확대하였다.[196] 그리고 2013년 전부개정법에서는 종전의 '무심사등록'이라는 용어를 '일부심사등록'으로 변경하였다.

　현행법상 일부심사등록출원을 할 수 있는 디자인의 범위는 디자인보호법 시행규칙 [별표 4](물품류구분) 중 (1) 제2류(의류 및 패션잡화용품), (2) 제5류(섬유제품, 인조 및 천연 시트직물류), (3) 제19류(문방구, 사무용품, 미술재료, 교재)의 어느 하나의 물품류에 속하는 물품에 관한 디자인으로 한정되어 있다.

　일부심사등록출원에 대하여는 디자인보호법 제33조(디자인등록의요건) 제1항 본문에 따른 공업상 이용가능성이 없는 경우, 제33조(디자인등록의요건) 제2항의 규정 중 국내 또는 국외에서 널리 알려진 형상·모양·색채 또는 이들의 결합에 의한 용이창작에 해당하는 경우 등 디자인보호법 제62조 제2항, 제3항이 정한 사항에 해당하는 지만을 심사할 뿐이고, 이외에 제33조(디자인등록의 요건) 제1항(신규성) 각호, 제2항(용이창작) 중 공지디자인에 의한 용이창작, 제3항(확대된 선출원), 제35조(관련디자인) 제2항(자기의 관련디자인과만 유사한 디자인) 및 제46조(선출원) 제1항·제2항에 관한 등록요건은 심사하지 아니한다.[197] 다만 제55조(정보제공)에 따른 정보 및 증거의 제공이 있는 경우에는 그 증거자료에 근거하여 거절결정을 할 수 있다(디자인보호법 제62조 제4항). 즉 일부심사등록제도는 종전에 무심사등록제도라고 불렀으면서도 실제로는 무심사에 의하여 디자인등록이 이루어지는 것이 아니고, 다만 심사등록의 경우와 비교하여 심사하는 요건의 범위에 차이가 있는 정도이다.[198]

---

196) 송영식(주 9), 926.
197) 특허청(주 11), 218.
198) 이와 관련하여 종래 무심사등록제도라고 부르면서도 등록요건 심사를 강화해온 것이 무심사등록제도의 본래의 취지에 벗어나는 것으로서 심사를 절제하는 원래의 취지대로 운영하는 것이 바람직하다다는 비판이 있다. 이러한 비판을 포함하여 디자인무심사등록제도의 문제점에 관하여는 김웅, "디자인무심사등록제도의 운용 및 문제점", 발명특허 제34권 제8호(2009), 한국발명진흥회, 67 이하 참조.

한편 디자인 일부심사등록에 대해서는 누구든지 설정등록일부터 등록공고
일 후 3개월이 되는 날까지 그 디자인 일부심사등록이 제33조(디자인등록의 요
건) 위반 등 디자인보호법 제68조가 정한 사항에 해당하는 것을 이유로 특허청
장에게 디자인 일부심사등록 이의신청을 할 수 있다.

V. 디자인의 실시

디자인보호법 제2조 제7호는 '실시'의 의미를 "디자인에 관한 물품을 생
산·사용·양도·대여·수출 또는 수입하거나 그 물품을 양도 또는 대여하기
위하여 청약(양도나 대여를 위한 전시를 포함한다)하는 행위"로 정하고 있다. 디자
인권자는 업으로서 등록디자인 또는 이와 유사한 디자인을 '실시'할 권리를 독
점하므로(디자인보호법 제92조 본문), 위와 같은 실시의 정의규정은 결국 디자인
권자의 독점권의 내용을 정한 것이라고 할 수 있다.[199] 이러한 디자인의 실시에
관한 정의규정은 특허법상 물건의 발명의 실시에 관한 정의규정(특허법 제2조 제
3호 가목)과[200] 대체로 같은 내용이나, 다만 특허의 경우 '수출'을 규정하고 있
지 아니한 반면에 디자인의 경우에는 '수출' 역시 실시의 태양으로 명시적으로
규정하고 있다는 차이가 있다.[201] TRIPs 협정 제26조 제1항은 침해로 보는 최
소한의 실시행위로 '디자인 물품의 생산·사용·양도·대여·수입·그 물품의
양도 또는 대여의 청약(양도 또는 대여를 위한 전시 포함)'만을 규정하여 '수출'은
포함하고 있지 않고, 우리 디자인보호법상으로도 원래 실시의 태양에 수출은 포

---

199) 같은 규정 체계를 가지고 있는 특허법에 관한 같은 설명으로 정상조·박성수 공편, 특허
    법 주해 I, 박영사(2010), 38(김관식 집필부분).
200) "물건의 발명인 경우에는 그 물건을 생산·사용·양도·대여 또는 수입하거나 그 물건
    의 양도 또는 대여의 청약(양도 또는 대여를 위한 전시를 포함한다)을 하는 행위."
201) 특허법상 수출 자체는 물건의 발명의 실시행위가 아니라고 할 것이나 수출에 이르게 되
    는 과정에서 실시행위가 개입되는 것이 대부분이어서 특허침해가 성립하는 경우가 많을
    것이라고 보고 있다[특허청, 우리나라 특허법제에 대한 연혁적 고찰(2007), 11].
      그러나 생산자가 스스로 수출하는 경우가 아니라 생산자와 수출업자가 다르고 나아가
    수출업자가 생산자의 특허침해 사실을 알지 못한 경우에도 수출행위에 대한 금지청구 등
    의 권리행사가 가능할 것인지 의문이 있다.
      한편 「불공정무역행위 조사 및 산업피해구제에 관한 법률」 제4조 제1호 나목, 제5조,
    제9조, 제10조, 제11조에 따라 지식재산권침해물품 등을 수출하는 행위가 무역위원회의 판
    정에 의하여 불공정무역행위로서 중지되는 등의 시정조치 및 과징금 부과가 내려질 수는
    있다.
      그러나 수출행위만 한 사람에게 특허권침해를 원인으로 한 손해배상을 명할 수 있는가
    는 여전히 고심되는 문제라고 생각된다.

함되어 있지 않았으나, 2011. 6. 30. 법률 제10809호 개정법에서 디자인 실시의
태양으로 수출이 추가되었다. 이는 '등록디자인의 권리자는 제3자가 권리자의
동의 없이 등록디자인이 적용된 물품을 제작·판매·판매를 위한 제공·수입·
수출 또는 사용하는 행위를 금지할 배타적 권리를 보유하고 있다'는 한·EU
FTA 협정문 제10.28조(등록에 의해 부여되는 권리)의 내용을 반영한 것이다.[202]
참고로 일본의 경우에는 의장의 실시 태양과 물(物)의 발명의 실시 태양이 동일
한 내용으로 규정되어 있어 양자 모두 '수출'을 포함하고 있다.

　실시행위의 내용인 '생산'이란 물품을 만들어 내는 행위를 말하고, '사용'이
란 물품을 그 용도·기능에 따라 사용하는 방법으로 쓰는 것을 말하며(디자인
그 자체의 사용을 의미하는 것은 아니다), '양도'는 넘겨주는 것, 소유의 이전을 의
미하지만 유상·무상을 따지지 않고, '대여' 역시 양도와 마찬가지로 유상·무
상을 불문한다.[203] '수출'은 침해품을 국경을 넘어 거래하는 사례가 많아지면서
이에 대처할 수 있는 수단으로 수출의 단계에서도 금지 등의 조치를 할 수 있
도록 하기 위해 규정된 것이고, '수입'은 외국에 있는 물건을 국내로 들여오는
것으로서 일시적으로 통과하는 것에 지나지 않는 경우는 여기에 해당하지 않는
다.[204] 1995. 12. 29. 법률 제5082호로 개정되기 전의 구 의장법에서는 실시의
태양으로 '의장에 관한 물품을 생산·사용·양도·대여·수입 또는 전시(양도나
대여를 위한 경우에 한한다)하는 행위를 말한다'고 규정하여 '청약'은 포함되어
있지 않았으나, 위 개정법에서 같은 날 개정으로 실시 태양에 양도 또는 대여의
청약이 추가되는 특허법과의 균형을 맞추기 위하여 함께 추가되었다.[205] 한편
1995. 12. 29. 법률 제5080호로 개정된 특허법이 청약을 실시 태양으로 추가한
것은 TRIPs 협정의 내용을 반영하기 위한 것이었다.[206] 또한 위 개정 시 청약이
종래부터 실시 태양에 포함되어 있었던 전시를 포함하는 것으로 규정하였다.

　그 밖에 논란이 되는 행위로서 '수리'가 있는데, 수리행위는 그 정도에 따
라 '재생산'으로 평가될 만한 경우에는 생산으로서 실시에 해당하게 될 것이다.

---

202) 이러한 입법취지의 상세한 내용은 디자인보호법 일부개정법률안 검토보고서(2011. 3. 국
　　회 지식경제위원회 전문위원 문병철) 참조.
203) 斉藤瞭二(주 118), 126-127.
204) 斉藤瞭二(주 118), 127.
205) 이러한 입법취지의 상세한 내용은 의장법중개정법률안심사보고서(1995. 11. 국회 통상산
　　업위원회) 참조.
206) 이러한 입법취지의 상세한 내용은 특허법중개정법률안심사보고서(1995. 11. 국회 통상산
　　업위원회) 참조.

이와 관련하여 대법원 1999. 12. 7. 선고 99도2079 판결은[207] "내용(耐用)기간 내에 있는 재생 가능한 범퍼를 수거한 후 이를 세척하고, 흠집제거 및 도색작업 등을 거쳐 디자인등록된 원래의 범퍼와 동일한 형상과 색채를 갖춘 범퍼로 복원하는 정도에 그친 경우, 이는 등록된 디자인에 관한 물품을 새로 생산하는 행위에 해당하지 아니하므로 그 디자인권을 침해하였다고 볼 수 없다"고 판시한 바 있다.[208]

한편 특허법이나 실용신안법은 그 권리자가 정당한 이유없이 국내에서 3년 이상 그 발명이나 고안을 실시하지 아니할 경우 이해관계인의 신청 또는 직권으로 강제실시권이 설정될 수 있고(특허법 제107조, 실용신안법 제28조), 상표법도 같은 기간 상표 불사용으로 인한 상표등록취소제도를 두고 있으나(상표법 제73조 제1항 제3호, 제4항), 디자인보호법에는 이와 같은 디자인 불실시에 대한 제재 규정은 마련되어 있지 않다.

〈박태일〉

---

207) 공2000.1.15.(98), 243.
208) 수리와 재생산의 구별은 일반적으로 특허소진과 관련하여 문제된다. 특허권의 국내소진과 관련하여서는, 특허권자가 유통시킨 특허제품이 그대로 전전유통 또는 사용됨으로써 소진론이 문제되는 사례는 현실적으로 많지 않고, 실제로는 특허권자 혹은 그 실시권자로부터 적법하게 유통된 특허제품을 제3자가 입수한 후 그 부품을 교환하여 재차 유통시키거나, 특허제품에 사용될 수 있는 소모품을 특허권자 아닌 제3자가 제조·판매하는 경우, 이를 어떻게 평가할 것인지가 주로 문제된다. 부품 교환 내지 소모품 제조·판매에 대하여, 당해 부품(소모품) 자체에도 특허권이 있는 경우, 권리자는 이러한 부품만을 생산, 사용, 판매하는 자에 대하여 특허발명 구성 전체의 실시를 이유로 하여 직접침해를 주장할 수 있을 것이다. 만일, 당해 부품(소모품) 자체는 특허권의 전체 구성요소 중 한 부분에 불과하여 당해 부품의 실시만으로는 특허발명 구성 전체의 실시가 되지 않는 경우라면 간접침해가 문제될 수 있다. 이 점에 관한 상세한 내용은 박태일, "특허소진에 관한 연구: 국내외 사례의 유형별 검토를 중심으로", 정보법학 제13권 제3호(2009), 한국정보법학회, 49 이하 참조.

> 제3조(디자인등록을 받을 수 있는 자)
>
> ① 디자인을 창작한 사람 또는 그 승계인은 이 법에서 정하는 바에 따라 디자인등록을 받을 수 있는 권리를 가진다. 다만, 특허청 또는 특허심판원 직원은 상속 또는 유증(遺贈)의 경우를 제외하고는 재직 중 디자인등록을 받을 수 없다.
>
> ② 2명 이상이 공동으로 디자인을 창작한 경우에는 디자인등록을 받을 수 있는 권리를 공유(共有)한다.

〈소 목 차〉

Ⅰ. 입법연혁

'의장등록을 받을 수 있는 자'라는 조문명으로 최초로 입법된 것은 1990. 1. 13. 법률 제4208호로 개정된 구 의장법인데, 위 법은 ① 주체에 관해 '의장을 고안한 자'라는 표현을, 단서에서 ② '의장등록을 받을 수 있는 권리를 가질 수 없다'라는 표현을 사용하였는데, ①부분은 1993. 12. 10. 법률 제4595호로 개정된 구 의장법에서 '의장을 창작한 자'라는 표현으로 바뀌었고, ②부분은 2001. 2. 3. 법률 제6413호로 개정된 구 의장법에서 '의장등록을 받을 수 없다'는 표현으로 바뀌었다.

Ⅱ. 디자인등록을 받을 수 있는 권리의 발생

1. 권리의 발생

디자인보호법상 디자인은 특허나 실용신안과 같은 기술에 대한 것이 아니고 예술 저작물도 아닌 새로운 공업상 대량생산을 전제로 하는 상품에 대한 심미적 창작을 가리키는 것으로 이른바 산업디자인(industrial design)과 같은 개념으로 볼 수 있다.[1] 이러한 산업디자인은 기술발전 단계에 따라 초기에는 성능과 가격경쟁이 중요했으나, 기술수준이 고도화되고 안정화됨에 따라 성능보다는 디자인의 중요성이 높아지고 있다. 결국 기술이 고도화될수록 기능적인 면과 개성적인 면에서 보는 사람으로 하여금 정신적, 미학적으로 새로운 느낌을 주는 제품의 가치가 높아진다고 할 수 있다. 디자인보호법상 디자인은 이러한 가치의 창출에 기여하게 된다. 이러한 디자인을 창작한 자가 원시적으로 디자인등록을 받을 수 있는 권리를 취득한다. 디자인등록을 받을 권리가 경합하는 경우에는 선출원주의에 따라 권리가 부여된다. 창작자와 승계인이 아닌 자가 디자인을 출원한 경우에는 모인출원이 문제된다.[2]

    미국 특허법 35 U.S.C. §171에 의하면 제조 물품을 위한 신규, 독창적이고 장식적 디자인을 창작한 사람은 본법의 조건 및 요건에 따라 그에 대한 특허를 취득할 수 있고, 발명에 대한 특허에 관한 본법의 규정은 특별한 규정이 있는 경우를 제외하고는 디자인에 대한 특허에 적용하는 것으로 한다고 규정하고 있다. 한편 발명에 대한 특허에 관한 종전 102조 (f)는 출원인 스스로 특허 받고자 하는 대상물을 발명하지 아니한 경우 출원인은 특허받을 수 없다고 규정하여 발명자 또는 발명자로부터 출원을 위임받은 자만이 특허출원을 할 수 있었으나, AIA(America Invent Act)에 의해 개정된 특허에 관한 규정인 35 U.S.C. §118에 의하면 ① 발명자로부터 발명을 양도받거나 양도받기로 한 자(assignee or obliged assignee)로 하여금 특허출원을 할 수 있도록 허용하며, ② 그 발명에 대해 충분한 재산적 이익을 가진 자도 그 자와 발명자의 권리를 보존하기 위하여 출원을 할 수 있도록 허용하고 있다.

2. 권리의 법적 성질

    디자인등록을 받을 수 있는 권리의 성질에 대하여 공권설, 사권설, 절충설 등의 논의가 있는데, 국가에 대하여 디자인권의 부여를 청구하는 공권적 성질과 디자인의 창작에 의한 창작자권이라는 사권적 성질을 모두 가지고 있는 것으로 보는 절충설이 다수인 것으로 보인다.[3] 디자인독점의 근거는 디자인의 창작에

---

1) 송영식 외 6인, 송영식 지적소유권법(상)(제2판), 육법사(2013), 917.
2) 모인출원에 관하여는 제44조 주해 부분 참조.
3) 노태정·김병진, 디자인보호법(3정판), 세창출판사(2009), 140; 齋藤曉二(정태진 역), 의장법, 세창출판사(1997), 112-113.

의해 창작자가 원시적으로 취득하는 권리에 기초를 둔 권리주의가 적용되어 창
작자는 디자인의 창작에 의해 원시적으로 디자인등록을 받을 권리를 취득하고
그 디자인이 법에 규정된 요건을 충족시키는 것인 한 당연히 디자인등록을 받
을 수 있는 것으로 볼 수 있다. 위의 견해들은 디자인등록을 받을 수 있는 권리
가 양도성이 있는 재산권이라는 점에서는 일치한다. 디자인권의 독자적인 측면
으로서 '유사'('類似')의 개념을 갖고 있는 디자인보호법에서는 창작자권이라는
권리의 발생을 관념화해서 이를 전제로 해석하는 것이 바람직하다는 견해도 있
다. 즉 디자인을 구체화되고 특정된 물품의 형태라고 생각하는데 있어서 등록을
받을 권리를 발생시키는 디자인의 창작이 완성되었을 때라 함은 조형작용의 결
과로서 주체 내에 생성된 형태 이미지가 외부로 나타나서 주체를 떠나 외계에
고정되었을 때인데, 현실적인 디자인의 창작행위는 결코 그 특정된 유일한 형태
에 한정되는 것이 아니므로, 주체의 의사, 조형사상에서 출발하여 형태가치를
공통으로 하는 몇 개의 형태가 있을 수 있는데, 이것이 제35조의 관련디자인이
다.[4] 이러한 행위에 의해 산출되는 물품의 형태상의 가치를 무체재로 관념화함
에 있어서 디자인에 있어서 외계에 구현되어 고정된 형태를 중심으로 그 형태
가치가 공통된 일정한 넓이의 범위를 창작에 의하여 형성된 재(財)라고 관념되
는 것이어야 하므로, 구체화되고 특정된 형태의 완성을 디자인의 창작이라고 관
념하는데 있어서 그러한 창작에 의하여 취득되는 권리는 그 특정된 형태를 뛰
어넘는 일정한 영역을 지배하는 것으로 관념하는 것이 필요하게 되고, 창작에
의해 취득되는 권리는 그 외계에 구현되어 고정된 디자인을 중심으로 하여 그
형태가치가 공통된 디자인에까지 미치는 것으로 볼 수 있다고 한다.[5]

Ⅲ. 창 작 자

1. 진정한 창작자

1) 디자인은 인간의 두뇌활동의 결과물로 그 창작행위는 사실행위라고 할
수 있으므로, 자연인만이 창작자가 될 수 있다. 집단에 의한 지적활동에 의한
창작이더라도 어디까지나 기본은 개개 자연인의 두뇌활동에 의해 발생하므로
법인에 의한 창작을 인정하기는 어렵다. 창작에는 행위능력이 불필요하여 미성

---

4) 구법상 유사디자인제도와 관련되어 있다.
5) 齋藤瞭二(정태진 역)(주 3), 113.

년자, 피한정후견인 또는 피성년후견인에 의한 창작도 가능하나, 일정한 절차상 제한을 두고 있다(제4조).

특허법원은 특허법에서 발명이란 기술적 사상의 창작으로서 고도한 것이라고 정의하고 있고, 직무발명에 대하여 종업원 등을 발명자로 보면서 사용자 등을 발명자로 인정하고 있지 않는 규정을 두고 있는 취지에 비추어 볼 때 특허법 제33조 제1항에서 '발명을 한 자'는 창작행위에 현실로 가담한 자연인만을 말한다고 판시[6]하여 법인의 발명자 적격을 부인한 바 있는데, 디자인분야에도 같은 법리가 적용될 수 있을 것이다.

2) 창작자는 디자인의 창작행위를 한 자만을 말하고, 단순한 관리자, 보조자, 조언자, 후원자는 이에 해당하지 않는다. 직무디자인이란 종업원, 법인의 임원 또는 공무원(이하 '종업원 등'이라 한다)이 그 직무에 관하여 창작한 것이 성질상 사용자·법인 또는 국가나 지방자치단체(이하 '사용자 등'이라 한다)의 업무범위에 속하고 그 발명을 하게 된 행위가 종업원 등의 현재 또는 과거의 직무에 속하는 디자인을 말한다(발명진흥법 제2조 제1, 2호).

2. 공동창작자

공동창작이란 수인의 자가 디자인의 완성을 위하여 실질적으로 기여·협력하여 완성한 디자인을 말하고, 2인 이상이 공동으로 디자인을 창작한 때에는 디자인등록을 받을 수 있는 권리를 공유하고(본조 제2항), 그 경우 공유자 전원이 공동으로 디자인등록출원을 하여야 한다(제39조). 공동창작의 경우 디자인등록을 받을 수 있는 권리가 각자에게 발생하는 것이 아니라 공동으로 하나의 권리가 발생하는 것으로 볼 수 있기 때문이다. 이에 반해 공유자의 일부를 누락한 출원은 거절이유 및 무효이유가 된다. 공동창작자인지 여부는 디자인의 창작에 실질적으로 관여하였는지, 협업관계의 유무에 따라 결정되고, 창작에 관여하지 않은 단순한 관리자, 보조자, 후원자는 공동창작자가 아니다.

앞선 창작자와 마찬가지로 공동창작자인지 여부를 판단함에 있어서는 실제 창작을 하였는지 여부와 더불어 등록디자인의 창작에 실질적으로 기여하였는지 여부를 검토해야 한다. 실질적으로 창작에 기여하였는지 여부는 개발단계에서의 스케치, 도면, 사업제안서의 작성주체, 개발회의의 참석 여부, 시범모델의 제조자 등을 살펴보아야 하고, 특히 등록디자인의 지배적 특징이 나타나는 부분,

---

6) 특허법원 2003. 7. 11. 선고 2002허4811 판결.

등록디자인을 구현하는 기능을 확보하는데 불가결한 형상을 누가 창작하였는지 여부를 중점적으로 살펴보아야 한다.[7]

Ⅳ. 승 계 인

디자인등록을 받을 수 있는 권리는 재산권으로 자유롭게 이전할 수 있다(제54조 제1항). 승계인에는 상속, 합병 등에 의하여 특허 받을 권리, 의무를 전체적으로 일괄하여 승계 받은 일반승계인과 개개의 권리·의무를 개별적으로 승계 받은 특정승계인이 있다. 디자인권 또는 디자인에 관한 권리에 관하여 밟은 절차의 효력은 그 디자인권 또는 디자인에 관한 권리의 승계인에 미친다(제20조).

디자인등록출원 전에 디자인등록을 받을 수 있는 권리의 승계에 대하여는 그 승계인이 디자인등록출원을 하지 아니하면 제3자에게 대항할 수 없고(제57조 제1항), 디자인등록출원 후에는 디자인등록을 받을 수 있는 권리의 승계는 상속이나 그 밖의 일반승계의 경우를 제외하고는 디자인등록출원인 변경신고를 하지 아니하면 그 효력이 발생하지 아니한다(제3항).

특허법원은 제2양수인이 특허를 받을 권리가 이미 제1양수인에게 양도된 사실을 잘 알면서도 양도인과 위 권리의 이중양도계약을 체결하여 그 이중양도 행위에 적극 가담한 경우 위 양도행위는 반사회적 법률행위로서 무효이고, 제2양수인이 위 이중양도계약에 근거하여 출원한 특허발명은 발명자가 아닌 자로서 특허를 받을 수 있는 권리의 승계인이 아닌 자가 출원한 것이므로 무효라고 판단하였다.[8]

공동창작의 디자인에 대해 공동창작자 중 1인으로부터 디자인등록을 받을 수 있는 권리를 양수받아 디자인등록을 마친 경우, 디자인등록을 받을 수 있는 권리를 양도하지 않은 다른 공동창작자가 디자인권자를 상대로 하는 지분이전 등록청구를 허용할 것인지 문제되는데, 이에 대해 지분이전등록절차를 허용한 경우도 있었으나,[9] 디자인보호법이 제44, 45조에서 선출원주의의 예외를 인정

---

7) 특허법원 2013. 7. 11. 선고 2012허10471 판결(확정)에서는 甲이 자신으로부터 난간매입 등에 대한 도면과 컴퓨터 그래픽스를 넘겨받아 그와 동일한 등록디자인을 등록받은 디자인권자인 乙을 상대로 한 무효심판청구사건에서 등록디자인의 창작자를 甲으로 인정하면서 무효심판청구를 기각한 심결을 취소하였다.

8) 특허법원 2006. 12. 28. 선고 2005허9282 판결(확정).

9) 서울고등법원 2010. 12. 16. 선고 2010나87230 판결(특허권에 대한 판결로 대법원 2011다13234호로 상고하였으나, 2011. 4. 28. 심리불속행기각판결로 확정되었다).

하여 정당한 권리자를 보호하고 있는 취지에 비추어보면, 정당한 권리자로부터 디자인등록을 받을 수 있는 권리를 승계받은 바 없는 무권리자의 디자인등록출원에 따라 디자인권의 설정등록이 이루어졌더라도, 디자인보호법이 정한 위와 같은 절차에 의하여 구제받을 수 있는 정당한 권리자로서는 디자인보호법상의 구제절차에 따르지 아니하고 무권리자에 대하여 직접 디자인권의 이전등록을 구할 수는 없다고 볼 것이다.[10)]

특허를 받을 권리를 양도한 경우 계약에 특별한 정함이 없을 때 외국에서 특허를 받을 권리도 함께 양도한 것으로 볼 수 있는지가 문제되는데, 발명은 모든 국가에서 보호·이용되어야 하고, 기업활동의 국제성을 이유로 한 적극설과 특허권이 국가마다 별개로 성립하므로 특허를 받을 권리도 국가마다 독립된 것으로 이해하여야 한다는 소극설이 일본에서 논의되고,[11)] 계약의 경위, 양도가액, 기타 제반사정을 고려하여 합리적으로 판단하여야 한다는 절충설[12)]도 제기되고 있는바, 이는 어디까지나 양도계약의 해석상의 문제이므로 일도양단으로 결정할 성질의 것이 아니므로 절충설의 입장이 타당하다.

V. 대인적 제한

특허청 직원 및 특허심판원 직원에 대하여는 상속 또는 유증의 경우 이외에는 재직 중 디자인등록을 받을 수 없다고 규정하여 당해 업무를 처리하고 있는 사람들에 의하여 디자인권 부여 과정에서 발생할 수 있는 불공정한 디자인권 부여의 여지를 원천적으로 차단하고 있다. 직무상 알게 된 타인의 디자인권을 무단으로 출원할 가능성과 심사관으로서 직무를 수행하는 직원은 자신의 출원에 대해 디자인등록을 해줄 가능성 등을 원천적으로 배제하기 위한 것이다.[13)] 다만 특허청 직원 등에게 디자인권을 받을 권리 자체가 발생하지 않는 것은 아니라, '재직 중'이라는 일정한 시간적 범위에 한하여 그 권리 행사가 제한되는 것이라 할 것이다.[14)]

---

10) 대법원 2014. 5. 16. 선고 2012다11310 판결(특허권에 대한 판결이다) 참조.
11) 吉藤幸朔 著, YOM ME 특허법률사무소 역, 특허법개설(제13판), 대광서림, 227 참조.
12) 송영식 외 6인 공저(주 1), 418.
13) 위 규정에 대해서는 헌법상 기본권과 관련하여 문제가 있을 수 있다는 취지의 견해도 있다[노태정·김병진(주 3), 158].
14) 2001. 12. 31. 법률 제6582호로 "재직 중 특허를 받을 수 있는 권리를 가질 수 없다"에서 "재직 중 특허를 받을 수 없다"로 개정하였다.

Ⅵ. 위반시 효과

본조 제1항 본문에 따라 디자인등록을 받을 수 있는 권리를 가지지 아니하거나, 같은 항 단서에 따라 디자인등록을 받을 수 없는 경우임에도 디자인등록출원이 된 경우에는 디자인등록거절사유가 된다(디자인보호법 제62조 제1항 제1호). 또한 이러한 자에 의해 디자인이 출원되어 등록되더라도 디자인등록무효사유가 된다(디자인보호법 제121조 제1항 제1호).

〈손천우〉

> **제 4 조(미성년자 등의 행위능력)**
> ① 미성년자·피한정후견인 또는 피성년후견인은 법정대리인에 의하지 아니하면 디자인등록에 관한 출원·청구, 그 밖의 절차(이하 "디자인에 관한 절차"라 한다)를 밟을 수 없다. 다만, 미성년자와 피한정후견인이 독립하여 법률행위를 할 수 있는 경우에는 그러하지 아니하다.
> ② 제1항의 법정대리인은 후견감독인의 동의 없이 상대방이 청구한 디자인일부심사등록 이의신청, 심판 또는 재심에 대한 절차를 밟을 수 있다.

〈소 목 차〉

Ⅰ. 의   의

본조는 미성년자, 피한정후견인 또는 피성년후견인 등 이른바 제한능력자[1]의 디자인등록절차에서 행위능력을 제한하는 규정이다. 디자인보호법이 이와 같은 규정을 둔 것은 디자인권에 대한 출원·청구 등의 과정에서 행위무능력자를 보호하고, 법적 안정성을 도모하기 위한 것이다.

Ⅱ. 제한능력자제도

1. 제도의 취지

일반적으로 법률행위를 하기 위해서는 행위주체가 자신의 행위의 의미를 이해하고 판단할 수 있는 능력이 있어야 하는데, 이를 의사능력 또는 판단능력이라 한다. 사람의 행위가 법률효과를 발생하는 것은 원칙적으로 모든 사람은 자기의 의사에 의해서만 권리를 얻고 의무를 진다는 근대법의 사적 자치의 원

---

[1] 2011. 3. 7. 법률 제10429호로 개정된 민법에서는 한정치산자와 금치산자를 폐지하고, 제한능력자로 피한정후견인, 피성년후견인제도를 신설하여 2013. 7. 1.부터 시행되었다.

칙에 의한 것이다. 이러한 의사능력이 없는 자가 한 행위는 법률상 아무런 효과가 발생하지 않는데, 의사능력이 있는지 여부는 외부에서 확실하게 알기 어려운 내적인 심리적 정신능력이므로, 표의자가 행위 당시에 의사능력이 없었다는 것을 증명해서 보호를 받는다는 것은 매우 어려운 일이고, 행위의 상대방이나 제3자의 입장에서도 행위 당시의 표의자의 의사능력 유무를 확실하게 안다는 것이 곤란하므로, 나중에 의사능력이 없었다는 이유로 그 행위를 무효로 한다면 헤아릴 수 없는 불측의 손해를 입게 된다.[2] 재산적 법률관계는 빈번하게 반복해서 행해지므로, 일정한 획일적 기준을 정하여 이 기준을 갖추는 때에는 의사표시자가 단독으로 한 일정한 범위의 법률행위를 일률적으로 무조건 취소할 수 있는 것으로 취급하여 의사표시자의 의사능력을 묻지 않고, 상대방이나 제3자가 미리 알아차리고 손해의 발생을 막을 수 있는 기회를 주고 있는데, 이러한 객관적·획일적 기준(성년연령·법원의 결정 등)에 의하여 법률행위를 할 수 있는지를 정한 것이 바로 행위능력제도 또는 제한능력제도이다.[3]

2. 미성년자

가. 원   칙

만 19세로 성년이 되므로, 성년에 이르지 않은 자가 미성년자이다. 미성년자가 법률행위를 하기 위해서는 원칙적으로 법정대리인의 동의를 얻어야 하고 (민법 제5조 제1항 본문), 이를 위반한 경우에는 그 행위를 취소할 수 있다(제2항).

나. 예   외

다만 미성년자가 독립적으로 하더라도 미성년자에게 불리하게 될 염려가 없거나 거래의 안전을 위하여 필요한 경우에는 미성년자라 하더라도 법정대리인의 동의 없이 법률행위를 할 수 있다.

1) 단순히 권리만을 얻거나 또는 의무만을 면하는 행위(민법 제5조 제1항 단서)
2) 처분이 허락된 재산의 처분행위(민법 제6조)
3) 영업을 허락받은 미성년자의 그 영업에 관한 행위(민법 제8조 제1항)
4) 혼인을 한 미성년자의 행위(민법 제826조의2), 여기서 성년으로 의제되는 혼인은 법률혼만을 의미하고, 사실혼을 포함하지 않는다.
5) 대리행위, 미성년자의 행위능력 제한은 무능력자 본인의 보호를 위한 것

---

2) 곽윤직·김재형, 민법총칙(제9판), 박영사(2013), 110-111.
3) 곽윤직·김재형(주 2), 111.

이므로, 타인의 대리인으로서 법률행위를 하는데 무능력자로서 그 행위능력이 제한되지 않는다(민법 제117조).

6) 유언행위(민법 제1061조)

7) 근로계약에 따른 임금의 청구(근로기준법 제68조), 친권자나 후견인은 미성년자의 근로계약을 대리할 수 없다(같은 법 제67조).

다. 동의와 허락의 취소 또는 제한

미성년자가 아직 법률행위를 하기 전에는 법정대리인은 그가 한 동의나 일정범위의 재산처분에 대한 허락(민법 제6조)을 취소할 수 있다(민법 제7조). 미성년자는 법정대리인의 동의가 있으면 스스로 법률행위를 할 수 있는데, 소송행위의 경우에는 법정대리인의 동의에 의해서만 할 수 있고, 단독으로 할 수 없다(민사소송법 제55조 본문). 다만 미성년자가 혼인을 하여 성년으로 의제되었을 때, 법정대리인의 허락을 얻어 영업에 관한 법률행위를 하는 경우와 같이 미성년자가 독립하여 법률행위를 할 수 있는 경우에는 그 범위 내에서 소송능력이 인정된다(같은 조 단서).

라. 법정대리인

1) 법정대리인이 되는 사람

미성년자의 법률행위를 대리하거나 할 수 있는 사람, 즉 미성년자의 보호기관은 첫 번째는 친권자이고, 친권자가 친권을 행사할 수 없는 경우에는 후견인이며 이들을 법정대리인이라고 한다.

미성년자의 친권자는 부모인데 부모의 혼인상태가 계속 중인 경우에는 그 부모가 공동으로 친권을 행사한다(민법 제909조 제1, 2항). 즉, 부모가 공동으로 법정대리인이 되는 것이다. 여기에서 공동으로 행사하여야 한다는 것은 공동대리를 말하는 것이므로 부모 가운데 한쪽이 단독으로 대리나 동의를 한다면 법정대리인으로서의 대리 또는 동의의 효과는 생기지 않게 되고 무권대리가 되며, 동의는 취소할 수 있게 된다.[4] 부모 중의 1인이 사망 등으로 친권을 행사할 수 없거나 이혼절차에서 한쪽을 친권자로 정한 경우, 법원에 의하여 부모 중의 한쪽만이 친권자로 지정된 때에는 부모 중의 1인이 법정대리인이 된다.

미성년자에게 친권자가 없거나, 친권자가 법률행위의 대리권과 재산관리권을 행사할 수 없을 때에는, 미성년후견인이 법정대리인이 된다(민법 제928조). 친

---

4) 곽윤직·김재형(주 2), 120.

권자와 달리 후견인은 피후견인을 대리하여 소송행위를 함에 있어서 후견감독인이 있으면 후견감독인의 동의를 얻어야 한다(민법 제950조 제1항 제5호). 다만, 법정대리인인 후견인이 상대방의 소제기나 상소에 관하여 피고 또는 피상소인으로서 소극적으로 하는 응소행위에 대해서는 후견감독인의 특별수권을 요하지 아니한다(민사소송법 제56조 제1항).

2) 법정대리인의 권한

가) 법정대리인은 미성년자를 위하여 법률행위를 대리할 대리권이 있고 미성년자 자신이 하는 법률행위에 대한 동의권 및 일정한 범위를 정한 재산의 처분에 관한 동의권 등이 있다. 동의를 하는 방법은 원칙적으로 방식을 필요로 하지 않지만 후견감독인이 있으면 그 동의를 받아야 한다(민법 제950조 참조). 이 제한을 제외하고는 동의의 방법은 자유이고, 묵시적인 동의도 가능하다.[5] 또한, 동의는 미성년자에게 할 수도 있고 미성년자와 거래하는 상대방에게 할 수도 있다.[6]

나) 영·유아 등과 같이 미성년자에게 의사능력이 없다고 인정되는 경우에는 동의 또는 허락을 통해 미성년자 스스로 법률행위를 하게 할 수 없으므로 이때에는 법정대리인의 대리에 의한 법률행위만이 가능하다. 미성년자 본인의 행위를 목적으로 하는 채무를 부담하는 행위(예컨대, 운동선수계약, 출연계약 등)를 대리함에는 미성년자 본인의 동의를 받아야 하며(민법 제920조 단서, 제949조 제2항), 법정대리인과 미성년자의 이해가 상반되는 행위(미성년인 자녀의 재산을 친권자인 부모에게 증여 기타 양도하는 행위)에도 법정대리인의 대리권이 제한된다(민법 제921조).

다) 법정대리인이 동의를 하였다고 하더라도 그 행위에 관하여서만이라도 미성년자가 완전한 행위능력을 가지고 독립하여 법률행위를 할 수 있게 되는 것은 아니므로, 법정대리인은 동의를 한 후에도 미성년자를 대리하여 법률행위를 할 수 있다.[7] 법정대리인은 미성년자가 동의를 얻지 아니하고 행한 법률행

---

5) 미성년자의 법률행위에 있어서 법정대리인의 묵시적 동의나 처분허락이 있다고 볼 수 있는지 여부를 판단함에 있어서는, 미성년자의 연령·지능·직업·경력, 법정대리인과의 동거 여부, 독자적인 소득의 유무와 그 금액, 경제활동의 여부, 계약의 성질·체결경위·내용, 기타 제반 사정을 종합적으로 고려하여야 할 것이고, 위와 같은 법리는 묵시적 동의 또는 처분허락을 받은 재산의 범위 내라면 특별한 사정이 없는 한 신용카드를 이용하여 재화와 용역을 신용구매한 후 사후에 결제하려는 경우와 곧바로 현금구매하는 경우를 달리 볼 필요는 없다(대법원 2007. 11. 16. 선고 2005다71659, 71666, 71673 판결).

6) 곽윤직·김재형(주 2), 121.

7) 이 점에서 영업허락의 경우와 다르다고 한다. 송덕수, 민법총칙(제2판), 박영사(2013), 209.

위를 취소할 수 있다(민법 제5조 제2항).

3. 피성년후견인

가. 의   의

질병, 장애, 노령 또는 그 밖의 사유로 인한 정신적 제약으로 사무를 처리할 능력이 지속적으로 결여된 사람에 대하여 가정법원은 일정한 절차에 따라 성년후견 개시의 심판을 하여야 하는데(민법 제9조 제1항), 이와 같이 성년후견이 개시된 사람이 피성년후견인이다.

나. 요   건

질병, 장애, 노령 그 밖의 사유로 인한 정신적 제약으로 사무를 처리할 능력이 지속적으로 결여된 사람에 해당해야 한다. 종전에 금치산선고의 요건은 심신상실의 상태에 있어야 하는 것이었으나, 성년후견이 개시되려면 정신적 제약이 있고, 그로 인하여 사무처리 능력이 지속적으로 없어야 한다. 이 점에서 사무처리능력이 부족한 사람에 대한 한정후견과 다르다(민법 제12조 제1항). 지속적으로 없다는 것은 장차 상당한 기간 내에 그의 사무처리능력이 회복될 가능성이 없음을 의미한다. 정신적 제약이 있어야 하므로 신체적 장애로 사무처리능력이 없는 경우에는 성년후견 개시의 요건을 충족하지 못한다.

다. 행위능력

피성년후견인의 법률행위는 언제나 취소할 수 있다(민법 제10조 제1항). 피성년후견인은 제9조에 따른 성년후견개시심판의 확정과 동시에 그 행위능력을 제한받기 때문이다. 성년후견인은 피성년후견인을 위한 대리권을 가질 뿐이고, 동의권이 없으므로, 성년후견인의 동의를 받은 피성년후견인의 법률행위도 이를 취소할 수 있다.[8] 다만 가정법원은 취소할 수 없는 피성년후견인의 법률행위의 범위를 정할 수 있다(같은 조 제2항). 이와 같이 취소할 수 없는 범위를 정한 경우에는 그 범위에서는 피성년후견인의 법률행위라도 취소할 수 없다. 또한 일용품의 구입 등 일상생활에서 필요하고 그 대가가 과도하지 않은 법률행위는 성년후견인이 취소할 수 없다(같은 조 제4항). 이러한 거래는 신중한 고려가 요구되지 않고, 피성년후견인에게 크게 불이익이 생기지도 않으므로, 피성년후견인의 거래의 자유와 일반거래의 안전을 보호하기 위하여 취소할 수 없도록 한 것

---

8) 윤진수 · 현소혜, 2013년 개정 민법 해설, 법무부(2013), 35.

이다. 이 규정에 따라 취소할 수 없는 법률행위라는 점은 취소를 막으려는 상대방이 주장·증명하여야 한다.[9]

4. 피한정후견인

가. 의   의

질병, 장애, 노령 그 밖의 사유로 인한 정신적 제약으로 사무를 처리할 능력이 부족한 사람에 대하여 가정법원은 일정한 절차에 따라 한정후견개시의 심판을 하는데(민법 제12조 제1항), 이와 같이 한정후견이 개시된 사람이 피한정후견인이다.

나. 요   건

한정후견은 성년후견과 달리 사무처리능력이 지속적으로 결여된 경우가 아니라 사무처리능력이 부족한 경우에 개시된다. 정신적 제약으로 사무를 처리할 능력이 부족한 사람이라면 그 부족의 정도를 불문하고 누구나 이용할 수 있는 포괄적이고도 탄력적인 보호유형이므로, 인지능력감퇴가 매우 경미한 정도에 불과한 사람부터 상당한 정도의 정신장애를 가지고 있는 사람까지 다양한 유형의 사람이 이용할 수 있다.[10] 또한 법문상으로는 명백하게 드러나지 않지만 사무처리능력이 부족한 상태가 당분간 지속되어야 하고, 일시적인 문제가 발생한 경우에는 특정후견으로 보호를 제공해야 할 것이다.

다. 행위능력

피한정후견인은 원칙적으로 유효하게 법률행위를 할 수 있고 예외적으로 가정법원이 피한정후견인의 행위능력을 제한할 수 있도록 하였다(민법 제13조 제1항). 이 점에서 종전의 한정치산자의 행위능력을 대폭 제한한 것과 구별된다. 가정법원은 본인, 배우자, 4촌 이내의 친족, 한정후견인, 한정후견감독인, 검사 또는 지방자치단체의 장의 청구에 의하여 피한정후견인의 동의를 필요로 하는 행위의 범위를 변경할 수 있다(같은 조 제2항). 한정후견인의 동의를 필요로 하는 행위에 대하여 한정후견인이 피한정후견인의 이익이 침해될 염려가 있는데도 그 동의를 하지 않는 때에는 가정법원은 피한정후견인의 청구에 의하여 한정후견인의 동의를 갈음하는 허가를 할 수 있다(같은 조 제3항). 한정후견인의 동의

---

9) 송덕수(주 7), 213.
10) 윤진수·현소혜(주 8), 38, 39.

가 필요한 법률행위를 피한정후견인이 한정후견인의 동의 없이 하였을 때에는
그 법률행위를 취소할 수 있다(같은 조 제4항).

라. 한정후견인

한정후견을 개시하는 경우에 그 개시 심판을 받은 사람의 한정후견인을 두
어야 한다(민법 제959조의2). 피한정후견인의 보호기관으로는 후견인과 후견감독
인이 있다. 한정후견인은 가정법원이 직권으로 선임하는데, 성년후견인에 대한
규정이 준용되어 여러 명을 둘 수 있고, 법인도 한정후견인이 될 수 있다. 한편
가정법원은 필요하다고 인정하면 직권으로 또는 피한정후견인, 친족, 한정후견
인, 검사, 지방자치단체의 장의 청구에 의하여 한정후견감독인을 선임할 수 있
다(민법 제959조의5 제1항).

5. 피특정후견인

가. 의   의

질병, 장애, 노령 그 밖의 사유로 인한 정신적 제약으로 일시적 후원 또는
특정한 사무에 관한 후원이 필요한 사람에 대하여 가정법원은 일정한 절차에
따라 특정후견의 심판을 하는데(민법 제14조의2), 이와 같이 특정후견의 심판이
있는 사람이 피특정후견인이다.

나. 요   건

질병, 장애, 노령 그 밖의 사유로 인한 정신적 제약으로 일시적 후원 또는
특정한 사무에 관한 후원이 필요한 사람에 해당해야 한다. 정신적 제약은 앞서
살펴본 바와 같지만 특정후견의 경우 사무처리능력의 결여나 부족이 필요한 것
은 아니다. 특정후견의 심판을 청구할 수 있는 사람은 본인, 배우자, 4촌 이내의
친족, 미성년후견인, 미성년후견감독인, 검사 또는 지방자치단체의 장이다. 성년
후견이나 한정후견이 개시된 경우에는 특정후견을 받을 필요가 없기 때문에 성
년후견인이나 한정후견인은 청구권자에 포함되어 있지 않지만, 성년을 앞둔 미
성년자는 특정후견의 심판을 받아 후견의 공백이 생기는 것을 막을 수 있다.[11]

다. 행위능력

특정후견의 심판을 하는 경우에는 특정후견의 기간 또는 사무의 범위를 정

---

11) 곽윤직 · 김재형(주 2), 132.

해야 한다(민법 제14조의2 제3항). 특정후견은 1회적·특정적 보호제도이므로 후견의 개시와 종료를 별도로 심판할 필요가 없고, 그 후견으로 처리되어야 할 사무의 성질에 의하여 존속기간이 정해진다.[12]

가정법원은 피특정후견인의 후원을 위하여 필요한 처분을 명할 수 있다(민법 제959조의8). 이 경우 가정법원은 피특정후견인을 후원하거나 대리하기 위한 특정후견인을 선임할 수 있다(민법 제959조의9 제1항). 가정법원은 필요하다고 인정하면 직권으로 또는 피특정후견인, 친족, 특정후견인, 검사, 지방자치단체의 장의 청구에 의하여 특정후견감독인을 선임할 수 있다(민법 제959조의10 제1항). 가정법원은 피특정후견인의 후원을 위하여 필요하다고 인정하면 기간이나 범위를 정하여 특정후견인에게 대리권을 수여하는 심판을 할 수 있고, 특정후견인의 대리권 행사에 가정법원이나 특정후견감독인의 동의를 받도록 명할 수 있다(민법 제959조의11).

Ⅲ. 디자인보호법상 무능력자의 절차능력

1. 행위능력이 문제되는 '디자인에 관한 절차'

본조 제1항은 디자인에 관한 절차를 디자인등록에 관한 출원·청구, 그 밖의 절차라고 규정하고 있다. 디자인에 관한 출원·청구, 그 밖의 절차란 디자인제도와 관련된 절차 중 출원인, 청구인, 신청인 및 상대방(이하 '출원인 등'이라 한다)이 특허청장, 특허심판원장, 심판장 및 심판관(이하 '특허청장 등'이라 한다)에 대하여 하는 절차로서 아래의 절차를 포함한다.

ⓐ 디자인에 관한 출원: 디자인등록출원, 분할출원, 변경출원, 국제디자인등록출원 등

ⓑ 디자인에 관한 청구: 심사청구, 재심사청구, 각종 심판청구(심사관에 의한 심판청구를 포함한다), 재심청구 등

ⓒ 디자인에 관한 기타 절차: 위 ⓐ, ⓑ와 관련하여 출원인 등이 특허청장에게 하는 신청 절차

다만 특허청장 등이 출원인 등에 하는 절차(각종 통지, 요구 등), 특허청 내부의 심사업무처리절차, 출원인 등이 행정심판과 관련된 절차나 일반 민원신청 등은 본조의 디자인에 관한 절차에 포함되지 않는다.

---

12) 송덕수(주 7), 218.

또한 여기서 말하는 '디자인에 관한 절차'에는 심결에 대한 소에 대한 절차도 포함되지 아니한다.[13]

2. 법정대리인에 의한 대리

가. 원   칙

본조 제1항 본문은 미성년자등 제한능력자가 디자인의 출원 기타 절차를 밟을 때에는 민사소송법[14]과 마찬가지로 법정대리인에 의해서 하도록 규정하고 있다. 디자인 출원은 여러 단계의 절차를 밟아야 하고, 그 결과를 예측하기 어려우며 불복심판과 불복심판에 대한 취소소송 등 소송절차와 밀접한 관련이 있으므로 소송능력에 대한 규정과 동일하게 볼 필요가 있다. 여기의 제한능력자에는 미성년자, 피성년후견인, 피한정후견인만 해당하고, 피특정후견인은 포함되지 않는다.

나. 예   외

1) 본조 제2항은 민사소송법 제55조 단서와 같이 미성년자나 피한정후견인이 독립하여 법률행위를 할 수 있는 경우에는 법정대리인에 의하지 아니하고 디자인등록에 관한 출원 등을 할 수 있다고 규정하고 있다. 미성년자에게 친권자가 없거나, 친권자가 법률행위의 대리권과 재산관리권을 행사할 수 없을 때에는, 미성년후견인이 법정대리인이 되고(민법 제928조), 친권자와 달리 후견인은 피후견인을 대리하여 소송행위를 함에 있어서 후견감독인이 있으면 후견감독인의 동의를 얻어야 한다(민법 제950조 제1항 제5호). 또한 피한정후견인은 원칙적

---

13) 특허법에 대한 대법원 2014. 2. 13. 선고 2013후1573 판결에서 "구 특허법 제3조 제1항에 의하면 '특허에 관한 절차'란 '특허에 관한 출원·청구 기타의 절차'를 말하는데, ① 구 특허법 제5조 제1항, 제2항에서 '특허에 관한 절차'와 '특허법 또는 특허법에 의한 명령에 의하여 행정청이 한 처분에 대한 소의 제기'를 구별하여 규정하고 있는 점, ② '특허에 관한 절차'와 관련된 구 특허법의 제반 규정이 특허청이나 특허심판원에서의 절차에 관한 사항만을 정하고 있는 점, ③ 구 특허법 제15조에서 '특허에 관한 절차'에 관한 기간의 연장 등을 일반적으로 규정하고 있음에도, 구 특허법 제186조에서 '심결에 대한 소'의 제소 기간과 그에 대하여 부가기간을 정할 수 있음을 별도로 규정하고 있는 점 등에 비추어 보면, 여기에는 '심결에 대한 소'에 관한 절차는 포함되지 아니한다고 할 것이다"라고 판시하였는데, 유사한 규정을 둔 디자인보호법에도 적용된다고 볼 수 있다.

14) 민사소송법 제51조: 당사자능력, 소송능력, 소송무능력자의 법정대리와 소송행위에 필요한 권한의 수여는 이 법에 특별한 규정이 없으면 민법, 그 밖의 법률에 따른다.
　　제55조: 미성년자·한정치산자 또는 금치산자는 법정대리인에 의하여서만 소송행위를 할 수 있다. 다만, 미성년자 또는 한정치산자가 독립하여 법률행위를 할 수 있는 경우에는 그러하지 아니하다.

으로 유효하게 법률행위를 할 수 있고, 예외적으로 가정법원이 피한정후견인의 행위능력을 제한할 수 있으므로(민법 제13조 제1항), 디자인등록에 관한 출원 등의 행위가 가정법원의 제한에 해당하지 아니하는 경우에는 유효하게 행위를 할 수 있다고 볼 것이다.

　2) 본조 제2항은 법정대리인은 후견감독인의 동의 없이 상대방이 청구한 디자인일부심사등록 이의신청, 심판 또는 재심에 대한 절차를 밟을 수 있다고 규정하여 상대방의 소제기 또는 상소에 관하여 소송능력을 인정한 민사소송법 제56조 제1항과 같은 내용을 규정하고 있다. 여기서 심판은 디자인등록무효심판, 권리범위확인심판과 같은 당사자계 심판을 의미하는 것으로 볼 것이고, 거절결정불복심판과 같은 결정계 심판은 이에 해당하지 않는다. 거절결정 등에 불복하는 것을 소극적 행위라고 볼 수는 없기 때문이다.

〈손천우〉

제 5 조(법인이 아닌 사단 등)

법인이 아닌 사단 또는 재단으로서 대표자 또는 관리인이 정하여져 있는 경우에는 그 사단 또는 재단의 이름으로 디자인일부심사등록 이의신청인, 심판의 청구인·피청구인 또는 재심의 청구인·피청구인이 될 수 있다.

<소 목 차>

Ⅰ. 의   의

디자인에 관한 절차는 디자인에 대한 권리 및 의무의 주체가 될 것을 전제로 하기 때문에 원칙적으로 권리능력이 있어야 한다. 그런데 민법은 자연인과 법률에 정하여진 절차에 따라 설립된 사단과 재단에 한하여 권리능력을 인정하고 있으므로, 종중, 종교단체, 학회 등 법인의 모습을 갖추고 있을지라도 법인설립등기를 하지 않은 경우에는 디자인에 관한 권리 및 의무의 주체가 될 수 없는 것이 원칙이다. 그러나 실제 사회에는 법인격 없는 여러 종류의 단체가 존재하고 경제적 주체로서 활동하고 있는데, 이에 대해 설립등기 등을 하지 않았다고 하여 권리주체로서의 자격을 일률적으로 부인하는 것은 비현실적이고, 일반 민사거래에서도 일정한 요건 하에 권리의무의 주체로서의 자격을 인정하고 있다. 본조는 이와 같이 원칙적으로 권리능력이 없어 디자인권을 취득할 수 없는 사단이나 재단이 일정한 요건을 갖추어 단체로서의 실체를 갖춘 경우에는 디자인에 관한 절차에서도 독립적인 주체로서의 자격을 인정하는 조문이다.

Ⅱ. 법인격 없는 사단 또는 재단

1. 법   인

자연인 이외에 권리의무의 주체로서 인정되는 것이 법인이다. 법인은 법률의 규정에 좇아 정관으로 정한 목적의 범위 내에서 권리와 의무의 주체가 된다

(민법 제34조). 법인은 법률의 규정에 의하지 않고서는 성립하지 못한다(민법 제
31조). 법인의 성립을 인정하는 법률에는 민법뿐만 아니라 '공익법인의 설립·
운영에 관한 법률'과 같은 특별법이 있다. 학술, 종교, 자선, 기예 기타 영리 아
닌 사업을 목적으로 하는 사단 또는 재단은 주무관청의 허가를 얻어 이를 법인
으로 할 수 있고(민법 제32조), 이러한 비영리법인에는 사단 또는 재단이 있는데,
비영리사업의 목적을 달성하는데 필요하여 그의 본질에 반하지 않는 정도의 영
리행위를 하는 것은 무관하다. 법인은 주된 사무소의 소재지에서 설립등기를 함
으로써 성립한다(민법 제34조). 법인은 의사를 결정하거나 업무를 집행하는 기관
과 법인의 기본적인 원칙을 규정한 정관을 갖추어야 하고, 설립목적이나 정관의
변경, 해산 및 청산에 있어서도 민법 제3장에서 정한 절차를 따라야 한다.

　　법인 중 일정한 목적을 위하여 결합한 사람의 단체 즉 사단을 실체로 하는
법인을 사단법인이라 하고, 일정한 목적을 위하여 바쳐진 재산 즉 재단을 그 실
체로 하는 법인은 재단법인이라 한다. 사단법인은 단체의사에 의하여 자율적으
로 활동하는데 대하여, 재단법인은 설립자의 의사에 의하여 타율적으로 구속되
는 점이 강하다는 본질적 차이가 있고, 이러한 차이로부터 둘 사이에는 설립행
위·목적 또는 정관의 변경·의사결정기관·해산사유 등에서 차이가 있다.[1]

2. 법인격 없는 사단 또는 재단

가. 의   의

　　단체의 실질이 사단인데도 법인격을 갖지 않는 것이 법인격 없는 사단 또
는 권리능력 없는 사단이라고 한다. 또한 비영리적 목적을 위하여 재산을 출연
하고 관리조직을 갖추어 그 목적을 위해서만 재산을 사용하도록 한 경우에는,
신탁이나 법인의 형식을 취하지 않더라도 사회적으로 독립한 존재를 가지므로
법률상으로도 특별하게 다룰 필요가 있는데, 이를 법인격 없는 재단 또는 권리
능력 없는 재단이라 한다.[2] 민법이 사단법인의 설립에 허가주의를 취하고 있고,
주무관청의 허가가 사단법인의 절차적 요건의 하나이며 그러한 허가를 얻지 못
한 사단이나 허가를 얻기 전의 사단은 권리능력 없는 사단으로서 존재할 수 있
을 뿐이다.[3] 설립자가 행정관청의 허가나 사후의 감독 그 밖의 법적 규제를 받

---

1) 곽윤직·김재형, 민법총칙(제9판), 박영사(2013), 161.
2) 곽윤직·김재형(주 1), 168, 169.
3) 곽윤직·김재형(주 1), 163.

는 것을 원하지 않을 경우 법인 아닌 사단으로 남아 있을 가능성이 높게 된다.
사단법인의 기초가 될 수 있는 사회적 실체에는 사단 외에 조합도 있는데, 사단
과 조합은 단체성의 강약에 의해 구분된다.4) 조합은 단체가 구성원으로부터 독
립된 존재이기는 하나, 단체로서의 단일성보다 구성원의 개성이 강하게 나타나
고, 단체의 행동은 비법인사단의 경우 단체 자체에 귀속되고 구성원들에게 귀속
되지 않지만, 조합의 경우 구성원 전원 또는 그들로부터 대리권이 주어진 자에
의하여 행하여지고, 그 법률효과는 구성원 모두에게 귀속된다.5)

나. 법인격 없는 사단이나 재단의 요건

법인 아닌 사단 또는 재단이라고 할 수 있으려면 단체로서의 조직을 갖추
고, 대표의 방법·총회의 운영·재산의 관리 그 밖에 사단으로서 주요한 내용
이 정관에 의하여 정해져야 한다. 법인격 없는 사단으로 대표적인 것이 종중이
나 종교단체이고, 법인격 없는 재단에는 한정승인을 한 상속재산(민법 제1028조),
상속인 없는 상속재산(민법 제1053조), 공장 및 광업재산 저당법에 따른 공장재
단이나 광업재단 등이 있다. 또한, 사단법인의 하부조직의 하나라 하더라도 스
스로 위와 같은 단체로서의 실체를 갖추고 독자적인 활동을 하고 있다면 사단
법인과는 별개의 독립된 비법인사단으로 볼 것이다.6)

다. 법률관계

1) 법인격 없는 사단의 사원이 집합체로서 물건을 소유할 때에는 총유로 하
고(민법 제275조), 정관 기타 규약에 의하는 외에는 총유물의 관리 및 처분은 사
원총회의 결의에 의하며, 각 사원은 정관 기타의 규약에 좇아 총유물을 사용,
수익할 수 있다(민법 제276조). 법인이 아닌 사단이나 재단은 대표자 또는 관리
인이 있는 경우에는 그 사단이나 재단의 이름으로 당사자가 될 수 있다(민사소
송법 제52조). 따라서 제3자는 법인 아닌 사단 또는 재단에 대한 집행권원으로
사단이나 재단의 고유재산에 대하여 강제집행을 할 수 있다. 법인격 없는 사단
이나 재단이 소송상 당사자가 되거나, 대표기관의 권한이나 대표기관의 불법행
위로 인한 사단의 배상책임 등에 관해서는 모두 법인에 관한 규정을 적용한다.
2) 부동산등기법 제26조 제1항은 종중, 문중, 그 밖에 대표자나 관리인이

---

4) 대법원 1999. 4. 23. 선고 99다4504 판결.
5) 송덕수, 민법총칙(제2판), 박영사(2013), 600.
6) 대법원 2003. 4. 11. 선고 2002다59337 판결 등 참조.

있는 법인 아닌 사단이나 재단에 속하는 부동산의 등기에 관하여는 그 사단이나 재단을 등기권리자 또는 등기의무자로 한다고 규정하여 법인격 없는 사단이나 재단의 등기능력을 인정하고 있다. 행정심판법 제14조도 법인이 아닌 사단 또는 재단으로서 대표자나 관리인이 정하여져 있는 경우에는 그 사단이나 재단의 이름으로 심판청구를 할 수 있다고 규정하여 법인격 없는 사단이나 재단의 청구인 능력을 인정하고 있다.

　　3) 민사소송법 제52조가 비법인사단의 당사자능력을 인정하는 것은 법인이 아니라도 사단으로서의 실체를 갖추고 그 대표자 또는 관리인을 통하여 사회적 활동이나 거래를 하는 경우에는 그로 인하여 발생하는 분쟁은 그 단체가 자기 이름으로 당사자가 되어 소송을 통하여 해결하도록 하기 위한 것이므로, 여기서 말하는 사단이라 함은 일정한 목적을 위하여 조직된 다수인의 결합체로서 대외적으로 사단을 대표할 기관에 관한 정함이 있는 단체를 말한다.[7] 비법인사단이 당사자인 사건에 있어서 대표자에게 적법한 대표권이 있는지 여부는 소송요건에 관한 것으로서 법원의 직권조사사항이므로 법원으로서는 그 판단의 기초자료인 사실과 증거를 직권으로 탐지할 의무까지는 없다 하더라도 이미 제출된 자료에 의하여 그 대표권의 적법성에 의심이 갈만한 사정이 엿보인다면 그에 관하여 심리·조사할 의무가 있다고 할 것이다.[8]

Ⅲ. 법인격 없는 사단이나 재단의 절차능력

1. 의　　의

　　법 제4조가 법인격 없는 사단이나 재단에 대해 인정한 능력은 디자인보호법상 절차에서 인정되는 당사자능력이므로 법인격 없는 사단이나 재단은 자신의 이름으로 각종 절차의 청구인 또는 피청구인이 될 수 있다. 법인격 없는 사단 또는 재단이 디자인권 이전약정 당시에 법인격을 취득하지 못한 경우에 문제될 수 있다. 디자인권은 설정등록에 의해 효력을 발생하므로(법 제90조 제1항), 디자인권 이전등록 당시에 법인 설립등기를 마쳐 법인격을 취득하였다면 그 이전등록의 원인이 되는 양도 약정일에 양수인인 법인격 없는 사단이나 재단이 법인격을 취득하지 못하였더라도 그 이전등록이 당연 무효라고 볼 수는 없을

---

7) 대법원 1997. 12. 9. 선고 97다18547 판결 등 참조.
8) 대법원 2009. 1. 30. 선고 2006다60908 판결; 1997. 10. 10. 선고 96다40578 판결.

것이다.9) 다만 법인격 없는 사단이나 재단은 권리능력을 취득하기 전에는 그 명의로 디자인권을 취득할 수는 없다.

본조는 디자인일부심사등록 이의신청인, 심판의 청구인·피청구인 또는 재심의 청구인을 열거하고 있는데, 이와 같은 절차의 경우 디자인절차 진행상 법인격 없는 사단이나 재단에 당사자능력을 인정하여도 제도의 취지상 무리가 없는 경우로서 예외적으로 인정되는 한정열거사항이라고 해석해야 할 것이다.10)

2. 절차의 범위

1) 디자인일부심사등록 이의신청: 디자인일부심사등록이란 구법의 무심사등록제도를 고친 것으로 디자인등록출원이 디자인등록요건 중 일부만을 갖추고 있는지를 심사하여 등록하는 것을 말한다(디자인보호법 제2조 제5호). 누구든지 디자인일부심사등록출원에 따라 디자인권이 설정등록된 날부터 디자인일부심사등록 공고일 후 3개월이 되는 날까지 그 디자인일부심사등록이 무권리자에 의한 출원이라거나 법 제68조 제1항 각호의 사유에 해당하는 것을 이유로 특허청장에게 디자인일부심사등록 이의신청을 할 수 있는바, 이의신청인의 자격을 한정하고 있지 않으므로 법인격 없는 사단 또는 재단에도 이의신청을 할 수 있도록 허용하고 있다.

2) 심판의 청구인 및 피청구인: 적극적 당사자가 되는 경우로는 등록무효심판, 소극적 권리범위확인심판의 심판청구인이 되는 경우가 해당하고, 소극적 당사자가 되는 경우에는 적극적 권리범위확인심판의 피심판청구인이 되는 경우가 될 것이다. 거절결정에 대한 불복심판이나 적극적 권리범위확인심판 등과 같이 디자인권자나 출원인이 할 수 있는 심판에 관해서는 디자인출원에 관한 절차능력이 인정되지 아니하고 디자인권자나 전용실시권자도 될 수 없으므로 허용될 수 없을 것이다.

3) 재심의 청구인 및 피청구인: 위와 같이 심판의 청구인 또는 피청구인으로서 절차능력이 인정되는 경우에는 그 확정된 심결에 대한 디자인보호법 제158조 이하에 규정된 재심의 청구인 또는 피청구인이 될 수 있는 것은 당연하다.

4) 심결에 대한 소송의 당사자: 위와 같이 법인격 없는 사단이나 재단이 적극적·소극적 당사자가 되는 경우로 불리한 심결에 대해서는 디자인보호법 제

---

9) 특허법원 2003. 2. 20. 선고 2002허6923 판결(상표권에 대한 사건으로 확정되었다).

10) 정상조·박성수 공편, 특허법 주해 I, 박영사(2010), 108(최정열 집필부분) 참조.

166조 제1, 2항에 따라 불복청구의 소를 제기할 수 있다. 비법인사단이 당사자인 사건에서 대표자에게 적법한 대표권이 있는지 여부는 소송요건에 관한 것으로서 법원의 직권조사사항이므로, 법원에 판단의 기초자료인 사실과 증거를 직권으로 탐지할 의무까지는 없다 하더라도 이미 제출된 자료에 의하여 대표권의 적법성에 의심이 갈만한 사정이 엿보인다면 그에 관하여 심리 · 조사할 의무가 있다.[11]

　법인 아닌 사단의 구성원 개인이 심결에 대한 불복의 소를 제기할 수 있는지 문제될 수 있다. 디자인보호법에 관련된 판결은 아니지만, 법인 아닌 사단의 구성원 개인이 총유재산의 보존을 위한 소를 제기할 수 있는지와 관련하여 대법원은 '민법 제276조 제1항은 "총유물의 관리 및 처분은 사원총회의 결의에 의한다", 같은 조 제2항은 "각 사원은 정관 기타의 규약에 좇아 총유물을 사용 · 수익할 수 있다"라고 규정하고 있을 뿐 공유나 합유의 경우처럼 보존행위는 그 구성원 각자가 할 수 있다는 민법 제265조 단서 또는 민법 제272조 단서와 같은 규정을 두고 있지 아니한바, 이는 법인 아닌 사단의 소유형태인 총유가 공유나 합유에 비하여 단체성이 강하고 구성원 개인들의 총유재산에 대한 지분권이 인정되지 아니하는 데에서 나온 당연한 귀결이라고 할 것이다. 따라서 총유재산에 관한 소송은 법인 아닌 사단이 그 명의로 사원총회의 결의를 거쳐 하거나 또는 그 구성원 전원이 당사자가 되어 필수적 공동소송의 형태로 할 수 있을 뿐 그 사단의 구성원은 설령 그가 사단의 대표자라거나 사원총회의 결의를 거쳤다 하더라도 그 소송의 당사자가 될 수 없고, 이러한 법리는 총유재산의 보존행위로서 소를 제기하는 경우에도 마찬가지라 할 것이다'[12]라고 판시한 바 있는데, 심결에 대한 불복청구의 소에서도 마찬가지로 부정적으로 해석해야 할 것이다.

〈손천우〉

---

11) 대법원 2011. 7. 28. 선고 2010다97044 판결.
12) 대법원 2005. 9. 15. 선고 2004다44971 전원합의체 판결.

제 6 조(재외자의 디자인관리인)

① 국내에 주소 또는 영업소가 없는 자(이하 "재외자"라 한다)는 재외자(법인인 경우에는 그 대표자)가 국내에 체류하는 경우를 제외하고는 그 재외자의 디자인에 관한 대리인으로서 국내에 주소 또는 영업소가 있는 자(이하 "디자인관리인"이라 한다)에 의하지 아니하면 디자인에 관한 절차를 밟거나 이 법 또는 이 법에 따른 명령에 따라 행정청이 한 처분에 대하여 소를 제기할 수 없다.

② 디자인관리인은 위임된 권한의 범위에서 디자인에 관한 절차 및 이 법 또는 이 법에 따른 명령에 따라 행정청이 한 처분에 관한 소송에서 본인을 대리한다.

<소 목 차>

Ⅰ. 의   의

본조는 재외자의 절차능력과 재외자의 대리인인 디자인관리인의 대리권의 범위에 관하여 규정하고 있다. 재외자는 국내에 주소 또는 영업소가 없는 자를 말하고, 디자인관리인이라 함은 재외자에 의해 위임된 국내에 주소 또는 영업소를 가진 대리인을 말한다. 국내에 거주하는 자는 대리인을 선임하지 않아도 되나, 재외자는 본조에 의해 대리인을 선임해야 디자인에 관한 절차와 디자인보호법 또는 이 법에 따른 명령에 따라 행정청이 한 처분에 관한 소송을 수행할 수 있다. 재외자의 절차능력을 제한하는 이유는 특허청이 재외자에 대하여 절차를 진행하는 경우의 지연과 혼잡을 피하기 위한 것이다.

Ⅱ. 재외자의 절차능력

1. 재 외 자

재외자란 국내에 주소 또는 영업소가 없는 자연인이나 법인을 말하고, 대한
민국 국민이더라도 국내에 주소나 영업소가 없으면 재외자에 해당한다. 여기서
주소란 생활의 근거되는 곳을 말한다(민법 제18조). 국내에 주소가 없고 거소만
있는 경우 재외자에 해당하는지 문제되나, 주소를 알 수 없거나 국내에 주소 없
는 자에 대하여는 국내에 있는 거소를 주소로 보므로(민법 제19, 20조), 국내에
거소가 있는 자를 재외자로 볼 것은 아니다. 영업소는 영업활동의 중심이 되는
장소를 말하고, 비영리법인이나 법인격 없는 사단·재단의 경우에는 주된 사무
소를 영업소로 볼 것이다.

2. 절차능력의 범위

가. 재외자의 절차능력

재외자는 국적을 불문하고 위와 같은 요건을 갖추지 아니하면 절차능력이
없는 것으로 보므로, 원칙적으로 디자인관리인에 의하지 아니하고는 본인 스스
로 디자인에 관한 출원·청구 등의 절차를 밟을 수 없다. 따라서 국내에 주소
또는 영업소를 가지지 아니하는 자가 본조에 따른 디자인관리인에 의하지 아니
하고 출원서류 등을 제출한 경우에는 특허청장 또는 특허심판원장은 적법한 출
원서류 등으로 보지 아니하고 반려한다(디자인보호법 시행규칙 제24조 제1항 제15
호). 특허청장 또는 특허심판원장은 제1항에 따라 부적법한 것으로 보는 출원
서류 등을 반려하려는 경우에는 출원서류등을 제출한 출원인등에게 출원서류
등을 반려하겠다는 취지, 반려이유 및 소명기간을 적은 서면을 송부하여야 한
다(같은 조 제2항).

다만 재외자가 국내에 체류하는 경우에는 디자인관리인에 의하지 않고 직
접 디자인에 관한 절차를 밟을 수 있다(제1항). 예를 들면 재외자가 국내로 잠시
여행을 온 경우를 말한다. 재외자의 디자인권 또는 디자인에 관한 권리에 관하
여 디자인관리인이 있으면 그 디자인관리인의 주소 또는 영업소를, 디자인관리
인이 없으면 특허청 소재지를 민사소송법 제11조에 따른 재산이 있는 곳으로
본다(제15조).

나. 하자의 치유 여부

특허청장 또는 특허심판원장이 위와 같이 반려할 사유가 있음에도 이를 반려하지 아니하고 수리하여 절차를 진행한 경우에 하자가 치유된다고 볼 것이다. 특허법에 대한 사건에서 대법원은 "특허법 제5조 제1항, 특허법시행규칙 제11조 제1항 제6호에 의하면, 재외자는 특허관리인에 의하지 아니하면 특허에 관한 절차를 밟을 수 없고, 특허청장은 재외자가 특허관리인에 의하지 아니하고 제출한 서류를 반려할 수 있다고 되어 있으나, 특허관리인 제도는 특허청이 국내에 거주하지 않는 자와 직접 절차를 수행함에 따른 번잡과 절차지연을 피함으로써 원활한 절차수행이 가능하도록 하기 위함에 그 의의가 있는 점, 특허법 제5조 제1항에 의하면 재외자라 하더라도 국내에 체재하는 경우에는 직접 절차를 밟을 수 있는 점, 특허법 제62조, 제133조 제1항에는 재외자가 특허관리인에 의하지 아니하고 그 절차를 밟은 경우에 이를 특허거절사유나 특허무효사유로는 하고 있지 않은 점 등에 비추어 볼 때, 특허청장은 특허관리인에 의하지 아니한 채 제출된 서류를 반려하지 아니하고 이를 수리하여 특허에 관한 절차를 진행한 이후에는 특허법 제5조 제1항에 위반된다는 이유로 제출된 서류의 절차상 하자를 주장할 수는 없다고 해석된다"[1]고 판시하여 하자가 치유된다는 취지로 판시하였는데, 디자인보호법에도 같은 법리가 적용될 것이다.

Ⅲ. 디자인관리인에 의한 대리

1. 디자인관리인

디자인관리인이라 함은 재외자에 의하여 위임된 국내에 주소 또는 영업소를 가진 대리인을 말한다. 디자인절차상의 대리인에는 당사자의 의사에 기초하지 아니한 법정대리인과 본인에 의하여 선임되는 임의대리인이 있는데, 디자인관리인은 당사자가 선임한다는 점에서는 임의대리인이지만, 법적으로 정해진 법정대리인으로서의 기능을 수행한다는 점에서 특색이 있다. 법정대리인과 달리 디자인관리인이 사망하거나 그의 대리권이 소멸된 때에도 위임에 의한 임의대리인과 마찬가지로 그 절차가 중단되지 않는다(디자인보호법 제22조 제4호, 민사소송법 제235조).[2] 디자인관리인의 자격은 특별한 제한이 없으므로 변호사나

---

1) 대법원 2005. 5. 27. 선고 2003후182 판결.
2) 2001. 2. 3. 개정 전의 특허법 시행당시에 대법원은 "위 보조참가인은 이 사건 등록상표

변리사가 아닌 자도 선임될 수 있다.

2. 대리권의 범위

1) 디자인관리인에게는 위임된 범위 안에서 디자인에 관한 절차를 밟거나 이 법 또는 이 법에 따른 명령에 따라 행정청이 한 처분에 관한 소송에서 재외자를 대리할 수 있다. 디자인관리인이 선임된 경우 재외자에게 송달할 서류는 디자인관리인에게 송달하여야 한다(디자인보호법 제211조 제1항).[3]

2) 여기서 '디자인에 관한 절차'라 함은 디자인출원 및 특허청 또는 특허심판원에 대하여 하는 디자인 청구행위(출원심사청구, 디자인이의신청, 심판의 청구, 재심의 청구)를 말하고, 디자인보호법 제9장의 소송(심결 등에 대한 취소소송, 대가에 대한 심결·결정에 관한 소송 등)에 있어서의 소송절차와 제6장의 디자인권자의 보호를 위한 민사소송절차는 포함되지 않는다.

3) 여기서 '이 법 또는 이 법에 따른 명령에 따라 행정청이 한 처분에 관한 소송'은 디자인보호법 또는 디자인보호법에 의한 명령에 의하여 행정청이 한 처분을 말하는 것으로 디자인이 등록된 이후 당사자 사이에 다투어지는 당사자계 사건의 심결취소송은 여기에 포함되지 않는다고 보아야 할 것이다.[4]

디자인보호법 제7조에서 정하는 대리인은 특별수권을 받아야 할 사항이 정해져 있는데 반해, 디자인관리인은 포괄적으로 본인을 대리하므로 별도의 수권 없이 이러한 행위를 할 수 있다고 볼 여지도 있으나, 디자인보호법 제7조에서 '디자인에 관한 절차를 밟을 것을 위임받은 대리인(디자인관리인을 포함한다. 이하 같다)'이라고 명문으로 규정하고 있으므로 대리인과 권한범위가 같다고 보아야 하고, 디자인관리인도 법 제7조 각호에서 정한 사항에 대해서는 특별히 권한을

들에 대하여 출원등록에 관한 대리를 하였고, 이 사건 항고심판에 이르기까지 피심판청구인의 대리인이었으며, 또한 이 사건 등록상표들의 상표관리인으로 선임되어 등록되어 있으므로 보조참가신청을 할 이유가 있다는 것이나, 상표관리인이란 재외자를 대리하는 포괄적인 대리권을 가지는 자로서 형식상은 임의대리인이지만 실질적으로는 법정대리인과 같은 기능을 하는 관계로 당사자 본인에 준하여 취급된다고 볼 수 있으므로 위 보조참가인이 무효심판이 청구된 이 사건 등록상표들의 상표관리인이라는 사정만으로는 이 사건 소송의 결과에 제3자로서 법률상의 이해관계가 있다고 할 수 없고, 그 주장하는 다른 사정들도 사실상, 경제상의 이해관계에 지나지 아니하는 것으로 보이므로, 결국 위 보조참가인의 이 사건 보조참가신청은 참가의 요건을 갖추지 못한 부적법한 것이라고 할 것이다"라고 판시한 바 있다(대법원 1997. 3. 25. 선고 96후313, 320 판결).
3) 만일 디자인관리인이 없는 재외자에게 송달할 서류는 항공등기우편으로 발송할 수 있고, 그 발송한 날에 송달된 것으로 본다(디자인보호법 제211조 제2, 3항).
4) 정상조·박성수 공편, 특허법 주해Ⅰ, 박영사(2010), 116면(설범식 집필부분 참조).

위임받아야 한다.

3. 관련문제 ― 디자인보호법상 다른 대리인 규정에 디자인관리인의 포함 여부

1) 디자인보호법 제8조는 대리권의 서면 증명원칙을 규정하면서 '디자인에 관한 절차를 밟는 자의 대리인'이라고만 기재하고 있고, 제7조와 같이 '(디자인관리인을 포함한다. 이하 같다)'고 규정하고 있으므로, 디자인관리인도 대리권의 증명은 서면으로 하여야 한다고 볼 것이다.

2) 디자인보호법 제10조는 대리권의 불소멸 원칙에 대하여 규정하면서 '디자인에 관한 절차를 밟는 자의 위임을 받은 대리인'의 대리권은 본인의 사망 등으로 소멸하지 않는다고 규정하고 있고, 제7조에서의 대리인에 디자인관리인도 포함한다고 규정하고 있으므로, 여기에 디자인관리인도 포함된다고 볼 것이다. 따라서 재외자 본인이 사망하더라도 디자인관리인의 대리권은 소멸되지 않는다. 이는 절차의 중단에 대한 제22조에도 그대로 적용된다.

3) 디자인보호법 제11조는 개별대리의 원칙으로 '디자인에 관한 절차를 밟는 자의 대리인'이라고 규정하고 있으므로, 위 제8조에 의하여 디자인관리인도 포함되고, 디자인관리인이 수인 있는 경우에는 개별대리의 원칙이 적용된다.

4) 디자인보호법 제12조의 대리인 교체명령규정에서 '특허청장 또는 심판장은 디자인에 관한 절차를 밟는 자의 대리인'이 그 절차를 원활히 수행할 수 없을 때에는 그 대리인을 바꿀 것을 명할 수 있다고 규정하고 있으므로, 위 제8조의 규정에 의해 디자인관리인도 개임의 대상이 된다.

〈손천우〉

제 7 조(대리권의 범위)

국내에 주소 또는 영업소가 있는 자로부터 디자인에 관한 절차를 밟을 것을 위임받은 대리인(디자인관리인을 포함한다. 이하 같다)은 특별히 권한을 위임받지 아니하면 다음 각 호의 행위를 할 수 없다.

1. 디자인등록출원의 포기·취하, 디자인권의 포기
2. 신청의 취하
3. 청구의 취하
4. 제119조 또는 제120조에 따른 심판청구
5. 복대리인의 선임

<소 목 차>

Ⅰ. 의   의

민법상 대리는 타인(대리인)이 본인의 이름으로 법률행위(의사표시)를 하거나 또는 의사표시를 받음으로써, 그 법률효과가 직접 본인에게 생기게 하는 제도이고, 디자인보호법상의 대리는 당사자의 이름으로 대리인임을 표시하여 당사자 대신 디자인에 관한 절차를 밟아 디자인보호법상의 법률효과가 직접 본인에게 생기게 하는 제도이다. 디자인보호법상 대리인은 본인의 의사와 무관하게 법률의 규정에 의해 대리권이 발생하는 법정대리인과 본인의 의사에 기하여 대리권이 발생하는 임의대리인으로 구분되고, 임의대리인은 재외자의 디자인관리인(제6조), 국내에 주소 또는 영업소가 있는 자로부터 대리권을 위임받은 위임대리인 및 국가를 당사자 또는 참가인으로 하는 소송의 수행자로 지정한 지정대리인(국가를 당사자로 하는 소송에 관한 법률 제5조) 등으로 나뉘는데, 본조는 임의대리인 중 위임대리인의 권한범위와 특별수권사항을 규정한 것이다.

Ⅱ. 위임대리인

1. 수권행위

본조의 대리인은 디자인에 관한 절차를 밟기 위해 본인의 의사에 의해 선임된 임의대리인이다. 본인에 의한 대리권수여행위(수권행위)에 의해 임의대리권이 발생한다. 대리인은 본인의 이름으로 디자인에 관한 절차를 행하고 그 효과는 본인에게 미치게 되는데, 절차행위의 효과가 자신에게도 미치는 복수당사자의 대표자(디자인보호법 제13조)와 구분된다. 수권행위는 별다른 방식의 제한이 없으나, 디자인에 관한 절차를 밟는 자가 대리인에 의하여 그 절차를 밟으려는 경우에는 특허법 시행규칙 별지 제1호 서식의 위임장을 특허청장 또는 특허심판원장에게 제출하여야 한다(디자인보호법 시행규칙 제7조).

2. 위임대리인의 자격

위임대리인의 자격에는 법률상 제한이 없다. 변호사나 변리사 아닌 일반인도 대리인이 될 수 있으나, 변리사 아닌 자는 특허청 또는 법원에 대하여 업으로 특허, 실용신안, 디자인 또는 상표에 관한 사항을 대리하고 그 사항에 대한 감정 등의 업무를 대리하지 못한다(변리사법 제2, 21조). 한편 민사소송법상 법률에 따라 재판상 행위를 할 수 있는 대리인 외에는 변호사가 아니면 소송대리인이 될 수 없는데(제87조), 변리사법상 변리사는 특허, 실용신안, 디자인 또는 상표에 관한 소송의 대리인이 될 수 있고(제8조), 특허심판원의 심결에 대한 소 및 심판청구서와 재심청구서의 각하결정에 대한 소는 특허법원의 전속관할이므로(디자인보호법 제166조 제1항), 디자인에 관한 특허심판원의 심결취소소송에서는 변호사와 변리사에게 소송대리권이 인정된다. 다만 심결취소소송 외에 디자인에 관한 침해금지청구, 손해배상청구의 소와 같은 민사소송과 그에 관한 가처분신청사건에 대해서는 실무상 변리사의 소송대리권은 인정되지 않고 있다.

3. 위임대리권의 범위

가. 존속범위

출원대리의 위임을 받은 대리인은 등록료의 납부에 이르기까지 일체의 절차를 할 권한을 위임받은 것으로 볼 수 있고, 특허심판원에서의 심판절차에서의 대리인의 대리권은 다른 사정이 없는 한 특허심판원이 심결을 하고 그 심결에 대하여 취소소송을 제기할 때까지 존속하는바, 심결취소소송에서 심결을 취소하는 판결이 확정됨에 따라 특허심판원이 심판사건을 다시 심리하게 되는 경우 아직 심결이 없는 상태이므로 종전 심판절차에서의 대리인의 대리권은 다시 부활하고, 당사자가 심결취소소송에서 다른 소송대리인을 선임하였다고 하여 달라지는 것은 아니다. 따라서 심결의 취소에 따라 다시 진행된 심판절차에서 종전 심판절차에서의 대리인에게 한 송달은 당사자에게 한 송달과 마찬가지의 효력이 있다.[1] 또한 대법원의 파기환송으로 사건이 환송 전 항고심에 계속하게 되었으므로 그 항고심의 소송대리인에게 위 환송번호 심판관지정통지서를 송달하였음은 적법하다고 판시하였다.[2]

다만 재심의 소에서의 변론은 재심 전 절차의 속행이기는 하나 재심의 소는 신소의 제기라는 형식을 취하고 재심 전의 소송과는 일응 분리되어 있는 것이며, 사전 또는 사후의 특별수권이 없는 이상 재심 전의 소송의 소송대리인이 당연히 재심소송의 소송대리인이 되는 것이 아니다.[3]

나. 대리권의 범위

위임대리권은 디자인에 관한 절차의 원활과 안정을 도모하기 위해 민법상의 대리와 달리 대리권의 존부와 범위를 명확하게 정할 필요가 있어 대리인의 대리권은 서면으로 증명해야 하고(디자인보호법 제8조), 변호사 또는 변리사인 대리인이 갖는 소송대리권의 범위는 제한하지 못한다(디자인보호법 제14조, 민사소송법 제91조).

위임대리인이 한 디자인에 관한 절차는 당사자 본인이 한 것과 동일한 효과가 생기고 그 효력은 본인에게 미친다. 어떠한 사정을 알았는지 여부는 위임대리인을 기준으로 판단하면 된다. 위임대리권은 그 권한에 부수하여 필요한 한도에서 상대방의 의사표시를 수령하는 수령대리권을 포함한다.[4] 위임대리인이 선임되어 있더라도 당사자 본인이 디자인에 관한 절차를 밟을 권한이나 소송절차에서의 권한이 상실되는 것은 아니고, 위임대리인의 사실상 진술은 당사자가 이를 곧 취소하거나 경정한 때에는 그 효력을 잃는다(디자인보호법 제14조, 민

---

1) 특허법원 2006. 4. 13. 선고 2006허978 판결(확정).
2) 대법원 1985. 5. 28. 선고 84후102 판결.
3) 대법원 1991. 3. 27.자 90마970 결정.
4) 대법원 1994. 2. 8. 선고 93다39379 판결 참조.

116 제 1 장 총 칙

사소송법 제94조).

한편, 디자인보호법 시행규칙은 디자인에 관한 절차를 대리인에 의하여 밟는 경우에 현재 및 장래의 사건에 대하여 미리 사건을 특정하지 아니하고 포괄위임하는 것을 허용하고 있다(제8조). 포괄위임하려는 자는 특허법 시행규칙 별지 제3호 서식의 포괄위임등록 신청서에 대리권을 증명하는 서류를 첨부하여 특허청장에게 제출하여야 하고, 특허청장은 위 신청에 대해 포괄위임등록번호를 부여하고 그 번호를 신청인에게 통지하여야 한다(디자인보호법 시행규칙 제8조 제2, 3항).

Ⅲ. 특별수권사항

위임대리인은 원칙적으로 본인이 할 수 있는 디자인에 관한 절차를 모두 대리할 수 있으나, 본인에게 중대한 영향을 초래할 수 있는 절차이거나 본인의 의사를 확인할 필요가 있는 사항에 대해서는 본인 보호의 필요와 대리권의 범위를 명확하게 할 필요성을 감안하여 본인의 특별수권을 받을 필요가 있는 사항을 규정하고 있다. 이러한 특별수권사항은 구체적으로 기재해야 하고, 위임장에 '이 사건 디자인출원에 관한 일체의 사항'으로만 기재한 경우에는 특별수권사항을 포함한 것으로 볼 수 없다.5) 수임 당시에 인쇄된 위임장에 의해 소취하의 특별수권을 받은 경우에도 소송대리인이 실제로 소를 취하함에는 다시 본인의 승낙을 받음이 통례이나 이는 본인의 의사를 확인하는 신중한 태도에서 나온 것이라 하겠고, 그러한 통례가 있다하여 인쇄된 위임장의 소취하의 문구가 의미 없는 예문에 불과하다거나 그로 인한 특별수권의 효력이 없다고는 할 수 없다.6)

1) 디자인등록출원의 포기·취하, 디자인권의 포기

디자인등록출원은 특허청장의 수리에 의해 특허청에서 계속 심사되고, 디자인권등록출원에 관한 거절결정 내지 심결이 확정되거나 디자인권이 설정등록됨으로써 절차가 종료된다. 이러한 출원의 계속을 소멸시키기 위한 출원인의 의사표시로서 디자인등록출원의 취하와 포기가 있다. 디자인출원의 포기는 디자인등록을 받을 수 있는 권리 내지 디자인출원에 의해 발생한 권리를 장래에 향

---

5) 특허청 특실심사지침서(2012. 3.), 1207 참조.
6) 대법원 1984. 2. 28. 선고 84누4 판결, 특허법원 2002. 4. 12. 선고 2001허5527 판결.

하여 소멸시킨다는 취지의 출원인의 의사표시이고, 디자인출원의 취하는 현재
계속 중인 디자인등록출원을 철회하여 절차의 계속을 종료하겠다는 출원인의
의사표시이다. 민사소송법도 이에 대응되는 청구의 포기와 소의 취하에 대해 소
송대리인은 특별수권을 받아야 한다고 규정하고 있다(제90조 제2항).

　디자인권의 포기는 이미 유효하게 성립한 디자인권을 장래에 향하여 소멸
시키는 행위로, 디자인권의 포기는 포기하였을 때부터 효력이 소멸한다(디자인
보호법 제107조). 포기여부는 당사자에게 중요한 사항이므로 특별수권사항으로
정한 것이다.

　2) 신청의 취하, 청구의 취하

　각종 신청이나 청구의 취하는 디자인에 관한 절차의 진행을 철회하는 의사
표시이고, 심판청구의 취하는 심판청구가 처음부터 없었던 것으로 보기 때문에
(디자인보호법 제149조 제2항), 본인에게 이해관계가 크므로 특별수권사항으로 정
하였다. 여기의 '신청'에는 출원공개신청(디자인보호법 제52조), 우선심사신청(디
자인보호법 제61조), 심판관에 대한 제척신청(디자인보호법 제136조), 참가신청(디
자인보호법 제143, 144조) 등이 있고, '청구'에는 기간연장 청구(디자인보호법 제17
조), 절차의 무효처분취소청구(디자인보호법 제18조 제2항), 권리침해에 대한 침해
금지 및 예방청구(디자인보호법 제113조), 손해배상청구(디자인보호법 제115조), 신
용회복청구(디자인보호법 제117조), 재심청구(디자인보호법 제158조), 디자인등록거
절결정, 디자인등록취소결정에 대한 심판청구(디자인보호법 제120조), 디자인등록
의 무효심판청구(디자인보호법 제121조), 권리범위확인심판청구(디자인보호법 제
122조) 등 각종 심판청구 등이 있다. 심판청구의 취하는 심결이 확정될 때까지
할 수 있으나, 상대방으로부터 답변서가 제출된 후에는 상대방의 동의를 얻어야
한다(디자인보호법 제149조 제1항). 심판청구취하에 대한 동의는 위임대리인에게
특별수권사항인 청구의 취하를 할 수 있는 대리권을 부여한 경우에는 상대방의
취하에 대한 동의권도 포함되어 있다고 봄이 상당하므로, 위임대리인이 한 청구
의 취하에 대한 동의는 위임대리권의 범위 내의 사항으로서 본인에게 그 효력
이 미친다.[7]

　3) 제119조(보정각하결정에 대한 심판) 또는 제120조(디자인등록거절 또는 디
　　자인등록취소결정에 대한 심판)에 따른 심판청구

　심사관은 디자인등록출원인의 보정이 출원의 요지를 변경하는 것일 때에는

---

7) 대법원 1984. 3. 13. 선고 82므40 판결.

결정으로 그 보정을 각하하여야 하는데(디자인보호법 제49조 제1항), 이와 같은
보정각하결정을 받은 자가 그 결정에 불복할 때에는 그 결정을 송달받은 날로
부터 30일 이내에 심판을 청구할 수 있고(디자인보호법 제119조), 디자인등록거절
결정 또는 디자인등록취소결정을 받은 자가 불복할 때에도 그 결정등본을 송달
받은 날부터 30일 이내에 심판을 청구할 수 있는데(디자인보호법 제120조), 이는
모두 본인에게 중대한 영향을 미치는 사항이므로 특별수권사항으로 정하였다.

4) 복대리인의 선임

위임대리인은 본인과의 신뢰관계를 기초로 선임된 것인데, 복대리인은 본
인이 아닌 대리인이 선임하는 것이어서 본인과의 신뢰관계와 무관하므로, 본인
의 이익을 보호한다는 차원에서 복대리인의 선임을 특별수권사항으로 하였다.
민사소송법도 소송대리인이 대리인을 선임할 경우 특별수권을 받아야 한다고
규정하고 있다(제90조 제2항 제4호).

복대리인은 대리인을 대리하는 것이 아니라 그 권한 내에서 본인을 대리하
고, 제3자에 대하여 대리인과 동일한 권리의무가 있다(민법 제123조).

Ⅳ. 위반의 효과

특허출원절차에서 본조의 특별수권사항에 관하여 대리인이 본인으로부터
특별수권을 얻지 아니한 경우 특허청장 또는 특허심판원장은 기간을 정하여 디
자인에 관한 절차를 밟는 자에게 보정을 명하여야 한다(디자인보호법 제47조 제1
호). 위 보정명령을 받은 자가 지정된 기간 내에 그 보정을 하지 아니하면 디자
인에 관한 절차를 무효로 할 수 있다(디자인보호법 제18조 제1항).

심판절차에서 대리인이 본인으로부터 특별수권을 얻지 아니한 경우 심판장
은 기간을 정하여 그 보정을 명하고, 그 지정된 기간 내에 보정을 하지 아니하
면 결정으로 심판청구를 각하하여야 한다(디자인보호법 제128조 제1, 2항).

〈손천우〉

> **제8조(대리권의 증명)**
> 디자인에 관한 절차를 밟는 자의 대리인의 대리권은 서면으로 증명하여야 한다.

<소 목 차>

I. 본조의 취지[1]

본조는 디자인에 관한 절차를 밟는 대리인의 대리권의 존재 여부를 명확하게 하여 이미 진행된 절차가 대리권이 없음을 이유로 디자인보호법 제18조, 제47조에 따라 무효로 되는 절차상의 혼란과 법률적 불안정을 예방하여 절차의 확실성과 획일성을 기하고자 하는 규정이다. 이러한 취지에서 본조는 임의대리인(任意代理人)뿐만 아니라 법정대리인(法定代理人)에게 모두 적용된다.

민사소송법 제89조 제1항에도 동일한 취지의 규정이 있으나, 변론절차에 의하는 민사소송법의 경우 당사자가 구두로 대리인을 선임하고 법원사무관 등이 이를 조서에 기재한 경우에는 별도의 서면에 의한 대리권의 증명이 불필요하나(민사소송법 제89조 제3항) 디자인보호법에는 이러한 규정이 없다는 차이가 있다.

II. 서면에 의한 대리권의 증명

법정대리인의 대리권은 법률의 규정에 의하여, 임의대리인의 대리권은 본인의 수권행위(授權行爲)에 의하여 발생한다. 수권행위는 본인을 대신하여 본인의 이름으로 대리인임을 표시하여 디자인에 관한 절차를 밟을 수 있는 권한의 발생이라는 효과를 목적으로 하는 절차행위이다. 대리권을 수여함에 있어 특별한 방식은 요구되지 않는다. 다만, 대리권 수여 사실을 증명함에 있어서는 서면에 의하여야 한다. 이것은 대리권의 존재 유무와 대리권의 범위를 명확하게 함

---

1) 정상조·박성수 공편, 특허법 주해 I, 박영사(2010), 137-140(서영철 집필부분) 참조.

으로써 분쟁을 미리 방지하고 디자인에 관한 절차의 안정과 신속한 진행을 도
모하기 위한 것이다. 대리권을 증명하기 위한 위임장의 양식과 구체적인 기재사
항은 디자인보호법 시행규칙 제7조에서 규정하고 있다. 대리권을 증명하여야 하
는 상대방은 특허청장 또는 특허심판원장이다. 대리권을 증명하는 서면(위임장)
이 첨부되지 아니한 경우, 위임인의 기재가 본인의 성명과 다른 경우, 날인된
인감이 신고된 인감과 일치하지 않은 경우에는 대리권이 증명되지 아니한 경우
에 해당한다.

　　대리권의 존재 여부는 직권조사사항이다.2) 대리권을 증명하기 위해 제출된
위임장에 기재된 법인 상호와 대표이사의 성명이 법인등기부등본상 변경 전 법
인 상호이고 대표이사도 교체되기 전의 것이라면 그 위임장은 대표권한 없는
자에 의하여 작성된 것으로서 대리권을 증명하지 못하고 있는 경우에 해당한
다.3) 대리권을 증명하는 서면은 위조나 변조 여부를 쉽게 식별할 수 있는 원본
이어야 하고 특별한 사정이 없는 한 사본은 그 서면에 해당하지 아니하며 팩스
를 통하여 출력된 팩스본 위임장 역시 성질상 원본으로 볼 수 없다.4)

　　디자인에 관한 절차를 대리인에 의하여 밟는 경우에 현재 및 장래의 사건
에 대하여 미리 사건을 특정하지 아니하고 포괄하여 위임하는 '포괄위임'제도가
인정된다(디자인보호법 시행규칙 제8조).

Ⅲ. 대리권의 증명이 없는 경우

　　서면에 의한 대리권의 증명이 없는 경우 특허청장, 특허심판원장 및 심판장
은 보정을 명하여야 한다(제47조 제2호, 제128조 제1항 제2호 다목). 특허청장 및
특허심판원장은 보정명령을 받은 자가 지정기간 내에 보정하지 아니한 경우에
는 디자인에 관한 절차를 무효로 할 수 있고(제18조 제1항), 만일 보정의 지연으
로 손해가 생길 염려가 있는 경우에는 보정하기 전의 당사자나 대리인으로 하
여금 일시적으로 디자인에 관한 절차를 수행하게 할 수 있다(디자인보호법 제12
조, 민사소송법 제97조, 제59조).

　　심판장은 보정명령을 받은 자가 지정된 기간에 보정을 하지 아니하면 결정

---

2) 대법원 1997. 9. 22.자 97마1574 결정.
3) 특허법원 1998. 9. 10. 선고 98허1839 판결.
4) 대법원 2004. 4. 27. 선고 2003다29616 판결, 1995. 2. 28. 선고 94다34579 판결.

으로 심판청구를 각하하여야 한다(제128조 제2항). 특허청장 또는 특허심판원장
은 민사소송법 제89조 제2항을 준용하여(제14조) 대리권의 유무에 다툼이 있거
나 불분명하고 대리권을 증명하는 서면이 사문서인 경우에 대리인에게 공증인
의 인증을 받도록 보정을 명할 수 있다. 대리권 증명에 관한 인증명령을 할 것
인지 여부는 특허청장 등의 재량사항에 속한다고 할 것이나, 상대방이 다투고
있고 또 기록상 그 위임장이 진정하다고 인정할 만한 뚜렷한 증거가 없는 경우
에는 그 대리권의 증명에 관하여 인증명령을 하거나 또는 달리 진정하게 대리
권을 위임한 것인지의 여부를 심리하는 등 대리권의 흠결 여부에 관하여 조사
하여야 한다. 심판대리인으로서 심판을 청구한 자가 특허심판원장 등의 인증명
령에도 불구하고 그 대리권을 증명하지 못하는 경우에는 특허심판원장 등은 그
심판이 대리권 없는 자에 의하여 제기된 부적법한 것임을 이유로 각하할 수 있
고, 이때 그 심판비용은 그 심판대리인이 부담하여야 하며, 이는 그 심판대리인
이 특허심판원에 대하여 사임의 의사를 표명한 경우에도 마찬가지이다.5)

처음부터 대리권 증명서면이 제출되지 아니하였거나 제출된 위임장에 흠이
있는 경우, 대리권 증명서면에 공증인의 인증을 받을 것을 명받았으나 이를 이
행하지 않은 경우 등 대리권을 서면으로 증명하지 못한 대리인이 행한 디자인
에 관한 절차는 무권대리인(無權代理人)의 행위로서 무효가 된다. 그러나 그 후
당사자 또는 법정대리인이 이를 추인(追認)하면 행위시에 소급하여 유효하게 된
다(제9조).

〈김   신〉

---

5) 대법원 1997. 9. 22.자 97마1574 결정, 1978. 2. 14. 선고 77다2139 판결 등.

> **제 9 조(행위능력 등의 흠결에 대한 추인)**
> 　행위능력 또는 법정대리권이 없거나 디자인에 관한 절차를 밟는 데에 필요한
> 권한의 위임에 흠이 있는 자가 밟은 절차는 보정(補正)된 당사자나 법정대리
> 인이 추인하면 행위를 한 때로 소급하여 그 효력이 발생한다.

Ⅰ. 본조의 취지[1)]

　행위능력이 없는 본인이나 무자격 법정대리인 또는 본인의 정당한 수권(授權)이 결여된 임의대리인(委任代理人)이 밟은 디자인에 관한 절차는 추인(追認)이 없는 한 무효이다. 본조는 이러한 무효행위를 행위능력을 갖춘 본인이나 적법한 법정대리인 등이 추인하여 유효한 행위로 전환시킬 수 있도록 한 규정이다. 본조의 추인은 원래 무효인 행위를 소급적으로 유효하게 전환하는 것이어서, 일응 유효한 행위이나 취소원인이 내재되어 있어 효력이 불확정한 상태에 있는 것을 확정적으로 유효하게 하는 민법상의 추인(민법 제15조, 제134조 등)과 구별된다.

　본조는 행위무능력자(行爲無能力者)나 무권대리인(無權代理人)이 밟은 절차라 하더라도 항상 본인에게 불리하지는 않고, 추인을 허용하는 것이 상대방의 기대에도 부합하며, 이미 행한 절차를 언제나 무효로 하고 동일한 절차를 반복하도록 하는 것은 절차의 안정과 경제에 도움이 되지 않는다는 취지에서 인정된 제도로서, 민사소송법 제60조에도 동일한 취지의 규정이 있다.

　행위능력의 결여 등으로 디자인에 관한 절차가 무효인 사실이 밝혀지면 특허청장 또는 특허심판원장은 기간을 정하여 디자인에 관한 절차를 밟는 자에게 보정을 명하여야 하고(제47조 제2호), 지정된 기간 내에 보정이 되지 않으면 그

---

1) 정상조·박성수 공편, 특허법 주해Ⅰ, 박영사(2010), 141-146(서영철 집필부분) 참조.

디자인에 관한 절차를 무효로 할 수 있는데(제18조) 이는 특허청장이나 특허심
판원장의 입장에서 무효행위의 흠결 처리방법을 규정한 것이고, 본조는 당사자
의 입장에서 행위능력의 결여 등으로 원래 무효인 디자인에 관한 절차를 추인
한 경우의 효력에 관한 것이다.

Ⅱ. 추인의 요건

1. 추인권자

행위무능력자나 무권대리인의 행위를 추인할 수 있는 자는 유효하게 디자
인에 관한 절차를 밟을 수 있는 자이다. 조문에서는 '보정된 당사자나 법정대리
인'이라고 규정하고 있다. 여기서 '보정된 당사자나 법정대리인'이란 미성년자
가 성년자가 되거나(민법 제4조), 피성년후견인이나 피한정후견인 또는 피특정후
견인에 대하여 그 종료의 심판이 있는 경우(민법 제9~14조의3)와 같이 행위능력
을 취득한 본인, 법정대리인의 동의가 결여된 법률행위에 대하여 나중에 그 동
의를 얻은 미성년자(민법 제5조), 친족회의 동의 없이 심판 등을 청구한 후 친족
회의 동의를 얻은 후견인(민법 제950조), 진정한 법정대리인 등을 말한다. 법문에
규정은 없으나, 적법하게 대리권을 수여받은 위임대리인(委任代理人)도 이에 해
당한다고 할 것이다.

명의신탁자는 실체법상 처분권한을 가지나 명의수탁자의 명의로 디자인에
관한 절차를 밟을 권한은 없으므로, 명의수탁자의 대리권 흠결이 문제된 경우
명의신탁자의 지위에서 명의수탁자의 대리권의 흠결을 추인할 권한은 없다.[2]

2. 추인의 대상 ― 추인의 不可分性

추인의 대상은 행위능력이 결여된 본인의 행위, 법정대리권이 없거나 수권
이 흠결된 임의대리인이 행한 디자인에 관한 절차이다.

무효행위의 추인은 무능력자나 무권대리인의 행위 전체에 대하여 일괄적으
로 하여야 하고, 그 중 일부에 대하여만 추인하는 것은 절차의 혼란을 방지하기
위해 원칙적으로 허용되지 아니한다(추인의 불가분성).[3] 다만, 일부에 대해서만
추인하는 것이 절차의 혼란을 일으킬 우려가 없고, 절차적 경제에 비추어 적절

---

2) 대법원 1996. 12. 23. 선고 95다22436 판결, 대법원 1990. 12. 11. 선고 90다카4669 판결.
3) 대법원 2008. 8. 21. 선고 2007다79480 판결.

한 예외적인 경우에는 이를 허용할 수도 있다. 예를 들어, 무권대리인이 본인의
인장을 도용하고 변호사에게 소송을 위임하여 소송을 진행한 결과 승소하였으
나, 상대방의 항소제기로 소송이 2심에 계속 중 무권대리인이 소를 취하한 경우
에 일련의 소송행위 중 소 취하 행위만을 제외하고 나머지 소송행위를 추인하
는 것은 소송의 혼란을 일으킬 우려가 없고 소송경제상으로도 적절하여 일부
추인으로 유효하다.4)

3. 추인의 방식

추인의 방식에는 아무런 제한이 없다. 서면이나 말로 할 수 있고, 명시적
또는 묵시적(黙示的)으로도 가능하다. 명시적 추인의 예로는 소송대리인이 당사
자 아닌 자로부터 소송위임을 받고 당사자 명의로 답변서와 준비서면 등을 제
출한 이후 당사자로부터 적법하게 소송위임을 받아 종전의 소송행위에 대하여
추인한 경우,5) 무효심판을 청구할 당시 원고 종중의 대표자는 갑(甲)이었음에도
불구하고 대표권이 없는 을(乙)이 대표자로서 무효심판을 청구하였으나, 그 후
대표자로 된 병(丙)이 특허법원의 소송절차에서 대표권 없는 을(乙)이 행한 심판
및 소송에 있어서의 일체의 행위를 추인하고 이를 상대방에게 통지한 경우6) 등
을 들 수 있다. 한편, 묵시적 추인으로 인정할 수 있는지 여부가 문제되는데, 묵
시적 추인을 인정하려면 단순히 장기간 이의를 제기하지 아니하고 방치한 것만
으로는 부족하고, 추인의 대상인 행위가 무효임을 알면서도 유효함을 전제로 기
대되는 행위를 하거나 용태를 보이는 등 무효행위를 유효하게 할 의사에서 비
롯된 특별한 사정이 있어야 한다.7) 일반 소송과 관련하여 묵시적 추인을 인정
한 사례로는, 항소 제기에 관하여 필요한 수권(授權)이 흠결된 소송대리인의 항
소장 제출이 있은 후 당사자 또는 적법한 소송대리인이 항소심에서 본안에 관
하여 변론한 경우,8) 항소심에서 적법한 소송대리인이 대리권이 흠결된 제1심
소송대리인의 소송행위 결과를 인용하면서 계속 소송을 수행한 경우,9) 본인의
수권이 흠결된 소송대리인의 상고장 제출이 있은 후 본인 명의로 상고이유서가

---

4) 대법원 1973. 7. 24. 선고 69다60 판결.
5) 대법원 2000. 1. 21. 선고 99후2532 판결.
6) 특허법원 1999. 5. 13. 선고 98허3482 판결.
7) 대법원 2007. 1. 11. 선고 2006다50055 판결.
8) 대법원 2007. 2. 22. 선고 2006다81653 판결, 대법원 2007. 2. 8. 선고 2006다67893 판결,
   대법원 1995. 7. 28. 선고 95다18406 판결.
9) 대법원 1981. 7. 28. 선고 80다2534 판결.

제출된 경우10) 등이 있다.

추인의 의사표시는 특허청이나 특허심판원, 무권대리인이나 그 상대방 중 어느 쪽에 하여도 무방하다.11)

4. 추인의 시기

추인은 추인의 대상이 되는 절차의 무효처분 등이 확정되기 이전에 가능하다.

Ⅲ. 추인의 효과

추인권자가 무효행위를 추인하면 그 무효행위는 행위시에 소급하여 유효한 행위로서 그 효력이 발생한다.

〈김　신〉

---

10) 대법원 1962. 10. 11. 선고 62다439 판결.
11) 대법원 2001. 11. 9. 선고 2001다44291 판결.

> 제10조(대리권의 불소멸)
>
> 디자인에 관한 절차를 밟는 자의 위임을 받은 대리인의 대리권은 다음 각 호
> 의 사유가 있어도 소멸하지 아니한다.
> 1. 본인의 사망이나 행위능력의 상실
> 2. 본인인 법인의 합병에 의한 소멸
> 3. 본인인 수탁자의 신탁임무 종료
> 4. 법정대리인의 사망이나 행위능력의 상실
> 5. 법정대리인의 대리권 소멸이나 변경

<소 목 차>

Ⅰ. 본조의 취지[1]

민법의 대리권 제도는 본인과 대리인 사이의 특별한 신뢰관계를 기초로 하
고 있어 이러한 신뢰관계를 깨뜨리는 사정이 생긴 때에는 대리권이 소멸하는
것으로 규정하고 있다(민법 제127조, 제690조). 즉, '본인의 사망, 대리인의 사망이
나 성년후견의 개시 또는 파산'을 이유로 대리권은 소멸하고(민법 제127조), 임의
대리권은 그 밖에도 '대리권 수여의 원인된 법률관계의 종료, 본인에 의한 수권
행위(授權行爲)의 철회' 등을 이유로 소멸한다(민법 제128조). 그러나 민사소송법
의 소송대리권 제도는 위임사무의 목적 범위가 명확하고, 변호사 대리의 원칙을
채택하고 있어 본인과의 신뢰관계가 깨어지는 일도 적기 때문에 당사자 본인과
승계인의 이익을 고려하면서도 절차의 진행이 방해받지 않도록 '본인의 사망'
등을 대리권의 불소멸 사유로 규정하고 있다(민사소송법 제95조[2]). 또한, 소멸사
유가 생겨도 상대방에게 통지하지 아니하면 소멸의 효력을 주장할 수 없도록

---

1) 정상조·박성수 공편, 특허법 주해Ⅰ, 박영사(2010), 147-151(서영철 집필부분) 참조.
2) 민사소송법 제95조(소송대리권이 소멸되지 아니하는 경우)
   다음 각 호 가운데 어느 하나에 해당하더라도 소송대리권은 소멸되지 아니한다.
   1. 당사자의 사망 또는 소송능력의 상실
   2. 당사자인 법인의 합병에 의한 소멸
   3. 당사자인 수탁자의 신탁임무의 종료
   4. 법정대리인의 사망, 소송능력의 상실 또는 대리권의 소멸·변경

규정하고 있다(민사소송법 제97조, 제63조).

　　디자인보호법의 위임에 의한 대리권은 민사소송법상 소송대리권과 마찬가지로 대리권의 범위가 서면에 명확하게 정해져 있을 뿐만 아니라, 본인의 이익에 반할 염려가 있는 행위에 대해서는 특별수권(特別授權)을 받도록 규정하고 있어(제7조) 본인의 이익을 해칠 염려가 적으며, 디자인에 관한 절차의 안정성과 신속하고 원활한 절차진행이 요구되므로, 본조는 민사소송법의 소송대리권 불소멸 사유와 유사하게 위임대리인(委任代理人)의 대리권이 소멸되지 아니하는 구체적인 사유를 규정한 것이다.

Ⅱ. 위임에 의한 대리권의 불소멸 및 소멸 사유

　　본조에서 대리권이 소멸하지 아니하는 사유로 규정한 것은 ① 본인의 사망이나 행위능력의 상실, ② 본인인 법인의 합병에 의한 소멸, ③ 본인인 수탁자의 신탁임무의 종료, ④ 법정대리인의 사망이나 행위능력의 상실 또는 대리권의 소멸이나 변경이다. 이러한 사유는 원래 특허청이나 특허심판원에 계속 중인 디자인에 관한 절차의 중단 사유에 해당되나, 절차를 밟을 것을 위임받은 대리인이 있는 경우에는 중단되지 아니한다는 디자인보호법 제22조에 대응하여 소송대리권이 존속되도록 한 것이다. 여기서 대리권이 소멸되지 아니한다는 것은 그 대리인이 위와 같은 중단사유로 인하여 디자인에 관한 절차를 승계하게 되는 새로운 소송수행권자로부터 종전과 동일한 내용의 위임을 받은 것과 마찬가지의 대리권을 가진다는 것을 의미한다.[3] 즉, 위임대리인은 ① 본인의 사망의 경우 그 상속인, 본인의 행위능력 상실의 경우 새로운 법정대리인, ② 본인인 법인의 합병에 의한 소멸의 경우 합병에 의해 존속하는 법인, ③ 본인인 수탁자의 신탁임무의 종료의 경우 새로운 수탁자, ④ 법정대리인의 사망이나 행위능력의 상실 또는 대리권의 소멸이나 변경의 경우 새로운 법정대리인 또는 본인의 행위능력 취득에 의하여 법정대리권이 소멸한 경우에는 본인으로부터 각각 종전과 동일한 내용과 범위의 대리권을 수여받은 것과 같이 디자인에 관한 절차를 계속 진행할 수 있다. 따라서 본인이 사망한 경우 위임대리인은 상속인 등 사망한 본인의 승계인의 대리인이 되고, 디자인에 관한 절차는 대리권이 소멸하기까지 중단되지 아니한다. 만일 위임대리인에게 심결취소소송을 제기할 대리권이

---

3) 대법원 2002. 9. 24. 선고 2000다49374 판결 참조.

있다면 심결의 송달 후에도 소송절차는 중단되지 아니하며 제소기간이 진행한다. 하지만 위임대리인에게 심결취소소송을 제기할 대리권이 없는 때에는 심결의 송달과 함께 대리권이 없는 것으로 되어 디자인에 관한 절차는 중단된다.[4]

그러나 본인이 사망한 후 상속인 등 그를 승계할 사람이 없는 때에는 대리권은 소멸한다. 디자인권자인 본인이 사망하였으나 상속인이 없는 때에는 디자인권이 소멸한다는 규정(제111조)도 이와 동일한 맥락이다.

디자인보호법은 위임대리인의 대리권이 소멸하지 아니하는 경우만을 규정하고 있을 뿐 그 대리권이 소멸하는 경우는 규정하고 있지 않으나, 해석상 위임대리인의 대리권은 ㉠ 대리인의 사망, ㉡ 위임대리인의 자격상실,[5] ㉢ 위임사무의 종료, ㉣ 위임관계의 소멸 등에 의하여 소멸한다. 한편, 복대리인은 본인의 대리인이므로 복대리인을 선임한 위임대리인의 대리권이 소멸하더라도 그 자격에는 영향이 없다. 그리고 위임대리인의 대리권의 소멸은 디자인에 관한 절차의 중단 사유에 해당하지 아니하므로(제22조), 위임대리인, 그 상속인 등은 위임인인 본인에게 위임대리인의 사망, 자격상실, 사임 등 대리권 소멸의 취지를 통지하여야 하며 본인이 디자인에 관한 절차를 수행할 수 있을 때까지 대리의무를 면할 수 없다(민법 제691조). 또한, 해임이나 사임은 본인과 임의대리인 사이의 일방적인 의사표시로 효력이 생기나, 본인 또는 대리인이 상대방에게 대리권 소멸 사실을 통지하지 아니하면 대리권 소멸의 효력을 주장할 수 없다(제12조, 민사소송법 제97조, 제63조 제1항 본문). 따라서 위임대리인이 특허청이나 특허심판원에 사임서를 제출하여도 상대방에게 그 사실을 통지하지 아니한 이상 비록 상대방이 이를 알고 있다고 하더라도, 그 대리인이 하거나 상대방이 그 대리인에 대하여 한 디자인에 관한 절차 행위는 유효하다.[6] 다만, 특허청이나 특허심판원에 대리권 소멸사실이 알려진 뒤에는 위임대리인은 디자인출원의 포기·취하, 디자인권의 포기, 신청의 취하, 청구의 취하 등의 행위를 할 수 없다(제7조, 제12조, 민사소송법 제97조, 제63조 제1항 단서, 제56조 제2항 등 참조).

〈김   신〉

---

4) 대법원 1963. 5. 30. 선고 63다123 판결 참조.
5) 변리사법 제4조, 제5조의3 제1호, 제6조의8, 제6조의9 등 참조.
6) 대법원 1998. 2. 19. 선고 95다52710 전원합의체 판결.

> **제11조(개별대리)**
> 디자인에 관한 절차를 밟는 자의 대리인이 2인 이상이면 특허청장 또는 특허심판원장에 대하여 각각의 대리인이 본인을 대리한다.

Ⅰ. 본조의 취지[1]

디자인보호법은 대리인의 수를 제한하고 있지 않고, 복대리인의 선임도 인정하고 있는바,[2] 이와 같이 대리인이 여럿인 경우(대리인과 복대리인이 같이 있는 경우를 포함한다) 대리의 형태로는 수인의 대리인이 공동으로만 대리권을 행사할 수 있는 '공동대리'와 대리인 각자 본인을 대리할 수 있는 '개별대리'가 있다.

디자인에 관한 절차에 있어 수인의 대리인이 공동으로만 대리권을 행사할 수 있다고 한다면 대리인 간의 의견 불일치로 인해 절차의 진행이 지연되고 상대방에게 불필요한 번거로움을 주게 된다. 본조는 디자인에 관한 절차의 안정과 신속하고 원활한 진행을 위해 대리인이 2인 이상일 경우에 '개별대리'의 원칙을 규정한 것으로서, 민사소송법 제93조에도 동일한 취지의 규정이 있다.

Ⅱ. 개별대리의 원칙

수인의 대리인이 있는 경우 각자 본인을 대리할 권한이 있다. 물론 수인의 대리인이 반드시 개별적으로 디자인에 관한 절차를 밟아야 하는 것은 아니고 공동으로 대리하는 것도 무방하다. 대리인 각자 본인을 대리할 권한이 있으므로 특허청이나 특허심판원은 2인 이상의 대리인 중 1인에 대하여만 송달하면 되고, 공동으로 대리한 여러 대리인 중 1인에게 대리권의 흠결이 있다고 하더라도 다른 대리인에게 적법한 대리권이 있는 한 그 디자인에 관한 절차는 유효하다.

---

1) 정상조·박성수 공편, 특허법 주해Ⅰ, 박영사(2010), 152-154(서영철 집필부분) 참조.
2) 복대리인은 대리인이 아니라 본인을 대리하며, 본인이나 제3자에 대하여 대리인과 동일한 권리의무가 있다.

　　디자인보호법 제11조는 민사소송법 제93조 제2항과 달리 당사자가 개별대
리의 원칙과 다른 약정을 한 경우 그 약정은 효력을 가지지 아니한다는 규정을
두고 있지는 않다. 그러나 디자인보호법은 대리인에 관하여 특별한 규정이 있는
것을 제외하고는 민사소송법상 소송대리인에 관한 규정을 준용하고 있고(제14
조), 디자인보호법이나 민사소송법이 수인의 대리인이 있을 경우 개별대리를 원
칙으로 규정한 것은 절차의 안정과 신속하고 원활한 절차 진행을 위한 것이며,
이와 다른 약정이 있어도 이를 대외적으로 공시할 방법이 마땅치 않다는 점 등
을 고려하면, 비록 디자인보호법 제11조에 개별대리의 원칙과 어긋나는 약정이
무효라는 규정이 없다고 하더라도, 민사소송법 제93조 제2항을 준용하여 디자
인보호법 제11조의 개별대리의 원칙과 다른 당사자 사이의 약정은 대외적으로
무효라 할 것이다. 다만, 본인과 공동대리인 사이의 내부관계에서는 유효성을
인정할 수 있을 것이다.

　　한편, 공동지배인(상법 제12조), 공동대표사원(상법 제208조), 공동대표이사(상
법 제389조 제2항)와 같이 법률의 규정에 의하여 공동으로 대리할 수 있도록 된
경우에는 개별대리의 원칙이 제한된다. 그리고 특별수권 사항을 특정의 대리인
에게만 부여하는 것은 개별대리권의 제한이 아니므로 유효하다.

　　여러 대리인의 행위가 서로 모순·저촉되는 경우, 모순되는 행위가 동시에
행해진 경우에는 석명권을 행사하여야 할 것이나, 명백하지 아니하면 어느 것도
효력이 발생하지 않는다고 할 것이다. 그러나 서로 모순되는 행위가 시기를 달
리하는 것일 때에는, 앞의 행위가 주장이나 증거신청과 같이 철회 가능한 것이
면 뒤의 행위에 의해 철회된 것으로 보고, 앞의 행위가 자백, 청구의 포기, 취하
등과 같이 철회할 수 없는 것이면 뒤의 행위는 효력이 없다. 예를 들어, 심사관
의 거절이유통지에 대하여 수인이 각자 보정서를 제출하였다면 각각의 보정서
는 모두 유효하고 보정항목별 최종 보정부분에 의하여 심사대상 보정 내용을
확정하여 심사한다.

〈김　신〉

제12조(대리인의 선임 또는 교체 명령 등)

① 특허청장 또는 제132조에 따라 지정된 심판장(이하 "심판장"이라 한다)은 디자인에 관한 절차를 밟는 자가 그 절차를 원활히 수행할 수 없거나 구술심리에서 진술할 능력이 없다고 인정되는 등 그 절차를 밟는 데에 적당하지 아니하다고 인정하면 대리인이 그 절차를 밟을 것을 명할 수 있다.

② 특허청장 또는 심판장은 디자인에 관한 절차를 밟는 자의 대리인이 그 절차를 원활히 수행할 수 없거나 구술심리에서 진술할 능력이 없다고 인정되는 등 그 절차를 밟는 데에 적당하지 아니하다고 인정하면 그 대리인을 바꿀 것을 명할 수 있다.

③ 특허청장 또는 심판장은 제1항 및 제2항의 경우에 변리사로 하여금 대리하게 할 것을 명할 수 있다.

④ 특허청장 또는 심판장은 제1항 또는 제2항에 따라 대리인의 선임 또는 교체명령을 한 경우에는 제1항에 따른 디자인에 관한 절차를 밟는 자 또는 제2항에 따른 대리인이 그 전에 특허청장 또는 특허심판원장에 대하여 한 디자인에 관한 절차의 전부 또는 일부를 디자인에 관한 절차를 밟는 자의 신청에 따라 무효로 할 수 있다.

〈소 목 차〉

I. 본조의 취지[1]

디자인보호법은 디자인에 관한 절차를 수행할 자격을 제한하고 있지 않다. 그러므로 본인 스스로 절차를 진행하거나 변리사가 아닌 자에게 위임하여 본인을 대리하게 할 수도 있다. 그러나 디자인에 관한 절차는 전문적이고 복잡하며 관행에 따라 진행되는 면도 있어 본인이 직접 절차를 진행하는데 곤란한 일이 발생하는 경우도 있고, 변리사 아닌 대리인에게 절차의 진행을 맡기는 경우 원활한 절차 진행이 이루어지지 않는 경우가 있을 수 있다. 본조는 이와 같이 본인 또는 대리인이 디자인에 관한 절차를 원활히 수행할 수 없거나 구술심리에서 진술할 능력이 없다고 인정되는 등 그 절차를 밟는 데에 적당하지 아니하다고 인정되면 특허청장 또는 심판장이 본인을 대리할 대리인을 선임하도록 하거

---

1) 정상조·박성수 공편, 특허법 주해I, 박영사(2010), 155-158(서영철 집필부분) 참조.

나 이미 선임된 대리인을 교체할 것을 명할 수 있고, 각각의 경우에 대리인을 변리사로 선임하도록 할 수 있으며, 대리인의 선임 또는 교체 전에 한 본인 또는 종전의 대리인이 행한 절차의 전부 또는 일부를 무효로 할 수 있도록 규정한 것으로서, 민사소송법 제144조의 변론능력이 없는 사람에 대한 법원의 조치에 관한 규정2)에 대응된다.

Ⅱ. 대리인의 선임 또는 교체 명령

본조에서 대리인의 선임 또는 교체 명령을 할 수 있는 주체는 특허청장 또는 심판장이다. 심사관은 이러한 권한이 없다. 특허청장 또는 심판장의 위와 같은 처분에 대해서는 행정심판법 또는 행정소송법에 따라 불복할 수 있다(제216조 제2항). 대리인의 선임, 해임 또는 변경 등의 절차는 디자인보호법 시행규칙 제7조에 규정되어 있다.

본조에서 대리인 선임 또는 교체 명령을 할 수 있는 사유는 '절차를 원활히 수행할 수 없거나 구술심리에서 진술할 능력이 없다고 인정되는 등 그 절차를 밟는데 적당하지 아니하다고 인정되는 때'로서, 절차의 원활, 신속, 확실을 기하는 공익상의 사유를 의미하므로, 단순히 당사자가 제대로 입증 또는 답변을 하지 않고 소극적 태도를 취하고 있거나 심사관의 의견제출 명령에 따라 제출된 의견서가 불충분하다는 정도로는 이에 해당한다고 보기 어렵다.

본조 제1항의 대리인 선임명령을 받는 자는 현재 절차를 밟고 있는 본인 또는 법정대리인과 민사소송법상 법정대리인에 관한 규정이 준용되는 법인의 대표자 또는 관리인이다(민사소송법 제64조). 선임할 대리인은 변리사 자격이 있는 자로 한정되지 않는다.

---

2) 민사소송법 제144조(변론능력이 없는 사람에 대한 조치)
① 법원은 소송관계를 분명하게 하기 위하여 필요한 진술을 할 수 없는 당사자 또는 대리인의 진술을 금지하고, 변론을 계속할 새 기일을 정할 수 있다.
② 제1항의 규정에 따라 진술을 금지하는 경우에 필요하다고 인정하면 법원은 변호사를 선임하도록 명할 수 있다.
③ 제1항 또는 제2항의 규정에 따라 대리인에게 진술을 금지하거나 변호사를 선임하도록 명하였을 때에는 본인에게 그 취지를 통지하여야 한다.
④ 소 또는 상소를 제기한 사람이 제2항의 규정에 따른 명령을 받고도 제1항의 새 기일까지 변호사를 선임하지 아니한 때에는 법원은 결정으로 소 또는 상소를 각하할 수 있다.
⑤ 제4항의 결정에 대하여는 즉시항고를 할 수 있다.

　　본조 제2항의 대리인 교체명령을 받는 자는 본인 또는 법정대리인, 법인의
대표자 또는 관리인이고, 교체의 대상은 디자인에 관한 절차를 밟고 있는 위임
에 의한 대리인이다. 위임에 의한 대리인이 변리사인 경우에는 교체 대상이 되
지 아니한다는 견해도 있을 수 있으나, 본조가 공익적 규정이고 변리사도 위 사
유에 해당할 수 있다는 점을 감안하면 변리사도 교체의 대상이 된다고 보는 것
이 타당하다.

　　본조 제3항은 본조 제1, 2항에 있어 대리인을 변리사 자격이 있는 자로 한
정하여 선임 또는 교체 명령을 할 수 있게 한 것이다. 이는 디자인에 관한 절차
를 업으로 하는 변리사로 하여금 절차 수행을 하게 함으로써 절차의 원활한 진
행을 확실하게 하기 위한 것이다.

　　본조 제4항은 본조 제1항 또는 제2항의 대리인의 선임 또는 교체 명령을
한 경우에 특허청장 또는 심판장은 제1항에 따른 디자인에 관한 절차를 밟는
자 또는 제2항에 따른 대리인이 그 전에 특허청장 또는 특허심판원장에 대하여
한 디자인에 관한 절차의 전부 또는 일부를 디자인에 관한 절차를 밟는 자의
신청에 따라 무효로 할 수 있도록 하고 있다. 이러한 무효처분은 특허청장 또는
심판장의 재량행위이므로 무효처분이 있기 전까지는 유효하다. 이 점은 민사소
송법 제144조의 경우 법원이 결정으로 진술금지를 고지하면 당사자 또는 대리
인은 당연히 변론능력을 잃게 되어 소송법상 아무런 효력이 없게 되는 것과 차
이가 있다.

〈김　신〉

제13조(복수당사자의 대표)

① 2인 이상이 공동으로 디자인에 관한 절차를 밟을 때에는 다음 각 호의 어느 하나에 해당하는 사항을 제외하고는 각자가 모두를 대표한다. 다만, 대표자를 선정하여 특허청장 또는 특허심판원장에게 신고하면 그 대표자가 모두를 대표한다.

1. 디자인등록출원의 포기·취하
2. 신청의 취하
3. 청구의 취하
4. 제52조에 따른 출원공개의 신청
5. 제119조 또는 제120조에 따른 심판청구

② 제1항 단서에 따라 신고하는 경우에는 대표자로 선임된 사실을 서면으로 증명하여야 한다.

<소 목 차>

I. 서   설

1. 의   의

2인 이상이 공동으로 디자인에 관한 절차를 밟는 경우 모든 당사자로 하여금 모든 절차를 동일하게 밟도록 하는 것은 당사자와 특허청 및 특허심판원 모두에게 불편으로 초래하고 절차를 복잡하게 할 우려가 있다. 본조는 복수의 당사자가 공동으로 행하는 디자인에 관한 절차를 간소화함으로써 이러한 우려를 해소하려는 데 그 의의가 있다.[1]

본조 제1항은 본문에서 복수의 당사자가 디자인에 관한 절차를 밟을 경우 원칙적으로 각자가 모두를 대표할 수 있도록 하되, 모두에게 불이익이 될 수 있거나 당사자 본인의 의사를 확인하는 것이 필요하다고 인정되는 각 호의 행위

---

[1] 정상조·박성수 공편, 특허법 주해 I, 博英社(2010), 159(박원규 집필부분).

는 전원이 공동으로 하도록 규정하는 한편, 단서에서는 복수의 당사자가 그들 가운데 대표자를 선정하여 특허청장 또는 특허심판원장에게 신고함으로써 그 대표자로 하여금 당사자 전원을 대표하여 디자인에 관한 절차를 수행하게 할 수 있도록 규정하고 있다.

또한 본조 제2항은 제1항 단서에 따라 대표자 선임 신고를 할 경우에는 대표자 선임 사실을 서면으로 증명하도록 규정하고 있다.[2]

본조 제1항의 "2인 이상이 공동으로 디자인에 관한 절차를 밟을 때"라고 함은 2인 이상이 공동으로 디자인에 관한 출원 또는 심판청구를 하고 나서 그 이후의 절차를 밟을 때를 의미하므로, 본조가 적용되는 것은 적어도 디자인에 관한 출원 또는 심판청구가 이루어진 이후의 절차이고, 출원 또는 심판청구 그 자체는 본조의 적용대상이 되지 아니한다.[3]

2. 연   혁

1961. 12. 31. 법률 제950호로 제정된 특허법 제25조는 복수당사자의 각자 대표 원칙 및 복수당사자의 대표자에 관한 규정을 두고 있었고, 같은 날 법률 제951호로 제정된 의장법 제28조는 특허법 제25조의 규정을 준용하였다.

의장법이 복수당사자의 대표에 관한 특허법의 규정을 준용하는 태도는 의장법이 디자인보호법으로 명칭이 변경된 이후에도 이어져오다가, 2009. 6. 9. 법률 제9764호로 개정된 디자인보호법 제4조의10으로 복수당사자의 대표에 관한 규정이 신설되었는바, 동 규정은 본조 제1항 제4호의 출원공개 신청에 관한 규정을 제외하고는 본조와 그 내용이 동일하였다.

Ⅱ. 복수당사자의 각자 대표

1. 복수당사자의 각자 대표 원칙

2인 이상 공동으로 디자인에 관한 절차를 밟는 복수의 당사자는 본조 제1

---

2) 디자인보호법 시행규칙(2014. 12. 31. 산업통상자원부령 제102호로 개정된 것) 제11조 는 복수당사자의 대표자에 관한 선정신고 및 해임신고의 방법에 관하여 상세히 규정하고 있다.

3) 특허청 편, 우리나라 특허법제에 대한 연혁적 고찰, 특허청(2007), 63; 박희섭·김원오, 특허법원론(제4판), 세창출판사(2009), 362; 中山新弘·小泉直樹 編, 新·注解 特許法(上), 靑林書院(2011), 100(森崎博之·松山智惠 집필부분).

항 각 호에 규정된 사항을 제외하고는 각자가 전원을 대표한다(각자 대표 원칙).
그러므로 복수의 당사자는 출원절차나 심판절차에서 각자 의견서를 제출하고
출원서 등을 보정하는 등의 절차를 밟을 수 있고, 그 행위의 효력은 당사자 전
원에게 미친다.[4]

　　각자 대표 원칙은 복수의 당사자가 특허청이나 특허심판원에 대하여 행하
는 절차뿐만 아니라, 특허청이나 특허심판원이 복수의 당사자에 대하여 행하는
절차에 대해서도 적용된다. 대법원은 "특허법 제11조 제1항에 의하면 2인 이상
이 특허에 관한 절차를 밟는 때에는 같은 항 각 호의 1에 해당하는 사유를 제
외하고는 각자가 전원을 대표한다고 되어 있으므로, 2인 이상이 공동으로 출원
한 특허에 대한 거절결정등본의 송달도 공동출원인 중 1인에 대하여만 이루어
지면 전원에 대하여 효과가 발생한다"라고 판시한 바 있고,[5] 특허심판원도 본
조의 규정에 근거하여 복수의 당사자 중 1인에 대해서만 심판관련 서류를 송달
하고 있다.[6] 일본 특허청의 실무도 이와 같다.[7]

　　한편, 각자 대표 원칙에 따라 복수의 당사자 각자가 전원을 대표하는 경우,
복수의 당사자의 행위 상호간에 모순·저촉이 발생할 수 있는바,[8] 디자인보호
법은 모순·저촉되는 행위 상호간의 관계를 어떻게 조정해야 하는지에 관한 규
정을 두고 있지 아니하다.

　　각자 대표의 원칙을 따르는 이상 복수당사자의 행위 상호간의 모순·저촉
은 불가피하게 발생할 수밖에 없으므로 복수당사자의 모순·저촉되는 행위라도
원칙적으로 당사자 전원에 대하여 효력을 갖는 것으로 보아야 할 것이다.[9] 따

---

4) 특허청 편, 출원방식심사 지침서, 특허청(2011), 63; 특허청 편, 디자인 심사기준, 특허청
　(2014), 84; 中山新弘·小泉直樹 編(주 3), 101(森崎博之·松山智惠 집필부분).

5) 대법원 2005. 5. 27. 선고 2003후182 판결[공2005, 1077].
　　다만, 공동출원인 중 1인에 대하여 송달이 이루어지면 다른 공동출원인에게도 송달의
　효력이 발생한다는 것이 공동출원인 중 1인에게 실시한 송달이 불능으로 된 경우에 송달
　을 실시해 보지 아니한 다른 공동출원인에 대한 송달도 불능으로 보아야 한다는 것을 의
　미하는 것은 아니다.

6) 이 경우 청구서에 표시된 자 중 첫 번째 기재된 자에게 송달하되 수신인 표시는 '○○○
　외 ○명'으로 기재하는 것이 실무이다[특허심판원 편, 심판편람(제10판), 특허청(2011),
　489].

7) 일본의 법원도 이러한 실무를 승인하고 있다[中山新弘·小泉直樹 編(주 3), 101(森崎博
　之·松山智惠 집필부분) 참조].

8) 예컨대, 복수당사자 각자가 디자인에 관한 절차에서 제출한 보정서나 의견서의 내용이
　모순·저촉될 수 있다.

9) 中山新弘 編, 註解 特許法(上) 3版, 靑林書院(2000), 120(靑木 康 집필부분).

라서 복수의 당사자가 출원이나 심판절차에서 각각 제출한 의견서의 내용이 상호 모순되는 경우에는 심사관이나 심판관은 이들 의견서의 내용을 전체적으로 살펴 판단의 기초로 삼아야 할 것이고, 앞서 이루어진 행위가 뒤에 이루어진 행위에 의하여 묵시적으로 철회된 것으로 볼 수 있는 경우[10])에는 후에 이루어진 행위만 효력을 갖는 것으로 보아야 할 것이다.

2. 각자 대표 원칙의 예외

본조 제1항 각 호는 각자 대표 원칙이 적용되지 아니하는 사항으로서, 디자인등록출원의 포기·취하(제1호), 신청의 취하(제2호), 청구의 취하(제3호), 같은 법 제52조에 따른 출원공개의 신청(제4호) 및 같은 법 제119조에 따른 보정각하결정에 대한 심판청구 및 제120조에 따른 디자인등록거절결정 또는 디자인등록취소결정에 대한 심판청구(제5호)를 규정하고 있다.[11])

본조 제1항 각 호의 사항은 복수의 당사자 중 1인의 행위가 전원에 대하여 불이익이 될 수 있는 것이거나 본인의 의사를 확인하는 것이 필요하다고 인정되는 것으로서, 다자인보호법 제7조에 규정된 대리인의 특별수권 사항과 대체로 일치한다.

본조 제1항 각 호에 관한 절차는 원칙적으로 복수당사자 전원이 밟아야만 효력이 생긴다.[12])

Ⅲ. 복수당사자의 대표자

1. 의   의

본조 제1항 단서는, 디자인에 관한 절차를 공동으로 밟는 복수당사자가 그들 가운데 특정인을 대표자로 선정하여 특허청장 또는 특허심판원장에게 신고할 수 있도록 하고 있는바, 위와 같이 선정된 대표자를 '복수당사자의 대표자'라고 한다.

복수당사자의 대표자에 관한 규정은 디자인에 관한 절차를 공동으로 밟는

---

10) 예컨대, 복수당사자 중 1인이 의견서를 제출한 후 그 1인을 포함한 복수당사자 전원이 그와 다른 내용의 의견서를 제출한 경우.
11) 본조 제1항 제1호 내지 제3호의 의미에 관해서는 전술한 디자인보호법 제7조(대리권의 범위) 제1호 내지 제3호 주해(손천우 판사 집필) 참조.
12) 복수당사자의 대표자가 선정된 경우에 대해서는 후술 Ⅲ. 3. 나.항 참조.

복수당사자가 그들 가운데 특정인을 대표자로 선정하여 그 절차를 수행하도록
함으로써 절차상의 번거로움을 피할 수 있도록 하고, 복수당사자가 각자 행위를
하는 경우 발생할 수 있는 행위들 상호간의 모순·저촉을 회피함으로써 절차를
명확하게 할 수 있도록 하기 위해서 마련된 것이다.

　　당사자가 그들 가운데 대표자를 선정한 경우에는, 원칙적으로 대표자만이
자신을 선정한 당사자를 대표하여 출원절차나 심판절차를 수행할 권한을 갖고,
대표자를 선정한 당사자는 다른 당사자를 대표할 권한을 갖지 못한다.[13]

　　대표자는 2인 이상이 선정될 수 있다.[14] 또한 대표자는 당사자 전원에 의하
여 선정될 필요는 없고 일부 당사자에 의해서만 선정될 수도 있다.[15] 대표자로
선임된 사실은 서면으로 증명되어야만 한다(본조 제2항).

　　출원과 동시에 대표자를 선임하려면 출원서 양식의 출원인코드란 하단에
특기사항란을 만들어 출원인의 대표자를 기재하고 대표자의 선임을 증명하는
서류를 제출하여야 한다.[16] 출원서 제출 이후에 대표자가 선임된 경우에는 그
대표자가 특허법 시행규칙 별지 제2호 서식의 신고서에 선임에 관한 사항을 증
명하는 서류를 첨부하여 특허청장 또는 특허심판원장에게 제출하되, 먼저 선임
된 대표자가 있을 때에는 그 해임 여부를 기재하여야 한다(디자인보호법 시행규
칙 제11조 제1항).

2. 당사자 본인과 대표자의 관계

　　당사자 본인과 그가 선정한 대표자 사이의 법적 관계에 관해서는, 민사소송
법상의 선정자와 선정당사자 사이의 관계와 유사한 관계로 보는 견해와 당사자
본인의 위임에 의한 대리관계로 보는 견해가 있다.

　　본조 제1항 단서의 대표자와 민사소송법상의 선정당사자는 모두 복수의 당
사자 가운데 선정된다는 점에서 서로 유사한 면은 있으나, 본조 제1항 단서의
당사자는 대표자를 선정하더라도 당사자 본인으로서의 지위를 상실하지 아니하
는 반면, 민사소송법상 당사자는 선정당사자를 선정한 이후 당사자 본인으로서
의 지위를 상실하고 선정당사자만이 당사자 본인의 지위를 가지므로(민사소송법

---

13) 현행 특허법 제11조 제1항 단서는 "다만, 대표자를 선정하여 특허청장 또는 특허심판원
　　장에게 신고하면 그 대표자만이 모두를 대표할 수 있다"라고 규정하고 있다.
14) 특허청 편, 특허·실용신안 심사기준, 특허청(2015), 1216.
15) 정상조·박성수 공편(주 1), 162(박원규 집필부분).
16) 특허청 편(주 4), 26.

제53조), 본조 제1항 단서의 당사자와 대표자 사이의 관계를 민사소송법상 선정자와 선정당사자 사이의 관계와 동일하다고 볼 수는 없다.[17)

한편, 본조 제1항 단서의 당사자는 대표자를 선정 후에도 당사자 본인으로서의 지위를 상실하지 아니하는 점에서 대리관계에서의 위임인과 유사한 면은 있으나, 본조 제1항 단서의 대표자는 대리관계에서의 대리인과 달리 반드시 복수당사자 가운데 선정되어야 하고, 대표자가 사망하면 디자인에 관한 절차가 중단되고, 새로운 대표자 또는 당사자가 절차를 수계하여야 하므로(디자인보호법 제22조 제6호, 제23조 제5호),[18) 본조 제1항 단서의 복수당사자와 대표자 사이의 관계가 위임에 의한 대리관계와 동일하다고도 볼 수 없다.

그러므로 본조 제1항 단서의 당사자와 대표자 사이의 관계를 민사소송법상의 선정자와 선정당사자 사이의 관계와 유사한 관계 또는 위임에 의한 대리관계 중 어느 한쪽에 해당하는 것으로 이해하기보다는, 본조 제1항 단서의 규정에 의하여 인정되는 특수한 관계로 이해하는 것이 타당하다고 생각된다(특수관계설).[19)

3. 대표자의 권한

가. 일반적 권한

복수당사자의 대표자는 자신을 선정한 당사자 본인을 대표하여 디자인에 관한 절차를 밟을 권한을 갖는다. 동일한 당사자 그룹이 수인의 대표자를 선정한 경우에는 그 대표자들 각자가 자신을 선정한 당사자 그룹을 대표한다.[20)

한편, 복수의 당사자 중 일부만 대표자를 선정한 경우 그 대표자는 자신을 선정한 당사자를 대표하지만, 그 대표자가 한 행위의 효력은 복수당사자의 각자 대표원칙이 적용되는 범위 내에서는 당사자 전원에 대하여 효력을 미치는 것으로 보아야 할 것이다.[21)

나. 본조 제1항 각 호의 각자 대표 예외 사항에 관한 대표권

당사자 모두에 의하여 선정된 대표자가 당사자의 각자 대표가 허용되는 사항에 관하여 당사자 모두를 대표할 권한을 가짐은 당연하나, 그 대표자가 본조

17) 中山新弘・小泉直樹 編(주 3), 103(森崎博之・松山智惠 집필부분).
18) 임의대리인의 사망은 같은 법 제22조 각 호에 규정된 절차의 중단사유에 해당하지 아니한다.
19) 정상조・박성수 공편(주 1), 163(박원규 집필부분).
20) 黃宗煥, 特許法(제7판), 한빛지적소유권센터(2002), 50.
21) 정상조・박성수 공편(주 1), 164(박원규 집필부분).

제1항 각 호의 각자 대표 예외 사항을 행함에 있어서도 당사자로부터 별도의 동의나 위임을 받을 필요 없이 당사자 모두를 대표할 권한을 갖는지 여부에 관해서는 아래와 같이 견해가 나뉜다.

(1) 특별수권 불필요설

본조 제1항 단서의 대표자는 복수의 당사자들 가운데 선정되는 자로서 민사소송법상의 선정당사자와 실질적으로 동일한 지위를 가지므로, 당사자로부터 별도의 동의나 위임을 받지 않더라도 자신을 선정한 당사자를 위한 일체의 행위를 할 수 있다고 해석해야 하고, 이와 같이 해석하는 것이 절차의 간소화 및 복수당사자의 행위 상호간의 모순·저촉 회피라는 복수당사자 대표자제도의 취지에도 부합한다는 견해이다.22)

(2) 특별수권 필요설

본조 제1항 단서의 대표자는 당사자 본인으로부터 위임받은 권한의 범위 내에서 그를 대표할 수 있는 지위에 있음에 불과하므로, 대표자가 본조 제1항 각 호의 각자 대표 예외 사항을 행하기 위해서는 당사자 전원으로부터 별도의 동의나 위임을 받아야 한다는 견해이다.23)

(3) 특허청의 실무

특허청은 공동출원인의 대표자가 본조 제1항 각 호에 기재된 사항에 관한 절차를 수행하기 위해서는 당사자 전원의 특별수권이 필요하다고 보고, 특별수권이 있었는지 여부를 위임장에 의하여 확인하고 있다.24) 만일, 공동출원인의 대표자가 특별수권 없이 본조 제1항 각 호에 기재된 사항에 관한 절차를 밟는 경우에는 특허청장은 대표자에게 보정을 명하고, 보정명령에도 불구하고 흠결이 해소되지 아니하면 당해 절차를 무효로 한다.25)

(4) 검 토

디자인보호법은 복수당사자의 대표자가 본조 제1항 각 호의 각자 대표 예외 사항에 대하여 대표권을 갖는지에 대하여 규정하고 있지 아니하므로, 복수당사자의 대표자가 본조 각 호의 각자 대표 예외 사항에 관한 절차를 밟기 위해

---

22) 黃宗煥(주 20), 53; 李仁鐘, 特許法槪論, 현대고시사(2003), 118; 尹宣熙, 特許法(제5판), 법문사(2012), 347.
23) 千孝南, 特許法(제11판), 21C 법경사(2005), 122; 박희섭·김원오(주 3), 364; 中山新弘·小泉直樹 編(주 3), 103(森崎博之·松山智惠 집필부분).
24) 특허청 편(주 14), 1217.
25) 특허청 편(주 14), 1217.

서 당사자 전원으로부터 별도의 동의 또는 위임을 받아야 하는지 여부는 디자인보호법 등의 관련 규정과 복수당사자 대표자 제도의 취지를 종합적으로 검토하여 결정하여야 할 것이다.

생각건대, 본조 제1항 각 호의 각자 대표 예외 사항이 당사자의 이해관계에 중대한 영향을 미치는 사항인 점에 비추어 보면, 이러한 예외 사항에 대해서는 대표자로 하여금 당사자 전원으로부터 동의나 위임을 받도록 하는 것이 대표자의 권한남용을 방지하고, 당사자 전원의 의사를 보다 확실히 할 수 있다는 점에서 필요하다고 생각된다.

대표자가 위 사항에 관하여 당사자 전원으로부터 특별수권을 받도록 하면, 디자인에 관한 절차가 다소 지연되는 문제가 생길 수는 있으나, 당사자 전원의 의사를 확인하는 과정을 통하여 디자인에 관한 절차를 보다 명확하게 하고, 장래의 분쟁을 예방할 수 있는 긍정적인 면도 있으므로, 특별수권 필요설이 반드시 복수당사자의 대표자 제도의 취지에 반하는 것은 아니라 할 것이다.

따라서 복수당사자의 대표자가 본조 제1항 각 호에 기재된 사항을 하기 위해서는 당사자 전원의 특별수권이 필요하다고 봄이 타당하다.[26]

다. 당사자 본인의 절차수행권 인정 여부

당사자가 그들 가운데 대표자를 선정한 경우, 원칙적으로 대표자만이 자신을 선정한 당사자를 대표하여 출원절차나 심판절차를 수행할 권한을 갖고, 대표자를 선정한 당사자는 다른 당사자를 대표할 권한을 갖지 못함은 앞서 본 바와 같다.

그런데 당사자 본인은 대표자를 선정하더라도 당사자로서의 지위를 상실하는 것은 아니므로 여전히 디자인에 관한 절차를 유효하게 밟을 수 있고, 다만 디자인보호법 제13조 제1항 단서의 각자 대표권 예외 규정에 의하여 그 절차의 효과가 전원에게 미치지 못하고 당사자 본인에게만 미치는 것으로 해석하여야 한다는 견해(비제한설)[27]가 있다.

하지만 대표자가 선정된 경우에는 원칙적으로 대표자만이 독점적인 절차수행권을 갖고 당사자 본인의 절차수행권은 제한되는 것으로 보아야 할 것이고(제한설), 다만, 행위 자체의 성질상 당해 당사자에 대해서만 효력을 미치는 것이 명백하여 복수당사자의 행위 상호간의 모순·저촉을 일으킬 우려가 없는 예외

적인 경우(예컨대, 주소보정)에 한하여 당사자 본인이 그 절차를 밟을 수 있다고
해석함이 타당하다.[28] 특허청의 실무도 이와 같다.[29]

〈박원규〉

---

28) 이에 대한 근거는 정상조·박성수 공편(주 1), 165-166(박원규 집필부분) 참조.
29) 특허청 편(주 14), 1216.

> **제14조(「민사소송법」의 준용)**
> 이 법에서 대리인에 관하여 특별히 규정한 것을 제외하고는 「민사소송법」 제
> 1편 제2장 제4절을 준용한다.

Ⅰ. 서 설

1. 의 의

디자인보호법 제14조는 동법에서 대리인에 관하여 특별한 규정을 둔 경우를 제외하고는 민사소송법 제1편 제2장 제4절[1]의 규정을 준용하도록 규정하고 있다.

디자인보호법상 대리인에는 출원절차의 대리인, 심판절차의 대리인뿐만 아니라 소송절차의 대리인도 포함된다. 디자인보호법은 제7조 내지 제12조에서 대리권의 범위, 대리권의 증명, 대리권의 흠에 대한 추인, 대리권의 불소멸, 개별대리의 원칙, 대리인의 선임 또는 교체명령 등에 관하여 따로 규정을 두고 있으므로,[2] 디자인보호법상 대리인에 관하여는 위 규정이 우선 적용되고, 디자인보호법의 규정이 없는 경우에만 민사소송법 제1편 제2장 제4절의 규정이 준용된다.

또한, 민사소송법 제1편 제2장 제4절은 소송대리인에 관한 일반규정으로서의 성질을 가지므로, 다른 법에서 소송대리인에 관하여 특별한 규정을 두고 있는 경우에는[3] 그 다른 법의 규정이 위 민사소송법 규정에 우선하여 적용된다.

---

[1] 민사소송법 제1편 제2장 제4절은 제87조부터 제97조까지 총 11개 조문에 걸쳐 소송절차의 대리인에 관하여 규정하고 있다.

[2] 디자인보호법 제7조 내지 제12조에 관한 자세한 내용은 본 주해서의 해당 조문에 관한 주해 참조.

[3] 예컨대, 변리사법 제8조의 변리사의 소송대리권에 관한 규정.

한편, 민사소송법 제1편 제2장 제4절은 소송절차의 대리인에 관하여 규정하고 있으나, 조문의 성질상 소송절차에만 적용될 수 있는 것이 아닌 경우에는 특허에 관한 출원절차나 심판절차에도 준용될 수 있는 것으로 보아야 할 것이다.[4]

2. 연　혁

본조는 제정 당시의 의장법에는 규정되어 있지 아니하였다. 1973. 2. 8. 법률 제2505호로 전부개정된 특허법 제25조에 본조의 규정이 신설되자, 같은 날 법률 제2507호로 전부개정된 의장법 제17조에서 위 특허법 제25조의 규정을 준용하였다. 의장법이 민사소송법의 준용에 관한 특허법의 규정을 준용하는 태도는 의장법이 디자인보호법으로 명칭이 변경된 이후에도 이어져오다가, 2009. 6. 9. 법률 제9764호로 개정된 디자인보호법 제4조의11로 본조의 규정이 신설되었다.

Ⅱ. 준용규정

1. 소송대리인의 자격과 예외

가. 소송대리인의 자격

민사소송법 제87조는 법률에 따라 재판상 행위를 할 수 있는 대리인 외에는 변호사가 아니면 소송대리를 할 수 없다고 규정하고 있으므로, 디자인에 관한 소송절차에서도 일반 민사소송절차와 마찬가지로 비변호사의 소송대리 금지 원칙이 적용된다.

변리사법 제8조는 "변리사는 특허, 실용신안, 디자인 또는 상표에 관한 사항의 소송대리인이 될 수 있다"고 규정하고 있으나, 동 규정에 의하여 변리사에게 허용되는 소송대리의 범위는 특허심판원의 심결에 대한 심결취소소송으로 한정되고, 현행법상 디자인에 관한 권리 등의 침해를 청구원인으로 하는 침해금지청구 또는 손해배상청구 등과 같은 민사사건의 소송대리는 허용되지 아니한다.[5]

민사소송법 제87조는 디자인에 관한 소송대리에만 준용되므로, 디자인에 관한 출원절차 또는 심판절차에는 비변호사 소송대리 금지 원칙이 적용되지 아

---

4) 정상조·박성수 공편, 특허법 주해Ⅰ, 博英社(2010), 168(박원규 집필부분).
5) 대법원 2012. 10. 25. 선고 2010다108104 판결[공2012하, 1911].

니한다. 또한 변리사법 제21조는 "변리사가 아닌 자는 제2조에 따른 대리 업무를 하지 못한다"고 규정하고 있고, 변리사법 제2조는 변리사의 업무에 관하여 "변리사는 특허청 또는 법원에 대하여 특허, 실용신안, 디자인 또는 상표에 관한 사항을 대리하고 그 사항에 관한 감정(鑑定)과 그 밖의 사무를 수행하는 것을 업(業)으로 한다"라고 규정하고 있으므로, 디자인에 관한 출원절차 또는 심판절차의 대리업무는 이를 업으로 하지 아니하는 이상 변리사가 아닌 자도 할 수 있다고 보아야 할 것이다.6) 또한, 민사소송법 제87조는 임의대리인으로서의 소송대리인의 자격에 관한 규정이므로, 법정대리인에 관하여는 적용되지 아니한다.7)

　　민사소송법 제87조의 "법률에 따라 재판상 행위를 할 수 있는 대리인"이란 법률의 규정에 의하여 본인의 사무에 관하여 재판상의 행위를 할 수 있는 권한이 인정되는 '법률상 소송대리인'을 의미한다. 상법상의 지배인(상법 제11조), 선장(상법 제749조), 선박관리인(상법 제765조) 및 국가소송수행자와 행정소송수행자(국가를 당사자로 하는 소송에 관한 법률 제3조) 등이 이에 해당한다. 법률상 소송대리인도 본인의 의사에 의하여 지위를 상실할 수 있다는 점에서 성질상 임의대리인에 해당한다고 할 것이나, 본인을 갈음하여 일체의 행위를 할 수 있다는 점에서 법정대리인과 유사한 면이 있다.8)

　　한편, 특허청장 및 특허심판원장에 대하여 디자인에 관한 절차를 밟는 자의 대리인 선임, 해임, 변경에 관한 절차에 관해서는 디자인보호법 시행규칙 제7조가 상세히 규정하고 있다.

나. 예　　외

　　단독판사가 심리·재판하는 사건 가운데 그 소송목적의 값이 일정한 금액 이하인 사건에서, 당사자와 밀접한 생활관계를 맺고 있고 일정한 범위 안의 친족관계에 있는 사람 또는 당사자와 고용계약 등으로 그 사건에 관한 통상 사무

---

6) 특허청은 종래 특허, 실용신안, 디자인, 상표 등에 관한 출원절차 또는 심판절차의 대리는 이를 업으로 하지 아니하는 이상 변리사가 아닌 자도 할 수 있다고 보아 오다가[특허청 편, 출원방식심사기준, 특허청(2011), 90; 특허심판원 편, 심판편람 제10판, 특허청(2011), 136 등 참조], 변리사가 아닌 자는 이를 업으로 하는지 여부와 관계없이 출원절차 또는 심판절차의 대리를 하지 못하는 것으로 보는 것으로 견해를 변경하였다[특허청 편, 특허·실용신안 심사기준, 특허청(2015), 1203].

7) 법정대리인은 본인의 의사에 의하지 아니하고 대리인이 된 자이다. 법정대리인의 소송대리권의 범위는 민사소송법에 특별한 규정이 없으면 민법, 그 밖의 법률이 정한 바에 따른다(민사소송법 제51조).

8) 李時潤, 新民事訴訟法, 박영사(2014), 172.

를 처리·보조하여 오는 등 일정한 관계에 있는 사람이 법원의 허가를 받은 때에는 소송대리인이 될 수 있다(민사소송법 제88조 제1항). 이는 민사소송법 제87조의 비변호사 소송대리 금지 원칙의 예외에 해당한다. 법원으로부터 소송대리허가를 받을 수 있는 사건의 범위, 대리인의 자격 등에 관한 구체적인 사항은 대법원규칙으로 정한다(같은 조 제2항, 민사소송규칙 제15조). 법원은 언제든지 위 소송대리허가를 취소할 수 있다(같은 조 제3항).

2. 소송대리권의 증명

민사소송법 제89조 제1항은 소송대리인의 권한은 서면으로 증명하여야 한다고 규정하고 있다. 출원절차나 심판절차에서의 대리권의 증명에 관해서는 디자인보호법 제8조가 별도의 규정을 두고 있으므로, 민사소송법 제89조 제1항은 디자인에 관한 소송절차에만 준용되는 규정으로 보아야 할 것이다.

소송대리인의 권한을 증명하는 서면이 사문서인 경우에는 법원은 소송대리인에게 공증인, 그 밖의 공증업무를 보는 사람의 인증을 받도록 명할 수 있다(민사소송법 제89조 제2항). 다만, 당사자 본인이 말로 소송대리인을 선임하고 법원사무관 등이 조서에 그 진술을 적어 놓은 경우에는 민사소송법 제89조 제1항 및 제2항의 규정은 적용되지 아니한다(민사소송법 제89조 제3항).

3. 소송대리권의 범위와 제한 등

가. 소송대리권의 범위

소송대리인은 위임을 받은 사건에 대하여 반소·참가·강제집행·가압류·가처분에 관한 소송행위 등 일체의 소송행위와 변제의 영수를 할 수 있다(민사소송법 제90조 제1항). 다만, 소송대리인은 반소의 제기, 소의 취하, 화해, 청구의 포기·인낙 또는 민사소송법 제80조의 규정에 따른 독립당사자참가소송에서의 탈퇴, 상소의 제기 또는 취하, 대리인의 선임에 관하여는 본인으로부터 특별한 권한을 따로 수여받아야 한다(민사소송법 제90조 제2항).

디자인출원절차나 심판절차에서의 대리권의 범위와 제한에 관해서는 디자인보호법 제7조가 별도의 규정을 두고 있으므로, 민사소송법 제90조는 디자인에 관한 소송절차에만 준용되는 규정으로 보아야 할 것이다.

나. 소송대리권의 제한

당사자는 원칙적으로 소송대리인의 소송대리권을 제한할 수 없다(민사소송
법 제91조 본문). 이는 절차의 신속·원활한 진행을 위한 것이다. 그러므로 당사
자가 소송대리권의 수여에 조건이나 기한을 붙이는 것도 허용되지 아니한다. 다
만, 당사자는 변호사가 아닌 소송대리인에 대해서는 그 대리권을 제한할 수 있
다(민사소송법 제91조 단서).

법률에 의하여 재판상 행위를 할 수 있는 법률상 소송대리인의 권한은 개
별 법률의 규정에 의하여 따로 정해지므로, 법률상 소송대리인에 대하여는 민사
소송법 제90조, 제91조의 규정이 적용되지 아니한다(민사소송법 제92조). 따라서
법률상 소송대리인은 당사자로부터 별도로 권한을 위임받지 아니하더라도 민사
소송법 제90조 제2항에 규정된 행위를 할 수 있고, 당사자가 법률상 소송대리인
의 권한을 제한한다고 하더라도 그러한 제한은 법률상 소송대리인이 한 행위의
효력에 아무런 영향을 미치지 아니한다.[9]

다. 복수 소송대리인의 각자 대리

소송대리인이 복수인 경우에는 각자가 당사자를 대리한다(민사소송법 제93조
제1항). 당사자가 제1항의 규정에 어긋나는 약정을 하더라도 그 약정은 무효이
다(민사소송법 제93조 제2항).

복수 소송대리인의 출원절차나 심판절차에서의 각자 대리에 관해서는 디자
인보호법 제11조가 별도의 규정을 두고 있으므로, 민사소송법 제93조는 디자인
에 관한 소송절차에만 준용되는 규정으로 보아야 할 것이다.

4. 당사자의 경정권

민사소송법 제94조는 소송대리인의 사실상 진술은 당사자가 이를 곧 취소
하거나 경정한 때에는 그 효력을 잃는다고 규정하고 있다. 본조는 사실관계에
관하여는 통상적으로 당사자 본인의 지식이 대리인의 지식보다 정확하므로, 실
체적 진실의 합치를 위하여 일정한 요건 아래 당사자에게 대리인이 한 사실관
계에 관한 진술을 취소하거나 경정할 권한을 부여한 것이다. 대리인의 진술을
취소, 경정할 수 있는 당사자에는 본인뿐만 아니라 법정대리인도 포함된다.[10]

---

9) 李在性 외 3인, 註釋 民事訴訟法(Ⅰ)(제5판), 韓國司法行政學會(1997), 556(朴禹東·姜
玹中 집필부분).
10) 李在性 외 3인(주 9), 558(朴禹東·姜玹中 집필부분).

디자인보호법은 심판절차에서의 당사자의 경정권에 관하여 별도로 규정을 두고 있지 않지만, 실체적 진실의 합치 필요성은 심판절차에서도 요청되는 것이므로, 민사소송법 제94조는 소송절차뿐만 아니라 심판절차에도 준용되는 것으로 보아야 할 것이다.[11]

당사자가 취소, 경정할 수 있는 대상은 대리인의 사실상 진술에 한한다. 사실상의 진술이란 청구원인, 항변, 재항변, 적극부인으로 주장된 사실에 관한 진술을 말한다. 자백도 이에 해당한다. 그러나 법률상의 의견진술이나, 사실에 기초한 법률효과의 진술은 이에 해당하지 않는다.[12] 한편, 본조의 '진술'이라 함은 본래 소송절차의 변론기일 또는 준비절차기일에서의 진술을 가리키나, 디자인보호법 제142조에 규정된 심판절차의 구술심리기일에서의 진술도 이에 포함되는 것으로 보아야 할 것이다.

5. 소송대리권의 불소멸

소송대리권은 당사자의 사망 또는 소송능력의 상실, 당사자인 법인의 합병에 의한 소멸, 당사자인 수탁자의 신탁임무의 종료, 법정대리인의 사망, 소송능력의 상실 또는 대리권의 소멸·변경으로 인하여 소멸되지 아니한다(민사소송법 제95조).[13]

또한, 소송대리권은 일정한 자격에 의하여 자기의 이름으로 남을 위하여 소송당사자가 된 사람[14]이나 민사소송법 제53조의 선정당사자가 자격을 상실한 경우에도 소멸되지 아니한다(민사소송법 제96조 제1, 2항).

6. 법정대리인에 관한 규정의 준용

민사소송법 제97조는 법정대리에 관한 같은 법 제58조 제2항, 제59조, 제60조 및 제63조의 규정을 소송대리인에 관하여 준용한다고 규정하고 있다.

따라서 소송대리인이 소송행위를 위한 권한을 위임받은 사실을 증명하는 서면은 소송기록에 첨부되어야 하고(민사소송법 제58조 제2항), 소송행위에 필요한 권한의 수여에 흠이 있는 경우 법원은 기간을 정하여 이를 보정하도록 명하

---

11) 정상조·박성수 공편(주 1), 171(박원규 집필부분).
12) 李在性 외 3인(주 9), 558-559(朴禹東·姜玹中 집필부분).
13) 다만, 같은 내용의 디자인보호법 제10조가 민사소송법 제95조에 우선하여 적용된다.
14) 상속재산관리인(민법 제1053조), 유언집행자(민법 제1101조), 구조료 지급에 관한 청구에 있어서의 선장(상법 제894조) 등이 이에 해당한다.

여야 하며(민사소송법 제59조 전단), 만일 위 보정이 지연됨으로써 손해가 생길 염려가 있는 경우에는 법원은 보정하기 전의 당사자 또는 소송대리인으로 하여금 일시적으로 소송행위를 하게 할 수 있다(민사소송법 제59조 후단). 소송행위에 필요한 권한의 수여에 흠이 있는 소송대리인이 소송행위를 한 뒤에 당사자나 보정된 소송대리인이 이를 추인한 경우에는, 그 소송행위는 이를 한 때에 소급하여 효력이 생긴다(민사소송법 제60조).[15] 또한, 소송절차 진행 중에 소송대리권이 소멸한 경우에는 본인 또는 대리인이 상대방에게 소송대리권이 소멸된 사실을 통지하지 아니하면 소멸의 효력을 주장하지 못한다(민사소송법 제60조).

7. 관련문제

본조에 의하여 준용되는 민사소송법의 규정 중 일부는 앞서 본 바와 같이 디자인보호법 제7조, 제9조, 제10조, 제11조의 규정과 중복된다. 이와 같은 법규의 중복은 해석상 불필요한 오해를 불러일으킬 우려가 있으므로 입법에 의하여 정비되는 것이 바람직하다.[16]

〈박원규〉

---

15) 출원절차나 심판절차에서의 대리권한 위임의 흠에 대한 추인에 관해서는 디자인보호법 제9조가 적용된다.
16) 특허법 제12조의 경우에도 동일한 문제가 있다. 특허법 제12조의 문제점과 입법에 의한 정비 방안에 관해서는 尹宣熙, 特許法(제5판), 법문사(2012), 344-346 참조.

> **제15조(재외자의 재판관할)**
> 재외자의 디자인권 또는 디자인에 관한 권리에 관하여 디자인관리인이 있으면 그 디자인관리인의 주소 또는 영업소를, 디자인관리인이 없으면 특허청 소재지를 「민사소송법」 제11조에 따른 재산이 있는 곳으로 본다.

<소 목 차>

I. 서   설

1. 의   의

재판관할은 여러 법원 사이에서 어떤 법원이 어떤 사건을 담당하여 처리하느냐 하는 재판권의 분담관계를 정해 놓은 것을 말한다. 이러한 재판관할 중 소재를 달리하는 같은 종류의 법원 사이의 재판권의 분담관계를 정해 놓은 것을 토지관할이라고 한다.[1] 토지관할의 발생원인이 되는 관련지점을 재판적이라 하는데, 재판적은 모든 사건에 관하여 토지관할이 생기게 하는 보통재판적과 특정사건에 관하여 보통재판적 이외의 곳에 토지관할이 생기게 하는 특별재판적으로 나뉜다.[2]

디자인보호법 제15조는 디자인권 또는 디자인에 관한 권리를 가지는 재외자를 상대로 한 소송(피고가 재외자인 소송)에 있어서의 특별재판적에 관한 규정이다.

민사소송법 제11조는 "대한민국에 주소가 없는 사람 또는 주소를 알 수 없는 사람에 대하여 재산권에 관한 소를 제기하는 경우에는 청구의 목적 또는 담보의 목적이나 압류할 수 있는 피고의 재산이 있는 곳의 법원에 제기할 수 있

---

1) 李時潤, 新民事訴訟法, 博英社(2014), 86, 96.
2) 李時潤(주 1), 96-97.

다"라고 규정함으로써 일정한 요건을 갖춘 피고의 재산소재지를 특별재판적으로 규정하고 있는바, 위 규정은 디자인권 등에 관한 민사소송에도 적용된다.

그런데 디자인권 또는 디자인에 관한 권리는 이른바 무체재산권이어서 유체재산권과는 달리 재산소재지를 특정하기 어려우므로 민사소송법 제11조를 적용하는 데 어려움이 있었다. 그러므로 디자인보호법 제15조는 재외자의 디자인권 또는 디자인에 관한 권리에 관하여 디자인관리인이 있는 경우에는 그 디자인관리인의 주소 또는 영업소를, 디자인관리인이 없는 경우에는 특허청 소재지를 각각 민사소송법 제11조의 재산소재지로 보도록 규정함으로써, 디자인권 또는 디자인에 관한 권리를 가지는 재외자를 상대로 소를 제기하려는 원고로 하여금 민사소송법 제11조의 특별재판적을 보다 용이하게 확인할 수 있도록 하고 있는 것이다.

2. 연 혁

1961. 12. 31. 법률 제950호로 제정된 특허법 제26조는 "특허권자가 국내에 주소나 거소가 없는 경우에는 제20조 제2항의 대리인의 주소나 거소에 의하고, 그 대리인도 없을 때에는 특허국 소재지를 민사소송법 제9조의 규정에 의한 재산소재지로 본다"라고 규정함으로써 재외자의 특별재판적에 관한 규정을 두고 있었고, 같은 날 법률 제951호로 제정된 의장법 제28조는 특허법 제26조의 규정을 준용하였다. 의장법이 재외자의 재판관할에 관한 특허법의 규정을 준용하는 태도는 의장법이 디자인보호법으로 명칭이 변경된 이후에도 이어져오다가, 2009. 6. 9. 법률 제9764호로 개정된 디자인보호법 제4조의12로 본조의 규정이 신설되었다.

Ⅱ. 적용요건

1. 재 외 자

재외자란 국내에 '주소'나 '영업소'가 없는 자를 말한다(디자인보호법 제6조 제1항).[3] 재외자에는 외국인뿐만 아니라 대한민국 국민도 포함되므로, 대한민국 국민이라도 국내에 주소나 영업소가 없으면 재외자에 해당한다. 재외자는 국내

---

3) 일본 특허법 제8조 제1항은 일본 국내에 '주소 또는 거소(법인인 경우에는 영업소)'를 갖지 아니한 자를 재외자로 규정하고 있다.

에 주소 또는 영업소가 없는 자이므로, 국내에 주소는 있지만 그 주소를 알 수 없는 자는 재외자에 포함되지 아니한다.4)

'주소'는 생활의 근거가 되는 곳이다.5) 여기서 생활의 근거가 되는 곳이란 사람의 생활관계의 중심이 되는 장소로서, 국내에서 생계를 같이하는 가족 및 국내에 소재하는 자산의 유무 등 생활관계의 객관적 사실에 따라 판단해야 한다.6) 주소는 두 곳 이상 있을 수 있다.7) 법인은 주된 사무소의 소재지 또는 본점의 소재지가 주소로 된다(민법 제36조, 상법 제171조 제1항).

한편, '영업소'는 법인이 사실상 독립하여 주된 영업행위의 전부 또는 일부를 완결할 수 있는 장소를 가리킨다.8)

2. 재외자의 디자인권 또는 디자인에 관한 권리

재외자의 디자인권 또는 디자인에 관한 권리에는 디자인권 그 자체뿐만 아니라, 등록디자인에 관한 전용실시권, 통상실시권 및 이러한 권리를 목적으로 하는 질권 등도 포함된다.9)

3. 적용되는 사건의 범위

디자인보호법 제15조는 재외자를 상대로 재외자의 디자인권 또는 디자인에 관한 권리에 관하여 민사소송을 제기하는 경우에 적용된다. 특허법원의 전속관할에 속하는 심결취소소송의 경우에는 본조가 적용될 여지가 없다.

본조가 적용되는 소송의 예로는, 재외자의 디자인권 침해 주장이 있는 경우 침해자로 지목된 자가 재외자를 상대로 제기하는 권리침해에 대한 금지청구권 부존재확인의 소, 선사용권확인의 소, 재외자의 부당한 가처분을 원인으로 한 손해배상청구의 소 등을 들 수 있다.10)

---

4) 中山新弘·小泉直樹 編, 新·注解 特許法(上), 靑林書院(2011), 105(森崎博之·松山智惠 집필부분).
5) 민법 제18조[본조에 관한 자세한 설명은 편집대표 곽윤직, 民法注解[Ⅲ] 總則(3), 博英社 (1996), 332(민형기 집필부분) 참조]
6) 대법원 1990. 8. 14. 선고 89누8064 판결[공1990, 1975].
7) 편집대표 곽윤직(주 5), 332(민형기 집필부분).
8) 대법원 2003. 4. 11. 선고 2002다59337 판결[공2003, 1154].
9) 中山新弘·小泉直樹 編(주 4), 105(森崎博之·松山智惠 집필부분).
10) 中山新弘·小泉直樹 編(주 4), 105(森崎博之·松山智惠 집필부분).

Ⅲ. 재외자의 특별재판적

1. 디자인관리인의 주소 또는 영업소

디자인관리인은 재외자의 디자인에 관한 대리인으로서 국내에 주소 또는 영업소를 가지는 자를 말한다. 디자인관리인은 수여된 권한범위 내에서 디자인에 관한 모든 절차 및 특허청의 처분 등에 관한 소송에서 본인을 대리하고, 재외자는 디자인관리인에 의하지 아니하면 디자인에 관한 절차를 밟거나 특허청의 처분 등에 관하여 소송을 제기할 수 없다. 그러므로 재외자의 디자인권은 국내에서 디자인관리인에 의하여 관리된다고 할 것이다.

디자인보호법 제15조는 이러한 점을 고려하여 재외자에게 디자인관리인이 있는 경우에는 그 디자인관리인의 주소 또는 영업소를 민사소송법 제11조의 재산소재지로 보도록 규정하고 있다.

2. 특허청 소재지

디자인보호법 제15조는 재외자에게 디자인관리인이 없는 때에는 특허청 소재지를 민사소송법 제11조의 규정에 의한 재산소재지로 본다. 따라서 디자인관리인이 없는 재외자를 피고로 하는 디자인권 등에 관한 소송에 있어서는 특허청 소재지인 대전이 민사소송법 제11조의 규정에 의한 재산소재지가 된다.

3. 관련 문제

민사소송법 제24조는 당사자가 지식재산권에 관한 소를 제기하는 경우에는 제2조 내지 제23조의 규정에 따른 관할법원 소재지를 관할하는 고등법원이 있는 곳의 지방법원에 소를 제기할 수 있다고 규정하고 있다. 또한, 민사소송법 제36조는 지식재산권에 관한 소가 제기된 법원은 직권 또는 당사자의 신청에 의한 결정으로 그 소송의 전부 또는 일부를 민사소송법 제24조의 관할법원으로 이송할 수 있다고 규정하고 있다. 여기서 민사소송법 제24조와 제36조의 지식재산권에 관한 소에는 본조에 규정된 재외자를 피고로 하는 디자인권 등에 관한 민사소송도 포함된다.

예컨대, 원고가 디자인관리인의 주소가 수원인 재외자를 피고로 하여 디자인권 등에 관한 민사소송을 제기하는 경우 본조 및 민사소송법 제11조의 규정에 의한 관할법원은 수원지방법원이 되나, 민사소송법 제24조에 의하여 수원을 관할하는 고등법원(서울고등법원)이 있는 곳의 지방법원인 서울중앙지방법원도 관할법원이 될 수 있으므로, 원고는 수원지방법원과 서울중앙지방법원 중 어느 한 곳을 선택하여 소를 제기할 수 있다. 또한 원고가 수원지방법원에 소를 제기한 경우 법원은 직권으로 또는 당사자의 신청에 의한 결정으로 그 소송의 전부 또는 일부를 서울중앙지방법원으로 이송할 수 있다.

〈박원규〉

제16조(기간의 계산)

이 법 또는 이 법에 따른 명령에서 정한 기간의 계산은 다음 각 호에 따른다.

1. 기간의 첫날은 계산에 넣지 아니한다. 다만, 그 기간이 오전 0시부터 시작하는 경우에는 그러하지 아니하다.

2. 기간을 월 또는 연으로 정한 경우에는 역(曆)에 따라 계산한다.

3. 월 또는 연의 처음부터 기간을 기산(起算)하지 아니하는 경우에는 마지막 월 또는 연에서 그 기산일에 해당하는 날의 전날로 기간이 만료한다. 다만, 월 또는 연으로 정한 경우에 마지막 월에 해당하는 날이 없으면 그 월의 마지막 날로 기간이 만료한다.

4. 디자인에 관한 절차에서 기간의 마지막 날이 토요일이나 공휴일(「근로자의 날 제정에 관한 법률」에 따른 근로자의 날을 포함한다)에 해당하면 기간은 그 다음 날로 만료한다.

<소 목 차>

Ⅰ. 의   의

본조는 디자인보호법 또는 동법에 따른 명령에서 정한 기간의 계산에 대하여 규정하고 있다.

기간이란 어느 시점에서 다른 시점까지 계속된 시간을 말한다.[1] 민법 제1편 제6장 제156조 내지 제161조는 기간의 계산에 관하여 규정하고 있고, 민법 제155조는 기간의 계산은 법령, 재판상의 처분 또는 법률행위에서 달리 정한 바가 없으면 위 규정에 의하도록 규정하고 있다. 본조는 민법 제155조에 규정된 법령 등에서 달리 정한 경우에 해당하므로, 위 민법 규정의 특칙에 해당한다.

본조와 동일한 내용을 규정하고 있는 특허법 제14조(기간의 계산)에 관하여,

---

1) 편집대표 곽윤직, 民法注解[Ⅲ] 總則(3), 博英社(1996), 377(민형기 집필부분).

동조가 민법 규정의 특칙에 해당하나, 동조의 규정이 민법의 그것과 크게 다를 바가 없고, 오히려 민법의 규정보다 불명확하게 규정된 부분이 있어 해석의 혼란만 가중하고 있으므로, 민법 규정의 특칙으로서 동조의 규정을 둔 의의를 찾기 어렵다고 보는 견해도 있다.[2]

II. 입법 연혁

1961. 12. 31. 법률 제950호로 제정된 특허법 제14조는 기간의 계산에 관한 규정을 두고 있었고, 같은 날 법률 제951호로 제정된 의장법 제28조는 특허법 제14조의 규정을 준용하였다. 의장법이 기간의 계산에 관한 특허법의 규정을 준용하는 태도는 의장법이 디자인보호법으로 명칭이 변경된 이후에도 이어져오다가, 2009. 6. 9. 법률 제9764호로 개정된 디자인보호법 제4조의13으로 본조와 동일한 규정이 신설되었다.

III. 기간의 종류

1. 법정기간과 지정기간

법정기간은 법령에 의하여 정해진 기간을 말하고, 지정기간은 특허청장·특허심판원장·심판관 또는 심사관 등이 법령에 근거하여 정하는 기간을 말한다. 법정기간은 법정의 사유가 발생한 때부터 진행하고, 지정기간은 지정권자가 지정한 사유가 발생한 때부터 진행한다.

디자인보호법에 규정된 법정기간의 예로는, 절차의 무효처분 취소청구기간(제18조 제2항), 신규성 상실의 예외 기간(제36조 제1항), 정당한 권리자의 출원일 소급인정기간(제44조, 제45조), 출원의 보정기간(제48조 제4항), 분할출원기간(제50조 제3항, 제48조 제4항), 조약에 의한 우선권 주장 관련 기간(제51조 제2, 4항), 출원의 공개에 관한 기간(제52조 제3항), 관련디자인등록거절결정에 관한 기간(제62조 제3항 제6호), 재심사청구 기간(제64조 제1항), 디자인일부심사등록 이의신청기간(제68조 제1항), 등록료 추가납부기간(제82조 제1항), 등록료 보전기간(제83조 제2항), 등록료의 추가납부 또는 보전에 의한 디자인등록출원과 디자인권의 회

---

2) 정상조·박성수 공편, 특허법 주해 I, 博英社(2010), 178(설범식 집필부분); 윤선희, 특허법(제5판), 법문사(2012), 351-352.

복 관련 기간(제84조 제1항·제3항), 등록료 및 수수료의 반환청구기간(제87조 제3항), 디자인권의 존속기간(제91조 제1항), 보정각하결정에 대한 심판청구기간(제119조), 디자인등록거절결정 또는 디자인등록취소결정에 대한 심판청구기간(제120조), 제척 또는 기피의 원인소명기간(제138조 제2항), 재심청구기간(제160조 제1항), 심결 등에 대한 취소소송 제기기간(제166조 제3항), 대가에 관한 불복의 소 제기기간(제170조 제2항), 국제등록디자인권 존속기간 등의 특례 관련 기간(제199조), 공시송달의 효력발생기간(제210조 제3항) 등이 있다.

지정기간의 예로는, 수계기간(제24조 제4항), 디자인등록출원일의 인정 등과 관련한 기간(제38조 제2항), 선출원에 있어서 협의결과 신고기간(제46조 제5항), 절차의 보정기간(제47조), 전문기관의 업무정지기간(제60조 제1항), 거절이유통지에 대한 의견서 제출기간(제63조 제1항), 디자인일부심사등록 이의신청시 답변서 제출기간(제68조 제3항), 디자인일부심사등록 이의신청 심사에서의 직권심사시 의견서 제출기간(제71조 제1항), 심판청구서의 보정기간(제128조 제1항), 심판절차에서 답변서의 제출기간(제134조 제1항), 참가신청이 있는 경우 의견서 제출기간(제144조 제2항), 증거조사 및 증거보전시 의견서 제출기간(제145조 제5항), 직권심리시 의견 제출기간(제147조 제1항), 국제출원에서 보완서류 제출기간(제177조 제2항), 국제출원시 송달료 납부 보정기간(제178조 제3항) 등이 있다.

2. 불변기간과 통상기간

법정기간 중 그 기간이 불변기간이라는 것이 법령에 명확하게 규정된 것을 불변기간이라고 한다.[3] 심결 등에 대한 불복의 소 제기기간(제166조 제3항)과 대가에 관한 불복의 소 제기기간(제170조 제2항)이 이에 해당한다. 불변기간은 신축할 수 없으나, 부가기간을 붙이는 것은 허용되는 경우가 있다(제166조 제5항).

법정기간 중 불변기간이 아닌 기간을 통상기간이라고 말한다. 통상기간 중 디자인일부심사등록 이의신청 이유 등의 보정기간(제69조)과 보정각하결정에 대한 심판청구기간(제119조) 및 디자인등록거절결정, 디자인등록취소결정에 대한 심판청구기간(제120조)은 연장이 허용되나(제17조 제1항), 그 이외의 통상기간은 연장이 허용되지 아니한다.

---

3) 통상 법령의 해당 조문에 어떤 기간을 "불변기간으로 한다"라고 규정되어 있다.

3. 행위기간과 중간기간 및 직무기간

기간 내에 일정한 행위를 하도록 정해진 기간을 행위기간이라고 하고, 당사자의 이익보호를 위하여 유예를 둔 기간을 중간기간이라고 한다.

절차의 무효처분 취소청구기간(제18조 제2항), 수계기간(제24조 제4항), 선출원에 있어서 협의결과 신고기간(제46조 제5항) 등 대부분의 법정기간 및 지정기간은 행위기간에 해당하고, 디자인권의 존속기간(제91조 제1항), 국제등록디자인권 존속기간 등의 특례 관련 기간(제199조) 등은 중간기간에 해당한다.

행위기간 내에 해야 할 행위를 하지 아니한 때에는 그 행위를 할 수 없음이 원칙이나, 디자인보호법 제128조 제1항에 따른 심판청구서의 보정과 같이 행위기간이 도과된 이후에도 그 해태로 인한 불이익의 처분이 내려지기까지는 그 행위를 할 수 있는 경우도 있다. 행위기간 내에 해야 할 행위를 하지 아니한 경우 불이익한 효과를 수반하는 경우도 있다(제24조 제5항, 제36조 제1항, 제51조 제5항 등).

한편, 심판관 등이 일정한 기간 내에 행위를 할 것을 정한 기간을 직무기간(제128조 제1항·제2항, 제150조 제5항 등)이라고 한다. 직무기간 중에는 훈시규정이 많다. 예컨대, 디자인보호법 제150조 제5항은 심결은 심리종결통지를 한 날부터 20일 이내에 하도록 규정하고 있으나, 이는 훈시규정에 해당하므로, 심판관은 심리종결통지를 한 날부터 20일이 지났더라도 심결을 할 수 있고, 위 기간의 준수 여부는 심결의 효력에 아무런 영향을 미지지 아니한다.

Ⅳ. 기간의 계산

본조는 디자인보호법 또는 디자인보호법에 따른 명령에서 정한 기간의 계산에 적용된다. "디자인보호법에 따른 명령"으로는 디자인보호법시행령과 디자인보호법시행규칙 등이 있다. 본조의 내용은 대체로 민법의 내용과 동일하지만, 민법 제156조에 규정된 기간을 시·분·초로 정한 때의 기산점에 관해서는 규정하고 있지 않다. 이는 디자인에 관한 절차에 있어서 기간계산의 최소 단위가 일(日)이기 때문인 것으로 보인다.[4]

---

4) 특허청 편, 조문별 특허법해설(2007), 30.

1. 초일불산입 원칙(제1호)

본조 제1호 본문은 "기간의 첫날은 계산에 넣지 아니한다"라고 규정하고 있다(초일불산입 원칙).

민법 제157조는 "기간을 일(日), 주(週), 월(月) 또는 연(年)으로 정한 때에는 기간의 초일은 산입하지 아니한다"고 규정하고 있는바, 본조 제1호 본문은 "기간을 일, 주, 월 또는 연으로 정한 때"라는 한정을 두고 있지 아니하다. 그러나 기간을 시, 분, 초로 정한 때에는 즉시로부터 기산하므로(민법 제156조), 본조 제1호 본문은 기간을 일, 주, 월 또는 연으로 정한 경우에만 적용되는 규정으로 보아야 할 것이다.

본조 제1호 단서는 초일불산입 원칙의 예외로서 "그 기간이 오전 0시부터 시작하는 경우에는 그러하지 아니하다"라고 규정하고 있다. "그 기간이 오전 0시부터 시작하는 경우"로는 법정기간의 연장(제17조 제1항, 제69조, 119조, 120조), 지정기간의 연장(제17조 제2항), 등록료납부기간의 연장(제79조 제3항, 특허료 등의 징수규칙 제8조 제6항), 심결 등에 대한 소의 제기기간의 부가기간(제166조 제5항) 등이 있다.

예를 들어, 디자인등록거절결정등본이 2014년 6월 1일 오후 3시에 송달되었고, 특허심판원장이 디자인등록거절결정에 대한 심판청구 기간을 당사자의 청구 또는 직권으로 30일 연장하였다면, 본래의 기간은 초일불산입 원칙에 따라 2014년 6월 2일부터 진행하여 같은 해 7월 1일에 만료되고,[5] 연장된 기간은 초일불산입 원칙의 예외로서 2014년 7월 2일부터 진행하여 같은 해 7월 31일에 만료된다.[6]

2. 역(曆)에 의한 계산(제2호)

기간의 계산방법으로는 자연적 계산법과 역법적 계산법이 있다. 전자는 시간의 흐름을 순간에서 순간까지 정확하게 계산하는 방법이고, 후자는 역법적 단위인 연(年), 월(月), 주(週)에 따라 기간을 계산하는 방법이다.[7] 본조 제2호는 기

---

5) 정확하게는 7월 1일 24시에 만료된다. 기간의 말일이 공휴일인 경우에도 당초의 기간은 그 날로 만료되고 연장된 기간은 다음날 0시부터 기산된다.

6) 정확하게는 7월 2일 0시부터 진행하여 7월 31일 24시에 만료된다.

7) 편집대표 곽윤직(주 1), 377(민형기 집필부분); 특허청 편, 디자인 심사기준, 특허청 (2014), 26.

간을 월 또는 연으로 정한 때에는 역법적 계산방법에 의하여 계산한다고 규정
하고 있다. 여기서 말하는 역(曆)은 태양력을 가리킨다.[8] 판례도 일자 기재에 있
어 양력을 따를 경우에는 양력이라는 것을 표시하지 아니하고 음력을 따를 경우
에만 특히 '음'자를 표시하여 구별하여야 한다고 하여 이를 명백히 하고 있다.[9]

　월의 초일은 1일, 말일은 그 마지막 날로서 윤년 여부나 월의 장단에 따라
28일 내지 31일이 된다. 반년은 6개월, 분기는 3개월이다.

　본호는 기간을 주(週)로 정한 때에는 어떤 방법으로 계산하는지 규정하고
있지 아니하나, 이 경우에도 민법 제160조 제1항에 의하여 역에 의하여 계산해
야 한다.

3. 기간의 말일(제3호)

　월 또는 연의 처음부터 기간을 계산하는 경우 그 기간의 말일은 기간이 끝
나는 월 또는 연의 마지막 날이다. 예를 들어, 2014년 2월 1일 오전 영시부터 3
개월은 2014년 4월 30일 오후 12시까지이다.

　월 또는 연의 도중으로부터 기간을 계산하는 경우에는 그 기간의 말일은
마지막 월 또는 연에서 그 기산일에 해당하는 날의 전날이다. 예를 들어, 2014
년 2월 28일 오전 9시부터 4개월이라 하는 경우 초일불산입 원칙에 따라 2014
년 3월 1일이 기산일이 되고 최종의 월에서 그 기산일에 해당하는 날인 2014년
7월 1일의 전날인 2014년 6월 30일에 기간이 만료한다.

　월 또는 연으로 정한 경우에 최종의 월에 해당일이 없는 때에는 그 월의
말일로 기간이 만료한다. 예를 들어, 2013년 11월 29일 오전 9시부터 3개월이라
하는 경우에는 초일불산입 원칙에 따라 11월 30일이 기산일이 되고 최종의 월
인 2014년 2월에 기산일의 전일인 29일이 없으므로 2월의 말일인 28일에 기간
이 만료한다.

　본호에는 기간을 주(週)로 정한 경우의 말일에 관하여는 규정하고 있지 아
니하나, 이 경우에도 민법 제160조 제2항[10]에 따라 주(週)의 처음부터 기간을
기산하지 아니하는 때에는 최후의 주(週)에서 그 기산일에 해당하는 날의 전일

---

　8) 편집대표 곽윤직(주 1), 383(민형기 집필부분).
　9) 대법원 1948. 3. 4. 선고 4280민상238 판결.
　10) 민법 제160조 제2항은 "주, 월 또는 연의 처음으로부터 기간을 기산하지 아니하는 때에
　　　는 최후의 주, 월 또는 연에서 그 기산일에 해당한 날의 전일로 기간이 만료한다"라고 규
　　　정하고 있다.

로 기간이 만료한다. 예를 들어, 2014년 4월 30일 수요일 오전 9시부터 4주라고 하는 경우에는 초일불산입 원칙에 따라 2014년 5월 1일(목요일)이 기산일이 되고 최종 주에서 그 기산일에 해당하는 날인 5월 29일(목요일)의 전일인 5월 28일(수요일)에 기간이 만료한다.

한편, 특허청에서 제공하는 소프트웨어 또는 특허청 홈페이지를 이용하여 전자문서를 제출하려는 자가 그 전자문서를 기한 전에 정보통신망을 이용하여 발송하였으나 정보통신망의 장애, 특허청이 사용하는 컴퓨터 또는 관련 장치의 장애(정보통신망, 특허청이 사용하는 컴퓨터 또는 관련 장치의 유지·보수를 위하여 그 사용을 일시 중단한 경우로서 특허청장이 미리 공지한 경우에는 장애로 보지 아니한다)로 인하여 해당 기한까지 제출할 수 없었던 경우에는 그 장애가 제거된 날의 다음 날에 그 기한이 도래한 것으로 본다(디자인보호법 시행규칙 제17조 제3항).

4. 기간의 말일과 공휴일 등(제4호)

가. 공휴일 등

본호는 "…기간의 마지막 날이 토요일이나 공휴일(「근로자의 날 제정에 관한 법률」에 의한 근로자의 날을 포함한다)에 해당하는 때에는 기간은 그 다음날로 만료한다"라고 규정하고 있다.

여기서 '공휴일'은 「관공서의 공휴일에 관한 규정」에 따르는바, 동 규정 제2조에 의하면 공휴일로는 ① 일요일, ② 국경일 중 3.1절(3월 1일), 광복절(8월 15일), 개천절(10월 3일) ③ 1월 1일, ④ 설날 전날, 설날, 설날 다음날(음력 12월 말일, 1월 1일, 1월 2일), ⑤ 석가탄신일(음력 4월 8일), ⑥ 어린이날(5월 5일), ⑦ 현충일(6월 6일), ⑧ 추석 전날, 추석, 추석 다음날(음력 8월 14일, 15일, 16일), ⑨ 기독탄신일(12월 25일), ⑩ 공직선거법 제34조에 따른 임기만료에 의한 선거의 선거일, ⑪ 기타 정부에서 수시 지정하는 날 등이 있다.

임시공휴일은 공휴일에 포함되지만, 모든 국경일이 공휴일은 아니고,[11] 토요일 역시 공휴일은 아니다. 근로자의 날 제정에 관한 법률에 의한 근로자의 날(5월 1일)은 본래 공휴일이 아니나, 본호에서 특별히 공휴일로 의제하고 있다.

민법 제161조는 "기간의 말일이 토요일 또는 공휴일에 해당한 때에는 기간

---

[11] 국경일에 관한 법률(법률 제12915호, 2014. 12. 30. 일부개정) 제2조는 ① 3·1절(3월 1일), ② 제헌절(7월 17일), ③ 광복절(8월 15일), ④ 개천절(10월 3일), ⑤ 한글날(10월 9일)을 국경일로 규정하고 있다.

은 그 익일로 만료한다"라고 규정하고 있을 뿐, 근로자의 날을 공휴일로 의제하는 규정을 두고 있지 아니하므로, 본호는 이 점에서 민법의 특별규정으로 의의를 갖는다.[12]

따라서, 디자인에 관한 절차에 있어서 기간의 말일이 토요일이나 공휴일 또는 근로자의 날인 때에는 그 기간은 그 다음날 만료한다. 그러나 기간의 초일이 토요일이나 공휴일 또는 근로자의 날이라 하더라도 기간은 초일부터 기산하고, 토요일이나 공휴일 또는 근로자의 날이 기간의 중간에 들어있는 경우에도 마찬가지이다.[13]

나. '디자인에 관한 절차'의 의미와 소제기 및 상고기간

본호에서 '디자인에 관한 절차'라 함은 디자인에 관한 출원·청구 그 밖의 절차를 말한다(제4조 제1항). 즉 출원 및 그 심사와 심판 과정에 관한 일련을 절차를 의미한다.

심결에 대한 소에 관한 절차가 '디자인에 관한 절차'에 포함되는지 여부에 관해서는 이를 긍정하는 견해와 부정하는 견해가 있다. 이에 관하여 대법원은 "구 특허법(2006. 3. 3. 법률 제7871호로 개정되기 전의 것, 이하 같다) 제14조 제4호의 특허에 관한 절차란 특허에 관한 출원·청구 기타의 절차를 말하는데, 구 특허법 제5조 제1항, 제2항에서 특허에 관한 절차와 특허법 또는 특허법에 의한 명령에 의하여 행정청이 한 처분에 대한 소의 제기를 구별하여 규정하고 있는 점, 특허에 관한 절차와 관련된 구 특허법의 제반 규정이 특허청이나 특허심판원에서의 절차에 관한 사항만을 정하고 있는 점, 구 특허법 제15조에서 특허에 관한 절차에 관한 기간의 연장 등을 일반적으로 규정하고 있음에도, 구 특허법 제186조에서 심결에 대한 소의 제소기간과 그에 대하여 부가기간을 정할 수 있음을 별도로 규정하고 있는 점 등에 비추어 보면, 여기에는 심결에 대한 소에 관한 절차는 포함되지 아니한다"라고 판시하여 부정설의 입장을 취하고 있다.[14] 따라서 심결에 대한 소의 제소기간 계산에는 본조 제4호가 적용되지 아니하고 민법 제161조가 적용된다고 할 것이므로 근로자의 날 제정에 관한 법률에서 정한 근로자의 날은 공휴일로 의제되지 아니한다.[15] 특허법원 판결에 대한 상고기

---

12) 정상조·박성수 공편(주 2), 185(설범식 집필부분).

13) 특허청 편, 디자인심사기준, 특허청(2013), 19; 편집대표 곽윤직(주 1), 385(민형기 집필부분).

14) 대법원 2014. 2. 13. 선고 2013후1573 판결[공2014상, 631].

15) 대법원 2014. 2. 13. 선고 2013후1573 판결[공2014상, 631].

간에 대해서도 본조 제4호가 적용되지 아니하고 민법 제161조가 적용된다.16)

한편, 민법 제161조의 적용과 관련해서는 주의할 것이 있다. 구 민법(2007. 12. 21. 법률 제8720호로 개정되기 전의 것) 제161조는 "기간의 말일이 공휴일에 해당한 때에는 기간은 그 익일로 만료한다"고 규정하여, 기간의 말일이 토요일인 경우 기간은 그 날로 만료하였으나, 2007. 12. 21. 개정된 민법 제161조에서 "기간의 말일이 토요일 또는 공휴일에 해당한 때에는 기간은 그 익일로 만료한다"고 규정함으로써, 기간의 말일이 토요일인 경우 기간은 그 다음 주의 월요일로 만료하게 되었다. 그러나 위 개정 민법의 부칙 제1조는 "제161조의 개정규정은 공포 후 3개월이 경과한 날부터 시행한다"고 규정하면서, 부칙 제3조 제1항에서 "이 법 시행 당시 법원에 계속 중인 사건에 관하여는 이 법(제837조의 개정규정을 제외한다)을 적용하지 아니한다"고 규정하고 있으므로, 민법 제161조의 시행일인 2008. 3. 22. 당시 법원에 계속 중인 사건에 관해서는 기간의 말일과 관련하여 개정 후 민법 제161조의 적용이 배제되고 구 민법 제161조가 적용된다.17)

〈박원규〉

---

16) 설범식, "2006년 개정특허법과 실용신안법의 주요내용 및 소송절차상 유의사항", 지적재산권 제14호, 한국지적재산권법제연구원(2006. 7), 15.
17) 대법원 2008. 11. 13.자 2008후3155 명령[미간행].

제17조(기간의 연장 등)

① 특허청장 또는 특허심판원장은 청구에 따라 또는 직권으로 제69조에 따른 디자인일부심사등록 이의신청 이유 등의 보정기간, 제119조 또는 제120조에 따른 심판의 청구기간을 30일 이내에서 한 차례만 연장할 수 있다. 다만, 교통이 불편한 지역에 있는 자의 경우에는 산업통상자원부령으로 정하는 바에 따라 그 횟수 및 기간을 추가로 연장할 수 있다.

② 특허청장·특허심판원장·심판장 또는 제58조에 따른 심사관(이하 "심사관"이라 한다)은 이 법에 따라 디자인에 관한 절차를 밟을 기간을 정한 경우에는 청구에 따라 그 기간을 단축 또는 연장하거나 직권으로 그 기간을 연장할 수 있다. 이 경우 특허청장 등은 그 절차의 이해관계인의 이익이 부당하게 침해되지 아니하도록 단축 또는 연장 여부를 결정하여야 한다.

③ 심판장 또는 심사관은 이 법에 따라 디자인에 관한 절차를 밟을 기일을 정한 경우에는 청구에 따라 또는 직권으로 그 기일을 변경할 수 있다.

<소 목 차>

Ⅰ. 서   설

1. 의   의

본조는 제1항에서 법정기간 중 제69조의 디자인일부심사등록 이의신청 이유 등의 보정기간과 제119조 또는 제120조에 따른 심판의 청구기간의 연장에 관하여 규정하고 있고, 제2항에서 지정기간의 단축과 연장에 관하여 규정하고 있으며, 제3항에서 심판장 또는 심사관이 지정한 기일의 변경에 관하여 규정하고 있다.[1]

본조의 기간 연장은 특허청장 등이 당사자[2]의 청구 또는 직권으로 법정기간 또는 지정기간을 늘리는 것이고, 기간 단축은 특허청장 등이 당사자의 청구

---

[1] 디자인보호법은 심결 등에 대한 제소기간의 부가기간에 관하여는 제166조 제5항에서 별도로 규정하고 있다.

[2] 법정기간 또는 지정기간 내에 디자인에 관한 절차를 밟아야 할 자를 가리킨다.

에 따라 지정기간을 줄이는 것이며, 기일의 변경은 심사관 또는 심판장이 출원
절차나 심판절차에서 심사관, 심판관, 당사자 본인 및 대리인 등이 모여 특정한
행위를 하기 위하여 정한 일시인 기일을 당사자의 청구 또는 직권으로 다른 일
시로 바꾸어 정하는 것이다.

본조는 특허청장·특허심판원장·심판장 또는 제58조에 따른 심사관이 하
는 기간연장, 기간단축 및 기일변경에 관한 규정이므로, 법원에 의한 소송절차
에는 적용되지 아니한다.3)

2. 연   혁

1961. 12. 31. 법률 제950호로 제정된 특허법은 제27조에서 법정기간의 연
장에 관한 규정을 두었고, 같은 날 법률 제951호로 제정된 의장법은 제28조에
서 특허법 제27조의 규정을 준용하였다. 의장법이 기간의 연장 등에 관한 특허
법의 규정을 준용하는 태도는 의장법이 디자인보호법으로 명칭이 변경된 이후
에도 이어져오다가, 2009. 6. 9. 법률 제9764호로 개정된 디자인보호법 제4조의
14로 본조와 동일한 규정이 신설되었다.

Ⅱ. 법정기간의 연장

본조 제1항은 특정한 법정기간의 연장에 관하여 규정하고 있다.

본항에 의하면, 특허청장 또는 특허심판원장은 당사자의 청구 또는 직권으
로 디자인보호법 제69조에 따른 디자인일부심사등록 이의신청 이유 등의 보정기
간과 같은 법 제119조 또는 제120조에 따른 심판의 청구기간을 1회에 한하여 30
일 이내에서 연장할 수 있고, 다만 교통이 불편한 지역에 있는 자의 경우에는 산
업통상자원부령으로 정하는 바에 따라 그 횟수 및 기간을 추가로 연장할 수 있
다. 본항에 의하여 연장되는 법정기간은 본항에 열거된 것에 한정된다.

본항에 따른 법정기간의 연장 신청은 특허법시행규칙 별지 제10호 서식의
기간 연장(단축)신청서에 의하여야 하고, 대리인에 의하여 절차를 밟는 경우에
는 위 서식에 대리권을 증명하는 서류를 첨부하여야 한다[디자인보호법 시행규
칙(산업통산자원부령 제58호로 전부개정된 것, 이하 '규칙'이라고 한다) 제29조 제2,
3항].

---

3) 정상조·박성수 공편, 특허법 주해Ⅰ, 博英社(2010), 191(박원규 집필부분).

특허청장 또는 특허심판원장은 당사자의 청구나 직권으로 본항에 열거된 법정기간을 연장할 수 있으나, 위 법정기간의 연장 여부는 특허청장 또는 특허심판원장의 전속적 권한에 속하므로, 당사자의 법정기간 연장청구는 특허청장 또는 특허심판원장의 직권발동을 촉구하는 것에 지나지 않는다. 그러므로 특허청장 또는 특허심판원장은 당사자의 청구가 있더라도 법정기간의 연장을 승인하여야 할 의무는 없다.[4] 다만 특허청장 또는 특허심판원장은 청구인에게 법정기간 연장청구를 승인할 것인지 여부에 대하여 판단한 결과를 통지하는 것이 바람직하다.[5]

한편, 본항 단서는 교통이 불편한 지역에 있는 자의 경우에는 산업통상자원부령으로 정하는 바에 따라 그 횟수 및 기간을 추가로 연장할 수 있다고 규정하고 있다. 특허청장 또는 특허심판원장이 본항 단서에 따라 추가로 연장할 수 있는 횟수는 1회이고, 그 기간은 30일 이내이다(규칙 제29조 제4항).

본항 단서에서 '교통이 불편한 지역'이라 함은 통상 외국이나 법원에서 멀리 떨어진 도서지역 등을 가리킨다. 특허청의 실무는 본항 단서를 적용함에 있어서 본인이 재외자인 경우에는 그 대리인과 특허관리인이 '교통이 불편한 지역에 있는 자'인지 여부에 관계없이 '교통이 불편한 지역에 있는 자'에 해당하는 것으로 보고, 법정기간의 연장을 승인하고 있다.[6] 일본 특허청의 실무도 사용언어의 문제 등을 이유로 이와 같이 처리하고 있다.[7]

그러나 본항에 의하면 누구든지 1회에 한하여 30일의 범위 내에서 본항에 열거된 법정기간의 연장을 청구할 수 있고, 정보통신기술의 발달로 재외자인 본인과 국내의 대리인 및 디자인관리인 사이의 의사소통 상의 어려움도 감소하였으므로, 본항 단서의 '교통이 불편한 지역에 있는 자'에 해당하는지 여부는 실제로 디자인에 관한 절차를 밟는 자를 기준으로 판단하는 것이 타당하다. 그러므로 당사자 본인이 재외자인 경우에도 그 대리인 또는 디자인관리인이 교통이 불편한 지역에 있는 자에 해당하지 아니하다면 원칙적으로 '교통이 불편한 지

---

4) 中山新弘・小泉直樹 編, 新・注解 特許法(上), 靑林書院(2011), 55(森崎博之・松山智惠 집필부분).
5) 일본의 판례 중에는 당사자의 심판청구기간 연장청구에 대하여 판단하지 아니한 채 심판청구기간 도과를 이유로 당자사의 심판청구를 각하한 것이 위법하다고 본 것이 있다[東京高判 昭 39. 5. 26. 行集 15卷 5號 797 참조{中山新弘・小泉直樹 編(주 4), 55에서 재인용}].
6) 특허심판원 편, 심판편람(제10판), 특허심판원(2011), 499.
7) 中山新弘・小泉直樹 編(주 4), 55(森崎博之・松山智惠 집필부분).

역에 있는 자'에 해당하지 않는 것으로 보아야 할 것이다.[8]

특허청장 등은 기간연장이 허용되지 아니하는 법정기간에 대한 기간연장신청서가 제출되거나 법정기간이 도과된 후에 기간연장신청서가 제출된 경우에는 당사자에게 소명기회를 부여한 후 반려한다(규칙 제24조 제1항 제2호・4호, 제2항).

한편, 본항에 규정된 법정기간의 연장신청은 법정기간 도과 전에 이루어졌지만, 특허청장 등의 법정기간 연장승인은 법정기간 도과 이후에 이루어진 경우, 그러한 연장승인이 유효한지 여부에 관해서는, 그 효력을 부정하는 견해(부정설)와 긍정하는 견해(긍정설)가 대립하고 있다.

부정설은 기간의 연장은 기간 만료 전에 이루어져야 함이 원칙이고, 대법원이 심결에 대한 소의 제소기간에 대한 부가기간의 지정은 제소기간 내에 이루어져야만 효력이 있다고 판시[9]하고 있는 점을 근거로 법정기간 도과 이후에 이루어진 연장승인의 효력을 부정한다. 반면, 긍정설은 본항에 규정된 법정기간의 연장에 관한 절차는 행정청 내부의 절차이고, 디자인보호법령에 기간연장신청서의 처리기한에 관하여 규정되어 있지 않으며, 특허청이 본항의 법정기간연장신청을 처리함에 있어서 상당한 기간이 소요되기도 하는 점[10] 등을 근거로 본항의 법정기간의 연장신청이 법정기간 내에 이루어졌다면, 그에 대한 연장승인은 법정기간이 도과한 후에 이루어져도 유효하다고 본다. 특허청의 실무는 긍정설을 따르고 있는 것으로 보인다.[11]

Ⅲ. 지정기간의 연장과 단축

1. 지정기간의 연장

가. 지정기간의 종류

본조 제2항은 특허청장・특허심판원장・심판장 또는 심사관이 디자인보호

---

8) 정상조・박성수 공편(주 3), 192(박원규 집필부분).

9) 대법원 2008. 9. 11. 선고 2007후4649 판결[공2008하, 1391].

10) 특허료 등의 징수규칙(산업통산자원부령 제51호) 제2조 제1항 제13호는 본항의 법정기간 연장승인의 경우 신청수수료를 납부하도록 규정하고 있는바(참고로, 제소기간의 부가기간지정신청은 수수료가 없음), 특허청이 수납기관으로부터 수수료 납부 상황을 확인하는데 수일이 소요되는 경우도 있다.

11) 특허청은 기간연장 신청시 수수료가 미납된 경우에는 기간을 정하여 보정을 명하고, 지정된 기간 내에 미납 수수료가 납부된 경우에는 정당한 기간연장신청으로 인정하고 있다[특허청 편, 특허・실용신안 심사기준, 특허청(2015), 1307].

법에 따라 지정한 기간의 연장에 관하여 규정하고 있다.

디자인보호법상 특허청장이 지정할 수 있는 기간으로는 제24조 제4항의 수계기간, 제38조 제2항의 절차보완서 제출기간, 제46조 제5항의 협의 결과 신고기간, 제47조의 명령에 의한 절차의 보정기간, 제177조 제2항의 국제출원서 보완서류 제출기간, 제178조 제3항의 송달료 보정기간 등이 있다. 특허심판원장이 지정할 수 있는 기간으로는 제47조의 명령에 의한 절차의 보정기간이 있고, 심판장이 지정할 수 있는 기간으로는 제128조 제1항의 심판청구방식 등에 대한 보정기간, 제134조 제1항의 심판청구에 대한 답변서 제출기간, 제144조 제2항의 참가신청에 관한 의견서 제출기간 등이 있으며, 심사관이 지정할 수 있는 기간으로는 제63조 제1항의 의견서 제출기간이 있다.[12]

디자인보호법 제38조 제2항, 제47조, 제128조 제1항, 제177조 제2항, 제178조 제3항에 따라 특허청장, 특허심판원장 또는 심판장이 정할 수 있는 기간은 1개월 이내로 하고, 같은 법 제63조 제1항에 따른 의견서 제출기간 등 법령에 따라 특허청장, 특허심판원장, 심판장 또는 심사관이 정할 수 있는 기간은 2개월 이내로 한다(규칙 제29조 제1항).

나. 지정기간의 연장

본항에 따른 지정기간의 연장청구는 특허법 시행규칙 별지 제10호 서식의 기간연장신청서에 의하여야 하며, 대리인에 의하여 절차를 밟는 경우에는 위 서식에 대리권을 증명하는 서류를 첨부하여야 한다(규칙 제29조 제2, 3항).

특허청장 등은 당사자의 청구나 직권으로 지정기간을 연장할 수 있으나, 당사자의 지정기간 연장청구는 법정기간 연장청구와 마찬가지로 특허청장 등의 직권발동을 촉구하는 성질을 갖는 것에 지나지 아니하므로 특허청장 등은 당사자의 연장청구가 있더라도 이를 반드시 승인하여야 할 의무는 없다.

특허청장 등은 그 절차의 이해관계인의 이익이 부당하게 침해되지 아니하도록 지정기간의 연장 여부를 결정하여야 한다(디자인보호법 제17조 제2항).

디자인보호법 제63조 제1항에 따른 거절이유 통지에 대한 의견서 제출기간 및 실체심사 등과 관련하여 심사관이 지정하는 기간은 2개월 이내로 하되[상표디자인심사사무취급규정(2014. 6. 30. 특허청 훈령 제775호로 전부개정된 것, 이하 '규정'이라고 함) 제13조 제1항], 위 지정기간을 연장하고자 하는 경우 연장기간은 매

---

12) 심사장이 지정할 수 있는 기간으로는 제68조 제3항의 답변서 제출기간이 있다.

회 1개월로 하고 필요한 경우 2회에 한하여 연장할 수 있음을 원칙으로 하며(동조 제2항), 위 기간연장은 2회를 한꺼번에 신청할 수 있다(동조 제3항). 위 기간연장 신청서가 지정 또는 연장된 기간 내에 제출되고, 연장 신청된 기간이 매회 1개월을 초과하지 아니하며, 특허료 등의 징수규칙에 따른 소정의 수수료를 납부한 때에는 그 신청서가 접수된 때에 기간연장이 승인된 것으로 본다(동조 제4항). 출원인 또는 대리인 등으로부터 신청된 1회의 연장기간이 1개월 미만으로 된 때에는 그 연장기간을 1개월로 본다(동조 제5항). 연장기간은 지정기간이 만료한 날의 다음 날을 기산일로 하여, 그 다음 월에서 그 기산일에 해당하는 날의 전일로 만료하며, 기산일에 해당하는 날이 없으면 그 월의 마지막 날에 만료한다(동조 제6항).

2. 지정기간의 단축

본조 제2항은 디자인에 관한 절차의 신속한 진행을 필요로 하는 당사자의 요구를 반영하기 위하여, 특허청장·특허심판원장·심판장 또는 심사관이 당사자의 청구에 의하여 지정기간을 단축할 수 있도록 규정하고 있다. 지정기간의 단축은 당사자의 청구가 있는 경우에만 할 수 있다. 특허청장 등은 그 절차의 이해관계인의 이익이 부당하게 침해되지 아니하도록 지정기간의 단축 여부를 결정하여야 한다(디자인보호법 제17조 제2항 후문).

본항에 따른 지정기간의 단축 청구는 특허법 시행규칙 별지 제10호 서식의 기간단축신청서에 의하여야 한다. 다만, 디자인보호법 제48조 제4항에 따른 출원의 보정을 하면서 기간의 단축을 신청하려는 경우에는 디자인보호법 시행규칙 별지 제2호서식의 보정서에 기간 단축의 취지를 적음으로써 그 신청서를 갈음할 수 있다(규칙 제29조 제2항 단서).

Ⅳ. 기일의 변경

심판장 또는 심사관은 당사자의 청구에 의하거나 직권으로 디자인에 관한 절차에 관하여 이미 지정한 기일을 변경할 수 있다(디자인보호법 제17조 제3항).

여기에서 기일이란 출원절차나 심판절차에서 심사관, 심판관, 당사자 본인, 대리인 등 관계된 사람이 모여 특정한 행위를 하기 위해 정한 일시를 말한다. 심판장이 지정하는 기일로는 디자인보호법 제142조 제3항에 규정된 구술심리기일이 있고, 심사관이 지정하는 기일로는 상표디자인심사사무취급규정 제101조 제2항에 규정된 심사관 면담기일이 있다.

심판장 또는 심사관은 당사자의 청구나 직권으로 기일을 변경할 수 있으나, 기일의 변경도 앞서 본 기간의 연장 또는 단축의 경우와 마찬가지로 심판장 또는 심사관의 전속적 권한에 속하므로, 당사자의 기일변경 청구는 심판장 또는 심사관의 직권발동을 촉구하는 것에 지나지 않는다. 따라서 심판장 또는 심사관은 당사자의 청구가 있더라도 이를 승인하여야 할 의무는 없다.

〈박원규〉

제18조(절차의 무효)

① 특허청장 또는 특허심판원장은 제47조에 따른 보정명령을 받은 자가 지정된 기간 내에 그 보정을 하지 아니하면 디자인에 관한 절차를 무효로 할 수 있다.

② 특허청장 또는 특허심판원장은 제1항에 따라 디자인에 관한 절차가 무효로 된 경우에 지정된 기간을 지키지 못한 것이 보정명령을 받은 자가 책임질 수 없는 사유에 의한 것으로 인정하면 그 사유가 소멸한 날부터 2개월 이내에 보정명령을 받은 자의 청구에 따라 그 무효처분을 취소할 수 있다. 다만, 지정된 기간의 만료일부터 1년이 지났을 때에는 그러하지 아니하다.

③ 특허청장 또는 특허심판원장은 제1항에 따른 무효처분 또는 제2항 본문에 따른 무효처분의 취소처분을 할 때에는 그 보정명령을 받은 자에게 처분통지서를 송달하여야 한다.

Ⅰ. 본조의 연혁

1. 특허에 관한 절차의 무효에 대하여 1990. 1. 13. 법률 제4207호로 전문개정된 특허법 제16조에서 "① 특허청장은 제46조의 규정에 의하여 보정명령을 받은 자가 지정된 기간 내에 그 보정을 하지 아니하거나 특허권의 설정등록을 받은 자가 제79조 제2항의 규정에 의하여 상공부령이 정하는 기간 내에 특허료를 납부하지 아니한 경우에는 그 특허에 관한 절차를 무효로 할 수 있다. ② 특허청장은 제1항의 규정에 의하여 그 절차가 무효로 된 경우에는 그 기간의 해태가 천재·지변 기타 불가피한 사유에 의한 것으로 인정될 때에는 그 사유가 소멸한 날부터 14일 이내에 또는 그 기간이 만료된 후 1년 이내에 청구에 의하여 그 무효처분을 취소할 수 있다"라고 규정하였고, 1993. 3. 6. 법률 제4541호로 개정된 특허법에서 '상공부령'이 '상공자원부령'으로 바뀌었고, 1993. 12. 10.

법률 제4594호로 개정된 특허법에서 '특허권의 설정등록을 받은 자'가 '특허권의 설정등록을 받으려고 하는 자'로 바뀌었으며, 1995. 1. 5. 법률 제4892호로 개정된 특허법에서 '상공자원부령'이 '통상산업부령'으로 바뀌었고, 1997. 4. 10. 법률 제5329호로 개정된 특허법에서 '특허청장'이 '특허청장·특허심판원장'으로 개정되고, 1998. 9. 23. 법률 제5576호로 개정된 특허법에서 제16조 제2항이 "특허청장·특허심판원장은 제1항의 규정에 의하여 그 절차가 무효로 된 경우로서 그 기간의 해태가 천재·지변 기타 불가피한 사유에 의한 것으로 인정될 때에는 그 사유가 소멸한 날부터 14일 이내에 보정명령을 받은 자 또는 특허권의 설정등록을 받고자 하는 자의 청구에 의하여 그 무효처분을 취소할 수 있다. 다만, 그 기간의 만료일부터 1년이 경과한 때에는 그러하지 아니하다"라고 개정되었다.

그 후 2001. 2. 3. 법률 제6411호로 개정된 특허법에서 제16조가 "① 특허청장 또는 특허심판원장은 제46조의 규정에 의한 보정명령을 받은 자가 지정된 기간 이내에 그 보정을 하지 아니한 경우에는 특허에 관한 절차를 무효로 할 수 있다. 다만, 제82조 제2항의 규정에 의한 심사청구료를 납부하지 아니하여 보정명령을 받은 자가 지정된 기간 이내에 그 심사청구료를 납부하지 아니한 경우에는 특허출원서에 첨부한 명세서에 관한 보정을 무효로 할 수 있다. ② 특허청장 또는 특허심판원장은 제1항의 규정에 의하여 특허에 관한 절차가 무효로 된 경우로서 지정된 기간을 지키지 못한 것이 보정명령을 받은 자가 책임질 수 없는 사유에 의한 것으로 인정되는 때에는 그 사유가 소멸한 날부터 14일 이내에 보정명령을 받은 자의 청구에 의하여 그 무효처분을 취소할 수 있다. 다만, 지정된 기간의 만료일부터 1년이 경과한 때에는 그러하지 아니하다"라고 개정되었다.

그 후 2007. 1. 3. 법률 제8197호로 개정된 특허법에서 "① 특허청장 또는 특허심판원장은 제46조의 규정에 의한 보정명령을 받은 자가 지정된 기간 이내에 그 보정을 하지 아니한 경우에는 특허에 관한 절차를 무효로 할 수 있다. 다만, 제82조 제2항의 규정에 의한 심사청구료를 납부하지 아니하여 보정명령을 받은 자가 지정된 기간 이내에 그 심사청구료를 납부하지 아니한 경우에는 특허출원서에 첨부한 명세서에 관한 보정을 무효로 할 수 있다. ② 특허청장 또는 특허심판원장은 제1항의 규정에 의하여 특허에 관한 절차가 무효로 된 경우로서 지정된 기간을 지키지 못한 것이 보정명령을 받은 자가 책임질 수 없는 사유에 의한 것으로 인정되는 때에는 그 사유가 소멸한 날부터 14일 이내에 보정명령을 받은 자의 청구에 의하여 그 무효처분을 취소할 수 있다. 다만, 지정된 기간의 만료일부터 1년이 경과한 때에는 그러하지 아니하다. ③ 특허청장 또는 특허심판원장은 제1항 본문·단서의 규정에 따른 무효처분 또는 제2항 본문의 규정에 따른 무효처분의 취소처분을 할 때에는 그 보정명령을 받은 자에게 처분통지서를 송달하여야 한다"라고 개정되었고, 2013. 3. 22. 법률 제11654호로 개정된 특허법에서 종전의 '14일'을 '2개월'로 연장하였다.

　2. 디자인보호법의 이전 법인 의장법에서 의장(디자인)에 관한 절차의 무효에 관하여 당초에는 특별히 규정하지 아니하였다가 1990. 1. 13. 법률 제4208호로 전부개정된 의장법 제4조는 "특허법 제3조 내지 제28조의 규정은 의장에 관하여 이를 준용한다"라고 하여 특허법 제16조를 준용하는 형식을 취하고, 의장법이 제명을 디자인보호법으로 하여 2004. 12. 31. 법률 제7289호로 개정되어 디자인보호법 제4조도 같은 방법으로 특허법 제16조를 준용하는 형식을 취해오다가 2009. 6. 9. 법률 제9764호로 개정된 디자인보호법 제4조의15에서 "① 특허청장 또는 특허심판원장은 제17조에 따른 보정명령을 받은 자가 지정된 기간 이내에 그 보정을 하지 아니하면 디자인에 관한 절차를 무효로 할 수 있다. ② 특허청장 또는 특허심판원장은 제1항에 따라 디자인에 관한 절차가 무효로 된 경우로서 지정된 기간을 지키지 못한 것이 보정명령을 받은 자가 책임질 수 없는 사유에 의한 것으로 인정되면 그 사유가 소멸한 날부터 14일 이내에 보정명령을 받은 자의 청구에 따라 그 무효처분을 취소할 수 있다. 다만, 지정된 기간의 만료일부터 1년이 지난 때에는 그러하지 아니하다. ③ 특허청장 또는 특허심판원장은 제1항에 따른 무효처분 또는 제2항 본문에 따른 무효처분의 취소처분을 할 때에는 그 보정명령을 받은 자에게 처분통지서를 송달하여야 한다"라고 개정되었다.

　그 후 2013. 5. 28. 법률 제11848호로 전부개정된 디자인보호법 제18조에서 특허법 제16조와 같은 내용으로 위와 같이 개정되었다. 디자인보호법 제18조와 구 디자인보호법 제4조의15의 규정을 비교하면 제1항의 '제17조'가 '제47조'로 변경되고 제2항 중 '무효로 된 경우로서', '사유가 소멸한 날부터 14일 이내에' 부분이 '무효로 된 경우에', '사유가 소멸한 날부터 2개월 이내에' 부분으로 변경된 것 외에 나머지 내용은 같다.

Ⅱ. 절차의 무효 처분

1. 무효처분의 의의

디자인보호법 제47조에 따른 보정명령을 받은 자가 지정된 기간 내에 그 보정을 하지 아니한 경우 특허청장 또는 특허심판원장은 그 디자인에 관한 절차를 무효로 할 수 있다(디자인보호법 제18조 제1항).

무효처분은 특허청장 또는 특허심판원장이 디자인에 관한 절차의 당사자를 상대방으로 하여 그 절차의 효력을 소멸시키는 행정처분이다. 무효처분을 할 때에는 이유를 명시하여 절차를 밟은 자에게 통지하여야 하며 행정심판 또는 행정소송을 제기할 수 있다는 안내문을 기재할 수 있다.[1]

무효처분의 효력 범위는 보정명령의 대상이 된 절차에 한한다. 따라서 어느 신청서에 대하여 보정명령을 하고 흠이 치유되지 않는 경우에 하는 무효처분은 당해 신청에 대한 절차가 모두 무효로 되고, 보정서 등 중간서류에 개별적인 흠이 있어 그에 대해 보정명령을 하고 이를 무효처분한 경우에는 그와 같이 개별적인 흠에 관한 해당 절차만이 무효로 된다.

디자인에 관한 절차에 대하여 무효처분을 할 수 있는 자는 보정명령을 한 특허청장 또는 특허심판원장이다. "특허청장 또는 특허심판원장은 … 절차를 무효로 할 수 있다"라고 규정되어 있으므로 특허청장 또는 특허심판원장은 그 권한의 행사에 관하여 재량권을 가진다고 해석된다.

2. 무효처분의 효과

무효처분에 따라 디자인에 관한 절차가 무효로 되면 그 절차의 본래 효과가 생기지 아니한다.

디자인등록출원 절차가 무효로 된 경우 그 출원에 대해서는 디자인보호법 제46조 제1항 및 제2항을 적용함에 있어서 처음부터 출원이 없었던 것으로 본다. 다만 디자인등록출원 절차의 무효가 출원공개 후에 된 경우에 그 출원은 간행물에 게재된 디자인에 해당하게 되어 확대된 선출원 및 선출원의 지위는 그대로 인정된다.

디자인등록출원이 디자인보호법 제52조에 따라 출원공개된 후 ① 디자인등

---

1) 특허청, 디자인심사기준(2014. 6. 30. 특허청 예규 제75호로 전부개정된 것), 31.

록출원이 포기·무효 또는 취하된 경우, ② 디자인등록출원에 대하여 디자인보호법 제62조에 따른 디자인등록거절결정이 확정된 경우, ③ 디자인보호법 제73조 제3항에 따른 디자인등록취소결정이 확정된 경우, ④ 디자인보호법 제121조에 따른 디자인등록을 무효로 한다는 심결(디자인보호법 제121조 제1항 제4호에 따른 경우는 제외한다)이 확정된 경우에는 디자인보호법 제53조 제2항의 출원공개에 따른 보상금지급청구권은 처음부터 발생하지 아니한 것으로 본다(디자인보호법 제53조 제6항).

디자인보호법 제47조 제3호의 '디자인보호법 제85조에 따라 내야 할 수수료'에 디자인등록료를 납부하지 않은 경우는 포함되지 않는다. 디자인등록료를 납부하지 않은 경우는 디자인권의 설정등록을 받고자 하는 자가 디자인등록출원을 포기한 것으로 본다(디자인보호법 제82조 제3항).

3. 무효처분에 대한 불복방법

절차의 무효처분을 받은 자는 디자인보호법 제18조 제2항의 요건을 갖추어 무효처분을 한 특허청장 또는 특허심판원장에게 그 무효처분의 취소를 청구할 수 있다.

일반적인 행정처분의 불복방법으로서 행정심판법 또는 행정소송법에 따라 그 무효처분의 위법사유를 들어 행정심판의 청구나 행정소송의 제기도 할 수 있다(디자인보호법 제216조 제2항).

Ⅲ. 무효처분의 취소

1. 무효처분의 취소요건

가. 보정명령을 받은 자가 책임질 수 없는 사유의 의미

보정명령을 받은 자가 책임질 수 없는 사유라 함은 천재·지변 기타 불가피한 사유가 해당됨은 물론이고 일반인이 보통의 주의를 다하여도 피할 수 없는 사유를 말한다. 구 의장법이 준용하고 있던 2001. 2. 3. 법률 제6411호로 개정된 특허법에서 "천재지변이나 기타 불가피한 사유"가 "책임질 수 없는 사유"라고 개정됨으로써 무효처분의 취소사유가 더 넓게 인정되었다. 구체적으로 어떠한 사유가 이에 해당하는가의 여부는 결국 법원의 판단에 따라 정해진다.

보정명령을 받은 자가 책임질 수 없는 사유에 대하여 소송절차의 추완과 관련하여 민사소송법 제173조 제1항 소정의 '당사자가 책임질 수 없는 사유'에 관한 법원의 판단이 참고가 되므로 이에 관한 실무 태도를 소개한다.

'당사자가 책임질 수 없는 사유'라고 하는 것은 천재지변 또는 기타 피할 수 없었던 사변보다는 넓은 개념으로서, 당사자가 당해 소송행위를 하기 위한 일반적 주의를 다하였어도 그 기간을 준수할 수 없는 사유를 말한다.2)

따라서 여행이나 지방출장, 질병치료를 위한 출타 등으로 인하여 기간을 지키지 못한 경우에는 당사자 본인에게 책임질 수 없는 사유에 해당하지 아니한다. 서울에서 수원으로 배달증명우편으로 발송한 항소장이 4일 만에 배달된 경우3)나 자신이 구속되었다는 사정,4) 지병으로 인한 집중력 저하와 정신과 치료 등으로 인하여 지속적으로 집중하기 힘든 상태에 있었던 관계로 부득이하게 상고기간을 넘긴 경우5)에는 기간을 준수하지 못함에 책임질 수 없는 사유에 해당하지 않아서 추후보완이 허용되지 않는다.

공시송달의 방법으로 서류가 송달된 경우라도, 통상의 방식에 따라 적법한 송달이 이루어져 당사자가 소송계속 여부를 알고 있는 경우에는 소송의 진행상태를 조사하여 그 결과까지도 알아보아야 할 의무가 있으므로, 그 후 공시송달로 진행되어 판결이 송달되었더라도 항소시간을 지킬 수 없었던 것에 당사자의 책임을 인정한다.6) 그리고 이 경우 법인인 소송당사자가 법인이나 그 대표자의 주소가 변경되었는데도 이를 법원에 신고하지 아니하거나7) 당사자가 주소변경신고를 하지 않아서8) 결과적으로 공시송달의 방법으로 판결 등이 송달된 경우에도 추후보완이 허용되지 아니한다.

그러나 우편배달원이 상고기록접수통지서를 원고의 마을에 사는 사람 편에

---

2) 대법원 2004. 3. 12. 선고 2004다2083 판결[공2004, 625].
3) 대법원 1991. 12. 13. 선고 91다34509 판결[공1992, 512].
4) 대법원 1992. 4. 14. 선고 92다3441 판결[공1992, 1600].
5) 대법원 2011. 12. 27. 선고 2011후2688 판결[공보불게재, 대법원 종합법률정보].
6) 대법원 1998. 10. 2. 선고 97다50152 판결[공1998, 2574]; 대법원 2001. 7. 27. 선고 2001 다30339 판결[공보불게재]; 대법원 2011. 12. 27. 선고 2011후2688 판결[공보불게재, 대법원 종합법률정보]. 다만 당사자가 소송계속 여부를 안 경우라고 하더라도 법원이나 우편집배원의 부주의로 주소를 잘못 기재하여 송달하는 것과 같이 법원의 잘못이 개제되어 공시송달이 이루어진 경우에는 추후보완을 인정한다. 대법원 1982. 12. 28. 선고 82누486 판결[공1982, 386]; 대법원 2000. 10. 13. 선고 2000다31410 판결[공2000, 2323]; 대법원 2001. 2. 23. 선고 2000다19069 판결[공2001, 731].
7) 대법원 1991. 1. 11. 선고 90다9636 판결[공1991, 725].
8) 대법원 2004. 3. 12. 선고 2004다2083 판결[공2004, 625].

전하였으나 그가 이를 분실하여 원고에게 전하지 못한 경우,9) 당사자와 갈등이
있고 이해관계가 대립되는 가족인 어머니가 판결정본을 송달받은 후 당사자에
게 전달하지 아니한 경우,10) 당사자의 무권대리인이 소송을 수행하고 판결정본
을 송달받은 경우,11) 제1심법원은 법정경위로 하여금 소장 부본 등 소송서류를
피고의 주소지로 송달하도록 하여 법정경위가 2003. 6. 10. 19:20경 송달장소인
피고의 주소지에 갔으나 그곳에서 피고를 만나지 못하자, 법정경위는 피고와 동
거하는 아들(당시 10세 5개월 남짓이었다)에게 위 소장 부본 등 소송서류를 교부
한 사실, 당시 컴퓨터게임에 몰두하고 있던 위 아들은 위 서류를 받은 즉시 헌
신문을 모아두는 곳에 둔 다음 이러한 사실을 깜빡 잊어버리고 위 소장 부본
등을 피고에게 전달하여 주지 아니하였을 뿐만 아니라 소송서류가 법원으로부
터 왔다는 사실 자체도 피고에게 알려주지 아니한 경우,12) 피고에 대하여 처음
부터 공시송달의 방법으로 소송서류가 송달된 끝에 피고에 대한 판결이 확정된
경우13)에는 당사자가 책임질 수 없는 사유로서 추후보완이 허용된다.

그리고 여기서 말하는 '당사자'에는 당사자 본인뿐만 아니라 그 소송대리인

---

9) 대법원 1962. 2. 8. 선고 60다397 판결[집10, 80].

10) 대법원 1992. 6. 9. 선고 92다11473 판결[공1992, 2129].

11) 대법원 1996. 5. 31. 선고 94다55774 판결[공1996, 2012].

12) 대법원 2005. 11. 10. 선고 2005다27195 판결[공보불게재, 대법원 종합법률정보].

13) 대법원 1992. 7. 14. 선고 92다2455 판결[1992, 2393]; 대법원 2000. 9. 5. 선고 2000므87
판결[공2000, 2104]. 법원은 처음 소장부본 송달부터 공시송달의 방법으로 소송이 진행된
경우라면 그것이 원고가 허위의 주소를 신고한 때문인 경우는 물론 그렇지 않다고 하더라
도 특별한 사정이 없는 한 항소제기기간을 준수하지 못한 것은 당사자의 책임질 수 없는
사유에 해당한다고 보고 있고{대법원 1997. 8. 22. 선고 96다30427 판결[공1997, 2789]},
이는 당사자가 이사하면서 전출입신고를 하지 아니하여 주민등록 있는 곳에 실제 거주하
지 않고 있더라도 마찬가지라고 본다{대법원 1968. 7. 23. 선고 68다1024 판결[집16,
270]}. 대법원 2009. 9. 24. 선고 2009다44679 판결[공보불게재, 대법원 종합법률정보]은
"제1심판결이 공시송달된 이 사건에서 피고가 불변기간인 항소기간을 준수하지 못한 데에
책임이 있다고 할 수 있으려면 그에 앞서 제1심의 변론기일통지서가 적법하게 송달되었다
는 점이 전제되어야 할 것인바, 제1심이 민사소송법 제150조를 적용하여 원고승소판결을
하였다고 하여 그 변론기일통지가 적법하게 송달된 것으로 추정된다고는 할 수 없고, 제1
심의 소송기록이 이미 폐기된 이 사건에서 달리 제1심의 변론기일통지서가 적법하게 송달
되었다고 볼 아무런 자료가 없으며, 오히려 기록에 의하면, 제1심판결에 기재된 피고의 주
소인 '김해시 구산동 257(31/4) ○○아파트 101동 715호'는 피고의 언니인 소외 1이 소유,
거주하다가, 제1심의 변론종결일 이전인 2000. 9. 25. 소외 2에게 매도하여 같은 해 10. 2.
그 이전등기까지 마치고 다른 곳으로 이사하였으며, 피고는 위 아파트에 주민등록을 하였
으나 실제로 거주하지는 아니하였던 사실을 엿볼 수 있을 뿐이다. 사정이 이와 같다면 피
고가 항소기간을 준수하지 못한 것은 그가 책임질 수 없는 사유로 인한 것이라고 봄이 상
당하다"라고 하였다.

및 대리인의 보조인도 포함된다.[14] 따라서 소송대리인이 있는 경우에 예컨대, 소송대리인이 판결정본의 송달을 받고도 당사자에게 그 사실을 알려 주지 아니하여 기간을 지키지 못한 경우처럼 그 책임이 소송대리인에게 있는 이상 본인에게 과실이 없다 하더라도 추후보완은 허용되지 않는다.[15] 그 대리인의 보조인에게 과실이 있는 경우에도 마찬가지이다.[16]

나. 무효처분의 취소청구를 할 수 있는 시기

무효처분의 취소청구를 할 수 있는 시기는 보정명령을 받은 자가 책임질 수 없는 사유의 소멸일부터 2개월 이내이다. 다만 책임질 수 없는 사유가 소멸한 날부터 2개월 이내라고 하더라도 보정기간이 만료된 날부터 1년이 지났을 때에는 그 청구를 할 수 없다(디자인보호법 제18조 제2항 단서).

디자인보호법 제18조 제2항에 따른 무효처분의 취소 신청을 하고자 하는 자는 특허법 시행규칙 별지 제10호 서식의 신청서에 기간이 지난 이유를 증명하는 서류 1통, 대리인에 의하여 절차를 밟는 경우에는 그 대리권을 증명하는 서류 1통을 첨부하여 특허청장 또는 특허심판원장에게 제출하여야 한다(디자인보호법 시행규칙 제30조).

2. 무효처분의 취소 방식

특허청장 또는 특허심판원장은 위와 같은 요건이 갖추어진 경우 그 무효처분을 취소할 수 있다. 특허청장 또는 특허심판원장의 무효처분 및 무효처분의 취소처분은 디자인에 관한 절차의 당사자를 상대방으로 하는 행정처분으로서 그 당사자에게 고지함으로써 행정처분으로서의 효력이 발생한다. 따라서 특허청장 또는 특허심판원장이 제2항에 따른 무효처분의 취소처분을 할 때에는 그 보정명령을 받은 자에게 처분통지서를 송달하여야 한다(디자인보호법 제18조 제3항).

디자인보호법 제18조 제2항에 따른 무효처분의 취소 대상은 디자인보호법 제47조에 따른 보정명령을 위한 경우에 한정된다. 따라서 디자인 등록 후 디자인보호법 제82조에 따라 납부해야 하는 등록료를 미납하여 디자인권이 소멸되는 것으로 보는 경우에는 디자인보호법 제18조 제2항이 적용되지 아니한다.[17]

---

14) 대법원 1999. 6. 11. 선고 99다9622 판결[공1999, 1391].
15) 대법원 1984. 6. 14. 선고 84다카744 판결[공1984, 1417].
16) 대법원 1999. 6. 11. 선고 99다9622 판결[공1999, 1391].
17) 대법원 1982. 12. 14. 선고 82누264 판결[공1983, 698].

3. 무효처분 취소 후의 처리

무효처분 후 무효처분 취소 전까지 디자인에 관한 절차가 진행된 경우에는 무효처분의 취소에 따른 영향과 신뢰보호원칙 등을 고려하여 사안별로 그 진행된 절차의 효력 인정 여부를 판단한다.[18]

〈윤태식〉

---

18) 심사지침서—특허·실용신안—, 특허청(2008), 1418; 심판편람 제8판, 특허심판원(2006), 58.

제19조(절차의 추후보완)

디자인에 관한 절차를 밟은 자가 책임질 수 없는 사유로 다음 각 호에 따른 기간을 지키지 못한 경우에는 그 사유가 소멸한 날부터 14일 이내에 지키지 못한 절차를 추후 보완할 수 있다. 다만, 그 기간의 만료일부터 1년이 지났을 때에는 그러하지 아니하다.
1. 제119조 또는 제120조에 따른 심판의 청구기간
2. 제160조에 따른 재심청구의 기간

〈소 목 차〉

Ⅰ. 본조의 연혁

1. 특허에 관한 절차의 추후보완에 대하여 1990. 1. 13. 법률 제4207호로 전문개정된 특허법 제17조에서 "특허에 관한 절차를 밟은 자가 천재·지변 기타 불가피한 사유로 인하여 제167조 및 제169조 제1항의 규정에 의한 항고심판의 청구기간, 제180조 제1항의 규정에 의한 재심의 청구기간 또는 민사소송법 제414조의 규정에 의한 즉시항고의 기간을 준수할 수 없을 때에는 그 사유가 소멸한 날부터 14일 이내에 또는 그 기간이 만료된 후 1년 이내에 해태된 절차를 추완할 수 있다"라고 규정하였고, 1993. 3. 6. 법률 제4541호로 개정된 특허법에서 '상공부령'이 '상공자원부령'으로 바뀌었고, 1993. 12. 10. 법률 제4594호로 개정된 특허법에서 '특허권의 설정등록을 받은 자'가 '특허권의 설정등록을 받으려고 하는 자'로 바뀌었고 이후의 개정은 주요 골격은 그대로이고 기재된 조문의 변경만이 이루어졌다. 즉, 1995. 1. 5. 법률 제4892호로 개정된 특허법에서 "특허에 관한 절차를 밟은 자가 천재·지변 기타 불가피한 사유로 인하여 제132조의3 또는 제132조의4의 규정에 의한 심판의 청구기간, 제180조 제1항의 규정에 의한 재심의 청구기간을 준수할 수 없을 때에는 그 사유가 소멸한 날부

터 14일 이내에 또는 그 기간이 만료된 후 1년 이내에 해태된 절차를 추완할
수 있다"라고 변경되고, 1998. 9. 23. 법률 제5576호로 개정된 특허법에서 "특허
에 관한 절차를 밟은 자가 천재·지변 기타 불가피한 사유로 인하여 제132조의
3 또는 제132조의4의 규정에 의한 심판의 청구기간, 제180조 제1항의 규정에
의한 재심의 청구기간을 준수할 수 없을 때에는 그 사유가 소멸한 날부터 14일
이내에 해태된 절차를 추완할 수 있다. 다만, 그 기간의 만료일부터 1년이 경과
한 때에는 그러하지 아니하다"라고 변경되고, 2001. 2. 3. 법률 제6411호로 개정
된 특허법에서 "특허에 관한 절차를 밟은 자가 책임질 수 없는 사유로 인하여
제132조의3의 규정에 의한 심판의 청구기간, 제180조 제1항의 규정에 의한 재
심의 청구기간을 준수할 수 없을 때에는 그 사유가 소멸한 날부터 14일 이내에
지키지 못한 절차를 추후보완할 수 있다. 다만, 그 기간의 만료일부터 1년이 경
과한 때에는 그러하지 아니하다"라고 개정되어 오늘에 이르고 있다.

　　2. 디자인보호법의 이전 법인 의장법에서 의장(디자인)에 관한 절차의 추후
보완에 대하여 당초에는 특별히 규정하지 아니하고 있었다가 1990. 1. 13. 법률
제4208호로 전부개정된 의장법 제4조는 "특허법 제3조 내지 제28조의 규정은
의장에 관하여 이를 준용한다"라고 하여 특허법 제16조를 준용하는 형식을 취
하였고, 의장법이 제명을 디자인보호법으로 하여 2004. 12. 31. 법률 제7289호로
개정되어 디자인보호법 제4조도 같은 방법으로 특허법 제16조를 준용하는 형식
을 취해 오다가 2009. 6. 9. 법률 제9764호로 개정된 디자인보호법에서 제4조의
16(절차의 추후 보완)에서 기존의 특허법 준용규정 형식을 폐지하고 "디자인에
관한 절차를 밟은 자가 책임질 수 없는 사유로 인하여 제67조의2 또는 제67조
의3에 따른 심판의 청구기간, 제73조의3에 따른 재심의 청구기간을 지킬 수 없
을 때에는 그 사유가 소멸한 날부터 14일 이내에 지키지 못한 절차를 추후 보
완할 수 있다. 다만, 그 기간의 만료일부터 1년이 지난 때에는 그러하지 아니하
다"라고 개정되었다.

　　그 후 2013. 5. 28. 법률 제11848호로 전부개정된 디자인보호법 제19조에서
법조문 등을 비롯한 문구 조정 외에는 같은 내용으로 위와 같이 개정되었다.

Ⅱ. 취   지

　　디자인보호법 제19조는 보정각하결정에 대한 심판(제119조), 디자인등록거

절결정 또는 디자인등록취소결정에 대한 심판(제120조), 확정심결에 대한 재심
(제160조)에서 각 청구기간을 지키지 못한 경우 그 절차를 추후에 보완할 수 있
도록 하는 규정이다.

　　디자인보호법은 법적 안정성의 요청에 따라 보정각하결정에 대한 심판, 디
자인등록거절결정 또는 디자인등록취소결정에 대한 심판청구 기간에 대해, 보
정각하결정을 받은 자, 디자인등록거절결정 또는 디자인등록취소결정을 받은
자가 불복할 때에는 그 결정등본을 송달받은 날부터 30일 이내에 심판을 청구
하도록 하고(제119조, 제120조),[1] 재심청구의 기간에 대해서도 당사자는 심결 확
정 후 재심사유를 안 날부터 30일 이내에 재심을 청구하도록(제160조 제1항) 규
정하고 있다.

　　그러나 디자인에 관한 절차를 밟은 자가 책임질 수 없는 사유로 인해 그
기간을 지키지 못한 경우에 그 결정이나 심결을 그대로 확정시키는 것은 형평
의 이념에 어긋나므로 그러한 경우 당사자를 위해 절차의 추후보완을 인정하는
규정을 두었다.

Ⅲ. 추후보완의 요건

1. 추후보완의 대상

　　디자인보호법 제19조에 의해 추후보완이 허용되는 절차는, ① 보정각하결
정에 대한 심판, ② 디자인등록거절결정 또는 디자인등록취소결정에 대한 심판,
③ 확정된 심결에 대한 재심청구에 한정된다.

　　그 외 심결에 대한 제소기간 및 심판청구서나 재심청구서의 각하결정에 대
한 제소기간은 불변기간이고(디자인보호법 제166조 제3항) 그 제소행위의 추후보
완에 관한 근거조항은 행정소송법 제8조에 의하여 준용되는 민사소송법 제173
조이다.[2] 특허법원의 판결에 대한 상고(디자인보호법 제166조 제5항)의 추후보완

---

1) 그 외 디자인보호법 제17조 제1항에서 "특허청장 또는 특허심판원장은 청구에 따라 또
　는 직권으로 제69조에 따른 디자인일부심사등록 이의신청 이유 등의 보정기간, 제119조
　또는 제120조에 따른 심판의 청구기간을 30일 이내에서 한 차례만 연장할 수 있다. 다만,
　교통이 불편한 지역에 있는 자의 경우에는 산업통상자원부령으로 정하는 바에 따라 그 횟
　수 및 기간을 추가로 연장할 수 있다"라고 규정한다.
2) 행정소송법 제8조(법적용예) ① 행정소송에 대하여는 다른 법률에 특별한 규정이 있는
　경우를 제외하고는 이 법이 정하는 바에 의한다. ② 행정소송에 관하여 이 법에 특별한 규
　정이 없는 사항에 대하여는 법원조직법과 민사소송법 및 민사집행법의 규정을 준용한다.

도 민사소송법 제173조에 의하여 할 수 있다.

거절결정 등에 대한 불복심판의 청구기간은 거절결정등본 등을 송달받은 날부터 진행되므로 송달 자체가 효력이 없는 때에는 청구기간이 진행될 수 없어 절차의 추후보완의 문제는 생기지 않는다.

2. 추후보완의 사유―"책임질 수 없는 사유"의 의미

디자인보호법 제19조에 의한 추후보완은 디자인에 관한 절차를 밟은 자가 책임질 수 없는 사유로 인하여 그 청구기간을 지킬 수 없었던 경우에 허용된다. 구 의장법이 준용한 2001. 2. 3. 법률 제6411호로 개정된 특허법에서 "천재지변이나 기타 불가피한 사유"를 "책임질 수 없는 사유"라고 개정함으로써 추후보완 사유가 더 넓게 인정되었다.

여기서 "책임질 수 없는 사유"라고 함은 디자인에 관한 절차를 밟은 자가 그 절차를 밟기 위하여 일반적으로 하여야 할 주의의무를 다하였음에도 불구하고 그 기간을 지킬 수 없었던 사유를 가리키고,[3] 천재·지변 기타 이와 유사한 사고보다는 넓은 개념이다. 구체적으로 어떠한 사유가 이에 해당하는가의 여부는 결국 법원의 판단에 따라 정해진다.

보정명령을 받은 자가 책임질 수 없는 사유에 대하여 소송절차의 추완과 관련하여 민사소송법 제173조 제1항 소정의 '당사자가 책임질 수 없는 사유'에 관한 법원의 판단이 참고가 되므로 이에 관한 실무 태도를 소개한다.[4]

'당사자가 책임질 수 없는 사유'라고 하는 것은 천재지변 또는 기타 피할 수 없었던 사변보다는 넓은 개념으로서, 당사자가 당해 소송행위를 하기 위한 일반적 주의를 다하였어도 그 기간을 준수할 수 없는 사유를 말한다.[5]

따라서 여행이나 지방출장, 질병치료를 위한 출타 등으로 인하여 기간을 지키지 못한 경우에는 당사자 본인에게 책임질 수 없는 사유에 해당하지 아니한

민사소송법 제173조(소송행위의 추후보완) ① 당사자가 책임질 수 없는 사유로 말미암아 불변기간을 지킬 수 없었던 경우에는 그 사유가 없어진 날부터 2주 이내에 게을리 한 소송행위를 보완할 수 있다. 다만, 그 사유가 없어질 당시 외국에 있던 당사자에 대하여는 이 기간을 30일로 한다. ② 제1항의 기간에 대하여는 제172조의 규정을 적용하지 아니한다.

3) 민사소송법 제173조 제1항에 규정된 "당사자가 책임을 질 수 없는 사유"의 의미에 관한 대법원 2007. 10. 26. 선고 2007다37219 판결[공보불게재, 대법원 종합법률정보]; 대법원 2005. 11. 10. 선고 2005다27195 판결[공보불게재, 대법원 종합법률정보]; 대법원 2011. 12. 27. 선고 2011후2688 판결[공보불게재, 대법원 종합법률정보] 등 참조.

4) 법원실무제요 민사소송(Ⅱ), 법원행정처(2005), 215-218 및 대법원 종합법률정보 참조.

5) 대법원 2004. 3. 12. 선고 2004다2083 판결[공2004, 625].

다. 서울에서 수원으로 배달증명우편으로 발송한 항소장이 4일 만에 배달된 경
우6)나 자신이 구속되었다는 사정,7) 지병으로 인한 집중력 저하와 정신과 치료
등으로 인하여 지속적으로 집중하기 힘든 상태에 있었던 관계로 부득이하게 상
고기간을 넘긴 경우8)에는 기간을 준수하지 못함에 책임질 수 없는 사유에 해당
하지 않아서 추후보완이 허용되지 않는다.

공시송달의 방법으로 서류가 송달된 경우라도, 통상의 방식에 따라 적법한
송달이 이루어져 당사자가 소송계속 여부를 알고 있는 경우에는 소송의 진행상
태를 조사하여 그 결과까지도 알아보아야 할 의무가 있으므로, 그 후 공시송달
로 진행되어 판결이 송달되었더라도 항소시간을 지킬 수 없었던 것에 당사자의
책임을 인정한다.9) 그리고 이 경우 법인인 소송당사자가 법인이나 그 대표자의
주소가 변경되었는데도 이를 법원에 신고하지 아니하거나10) 당사자가 주소변경
신고를 하지 않아11) 결과적으로 공시송달의 방법으로 판결 등이 송달된 경우에
도 추후보완이 허용되지 아니한다.

그러나 우편배달원이 상고기록접수통지서를 원고의 마을에 사는 사람 편에
전하였으나 그가 이를 분실하여 원고에게 전하지 못한 경우,12) 당사자와 갈등이
있고 이해관계가 대립되는 가족인 어머니가 판결정본을 송달받은 후 당사자에
게 전달하지 아니한 경우,13) 당사자의 무권대리인이 소송을 수행하고 판결정본
을 송달받은 경우,14) 제1심법원은 법정경위로 하여금 소장 부본 등 소송서류를
피고의 주소지로 송달하도록 하여 법정경위가 2003. 6. 10. 19:20경 송달장소인
피고의 주소지에 갔으나 그곳에서 피고를 만나지 못하자, 법정경위는 피고와 동

---

6) 대법원 1991. 12. 13. 선고 91다34509 판결[공1992, 512].
7) 대법원 1992. 4. 14. 선고 92다3441 판결[공1992, 1600].
8) 대법원 2011. 12. 27. 선고 2011후2688 판결[공보불게재, 대법원 종합법률정보].
9) 대법원 1998. 10. 2. 선고 97다50152 판결[공1998, 2574]; 대법원 2001. 7. 27. 선고 2001
   다30339 판결[공보불게재, 대법원 종합법률정보, 대법원 2011. 12. 27. 선고 2011후2688 판
   결[공보불게재, 대법원 종합법률정보]. 다만 당사자가 소송계속 여부를 안 경우라고 하더
   라도 법원이나 우편집배원의 부주의로 주소를 잘못 기재하여 송달하는 것과 같이 법원의
   잘못이 개제되어 공시송달이 이루어진 경우에는 추후보완을 인정한다, 대법원 1982. 12.
   28. 선고 82누486 판결[공1982, 386]; 대법원 2000. 10. 13. 선고 2000다31410 판결[공2000,
   2323]; 대법원 2001. 2. 23. 선고 2000다19069 판결[공2001, 731].
10) 대법원 1991. 1. 11. 선고 90다9636 판결[공1991, 725].
11) 대법원 2004. 3. 12. 선고 2004다2083 판결[공2004, 625].
12) 대법원 1962. 2. 8. 선고 60다397 판결[집10, 80].
13) 대법원 1992. 6. 9. 선고 92다11473 판결[공1992, 2129].
14) 대법원 1996. 5. 31. 선고 94다55774 판결[공1996, 2012].

거하는 아들(당시 10세 5개월 남짓이었다)에게 위 소장 부본 등 소송서류를 교부
한 사실, 당시 컴퓨터게임에 몰두하고 있던 위 아들은 위 서류를 받은 즉시 헌
신문을 모아두는 곳에 둔 다음 이러한 사실을 깜빡 잊어버리고 위 소장 부본
등을 피고에게 전달하여 주지 아니하였을 뿐만 아니라 소송서류가 법원으로부
터 왔다는 사실 자체도 피고에게 알려주지 아니한 경우,[15] 피고에 대하여 처음
부터 공시송달의 방법으로 소송서류가 송달된 끝에 피고에 대한 판결이 확정된
경우[16]에는 당사자가 책임질 수 없는 사유로서 추후보완이 허용된다.

　　그리고 여기서 말하는 '당사자'에는 당사자 본인뿐만 아니라 그 소송대리인
및 대리인의 보조인도 포함된다.[17] 따라서 소송대리인이 있는 경우에 예컨대,
소송대리인이 판결정본의 송달을 받고도 당사자에게 그 사실을 알려 주지 아니
하여 기간을 지키지 못한 경우처럼 그 책임이 소송대리인에게 있는 이상 본인
에게 과실이 없다 하더라도 추후보완은 허용되지 않는다.[18] 그 대리인의 보조인
에게 과실이 있는 경우에도 마찬가지이다.[19]

---

15) 대법원 2005. 11. 10. 선고 2005다27195 판결[공보불게재, 대법원 종합법률정보].
16) 대법원 1992. 7. 14. 선고 92다2455 판결[1992, 2393]; 대법원 2000. 9. 5. 선고 2000므87
　　판결[공2000, 2104]. 법원은 처음 소장부본 송달부터 공시송달의 방법으로 소송이 진행된
　　경우라면 그것이 원고가 허위의 주소를 신고한 때문인 경우는 물론 그렇지 않다고 하더라
　　도 특별한 사정이 없는 한 항소제기기간을 준수하지 못한 것은 당사자의 책임질 수 없는
　　사유에 해당한다고 보고 있고{대법원 1997. 8. 22. 선고 96다30427 판결[공1997, 2789]},
　　이는 당사자가 이사하면서 전출입신고를 하지 아니하여 주민등록 있는 곳에 실제 거주하
　　지 않고 있더라도 마찬가지라고 본다{대법원 1968. 7. 23. 선고 68다1024 판결[집16,
　　270]}. 대법원 2009. 9. 24. 선고 2009다44679 판결[공보불게재, 대법원 종합법률정보]은
　　"제1심판결이 공시송달된 이 사건에서 피고가 불변기간인 항소기간을 준수하지 못한 데에
　　책임이 있다고 할 수 있으려면 그에 앞서 제1심의 변론기일통지서가 적법하게 송달되었다
　　는 점이 전제되어야 할 것인바, 제1심이 민사소송법 제150조를 적용하여 원고승소판결을
　　하였다고 하여 그 변론기일통지가 적법하게 송달된 것으로 추정된다고는 할 수 없고, 제1
　　심의 소송기록이 이미 폐기된 이 사건에서 달리 제1심의 변론기일통지서가 적법하게 송달
　　되었다고 볼 아무런 자료가 없으며, 오히려 기록에 의하면, 제1심판결에 기재된 피고의 주
　　소인 '김해시 구산동 257(31/4) ○○아파트 101동 715호'는 피고의 언니인 소외 1이 소유,
　　거주하다가, 제1심의 변론종결일 이전인 2000. 9. 25. 소외 2에게 매도하여 같은 해 10. 2.
　　그 이전등기까지 마치고 다른 곳으로 이사하였으며, 피고는 위 아파트에 주민등록을 하였
　　으나 실제로 거주하지는 아니하였던 사실을 엿볼 수 있을 뿐이다. 사정이 이와 같다면 피
　　고가 항소기간을 준수하지 못한 것은 그가 책임질 수 없는 사유로 인한 것이라고 봄이 상
　　당하다"라고 하였다.
17) 대법원 1999. 6. 11. 선고 99다9622 판결[공1999, 1391].
18) 대법원 1984. 6. 14. 선고 84다카744 판결[공1984, 1417].
19) 대법원 1999. 6. 11. 선고 99다9622 판결[공1999, 1391].

3. 추후보완을 할 수 있는 시기

추후보완을 할 수 있는 시기는 책임질 수 없는 사유가 소멸한 날부터 14일 이내이다. 민사소송법 제173조와는 달리 그 사유가 없어질 당시 당사자가 외국에 있는 경우에도 이 기간은 달라지지 않는다. 책임질 수 없는 사유가 소멸한 날부터 14일 이내라고 하더라도 심판 또는 재심의 청구기간의 만료일부터 1년이 지났을 때에는 지키지 못한 절차를 추후보완할 수 없다(디자인보호법 제19조 단서).

한편 디자인에 관한 절차를 밟은 자가 책임질 수 없는 사유로 그 추후보완 기간을 준수하지 못할 경우 이에 대한 추후보완을 다시 인정할 수 없다. 이에 관한 특칙이 없을 뿐만 아니라 그 기간은 불변기간이 아니어서 민사소송법 제173조가 준용될 수도 없기 때문이다.[20]

심판청구 기간의 만료일은 결정등본을 송달받은 날부터 30일이 경과한 날이지만, 특허청장 또는 특허심판원장이 디자인보호법 제17조 제1항에 따라 그 심판의 청구기간을 연장한 경우에는 결정등본을 송달받은 날부터 그 연장한 기간이 지난 날이 그 만료일이 된다.

4. 추후보완의 방식

추후보완을 하려면 디자인에 관한 절차를 밟은 자가 그 절차를 본래의 방식에 따라 하면 된다. 즉, 디자인보호법 제119조 또는 제120조에 따른 보정각하결정, 디자인등록거절결정 또는 디자인등록취소결정에 대한 심판을 청구하려는 자는 제127조 제1항에 따른 심판청구서를, 디자인보호법 제160조에 따른 재심청구를 하려는 자는 특허심판원장에게 그 심판청구서 또는 재심청구서를 제출하면서 책임질 수 없는 사유로 인하여 그 청구기간을 지키지 못한 점 및 그 사유의 종류 시기 등을 기재하면 되고, 별도로 추후보완 신청을 할 필요는 없다.

Ⅳ. 추후보완의 심리

추후보완 사유의 존재는 추후보완을 하는 자가 입증을 하여야 한다. 추후보완은 독립된 신청이 아니므로 추후보완이 이유 있다고 인정되면 추후보완을 하

---

20) 註釋 新民事訴訟法 (Ⅲ) 제1판(李仁宰 집필부분), 韓國司法行政學會(2004), 67.

여야 할 절차의 당부에 관하여 판단을 한다. 그 추후보완 사유가 이유 없는 때에는 추후보완을 한 심판청구는 심판청구기간이 지난 부적법한 것으로서 그 흠을 보정할 수 없을 때에 해당하므로 심결로써 이를 각하할 수 있다(디자인보호법 제129조).

〈윤태식〉

> **제20조(절차의 효력의 승계)**
> 디자인권 또는 디자인에 관한 권리에 관하여 밟은 절차의 효력은 그 디자인
> 권 또는 디자인에 관한 권리의 승계인에게 미친다.

<소 목 차>

Ⅰ. 취　　　지

디자인보호법 제20조는 디자인에 관하여 이미 밟은 절차의 효력은 디자인
권 또는 디자인을 받을 수 있는 권리의 승계에 의해서 상실되지 않는다는 원칙
을 규정한 것이다.

이는 디자인에 관하여 이미 밟은 절차에 있어 권리관계에 변동이 있는 경
우에 그때마다 동일한 절차를 반복하는 업무처리상의 불편을 피하려는 행정상
의 편의와 절차의 신속한 진행을 도모하기 위한 규정이다.

Ⅱ. 연　　　혁

1. 특허에 관하여 밟은 절차의 승계에 대하여 1961. 12. 31. 법률 제950호로
제정된 특허법 제31조에 "본법 또는 본법에 의거하여 발하는 명령에 의하여 특
허권자, 특허에 관한 권리를 가진 자가 밟은 절차 또는 특허국 및 제삼자가 그
자에 대하여 밟은 절차의 효력은 그 특허권 또는 특허에 관한 권리의 승계인에
미친다"라고 규정되었다가,[1] 1973. 2. 8. 법률 제2505호로 전문개정된 특허법
제35조에 "이 법 또는 이 법에 의거하여 발하는 명령에 의하여 특허권자, 특허
에 관한 권리를 가진 자가 밟은 절차 또는 특허국 및 제3자가 그 자에 대하여
밟은 절차의 효력은 그 특허권 또는 특허에 관한 권리의 승계인에 미친다"라고

---

[1] 1946년 군정 법령에서는 절차의 효력의 승계에 관한 규정이 없었고 본 법에서 절차의
속행규정과 같이 규정되었다.

규정하였다.

그 후 1976. 12. 31. 법률 제2957호로 개정된 특허법 제35조에서 '특허국'이 '특허청'으로 변경되고, 1990. 1. 13. 법률 제4207호로 전문개정된 특허법 제18조에서 현행 규정과 같이 변경되어 오늘에 이르고 있다.

2. 디자인보호법의 이전 법인 의장법에서 의장(디자인)에 관하여 밟은 절차의 승계에 대하여 의장법이 당초에는 특별히 규정하지 아니하고 있었다가 1973. 2. 8. 법률 제2507호로 전부개정된 의장법 제17조에서 비로소 "특허법 제12조·제13조·제15조 내지 제41조 및 제43조의 규정은 의장에 대하여는 이를 준용한다"라고 규정하였다가 1990. 1. 13. 법률 제4208호로 전부개정된 의장법 제4조에서 "특허법 제3조 내지 제28조의 규정은 의장에 관하여 이를 준용한다"라고 규정하였다.

의장법이 제명을 디자인보호법으로 하여 2004. 12. 31. 법률 제7289호로 개정되어 디자인보호법 제4조도 같은 방법으로 특허법 제18조를 준용하는 형식을 취해 오다가 2009. 6. 9. 법률 제9764호로 개정된 디자인보호법에서 기존의 특허법 준용규정 형식을 폐지하고 제4조의17(절차의 효력의 승계)을 신설하여 본조 내용과 같이 규정하였다.

그 후 2013. 5. 28. 법률 제11848호로 전부개정된 디자인보호법 제20조에서 특허법 제18조와 같은 내용으로 위와 같이 개정되었다(구 디자인보호법 제4조의17과 동일함).

Ⅲ. 내　　용

1. 디자인권 또는 디자인에 관한 권리

"디자인권"은 적극적으로 등록디자인 또는 이와 유사한 디자인을 실시할 권리를 독점하는 권리(디자인보호법 제92조, 적극적 이용권)이고 소극적으로 제3자의 침해행위 내지 침해행위로 보는 행위를 배제할 수 있는 권리(디자인보호법 제114조, 소극적 금지권)이다. 이러한 디자인권은 디자인등록결정을 받고 등록료를 납부한 후 디자인원부에 기재됨과 동시에 그 디자인권이 설정등록되며 이 설정등록에 의하여 그 효력이 발생한다(디자인보호법 제90조).

"디자인에 관한 권리"로는 디자인등록을 받을 수 있는 권리, 실시권(디자인권자가 실시할 수 있는 권리와 디자인권자 이외의 자가 업으로서 그 등록디자인을 실

시할 수 있는 권리), 디자인권·전용실시권 또는 통상실시권을 목적으로 하는 질
권 등을 의미한다.

한편 디자인보호법 제57조 제3항에서는 디자인등록을 받을 수 있는 권리의
경우에 디자인등록출원 후에는 디자인등록을 받을 수 있는 권리의 승계는 상속
이나 그 밖의 일반승계의 경우를 제외하고는 디자인등록출원인 변경신고를 하
지 아니하면 그 효력이 발생하지 아니한다고 규정하고 있어서 디자인등록을 받을
수 있는 권리의 승계의 효력발생요건을 규정하고 있는 데 비해, 디자인보호법
제20조는 권리의 승계를 전제로 하여 절차의 효력이 승계됨을 규정하고 있다.

2. 디자인권 또는 디자인에 관한 권리에 관하여 밟은 절차

"디자인권 또는 디자인에 관한 권리에 관하여 밟은 절차"란 ① 당사자 또는
는 출원인 등(피승계인)이 특허청에 대하여 밟은 절차, ② 특허청이 당사자 또는
출원인 등(피승계인)에게 취한 제반절차(예컨대 특허청이 디자인권 등의 승계 이전
에 양도인에게 행한 절차), ③ 제3자가 당사자 또는 출원인 등(피승계인)에 대하여
밟은 절차 등을 포함하는 포괄적인 개념이다.

3. 절차의 효력의 승계

디자인권 또는 디자인에 관한 권리에 관하여 승계가 있는 경우 이미 밟은
디자인에 관한 절차의 효력은 상실되는 것이 아니라 권리의 승계인에게 미친다.
즉, 승계가 있는 경우 절차를 처음부터 다시 밟는 것이 아니라 이미 행한 절차
는 유효하게 되므로 이미 밟은 절차는 다시 밟을 필요가 없다.

예를 들어, 특허청의 거절이유통지 후 출원인의 변경이 있더라도 특허청은
승계인에 대하여 재차 거절이유통지를 하지 않고 디자인거절결정을 할 수 있고,
디자인등록무효심판청구 후 심판청구인이 사망하더라도 그 재산상속인이 후속
심판절차를 속행할 수 있다. 그리고 심사관이 의견제출통지서를 발송한 후에 출
원인의 명의변경신고가 있었다면 심사관은 승계인에게 다시 의견제출통지서를
발송할 필요가 없으며, 의견제출기간도 당초 의견제출통지서에서 지정한 기간
이 된다.

4. 승 계 인

법률상 승계에는 일반승계와 특정승계가 있다.

일반승계는 어떤 권리주체에 귀속되고 있던 법률상의 권리의무의 일체가 그대로 이전하는 경우, 예를 들면 상속 또는 법인의 합병이 이것에 해당한다. 따라서, 일반승계인이라 함은 상속인, 합병에 의하여 설립되거나 합병 후 존속하는 법인을 말한다. 특정승계라 함은 특정의 권리가 이전되는 경우이므로 디자인보호법에서는 특정의 디자인등록을 받을 권리 또는 디자인권에 관한 권리이전을 말한다. 디자인권 등의 양도 등과 같이 일반승계(상속 또는 합병) 이외의 사유를 통하여 그 권리를 이전받는 자가 특별승계인이다.

〈윤태식〉

> **제21조(절차의 속행)**
> 특허청장 또는 심판장은 디자인에 관한 절차가 특허청 또는 특허심판원에 계속(係屬) 중일 때 디자인권 또는 디자인에 관한 권리가 이전되면 그 디자인권 또는 디자인에 관한 권리의 승계인에 대하여 그 절차를 속행하게 할 수 있다.

<소 목 차>

Ⅰ. 취   지
Ⅱ. 연   혁

Ⅲ. 내   용

Ⅰ. 취   지[1]

디자인보호법 제21조는 특허청 또는 특허심판원에 디자인에 관한 절차가 계속 중일 때 디자인권 또는 디자인에 관한 권리가 이전되면 그 승계인에 대하여 절차를 속행할 수 있음을 규정하고 있다.

이 규정도 디자인보호법 제20조와 마찬가지로 권리변동이 있을 때마다 동일한 절차를 반복해야 하는 번잡과 불편을 피하기 위한 것이다. 다만, 디자인보호법 제20조는 승계 전에 밟은 절차의 효력에 관하여 규정한 것인 데 비해, 디자인보호법 제21조는 승계 후의 절차 진행에 관하여 규정한 것인 점에서 구별된다.

Ⅱ. 연   혁

1. 특허에 관한 절차의 속행에 대하여 1961. 12. 31. 법률 제950호로 제정된 특허법 제32조(권리의 이전이 있는 경우의 절차의 승계)에서 "특허국에 사건이 계속 중에 특허권 또는 특허에 관한 권리의 이전이 있는 때에는 특허국은 승계인에 대하여 그 절차를 속행하게 할 수 있다"라고 규정하였다가,[2] 위 내용이 1973. 2. 8. 법률 제2505호로 개정된 특허법 제36조에서 조문 이동과 함께 '특허

---

1) 이하 내용은 특허법 제19조(절차의 속행)에 대한 정상조·박성수 공편, 특허법 주해Ⅰ, 박영사(2010), 211-232(윤태식 집필부분)를 참고하였다.
2) 1946년 군정 법령에서는 절차의 효력의 속행에 관한 규정이 없었고 본 법에서 절차의 효력의 승계 규정과 같이 규정되었다.

국’이 ‘특허국장 또는 심판장’으로 변경되었다. 그 후 1976. 12. 31. 법률 제2957
호로 개정된 특허법 제36조에서 ‘특허국장’이 ‘특허청장’으로 변경되었고, 1990.
1. 13. 법률 제4207호로 전문개정된 특허법 제19조로의 조문이동과 함께 “특허
청장 또는 심판장은 특허에 관한 절차가 특허청에 계속 중에 특허권 또는 특허
에 관한 권리의 이전이 있는 때에는 그 특허권 또는 특허에 관한 권리의 승계
인에 대하여 그 절차를 속행하게 할 수 있다”로 개정되었다.3) 1995. 1. 5. 법률
제4892호로 개정된 특허법 제19조에서 ‘특허청에’를 ‘특허청 또는 특허심판원
에’로 변경하고,4) 2001. 2. 3. 법률 제6411호로 개정된 특허법 제19조에서 ‘계
속’의 한자 ‘繫屬’를 ‘係屬’으로 수정하여 오늘에 이르고 있다.

　2. 디자인보호법의 이전 법인 의장법에서 의장(디자인)에 관한 절차의 속행
에 대하여 당초에는 의장법에서 특별히 규정하지 아니하고 있었다가 1973. 2.
8. 법률 제2507호로 전부개정된 의장법 제17조에서 비로소 “특허법 제12조·제
13조·제15조 내지 제41조 및 제43조의 규정은 의장에 대하여는 이를 준용한
다”라고 규정하였다가 1990. 1. 13. 법률 제4208호로 전부개정된 의장법 제4조
에서 “특허법 제3조 내지 제28조의 규정은 의장에 관하여 이를 준용한다”라고
규정하였다.

　그 후 의장법이 제명을 디자인보호법으로 하여 2004. 12. 31. 법률 제7289
호로 개정되어 디자인보호법 제4조도 같은 방법으로 특허법 제19조를 준용하는
형식을 취해 오다가 2009. 6. 9. 법률 제9764호로 개정된 디자인보호법에서 기
존의 특허법 준용규정 형식을 폐지하고 제4조의18(절차의 속행)을 신설하여 “특
허청장 또는 심판장은 디자인에 관한 절차가 특허청 또는 특허심판원에 계속
중일 때 디자인권 또는 디자인에 관한 권리가 이전되면 그 디자인권 또는 디자
인에 관한 권리의 승계인에 대하여 그 절차를 속행하게 할 수 있다”라고 규정
하였다.

　그 후 2013. 5. 28. 법률 제11848호로 전부개정된 디자인보호법 제21조에서
위와 같이 개정되었는데 개정 전 규정과 비교하여 ‘계속 중일 때’를 ‘계속 중에’
라고 문구 수정한 것 외에 나머지 내용은 같다.

---

3) 종래의 ‘사건이 계속 중’이란 표현은 그 자체로 적절하지 않으므로 ‘절차가 특허청에 계
　속 중’으로 수정하였고, 종래의 ‘승계인’은 무엇을 승계한 것인지 모호할 수 있으므로 ‘그
　특허권 또는 특허에 관한 권리의 승계인’임을 분명히 하였다.
4) 위 1995년 법률 개정으로 1998년 3월 1일 항고심판소와 심판소가 통합되어 특허심판원
　이 신설되었다.

Ⅲ. 내 　 용

1. 특허청장 또는 심판장은 디자인보호법 제21조에 따라 승계인에 대하여 디자인에 관한 절차를 속행하게 하려는 경우에는 그 취지를 당사자에게 서면으로 통지하여야 한다(디자인보호법 시행규칙 제31조). 이 과정에서 특허청장 또는 심판장이 그 절차를 승계인에게 속행하도록 하는가에 대한 결정은 하지 않는다.

승계인에 대해 절차를 속행할 수 있다고 규정되어 있으므로 이는 피승계인에 대해 절차진행을 계속하게 하는 것을 인정하지 않는다는 취지가 아니고, 승계인과 피승계인 중 어느 누구에 대해 속행해도 좋다는 취지로 해석될 수 있다. 특허청장 등이 승계인에게 속행하게 하는 것을 재량행위로 본다면 반드시 절차의 속행을 명하여야 하는 것은 아니다.[5] 그러나 이에 대하여는 반대설이 있다.[6]

현재 특허청과 특허심판원의 실무는 당해 사건에 대한 심사 또는 심판의 상황에 비추어 적당하다고 인정할 때는 종전의 당사자로 하여금 절차를 수행하게 할 수 있고, 상당하다고 인정하는 때에는 권리의 승계인에게 절차를 속행하도록 할 수도 있다는 태도이다.

예컨대 심사 또는 심판이 종결의 단계에 이르러 권리의 승계인을 절차에 관여시킬 구체적인 필요성이 거의 없거나, 권리의 특정승계의 신고에 관하여 방식심사가 종료되지 않아 종전의 권리자로 하여금 그대로 절차를 수행하게 하는 것이 적절한 경우 등 당해 사건에 대한 심사 또는 심판의 상황에 비추어 적절하다고 인정하는 때에는 종전의 당사자로 하여금 절차를 수행하게 할 수 있다고 본다.

대법원판례 중에는 항고심판소가 존재한 당시이기는 하나 등록무효심판 계속 중 피심판청구인이 그 등록권리를 제3자에게 이전하였다고 하더라도 당사자 적격을 그대로 유지한다고 본 사례가 있다.[7]

---

5) 大審院 昭和 7. 7. 1. 선고 판결, 東京高判 昭和 62. 5. 7. 선고 판결, 無體集19권 2호 159, 高林克巳, 特許訴訟 ―その理論と實務―, 1991, 社團法人 發明協會, 70에서 재인용.
6) 이상경, 지적재산권소송법, 육법사(1998), 61-62; 滝川叡一, 特許訴訟手續論考, 信山社 (1991), 20, 高林克巳(주 5), 60은 명의변경신고 또는 등록이 행해진 이상 특허청은 승계인을 당사자로 인정하여야 하므로 속행명령은 의무사항이라는 취지로 해석한다.
7) 대법원 1967. 6. 27. 선고 67후1 판결[집15행, 17].

2. 특허청장 또는 심판장이 상당하다고 인정하는 때에는 권리의 승계인에게 절차를 속행하게 할 수 있다. 예를 들어 디자인권자가 사망하여 상속인이 상속한 경우에는 특허청장 또는 심판장은 디자인권자를 상대로 청구한 무효심판에서 그 상속인을 실질적인 피청구인으로 하여 절차를 속행하게 할 수 있다.

그러나 디자인등록출원 후 디자인등록을 받을 수 있는 권리를 양도하는 계약이 체결되었으나, 그 출원이 거절결정되어 양수인이 양도인을 대신하여 거절결정에 대한 불복심판을 청구한 후 심판청구기간 경과 후에 출원인변경신고를 한 경우에는 특허청장 또는 심판장은 권리의 승계인에게 절차를 속행하게 할 수 없다. 디자인등록출원 후에 디자인등록을 받을 수 있는 권리의 승계는 상속 그 밖의 일반승계의 경우를 제외하고는 디자인등록출원인 변경신고를 하지 아니하면 그 효력이 발생하지 아니하여(디자인보호법 제57조 제3항), 디자인등록 출원 중에 디자인권을 받을 수 있는 권리의 양수는 신고가 효력발생요건이 된다. 그러므로 양수인이 그와 같은 변경신고를 하기 이전에 청구한 심판은 부적법한 것이므로, 특허청장 또는 심판장은 이러한 경우에 승계인에게 절차를 속행하게 할 수 없게 된다.

3. 디자인에 관한 절차가 디자인보호법 제22조(절차의 중단)에 의해 중단된 경우에는 본조가 적용되지 않는다. 예를 들면, 디자인권자가 사망하고 그 재산 상속인이 디자인권에 대하여 상속을 이유로 권리이전등록을 하였는데, 이미 진행되어 있던 디자인등록무효심판절차에서 별도의 수계절차가 없었던 경우에는 심판장이 본조에 따라 직권으로 재산상속인에 대하여 심판절차를 속행할 수 있는 것이 아니다. 이 경우에 절차의 중단 여부는 디자인보호법 제22조(절차의 중단)에 따르고 디자인보호법 제23조(중단된 절차의 수계)에 따른 수계신청에 의해 그 절차가 다시 속행된다.

4. 심판청구 제기 전의 디자인등록출원의 승계에 대하여는 디자인보호법 제57조(디자인등록을 받을 수 있는 권리의 승계)의 설명 부분을 참조하기 바란다. 여기서는 심판청구가 제기된 이후 권리 이전과 같은 승계가 이루어진 경우 종전의 권리자와 이전받은 권리자 중 누가 당사자적격을 가지는가를 검토한다.

5. 아래 '가. 심판 제기 후 심결 전 승계된 경우' 및 '나. 심결 후 소제기 전 승계'와 관련하여 심판단계에서는 디자인보호법 제126조 제2항에서 같은 조 제1항 제1호에 따른 심판청구서의 당사자 중 디자인권자의 기재를 바로잡기 위하여 보정(추가하는 것을 포함한다)하는 경우에는 심판청구의 요지를 변경하는 것으

로 보지 않고 허용하도록 규정하고 있고, 디자인보호법 제127조 제2항에서 같
은 조 제1항 제1호(제119조 또는 제120조에 따라 보정각하결정, 디자인등록거절결정
또는 디자인등록취소결정에 대한 심판을 청구하는 경우의 심판청구방식)에 따른 심판
청구서 중 청구인의 기재를 바로잡기 위하여 보정(추가하는 것을 포함한다)하는
경우에는 심판청구의 요지를 변경하는 것으로 보지 않고 허용하도록 규정하고
있다.

가. 심판 제기 후 심결 전 승계된 경우

심판 제기 후 심결 전 승계된 경우에는 당사자의 권리승계가 심판장이 심
리종결의 통지를 하기 전은 물론 심리종결의 통지를 한 후 소송제기 전에 있었
던 경우가 모두 해당된다.

(1) 일반승계

심판절차 중에 상속, 법인의 합병 등에 의해 피상속인이나 합병 전의 법인
의 권리의무 일체를 승계하는 일반승계가 이루어진 때에는 심판절차는 원칙적
으로 중단되고, 다만 절차를 밟을 것을 위임받은 대리인이 있는 경우에는 중단
되지 않는다(디자인보호법 제22조).

이러한 경우에는 당사자의 수계신청 등에 의해 수계한 당사자가 청구인 또
는 피청구인으로 되고(디자인보호법 제24조) 원고 및 피고로 된다.

심판절차 중 종전 권리자가 사망하거나 법인이 합병된 경우에는 그 사유가
발생한 때부터 피상속인 및 합병 전의 법인은 더 이상 존재하지 않으므로 원고
로 될 수 없을 것이다. 따라서, 이 경우에는 그 당사자의 지위를 승계한 상속인
과 합병에 의하여 설립된 법인 또는 합병한 뒤의 존속법인과 다른 당사자 사이
에 심판절차가 존속되고 다만 상속인 등이 심판수계절차를 밟을 때까지 심판절
차가 중단되는 것이므로, 심판관이 이와 같은 중단사유를 알지 못하고 종전의
권리자를 당사자로 하여 심결한 경우에 그 심결은 절차상의 위법은 있으나 그
심결이 당연무효라고 할 수는 없다.

따라서 이러한 경우 상속인이 수계신청을 하여 심결등본을 송달받고 심결
취소소송을 제기할 수 있을 뿐 아니라 상속인이 사실상 심결등본을 송달받고
심결취소소송을 제기한 다음에 그 소송절차에서 수계절차를 밟은 경우에도 그
수계와 소 제기는 적법한 것이라고 보아야 할 것이다.[8]

---

8) 대법원 1995. 5. 23. 선고 94다28444 전원합의체판결[공1995, 2116] 참조, 이 판결은 디
자인등록에 관한 심결취소소송에 관한 것은 아니나 그 판시가 "소송계속 중 어느 일방 당

　그리고 일반승계사유가 발생하여도 절차를 밟을 것을 위임받은 대리인이 있는 경우에는 소송절차가 중단되지 않으나, 심판절차의 대리인이 심결취소소송의 대리권에 대한 위임까지 받고 있지 않은 경우에는 그 심결의 등본이 송달됨과 동시에 소송절차 중단의 효과가 발생하게 된다.

　참고로 특허사건에서 소송대리권에 관하여 특허법원 2006. 4. 13. 선고 2006허978 판결(확정)[취소결정(상)]은 "심판절차에서의 대리인의 대리권은 다른 사정이 없는 한 특허심판원이 심결을 하고 그 심결에 대하여 취소소송을 제기할 때까지 존속하는바, 심결취소소송에서 심결을 취소하는 판결이 확정됨에 따라 특허심판원이 심판사건을 다시 심리하게 되는 경우 아직 심결이 없는 상태이므로 종전 심판절차에서의 대리인의 대리권은 다시 부활하고, 당사자가 심결취소소송에서 다른 소송대리인을 선임하였다고 하여 달라지는 것은 아니다. 따라서 심결의 취소에 따라 다시 진행된 심판절차에서 종전 심판절차에서의 대리인에게 한 송달은 당사자에게 한 송달과 마찬가지의 효력이 있다(대법원 1984. 6. 14. 선고 84다카744 판결 참조)"라고 판단한 바 있다.9)

(2) 특정승계

　일반적으로 행정소송에서는 처분 등의 취소를 구할 법률상의 이익이 있는 자가 원고적격을 가지므로 행정처분의 직접의 상대방 이외의 제3자라도 당해 행정처분에 의하여 법률상의 이익이 침해되는 때에는 원고적격을 가지게 되어 그 처분의 취소를 청구할 수 있다. 그러나 심결 등에 대한 소에서는 설령 심결에 의하여 자기의 법률상의 이익이 침해되는 자라고 하더라도 그 모두에게 원

사자의 사망에 의한 소송절차 중단을 간과하고 변론이 종결되어 판결이 선고된 경우에는 그 판결은 소송에 관여할 수 있는 적법한 수계인의 권한을 배제한 결과가 되는 절차상 위법은 있지만 그 판결이 당연무효라 할 수는 없고, 다만 그 판결은 대리인에 의하여 적법하게 대리되지 않았던 경우와 마찬가지로 보아 대리권흠결을 이유로 상소 또는 재심에 의하여 그 취소를 구할 수 있을 뿐이므로, 판결이 선고된 후 적법한 상속인들이 수계신청을 하여 판결을 송달받아 상고하거나 또는 사실상 송달을 받아 상고장을 제출하고 상고심에서 수계절차를 밟은 경우에도 그 수계와 상고는 적법한 것이라고 보아야 하고, 그 상고를 판결이 없는 상태에서 이루어진 상고로 보아 부적법한 것이라고 각하해야 할 것은 아니다"라는 것이다. 디자인등록에 관한 심결취소소송에도 민사소송법이 준용될 수 있다는 점에서 위 판결은 참고가 된다.

9) 심급대리와 소송대리인의 권한에 관하여는 대법원 1996. 2. 9. 선고 94다61649 판결[공1996, 888]; 대법원 1997. 10. 10. 선고 96다35484 판결[공1997, 3397]; 대법원 1992. 11. 5. 자 91마342 결정[공1993, 66]이 참고가 된다. 그 외 소송절차가 중단된 상태에서 수계절차를 거치지 않은 채 상소권한이 없는 제1심 소송대리인에 의하여 제기된 항소가 부적법하다고 판단한 것으로는 대법원 2003. 5. 27. 선고 2002다69211 판결[공2003, 1421]이 있다.

고적격이 인정되는 것이 아니고, 특허법, 디자인보호법 등의 개별법에서 원고적
격을 가지는 자의 범위를 제한하고 있다.

　디자인보호법은 심결 등에 대한 소에 있어서 원고적격을 가지는 자를 심판
사건 및 재심사건 등의 당사자, 참가인, 위 사건 중 해당 심판이나 재심에 참가
신청을 하였으나 그 신청이 거부된 자로 한정하고 있다(디자인보호법 제166조 제
2항).

　심결 등에 대한 소에서의 피고적격에 대하여도 그 소의 법률상 성격이 항
고소송이라는 점을 생각하면 원칙적으로 피고는 특허청장이 되는 것이지만, 디
자인보호법은 디자인등록의 무효심판(디자인보호법 제121조 제1항), 권리범위 확
인심판(디자인보호법 제122조), 통상실시권 허락의 심판(디자인보호법 제123조 제1
항 및 제2항) 또는 그 재심의 심결에 대한 소는 그 청구인 또는 피청구인을 피고
로 하여 제기하도록 규정하고 있다(디자인보호법 제167조).

　심판이 계속되고 있는 중에 디자인권이 이전등록되거나 디자인을 받을 수
있는 권리(이하 디자인권과 디자인을 받을 수 있는 권리를 합쳐 '디자인권 등'이라고
한다)의 출원인변경신고가 된 경우에 이후의 절차를 종전의 당사자(양도인)에게
그대로 수행시키고 심판의 효력을 권리의 승계인(양수인)에게 미치게 할 것인지,
그렇지 않으면 소를 권리의 승계인에게 인계시켜 수행하게 할 것인지는 입법정
책상의 문제라고 할 수 있다.

　이와 관련하여 디자인보호법은 디자인에 관한 절차가 특허청 또는 특허심
판원에 계속 중에 디자인권 또는 디자인등록을 받을 수 있는 권리 등의 승계가
이루어진 경우 그 권리의 승계인이 스스로 참가신청을 하지 아니하여도 특허청
장 또는 심판장은 직권으로 승계인에 대하여 그 절차를 속행하게 할 수 있도록
하되(디자인보호법 제21조), 이때 특허청장 또는 심판장은 당사자에게 그 취지를
서면으로 통지하도록 하고 있고(디자인보호법 시행규칙 제31조), 디자인권 등에
관하여 밟은 절차의 효력이 그 디자인권 등의 승계인에게 미치도록 하고 있다
(디자인보호법 제20조).

　그런데 이들 규정은 행정상의 편의를 꾀하기 위한 규정으로서 그 규정의
성격을 둘러싸고 견해의 대립이 있어 그 해석 여하에 따라 원고적격의 처리방
식도 달라진다. 즉, 그 절차의 속행 여부를 심판장의 재량행위로 본다면 심판
장이 승계인에 대하여 절차를 속행시키지 않고 종전의 권리자 명의로 심결할
수 있으므로 이러한 경우에 심결 등에 대한 소에서 종전의 권리자만이 당사자

적격을 갖는다.[10] 그러나 이를 심판장의 의무로 보는 견해에 의하면, 심판 중 권리의 양수인이 디자인보호법 제166조 제2항의 당사자에 포함된다고 해석하여 양수인에게도 당사자 적격이 인정된다고 해석한다. 이하 구체적으로 살펴본다.

(가) 원고적격[11]

이에 대하여는 아래와 같은 여러 견해가 있다.

첫 번째(피승계인설)는, 디자인보호법 제21조의 취지를 기본적으로 특허청장 또는 심판장이 그 재량으로 권리의 승계인에게 인계시킬 것인지 여부를 결정할 수 있다고 규정한 것이라는 입장에서 승계 후에 승계인에 대하여 절차를 속행하여도 되고, 혹은 권리의 양도인(피승계인)에 대하여 속행하여도 지장이 없다는 취지로 해석하는 견해이다.[12]

법 규정상으로는 승계인에 대하여 절차를 속행하게 할지 또는 피승계인에 절차를 하도록 할지는 심판장의 재량에 맡겨져 있고, 비교적 폭넓게 직권주의를 채택하고 있는 디자인보호법의 원칙에도 부합되는 해석이다.

---

10) 항고심판소가 존재하였던 시기의 판례들을 소개한다. ① 대법원 1967. 6. 27. 선고 67후1 판결【권리범위확인】[집15행, 17]에서는 등록무효심판 계속 중 피청구인이 등록권리를 제3 자에게 이전하였다 하더라도 당사자로서의 지위에는 영향을 받지 아니한다고 보았다. ② 대법원 1977. 12. 27. 선고 76후33 판결【권리범위확인】[집25행, 154]은 청구인이 권리범위 확인심판 계속 중에 실용신안권에 관한 영업을 양도하였더라도 심판청구인은 종국에 이르기까지 당사자로서 자기 또는 승계인을 위하여 행위할 당사자적격을 가진다고 보았다. ③ 대법원 1995. 8. 22. 선고 94후1268, 1275(병합) 판결【서비스표등록무효】[공보불게재, 대법원 판결문검색시스템]: 심판청구 후에 권리의 승계가 이루어진 경우에는 이를 심판 당사자의 변경이라 할 수 없다고 판시하였다. ④ 대법원 1998. 12. 22. 선고 97후2934 판결【디자인등록취소】[공1999, 236]은 당사자표시변경은 원칙적으로 당사자로 표시된 자와 동일성이 인정되는 범위 내에서 그 표시만을 변경하는 경우에 허용되는 것이므로, 디자인등록취소심판청구사건의 피심판청구인이 소송기록접수통지서가 그에게 송달된 이후에 상고인을 피심판청구인에서 등록디자인에 관한 디자인권을 이전받은 자로 변경하는 당사자표시변경신청은 원래 허용될 수 없는 것이고, 설사 피심판청구인의 승계인의 지위에 있는 양수인이 승계참가신청을 한 것으로 본다고 하더라도 이러한 승계참가는 법률심인 상고심에서는 허용되지 아니하는 것이므로 양수인에 의한 승계참가신청 역시 부적법하여 허용될 수 없다고 판시하였다. 이에 대하여는, 임한흠, "디자인등록취소심판청구사건의 상고심에서의 승계참가 가부", 대법원판례해설 31호(98년 하반기)(1999. 5), 법원도서관 518-525 참조.
11) 이 부분 내용은 2001년경 대법원 재판연구관으로 근무하시던 강동세 변호사가 대법원 99후1546 사건과 관련하여 작성한 연구내용을 토대로 정리한 것이다.
12) 특허소송실무, 법원행정처(1998), 30-32; 송영식 등 7인 공저, 지적소유권법 상, 육법사(2008), 733; 竹田 稔, 特許審決等取消訴訟の實務, 22; 竹田稔, 永井紀昭 編, 特許審決取消訴訟の實務と法理, 社團法人 發明協會(1988), 115(山田知司 집필부분)에서 재인용.

결국 디자인보호법 제20조에 의해 디자인권에 관하여 밟은 절차의 효력은 그 디자인권에 관한 권리의 승계인에게 미치므로,[13] 심판장이 승계인에 대해서 절차를 속행하도록 하지 않는 한 당사자는 피승계인이므로 심결취소소송의 원고로 될 수 있는 자는 디자인보호법 제166조 제2항에 따라 당사자인 피승계인이라고 보아야 한다는 견해이다.[14][15]

이 견해에 의하면 승계인은 피승계인이 소를 제기한 후에 승계참가의 신청에 의해 소송의 당사자로 될 수 있을 뿐이다.

두 번째(승계인설)는 권리의 승계인에게 속행명령을 하는 것이 심판장의 의무에 속함을 전제로 심판장이 직권으로 승계인에 대하여 절차를 속행할 것을 결정하고 당사자에게 그 취지를 통지함으로써 당사자의 지위를 취득하게 되고 심판절차 중의 권리승계인은 스스로 적극적으로 참여하지 않아도 심판장이 직권으로 속행명령을 할 것이라는 기대를 가질 수 있는 지위에 있으므로 승계인에게 심결취소소송의 원고적격을 인정할 수 있다는 견해이다.[16] 이 견해에 의하면 종전의 권리자도 양수인과 함께 원고적격을 갖지만 양수인이 소를 제기하거나 또는 승계참가의 신청을 한 때는 권리이전이 유효한 이상 당사자인 지위를

---

13) 大審院 昭和 4. 1. 30. 선고 昭和2(才)641 판결, 요지는 다음과 같다. ① 특허권범위확인 사건의 계속 중 특허권의 양도가 있어도 양도인은 당사자로서의 지위를 상실하지 않음과 동시에 그 자에 대한 심결 또는 판결은 당연 승계인에 그 효력을 미친다(구 민사소송법 관계), ② 권리승계의 사실이 있어도, 그것이 특별승계인의 경우에는 당사자를 변경하는 일 없이 승계 전의 당사자에 대하여 절차를 추행하여야 하고 승계인은 참가에 의해 자기의 이익을 방어할 수 있다.

14) 竹田 稔 編(주 12), 22(永井紀昭 집필부분), 115(山田知司 집필부분)에서 재인용.

15) 이러한 입장에 선 일본 하급심의 판례로는 東京高裁 昭和 62. 5. 7. 선고 판결이 있는데, 이 판결에 의하면 절차의 속행을 규정한 특허법 제21조(우리 특허법 제19조, 디자인보호법 제21조)는 기본적으로 특허청장 또는 심판장은 그 재량으로 권리의 승계인에게 인계시킬 것인지 여부를 결정할 수 있다고 정한 것으로서, 심사 또는 심판이 종결의 단계에 이르러 권리승계인을 절차에 관여시킬 구체적인 필요성이 거의 없거나, 권리의 특정승계의 신고에 관하여 방식심사가 끝나지 않아 구 권리자로 하여금 그대로 절차를 수행하게 하는 것이 적당한 경우 등 당해 사건에 대한 심사 또는 심판의 상황에 비추어 적당하다고 인정하는 때에는 종전의 당사자로 하여금 절차를 수행하게 할 수 있고, 한편으로 심판장 등이 상당하다고 인정하는 때에는 권리의 승계인에게 절차를 인계하도록 할 수도 있으며, 이는 비교적 폭넓게 직권주의를 채택하고 있는 특허법의 원칙에도 부합하는 것이고, 따라서 심판장 등이 구 권리자에게 그대로 절차를 수행하게 한 경우 구 권리자는 절차를 수행할 권능을 보유함과 동시에 구 권리자에 대한 사정 또는 심결 등의 효력은 권리의 승계인에게도 미치며 특허법 제20조(우리 특허법 제18조, 디자인보호법 제20조)는 위와 같은 취지를 포함하는 것으로 해석할 수 있다고 하고 있다.

16) 특허소송실무(주 12), 32-33; 이상경(주 6), 61-62; 滝川叡一(주 6), 20; 高林克巳(주 5), 60.

상실하여 원고적격을 상실한다고 본다.

결국 이 견해는 권리승계인에게 속행명령을 하는 것이 심판장의 의무이므로 종전의 권리자 명의로 심결이 내려져도 심판절차 중의 권리승계인은 디자인보호법 제166조 제2항의 '당사자'에 포함된다고 본다. 다만, 특허심판원이 과오로 출원인변경신고 또는 이전등록이 되었는데도 이를 간과하고 종전의 권리자를 당사자로 하여 심결한 경우에 종전의 당사자가 디자인 등에 대한 소를 제기하지 않으면 사실상 권리의 승계인은 심결이 있었던 사실을 알 수 없을 것이므로 제소기간을 준수할 수 없게 될 것이지만, 이 제소기간은 불변기간이므로(디자인보호법 제166조 제4항) 승계인은 종전의 권리자에게 심결이 송달되어 심결 등에 대한 소의 제소기간이 진행되는 것을 안 날로부터 2주일 이내에 스스로 원고로 되어 소를 제기함으로써 자기의 권리를 보전할 수 있게 된다(행정소송법 제8조 제2항, 민사소송법 제173조)고 본다.

세 번째(피승계인·승계인설)로는 원칙적으로 피승계인에게 원고적격을 인정하되 승계인에게 원고적격이 없다고 하면 종전의 권리자가 양도가 끝난 디자인권 등에 더는 관심을 갖지 않고 취소소송을 제기하지 않을 수 있고 이 경우 승계인은 심결에 대한 불복신청수단이 없어지게 되어 가혹하다는 점과 승계인은 디자인보호법 제20조에 의해 피승계인을 당사자로 하는 심결의 효력을 승계하고 있기 때문에 심판절차의 당사자 지위도 승계하고 있다고 보아야 한다는 이유로 권리이전등록 등을 마친 승계인도 원고적격이 있다고 보아야 한다는 견해이다.[17]

이러한 문제에 관한 특허법원의 실무는 아직 확립되어 있지 않다. 특허법원에서는 심판청구기각심결을 받은 원고가 종전의 권리자인 심결의 피청구인 및 특정승계인에 대하여 각각 별소를 제기한 사안에서 특정승계인에 대한 소를 취하시키고 종전의 권리자에 대한 소에 특정승계인을 참가시킨 사례가 있으나,[18] 한편으로는 심판절차 진행 중의 특정승계인이 당사자로서 단독으로 심결취소소송을 제기한 경우에도 이를 인정한 사례가 있다.[19]

---

17) 竹田 稔 編(주 12), 114(山田知司 집필부분).
18) 특허법원 2001. 2. 23. 선고 2000허5957 판결(확정).
19) 특허법원 2003. 8. 21. 선고 2002허7346 판결(확정)로서 세 번째 견해(피승계인·승계인설)에 가깝다. 일본의 실무는 권리변동신청 등이 있으면 이를 소송에 가능하면 빨리 반영시켜 양수인에게 절차를 속행하는 방향으로 운용하고 있다고 한다, 竹田 稔 編(주 12), 117(山田知司 집필부분).

피승계인설에 대하여는 구 특허법 당시 대법원에의 상고가 항고심판의 속심이고, 대법원이 특허청의 상급행정관청으로서 취급되고 있었던 것을 전제로 하여 특허법 제18조(현행 디자인보호법 제20조)에 의한 당사자항정주의[20]를 상고심에도 미치게 한 것으로서 대법원 자신이 특허법 제19조(현행 디자인보호법 제21조)에 의하여 양수인에 대하여 속행명령을 발하는 것이 가능하다고 해석할 수 있고,[21] 또한 그와 같이 해석하지 않으면 소송승계주의와 당사자항정주의를 병용한 특허법 제18조, 제19조의 취지에도 반하는 부당한 결과를 방지할 수 없게 되지만, 현행 특허법(디자인보호법)의 구조는 특허법원에 있어서의 심결 등에 대한 소는 심판의 속심이 아니라 별개독립의 행정소송이므로 특허법 제18조에 의한 당사자의 항정, 제19조의 속행명령에 의한 당사자의 지위의 승계는 심판절차에서 타당한 것이고 심결 등에 대한 소에는 이를 적용할 여지가 없다는 비판이 가해진다.[22] 따라서 논리적으로는 승계인설에 더 설득력이 있다.

다만, 특허청의 실무에서는 권리이전 등의 신고가 있으면 승계인에게 절차를 속행하고 있지만, 실제로 그 절차를 취하지 않는 사례가 종종 있고, 또한 승계의 절차가 이루어진 것을 심사관, 심판관이 알게 되기까지 어느 정도의 시일을 요하며,[23] 또한 디자인보호법 제20조의 규정을 근거로, 권리가 승계되더라도 종전 권리자가 수행한 소송수행의 결과가 승계인에게도 미치는 것으로 이해하고 그와 같이 실무를 처리하는 것이 특허청에서의 지금까지의 관행이므로 이러한 점을 감안하면 반드시 승계인설만을 고집할 수 없다.

따라서, 논리와 실무의 문제점을 두루 검토해볼 때 승계인설 내지 승계인·피승계인설을 취하는 것이 옳다고 본다.

---

20) 디자인보호법 제21조와 같이 특허법 제18조(절차의 효력의 승계)는 "특허권 또는 특허에 관한 권리에 관하여 밟은 절차의 효력은 그 특허권 또는 특허에 관한 권리의 승계인에게 미친다"라고 규정하고 있다. 이상경(주 6), 62에서 위 조항을 당사자항정주의를 규정한 것으로 보고 있고, 일본에서도 이와 동일한 내용의 특허법 제20조가 특허법 제21조(우리 특허법 제19조)에서 규정하는 권리이전 후 속행명령까지의 간격을 보전하기 위하여 당사자항정주의를 채용한 것으로 해석하고 있다, 滝川叡一(주 6), 20.

21) 다만 大審院 昭和2. 5. 25. 선고 昭和2(オ)50, 大審院 昭和4. 1. 30. 선고 昭和2(オ)641 판결은 상고심에서는 속행명령을 발할 수 없다고 한다.

22) 滝川叡一(주 6), 21-22.

23) 특허등록업무에 대하여 최근에는 전산화되어 이를 쉽게 확인할 수 있으나 그래도 2~3일 정도가 걸린다고 한다.

(나) 피고적격

심판절차 중에 특정승계가 이루어진 경우 심판장이 양수인에 대하여 절차를 속행하였으면 그 양수인이 피고적격을 가짐은 당연하나, 양수인에 대하여 절차속행명령이 내려지지 않은 채 종전의 권리자를 명의인(당사자, 피청구인)으로 하여 심결이 된 경우에 앞서 본 견해들 중 어느 견해를 따르느냐에 따라 피고적격을 가지는 자가 권리의 승계인인가 종전의 권리자인가로 나뉜다.

피승계인설은 심판장이 권리승계인에 대하여 절차를 속행하지 않는 한 종전의 권리자가 피고적격을 갖고, 심판절차 중이나 심판종결 후 심결 전의 승계인은 청구인 또는 피청구인으로서의 적격을 가지지 않으므로 승계인은 종전의 권리자(양도인)에 대하여 소가 제기된 후 승계참가 또는 원고의 인수참가신청에 의하여 소송의 당사자로 될 수 있다고 한다. 이러한 해석론은 소제기 단계에서 소송당사자를 심결의 명의자로 한정하고 승계인과의 관계는 절차의 승계에 의하여 문제를 해결하는 점에서 심판절차의 명확성을 관철할 수 있는 이점이 있다.24)

그리고 승계인설에 의하더라도, 심판절차에서 당사자항정이 인정되어 종전의 권리자가 당사자로 표시되어 있는 이상 종전의 권리자를 피고로 하여 심결 등에 대한 소를 제기한 다음 승계절차를 거쳐 승계인을 피고로 하여야 하며, 승계인을 피고로 하여 심결 등에 대한 소를 제기한 경우에는 승계인이 심결의 당사자가 아니었던 이상, 승계인으로 피고를 경정한 다음 승계인으로의 승계절차를 거치는 것이 타당하다고 보고 있다.25)

---

24) 한편, 피고적격에 관한 것은 아니지만, 대법원 1977. 12. 27. 선고 76후33 판결[집25행, 154]은 실용신안권자가 자신이 청구한 권리범위확인 심판 계속중 그 제조판매영업권을 양도하였다 하더라도 실용신안법상의 이해관계인임에는 변함이 없으므로 양도인의 당사자로서의 지위에 아무런 영향도 미치지 아니할뿐더러 양도인에 대한 심결이나 판결의 효력은 승계인에게도 미치는 것이므로 양도인은 종국에 이르기까지 당사자로서 자기 또는 승계인을 위하여 행위할 당사자적격을 가진다고 하였고, 대법원 1989. 6. 27. 선고 88후332 판결[공1989, 1166]은 디자인법 제43조 소정의 등록디자인무효심판청구에 있어서의 이해관계인이라 함은 그 등록디자인과 동일 또는 유사한 디자인을 사용한 바 있거나 현재 사용하고 있음으로써 등록디자인의 소멸에 직접적인 이해관계가 있는 자를 말하며 이해관계인이 무효심판청구를 한 후 그 인용디자인의 디자인권을 타에 양도하고 그 이전등록까지 마쳤더라도 이는 이해관계의 유무를 판단하는데 기준이 될 수 없다고 하고, 대법원 1982. 4. 27. 선고 80후94 판결[공1982, 536]도 디자인등록 무효심판청구에 있어서의 이해관계인이라 함은 그 등록디자인과 동일 또는 유사한 디자인을 사용한 바 있거나 현재 사용하고 있음으로써 등록디자인 소멸에 직접적인 이해관계를 갖는 자를 말하고 무효심판 청구인이 사용한 디자인의 등록 여부 또는 등록된 경우에 있어 존속기간 만료로 소멸된 여부는 이해관계의 유무를 판단하는 기준이 될 수 없다고 하였다.

25) 이상경(주 6), 68; 滝川叡一(주 6), 37-38.

따라서, 이 부분에 대하여는 피승계인설, 승계인설 모두의 견해가 일치되고 있는데, 이러한 논리는 디자인에 관한 심결 등에 대한 소에도 적용될 수 있다

종전의 권리자(피승계인)가 심결 등에서 당사자(청구인 또는 피청구인)로 표시되어 있는 이상 심결의 반대 당사자는 디자인보호법 제167조에 의하여 종전의 권리자를 피고로 하여 소를 제기할 수 있고 만일 승계인만을 상대로 하여 소를 제기하여야 한다면, 이러한 소송의 원고가 되는 자(디자인권자의 상대방)는 사실상 권리의 승계사실을 알 수 없어 제소기간을 준수할 수 없게 될 우려가 있다는 점에서도 종전의 권리자에게 피고적격을 인정함이 타당하다.

나. 심결 후 소 제기 전 승계

(1) 일반승계

심결 후 소제기 전에 일반승계가 있었던 경우에는 승계인은 심판사건의 당사자 등의 지위를 당연히 승계하기 때문에 당사자적격을 갖는 자는 승계인이다.

피고로 되어야 할 측에 일반승계가 있었음에도 원고가 그 사망사실을 모르고 피고로 표시하여 소를 제기하였을 경우에는 사실상 피고는 사망자의 상속인이고 다만 그 표시를 잘못한 것에 불과하므로,[26] 당사자표시변경신청을 하여 상속인을 피고로 할 수 있다.

또한, 심결취소소송은 행정소송법 제8조에 의하여 행정소송법과 민사소송법이 적용 및 준용되는바, 민사소송법 제260조 및 행정소송법 제14조에 원고가 피고를 잘못 지정한 때에는 법원은 원고의 신청에 의하여 피고를 경정할 수 있는 규정이 마련되었으므로 이들 요건에 맞추어 피고를 경정할 수도 있다.

(2) 특정승계

㈎ 원고적격

심결 후에 디자인권 등의 특정승계가 있었던 경우에도 심결 전에 디자인권의 승계가 있었던 경우와 같은 해석론이 있을 수 있다.

즉, 심결에 당사자로 표시된 종전의 권리자(피승계인)가 소를 제기하여야 한다고 하는 입장에서는 제소기간 내에 권리양수에 관해서 권리이전등록이 있었더라도 심리종결통지서에 신청, 등록이 행해졌지만 양수인에 대해 절차가 속행될 수 없었던 경우와 같이 보아 승계인은 소를 제기할 수 없고 승계참가의 신청에 의하여 당사자로 될 수 있다고 본다.

---

26) 대법원 1983. 12. 27. 선고 82다146 판결[공1984, 312].

이에 대해 승계인이 소를 제기하여야 한다고 보는 입장에서는 권리 양도에 의해 당사자의 지위가 승계되어 양수인 명의의 소제기 또는 참가 신청이 있는 경우에는 종전의 권리자는 원칙적으로 원고적격을 상실한다고 본다.27)

또한, 피승계인 및 승계인 모두가 소를 제기할 수 있다는 입장에서는 원칙적으로 심결에 당사자로 표시된 피승계인이 소를 제기하여야 하지만 심결의 당사자로서 행해진 심결의 효력이 승계인에게도 미친다는 이유를 들어 승계인에게도 당사자 적격이 있다고 본다. 다만, 승계인에게 당사자 적격이 있다고 보더라도 디자인권 등의 특정승계는 등록이 없으면 효력이 발생하지 않기 때문에 권리의 승계인이 소송제기 및 권리이전등록의 양쪽 모두를 제소기간 내에 하지 않으면 부적법한 소로 되고, 제소기간 경과 후에 권리이전등록이 되어도 그 하자는 치유되지 않는다.

일본 판례 중에는 심판장이 심리종결의 통지(우리 특허법 제162조 3항, 디자인보호법 제150조 제3항)를 한 후 특허소송 제기 전에 권리의 승계가 있었으나 그 권리양도에 관하여 특허청장에 대하여 신고가 되기 전에 양수인이 소를 제기한 경우 위 소송은 부적법하고, 소제기기간 경과 후에 그 신고가 되어도 그 흠결은 보정되지 않는다고 한 것이 있다.28)

이 경우에 어느 입장을 취하느냐에 따라 실제로 일어날 수 있는 문제점들을 디자인등록 무효심판을 중심으로 경우를 나누어 검토해 본다.29)

① 디자인권자가 심판에서 패한 후 권리를 양도하였을 때

이에 대하여는 ㉮ 디자인보호법 제166조 제2항에서 심결취소소송을 제기할 수 있는 자(원고)로서 '당사자'를 규정하고 있는 이상, 자신에게 불리한 심결을 받은 양도인에게는 비록 권리를 양도하였다 하더라도 원고적격은 인정하여 줄 필요가 있고, ㉯ 또한 양도인과 양수인이 내부적으로는 양도인이 소송까지 책임지고 마무리해 주기로 약정하는 경우가 많아 양도인이 담보책임을 지지 않기

---

27) 이 견해에 서 있는 滝川叡一은 심결 후에도 피승계인만이 당사자 적격을 갖는다는 태도는 항고심판소가 존재하고 대심원을 항고심판의 속심으로 보던 대심원의 판례를 원용하고 있는 것이어서 타당하지 않다고 본다. 즉, 특허소송을 심판과는 별개 독립의 행정소송으로 생각한다면 원고적격에 관하여 위와 같은 견해를 취할 수 없고 당사자에게 심결취소의 이익을 가질 것도 필요로 하기 때문에 특허권자로서 심판의 당사자인 지위에 있던 자가 심결 후 그 권리를 타인에게 양도한 경우에는 양도인을 당사자로 원고적격을 인정할 이유가 없어진다고 주장한다, 滝川叡一(주 6), 22-23.
28) 東京高裁 昭和 58. 11. 17. 선고 판결(취소집 612).
29) 이 부분 내용은 2001년경 대법원 재판연구관으로 근무하시던 강동세 변호사가 대법원 99후1546 사건과 관련하여 작성한 연구내용을 토대로 정리한 것이다.

위해서도 소송을 성실히 수행할 가능성이 있으며, 가사 불성실하게 소송을 수행할 우려가 있으면 제소 후 양수인이 승계참가를 하면 될 것이므로 양도인에게 소송을 담당케 하더라도 별 문제는 없으며, ㉑ 만일 양수인만이 원고적격을 가진다고 해석하면 양도가 제소기간이 임박하여 이루어진 경우에는 양수인이 제소기간을 놓칠 위험이 있게 될 것이고, ㉒ 앞서 본 '심판 중에 디자인권 등의 양수가 이루어졌으나 심판장이 권리양수인에 대하여 절차를 속행하지 않고 종전의 권리자를 당사자로 하여 심결한 경우'와 '심결 후 권리가 양도된 경우'를 달리 취급할 이유가 없으며, ㉣ 승계인에게 절차의 효력을 승계하도록 규정한 디자인보호법 제20조가 심판단계를 넘어서 소송단계에까지 미치는 것인지 여부와 관련하여, 디자인보호법 제20조가 디자인보호법의 편제상 제1장 총칙규정에 위치하고 있음을 이유로 제8장에 위치한 소송편에도 적용된다고 해석한다면 종전의 권리자로 하여금 소송을 수행케 하더라도 그 판결의 효력이 승계인에게 미치게 되므로 불합리한 점이 없게 되는 점을 고려하면 종전의 권리자(피승계인)에게 원고적격을 인정함이 타당하다고 볼 여지가 있다.

그러나 이에 대하여는 ㉮ 디자인보호법 제166조 제2항이 규정하고 있는 심결취소소송을 제기할 수 있는 '당사자'라 함은 자신에게 불리한 심결을 받은 것으로 족한 것이 아니라 실질적으로 그 권리를 가지고 있는 자이어야만 하므로 권리를 타인에게 양도한 경우에는 불리한 심결을 받은 자라 하더라도 원고적격을 인정하여 줄 필요가 없고, ㉯ 양도인과 양수인이 내부적으로는 양도인이 소송까지 책임지고 마무리해 주기로 약정하는 경우에는 양도인이 담보책임을 지지 않기 위해서도 소송을 성실히 수행할 가능성은 있을 것이나 항상 그러한 약정이 있다거나 양도인이 성실히 소송을 수행하리라고 예상되는 것은 아니며(이 경우는 이러한 사정만으로 양도인에게 심결취소의 이익을 인정할 수 있을지도 문제될 수 있다), ㉰ 양도가 제소기간이 임박하여 이루어진 경우에도 양도인이 미리 제소부터 해 놓고 양도를 하거나 양수인에게 그러한 사정을 미리 설명한다면 양수인이 제소기간을 도과할 가능성의 문제는 해결될 수 있을 것이며, ㉱ 앞서 본 심판 중에 디자인권 등의 양수가 이루어졌으나 심판장이 권리양수인에 대하여 절차를 속행하지 않고 종전의 권리자를 당사자로 하여 심결한 경우는 당사자항정주의가 적용되지만 심결 후에는 이를 적용할 여지가 없으며, ㉲ 승계인에게 절차의 효력을 승계하도록 규정한 디자인보호법 제20조가 심판단계를 넘어서 소송단계에까지 미치는 것인지 여부와 관련하여, 만일 이를 부정한다면 양수인

으로 하여금 소송을 수행케 함이 타당할 것인데 현행 디자인보호법 하에서 디
자인보호법 제21조가 소송단계에서도 적용된다고 보는 해석은 없는 것 같고,[30]
따라서 당사자항정주의를 규정한 디자인보호법 제21조의 규정은 특허청 또는
특허심판원 단계에서만 적용되는 것이므로 심판과 별개독립의 구조를 취하고
있는 현행 디자인소송제도 하에서는 이를 근거로 양도인에게 원고적격을 인정
할 논리적 필연성이 없으며, 바로 이 규정이 디자인쟁송제도가 변경되었음에도
불구하고 디자인보호법의 개별규정들이 이에 따라 정치하게 개정되지 않고 종
래의 속심구조 하에 있던 규정을 그대로 답습하고 있는 대표적인 규정이라 할
수 있으므로 양수인에게만 원고적격을 인정함이 타당하다는 반박도 있을 수
있다.

② 디자인권자가 심판에서 이긴 후 권리를 양도하였을 때

이때에는 심판청구인 측에서 디자인권자 측을 상대로 소를 제기하여야 할
것인데 이 경우에도 피승계인설의 입장에 서면 당사자항정주의를 인정하여 종
전의 권리자인 양도인을 상대로 소송을 제기하여야 할 것이나, 승계인설의 입장
에 서면 종전의 권리자를 상대로 소를 제기하는 것은 부적법하고 양수인(승계
인)을 상대로 소를 제기하여야 할 터인데 심판청구인으로서는 디자인권의 양도
사실을 사실상 알기 어려운 문제가 있으므로 이 경우에는 후설의 입장에서도
이 점을 감안하여 피고의 경정을 허용하고 있다.

그러나 피고의 경정을 인정하더라도 디자인권의 양도사실을 알아야 비로소
가능한 것이고 일반적으로 등록무효 심판청구권 보전을 위한 디자인권의 처분
금지가처분이 받아들여지고 있지 않으므로 심판청구인으로서는 수시로 디자인
권의 양도여부를 확인하여야 할 것이나 이는 사실상 기대하기 어려울 것이고,
특히 디자인권자가 심판단계에서 유리한 심결을 받기는 하였지만 자신의 디자
인권이 무효가 될 것을 우려한 나머지 이러한 점을 악용하여 청구인 몰래 그것
도 변론종결시에 임박하여 디자인권을 양도하고서도 이를 숨기게 되면 청구인
으로서는 종전의 디자인권자를 상대로 제소할 것이어서 변론종결시까지 피고의
경정이 이루어지지 않아 이를 이유로 소송이 각하되거나 혹은 상고심에서 이것
이 밝혀져(이는 종전의 디자인권자가 특허법원에서 패소하고 상고한 뒤에 비로소 이

---

30) 中山信弘 編, 注解 特許法(上)(第3版), 青林書院(2000), 179-180(田倉 整 집필부분). 다
만 구 특허법 시행 당시인 대법원 1967. 6. 27. 선고 67후1 판결[집15행, 17]에서는 특허법
제18조에 의하여 심결이나 판결도 승계인에게 적용되는 것으로 보는 것 같다.

를 주장하는 경우도 있을 수 있다) 원심판결이 피고적격 없는 자를 상대로 한 것임을 들어 원심판결을 파기하고 소를 각하하게 되면 취소되어야 할 특허심판원의 심결이 확정되게 되어 불합리한 점이 있다.

이에 대하여 승계인설의 입장에서는 오히려 가처분제도가 인정되지 않으므로 등록무효 심판청구인으로서는 정당한 피고가 누구인지를 관심을 가지고 수시로 이를 살펴보아야 할 것이고, 변론종결 직전이나 변론종결 직후에 디자인원부를 확인함으로써 권리이전사실을 쉽게 확인할 수 있으므로 피고를 경정할 수 있고, 가사 변론종결후에 이를 발견하더라도 이러한 사정을 들어 변론재개를 신청하면 될 터이므로 그러한 부담을 지운다 하더라도 부당하다고 할 수 없다는 반론이 있을 수 있다.

③ 소   결

앞서 본 사정을 감안하면 논리적으로는 종전의 권리자에게 원고적격을 인정하지 않아야 하고, 가사 이를 인정한다 하더라도 변론종결시까지 양수인의 승계참가가 이루어지지 않는다면 후술하는 바와 같이 양도인에게 심결취소의 이익을 부정하는 편이 상당한 설득력을 가지고 있다고 할 것이나, 양수인이 심판단계에서 유리한 심결을 받았느냐, 불리한 심결을 받았느냐, 심판장이 속행명령을 발하였느냐는 우연한 사정에 따라 그 결론이 달라져서는 곤란할 것이고, 나아가 다음에서 보는 바와 같은 점을 고려하면 무조건 종전의 권리자에게 당사자적격을 부정하는 것도 문제가 있다.

즉, ㉮ 심판과 별개독립의 구조를 취하고 있는 현행 디자인소송제도 하에서 디자보호법 제166조 제2항은 심결취소소송을 제기할 수 있는 주체(원고)로 당사자, 참가인 또는 참가신청을 하였으나 거부된 자 등으로 한정하고 있으므로 자신에게 불리한 심결을 받은 이상 심결 후의 양도인에게도 원고적격을 인정하는 것이 문리해석상 타당하고, 또한 당사자를 확정함에 있어서도 간명하며,[31] ㉯ 당사자항정주의를 규정한 디자인보호법 제20조의 규정이 특허청 또는 특허심판원 단계에서만 적용되는 것이라면, 제소단계는 벌써 특허청의 단계를 벗어나는 것이므로 심판 중에 디자인권 등의 양수가 이루어졌으나 심판장이 권리양수인에 대하여 절차를 속행하지 않고 종전의 권리자를 당사자로 하여 심결한 경우

---

31) 소송구조가 다르기는 하나 속심구조인 민사소송에서 1심 판결 후 계쟁물을 양도받은 양수인은 바로 항소를 제기할 수는 없고(다만 이 때에도 항소제기에 승계참가의 의사도 포함되어 있는 것으로 보고 이를 보정케 하는 것이 실무의 태도이다) 승계참가를 함과 동시에 항소를 제기할 수 있는 것이다.

와 심결 후 권리가 양도된 경우를 달리 취급할 특별한 이유가 없으므로(다만 전
자의 경우는 심판절차에서 당사자항정주의가 인정되기 때문에 종전의 권리자가 심결에
서 당사자로 표시되어 있는 이상 원고로서 소제기까지 할 수 있는 것이라고 해석할 여
지는 있다) 전자의 경우에는 양도인에게 원고적격을 인정하면서 후자의 경우에
는 인정하지 않는다는 것은 논리적 근거가 약하며, ㉰ 양도인과 양수인이 내부
적으로는 양도인이 소송을 책임지기로 약정하는 경우가 많아 양도인이 담보책
임을 지지 않기 위해서도 소송을 성실히 수행할 가능성이 있고, 가사 불성실하
게 소송을 수행할 우려가 있으면 제소 후 양수인이 바로 승계참가를 하면 될
것이므로 양도인에게 소송을 담당케 하더라도 실제에 있어서는 큰 문제가 없으
며, ㉱ 심결에 당사자로 나타난 권리자는 그 권리양도 후에도 여전히 원고적격
을 가진다고 보는 인식이 업계에 여전히 남아 있고, 또한 지금까지의 특허청의
실무관행도 디자인보호법 제20조의 규정을 근거로 권리가 승계되더라도 종전
권리자가 수행한 소송수행의 결과가 승계인에게도 미치는 것으로 처리하여 오
고 있으므로 이러한 현실을 무시하고 양도인에게 원고적격을 부정하는 것은 상
당한 혼란을 가져올 것이어서 곤란한 점이 있다.

　　따라서 이러한 사정들을 고려하면 양도인이나 양수인 모두에게 원고적격을
인정하거나 적어도 양도인에게는 원고적격을 인정하는 편이 타당할 것이다.[32]
이와 같이 해석한다면 반대로 디자인권자가 심판에서 이긴 경우에도 균형상 심
판청구인이 양도인을 상대로 제소케 할 수 있도록 허용함과 동시에 변론종결시
까지 양수인을 상대로 피고경정절차를 밟게 하거나 인수참가절차를 밟도록 하
여야 할 것이다.[33]

　　이 점과 관련하여 대법원 1967. 6. 27. 선고 67후1 판결[집15행, 17]은 등록
무효심판 계속 중 피심판청구인의 등록권리가 제3자에게 이전되었다고 하더라
도 특허법이나, 민사소송법상 사건 계속 중, 그 등록권리의 특별승계가 있는 경
우 승계인으로 하여금 당사자의 지위를 당연히 승계하도록 하는 규정이 없으므
로, 계쟁 권리에 대한 처분금지가처분에 관한 규정이 없는 위와 같은 특허사건
의 피심판청구인은 계쟁중인 등록권리를 타인에게 양도함으로써 심판청구인으

---

32) 다만, 그 변론종결시까지 승계참가 등의 절차를 밟지 않을 경우에는 그 양도인(원고)에
　　게 심결취소의 이익을 부정하는 편이 논리적이라는 주장도 있을 수 있다.
33) 이러한 해석론을 취하면 피고경정절차나 인수참가 등의 절차를 취하지 않을 경우 그 처
　　리방식이 문제될 수 있고 부적법한 것으로 처리한다면 실제로는 특허법원단계에서 이를
　　각하하기보다는 대법원에 가서 비로소 상대방이 이를 상고이유로 삼아 각하하여야 한다고
　　주장하거나 우연한 사정으로 그것이 밝혀지는 경우에야 비로소 알 수 있을 것이다.

로 하여금 속수무책으로 패배케 하는 불합리한 결과에 이르게 하는 사례가 없
지 않을 것인즉, 이러한 결과를 막기 위하여 특허사건의 특이성과 당사자 쌍방
과 권리승계인의 권리관계를 공평히 교량하고, 특허법 제32조(현행 특허법 제19
조와 유사하다)의 취지를 감안하여 당사자로서의 지위에는 아무런 영향이 없다
고 하여 이러한 입장에 부합된다.

다만, 위 판례는 소송구조가 아닌 과거 특허청 심판소에서의 속심구조 하에
서 나온 판례로서, 특허심판원과 특허법원의 심급관계를 엄격히 구분하여 별개
독립의 단계로 이해되고 민사소송법이 기본적으로 소송승계주의를 채택하고 있
는 현행법 하에서도 과연 그러한 해석이 유지될 수 있을지 의문을 가지는 견해
가 있을 수 있고, 나아가 대법원 1969. 5. 27. 선고 68다725 판결[집17민, 103]은
비록 민사사안이기는 하나 소송계속 중 계쟁부동산을 타인에게 양도한 경우에
양도인은 양수인에 대한 그 부동산의 인도의무이행을 위해 소의 이익이 없다고
하여 그와 배치되는 종전의 대법원 1968. 6. 25 선고 68다758 판결[공보불게재,
대법원 판결문검색시스템]을 폐기함으로써[34] 위 판결과는 다른 태도를 보이고 있
으나 이는 방해배제청구권이라는 물권적 청구권은 소유권에서 파생되는 것이고
이를 소유권과 분리하는 것이 불가능하기 때문에 위와 같은 해석이 불가피한
것에 기인하는 측면이 있다.

이에 관하여 대법원 2001. 6. 29. 선고 99후1546 판결[공보불게재, 대법원 종
합법률정보]의 판결이유에는 명시적으로 나와 있지 않으나, 특허심판원의 심결
후 심결취소소송의 소제기 직전에 특허발명의 특허권이 원고에서 그가 대표이
사로 있는 회사로 이전등록되었는데도 불구하고 원고가 당사자가 되어 소를 제
기하고 그 변론종결시까지 특허권의 양수인인 위 회사가 승계참가 등의 절차를

---

34) 이 판례는 소유권을 양도함에 있어 소유권에 의하여 발생되는 물상청구권을 소유권과
   분리하여 소유권 없는 전소유자에게 유보하여 제3자에게 대하여 이를 행사케 한다는 것은
   소유권이 절대적 권리인 점에 비추어 허용될 수 없는 것으로서 이는 양도인인 전소유자가
   그 목적물을 양수인에게 인도할 의무가 있고 그 의무 이행이 매매대금 잔액의 지급과 동
   시 이행관계에 있다거나 그 소유권의 양도가 소송(방해배제 등) 계속중에 있었다고 하여
   다를 리 없으므로 일단 소유권을 상실한 전소유자가 제3자인 불법 점유자에게 대하여 물
   권적 청구권에 의한 방해배제를 청구할 수 없으며 토지의 전 소유자인 원고가 소제기 후
   에 소유권을 양도한 것이라 하여도 임대차 종료등 채권적 권리에 의하여 그 목적물의 반
   환을 청구하는 것이 아니라 토지의 매도자로서 그 토지상에 있는 피고 소유건물을 철거하
   여 매수자에게 인도할 의무가 있다는 이유만으로 이미 그 소유권을 상실한 원고가 피고에
   게 대하여 그 불법 점유에 의한 방해배제를 청구할 수는 없다고 하였다. 위 대법원 68다
   725 판결의 취지는 대법원 1980. 9. 9. 선고 80다7 판결[공1980.11.1.(643), 13162]에서도
   유지되고 있다.

취하지 않아 원심판결이 원고명의로 선고되고 원고를 상대로 상고 제기된 사안이었는데, 대법원은 원고에게 당사자적격 및 심결취소의 이익이 있음을 전제로 상고를 기각하였다. 이는 묵시적으로 피승계인에게도 원고적격을 인정하는 견해를 취하였다고 해석될 여지가 있다.

(나) 피고적격35)

앞에서 본 바와 같이 심결 등에 대한 소에서의 피고적격에 관한 규정(디자인보호법 제167조)은 입법정책적인 이유에서 비롯된 것인데 이러한 입법정책적인 이유로 인해 실무에서는 디자인소송에서 당사자계 심판의 심결을 취소하는 판결문에 기재된 피고는 본래 피고로 되어야 할 특허청장을 대신하여 소송을 수행하는 것에 지나지 않아서, 심결을 취소하는 판결이 확정된 경우에도 그 판결은 행정청인 특허청(특허심판원)에 대하여 효력이 발생하는 것이고(디자인보호법 제169조 제2항, 행정소송법 제30조 제2항), 판결문에 기재된 피고에게 특별한 효력이 생기는 것이 아니라고 보고 있다.36)

따라서, 판결문에 기재된 피고는 침해소송에서는 심결을 취소하는 판결의 이유로 되는 것에 구속되지 않고 자신의 주장을 입증하기 위하여 다른 증거자료를 제출할 수 있다.

즉, 심결취소소송의 경우 심결을 취소한 판결은 심결을 확정한다는 것 이상의 의미가 없고 심결을 취소하는 판결은 특허청에 대한 것이 되며, 판결문에 기재된 피고는 특허청을 위한 소송담당자에 지나지 않아서 실체상의 권리의무관계에 관하여 어떠한 의무도 부담하지 않는 것이다.37)

앞서 본 견해에 따라 정리하면, 심결에서 청구가 기각된 심판청구인이 디자인권자를 상대로 소를 제기하는 경우에 피고적격이 종전의 권리자에게 있다는 '피승계인설'은 디자인보호법상 심결취소소송에서의 피고적격은 원칙적으로 심결에 당사자로 표시된 자이고(디자인보호법 제167조) 디자인권에 관하여 밟은 절차의 효력에 관하여 당사자항정주의(디자인보호법 제20조)가 적용됨을 이유로 종전의 권리자인 양도인을 피고로 하여 소송을 제기하여야 한다고 본다.38) 그리고

---

35) 이 부분 내용은 2003년경 대법원 재판연구관으로 근무하시던 강기중 변호사가 대법원 2001후2054 사건과 관련하여 작성한 연구내용을 토대로 정리한 것이다. 특히 내용 중 승계인설과 피승계인설을 취할 경우의 문제점에 대한 부분은 연구내용을 그대로 옮긴 것이다.

36) 中山信弘 編(주 30), 1713-1714(田倉 整, 仁木弘明 집필부분).

37) 中山信弘 編(주 30), 1714.

38) 竹田 稔 編(주 12), 118(山田知司 집필부분).

'피승계인 및 승계인설'에서도 원칙적으로는 종전의 권리자가 심결의 명의인인 당사자이므로 피승계인에게 피고적격이 있지만, 심결의 효력이 승계인에게도 미치므로 소제기 및 신고 · 등록이 모두 제소기간 내에 이루어졌다는 조건하에서 승계인에게도 당사자적격이 있다고 보는 견해이므로 종전의 권리자인 피승계인을 피고로 하여 소송을 제기하는 것이 적법하다고 본다.[39]

한편, 피고적격이 양수인에게 있다는 '승계인설'에서는 권리이전에 대한 신고 · 등록이 심결 후 소제기 전에 이루어진 경우에 당사자 지위의 승계를 인정하여 양도인을 상대로 소를 제기하는 것은 부적법하고 양수인을 상대로 소를 제기하여야 한다고 본다. 다만, 승계인설을 취하더라도 심판청구인으로서는 디자인권의 양도사실을 사실상 알기 어려운 문제가 있는 점을 감안하여 이 경우 양도인에게 피고적격이 있음을 인정하면서, 디자인소송이 행정소송과 민사소송의 성격을 모두 지니고 있음을 들어 행정소송법 제14조에 따른 피고의 경정을 하여야 한다고 보거나, 민사소송법 제81조에 따른 양수인의 승계참가라는 적극적 행위에 의해 비로소 종전의 권리자가 '당사자'인 지위를 상실하게 된다고 보고 있다.[40]

그러나 피고의 경정을 인정하더라도 디자인권의 양도사실을 알아야 비로소 가능한 것이고 일반적으로 무효심판청구권 보전을 위한 디자인권의 처분금지가처분이 받아들여지고 있지 않으므로 심판청구인으로서는 수시로 디자인권의 양도 여부를 확인하여야 할 것이나 이는 사실상 기대하기 어려울 것이고, 특히 디자인권자가 심판단계에서 유리한 심결을 받기는 하였지만 자신의 디자인권이 무효가 될 것을 우려한 나머지 이러한 점을 악용하여 청구인 몰래 그것도 변론종결시에 임박하여 디자인권을 양도하고서도 이를 숨기게 되면 청구인으로서는 종전의 디자인권자를 상대로 제소할 것이고 변론종결시까지 피고의 경정이 이루어지지 않아 이를 이유로 소송이 각하되거나 혹은 상고심에서 이것이 밝혀져 (이는 종전의 디자인권자가 특허법원에서 패소하고 상고한 뒤에 비로소 이를 주장하는 경우도 있을 수 있다) 원심 판결이 피고적격 없는 자를 상대로 한 것임을 들어 원심판결을 파기하고 소를 각하하게 되면 취소되어야 할 특허심판원의 심결이 확정되게 되어 불합리한 점이 있다.

이에 대하여 승계인설의 입장에서는 오히려 가처분제도가 인정되지 않으므

---

39) 竹田 稔 編(주 12), 119(山田知司 집필부분).
40) 이상경(주 6), 68; 滝川叡一(주 6), 22-23, 37.

로 무효심판청구인으로서는 정당한 피고가 누구인지를 관심을 두고 수시로 이를 살펴보아야 할 것이며, 변론종결 직전이나 변론종결 직후에 디자인원부를 확인함으로써 권리이전사실을 쉽게 확인할 수 있으므로 피고를 경정할 수 있고, 가사 변론종결 후에 이를 발견하더라도 이러한 사정을 들어 변론재개를 신청하면 될 터이므로 그러한 부담을 지운다 하더라도 부당하다고는 할 수 없다는 반론이 있을 수 있으나, 디자인권을 양수한 자의 경우는 자신이 디자인권 이전등록을 할 당시에 이미 디자인등록무효심판이나 심결취소소송 제기사실이 디자인원부에 등재, 공시되어 있음에도 불구하고 적극적으로 소송에 참여하지 않음으로써 결국 자신의 권리 위에 잠자는 결과를 초래한 것이므로 굳이 승계인설처럼 해석해 가면서 양도인을 상대로 진행된 소송절차의 효력을 부인하는 것은 부당하다.

따라서 심결 후에 권리가 승계된 경우에 있어서도 원래 심결의 당사자인 종전의 권리자를 피고로 하여 제기된 소는 디자인보호법 제167조의 규정에 따라 적법한 것으로 취급하는 것이 타당하고, 양수인이 변론종결일까지 피고 경정이나 승계참가 등의 절차에 의하여 심결취소소송에 관여하지 않았다고 하여 곧바로 심결취소소송의 판결이 피고를 잘못 정한 것이어서 부적법하다고 할 수는 없다.

이에 관하여 대법원 2003. 5. 27. 선고 2001후2054 판결[공보불게재, 대법원종합법률정보]의 판결이유에는 명시적인 판단이 없으나, 위 사건은 원심의 변론종결일까지는 피고가 제3자에게 특허권을 이전하였음을 진술하거나 특허권 이전 후의 특허등록원부를 제출하지 않은 채 자신이 특허권자임을 전제로 계속 소송수행을 하여 왔고, 원심법원도 그 전에 발행된 특허등록원부의 내용만을 믿고 재판을 진행한 결과 양도인인 피고를 당사자로 하는 판결을 하였는데, 실제로는 특허심판원의 심결일 이전에 이미 피고로부터 제3자에게 특허권이 이전되어 있었던 사안이었다. 이에 대하여 피고가 상고이유에서 당사자적격이 없음을 들어 다투었으나 원고가 심결문의 피청구인인 양도인을 피고로 삼아 소를 제기한 것이 적법함을 전제로 피고의 상고를 기각하고 있다.[41] 이는 묵시적으로 피승계인에게도 피고적격을 인정하는 견해를 취하였다고 해석될 여지가 있다.

그리고 대법원 2009. 6. 25. 선고 2009후948 판결(상고기각, 심리불속행)[공보

---

41) 위 사건에서는 피고가 상고이유로 당사자 적격이 없다는 주장도 하였으나, 대법원은 판결문에서 명시적인 판단은 하지 않았다.

불게재, 대법원 판결문검색시스템]은 특허발명에 대한 공유지분 양수인에 대한 이전등록이 '심결 후 소제기 전'에 마쳐졌으나 원고가 양도인을 피고로 삼아 심결취소소송을 제기한 사건에서 소제기 당시 심결의 피심판청구인 중 1인으로 기재된 양도인에게 피고적격이 있었다고 본 데에 위법이 없음을 전제로, 본안에 나아가 판단한 원심판결을 수긍하고 상고를 기각하였다.

다. 소제기 후의 승계
(1) 일반승계

이에 대하여는 상속인 등에게 이해관계가 인정되지 아니한다면 소를 각하하여야 한다는 견해42)와 무효심판청구인의 지위는 승계가 없기 때문에 소송종료선언을 하는 것으로 충분하다는 견해43)가 있다.

그러나 원고가 심결취소소송의 소장을 법원에 제출한 후 사망했더라도 이해관계가 곧바로 소멸한다고 보기는 어려우므로 소송절차의 중단사유로 되고(민사소송법 제233조, 제234조), 소송절차 수계신청에 의해 소송절차가 속행된다고 봄이 타당하다.

한편, 디자인등록무효의 심판청구인이 피고로 되어 있는 심결취소소송에서 피고가 사망한 경우에도 상속인 등 소송을 속행하여야 할 자에게 소송절차를 수계하도록 한다.44)

(2) 특정승계

소제기 후에 특정승계가 있는 때는, 양수인의 독립당사자참가 또는 양도인 또는 상대방에 의한 소송인수의 신청에 의해 소송에 참가할 수 있고(민사소송법 제79조, 제82조), 이 경우 양도인은 상대방의 승낙을 얻어 소송에서 탈퇴할 수 있

---

42) 특허소송실무, 법원행정처, 1998, 51.

43) 이상경(주 6), 61, 그 논거로 이혼소송의 계속 중 당사자 일방이 사망하면 소송이 종료되는 것으로 보아야 한다는 대법원 1994. 10. 28. 선고 94므246, 94므253 판결[공1994, 3126] 등을 근거로 들고 있다.

44) 일본의 판례이지만, 最一判 昭和 55. 12. 18. 선고 昭和52(行ツ)130 판결, "특허무효의 심판청구인이 피고로 되어 있는 심결취소소송의 계속 중 피고가 사망한 경우에는 민사소송법 208조에 의하여 그 상속인이 기타 법령에 의하여 소송을 속행하여야 할 자에 대하여 위 소송의 절차를 수계하여야 하는 것이어서 소송이 종료한 것이 아니라고 해석함이 상당하다. 따라서, 소론과 같이 본소가 원심에 계속 중에 피고 鈴木恒喜가 사망했더라도 위 피고의 관계에서 소송의 종료를 선언하는 판결을 하지 않은 원심의 조치에 소론의 위법은 없다", 상고인의 상고이유 중의 하나가 "무효심판청구인의 법률상의 지위는 그 성질상 일신전속적인 것이므로 무효심판청구인의 사망과 함께 그 절차는 종료되는 것이므로 상속을 전제로 한 민사소송법 제208조 및 제213조의 규정은 그 적용의 여지가 없다"였으나 배척되고 소송종료선언을 하지 않은 원심의 판단에 위법이 없다고 판단되었다.

다(민사소송법 제80조, 제82조). 이 경우 어느 견해를 취하더라도 결과에 있어서 큰 차이는 없다. 다만, 이때에도 양수인이 승계참가나 인수참가를 하지 않을 경우 판결의 효력이 양수인에게 미치는지 여부가 문제가 될 수 있으나 디자인소송에서의 판결의 효력은 실질적으로는 특허청장에게 미치는 것이므로 그 판결의 효력에 아무런 영향이 없다고 봄이 상당하다.45)

〈윤태식〉

---

45) 어떤 경우에도 피고는 본래의 피고가 되는 특허청장에 갈음하여 소송을 수행한 경우에 지나지 않기 때문에 피고 자신에 대하여는 특별한 효력이 없다. 즉, 심결을 인정하는 판결이 확정되면(심결취소소송의 청구기각), 심판청구를 인용한 심결의 경우나 배척한 심결의 경우 모두 그 심결을 확정하는 효과가 생길 뿐 피고에게 법률적으로 그 이상의 효과는 없는 것이다, 中山信弘 編(주 30), 1713-1714(田倉 整, 仁木弘明 집필부분).

> **제22조(절차의 중단)**
>
> 디자인에 관한 절차가 다음 각 호의 어느 하나에 해당하는 경우에는 특허청 또는 특허심판원에 계속 중인 절차는 중단된다. 다만, 절차를 밟을 것을 위임받은 대리인이 있는 경우에는 그러하지 아니하다.
>
> 1. 당사자가 사망한 경우
> 2. 당사자인 법인이 합병에 의하여 소멸한 경우
> 3. 당사자가 절차를 밟을 능력을 상실한 경우
> 4. 당사자의 법정대리인이 사망하거나 그 대리권을 상실한 경우
> 5. 당사자의 신탁에 의한 수탁자의 임무가 끝난 경우
> 6. 제13조 제1항 각 호 외의 부분 단서에 따른 대표자가 사망하거나 그 자격을 상실한 경우
> 7. 파산관재인 등 일정한 자격에 따라 자기 이름으로 다른 사람을 위하여 당사자가 된 자가 그 자격을 상실하거나 사망한 경우

〈소 목 차〉

Ⅰ. 서   론

디자인에 관한 절차의 정지란 디자인에 관한 출원·청구 또는 기타 절차가 특허청 또는 특허심판원에 계속 중에 일정한 사유가 발생한 경우에 절차가 끝나지 아니하고 당해 절차가 법률상 진행되지 않는 상태를 말한다. 그 사유는 법령에 개별적으로 규정되어 있으며, 따라서 관련사건 등으로 인하여 절차가 사실

상 정지된 경우와 구별된다.

디자인보호법상 절차의 정지에는 절차의 중단(디자인보호법 제22조)과 중지
(디자인보호법 제25조)의 두 가지가 있다.

Ⅱ. 절차 중단의 의의와 연혁

1. 의   의

절차의 중단이라 함은 당사자에게 절차를 수행할 수 없는 사유가 발생했을
경우에 새로운 절차의 수행자가 나타나 절차를 수행할 수 있을 때까지 법률상
당연히 절차의 진행이 정지되는 것을 말한다.

2. 연   혁

1) 특허에 관한 절차의 정지에 대하여 1973. 2. 8. 법률 제2505호로 개정된
특허법 제37조에서 절차의 중단과 중지에 관하여 규정하고 그에 관하여 필요한
사항을 대통령령에 위임하였고, 특허법 시행령(1973. 12. 31. 대통령령 제6978호)은
제9조에서 민사소송법을 준용하지 않고 직접 중단 및 중지의 사유, 중단·중지
된 절차의 수계 및 그 효과 등 특허법 제20조 내지 제24조에 해당하는 내용에
관하여 직접 규정하였다.

그 후 1990. 1. 13. 법률 제4207호로 개정된 특허법 제20조에서 조문 이동
과 함께 절차의 중단에 관한 사항은 중대한 법률효과를 수반하는 법률사항
임을 고려하여 직접 법률에 규정하여 현재의 특허법과 같은 형식을 갖추게 되
었다.

한편 2006. 3. 3. 법률 제7871호로 개정된 특허법 제20조에서 권리자의 절
차수행권이 박탈된 채 제3자가 자기명의로 그 권리자를 위하여 특허에 관한 절
차의 당사자로 된 경우에는 그 제3자가 그 자격을 상실하거나 사망한 때에도
특허에 관한 절차를 중단할 필요가 있어서 민사소송법 제237조 제1항에 상응하
는 조문으로 규정하였다.

2) 디자인보호법의 이전 법인 의장법에서 의장(디자인)에 관한 절차의 정지
에 대하여 당초에는 특별히 규정하지 아니하고 있었다가 앞서 본 특허법 개정
에 맞추어 1973. 2. 8. 법률 제2507호로 전문개정된 의장법 제7조에서 "특허법
제12조·제13조·제15조 내지 제41조 및 제43조의 규정은 의장에 대하여는 이

를 준용한다"라고 규정하였다가 1990. 1. 13. 법률 제4208호로 전부개정된 의장
법 제24조에서 "특허법 제37조 내지 제41조·제51조의 규정은 의장등록요건 및
의장등록출원에 관하여 이를 준용한다"라고 규정하였다.

  그 후 의장법이 제명을 디자인보호법으로 하여 2004. 12. 31. 법률 제7289
호로 개정되어 디자인보호법 제24조도 같은 방법으로 특허법 제37조를 준용하
는 형식을 취해 오다가 2009. 6. 9. 법률 제9764호로 개정된 디자인보호법에서
기존의 특허법 준용규정 형식을 폐지하고 제4조의19(절차의 중단)를 신설하여
"디자인에 관한 절차가 다음 각 호의 어느 하나에 해당하는 경우에는 특허청
또는 특허심판원에 계속 중인 절차는 중단된다. 다만, 절차를 밟을 것을 위임받
은 대리인이 있으면 그러하지 아니하다. 1. 당사자가 사망한 경우, 2. 당사자인
법인이 합병에 따라 소멸한 경우, 3. 당사자가 절차를 밟을 능력을 상실한 경우,
4. 당사자의 법정대리인이 사망하거나 그 대리권을 상실한 경우, 5. 당사자의 신
탁에 의한 수탁자의 임무가 끝난 경우, 6. 제4조의10 제1항 각 호 외의 부분 단
서에 따른 대표자가 사망하거나 그 자격을 상실한 경우, 7. 파산관재인 등 일정
한 자격에 따라 자기 이름으로 다른 사람을 위하여 당사자가 된 자가 그 자격
을 잃거나 사망한 경우"라고 규정하였다.

  그 후 2013. 5. 28. 법률 제11848호로 전부개정된 디자인보호법 제22조에서
특허법 제20조와 거의 같은 내용으로 위와 같이 개정되었는데 개정 전 규정과
비교하여 '제4조의10 제1항'을 '제13조 제1항'으로, '잃거나'를 '상실하거나'라
고 수정한 것 외에 나머지 내용은 같다.

Ⅲ. 절차의 중단사유

1. 당사자가 사망한 경우

  디자인에 관한 절차가 계속 중에 당사자가 사망한 경우에는 절차의 결과가
사망한 당사자에 대하여 법적 효력을 발생하는 것은 무의미할 것이므로 사망자
의 상속인·상속재산관리인 등 새로운 당사자가 될 자의 절차 관여의 기회를
보장하기 위하여 이들이 절차를 수계하기 전까지 중단된다.

  '소송계속 후'에 당사자가 사망한 때에 절차가 중단되는 것이고 당사자가
'소제기 전'에 이미 사망한 경우에는 그것이 후에 판명되었다 하더라도 중단사
유가 되지 않으며 이러한 경우 상속인으로의 소송수계신청은 당사자표시정정신

청으로 볼 여지가 있을 뿐이다.[1]

소송 계속 중 어느 일방 당사자의 사망에 의한 소송절차 중단을 간과하고 심결이 행해진 경우에는 그 심결은 소송에 관여할 수 있는 적법한 수계인의 권한을 배제한 결과가 되는 절차상 위법은 있지만 그 심결이 당연무효라 할 수는 없고, 심결이 행해진 후 적법한 상속인들이 수계신청을 하여 심결을 송달받아 심결취소소송을 제기하거나 또는 사실상 송달을 받아 소장을 제출하고 수계절차를 밟은 경우에도 그 수계와 소의 제기는 적법한 것이라고 보아야 한다.[2]

2. 당사자인 법인이 합병에 의하여 소멸한 경우

당사자인 법인이 다른 법인과의 합병에 의하여 소멸된 때에는 절차는 중단된다. 이 경우 디자인에 관한 절차를 수계할 수 있는 자는 신설합병의 경우에는 새로 설립된 법인이며, 흡수합병의 경우에는 존속법인이다.

법인이 합병에 의하여 소멸한 경우에는 디자인에 관한 절차를 수계할 법인이 수계할 때까지 그 절차는 중단된다. 당사자인 법인이 합병에 의하여 소멸된 경우만을 절차중단사유로 규정한 것은 합병 이외의 사유로 해산된 경우에는 청산법인이 존재하여 절차를 수행할 수 있기 때문이다. 다만, 청산법인이 청산절차를 밟지 않고 소멸된 경우에는 절차가 중단된다.

3. 당사자가 절차를 밟을 능력을 상실한 경우

미성년자, 피한정후견인 또는 피성년후견인은 법정대리인에 의하지 아니하면 디자인등록에 관한 출원 청구, 그 밖의 절차를 밟을 수 없다(디자인보호법 제4조).

따라서 여기서 당사자가 절차를 밟을 능력을 상실한 경우란 당사자가 미성년자, 피한정후견인, 피성년후견인으로 되는 경우와 같이 당사자가 디자인에 관한 절차를 밟을 능력을 상실하는 경우를 의미한다. 여기에서 그 절차를 수계할 수 있는 자는 위와 같이 디자인에 절차를 밟을 능력을 상실한 자의 법정대리인으로 된 자, 디자인에 관한 절차를 밟을 능력을 회복한 당사자 또는 성년후견인, 한정후견인이다.

---

1) 대법원 1962. 8. 30. 선고 62다275 판결[공보불게재, 대법원 종합법률정보] 참조.
2) 대법원 2003. 11. 14. 선고 2003다34038 판결[공2003, 2348] 참조.

4. 당사자의 법정대리인이 사망하거나 그 대리권을 상실한 경우

당사자의 법정대리인이 사망하거나 그 법정대리권을 상실한 경우에는 절차가 중단되는데, 여기에서 법정대리권을 상실한 경우로는 민법 그 밖의 법률에 의하는 것으로 이해되므로 본인이 사망한 경우, 법정대리인이 성년후견개시 등의 심판을 받거나 파산선고를 받은 경우, 본인이 절차를 밟을 능력을 갖게 된 경우(미성년자인 본인이 혼인한 경우, 미성년자가 성년자로 된 경우), 또는 법정대리인의 자격을 상실한 경우(예: 친권을 상실한 경우, 후견인이 사임하거나 해임된 경우 등) 등이 있다.

법정대리인과 달리 소송대리인의 사망이나 소송대리권의 소멸의 경우에는 본인 스스로 소송행위를 할 수 있기 때문에 중단사유가 되지 않는다. 법정대리권의 상실에는 가처분에 의하여 그 권한행사가 금지된 경우도 포함된다.[3]

5. 당사자의 신탁에 의한 수탁자의 임무가 끝난 경우

신탁법에 따른 수탁자의 임무종료를 의미하는 것으로서, 명의신탁관계는 포함하지 않는다.[4] 신탁법에서 "신탁"이란 신탁을 설정하는 자(위탁자)와 신탁을 인수하는 자(수탁자) 간의 신임관계에 기하여 위탁자가 수탁자에게 특정의 재산(영업이나 저작재산권의 일부를 포함한다)을 이전하거나 담보권의 설정 또는 그 밖의 처분을 하고 수탁자로 하여금 일정한 자(수익자)의 이익 또는 특정의 목적을 위하여 그 재산의 관리, 처분, 운용, 개발, 그 밖에 신탁 목적의 달성을 위하여 필요한 행위를 하게 하는 법률관계를 말하고(신탁법 제2조), 수탁자의 임무가 종료하는 경우 법원은 이해관계인의 청구에 의하여 신탁재산관리인의 선임이나 그 밖의 필요한 처분을 명할 수 있다(신탁법 제17조 제1항).

신탁업무와 관련된 법률관계에 있어서는 수탁자가 권리의 주체가 되며, 수탁자의 임무가 끝난 경우에는 권리주체에 공백이 있는 결과가 되어 디자인에 관한 절차가 중단되도록 하고 새로운 수탁자로 하여금 절차를 수계하도록 하고 있다.

---

3) 대법원 1980. 10. 14. 선고 80다623, 624 판결[공1980.12.15.(646), 13318] 참조.
4) 대법원 1966. 6. 28. 선고 66다689 판결[집14민, 88].

6. 제13조 제1항 각 호 외의 부분 단서에 따른 대표자가 사망하거나 그 자격을 상실한 경우

2인 이상이 공동으로 디자인에 관한 절차를 밟는 때에는 제13조 제1항 각 호의 어느 하나에 해당하는 사항을 제외하고는 각자가 모두를 대표하나 대표자를 선정하여 특허청장 또는 특허심판원장에게 신고하면 그 대표자가 모두를 대표하여 절차를 수행할 수 있고 이러한 경우에 그 대표자가 사망하거나 자격을 상실한 경우에는(가처분에 의한 직무집행정지 포함[5]) 절차가 중단되도록 하고 있다.

7. 파산관재인 등 일정한 자격에 의하여 자기 이름으로 다른 사람을 위하여 당사자가 된 자가 그 자격을 상실하거나 사망한 경우

권리자의 절차수행권이 박탈된 채 제3자가 자기명의로 그 권리자를 위하여 디자인에 관한 절차의 당사자로 된 경우에 그 제3자가 그 자격을 상실하거나 사망한 경우에도 디자인에 관한 절차를 중단할 필요가 있어서 규정한 것으로 민사소송법 제237조 제1항에 상응하는 조문이다. 예컨대 파산관재인, 유언 집행자 등이 절차를 수행하던 절차를 수행할 자격을 잃거나 사망하면 디자인에 관한 절차는 중단된다.

그러나 대위채권자, 추심채권자, 채권질권자 등은 비록 타인을 위하여 소송을 하는 것이지만 자기의 권리에 기해서 하는 것이기 때문에 여기서의 중단사유에 해당하지 않는다.

IV. 중단의 예외사유

이상의 중단사유는 그 중단사유가 생긴 당사자 쪽에 절차를 밟을 것을 위임받은 대리인이 있는 경우에는 절차는 중단되지 않는다(디자인보호법 제22조 단서).[6]

---

5) 대법원 1980. 10. 14. 선고 80다623, 624 판결[공1980.12.15.(646), 13318].

6) 당사자가 사망하였으나 소송대리인이 있어 소송절차가 중단되지 아니한 경우, 원칙적으로 소송수계의 문제는 발생하지 아니하고 소송대리인은 상속인들 전원을 위하여 소송을 수행하게 되는 것이며, 그 사건의 판결의 당사자 표시가 망인 명의로 되어 있다 하더라도 그 판결은 상속인들 전원에 대하여 효력이 있다고 판시한 것으로는 대법원 1995. 9. 26.

이것은 디자인권은 공권의 성질이 있으므로 당사자 등이 사망하더라도 당사자 등이 선임한 대리인의 대리권이 소멸하지 않도록 하여 수계할 자의 이익을 보호하려는 디자인보호법 제10조 규정의 취지와 같다.

〈윤태식〉

선고 94다54160 판결[공1995, 3519]이 있고, 대표이사의 변경이 있어 소송절차 중단사유가 발생하여도 소송대리인이 있는 경우 소송절차가 중단되지 아니하므로 대표이사의 변경이 있음을 이유로 제출한 소송절차 수계신청은 대표자 표시변경으로 보아야 한다고 판시한 것으로는 대법원 1979. 12. 11. 선고 76다1829 판결[공1980.2.1.(625), 12413]; 대법원 1969. 3. 10.자 68마1100 결정[집17민, 299]이 있다. 또한, 소송계속 중 회사인 일방 당사자의 합병에 의한 소멸로 인하여 소송절차 중단사유가 발생하였음에도 법원이 이를 간과하고 판결을 선고하였으나 이미 소송대리인이 선임되어 있었던 경우, 법원으로서는 당사자의 변경을 간과하여 판결에 구 당사자를 표시하여 선고한 때에는 소송수계인을 당사자로 경정하는 방법으로 치유하여야 한다고 한 것으로는 대법원 2002. 9. 24. 선고 2000다49374 판결[공2002, 2479]이 있다.

제23조(중단된 절차의 수계)

제22조에 따라 특허청 또는 특허심판원에 계속 중인 절차가 중단된 경우에는 다음 각 호의 구분에 따른 자가 그 절차를 수계하여야 한다.

1. 제22조 제1호의 경우: 그 상속인·상속재산관리인 또는 법률에 따라 절차를 계속할 자. 다만, 상속인은 상속을 포기할 수 있는 동안에는 그 절차를 수계하지 못한다.
2. 제22조 제2호의 경우: 합병에 따라 설립되거나 합병 후 존속하는 법인
3. 제22조 제3호 및 제4호의 경우: 절차를 밟을 능력을 회복한 당사자 또는 법정대리인이 된 자
4. 제22조 제5호의 경우: 새로운 수탁자
5. 제22조 제6호의 경우: 새로운 대표자 또는 각 당사자
6. 제22조 제7호의 경우: 같은 자격을 가진 자

<소 목 차>

I. 취   지

디자인보호법 제22조는 당사자에게 특허청 또는 특허심판원에 계속 중인 절차에 관여할 수 있는 기회를 보장하기 위하여 그 절차의 중단을 규정하고 있는데, 본조는 이러한 절차의 중단의 해소에 대한 규정이다. 새로운 절차수행자나 상대방의 수계신청에 의하여 또는 특허청장 또는 심판관의 속행명령에 의하여 그 절차중단이 해소되는데 본조는 그 가운데 새로운 절차수행자가 될 자에 대하여 규정하고 있다.

Ⅱ. 연   혁

1. 특허에 관하여 중단된 절차의 수계에 대하여 1961. 12. 31. 법률 제950호로 제정된 특허법 제33조에 "본법에 규정한 것 외에 특허국에 계속 중인 절차의 중단, 중지 및 중단, 중지된 절차의 속행에 관하여 필요한 사항은 각령으로 정한다"라고 규정하여 절차의 중단 및 중지 제도에 대하여만 규정하고 제정 특허법시행령(1962. 3. 27. 각령 제590호) 제3조에서 민사소송법 중 소송절차의 중단 및 중지에 관한 모든 규정을 포괄적으로 준용하였고, 1973. 2. 8. 법률 제2505호로 전문개정된 특허법 제37조에서 "이 법에 규정한 것 외에 특허국에 계속 중인 절차의 중단·중지 및 중단·중지된 절차의 속행에 관하여 필요한 사항은 대통령령으로 정한다"라고 하여 중단된 절차의 속행 문구를 신설하는 한편 1973. 12. 31. 대통령령 제6978호로 개정된 특허법시행령 제9조는 민사소송법을 준용하지 않고 중단·중지된 절차의 수계 및 그 효과 등에 해당하는 내용에 관하여 직접 규정하였다.

그 후 1976. 12. 31. 법률 제2957호로 개정된 특허법 제35조에서 '특허국'이 '특허청'으로 변경되고, 1990. 1. 13. 법률 제4207호로 전문개정된 특허법 제21조에서 현행 규정과 거의 같은 내용으로[1] 변경되어 오늘에 이르고 있다.

2. 디자인보호법의 이전 법인 의장법에서 의장(디자인)에 관하여 중단된 절차의 수계에 대하여 의장법이 당초에는 특별히 규정하지 아니하고 있었다가 1973. 2. 8. 법률 제2507호로 전부개정된 의장법 제17조에서 비로소 "특허법 제12조·제13조·제15조 내지 제41조 및 제43조의 규정은 의장에 대하여는 이를 준용한다"라고 규정하였다가 1990. 1. 13. 법률 제4208호로 전부개정된 의장법 제4조에서 "특허법 제3조 내지 제28조의 규정은 의장에 관하여 이를 준용한다"라고 규정하였다.

---

1) 1995. 1. 5. 법률 제4892호로 개정된 특허법 제21조에서 '특허청에 계속 중인' 부분이 '특허청 또는 특허심판원에 계속(繫屬) 중인'으로 변경되고, 2001. 2. 3. 법률 제6411호로 개정된 특허법 제21조에서 '계속(繫屬)' 부분이 '계속(係屬)'으로 변경되었으며, 2006. 3. 3. 법률 제7871호로 개정된 특허법 제21조에서 '다음 각호의 1' 부분이 '다음 각 호의 어느 하나' 부분으로 변경되었고, 2014. 6. 11. 법률 제12753호로 개정된 특허법 제21조에서 '제20조의 규정에 의하여' 부분이 '제20조에 따라' 부분으로, '다음 각 호의 어느 하나에 해당하는 자'가 '다음 각 호의 구분에 따른 자', '의 경우에는' 부분이 ' 경우:' 등으로 문구 변경이 이루어졌다.

의장법이 제명을 디자인보호법으로 하여 2004. 12. 31. 법률 제7289호로 개정되어 디자인보호법 제4조도 같은 방법으로 특허법 제21조를 준용하는 형식을 취해 오다가 2009. 6. 9. 법률 제9764호로 개정된 디자인보호법에서 기존의 특허법 준용규정 형식을 폐지하고 제4조의20(중단된 절차의 수계)을 신설하여 "제4조의19에 따라 특허청 또는 특허심판원에 계속 중인 절차가 중단된 때에는 다음 각 호의 어느 하나에 해당하는 자가 그 절차를 이어 밟아야 한다. 1. 제4조의19 제1호의 경우에는 그 상속인·상속재산관리인 또는 법률에 따라 절차를 속행할 자. 다만, 상속인은 상속을 포기할 수 있을 때까지 그 절차를 이어 밟지 못한다. 2. 제4조의19 제2호의 경우에는 합병에 따라 설립되거나 합병 후 존속하는 법인 3. 제4조의 19 제3호 및 제4호의 경우에는 절차를 밟을 능력을 회복한 당사자 또는 법정대리인이 된 자 4. 제4조의19 제5호의 경우에는 새로운 수탁자 5. 제4조의19 제6호의 경우에는 새로운 대표자 또는 각 당사자 6. 제4조의19 제7호의 경우에는 같은 자격을 가진 자"로 규정하였다.

그 후 2013. 5. 28. 법률 제11848호로 전부개정된 디자인보호법 제23조에서 구 특허법 제21조에서 개정 특허법 제21조로 된 것과 같은 내용으로 문구 조정되어 위와 같이 개정되었다.

Ⅲ. 내   용

1. 당사자가 사망한 경우(제1호)

디자인에 관한 절차의 진행 중 당사자가 사망한 경우, 중단된 절차는 상속인, 상속재산관리인 또는 법률에 의하여 절차를 계속 수행할 사람에 의해 계속된다.

상속인이 누구인지는 민법에 따라 정하여지게 된다. 상속인이 여러 사람이고 이들 사이에서 상속재산 분할이 이루어지지 않은 경우, 복수의 상속인은 당해 디자인에 대해서도 공유자의 지위에 있다 할 것이므로, 디자인에 관한 절차에 있어서는 전원이 절차를 수계하여야 할 것이다.[2] 다만, 상속인이 여러 사람

---

2) 일반 민사소송의 경우 상속인 중 일부만이 1심에서 수계한 경우, 수계하지 않은 나머지 상속인에 대한 소송은 제1심에서 중단된 채로 계속 중이라 할 것이나(대법원 1994. 11. 4. 선고 93다31993 판결[공1994, 3231] 참조), 디자인의 경우에는 공동출원규정(제39조), 공동심판청구규정(제125조)의 위반이 되므로 공동상속인 전원이 수계절차를 밟지 않고 이루어진 절차는 디자인등록무효사유(제121조 제1항 제2호), 심결취소사유에 해당한다.

인 경우라 하더라도 적극재산이 협의 등으로 분할되어 상속된 경우에는 분할에
따라 당해 디자인권을 상속받은 상속인만이 수계를 할 수 있다.

한편, 상속인은 상속개시 있음을 안 날로부터 3개월 이내에 상속을 포기할
수 있는바(민법 제1019조 제1항), 이 기간 동안은 절차를 수계할 수 없다. 위 기
간 중 수계를 하였다가 이후 상속포기 기간 내에 적법하게 상속을 포기하게 되
면, 그에 따라 수계적격도 상실하게 되므로 기존의 수계 역시 소급하여 무효로
되게 되는바, 이러한 절차상의 불안정 내지는 비효율을 피하기 위한 규정이다.

상속인이 상속재산을 관리하지 않는 상태에 있거나 이를 관리하는 것이 부
적당한 경우 또는 상속인이 존재하지 않는 경우 법원은 상속재산관리인을 선임
하게 되는바(민법 제1023조, 제1040조, 제1042조 제2항, 제1047조, 제1053조 등 참조),
이러한 경우에는 상속재산관리인이 절차를 수계하게 된다.

법률에 의하여 절차를 계속 수행할 자는 유언집행자, 상속재산에 대해서 파
산선고가 있는 경우의 파산관재인 등이 이에 해당한다.

2. 당사자인 법인이 합병에 의하여 소멸한 경우(제2호)

당사자인 법인이 다른 법인과의 합병에 의하여 소멸함으로써 절차가 중단
된 경우에는 신설합병의 경우에는 새로 설립된 법인, 흡수합병의 경우에는 존속
법인이 절차를 수계한다.

3. 당사자가 절차를 밟을 능력을 상실한 경우 및 당사자의 법정대리인
이 사망하거나 그 대리권을 상실한 경우(제3호)

당사자가 피한정후견인 또는 피성년후견인으로 되는 경우와 같이 당사자가
디자인에 관한 절차를 밟을 능력을 상실함으로써 중단된 절차는 그 디자인에
관한 절차를 밟을 능력을 회복한 당사자 또는 법정대리인이 된 자에 의해 절차
가 수계될 수 있으며, 당사자의 법정대리인이 사망하거나 그 법정대리권을 상실
함으로써 중단된 절차는 새로이 법정대리인이 된 자에 의해 수계된다.

4. 당사자의 신탁에 의한 수탁자의 임무가 종료한 경우(제4호)

당사자의 신탁에 의한 수탁자의 임무가 종료함으로써 절차가 중단된 경우
에는 새로운 수탁자가 절차를 수계한다.

5. 제13조 제1항 단서의 규정에 의한 대표자가 사망하거나 그 자격을 상실한 경우(제5호)

2인 이상이 디자인에 관한 절차를 밟으면서 디자인보호법 제13조 제1항 단서에 따라 대표자를 선정하여 신고함으로써 대표자에 의해 절차를 진행하는 경우, 그 대표자가 사망하거나 자격을 상실하게 되면 당해 디자인에 관한 절차는 중단된다. 이렇게 중단된 절차는 당사자들이 대표자를 선정하여 신고한 경우 그 새로운 대표자가, 그렇지 않은 경우 각 당사자가 절차를 수계한다.

6. 파산관재인 등 일정한 자격에 의하여 자기 이름으로 남을 위하여 당사자가 된 자가 그 자격을 잃거나 사망한 경우(제6호)

파산관재인, 유언집행자 등이 수행하던 절차에 관하여 그 수행할 자격을 잃거나 사망함으로써 절차가 중단된 경우, 새로운 파산관재인, 유언집행자 등 같은 자격을 가진 자에 의해 수계된다.

Ⅳ. 당연수계 여부

특허청 또는 특허심판원에 계속 중인 절차가 중단된 경우에 제23조의 새로운 절차수행자가 당연히 절차를 수계하는 것이 아니라 제24조에 규정된 대로 수계신청권자의 수계신청에 의하여 혹은, 특허청 또는 심판관의 속행명령에 의하여 그 절차중단이 해소된다.

〈윤태식〉

제24조(수계신청)

① 제22조에 따라 중단된 절차에 관한 수계신청은 제23조 각 호에 규정된 자가 할 수 있다. 이 경우 그 상대방은 특허청장 또는 제130조에 따른 심판관(이하 "심판관"이라 한다)에게 제23조 각 호에 규정된 자에 대하여 수계신청할 것을 명하도록 요청할 수 있다.

② 특허청장 또는 심판장은 제22조에 따라 중단된 절차에 관한 수계신청이 있을 때에는 그 사실을 상대방에게 알려야 한다.

③ 특허청장 또는 심판관은 제22조에 따라 중단된 절차에 관한 수계신청에 대하여 직권으로 조사하여 이유 없다고 인정하면 결정으로 기각하여야 한다.

④ 특허청장 또는 심판관은 제23조 각 호에 규정된 자가 중단된 절차를 수계하지 아니하면 직권으로 기간을 정하여 수계를 명하여야 한다.

⑤ 제4항에 따라 수계명령을 받은 자가 같은 항에 따른 기간에 수계하지 아니하면 그 기간이 끝나는 날의 다음 날에 수계한 것으로 본다.

⑥ 특허청장 또는 심판장은 제5항에 따라 수계가 있는 것으로 본 경우에는 그 사실을 당사자에게 알려야 한다.

<소 목 차>

Ⅰ. 취   지

디자인보호법 제22조는 특허청 또는 특허심판원에 계속 중인 절차의 중단에 대해서, 제23조는 그 중단된 절차를 수계할 자에 대해서 규정하고 있다. 본조는 중단될 절차를 수계할 자에게 수계하게 하는 절차를 규정하고 있다. 즉, 본조는 특허청 또는 특허심판원에 계속 중인 절차가 중단된 경우에 그 중단의 해소절차로서 수계신청권자의 수계신청 및 특허청장 또는 심판관에 의한 속행명령을 규정하고 있다.

절차를 수계할 자가 임의로 수계하지 않는 경우에는 상대방으로 하여금 강제수계할 수 있어야 하므로 상대방에게도 수계신청권을 부여하였고, 당사자 중 어느 누구도 수계신청을 하지 아니하여 사건이 중단된 상태로 오랫동안 방치되는 것을 막기 위하여 특허청장 또는 심판관에 의한 수계명령제도를 두었다.

II. 연   혁

1. 특허에 관한 수계신청에 대하여 1961. 12. 31. 법률 제950호로 제정된 특허법 제33조에 "본법에 규정한 것 외에 특허국에 계속 중인 절차의 중단, 중지 및 중단, 중지된 절차의 속행에 관하여 필요한 사항은 각령으로 정한다"라고 규정하여 절차의 중단 및 중지 제도에 대하여만 규정하고 제정 특허법시행령(1962. 3. 27. 각령 제590호) 제3조에서 민사소송법 중 소송절차의 중단 및 중지에 관한 모든 규정을 포괄적으로 준용하였고, 1973. 2. 8. 법률 제2505호로 전문개정된 특허법 제37조에서 "이 법에 규정한 것 외에 특허국에 계속 중인 절차의 중단·중지 및 중단·중지된 절차의 속행에 관하여 필요한 사항은 대통령령으로 정한다"라고 하여 중단된 절차의 속행 문구를 신설하는 한편 1973. 12. 31. 대통령령 제6978호로 개정된 특허법시행령 제9조는 민사소송법을 준용하지 않고 중단·중지된 절차의 수계 및 그 효과 등에 해당하는 내용에 관하여 직접 규정하였다.

그 후 1976. 12. 31. 법률 제2957호로 개정된 특허법 제35조에서 '특허국'이 '특허청'으로 변경되고, 1990. 1. 13. 법률 제4207호로 전문개정된 특허법 제22조에서 "① 제20조의 규정에 의하여 중단된 절차에 관한 수계신청은 상대방도 할 수 있다. ② 특허청장 또는 심판장은 제20조의 규정에 의하여 중단된 절차에 관한 수계신청이 있는 때에는 이를 상대방에게 통지하여야 한다. ③ 특허청장 또는 심판관은 제20조의 규정에 의하여 중단된 절차에 관한 수계신청에 대하여 직권으로 조사하여 이유없다고 인정한 때에는 결정으로 기각하여야 한다. ④ 특허청장 또는 심판관은 결정·사정 또는 심결의 등본을 송달한 후에 중단된 절차에 관한 수계신청에 대하여는 수계하게 할 것인가의 여부를 결정하여야 한다. ⑤ 특허청장 또는 심판관은 제21조에 규정된 자가 중단된 절차를 수계하지 아니하는 경우에는 직권으로 기간을 정하여 수계를 명하여야 한다. ⑥ 제5항의 규정에 의한 기간내에 수계가 없는 경우에는 그 기간이 만료되는 날의 다음날에 수계가 있는 것으로 본다. ⑦ 특허청장 또는 심판장은 제6항의 규정에 의하여

수계가 있는 것으로 본 경우에는 이를 당사자에게 통지하여야 한다"라고 규정
하였다가 1995. 1. 5. 법률 제4892호로 개정된 특허법 제22조 제3항 내지 제5항
에서 '특허청장·심판관 또는 항고심판관은' 부분이 '특허청장 또는 심판장은'
부분으로 각 변경되고, 2001. 2. 3. 법률 제6411호로 개정된 특허법 제4항에서
'결정·사정 또는 심결의 등본을' 부분이 '결정 또는 심결의 등본을' 부분으로
변경되었다. 그 후 2014. 6. 11. 법률 제12753호로 개정된 특허법 제22조에서
"① 제20조에 따라 중단된 절차에 관한 수계신청은 제21조 각 호의 어느 하나
에 해당하는 자가 할 수 있다. 이 경우 그 상대방은 특허청장 또는 제143조에
따른 심판관(이하 "심판관"이라 한다)에게 제21조 각 호의 어느 하나에 해당하는
자에 대하여 수계신청할 것을 명하도록 요청할 수 있다. ② 특허청장 또는 심판
장은 제20조에 따라 중단된 절차에 관한 수계신청이 있으면 그 사실을 상대방
에게 알려야 한다. ③ 특허청장 또는 심판관은 제20조에 따라 중단된 절차에 관
한 수계신청에 대하여 직권으로 조사하여 이유 없다고 인정하면 결정으로 기각
하여야 한다. ④ 특허청장 또는 심판관은 결정 또는 심결의 등본을 송달한 후에
중단된 절차에 관한 수계신청에 대해서는 수계하게 할 것인지를 결정하여야 한
다. ⑤ 특허청장 또는 심판관은 제21조 각 호의 어느 하나에 해당하는 자가 중
단된 절차를 수계하지 아니하면 직권으로 기간을 정하여 수계를 명하여야 한다.
⑥ 제5항에 따른 기간에 수계가 없는 경우에는 그 기간이 끝나는 날의 다음 날
에 수계가 있는 것으로 본다. ⑦ 특허청장 또는 심판장은 제6항에 따라 수계가
있는 것으로 본 경우에는 그 사실을 당사자에게 알려야 한다"와 같이 변경되
었다.

    2. 디자인보호법의 이전 법인 의장법에서 의장(디자인)에 관하여 중단된 절
차의 수계에 대하여 의장법이 당초에는 특별히 규정하지 않았다가 1973. 2. 8.
법률 제2507호로 전부개정된 의장법 제17조에서 비로소 "특허법 제12조·제13
조·제15조 내지 제41조 및 제43조의 규정은 의장에 대하여는 이를 준용한다"
라고 규정하였고, 1990. 1. 13. 법률 제4208호로 전부개정된 의장법 제4조에서
"특허법 제3조 내지 제28조의 규정은 의장에 관하여 이를 준용한다"라고 규정
하였다.

    의장법이 제명을 디자인보호법으로 하여 2004. 12. 31. 법률 제7289호로 개
정되어 디자인보호법 제4조도 같은 방법으로 특허법 제22조를 준용하는 형식을
취해 오다가 2009. 6. 9. 법률 제9764호로 개정된 디자인보호법에서 기존의 특

허법 준용규정 형식을 폐지하고 제4조의21(수계신청)을 신설하여 "① 제4조의19
에 따라 중단된 절차에 관한 수계신청은 제4조의20 각 호에 규정된 자 및 상대
방도 할 수 있다. ② 특허청장 또는 심판장은 제4조의19에 따라 중단된 절차에
관한 수계신청이 있는 때에는 이를 상대방에게 알려야 한다. ③ 특허청장 또는
심판관은 제4조의19에 따라 중단된 절차에 관한 수계신청에 대하여 직권으로
조사하여 이유 없다고 인정한 때에는 결정으로 기각하여야 한다. ④ 특허청장
또는 심판관은 결정 또는 심결의 등본을 송달한 후에 중단된 절차에 관한 수계
신청에 대하여는 수계하게 할 것인가의 여부를 결정하여야 한다. ⑤ 특허청장
또는 심판관은 제4조의20에 규정된 자가 중단된 절차를 이어 밟지 아니하면 직
권으로 기간을 정하여 수계를 명하여야 한다. ⑥ 제5항에 따른 기간에 이어 밟
지 아니하면 그 기간이 만료되는 날의 다음 날에 이어 밟은 것으로 본다. ⑦ 특
허청장 또는 심판장은 제6항에 따라 수계가 있는 것으로 본 경우에는 이를 당
사자에게 알려야 한다"로 규정하였다.

　　그 후 2013. 5. 28. 법률 제11848호로 전부개정된 디자인보호법 제24조에서
특허법 제22조와 같은 내용으로 위와 같이 개정되었다. 위 디자인보호법 제24
조와 구 디자인보호법 제4조의19를 비교하면, 구 디자인보호법 제4조의19 제1
항에서 '수계신청을 제4조의20 각 호에 규정된 자 및 상대방'으로 규정하고 있
던 것을 디자인보호법 제24조에서 '제23조 각 호에 규정된 자'만이 할 수 있도
록 하되, '그 상대방은 특허청장 또는 심판관에게 제23조 각 호에 규정된 자에
대하여 수계신청할 것을 명하도록 요청할 수 있도록' 규정하고, 구 디자인보호
법 제4조의19 제4항을 삭제한 것 외에 법조문이나 문구 수정이 이루어졌고 나
머지 내용에는 차이가 없다.

Ⅲ. 내　　용

1. 수계신청권자·수계신청요청권자(제1항)

　　제22조에 따라 중단된 절차에 관한 수계신청은 제23조 각 호에 규정한 수
계적격자가 할 수 있고 디자인 절차에 관하여 상대방이 있는 경우 일방에 관하
여 제20조의 중단사유가 발생한 때에는 그 중단사유가 발생한 당사자의 상대방
은 특허청장 또는 제130조에 따른 심판관에게 제23조 각 호에 규정된 자에 대
하여 수계신청할 것을 명하도록 요청할 수 있다.

이는 중단된 절차를 방치할 경우 절차가 불필요하게 지연되고 법률관계의 불안정을 가져와 상대방에게도 피해를 줄 수 있다는 점에서, 중단사유가 발생한 상대방에 대해서도 적극적으로 특허청장 또는 심판관에게 수계신청할 것을 명하도록 요청하는 것을 인정함으로써 조속히 절차를 진행할 수 있도록 하기 위한 것이다.

2. 상대방에 대한 통지(제2항)

특허청장 또는 심판장은 중단된 절차에 관한 수계신청이 있는 때에는 이를 상대방에게 통지하여야 한다(제24조 제2항). 즉 수계신청인의 상대방도 절차중단의 해소에 이해관계가 크므로 그 자에게도 수계신청이 있었다는 사실을 통지하여야 한다.

3. 수계신청에 대한 결정(제3항)

디자인에 관한 절차의 수계신청이 있는 경우, 그 적법성과 이유 여부는 특허청장 또는 심판관의 직권조사사항이다. 따라서, 특허청장 또는 심판관은 당사자의 수계신청에 대해 직권으로 조사하여 이유 없다고 인정한 때에는 결정으로 신청을 기각하여야 한다. 이유 있다고 인정한 때에는 별도의 결정 없이 그대로 절차를 진행하면 된다.

앞의 수계신청기각결정에 대하여 불복할 수 있는지 여부에 대하여, 민사소송법 제439조 제1항과는 달리 디자인보호법에서는 이에 대한 불복절차를 규정하고 있지 아니하여 소극적으로 보는 견해가 유력하다.

4. 명령에 의한 수계(제4항 내지 제6항)

중단된 절차에 관하여 제23조의 각 호에 규정된 자가 수계를 하지 않아 절차의 진행이 계속적으로 정지되어 있게 되면 절차의 안정성을 해하게 되므로 명령에 의한 수계를 인정할 필요가 있다. 그래서 디자인보호법은 특허청장 또는 심판관은 제23조 각 호에 규정된 자가 중단된 절차를 수계하지 아니하면 직권으로 기간을 정하여 수계를 명하도록 규정하고(제24조 제4항), 제23조 각 호에 규정된 자가 그 기간 내에 수계하지 아니하면 그 기간이 끝나는 날의 다음 날에 수계한 것으로 본다(제24조 제5항)고 규정한다. 제24조 제4항은 당사자 쌍방의 해태에 따라 절차가 중단된 채 방치되는 것을 방지하기 위한 규정이고, 제24

조 제5항은 수계명령이 있는 경우에 중단해소시점을 명확하게 하기 위한 규정
이다. 이 중단해소시점에 대하여는 상대방도 알 필요가 있으므로 특허청장 또는
심판장은 제5항에 따라 수계가 있는 것으로 본 경우에는 그 사실을 당사자에게
알려야 한다(제24조 제6항).

〈윤태식〉

제25조(절차의 중지)

① 특허청장 또는 심판관이 천재지변이나 그 밖의 불가피한 사유로 그 직무를 행할 수 없을 때에는 특허청 또는 특허심판원에 계속 중인 절차는 그 사유가 없어질 때까지 중지된다.

② 당사자에게 특허청 또는 특허심판원에 계속 중인 절차를 속행할 수 없는 장애사유가 생긴 경우에는 특허청장 또는 심판관은 결정으로 장애사유가 해소될 때까지 그 절차의 중지를 명할 수 있다.

③ 특허청장 또는 심판관은 제2항에 따른 결정을 취소할 수 있다.

④ 제1항 및 제2항에 따른 중지 또는 제3항에 따른 취소를 하였을 때에는 특허청장 또는 심판장은 그 사실을 각각 당사자에게 알려야 한다.

〈소 목 차〉

I. 절차 중지의 의의와 연혁

1. 의의 및 취지

절차의 중지는 특허청의 입장에서 절차를 속행할 수 없는 장애가 발생하였거나 당사자에게 절차를 계속 진행하는 데 부적당한 사유가 발생하여 법률상 당연히 또는 특허청의 결정에 의하여 절차가 정지되는 것을 말한다.

본조는 특허청 또는 특허심판원이 천재지변 그 밖의 불가피한 사유나 특허청 또는 특허심판원에 계속 중인 절차를 속행할 수 없는 장애사유가 생긴 경우에는 법률상 또는 특허청 또는 특허심판원의 결정으로 절차가 중지된다고 규정한다. 이 조문의 취지는 절차에 관여할 수 없는 당사자가 입게 될 불이익을 제거하여 당사자 양쪽에게 절차에 관여할 기회를 충분히 확보하기 위한 것이다. 이는 절차의 중단과 마찬가지로 쌍방심리주의를 관철하기 위한 제도적 장치다.

절차의 중지는 다음과 같은 점에서 절차의 중단과 구별된다.

첫째, 절차의 중단은 법정의 사유가 있으면 당연히 발생하는 반면에, 절차

의 중지는 법률상 당연히 발생할 수 있고 특허청장 또는 심판관의 결정에 의하
여 발생할 수 있다.

둘째, 절차의 중단은 절차수행을 할 사람의 교체사유가 생긴다는 점에서 그
러한 것이 없는 절차의 중지와 구별된다.

2. 연   혁

가. 특허에 관한 절차의 중지에 대하여 1973. 2. 8. 법률 제2505호로 개정된
특허법 제37조에서 절차의 중단과 중지에 관하여 규정하고 그에 관하여 필요한
사항을 대통령령에 위임하였는바 특허법 시행령(1973. 12. 31. 대통령령 제6978호)
은 제9조에서 민사소송법을 준용하지 않고 중단 및 중지의 사유, 중단·중지된
절차의 수계 및 그 효과 등 특허법 제20조 내지 제24조에 해당하는 내용에 관
하여 직접 규정하였다.

그 후 1990. 1. 13. 법률 제4207호로 개정된 특허법 제23조에서 조문 이동
과 함께 절차의 중지에 관한 사항은 중대한 법률효과를 수반하는 법률사항임을
고려하여 직접 법률에 규정하여 현재의 특허법과 같은 형식을 취하게 되었다.

나. 디자인보호법의 이전 법인 의장법에서 의장(디자인)에 관한 절차의 속행
에 대하여 당초에는 특별히 규정하지 아니하고 있었다가 1973. 2. 8. 법률 제
2507호로 전부개정된 의장법 제17조에서 "특허법 제12조·제13조·제15조 내
지 제41조 및 제43조의 규정은 의장에 대하여는 이를 준용한다"라고 규정하였
고, 1990. 1. 13. 법률 제4208호로 전부개정된 의장법 제4조에서 "특허법 제3조
내지 제28조의 규정은 의장에 관하여 이를 준용한다"라고 규정하였다.

의장법이 제명을 디자인보호법으로 하여 2004. 12. 31. 법률 제7289호로 개
정되어 디자인보호법 제4조도 같은 방법으로 특허법 제23조를 준용하는 형식을
취해 오다가 2009. 6. 9. 법률 제9764호로 개정된 디자인보호법에서 기존의 특
허법 준용규정 형식을 폐지하고 제4조의18(절차의 속행)을 신설하여 본조 내용과
같이 규정하였다.

그 후 2013. 5. 28. 법률 제11848호로 전부개정된 디자인보호법 제20조에서
위와 같이 개정되었다.

Ⅱ. 중지 사유 및 그 해소

1. 당연중지 및 당연중지의 해소(제25조 제1항)

특허청장 또는 심판관이 천재지변 그 밖의 불가피한 사유로 인하여 그 직무를 수행할 수 없을 때에는 절차중지사유가 없어질 때까지 당연히 절차가 중지된다(디자인보호법 제25조 제1항). 이 조문은 민사소송법 제245조에 상응하는 규정이다. 따라서 이 경우에는 결정을 할 필요 없이 중지의 효과가 당연히 발생하고, 특허청장 또는 심판관의 직무집행불능상태가 없어짐과 동시에 중지의 효과도 해소된다(디자인보호법 제25조 제1항).

디자인보호법 제25조 제1항의 규정에 의한 중지를 한 때에는 특허청장 또는 심판장은 이를 당사자에게 알려야 한다(디자인보호법 제25조 제4항).

2. 결정중지사유(제25조 제2항) 및 결정중지의 해소(제25조 제2, 3항)

특허청장 또는 심판관은 직무를 행할 수 있으나, 당사자가 특허청 또는 특허심판원에 출석하여 절차와 관련된 행위를 할 수 없는 장애사유가 발생한 경우에 특허청장 또는 심판관은 결정으로 그 절차를 중지할 수 있다. 즉 당사자가 특허청 또는 특허심판원에 계속 중인 절차를 속행할 수 없는 장애사유가 생긴 경우에는 특허청장 또는 심판관은 결정으로 장애사유가 해소될 때까지 그 절차의 중지를 명할 수 있다(디자인보호법 제25조 제2항).

당사자가 계속 중인 절차를 속행할 수 없는 장애사유라 함은 당사자에게 전쟁, 변란 기타의 사유로 교통이 두절되어 당분간 회복될 전망이 보이지 않는 경우, 당사자가 급작스럽게 질병에 걸리거나 사고를 당해 특허청 또는 특허심판원에 연락도 할 수 없는 경우 등을 들 수 있다. 2013. 5. 28. 법률 제11848호로 전부개정되기 전의 디자인보호법 제4조의22(절차의 중지) 제2항에서는 "당사자에게 일정하지 아니한 기간 특허청 또는 특허심판원에 계속 중인 절차를 속행할 수 없는 장애사유가 생긴 경우에는 특허청장 또는 심판관은 결정으로 그 절차의 중지를 명할 수 있다"라고 되어 있었는데 그 중 '일정하지 아니한 기간'이라는 문구는 위 전부개정시 삭제되었다.

이 조문에 의한 중지는 신청 또는 직권으로 특허청장 또는 심판관의 결정에 의하여 발생하며, 그 취소결정에 의하여 해소된다(디자인보호법 제15조 제3항).

이 규정은 민사소송법 제246조 제2항에 상응된다.

디자인보호법 제25조 제2항에 따른 중지 또는 제3항에 따른 취소를 한 때에는 특허청장 또는 심판장은 이를 각각 당사자에게 알려야 한다(디자인보호법 제25조 제4항).

3. 기타 중지사유

가. 제척 또는 기피신청이 있으면 그 신청에 대한 결정이 있을 때까지 심판절차를 중지하여야 한다. 다만, 긴급한 때에는 그러하지 아니한다(디자인보호법 제140조).

나. 심사관은 디자인등록출원의 심사에 필요한 경우에는 심결이 확정될 때까지 또는 소송절차가 완결될 때까지 그 디자인등록출원의 심사 절차를 중지할 수 있고(디자인보호법 제77조 제1항), 심판장은 심판에서 필요하면 그 심판사건과 관련되는 디자인일부심사등록 이의신청에 대한 결정 또는 다른 심판의 심결이 확정되거나 소송절차가 완결될 때까지 그 절차를 중지할 수 있다(디자인보호법 제152조 제1항). 그리고 법원은 소송절차에 있어서 필요하면 디자인등록출원에 대한 결정이 확정될 때까지 그 소송절차를 중지할 수 있고(디자인보호법 제77조 제2항), 소송절차에서 필요하면 디자인에 관한 심결이 확정될 때까지 그 소송절차를 중지할 수 있다(디자인보호법 제152조 제2항).

이는 심사와 심판 또는 소송계속 중인 사건들이 서로 연관성이 있을 경우에 이들 사건 사이에 상호 모순·저촉되는 결과를 예방하고, 나아가 심사·심판의 소송경제를 도모하기 위해서다. 이 경우에 절차중지 여부는 특허청장 또는 심판장 등의 재량사항으로 디자인보호법 제77조 제1항 및 제2항에 따른 중지에 대하여는 불복할 수 없다(디자인보호법 제77조 제3항).

다. 디자인권 또는 디자인등록을 받을 수 있는 권리의 공유자가 그 공유인 권리에 관하여 심판을 청구할 때에는 공유자 모두가 공동으로 청구하여야 하고, 그럼에도 불구하고 같은 디자인권에 관하여 제121조 제1항의 디자인등록무효심판 또는 제122조의 권리범위 확인심판을 청구하는 자가 2인 이상이면 각자 또는 모두가 공동으로 심판을 청구할 수 있다(디자인보호법 제125조 제1, 2항). 그리고 공유인 디자인권의 디자인권자에 대하여 심판을 청구할 때에는 공유자 모두를 피청구인으로 하여야 한다(디자인보호법 제125조 제3항).

이러한 경우 디자인보호법 제125조 제1항 또는 제2항에 따른 청구인이나

제3항에 따른 피청구인 중 1인에게 심판절차의 중단 또는 중지의 원인이 있으면 모두에게 그 효력이 발생한다(디자인보호법 제125조 제4항).

〈윤태식〉

> **제26조(중단 또는 중지의 효과)**
> 디자인에 관한 절차가 중단되거나 중지된 경우에는 그 기간의 진행은 정지되고 그 절차의 수계통지를 하거나 그 절차를 속행한 때부터 전체기간이 새로 진행된다.

Ⅰ. 취   지

본조는 디자인보호법 제22조 또는 제25조의 규정에 의한 절차의 중단 또는 중지의 효과에 관한 규정이다. 이는 당사자가 대등하게 절차에 관여할 기회를 보장하고 법적 안정성을 추구하기 위한 것이다.

Ⅱ. 연   혁

1. 특허에 관한 절차의 중단 또는 중지의 효과에 대하여 1990. 1. 13. 법률 제4207호로 개정된 특허법 제24조(중단 또는 중지의 효과)에서 절차의 중단·중지에 관한 사항은 중대한 법률효과를 수반하는 법률사항임을 고려하여 직접 법률에 규정하여 현재 특허법과 같은 내용으로 되었다.

2. 디자인보호법의 이전 법인 의장법에서 의장(디자인)에 관한 절차의 중단 또는 정지의 효과에 대하여 당초에는 특별히 규정하지 아니하고 있었다가 앞서 본 특허법 개정에 맞추어 1973. 2. 8. 법률 제2507호로 전문개정된 의장법 제7조에서 "특허법 제12조·제13조·제15조 내지 제41조 및 제43조의 규정은 의장에 대하여는 이를 준용한다"라고 규정하였다가 1990. 1. 13. 법률 제4208호로 전부개정된 디자인보호법 제24조에서 "특허법 제37조 내지 제41조·제51조의 규정은 의장등록요건 및 의장등록출원에 관하여 이를 준용한다"라고 규정하였다.

그 후 의장법이 제명을 디자인보호법으로 하여 2004. 12. 31. 법률 제7289

호로 개정되어 디자인보호법 제24조도 같은 방법으로 특허법 제24조를 준용하는 형식을 취해 오다가 2009. 6. 9. 법률 제9764호로 개정된 디자인보호법에서 기존의 특허법 준용규정 형식을 폐지하고 제4조의23(중단 또는 중지의 효과)을 신설하여 "디자인에 관한 절차가 중단되거나 중지된 경우에는 그 기간의 진행은 정지되고 그 절차의 수계통지를 하거나 그 절차를 속행한 때부터 전체기간이 새로 진행된다"라고 규정하였다.

그 후 2013. 5. 28. 법률 제11848호로 전부개정된 디자인보호법 제22조에서 특허법 제20조와 거의 같은 내용으로 위와 같이 개정되었는데 개정 전 규정과 비교하여 '새로이'를 '새로'라고 문구 수정한 것 외에 나머지 내용은 같다.

Ⅲ. 내   용

1. 디자인에 관한 절차가 중단 또는 중지되면 절차 진행이 정지되고 절차의 수계통지를 하거나 절차를 속행한 때부터 전체기간이 새로 진행된다. 본조 신설 전에 준용된 특허법 규정에는 '다시 모든 기간이 진행된다'라고 기재되어 있었고, 여기에서 그 기간은 잔여기간이 아니라 정지되기 전에 진행된 기간까지 포함한 전체 기간을 의미하는 것으로 해석되고 있었는데,[1] 특허법 준용 규정의 형식을 폐지하고 디자인보호법 개정으로 제4조의23을 신설하면서 이를 명확히 하여 '전체기간이 새로 진행된다'라고 규정하였다.

예컨대 특허청장이 디자인보호법 제47조의 규정에 따라 1개월 내에 디자인에 관한 절차를 보정할 것을 명하였으나 보정명령 후 15일 후 디자인에 관한 절차가 중단되었고 이후 수계되었다면 수계 후 보정할 수 있는 기간은 잔존기간이 아닌 전체기간인 1개월이 된다.

2. 디자인에 관한 절차가 중단되거나 중지되는 동안에는 특허청장 또는 심사관은 물론 당사자도 원칙적으로 절차를 진행할 수 없다.

절차의 중단 및 중지되는 기간에 행하여진 당사자나 특허청 등의 행위는 원칙적으로 무효이다. 그러나 무효라 하여도 상대방이 아무런 이의를 하지 아니할 경우 유효하게 된다. 또한, 중단 및 중지제도는 공익적 제도가 아니라 당사자를 보호하기 위한 제도이기 때문에 중단 및 중지 중의 소송행위라도 추인하면 유효하게 된다.

---

1) 정상조·박성수 공편, 특허법 주해 Ⅰ [윤태식 집필부분], 박영사(2010), 248 참조.

한편, 중단 및 중지사유를 간과하고 소송절차가 진행되어 심결이 내려졌다면 그 심결은 절차상의 위법은 있으나 무효라고 할 수 없다. 위와 같은 중단 및 중지사유를 간과한 심결 후 그 상속인들이 수계신청을 하여 심결을 송달받아 심결취소소송을 제기하거나 또는 적법한 상속인들이 사실상 송달을 받아 소장을 제출하고 수계절차를 밟은 경우에는 그 수계와 소의 제기는 적법한 것이라고 보아야 하며 또한 당사자가 심결 후 명시적 또는 묵시적으로 원심의 절차를 적법한 것으로 추인하면 그 위법은 소멸한다.2)

〈윤태식〉

---

2) 대법원 1995. 5. 23. 선고 94다28444 전원합의체 판결[공1995, 2116]; 대법원 1998. 5. 30. 자 98그7 결정[공1998, 1844] 참조.

제27조(외국인의 권리능력)

재외자인 외국인은 다음 각 호의 어느 하나에 해당하는 경우를 제외하고 디
자인권 또는 디자인에 관한 권리를 누릴 수 없다.

1. 그 외국인이 속하는 국가에서 대한민국 국민에 대하여 그 국민과 같은 조
   건으로 디자인권 또는 디자인에 관한 권리를 인정하는 경우
2. 대한민국이 그 외국인에 대하여 디자인권 또는 디자인에 관한 권리를 인정
   하는 경우에는 그 외국인이 속하는 국가에서 대한민국 국민에 대하여 그
   국민과 같은 조건으로 디자인권 또는 디자인에 관한 권리를 인정하는 경우
3. 조약 및 이에 준하는 것(이하 "조약"이라 한다)에 따라 디자인권 또는 디
   자인에 관한 권리가 인정되는 경우

〈소 목 차〉

Ⅰ. 취지와 연혁

우리나라 헌법 제6조 제2항은 "외국인은 국제법과 조약이 정하는 바에 의
하여 그 지위가 보장된다"고 규정하여 외국인의 법적 지위를 보장하고 있는데,
"국제법과 조약이 정하는 바에 의해 그 지위를 보장한다"는 의미는 외국인에
대한 법적 지위의 보장이 일방적일 수 없고 상대국의 보장에 상응하는 것일 수
밖에 없다는 국제적 관례를 고려한 것이라 할 수 있다.[1]

파리조약(Paris Convention for the Protection of Industrial Property)은 내외국인
평등주의를 원칙으로 하고 있고,[2] 무역관련지식재산권협정(WTO/TRIPs)도 내외

---

1) 장영수, 헌법학, 홍문사(2014), 245.
2) Nationals of any country of the Union shall, as regards the protection of industrial prop-
   erty, enjoy in all the other countries of the Union the advantages that their respective laws
   now grant, or may hereafter grant, to nationals; all without prejudice to the rights specifi-
   cally provided for by this Convention. Consequently, they shall have the same protection as
   the latter, and the same legal remedy against any infringement of their rights, provided that
   the conditions and formalities imposed upon nationals are complied with[Paris Convention
   for the Protection of Industrial Property Art. 2(1)].

국민 평등주의를 기본정신으로 하고 있다.3) 이러한 국제조약의 추세를 좇아 디
자인보호법은 원칙적으로 외국인의 권리능력에 대하여 상호주의를 취하고 있다.
상호주의 원칙에 입각하여 우리나라 국민이 그 나라에서 내국민대우를 받는 범
위 내에서 해당국의 국민에게도 특허제도를 개방하려고 하는 것이 본조의 취지
이다.

Ⅱ. 해   설

1. 원   칙

재외자는 국내에 주소4) 또는 영업소5)가 없는 자를 말하며, 외국인은 대한
민국의 국적을 가지지 않은 사람을 말한다.6) 외국인이라도 재외자가 아니라 국
내에 주소 또는 영업소가 있는 외국인은 당연히 특허에 관한 권리를 가지는데,7)
본조는 외국인 중 재외자에 관한 규정이다. 국내에 주소 또는 영업소가 없는 재
외자인 외국인의 경우에는 원칙적으로 권리능력을 인정하지 않으나 상호주의나
조약에 의해서 대한민국의 국민의 권리능력이 인정되는 범위 내에서 외국인의
특허에 관한 권리능력이 인정된다.

우리나라에 의하여 외교적으로 승인되지 않은 국가라 할지라도 파리조약의
동맹국이거나 상호주의를 채택하고 있는 등 본조의 요건을 충족하는 국가의 국
민은 특허에 관한 권리의 향유가 인정된다.

---

3) Each Member shall accord to the nationals of other Members treatment no less favourable
than that it accords to its own nationals with regard to the protection of intellectual prop-
erty, subject to the exceptions already provided in, respectively(Agreement on Trade-Related
Aspects of Intellectual Property Rights Art. 3. 1).
4) 주소란 생활의 근거가 되는 곳을 말한다(민법 제18조).
5) 파리협약 제3조에 의하면 진정하고 실효적인 공업상 또는 상업상의 영업소를 요건으로
규정하고 있다. 이는 단순한 명목상 또는 허위의 영업소가 아닌 현실적으로 업무를 하고
있어야 하는 것으로 이해된다.
6) 본조의 외국인에는 무국적자도 포함된다.
7) 파리조약 제3조는 "비동맹국의 국민이라도 어느 동맹국의 영역 내에 주소 또는 진정하
고 실효적인 공업상 또는 상업상의 영업소를 가진 자는 동맹국의 국민과 같이 취급한다"
고 규정하고 있다.

2. 권리능력이 인정되는 경우

가. 평등주의(제1호)

제1호는 해당 외국인이 속한 나라가 우리나라 국민에 대하여 그 나라의 국민과 동일한 조건으로 권리의 향유를 인정하고 있는 경우에, 그 외국인에 대하여 권리능력을 인정한다는 조항이다. 해당되는 외국인이 속한 국가의 법령이 우리나라 국민을 그 나라의 국민과 동등하게 보호하도록 규정한 경우가 이에 해당한다.

나. 상호주의(제2호)

제2호는 해당 외국인이 속한 나라가 우리나라에서 그 나라 국민의 권리 향유가 인정되는 것을 조건으로 우리나라 국민에게 권리의 향유를 인정하는 경우에 관한 규정이다. 우리나라의 법령이 해당 외국인을 우리나라 국민과 동등하게 보호하는 것으로 규정하고 있는 경우에 한하여 해당 외국인이 속한 국가의 법령이 우리나라 국민에 대하여 동등한 조건으로 보호하도록 규정한 경우가 이에 해당한다.

다. 조약에 의해 권리가 인정되는 경우(제3호)

조약은 국가 간에 법률상의 권리·의무를 창설·변경·소멸시키는 2개국 또는 그 이상의 국가 간의 약속을 말한다. 따라서 조약은 명시적으로 조약(treaty)이라는 명칭이 붙은 것만이 아니라 협정(agreement), 협약(convention), 규약(covenant), 헌장(charter), 의정서(protocol), 선언(declaration) 등 그 명칭과 상관없이 모든 국가 간의 문서에 의한 합의를 말한다.[8]

3. 본조 위반의 효과

권리능력이 없는 외국인이 한 출원은 거절결정되고,[9] 등록이 되었다고 하더라도 무효사유가 된다.[10] 디자인등록이 무효로 확정되면 통상 그 디자인권의 효력은 처음부터 없었던 것으로 보게 되나,[11] 디자인등록이 된 후에 디자인권자가 본조에 의해 디자인권을 향유할 수 없게 된 경우에는 디자인권은 그 사유가

---

8) 조약법에 관한 비엔나협약 제2조 제1항 a호 참조.
9) 디자인보호법 제62조 제1항 제2호.
10) 디자인보호법 제121조 제1항 제2호.
11) 디자인보호법 제121조 제3항 본문.

발생한 때부터 없었던 것으로 본다.12)

　　디자인등록출원인 중 한 사람이라도 권리의 향유가 인정되지 않은 외국인이 포함되어 있을 경우 그 출원은 거절되며, 디자인등록 후에 권리의 향유가 인정되지 않은 외국인에게 디자인권이 양도된 경우에는 디자인등록 자체가 무효로 되는 것은 아니고 당해 양도가 무효로 될 뿐이다.

4. 대법원 1976. 4. 27. 선고 74후61 판결【거절사정】

　　외국인은 우리나라에 주소나 영업소가 없을 때에는 원칙적으로 상표에 관한 권리능력을 인정하지 않지만 예외로서 조약이나 협정이 체결되거나 또는 그 외국인이 속하는 나라의 법률에 의하여 우리나라의 국민에게 그 나라 안에 주소나 영업소가 없더라도 상표에 관한 권리를 허용하는 국가의 국민에 대하여는 우리나라도 상표에 관한 권리를 향유케 한다.

〈이다우〉

---

12) 디자인보호법 제121조 제3항 단서.

제28조(서류제출의 효력 발생 시기)

① 이 법 또는 이 법에 따른 명령에 따라 특허청장 또는 특허심판원장에게 제출하는 출원서·청구서, 그 밖의 서류(물건을 포함한다. 이하 이 조에서 같다)는 특허청장 또는 특허심판원장에게 도달한 날부터 그 효력이 발생한다.

② 제1항의 출원서·청구서, 그 밖의 서류를 우편으로 특허청장 또는 특허심판원장에게 제출하는 경우에는 다음 각 호의 구분에 따른 날에 특허청장 또는 특허심판원장에게 도달한 것으로 본다. 다만, 디자인권 및 디자인에 관한 권리의 등록신청서류를 우편으로 제출하는 경우에는 그 서류가 특허청장 또는 특허심판원장에게 도달한 날부터 효력이 발생한다.

1. 우편물의 통신일부인(通信日附印)에서 표시된 날이 분명한 경우: 표시된 날

2. 우편물의 통신일부인에서 표시된 날이 분명하지 아니한 경우: 우편물 수령증에 의하여 증명한 날

③ 제1항 및 제2항에서 규정한 사항 외에 우편물의 지연, 우편물의 망실(亡失) 및 우편업무의 중단으로 인한 서류제출에 필요한 사항은 산업통상자원부령으로 정한다.

〈소 목 차〉

Ⅰ. 본조의 의의 및 취지

1. 의　　　의

디자인등록에 관한 출원, 청구 그 밖의 절차(이하 본조에서는 "디자인에 관한 절차"라 한다)를 밟으려면 특허청장 또는 특허심판원장(이하 본조에서는 "특허청 등"이라 한다)에게 그 의사를 표시하기 위하여 일정한 서류를 제출하여야 한다.

본조는 디자인등록출원인, 심판청구인, 디자인일부심사등록 이의신청인, 그 밖에 디자인에 관한 절차를 밟는 자(이하 본조에서는 "출원인 등"이라 한다)가 특허청 등에 제출하는 출원서, 청구서, 그 밖의 서류 또는 물건(이하 본조에서는

"제출서류 등"이라 한다)이 언제부터 효력이 발생하는지에 관한 기준을 구체적으로 정하는 것이다.

제출된 서류 등의 효력발생시기에 관하여 일반적으로는 도달주의를 채택하고 있으나(제1항), 우편으로 제출하는 경우에는 발신주의를 기본으로 하면서 예외적으로 등록신청서류에 대해서는 도달주의를 규정하고 있다(제2항).

우편물의 배달이 지연되거나 우편업무가 중단되는 경우에 필요한 서류제출에 관한 사항은 산업통상자원부령으로 정하도록 하고 있다(제3항).

일반행정절차에서는 국민이 행정청에 일정한 사항을 통지하여야 할 의무가 있는 경우 그 신고서가 접수기관에 도달된 때에 신고의무가 이행된 것으로 보는 도달주의를 채택하고 있다(행정절차법 제40조 제2항).

민사에서도 상대방이 있는 경우의 의사표시는 상대방에게 도달한 때에 그 효력이 생기는 것으로 함으로써 도달주의를 원칙으로 삼고 있다(민법 제111조 제1항).

2. 취   지

디자인보호법은 디자인등록에 관하여 선출원주의를 채택하고 있다. 즉, 동일하거나 유사한 디자인에 대하여 여러 개의 출원이 존재하는 경우에 최선의 출원인만이 디자인등록을 받을 수 있도록 규정하고 있다(디자인보호법 제46조 제1항).

따라서, 선출원주의 제도에서는 어떤 디자인이 가장 앞서 출원되었는지를 가려내기 위한 명확한 기준을 구체적으로 정하는 것이 중요하다.

조약에 따른 우선권 주장(디자인보호법 제51조 제2항) 등과 같이 디자인에 관한 절차를 밟을 때 지켜야 할 기간이 특정된 경우에는, 제출서류 등이 그 기간 내에 제출되었는지가 해당 출원의 법적 상태를 확정하는 데 핵심적인 요소가 된다.

본조는 특허청의 지리적 위치에 따른 접근기회의 격차 및 서류의 제출방식에 따른 도달시점의 차이 등으로 인하여 생길 수 있는 문제점을 고려하여 제출서류 등의 효력발생시기를 합리적으로 정하기 위한 것이다.

Ⅱ. 본조의 적용대상

본조는 서면으로 작성되거나 이동식 저장장치 등 전자적 기록매체에 전자

문서로 수록된 출원서 등을, 방문 또는 택배서비스를 이용하는 등의 방법으로
직접 제출하거나 우편을 이용하여 제출하는 경우에 적용된다.

출원서 등을 특허청에서 제공하는 소프트웨어 또는 특허청 홈페이지를 이
용하여 전자문서로 작성하고, 이를 정보통신망을 통하여 제출하는 경우의 효력
발생시기에 관하여는 제30조 제3항이 적용된다.

Ⅲ. 제출서류 등의 효력발생시기

1. 도달주의 원칙의 적용

출원인 등이 제출서류 등을 직접 제출하는 경우에는 특허청장 또는 특허심
판원장에게 도달한 날부터 그 효력이 발생한다(제1항).

직접 제출하는 경우란 방문 또는 택배서비스를 이용하는 등의 방법으로 직
접 제출하는 것을 말한다. 따라서, 우편을 이용하거나 정보통신망을 이용하여
제출하는 경우는 제외된다.

도달한 날이란 구체적으로는 도달한 시점을 의미하는 것으로 해석하여야
한다. 만약 실제 도달한 시점을 고려하지 않는다면 같은 날에 여러 개의 서류가
시점을 달리하여 도달한 경우에 그 서류들 사이에 효력의 우선순위를 정할 수
없는 문제가 발생할 것이다.

예를 들면, 출원인이 같은 날에 디자인등록출원에 대한 보정서를 오전과 오
후에 각각 하나씩 제출한 경우에 두 보정서의 내용이 서로 다르다면 그 출원의
최종적인 내용이 어느 보정서를 기준으로 확정되어야 하는지가 쟁점으로 남게
된다.

본조에서 "도달한 날부터 그 효력이 발생한다"라는 규정은, 제출서류 등의
도달시점이 구체적으로 어느 때인지는 별개로 하더라도 '적어도 도달한 날부터
는 그 효력이 발생한다'라는 의미로 해석하는 것이 적절하다.

2. 우편을 이용하여 제출한 경우의 도달기준

가. 우편의 범위

우편물은 서신 등을 담은 통상우편물과 물건을 포장한 소포우편물로 구분
되며(우편법 제1조의2), 우편사업은 국가가 독점으로 경영하고 미래창조과학부장
관이 관장한다(우편법 제2조).

본조에서 우편이란 미래창조과학부장관이 우편송달에 관한 체계적인 조직을 갖추고 전국에 걸쳐 제공하는 우편역무를 의미한다. 구체적으로는 우정사업본부장이 정하는 바에 따라 우체국의 창구에서 취급하는 우편업무를 말하며(우편법 시행령 제2조), 여기에는 서신의 송달은 물론 소포의 송달도 해당한다.

우체국에서 제공하는 택배서비스를 이용하여 서류 등을 제출한 경우에도 이를 우편을 이용한 것으로 보아야 하는지가 논란이 될 수 있다. 즉, 우체국 택배서비스도 같은 공간에서 비슷한 절차에 따라 이루어지는 경우가 있으므로 우편의 일종이라고 해석될 여지가 있는 것이다.

택배서비스는 사기업에서도 제공하고 있을 뿐만 아니라, 우체국 택배서비스에서는 물품포장에 통신일부인이 표시되지 않는 사실 등을 미루어 볼 때, 비록 우체국이 제공하는 것일지라도 택배서비스는 우편의 범위에 들지 않는 것으로 해석하는 것이 타당하다.

나. 일반적으로 발신주의를 적용
(1) 발신주의를 적용하는 취지

디자인에 관한 절차에서 제출서류 등의 효력발생시기를 정할 때 원칙적으로 도달주의를 채택하고 있다. 그러나 도달주의를 일률적으로 적용하다 보면 여러 가지 부작용이 발생할 수 있다.

예를 들면, 같은 날에 같은 시점에 우편물을 발송하더라도 각 우체국 또는 집배원의 업무수행능력의 차이에 따라 우편물이 특허청에 도달하는 시점이 서로 달라질 것이다.

따라서, 특허청과 각 제출인 사이의 지리적 거리의 격차 또는 서류제출의 방법 등의 차이 때문에 발생할 수 있는 문제점을 사전에 방지하기 위하여 특정한 경우에 예외적으로 발신주의를 적용할 필요성이 존재한다.

(2) 효력발생시기의 구체적 기준
㈎ 우편물의 통신일부인이 분명한 경우

우편물의 통신일부인에 표시된 날이 분명한 경우는 그 표시된 날에 특허청장 또는 특허심판원장에게 도달한 것으로 본다. 즉, 우체국이 우편물을 접수하고 우편물의 표면에 찍은 통신일부인에 표시된 날에 도달한 것으로 인정된다.

통신일부인이란 우체국에서 우편물이 접수되었다는 사실을 확인하기 위하여 우편물의 표면에 찍은 내용으로서의 인장을 말한다.

㈔ 우편물의 통신일부인이 분명하지 않은 경우

우편물의 통신일부인에 표시된 날이 분명하지 않은 경우는 우편물의 수령증에 의하여 증명한 날에 특허청장 또는 특허심판원장에게 도달한 것으로 본다. 즉, 우체국에서 우편물을 접수하고 발행하는 우편물 수령증에 표시된 날에 도달한 것으로 인정된다.

다. 예외적으로 도달주의를 적용

우편으로 서류 등을 제출하는 경우에 일반적으로는 발신주의가 적용되지만 (제2항 본문), 예외적으로 등록신청서류에 대해서는 도달주의가 적용된다(제2항 단서).

디자인권 및 디자인에 관한 권리의 등록신청서류를 우편으로 제출하는 경우에는 그 서류가 특허청장 또는 특허심판원장에게 실제로 도달한 날부터 효력이 발생하는 것으로 본다.

디자인에 관한 권리란 본권인 디자인권에 대하여 설정된 권리로서 전용실시권, 통상실시권 및 질권 등을 의미하며, 등록신청서류란 디자인권 또는 디자인에 관한 권리의 발생, 변동 및 소멸에 관한 사항을 디자인등록원부에 등재하기 위하여 특허청장에 제출하는 서류를 의미한다.

디자인권 및 디자인에 관한 권리도 재산권의 일종이므로 이를 양도하는 등의 거래가 가능하며 그 과정에서 분쟁이 발생할 수 있다. 그러므로 디자인권이 설정되어 소멸할 때까지 권리관계에 변동을 가져오는 사실이 발생하면 이를 공중이 알 수 있도록 신속하고 명확하게 공시할 필요가 있다.

디자인권 및 디자인에 관한 권리의 등록신청서류는 디자인권자 및 이해관계인의 법적 이익에 영향을 미치기 때문에, 이들 사이의 우선순위를 명확하게 정하기 위하여 우편으로 제출된 경우에도 예외적으로 도달주의를 적용하는 것이다.

〈고재홍〉

제29조(고유번호의 기재)

① 디자인에 관한 절차를 밟는 자는 산업통상자원부령으로 정하는 바에 따라 특허청장 또는 특허심판원장에게 자신의 고유번호의 부여를 신청하여야 한다.

② 특허청장 또는 특허심판원장은 제1항에 따른 신청을 받으면 신청인에게 고유번호를 부여하고 그 사실을 알려야 한다.

③ 특허청장 또는 특허심판원장은 제1항에 따라 고유번호를 신청하지 아니하는 자에게는 직권으로 고유번호를 부여하고 그 사실을 알려야 한다.

④ 제2항 또는 제3항에 따라 고유번호를 부여받은 자가 디자인에 관한 절차를 밟는 경우에는 산업통상자원부령으로 정하는 서류에 자신의 고유번호를 적어야 한다. 이 경우 이 법 또는 이 법에 따른 명령에도 불구하고 그 서류에 주소(법인인 경우에는 영업소의 소재지를 말한다)를 적지 아니할 수 있다.

⑤ 디자인에 관한 절차를 밟는 자의 대리인에 관하여는 제1항부터 제4항까지의 규정을 준용한다.

⑥ 고유번호의 부여 신청, 고유번호의 부여 및 통지, 그 밖에 고유번호에 관하여 필요한 사항은 산업통상자원부령으로 정한다.

〈소 목 차〉

Ⅰ. 본조의 의의 및 취지

1. 의　　의

디자인등록에 관한 출원, 청구 그 밖의 절차(이하 본조에서는 "디자인에 관한 절차"라 한다)를 밟기 위하여 특허청 또는 특허심판원(이하 이조에서는 "특허청 등"이라 한다)에 제출하는 출원서, 청구서, 그 밖의 서류 또는 물건(이하 본조에서는 "제출서류 등"이라 한다)에는 제출인의 성명 및 고유번호(이하 본조에서는 "출원인코드"라 한다)를 적어야 한다(제4항).

출원인코드란 디자인에 관한 절차를 밟으려는 자가 성명, 주민등록번호 등 신상에 관한 정보를 미리 특허청에 신고하면서 발급받아 제출서류 등에 사용하는 코드를 말한다.

본조는 디자인등록출원인, 심판청구인, 디자인일부심사등록 이의신청인, 그 밖에 디자인에 관한 절차를 밟는 자(이하 본조에서는 "출원인 등"이라 한다)를 구별하기 위한 표지인 출원인코드를 부여하고 이를 이용하는 절차에 관하여 필요한 사항을 정하는 것이다.

2. 취   지

디자인에 관한 절차를 밟기 위하여 특허청 또는 특허심판원에 제출하는 서류는 법령에 특별한 규정이 있는 경우 제외하고는 건마다 작성하여야 한다(디자인보호법 시행규칙 제3조).

출원인 등에 관한 정보가 같은 내용일지라도 서류를 작성할 때마다 또다시 적어야 한다. 그러나 출원인 등의 착오나 실수에 따라 사실과 다른 정보가 기재되는 사례가 발생하기 때문에 제출서류 등을 처리하는 데 어려움을 겪을 수 있다.

본조는 디자인에 관한 절차를 밟는 주체인 출원인 등을 명확하게 식별하고, 특허청 등에 접수되는 제출서류 등을 효율적으로 관리하기 위하여, 자연인 또는 법인마다 고유한 식별표지로서 출원인코드를 부여하고 관리함으로써 절차의 편의성 및 효율성을 높이기 위한 것이다.

Ⅱ. 출원인코드의 부여

1. 신청에 따른 부여

출원인코드의 부여를 신청하여야 하는 자는 출원인(제37조), 디자인등록을 받을 수 있는 권리의 승계인(제3조), 디자인일부심사등록 이의신청인(제68조), 우선심사신청인(제61조), 디자인등록출원에 대한 정보제공인(제55조), 재심사청구인(제64조), 심판청구인·심판피청구인(제121조부터 제123조까지), 심판참가인(제143조), 디자인권자(제90조), 전용실시권자(제97조), 통상실시권자(제99조부터 제103조), 질권자(제108조)이다(디자인보호법 시행규칙 제3조 제1항). 따라서, 디자인에 관한 절차를 밟는 자는 모두가 이에 해당한다.

출원인코드의 부여를 신청하려는 자는 '출원인코드부여신청서'(특허법 시행규칙 별지 제4호서식)를 특허청장 등에게 제출하여야 하며(디자인보호법 시행규칙 제3조 제2항), 특허청장 등은 신청을 받으면 신청인에게 출원인코드를 부여하고 그 사실을 알려야 한다(제2항).

2. 직권에 의한 부여

특허청장 등은 디자인에 관한 절차를 밟는 출원인 등이 출원인코드의 부여를 신청하지 않은 때에는 직권으로 출원인코드를 부여하고 그 사실을 알려야 한다(제3항).

Ⅲ. 출원인코드의 정보 및 관리

1. 출원인코드의 정보

특허청장 등은 출원인코드를 부여할 때 출원인에 관한 정보로서 성명(법인인 경우에는 그 명칭), 우편번호, 주소(법인인 경우에는 그 영업소의 소재지), 전화번호, 국적, 행위능력 여부, 인감(또는 서명) 등을 함께 등록한다(특허청 예규 제74호 출원인코드 발급 및 관리지침).

2. 출원인코드의 관리

(1) 제출서류 등에 출원인코드 기재

출원인코드를 부여받은 자가 디자인에 관한 절차를 밟는 때에는 제출서류 등에 자신의 출원인코드를 적어야 한다(제4항 전단). 이 경우에 제출서류 등에 출원인코드를 적는다면 이 법에 따른 명령에 불구하고 그 서류에 주소(법인인 경우에는 영업소의 소재지)를 적지 않을 수 있다(제4항 후단).

(2) 출원인코드의 정보 변경 및 경정

출원인코드를 부여받으면서 함께 등록한 신상정보인 성명, 주소, 서명 등을 변경하거나 경정하려는 경우에는 '출원인코드 정보변경(경정)신고서'(특허법 시행규칙 별지 제5호서식)를 특허청장에게 제출하여야 한다(디자인보호법 시행규칙 제14조 제3항).

출원인 등은 미리 '출원인코드 정보 등 자동변경신청서'(특허법 시행규칙 별지 제5호의2서식)를 특허청장에게 제출함으로써, 주민등록법 제16조에 따라 새로운 거주지로 전입신고를 한 때에 출원인코드의 주소정보가 새 주소로 자동으로 변경되게 할 수 있다. 다만, '출원인코드부여신청서'(특허법 시행규칙 별지 제4호서식)에 그러한 취지를 적음으로써 자동변경신청을 갈음할 수 있다(디자인보호법 시행규칙 제14조 제6항).

법인인 출원인 등은 전자정부법 제9조에 따른 것으로서 특허청장이 정하는 전자민원창구를 통하여 출원인코드의 법인 명칭 또는 영업소 소재지의 정보를 변경하기 위한 신청을 할 수 있다(디자인보호법 시행규칙 제14조 제8항).

(3) 출원인코드의 정정 및 말소

출원인 등이 출원인코드를 이중으로 부여받았거나 잘못 부여받았을 때 이를 정정하려는 경우에는 '출원인코드 정정신고서'(특허법 시행규칙 별지 제5호서식)를 특허청장에게 제출하여야 한다(디자인보호법 시행규칙 제14조 제4항).

특허청장이 출원인코드를 이중으로 부여하였거나 잘못 부여한 경우에는 직권으로 해당 출원인코드를 정정하거나 말소할 수 있다. 이 경우에는 출원인코드를 부여받은 자에게 직권으로 정정하거나 말소한 사실을 알려야 한다(디자인보호법 시행규칙 제14조 제5항).

Ⅳ. 출원인코드의 대리인에 대한 준용

출원인코드의 부여신청에서 이용까지의 규정은 디자인에 관한 절차를 밟는 자의 대리인에 관하여 준용한다(제5항). 즉, 출원인 등의 대리인으로서 절차를 수행하려는 때에는 신청이나 직권에 의하여 대리인코드를 부여받아 제출서류 등에 기재하여야 한다.

특허청장 등은 대리인코드를 부여할 때 대리인에 관한 정보로서 성명(법인인 경우에는 그 명칭), 우편번호, 주소(법인인 경우에는 그 영업소의 소재지), 전화번호, 팩스번호, 국적, 행위능력 여부, 인감(또는 서명) 등을 함께 등록한다.

〈고재홍〉

제30조(전자문서에 의한 디자인에 관한 절차의 수행)

① 디자인에 관한 절차를 밟는 자는 이 법에 따라 특허청장 또는 특허심판원장에게 제출하는 디자인등록출원서, 그 밖의 서류를 산업통상자원부령으로 정하는 방식에 따라 전자문서화하고 이를 정보통신망을 이용하여 제출하거나 이동식 저장장치 또는 광디스크 등 전자적 기록매체에 수록하여 제출할 수 있다.

② 제1항에 따라 제출된 전자문서는 이 법에 따라 제출된 서류와 같은 효력을 가진다.

③ 제1항에 따라 정보통신망을 이용하여 제출된 전자문서는 그 문서의 제출인이 정보통신망을 통하여 접수번호를 확인할 수 있는 때에 특허청 또는 특허심판원에서 사용하는 접수용 전산정보처리조직의 파일에 기록된 내용으로 접수된 것으로 본다.

④ 제1항에 따라 전자문서로 제출할 수 있는 서류의 종류·제출방법, 그 밖에 전자문서에 의한 서류의 제출에 필요한 사항은 산업통상자원부령으로 정한다.

<소 목 차>

I. 본조의 의의 및 취지

1. 의   의

디자인등록에 관한 출원, 청구 그 밖의 절차(이하 본조에서는 "디자인에 관한 절차"라 한다)를 밟기 위하여 특허청 또는 특허심판원에 제출하는 서류는, 서면으로 작성하여 제출하는 대신에 전자문서로 작성하여 정보통신망을 이용하여 제출(이하 본조에서는 "온라인제출"이라 한다)하거나, 이동식 저장장치 또는 광디스크 등 전자적 기록매체(이하 본조에서는 "전자적 기록매체"라 한다)에 수록하여 제출할 수도 있다(제1항).

본조는 출원인 등이 전자문서로 제출할 수 있는 서류의 종류, 제출절차, 효력 및 접수시점기준 등에 관하여 필요한 사항을 정하는 것이다.

여기에서 정보통신망이란 전기통신기본법 제2조 제2호에 따른 전기통신설비를 활용하거나 전기통신설비와 컴퓨터 및 컴퓨터 이용기술을 활용하여 정보를 수집·가공·저장·검색·송신 또는 수신하는 정보통신체제를 말한다(전자정부법 제2조 제10호).

2. 취   지

본조는 출원인 등이 서류를 전자문서로 작성하여 온라인제출 방법 등을 이용하여 제출할 수 있도록 하는 전자출원제도의 근거가 되는 조문으로서, 디자인에 관한 절차를 밟는 데 있어서 편리함을 제공하기 위한 것이다.

온라인제출 방법 등을 이용하여 전자문서로 제출하는 경우에는 직접 방문하거나 우편을 이용하여 제출하는 방법보다 덜 번거로울 뿐만 아니라 신속하고 정확하게 도달되므로, 디자인에 관한 절차를 밟는 데 들어가는 시간 및 비용을 절감하는 효과를 얻을 수 있다.

Ⅱ. 전자문서의 대상 및 효력

1. 전자문서의 개념

전자문서란 디자인에 관한 절차를 밟는 자가 특허청이 제공하는 소프트웨어 또는 특허청 홈페이지를 이용하여 작성한 서류를 특허청 또는 특허심판원에 온라인제출 방법을 이용하여 제출하거나 전자적 기록매체에 수록하여 제출하는 서류를 의미한다(디자인보호법 시행규칙 제2조 제2호 가목).

2. 전자문서로 제출할 수 있는 서류

원칙적으로 디자인에 관한 절차를 밟기 위하여 특허청 또는 특허심판원에 제출하는 출원서, 청구서, 그 밖의 서류는 전자문서로 작성하여 온라인제출 방법을 이용하여 제출하거나 전자적 기록매체에 수록하여 제출할 수도 있다(제1항).

'전자문서첨부서류등 물건제출서'(특허법 시행규칙 별지 제7호서식), '정정교부신청서'(특허법 시행규칙 별지 제29호서식) 및 '전자화내용 정정신청서'(특허법 시행규칙 별지 제59호서식)는 전자문서로 제출할 수 없도록 규정하고 있다(디자인보호법 시행규칙 제15조 각 호).

3. 전자문서의 효력

전자문서로 작성하여 온라인제출 방법을 이용하여 제출하거나 전자적 기록매체에 수록하여 제출한 서류의 효력도, 서면으로 작성하여 직접 제출하거나 우편을 이용하여 제출한 서류의 효력과 같다(제2항).

Ⅲ. 전자문서의 제출 절차

1. 전자문서 이용신고 및 전자서명

전자문서에 의하여 디자인에 관한 절차를 밟으려는 자는 미리 특허청장 또는 특허심판원장에게 전자문서 이용신고를 하여야 하며, 제출하는 전자문서에 전자서명을 하여야 한다(디자인보호법 제31조 제1항).

전자서명이란 서명자를 확인하고 서명자가 해당 전자문서에 서명하였음을 나타내는 데 이용하기 위하여 해당 전자문서에 첨부되거나 논리적으로 결합한 전자적 형태의 정보를 말한다(전자서명법 제2조 제2호).

2. 전자문서의 제출

가. 전자문서에의 전자서명

전자문서는 특허청에서 제공하는 소프트웨어 또는 특허청 홈페이지를 이용하여 전자서명을 하여 제출하여야 한다. 이 경우에 개인 및 법인은 공인전자서명을 사용하고 행정기관 등은 행정전자서명을 하여야 한다.

나. 전자적 기록매체에 수록한 전자문서의 제출방법

전자문서를 전자적 기록매체에 수록하여 제출하는 경우에는 '전자문서첨부서류등 물건제출서'(특허법 시행규칙 별지 제7호서식)를 특허청장 또는 특허심판원장에게 제출하여야 한다(디자인보호법 시행규칙 제17조 제2항 전단).

서면으로 작성된 위임장의 원본 등과 같이 전자적 기록매체에 수록하여 제출할 수 없는 서류는 '전자문서첨부서류등 물건제출서'(특허법 시행규칙 별지 제7호서식)에 첨부하는 방식으로 제출하여야 한다(디자인보호법 시행규칙 제17조 제2

항 후단).

다. 정보통신망 또는 특허청 컴퓨터의 장애

전자문서를 제출하려는 자가 그 전자문서를 기한 전에 정보통신망을 이용하여 발송하였으나 정보통신망의 장애로 인하여 해당 기한까지 제출할 수 없었던 경우에는 그 장애가 제거된 날의 다음날에 그 기한이 도래하는 것으로 본다(디자인보호법 시행규칙 제17조 제3항).

정보통신망을 이용하여 발송하던 중에 정보통신망의 장애가 발생하여 제출기한까지 서류가 도달되지 않은 때에는 그 장애가 해소되고 난 다음 날까지 해당 서류를 제출할 수 있다.

정보통신망이나 특허청이 사용하는 컴퓨터 및 관련장치 등을 보수하기 위하여 그 사용을 일시적으로 중단한 경우로서, 특허청장이 이를 미리 공지한 때에는 정보통신망 등의 장애로 보지 않는다(디자인보호법 시행규칙 제17조 제3항 괄호 안).

위와 같이 취급하는 이유는 서류를 서면으로 작성하여 특허청을 방문하거나 우편을 이용하여 제출하는 것과 같은 여러 가지 대체수단을 이용할 수 있기 때문이다.

라. 전자문서의 첨부서류 제출 방법

디자인에 관한 절차를 밟는 자가 온라인제출의 방법으로 전자문서를 제출하는 경우, 이에 첨부하여야 하는 서류 중 온라인제출의 방법으로 제출할 때 첨부하지 않은 서류는 온라인제출 접수번호를 확인한 날부터 3일 이내에, 서면으로 제출하는 서류인 '전자문서첨부서류등 물건제출서'(특허법 시행규칙 별지 제7호서식)에 첨부하여 제출하여야 한다(디자인보호법 시행규칙 제18조).

마. 전자문서의 온라인제출 방법

전자문서를 온라인제출의 방법으로 제출하려는 자는 전자서명에 필요한 인증서를 사용하여야 한다(디자인보호법 시행규칙 제19조). 이 경우에 인증서의 내용은 출원인코드의 출원인정보와 일치하여야 한다(디자인보호법 시행규칙 제16조 본문 후단).

바. 전자문서의 동시제출 방법

법령에서 동시에 밟아야 하도록 규정하고 있는 둘 이상의 절차에 관한 전자문서를 온라인제출의 방법으로 제출하려는 경우에는 이를 연속하여 입력하여야 한다(디자인보호법 시행규칙 제20조).

예를 들면, 기본디자인의 디자인권과 관련디자인의 디자인권은 같은 자에게 함께 이전하여야 하기 때문에(디자인보호법 제96조 제1항), 그 두 절차에 관한 각각의 서류를 전자문서로 작성하여 온라인제출의 방법으로 제출할 때에는, 그 둘을 잇달아 입력해야 하므로 중간에 다른 절차에 관한 서류를 입력하지 말아야 한다.

동시에 밟아야 하는 둘 이상의 절차 중에서 하나의 절차에 관한 서류를 온라인제출의 방법으로 제출하고 나머지 절차에 관한 서류를 전자적 기록매체 또는 서면으로 제출하려는 경우에는 그 둘 이상의 절차를 같은 날에 밟아야 한다(디자인보호법 시행규칙 제20조 제2항).

3. 온라인제출의 방법으로 제출된 전자문서의 접수시점 확정기준

온라인제출의 방법을 이용하여 제출한 전자문서는 그 문서의 제출인이 정보통신망을 통하여 접수번호를 확인할 수 있는 때에, 특허청 또는 특허심판원에서 사용하는 접수용 전산정보처리조직의 파일에 기록된 내용으로 접수된 것으로 본다(제3항).

종전 법에서는 정보통신망을 이용하여 제출된 전자문서는 해당 문서의 제출인이 정보통신망을 통하여 접수번호를 확인한 때에 접수된 것으로 본다고 규정하고 있었다.

이에 따라, 특허청이 정보통신망을 통하여 곧바로 접수번호를 부여하더라도 제출인이 접수번호를 확인하지 않는 한 그 서류는 발송되었음에 불구하고 접수되지 않은 채로 남게 됨으로써, 제출인에게 절차상 불이익이 발생할 수 있었다.

〈고재홍〉

제31조(전자문서 이용신고 및 전자서명)

① 전자문서로 디자인에 관한 절차를 밟으려는 자는 미리 특허청장 또는 특허심판원장에게 전자문서 이용신고를 하여야 하며, 특허청장 또는 특허심판원장에게 제출하는 전자문서에 제출인을 알아볼 수 있도록 전자서명을 하여야 한다.

② 제30조에 따라 제출된 전자문서는 제1항에 따른 전자서명을 한 자가 제출한 것으로 본다.

③ 제1항에 따른 전자문서 이용신고 절차, 전자서명 방법 등에 관하여 필요한 사항은 산업통상자원부령으로 정한다.

<소 목 차>

Ⅰ. 본조의 의의 및 취지

1. 의　　의

디자인등록에 관한 출원, 청구 그 밖의 절차(이하 본조에서는 "디자인에 관한 절차"라 한다)를 밟기 위하여 특허청 또는 특허심판원에 제출하는 서류는, 서면으로 작성하여 제출하는 대신에 전자문서로 작성하여 정보통신망을 이용하여 제출(이하 본조에서는 "온라인제출"이라 한다)하거나, 이동식 저장장치 또는 광디스크 등 전자적 기록매체에 수록하여 제출할 수도 있다(디자인보호법 제30조 제1항).

본조는 출원인 등이 전자문서로 디자인에 관한 절차를 밟기 위한 사전절차로서의 전자문서 이용신고(제1항 전단) 및 전자문서의 제출인을 인식하는 데 필요한 전자서명(제1항 후단)에 관한 사항을 규정하는 것이다.

2. 취　　지

전자문서로 작성한 서류를 온라인제출 방법 등을 이용하여 제출하는 일련의 과정에서 핵심적인 문제는 제출자가 누구인지를 정확하고 신속하게 식별하는 것이다.

본조는 제출인이 전자문서를 작성하고 이를 온라인제출 방법 등을 이용하여 제출하는 절차를 효율적으로 관리할 수 있는 수단을 제공하는 것이다.

또한, 서류를 작성하고 제출할 때 일어날 수 있는 위조행위나 개정정보유출 등을 미리 방지함으로써 전자문서 이용의 안정성을 확보하기 위한 것이다.

Ⅱ. 전자문서 이용신고

전자문서로 디자인에 관한 절차를 밟으려는 자는 미리 특허청장 또는 특허심판원장에게 전자문서 이용신고를 하여야 한다(제1항 전단).

전자문서 이용신고는 전자서명에 필요한 인증서를 사용하여 전산정보처리조직을 통하여 하여야 한다(디자인보호법 시행규칙 제16조 전단). 이 경우에 인증서의 내용은 출원인코드와 함께 등록된 출원인에 관한 신상정보와 일치하여야 한다(디자인보호법 시행규칙 제16조 후단).

전산정보처리조직이란 특허청이 사용하는 컴퓨터와 디자인에 관한 절차를 밟는 자 또는 그 대리인이 사용하는 컴퓨터를 정보통신망으로 접속하는 조직을 말한다(디자인보호법 시행규칙 제2조 제1호).

Ⅲ. 전자서명

1. 전자서명의 종류

가. 공인전자서명

공인전자서명이란 개인 및 법인이 사용하는 것으로서 다음의 요건을 갖추고 있으며 공인인증서에 기초한 전자서명을 의미한다(전자서명법 제2조 제3호).

① 전자서명생성정보가 가입자에게 유일하게 속할 것, ② 서명 당시 가입자가 전자서명생성정보를 지배·관리하고 있을 것, ③ 전자서명이 있은 후에 해당 전자서명에 대한 변경 여부를 확인할 수 있을 것, ④ 전자서명이 있은 후에 해당 전자문서의 변경 여부를 확인할 수 있을 것

나. 행정전자서명

행정전자서명이란 행정기관이 사용하는 것으로서 전자문서를 작성한 기관

또는 그 기관에서 직접 업무를 담당하는 사람의 신원과 전자문서의 변경 여부
를 확인할 수 있는 정보로서 그 문서에 고유한 것을 의미한다(전자정부법 제2조
제9호).

2. 전자서명의 방법

전자문서는 특허청에서 제공하는 소프트웨어 또는 특허청 홈페이지를 이용
하여 전자서명을 하여 제출하여야 한다(디자인보호법 시행규칙 제17조 제1항). 즉,
전자문서에는 공인전자서명 또는 행정전자서명을 하여야 한다.

3. 전자서명의 효력

디자인에 관한 절차를 밟는 자가 서류를 전자문서로 작성하여 정보통신망
을 이용하거나 전자적 기록매체에 수록하여 특허청장 또는 특허심판원장에게
제출한 경우에는 그 서류에 전자서명을 한 자가 제출한 것으로 본다(제2항).

따라서, 제출인이 전자문서로 작성한 서류에 한 전자서명은 제출인이 서면
으로 작성한 서류에 한 서명과 효력이 같은 것으로 인정된다.

〈고재홍〉

제32조(정보통신망을 이용한 통지 등의 수행)

① 특허청장, 특허심판원장, 심판장, 심판관, 제70조 제3항에 따라 지정된 심사장(이하 "심사장"이라 한다) 또는 심사관은 제31조 제1항에 따라 전자문서 이용신고를 한 자에게 서류의 통지 및 송달(이하 "통지등"이라 한다)을 하려는 경우에는 정보통신망을 이용하여 할 수 있다.

② 제1항에 따라 정보통신망을 이용하여 한 서류의 통지등은 서면으로 한 것과 같은 효력을 가진다.

③ 제1항에 따른 서류의 통지등은 그 통지등을 받을 자가 자신이 사용하는 전산정보처리조직을 통하여 그 서류를 확인한 때에 특허청 또는 특허심판원에서 사용하는 발송용 전산정보처리조직의 파일에 기록된 내용으로 도달한 것으로 본다.

④ 제1항에 따라 정보통신망을 이용하여 행하는 통지등의 종류·방법 등에 관하여 필요한 사항은 산업통상자원부령으로 정한다.

<소 목 차>

I. 본조의 의의 및 취지

1. 의   의

특허청장, 특허심판원장, 심판장, 심판관, 심사장 또는 심사관(이하 본조에서는 "특허청장 등"이라 한다)은 전자문서 이용신고를 한 자 중 전자문서로 통지 또는 송달(이하 본조에서는 "통지 등"이라 한다)을 받으려는 자에 대해서는 정보통신망을 이용하여 서류의 통지 등을 할 수 있다(제1항).

본조는 특허청장 등이 서류를 전자문서로 작성하여 정보통신망을 이용하여 통지 등을 수행하는 경우에 그 통지의 효력(제2항)과 도달시점 확정기준 및 도달내용(제3항)에 관한 사항을 정한 것이다.

2. 취　　지

전자문서를 이용하여 디자인에 관한 절차를 밟겠다고 신고한 자에게 특허청장 등이 서류의 통지 등을 수행한 경우에, 그 서류가 어느 시점에 어떤 형태로 도달된 것으로 보아야 하는지가 쟁점이 될 수 있다.

본조는 특허청장 등이 디자인에 관한 절차를 밟는 자에게 정보통신망을 이용하여 전자문서로 통지 등을 하는 데 있어, 그 방법 및 효과를 명확히 정함으로써 전자문서 이용 제도의 효율성 및 안정성을 확보하기 위한 것이다.

Ⅱ. 정보통신망을 이용한 통지 등의 대상

1. 통지 대상자

특허청장 등이 정보통신망을 이용하여 서류를 통지하거나 송달할 수 있는 대상은 전자문서 이용신고를 한 자 중 전자문서로 통지 또는 송달을 받으려는 자이다(디자인보호법 시행규칙 제21조).

2. 통지 대상서류

정보통신망을 이용하여 통지하거나 송달할 수 있는 서류에는 법령에서 특별히 규정한 경우 외에는 모든 서류가 해당한다(디자인보호법 시행규칙 제21조).

Ⅲ. 정보통신망을 이용한 통지 등의 효력 및 도달기준

1. 정보통신망을 이용한 통지 등의 효력

특허청장 등이 전자문서 이용신고를 한 자에게 정보통신망을 이용하여 수행한 서류의 통지 등의 효력은, 서류를 서면으로 작성하여 우편 등의 방법을 이용하여 통지 등을 수행한 경우와 같다.

2. 정보통신망을 이용한 통지 등의 도달 기준

가. 도달 시점

전자문서 이용신고를 한 자에게 특허청장 등이 정보통신망을 이용하여 수행한 서류의 통지 등은, 그 통지 등을 받을 자가 자신이 사용하는 전산정보처리조직을 통하여 그 서류를 확인한 때에 도달한 것으로 본다.

따라서, 특허청장 등이 정보통신망으로 서류를 통지하였더라도 그 통지 등을 받을 자가 자신의 전산정보처리조직의 파일에 기록된 서류를 확인하지 않은 상태에 있으면 도달한 것으로 볼 수 없다.

종전 법에서는 정보통신망을 이용하여 수행한 서류의 통지 등은, 이를 받을 자가 사용하는 전산정보처리조직의 파일에 기록된 때에 도달한 것으로 본다고 규정하고 있었다.

이처럼, 종전에는 통지 등을 받을 자가 실제로 확인하지 않은 상태에서도 도달의 효력이 발생하였으므로, 그 통지 등을 받을 자로서는 디자인에 관한 절차를 밟는 데 있어 기간의 이익이 상실되는 손해를 입을 수도 있었다.

현재 특허청 실무에서는 정보통신망을 이용하여 서류를 발송한 날부터 7일이 지나도록 그 통지 등을 받을 자가 자기의 전산정보처리조직에서 이를 확인하지 않으면 해당 서류를 서면으로 출력하여 등기우편을 이용하여 다시 발송한다.

나. 도달 내용

전자문서 이용신고를 한 자에게 특허청장 등이 정보통신망을 이용하여 수행한 서류의 통지 등은, 특허청 또는 특허심판원에서 사용하는 발송용 전산정보처리조직의 파일에 기록된 내용으로 도달한 것으로 본다.

〈고재홍〉

제 2 장
디자인등록요건 및 디자인등록출원

제33조(디자인등록의 요건)
① 공업상 이용할 수 있는 디자인으로서 다음 각 호의 어느 하나에 해당하는
것을 제외하고는 그 디자인에 대하여 디자인등록을 받을 수 있다.

<소 목 차>

Ⅰ. 공업상 이용가능성

1. 총   설

가. 의   의

디자인등록을 받기 위해서는 공업상 이용가능성이 있는 디자인이어야 한다. 여기서 공업상 이용가능성이란 공업적 방법에 의하여 양산될 수 있는 것을 의미하고, 공업적 방법이란 원자재에 물리적, 화학적 변화를 가하여 유용한 물품을 제조하는 것을 말하며, 양산이라 함은 동일한 형태의 물품을 반복적으로 계속해서 생산함을 뜻하는 것이다.[1] 동일물품이란 물리적으로 완전히 동일한 물품을 의미하는 것이 아니고 일견하여 동일하게 보이는 정도의 동일성을 의미한다.[2]

디자인보호법이 등록요건으로서 공업상 이용가능성을 요구하는 이유는 디

---

[1] 대법원 1994. 9. 9. 선고 93후1247 판결[공1994.10.15.(978), 2645].
[2] 송영식 외 6인, 제2판 지적소유권법(상), 육법사(2013), 957; 노태정 · 김병진, 3정판 디자인보호법, 세창출판사(2009), 216.

자인제도의 목적이 창작의 보호와 함께 물품에 대한 수요증대에 따른 공급확대로 국가산업발전에 기여함에 있으므로 디자인으로서 물품의 양산가능성이 없는 것은 그와 같이 국가산업발전에 기여할 수 없기 때문이다.[3]

나. 산업상 이용가능성과의 비교

디자인보호법이 디자인의 등록요건으로서 공업상 이용가능성을 요건으로 하는데 반해 특허법 및 실용신안법에서는 발명·고안의 등록요건으로서 산업상 이용가능성을 규정하고 있다(특허법 제29조 제1항, 실용신안법 제4조 제1항). 여기에서 산업은 공업뿐만 아니라 광업·농업·어업·수산업·목축업·상업·서비스 등의 모든 산업을 뜻한다.[4]

발명·고안의 보호목적은 기술진보를 통하여 산업발전을 도모하고자 함에 있으므로, 디자인과는 달리 양산가능성, 즉 공업상 이용가능성을 필요로 하지 않기 때문이다.[5]

2. 공업상 이용가능성이 없는 디자인

가. 공업적 생산방법에 의하여 양산이 가능한 것으로 볼 수 없는 디자인
(1) 자연물을 디자인의 주된 구성요소로 사용한 것으로서 다량 생산할 수 없는 것

동물박제, 꽃꽂이, 수석 등과 같이 자연물을 디자인의 주된 구성요소로 사용한 것으로서 다량 생산할 수 없는 것은 공업상 이용가능성이 없다.[6] 그러나 자연물을 디자인의 대상으로 사용한 것이라도 그 가공 정도가 높아서 동일한 형태로 양산이 가능하다면 공업상 이용가능성이 있다. 악어가죽으로 만든 핸드백, 조개껍질을 이용한 목걸이 등은 공업상 이용가능성이 있다고 할 것이며, 그 가공 정도는 사안에 따라 개별적으로 판단하여야 한다.

특허법원 2013. 7. 11. 선고 2013허242 판결[7]은 냉동갈비원육을 수작업으로 절단하여 '꽃게다리 형상'으로 생산한 후 냉동하여 유통하는 경우, 비록 완전히 동일한 형태의 꽃게다리 형상의 갈비살을 생산할 수는 없다고 하더라도 통상의 지식을 가진 자가 출원디자인에서 보호범위로 청구하고 있는 꽃게다리 형상과

---

3) 송영식 외 6인(주 2), 957-958; 조국현, 의장법, 법경사(2002), 233-234.
4) 노태정·김병진(주 2), 217.
5) 송영식 외 6인(주 2), 958; 노태정·김병진(주 2), 217.
6) 디자인심사기준(2014. 6. 27. 전부개정, 특허청 예규 제75호) 제4부 제2장.
7) 특허청장이 상고하지 않아 그대로 확정됨.

동일성이 있다고 인정할 수 있는 형태로는 반복생산할 수 있고 냉동된 상태에서 유통함으로써 그 형상을 판매단계까지 유지할 수 있으므로 공업상 이용가능성이 있다고 볼 수 있다고 하였다.[8]

(2) 순수미술의 분야에 속하는 저작물

그림, 유리공예작품, 도자기작품, 설치미술작품 등과 같이 순수미술의 분야에 속하는 저작물은 본래 일품제작을 목적으로 하는 미술저작물이기 때문에 공업상 이용가능성이 없다.[9] 그러나 거래 통념상 미술저작물로 취급되지 않고, 디자인보호법상의 물품의 형상 등에 관한 것으로 취급된다면 대량 생산될 수 있고 공업상 이용가능성이 인정될 수 있다.

이 경우 디자인과 저작물 사이에서는 권리의 이용·저촉문제가 생길 수 있는데, 디자인보호법 제95조 제3항은 "디자인권자·전용실시권자 또는 통상실시권자는 등록디자인 또는 이와 유사한 디자인이 그 디자인등록출원일 전에 발생한 타인의 저작물을 이용하거나 그 저작권에 저촉되는 경우에는 저작권자의 허락을 받지 아니하고는 자기의 등록디자인 또는 이와 유사한 디자인을 업으로서 실시할 수 없다"고 규정하고 있다.

(3) 물품을 상업적으로 취급하는 과정에서 만들어지는 서비스디자인

물품을 상업적으로 취급하는 과정에서 서비스적으로 부가되는 디자인, 즉 ① 물품의 포장, ② 완성된 물품의 통상의 사용 상태를 변형시켜 고객의 주의를 끌고자 하는 디자인, ③ 고객의 주의를 끌기 위해 물품을 배열하거나 결합하여 진열한 것 등은 물품 자체의 형태가 아닐 뿐만 아니라 공업적 생산방법에 의하여 대량생산이 불가능하므로 공업상 이용가능성도 인정되지 않는다.

(4) 토지·건물 등의 부동산

토지, 건물 등의 부동산은 공업적 생산방법에 의하여 양산할 수 없으므로 공업상 이용가능성이 인정되지 않는다. 다만, 대량 생산할 수 있고 운반할 수 있는 방갈로, 조립가옥, 이동판매대 등의 경우에는 공업상 이용가능성이 인정될 수 있다.

특허법원 2007. 10. 4. 선고 2007허5260 판결[10]은 "이 사건 등록디자인의 대상 물품인 '한증막'은 그 재질과 구조 및 형상과 모양 등에 비추어 볼 때, 현

---

8) 특허법원 지적재산소송 실무연구회, 제3판 지적재산 소송실무, 박영사(2014), 429.

9) 디자인심사기준 제4부 제2장.

10) 피고가 상고하였으나 2008. 2. 14. 심리불속행 기각(대법원 2007후4311 사건)되어 그대로 확정됨.

장 시공을 통해 건축되는 부동산에 해당하는 것으로 판단되며, 공업적인 생산방법에 의하여 동일한 형태로 양산되고 운반될 수 있는 유체동산이라고 보기 어렵다"는 이유로 공업상 이용가능성을 부정하였다.

나. 디자인의 표현이 구체적이지 아니하여 공업상 이용할 수 없는 디자인

디자인의 표현이 구체적이지 아니하여 디자인을 특정할 수 없는 것은 공업상 이용할 수 있는 디자인에 해당하지 않는다. 자세한 사항은 항을 바꾸어 설명한다.

3. 디자인의 구체성과 공업상 이용가능성

가. 의   의

등록디자인의 보호범위는 디자인출원서의 기재사항 및 그 출원서에 첨부된 도면·사진 또는 견본과 도면에 적힌 디자인의 설명에 따라 표현된 디자인에 의하여 정하여진다(디자인보호법 제93조). 디자인의 표현이 구체적이지 아니한 디자인, 즉 구체성을 결여한 디자인은 위와 같이 출원서의 기재사항 및 첨부 도면 등에 의하여 정확하게 파악할 수 없는 디자인으로서, 이러한 디자인은 공업상 이용할 수 있는 디자인에 해당하지 않는다.

나. 구체성을 결여한 디자인의 예[11]

(1) 도면에 디자인의 전체적인 형태가 명확하게 표현되지 않아 어떤 부분이 추측상태로 남아 있는 경우

(2) 그 디자인이 속하는 분야에서 통상의 지식에 기초하여 출원서의 기재사항 및 출원서에 첨부된 도면 등을 종합적으로 판단하여 합리적으로 해석한 경우에도 디자인에 관한 물품의 사용목적·사용방법·사용상태·재질 또는 크기 등이 불명확하여 디자인의 요지를 파악할 수 없는 경우

(3) 도면 상호간 불일치 정도가 중대하고 명백하여 그 디자인이 속하는 분야에서 통상의 지식을 가진 자가 경험칙에 의해서 종합적으로 판단한 경우에도 디자인의 요지를 특정할 수 없는 경우[12]

(4) 도면(도면대용으로 제출하는 사진을 포함한다), 견본 등이 선명하지 아니한 경우. 다만, 디자인의 표현 부족을 경험칙에 의하여 보충하여 볼 때 그 디자인

---

11) 디자인심사기준 제4부 제2장.
12) 대법원 2005. 9. 15. 선고 2004후2123 판결[미간행] 참조.

의 요지 파악이 가능하여 통상의 지식을 가진 자가 그 디자인을 실시할 수 있을 정도의 경우에는 그러하지 아니하다.

(5) 디자인이 추상적으로 표현된 것

출원서 또는 도면 중에 문자나 부호 등을 사용하여 형상, 모양 및 색채를 추상적으로 설명함으로써 디자인의 요지 파악이 불가능한 경우

(6) 재질 또는 크기의 설명이 필요한 경우에 그에 관한 설명이 없는 것

(7) 색채도면의 일부에 착색하지 아니한 부분이 있는 것. 다만, 도면의 「디자인의 설명」란에 무착색 부분에 대하여 다음과 같이 적은 경우에는 예외로 한다.

㉮ 백색, 회색 또는 흑색이라고 색채를 적은 것

㉯ 투명 부분이라고 적은 것

㉰ 뚫린 부분이라고 적은 것

(8) 디자인을 구성하지 않는 점·선·부호 또는 문자 등을 표시한 것은 다음과 같이 처리한다.

㉮ 불인정되는 예: 도형 안에 중심선, 기선, 수평선 등을 표시하기 위한 세선(細線), 내용의 설명을 하기 위한 지시선·부호 또는 문자

㉯ 인정되는 예: 도면(3D 모델링 도면을 포함한다)에 음영을 표현하기 위해 모양과 혼동되지 아니하는 범위에서 세선, 점 또는 농담을 제한적으로 사용하는 경우. 이 경우 디자인의 설명란에 그 취지를 기재하여야 한다.

(9) 물품에 표현된 문자·표지는 다음과 같이 취급한다.

㉮ 물품에 표현된 문자·표지 중 다음에 해당하는 것은 모양으로 보아 디자인을 구성하는 것으로 취급한다.

① 물품을 장식하는 기능만을 하는 것

② 정보를 전달하는 기능과 물품을 장식하는 기능을 함께 하는 것

㉯ 물품에 표현된 문자·표지 중 오로지 정보전달을 위해 사용되고 있는 것으로서 다음과 같은 경우는 모양으로 보지 않아 디자인을 구성하는 것으로 취급하지 않는다. 다만, 물품에 표현되어 있어도 삭제를 요하지 않는다.

① 신문·서적의 문장부분

② 성분표시, 사용설명, 인증표지 등을 보통의 형태로 나타낸 문자·표지

(10) 입체적인 물품을 표현하는 도면이 다음에 해당하는 경우

㉮ 도면만으로 물품의 전체적인 형태를 명확하고 충분하게 파악할 수

없는 경우

(나) 도면에서 생략된 부분으로 인해 디자인의 전체적인 형상이 명확하지 않아 그에 관한 설명이 필요하다고 인정될 경우에 「디자인의 설명」란에 정확히 적지 아니한 것

(11) 입체적인 물품으로서 형상이 연속하는 디자인 또는 평면적인 물품으로서 모양이 연속 또는 반복하는 디자인에서 도면이 그 연속상태를 알 수 있도록 도시(단위모양이 1.5회 이상 반복되어야 한다)되지 아니하였거나, 「디자인의 설명」란에 형상이나 모양이 1방향 또는 상하좌우로 연속 또는 반복하는 상태에 대한 설명이 없는 경우

(12) 길이가 한정된 물품의 중간을 생략한 도면으로서 다음에 해당하는 것

(가) 생략한 부분을 두 줄의 평행한 1점쇄선으로 절단하여 표시하지 않았거나 이와 상응하는 방법으로 표시하지 아니하여 디자인을 명백히 알 수 없는 도면

(나) 디자인의 전체적인 형상이 명확하지 않아 생략한 길이의 표시가 필요하다고 인정될 경우 도면상 몇 mm 또는 몇 cm 생략되었다는 취지를 디자인의 설명란에 적지 아니한 경우. 다만, 전선, 끈, 줄 등과 같이 물품의 구성주체가 아닌 부수적인 구성물의 길이를 도면상 생략하는 경우에는 도면상 생략한 길이를 적지 않아도 된다.

(13) 한 쌍으로 이루어진 물품의 디자인으로서 한 짝의 형태만을 도시하고 나머지 짝에 대한 설명을 '디자인의 설명란'에 적지 않은 경우

(14) 교량이나 가옥 등 토목건축용품에 관한 디자인으로서 다량생산 가능성이나 운반 가능성에 대한 설명이 필요하다고 인정될 경우에 그에 관한 설명을 '디자인의 설명란'에 적지 않은 경우

(15) 제출된 도면만으로는 디자인을 충분히 표현할 수 없는 경우로서 다음에 해당하는 것

(가) 전개도, 단면도, 확대도, 절단부 단면도 또는 사용상태도 등이 없는 경우

(나) 조립완구 등과 같은 합성물의 경우에

① 구성하는 각 편의 도면만으로 사용의 상태를 충분히 표현할 수 없는 것에 대해서는 그 만들어지는 상태 또는 보관되는 상태를 표시하는 도면이 없는 경우

② 조립된 상태의 도면만으로는 분해된 상태를 충분히 표현할 수 없는 것에 대해서는 구성하는 각 편의 도면이 없는 경우

(다) 열리고 닫히거나 펼쳐지고 접히는 물품의 디자인으로서 변화하기 전후의 상태를 도시하지 아니하면 그 디자인을 충분히 표현할 수 없는 경우에, 변화하기 전과 후의 상태를 알 수 있는 각각의 도면이 없는 경우

(라) 움직이는 물품의 디자인(동적 디자인)으로서 그 움직이는 상태를 표현하지 아니하면 그 디자인을 충분히 파악할 수 없는 경우에 정지상태의 도면과 그 동작 상태를 알 수 있는 도면(동작 중의 기본적 자세, 동작내용을 나타내는 궤적 등)이 없거나, 필요하다고 인정될 경우에 디자인의 설명란에 그에 관한 설명이 없는 경우

(16) 단면도 등의 절단면 및 절단한 곳의 표시가 다음에 해당하는 경우

(가) 절단면에 평행사선이 불완전하게 표시되었거나 표시가 없는 것

(나) 절단된 부분을 원래의 도면에서 쇄선 등으로 표시(절단쇄선, 부호 및 화살표)하지 않았거나 이와 상응하는 방법으로 표시하지 아니한 것. 다만, 일정한 도면을 지정하고 그 도면의 중앙종단면도 또는 중앙횡단면도라고 적은 것은 예외로 한다.

(17) 부분확대도의 원래의 도면에 확대한 부분을 쇄선 또는 이와 상응하는 방법으로 표시하지 아니한 것. 다만, 확대한 부분의 위치, 크기, 범위를 명확하게 알 수 있는 경우에는 원래의 도면에 그 표시를 하지 아니할 수 있다.

(18) 덮개와 본체로 구성된 물품과 같이 분리할 수 있는 물품으로서 결합된 상태만으로는 디자인을 충분히 표현할 수 없는 경우에는 그 결합된 상태의 도면과 구성물품 각각의 도면이 없는 경우

(19) 물품의 전부 또는 일부가 투명한 디자인으로서 그 도면이 다음에 의하여 작성되지 아니한 것

(가) 외주면에 색채가 없고 모양이 없는 경우에는 투명으로 보이는 부분을 보이는 대로 표현하고, 필요하다고 인정될 경우에는 그 취지를 도면의 「디자인의 설명」란에 적는다. 다만, 물품의 특성상 전부 또는 일부가 투명한 것이 명백한 경우에는 이를 적지 않을 수 있다.

(나) 외주의 외면·내면·두께 속의 어느 한 곳에 모양 또는 색채가 표현되어 있는 경우에는 투명으로 보이는 부분을 보이는 대로 표현하는 도면 외에, 모양 또는 색채를 명확히 알 수 있는 도면(뒷면의 모양이나 색채가 투영되지 않은

앞면, 밑면의 모양이나 색채가 투영되지 않은 윗면 또는 모양부분의 전개도 등)을 첨부하고, 필요하다고 인정될 경우에는 그 취지를 도면의 「디자인의 설명」란에 적어야 한다. 다만, 도면만으로도 충분히 표현된 경우에는 이를 적지 않을 수 있다.

㈐ 외주의 외면 · 내면 · 두께 속이나 외주에 둘러싸인 내부의 어느 곳에 둘 이상의 형상, 모양 또는 색채가 표현되어 있는 경우에는 투명으로 보이는 부분을 보이는 대로 표현하는 도면 외에, 그 형상 · 모양 또는 색채가 표현되어 있는 각 면별(외주의 외면, 내면 또는 그 두께 속, 외주에 둘러싸인 내부)로 도시한 도면을 첨부하고, 필요하다고 인정될 경우에는 그 취지를 도면의 「디자인의 설명」란에 적어야 한다. 다만, 도면만으로도 충분히 표현된 경우에는 이를 적지 않을 수 있다.

㈑ 투명입체로써 그 일면에만 모양 또는 색채가 있는 경우에는 그 면에만 모양 또는 색채를 표현(다른 면에서 투영되어 보이더라도 표현하지 아니한다)하고, 필요하다고 인정될 경우에는 그 취지를 도면의 「디자인의 설명」란에 적어야 한다. 다만, 도면만으로도 충분히 표현된 경우에는 이를 적지 않을 수 있다.

㈒ 투명한 부분의 두께를 표현하지 아니하면 디자인의 내용을 명확하게 알 수 없는 경우에는 투명부분의 두께의 형상을 알 수 있는 단면도를 첨부하여야 하며, 절단된 부분은 해칭(연속된 빗금)을 사용하여야 한다.

(20) 부분디자인을 표현하는 도면이 다음에 해당하는 경우

㈎ 부분디자인으로 등록받으려는 부분의 범위가 명확하게 특정되지 않은 경우

① 전체디자인 중 부분디자인으로 디자인등록을 받으려는 부분을 실선으로 표현하고 그 외의 부분을 파선으로 표현하는 방법에 따르지 않았거나 이와 상응하는 표현방법에 따르지 않은 경우

② 부분디자인으로 등록을 받으려는 부분을 도면 등에서 특정하고 있는 방법에 대한 설명이 필요하다고 인정될 경우에 그 취지를 「디자인의 설명」란에 적지 않은 경우

③ 부분디자인으로 등록을 받으려는 부분의 경계가 불명확한 경우에 그 경계를 1점쇄선 또는 이와 상응하는 방법으로 도시하지 않았거나, 그에 관한 설명이 필요하다고 인정될 경우에 그 취지를 「디자인의 설명」란에 적지 않은 경우

㈏ 부분디자인으로 등록을 받으려는 부분의 전체형태가 도면에 명확하게 나타나 있지 않은 경우

㈐ 액정화면 등 물품의 표시부에 일시적으로 도형 등이 표시되는 화상디자인을 부분디자인으로 출원한 경우에

① 화상디자인을 특정하는 부분을 실선으로 표현하고 그 외의 부분을 파선으로 표현하는 방법에 따르지 않았거나 이와 상응하는 표현방법에 따르지 않은 경우

② 동적화상디자인의 경우에, 동적화상의 움직임을 나타내는 일련의 연속동작을 표현하는 도면이 없거나, 동적화상의 움직임의 일정성 및 통일성에 대한 표현이 충분하지 않은 경우

㈑ 참고도면을 동영상파일 형식으로 제출하는 동적화상아이콘디자인[13])의 경우에

① 참고도면 외의 도면을 동영상파일 형식의 도면으로 제출하는 경우

② 동영상파일을 실행하였을 경우 도면이 재생되지 아니하거나 디자인의 대상이 명확히 표현되지 아니한 경우. 다만, 제출된 도면만으로 동작 상태 등 디자인을 충분히 파악할 수 있는 경우에는 그러하지 아니하다.

③ 정지상태의 도면과 그 동작 상태를 알 수 있는 도면(동작 중의 기본적 자세, 동작내용을 나타내는 궤적 등)이 없거나 필요하다고 인정될 경우에 디자인의 설명란에 그에 관한 설명이 없는 경우

(21) 글자체디자인을 표현하는 도면이 다음에 해당하는 경우

㈎ 지정글자 도면, 보기문장 도면 또는 대표글자 도면이 디자인보호법 시행규칙 [별표 1](글자체디자인의 도면)에서 정하는 방식대로 도시되지 아니한 경우

㈏ 지정글자 도면, 보기문장 도면 및 대표글자 도면 중 일부가 없는 경우

(22) 한 벌의 물품의 디자인의 도면이 다음에 해당하는 경우

㈎ 각 구성물품마다 그 디자인을 충분히 표현할 수 있는 1조의 도면을 도시하지 않은 경우

㈏ 각 구성물품이 상호 집합되어 하나의 통일된 형상·모양 또는 관념을 표현하는 경우에 구성물품이 조합된 상태의 1조의 도면과 각 구성물품에 대

---

13) 「동적화상아이콘디자인」이란 형태적 관련성과 변화의 일정성(一定性)을 가지고 물품의 액정화면 등 표시부에 표시되는 동적아이콘에 관한 화상디자인을 말한다.

한 1조의 도면을 도시하지 않은 경우

(대) 각 구성물품의 하나의 디자인을 도면과 3D 모델링 도면을 혼합하여 표현한 경우

(23) 3D 모델링 도면이 다음에 해당하는 경우

(가) 3D 모델링 도면이 셰이딩 상태가 아닌 와이어프레임 상태로 모델링 되었거나 3차원의 돌려보기 상태가 아닌 2차원상태로 도면이 표현된 경우

(나) 3D 모델링 도면이 디자인의 대상이 되는 물품의 전체적인 형태가 명확하게 도시되지 아니하여 해당 물품을 파악하기 곤란한 경우

(다) 3D 모델링 도면을 실행하였을 경우 도면에 깨지거나 터지는 현상이 발생하여 해당 물품을 파악하기 곤란한 경우

(라) 투명부가 있는 물품의 도면에서 그 투명상태를 명확하게 표현하지 않아 투명여부를 파악하기 어려운 경우

(24) 도면 및 부가도면이 선도(線圖), 사진 또는 3D 모델링 도면 중 한 가지로 통일되게 작성되지 아니한 경우. 다만, 3D 모델링 도면 외의 참고도의 경우에는 예외로 한다.

(25) 3D 모델링 도면으로 복수디자인등록출원하는 경우에는 모든 일련번호의 디자인을 3차원 모델링파일 형식으로 제출하여야 한다.

다. 디자인의 구체성에 관한 판결례들

(1) 대법원 2005. 9. 15. 선고 2004후2123 판결[14]은 디자인의 구체성에 관하여 "디자인등록출원서에 첨부된 도면에 서로 불일치한 부분이 있다고 하더라도 그 정도가 경미하여 그 의장 분야에서 통상의 지식을 가진 자가 경험칙에 의하여 의장의 요지를 충분히 특정할 수 있는 경우에는 공업적 생산방법에 의하여 동일물품을 양산할 수 있다 할 것이므로, 그 의장은 공업상 이용할 수 있는 디자인에 해당한다"고 판시하였다.

(2) 특허법원 2003. 12. 29. 선고 2003허3938 판결,[15] 특허법원 2008. 10. 8.

---

14) '경대'에 관한 등록디자인으로 각 도면 상호간에 몇 가지 점에서 다소 불일치하는 부분들이 있기는 하나, 등록디자인의 사시도와 6면도를 전체적으로 살펴볼 때 통상의 지식을 가진 자라면 이 사건 등록디자인의 창작의 요지를 큰 어려움 없이 구체적으로 파악할 수 있다고 한 사례임.

15) '설농탕 그릇'에 관한 등록디자인으로 각 도면이 상부, 하부 및 상면부의 형상과 모양에 있어서 모두 상호 일치하지 않고 있으므로 디자인의 대상이 되는 물품의 형상과 모양이 특정되지 않은 것으로서 구체성을 결한 것이라고 한 사례임. 상고심 계속 중 원고의 소 취하로 종결됨.

선고 2008허8419 판결[16] 등은 도면, 사진 등의 불일치로 디자인의 보호범위를 정확하게 파악할 수 없는 경우에는 그 디자인은 반복생산의 가능성이 없으므로 공업상 이용가능성이 없다고 판시하였다.

4. 공업상 이용가능성 요건의 흠결의 효과

공업상 이용가능성이 없는 디자인은 디자인보호법 제33조 제1항 본문의 요건을 구비하지 않았다 하여 거절결정의 대상이 된다(법 제62조 제1항 제2호, 제2항 제2호). 한편, 착오로 등록이 이미 허용된 경우에는 공업상 이용가능성 요건의 흠결은 무효사유로 되고(법 제121조 제1항 제2호), 특히 일부심사등록에 대하여는 이의신청사유(법 제68조 제1항 제2호)로도 된다.

〈장낙원〉

---

16) '초음파 맛사지기'에 관한 등록디자인으로 도면 대용으로 첨부된 사진의 형태와 모양은 초음파 맛사지기를 제조하는 전 단계에서 외부 케이스의 금형을 제작하기 위하여 만들어진 모형으로서 완성품의 외부 형태와 모양을 그대로 나타낸다고 할 수 없으므로 완성품의 디자인을 특정할 수 없어 구체성을 결한 것이라고 한 사례임. 상고하지 않아 그대로 확정됨.

제33조(디자인등록의 요건)

① 공업상 이용할 수 있는 디자인으로서 다음 각 호의 어느 하나에 해당하는 것을 제외하고는 그 디자인에 대하여 디자인등록을 받을 수 있다.

1. 디자인등록출원 전에 국내 또는 국외에서 공지(公知)되었거나 공연(公然)히 실시된 디자인

2. 디자인등록출원 전에 국내 또는 국외에서 반포된 간행물에 게재되었거나 전기통신회선을 통하여 공중(公衆)이 이용할 수 있게 된 디자인

3. 제1호 또는 제2호에 해당하는 디자인과 유사한 디자인

Ⅰ. 서   설

1. 의   의

디자인보호법(이하 '법조문'만 기재한다) 제33조 제1항 제1, 2, 3호는 디자인 등록을 받을 수 없는 디자인들을 규정하고 있는데, 이를 흔히 디자인등록의 신규성 요건이라고 한다.[1][2] 이러한 신규성 요건의 판단과 관련하여, 특허나 실용 신안에서는 발명 또는 고안의 '실질적 동일' 여부가 문제됨에 비하여, 디자인의 경우에는 '디자인의 동일·유사' 여부가 문제되도록 규정하고 있다는 점에서 차이가 있다.

한편 대법원은 디자인의 유사 여부 판단과 관련하여 "디자인보호법이 요구

---

[1] 현행 디자인보호법에서는 '신규성'이라는 용어를 사용하고 있지 않으나, 특허나 실용신안의 신규성 요건에 대응하여 판례와 학설은 디자인에서도 위 용어를 일반적으로 사용하고 있다. 한편, 1961. 12. 31. 법률 제951호로 제정된 구 의장법 제2조, 제4조에서는 '신규한 의장', '신규성'이라는 용어를 사용한 적이 있었다.

[2] '신규성'이라는 용어를 사용한 판례로는 대법원 2006. 7. 28. 선고 2003후1956 판결[공 2006하, 1564] 등 참조.

하는 객관적 창작성이란 과거 또는 현존의 모든 것과 유사하지 아니한 독특함
만을 말하는 것은 아니므로 과거 및 현존의 것을 기초로 하여 거기에 새로운
미감을 주는 미적 창작이 결합되어 그 전체에서 종전의 의장과는 다른 미감적
가치가 인정되는 정도면 디자인등록을 받을 수 있다"고 설시하여, 신규성 판단
에서 '객관적 창작성'이라는 용어도 사용하고 있다.[3] 학설을 보더라도 신규성
은 객관적 창작성의 법적 의제라고 설명하면서 이들 개념을 같은 선상에서 취
급하는 견해가 다수이다.[4][5] 그런데 대법원은 '객관적 창작성'이라는 용어를 원
래 창작비용이성(현행 디자인보호법 제33조 제2항 참조)에 관한 판단에서 사용해
온 점,[6] 이러한 예전 판례들은 창작성의 수준을 비교적 낮게 설정한 기초 아래
있는데 현행 디자인보호법 제33조 제2항은 창작성의 요건을 강화하여 높은 수
준의 디자인 개발을 유도하는 데 그 입법취지가 있는 만큼[7] 그러한 판시가 신
규성 요건과 관련해 계속되는 것 역시 적절해 보이지는 않는 점, 창작성이라
는 용어를 창작비용이성과 관련하여 사용하고 있는 학설도 있어[8] 위 용어와
관련하여 불필요한 혼란이 있는 점, 굳이 디자인의 유사 판단과 관련하여 위
용어를 사용할 아무런 실익도 없는 점 등을 참작할 때, 신규성 판단과 관련하
여 '디자인의 동일 · 유사' 이외에 위 용어의 사용은 가급적 자제함이 옳을 것
이다.[9]

2. 입법 연혁

1961. 12. 31. 법률 제951호로 제정된 구 의장법은 제2조에서 등록대상으로

---

3) 대법원 2001. 6. 29. 선고 2000후3388 판결[공2001하, 1778]; 대법원 2006. 7. 28. 선고
  2005후2922 판결[공2006하, 1570]; 대법원 2008. 5. 29. 선고 2006후1087 판결[미간행] 등.
4) 노태정 · 김병진 공저, 디자인보호법, 세창출판사(2009), 237; 이와 같이 설명하는 일본
  학설로는, 齋藤曉二 저(정태연 역), 意匠法, 세창출판사(1993), 180 참조.
5) 한규현, "의장의 유사 여부 판단방법", 대법원판례해설 65호(2007), 601은, 앞서의 대법
  원 2006. 7. 28. 선고 2005후2922 판결에 대한 판례해설에서 객관적 창작성은 '창작용이성'
  의 문제가 아니라 '신규성'의 문제라고 하고 있다.
6) 이에 관해 자세한 것은, 유영선, "디자인보호법 제5조 제2항이 규정한 '용이하게 창작할
  수 있는 디자인'의 의미", 대법원판례해설 84호(2010), 447-448; 한규현(주 5), 601 참조.
7) 뒤의 '창작비용이성' 설명 부분에서 더 자세히 논한다.
8) 송영식 외 6인 공저, 지적소유권법(상), 육법사(2013), 966-967; 공경식 · 이승훈 공저, 코
  어 디자인보호법, 한빛지적소유권센터(2014), 177. 일본에서 창작비용이성과 관련하여 창
  작성이라는 용어를 사용하는 문헌으로는, 寒河江孝允 · 峯唯夫 · 金井重彦 編著, 意匠法コ
  ンメンタール, LexisNexis(2012), 169.
9) 2009년 이후에는 신규성과 관련하여 '객관적 창작성'이라는 용어를 사용한 대법원판례
  를 찾아보기 어렵다.

'신규한 의장'을 규정하는 한편, 제4조에서 신규성을 정의하면서 공지·공연실시(제1호)와 간행물 공지(제2호)의 지역적 기준으로 모두 국내주의를 취하였다.

그 후 1973. 2. 8. 법률 제2507호로 전부 개정된 구 의장법에서는 그에 관한 규정을 제5조 제1항에 두면서 공지·공연실시(제1호)에 대해서는 국내주의를, 간행물 공지(제2호)에 대해서는 국제주의를 취하기 시작하였고, 1990. 1. 13. 법률 제4208호로 전부 개정된 구 의장법부터는 공지·공연실시와 간행물 공지 모두 국제주의를 취하기 시작하였다.[10] 2004. 12. 31. 법률 제7289호로 개정된 구 디자인보호법부터는 '의장'이라는 용어 대신에 '디자인'이라는 용어를 사용하는 한편, 제5조 제1항 제2호에 '전기통신회선을 통하여 공중이 이용가능하게 된 디자인'을 추가하였다.

그리고 2013. 5. 28. 법률 제11848호로 전부 개정되어 2014. 7. 1.부터 시행되고 있는 현행 디자인보호법은 동일한 내용을 제33조 제1항으로 옮겨 규정하고 있다.

3. 입법 취지

디자인보호제도는 창작한 디자인을 비밀로 유지하지 않고 공개한 자에게 그 공개의 대가로 일정 기간 동안 독점권을 부여하는 제도인데, 이미 사회 일반에 공개되어 공중이 자유롭게 이용할 수 있는 디자인에 대하여 특정인에게 독점권을 부여한다면 '디자인의 보호와 이용을 도모함으로써 디자인의 창작을 장려하여 산업발전에 이바지한다'는 디자인보호법의 본래 목적[11]에 반하게 된다.[12] 이것이 바로 디자인보호법이 디자인등록의 요건으로 신규성을 규정하고 있는 이유이다.

Ⅱ. 신규성 상실사유

1. 시간적 기준

제33조 제1항 제1호, 제2호에는 '디자인등록출원 전'이라고 규정하고 있지 '디자인등록출원일 전'이라고 규정하고 있지 않으므로, 디자인등록출원이 된

---

10) 이 점에 대하여 일본과 프랑스는 우리와 같으나, 미국은 공지공용은 국내주의를, 간행물 공지는 국제주의를 취하고 있다[송영식 외 6인 공저(주 8), 963].
11) 디자인보호법 제1조 참조.
12) 노태정·김병진 공저(주 4), 238; 공경식·이승훈 공저(주 8), 154.

'일(日)'이 아니라 '시(時)'13)를 기준으로 하여 신규성을 판단한다. 이 점에서, 제 46조(선출원) 제1항에서는 "다른 날에 2이상의"라고 규정하고, 제33조 제3항(확 대된 선출원)과 제95조(타인의 등록디자인 등과의 관계)에서는 "그 디자인등록출원 일 전에"라고 규정하여, 출원된 '날'을 기준으로 하고 있는 것과 다르다.

따라서 디자인등록출원일이 그 출원디자인과 동일·유사한 선행디자인의 공지일과 같고 시·분·초의 선후가 불분명한 경우에는 신규성을 상실하지 아 니한다.14) 다만, 특허청 실무운영에서는 출원 그 자체를 일(日)을 기준으로 접수 하고 있고, 간행물의 반포나 공지가 시간까지 분명하지 않은 일이 많으므로, 신 규성 판단을 일(日)을 기준으로 취급하는 것이 상례로 되어있다.15)

창작시가 아니라 출원시를 신규성 유무의 판단기준 시로 한 것은 그 판단 의 신속성, 간편성, 안정성을 확보하기 위함이다.16)

2. 제33조 제1항 각 호에 규정된 사유

가. 공지(公知)되었거나 공연(公然)히 실시된 디자인(제1호)

(1) 공지된 디자인

'공지된 디자인'이라 함은 반드시 불특정 다수인에게 인식되었을 필요까지 는 없으며 불특정 다수인이 인식할 수 있는 상태에 놓여 있는 디자인을 말한 다.17) 대법원이 '공지라 함은 불특정 다수인이 현실적으로 그 내용을 인식하고 있어야 한다거나 또는 가장 편리한 방법으로 그 내용을 인식할 수 있어야만 하 는 것은 아니므로, 디자인은 그 등록일 이후에는 불특정 다수인이 당해 디자인 의 내용을 인식할 수 있는 상태에 놓이게 되어 공지되었다고 봄이 상당하고, 디 자인공보가 발행되어야만 비로소 그 디자인이 공지되었다고 볼 수는 없다'고 판시한 것18)도 같은 맥락이다.

한편, 창작자를 위하여 그 디자인을 비밀로 유지해야 할 관계에 있는 자는 불특정인에 해당하지 않으므로, 설령 그러한 다수의 자가 디자인의 내용을 안다

---

13) 시각(時刻)의 개념이다.
14) 송영식 외 6인(주 8), 963.
15) 노태정·김병진 공저(주 4), 239.
16) 滿田重昭·松尾和子 編集, 注解 意匠法, 靑林書院(2010), 150.
17) 대법원 2000. 12. 22. 선고 2000후3012 판결[공2001상, 387]; 대법원 2001. 2. 23. 선고 99후1768 판결[공2001상, 806] 등
18) 대법원 2001. 7. 27. 선고 99후2020 판결[공2001하, 2010].

고 하더라도 그 디자인은 공지된 디자인에 해당하지 않는다.[19] 디자인을 비밀로 해야 할 관계에 있는 자란 계약이나 신의칙 등에 의하여 그 디자인에 대하여 특히 비밀유지의무가 부과된 자뿐만 아니라, 사회통념상 또는 상관습상 비밀로 취급하는 것이 요구되거나 기대할 수 있는 자를 포함한다.[20]

대법원판례에 의하면, 당해 디자인과 동일한 형상 모양의 물품을 그 출원일 이전에 동종업자에게 납품한 사실이 있다면 그 디자인은 일반 사람의 눈에 띔으로써 바로 알려져 모방할 수 있는 것이므로 비밀성을 잃어 공지로 된다고 하였다.[21] 또한, 그 출원 전에 철도청에 의하여 기차 기관사들이 운행 중인 기차의 위치를 알 수 있도록 철로 주변에 시험 설치된 철도용 거리 표지판인 등록디자인에 대해, 그 시험 설치와 동시에 철도청 직원들을 비롯한 일반인의 눈에 띔으로써 곧바로 알려질 수 있는 상태에 있게 된 이상 공지된 디자인에 해당한다고 하였다.[22]

반면, 등록디자인을 창작한 원고에게 그 개발을 의뢰한 피고 회사는 신의칙상 등록디자인이 표현된 카세트테이프 수납케이스 완제품 샘플에 관하여 비밀로 할 의무가 있고, 원고에게 직접 그 개발을 의뢰한 A(피고 회사의 직원) 역시 피고 회사를 위하여 당연히 그 비밀을 유지할 의무가 있으며, 甲 회사는 종래 피고 회사에 카세트테이프 수납케이스를 제작·공급하여 온 피고 회사의 계열사이므로 A가 甲 회사의 실무담당직원들에게 위 완제품 샘플을 제시한 것은 판매를 위한 것이 아니라 개발단계에서 시장성과 상품성 등을 판단하기 위한 것으로 보이는 점, 피고 회사와 甲 회사가 여러 차례의 회의를 거쳐 최종적으로 위 완제품 샘플을 채택하기로 결정한 점 등을 종합하여 보면, 甲 회사나 그 관계직원들은 신의칙상 또는 사회통념상 피고 회사를 위하여 위 완제품 샘플의 디자인을 비밀로 하여야 할 관계에 있다고 하였다.[23]

---

19) 노태정·김병진 공저(주 4), 241.

20) 특허에 관하여 같은 서술로는, 특허법원 지적재산소송실무연구회, 지적재산소송실무, 박영사(2014), 157; 吉藤辛朔 저·熊谷健一 보정(YOU ME 특허법률사무소 역), 特許法概說, 대광서림(2005), 102-103; 같은 취지에서, 대법원 2001. 2. 23. 선고 99후1768 판결[공2001상, 806]도 뒤에서 보는 바와 같이 신의칙상 또는 사회통념상 디자인을 비밀로 하여야 할 관계에 있는 자에게 디자인이 알려진 경우 공지로 보지 않았다.

21) 대법원 2000. 12. 22. 선고 2000후3012 판결[공2001상, 387].

22) 대법원 2004. 12. 23. 선고 2002후2969 판결[미간행].

23) 대법원 2001. 2. 23. 선고 99후1768 판결[공2001상, 806].

(2) 공연히 실시된 디자인

'공연히 실시된 디자인'이라 함은 디자인의 내용이 공연히 알려진 또는 불특정 다수인이 알 수 있는 상태에서 실시된 디자인을 말한다.[24]

특허와는 달리, 디자인은 물품의 미적 외관(外觀)이기 때문에 공연히 실시된 디자인은 또한 당연히 공지가 됨이 통상적이므로, 이 규정을 별도로 둔 적극적인 의의는 없다는 견해가 있다.[25]

나. 반포된 간행물에 게재되었거나 전기통신회선을 통하여 공중(公衆)이 이용할 수 있게 된 디자인(제2호)

(1) 반포된 간행물에 게재된 디자인

'간행물'이라 함은 인쇄 기타의 기계적, 화학적 방법에 의하여 공개의 목적으로 복제된 문서, 도화, 사진 등을 말한다.[26] 따라서 공개를 목적으로 하지 않는 비밀출판물 등은 여기서 말하는 간행물이 아니다. 최근 뉴미디어나 복제기술의 발달에 따라 간행물에 대해서는 탄력적인 해석이 요구되므로, 마이크로필름, CD-ROM, 광디스크, 플로피디스크 등 전자화된 모든 정보전달매체를 간행물에 포함시켜야 할 것이다.[27]

간행물의 '반포'라 함은 간행물을 불특정 다수인이 볼 수 있는 상태에 두는 것을 말한다.[28] 대법원판례에 의하면, 카탈로그는 제작되었으면 배부, 반포되는 것이 사회통념이고 제작한 카탈로그를 배부, 반포하지 아니하고 사장하고 있다는 것은 경험칙상 수긍할 수 없으므로, 카탈로그의 배부범위, 비치장소 등에 관하여 구체적인 증거가 없다고 하더라도 그 카탈로그의 반포, 배부되었음을 부인할 수는 없다고 한다.[29] 반면, 카탈로그가 그 진정성립이 인정될 경우 등록디자인의 등록이 무효로 될 수 있는 중요한 결과를 가져오는 유일한 증거자료인데, 당사자가 카탈로그의 발행일자가 임의로 변경되었을 가능성이 있다고 일관되게 주장하고 있음에도 카탈로그 외에 그 진정성립을 인정할 아무런 자료가 없고, 카탈로그에 기재된 다른 기재 부분과 발행일자 부분이 글씨 모양, 글자색 등에

---

24) 대법원 2000. 12. 22. 선고 2000후3012 판결[공2001상, 387]; 대법원 2004. 12. 23. 선고 2002후2969 판결[미간행] 등.
25) 노태정 · 김병진 공저(주 4), 242.
26) 대법원 1992. 10. 27. 선고 92후377 판결[공1992하, 3300].
27) 노태정 · 김병진 공저(주 4), 243.
28) 대법원 1992. 10. 27. 선고 92후377 판결[공1992하, 3300].
29) 대법원 2000. 12. 8. 선고 98후270 판결[공2001상, 306].

서 서로 확연히 다름에도, 카탈로그에 기재되어 있는 발행일을 그대로 그 발행일로 인정한 원심은 위법하다고 하였다.[30]

여기서 간행물에 '게재'된 정도는 그 디자인이 속한 분야에서 통상의 지식을 가진 자가 그것을 보고 용이하게 디자인을 창작할 수 있을 정도로 표현되어 있으면 충분하고, 반드시 육면도나 참고사시도 등으로 그 형상과 모양의 모든 것이 기재되어 있어야 하는 것은 아니다.[31] 즉, 자료의 표현이 부족하더라도 이를 경험칙에 의하여 보충하여 그 디자인의 요지 파악이 가능하다면 신규성 대비판단의 대상이 될 수 있다.[32]

(2) 전기통신회선을 통하여 공중(公衆)이 이용할 수 있게 된 디자인

2004. 12. 31. 법률 제7289호로 개정된 구 디자인보호법에서 신규성 상실사유로 추가된 것이다. 이는 최근 정보통신기술의 발전에 따라 디자인의 공개가 종래의 간행물 이외에도 인터넷과 같은 전기통신회선을 통하여 이루어지고 있는 경우가 많음을 감안한 입법이라고 할 수 있다.

전기통신회선이란 유선 또는 무선에 의해 쌍방향으로 통신이 가능한 전기통신수단을 의미하므로, 일 방향으로부터만 정보를 통신할 수 있는 방송 등은 제외된다.[33]

여기서 '공중'이란 비밀준수의무가 없는 사회일반의 불특정인을 말하고, '이용가능성'은 공중이 자료에 접근하여 그 내용을 보고 이용할 수 있는 상태에 놓여 있는 것을 말한다. 예를 들어, 인터넷에 링크가 개설되고 검색엔진에 등록되어 공중이 제한 없이 접속할 수 있는 경우를 들 수 있다.[34]

다. 제1호 또는 제2호에 해당하는 디자인과 유사한 디자인(제3호)

앞서 본 제1호, 제2호의 디자인 이외에, 이들 디자인과 유사한 디자인이 출원된 경우에도 신규성이 상실된 것으로 규정하고 있다.

디자인의 유사에 관해서는 항을 바꾸어 자세히 살펴본다.

---

30) 대법원 2009. 5. 14. 선고 2008후5083 판결[공2009상, 899]. 대법원 2009. 5. 28. 선고 2009후900 판결[공2009하, 1045]도 카탈로그의 발행일 인정에 관한 같은 취지의 판결이다.
31) 대법원 2006. 7. 28. 선고 2003후1956 판결[공2006하, 1564].
32) 대법원 1999. 11. 26. 선고 98후706 판결[공2000상, 59].
33) 寒河江孝允 외 2인 編著(주 8), 124. 방송에 의하여 공중이 이용가능하게 된 디자인은 제1호의 공지된 디자인에 해당한다.
34) 노태정·김병진 공저(주 4), 246; 공경식·이승훈 공저(주 8), 156.

Ⅲ. 디자인의 동일·유사

1. 서   설

본항의 신규성, 선출원(제46조), 확대된 선출원(제33조 제3항), 디자인권의 효력(제92조) 등에서는 디자인의 동일·유사가 함께 문제되므로 이들 개념을 구분할 실익이 없다. 그러나 출원의 보정(제48조), 출원의 분할(제50조), 조약에 따른 우선권 주장(제51조) 등의 경우에는 디자인의 동일만이 문제되므로, 디자인의 동일을 유사와 구분할 실익이 있다.

디자인은 물품을 떠나서는 존재할 수 없고 물품과 일체불가분의 관계에 있으므로, 디자인이 동일·유사하다고 하려면 디자인이 표현된 물품과 디자인의 형태가 동일·유사하여야 한다.[35] 개괄적으로 말하면, 물품이 동일하고 형태가 동일한 경우 동일한 디자인이 되고, 물품이 동일하고 형태가 유사한 경우, 물품이 유사하고 형태가 동일 또는 유사한 경우에는 유사한 디자인이 된다.

이하에서는 디자인의 동일성과 유사성을 나누어 차례로 살펴본다.

2. 디자인의 동일성

가. 물품의 동일성('물품의 유사성'과 구분)[36]

물품의 동일·유사성 여부는 물품의 용도, 기능 등에 비추어 거래통념상 동일·유사한 물품으로 인정할 수 있는지 여부에 따라 결정하여야 할 것이고, 디자인보호법 시행규칙이 정한 물품구분표는 디자인등록 사무의 편의를 위한 것으로서 동종의 물품을 법정한 것은 아니므로, 물품구분표상 같은 유별에 속하는 물품이라도 동일 종류로 볼 수 없는 물품이 있을 수 있고 서로 다른 유별에 속하는 물품이라도 동일 종류로 인정되는 경우가 있다.[37]

이와 같이 물품의 용도, 기능 등에 비추어 본 거래통념이 물품의 동일·유사성을 판단하는 기준이 된다. 이러한 기준에 의하면, 예를 들어 손목시계는 그

---

35) 대법원 1992. 4. 24. 선고 91후1144 판결[공1992상, 1724]; 대법원 2006. 7. 28. 선고 2003후1956 판결][공2006하, 1564]. 대법원판례는 신규성 판단과 관련해 굳이 물품의 동일·유사를 구분할 실익이 없기 때문에 이를 구분하지 않고 판시함이 일반적이다.
36) 편의상 물품의 유사도 여기서 함께 서술한다.
37) 대법원 2001. 6. 29. 선고 2000후3388 판결[공2001하, 1778]; 대법원 2004. 6. 10. 선고 2002후2570 판결][공2004하, 1184].

것이 태엽식이든 자동식이든 전자식이든 용도, 기능이 동일하여 거래통념상 동일한 물품으로 볼 수 있을 것이나, 볼펜과 만년필, 탁상시계와 손목시계는 용도는 동일하나 기능이 다르므로 거래통념상 유사한 물품으로 보아야 할 것이다.[38] 또한, 도제(陶製) 인형과 도제(陶製) 접시는 도기(陶器)라는 점에서는 동일하나 그 용도, 기능을 구체적으로 보면 다른 물품이라고 해야 하고, 술병과 약병은 수납하는 물건은 다르지만 모두 포장용 병이라는 견지에서 보면 동일한 물품이라고 해야 한다.[39]

완성품과 부품은 용도도 기능도 다르므로, 원칙적으로 비유사 물품이나,[40] 부품의 구성이 완성품에 가까운 경우에는 서로 유사물품으로 취급될 수 있다.[41] 다만, 용도와 기능이 상이하더라도 양 물품의 형상, 모양, 색채 또는 그 결합이 유사하고 서로 섞어서 사용할 수 있는 것은 유사물품으로 보아야 한다.[42] 예를 들어, 수저통과 연필통은 유사 물품으로 볼 수 있다.[43]

이와 같이 용도·기능에 기초하여 물품의 동일·유사성을 판단하는 것은 용도와 기능을 가진다고 하는 물품의 본질에 기초한 해석이나, 창작의 보호라고 하는 디자인보호법의 독자적인 시각에서 물품의 유사를 이해하는 방법도 있다고 하면서, 물품이 용도·기능의 관점에서 비유사하다는 이유로 기계적으로 디자인을 비유사로 인정하는 방법의 타당성에는 의문이 있다는 주장이 일본에서 제기되고 있다.[44]

한편, 용도와 기능을 엄격하게 구별하기가 쉽지 않고, 최근에는 전기·전자제품 등에서 다용도, 다기능을 가진 물품이 많이 출현하고 있어 위와 같은 기준

---

38) 공경식·이승훈 공저(주 8), 171.

39) 滿田重昭·松尾和子 編集(주 16), 153.

40) 寒河江孝允 외 2인 編著(주 8), 130.

41) 특허법원 지적재산소송실무연구회(주 20), 441. 대법원 1991. 11. 26. 선고 91도612 판결 [미간행]도 "전구, 전구용 소켓과 전자렌지용 일체형 조명등은 부분품과 완성품의 관계에 있는 것이더라도, 부분품의 구성이 완성품에 가까운 경우에는 양 물품을 유사 물품으로 보아 디자인의 유사 여부를 판단할 수 있고, 전자렌지용 일체형 조명등을 구성하는 전구, 전구용 소켓은 각각 그 자체가 완성품에 가까운 경우에 해당하므로 유사 물품에 해당한다"고 판단하였다.

42) 대법원 2001. 6. 29. 선고 2000후3388 판결[공2001하, 1778]; 대법원 2004. 6. 10. 선고 2002후2570 판결[공2004하, 1184]. 위 2000후3388 판결은 '음식 찌꺼기 발효통'은 통 내부에 음식 찌꺼기 등을 넣고 뚜껑으로 밀폐시켜 발효되도록 하는 것으로서, 단순히 일반쓰레기를 담는 '쓰레기통'과는 용도와 기능이 상이한 면이 있으나, 양 물품은 용도상 서로 혼용될 수 있으므로 서로 유사한 물품이라고 하였다.

43) 공경식·이승훈 공저(주 8), 171.

44) 寒河江孝允 외 2인 編著(주 8), 131.

에 의하여 물품의 동일·유사 판단이 어려운 경우가 많아지고 있다.[45)]

나. 디자인(형태)의 동일성

(1) 의   의

디자인의 동일이라 함은 2개의 디자인을 상호 비교할 때 그 디자인을 구성하고 있는 물품의 형상·모양·색채 또는 이들의 결합이 시각을 통하여 동일한 미감을 일으키는 것을 말한다.[46)] 따라서 여기서 디자인의 동일은 물리적인 동일(합동)을 의미하는 것이 아니라, 거래통념상 양 디자인에 동일성이 있다고 할 수 있는가 하는 법적 평가의 문제이다.[47)]

디자인을 형태 구성요소를 기준으로 분류하면 ① 형상의 디자인, ② 형상, 모양이 결합된 디자인, ③ 형상, 색채가 결합된 디자인, ④ 형상, 모양, 색채가 결합된 디자인의 네 가지로 나누어 볼 수 있다.[48)] 위 각각의 경우 디자인의 형태 구성요소 모두가 동일해야 동일성이 있다고 할 수 있다. 예를 들어, 형상·모양·색채의 결합디자인에서는 형상·모양·색채 각각이 모두 동일해야 디자인의 동일성이 인정되고, 형상이나 모양 또는 색채만이 동일하거나, 형상과 모양만이 동일하다고 하여 동일한 디자인이라고 할 수 없다.[49)]

(2) 대비대상

등록디자인의 보호범위는 디자인등록출원서의 기재사항 및 그 출원서에 첨부된 도면·사진 또는 견본과 도면에 적힌 디자인의 설명에 따라 표현된 디자인에 의하여 정하여진다(제93조).

이 규정은 등록디자인의 보호범위에 관한 규정이지만, 디자인등록출원 중인 디자인을 공지된 선행디자인과 대비하거나 출원의 보정, 분할 등의 경우에 디자인의 동일성을 판단함에 있어서도 적용될 수 있다고 생각된다.[50)]

(3) 판단요소

물품의 재질, 그리고 크기 등과 같은 양적인 성질은 별개 디자인의 대상이 될 수 없다.[51)] 이는 디자인의 구성요소가 아니기 때문이다. 질감이나 광택도 마

---

45) 노태정·김병진 공저(주 4), 403; 공경식·이승훈 공저(주 8), 171.
46) 노태정·김병진 공저(주 4), 391.
47) 같은 취지의 설명으로는, 齋藤瞭二 저(정태연 역)(주 4), 192-193.
48) 齋藤瞭二 저(정태연 역)(주 4), 191.
49) 노태정·김병진 공저(주 4), 397.
50) 노태정·김병진 공저(주 4), 393.
51) 대법원 1996. 6. 25. 선고 95후2091 판결[공1996하, 2375].

찬가지이다. 그러나 예외적으로, 재질이나 질감 등이 달라짐에 따라 그 차이가
시각적으로 인식되고 형상·모양·색채에 영향을 주는 경우 디자인의 동일성을
상실할 수 있다.[52]

물품의 구조나 기능은 원칙적으로 디자인의 동일성 판단요소로 되지 않으
나, 구조나 기능이 물품의 외관에 표현되는 경우에는 그 판단요소가 된다.[53]

물품의 투명·불투명은 엄밀히 말하면 물품의 형상·모양·색채에 해당하
지는 않지만 디자인보호법상으로는 색채에 준하여 취급하고 있으므로 디자인의
동일성 판단요소가 된다.[54]

사용상 문짝이나 뚜껑을 열어서 보이는 부분은 그 내부의 형상 등도 디자
인의 구성요소가 되므로, 디자인의 동일성 판단요소가 된다.[55]

3. 디자인의 유사성

가. 서   설

디자인의 유사성 판단에서 문제되는 대비대상, 판단요소 등은 앞서 디자인
의 동일성에서 살펴본 것과 같다. 물품의 동일·유사성도 마찬가지이다.

따라서 이하에서는 디자인(형태)의 유사성에 관한 제반 논점을 중심으로 서
술한다.

나. 판단기준

(1) 학   설[56]

디자인의 유사성 판단기준에 관한 학설로는 창작설(창작동일설), 심미감설(주

---

52) 노태정·김병진 공저(주 4), 398-399. 특허법원 2006. 9. 21. 선고 2006허4475 판결[미간
    행]도 "물품의 재질이라 하더라도 그 자체가 모양이나 색채로서 표현되는 경우에는 디자
    인의 유사 여부를 판단하는 요소가 될 수 있다"고 판시하였다.
53) 노태정·김병진 공저(주 4), 399. 이에 관해서는 디자인의 유사성 부분에서 더 자세히 설
    명한다.
54) 특허법원 지적재산소송실무연구회(주 20), 453; 노태정·김병진 공저(주 4), 399. 대법원
    2013. 4. 26. 선고 2012후2913 판결[미간행]; 특허법원 2006. 9. 21. 선고 2006허4475 판결
    [미간행]도 같은 취지로 판시하였다.
55) 노태정·김병진 공저(주 4), 400. 대법원 2010. 9. 30. 선고 2010다23739 판결[공2010하,
    1984]은 휴대폰 및 휴대폰 부속품 포장용 상자 디자인의 유사 여부를 판단하면서 "대비되
    는 디자인의 대상 물품들이 다 같이 그 기능 내지 속성상 사용에 의하여 당연히 형태의
    변화가 일어나는 경우에 그 디자인의 유사 여부는 형태의 변화 전후에 따라 서로 같은 상
    태에서 각각 대비한 다음 이를 전체적으로 판단하여야 한다"고 설시하였는데, 이와 같은
    취지이다.
56) 특허법원 지적재산소송실무연구회(주 20), 443-444; 공경식·이승훈 공저(주 8), 68-69;

의환기설), 혼동설, 종합고려설 등이 대립한다.

창작설은, 디자인보호법의 기본적인 목적이 신규의 '창작'을 보호하고 장려하는 데에 있으므로, 유사한 디자인이란 창작적 가치가 공통되는 디자인을 의미한다고 보는 견해이다. 창작설에 의하면, 디자인의 창작 포인트를 파악한 뒤 창작자 또는 디자인 개발에 임하는 평균적 디자이너를 기준으로 하여 양 디자인의 미적 특징이 공통 범위 내에 있는지 여부에 의하여 디자인의 유사 여부를 판단하게 된다.

심미감설은, 디자인의 정의57)에서 출발하여, 비교의 대상이 되는 2개의 디자인이 보는 사람에게 주는 미적 인상, 즉 심미감이 유사하면 서로 유사한 디자인이라고 보는 견해이다. 심미감설에서 그 판단주체는 창작자나 평균적 디자이너가 아니라 디자인을 관찰하는 평균적인 사회인이다.

혼동설은, 디자인보호법의 목적을 물품의 식별기능을 통한 부정경쟁의 방지에 있다고 보아 디자인과 불가분의 관계에 있는 물품이 다른 물품과의 혼동을 야기할 우려가 있으면 유사한 디자인으로 보는 견해이다. 혼동설에서 그 판단주체는 일반적인 거래자 또는 수요자이다.

종합고려설은, 위의 3가지 설들은 각각 장단점이 있으므로 이들 견해를 종합적으로 고려하여 디자인의 유사 여부를 판단하여야 한다는 견해이다.58)

(2) 판   례

대법원은 "디자인의 유사 여부는 그 외관을 전체적으로 대비 관찰하여 보는 사람으로 하여금 상이한 심미감을 느끼게 하는지의 여부에 따라 판단하여야 한다"고 일관되게 설시해 오고 있는데,59) 이는 심미감설을 취하고 있는 것으로 평가된다.60)

권영준, "의장권침해소송에 관한 고찰 —의장의 유사개념을 중심으로—", 이십일세기 한국 민사법학의 과제와 전망: 심당 송상현 교수 화갑기념논문집, 박영사(2002), 824-829를 참조하여 정리하였다.
57) 디자인이란 물품의 형상·모양·색채 또는 이들을 결합한 것으로서 시각을 통하여 미감을 일으키게 하는 것을 말한다(제2조 제1호).
58) 예를 들어, 권영준(주 56), 829는 혼동설을 기본으로 하되 창작설과 심미감설을 고려하여 판단하는 것이 타당하다고 하고 있다. 특허청의 디자인 심사기준도 "물품의 유통과정에서 일반수요자를 기준으로 관찰하여 다른 물품과 혼동할 우려가 있는 경우 유사한 디자인으로 보고, 혼동할 우려가 있을 정도로 유사하지는 않더라도 창작의 공통성이 인정되는 경우에도 유사한 디자인으로 본다"고 하고 있다[특허청 디자인 심사기준(2014. 7. 1.), 173-174].
59) 대법원 2001. 5. 15. 선고 2000후129 판결[공2001하, 1416]; 대법원 2012. 4. 26. 선고 2011후2787 판결[공2012상, 909], 대법원 2013. 4. 11. 선고 2012후3794 판결[미간행].
60) 특허법원 지적재산소송실무연구회(주 20), 444.

다. 판단주체

디자인의 유사 여부 판단주체에 관하여는 ① 일반수요자를 기준으로 하여야 한다는 설, ② 디자인이 속하는 분야에서 통상의 지식을 가진 사람을 기준으로 하여야 한다는 설, ③ 일반수요자나 디자인이 속하는 분야에서 통상의 지식을 가진 사람을 초월한 사회의 보편적인 주체를 기준으로 하여야 한다는 설 등이 있는데,[61] 일반수요자를 기준으로 하여야 한다는 설이 통설, 판례이다.[62]

미국의 경우 디자인의 유사 여부는 통상의 관찰자(ordinary observer)를 기준으로 판단하고 있다.[63]

라. 관찰방법

(1) 외관관찰 및 육안관찰

디자인의 본질은 물품의 외관에 표현된 미적 창작에 있으므로, 그 유사 여부는 물품의 외관을 사람의 육안으로 관찰하여 판단한다.[64] 따라서 현미경, 확대경, 돋보기 등의 광학기기를 사용한다거나 화학분석 등을 통하여 관찰해서는 안 된다. 다만, 디자인에 관한 물품의 거래에서 물품의 형상 등을 확대하여 관찰하는 것이 통상적인 경우에는 현미경, 확대경 등을 사용하여 관찰할 수 있다.[65]

(2) 간접적 대비관찰

관찰방법은 물품을 직접 늘어놓고 비교해 보는 대비관찰과 시간과 공간을 달리하여 비교해 보는 격리관찰(이격적 관찰)로 나누어 볼 수 있다. 대비관찰은 다시, 물품의 외관을 직접 서로 대비하여 디자인의 세밀한 차이까지도 가려내는 직접적 대비관찰과 도면에 표현된 디자인에 기초하여 미감의 일치, 생략 또는 작도상의 차이 등을 감안하여 실체의 디자인을 상상해서 대비해 보는 간접적 대비관찰로 나누어 볼 수 있다.

---

61) 노태정・김병진 공저(주 4), 410.

62) 이를 명시적으로 판시한 대법원판례로는, 대법원 1996. 1. 26. 선고 95후1135 판결[공 1996상, 791]; 대법원 2009. 1. 30. 선고 2007후4830 판결[미간행]; 대법원 2010. 11. 11. 선고 2010후2209 판결[미간행] 등이 있다.
  한편, 일본은 아예 의장법 제24조 제2항에 "등록의장과 그 이외의 의장이 유사한가 아닌가의 판단은 수요자의 시각을 통하여 불러일으키는 미감에 기초하여 행하는 것으로 한다"는 명문의 규정을 두고 있다(寒河江孝允 외 2인 編著(주 8), 135).

63) 송영식 외 6인(주 8), 967.

64) 노태정・김병진(주 4), 413, 416.

65) 특허청 디자인심사기준(2014. 7. 1.), 174.

직접적 대비관찰은 지나치게 세밀한 부분까지 판단하게 되는 문제가 있고, 격리관찰은 관념적인 것으로 되어 적당하지 않으므로, 디자인의 유사 여부 판단에서 관찰방법은 간접적 대비관찰이라고 할 것이다.[66]

(3) 전체관찰과 요부관찰

㈎ 전체관찰과 요부관찰의 조화

디자인의 유사 여부는 이를 구성하는 각 요소를 분리하여 개별적으로 대비할 것이 아니라 그 외관을 전체적으로 대비 관찰하여 보는 사람으로 하여금 상이한 심미감을 느끼게 하는지 여부에 따라 판단하여야 하므로 그 지배적인 특징이 유사하다면 세부적인 점에 다소 차이가 있을지라도 유사하다고 보아야 한다.[67] 다만, 이 경우 디자인을 보는 사람의 주의를 가장 끌기 쉬운 부분을 요부로서 파악하고 이것을 관찰하여 심미감에 차이가 생기게 하는지 여부의 관점에서 그 유사 여부를 결정하여야 한다.[68]

이와 같이 디자인의 유사 여부는 전체적으로 대비 관찰하여 판단하여야 하지만, 이는 반드시 디자인 전체를 같은 비중을 두고 대비 관찰하여야 하는 것을 의미하는 것은 아니므로, 실제 사례에 있어서는 실질적으로 요부의 대비를 통하여 유사 여부의 판단이 이루어지게 된다. 양 디자인의 요부를 판단한다는 것은 그 요부만을 따로 추출하여 서로 비교한다는 의미가 아니라, 양 디자인의 전체 속에서의 요부를 서로 비교한다는 의미이고, 그러한 의미에서 요부관찰은 전체관찰의 원칙과 조화될 수 있는 것이다.[69]

㈏ 디자인 요부의 의미

디자인의 유사 판단에 있어서 요부란, 대비되는 두 디자인이 표현된 물품에 있어서 흔히 있는 형상이 아니어서 보는 사람의 주의를 가장 끌기 쉬운 부분, 또는 물품의 사용 상태와 용도를 고려할 때 수요자에게 잘 보이는 부분 내지 디자인의 구조적 특징을 가장 잘 나타내는 부분을 말한다.[70] 이러한 요부는 그 물품의 성립·작용 등 그 물품의 속성과 역사적 배경 속에서 도출되는 것이므

---

66) 노태정·김병진(주 4), 413-414. 참고로, 상표의 유사 여부 판단에서는 이격적인 관찰 방법을 사용한다.
67) 대법원 2001. 6. 29. 선고 2000후3388 판결[공2001하, 1778]; 대법원 2006. 7. 28. 선고 2005후2915 판결[미간행].
68) 대법원 2001. 5. 15. 선고 2000후129 판결[공2001하, 1416]; 대법원 2005. 5. 13. 선고 2004후301 판결[미간행].
69) 권영준(주 56), 831.
70) 특허법원 지적재산소송실무연구회(주 20), 446.

로,[71] 이와 같은 점들에 대한 고려 없이 당해 디자인 자체에만 국한하여 요부를 도출해서는 안 된다.

대법원판례가 디자인의 요부에서 제외되어 전체적인 심미감에 영향을 주지 않는다고 보고 있는 예로는, ① 디자인 전체에서 차지하는 비중이 매우 작은 미세한 부분,[72] ② 등록디자인이 표현된 물품의 특성 등에 비추어 볼 때 눈에 잘 띄지 않는 부분,[73] ③ 그 물품으로서 당연히 있어야 할 부분이나 디자인의 기본적 또는 기능적 형태에 해당하는 부분[74] 등이 있다.

마. 구체적인 디자인 유사 판단기준

(1) 디자인 유사의 폭

기존에 없던 참신한 디자인일수록 디자인 유사의 폭은 넓어지고, 그 물품의 수가 많아지고 같은 종류의 것이 많이 나오거나 일반수요자의 수준이 높아질수록 유사의 폭은 점점 좁아지게 된다. 이러한 의미에서 디자인 유사의 폭은 살아 있는 생명체와 같이 시대에 따라 변하는 것이라고 할 수 있고, 따라서 디자인의 유사 여부 판단은 결국 그 디자인이 창작된 배경에 서서 이루어지는 것이다.[75]

대법원판례를 보면, "옛날부터 흔히 사용되어 왔고 단순하며 여러 디자인이 다양하게 고안되었던 디자인이나, 구조적으로 그 디자인을 크게 변화시킬 수 없는 것 등은 디자인의 유사범위를 비교적 좁게 보아야 한다"고 판시해 오고 있다.[76] 같은 취지에서, 병 등의 용기 뚜껑에 관한 디자인과 같이 단순한 형태로서 옛날부터 흔히 사용되어 왔고 여러 가지의 디자인이 많이 고안되어 있으며, 구조적으로도 그 디자인을 크게 변화시킬 수 없고 취미나 유행의 변화에 한도가 있는 것,[77] 창문틀에 관한 디자인과 같이 무수히 많이 창작되고 등록된 것,[78] 손목시계에 관한 디자인과 같이 출현된 지가 오래되어 다양한 종류로 여러 가지 디자인이 나와 있고, 구조적으로도 그 디자인을 크게 변화시킬 수 없으며,

---

71) 齊藤瞭二 저(정태연 역)(주 4), 226-227.
72) 대법원 1999. 10. 8. 선고 97후3586 판결[공1999하, 2332]; 대법원 2006. 9. 8. 선고 2005 후2274 판결[공2006하, 1697].
73) 대법원 1996. 6. 28. 선고 95후1449 판결[공1996하, 2378]; 대법원 1998. 12. 22. 선고 97 후2828 판결[공1999상, 234].
74) 대법원 2005. 10. 14. 선고 2003후1666 판결[미간행].
75) 노태정·김병진(주 4), 419.
76) 대법원 1997. 10. 14. 선고 96후2418 판결[미간행].
77) 대법원 1996. 6. 28. 선고 95후1449 판결[공1996하, 2378].
78) 대법원 1996. 1. 26. 선고 95후750 판결[공1996상, 789].

취미나 유행의 변화에 한도가 있는 것,[79] 물품의 형태가 단순한 것[80] 등을 각각 대비되는 두 디자인간의 유사의 폭을 좁게 보는 사정으로 고려해 오고 있다.

이와 달리, 새로운 물품, 같은 종류의 물품에서 특히 새로운 부분을 포함하는 것, 특이한 형상 또는 모양 등은 유사의 폭을 비교적 넓게 본다. 같은 취지에서, 대법원은 "내부덮개만이 닫힌 상태에서의 형상과 모양은 휴대폰 포장용 상자에 관한 선행디자인에서는 찾아볼 수 없는 참신한 것으로서 피고 실시 디자인과의 전체적인 유사 판단에 있어 그 중요도를 높게 평가하여야 할 것이다"라고 판시한 바 있다.[81]

(2) 공지의 형태

대법원은 권리부여 단계에서는 "디자인의 동일 또는 유사 여부를 판단함에 있어서는 … 그 구성요소 중 공지형상 부분이 있다고 하여도 그것이 특별한 심미감을 불러일으키는 요소가 되지 못하는 것이 아닌 한 이것까지 포함하여 전체로서 관찰하여 느껴지는 장식적 심미감에 따라 판단해야 할 것이다"라고 하면서[82] 공지의 형태 역시 심미감을 불러일으키는 경우 디자인의 요부로 볼 수 있다는 취지로 판시해 오고 있다. 이 경우 공지의 형태 부분을 제외하고 디자인 유사 여부를 판단하게 되면, 기존에 이미 있던 디자인을 모방한 부분에 대한 적절한 평가 없이 그러한 부분을 포함하고 있는 디자인에 대하여 오히려 쉽게 신규성을 인정하게 되는 불합리가 있기 때문이다.

예를 들어, 충격흡수용 차량진입 방호방지대에 관한 등록디자인과 비교대상디자인은 전체적으로 상하 모서리가 만곡된 원기둥 형상이고, 몸체 둘레에 상하 2줄로 테두리 형태

[등록디자인]   [비교대상디자인]

의 홈이 형성되어 있는 점,[83] 각 홈은 ')' 〔'와 같은 형상인 점, 중심부에는 지주를 삽입할 수 있도록 통공이 형성되어 있는 점 등 지배적인 특징이 유사하고, 다만 몸체 상단부에 홈이 없고 있는 점, 몸체 상·하단의 통공 입구에 두께가

79) 대법원 1995. 12. 22. 선고 95후873 판결[공1996상, 548].
80) 대법원 2000. 2. 11. 선고 98후2610 판결[미간행].
81) 대법원 2010. 9. 30. 선고 2010다23739 판결[공2010하, 1984].
82) 대법원 2005. 6. 10. 선고 2004후2987 판결[공2005하, 1181] 등.
83) 이러한 부분들은 이미 공지되어 있었음에도 불구하고 유사 판단에 고려하였다.

얇은 돌출부가 형성되어 있고 없는 점 등에서 차이가 있으나, 이는 세부적인 구성의 미세한 차이에 불과하여 전체적으로 유사한 디자인이라고 하였다.[84]

반면, 대법원은 권리침해 단계에서는 "디자인권은 물품의 신규성이 있는 형상, 모양, 색채의 결합에 부여되는 것으로서 공지의 형상과 모양을 포함한 출원에 의하여 디자인등록이 되었다 하더라도 공지 부분에까지 독점적이고 배타적인 권리를 인정할 수는 없으므로 디자인권의 권리범위를 정함에 있어 공지 부분의 중요도를 낮게 평가하여야 하고, 따라서 등록디자인과 그에 대비되는 디자인이 서로 공지 부분에서 동일·유사하다고 하더라도 등록디자인에서 공지 부분을 제외한 나머지 특징적인 부분과 이에 대비되는 디자인의 해당 부분이 서로 유사하지 않다면 대비되는 디자인은 등록디자인의 권리범위에 속한다고 할 수 없다"고 일관되게 판시해 오고 있다.[85] 대법원이 위와 같이 권리침해 단계에서 권리부여 단계와는 다른 입장을 취하는 이유는, 공지의 형태를 포함하는 디자인의 권리는 본래적으로 독점의 정당성이 없는 부분을 포함하는 것이므로 그 부분을 제외하고 디자인권자가 창작한 부분에 한해 독점적·배타적 권리를 부여할 필요가 있기 때문이라고 볼 수 있고, 이러한 해석은 제3자의 이익과 형평을 확보하고 법적 정의를 실현하고자 하는 해석방법이라는 점에서 타당하다고 생각된다.[86]

(3) 기본적·기능적 형태

물품의 기본적인 형태란 물품의 기능 등 속성에 의해 저절로 형성되어 그 물품이라고 인식되기 위하여 갖출 수밖에 없는 형태를 말하고, 물품의 기능적 형태라는 것은 그 물품의 기능적 필연에 의해 생기는 형태로서 그 물품의 특정된 목적, 기능을 달성하기 위해 있을 수밖에 없는 형태를 의미한다.[87][88] 「물

---

84) 대법원 2012. 4. 26. 선고 2011후2787 판결[공2012상, 909].

85) 대법원 2004. 8. 30. 선고 2003후762 판결[공2004하, 1612] 등.

86) 이와 같은 견해로는, 齊藤瞭二 저(정태연 역)(주 4), 240. 대법원판례의 입장과 다른 견해들로는, 권영준, 앞의 글, 837(권리부여의 범위와 보호범위가 본질적으로 같다고 보는 이상 양 단계에서의 유사성 판단은 모두 어떠한 디자인에 권리를 부여하여 보호할 것인가의 동일한 문제의식에서 행하여지는 것이므로 그 기준이 달라져야 할 필요는 없다고 한다); 牛木理一, 意匠權侵害 —理論と實際—, 經濟産業調査會(2003), 42(등록단계와 침해단계에서 디자인의 유사라는 개념의 의미내용은 동격·동질의 것이라고 할 수 있다고 한다).

87) 노태정·김병진 공저(주 4), 416.

88) 牛木理一(주 86), 52는 "물품의 기본적 형태는 물품이 그 용도, 기능, 성질 등으로부터 본질적으로 가지는 속성으로서의 형태이고, 이것을 제외하면 디자인을 나타내는 물품으로 되지 않는 것이다"고 하고 있다.
    한편, 디자인보호법 제34조 제4호는 '물품의 기능을 확보하는 데에 불가결한 형상만으로 된 디자인'은 디자인등록을 받을 수 없다고 규정하고 있다.

품의 기본적·기능적 형태는 사람들의 끊임없는 노동의 중첩, 경험의 집적의 결과로서 현실적으로 존재하는 것이며, 말하자면 역사적·사회적 필연의 형태로 생겨난 것이라고 할 수 있고, 따라서 이러한 기본적·기능적 형태 위에 구현된 신규한 부분이 그 디자인 전체의 형태적 자질을 지배하게 되었을 때 비로소 기본적·기능적 형태를 넘어 디자인의 신규성을 인정받을 수 있게 되는 것이다.[89]

이와 같이 어떤 물품에 있어서 그 물품으로서 당연히 있어야 할 부분 또는 디자인의 기본적·기능적 형태에 해당하는 부분은 개별 디자인이 반드시 가질 수밖에 없는 행태로서 개별 디자인은 이러한 형태를 기초로 하여 이루어질 수밖에 없으므로, 이러한 부분은 그 디자인을 다른 디자인과 구별하는 특징을 이루는 요부가 될 수 없다.[90] 앞서 살펴본 바와 같이, 대법원은 단순한 형태로서 옛날부터 흔히 사용되어 온 경우, 여러 가지의 디자인이 많이 고안되어 있는 경우, 구조적으로 디자인을 크게 변화시킬 수 없는 경우, 취미나 유행의 변화에 한도가 있는 경우 등에는 디자인 유사의 폭을 좁게 해석하고 있는데, 이러한 판례들에도 디자인의 기본적·기능적 형태에 해당하는 부분은 디자인의 특징을 이루는 요부가 될 수 없다는 생각이 그 밑바탕에 깔려 있다고 할 수 있다.

기본적·기능적 형태는 디자인의 요부가 될 수 없으므로, 권리 성립 단계이든 권리침해 단계이든지 간에 이러한 부분의 유사 여부는 전체 디자인의 유사 여부 판단에 영향을 미치지 않고, 그 외 특징적인 부분이 유사하지 않다면 디자인은 서로 유사하지 않은 것으로 된다. 이 점에서 디자인의 유사 여부 판단에서 '기본적·기능적 형태'의 취급은 '공지의 형태'의 취급과는 다른 것이다.

디자인의 기본적·기능적 형태가 되기 위해서는 두 가지 유형이 있다.

첫째는, 그 물품의 기능상 필연적으로 그런 형태를 띨 수밖에 없어서 디자인의 기본적 또는 기능적 형태가 되는 경우이다. 즉, 디자인 중 어떤 부분의 형태가 물품의 기능을 확보하는 데 불가결한 형상인 경우인데, 디자인의 구성 중 물품의 기능에 관한 부분이라 하더라도 그 기능을 확보할 수 있는 선택 가능한 대체적인 형상이 존재하는 경우에는 이러한 부분이 될 수 없다.[91]

둘째는, 종래부터 흔히 사용되어 오던 것들이라서 디자인의 기본적·기능

---

89) 齊藤暸二 저(정태연 역)(주 4), 247.

90) 대법원 2005. 10. 14. 선고 2003후1666 판결[미간행] 등 참조.

91) 대법원 2006. 7. 28. 선고 2005후2922 판결[공2006하, 1570]; 대법원 2006. 9. 8. 선고 2005후2274 판결[공2006하, 1697].

적 형태로 인정할 수 있는 경우이다. '음식물저장용 밀폐용기'에 관한 등록디자
인과 비교대상디자인(오른쪽 도면 참조)
은 모두 용기본체가 직육면체의 형상
이고, 용기뚜껑의 4변에 잠금날개가
각 형성되어 있고, 각 잠금날개에는
용기본체에 형성되어 있는 잠금돌기와
결합되는 가로막대형 잠금구멍이 2개

[등록디자인] 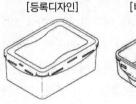   [비교대상디자인]

씩 형성되어 있는 점에서 서로 공통점이 있으나, 이들 부분은 양 디자인의 출원
전에 이미 그 디자인이 속하는 분야에서 오랫동안 널리 사용되어온 음식물저장
용 밀폐용기의 기본적 또는 기능적 형태에 해당하므로, 이들 부분에 위와 같은
공통점이 있다는 사정만으로는 곧바로 양 디자인이 서로 유사하다고 단정할 수
없다고 설시한 대법원판결의 사례가 이에 해당한다.[92]

(4) 기능과 관련된 형태

물품의 기본적 · 기능적 형태와 물품의 기능에 관련된 형태는 구별되어야
한다. 앞서 살펴본 것과 같이, 물품의 기본적 · 기능적 형태는 디자인의 요부가
될 수 없지만, 일반적으로 물품의 기능과 관련된 형태라고 하더라도 그것이 일
반수요자에게 심미감을 줄 수 있는 부분이라면 디자인의 요부가 될 수 있다고
보아야 한다.[93] 즉, 물품의 기능과 관련된 형태라도 그것이 그러한 기능을 확보
하는 데 불가결 형태가 아닌 경우, 다시 말하면 그 기능을 확보할 수 있는 선택
가능한 대체적인 형상이 그 외에 존재하는 경우에는 그 중요도를 낮게 평가하
여야 한다고 단정할 수는 없다.[94][95]

대법원은 "디자인등록의 요건으로서 디자인의 동일 또는 유사 여부를 판단할
때 디자인의 구성요소 중 물품의 기능을 확보하는 데 필요한 형상 … 이 있다고
하여도 그것이 특별한 심미감을 불러일으키는 요소가 되지 못하는 것이 아닌 한
그것까지 포함하여 전체로서 관찰하여 느껴지는 장식적 심미감에 따라 판단해

---

92) 대법원 2005. 10. 14. 선고 2003후1666 판결[미간행].

93) 특허법원 지적재산소송실무연구회(주 20), 446-447, 451.

94) 대법원 2006. 9. 8. 선고 2005후2274 판결[공2006하, 1697]; 대법원 2011. 2. 24. 선고
2010후3240 판결[미간행].

95) 만일 물품의 외관을 구성하는 기능적 형태가 다른 사람도 같은 기술적 기능을 실현하기
위해 채택할 수밖에 없는 정도로 유일한 형태인 경우, 즉 새로운 창작의 여지가 없는 경우
에는, 그것에 의해 다른 사람이 시장에서 경쟁을 제한받게 되므로 그 한도에서는 디자인보
호법의 보호로부터 제외하는 것이 타당할 것이다[牛木理一(주 86), 40].

야 할 것이다"고 판시해 오고 있는데,[96] 이와 같은 취지로 이해할 수 있다.[97]

(5) 사용 시·거래 시의 외관

디자인의 유사 여부를 판단함에 있어서는 그 디자인이 표현된 물품의 사용 시뿐만 아니라 거래 시의 외관에 의한 심미감도 함께 고려하여야 한다.[98] 이를 위해서는 실제 거래사회에서 유통되는 제품의 형태를 고려하여야 할 것이므로, 특정 물품이 다른 물품과 구별될 수 있는 물품의 디자인적 특성이 광고, 제품포장 및 카탈로그 등에 어떻게 게재되고 있는지도 참작할 필요가 있다.[99]

예를 들어, 대법원은 '직물지'에 관한 등록디자인은 '좌우로 길쭉한 쐐기 무늬가 반복적으로 형성되어 있는 표면'과 '아무런 무늬가 없는 이면'으로 구성되어 있고, 확인대상

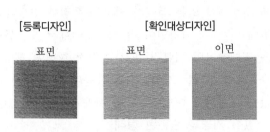

[등록디자인]   표면

[확인대상디자인]   표면   이면

디자인은 등록디자인의 표면에서와 유사한 무늬가 형성된 표면과 이와 대칭되는 무늬가 형성되어 있는 이면으로 구성되어 있는데, 대상 물품인 '직물지'는 스카프 등에도 사용될 수 있고, 이 경우 벽지 등과는 달리 표면 외에 이면의 모양도 보는 사람의 주의를 끌 것이며, 그 사용 시뿐만 아니라 거래 시 수요자는 표면 외에 이면의 심미감도 아울러 고려하여 구입 여부를 결정할 것이므로, 표면의 모양만이 요부라고 보기 어렵다면서, 확인대상디자인은 등록디자인의 권리범위에 속하지 않는다고 하였다.[100]

(6) 보는 방향에 따라 미감이 다른 경우

대법원은, 보는 방향에 따라 느껴지는 미감이 같기도 하고 다르기도 할 경

---

96) 대법원 2009. 1. 30. 선고 2007후4830 판결[미간행]; 대법원 2010. 11. 11. 선고 2010후
    2209 판결[미간행] 등.
97) 일본 最高裁 1993. 2. 26. 선고 平成 4 (行ツ) 91호 판결도 같은 취지에서 "당해 의장에
    관계된 물품에 기능적 공부(工夫)가 더해지면 이것에 따라 형상도 변화하고, 기능적 부분
    에 착안하면 자연히 그 기능과 불가분의 관계에 있는 형상도 착안하는 것이 되지만, 이 경
    우 기능적 공부에 의해 생긴 형상에 의장적 가치가 생기는 것이 있다는 점은 부정할 수
    없고, 이와 같은 형상을 가지고 단순히 기능상의 이점에서 유래하는 것이라고 하여 의장의
    유부 판단의 요부로 삼을 수 없다고 하는 것은 상당하지 않다"고 하였다.
98) 대법원 2001. 5. 15. 선고 2000후129 판결[공2001하, 1416].
99) 박종학, "디자인의 동일 또는 유사 여부 판단 ―대법원판례를 중심으로―", 창작과 권리
    60호, 세창출판사(2010), 101.
100) 대법원 2010. 5. 13. 선고 2010후265 판결[미간행].

우에는 그 미감이 같게 느껴지는 방향으로 두고 이를 대비하여 유사 여부를 판단하여야 한다고 판시해 오고 있다.101)

(7) 형태 변화가 있는 물품

대법원은, 대비되는 디자인의 대상 물품이 그 기능 내지 속성상 사용에 의하여 당연히 형태의 변화가 일어나는 경우에는, 그와 같은 형태의 변화도 참작하여 그 유사 여부를 전체적으로 판단하여야 한다고 판시해 오고 있다.102)

예를 들어, '클램프(clamp)'에 관한 등록디자인과 비교대상디자인은 전체적으로 몸체부의 단면이 '⌐⌐'형상인 점, 몸체 좌측에 고정패드, 우측에 가압패드가 구성되어 있는 점, 고정패드에는 요홈부와 돌출부가 반복적으로 형성되어 있는 점, 너트가 포함된 클램핑 볼트가 2개씩 형성되어 있는 점 등 그 지배적인 특징이 유사하고, 다만 가압패드의 형태에 차이가 있으나, 등록디자인의 물품은 그 기능, 속성상 클램핑 볼트의 회전에 따라 분할된 가압패드의 형태가 달라질 수 있고, 등록디자인의 통상적인 사용 형태에 따라 각 가압패드를 도면에 비하여 90° 회전시키는 경우 비교대상디자인의 가압패드를 단순히 2개로 분할한 것에 불과하게 되므로, 위와 같은 차이에 의하여 양 디자인의 심미감이 달라진다고 할 수 없다고 하였다.103)

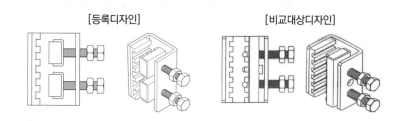

[등록디자인]　　　　　　　　[비교대상디자인]

(8) 색채의 고려

대법원은, 디자인을 이루는 구성요소에는 형상과 모양뿐 아니라 색채도 포함되지만, 대비되는 두 디자인이 형상과 모양에서 동일하고 색채의 구성에 있어서도 바탕색으로 된 부분과 채색되어 있는 부분의 위치와 면적 등 기본적인 채색 구도가 동일하다면, 그 두 디자인의 채색된 부분의 구체적인 색채가 다른 색

---

101) 대법원 1992. 11. 10. 선고 92후490 판결[공1993상, 115]; 대법원 2010. 5. 27. 선고 2010 후722 판결[미간행].
102) 대법원 2010. 9. 30. 선고 2010다23739 판결[공2010하, 1984].
103) 대법원 2010. 8. 26. 선고 2009후4148 판결[공2010하, 1846].

으로 선택되었다는 점만으로는 특별한 사정이 없는 한, 보는 사람이 느끼는 심미감에 차이가 생긴다고 볼 수 없다고 설시하면서, '족구공'에 관한 오른쪽 사진과 같은 등록디자인과 비교대상디자인은 서로 유사하다고 하였다.104)

[등록디자인]

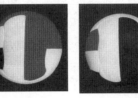

[비교대상디자인]

(9) 상업적·기능적 변형과 디자인 유사

대법원판결 중에는 단순한 상업적·기능적 변형에 불과한 부분은 전체적인 심미감에 영향을 주지 못한다고 하면서 이를 디자인의 유사 판단에서 고려한 것처럼 보이는 판결들이 있다.105)

그러나 최근의 대법원판례는 디자인의 유사 여부를 판단하면서는 '상업적·기능적 변형'과 관련한 고려를 하고 있지 아니한데,106) 그것은 '상업적·기능적 변형' 여부는 창작비용이성에 관한 문제이기 때문이다.107) 따라서 디자인의 유사 판단에서는 상업적·기능적 변형 여부를 고려하지 않도록 유의할 필요가 있다.

〈유영선〉

---

104) 대법원 2007. 10. 26.자 2005마977 결정[공2007하, 1830]. 등록디자인은 빨강색, 흰색, 파란색으로 되어 있고, 비교대상디자인은 흰색과 검은색으로 되어 있다.

105) 대법원 1999. 11. 26. 선고 98후706 판결[공2000상, 59]; 대법원 2001. 6. 29. 선고 2000후3388 판결[공2001하, 1778]. '단순한 상업적·기능적 변형'이라는 용어는 원래 대법원이 창작비용이성 판단과 관련하여 사용해 오던 것인데, 이들 판례는 그러한 용어를 디자인의 유사성 판단에도 그대로 채용한 것으로 보인다.

106) 대법원 2006. 7. 28. 선고 2005후2915 판결[미간행] 이후에는 디자인 유사 판단과 관련하여 그러한 표현이 등장하고 있지 않다. 이 판결은 위의 대법원 2000후3388 판결의 법리를 그대로 인용하면서도, '상업적·기능적 변형'이란 표현을 의도적으로 삭제하였다.

107) 한규현(주 5), 602는, "상업적·기능적 변형에 불과하여 창작성을 인정할 수 없다는 표현은 그 디자인이 속하는 분야에서 통상의 지식을 가진 자가 용이하게 창작할 수 있다는 뉘앙스를 주므로 바람직하지 아니하므로, 이 부분은 삭제함이 타당하다"고 하고 있다.

제33조(디자인등록의 요건)

② 디자인등록출원 전에 그 디자인이 속하는 분야에서 통상의 지식을 가진 사람이 다음 각 호의 어느 하나에 따라 쉽게 창작할 수 있는 디자인(제1항 각 호의 어느 하나에 해당하는 디자인은 제외한다)은 제1항에도 불구하고 디자인등록을 받을 수 없다.

1. 제1항 제1호·제2호에 해당하는 디자인 또는 이들의 결합
2. 국내 또는 국외에서 널리 알려진 형상·모양·색채 또는 이들의 결합

<소 목 차>

Ⅰ. 서   설

1. 의   의

디자인보호법(이하 '법조문'만 기재한다) 제33조 제1항이 규정하고 있는 신규성 요건을 갖춘 디자인이라고 하더라도, 그 디자인이 속하는 분야에서 통상의 지식을 가진 사람이 국내 또는 국외에서 공지 등이 된 디자인 또는 이들의 결합이나 널리 알려진 형상·모양·색채 또는 이들의 결합으로부터 쉽게 창작할 수 있는 디자인에 대하여 디자인권을 부여하는 것은 디자인의 창작을 장려하여 산업발전에 이바지하고자 하는 디자인보호제도의 취지에 어긋난다. 따라서 제33조 제2항에 이러한 디자인에 대하여 디자인등록을 받을 수 없도록 하는 규정을 두고 있다. 소위 디자인등록의 창작비용이성[1] 요건인데, 특허에서의 진보성 요건에 대응한다고 할 수 있다.

제33조 제1항의 신규성 규정은 디자인의 동일·유사성에서 창작의 존부를 확인하는 것(따라서 논리적으로는 결과물에 대한 가치평가가 된다)임에 비하여, 제

---

[1] 본항이 규정하고 있는 요건을 표현하는 용어로서는 '창작비용이성, 용이창작성, 창작용이성, 창작성, 창작력' 등 다양한 용어가 우리나라와 일본의 학설에서 사용되고 있는데, 본 주해서에서는 창작비용이성이라는 용어를 사용한다.

33조 제2항의 창작비용이성 규정은 물품과의 관련을 떠난 모티브로서의 주지의 형상·모양·색채 또는 이들의 결합을 기초로 하여 그 창작의 정도를 확인하는 것(따라서 논리적으로는 창작행위에 대한 가치평가가 된다)이라고 할 수 있다.[2]

2. 입법 연혁

가. 1961. 12. 31. 법률 제951호로 제정된 구 의장법에는 디자인의 등록요건으로 신규성만 규정하였고, 창작비용이성 요건은 규정하고 있지 않았다.

나. 그 후 1973. 2. 8. 법률 제2507호로 전부 개정된 구 의장법에는 디자인의 등록요건으로 신규성 이외에 창작비용이성 요건을 제5조 제2항에 신설하였다. 다만 그 당시에는 현행 디자인보호법 제33조 제2항 제1호(이하 제1호에 규정된 것을 '공지디자인 등'이라고 한다)에 대응하는 규정만 두고 있었고, 제2호(이하 제2호에 규정된 것을 '주지형상 등'이라고 한다)에 대응하는 규정은 두고 있지 않았다.

위 법률에 대한 '의안원문'과 '제안이유 및 주요내용'에 의하면, '공업소유권법의 기본법인 특허법이 개정됨에 따라 이에 맞추어 개정하려는 것'이라고 그 개정이유를 설명하고 있을 뿐, 제5조 제2항을 신설하게 된 이유에 대한 언급은 없다. 그런데 위 구 의장법의 개정일과 같은 날에 법률 제2505호로 전부 개정된 구 특허법이 특허등록 요건으로 신규성 이외에 진보성 요건을 제6조 제2항에 신설한 것으로 볼 때, 위 구 의장법은 위 구 특허법이 진보성 요건이 신설된 것과 보조를 맞추어 창작비용이성 요건을 신설한 것으로 볼 수 있다. 즉, 그 당시 입법자는 디자인등록에서 '창작비용이성' 요건과 특허등록에서 '진보성' 요건을 서로 대응하는 개념으로 파악한 것으로 이해할 수 있다.[3]

다. 그러다가 1980. 12. 31. 법률 제3327호로 개정된 구 의장법(이하 '1980년 의장법'이라 한다)에서는 제5조 제2항에 등록을 받을 수 없는 디자인으로 '공지

---

2) 齋藤瞭二 저(정태연 역), 意匠法, 세창출판사(1993), 276도 같은 취지로 설명하고 있다. 일본 最高裁 1974. 3. 19. 선고 昭和45 (行ツ) 45호 판결도 신규성과 창작비용이성 판단은 관점과 사고방식의 기초를 달리 하는 것이므로 '신규성에서 디자인의 유사성 판단'과 '창작비용이성 판단'은 반드시 일치하는 것은 아니고, 유사한 디자인과 유사하지 아니한 디자인의 경우 모두 창작이 용이한 디자인에 해당할 수 있다고 하였다. 이와 같은 두 규정의 관점의 차이를 염두에 둘 필요가 있다.

3) 대법원판결 중에도 예전에는 디자인등록의 창작비용이성 요건과 관련하여 '진보성'이라는 용어를 사용한 예가 꽤 있다(대법원 1988. 10. 24. 선고 86후191 판결 등). 그러나 근래의 대법원판결 중에는 디자인에 있어서 '진보성'이라는 용어를 쓴 예를 발견할 수 없다.

디자인 등'에 의하여 용이하게 창작할 수 있는 디자인 이외에 '주지형상 등'에 의하여 용이하게 창작할 수 있는 디자인도 추가되었다.[4]

위 개정 법률에 대한 심사보고서에 의하면, 건조물이나 자연물을 모방한 용이 창작물을 부등록사유에 추가하여 창작성이 결여된 디자인을 등록에서 제외함으로써 디자인등록의 내실을 기하는데 그 입법취지가 있다고 설명하고 있다.

라. 한편 1990. 1. 13. 법률 제4208호로 전부 개정된 구 의장법(이하 '1990년 의장법'이라 한다)에서는 제5조 제2항에서 '공지디자인 등'에 의해 용이하게 창작할 수 있는 디자인을 삭제하고, '주지형상 등'에 의하여 용이하게 창작할 수 있는 디자인만을 남겨두었다.

위 개정 법률에 대한 심사보고서에도 그 삭제 이유가 무엇인지 전혀 나타나 있지 않아 그 정확한 입법 의도를 알기가 어렵다. 그 당시 시행되고 있던 일본 구 의장법은 '국내의 주지형상 등'에 의해 용이하게 창작할 수 있는 디자인만 등록받을 수 없는 디자인으로 규정하고 '공지디자인 등'에 의한 것은 규정하고 있지 않고 있었는데,[5] 그 영향을 받은 것이 아닌가 추측된다.

마. 2004. 12. 31. 법률 제7289호로 개정된 구 디자인보호법(이하 '2004년 디자인보호법'이라 한다)에서는 제5조 제2항에 '주지형상 등'에 의하여 용이하게 창작할 수 있는 디자인 이외에 '공지디자인 등'에 의하여 용이하게 창작할 수 있는 디자인을 다시 추가하여, 1980년 의장법과 같은 입법 형태로 돌아갔다.

바. 2013. 5. 28. 법률 제11848호로 전부 개정되어 2014. 7. 1.부터 시행되고 있는 현행 디자인보호법은 제33조 제2항 제1호에 '공지디자인 등'에 의하여 용이하게 창작할 수 있는 디자인을, 제2호에 '주지형상 등'에 의해 용이하게 창작할 수 있는 디자인을 각각 나누어 규정하는 한편, '주지형상 등'의 범위를 국내뿐만 아니라 국외로까지 확대하였다.

---

4) 다만, '국내의' 주지형상 등에 한정하여 규정하였다.

5) 1998년에 개정된 현행 일본 의장법 제3조 제2항은 "의장등록 출원 전에 그 의장이 속하는 분야에서 통상의 지식을 가진 사람이 일본 국내 또는 외국에 있어서 공연히 알려진 형상, 모양이나 색채 또는 이들의 결합에 의해 용이하게 의장을 창작할 수 있는 때는, 그 의장에 관해서는 의장등록을 받을 수 없다"고 규정하여 창작의 기초를 '국내외 공지형상 등'에까지 확장하였는데, 그 개정 전에는 우리나라 1990년 의장법과 마찬가지로 '국내 주지형상 등'에 한정하고 있었다[日本 特許廳 編, 工業所有權法(産業財産權法) 逐條解說, 一般社團法人 發明推進協會(2012), 1073-1074].

3. 입법 취지

앞서 살펴본 바와 같이 2004년 디자인보호법 제5조 제2항에 '주지형상 등'에 의해 용이하게 창작할 수 있는 디자인 이외에 '공지디자인 등'에 의해 용이하게 창작할 수 있는 디자인을 추가하였다.

그 입법 취지는, 종전의 규정이 요구하는 창작성의 수준이 낮아 공지디자인의 특정 구성요소의 단순한 치환, 복수 공지디자인의 조합, 공지디자인의 구성요소들의 배치 변경 등의 방법으로 창작성 낮은 디자인이 다수 출원·등록되어 분쟁이 발생하는 폐해가 있었으므로, 디자인등록에 대한 창작성의 요건을 강화하여 창작수준이 높은 디자인만 적정하게 보호함으로써 높은 수준의 디자인 개발을 유도하고, 새로운 경쟁 환경을 조성하여 제품경쟁력의 우위 확보에 기여하도록 하는 데 있다.[6] 대법원도 "그 규정의 취지는 … 창작수준이 낮은 디자인은 그 디자인이 속하는 분야에서 통상의 지식을 가진 자가 용이하게 창작할 수 있는 것이어서 디자인등록을 받을 수 없다는 데 있다"고 하여[7] 위와 같은 입법 취지를 판시에 반영하고 있다.

2004년 구 디자인보호법과 규정 형식이 같은 현행 디자인보호법의 입법 취지도 마찬가지로 이해할 수 있다.

Ⅱ. 창작비용이성

1. 창작의 기초

가. 공지디자인 등(제1호)

이 조항에서 규정하고 있는 제33조 제1항 제1호·제2호에 해당하는 디자인의 의미에 대해서는 본 주해서의 신규성 부분에서 이미 서술하였다. 간행물이나 TV 등을 통하여 국내 또는 국외에서 널리 알려져 있는 이른바 주지디자인도 여기에 포함됨은 물론이다.

2004년 디자인보호법 제5조 제2항에는 "제1항 제1호 또는 제2호에 해당하는 디자인의 결합에 의하거나"라고 규정되어 있었다. 따라서 공지디자인 등의 결합이 아니라 하나의 공지디자인 등으로부터 용이하게 창작할 수 있는 디자인

---

6) 2004년 디자인보호법에 대한 심사보고서, 검토보고서 참조.
7) 대법원 2010. 5. 13. 선고 2008후2800 판결[공2010상, 1163].

도 여기에 포함되는지 여부에 관하여 학설상 논란이 있었는데, 대법원은 "여기에는 위 각 호에 해당하는 디자인의 결합뿐만 아니라 위 디자인 각각에 의하여 용이하게 창작할 수 있는 디자인도 포함된다"고 설시하여 논란을 정리하였다.[8]

현행 디자인보호법에서는 "제1항 제1호·제2호에 해당하는 디자인 또는 이들의 결합"이라고 규정하고 있으므로 위와 같은 논란의 소지는 없다.

나. 주지형상 등(제2호)

주지형상 등이라 함은 일반인이 이를 알 수 있을 정도로 간행물이나 TV 등을 통하여 국내 또는 국외에서 널리 알려져 있는 형상·모양·색채 또는 이들의 결합을 말하는 것으로서, 예를 들어 미키마우스, 뽀빠이 등과 같이 만화영화나 게임 등에 주기적으로 등장하여 일반 대중 사이에 널리 알려진 캐릭터 등이 이에 해당한다.[9] 현행 디자인보호법에서는 주지형상 등의 지역적 범위를 국제주의로 확장하였는데, 이는 외국에서 유명한 디자인을 모방하여 국내에서 출원한 디자인의 등록을 배제함으로써 창작 수준을 높이고 모방을 방지하는 분위기를 조성하여 장기적으로 디자인 산업에 도움을 주기 위함이다.[10]

제1호에는 '디자인'이라고 규정되어 있는 이상 물품성을 전제로 하고 있다고 해석됨에 비하여,[11] 제2호는 '형상·모양·색채 또는 이들의 결합'이라고만 규정되어 있으므로 물품성을 전제로 하고 있지 않다고 해석되나, 대신에 '널리 알려진 것'을 그 요건으로 한다. 앞서 살펴본 것처럼, 창작비용이성의 판단은 물품은 물론 물품과의 관련을 떠난 모티브로서의 형상·모양·색채 또는 이들의 결합을 기초로 하여 그 창작의 정도를 확인하는 것이라는 점에서 신규성의 판단과 차이가 있으므로, 신규성과 달리 창작의 기초로서 이 조항을 두고 있는 것이다.

주지형상 등의 예를 들면 아래와 같다.[12]

우선, 평면적 형상으로서는 삼각형, 사각형, 육각형, 원형, 매화형, 누에고치형, 반지형, 별형 등이 있고, 입체적 형상으로서는 삼각기둥, 사각기둥, 육각기

---

8) 대법원 2010. 5. 13. 선고 2008후2800 판결[공2010상, 1163].

9) 특허청, 디자인 심사기준(2014. 7. 1), 139.

10) 공경식·이승훈 공저, 코어 디자인보호법, 한빛지적소유권센터(2014), 178.

11) 다만, 이종 물품 사이에 디자인을 전용한 경우도 창작비용이성 요건의 흠결로 디자인등록이 거절될 수 있으므로, 제1호에서도 물품성 자체에 창작비용이성 판단과 관련한 본질적인 의미를 둘 필요는 없다.

12) 특허청(주 9), 143-147을 참조하여 정리하였다.

둥, 원기둥, 삼각통, 사각통, 육각통, 원통, 삼각뿔, 사각뿔, 육각뿔, 원뿔, 원구, 반원기둥 등이 있다. 주지모양으로는 모눈패턴, 도트패턴, 스트라이프, 모자이크 패턴, 봉황무늬, 거북등무늬, 바둑판무늬, 물방울무늬 등이 있다. 비행기, 자동차, 기차 등의 전형적인 형상과 같이 물품의 전형적인 형상도 주지형상 등에 포함된다. 또한, 새, 물고기, 꽃잎, 소나무 등과 같은 자연물, 김홍도의 풍속도 등과 같이 널리 알려진 그림, 조각, 만화, 영화 등 유명한 저작물, 남대문, 남산타워, 자유의 여신상 등 유명한 건조물, 백두산천지, 금강산, 나이아가라폭포 등 유명한 경치, 사실적으로 표현된 운동경기 또는 각종 행사장면도 주지형상 등에 포함된다.

다. 공지디자인 등과 주지형상 등의 결합

제33조 제2항 제1호·제2호에 명문으로 규정되어 있지는 않지만, 공지디자인 등과 주지형상 등의 결합에 의해 쉽게 창작할 수 있는 디자인도 창작비용이성 요건을 결하여 디자인등록을 받을 수 없다고 해석된다.[13]

2. 신규성 흠결과의 관계

제33조 제2항은 "(제1항 각 호의 어느 하나에 해당하는 디자인은 제외한다)"고 규정하고 있어서 그 해석이 문제된다. 특허청 디자인심사 실무에 의하면, 출원디자인이 제2항과 제1항 규정 모두에 해당하는 경우에는 제1항을 적용하고 있다.[14]

위 법조문의 문구상 이와 같이 신규성 규정을 우선적으로 적용해야 하겠지만, 그 의미가 소송절차에서 신규성과 창작비용이성 흠결이 모두 주장된 경우에 반드시 신규성을 우선적으로 판단해야 한다는 의미로 해석할 필요는 없을 것이다. 즉, 신규성과 창작비용이성은 모두 별개의 등록요건이므로, 당사자가 특별히 주장의 순서를 특정하지 않았다면 경우에 따라서는 창작비용이성을 먼저 선택해 판단하더라도 문제는 없을 것으로 보이고, 소송실무도 이와 같다고 생각된다.[15]

---

13) 김용덕, "디자인의 창작용이성", 특허소송연구 제5집, 특허법원(2010. 12.), 415; 특허청 (주 9), 148. 특허법원 2008. 1. 9. 선고 2007허8528 판결(대법원 2008. 5. 29.자 2008후491 판결로 심리불속행 기각); 특허법원 2010. 2. 11. 선고 2009허7765 판결(상고부제기로 확정)도 같은 취지로 이해된다.

14) 특허청(주 9), 149. 일본에서도 마찬가지로 해석되고 있다[滿田重昭·松尾和子 編集, 注解 意匠法, 靑林書院(2010), 166].

15) 김용덕(주 13), 419.

3. 판단주체

그 디자인이 속하는 분야에서 통상의 지식을 가진 사람의 입장에서 창작비용이성 여부를 판단해야 함은 본 조항의 법문에 비추어 명백하다. 대법원판결도 이와 같이 판시해 오고 있다.[16]

일본의 경우도 당해 분야의 평균적 디자이너의 입장에서 사회적으로 널리 알려진 모티브를 기준으로 착상의 새로움 또는 독창성 여부를 판단하여야 한다는 것이 통설, 판례이고, 미국의 경우도 신규성 여부는 통상의 관찰자(ordinary observer)를 기준으로 판단하고 비자명성 여부는 관계 예술 및 공업 부문에서 평균적 숙련을 가진 통상의 디자이너(ordinary designer)를 기준으로 하여 결정하고 있다.[17]

4. 판단기준

앞서 입법 연혁에서 살펴본 것과 같이, 창작비용이성에 관한 규정이 여러 차례 개정되어 왔으므로, 그 각각마다 창작비용이성의 판단기준이 어떠했는지 살펴볼 필요가 있다. 대법원판례를 중심으로 하여 살펴본다.

가. 구 의장법에서의 판단기준
(1) 1980년 의장법에서의 판단기준
㈎ 공지디자인 등에 의하여 용이하게 창작할 수 있는 디자인

이에 관하여 대법원은 "디자인에 있어서 창작성이란 시각을 통한 미감이 다른 의장과 구별되는 독창성을 의미하는 것이며, 고도의 창작성을 말하는 것이 아니라 모방과 유사성을 넘어설 정도의 것으로서 이미 알려진 형상과 모양을 기초로 한 것이라도 거기에 고안자의 새로운 미감을 주는 고안이 결합되어 그 전체에서 다른 미감적 가치가 인정되는 정도에 이르면 족한 것이다"라고 하여, 창작성의 정도를 비교적 높지 않게 보았다.[18]

대법원은 그러면서도 "부분적으로는 창작성이 인정된다고 하여도 전체적으로 보아서 과거 및 현재의 고안들과 다른 미감적 가치가 인정되지 아니한다면

---

16) 대법원 2010. 5. 13. 선고 2008후2800 판결[공2010상, 1163]; 대법원 2011. 9. 29. 선고 2011후873 판결[미간행] 등.
17) 송영식 외 6인 공저, 지적소유권법(상), 육법사(2013), 967.
18) 대법원 1990. 7. 24. 선고 89후728 판결[공1990하, 1794]; 대법원 1991. 3. 12. 선고 90후1536 판결[공1991상, 1186].

그것은 단지 공지된 고안의 상업적, 기능적 변형에 불과하여 창작성을 인정할 수 없다"고 창작성 인정의 한계를 설시하였다.[19][20]

(내) 주지형상 등에 의하여 용이하게 창작할 수 있는 디자인

이에 관하여 대법원은 "1980년 의장법 제5조 제2항은 주지의 형상이나 모양을 거의 그대로 이용하거나 전용하여 물품에 표현하였거나 이들을 물품에 이용 또는 전용함에 있어서 그 의장이 속하는 분야에서 통상의 지식을 가진 자라면 누구나 그 의장이 그 물품에 맞도록 하기 위하여 가할 수 있을 정도의 변화에 지나지 아니하는 것은 의장등록을 받을 수 없다는 취지라고 해석함이 타당하다"고 판시하였다.[21] 즉, 공지디자인 등에 의하여 용이하게 창작할 수 있는 디자인과는 별도의 판단기준을 제시한 것이다.

(2) 1990년 의장법에서의 판단기준

(개) 공지디자인 등과의 관계에서의 법적용

앞서 입법 연혁에서 살펴본 것처럼, 1990년 의장법은 공지디자인 등에 의하여 용이하게 창작할 수 있는 디자인을 제5조 제2항에서 삭제하였다. 그 해석과 관련하여, 대법원은 '공지디자인 등'에 의해 용이하게 창작할 수 있는 디자인의 경우는 '주지형상 등'에 의하여 용이하게 창작할 수 있는 디자인만을 규정하고 있는 제5조 제2항을 적용해서는 그 등록을 부정할 수 없고, 단지 제5조 제1항 제3호의 유사한 디자인에 해당하는 경우에 한해 그 등록을 부정할 수 있을 뿐이라고 판시하였다.[22] 즉, 1990년 의장법에서는 공지디자인 등과의 관계에서는 창작비용이성은 문제되지 않고 신규성만 문제되게 된 것이다.

(내) 주지형상 등에 의하여 용이하게 창작할 수 있는 디자인

1990년 의장법에서도 주지형상 등에 의해 용이하게 창작할 수 있는 디자인은 여전히 디자인등록을 받을 수 없었는데, 그 문구와 의미는 1980년 의장법과

---

19) 대법원 1991. 11. 8. 선고 91후288 판결[공1992상, 113]; 대법원 1994. 6. 24. 선고 93후1315 판결[공1994하, 2106] 등.

20) 이와 같이 그 당시 대법원판례들은 '창작성'이란 용어를 디자인의 '창작비용이성' 판단과 관련해 사용하였는데, 비교적 최근의 대법원판례는 '창작성'이라는 용어를 디자인의 '신규성(유사한 디자인)' 판단과 관련해 사용하고 있음은 본 주해서의 신규성 부분에서 살펴보았다.

21) 대법원 1991. 9. 24. 선고 91후28 판결[공1991하, 2621].

22) 대법원 2005. 10. 13. 선고 2003후2980 판결[미간행]. 위 법 개정 이전에 출원된 디자인에 대하여는 공지디자인과의 관계에서 디자인 등록을 받을 수 없는 근거로 제5조 제2항이 많이 적용되어 왔다. 그러나 위 법 개정 이후에 출원된 디자인에 대하여는 더 이상 제5조 제2항을 적용할 수 없게 되었으므로, 실무상 디자인등록 여부는 제5조 제1항 제3호의 유사한 디자인에 해당하는지 여부만이 주로 문제되었다.

차이가 없었다. 따라서 대법원은 1980년 의장법에서의 판시(앞서의 대법원 91후 28 판결)를 그대로 인용하면서, "1990년 의장법 제5조 제2항 … 취지는 주지의 형상이나 모양을 거의 그대로 이용하거나 전용하여 물품에 표현하였거나, 이들을 물품에 이용 또는 전용함에 있어서 당업자라면 누구나 그 의장이 그 물품에 맞도록 하기 위하여 가할 수 있을 정도의 변화에 지나지 아니하는 것은 의장등록을 받을 수 없다는 데에 있다"고 판시하였다.[23]

나. 현행 디자인보호법 아래에서의 판단기준

(1) 2004년 디자인보호법에 대한 판례

㈎ 공지디자인 등에 의하여 용이하게 창작할 수 있는 디자인

2004년 디자인보호법은 공지디자인 등에 의하여 용이하게 창작할 수 있는 디자인을 다시 제5조 제2항에 추가하였음에도, 그 개정 후 상당한 시간이 흐를 때까지 이를 적용하여 디자인등록을 부정한 예가 실무상 드물었다. 이와 같은 규정이 있었던 1980년 의장법에 관하여는 수많은 대법원판례가 축적되어 있었던 것과 대비되는데, 그 이유는 1990년 의장법이 오랫동안 시행되어 오면서 실무상 공지디자인 등과의 관계에서는 대부분 제5조 제1항 제3호의 '유사한 디자인'에 해당하는지 여부에 의해 문제를 해결해 온 관성 때문이었던 것으로 보인다.[24]

그러다가 대법원 2010. 5. 13. 선고 2008후2800 판결[공2010상, 1163]은 "디자인보호법 제5조 제2항은 그 디자인이 속하는 분야에서 통상의 지식을 가진 자가 제1항 제1호 또는 제2호에 해당하는 디자인의 결합에 의하여 용이하게 창작할 수 있는 것은 디자인등록을 받을 수 없도록 규정하고 있는데, … 그 규정의 취지는 위 각 호에 해당하는 디자인의 형상·모양·색채 또는 이들의 결합을 거의 그대로 모방 또는 전용하였거나, 이를 부분적으로 변형하였다고 하더라도 그것이 전체적으로 볼 때 다른 미감적 가치가 인정되지 않는 상업적·기능적 변형에 불과하거나, 또는 그 디자인 분야에서 흔한 창작수법이나 표현방법에 의해 이를 변경·조합하거나 전용하였음에 불과한 디자인 등과 같이 창작수준이 낮은 디자인은 그 디자인이 속하는 분야에서 통상의 지식을 가진 자가 용이

---

23) 대법원 2001. 4. 10. 선고 98후591 판결[공2001상, 1160].

24) 유사하다고 보기는 어려운 디자인에 대해서도 그 창작성이 낮은 경우 이 규정을 적용하여(신규성을 부정하여) 디자인등록을 허용하지 않은 실무예가 적지 않게 있었던 것으로 보인다.

하게 창작할 수 있는 것이어서 디자인등록을 받을 수 없다는 데 있다"고 판시하여, 2004년 디자인보호법 아래에서 공지디자인 등에 의하여 용이하게 창작할 수 있는 디자인에 대한 판단기준을 새롭게 제시하였다.[25]

(나) 주지형상 등에 의하여 용이하게 창작할 수 있는 디자인

2004년 디자인보호법 제5조 제2항 후단의 '주지형상 등에 의하여 용이하게 창작할 수 있는 디자인'에 관한 대법원판례는 아직 없으나, 그 규정 내용이 1980년 의장법 및 1990년 의장법에서와 실질적인 차이는 없으므로, 앞서 살펴본 대법원 91후28 판결, 대법원 98후591 판결 등이 설시한 판단기준을 그대로 따르면 충분하다고 생각된다.

(2) 현행 디자인보호법에 대한 판례

아직 현행 디자인보호법을 적용한 대법원판례는 없으나, 그 규정 내용이 2004년 디자인보호법에서와 실질적인 차이는 없으므로 앞서 2004년 디자인보호법과 동일한 판단기준을 적용하면 충분하다고 생각된다.

다. 현행 디자인보호법에서 용이창작 디자인의 범위

(1) 공지디자인 등에 의하여 용이하게 창작할 수 있는 디자인

앞서 본 대법원 2008후2800 판결 등의 설시에 따라 '공지디자인 등에 의하여 용이하게 창작할 수 있는 디자인'을 그 유형 별로 나누어 살펴본다.

(가) 공지디자인 등의 형상·모양·색채 또는 이들의 결합을 거의 그대로 모방 또는 전용한 디자인

공지디자인 등을 거의 그대로 모방 또는 전용한 경우에는 별도의 고려요소 없이 바로 용이창작 디자인이라고 해도 무방할 것이다. 창작비용이성은 물품과의 관련을 떠난 판단이므로 이종물품 사이의 '전용'도 포함된다. 특허청 심사실무에서도 공지디자인 등을 거의 그대로 이용하거나 전용한 것 등과 같은 단순모방의 경우는 용이창작 디자인이라고 하고 있는데,[26] 이 유형을 말하는 것이다.

이 유형은 주지형상 등에 의하여 용이하게 창작할 수 있는 디자인에 관한 앞서의 대법원 91후28 판결, 대법원 98후591 판결의 판시와 대응된다. 공지디자

---

25) 이 대법원판결에 대해 자세한 것은, 유영선, "디자인보호법 제5조 제2항이 규정한 '용이하게 창작할 수 있는 디자인'의 의미", 대법원판례해설 84호(2010) 참조. 이 대법원판결 이후 실무상 창작비용이성 흠결을 이유로 디자인등록을 부정하는 사례가 매우 많아진 것으로 보인다.

26) 특허청(주 9), 139.

인 등은 개념적으로 주지디자인을 포함하는 것이고, 주지디자인을 구성하는 형상·모양·색채 또는 이들의 결합은 곧 주지형상 등이 될 수 있기 때문이다.

　(나) 공지디자인 등의 형상·모양·색채 또는 이들의 결합을 부분적으로 변형
　　　하였다고 하더라도 전체적으로 볼 때 다른 미감적 가치가 인정되지 않는
　　　상업적·기능적 변형에 불과한 디자인

공지디자인 등을 부분적으로 변형한 경우에는 그 변형된 부분의 창작수준에 따라 창작이 용이한 경우도 용이하지 않은 경우도 있을 수 있다. 따라서 이때는 이들 두 경우를 구분할 수 있는 구체적인 판단기준을 마련해야 한다.

그런데 우선, 그 부분적인 변형에도 불구하고 '전체적으로 볼 때 다른 미감적 가치가 인정되지 않는 상업적·기능적인 변형에 불과한 경우'에는 용이창작 디자인으로 판단할 수 있다. 이러한 판단기준은 대법원이 1980년 의장법 아래에서 창작비용이성 여부를 판단하면서 판시해 온 것이기도 함은 앞서 보았다. '상업적·기능적 변형'이란 그 디자인이 속하는 분야에서 통상의 지식을 가진 사람이라면 누구나 해당 디자인이 그 물품 또는 기능에 맞도록 하기 위하여 가할 수 있을 것이라고 생각되는 정도의 변화를 말하는 것이다.[27]

디자인이란 물품의 형상·모양·색채 또는 이들을 결합한 것으로서 시각을 통하여 미감을 일으키게 하는 것을 말하므로(제2조 제1호) '미감'이 디자인의 본질이라고 할 수 있고, 따라서 디자인의 창작비용이성을 판단하면서 창작으로 인한 '미감적 가치'를 고려하지 않는다면 디자인보호의 본질에 맞지 않을 것이다.[28] 이 유형에서 이전과 다른 '미감적 가치'를 요구하는 이유가 여기에 있다.[29] 한편 여기서 고려되는 '미감적 가치'의 의미는 디자인 유사 판단에서 그 기준으로 삼는 '심미감'과는 구별하여야 한다. 즉, 디자인 유사 판단에서는 일반 수요자의 관점에서 심미감이 유사한지 여부를 고려하는 것이고, 창작비용이성 판단에서는 과연 그 디자인이 속하는 분야에서 통상의 지식을 가진 사람이 해당 디자인을 용이하게 창작할 수 있다고 볼 수 있을 정도의 '미감적 가치'

---

27) 특허청(주 9), 140.

28) 寒河江孝允·峯唯夫·金井重彦 編著, 意匠法コンメンタール, LexisNexis(2012), 187-188도 이와 같은 견해이다.

29) 일본의 판례를 보면, 東京高判 2000. 12. 21. 선고 平12 (行ケ) 244호 판결과 같이 '미감의 평가'를 창작비용이성 판단과 다른 문제로 취급한 것도 있기는 하나, 그 후의 東京高判 2004. 4. 22. 선고 平15 (行ケ) 538호 판결은 '보는 사람의 미감에 영향을 미치게 하는 것'을 창작비용이성 여부의 판단기준으로 삼았고, 最高裁 1974. 3. 19. 선고 昭和45 (行ツ) 45호 판결도 '의장적 효과', 즉 '미감'을 용이창작 여부의 판단기준으로 삼았다.

를 인정할 수 있는가의 문제이므로, 그 참작의 영역과 관점이 서로 다르기 때문
이다.

    ㈐ 그 디자인 분야에서 흔한 창작수법이나 표현방법에 의해 이를 변경 · 조합
       하거나 전용하였음에 불과한 디자인

    이 유형은 공지디자인 등을 변형한 정도의 관점이 아니라 그 창작행위와
관련된 창작수법이나 표현방법이 흔한 것인가 아니면 독특한 것인가의 관점에
서 창작비용이성을 판단하고 있다는 점에서 앞서의 유형과 차이가 있다.[30]

    특허청의 디자인 심사기준에 의하면, 그 디자인 분야에서 흔한 창작수법이
나 표현방법에 의하여 ① 디자인 구성요소의 일부분을 다른 디자인으로 치환한
디자인(치환디자인), ② 복수의 디자인을 하나로 조합한 디자인(조합디자인), ③
디자인 구성요소의 배치를 변경한 디자인(배치변경디자인), ④ 디자인의 구성요
소 비율의 변경 또는 구성단위 수의 증감 디자인 등이 용이창작 디자인에 해
당하는데(아래 도면 참조),[31] 이들 디자인은 모두 이 유형에 포섭된다고 할 수
있다.[32]

    물품의 용도, 기능, 형태 등의 관련성으로 인하여 이종물품 간의 디자인의
전용이 그 디자인 분야에서 흔한 창작수법이나 표현방법에 해당한다고 볼 수
있는 경우도 이 유형에 포섭되어, 용이창작 디자인으로 판단될 것이다. 전용의
과정에서 그 디자인 분야에서 통상의 지식을 가진 사람이라면 누구나 전용하고
자 하는 물품에 맞도록 하기 위하여 가할 수 있을 정도의 변형이 수반된 경우

---

30) 즉, 공지디자인 등을 그대로 모방하였는지, 부분적으로 변형하였는지, 아니면 전체적으
   로 변형하였는지 여부는 문제 삼지 않고, 그 창작수법과 표현방법이 흔하거나 통상적인 수
   준을 넘는지 여부를 살피는 것이다(물론 이들 양자의 관점은 서로 영향을 줄 수는 있다).
31) 특허청(주 9), 141-143 참조.
32) 참고로, 일본 특허청의 디자인 심사기준에 규정된 '창작이 용이한 디자인'의 예를 살펴
   보면, ① 치환의장(공지의장의 특정의 구성요소를 당업자에게 있어서 흔한 수법에 의해 다
   른 공지의장에 바꾸어 구성한 것에 지나지 않는 의장), ② 조합의장(복수의 공지의장을 당
   업자에게 있어서 흔한 수법에 의해 조합한 것에 지나지 않는 의장), ③ 배치변경에 의한
   의장(공지의장의 구성요소의 배치를 당업자에게 있어서 흔한 수법에 의해 변경한 것에 지
   나지 않는 의장), ④ 공지의장의 전부 또는 일부의 구성비율이나 연속하는 구성요소의 단
   위 수를 당업자에게 흔한 수법에 의해 변경한 것에 지나지 않은 의장, ⑤ 공지된 형상 · 모
   양 · 색채 또는 이들의 결합을 거의 그대로 표현한 것에 당업자에게 있어서 흔한 수법에
   의하여 물품에 표현함으로써 창작된 의장, ⑥ 상관행상의 전용에 의한 의장(비유사물품 사
   이에 당업자에게 있어서 상관행상의 전용이라고 할 만한 흔한 수법을 쓴 경우) 등이다[寒
   河江孝允 외 2인 편저(주 28), 172-179].
     이 중 ① 내지 ④의 경우는 바로 앞에서 우리 특허청의 심사기준에 용이창작 디자인으
   로 규정되어 있다고 살펴본 디자인들과 별다른 차이가 없다고 생각된다.

에도 용이창작 디자인에 해당한다.33)

일본 판례를 살펴보면, '수납케이스'에 관한 등록디자인이 케이스 본체의
윗면을 평탄면 형태로 하고, 케이스 본체의 모서리를 거의 직각 형태로 한 것
은, 흔한 조형(造形) 처리이고, 이러한 흔한 조형 처리 수법을 합성수지 성형 케
이스의 형태를 창작하면서 채용한 것에 창작비용이성을 긍정하기 어렵다고 한
판례,34) '유부초밥'에 관한 출원디자인의 개구부(開口部)에 토핑(topping)을 하는
형상은 상투적인 처리로서 그 디자인 분야에서 통상의 지식을 가진 사람에게
흔한 수법이라는 이유 등을 들어 창작비용이성을 긍정하기 어렵다고 한 판례35)
등이 있는데,36) 이와 같은 사례 역시 모두 이 유형에 포섭된다고 할 수 있다.

[창작이 용이한 디자인의 예]

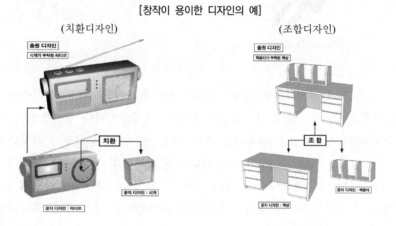

(치환디자인)　　　　　　　　　　(조합디자인)

---

33) 반면, 東京高判 1999. 9. 21. 선고 平10 (行ケ) 316호 판결은, '잉크 리본부 카트리지' 등
록디자인에 대해, 이는 주지의 형상이 아니고 장방체 형상의 물품의 네 귀퉁이를 비스듬한
직선 형상으로 잘라낸 형상은 그 이전에는 존재하지 않았으므로, 그와 같은 디자인적 특징
은 그 디자인 분야에서 통상의 지식을 가진 사람이 생각하지 못했던 것이고, 사후적으로
생각하면 꽃병이나 장식대의 주지형상이 등록디자인 창작의 출발점이 될 수는 있으나 장
식대 등과 다른 별개의 기능에 의해 그러한 발상의 자유는 제한되므로, 용이하게 창작할
수 없는 디자인에 해당한다고 판시하였다.

34) 東京高判 2004. 6. 2. 선고 平15 (行ケ) 565, 566호 판결.

35) 東京高判 2003. 1. 29. 선고 平14 (行ケ) 229호 판결.

36) 반면, 東京高判 2004. 1. 29. 선고 平15 (行ケ) 226호 판결은, '미용의자의 다리' 등록디
자인에 대하여, 의자다리를 위의 상면(床面)에 연결하는 부분 등의 조합된 형태가 주지의
것이라는 입증이 없고, 그 조합 형태와 관련하여 다양한 연구의 여지가 있어 구성 각 부분
의 형태를 구체적으로 결정하고 그 연결을 어떻게 하여 구성할 지에 대한 다양한 선택의
여지가 있으므로, 디자인 창작에서의 이와 같은 전체의 통합 형성 관점에서 볼 때 등록디
자인의 위 조합 형태는 이러한 창작의 과정을 거친 일련의 창의적인 연구의 결과로서 창
작비용이성이 긍정된다고 하였다.

(배치변경디자인)   (구성단위 수가 증가된 디자인)

그 외에도, 이론적으로만 보면, 공지디자인 등과 다소 다른 심미감이 있는 디자인이라도 그 디자인의 창작행위와 관련된 창작수법이나 표현방법이 그 디자인 분야에서 상식적으로 사용하는 흔한 것인 경우에는 용이창작 디자인에 해당할 수도 있다.37) 그러나 이를 너무 확대하면 디자인의 창작 수준 향상이 아니라 도리어 디자인의 창작 의욕을 말살하게 될 수도 있으므로,38) 단일의 공지디자인 등과 심미감이 달라졌음에도 용이창작 디자인으로 보는 것은 예외적인 경우로 한정되어야 할 것이다.

(2) 주지형상 등에 의하여 용이하게 창작할 수 있는 디자인39)

주지형상 등을 거의 그대로 이용하거나 전용한 것 등과 같은 단순모방의 경우는 용이창작 디자인에 해당한다(그와 같은 단순모방이 아니라 이들을 취사선택하여 결합한 것으로서 그 디자인을 전체적으로 관찰할 때 새로운 미감을 일으킬 정도에 이르렀다면 용이창작 디자인으로 볼 수 없다).40)

또한, 주지의 난형(卵形)을 뚜껑과 몸체로 분리하여 과자용기를 만드는 것,

---

37) 특허청(주 9), 141도 같은 취지이다.
38) 김용덕(주 13), 433은 창작비용이성 규정에 대하여 우려를 표하는 일본 학설들을 소개하면서, 이 규정에 의해 너무 쉽고 간단하게 디자인등록을 허용하지 않는 현상이 나타나지 않도록 그 적용에 대해 세심한 주의를 기울일 필요가 있다고 주장하고 있다.
39) 주지형상 등에 의한 용이창작 디자인은 모든 물품에 적용된다[특허청(주 9), 140].
40) 특허청(주 9), 139.

유명캐릭터에 손과 발, 몸통을 약간 변형하여 인형으로 만드는 것(아래 그림 참조)[41] 등과 같이, 주지형상 등을 물품에 이용 또는 전용함에 있어서 그 디자인이 속하는 분야에서 통상의 지식을 가진 사람이라면 누구나 그 디자인이 그 물품에 맞도록 하기 위하여 가할 수 있을 정도의 변화를 준 것에 지나지 아니하는 경우에도 용이창작 디자인에 해당한다.

주지의 캐릭터   출원디자인   출원디자인
(디자인이 아님)

"인형"   "걸이용 인형"

라. 창작비용이성 판단에 관한 구체적인 사례
(1) 창작비용이성을 부정한 사례

① 대법원 2010. 5. 13. 선고 2008후2800 판결[공2010상, 1163]은 '전력계 박스'에 관한 등록디자인은 비교대상디자인의 빗물 또는 햇빛 가리개를 투시창별로 분리하고 기타 장식의 모양을 바꾸는 등의 방법을 통하여 용이하게 창작할 수 있다고 하였다.

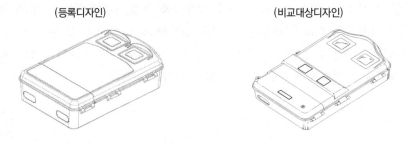

(등록디자인)   (비교대상디자인)

② 대법원 2011. 9. 29. 선고 2011후873 판결[미간행]은 '하수관용 악취방지구'에 관한 등록디자인과 비교대상디자인은 모두 몸체 하부에 안쪽으로 움푹

---

41) 특허청(주 9), 140.

파인 방사형 절개부가 다수 형성되어 있고, 몸체 바닥 부분에는 다수 개의 사각 막대 형상의 탄성개폐부가 형성되어 있다는 점에서 공통되므로, 그 주된 창작적 모티브를 같이 한다고 한 다음, 다만 등록디자인의 5개 방사형 절개부는 아치형 이고 탄성개폐부는 별 모양이며 몸체 상부에 U자형 돌출부가 형성되어 있음에 반하여, 비교대상디자인의 4개 방사형 절개부는 삼각형이고 탄성개폐부는 십자 모양이며 외주면 둘레를 따라 띠 모양의 돌출테가 형성되어 있다는 차이가 있 으나, 방사형 절개부의 개수 및 형상의 차이, 돌출 정도가 경미하여 특별히 보 는 사람의 주의를 끌지는 않는 U자형 돌출부는 전체적으로 볼 때 다른 미감적 가치가 인정되지 않는 상업적·기능적 변형에 불과하고, 탄성개폐부의 형상 차 이 또한 방사형 절개부의 개수 변화에 따라 부수적으로 수반되는 것에 불과하 며, 그 밖에 양 디자인은 몸체의 가로·세로 비율에서도 차이가 있으나 그 비율 을 적절히 조절하는 것은 그 디자인 분야에서 흔한 창작수법이나 표현방법에 불과하다는 이유로 창작비용이성을 부정하였다.

(등록디자인)　　　　　(비교대상디자인)

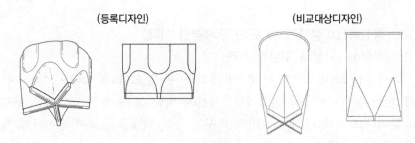

③ 특허법원 2010. 6. 10. 선고 2010허1206 판결[미간행][42]은 '기념패'에 관 한 등록디자인은 비교대상디자인 1, 2를 결합한 것에 불과하고, 일부 차이점은 전체적인 심미감에 영향을 미치지 않으므로, 비교대상디자인들의 결합으로 등 록디자인을 용이하게 창작할 수 있다고 하였다.

42) 대법원 2010. 10. 14.자 2010후1886 심리불속행기각 판결로 확정되었다.

등록디자인	비교대상디자인들	
	비교대상디자인 1	비교대상디자인 2

④ 특허법원 2010. 10. 29. 선고 2010허3738 판결[미간행][43)]은 '이동 가능한 수납바구니'에 관한 등록디자인은 비교대상디자인 1로부터 수납바구니 디자인을, 비교대상디자인 2, 3으로부터 등록디자인의 행거 부분 디자인을 각 도출하여 이를 결합함으로써 용이하게 창작할 수 있다고 하였다.

등록디자인	비교대상디자인들		
	비교대상디자인 1	비교대상디자인 2	비교대상디자인 3

(2) 창작비용이성을 긍정한 사례

① 대법원 2011. 4. 14. 선고 2010후2889 판결[미간행]은 '클램프용 손잡이'에 관한 등록디자인과 비교대상디자인 1, 2는 클램프 손잡이 부분의 전체적인

---

43) 대법원 2011. 2. 10.자 2010후3363 심리불속행기각 판결로 확정되었다.

형상, 통공 유무 및 그 모양, 몸체와의 결합부위 양 측면에 형성된 삼각기둥 형상의 지지돌기 유무 등에서 비교적 큰 차이가 있고, 이로 인하여 양측 디자인은 전체적으로 볼 때 그 미감적 가치가 상이하여 위와 같은 차이가 상업적·기능적 변형에 불과하다고 볼 수 없을 뿐만 아니라, 이를 이 사건 디자인 분야에서 흔한 창작수법이나 표현방법이라고 볼만한 자료도 없으므로, 등록디자인을 비교대상디자인들의 결합에 의하여 용이하게 창작할 수 없다고 하였다.

등록디자인	비교대상디자인들	
	비교대상디자인 1	비교대상디자인 2

② 대법원 2014. 4. 10. 선고 2012후1798 판결[미간행]은 '창틀용 프레임'에 관한 등록디자인과 비교대상디자인을 대비하여 보면, 직육면체 형태의 상부 사각통과 그 밑면에 같은 방향으로 연접한 정육면체 형태의 하부 사각통으로 되어 있고, 상부 사각통의 윗면 가운데 부분에 오목부가 형성되어 있는 점에서 공통되나, 등록디자인은 비교대상디자인과 달리, 상·하부 사각통의 중앙에 같은 폭과 깊이의 요홈이 하나씩 형성되어 있고 상부 사각통의 오른쪽 중앙에 수평의 빗물 차단판이 형성되어 있는 점, 비교대상디자인에 비하여 하부 사각통이 상부 사각통의 왼쪽 부분으로 더 치우쳐 형성되어 있는 점에서 차이가 있는데, 이는 전체적으로 볼 때 이들 디자인 사이에 서로 다른 미감적 가치를 가져올 정도이므로, 비교대상디자인을 등록디자인과 같이 변형하는 것을 두고 다른 미감적 가치가 인정되지 않는 상업적·기능적 변형에 불과하다고 볼 수 없다고 한 다음, 증거에 의하면 '요홈'이 형성된 디자인과 '빗물 차단판'이 형성되어 있는 디자인이 각각 공지되어 있기는 하나, 이들 공지디자인의 요홈이나 빗물 차단판은 그 형성 위치나 전체 디자인에 결합되어 있는 구체적인 형상·모양 등에서 등록디자인과는 차이가 있으므로 이를 비교대상디자인과 단순히 조합하는 창작수법이나 표현방법만으로는 등록디자인을 창작해 낼 수가 없고, 그 밖에 등록디자인에서와 같은 형상과 모양으로 요홈이나 빗물 차단판을 형성하는 것이

그 디자인 분야에서 흔한 창작수법이나 표현방법이라고 볼 만한 자료도 없다는
이유로, 창작비용이성을 긍정하였다.

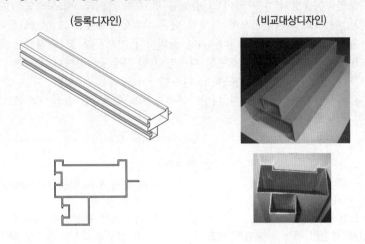

(등록디자인)　　　　　　　　　(비교대상디자인)

〈유영선〉

> **제33조(디자인등록의 요건)**
> ③ 디자인등록출원 한 디자인이 그 출원을 한 후에 제52조, 제56조 또는 제90조 제3항에 따라 디자인공보에 게재된 다른 디자인등록출원(그 디자인등록출원일 전에 출원된 것으로 한정한다)의 출원서의 기재사항 및 출원서에 첨부된 도면·사진 또는 견본에 표현된 디자인의 일부와 동일하거나 유사한 경우에 그 디자인은 제1항에도 불구하고 디자인등록을 받을 수 없다. 다만, 그 디자인등록출원의 출원인과 다른 디자인등록출원의 출원인이 같은 경우에는 그러하지 아니하다.

I. 의   의

동일하거나 유사한 디자인에 대하여 다른 날에 2 이상의 디자인등록출원이 있는 경우에는 먼저 디자인등록출원한 자만이 그 디자인에 관하여 등록을 받을 수 있다(제46조 제1항, 선출원주의). 하나의 디자인에 대해서는 하나의 디자인권만을 부여하여 독점권인 디자인권의 중복을 방지하고자 하는 것이다. 선출원주의는 위와 같이 디자인권의 중복을 방지하고자 하는 것이므로, 어디까지나 디자인등록출원된 '동일하거나 유사한 디자인'을 전제로 하는 것이다.

그런데 제33조 제3항은, 선출원된 디자인에 관한 출원서의 기재사항 및 출원서에 첨부된 도면·사진 또는 견본에 표현된 디자인의 '일부'와 동일하거나 유사한 후출원 디자인에 대하여, 선출원된 디자인에 관한 출원서가 출원공개(제52조), 등록공고(제90조 제3항) 등에 의해 디자인공보에 게재되면 디자인등록을 받을 수 없도록 규정하고 있는데, 이것을 '확대된 선출원'이라고 한다.[1] 선출원된 디자인에 관한 출원서에 표현된 디자인의 '일부'에까지 선출원으로 인정하여 후출원의 배제력이 부여된다는 점에서 '확대된 선출원'이라고 하는 것이다.

---

[1] '선원권의 확대', '확대된 선원범위', '준공지' 등 여러 용어가 사용되고 있는데, 본 주해서에서는 '확대된 선출원'이라는 표현을 사용한다.

Ⅱ. 입법 취지

종전에는, 완성품 디자인이 선출원되어 있고 그 완성품을 구성하는 부품 디자인이 후출원된 경우, 이 부품은 완성품과는 용도와 기능이 서로 달라 비유사한 물품으로 되고, 그 형태의 동일·유사성도 인정하기 어려우므로, 선출원주의 또는 신규성[2] 규정에 의하여 후출원된 부품 디자인에 관한 등록을 거절할 수 없었다.

그러나 선출원된 완성품 디자인의 일부와 동일·유사한 후출원 디자인은 선출원 디자인의 창작자가 이미 창작한 디자인의 일부에 불과하여 새로운 디자인의 창작으로 인정될 수 없으므로, 이러한 디자인에 대하여 디자인권을 부여하는 것은 디자인보호제도의 취지에 어긋난다. 이러한 문제점은 특히 구 의장법이 2001. 2. 3. 법률 제6413호로 개정되면서 부분디자인제도가 도입되고, 한 벌의 물품 디자인의 등록요건이 완화되면서 더욱 커지게 되었으므로, 위 법률 개정과 함께 제5조 제3항에 확대된 선출원 규정을 신설하게 된 것이다.[3]

신설 당시에는 확대된 선출원 규정을 동일인 간의 출원에도 적용하였으나, 전체 디자인 중 창작성이 있는 부분에 대한 보호가 미흡한 점, 출원순서에 따라 등록 여부가 달라지는 모순점, 확대된 선출원에 관한 특허법 규정과의 조화[4]를 고려하여, 2013. 5. 28. 법률 제11848호로 전부 개정된 현행 디자인보호법에서는 출원인이 동일한 경우에는 확대된 선출원 규정을 적용하지 않는 예외를 인정하게 되었다.[5]

Ⅲ. 적용요건

1. 당해 출원일 전에 타출원이 있고, 당해 출원 후에 타출원의 출원공개 등이 있을 것

우선, 당해 디자인등록출원을 한 날 전에 다른 디자인등록출원이 있어야 한

---

2) 선출원된 디자인이 공지되기 전이라는 점에서도 신규성을 부정하기는 어렵다.
3) 노태정·김병진 공저, 디자인보호법, 세창출판사(2009), 309.
4) 특허법 제29조 제3항 단서에 의하면, 특허출원 또는 실용신안등록출원의 경우 동일인에 대해서는 확대된 선출원이 적용되지 않는다.
5) 공경식·이승훈 공저, 코어 디자인보호법, 한빛지적소유권센터(2014), 202.

다. 이와 같이 일(日)을 기준으로 하
므로 동일자 출원의 경우에는 적용되
지 않는다. 선출원의 범위를 확대하
는 것인 이상 다른 디자인등록출원이
당해 디자인등록출원일보다 앞서야 함은 당연하다.

다음으로, 당해 디자인등록출원 후에 선출원의 다른 디자인에 관한 출원서
가 출원공개(제52조), 거절결정된 출원의 공보게재(제56조), 등록공고(제90조 제3
항)에 의해 디자인공보에 게재되어야 한다. 따라서 디자인공보에 게재되지 않고
무효·취하·포기 등이 된 선출원 디자인과의 관계에서는 이 규정이 적용되지
않지만, 출원공개·등록공고가 된 후에 무효·취하·포기 등이 된 선출원 디자
인과의 관계에서는 이 규정이 적용된다.

2. 타출원의 출원서에 표현된 디자인의 일부와 동일·유사할 것

가. 출원서에 표현된 디자인

선출원의 다른 디자인을 특정하기 위하여 판단의 기초가 되는 도면은 필수
도면으로서, 예를 들어 입체디자인의 경우에는 사시도 및 6면도, 평면디자인의
경우에는 표면도 및 이면도, 글자체디자인의 경우에는 지정글자도면, 보기문장
도면 및 대표글자도면을 말한다.

필수도면만으로는 디자인을 충분히 표현할 수 없는 경우에 부가되는 부가
도면인 전개도, 단면도, 절단부단면도, 확대도 등도 판단의 기초가 되나, 사용상
태도는 판단의 기초가 되지 않는다.[6]

나. 디자인의 일부와 동일·유사

디자인의 일부란 선출원의 다른 디자인의 외관 중에 포함된 하나의 폐쇄된
영역을 말하는 것으로서, 디자인의 구성요소인 형상·모양·색채를 관념적으로
분리한 것은 디자인의 일부에 해당하지 않는다.[7]

'동일·유사'에 관해서는 앞서 신규성 부분에서 서술하였다. 이와 관련한
특허청의 디자인 심사실무에 의하면, ① 선출원 디자인 중에 후출원 디자인에
상당하는 부분이 대비할 수 있을 정도로 충분히 표현되어 있고, ② 선출원 디자
인 중 후출원 디자인에 상당하는 부분이 후출원 디자인과 기능 및 용도에 공통

---

6) 특허청, 디자인 심사기준(2014. 7. 1), 134-135.
7) 노태정·김병진 공저(주 3), 312; 공경식·이승훈 공저(주 5), 203.

성이 있으며, 형상·모양·색채 또는 이들의 결합이 동일하거나 유사한 경우에, 확대된 선출원 규정을 적용한다.[8]

〈유영선〉

---

8) 특허청(주 6), 133.

제34조(디자인등록을 받을 수 없는 디자인)

다음 각 호의 어느 하나에 해당하는 디자인에 대하여는 제33조에도 불구하고 디자인등록을 받을 수 없다.

1. 국기, 국장(國章), 군기(軍旗), 훈장, 포장, 기장(記章), 그 밖의 공공기관 등의 표장과 외국의 국기, 국장 또는 국제기관 등의 문자나 표지와 동일하거나 유사한 디자인
2. 디자인이 주는 의미나 내용 등이 일반인의 통상적인 도덕관념이나 선량한 풍속에 어긋나거나 공공질서를 해칠 우려가 있는 디자인
3. 타인의 업무와 관련된 물품과 혼동을 가져올 우려가 있는 디자인
4. 물품의 기능을 확보하는 데에 불가결한 형상만으로 된 디자인

<소 목 차>

Ⅰ. 의의 및 입법 연혁

1. 의   의

제34조는 제33조의 적극적 등록요건을 구비했다고 하더라도 공익적 견지에서 디자인등록을 허용할 수 없다는 취지에서 규정된 것으로서 '소극적 등록요건' 또는 '부등록사유'라고도 불린다.[1]

---

[1] 송영식 외 6인 공저, 송영식 지적소유권법(상)(제2판), 육법사(2013), 971; 노태정·김병진 공저, 디자인보호법(3정판), 세창출판사(2009), 438.

2. 입법 연혁

가. 1961년 제정 의장법 제3조에 부등록사유로서, 국기, 국장, 군기, 훈장, 포장, 기장 기타 공공기관 등의 표장과 외국의 국기, 국장 또는 국제기구 등의 칭호, 문자, 표식 등과 동일 또는 유사한 것(제1호),[2] 질서나 풍속을 문란하게 할 염려가 있는 것(제2호), 기만할 염려가 있는 것(제3호)이 규정되었다.

이와 관련하여, 일본은 1921년(대정 10년) 의장법 제2조에 부등록사유로서, 국화어문장(菊花御紋章)과 동일·유사한 형상 또는 모양인 것(제1호), 질서 또는 풍속을 문란하게 할 우려가 있는 것(제2호), 세인을 기만할 우려가 있는 것(제3호)을 규정하였는데, 우리나라의 1961년 제정 의장법은 위 일본 의장법의 조문 체계와 유사하다고 할 수 있다.[3][4]

나. 1973년 개정된 의장법 제3조는 규정 체계를 그대로 유지한 채 문구만 일본의 1958년 의장법과 유사하게 고쳤다.[5]

다. 1990년 전부 개정된 의장법에서는 부등록사유 규정이 제6조로 이동하였으나 내용에 큰 변경이 있었던 것은 아니었고, 2001. 2. 3. 법률 제6413호로 개정된 의장법에서 물품의 기능을 확보하는 데 불가결한 형상만으로 된 의장(제6조 제4호)이 부등록사유에 추가되어 현행 디자인보호법에 이르기까지 유지되고 있다.[6][7]

---

2) 1961년 제정 의장법 제3조 제1호에는 국제기구 등의 '칭호'가 포함되어 있다는 점에서 현행 디자인보호법 제34조 제1호와 차이가 있다.

3) 이후 일본은 1958년(소화 34년) 의장법 제5조에 부등록사유로서, 공공질서 또는 선량한 풍속을 해할 염려가 있는 의장(제1호), 타인의 업무에 관계된 물품과 혼동을 일으킬 염려가 있는 의장(제2호)을 규정하였다.

4) 일본 특허청의 '意匠制度120年の歩み' 참조[자료검색 2014. 7. 30. http://www.jpo.go.jp/seido/s_ishou/isyou_seido_ayumi.htm].

5) 1973년 개정 의장법 제3조의 부등록사유는 다음과 같다.
 1. 국기·국장·군기·훈장·포장·기장 기타 공공기관 등의 표장과 외국의 국기·국장 또는 국제기구 등의 문자나 표지와 동일 또는 유사한 의장
 2. 공공의 질서나 선량한 풍속을 문란하게 할 염려가 있는 의장
 3. 타인의 업무에 관계되는 물품의 혼동을 가져올 염려가 있는 의장

6) '물품의 기능을 확보하는 데 불가결한 형상만으로 된 의장'은 일본 1998년(평성 10년) 의장법 제5조 제3호에 신규로 추가되었던 부등록사유이다.

7) 다만 2007년 개정된 디자인보호법 제6조 제2호는 "디자인이 주는 의미나 내용 등이 일반인의 통상적인 도덕관념인 선량한 풍속에 어긋나거나 공공질서를 해칠 우려가 있는 디자인"이라고 하여 문구가 다소 변경되었다.

Ⅱ. 국기 등과 동일·유사한 디자인(제1호)

1. 규정의 취지

국기 등과 동일 또는 유사한 디자인에 대해 특정 개인에게 독점·배타적인 권리를 부여하는 것은 공익에 반하고 또 남용가능성의 우려가 클 뿐 아니라, 내외국을 막론한 국가의 존엄성, 공공기관 또는 국제기관 등의 지향하는 이념과 목적을 존중하고 유지해야 한다는 강한 공익적 견지에서 법으로 금하고 있는 것이다.[8]

실용신안법은 '국기 또는 훈장과 동일하거나 유사한 고안'을 등록받을 수 없는 고안으로 규정하고 있고(실용신안법 제6조 제1호), 상표법도 국기, 국장(國章), 군기(軍旗), 훈장, 포장, 기장(記章) 등과 동일·유사한 상표의 등록을 허용하지 않고 있는데(상표법 제7조 제1항 제1호 등), 위 상표법 규정도 국기, 훈·포장 등이 상징하는 권위와 존엄을 유지하고, 국제적 신용을 보호하며, 상표의 사용자가 그 기관과 특수한 관계에 있는 것처럼 오인·혼동될 염려가 있어 이를 방지하고, 감독 또는 증명용 인장 등의 권위를 유지하기 위하여 개인의 상표등록을 허용하지 않는 것이다.[9]

2. 개   념

'국기'라 함은 국가의 상징을 표상하는 기로서 태극기를 말하고(대한민국국기법 제4조), '국장(國章)'은 국가의 권위를 나타내는 휘장을 일컫는 용어인데, 대통령령인 「나라문장 규정」에 의하면 태극기와 무궁화를 결합하여 디자인되어 있다. '군기(軍旗)'는 국군이 사용하는 기로서(국군조직법 제5조), 합참기, 육·해·공군기, 부대기, 병과기 및 소부대기를 말한다(군기령 제3조). '훈장' 및 '포장'은 대한민국에 뚜렷한 공적을 세운 사람에게 수여하는 상으로서(상훈법 제2조), 각각 12가지 종류가 있고(상훈법 제9조, 제19조), '기장(記章)'이란 어떤 일을 기념하거나 어떤 집단을 표상하기 위하여 관계있는 사람에게 주는 휘장 또는 표상으로서 기념장이라고도 한다(상이기장령, 군인유족기장령 등). '표장', '문자', '표지'는 공공기관 등의 명칭, 주된 마크(심벌) 및 그 밖에 이들이 수행하는 공

---

8) 송영식 외 6인 공저(주 1), 971.
9) 특허법원 지적재산소송 실무연구회, 지적재산소송실무(제3판), 박영사(2014), 553.

익사업에 사용하기 위한 표장을 말한다.[10]

3. 판단기준

특허청 '디자인 심사기준'(163면)에는 국기 등과 동일·유사한 디자인은 이 것들이 단독으로 표현되었을 경우는 물론이고, 이러한 형태에 다른 형상이나 모 양 등이 결합되어 표현된 경우에도 이 조항에 해당한다고 기재되어 있다.[11] 그 러나 디자인의 일부에 국기 등과 동일·유사한 디자인이 포함된 경우에 일률적 으로 부등록사유로 취급할 근거는 없다. 우선 문리해석상 디자인 전체가 '국기 등과 동일·유사한 디자인'에 해당하는지 여부를 검토해야 하고, 다만 국기 등 과의 동일·유사 여부를 판단함에 있어 국가의 존엄성 확보라는 공익적 취지를 반영하여, 일반적인 디자인의 유사성 판단방법과 달리 판단할 수는 있을 것이 다. 이렇게 해석하는 것이 국기 등이 포함된 상표의 경우 국가 등의 존엄성을 해칠 우려가 있느냐 없느냐 하는 기준에 따라 유사성 여부를 판단하는 상표법 의 기준[12]과도 조화로운 해석이 될 것이다. 다만 상표와는 달리 디자인의 주요 부분에 국기 등이 배치된 경우에는 신규성, 창작비용이성 등 적극적 등록요건에 부합하지 않는 경우가 많을 것이다. 판단기준 시점은 등록여부 결정시이다.[13]

Ⅲ. 도덕관념이나 선량한 풍속에 어긋나거나 공공질서를 해칠 우려 가 있는 디자인(제2호)

1. 규정의 취지

디자인이 주는 의미나 내용 등이 일반인의 통상적인 도덕관념인 선량한 풍 속에 어긋나거나 공공질서를 해칠 우려가 있는 디자인에 대하여 법률로 보호하 지 않는 것은 당연하다.[14]

특허법 및 실용신안법도 '공공의 질서 또는 선량한 풍속을 문란하게 하거 나 공중의 위생을 해할 염려가 있는 발명(고안)'을 부등록사유로 규정하고 있고

---

10) 특허청, 디자인 심사기준(2014. 6. 30. 특허청 예규 제75호로 전부개정된 것, 이하 '디자 인 심사기준'이라고만 한다), 163.
11) 같은 취지로 송영식 외 6인 공저(주 1), 972; 노태정·김병진 공저(주 1), 439.
12) 송영식 외 6인 공저, 송영식 지적소유권법(하)(제1판), 육법사(2008), 138.
13) 특허청(주 10), 165.
14) 송영식 외 6인 공저(주 1), 972; 노태정·김병진 공저(주 1), 440.

(특허법 제32조, 실용신안법 제6조), 상표법도 마찬가지의 규정을 갖고 있다(상표법 제7조 제1항 제4호). 당초 "공공의 질서나 선량한 풍속을 문란하게 할 염려가 있는 디자인"으로 규정되어 있던 것을, 2007. 1. 3. 법률 제8187호로 개정하면서 "디자인이 주는 의미나 내용 등이 일반인의 통상적인 도덕관념이나 선량한 풍속에 어긋나거나 공공질서를 해칠 우려가 있는 디자인"으로 변경한 것이다. 이는 같은 날 법률 제8190호로 개정된 상표법 제7조 제1항 제4호가 당초 "공공의 질서 또는 선량한 풍속을 문란하게 할 염려가 있는 상표"에서 "상표 그 자체 또는 상표가 상품에 사용되는 경우 수요자에게 주는 의미와 내용 등이 일반인의 통상적인 도덕관념인 선량한 풍속에 어긋나거나 공공의 질서를 해칠 우려가 있는 상표"로 변경된 것과 궤를 같이하는데, 위 상표법 개정 취지는 상표 '그 자체' 또는 상표가 주는 '의미와 내용'이 공서양속에 반하는 것이 아닌 경우에는 설령 상표의 등록·사용행위가 신의칙 위반 등에 해당한다고 하더라도 위 상표법 조항의 적용을 배제하고자 한 것이라고 한다.15)

2. 개   념

'공공질서'와 '선량한 풍속'은 포괄하여 국민들이 평균적으로 건전하게 추구하는 사회적 타당성이라고 파악할 수 있다.16) 이와 같이 '공공질서'와 '선량한 풍속'을 파악한다고 하더라도, 그 개념이 불확정적이고 추상적일 수밖에 없다. 도덕관념이나 사회질서의 내용은 시대와 장소에 따라 부단히 변천하는 것이

---

15) 특허법원 지적재산소송 실무연구회(주 9), 560; 박준석, "공서양속위반을 들어 상표등록을 거절하거나 무효화한 우리 판례들에 대한 비판적 분석", 법조(통권 제647호), 법조협회 (2010).

16) 곽윤직 대표집필, 민법주해[Ⅱ](초판), 박영사(1997), 218(민일영 집필부분). 이와 달리 ① 사회질서가 상위개념이고 선량한 풍속은 일종의 예시라고 보는 견해, ② 선량한 풍속은 윤리관념인 데 비하여 사회질서는 공익개념으로서 양자는 서로 병존·대립하는 개념이라고 보는 견해 등도 있다. 한편 일본에서는 '공공질서'와 '선량한 풍속'을 구분하여 '공공질서'는 국가사회의 질서를 위주로 하고, '선량한 풍속'은 사회의 도덕관념을 위주로 하는 것으로 구분하려는 논의가 있었고, 일본 특허청 의장심사기준(2006년)도 '공공질서를 해할 염려가 있는 의장'과 '선량한 풍속을 해할 염려가 있는 의장'을 구별하여, 전자는 일본국 또는 외국 원수의 상(像) 또는 국기를 표시하는 의장, 일본 황실의 국화문장이나 외국 왕실의 문장 등을 표시한 의장 등을 포함하고[일본 1921년(대정 10년) 의장법 제2조 제1호에는 국화어문장(菊花御紋章) 규정이 있었으나, 이와 같은 디자인은 창작비용이성 결여로서 거절되어야 하는 것이어서 1958년(소화 34년) 의장법에서는 삭제되었다고 한다], 후자는 외설물 등과 같이 건전한 심신을 가진 사람의 도덕관을 부당하게 자극하고, 수치·혐오감을 일으키는 의장 등을 포함한다고 되어 있다[滿田重昭·松尾和子 대표집필, 注解 意匠法 (초판), 靑林書院(2010), 188-189].

므로, 그것을 일의적으로 규정하는 것은 본질적으로 불가능한 동시에 타당하지도 않다. 그것은 개개의 사안에서 건전한 상식을 기초로 한 판단자의 합리적이고 이성적인 판단에 의해 해석·적용되어야 할 문제이다.

3. 판단기준

특허청 '디자인 심사기준'(164면)에는 '디자인이 주는 의미나 내용 등이 일반적인 도덕관념인 선량한 풍속에 어긋나거나 공공질서를 해칠 우려가 있는 디자인'으로, "(1) 인륜, 사회정의 또는 국민감정에 반하는 것, (2) 특정국가 또는 그 국민을 모욕하는 것, (3) 저속·혐오 또는 외설스러운 것, (4) 국가원수의 초상 및 이에 준하는 것"이 예시되어 있고, 다만 디자인의 대상이 되는 물품 또는 그와 관련된 물품의 규격이나 품질 등에 대한 인증을 나타내는 표지를 전체 디자인의 일부 구성요소로 포함하고 있는 경우에 그 자체만으로 공공질서 등을 해칠 우려가 있다고 볼 수 없으므로 이 규정을 적용하지 않는다고 되어 있다. 한편 특허법원 판결[17] 중에는 고(故) 교황 요한 바오로 2세의 기도하는 모습으로 표현된 '장식용 접시' 디자인은 전직 외국 국가원수의 초상을 표현하고 있으므로 제6조 제2호에 해당한다고 한 것이 있으나, 실무에서는 아직 이 규정이 적용된 판단사례는 드문 것 같다. 판단기준 시점은 등록여부 결정시이다.[18]

Ⅳ. 타인의 업무와 관련된 물품과 혼동을 가져올 우려가 있는 디자인(제3호)

1. 규정의 취지

디자인은 물품의 외관으로서 그 출처를 상상하게 되는 성질도 가지고 있다. 타인의 업무에 관계되는 상품으로 오인·혼동됨으로써 타인의 고객흡인력에 편승하는 결과가 초래된다. 디자인보호법은 디자인에 관하여 발생하는 영업상의 부정경쟁행위를 방지하여 건전한 유통질서를 확립하고자 하는 취지에서 타인의 업무에 관한 물품과 혼동을 일으키는 디자인의 등록을 배제하고 있다.[19]

아래에서 살펴보는 바와 같이 이 조항에서 '타인의 업무'에 관한 표지는 주

---

17) 특허법원 2008. 1. 10. 선고 2007허8504 판결(확정)[미간행].
18) 특허청(주 10), 165.
19) 송영식 외 6인 공저(주 1), 973.

지·저명성의 요건을 갖춰야 하므로 「부정경쟁방지 및 영업비밀보호에 관한 법률」(이하 '부정경쟁방지법'이라 한다)의 적용요건도 동시에 충족될 수 있으나, 이 규정은 부정경쟁방지법과는 달리 디자인의 등록 자체를 원천적으로 봉쇄할 수 있다는 점에서 의의가 있다. 1973년 개정 의장법 이전에는 "기만할 염려가 있는 것"이라고 규정되었는데, 이는 일본의 1958년 개정 이전의 의장법 규정과 동일한 것임은 앞서 지적한 바와 같다. 일본의 경우 부등록사유로서 '세인(世人)을 기만할 우려가 있는 것'이 1909년(명치 42년) 의장법 제4조에 추가되었는데, 이는 '타인의 등록상표와 유사하거나 물품의 생산지를 오해하도록 하는 경우' 뿐만 아니라 '물품의 품위, 품질, 산지, 제조자 등을 일반 다수인에게 오인하게 하는 의장'도 포함되는 매우 넓고 막연한 개념이었다고 한다.[20] 1973년 개정 의장법부터 현재와 같은 문구로 개정되었다.[21]

2. 타인의 업무와 관련된 물품

'타인'에는 디자인 출원인 이외의 자를 널리 포함하고, '업무'는 계속적으로 행해지는 업무일반을 널리 지칭하는 것으로서 영리 목적에 한정되지 않는다.[22] '물품'은 상품보다 넓은 의미로서 추상적·관념적인 물품이면 족하고 반드시 구체적인 물품이 존재해야 하는 것은 아니다. 그리고 출처에 대한 혼동은 동일 또는 유사물품 사이에서는 물론이고, 물품의 관계를 넘어서도 성립할 수 있다.[23]

3. 혼동을 가져올 우려가 있는 디자인

'혼동'은 물품 상호간에 있어서의 혼동과 출처에 대한 혼동으로 구분할 수 있는데, 이 규정에서의 혼동은 출처의 혼동에 관한 것이다. 물품 상호간의 혼동은 그 형태의 유사성에 의해 혼동을 일으키게 되지만 혼동할 정도로 유사한 상호간의 형태는 당연히 유사한 디자인이 되어, '제33조의 규정에 불구하고' 디자인등록을 받을 수 없는 이 규정의 적용대상이 되는 것은 아니다. 이 규정은 물품의 형태 전체로서는 유사하지 않은 것이라도 혼동을 가져올 염려가 있는 경우에 적용된다는 점에서 의의가 있다.[24]

---

20) 満田重昭·松尾和子 대표집필(주 16), 190.
21) 다만 법이 개정되면서 약간의 문구 수정이 있었음은 앞서 언급한 바와 같다.
22) 송영식 외 6인 공저(주 1), 974.
23) 노태정·김병진 공저(주 1), 441.
24) 노태정·김병진 공저(주 1), 441-442.

4. '주지·저명성'의 요부

이 조항은 '타인의 업무에 관련된 물품' 또는 이에 사용된 디자인이나 상표가 주지·저명한 것이어야 하는가에 관해 명시하고 있지 않아 주지·저명성이 필요한지가 문제된다. 상표법 제7조 제1항은 주지성(제10호)과 저명성(제9호)을 명시하고 있고, 부정경쟁방지법 제2조 제1항 제1호도 '국내에 널리 인식된'이라는 표현을 두고 있는데,25) 위 상표법 및 부정경쟁방지법과 디자인보호법의 규정이 서로 유사한 입법목적을 가지고 있는 점에 비추어 보면, 비록 디자인보호법 규정에 주지·저명성을 명시하지는 않았으나 이를 필요로 한다고 봄이 타당하다.26) 게다가 타인의 업무에 관계된 표지가 주지·저명하지 않다면, 이 규정에서의 혼동의 염려도 생기지 않는다고 할 것이다. 특허법원 판결도 주지·저명성 내지 저명성을 이 규정의 요건으로 삼아 판단하고 있다.27) 다만 실제 사안에서는 타인의 업무 표지의 주지성의 정도, 표지와 해당 디자인 사이의 유사성의 정도, 타인의 업무와 디자인 출원인 사이의 경쟁관계 등 제반사정을 종합하여 출처의 혼동 여부를 합리적으로 판단해야 할 것이다.

5. 판단기준

이 조항에서 '혼동'이란 실제 유통시장에서의 혼동을 의미하므로 주체적 기준은 수요자가 된다.28) 시간적 판단기준은 다른 조항과는 달리 출원시이다.29)

특허청 '디자인 심사기준'(164면)에는 "(1) 타인의 저명한 상표·서비스표 또는 단체표장을 디자인으로 표현한 경우(디자인의 일부 구성요소로 포함한 경우에도 적용한다), (2) 비영리법인의 표장을 디자인으로 표현한 경우(디자인의 일부 구성요소로 포함한 경우에도 적용한다), (3) 상표적인 성격을 갖춘 타인의 저명한 디자

---

25) 부정경쟁방지법에서의 '국내에 널리 인식된', 즉 주지성은 국내 전역에 걸쳐 모든 사람들에게 주지되어 있음을 요하는 것이 아니고 국내의 일정한 지역적 범위 안에서 거래자 또는 수요자들 사이에 알려진 정도로 족하다는 것이 대법원의 판례이다{대법원 2012. 5. 9. 선고 2010도6187 판결[공2012상, 1018] 등}.

26) 滿田重昭·松尾和子 대표집필(주 16), 192.

27) 특허법원 2001. 4. 27. 선고 2001허485 판결(확정); 특허법원 2003. 5. 23. 선고 2003허 557 판결(확정); 특허법원 2003. 10. 9. 선고 2003허2836 판결(심리불속행); 특허법원 2012. 8. 16. 선고 2012허3916 판결(상고기각)[이상 각 미간행]; 특허법원 2003. 7. 3. 선고 2003 허1710 판결(확정)[각공2003.9.10.(1), 195]).

28) 송영식 외 6인 공저(주 1), 975-978.

29) 특허청(주 10), 165.

인을 일부 구성요소로 하는 것, (4) 디자인의 대상이 되는 물품 또는 그와 관련
된 물품의 규격이나 품질 등에 대한 인증을 나타내는 표지를 디자인의 일부 구
성요소로 포함하고 있는 경우에는 그 부분은 출처를 나타내는 표시가 아니라
인증에 관한 정보전달만을 위해 사용하는 것으로 보아 이 규정을 적용하지 않
는다"라고 되어 있다.

V. 물품의 기능을 확보하는 데에 불가결한 형상만으로 된 디자인 (제4호)

1. 규정의 취지

2001. 2. 3. 법률 제6413호로 개정된 의장법에서는 부분의장제도(제2조 제1
호)와 함께, '물품의 기능을 확보하는 데 불가결한 형상만으로 된 의장'이 제6조
제4호에 부등록사유로 추가되었다. 기능적 형상에 관한 위 규정의 도입 취지에
관해서 국회의 심사보고서에는 "물품의 기능을 확보하는 데 불가결한 형상은
자연법칙을 이용한 기술적 사상의 창작에 해당되고, 이는 물품의 외관에 관한
미적 창작만을 보호대상으로 하고 있는 의장법의 보호대상이 아니므로 의장법
에 등록을 배제하고 특허법 또는 실용신안법에 의거 보호받을 수 있도록 하는
것이 바람직하다. 또한 외국의 여러 국가에서도 기능만 있는 의장에 대해서는
보호대상에서 제외하고 있고, WTO/TRIPs협정 제25조 제1항에서도 이와 같은
기능성 의장은 보호대상에서 제외할 수 있는 것으로 규정할 수 있다고 하여 기
능성 의장을 보호하지 않는 것이 국제적인 추세다"라고 기재되어 있다.[30]

한편 위와 같은 취지는 상표법 제7조 제1항 제13호에도 규정되어 있는
데,[31] 이는 1997. 8. 22. 법률 제5355호로 개정되면서 입체상표제도와 함께 도입

---

30) '물품의 기능을 확보하는 데 불가결한 형상만으로 된 의장'은 일본 1998년(평성 10년)
    의장법 제5조 제3호에 신규로 도입되었던 부등록사유인데, 도입 취지에 관해서는 한국과
    마찬가지로 "의장법은 미적・장식적 가치의 관점에서 창작성이 높은 것을 보호하므로, 기
    능적 고려에만 기초한 형상은 특허법, 실용신안법으로 보호되어야 하고, 또 순수한 기능적
    형상이 의장권에 의해 독점되는 폐해가 부분의장보호 제도의 도입에 의해 한층 현재화(顯
    在化)될 염려가 있고, 또 외국에서도 기능에만 기초한 의장을 보호대상에서 제외하는 나라
    가 많으므로, 기능에만 기초한 의장을 등록대상에서 제외함으로써 새로운 거절・무효의
    대상이 되는 규정을 명문화한다"라고 밝히고 있다[일본 특허청의 '意匠制度120年の歩み'
    (자료검색 2014. 7. 30. http://www.jpo.go.jp/seido/s_ishou/isyou_seido_ayumi.htm)]. 같은 취
    지로 牛木理一, 意匠權侵害(초판), 經濟産業調査会(2003), 40.
31) 상표법 제7조 제1항은 상표의 부등록사유를 규정하면서 제13호에서 "상표등록을 받으려

된 것이다. 상표법에서의 위 규정의 취지에 관하여 "관련산업의 발전이 저해되는 것을 방지하고 다른 경업자의 자유로운 사용을 보장하기 위한 공익적 견지에서 등록을 불허하고 있다"거나[32) "상표가 사용되는 상품 자체나 포장의 기능을 확보하는 데 불가결한 입체적 형상을 채택한 입체상표 등은 일반적으로 자타 상품의 식별력을 갖춘 것이 많지 않다"라고[33) 설명되고 있으나, "'특허와의 충돌방지'와 '자유경쟁의 부당한 제한방지'라는 정책목표"에서 근거를 구하는 설명도 있다.[34)35)

　상표법과 디자인보호법의 목적, 취지가 다르므로 동일선상에서 논의할 수는 없을 것이나, 경제활동을 부당하게 제한하지 않도록 배려하기 위한 규정이라는 점에서는 공통점이 있으므로 그 취지를 함께 검토하여 사안의 적용에 고려할 필요가 있다.

2. 판단기준

　등록여부 결정시를 기준으로 판단한다.[36)

　특허청 '디자인 심사기준'(164-165면)에는, "(1) 물품의 기술적 기능을 확보하기 위하여 필연적으로 정해진 형상으로 된 디자인은 모양·색채 또는 이들의 결합의 유무에 불구하고 이를 적용한다. (2) 물품의 호환성 등을 확보하기 위하여 표준화된 규격으로 정해진 형상으로 된 디자인. 단, 규격을 정한 주목적이 기능의 발휘에 있지 않은 물품에 대해서는 적용하지 않는다"라고 되어 있다.

는 상품 또는 그 상품의 포장의 기능을 확보하는 데 불가결한(서비스업의 경우에는 그 이용과 목적에 불가결한 경우를 말한다) 입체적 형상, 색채, 색채의 조합, 소리 또는 냄새만으로 된 상표"를 열거하고 있다. 또한, 상표법 제51조 제1항은 상표권의 효력이 미치지 아니하는 범위로서 제4호에서 "등록상표의 지정상품 또는 그 지정상품의 포장의 기능을 확보하는 데 불가결한 형상, 색채, 색채의 조합, 소리 또는 냄새로 된 상표"를 규정하고 있다.

32) 송영식 외 6인 공저(주 12), 179.

33) 사법연수원, 상표법(2009), 111.

34) 유영선, 기능성원리 연구(초판), 경인문화사(2012), 312-313.

35) 일본에서는 1996년(평성 8년) 상표법 일부개정에서 입체상표제도를 도입하면서 정책적 견지에서 신설된 조항으로서, 입체상표 중 상품 또는 상품 포장의 기능을 확보하기 위해 불가결한 입체적 형상으로만 된 상표가 상표권으로 보호되면 반영구적 독점권을 인정하게 되어 시장에서 적절한 자유경쟁을 저해할 염려가 있으므로 위 규정이 도입되었다고 설명된다[小野昌延, 注解 商標法(上)(신판), 靑林書院(2005), 443-444].

36) 특허청(주 10), 165.

가. 물품의 기술적 기능을 확보하기 위하여 필연적으로 정해진 형상(필연적 형상37))으로 된 디자인

어떤 디자인이 필연적 형상으로 된 것인지 여부를 판단하는 것은 현실적으로 그리 간단한 문제가 아니다. 물품의 형상은 뭔가 기능에 결부되어 있는 것이 보통이기 때문이다. 일응의 판단기준으로, ① 물품의 기능을 확보할 수 있는 대체적인 형상이 달리 존재하는지 여부, ② 필연적 형상 이외의 디자인 평가상 고려되어야 할 형상을 포함하는지 여부 등이 거론된다.38)

나. 물품의 호환성 등을 확보하기 위하여 표준화된 규격으로 정해진 형상 (준필연적 형상39))으로 된 디자인

물품의 호환성 등을 확보하기 위하여 표준화된 규격으로, ① 공적인 표준[산업자원부 기술표준원에서 책정하는 한국산업규격(KS규격), ISO(국제표준화기구)가 책정하는 ISO규격 등 공적인 표준화기관에 의해 책정된 표준규격], ② 사실상의 표준(공적인 규격은 아니지만, 그 규격이 해당 물품 분야에서 업계의 표준으로 인지되어 있고, 해당 표준규격에 의거한 제품이 그 물품의 시장을 사실상 지배하고 있는 것으로서 명칭, 번호 등에 의해 그 표준이 되는 형상, 치수 등을 상세하게 특정할 수 있는 것)이 모두 해당된다.40)

3. 판   례

2001년 이 조항이 의장법에 도입된 이후, 디자인의 일부의 구성요소가 기능을 확보하는 데 필수적인 형상인 경우에 다른 디자인과의 유사여부 판단방법에 관해서는 판례가 다수 형성되어 있으나,41) 디자인 전부가 물품의 기능을 확보하는 데 불가결한 형상인 경우에 관한 판례로는 특허법원 2005. 2. 24. 선고

---

37) 일본 특허청 의장심사기준은 이 부분을 '필연적 형상'이라고 부르고 있는데, 편의상 이를 그대로 차용한다.
38) 노태정·김병진 공저(주 1), 446; 일본 의장심사기준도 같은 내용으로 기술되어 있다.
39) 일본 특허청 의장심사기준은 이 부분을 '준필연적 형상'이라고 부르고 있는데, 편의상 이를 그대로 차용한다.
40) 노태정·김병진 공저(주 1), 447; 일본 의장심사기준도 같은 내용으로 기술되어 있다.
41) 등록무효사건에 관한 판결로는 대법원 2012. 4. 26. 선고 2011후2787 판결[공2012상, 909], 2010. 11. 11. 선고 2010후2209 판결[미간행], 2009. 1. 30. 2007후4830 판결[미간행], 2006. 7. 28. 2005후2915 판결[미간행] 등이 있고, 권리범위확인사건에 관한 판결로는 대법원 2011. 2. 24. 2010후3240 판결[미간행], 2006. 9. 8. 2005후2274 판결[공2006.10.1.(259), 1697], 2006. 7. 28. 2005후2922 판결[공2006.9.1.(257), 1570] 등이 있다.

2004허4976 판결(상고기각) 이외에는 찾기 어렵다. 위 판결은 '자동차용 윈드 쉴드 글래스'에 관한 등록무효사건에 관한 것으로서 다음과 같이 판시하고 있다. "물품의 기능을 확보하는 데 불가결한 형상만으로 이루어진 의장이라 함은 그 의장의 형상이 오로지 기술적 기능을 확보하기 위하여 필연적인 형상만으로 이루어진 것을 말하는바, 그 판단기준은 물품의 기술적 기능을 체현하고 있는 형상에만 착안하여 판단하며, 이때에는 그 기능을 확보할 수 있는 대체적인 형상이 그 외에 존재하는지 여부, 필연적 형상 이외의 의장 평가상 고려되어야 할 의미 있는 형상을 포함하고 있는지의 여부 등이 고려되어야 하는바, (증거들에 의하면) 이 사건 등록의장의 물품인 '자동차용 윈드 쉴드 글래스'는 자동차의 앞 유리로서, 특정한 자동차의 내·외부 환경을 유리로 차단하고, 운전자의 시야 및 안전을 확보하는 등의 기능을 수행하는 데 그 목적이 있는 사실, 통상적으로 자동차용 앞 유리는 자동차의 프레임에 장착할 때에 유리의 하단은 차체의 후드 패널부와 연결되고, 측면은 프론트 필러, 상단은 루프 패널부와 결합되는 사실을 인정할 수 있는바, 위 인정사실에 의하면, 이 사건 등록의장의 물품을 디자인함에 있어서는 자동차의 프레임에 접속할 수 있도록, 해당 차종의 프레임 치수, 형상, 휘어짐, 두께, 높이, 넓이, 끝단의 형상 등 다른 물리적 특성까지도 그대로 복제되지 않으면 접속이 불가능하거나 접속이 가능하더라도 불량하게 되어 안전을 위협하는 등 그 본래의 기능을 수행할 수 없게 된다 할 것이어서, 결국 자동차 앞 유리의 가장 중요한 디자인 요소가 자동차 앞 유리의 창틀에 의하여 결정되므로, 이 사건 등록의장은 물품의 기능을 확보하는 데 불가결한 형상만으로 된 의장이라 할 것이다."

〈곽부규〉

제35조(관련디자인)

① 디자인권자 또는 디자인등록출원인은 자기의 등록디자인 또는 디자인등록 출원한 디자인(이하 "기본디자인"이라 한다)과만 유사한 디자인(이하 "관련디자인"이라 한다)에 대하여는 그 기본디자인의 디자인등록출원일부터 1년 이내에 디자인등록출원된 경우에 한하여 제33조 제1항 각 호 및 제46조 제1항·제2항에도 불구하고 관련디자인으로 디자인등록을 받을 수 있다.

② 제1항에 따라 디자인등록을 받은 관련디자인 또는 디자인등록출원된 관련디자인과만 유사한 디자인은 디자인등록을 받을 수 없다.

③ 기본디자인의 디자인권에 제97조에 따른 전용실시권(이하 "전용실시권"이라 한다)이 설정되어 있는 경우에는 그 기본디자인에 관한 관련디자인에 대하여는 제1항에도 불구하고 디자인등록을 받을 수 없다.

〈소 목 차〉

Ⅰ. 관련디자인 도입의 취지

1. 디자인제도의 특징

디자인은 물품의 외관에 나타나는 미감을 보호하는 점에서 기술적 구성과 기술적 사상을 보호하는 특허 및 실용신안과 다르고, 물품의 외관만을 보호대상으로 하는 점에서 다른 상품을 식별하는 물품의 상징인 상표와 구분된다. 디자인은 물품의 외관에 표현된 미감을 보호하고 있으므로, 타인이 모방하기 쉽고 약간의 변형을 통해 침해하려는 시도가 용이한데 반해 디자인은 물품에 한정되므로 권리범위가 좁은 것이 특징이다. 따라서 디자인권의 효력은 등록디자인 뿐만 아니라 이와 유사한 디자인에까지 미치도록 하는데(디자인보호법 제92조), 그럼에도 유사범위가 추상적이고 불명확하므로 미리 유사한 범위에 대한 확인을 받아 디자인권의 권리범위를 명확히 함으로써 모방과 침해를 미연에 방지하고

침해에 대한 신속한 조치를 취할 수 있도록 하여 디자인보호를 강화하기 위함이다.[1]

2. 유사디자인제도

가. 의 의

위와 같은 필요에 따라 법은 1973년에 유사디자인 제도를 도입하였다. 유사디자인제도는 자기의 선등록 또는 선출원 디자인(기본디자인)에만 유사한 디자인에 대해서는 자기의 선행디자인에 의한 신규성 위반 및 선출원주의 위반으로 디자인등록거절결정을 하지 아니하고 등록을 시켜주는 제도이다.

나. 유사디자인의 권리범위에 대한 견해의 대립

구법 제42조는 '유사디자인의 디자인권은 그 기본디자인의 디자인권과 합체한다'고 규정하였는바, 이 규정의 권리범위에 대해서는 견해가 대립되었다. 유사디자인권의 권리범위는 일반적인 디자인과 같이 동일·유사한 디자인에까지 미치고, 기본디자인의 권리범위는 그 유사디자인의 유사범위까지 확장되는 것으로 해석할 수 있다는 확장설과 유사디자인권의 권리범위는 동일·유사한 디자인에까지 미치지만, 기본디자인의 권리범위는 변함이 없고, 유사디자인만의 독자적인 권리범위가 존재한다고 해석하는 결과확장설도 제기되었으나,[2] 대법원은 '유사디자인이 등록되면 그 디자인권은 최초의 등록을 받은 기본디자인권과 합체하고 유사디자인의 권리범위는 기본디자인의 권리범위를 초과하지 않는다고 할 것이므로, 확인대상디자인이 유사디자인의 권리범위에 속한다고 할 수 있으려면 유사디자인과 유사하다는 사정만으로는 부족하고 기본디자인과도 유사하여야 할 것이다.[3] 이 경우 기본디자인의 권리범위는 유사디자인의 유사범위까지 확장되는 것은 아니다[4]'라고 판시하여 유사디자인제도는 기본디자인의 주위에 있는 잠재적인 유사범위를 유사디자인의 등록에 의해 구체적으로 명시, 현재화시켜 그 범위를 명확하게 하려는 것이라는 확인설의 입장이었다. 이에 대해서는 유사디자인제도의 취지를 생각할 때 기본디자인의 종속성을 인정하는 확인설이 타당하다는 견해[5]와 유사디자인제도의 취지가 관념적 내지 잠재적 존

---

1) 송영식 외 6인 공저, 지적소유권법(상)(제2판), 육법사(2013), 991.
2) 구체적인 견해의 대립에 대해서는 송영식외 6인 공저(주 1), 991, 992 참조.
3) 대법원 1989. 8. 8. 선고 89후25 판결, 대법원 1995. 6. 30. 선고 94후1749 판결 등 참조.
4) 대법원 2008. 12. 24. 선고 2006후1643 판결.
5) 송영식외 6인(주 1), 993.

재로서 파악되는 등록디자인의 효력이 미치는 범위를 이에 유사한 디자인을 등록함으로써 구체적·명시적으로 현재화(顯在化)하고 그 범위를 명확하게 하여 그 권리의 유효한 작용을 확보하고자 하는 것에 있다 할 것이지만, 다른 한편으로는 유사디자인에 있어서도 그 등록을 받을 수 있는 디자인의 출원과 그 청구의 기초를 이루는 등록을 받을 수 있는 권리는 개별적·독자적 존재로서의 위치를 갖는 것이므로, 유사디자인제도는 관념적 내지 잠재적 존재로서 파악되는 기본디자인의 효력이 미치는 범위를 이에 유사한 디자인에 대하여 신규성·선출원 규정의 예외로서 등록하는 것에 의해 구체적·명시적으로 현재화하고 그 범위를 명확하게 하는 것을 목적으로 하는 것이지만, 한편 유사디자인도 그 자신의 등록을 받을 수 있는 권리에 기초하여 이루어지는 것이므로 그 자신의 효력범위가 있고, 기본디자인은 디자인권의 효력범위를 넘는 부분에 유사디자인의 디자인권의 효력이 미치는 일이 있음을 인정해야 한다며 확인설에 비판적인 견해6)가 있다.

다. 유사디자인제도의 문제점과 개정이유

대법원이 취하고 있는 확인설에 따를 때, 유사디자인권의 권리침해 판단시 침해디자인이 유사디자인과 유사한지 여부는 불문하고 기본디자인과의 유사 여부만으로 침해 여부를 판단하게 되어, 등록된 유사디자인에 유사한 디자인을 무단으로 실시하는 경우에도 침해방지가 어렵고, 유사디자인에 대한 권리범위확인심판 및 등록무효심판의 청구 이익도 사실상 없어지게 되는 문제가 발생하였고, 기본디자인과는 별도로 출원료와 등록료를 납부하여 획득한 유사디자인권의 권리행사에 대해 출원인의 불만이 제기되었다.7) 이러한 문제점을 극복하고자 기본디자인에는 유사하지 않으나 유사디자인에만 유사한 모방디자인의 실시를 방지하기 위해 개정법은 유사디자인제도를 폐지하고 독자적인 권리범위를 인정하는 관련디자인제도로 변경하였다.8) 결국 유사디자인의 권리범위에 관한

---

6) 노태정·김병진 공저, 디자인보호법(3정판), 세창출판사(2009), 346.

7) 일본에서도 디자인권의 유사범위를 명확하게 하고 디자인권의 효력을 강화하기 위해 도입한 유사디자인제도가 독자적인 효력을 갖지 못하는 등 실제로는 디자인권의 보호범위를 확장하지 못하고, 디자인에 대한 충분한 보호를 제공해주지 못하였다는 비판들이 제기되어 관련디자인제도를 도입하게 되었다고 한다[滿田重昭, 松尾和子 共編, 註解 意匠法, 청림서원, 2010, 269-271(永芳 太郎 집필부분) 참조].

8) 국회 산업통상자원위원회 전문위원 이동근(입법조사관 구현우), 디자인보호법 전부개정법률안 검토보고서(2013. 4.) 참조, 관련디자인에 독자적 권리범위 부여에 따른 법적 효과를 명확히 하고 현행 유사디자인과 혼동을 방지하기 위해 '유사디자인'에서 '관련디자인'으로

확인설의 문제점을 극복하고 독자적인 권리범위를 인정하기 위해 관련디자인을
도입한 것으로 보인다.

Ⅱ. 관련디자인의 의의와 요건

1. 의   의

관련디자인은 자기의 등록디자인이나 출원디자인(동일자 출원을 포함하고, 이
하 '기본디자인'이라 한다)에만 유사한 디자인으로, 기본디자인과 유사한 디자인
으로 그 출원일보다 선행하는 타인의 디자인(출원디자인, 등록디자인, 공지디자인)
과 유사하지 않은 것을 말한다.

2. 요   건

가. 자기의 기본디자인의 존재

관련디자인은 자기의 기본디자인을 전제로 한 개념이므로 관련디자인의 기
본이 되는 기본디자인이 관련디자인등록출원 전에 존재해야 한다. 기본디자인
은 자기의 등록디자인 또는 디자인등록출원한 디자인을 말한다. 심사관은 디자
인일부심사등록출원으로서 관련디자인등록출원이 기본디자인의 디자인권이 소
멸된 경우, 기본디자인의 디자인등록출원이 무효·취하·포기되거나 디자인등
록거절결정이 확정된 경우 등에는 디자인등록거절결정을 하여야 한다(디자인보
호법 제62조 제3항 참조).

거절결정, 거절결정 불복심판, 무효심판 또는 이의신청이 계류 중인 등록디
자인을 기본디자인으로 한 관련디자인등록출원이 관련디자인으로 인정될 경우
에는 심사보류하되, 국제디자인등록출원은 먼저 가거절통지를 한 후 심사보류
통지를 한다.9)

나. 자기의 기본디자인에만 유사한 디자인일 것

관련디자인은 자기의 기본디자인에만 유사해야 한다. 자기의 기본디자인에
유사하지 않으면 관련디자인등록을 받을 수 없는 것은 당연하다. 관련디자인제
도는 자기의 기본디자인에 대한 관계에서만 신규성 및 선출원주의의 예외를 인
정하는 제도이므로, 타인의 디자인과의 관계에서 그 출원일에 선행하는 타인의

용어를 바꾸었다.
9) 특허청, 디자인심사기준(2014. 7. 1.), 160, 161.

디자인(선출원디자인, 등록디자인, 공지디자인)에 유사하지 아니해야 하고, 자기의
디자인과의 관계에서는 그 디자인이 기본디자인과 유사한 자기의 선행디자인에
유사한 것을 이유로 거절되지 않는다.

다. 관련디자인에만 유사한 디자인이 아닐 것

　　관련디자인은 자기의 기본디자인에만 유사한 것이어야 하고, 등록되거나
등록출원된 관련디자인에만 유사해서는 안 된다(본조 제2항). 관련디자인에만 유
사한 디자인등록을 인정하게 되면 기본디자인의 권리범위가 끝없이 확대되고,
또한 기본디자인에 유사하다고 볼 수 없는 디자인까지 관련디자인의 범위가 확
대되어 관련디자인제도의 취지에 반하기 때문이다. 또한 관련디자인에만 유사
한 디자인에 대하여 이루어지는 출원은 기본디자인과 별개의 독립된 디자인등
록출원으로 볼 여지가 크므로, 별도로 심사절차를 밟아야 하는데, 자기의 기본
디자인 등이 신규성 예외사유에 해당하지 않게 된다.

라. 기본디자인의 출원일로부터 1년이 경과되지 않았을 것

　　구법의 유사디자인과 달리 관련디자인은 독자적인 권리범위와 존속기간을
가지고 있어, 출원가능시기가 길어질수록 존속기간의 연장 및 제3자의 자유실시
제한의 문제 등이 발생하므로 권리자와 실시자 사이의 이익의 균형을 맞출 필
요가 있다. 개정법은 관련디자인은 기본디자인의 출원일부터 1년 이내에 디자인
등록출원되어야 한다고 규정하여 출원시기를 제한하였다. 이는 기존 유사디자
인제도를 이용해 온 출원인의 기대가능성[10]과 일본의 사례[11] 등을 고려하여 제
한기간을 1년으로 정한 것이다.

---

10) 2002년부터 2011년 통계에 따르면, 현행 유사디자인은 기본디자인과 동시에 출원한 경
　　우는 65.5%, 6월 이내 출원한 경우는 83.4%, 1년 이내에 출원한 경우는 88.9%임.

11) 1998년 관련디자인제도를 도입한 일본은 동일(同日)에 동일출원인에 의해 출원된 경우
　　로 한정했으나, 2006년 개정 의장법 제9조에서 관련디자인의 출원가능시기를 기본디자인
　　에 관한 디자인공보(意匠公報)발행일 전까지로 확대하였다[永芳 太郞(주 7), 273]. 일본의
　　디자인공보는 출원 후 약 1년 정도 소요된다고 하니, 비슷한 시기일 것으로 생각된다. 그
　　러나 일본 의장법에 따를 경우 기본디자인이 비밀디자인인 경우 디자인공보에 주요한 사
　　항이 공지되지 않기 때문에 제3자가 알 수 없다는 문제가 있다[이에 대한 구체적인 논의
　　는 永芳 太郞(주 7), 274, 275 참조]. 우리는 기본디자인이 비밀디자인인 경우 법 시행령
　　제10조 제2항에 따라 비밀지정기간 동안 '도면 또는 사진, 창작내용의 요점, 디자인의 설
　　명' 등이 공개되지 않기는 하지만, 디자인보호법은 디자인공보발행일을 기준일로 정하지
　　않고 출원일로부터 1년이라는 기간을 설정해 놓아 일본 의장법과 같은 기간의 불명확성을
　　다소나마 해소하였다고 볼 수 있다.

마. 기본디자인권에 전용실시권이 설정되어 있지 않을 것

기본디자인의 디자인권에 전용실시권이 설정되어 있는 경우에는 그 기본디자인에 대한 관련디자인에 대하여는 디자인등록을 받을 수 없다(본조 제3항). 법은 전용실시권자를 보호하기 위해 전용실시권자는 그 설정행위로 정한 범위에서 그 등록디자인 또는 이와 유사한 디자인을 업으로서 실시할 권리를 독점하고(디자인보호법 제97조 제2항), 관련디자인이 있는 기본디자인에 대해 전용실시권을 설정하고자 할 때에는 같은 자에게 기본디자인과 관련디자인에 대해 동시에 전용실시권을 설정해주도록 규정하고 있는바(디자인보호법 제97조 제1항 단서), 기본디자인권자가 전용실시권을 설정해준 이후에 별도의 관련디자인을 등록받게 되면 독자적인 권리범위를 인정해준 개정법의 취지에 비추어 전용실시권의 권리를 침해하게 되는 것이므로, 이를 방지하고자 하는 규정이다.

바. 주체의 동일성

관련디자인 등록출원인은 기본디자인권자 또는 기본디자인등록출원인과 동일해야 한다. 본조 제1항은 "디자인권자 또는 디자인등록출원인은 자기의 등록디자인 또는 디자인등록출원한 디자인과만 유사한…"이라고, '자기의'라는 표현으로 주체의 동일성을 규정하고 있다. 동일성의 요건은 디자인창작시점부터의 동일성을 의미하는 것은 아니고, 관련디자인등록시에 기본디자인의 디자인권자 또는 등록출원인이 관련디자인등록출원인과 동일하거나 그 정당한 승계인이어야 할 것이다.[12]

사. 물품의 동일 또는 유사

관련디자인으로 등록되기 위해서는 그 디자인의 대상이 되는 물품이 기본디자인의 물품과 동일하거나 유사한 물품이어야 한다. 기본디자인의 물품명칭과 관련디자인물품명칭이 다른 경우에는 ① 기본디자인의 물품명칭이 정당할 경우 관련디자인등록출원의 물품명칭을 기본디자인의 물품명칭과 일치되도록 하고, ② 관련디자인등록출원의 물품명칭이 기본디자인 물품명칭보다 정당하거나 적합할 경우 기본디자인의 물품명칭에 일치시킬 필요가 없다.[13]

---

12) 永芳 太郎(주 7), 273 참조.
13) 특허청, 디자인심사지침서, 160 참조.

Ⅲ. 관련디자인의 출원·등록

1. 디자인일부심사등록절차

1) 관련디자인등록출원을 할 때에는 그 출원서에 기본디자인의 디자인등록번호 또는 디자인등록출원번호를 기재해야 한다(디자인보호법 제37조 제1항 제5호).

2) 관련디자인에만 유사한 디자인이나(본조 제2항), 기본디자인의 디자인권에 전용실시권이 설정되어 있음에도(본조 제3항) 디자인일부심사등록출원을 한 경우에는 누구든지 디자인일부심사등록출원에 따라 디자인권이 설정등록된 날부터 심사등록 공고일 후 3개월이 되는 날까지 디자인일부심사등록 이의신청을 할 수 있다(디자인보호법 제68조 제1항 제2호).

3) 디자인일부심사등록출원으로서 관련디자인등록출원에 대하여는 아래의 사항을 추가로 심사해서 해당될 경우 등록거절사유가 된다(디자인보호법 제62조 제3항).

① 디자인등록을 받은 관련디자인 또는 디자인등록출원된 관련디자인을 기본디자인으로 표시한 경우, ② 기본디자인의 디자인권이 소멸된 경우, ③ 기본디자인의 디자인등록출원이 무효·취하·포기되거나 디자인등록거절결정이 확정된 경우, ④ 관련디자인의 디자인등록출원인이 기본디자인의 디자인권자 또는 기본디자인의 디자인등록출원인과 다른 경우, ⑤ 기본디자인과 유사하지 아니한 경우, ⑥ 기본디자인의 디자인등록출원일부터 1년이 지난 후에 디자인등록출원된 경우, ⑦ 제35조 제3항에 따라 디자인등록을 받을 수 없는 경우

2. 관련디자인등록과 권리범위

1) 위와 같은 관련디자인등록출원의 요건을 위반한 경우 등록거절사유가 된다(디자인보호법 62조 제1항 제2호).

2) 관련디자인에만 유사한 디자인이나(본조 제2항), 기본디자인의 디자인권에 전용실시권이 설정되어 있음에도(본조 제3항) 관련디자인으로 등록된 경우에는 디자인등록 무효사유가 된다(디자인보호법 제121조 제1항 제2호).

3) 관련디자인의 권리범위에 대해서 구법 제42조는 '유사디자인의 디자인권은 그 기본디자인의 디자인권과 합체한다'고 규정하고 있었으나, 개정법에서는 규정이 삭제되었으므로, 기본디자인의 권리범위와 별개로 독자적인 권리범

위를 갖게 된다. 또한 관련디자인은 독자적으로 무효심판의 대상이 되고, 포기할 수도 있으며, 권리범위확인심판의 청구도 가능하다. 또한 관련디자인이 등록된 이후에 기본디자인이 등록무효심판으로 사후적으로 등록무효가 확정된 경우 구법상 해석으로 그와 유사한 디자인도 소멸될 것이나, 개정법상으로 관련디자인은 기본디자인과 독립적인 권리이고, 디자인보호법 제96조 제6항은 기본디자인이 무효심결 등으로 소멸한 경우에 관련디자인이 소멸하지 않는 것을 전제로 관련디자인 이전에 관하여 규정하고 있으므로 관련디자인은 기본디자인의 소멸에 영향을 받지 않는다고 볼 것이다.

   4) 다만, 예외적으로 존속기간, 권리의 이전, 전용실시권과 같이 권리의 소멸이나 귀속에 관련된 중요한 사항에 대해서는 기본디자인과 일치시킬 필요가 있어 특별규정을 두었다. 즉 관련디자인으로 등록된 디자인권의 존속기간 만료일은 기본디자인의 디자인권 존속기간 만료일로 하고(디자인보호법 제91조 제1항 단서), 기본디자인과 관련디자인의 권리자가 달라지는 것을 방지하기 위해 기본디자인의 디자인권과 관련디자인의 디자인권은 같은 자에게 이전되어야 하며(디자인보호법 제96조 제1항), 기본디자인의 디자인권이 취소, 포기 또는 무효심결 등으로 소멸한 경우 그 기본디자인에 관한 2 이상의 관련디자인의 디자인권을 이전하려면 같은 자에게 함께 이전해야 한다(같은 조 제6항). 또한 기본디자인의 디자인권과 관련디자인의 디자인권에 대한 전용실시권은 같은 자에게 동시에 설정하여야 한다(디자인보호법 제97조 제1항 단서).

3. 유사디자인과 관련디자인의 대비표

구 분	디자인보호법	유사디자인(구법)	관련디자인(개정법)
등록요건	제35조	자기의 선출원(선등록) 디자인에만 유사한 디자인	동일
출원시기	제35조 후단	제한 없음 (기본디자인 소멸 이전)	기본디자인출원일 후 1년이내 출원
권리범위	구법 제42조 (삭제)	기본디자인의 권리범위 이내	삭제(독자적인 권리범위)
존속기간	제91조 제1항	기본디자인이 소멸하면 유사디자인도 소멸	기본디자인의 존속기간과 동일
권리이전	제96조 제1, 6항	규정 없음	기본디자인과 관련디자인은 함께 이전(기본디자인이 소멸하면 2이상의

구 분	디자인보호법	유사디자인(구법)	관련디자인(개정법)
			관련디자인은 함께 이전)
전용실시권	제97조 제6항	규정 없음	동일인에게 동시 설정(기본이 소멸하면 관련디자인은 함께 설정)
등록무효 심판	제121조	기본디자인이 무효되면 유사디자인 모두 자동무효	기본디자인이 무효되더라도 관련디자인은 무효되지 않음

〈손천우〉

제36조(신규성 상실의 예외)

① 디자인등록을 받을 수 있는 권리를 가진 자의 디자인이 제33조 제1항 제1호 또는 제2호에 해당하게 된 경우 그 디자인은 그날부터 6개월 이내에 그 자가 디자인등록출원한 디자인에 대하여 같은 조 제1항 및 제2항을 적용할 때에는 같은 조 제1항 제1호 또는 제2호에 해당하지 아니한 것으로 본다. 다만, 그 디자인이 조약이나 법률에 따라 국내 또는 국외에서 출원공개 또는 등록공고된 경우에는 그러하지 아니하다.

② 제1항 본문을 적용받으려는 자는 다음 각 호의 어느 하나에 해당할 때에 그 취지를 적은 서면과 이를 증명할 수 있는 서류를 특허청장 또는 특허심판원장에게 제출하여야 한다.

1. 제37조에 따른 디자인등록출원서를 제출할 때. 이 경우 증명할 수 있는 서류는 디자인등록출원일부터 30일 이내에 제출하여야 한다.

2. 제63조 제1항에 따른 거절이유통지에 대한 의견서를 제출할 때

3. 제68조 제3항에 따른 디자인일부심사등록 이의신청에 대한 답변서를 제출할 때

4. 제134조 제1항에 따른 심판청구(디자인등록무효심판의 경우로 한정한다)에 대한 답변서를 제출할 때

<소 목 차>

Ⅰ. 서 설

1. 의   의

디자인등록을 받을 수 있는 권리를 가진 자의 디자인이 디자인보호법 제33조 제1항 제1호 또는 제2호의 공지·공용디자인에 해당하게 된 경우 그 날부터 6개월 이내에 그 자가 디자인등록출원한 디자인에 대하여 일정 요건 하에서 신

규성 및 창작비용이성을 판단함에 있어서 공지·공용디자인에 해당하지 아니한 것으로 본다.

2. 제도적 취지 및 주요 개정 연혁

가. 제도적 취지

디자인보호법은 출원 전에 공지·공용된 디자인과 이와 유사한 디자인, 공지·공용된 디자인으로부터 쉽게 창작할 수 있는 디자인은 원칙적으로 디자인등록을 받을 수 없는 것으로 규정하고 있다. 그리고 공지·공용의 원인에 대해서는 출원인 자신에 의한 것인지 또는 타인에 의한 것인지를 불문한다. 그러나 이러한 규정을 엄격히 적용할 경우, 디자인 개발 후 사업준비 등으로 미처 출원하지 못한 진정한 창작자를 보호할 수 없는 경우가 발생할 수 있으므로 제3자의 권익을 해치지 않는 범위 내에서 예외적으로 신규성 및 창작비용이성을 판단함에 있어서 공지·공용디자인에 해당하지 아니한 것으로 보는 제도를 두고 있다.[1]

나. 주요 개정 연혁

1997년 법개정 이전에는 신규성 상실의 예외 규정이 적용될 수 있는 디자인이 ① 시험 및 연구발표에 의한 공개, ② 자기의 의사에 반한 공개, ③ 정부 등이 개최한 박람회 출품으로 인한 공개 등으로 개정하고 있었다.

그 후 1997. 8. 22. 법률 제5354호로 디자인보호법을 일부 개정하여, 신규성 상실의 예외 규정이 적용될 수 있는 사유를 특별히 제한하지 않았다. 즉, 디자인등록을 받을 수 있는 디자인의 출원 전에 공개된 디자인이 일정한 절차적 요건을 충족하고 있으면 신규성 상실의 예외 규정이 적용될 수 있도록 하였다. 다만, 자기의 행위에 기인한 공지와 자기의 의사에 반한 공지로 구분하여 디자인 등록출원시 기재와 증명서류의 제출에 관하여 차이를 두었다. 즉, 자기의 행위에 기인한 공지의 경우에는 자기의 의사에 반한 공지의 경우와는 달리 디자인 등록출원시 예외 규정의 적용 취지를 기재하고 증명서류를 30일 이내에 제출하지 아니하면 구제받지 못하였다.

현행 디자인보호법(2013. 5. 28. 법률 제11848호 전부개정)에서는 디자인 등록출원인의 편의를 증진하기 위하여, 자기의 의사에 반한 공지인지 여부에 관계없

---

1) 노태정·김병진 공저, 3정판 디자인보호법, 세창출판사(2009), 248; 조국현, 의장법, 법경사(2002), 256; 김인배, 이지 디자인보호법, (주)한빛지적소유권센터(2014), 291; 공경식·이승훈 공저, 코어 디자인보호법, (주)한빛지적소유권센터(2014), 163.

이 신규성 상실의 예외 주장시기를 출원시뿐만 아니라 거절이유통지시, 등록 후 이의신청시, 무효심판청구시 등 언제든지 신규성 상실 예외를 주장할 수 있다고 개정하였다.

한편, 현행 디자인보호법에서는 그 디자인이 조약이나 법률에 따라 국내 또는 국외에서 출원공개 또는 등록공고된 경우에는 이를 근거로 신규성 상실의 예외를 주장하지 못하도록 하였다. 이는 현행 특허법 제30조 제1항 제1호 단서와 동일한 규정으로, 디자인 개발 후 사업준비 등으로 미처 출원하지 못한 디자인에 대하여 출원의 기회를 부여하는 신규성 상실 예외 제도의 취지상 이미 출원되어 공개된 디자인에 대해서는 재출원의 기회를 부여할 필요가 없기 때문에 신설한 것으로 보인다.

Ⅱ. 요 건

1. 주체적 요건

디자인이 공지될 당시 그 디자인에 대하여 디자인등록을 받을 수 있는 권리를 가진 자이어야 한다(디자인보호법 제36조 제1항). 디자인등록을 받을 수 있는 권리를 가진 자에는 당해 디자인의 창작자 외에 당해 권리의 승계인도 포함한다.[2] 승계인은 신규성이 상실되기 전에 디자인등록을 받을 수 있는 권리를 승계한 자뿐만 아니라 신규성이 상실된 후에 승계한 자를 포함한다.[3] 또한, 디자인등록을 받을 수 있는 권리가 공유인 경우에는 그 공유자 중 1인이 신규성 상실의 행위를 한 때에도 타 공유자의 보호를 위하여 신규성 상실의 예외 규정의 적용을 받을 수 있다고 해석된다.[4]

2. 객체적 요건

2007년 법 개정 이전에는 디자인 등록출원한 디자인이 신규성 상실 예외의 대상이 되는 디자인과 동일 또는 유사한 디자인이어야 한다는 취지로 규정하고 있었다. 그러나 2007. 1. 3. 법률 제8187호로 디자인보호법을 일부 개정하여, 양 디자인의 관계에 대하여 어떠한 규정도 하고 있지 않기 때문에 양 디자인이 동

---

2) 노태정·김병진 공저(주 1), 250; 조국현(주 1), 258.
3) 노태정·김병진 공저(주 1), 250; 조국현(주 1), 258.
4) 노태정·김병진 공저(주 1), 250; 김인배(주 1), 291.

일·유사한지 여부에 관계없이 해당 디자인등록출원이 소정의 요건을 충족하면 신규성 상실의 예외 규정의 적용을 받을 수 있다.[5]

3. 절차적 요건

가. 6개월 이내의 출원

공지 등으로 인하여 신규성을 상실하게 된 날로부터 6개월 이내에 디자인 등록출원을 하여야 한다(디자인보호법 제36조 제1항). 여러 번 공지가 있는 경우에는 최초의 공지일로부터 6개월 이내에 출원하여야 한다.[6]

디자인이 자기의 의사에 반하여 공지된 경우에도 공지된 날로부터 6개월 이내에 출원된 것이어야 한다. 후출원에 대한 의견제출통지서에 거절이유의 근거로 첨부하여 타인의 미공개 선출원 디자인을 통지한 경우에 그 선출원 디자인은 공지되어 신규성을 상실한 것이 되고, 그 후에 다시 출원한 경우에도 6개월 이내에 출원된 것이어야 한다.[7]

나. 취지의 기재 및 증명서류의 제출

현행법 개정 이전에는 자기의사에 의하여 공지 등이 되었을 경우에 신규성 상실 예외 규정을 적용받기 위해서는 디자인등록출원시에 출원서에 그 취지를 기재하여 특허청장에게 제출하고, 이를 증명할 수 있는 서류를 출원일부터 30일 이내에 제출하여야만 하였다. 즉 취지의 기재 및 증명서류를 사후적으로 제출함으로써는 구제받지 못하는 문제점이 있었다.

현행법은 이를 개정하여 자기의사에 의한 공지 여부에 관계없이, 신규성 상실의 예외 주장시기를 출원시뿐만 아니라 거절이유통지시, 등록 후 이의신청시, 무효심판 청구시 등 언제든지 신규성 상실 예외 주장을 할 수 있도록 하였다. 즉, 신규성 상실의 예외를 주장하고자 하는 자는 ① 디자인등록출원서를 제출할 때(디자인보호법 제36조 제2항 제1호), ② 심사관의 거절이유통지에 대한 의견서를 제출할 때(디자인보호법 제36조 제2항 제2호), ③ 디자인일부심사등록 이의신청에 대한 답변서를 제출할 때(디자인보호법 제36조 제2항 제3호), ④ 무효심판에 대한 답변서를 제출할 때(디자인보호법 제36조 제2항 제4호), 그 취지를 적은 서면과 이

---

5) 노태정·김병진 공저(주 1), 250; 김인배(주 1), 292; 공경식·이승훈 공저(주 1), 164; 디자인심사기준(전부개정 2014. 6. 27. 특허청 예규 제75호) 제4부 제4장.

6) 노태정·김병진 공저(주 1), 250; 공경식·이승훈 공저(주 1), 164.

7) 디자인심사기준 제4부 제4장.

를 증명할 수 있는 서류를 특허청장 또는 특허심판원장에게 제출하여야 한다(디자인보호법 제36조 제2항). 다만, 디자인등록출원서를 제출하는 경우에는 증명할 수 있는 서류를 디자인등록출원일부터 30일 이내에 제출하여야 한다.

분할출원이 있는 경우 그 분할출원은 최초에 디자인등록출원을 한 때에 출원한 것으로 보므로, 디자인보호법 제36조 제1항에 규정된 최초 공지일로부터 6개월 이내에 디자인등록출원되었는지 여부는 원출원의 출원일을 기준으로 판단한다. 다만, 디자인보호법 제36조 제2항 제1호를 적용할 때에는, 분할출원의 출원일을 기준으로 하므로(디자인보호법 제50조 제2항 단서), 분할출원서를 제출할 때 신규성 상실 예외 취지를 적은 서면을 제출하고, 30일 이내에 증명서류를 제출하여야 한다.

동일한 디자인이 여러 번 공지되어 있는 경우에는 최초의 공지에 대하여 신규성 상실의 예외를 주장하는 취지를 기재하여 제출하고, 이를 증명할 수 있는 서류를 제출하면 충분하다.[8] 특허법원 2008. 8. 28. 선고 2008허3407 판결[9]도 "디자인의 출원 당시 그 디자인과 동일한 디자인이 여러 차례 공지되어 있는 경우, 출원인이 그 중 가장 먼저 공지된 디자인에 대해서만 기간 내 공지예외주장을 하였다고 하더라도 여기에는 그 최초분 이후에 공지된 동일한 디자인들에 대해서도 공지예외주장을 하고자 하는 의사가 당연히 포함되어 있는 것으로 해석함이 자연스럽고, 디자인의 공지에 있어서는 그 성질상 어떤 시점의 한정적 행위가 아니라 어느 정도 계속되는 상태를 예정하고 있는 것이어서 최초의 시점에 공지된 디자인에 대해서만 공지예외주장을 하더라도 이와 동일한 디자인으로서 그 이후에 계속적으로 공지되는 디자인에 대해서까지 그 효력을 미치도록 할 필요가 있으므로, 디자인권자가 여러 번 공지된 디자인들 중 최초에 공지된 디자인에 대해서만 공지예외주장을 하면 그 나머지 공지된 디자인들에 대해서도 신규성 상실의 예외가 적용된다고 해석해야 할 것이다"라고 판시한 바 있다.

4. 적용의 예외

그 디자인이 조약이나 법률에 따라 국내 또는 국외에서 출원공개 또는 등록공고된 경우에는 이를 근거로 신규성 상실의 예외를 주장하지 못한다(디자인보호법 제36조 제1항 단서). 위에서 본 바와 같이 디자인 개발 후 사업준비 등으

---

8) 김인배(주 1), 294; 공경식·이승훈 공저(주 1), 165; 디자인심사기준 제4부 제4장.
9) 상고하지 않아 그대로 확정됨.

로 미처 출원하지 못한 디자인에 대하여 출원의 기회를 부여하는 신규성 상실 예외 제도의 취지상 이미 출원되어 공개된 디자인에 대해서까지 재출원의 기회를 보장하는 것은 출원인을 너무 과보호하는 것이기 때문이다.[10)]

Ⅲ. 신규성 상실 예외의 효과

신규성 상실의 예외가 인정되면 그 공지디자인은 신규성 상실의 예외를 주장한 자가 출원한 디자인에 대하여 신규성(디자인보호법 제33조 제1항) 및 창작비용이성(디자인보호법 제33조 제2항) 여부를 심사할 때 공지 등이 된 디자인(디자인보호법 제33조 제1항 제1, 2호)으로 보지 않는다(디자인보호법 제36조 제1항).

2004년 법 개정 이전에는 신규성 상실의 예외가 인정되는 공지디자인을 신규성 여부 판단시 그 판단의 기초가 되는 공지디자인으로 보지 않도록 하는 규정만이 있었으나, 2004. 12. 31. 법률 제7289호로 디자인보호법을 일부 개정하여 용이창작성의 판단의 기초가 공지디자인으로 확대됨에 따라, 신규성 상실의 예외가 인정되는 공지디자인을 창작비용이성 판단시에도 그 판단의 기초가 되는 공지디자인으로 보지 않도록 하였다.

신규성 상실의 예외가 인정되지 않는 경우에는 그 공지디자인을 출원디자인에 대한 신규성 및 창작비용이성 판단시 근거로 사용할 수 있다. 디자인심사 등록출원의 경우에는 거절결정의 대상이 되고(디자인보호법 제62조 제1항 제2호), 등록된 경우에는 무효로 된다(디자인보호법 제121조 제1항 제2호). 디자인일부심사 등록출원의 경우에는 거절결정의 대상이 되지는 않으나(디자인보호법 제62조 제2항 제2호), 등록 후에는 디자인일부심사등록 이의신청의 대상이 되거나(디자인보호법 제68조 제1항 제2호) 무효심판의 대상이 되어(디자인보호법 제121조 제1항 제2호), 디자인등록취소결정이나 무효심결에 의하여 그 디자인권이 소급하여 소멸될 수 있다(디자인보호법 제73조 제4항, 제121조 제3항).

Ⅳ. 관련 문제

1. 타인의 중간 공지와의 관계

디자인등록을 받을 수 있는 권리를 가진 자의 디자인이 최초 공개된 날부

---

10) 공경식 · 이승훈 공저(주 1), 164.

터 출원일까지의 사이에 타인에 의해 그 디자인과 동일 또는 유사한 디자인이 공개된 경우, 신규성 상실 예외 규정이 적용될 수 있을지 여부가 문제된다.

디자인의 창작자가 공개한 것에 기인하여 타인이 공개한 경우에는 그 공개가 디자인 창작자의 의사에 반하는지 여부와 관계없이 신규성 상실 예외 규정의 적용을 받을 수 있다. 그러나 타인의 공개가 제3자의 독창적인 창작에 기하여 이루어진 경우에는 신규성 상실 예외 규정의 적용을 받을 수 없으므로, 신규성 또는 창작비용이성이 문제될 수 있다.[11]

2. 조약에 의한 우선권 주장과의 관계

조약에 따라 우선권이 인정되는 국가에 디자인등록출원을 한 후 동일한 디자인을 우리나라에 디자인등록출원하여 우선권을 주장하는 경우에는 제33조(디자인등록의 요건) 및 제46조(선출원)를 적용할 때 그 외국에 출원한 날을 우리나라에 디자인등록출원한 날로 본다(디자인보호법 제51조 제1항). 다만, 우선권을 주장하려는 자는 우선권 주장의 기초가 되는 최초의 출원일로부터 6개월 이내에 디자인등록출원을 하여야 한다(디자인보호법 제51조 제2항). 조약에 의한 우선권 주장이 인정되는 경우에는 결과적으로 출원일이 소급되어 신규성 상실의 예외로 된다.

3. 한 벌의 물품의 디자인에 대한 적용 문제

2001년 법 개정 이전에는 한 벌을 구성하는 물품의 디자인이 신규성 및 창작비용이성 등의 등록요건을 갖추는 경우에 한하여 한 벌의 물품의 디자인이 디자인등록을 받을 수 있도록 규정하고 있었다.[12] 따라서 한 벌 물품의 디자인등록출원에 있어 그 구성물품에 대하여도 신규성 상실 예외 규정의 적용을 받을 필요성이 있었다.

그러나 2001. 2. 3. 법률 제6413호 법개정에 의하여, 위 규정이 삭제됨으로써 각 구성물품의 등록요건을 갖출 필요 없이 한 벌 물품의 디자인 전체로서 등록요건을 판단하도록 하고 있으므로, 더 이상 한 벌 물품을 구성하는 물품에 대하여 신규성 상실 예외 규정의 적용을 받을 필요성은 없어졌다.[13]

〈장낙원〉

11) 노태정·김병진 공저(주 1), 255; 김인배(주 1), 295; 공경식·이승훈 공저(주 1), 167.
12) 구 의장법(2001. 2. 3. 법률 제6413호로 개정되기 전의 법) 제12조 제3항.
13) 노태정·김병진 공저(주 1), 256; 김인배(주 1), 296.

제37조(디자인등록출원)

① 디자인등록을 받으려는 자는 다음 각 호의 사항을 적은 디자인등록출원서를 특허청장에게 제출하여야 한다.

1. 디자인등록출원인의 성명 및 주소(법인인 경우에는 그 명칭 및 영업소의 소재지)
2. 디자인등록출원인의 대리인이 있는 경우에는 그 대리인의 성명 및 주소나 영업소의 소재지(대리인이 특허법인인 경우에는 그 명칭, 사무소의 소재지 및 지정된 변리사의 성명)
3. 디자인의 대상이 되는 물품 및 제40조 제2항에 따른 물품류(이하 "물품류"라 한다)
4. 단독의 디자인등록출원 또는 관련디자인의 디자인등록출원(이하 "관련디자인등록출원"이라 한다) 여부
5. 기본디자인의 디자인등록번호 또는 디자인등록출원번호(제35조 제1항에 따라 관련디자인으로 디자인등록을 받으려는 경우만 해당한다)
6. 디자인을 창작한 사람의 성명 및 주소
7. 제41조에 따른 복수디자인등록출원 여부
8. 디자인의 수 및 각 디자인의 일련번호(제41조에 따라 복수디자인등록출원을 하는 경우에만 해당한다)
9. 제51조 제3항에 규정된 사항(우선권 주장을 하는 경우만 해당한다)

② 제1항에 따른 디자인등록출원서에는 각 디자인에 관한 다음 각 호의 사항을 적은 도면을 첨부하여야 한다.

1. 디자인의 대상이 되는 물품 및 물품류
2. 디자인의 설명 및 창작내용의 요점
3. 디자인의 일련번호(제41조에 따라 복수디자인등록출원을 하는 경우에만 해당한다)

③ 디자인등록출원인은 제2항의 도면을 갈음하여 디자인의 사진 또는 견본을 제출할 수 있다.

④ 디자인일부심사등록출원을 할 수 있는 디자인은 물품류 구분 중 산업통상자원부령으로 정하는 물품으로 한정한다. 이 경우 해당 물품에 대하여는 디자인일부심사등록출원으로만 출원할 수 있다.

⑤ 제1항부터 제4항까지 규정된 것 외에 디자인등록출원에 필요한 사항은 산업통상자원부령으로 정한다.

Ⅰ. 의   의

디자인등록을 받고자 하는 자가 특허청장에게 제출하는 서면을 디자인등록출원서라 한다. 본조는 총 5개의 항으로 구성되어 있는데, 제1항은 디자인등록출원서의 기재사항, 제2항은 첨부해야 할 도면의 내용, 제3항은 도면에 갈음하여 제출할 수 있는 디자인의 사진 또는 견본, 제4항은 디자인일부심사등록출원을 할 수 있는 물품, 제5항은 시행령 위임사항에 관한 것이다.

본조를 통해 디자인등록출원서에 기재할 사항을 정하여 방식주의를 채택하고 있다고 볼 수 있고, 이를 위반할 경우 특허청장은 기간을 정하여 보정을 명하여야 한다(디자인보호법 제47조 제2호).

Ⅱ. 디자인등록출원서의 기재사항

1. 출원서의 양식

디자인등록출원을 하려는 자는 디자인보호법 시행규칙 별지 제3호 서식의 디자인등록출원서에 ① 도면이나 사진 또는 견본 1통(복수디자인등록출원인 경우에는 각 디자인마다 1통), ② 대리인에 의하여 절차를 밟는 경우에는 그 대리권을 증명하는 서류 1통, ③ 그 밖에 법령에서 따로 정하고 있는 경우 그 증명서류 1통을 첨부하여 특허청장에게 제출하여야 한다(디자인보호법 시행규칙 제35조 제1항).

2. 출원서에 기재해야 할 사항

가. 디자인등록출원인의 성명 및 주소

출원인은 디자인을 창작하거나 승계하여 그 디자인에 대하여 등록을 받을 수 있는 권리를 가지는 자로서 자연인뿐만 아니라 법인도 가능하다. 출원인이 자연인인 경우 '출원인'란의 '성명'란에 출원인 등록시 기재한 국문성명을 기재

하고, '출원인 코드'란에는 출원인 등록 후 부여받은 출원인 코드를 기재해야
한다.

나. 디자인등록출원인의 대리인이 있는 경우에는 그 대리인의 성명 및 주소나 영업소의 소재지

위임대리인에 의해 출원절차를 진행하는 경우에는 대리인의 '성명', '대리인 코드'란에 대리인의 성명과 코드를 기재하고, 디자인보호법 시행규칙 제8조에 의해 포괄위임을 받은 대리인의 경우에는 '포괄위임등록번호'란에 그 포괄위임등록번호를 기재하여야 한다.

다. 디자인의 대상이 되는 물품 및 제40조 제2항에 따른 물품류

'디자인의 대상이 되는 물품'은 디자인등록을 받고자 하는 디자인이 어떤 디자인인지 명확히 하기 위하여 그 물품의 이름을 기재해야 한다. 디자인등록출원을 하려는 자는 디자인보호법 시행규칙 제38조에서 정한 물품류 구분에 따라야 하는데(디자인보호법 제40조), '산업디자인의 국제분류 제정을 위한 로카르노협정에 따른 별표 4로 한다. 위 별표 4에 기재된 물품은 1물품 단위로 된 것이므로 이 물품의 구분에 따라 '물품류 제1류'와 같이 기재한다. 이는 출원인의 자의를 배제하여 보호범위의 적정화를 도모하기 위해서이지만, 이 물품의 구분에 적시된 물품명은 예시에 불과하므로 이 물품의 구분에 열거되지 아니한 물품이 있는 경우 이 물품의 구분에 적시된 물품의 구분과 같은 정도의 물품구분을 물품명으로 하되 그 물품의 용도가 명확히 이해되고 보통 사용하는 명칭이어야 한다.[1]

라. 단독의 디자인등록출원 또는 관련디자인의 디자인등록출원 여부

단독의 디자인등록출원인지, 관련디자인의 디자인등록출원이 있는지 여부에 대해 밝혀야 한다.

마. 기본디자인의 디자인등록번호 또는 디자인등록출원번호

디자인보호법 제35조 제1항에 따라 관련디자인으로 디자인등록을 받으려는 경우만 기본디자인의 디자인등록번호 또는 디자인등록출원번호를 기재한다.

바. 디자인을 창작한 사람의 성명 및 주소

디자인의 창작은 사실행위이므로 창작자는 자연인에 한한다. 국문 성명을

---

1) 노태정·김병진, 디자인보호법(3정판), 세창출판사(2009), 469 참조.

적고, '출원인코드'란에 특허청에서 부여한 출원인코드를 기재하고, 출원인코드가 없는 경우에는 성명, 주민등록번호, 주소 등을 기재한다. 공동창작의 경우에는 공동창작자 전원에 대한 사항을 기재해야 한다.

사. 복수디자인등록출원 여부

디자인등록출원을 하려는 자가 물품류 구분에서 같은 물품류에 속하는 물품에 대하여 100 이내의 디자인을 1 디자인등록출원으로 하는 것을 복수디자인등록출원이라 하는데(디자인보호법 제41조), 복수디자인등록출원 여부를 밝히고, 디자인의 수와 각 디자인의 일련번호를 기재해야 한다.

아. 우선권 주장 사항

조약에 따라 대한민국 국민에게 출원에 대한 우선권을 인정하는 당사국의 국민이 그 당사국 또는 다른 당사국에 출원한 후 동일한 디자인을 대한민국에 디자인등록출원하여 우선권을 주장하려는 경우에는 최초로 출원한 국가의 정부가 인정하는 출원연월일을 적은 서면 또는 도면의 등본을 디자인등록출원일로부터 3개월 이내에 특허청장에게 제출하여야 하는데(디자인보호법 제51조 제1, 3항), 그러한 우선권 주장에 관련된 사항을 기재해야 한다.

Ⅱ. 도   면

1. 의   의

도면은 디자인등록출원에 관한 디자인의 내용을 명확히 하기 위해 디자인등록출원서에 첨부하여 제출하는 것으로 디자인등록을 받고자 하는 디자인을 구체적으로 표현한 서면을 말한다. 도면에는 디자인의 대상이 되는 물품 및 물품류, 디자인의 설명 및 창작내용의 요점, 복수디자인등록출원을 하는 경우에는 디자인의 일련번호를 기재해야 한다.

2. 도면의 기능

디자인등록출원서상의 추상적, 관념적인 물품을 구체적으로 표현한 도면을 통해 특정하는 기능을 한다. 출원인은 도면을 갈음하여 디자인의 사진 또는 견본을 제출할 수도 있다(본조 제3항). 디자인등록출원서와 도면에 기재된 디자인이 디자인등록을 받고자 하는 디자인으로 심사의 대상이 된다. 또한 도면은 출원의 보정(디자인보호법 제48조), 출원의 분할(디자인보호법 제50조)의 대상이 된다.

디자인권은 설정등록에 의해 발생하고(디자인보호법 제39조), 등록디자인의 보호범위는 디자인등록출원서의 기재사항 및 그 출원서에 첨부된 도면·사진 또는 견본과 도면에 기재된 디자인의 설명에 표현된 디자인에 의하여 정하여지 므로(디자인보호법 제43조), 도면이나 이에 갈음하는 사진·견본은 등록디자인의 보호범위를 특정하는 역할을 한다.

3. 도면의 양식

가. 도면의 양식

디자인등록출원서에 첨부되는 도면은 법령이 정하는 바에 따라 작성되어야 하고, 도면은 디자인보호법 시행규칙 별지 제4호 서식에 따라 작성하되, 등록받 으려는 디자인의 전체적인 형태를 명확히 표현하여야 하고, 글씨체 디자인의 경 우에는 별지 제5호 서식에 따라 작성되어야 한다. 도면의 디자인의 설명란에는 법 시행규칙 별표 2의 기재사항을 적고, 같은 도면의 창작내용의 요점란은 별표 3의 기재방법에 따라 적는다(디자인보호법 시행규칙 제35조 제3, 4항). 도면을 갈음 하여 사진을 제출하는 경우에는 그 사진에는 디자인의 대상이 되는 물품이 명 료하게 표현되어야 한다(디자인보호법 시행규칙 제36조 제1항). 도면에 갈음하여 제출하는 견본은 특별한 사유가 있다고 특허청장이 인정하는 경우 외에는 ① 견본 1개와 그 견본을 촬영한 사진 1장을 제출할 것, ② 견본의 규격은 두께 1 센티미터, 가로 15센티미터, 세로 22센티미터 이내로 할 것. 다만, 얇은 천 또는 종이 등을 사용하는 경우에는 가로와 세로의 합을 2백센티미터 이하로 할 수 있다. ③ 견본은 파손·변형 또는 변질되지 아니할 것, ④ 견본은 취급 또는 보 존이 쉬울 것, ⑤ 견본을 용지에 붙이는 경우에는 쉽게 떨어져 나갈 우려가 없 을 것의 요건을 갖추어야 한다(디자인보호법 시행규칙 제36조 제2항).

나. 도면의 기재사항

입체디자인의 도면에는 '디자인의 대상이 되는 물품', '디자인의 설명', '디 자인창작내용의 요점', '사시도', '정면도', '배면도', '좌측면도', '우측면도', '평 면도' 및 '저면도'의 기재란을 두고 각각 해당란에 기재하도록 되어 있다(디자인 보호법 시행규칙 별지 제4호 서식). 평면디자인의 도면에는 '디자인의 대상이 되는 물품', '디자인의 설명', '디자인창작내용의 요점', '표면도', '이면도'의 기재란에 기재해야 하며(디자인보호법 시행규칙 별지 제5호 서식), 글자체디자인 도면에는 '디자인의 대상이 되는 물품', '디자인의 설명', '디자인창작내용의 요점', '지정 글자도면', '보기문장도면', '대표글자도면'의 기재란에 기재하도록 되어있다(디 자인보호법 시행규칙 별지 제6호 도면).

다. 세부적 기재사항

1) 디자인의 대상이 되는 물품: 출원인은 출원하고자 하는 대상을 특허청장 이 디자인보호법 시행규칙 제38조 제2항에 따라 고시한 물품의 명칭에 따라 기 재하되, 위 고시에 등록받으려는 물품이 명시되지 않은 경우에는 그 물품의 디 자인을 인식하는데 적합한 명칭으로 그 물품의 용도가 명확히 이해될 수 있는 일 반적인 명칭을 기재한다. 부분디자인을 출원한 경우에도 위와 같이 특허청장이 고시한 물품의 명칭 중 한 개의 물품명(예를 들어 커피잔)을 기재하고, 물품의 부 분의 명칭(예를 들어 커피잔의 손잡이)을 기재해서는 안 된다(디자인보호법 시행규 칙 별지 제3호 서식 참조).

2) 디자인의 설명: 디자인보호법 시행규칙 별표 2에서 구체적으로 정하고 있다.

가) 물품의 사용목적·사용방법·재질 또는 크기 등의 설명이 필요하다고 인정될 경우에는 그에 관한 설명(예: 이 디자인은 전기스탠드로 뒷면에 음이온 발생 장치를 갖추고 있음. 재질은 갓 부분은 유리 재질이고, 몸체 부분은 철재이며, 전체 크 기는 50㎝임)

나) 도면(사진, 견본을 포함한다)에 대한 설명이 필요한 경우에는 각 도면별 로 설명을 기재한다.

다) 도면에서 길이 표시를 생략하여 그 디자인의 전체적인 형상이 명확하 지 않아 생략한 길이의 표시가 필요하다고 인정될 경우에는 도면상 몇 mm, cm, m가 생략되었음을 표시한다.

라) 도면 또는 사진에 색채를 입히는 경우 흰색·회색 또는 검은색 중 하나 를 생략한 경우에는 그에 대한 설명을 기재하고, 물품의 전부 또는 일부가 투명 하여 설명이 필요한 경우에는 그에 대한 설명을 기재한다.[2]

마) 물품의 부분에 관한 디자인으로서 물품의 부분을 도면이나 견본에서 특정하고 있는 방법에 대한 설명이 필요하다고 인정될 경우에는 그에 대한 설

---

2) 예: 이 디자인은 용기 내부의 상태를 파악할 수 있도록 윗면의 덮개 부분이 투명 재질로 되어 있음.

명을 기재한다.[3]

바) 물품이 가지는 기능에 의하여 변화하는 디자인으로서 그 변화 전후의 상태에 대한 설명이 필요하다고 인정되는 경우에는 그에 대한 설명을 기재한다. 또한 움직이는 물품에 대한 디자인으로서 그 움직이는 상태를 설명할 필요가 있는 경우에는 정지·동작 상태(동작 중의 기본적 자세, 동작 내용을 나타내는 자세)에 관한 설명을 기재한다.

3) 디자인창작내용의 요점: 디자인창작내용의 요점을 기재할 때에는 디자인의 창작내용의 요점을 쉽고 간결하며 명확하게 적고, 가능한 한 공지된 디자인과 비교하여 독창적으로 창작한 내용을 중심으로 기재한다. 또한, 국내에서 널리 알려진 형상, 모양, 자연물, 유명한 저작물 및 건조물(建造物) 등을 모티브로 하여 창작한 경우에는 가능한 한 이들 형태로부터 독창적으로 창작한 내용을 중심으로 적는다. 구체적인 예문은 디자인보호법 시행규칙 별표 3에 기재되어 있다.

4) 기본도면, 부가도면: 디자인의 도면은 등록받으려는 디자인의 창작내용과 전체적인 형태를 명확하고 충분하게 표현할 수 있도록 한 개 이상의 도면을 도시하고, 필요한 경우에는 각 도면에 대한 설명을 '디자인의 설명'란에 기재하며, 도면을 3차원 모델링(Modeling)파일 형식으로 제출할 경우에는 디자인의 창작내용을 가장 잘 표현하는 화면을 정지화면으로 하여 제출하여야 한다. 위 도면만으로는 물품의 디자인을 명확하고 충분하게 표현할 수 없는 경우에는 전개도, 단면도, 절단부 단면도, 확대도 또는 부분 확대도 등 부가도면을 '부가도면'란에 추가로 도시하고, 필요한 경우에는 그 도면에 대한 설명을 '디자인의 설명'란에 기재한다. 도면에 음영을 넣을 경우에는 모양과 혼동되지 않는 범위에서 제한적으로 작성한다. 도면만으로 그 디자인의 용도 등을 이해하기 어려운 경우에는 사용상태도 등 참고도면을 '참고도면'란에 도시하고, 필요한 경우에는 그 도면에 대한 설명을 '디자인의 설명'란에 기재하며, 부분 확대도를 도시할 경우에는 그 확대한 부분을 해당 부분 확대도의 원래의 도면에 쇄선으로 표시하거나 이와 상응하는 방법으로 표시한다(디자인보호법 시행규칙 별지 제4호 서식 참조).

〈손천우〉

---

3) 예: 실선으로 표시된 부분이 주전자의 손잡이를 나타내는 부분디자인으로서 등록받으려는 부분임.

제38조(디자인등록출원일의 인정 등)

① 디자인등록출원일은 디자인등록출원서가 특허청장에게 도달한 날로 한다. 다만, 디자인등록출원이 다음 각 호의 어느 하나에 해당하는 경우에는 그러하지 아니하다.

1. 디자인등록을 받으려는 취지가 명확하게 표시되지 아니한 경우
2. 디자인등록출원인의 성명이나 명칭이 적혀 있지 아니하거나 명확하게 적혀있지 아니하여 디자인등록출원인을 특정할 수 없는 경우
3. 도면·사진 또는 견본이 제출되지 아니하거나 도면에 적힌 사항이 선명하지 아니하여 인식할 수 없는 경우
4. 한글로 적혀 있지 아니한 경우

② 특허청장은 디자인등록출원이 제1항 각 호의 어느 하나에 해당하는 경우에는 디자인등록을 받으려는 자에게 상당한 기간을 정하여 보완할 것을 명하여야 한다.

③ 제2항에 따른 보완명령을 받은 자가 디자인등록출원을 보완하는 경우에는 절차보완에 관한 서면(이하 이 조에서 "절차보완서"라 한다)을 제출하여야 한다.

④ 특허청장은 제2항에 따른 보완명령을 받은 자가 지정기간 내에 디자인등록출원을 보완한 경우에는 그 절차보완서가 특허청장에게 도달한 날을 출원일로 본다. 다만, 제41조에 따라 복수디자인등록출원된 디자인 중 일부 디자인에만 보완이 필요한 경우에는 그 일부 디자인에 대한 절차보완서가 특허청장에게 도달한 날을 복수디자인 전체의 출원일로 본다.

⑤ 특허청장은 제2항에 따른 보완명령을 받은 자가 지정기간 내에 보완을 하지 아니한 경우에는 그 디자인등록출원을 부적법한 출원으로 보아 반려할 수 있다. 제41조에 따라 복수디자인등록출원된 디자인 중 일부 디자인만 보완하지 아니한 경우에도 같다.

<소 목 차>

I. 규정의 취지

선출원주의를 채택한 디자인보호법에서 출원일은 여러 가지 중요한 의미를 가진다. 구법에서는 출원일 인정과 관련된 규정은 없었고, 다만 구 디자인보호법 시행규칙 제2조(부적법한 출원서류 등의 반려)에서 출원 또는 서류의 종류가 불명확하거나, 출원인이 기재되어 있지 아니한 경우, 국어로 기재되어 있지 아니한 경우, 도면이 첨부되지 아니한 경우, 디자인의 대상이 되는 물품이 기재되지 아니한 경우 등은 적법한 출원서류 등으로 보지 아니하고, 반려하는 것으로 기재되어 있었다. 따라서 구법에서는 출원서류에 중대한 하자가 있는 경우 그 제출서류는 반려되고 출원인은 하자가 있는 서류를 포함한 모든 서류를 다시 작성하여 재출원해야 하는 불편함이 있었다. 개정법은 출원서류에 중대한 하자가 있는 경우 반드시 모든 서류를 다시 작성하여 출원해야 하는 불편함을 해소시키고, 출원일 인정에 영향을 미칠 수 있는 중대한 하자를 규정하여 선출원주의하에서 출원인의 권익을 보호할 수 있다는 취지에서 새로 규정하였다. 출원일을 인정하는 사유를 명시적으로 밝혔다는 점에서 디자인보호법 또는 이 법이 정한 명령에서 정한 방식에 위반된 경우에 발령되는 보정명령(디자인보호법 제47조)과 구분된다.

II. 중대한 하자의 범위

1. 하자의 범위

디자인등록출원일은 디자인등록출원서가 특허청장에게 도달한 날로 하지만 본조는 그 예외를 규정하고 있다. 개정법은 출원일 인정에 영향을 미칠 수 있는 중대한 하자를 열거적으로 규정하여 선출원주의하에서 출원인의 권익을 보호할 수 있도록 하였다. 이와 같이 열거된 중대한 하자 이외의 하자가 있는 경우에는 특허청장이 디자인보호법 제47조에 따라 보정명령을 발령하고, 보정서가 제출되면 출원서류 등의 하자는 치유되어 출원서가 특허청에 도달한 날을 출원일로 인정받을 수 있게 된다. 반면에 중대한 하자의 경우에는 특허청장의 보완명령에 따라 절차보완서가 도달한 날을 출원일로 보는 등(본조 제4항) 출원일 인정시기에 차이가 있다.

2. 구체적 사유

1) 디자인등록을 받으려는 취지가 명확하게 표시되지 아니한 경우

2) 디자인등록출원인의 성명이나 명칭이 적혀 있지 아니하거나 명확하게 적혀있지 아니하여 디자인등록출원인을 특정할 수 없는 경우: 디자인등록출원인의 성명이나 명칭은 권리자를 특정하는 중요한 사항이므로, 특정할 수 있을 정도로 명확하게 기재되어야 한다.

3) 도면·사진 또는 견본이 제출되지 아니하거나 도면에 적힌 사항이 선명하지 아니하여 인식할 수 없는 경우: 상표법 제9조의2 제1항 제3호는 '상표의 기재가 상표로서 인식할 수 없을 정도로 선명하지 아니한 경우'를 기재하고 있는데, 디자인보호법에서는 시각적 인식이 필수적이기 때문에 인식불가한 도면에 대해서는 보완명령을 통해 하자를 보완하도록 한 것이다.

4) 한글로 적혀 있지 아니한 경우

Ⅲ. 보완의 효력

1. 보완명령

특허청장은 디자인등록출원이 제1항 각 호의 어느 하나에 해당하는 경우에는 디자인등록을 받으려는 자에게 상당한 기간을 정하여 보완할 것을 명하여야 한다. 디자인보호법 제47조의 보정명령과 구분할 수 있도록 보완명령이라는 표현을 사용한 것으로 보인다. 이와 같은 보완명령을 받은 자가 디자인등록출원을 보완하는 경우에는 절차보완에 관한 서면(절차보완서)을 제출하여야 한다. 위와 같이 중대한 하자가 있는 출원서에 대해서도 특허청장의 보완명령에 따라 출원인은 절차보완서를 제출하여 하자를 치유하면 되고, 출원서 전체를 다시 작성하여 제출할 필요가 없다.

2. 출원일 인정

특허청장은 위와 같이 보완명령을 받은 자가 지정기간 내에 디자인등록출원을 보완한 경우에는 그 절차보완서가 특허청장에게 도달한 날을 출원일로 본다. 다만 법 제41조에 따라 복수디자인등록출원된 디자인 중 일부 디자인에만 보완이 필요한 경우에는 그 일부 디자인에 대한 절차보완서가 특허청장에게 도

달한 날을 복수디자인 전체의 출원일로 본다(본조 제4항).

3. 미보완시의 조치

가. 반   려

특허청장은 위와 같은 보완명령을 받은 자가 지정기간 내에 보완을 하지 아니한 경우에는 그 디자인등록출원을 부적법한 출원으로 보아 반려할 수 있다. 디자인보호법 제41조에 따라 같은 물품류에 속하는 물품에 대해 100 이내의 디자인을 1디자인등록출원(복수디자인등록출원)된 디자인 중 일부 디자인만 보완하지 아니한 경우에도 같다. 보완명령에 불응한 경우 반려한다는 점에서 본조에 따른 중대한 하자가 아닌 디자인보호법 제47조에 따른 하자에 대한 보정명령에 불응하고 정해진 기간 내에 그 보정을 하지 아니한 경우 디자인에 관한 절차를 무효로 할 수 있고(디자인보호법 제18조), 출원인이 디자인등록출원서의 기재사항, 첨부한 도면, 도면의 기재사항이나 사진 또는 견본을 보정함에 있어 출원의 요지를 변경하는 경우에는 보정을 각하하여야 하는 것(디자인보호법 제49조 제1항)과 구별된다.

나. 반려 후의 조치

보완명령을 받은 출원인이 지정기간 내에 보완하지 아니한 경우에는 적법한 출원서류로 보지 아니한다(디자인보호법 시행규칙 제24조 제1항 제3호). 특허청장은 위와 같이 부적법한 것으로 보는 출원서류 등을 반려하려는 경우에는 출원서류 등을 제출한 출원인 등에게 출원서류 등을 반려하겠다는 취지, 반려이유 및 소명기간을 적은 서면을 송부하여야 한다(같은 조 제2항). 위 규정에 따라 서면을 송부받은 출원인 등이 소명하지 아니하고 출원서류 등을 소명기간 내에 반려 받으려는 경우에는 '특허법 시행규칙' 별지 제8호 서식의 서류반려요청서를 특허청장에게 제출하여야 하고 이 경우 특허청장은 반려요청을 받으면 즉시 출원서류 등을 반려하여야 한다. 또한 특허청장은 출원인 등이 소명기간 내에 소명서 또는 반려요청서를 제출하지 아니하거나 제출한 소명이 이유 없다고 인정되는 경우에는 소명기간이 종료된 직후 즉시 출원서류 등을 반려하여야 한다(같은 조 제4, 5항).

〈손천우〉

> **제39조(공동출원)**
>
> 제3조 제2항에 따른 디자인등록을 받을 수 있는 권리가 공유인 경우에는 공유자 모두가 공동으로 디자인등록출원을 하여야 한다.

<소 목 차>

Ⅰ. 규정의 취지
Ⅱ. 공동출원

1. 신청절차
2. 공동출원의 효과와 위반시 효과

Ⅰ. 규정의 취지

디자인등록을 받을 권리의 공유자 중에서 일부에 대하여만 디자인권이 부여되면 안 되므로 디자인등록출원과 등록에 있어 공동으로 출원하도록 할 필요가 있다. 따라서 디자인보호법은 디자인등록을 받을 수 있는 권리가 공유인 경우에 필요적 공동출원으로 규정하고 있다.

Ⅱ. 공동출원

1. 신청절차

1) 2인 이상이 공동으로 디자인에 대한 절차를 밟게 되므로 각자 모두를 대표할 수 없게 되나, 다만 대표자를 선정하여 특허청장에게 신고하면 그 대표자가 모두를 대표한다(디자인보호법 제13조 제1항 제1호 참조). 대표자를 특허청장에게 신고할 때에는 대표자로 선임된 사실을 서면으로 증명하여야 한다(같은 조 제2항). 대표자 선정신고는 선정된 대표자가 특허법 시행규칙 별지 제2호 서식의 대표자에 관한 신고서에 따라 작성한다(디자인보호법 시행규칙 제11조 제1항).

2) 2인 이상이 공동으로 디자인등록출원을 하는 경우에 ① 디자인등록출원인 또는 그 승계인의 권리에 관한 지분을 정하였거나, ② 공유자가 5년 내의 기간으로 분할하지 아니할 것으로 약정하기로 하는 계약이 있는 경우(민법 제268조 제1항 단서 참조)에는 디자인등록출원서 또는 권리관계 변경신고서에 그 취지를 적고 해당 사실을 증명하는 서류를 특허청장에게 제출하여야 한다(디자인보호법 시행규칙 제52조 제1항).

3) 출원인의 지분을 변경하려는 자는 특허법 시행규칙 별지 제20호 서식의 권리관계 변경신고서에 ① 지분변경원인을 증명하는 서류, ② 대리권 증명서류를 첨부하여 특허청장에게 제출하여야 한다(디자인보호법 시행규칙 제52조 제2항).

2. 공동출원의 효과와 위반시 효과

가. 효　　과

필요적 공동출원이므로, 특허청장은 출원인 1인에 대해 거절사유가 있을 경우에는 출원 전부를 거절할 수 있다. 디자인보호법 제13조 제1항에 의하면, 2인 이상이 디자인에 관한 절차를 밟을 때에는 같은 항 각 호의 1에 해당하는 사유를 제외하고는 각자가 전원을 대표한다. 다만, 대표자를 선정하여 특허청 또는 특허심판원에 신고한 때에는 그러하지 아니하다고 규정되어 있으므로, 공동출원인이 대표자를 선정하여 특허청에 신고하지 아니한 이상 거절결정등본의 송달도 공동출원인 중 1인에 대하여만 하면 전원에 대하여도 동일한 효과가 발생하게 된다.1)

나. 위반시 효과

2명 이상이 공동으로 디자인을 창작한 경우에는 디자인등록을 받을 수 있는 권리를 공유하고(디자인보호법 제3조 제2항), 디자인등록을 받을 수 있는 권리가 공유인 경우에는 각 공유자는 다른 공유자의 모두의 동의를 받지 아니하면 그 지분을 양도할 수 없으므로(디자인보호법 제54조 제3항), 디자인출원권의 지분양도에 의하여 디자인권을 받을 수 있는 권리도 공유하게 된다. 이러한 공동출원 규정을 위반한 경우에는 디자인등록거절사유가 되거나(디자인보호법 제62조 제1항 제2호), 등록되었더라도 등록무효사유가 된다(디자인보호법 제121조 제1항 제2호).

통상적으로 출원심사단계에서 심사관이 디자인등록을 받을 권리의 공유자 전원의 신청이 있는지 여부를 심사하기는 어렵고, 다른 공유자가 등록출원된 디자인이 공동출원의 규정을 위반하였다는 사유를 들어 정보를 제공하거나(디자인보호법 제55조), 등록이후의 무효심판단계에서 다투게 될 것이다.

디자인등록을 받을 수 있는 권리의 공유자가 그 공유인 권리에 관하여 심판을 청구할 때에는 공유자 모두가 공동으로 심판을 청구해야 한다(디자인보호

---

1) 대법원 2005. 5. 27. 선고 2003후182 판결 참조.

법 제125조 제1항). 공유자들이 특허청장으로부터 디자인등록거절결정을 받고 불복이 있는 때에는 그 거절결정등본을 송달받은 날부터 30일 이내에 심판을 청구할 수 있는데, 만일 공동출원인 중 일부만 심판청구를 제기한 경우 위 조항에 위반되어 부적법한지 문제된다. 만일 공동출원인 중 일부만이 심판청구를 제기한 경우 그 심판의 계속 중 나머지 공동출원인을 심판청구인으로 추가하는 보정은 요지의 변경으로서 허용될 수 없음이 원칙이나, 아직 심판청구기간이 도과되기 전이라면 나머지 공동출원인을 추가하는 보정을 허용하여 그 하자가 치유될 수 있도록 함이 당사자의 권리구제 및 소송경제면에서 타당하지만, 심판청구기간이 도과된 경우에는 부적법한 심판청구로 볼 것이다.[2]

〈손천우〉

---

[2] 특허법원 2014. 4. 11. 선고 2013허9676 판결(확정).

> **제40조(1디자인 1디자인등록출원)**
> ① 디자인등록출원은 1디자인마다 1디자인등록출원으로 한다.
> ② 디자인등록출원을 하려는 자는 산업통상자원부령으로 정하는 물품류 구분
> 에 따라야 한다.

<소 목 차>

Ⅰ. 본조의 의의

디자인등록출원은 1디자인마다 별개의 출원으로 하여야 한다. 디자인등록 출원을 하고자 하는 자는 산업통상자원부령이 정하는 '물품류 구분'에 열거되어 있는 1물품을 지정하여 1디자인등록출원으로 하여야 한다. 이를 1디자인 1등록 출원의 원칙 또는 1디자인 1등록출원주의라고 하며, 한편으로 이를 출원의 단일 성 또는 디자인의 단일성의 원칙이라고도 하는데,[1] 이에 대칭된 출원으로서는 복수디자인등록출원[2]과 한 벌의 물품의 디자인등록출원[3]이 있다.[4] 여기서 1디 자인은 1물품의 전체디자인 또는 1물품의 1부분디자인을 말한다.[5]

1디자인 1등록출원의 원칙은 하나의 권리에 대한 등록청구절차는 하나의 출원절차로 하여야 한다는 것으로서 하나의 디자인에 대하여는 하나의 권리만

---

[1] 황의창·황광연 공저, 최신간 디자인보호법, 법영사(2011), 242.
[2] 디자인보호법 제41조.
[3] 디자인보호법 제42조.
[4] 황의창·황광연 공저(주 1), 227.
[5] 특허청 국제지식재산연수원, 디자인보호법 표준교재 개론서(2008), 81.

을 발생시켜야 한다는 사상에서 유래하는 절차상 편의를 위한 것이다.6) 그리고
이 원칙은 다수의 디자인을 하나의 절차로 등록받을 수 없다는 것으로서, 디자
인의 본질적 내지 내부적 이유에서 발생한 것과는 다른 절차상의 요청에 의한
것이므로, 국가마다 1출원에 복수개의 디자인을 포함하게 하는 국가들도 존재할
수 있으며,7) 우리나라의 경우에도 1디자인 1등록출원의 원칙의 예외로서 복수
디자인등록출원제도와 한 벌의 물품의 디자인제도를 인정하고 있다.8) 이것은 1
디자인마다 1출원으로 하게 함으로써 심사의 간편성, 등록된 디자인권의 파악의
명확화, 권리의 이전 등에 있어서 그 취급의 명확화, 분류의 용이성 등을 도모
하기 위한 디자인보호제도의 운용·관리상의 요청에 의한 것이다.9)

　　한편, 디자인은 물품과 불가분의 관계에 있고 물품의 동일·유사여부에 따
라 권리의 발생 및 권리범위에 지대한 영향을 미치므로 통일된 명칭을 기재하
여 권리범위 등의 혼란을 최소화하기 위하여 산업통상자원부령으로 물품의 명
칭을 규정하고 이들 중 하나를 지정하도록 하고 있으며,10) 이와 같이 물품의 명
칭의 지정을 규제하고 있는 면에서 특허법이나 실용신안법과는 다른 모습을 보
이는 것이라고 할 수 있겠다.11)

II. 규정체계

　　본조 제1항은 디자인등록출원이 1디자인마다 1디자인등록출원으로 이루어
져야 된다는 사항(1디자인마다의 출원)을, 제2항은 디자인등록출원시에 물품을 산
업통상자원부령이 정하는 물품류 구분에 열거되어 있는 물품의 명칭으로 지정
하여야 한다는 사항(물품의 구분에 따른 출원)을 규정한 것이다. 한편, 디자인 심
사실무상 디자인보호법 제40조 제1항 및 제2항을 광의의 1디자인 1등록출원이
라고 하고, 디자인보호법 제40조 제1항을 협의의 1디자인 1등록출원이라고 하
는 견해가 있는데, 이러한 견해는 디자인보호법 제40조의 제목과는 달리 디자인
심사실무가 디자인보호법 제40조 제1항과 제2항을 별개의 거절이유로 취급한다

　6) 노태정·김병진 공저, 디자인보호법(3정판), 세창출판사(2009), 281.
　7) 齊藤暸二 著, 정태련 譯, 意匠法, 세창출판사(1993), 303.
　8) 안원모, "디자인의 단일성 판단 —대법원 2013. 2. 15. 선고 2012후3343 판결을 중심으
　　　로—", 산업재산권 제41호(2013. 8), 한국산업재산권법학회, 222.
　9) 공경식·이승훈 공저, 코어 디자인보호법, 한빛지적소유권센터(2014), 221.
　10) 조국현, 의장법, 법경사(2002), 291.
　11) 노태정·김병진 공저(주 6), 281.

는 것을 그 근거로 들고 있다.[12]

Ⅲ. 본조의 연혁

(1) 1961년 제정 의장법(1961. 12. 31 법률 제951호, 시행 1961. 12. 31)에서는 "제7조(물건의 지정)"이라는 제목 하에 "의장등록출원인은 각령의 정하는 바에 의하여 류별중에서 그 의장을 표현할 1개의 물건을 지정할 수 있다"고만 규정되어 있었다.

(2) 그 후 1973년 전부개정 의장법(1973. 2. 8 법률 제2507호, 시행 1974. 1. 1)에서는 "제9조(1의장 1출원)"이라는 제목하에 "의장등록출원은 대통령령으로 정하는 물품 유별구분 내에서 의장을 표현할 1개의 물품을 지정하여 의장마다 출원하여야 한다"고 규정되었으며, 1980년 일부개정 의장법(1980. 12. 31 법률 제3327호, 시행 1981. 9. 1)에서 "의장등록출원은 상공부령이 정하는 물품의 구분에 의하여 의장마다 1출원으로 하여야 한다"고 일부 문구정도만 수정되다가, 1990년 전부개정 의장법(1990. 1. 13 법률 제4208호, 시행 1990. 9. 1)에서 "제11조(1의장 1의장등록출원)"이라는 제목하에 "① 의장등록출원은 1의장마다 1의장등록출원으로 한다. ② 제1항의 규정에 의하여 의장등록출원을 하고자 하는 자는 상공부령이 정하는 물품의 구분에 따라야 한다"라고 규정되어 현행법상 내용과 비슷한 모습을 보이게 되었다.

(3) 1997년 일부개정 의장법(1997. 8. 22 법률 제5354호, 시행 1998. 3. 1)에서는 의장무심사등록출원(현행법상 "디자인일부심사등록출원"에 해당함)을 하는 경우, 1출원으로서 여러 개의 의장을 함께 등록출원할 수 있도록 의장법 제11조의2에 "다의장등록출원(현행법상 "복수디자인등록출원"에 해당함)"을 도입함에 따라, 기존의 1의장 1출원의 대상을 '의장심사등록출원'으로 한정하여 "① 의장심사등록출원은 1의장마다 1의장등록출원으로 한다. ② 의장등록출원을 하고자 하는 자는 통상산업부령이 정하는 물품의 구분에 따라야 한다"고 규정되었다.

(4) 2004년 일부개정 디자인보호법(2004. 12. 31 법률 제7289호, 시행 2005. 7. 1)에서는 법률명칭을 '의장법'에서 '디자인보호법'으로, 용어명칭을 '의장'에서 '디자인'으로 변경함에 따라 제11조의 제목인 "(1의장 1의장등록출원)"을 "(1디자인 1디자인등록출원)"으로 변경하고, 심사에 의한 거절이유를 규정하고 있는

---

12) 김웅, 디자인보호법, 도서출판 에듀비(2014), 194; 공경식·이승훈 공저(주 9), 221.

동법 제26조 제2항에서 디자인무심사등록출원(현행법상 "디자인일부심사등록출원")의 심사시 적용대상규정으로서 제11조 제1항을 제외하지 않도록 하여,13) 1디자인 1출원주의가 디자인무심사등록출원(현행법상 "디자인일부심사등록출원"에 해당함)에도 적용됨을 명확히 하면서,14) 기존에 제1항에서 '의장심사등록출원'으로 규정되어 있던 것을 '디자인등록출원'으로 변경하였다. 따라서 동규정은 "① 디자인등록출원은 1디자인마다 1디자인등록출원으로 한다. ② 디자인등록출원을 하고자 하는 자는 산업자원부령이 정하는 물품의 구분에 따라야 한다"고 규정되었다.

(5) 그리고 2013년 전부개정 디자인보호법(2013. 5. 28 법률 제11848호, 시행 2014. 7. 1)에서는 조문번호가 제40조로 변경되고, 동조 제2항의 "하고자 하는 자는"이라는 문구를 "하려는 자는"으로 변경함으로써, 현행 규정의 내용과 동일하게 되었다.

Ⅳ. 1디자인마다의 출원(제1항)

1. 1디자인 1등록출원의 내용

1디자인마다 1디자인등록출원한다는 것은 1물품 또는 1물품의 부분에 관한 1형태마다의 출원을 말한다.15) 따라서 2 이상의 물품에 관한 1형태, 1물품에 관한 2 이상의 형태, 1물품의 2 이상의 부분에 관한 형태, 2 이상의 물품에 관한 부분의 형태 등은 1출원절차로 행할 수 없다.16) 즉, 디자인이 물품의 형태이기 때문에, '디자인마다'란 '물품마다' 및 '형태마다'라는 것을 의미하는 것이며, '물품마다'라는 요건은 '물품류 구분'에 따른다는 것을 의미한다.17)18)

---

13) 2004년 개정법 이전에는 심사관의 심사에 의한 거절이유들을 열거하고 있는 제26조 제2항에서 "제1항의 규정에 불구하고 의장무심사등록출원에 대하여는 제5조(동조 제1항 각호 외의 부분에 의한 공업상 이용할 수 있는 의장의 요건을 제외한다), 제7조, 제11조 제1항 및 제16조 제1항·제2항의 규정은 이를 적용하지 아니한다"고 되어 있던 것을, 2004년 개정법을 통하여 동규정을 "제1항의 규정에 불구하고 디자인무심사등록출원에 대하여는 제5조(동조 제1항 각호외의 부분에 의한 공업상 이용할 수 있는 디자인의 요건을 제외한다), 제7조, 제16조 제1항·제2항의 규정은 이를 적용하지 아니한다"고 개정함으로써, 무심사등록출원의 무심사대상에서 제11조 제1항을 삭제하였다.

14) 김인배, 理智 디자인보호법, 한빛지적소유권센터(2014), 251.

15) 조국현(주 10), 292.

16) 노태정·김병진 공저(주 6), 282.

17) 寒河江孝允·峯唯夫·金井重彦 編著, 意匠法コンメンタール(第2版), レクシスネクシス·ジャパン株式會社(2012), 237(峯 唯夫 집필부분).

18) 이와 관련하여 '디자인마다' 출원되어 있지 않은 것에 관한 일본심사기준상의 예를 들

2. 1디자인의 의미

가. 1물품일 것(물품의 단일성)

'1물품'이란 독립성 있는 구체적인 물품으로서 유체동산을 원칙으로 하며, 하나의 경제적 가치를 갖는 것을 말하며, '다물품'이란 1물품이 2이상 집합된 것을 말한다.[19] 즉, 판례에 따르면 1물품이란, "물리적으로 1개의 것을 의미하는 것이 아니라 물품의 용도, 구성, 거래실정 등에 따라 1물품으로 취급되고 있는 물품을 말하는 것"이라고 판시하고 있다.[20] 그리고 디자인심사기준에 따르면 "1물품이란 물리적으로 분리되지 않은 하나라는 개념이 아니라 거래관행상 독립하여 하나로 거래될 수 있는 물품을 의미한다"고 규정하고 있으며, 또한 둘 이상의 물품을 결합하여 출원된 물품의 1물품 인정여부와 관련하여 "결합상태로 보아 각 물품의 기능·용도가 상실되고 새로운 하나의 기능·용도로 인식될 수 있는지 여부를 기준으로 판단하되, 예로 든 물품에 준하여 결정한다"고 규정하면서, 1디자인 1디자인등록출원으로 인정되는 물품의 예로서는 "신사복(상, 하), 투피스(상, 하), 조(組)의자(둘 이상이 모여서 하나의 의자를 형성하는 것), 찻잔과 받침접시, 찬합, 모자이크 타일, 완성형태가 단일한 조립완구, 장기짝, 트럼프, 화투, 마작패, 너트와 볼트, 합단추 자웅, 결착구 자웅, 유·무선 전화기 등"을, 1디자인 1디자인등록출원으로 인정되지 않는 물품의 예로서는 "1조의 책상과 걸상(결착된 것은 제외), 1조의 탁구용구, 1조의 배드민턴용구, 완성형태가 다양한 조립완구(레고 등), 물품의 용기와 그 내용물(카메라와 카메라케이스, 라디오와 라디오케이스, 안경과 안경집, 화장품 보관함과 화장품 용기), 한글 글자체와 영문자 글자체, 한글 글자체와 특수기호 글자체, 영문자 글자체와 숫자 글자체 등"을 명시하고 있다.[21]

면, "출원서 기재 및 출원서에 첨부된 도면 등으로부터 종합적으로 판단한 경우에, 이하에 해당하는 경우는 2 이상의 의장을 포함하여 의장마다 한 의장등록출원으로 인정되지 않는 것이다. (1) 2 이상의 물품의 구분을 출원서의 '의장에 관한 물품'란에 병렬하여 기재한 경우, (2) 2 이상의 물품의 도면을 표시한 경우(수개의 물품을 배열한 경우를 포함) 단, 한 벌의 물품의 의장의 의장등록출원인 경우를 제외한다"와 같으며(일본의장심사기준 제5부 51.1.2.2 의장마다 출원되어 있지 않은 것의 예), 이것은 후술하는 "1디자인 1등록출원의 위반의 예"에서 나타나 있는 바와 같이, 우리나라의 경우와 동일하다고 볼 수 있다.

19) 김인배(주 14), 251.
20) 대법원 1994. 9. 9. 선고 93후1247 판결.
21) 특허청, 디자인심사기준(2014), 62.

따라서 이상의 내용들을 합쳐서 해석해 보면 1물품의 여부를 판단하기 위해서는 물품의 용도 및 기능을 고려하고, 독립거래 가능성 등의 거래실정을 함께 살펴보아야 한다는 것으로 정리할 수 있으며, 물리적인 단일물 뿐만이 아니라 일정한 수의 물품이 합쳐져 비로소 물품으로서 용도와 기능을 수행하는 물품도 1물품으로 취급된다고 볼 수 있다.[22)

한편, 1물품과 대비되는 개념으로서 '다물품'이란 1물품이 2이상 집합된 물품, 즉, 집합체로서 뿐만 아니라 개개물품도 독립거래의 대상이 되는 것을 말한다.[23) 1물품과 다물품의 구분이 명확한 것은 아니지만, 일반적으로 1물품이라고 하면 물리적으로 성상(性狀)의 단일성(형태의 일체성)이 인정되는 물품을 말하는데, 디자인보호법상의 1물품은 단일물처럼 물리적으로 성상의 단일성이 인정되는 물품은 물론이고 볼트와 너트, 뚜껑과 본체로 구성된 냄비, 막대가 달린 초콜릿 등과 같이 물리적으로 성상의 단일성이 인정되지 않는 물품도 1물품으로 인정하고 있다.[24)

그리고 디자인보호법이 예정하는 1물품이란 이른바, 단일물, 합성물을 기본으로 하고 다시 집합물에 대해서도 성립하는 경우가 있다는 것을 알 수 있는데,[25) 일반적으로 물품의 상위개념인 물품에 대하여 형태상으로 하는 분류는 기본적으로 단일물, 합성물, 집합물로 나누어지고, 또 종합된 전체로서의 물품에 있어서는 전체를 구성하는 일부분의 단위인 부품, 부속품 등이 있다.[26) 그런데 여기서 디자인보호법상 다물품으로 인정되는 것으로서는 2이상의 단일물이 집합된 집합물이 있는 바, 원칙적으로 집합물은 집합된 각각의 물품별로 디자인등록출원하여야 하며 집합물 전체를 1디자인으로 출원할 수 없다. 그러나 다물품이라 하더라도 한 벌의 물품으로 성립하는 경우에는 전체로서 1디자인으로의 성립이 예외적으로 인정되어 1디자인등록출원이 가능하다고 할 것이다.[27)

결국 디자인보호법상 1물품으로 인정되는 대표적인 물품으로는 단일물, 부품, 부속품, 합성물, 다용도 물품이 있다고 정리하여 볼 수 있다.[28)

---

22) 안원모(주 8), 224.
23) 김웅(주 12), 195.
24) 우리나라의 물품의 구분에는 성상의 단일성이 인정되지 않는 신사복(상, 하), 투피스(상, 하), 찻잔과 받침접시 등도 1물품으로 인정하고 있다[조국현(주 10), 292].
25) 齊藤瞭二 著, 정태련 譯(주 7), 303-304.
26) 노태정・김병진 공저(주 6), 284.
27) 김인배(주 14), 252.
28) 조국현(주 10), 293.

첫 번째로, 단일물이라 함은 형태상 단일한 일체를 이루고 그 구성부분이 개성을 갖지 않는 것으로서 법률상 1개의 물건으로서 취급되며, 그 일부분에는 독립된 권리가 성립하지 않는 것을 말한다.[29] 예를 들면, 연필, 지우개, 가위, 재떨이와 같이 물리적으로 일체를 이루고 있는 경우는 물론이고 만년필, 뚜껑 달린 컵과 같이 둘 이상의 부분에 의하여 조립되어 있지만 각 부분이 개성을 가지지 않는 물품이 이에 해당되는데, 단일물은 단독거래의 대상이므로 1물품으로 취급된다.[30]

두 번째로, 부품은 물품의 전체를 구성하는 일부로서 분리가 가능하고 그 자체가 거래상의 교환가치가 있는 것을 말하는데, 예를 들면, 자동차의 타이어, 자전거의 바퀴, 카메라의 렌즈, 전화기의 유선송수화기 등이 있다.[31] 이러한 부품이 디자인등록의 대상인 1물품으로 인정되기 위해서는 호환성이 있어야 하고, 통상의 상태에서 독립거래의 대상이 되어야 하나 대부분의 물품이 이에 해당된다고 할 수 있다.[32]

세 번째로, 부속품은 주체가 되는 물품의 본질적인 기능에는 영향을 미치지 않지만 그 주체가 되는 물품의 용도를 확장하거나 기능을 보조하는 역할을 하는 것으로 그 자체만의 분리가 가능하여 독립거래의 대상이 되는 물품을 말하는데, 예를 들면 카메라의 교환렌즈, 카메라 케이스, 자전거의 경적, 자전거의 반사경 등이 있으며 부품과 마찬가지로 1물품으로 취급한다.[33]

네 번째로, 합성물이란 2 이상의 물품이 서로 결합하여 하나의 물품을 이루는 것으로 그 구성물품이 개성을 갖지 않는 것을 말하며, 합성물은 단일물과 같이 1물품으로 취급한다.[34] 그 예로서는 장기알, 화투, 트럼프, 완성형태가 단일한 조립완구 등이 있는데, 이와 같은 합성물은 기능적 일체성이 인정된다.[35]

다섯 번째로, 다용도 물품은 다른 용도를 지닌 물품이 물리적으로 하나의 형태 속에 들어 있는 물품을 말한다.[36] 이들이 1물품으로 인정되기 위해서는 1물품에 해당하는 명칭으로 기재하여야 하는데, 예를 들면, 시계가 부설된 라디

---

29) 齊藤暸二 著, 정태련 譯(주 7), 304.
30) 노태정·김병진 공저(주 6), 285.
31) 조국현(주 10), 293.
32) 노태정·김병진 공저(주 6), 285.
33) 조국현(주 10), 294.
34) 齊藤暸二 著, 정태련 譯(주 7), 304.
35) 조국현(주 10), 294.
36) 노태정·김병진 공저(주 6), 286.

오, 오프너가 달린 라이터, 나이프가 달린 라이터 등이 있다.[37]

한편, 물품의 부분은 그 자체를 분리하여 독립적으로 거래할 수 있는 것이 아니고 그 자체가 개성도 가지고 있지 않아서 1물품으로 인정되지 않는 것이 원칙이나 물품의 부분에 관한 디자인인 경우에는 부분디자인의 대상이 되는 물품을 기준으로 1물품 또는 다물품 여부를 판단하며, 만약, 부분디자인의 대상이 되는 물품이 단일물, 부품, 부속품 등인 경우에는 부분디자인의 물품적 본질에 있어서 1물품이 출원된 것이 된다.[38]

나. 1형태일 것(형태의 단일성)

디자인이란 본래 물품에 형태가 부가되어 성립되는 미적창작이므로, 따라서 1디자인으로 성립되기 위해서는 특정의 1물품에 대하여 특정의 1형태가 결합되어 있어야 한다.[39] 또한 부분디자인인 경우에는 1물품의 1부분에 관한 형태인 경우에만 1디자인으로 인정되고, 디자인의 대상이 되는 물품은 1물품을 기재했더라도 도면 등에 2이상의 전체형태 또는 2이상의 부분의 형태를 도시한 경우는 1디자인 1출원 원칙에 위반된다.[40]

여기서 형태란 물품의 형상·모양·색채 또는 이들을 결합한 것을 말하며, '1형태'란 형태가 단일하게 표현된 것을 말한다.[41] 즉, 형태의 단일성이란 도면 및 그에 기재된 디자인의 설명란 기재 등을 통하여 파악되는 형태가 하나인 것을 의미하는데, 도면 등으로부터 파악되는 형상이 하나이고, 모양 및 색채 역시 특정된 하나인 것을 의미하며, 만약 형상·모양·색채가 결합한 디자인에 있어서 그러한 각 요소가 특정된 하나이지 않고 여러 개인 것으로 인식되면 하나의 형태라고 할 수 없다.[42]

형태의 단일성을 판단함에 있어서는 물품과의 관계를 무시할 수 없고, 이 경우에 물품과의 관계를 고려하는 것이란, 물품의 용도, 기능을 고려하는 것이라고 말할 수 있다.[43] 따라서 원칙적으로 도면 등에 표현된 형태가 물리적으로 복수로 분리된 형태이더라도 복수의 형태부분이 통합되어 물품의 용도, 기능을

---

37) 조국현(주 10), 294-295.
38) 특허청 국제지식재산연수원, 디자인보호법(2007), 226.
39) 송영식외 6인 공저, 송영식 지적소유권법(상), 육법사(2013), 1039.
40) 조국현(주 10), 296.
41) 공경식·이승훈 공저(주 9), 223.
42) 안원모(주 8), 225.
43) 寒河江孝允·峯唯夫·金井重彦 編著(주 17), 237(峯 唯父 집필부분).

수행하는 경우에는 형태의 단일성이 인정된다고 볼 수 있다.[44] 그리하여 이 경우의 1형태의 성립은 물품의 기능과 형태의 일체성으로 환원하여 결론짓게 될 것인데, 그것은 물품이 그 작용, 용도와 기능상으로 어떤 형태의 개념을 동반하여 인식되는 것이며,[45] 그리고 그 형태상의 가치가 그들의 여러 계기에 의해 규정되어 성립될 수 있는 통일적인 전체에 있어서 파악되기 때문이다.[46] 한편으로 도면에 표현된 형태가 1개이더라도, 디자인의 설명에 있어서의 크기 및 색채에 대한 설명에 의해서 형태의 단일성이 부정되는 경우도 있다.

그런데 형태가 단일하게 표현되지 않아서 주로 문제가 되는 것은 부분디자인의 경우라고 할 수 있는데, 특허청의 디자인심사기준에 따르면 원칙적으로 이러한 부분디자인등록출원에 있어 하나의 물품 중에 물리적으로 분리된 둘 이상의 부분이 디자인등록을 받고자 하는 부분으로 표현된 경우에는 1디자인 1디자인등록출원에 위반되는 것으로 취급하나, 다만, 형태적 일체성[47]이나 기능적 일체성[48]이 인정되는 경우와 같이 전체로서 디자인의 창작상의 일체성이 인정되

---

44) 안원모(주 8), 225.

45) 따라서 1물품에 관한 1형태의 디자인의 해석과 관련하여 그 물품의 용도와 기능을 고려한 전체적, 통일적 형태성으로부터 파악하여, ⅰ) 기능적 · 형태적 일체성이 인정되는 물품, ⅱ) 형태적 일체성이 인정되는 물품, ⅲ) 기능적 일체성(일체적 지배가능성)이 인정되는 물품은 물리적 일체성이 인정되지 않더라도 1물품으로 인정한다고 전제한 후, 구체적으로는 기능적 · 형태적 일체성이 인정되는 물품이란 물품의 구성부분들이 서로 고정된 것이 아니라 분리가 가능한 것으로 의복용 압단추, 뚜껑이 있는 그릇, 볼트와 너트, 빗과 빗 케이스 등이 있고, 형태적 일체성이 인정되는 물품이란 물품의 각각의 구성부분은 개성을 가지고 있으나 형태상 단일한 일체를 이루는 것으로 막대가 달린 초콜릿, 막대가 달린 어묵 등이 있으며, 기능적 일체성(일체적 지배가능성)이 인정되는 물품이란 물품의 각각 구성부분이 완전히 독립한 형태로 존재하지만 그들이 일체로서 일정한 용도를 만족시키고 전체로서 형태상의 통일성을 갖으며 이들 물품의 전체를 일체적으로 지배할 수 있는 것으로 양말, 장갑, 트럼프, 커피잔과 받침접시, 신사복(상, 하), 투피스 등이 있다고 설명하고 있기도 하다[조국현(주 10), 292-293; 齊藤瞭二 著, 정태련 譯(주 7), 305-308].

46) 齊藤瞭二 著, 정태련 譯(주 7), 305.

47) 디자인심사기준의 63면에서는 "형태적 일체성이 인정되는 것"으로서 "물리적으로 분리된 부분으로서 대칭이 되거나 한 쌍이 되는 등 관련성을 가지고 있는 것"이라고 해석하고 있으며, 그 예로서 "기저귀 "를 들고 있다.

48) 디자인심사기준의 63면에서는 "기능적 일체성이 인정되는 것"으로서 "물리적으로 분리된 부분들이 전체로서 하나의 기능을 수행함으로써 일체적 관련성을 가지고 있는 것"이라고 해석하고 있으며, 그 예로서 "잉크젯프린터용 잉크스틱 ([디자인의 설명] "정면에 있는 2개의 홈과 배면에 있는 한 개의 홈이 전체로서 프린터에 카트리지가 장착할 때 정확한 위치를 알 수 있도록 하는 기능을 수행하는 것임")"을 들고 있다.

는 경우에는 예외로 한다.[49) 따라서 여기서 1디자인으로 되는 것은 전체로서 미적 통일감이 있는 것이 전제로 되므로, 시행규칙상 '물품의 구분'에 기재되어 있는 물품이라고 말할 수는 있으나, 통일감이 없는 경우에는 형태의 단일성이 부정된다고 볼 수 있다.[50)

　여기서 '형태적 일체성이 인정되는 경우'란, 물리적으로 분리된 부분으로서 대칭이 되거나 한 쌍이 되는 등 관련성을 가지고 있는 것을 말한다. 또한 분리된 부분의 형태가 대칭이나 쌍을 이루는 것은 아니라고 할지라도, 보는 사람으로 하여금 그 전체가 일체로서 시각을 통한 심미감을 일으키게 한다면, 그 디자인은 디자인보호법 제40조 제1항에서 규정한 1디자인에 해당하므로, 1디자인등록출원으로 디자인등록을 받을 수 있다. 그리고 '기능적 일체성이 인정되는 경우'란, 가위의 손잡이 부분 또는 전화기의 버튼 부분 등과 같이 전체로서 하나의 기능을 수행함으로써 일체적 관련성을 가지고 있는 것을 의미한다.[51) 한편으로는 이 때 형태적 일체성이나 기능적 일체성이 있는지의 여부를 '일반 수요자'를 기준으로 판단하여야 하는지, 아니면 '그 디자인이 속하는 분야에서 통상의 지식을 가진 자'나 '창작자의 주관적 창작동기'를 기준으로 판단하여야 하는지가 문제가 될 수 있을 것이다.[52)

　이와 관련하여서는 물리적으로 분리되어 있는 2 이상의 부분에 관한 부분디자인이라고 하더라도 그 부분들 사이에 형태적 일체성이나 기능적 일체성이 인정되어 디자인 창작상의 일체성이 인정되고, 그것이 하나로 통합되어 수요자의 구매심을 자극하는 경우에는 1디자인으로 간주되므로 1디자인등록출원에 의하여 1디자인등록이 가능하다는 것이 통설적인 견해였다고 볼 수 있고,[53) 최근에 대법원의 판결[54)에서도 "하나의 물품 중 물리적으로 떨어져 있는 둘 이상의 부분에 관한 디자인이더라도 그들 사이에 형태적으로나 기능적으로 일체성이

49) 특허청(주 21), 62-63.
50) 寒河江孝允·峯唯夫·金井重彦 編著(주 17), 238(峯 唯父 집필부분).
51) 김인배(주 14), 253-254.
52) 안원모(주 8), 218.
53) 노태정·김병진 공저(주 6), 332; 김웅, "물품의 일부분에 표현된 외관을 보호하는 제도 — 부분디자인제도", 발명특허 제34권 제2호(2009. 2), 한국발명진흥회, 77; 寒河江孝允·峯唯夫·金井重彦 編著(주 17), 238(峯 唯父 집필부분).
54) 이 사건 출원디자인 "　" 중 "　" 부분은 이를 보는 사람이 '토끼 귀' 형상으로 쉽게 인식할 것으로 보이는 점, 실제 토끼의 전체 형상에서 꼬리 부분이 차지하는 비율에 비

있어서 보는 사람으로 하여금 그 전체가 일체로서 시각을 통한 미감(美感)을 일으키게 한다면, 그 디자인은 디자인보호법 제11조 제1항에서 규정한 '1디자인'에 해당한다고 할 것이므로, 1디자인등록출원으로 디자인등록을 받을 수 있다"고 판시하여 통설의 견해에 따르는 한편, 부분디자인에서의 단일성 판단에서 주관적 요소 및 인식의 주체와 관련하여서는 "보는 사람[55]"이라는 표현만을 판결상의 문구로 사용함으로써, 부분디자인의 단위는 "보는 사람"인 수요자의 구매심이 1회적으로 작용하는 것인지 여부에 의하여 판단하여야 하기 때문에, 창작자의 창작의도 등의 고려와 관계없이 디자인의 유사 여부 판단의 경우[56]와 마찬

하여 이 사건 출원디자인 중 "" 부분이 휴대폰 케이스 전체에서 차지하는 비율이 다소 크기는 하지만 실물을 디자인화하는 과정에서 어느 정도의 변형이나 과장 또는 추상화가 수반되기 마련이고, 토끼 꼬리는 뭉툭하고 둥근 털 뭉치 형상인데 이와 유사한 형상의 "" 부분은 휴대폰 케이스의 하단 뒷면에 위치하고 있는 반면 '토끼 귀' 형상의 "" 부분은 휴대폰 케이스의 상부에 위치하고 있어서, 이 사건 출원디자인을 보는 사람으로서는 "" 부분을 '토끼 꼬리' 형상으로 인식할 여지가 충분히 있는 점, 기록에 의하면 실제로 소비자들이 이 사건 출원디자인을 '토끼 형상'으로 인식하면서 "" 부분을 '꼬리'로 호칭하고 있음을 알 수 있는 점 등을 위 법리에 비추어 살펴보면, 이 사건 출원디자인은 "" 부분과 "" 부분이 물리적으로 떨어져 있더라도 이를 보는 사람이 "" 부분은 '토끼 귀'로, "" 부분은 '토끼 꼬리'로 각각 인식할 수 있어서 그들 사이에 형태적으로 일체성이 인정되고, 그로 인하여 이를 보는 사람으로 하여금 그 전체가 '토끼 형상'과 유사한 일체로서 시각을 통한 미감을 일으키게 하므로, 이 사건 출원디자인은 디자인보호법 제11조 제1항에서 규정한 '1디자인'에 해당한다고 할 것이다(대법원 2013. 2. 15. 선고 2012후3343 판결[공2013상, 516]).

55) 디자인의 유사 여부 판단에 관한 기존의 대법원 판례(대법원 2010. 7. 22. 선고 2010후913 판결[공보불게재])에서 '일반 수요자'를 단순히 그 디자인을 '보는 사람'으로 표현하여 온 점을 감안하여 본다면, '보는 사람'이라는 표현은 '일반 수요자'를 나타내는 것으로 해석될 수 있다.
56) 디자인의 신규성 여부나 디자인권 침해 여부와 관련하여 디자인의 동일 · 유사 여부를 판단할 때 ① '그 디자인이 속하는 분야에서 통상의 지식을 가진 자'를 기준으로 하여야

가지로 '일반 수요자'를 기준으로 판단하여야 한다는 것처럼 판시하고 있다.[57]

3. 1디자인 1등록출원의 위반의 예[58]

가. 2 이상의 물품명을 디자인의 대상이 되는 물품란에 병렬하여 적은 것

이 경우에는 2 이상의 물품을 출원한 것이 된다. 그 예로서는 라디오 겸용 시계 등이 있다. 다만, "시계가 부설된 라디오"와 같이 하나의 물품에 다른 물품이 부설된 경우에는 예외로 한다. 부설된 물품이 둘 이상일 경우에는 "볼펜 등이 부설된 라이터"와 같은 방법으로 적는다.

나. 2 이상의 물품을 도면에 표시한 것

하나의 물품에 관하여 둘 이상의 디자인을 하나의 도면에 도시하거나, 둘 이상의 물품에 관하여 각각의 디자인을 하나의 도면에 도시한 것도 2 이상의 물품을 출원한 것이 되는데, 그 예로서는 "스티커", "전사지" 등의 디자인에 있어서 분리된 2 이상의 구성요소를 외곽선으로 한정하지 않고 하나의 도면에 각각 도시한 것이 있다.

한다는 견해, ② '일반 수요자'를 기준으로 하여야 한다는 견해, ③ '그 디자인이 속하는 분야에서 통상의 지식을 가진 자와 일반 수요자라는 특수적 입장을 초월한 보편적 주체'를 기준으로 하여야 한다는 견해 등이 제기되고 있으나, 통설과 판례는 '일반 수요자'를 기준으로 하여야 한다는 견해를 취하고 있다[노태정・김병진 공저(주 6), 410]. 그리고 대법원 2010. 7. 22. 선고 2010후913 판결에서는 "디자인의 유사 여부는 이를 구성하는 각 요소를 분리하여 개별적으로 대비할 것이 아니라 그 외관을 전체적으로 대비 관찰하여 보는 사람으로 하여금 상이한 심미감을 느끼게 하는지의 여부에 따라 판단하여야 하고, 이 경우 디자인을 보는 사람의 주의를 가장 끌기 쉬운 부분을 요부로서 파악하고 이것을 관찰하여 심미감에 차이가 생기게 하는지 여부의 관점에서 그 유사 여부를 결정하여야 한다"고 판시하여 "보는 사람"이라는 용어를 사용하고 있기도 하다.

57) 그러나 이러한 해당 판결의 해석에 대하여 특히 부분디자인제도는 종래 객관적 관찰을 통하여 요부로 파악할 수 없었던 물품의 부분에 대하여도 출원인의 창작의도를 보호하고자 하는 취지를 포함하고 있으므로 단일성 판단에서도 출원인의 주관적인 창작의도를 고려하는 것이 필요하다고 언급하면서, 여기서 "보는 사람"을 '심사관'으로 보아 심사관은 물리적으로 분리된 2 이상의 부분이 1출원으로 된 경우, 당연히 창작자의 창작의도를 파악하여야 하는 것이고, 실제로도 심사과정에서 출원인의 창작의도가 토끼의 전체형상을 염두에 두고 있음을 파악하고 있었을 것인 바, 그럼에도 수요자 입장에서의 객관적인 관찰을 전제로 출원인의 주관적인 창작의도를 의도적으로 고려대상에서 배제해 버린 것은 부분디자인 제도의 취지를 오해한데서 비롯되었다는 것을 근거로 들어 해당 판결을 비판하는 견해도 있다[안원모(주 8), 237-240].

58) 특허청(주 21), 62-64(해당 부분과 관련하여 모든 문헌에서 디자인심사기준의 내용을 기술하고 있음).

다. 기타 특수한 디자인의 출원의 경우

우선 동적화상디자인의 출원에 있어 동적화상의 움직임에 일정성 및 통일성이 없는 경우에는 1디자인 1디자인등록출원에 위반되는 것으로 취급하며, 형태가 변화하는 디자인(동적디자인)의 출원에 있어 변화 과정이 없거나 또는 변화 과정에 일정성 및 통일성이 없는 경우에는 1디자인 1디자인등록출원에 위반되는 것으로 취급한다.[59] 그리고 복수디자인 또는 한 벌의 물품의 디자인이 그 성립 요건을 만족하지 못하는 경우에도 1디자인 1등록출원의 위반으로 볼 수 있다.[60]

Ⅴ. 물품류 구분에 따른 출원(제2항)

1. 디자인의 대상이 되는 물품류 구분의 의미

디자인등록출원을 하려는 자는 산업통상자원부령으로 정하는 물품류 구분에 따라야 한다(디자인보호법 제40조 제2항). 따라서 디자인의 대상이 되는 물품의 명칭은 산업통상자원부령(디자인보호법 시행규칙)으로 정하는 "물품류 구분"에 따라 지정하여야 한다. 그 이유로서는 물품은 디자인성립의 기초로 되는 것으로서, 출원서에서의 디자인에 관계된 물품의 기재는 디자인권 부여의 기초로 되고, 등록디자인의 범위를 정하는 기초로 되므로, 디자인에 관계된 물품의 기재를 출원인의 임의로 하게 된다면, 디자인등록의 객체의 해석에 혼란이 생길 우려가 있기 때문이다.[61]

여기서 "물품류 구분"은 로카르노 협정에 따른 디자인보호법 시행규칙 [별표 4]에 근거하여 용도와 기능 등을 기준으로 특허청장이 정하여 고시한 "디자인 물품류별 물품목록 고시"에 따른다.[62] 물품의 명칭은 그 물품의 용도 및 기능을 파악하는데 중요한 요소이며, 1물품 여부, 동일·유사물품판단, 디자인의

---

59) (예) 디자인의 형태가 변화하는 "로봇완구."

　　　　<변화 전>　　　　　　　<변화 후>

60) 김웅(주 12), 196.
61) 寒河江孝允·峯唯夫·金井重彦 編著(주 17), 236(峯 唯父 집필부분).
62) 특허청(주 21), 57.

권리범위 판단 등에 중요한 요소이므로, 산업통상자원부령이 정하는 "물품류 구분"에서 열거하고 있는 물품명을 그대로 사용하는 것이 필요하다.63) 이와 같은 [별표 4]의 "물품류 구분"은 첫째, 디자인등록의 대상이 되는 1물품의 크기를 예시한 것이고, 둘째, 디자인등록의 대상이 되는 물품을 지정한 것이며, 셋째, 동일물품의 범위를 규정한 것이라는 점에서 그 의의가 있다고 하겠다.64)

한편, 물품류 구분은 디자인등록출원서 작성의 일관성을 유지하고 통일된 물품명칭을 사용하기 위한 것으로서 물품 간의 유사범위를 정한 것은 아니다.65) 그리고 물품류 또는 물품을 잘못 기재한 경우는 디자인보호법 제40조 제2항에 위반되어 등록을 받을 수 없는 것으로 한다.66)

2. 디자인일부심사등록출원을 할 수 있는 물품67)

디자인일부심사등록출원으로 할 수 있는 물품의 범위는 시행규칙 [별표 4] (물품류 구분) 중 (1) 제2류(의류 및 패션잡화 용품), (2) 제5류(섬유제품, 인조 및 천연 시트직물류), (3) 제19류(문방구, 사무용품, 미술재료, 교재)의 어느 하나에 속하는 물품에 해당하여야 한다. 그리고 일부심사출원을 할 수 있는 물품류에 속하지 않는 물품이 일부심사출원된 경우에는 디자인보호법 제37조(디자인등록출원) 제4항 전단68)에 위반되어 등록을 받을 수 없다. 한편, 일부심사출원을 할 수 있는 물품류에 속하는 물품이 심사출원된 경우에는 디자인보호법 제37조(디자인등록출원) 제4항 후단69)에 위반되어 등록을 받을 수 없다.

3. 정당한 물품의 명칭 기재70)

디자인등록출원을 하고자 하는 자는 디자인보호법 시행규칙 [별표 4]의 "물품류 구분"에 따라 특허청장이 정하여 고시한 「디자인 물품류별 물품목록 고시」에서 하나의 물품을 지정하여 적어야 한다. 특허청장이 정하여 고시한 「디자인

---

63) 조국현(주 10), 298.
64) 노태정·김병진 공저(주 6), 283.
65) 특허청(주 21), 57.
66) 특허청(주 21), 57.
67) 특허청(주 21), 57.
68) 디자인일부심사등록출원을 할 수 있는 디자인은 물품류 구분 중 산업통상자원부령으로 정하는 물품으로 한정한다.
69) 이 경우 해당 물품에 대하여는 디자인일부심사등록출원으로만 출원할 수 있다.
70) 특허청(주 21), 57-58.

물품류별 물품목록 고시」에 명칭이 명시되어 있지 않은 물품인 경우에는 그 물품의 디자인을 인식하는 데 적합한 명칭을 기재하되, 그 물품의 용도가 명확하게 이해되고 일반적으로 사용하는 명칭이어야 한다. 다만 물품의 일반화된 명칭이 없고 그 명칭이 물품의 용도를 최소단위로 표현한 것이라면 "○○○용 부재" 등의 명칭은 사용할 수 있다.[71] 한편, 도형 등 화상이 일시적으로 표시되는 액정표시판 등의 부품인 경우에는 "화상디자인이 표시된 액정표시판, 화상디자인이 표시된 전자기기 표시판, 화상디자인이 표시된 디스플레이 패널 등"과 같은 명칭을 사용할 수 있다.

그런데 부분디자인을 출원하는 경우에는 특허청장이 고시한 물품의 명칭 중 한 개의 물품명을 적으며, 물품의 부분의 명칭을 적어서는 안 되고, 한 벌의 물품의 디자인은 디자인보호법 시행규칙 [별표 5]의 한 벌의 물품의 구분에 따라 적어야 함에 주의하여야 할 것이다.[72]

4. 정당하지 아니한 물품의 명칭

디자인심사기준에 있어서 다음에 해당하는 물품의 명칭은 물품을 정당하게 지정하지 아니한 것으로 보아 물품의 명칭의 기재방법을 위반한 경우로서 법 제40조 제2항에 따라 등록을 받을 수 없는 것으로 한다.[73]

가. 상표명 또는 ○○식 ○○ 등과 같이 고유명사를 붙인 것

홍길동식 타자기 등과 같이 출처표시적인 명칭은 정당한 명칭이 아니다. 다만, 자동식○○, 접철식○○, 접이식○○, 독립형○○, 회전식○○, 조립식○○, 이동식○○와 같이 보통명칭화 된 것은 예외로 한다.

나. 총괄명칭을 사용한 것

저고리를 한복으로 적거나, 문짝을 건축용품 등으로 적는 경우와 같이 총괄명칭을 기재하는 경우는 출원한 물품의 특정이 곤란하기 때문에 정당한 명칭의 기재로 보지 않는다.

다. 구조, 기능 또는 작용 효과를 붙인 것

디자인은 물품의 미적 창작을 보호하는 것이므로, 구조, 기능, 작용효과는

---

71) (예) (1) 건축용 부재(×), 창틀용 부재(○), (2) 글자체(×), 한글 글자체(○).
72) 김인배(주 14), 256.
73) 특허청(주 21), 58-59.

보호대상이 아니다.74) 따라서 ○○장치, ○○방법, ○○식 등으로 기재해서는
아니 된다.

라. 일부분이 생략된 물품명

관용적인 생략된 물품명은 그것을 사용하는 장소 또는 관계에서만 비로소
특정한 의미를 갖는 것이기 때문에 그 장소 또는 관계를 넘어선 생략된 물품명
을 사용한 경우는 물품명으로서의 대상을 특정할 수 없는 것이 된다.75) 따라서
16밀리 영화촬영기를 단지 16밀리라고 생략해서는 아니 된다. 그 이유는 물품
의 특정에 어려움이 있기 때문이다.76)

마. 외국문자를 사용한 것

특허청에 제출하는 서류는 원칙적으로 국어로 제출하여야 하므로, 외국문
자를 사용한 것은 이러한 제출서류의 국어주의에 위반된다. 디자인의 대상이 되
는 물품도 동일하게 적용되어 X선 촬영대, TV 등 외국문자로 표현한 것은 의료
용 엑스선 촬영대, 텔레비전 수상기 등으로 표현하는 것이 정확하다.77) 다만, 외
국문자를 괄호 안에 함께 적거나, "LED 전구", "LCD 모니터" 등과 같이 보통
명칭화되고 통상적으로 사용되는 경우에는 예외적으로 인정된다.78)

바. 우리나라 말로 보통명칭화되어 있지 아니한 외국어를 사용한 것

아직 우리말화되어 있지 않거나 우리나라에서 보통명칭화하여 사용하고 있
지 않은 외국어의 표현에 대하여는 정당한 명칭의 기재로 인정되지 않는데, 왜
냐하면 우리나라 말로 표현한 것이 있음에도 일부러 외국어로 사용하는 것은
같은 물품에 대하여 여러 가지 종류의 표현을 쓰게 되어 혼란을 초래할 우려가
있기 때문이다.79) 다만, 특허청장이 정하여 고시한 「디자인 물품류별 물품목록
고시」에 따른 물품의 명칭과 이에 상응하는 물품의 명칭 및 [별표](한 벌의 물품
별 구성물품)에 따른 한 벌의 물품의 명칭은 예외로 인정된다.80)

---

74) 조국현(주 10), 299.
75) 노태정·김병진 공저(주 6), 288.
76) 조국현(주 10), 299.
77) 노태정·김병진 공저(주 6), 288.
78) 특허청(주 21), 58.
79) 노태정·김병진 공저(주 6), 288.
80) 특허청(주 21), 58.

사. 용도를 명확히 표시하지 아니한 것

디자인보호법 시행규칙 [별표 4]에서의 물품의 구분은 용도개념에 의해 분류되고 있으므로 용도가 명확하지 않은 경우에는 물품이 특정되지 않는다.[81] 따라서 안경용 경첩을 "경첩"이라고만 적은 경우에는 경첩의 용도가 명확하지 않아 정당한 명칭의 기재로 볼 수 없다.[82]

아. 한 벌(한 벌의 물품이 아닌 것), 한 세트, 유닛(치과용 유닛 제외), 한 짝, 한 켤레,[83] 1족(足) 등의 명칭을 사용한 것

통상적으로 한 벌 또는 한 세트의 상태에서 디자인의 창작이 이루어지고, 또한 사용·판매되는 것에 대하여는 한 벌의 물품의 디자인으로 1출원이 인정되며, 이에 대해서는 디자인보호법 시행규칙 [별표 5]에서 규정하고 있는 한 벌의 물품으로 한정하고 있으므로, [별표 5]에서 규정하고 있는 한 벌의 물품 이외의 집합물적인 것을 1출원으로 한 경우에는 정당한 명칭의 기재로 인정하지 않는다.[84] 다만, "한 벌의 가방 세트" 중 개별 구성물품의 명칭으로 적은 경우에는 한 벌의 물품의 명칭으로 인정한다.[85]

자. 형상, 모양, 색채에 관한 명칭을 붙인 것

예를 들면, 우체통 형상의 저금통, 무궁화 꽃이 그려진 연필꽂이, 노란색의 전화기 등과 같이 물품명을 기재한 경우를 말한다.[86] 그 이유는 물품의 형상, 모양 또는 색채에 관한 명칭을 붙인 것은 원칙적으로 물품의 속성을 표현한 것이므로, 디자인의 대상이 되는 물품의 표현으로서는 적합하지 않기 때문이다.[87] 다만, 화상디자인(「물품의 액정화면 등 표시부에 표시되는 도형 등」)을 디자인의 구성요소로 하고 있는 물품의 명칭은 예외적으로 '화상디자인이 표시된 컴퓨터 모니터', '그래픽사용자인터페이스(GUI)가 표시된 휴대전화기', '아이콘이 표시된 개인 휴대용 정보단말기(PDA)', '화상디자인이 표시된 디스플레이 패널' 등

---

81) 노태정·김병진 공저(주 6), 288.
82) 특허청(주 21), 58.
83) 운동화를 출원하는 경우에도 디자인의 대상이 되는 물품을 "운동화 한 켤레"라고 기재하지 않는다. "운동화"라고 기재하여야 하며 도면은 운동화 한쪽만을 도시하고 "디자인의 설명"란에 한쪽의 도시는 생략하였다는 취지를 기재한다[조국현(주 10), 300].
84) 노태정·김병진 공저(주 6), 289.
85) (예) 한 벌의 신발 가방 및 책가방 세트, 한 벌의 여행용 가방 세트.
86) 조국현(주 10), 300.
87) 노태정·김병진 공저(주 6), 289.

과 같이 기재할 수 있다.[88]

차. 재질명을 붙인 것

목재책상, 왕골방석, 플라스틱 컵, ○○제○○ 등으로 재질명을 붙인 것은 물품의 구분에 의하지 않은 것으로 본다.[89] 다만, 고무장갑, 고무보트 등과 같이 보통명칭화된 것은 예외로 한다.[90]

카. 부분디자인에 관한 출원에서 "○○의 부분" 등의 명칭을 사용한 것

부분디자인이라고 하더라도 1디자인 1등록출원의 원칙에 따라야 하며 물품의 구분에서 물품의 부분에 대한 구분 내지 표시는 없으므로 전체디자인의 물품의 수준의 물품의 구분으로 출원할 것이 기준이 된다.[91] 따라서 예를 들면, "컵의 손잡이", "전화기의 버튼부분" 등과 같은 명칭을 적은 것은 정당한 명칭의 기재로 인정될 수 없다.

Ⅵ. 1디자인 1등록출원의 위반시 법적 취급

1. 1디자인 1등록출원의 위반시 효과

디자인보호법 제40조 제1항 및 제2항의 위반의 경우에는 거절이유(디자인보호법 제62조 제1항, 제2항), 정보제공사유(디자인보호법 제55조)에 해당하지만, 이것은 절차적인 요건인바, 착오로 디자인등록이 되더라도 디자인등록무효심판청구사유(디자인보호법 제121조) 또는 디자인일부심사등록 이의신청이유(디자인보호법 제68조 제1항)에는 해당되지 않는다.[92] 그 이유는 본 규정에서 규정하는 1디자인 1등록출원의 원칙은 법기술상으로 이루어지는 요청이며, 본 규정의 위반은 권리내용에 실체적 하자를 가지는 것과는 달리 절차상의 흠결이 있음에 불과한 것이기 때문이다.[93] 즉, 본 규정에 위반되는 권리가 존속한다고 하여 제3자가 불측의 손해를 입는 등의 공익에 반하는 경우가 발생되지 않고, 오히려 이를 이유로 권리를 소멸시키는 것은 디자인의 보호라는 법의 목적에 반할 수 있다

---

88) 특허청(주 21), 59.
89) 노태정·김병진 공저(주 6), 290.
90) 특허청(주 21), 59.
91) 노태정·김병진 공저(주 6), 290.
92) 김웅(주 12), 198.
93) 齊藤暸二 著, 정태련 譯(주 7), 309.

는 것이다.94)

한편, 복수디자인등록출원의 도면은 1디자인마다 분리하여 표현하여야 하
며, 하나의 일련번호 디자인의 도면에 2 이상의 디자인을 표현한 경우에는 법
제41조 제1항 후단에 위반되는 것으로 취급하는데, 이 경우 복수디자인등록출
원된 각각의 디자인에 대하여 1디자인 1디자인등록출원의 여부를 심사한다.95)

2. 1디자인 1등록출원의 위반시 극복조치

가. 디자인보호법 제40조 제1항의 위반시 극복조치

디자인보호법 제40조 제1항의 1디자인 1등록출원의 원칙을 위반하여 2이상
의 디자인을 1디자인등록출원으로 한 것96)은 2이상의 디자인 중 하나 이상을
삭제보정(디자인보호법 제48조)하거나 분할출원(디자인보호법 제50조)을 함으로써
본 규정의 위반에 관한 거절이유를 극복할 수 있다. 이때에 구체적인 극복조치
를 살펴보면, 하나의 출원으로 되어 있는 둘 이상의 디자인 중에 하나의 디자인
만을 등록받으려는 경우에는 원출원을 하나의 디자인에 대한 출원으로 보정하고,
하나의 출원으로 되어 있는 둘 이상의 디자인을 둘 이상의 디자인등록출원으로
분할하려는 경우에는 원출원을 하나의 디자인에 대한 출원으로 보정함과 아울
러, 나머지 디자인 중 등록을 받으려는 디자인마다 분할하여 출원하여야 한다.97)

그러나 '1디자인 1디자인등록출원으로 출원한 완성품 디자인에 관한 디자
인등록출원을 각각의 부품별로 분할하는 것'이나 '물리적으로 분리된 2 이상의
부분이 형태적 또는 기능적으로 일체성이 인정되어 1디자인 1디자인등록출원
요건을 충족하는 부분디자인등록출원을 각각의 부분으로 분할하는 것'은 분할
의 대상이 되지 않는다.98)

나. 디자인보호법 제40조 제2항의 위반시 극복조치

디자인보호법 제40조 제2항의 정당한 물품의 명칭의 기재가 아닐 경우에는

---

94) 김인배(주 14), 258.
95) 공경식 · 이승훈 공저(주 9), 226.
96) (예) ㉮ 출원서 또는 도면의 '디자인의 대상이 되는 물품'란에 "오토바이 및 오토바이완
   구"와 같이 둘 이상의 물품명을 기재한 것, ㉯ 도면에 "의자"에 관하여 각각 다른 형태로
   구성된 둘 이상의 디자인을 도시한 것, ㉰ 부분디자인등록출원의 도면에 형태적 또는 기
   능적으로 일체성이 인정되지 않고 물리적으로 분리된 2 이상의 부분을 '부분디자인으로
   등록을 받으려는 부분'으로 도시한 것[특허청(주 21), 77].
97) 특허청(주 21), 78.
98) 특허청(주 21), 77-78.

요지변경이 되지 아니하는 범위에서 정당한 물품의 명칭으로 보정하여야 본 규정의 위반에 관한 거절이유를 극복할 수 있다(디자인보호법 제48조). 디자인의 대상이 되는 물품의 명칭이 동일물품 이외의 물품으로 보정되는 경우에는 요지변경으로 취급되나,[99] 단순한 착오나 오기로 인정되는 경우 또는 불명확한 것을 명확하게 하는 보정의 경우에는 요지변경으로 취급되지 않으며,[100] 물품류 구분을 잘못 기재한 경우 요지변경이 되지 아니하는 범위에서 올바른 물품류 구분으로 보정할 수도 있다.[101]

한편, 총괄명칭으로 기재된 경우, 일반적으로는 도면과 디자인의 설명란에 기재된 바에 따라 추정되는 어느 하나의 물품으로 보정하는 것이 정상일 것이나, 출원인의 의도가 2이상의 물품으로 출원하려는 것으로 명백하게 인정될 수 있는 경우에는 분할이 가능할 것이다.[102]

Ⅶ. 1디자인 1등록출원 원칙의 예외

1디자인 1등록출원의 예외로서 다수의 물품으로 구성된 집합물을 1디자인등록출원으로 할 수 있는 한 벌의 물품의 디자인등록출원이 있고, 동일한 물품류에 속하는 물품에 대해서는 100 이내의 디자인을 1디자인등록출원으로 할 수 있는 복수디자인등록출원이 있으며, 변화 전과 변화 후의 2 이상의 형태가 도시된 도면의 제출이 가능한 동적디자인등록출원[103] 등이 있다.

〈정태호〉

---

99) (예) 접시 → 재떨이.
100) (예) 컵의 손잡이 → 컵.
101) 김웅(주 12), 199.
102) 김인배(주 14), 258.
103) 이것은 물품의 정적인 형태가 아닌 물품의 기능에 의하여 변화하는 상태의 미감을 보호하고자 하는 디자인등록출원이다[김인배(주 14), 259].

> **제41조(복수디자인등록출원)**
>
> 디자인등록출원을 하려는 자는 제40조 제1항에도 불구하고 산업통상자원부령으로 정하는 물품류 구분에서 같은 물품류에 속하는 물품에 대하여는 100 이내의 디자인을 1디자인등록출원(이하 "복수디자인등록출원"이라 한다)으로 할 수 있다. 이 경우 1 디자인마다 분리하여 표현하여야 한다.

〈소 목 차〉

Ⅰ. 본조의 의의

우리나라에서는 직물지 등과 같이 유행성이 강하고 Life-Cycle이 짧은 물품, 평면디자인, 디자인등록결정률이 높은 물품 등에 대한 디자인권의 조기부여를 통하여 창작자의 보호를 강화하고자 1998. 3. 1부터 일부 물품에 한하여 디자인 일부심사등록제도의 도입과 함께 복수디자인등록출원제도를 도입하였다.[1] 즉, 디자인은 하나의 디자인 컨셉(Concept)이나 모티브(Motif)로부터 다양한 디자인의 창작이 한꺼번에 이루어지는 경향이 있고, 이를 각각 1출원서로 출원할 경우 출원인에게 절차상의 불편을 초래하므로, 출원절차의 간소화를 이루는 동시에 비용부담을 경감하며 관련 디자인의 통일적 관리를 도모하기 위하여 복수디자인등록출원제도를 도입한 것이다.[2]

---

1) 조국현, 의장법, 법경사(2002), 329.
2) 노태정·김병진 공저, 디자인보호법, 세창출판사(2009), 317-318.

Ⅱ. 외국의 입법례

주로 유럽의 다수 국가에서는 1출원으로 다수의 디자인을 출원할 수 있도록 하고 있는데, EU디자인규정 및 디자인의 국제등록에 관한 헤이그협정(신헤이그협정)에서는 디자인의 국제분류인 로카르노 분류상의 동일류에 속하는 물품은 하나의 출원으로 디자인의 수의 제한 없이 출원할 수 있도록 하고,[3] 디자인의 국제기탁에 관한 헤이그협정(구헤이그협정), 프랑스 및 이탈리아에서는 국제분류상의 동일류에 속하는 물품은 하나의 출원으로 100개 디자인까지 출원할 수 있으며, 독일에서는 하나의 출원으로 50개 디자인까지 출원할 수 있다.[4] 특히 EU디자인규정에서의 복수디자인등록출원제도의 특징을 살펴보면, 출원인이 동일하여야 하며, 로카르노 분류상의 동일한 류에 속하는 물품에 관한 디자인들이어야 하는 바, 이러한 조건이 만족되면 하나의 출원에 포함될 수 있는 디자인의 수에는 제한이 없게 되는 특징을 가지고 있다.[5]

Ⅲ. 본조의 연혁

(1) 1997년 일부개정 의장법(1997. 8. 22 법률 제5354호, 시행 1998. 3. 1)에서는 종전에는 하나의 출원서로 하나의 의장만을 등록출원하도록 하였으나, 의장등록출원인의 편의를 도모하고 출원절차를 간소화하기 위하여 의장무심사등록출원을 하는 경우에는 1 출원서로 여러 개의 의장을 함께 등록출원할 수 있도록 '제11조의2(다의장등록출원)'을 신설하였다.[6]

(2) 2001년 일부개정 의장법(2001. 2. 3 법률 제6413호, 시행 2001. 7. 1)에서는 제11조의2의 제목인 "(다의장등록출원)"을 "(복수의장등록출원)"으로 하고, 동조

3) 노태정·김병진 공저(주 2), 318.
4) 조국현(주 1), 330.
5) 김창현, "유럽의 디자인 제도 고찰", 지식과권리, 대한변리사회(2008. 10), 68.
6) 제11조의2(다의장등록출원) ① 의장무심사등록출원은 20이내의 의장을 1의장등록출원(이하 "다의장등록출원"이라 한다)으로 할 수 있다. ② 다의장등록출원할 수 있는 의장의 범위는 제11조 제2항의 규정에 의한 물품의 구분상 통상산업부령이 정하는 분류가 동일한 것으로 한다. ③ 다의장등록출원을 하고자 하는 자는 기본의장과 함께 그 기본의장에 속하는 유사의장을 출원할 수 있다. ④ 제3항의 규정에 불구하고 자기의 등록의장 또는 의장등록출원된 의장의 유사의장을 다의장등록출원하는 경우에는 1기본의장에 속하는 유사의장에 한하여 1다의장등록출원으로 할 수 있다.

제1항을 "의장무심사등록출원은 20 이내의 의장을 1의장등록출원(이하 "복수의
장등록출원"이라 한다)으로 할 수 있다. 이 경우 1의장마다 분리하여 표현하여야
한다"로 개정하였으며, 동조 제2항 및 제3항 중 "다의장등록출원"을 "복수의장
등록출원"으로 개정하고, 동조 제4항중 "다의장등록출원"을 "복수의장등록출원"
으로, "1다의장등록출원"을 "1복수의장등록출원"으로 개정하였다.7)

(3) 2004년 일부개정 디자인보호법(2004. 12. 31 법률 제7289호, 시행 2005. 7.
1)에서는 법령에 대한 국민의 기본적인 이해도를 제고하고 디자인의 창작이 장
려될 수 있도록 하기 위하여 종전의 '의장'이라는 용어를 국민에게 친숙한 '디
자인'으로 변경함에 따라, 제11조의2의 제목인 "(복수의장등록출원)"을 "(복수디
자인등록출원)"으로 개정하고, 동조 제1항을 "디자인무심사등록출원은 제11조
제1항의 규정에 불구하고 20 이내의 디자인을 1디자인등록출원(이하 "복수디자인
등록출원"이라 한다)으로 할 수 있다. 이 경우 1디자인마다 분리하여 표현하여야
한다"고 개정하였다.8)

(4) 2013년 전부개정 디자인보호법(2013. 5. 28 법률 제11848호, 시행 2014. 7.
1)에서는 우선 조문번호를 기존의 제11조의2에서 제41조로 변경하고, 디자인일
부심사등록출원의 경우에만 20개 이내의 복수디자인등록출원이 허용되는 복수
디자인등록출원 제도를 개선하여 심사등록출원·일부심사등록출원의 구분 없이
같은 류에 속하는 물품은 100개까지 복수디자인등록출원이 가능하도록 하였으
며,9) 유사디자인제도의 폐지에 따라 기존의 유사디자인에 관련된 규정들을 삭

---

7) 제11조의2(복수의장등록출원) ① 의장무심사등록출원은 20 이내의 의장을 1의장등록출
   원(이하 "복수의장등록출원"이라 한다)으로 할 수 있다. 이 경우 1의장마다 분리하여 표현
   하여야 한다. ② 복수의장등록출원할 수 있는 의장의 범위는 제11조 제2항의 규정에 의한
   물품의 구분상 산업자원부령이 정하는 분류가 동일한 것으로 한다. ③ 복수의장등록출원
   을 하고자 하는 자는 기본의장과 함께 그 기본의장에 속하는 유사의장을 출원할 수 있다.
   ④ 제3항의 규정에 불구하고 자기의 등록의장 또는 의장등록출원된 의장의 유사의장을 복
   수의장등록출원하는 경우에는 1기본의장에 속하는 유사의장에 한하여 1복수의장등록출원
   으로 할 수 있다.
8) 제11조의2(복수디자인등록출원) ① 디자인무심사등록출원은 제11조 제1항의 규정에 불
   구하고 20 이내의 디자인을 1디자인등록출원(이하 "복수디자인등록출원"이라 한다)으로
   할 수 있다. 이 경우 1디자인마다 분리하여 표현하여야 한다. ② 복수디자인등록출원할 수
   있는 디자인의 범위는 제11조 제2항의 규정에 의한 물품의 구분상 산업자원부령이 정하는
   분류가 동일한 것으로 한다. ③ 복수디자인등록출원을 하고자 하는 자는 기본디자인과 함
   께 그 기본디자인에 속하는 유사디자인을 출원할 수 있다. ④ 제3항의 규정에 불구하고 자
   기의 등록디자인 또는 디자인등록출원된 디자인의 유사디자인을 복수디자인등록출원하는
   경우에는 1기본디자인에 속하는 유사디자인에 한하여 1복수디자인등록출원으로 할 수 있다.
9) 이와 관련하여 사실 유행성이 강하여 조기 권리화가 필요한 일부심사 대상물품과 특정

제함으로써 현행 규정과 동일하게 되었다. 한편, 복수디자인등록출원된 디자인 중 일부 디자인에만 거절이유가 있는 경우에는 그 일부에 대해서만 거절결정을 할 수 있도록 하는 개정을 제65조 등에서 아울러 규정하기도 하였다.[10)]

Ⅳ. 복수디자인등록출원의 요건

1. 같은 물품류에 속하는 물품일 것

복수디자인등록출원은 심사등록대상 뿐만 아니라 일부심사등록대상 모두 가능하다.[11)] 신속한 심사를 위해 시행규칙 [별표 4]의 물품류 구분 중 같은 물품류에 속하는 물품들에 한해 복수디자인등록출원을 할 수 있고, 심사상 편의를 위해 물품류가 다른 물품은 복수디자인등록출원을 할 수 없으므로, 이 경우 물품류가 다른 물품의 디자인에 대하여는 출원분할이나 출원취하를 할 수 있다.[12)] 복수디자인등록출원된 디자인의 물품이 같은 물품류에 속하지 않으면 법 제41조(복수디자인등록출원)에 위반되는 것으로 본다.[13)]

2. 100이내의 디자인일 것

복수디자인등록출원은 100 이내의 디자인을 출원한 것이어야 한다(디자인보호법 제41조). 이것은 같은 분류에 한해 100개까지의 복수출원을 허용하는 헤이그협정과의 조화를 위해 종래 20개에 한하던 것을 100개까지 복수디자인등록출원이 가능하도록 하였다.[14)] 복수디자인등록출원 중 일부 디자인에 대한 출원취하는 삭제 보정으로 할 수 있으며, 출원서에 적힌 출원디자인의 수보다 첨부된 도면상의 디자인의 수가 많은 경우에는 도면상 디자인의 수를 기준으로 출원서

모티브에 의하여 다수의 디자인이 동시에 창작되어 이를 함께 권리화할 필요성이 있는 물품이 반드시 일치된다고 할 수 없었다는 점에서 이번 개정은 출원인의 편의를 제고한 것이라고 볼 수 있다[신재호, "디자인보호법 전부 개정(안)에 관한 검토", 법학연구 제20권 제3호(2012. 10), 경상대학교 법학연구소, 192].

10) 제65조(디자인등록결정) 심사관은 디자인등록출원에 대하여 거절이유를 발견할 수 없을 때에는 디자인등록결정을 하여야 한다. 이 경우 복수디자인등록출원된 디자인 중 일부 디자인에 대하여 거절이유를 발견할 수 없을 때에는 그 일부 디자인에 대하여 디자인등록결정을 하여야 한다.

11) 공경식·이승훈 공저, 코어 디자인보호법, 한빛지적소유권센터(2014), 265.

12) 김웅, 디자인보호법, 도서출판 에듀비(2014), 210.

13) 특허청, 디자인심사기준(2014), 64.

14) 김인배, 理智 디자인보호법, 한빛지적소유권센터(2014), 264.

를 보정할 수 있다.[15]

3. 1디자인마다 분리하여 표현할 것

복수디자인등록출원은 다수의 디자인을 하나의 출원으로 절차를 진행하기 위한 것일뿐 1디자인마다 독립적인 권리가 발생하는 것이므로,[16] 1디자인마다 분리하여 표현하여야 한다(디자인보호법 제41조 후단). 따라서 복수디자인등록출원의 도면은 1디자인마다 분리하여 표현하여야 하며, 하나의 일련번호 디자인의 도면에 2 이상의 디자인을 표현한 경우에는 디자인보호법 제41조 제1항 후단에 위반되는 것으로 취급한다.[17]

4. 복수디자인의 각 디자인별로 등록요건을 만족할 것

복수디자인등록출원된 디자인등록출원의 각각은 출원절차상 1출원으로 취급되긴 하지만, 복수디자인의 각 디자인은 심사 또는 일부심사 등록요건을 만족하여야 하는데, 이것은 각 디자인별로 개별적인 디자인권이 발생되기 때문이다.[18]

5. 등록요건의 흠결시 취급

디자인보호법 제41조에서 규정하는 복수디자인등록출원의 등록요건의 흠결시에는 거절이유(디자인보호법 제62조 제1항, 제2항)와 정보제공사유(디자인보호법 제55조)에는 해당되나, 이것은 절차적 요건에 불과하므로, 등록 후의 디자인등록무효심판청구사유(디자인보호법 제121조 제1항)나 디자인일부심사등록출원에 대한 이의신청이유(디자인보호법 제68조 제1항)에는 해당되지 않는다.

한편, 심사관의 거절이유통지에 있어서, 복수디자인등록출원된 디자인 중 일부 디자인에 대하여 거절이유가 있는 경우에는 그 디자인의 일련번호, 디자인의 대상이 되는 물품 및 거절이유를 구체적으로 기재하여야 하고(디자인보호법 제63조 제2항), 복수디자인등록출원에 대하여 거절결정을 할 경우 일부 디자인에만 거절이유가 있으면 그 일부 디자인에 대해서만 디자인등록거절결정을 할 수 있다(디자인보호법 제62조 제5항). 그리고 복수디자인등록출원된 디자인 중 일부

15) 특허청(주 13), 64.
16) 김웅(주 12), 210.
17) 특허청(주 13), 64.
18) 김인배(주 14), 265.

디자인에 대하여 거절이유를 발견할 수 없을 때에는 그 일부 디자인에 대하여 디자인등록결정을 하여야 한다(디자인보호법 제65조). 이와 관련하여 2013년 전부개정법 이전에는 복수디자인 중 일부라도 거절이유를 치유하지 못하는 경우 해당 복수디자인 전체가 거절되어 출원인의 입장에서 볼 때에 가혹한 면이 있었기 때문에, 2013년 전부개정법은 이러한 불합리를 해소하고자 위의 법규정상의 내용과 같이 복수디자인 중 일부 디자인에 대해서만 거절결정 및 등록결정을 할 수 있도록 하였다.

V. 복수디자인등록출원절차

1. 출원서 및 도면

복수디자인등록출원을 하고자 하는 자는 디자인보호법 제37조 제1항 각호의 사항을 기재한 디자인등록출원서를 제출하는데, 디자인보호법 제41조에 따른 복수디자인등록출원 여부, 디자인의 수 및 각 디자인의 일련번호를 기재하여야 한다(디자인보호법 제37조 제1항 제7, 8호). 그리고 복수디자인등록출원서에는 각 디자인에 관한 일련번호를 기재한 도면을 첨부하여야 한다(디자인보호법 제37조 제2항 제3호). 복수디자인등록출원된 디자인마다 도면 또는 사진 중 한 가지로 통일되게 표현하여야 하는데, 다만, 3D 모델링 도면으로 제출할 경우에는 모든 디자인을 3D 모델링 파일 형식으로 하여야 한다.[19] 이 경우에 복수디자인등록출원의 도면이 디자인의 수에 부족한 경우에는 부적법한 출원서류로 보아 반려될 수 있다(디자인보호법 시행규칙 제24조 제1항 제12호).

한편, 복수디자인등록출원된 디자인 중 일부 디자인에만 디자인보호법 제38조 제1항 각호에 따른 보완이 필요한 경우에는 그 일부 디자인에 대한 절차보완서가 특허청장에게 도달한 날을 복수디자인 전체의 출원일로 본다(디자인보호법 제38조 제4항 단서).

2. 보   정

우선 일부디자인에 대한 출원취하는 삭제 보정으로 할 수 있도록 한다.[20]

---

19) 특허청(주 13), 64.
20) 그 이유는 원칙적으로 복수디자인등록출원은 1출원으로 출원절차상 취급되므로 각 출원 디자인에 대한 취하, 포기는 인정되지 않기 때문이다[공경식·이승훈 공저(주 11), 266].

그리고 출원서에 기재된 디자인의 수와 첨부된 도면의 디자인의 수가 일치하지 않을 경우 첨부된 도면의 디자인의 수를 기준으로 출원서의 기재사항을 보정해야 하는데, 복수디자인등록출원의 출원서에 기재된 디자인의 수와 첨부된 도면의 디자인의 수가 일치하지 않은 경우, 출원서에 기재된 디자인의 수에 맞추어 도면을 추가로 제출하는 보정은 요지변경으로 보지만,21) 출원서에 기재된 디자인의 수를 첨부된 도면의 디자인의 수에 맞추어 보정하는 경우는 요지변경으로 보지 않는다.22)

한편, 복수디자인등록출원된 디자인의 일부를 취하하기 위하여 출원디자인의 일부를 삭제 보정하는 경우에는 요지변경으로 보지 않으며,23) 일부 디자인을 요지변경으로 판단시 복수디자인등록출원 중 그 일부 디자인에 대하여 보정각하의 결정을 할 수 있다.24)

3. 분할출원

복수디자인등록출원한 자는 출원의 일부를 1 이상의 새로운 출원으로 분할하여 출원을 할 수 있으며(디자인보호법 제50조 제1항 제2호), 이와 같은 분할출원은 신규성 의제(디자인보호법 제36조 제2항 제1호) 및 우선권주장(디자인보호법 제51조 제3, 4항) 관련 절차를 제외하고는 최초에 디자인등록출원을 한 때에 출원한 것으로 본다(디자인보호법 제50조 제2항).

분할의 대상이 되는 것은 디자인보호법 제41조에 따라 복수디자인등록출원으로 한 것, 복수디자인등록출원된 하나의 일련번호의 디자인에 2 이상의 디자인을 도시한 것, 복수디자인등록출원에 물품류가 다른 물품이 포함된 것 등이 해당된다.25)

복수디자인등록출원에 대한 출원의 분할은 다음과 같이 한다. 첫째, 출원의 분할에 따라 출원디자인의 수가 변동된 경우에는 원출원의 출원서 및 도면을 보정함과 아울러, 분할되는 디자인은 시행규칙의 [별지 제3호 서식](디자인등록출원서)에 의하여 분할하여 출원하여야 한다. 둘째, 출원의 분할에 따라 원출원

---

21) (예) 출원서에는 10개의 디자인에 대한 출원으로 표시되어 있으나 도면은 9개의 디자인에 대한 것만 첨부된 출원에 있어 1개 디자인에 대한 도면을 추가로 제출하는 경우에는 요지변경으로 된다[특허청(주 13), 72].
22) 특허청(주 13), 73.
23) 특허청(주 13), 73.
24) 특허청(주 13), 75.
25) 특허청(주 13), 77.

이 하나의 디자인만을 출원하는 것으로 된 경우에는 원출원의 출원서상 "복수디자인"의 표시를 "1디자인"으로 보정하여야 한다. 셋째, 출원의 분할은 통상의 디자인등록출원과 동일한 절차에 의하여 출원서를 제출한다.[26]

한편, 복수디자인등록출원된 하나의 일련번호의 디자인에 둘 이상의 디자인이 포함된 경우에는, 분할하여 출원하거나 각각 하나의 일련번호의 디자인으로 보정하여야 한다. 다만, 도면을 보정함으로써 출원디자인의 수가 100개를 초과하게 되는 때에는 분할하여 출원하여야 한다.[27]

4. 복수디자인등록출원에 관한 각종 신청 및 청구 등

2013년 전부개정법 이전에는 복수디자인등록출원에 대한 우선심사, 출원공개의 신청, 비밀디자인의 청구 등은 출원된 복수디자인 전체를 대상으로 하게 되어 있었다. 그러나 해당 개정법이 시행된 이후인 2014년 7월 1일부터는 복수디자인등록출원된 디자인의 일부에 대해서도 비밀디자인의 청구(디자인보호법 제43조 제1항[28]), 출원공개의 신청(디자인보호법 제52조 제1항[29]), 우선심사(디자인보호법 제61조 제2항[30])가 가능하도록 되었다. 이것과 관련하여 복수디자인등록출원에 출원일체의 원칙을 유지하여 전체를 대상으로만 출원을 처리하는 것은 출원인에게 가혹하다는 점, 복수디자인등록출원이 1출원에 100개까지의 출원이 가능하게 되었으므로 이러한 문제가 가중될 것이라는 점을 고려하면 이러한 입법은 바람직한 입법이라는 견해가 다수적이다.[31]

VI. 복수디자인등록출원의 등록의 효과 및 디자인권

복수디자인등록출원에 대한 디자인등록결정을 받은 자가 등록료를 납부하

---

26) 특허청(주 13), 78.
27) 특허청(주 13), 78-79.
28) 디자인등록출원인은 디자인권의 설정등록일부터 3년 이내의 기간을 정하여 그 디자인을 비밀로 할 것을 청구할 수 있다. 이 경우 복수디자인등록출원된 디자인에 대하여는 출원된 디자인의 전부 또는 일부에 대하여 청구할 수 있다.
29) 디자인등록출원인은 산업통상자원부령으로 정하는 바에 따라 자기의 디자인등록출원에 대한 공개를 신청할 수 있다. 이 경우 복수디자인등록출원에 대한 공개는 출원된 디자인의 전부 또는 일부에 대하여 신청할 수 있다.
30) 특허청장은 복수디자인등록출원에 대하여 제1항에 따라 우선심사를 하는 경우에는 제1항 각 호의 어느 하나에 해당하는 일부 디자인만 우선하여 심사하게 할 수 있다.
31) 김인배(주 14), 266; 김웅(주 12), 213.

는 때에는 디자인별로 이를 포기할 수 있다(디자인보호법 제80조).[32) 그리고 복수디자인등록출원은 각 디자인에 대한 권리청구절차를 하나의 절차로 한다는 것이고 복수디자인등록은 각 디자인에 대한 권리설정을 하나의 절차로 한다는 것일 뿐 설정등록의 효과는 개별적인 1디자인등록의 경우와 같이 각 디자인마다 독립된 복수의 디자인권이 발생한다.[33) 따라서 각 디자인마다 디자인일부심사등록 이의신청의 대상이 되고(디자인보호법 제68조 제1항 후단[34)), 각 디자인마다 디자인등록무효심판청구(디자인보호법 제121조 제1항[35)) 및 권리범위확인심판청구(디자인보호법 제122조[36))의 대상이 된다.[37) 또한 복수디자인등록된 디자인권은 각 디자인권마다 분리하여 이전할 수 있고(디자인보호법 제96조 제5항[38)), 각 디자인권마다 분리하여 포기할 수 있으며(디자인보호법 제105조[39)), 각 디자인권마다의 사용, 수익, 처분도 가능하다.[40)

〈정태호〉

---

32) 복수디자인등록출원은 복수디자인에 대한 권리등록절차를 하나의 절차로 하는 것이고, 한 절차의 일부를 포기하는 것은 불가능하다는 해석에 의하여 1997년 개정 디자인보호법을 운영함에 있어서 복수디자인등록출원에 대한 디자인별 포기가 불가능하였다. 그러나 출원인의 보호측면에서 보면 복수디자인권의 등록절차를 병합하여 밟는 것으로 해석할 수 있으므로 2001년 개정법에서는 등록료를 납부할 때 일부디자인에 대한 등록절차를 포기할 수 있도록 하였다[조국현(주 1), 336].

33) 조국현(주 1), 336.

34) 이 경우 복수디자인등록출원된 디자인등록에 대하여는 각 디자인마다 디자인일부심사등록 이의신청을 하여야 한다.

35) 이해관계인 또는 심사관은 디자인등록이 다음 각 호의 어느 하나에 해당하는 경우에는 무효심판을 청구할 수 있다. 이 경우 제41조에 따라 복수디자인등록출원된 디자인등록에 대하여는 각 디자인마다 청구하여야 한다.

36) 디자인권자·전용실시권자 또는 이해관계인은 등록디자인의 보호범위를 확인하기 위하여 디자인권의 권리범위 확인심판을 청구할 수 있다. 이 경우 제41조에 따라 복수디자인등록출원된 디자인등록에 대하여는 각 디자인마다 청구하여야 한다.

37) 복수디자인으로 등록된 등록디자인 전체에 대한 디자인무심사등록이의신청과 디자인등록무효심판청구도 당연히 가능하다[조국현(주 1), 336].

38) 복수디자인등록된 디자인권은 각 디자인권마다 분리하여 이전할 수 있다.

39) 디자인권자는 디자인권을 포기할 수 있다. 이 경우 복수디자인등록된 디자인권은 각 디자인권마다 분리하여 포기할 수 있다.

40) 이와 달리 한 벌의 물품의 디자인권은 한 벌의 물품의 전체로서 하나의 디자인권이 성립되므로, 각 구성물품에 대한 디자인권은 발생하지 않는다[조국현(주 1), 336].

〈소 목 차〉

Ⅰ. 본조의 의의

2이상의 물품이 한 벌의 물품으로 동시에 사용되는 경우 그 한 벌의 물품의 디자인이 한 벌 전체로서 통일성이 있는 때에는 1디자인으로 디자인등록을 받을 수 있는 제도를 한 벌의 물품의 디자인 제도라고 한다. 디자인 보호 제도에서는 디자인등록출원의 대상을 명확히 하여 신속한 심사처리를 도모하고, 디자인권의 범위를 명확하게 하기 위한 관리상의 필요에 의하여 원칙적으로 1물품 또는 1물품의 1부분에 관한 1형태에 관해서 1디자인등록출원으로 하도록 하는 1디자인 1디자인등록출원의 원칙을 취하고 있다.[1] 그러나 예외적으로 다수의 물품으로 구성되어 있는 집합물에 관한 1형태를 1디자인으로 보호하는 한 벌의 물품의 디자인 제도를 디자인보호법상 규정하고 있다.

1디자인 1디자인등록출원의 원칙을 엄격히 적용하면 디자인 보호 제도로서 보호받지 못하는 물품의 미적 외관이 존재하게 되는데, 이러한 원칙에 따르면, 각각의 물품마다 출원하여 등록을 받을 필요가 있지만, 이것에는 전체로서의 통일감이 표현되지 않고, 구성물품의 조합에 존재하는 미감이 보호되지 않는 것으로 되는 문제점이 생기게 된다.[2] 따라서 이러한 물품의 미적인 창작을 보호하고 사회의 물품거래의 관행을 디자인 보호제도로 수용하기 위하여 일정한 요건에 충족되는 다수 물품의 통합적 형태에 대해서도 제도적으로 보호할 필요성이 있는 것이며, 이와 같은 다수 물품에 의한 통합적 미감을 보호하여 거래사회의 실정에 호응하기 위해 한 벌의 물품의 디자인 제도가 도입된 것이다. 다시 말하여 집합물의 구성물이 상호 보완관계에 있어서 동시에 사용되어질 때 그 효용과 기능이 완전해지며 이로 인하여 통합적 디자인이 이루어지고 있거나 통합적 디자인이 가능한 집합물에 대해서는 그 통합적 디자인의 창작적 가치를 보호하기 위하여 1디자인으로 디자인등록을 받을 수 있도록 한 것이다.[3]

Ⅱ. 규정의 체계

본조 제1항은 한 벌의 물품의 디자인의 적용요건을, 제2항은 한 벌의 물품의 구분에 대한 내용을 규정한 것이다.

Ⅲ. 외국의 입법례

우리나라의 한 벌의 물품의 디자인과 동일한 규정이 일본의 의장법에 있는데, 일본 의장법 제8조에서는 '조물의장(組物の意匠)'으로 규정되어 있으며, 해당 규정의 내용은 "동시에 사용되는 2 이상의 물품으로 경제산업성령에서 정하는 것(이하, '組物'이라고 함)을 구성하는 물품에 관련된 의장은, 조물전체로서 통일

---

1) 조국현, 의장법, 법경사(2002), 377.
2) 寒河江孝允·峯唯夫·金井重彦 編著, 意匠法コンメンタール(第2版), レクシスネクシス·ジャパン株式會社(2012), 241(中川裕幸 집필부분).
3) 특허청 국제지식재산연수원, 디자인보호법 개론서(2008), 94.

이 있는 때는, 1 의장으로 하여 출원을 하고, 의장등록을 받을 수 있다"고 되어 있는바,[4) 해당 규정의 입법취지도 역시 우리나라 디자인보호법상 한 벌의 물품 의 디자인 제도의 입법취지와 동일하다.

Ⅳ. 본조의 연혁

(1) 1961년 제정 의장법(1961. 12. 31, 법률 제951호, 시행 1961. 12. 31)에서는 '한 벌의 물건'이라는 용어를 사용하면서 제8조[5)에서 한 벌의 물건의 정의와 한 벌의 물건의 적용요건을, 제9조[6)에서는 한 벌의 물건의 불가분성에 대해서 규정하고 있었다.

(2) 1973년 개정법(1973. 2. 8 법률 제2507호, 시행 1974. 1. 1)에서는 기존의 '한 벌의 물건'을 현행법상의 용어인 '한 벌의 물품'으로 수정하고, 제10조[7)에서 '한벌 물품의 의장'에 대해서 별도로 규정하게 되었다.

(3) 1980년 개정법(1980. 12. 31 법률 제3327호, 시행 1981. 9. 1)에서는 기존의 제10조 제3항에서 한벌을 구성하는 물품의 의장이 '제3조·제5조·제12조 제1항 및 제2항'의 규정에 해당되지 아니하는 경우에 한하여 의장등록을 받을 수 있다 고 규정하고 있었던 것에서 의미없는 규정이었던 제12조 제2항[8)을 삭제하였다.

(4) 1990년 개정법(1990. 1. 13 법률 제4208호, 시행 1990. 9. 1)에서는 전부개

---

4) 寒河江孝允·峯唯夫·金井重彦 編著(주 2), 241(中川裕幸 집필부분).
5) 제8조(물건의 지정범위) ① 의장등록출원인은 다음 각호의 1에 해당하는 경우에는 한 벌 의 물건을 지정할 수 있다. 1. 한벌의 물건이 동일 또는 유사한 형장, 모양이나 색채 또는 이들의 결합으로 되어 한개의 의장이라고 인정되는 경우, 2. 한벌의 물건이 연관성이 있어 한개의 의장이라고 인정되는 경우
　② 한벌의 물건이라 함은 관습상 한벌로서 판매되고 동시에 사용되는 2이상의 물건을 말한다.
6) 제9조(의장의 불가분성) ① 한벌의 물건중 어떤 물건에 불등록사유가 있을 경우에는 그 물건전체를 등록하지 아니한다. ② 한벌의 물건중 등록무효의 사유가 있을 때에는 그 물 건전체의 의장을 무효로 한다.
7) 제10조(한벌 물품의 의장) ① 관습상 한벌의 물품으로 판매되고 사용되는 2종이상의 물 품으로서 한벌을 구성하는 물품의 의장은 한벌 전체로서 동일성이 있을 때에는 1의장으로 의장등록출원을 할 수 있다. ② 전항의 규정에 의한 한벌의 물품은 상공부령으로 정한다. ③ 제1항의 경우는 한벌을 구성하는 물품의 의장이 제3조·제5조·제12조 제1항 및 제2 항의 규정에 해당되지 아니하는 경우에 한하여 의장등록을 받을 수 있다.
8) 해당 규정은 선출원주의 판단에 관하여 "의장등록출원중 그 하나가 무효 또는 취하된 때에는 그 의장등록출원은 처음부터 없었던 것으로 본다"는 규정에 해당되어 한벌을 구성 하는 물품의 의장의 등록거절과 직접적인 관련이 없는 것이므로, 제10조 제3항에서 삭제 된 것으로 보인다.

정에 의하여 기존의 조문번호를 제10조에서 제12조로 변경하고, 제12조 제1항에서 기존의 '동일성'이라는 표현을 '통일성'으로 바꾸는 등 해당 조문의 내용을 다소 바꾸었다.9)

(5) 2001년 개정법(2001. 2. 3 법률 제6413호, 시행 2001. 7. 1)10)에서는 구법상의 제1항에서 "2종 이상"으로 되어 있었던 요건을 "2 이상의 물품"으로 개정하여 한 벌의 물품의 디자인의 등록요건을 완화하였는데,11) 그 이유는 2001년 개정법 이전에는 2종 이상의 물품이 관습상 한 벌의 물품으로 판매되고 사용되는 경우에만 한 벌의 물품으로의 성립성을 인정하고 있어 신규로 창작되는 시스템 디자인12)의 보호에 시의적절하게 대응하지 못하였는 바, 이를 시정하기 위해서 2001년 개정법에서는 사회의 거래관습에 관계없이 현실적으로 2 이상의 물품이 한 벌로 사용되고 있는 물품은 구성물품이 동종이냐 이종이냐에 상관없이 한 벌의 물품으로 성립될 수 있도록 성립요건을 완화하였다.13)

그리고 2001년 개정법에서는 역시 구법상의 제1항에서 "관습상 한 벌의 물품으로 판매되고"라는 문구를 삭제함으로써, 사회의 거래관습에 관계없이 현실적으로 2 이상의 물품이 한 벌로 사용되고 있는 경우에 한 벌의 물품으로 성립될 수 있도록 하였다.14)

한편, 2001년 개정법에서는 개별 구성물품에 대한 실체적 등록요건 규정인 구법상의 제12조 제3항을 삭제하여 한 벌의 물품의 전체디자인이 등록요건을 충족하는 경우에는 각 구성물품이 실체적 등록요건을 위반하고 있다고 하더라도 등록될 수 있도록 등록요건을 완화하여 각 구성물품의 등록요건 구비를 요

---

9) 제12조(한 벌의 물품의 의장) ① 2종이상의 물품이 관습상 한 벌의 물품으로 판매되고 사용되는 경우 당해 한 벌의 물품의 의장은 한 벌 전체로써 통일성이 있을 때에는 1의장으로 의장등록출원을 할 수 있다. ② 제1항의 규정에 의한 한 벌의 물품의 구분은 상공부령으로 정한다. ③ 제1항의 규정에 의한 의장등록출원은 한 벌을 구성하는 물품의 의장이 제5조·제6조·제16조 제1항 및 제2항에서 규정한 요건에 해당하는 경우에 한하여 의장등록을 받을 수 있다.
10) 제12조(한 벌의 물품의 의장) ① 2 이상의 물품이 한 벌의 물품으로 동시에 사용되는 경우 당해 한 벌의 물품의 의장이 한 벌 전체로서 통일성이 있는 때에는 1의장으로 의장등록을 받을 수 있다. ② 제1항의 규정에 의한 한 벌의 물품의 구분은 산업자원부령으로 정한다. ③ 삭제
11) 김웅, 디자인보호법, 도서출판 에듀비(2014), 214.
12) 응접 세트, 부엌가구 세트, 오디오 세트 등과 같이 특정한 목적으로 제공되는 복수의 물품군에 대해 그들의 자유로운 조합을 고려하면서 전체적인 통일감을 갖도록 각각의 물품이 디자인된 것을 말한다[노태정·김병진 공저, 디자인보호법, 세창출판사(2009), 362].
13) 공경식·이승훈 공저, 코어 디자인보호법, 한빛지적소유권센터(2014), 238.
14) 조국현(주 1), 378.

구하지 않도록 개정되었는 바, 이는 한 벌의 물품의 디자인의 등록요건과 그 권리행사의 태양간의 부정합[15]을 해소하기 위하여 디자인 전체로서만 신규성이 있거나 쉽게 창작할 수 없는 경우 등에는 등록요건을 만족시키는 것으로 하여 등록되도록 한 것이다.[16]

또한 2001년 개정법에서는 이러한 제12조 제3항의 개정에 따라 제19조의 분할출원과 관련하여서도 한 벌의 물품의 디자인에 관한 분할출원 관련 규정들을 삭제하였다.[17]

그리고 2001년 개정법에 따른 2001년 개정 시행규칙(2001. 6. 30 산업자원부령 제129호, 시행 2001. 7. 1)[18] 제9조(물품의 구분등) 제2항[19]의 [별표 5]에서는 '한 벌의 끽연용구 세트', '한 벌의 차 세트', '한 벌의 화채용 세트', '한 벌의 숟가락 및 젓가락', '한 벌의 나이프, 포크 및 스푼', '한 벌의 반상기'와 같은 6개 품목만을 한 벌의 물품으로 정하고 있었던 것에서 31개 품목[20]으로 한 벌의 물품의 대상을 확대하였다.

(6) 2004년 개정법(2004. 12. 31 법률 제7289호, 시행 2005. 7. 1)에서는 구법상

---

15) 한 벌의 물품의 디자인은 다수의 물품으로 구성되어 있으나 1 디자인권만 발생하고 각 구성물품은 디자인권이 발생하지 않음에도 각 구성물품에 대한 실체적 등록요건을 요구하고 있어 등록요건과 디자인권의 효력 간에 불합리한 점이 있었고, 선등록되거나 공지된 디자인의 물품을 구성물품으로 하여 통합적 미감을 창출하는 한 벌의 물품의 디자인을 창작하더라도 등록받을 수 없는 문제점이 있었다[조국현(주 1), 378].
16) 노태정·김병진(주 12), 362.
17) 구법상 분할출원에 관계된 제19조 제1항 제3호에는 분할출원을 할 수 있는 자로서 "제12조 제1항의 규정에 의하여 한 벌의 물품의 의장을 1의장으로 의장등록출원한 자"가 규정되어 있었고, 동조 제4항에는 "제1항의 규정에 의한 의장등록출원의 분할중 제12조 제1항의 규정에 의한 한 벌의 물품의 의장을 2이상의 의장등록출원으로 분할한 경우에는 최초의 의장등록출원은 취하한 것으로 본다"와 같은 규정이 있었으나, 한 벌의 물품의 디자인의 구성물품에 대한 등록요건 부과 규정이 삭제됨에 따라서 해당 규정들도 삭제되었다.
18) 이 시행규칙은 2001년 7월 1일부터 시행되었다.
19) 법 제12조 제2항의 규정에 의한 한 벌의 물품의 구분은 별표 5와 같다.
20) 1. 한 벌의 여성용 한복 세트, 2. 한 벌의 남성용 한복 세트, 3. 한 벌의 여성용 속옷 세트, 4. 한 벌의 장신구 세트, 5. 한 벌의 커프스버튼 및 넥타이 핀, 6. 한 벌의 끽연용구 세트, 7. 한 벌의 침장 세트, 8. 한 벌의 커피 세트, 9. 한 벌의 화채용 세트, 10. 한 벌의 반상기, 11. 한 벌의 다기 세트, 12. 한 벌의 양념용기 세트, 13. 한 벌의 밥그릇과 국그릇, 14. 한 벌의 주기 세트, 15. 한 벌의 나이프, 포크 및 스푼, 16. 한 벌의 숟가락 및 젓가락, 17. 한 벌의 제기 세트, 18. 한 벌의 세면화장대 세트, 19. 한 벌의 책상과 책꽂이, 20. 한 벌의 거실용 가구 세트, 21. 한 벌의 테이블 세트, 22. 한 벌의 사무용 가구 세트, 23. 한 벌의 응접 세트, 24. 한 벌의 탁자와 의자, 25. 한 벌의 부엌가구 세트, 26. 한 벌의 서도용구 세트, 27. 한 벌의 필기구 세트, 28. 한 벌의 오디오 세트, 29. 한 벌의 개인용 컴퓨터 세트, 30. 한 벌의 텔레비젼수상기와 받침대, 31. 한 벌의 문짝과 문설주.

'의장법'의 명칭을 '디자인보호법'으로 개정함에 따라 구법상의 '한 벌의 물품의 의장'이 '한 벌의 물품의 디자인'으로 바뀌었다.

(7) 한편, 2009년 개정 시행규칙(2009. 12. 30 지식경제부령 제108호, 시행 2010. 1. 1)[21] 제9조(물품의 구분등) 제2항의 [별표 5]에서는 출원인의 편의를 위하고 다양한 창작적 시도를 보호하기 위해 한 벌의 물품의 대상을 종래 31개에서 86개[22]로 확대시켰다.

(8) 2013년 개정법(2013. 5. 28 법률 제11848호, 시행 2014. 7. 1)에서는 전부개정에 의하여 기존의 조문번호를 제12조에서 제42조로 변경하고, 해당 개정법에 따라 역시 전부개정된 개정 시행규칙(2014. 4. 21 산업통상자원부령 제58호)[23] 제

---

21) 이 시행규칙은 2010년 1월 1일부터 시행되었다.
22) 1. 한 벌의 여성용 한복 세트, 2. 한 벌의 남성용 한복 세트, 3. 한 벌의 여성용 속옷 세트, 4. 한 벌의 장신구 세트, 5. 한 벌의 커프스버튼 및 넥타이 핀 세트, 6. 한 벌의 끽연용구 세트, 7. 한 벌의 침장 세트, 8. 한 벌의 커피 세트, 9. 한 벌의 화채용 세트, 10. 한 벌의 반상기 세트, 11. 한 벌의 다기 세트, 12. 한 벌의 양념용기 세트, 13. 한 벌의 밥그릇과 국그릇 세트, 14. 한 벌의 주기 세트, 15. 한 벌의 나이프, 포크 및 스푼 세트, 16. 한 벌의 숟가락 및 젓가락 세트, 17. 한 벌의 제기 세트, 18. 한 벌의 세면화장대 세트, 19. 한 벌의 책상과 책꽂이 세트, 20. 한 벌의 거실용 가구 세트, 21. 한 벌의 테이블 세트, 22. 한 벌의 사무용 가구 세트, 23. 한 벌의 응접 세트, 24. 한 벌의 탁자와 의자 세트, 25. 한 벌의 부엌가구 세트, 26. 한 벌의 서도용구 세트, 27. 한 벌의 필기구 세트, 28. 한 벌의 오디오 세트, 29. 한 벌의 개인용 컴퓨터 세트, 30. 한 벌의 텔레비전수상기와 받침대 세트, 31. 한 벌의 문짝과 문설주 세트, 32. 한 벌의 화장실 청소용구 세트, 33. 한 벌의 세면용구 세트, 34. 한 벌의 전기칫솔 세트, 35. 한 벌의 캠핑용 식기 세트, 36. 한 벌의 자동차용 바닥매트 세트, 37. 한 벌의 야외용 테이블 및 의자 세트, 38. 한 벌의 자동차용 시트커버 세트, 39. 한 벌의 변기용 부속품 세트, 40. 한 벌의 골프클럽 세트, 41. 한 벌의 드럼 세트, 42. 한 벌의 사무용구 세트, 43. 한 벌의 자동차용 페달 세트, 44. 한 벌의 차량용 오디오 기기 세트, 45. 한 벌의 스피커 박스 세트, 46. 한 벌의 전문 운동복 세트, 47. 한 벌의 손톱·발톱 미용기구 세트, 48. 한 벌의 가방 세트, 49. 한 벌의 지갑 및 벨트 세트, 50. 한 벌의 화장용 브러시 세트, 51. 한 벌의 머리빗 세트, 52. 한 벌의 이발기구 세트, 53. 한 벌의 면도용구 세트, 54. 한 벌의 수유용품 세트, 55. 한 벌의 출산준비물 세트, 56. 한 벌의 커튼 및 블라인드 세트, 57. 한 벌의 트로피·상패 세트, 58. 한 벌의 액자 세트, 59. 한 벌의 정리용 수납상자 세트, 60. 한 벌의 아이스박스 세트, 61. 한 벌의 주방용 밀폐용기 세트, 62. 한 벌의 와인잔 세트, 63. 한 벌의 주방용 칼 세트, 64. 한 벌의 주방용 국자 및 뒤집개 세트, 65. 한 벌의 남자용 수의 세트, 66. 한 벌의 여자용 수의 세트, 67. 한 벌의 침실용 가구 세트, 68. 한 벌의 가구용 손잡이 세트, 69. 한 벌의 운동용 아령 및 역기 세트, 70. 한 벌의 게임기 세트, 71. 한 벌의 제도용구 세트, 72. 한 벌의 스위치 및 콘센트 세트, 73. 한 벌의 원예용구 세트, 74. 한 벌의 수동공구 세트, 75. 한 벌의 드라이버 세트, 76. 한 벌의 손목시계 세트, 77. 한 벌의 반창고 세트, 78. 한 벌의 부항기 세트, 79. 한 벌의 프라이팬 세트, 80. 한 벌의 선박용 조타실 가구 세트, 81. 한 벌의 선박용 침실 가구 세트, 82. 한 벌의 선박용 휴게실 가구 세트, 83. 한 벌의 선박용 선원식당 가구 세트, 84. 한 벌의 자동차용 대시보드 패널(dashboard panel, center fascia) 세트, 85. 한 벌의 레저자동차의 침실용 가구 세트, 86. 한 벌의 주방용 붙박이(built-in) 물품 세트.
23) 이 시행규칙은 2014년 7월 1일부터 시행되는 것으로 되어 있으나, 한 벌의 물품의 구분

38조(물품류 구분 등) 제4항[24])의 [별표 5]에서는 한 벌의 물품의 대상을 86개에서 92개[25])로 확대시켰다.

V. 한 벌의 물품의 디자인의 성립요건

1. 2 이상의 물품으로 구성될 것(제1항)

한 벌의 물품이라 함은 2 이상의 물품의 집합에 의한 미감을 보호하고자 하는 제도이므로, 2 이상의 물품일 것이 요구되고, 구성물품의 종류가 2종 이상일 것을 요구하는 것은 아니라 2 이상의 물품이면 족하다.[26]) 즉, 여기서 '2 이상의 물품'의 의미란, 복수의 물품으로 구성될 필요가 있는 것을 의미하는데, 복수의 종류의 물품을 조합한 것에 한하는 것이 아니라, 동일한 종류인 동시에 동일한 형태의 물품을 복수로 조합하여 구성하고 있어도 관계없다고 보는 견해가 있는 반면에,[27]) 현행 디자인 실무상 동일한 물품으로 2 이상의 구성물품을 포함하는 한 벌의 물품의 디자인을 인정하지 않는다며 이에 대해서 비판하는 견해가 있기도 하다.[28])

2. 동시에 사용될 것(제1항)

여기서 '동시에 사용된다'는 의미는 언제든지 반드시 동시에 사용되는 것이 아니라 관념적으로 하나의 사용이 다른 것의 사용을 예상하게 하는 것을 말한다.[29]) 이것은 시간적인 관계를 의미하는 것이 아니라, 수요자가 구성물품을 사용하는 상황이 동일하다고 말할 정도의 완화된 관계를 의미하고,[30]) 한 벌의 물

에 관한 별표 5는 이 시행규칙의 공포일부터 시행되는 것으로 되어 있다.

24) 디자인보호법 제42조 제2항에 따른 한 벌의 물품의 구분은 별표 5와 같다.

25) 여기에 속하는 물품들은 "V. 한 벌의 물품의 디자인의 성립요건"에서 후술한다.

26) 김인배, 理智 디자인보호법, 한빛지적소유권센터(2014), 268.

27) 寒河江孝允・峯唯夫・金井重彦 編著(주 2), 242(中川裕幸 집필부분). 예를 들면, 완전히 동일한 형태를 가지는 2개의 테이블로부터 구성되지만, 2개를 서로 마주보게 결합하여 한 개의 테이블로 되는 한 벌의 테이블 세트도 이에 해당된다고 본다.

28) 김웅(주 11), 215.

29) 특허청, 디자인심사기준(2014), 65.

30) 寒河江孝允・峯唯夫・金井重彦 編著(주 2), 242(中川裕幸 집필부분). 예를 들면, 한 벌의 필기구 세트를 구성하는 샤프펜슬과 볼펜은 선택적으로 사용되는 것이지만, 이러한 점을 고려하더라도 이것들이 한 벌의 물품으로 인정되고 있는 이상, '동시에'라고 하는 의미가 엄밀하게 시간적인 것을 말하는 것은 아니라는 것이 충분히 이해가능할 것이다.

품을 구성하는 물품 상호간에 하나의 사용이 다른 것의 사용을 관념적으로 연상하게 하는 관계에 있는 것을 의미하며,[31] 관념적으로 일련의 행위의 연속 중에 사용되는 것이 필요하다고 해석할 수 있다.[32]

즉, 이것은 한 벌의 물품을 구성하는 물품의 범위를 규정하는 요건으로서, 수요자에게 발휘되는 시스템디자인의 미감적 가치의 존재는 시스템디자인을 구성하는 대상물품이 동시에 사용되는 관계 정도의 관련성이 있을 것을 전제로 하므로, 한 벌의 커피잔 세트의 커피잔과 잔받침은 인정될 수 있으나, 에어컨과 화분은 시스템디자인을 구성할 수 없는 것이다.[33]

3. 한 벌의 전체로서 통일성이 있을 것(제1항)

한 벌의 물품의 디자인이 성립하기 위한 가장 본질적인 요건은 한 벌의 물품의 디자인이 전체로서 통일성이 있어야 한다는 것이다.[34] 한 벌의 물품은 각각 창작적 가치와 경제적 가치를 가지고 독립하여 거래가 가능한 물품을 그 구성물품으로 하고 있는 집합물에 해당되므로, 독립적으로 거래되고 있는 각 구성물품의 결합을 한 벌의 물품의 디자인으로 무분별하게 출원될 우려가 있어 보호할 가치가 있는 통합적 디자인인지의 여부는 통일성으로 판단할 수밖에 없기 때문이다.[35] 여기서 통일성[36]이란 디자인상의 통일성을 의미하는 것이므로,[37] 형상·모양·색채에 있어서 한 벌의 물품의 전체에 걸친 하나의 결합을 형성하여 일정한 질서와 조화에 의해 형태가 구성되어 있는 것을 말하며,[38] 형상·모양·색채로부터 특정한 관념을 불러일으키는 경우에도 디자인상의 통일성이 있는 것이 된다.[39] 따라서 통일성은 한 벌의 물품의 디자인의 외관인 형태에 의해 형성되는 것으로서, 형태상의 통일성은 물론 관념상의 통일성을 포함한다.[40]

---

31) 황의창·황광연 공저, 최신간 디자인보호법, 법영사(2011), 244; 노태정·김병진 공저(주 12), 363.

32) 齊藤暸二 著, 정태련 譯, 意匠法, 세창출판사(1993), 330 참조.

33) 김인배(주 26), 269.

34) 노태정·김병진 공저(주 12), 364.

35) 조국현(주 1), 380.

36) 해당 '통일성'에서의 '통일'이란, 구성물품간에 형태적인 미감의 공통성 및 전체결합에 의한 일체성을 가지거나 또는 관념적인 관련성을 가지는 것을 의미하는 것이다[寒河江孝允·峯唯夫·金井重彦 編著(주 2), 243(中川裕幸 집필부분)].

37) 노태정·김병진 공저(주 12), 364.

38) 齊藤暸二 著, 정태련 譯(주 32), 331.

39) 조국현(주 1), 380.

40) 김인배(주 26), 269; 寒河江孝允·峯唯夫·金井重彦 編著(주 2), 243-244(中川裕幸 집필

그런데 이상에서의 형태상의 통일은 형상, 모양, 색채의 통일로 구분하여 볼 수 있는데, 우선 '형상의 통일'과 관련하여서는 각 구성물품의 형상에 일정한 질서와 기조가 있는 경우, 각각 구성물품에 특수한 형상상의 특징을 주어서 통일을 기하는 경우, 또는 각 구성물품이 결합하여 하나의 통합된 형상을 표현하는 경우에는 전체로서 통일성이 있다고 할 수 있다. 다음으로 '모양의 통일'과 관련하여서는 동일한 모티브 또는 동일한 모양을 각 구성물품에 동일하게 표현하는 경우, 또는 각 구성물품에 표현된 각각의 모양의 결합이 하나의 통합된 모양을 구성하는 경우에는 전체로서 통일성이 있는 것으로 할 수 있다. 마지막으로, '색채의 통일'과 관련하여서는 각 구성물품의 색채가 동일한 경우는 전체로서 통일성이 있다고 할 수 있으나,[41] 결국 형상, 모양, 색채의 결합의 형태로써 통일성을 갖는 경우가 일반적일 것이다.[42] 그런데 형태상의 통일성과 달리 관념상의 통일성과 관련하여서는 각 구성물품의 형상, 모양, 색채 또는 이들의 결합이 전설, 동화, 이야기, 설화 등과 관련되는 특정관념을 일으키는 경우 한 벌의 전체로서 관념상의 통일성이 있다고 할 수 있을 것이다.[43]

한편, 디자인심사기준에 따르면, 한 벌의 물품의 디자인의 통일성의 유형은 크게 3가지로 나누어 볼 수 있다. 첫 번째 유형은 각 구성물품의 형상·모양·색채 또는 이들의 결합이 같은 조형처리로 표현되어 있음으로써 한 벌의 물품의 전체로 통일성이 있다고 인정되는 경우이다.[44] 즉, 각 구성물품이 결합하여 하나의 통합적인 디자인을 표현하는 것이 아니고 각 구성물품이 결합되지 않고 각 구성물품 하나 하나가 통일된 조형으로 처리되어 전체적으로 통일성이 있는 경우이다.[45] 이와 같은 유형의 통일성은 주로 '한 벌의 숟가락과 젓가락 세

부분).

41) 그런데 색채만으로는 독자적으로 한 벌의 물품의 전체의 통일성을 실현하는 것이 곤란하므로 통일성을 성립시키는 요소에 있어서 색채는 부수적인 것이 된다는 견해가 있는 반면에[齊藤瞭二 著, 정태련 譯(주 32), 332], 색채만으로도 통일성을 실현하는 것이 가능하다는 견해가 있기도 하다[高田忠, 意匠, 有斐閣(1978), 387].

42) 조국현(주 1), 380; 노태정·김병진 공저(주 12), 364-367; 齊藤瞭二 著, 정태련 譯(주 32), 331-332.

43) 조국현(주 1), 380-381; 노태정·김병진 공저(주 12), 367; 齊藤瞭二 著, 정태련 譯(주 32), 332.

44) 디자인심사기준의 66면에서는 이에 대해서 "① 각 구성물품의 형상·모양·색채 또는 이들의 결합이 동일한 표현방법으로 표현되어 한 벌 전체로서 통일성이 있다고 인정되는 것"이라고 언급하고 있다.

45) 조국현(주 1), 381.

트46)', '한 벌의 나이프, 포크 및 스푼 세트47)' 등과 같이 물품의 기능상 결합된 상태로 존재하기가 어려운 물품에서 볼 수 있다.48) 두 번째 유형은 각 구성물품이 결합하여 전체로서 하나의 통합된 형상 또는 모양을 나타냄으로써 한 벌의 물품의 전체로서 통일성이 있는 경우이다.49) 이와 같은 유형의 통일성은 '한 벌의 오디오 세트50)', '한 벌의 흡연 용구 세트51)' 등에서 볼 수 있다.52) 세 번째 유형은 각 구성물품의 형상·모양·색채 또는 이들의 결합에 의하여 관념적으로 관련이 있는 인상을 주어 한 벌의 전체로서 통일성이 있다고 인정되는 것을 말하며, 이와 같은 유형의 통일성은 "토끼와 거북이"의 동화를 그림으로 각 구성물품에 통일되게 표현한 것 등에서 볼 수 있다.53)

4. 시행규칙 [별표 5]에서 정하는 한 벌의 물품에 해당될 것(제2항)

한 벌의 물품의 디자인으로 성립되기 위해서는 디자인등록출원의 대상이 되는 한 벌의 물품이 시행규칙 제38조 제4항에서 언급하고 있는 [별표 5]에 규정된 92개54)의 한 벌의 물품에 해당되어야 한다(디자인보호법 제42조 제2항). 2

---

46)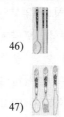

47)

48) 조국현(주 1), 381.

49) 디자인심사기준의 66면에서는 이에 대해서 "② 각 구성물품이 상호 집합되어 하나의 통일된 형상이나 모양 등을 표현함으로써 한 벌 전체로서 통일성이 있다고 인정되는 것"이라고 언급함과 아울러 그 예로서 "한 벌의 흡연용구 세트에서 재떨이, 담배함, 탁상용 라이터 및 받침대가 상호 집합되어 하나의 거북이 형상을 표현한 것 등"을 언급하고 있다.

50) 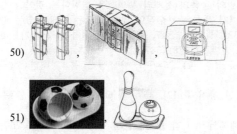 ,

51) ,

52) 조국현(주 1), 381-382.

53) 특허청(주 29), 66.

54) 1. 한 벌의 여성용 한복 세트, 2. 한 벌의 남성용 한복 세트, 3. 한 벌의 여성용 속옷 세

이상의 물품이 한 벌의 물품으로 동시에 사용되는 물품 중 통합적 디자인에 의한 새로운 미감의 창출이 가능하다고 보여지는 물품만을 산업통상자원부령인 시행규칙으로 한정한 것이다.[55] 이와 같이 한 벌의 물품의 대상을 일부 물품들로 한정한 것은 한 벌의 물품인가 아닌가의 판단의 곤란함을 회피하여 신속한 처리를 도모하고,[56] 이러한 한정이 없을 경우 한 벌의 물품에 관한 대상물품이 모호하여 법적인 불안성을 초래할 염려가 있기 때문이다.[57]

트, 4. 한 벌의 장신구 세트, 5. 한 벌의 커프스단추 및 넥타이핀 세트, 6. 한 벌의 흡연 용구 세트, 7. 한 벌의 침장 세트, 8. 한 벌의 커피 용구 세트, 9. 한 벌의 화채 용구 세트, 10. 한 벌의 반상기 세트, 11. 한 벌의 다기(茶器) 세트, 12. 한 벌의 양념용기 세트, 13. 한 벌의 밥그릇과 국그릇 세트, 14. 한 벌의 주기(酒器) 세트, 15. 한 벌의 나이프, 포크 및 스푼 세트, 16. 한 벌의 숟가락 및 젓가락 세트, 17. 한 벌의 제기(祭器) 세트, 18. 한 벌의 세면 화장대 세트, 19. 한 벌의 책상과 책꽂이 세트, 20. 한 벌의 거실용 가구 세트, 21. 한 벌의 테이블 세트, 22. 한 벌의 사무용 가구 세트, 23. 한 벌의 응접 세트, 24. 한 벌의 탁자와 의자 세트, 25. 한 벌의 부엌가구 세트, 26. 한 벌의 서도용구(書道用具) 세트, 27. 한 벌의 필기구 세트, 28. 한 벌의 오디오 세트, 29. 한 벌의 개인용 컴퓨터 세트, 30. 한 벌의 텔레비전 수상기와 받침대 세트, 31. 한 벌의 문짝과 문설주 세트, 32. 한 벌의 화장실 청소용구 세트, 33. 한 벌의 세면용구 세트, 34. 한 벌의 전기칫솔 세트, 35. 한 벌의 캠핑용 식기 세트, 36. 한 벌의 자동차용 바닥매트 세트, 37. 한 벌의 야외용 테이블 및 의자 세트, 38. 한 벌의 자동차용 시트커버 세트, 39. 한 벌의 변기용 부속품 세트, 40. 한 벌의 골프클럽 세트, 41. 한 벌의 드럼 세트, 42. 한 벌의 사무용구 세트, 43. 한 벌의 자동차용 페달 세트, 44. 한 벌의 차량용 오디오 기기 세트, 45. 한 벌의 스피커 박스 세트, 46. 한 벌의 태권도복 세트, 47. 한 벌의 유도복 세트, 48. 한 벌의 검도복 세트, 49. 한 벌의 등산복 세트, 50. 한 벌의 스키복 세트, 51. 한 벌의 승마복 세트, 52. 한 벌의 야구복 세트, 53. 한 벌의 손톱·발톱 미용기구 세트, 54. 한 벌의 가방 세트, 55. 한 벌의 지갑 및 벨트 세트, 56. 한 벌의 화장용 브러시 세트, 57. 한 벌의 머리빗 세트, 58. 한 벌의 이발기구 세트, 59. 한 벌의 면도용구 세트, 60. 한 벌의 수유용품 세트, 61. 한 벌의 출산 준비물 세트, 62. 한 벌의 커튼 및 블라인드 세트, 63. 한 벌의 트로피·상패 세트, 64. 한 벌의 액자 세트, 65. 한 벌의 정리용 수납상자 세트, 66. 한 벌의 아이스박스 세트, 67. 한 벌의 주방용 밀폐용기 세트, 68. 한 벌의 와인잔 세트, 69. 한 벌의 주방용 칼 세트, 70. 한 벌의 주방용 국자 및 뒤집개 세트, 71. 한 벌의 남자용 수의(壽衣) 세트, 72. 한 벌의 여자용 수의 세트, 73. 한 벌의 침실용 가구 세트, 74. 한 벌의 가구용 손잡이 세트, 75. 한 벌의 운동용 아령 및 역기 세트, 76. 한 벌의 게임기 세트, 77. 한 벌의 제도용구 세트, 78. 한 벌의 스위치 및 콘센트 세트, 79. 한 벌의 원예용구 세트, 80. 한 벌의 수동공구 세트, 81. 한 벌의 드라이버 세트, 82. 한 벌의 손목시계 세트, 83. 한 벌의 반창고 세트, 84. 한 벌의 부항기 세트, 85. 한 벌의 프라이팬 세트, 86. 한 벌의 선박용 조타실(操舵室) 가구 세트, 87. 한 벌의 선박용 침실 가구 세트, 88. 한 벌의 선박용 휴게실 가구 세트, 89. 한 벌의 선박용 선원식당 가구 세트, 90. 한 벌의 자동차용 대시보드 패널(dashboard panel, center fascia) 세트, 91. 한 벌의 레저 자동차의 침실용 가구 세트, 92. 한 벌의 주방용 붙박이(built-in) 물품 세트.

55) 조국현(주 1), 379.
56) 노태정·김병진 공저(주 12), 363.
57) 다만, 이에 대해서는 하위법령(시행규칙 등)에 "기타 한 벌의 물품"을 명시하여 한 벌의 물품의 적용대상을 신축적으로 운영할 필요가 있다는 견해도 현재 디자인보호법 개정안에 대한 초창기 검토단계에서 제기되기도 하였다[디자인보호법대한변리사회 디자인보호법개

한 벌의 물품은 디자인심사기준 [별표]에서 정하는 한 벌을 구성하는 물품의 적합성 요건을 구비하여야 한다. 즉, 한 벌의 물품은 디자인심사기준의 [별표](한 벌의 물품별 구성물품)[58] 중 2 이상의 물품으로 구성되어야 한다.[59] 예를 들면, 한 벌의 흡연 용구 세트의 경우 그 구성물품으로 정해진 탁상용 라이터, 재떨이, 담배함, 받침대, 담뱃대 중 2 이상의 구성물품을 포함하고 있어야 하는 것이다.[60]

다만, 해당 디자인심사기준의 [별표]에서 정하는 구성물품 외의 물품이 포함된 경우에는 한 벌의 물품으로 정해진 물품과 동시에 사용되는 것이 상거래 관행상 당업계에서 인정될 수 있는 때에 정당한 한 벌의 물품으로 본다.[61] 즉, 해당 [별표]에서 정하는 물품 이외의 물품을 포함하는 것에 대하여는 그 부가된 물품이 동시에 사용되는 것이며, 또한 정해진 중심적 구성물품에 부수되는 범위 내의 물품으로 인정되는 경우에 구성물품이 적당한 한 벌의 물품인 것으로 인정된다.[62] 예를 들어 한 벌의 응접 세트는 1이상의 응접탁자와 1이상의 소파로 구성되어 있어야 하고, 한 벌의 장신구 세트는 반지, 목걸이, 귀걸이, 팔찌, 발찌 중 2종 이상의 물품으로 구성되어 있어야 구성물품의 적합성 요건에 충족되나, 한 벌의 응접세트에 구성물품으로 정하지 않은 쿠션이 포함되어 출원된 경우에

정안 검토 특별위원회, "[입법자료] 디자인보호법 전부개정안에 관한 검토보고서", 지식과 권리(제15호), 대한변리사회(2012. 12), 295].

58) 특허청(주 29), 191-200.

59) 특허청(주 29), 65.

60) 노태정·김병진 공저(주 12), 364.

61) 이와 관련하여 디자인심사기준, 65면에서는 "다만, "한 벌의 전문 운동복 세트" 및 "한 벌의 가방 세트"의 구성물품은 다음과 같다"고 언급하면서, "㉮ "한 벌의 전문 운동복 세트"는 개별 구성물품 세트별로 물품을 구성하여야 하며, 각 구성물품에는 모자, 양말, 신발, 보호장구 등은 포함하지 아니한다. 또한 동시에 사용될 가능성이 없는 물품끼리 된 경우(예: 태권도복 상의와 등산복 하의를 출원한 경우)에는 한 벌의 물품으로 동시에 사용되지 않는 것으로 본다. ㉯ "한 벌의 가방 세트" 중 신발가방과 책가방은 한 벌의 물품으로 구성할 수 있으며, 여행용 가방은 같은 물품만을 한 벌 물품으로 구성할 수 있다. 그러나 신발가방·책가방·여행용 가방이 한 벌의 물품으로 구성된 경우에는 한 벌의 물품으로 동시에 사용되지 않는 것으로 본다"고 언급하고 있는데, 현행 2014년 7월 1일 시행 시행규칙의 [별표 5] 및 디자인심사기준 [별표]에서 "한 벌의 전문 운동복 세트"는 각 구성물품인 "46. 한 벌의 태권도복 세트, 47. 한 벌의 유도복 세트, 48. 한 벌의 검도복 세트, 49. 한 벌의 등산복 세트, 50. 한 벌의 스키복 세트, 51. 한 벌의 승마복 세트, 52. 한 벌의 야구복 세트" 등을 개별적인 한 벌의 물품으로서 정리하였으므로, 디자인심사기준, 65면에서 언급하고 있는 "한 벌의 전문 운동복 세트"에 관한 내용들은 삭제되어야 할 것이다[김인배(주 26), 269].

62) 노태정·김병진 공저(주 12), 364.

는 당해 쿠션이 구성물품의 적합성 요건으로 정한 응접탁자 및 소파와 동시에 사용되는 것이 명백한 때에 한 벌의 물품으로 인정할 수 있다.[63] 그러나 이 경우에도 쿠션을 포함한 한 벌의 물품의 디자인이 전체로서 통일성이 있어야 한다.[64]

5. 부분디자인등록출원이 아닐 것(제2조 제1항 괄호)

한 벌의 물품의 디자인의 구성물품에 대한 부분디자인은 성립성이 없는 것으로 보는데,[65] 이는 한 벌의 물품의 디자인은 전체의 조합된 미감에 가치를 두고 있으므로 한 벌의 물품에 관한 부분디자인은 디자인으로 성립되지 않는다.[66] 따라서 한 벌의 물품의 부분에 관해서는 별도의 구성물품 디자인 또는 구성물품 디자인의 부분디자인으로 출원하여 등록받아야 할 것이다.[67] 예를 들어, 디자인의 대상이 되는 물품을 '한 벌의 오디오 세트'로 하여 출원하면서 그 구성물품인 '스피커박스'의 부분디자인 또는 전체디자인을 권리범위로 요구하는 부분디자인등록출원은 등록받을 수 없는 것이다.[68]

6. 성립요건의 위반의 효과

디자인보호법 제42조에서 규정하고 있는 한 벌의 물품의 성립요건에 위반되는 경우, 디자인심사등록출원은 디자인보호법 제62조 제1항 제2호에 의해서 그 등록이 거절될 수 있고, 디자인일부심사등록출원은 동법 동조 제2항 제2호에 의해서 그 등록이 거절될 수 있다. 그리고 해당 성립요건의 위반시에는 디자인심사등록출원 및 디자인일부심사등록출원 모두 디자인보호법 제55조의 정보제공 사유가 될 수 있으나,[69] 이것은 출원의 형식에 관한 절차적 요건에 불과한

---

63) 조국현(주 1), 379.
64) 조국현(주 1), 379.
65) 디자인보호법 제2조 제1항 괄호: 1. "디자인"이란 물품[물품의 부분(제42조는 제외한다) 및 글자체를 포함한다. 이하 같다]의 형상·모양·색채 또는 이들을 결합한 것으로서 시각을 통하여 미감(美感)을 일으키게 하는 것을 말한다.
66) 김인배(주 26), 271.
67) 공경식·이승훈 공저(주 13), 239; 김웅(주 11), 220.
68) 조국현(주 1), 386.
69) 디자인보호법 제55조는 "누구든지 디자인등록출원된 디자인이 제62조 제1항 각 호의 어느 하나에 해당되어 디자인등록될 수 없다는 취지의 정보를 증거와 함께 특허청장 또는 특허심판원장에게 제공할 수 있다"라고 규정하고 있어 디자인심사등록출원에 관한 동법 제62조 제1항에 대해서만 정보제공 사유로서 언급하고 있고, 디자인일부심사등록출원에 관한 동법 동조 제2항이 정보제공 사유에 누락되어 있는 것 같이 보이나, 동법 동조 제4항

것이기도 하며, 한 벌의 물품의 디자인의 성립요건을 결여한 것이 잘못 등록된 경우에는 결과적으로 디자인보호법 제40조의 1디자인 1등록출원의 원칙에 위반된 디자인이 잘못 등록된 것이라고 할 수 있어 이러한 1디자인 1등록출원의 원칙은 이의신청이유 및 무효사유에 해당되지 않으므로, 결과적으로 디자인일부심사등록의 이의신청이유[70] 및 무효심판청구사유[71]에는 해당하지 않는다.

7. 1의제물품 및 복수디자인제도와의 관계

한 벌의 물품의 디자인에 대해서는 부분디자인을 인정하고 있지 않지만, 디자인심사기준에서의 1의제물품[72]의 경우에는 다물품임에도 불구하고 부분디자인의 출원이 가능하다.[73] 한편, 한 벌의 물품의 디자인은 한 벌의 물품의 디자인 전체로서 권리가 발생하며, 각 구성물품별로 디자인권을 이전할 수도 없지만, 복수디자인등록출원은 출원디자인 각각에 권리가 발생하며, 각각의 디자인권마다 분리하여 이전할 수 있다는 점 등에 차이를 보인다.

Ⅵ. 한 벌의 물품의 디자인의 등록요건

1. 원칙적인 등록요건의 판단

한 벌의 물품의 디자인은 다수의 물품으로 구성되어 있지만 1디자인으로 출원한 것이므로 한 벌의 물품의 전체의 디자인으로서 성립요건과 일반적 등록요건을 충족하면 디자인등록을 받을 수 있는데, 즉, 한 벌의 물품의 디자인이 전체로서 성립요건과 주체적, 실체적, 절차적 등록요건 모두를 충족하고 있으면 각 구성물품의 디자인이 실체적 등록요건을 충족하지 못하고 있더라도 디자인등록을 받을 수 있다.[74] 2001년 7월 1일 시행법 이전에는 한 벌의 물품의 일부

에서 "심사관은 디자인일부심사등록출원에 관하여 제55조에 따른 정보 및 증거가 제공된 경우에는 제2항에도 불구하고 그 정보 및 증거에 근거하여 디자인등록거절결정을 할 수 있다"라고 규정함으로써 동법 제55조의 누락을 보완하고 있다.

70) 디자인보호법 제68조.
71) 디자인보호법 제121조.
72) 신사복(상, 하), 투피스(상, 하), 조(組)의자(둘 이상이 모여서 하나의 의자를 형성하는 것), 찻잔과 받침접시, 찬합, 모자이크 타일, 완성형태가 단일한 조립완구, 장기짝, 트럼프, 화투, 마작패, 너트와 볼트, 합단추 자옹, 결착구 자옹, 유·무선 전화기 등[특허청(주 29), 62].
73) 김웅(주 11), 220.
74) 조국현(주 1), 382.

구성물품의 디자인에 대하여도 신규성, 용이창작성, 선출원주의 등의 등록요건들을 만족할 것을 요구하였지만, 그 이후 현행법상 한 벌의 물품의 디자인 전체로서 해당 등록요건들을 판단하는 것을 원칙으로 한다.[75]

2. 각각의 등록요건상의 판단

가. 공업상 이용가능성의 판단

한 벌의 물품의 디자인의 도면이 ① 각 구성물품마다 그 디자인을 충분히 표현할 수 있는 1조의 도면을 도시하지 않은 경우, ② 각 구성물품이 상호 집합되어 하나의 통일된 형상·모양 또는 관념을 표현하는 경우에 구성물품이 조합된 상태의 1조의 도면과 각 구성물품에 대한 1조의 도면을 도시하지 않은 경우, ③ 각 구성물품의 하나의 디자인을 도면과 3D 모델링 도면을 혼합하여 표현한 경우 등에 해당할 때에는 디자인의 표현이 구체적이지 않은 것으로서 디자인보호법 제33조 제1항 본문의 공업상 이용할 수 없는 디자인으로 본다.[76]

나. 디자인의 동일 또는 유사 판단

한 벌의 물품의 디자인의 유사여부는 한 벌의 물품의 전체로서 판단한다.[77] 따라서 등록요건으로서 신규성 및 선출원주의의 적용과 관련하여 한 벌의 물품의 디자인과 그 구성물품의 디자인은 다물품과 일물품의 관계에 해당하므로 비유사한 디자인으로 본다.[78]

다. 신규성의 판단

한 벌의 물품의 디자인에 대해서는 한 벌의 전체로서만 신규성의 요건을 판단한다.[79] 따라서 한 벌의 물품의 디자인의 공지 등이 된 후, 그 구성물품의 디자인과 동일 또는 유사한 디자인이 출원된 경우에는 신규성이 상실되나,[80] 반

---

75) 김웅(주 11), 217.
76) 특허청(주 29), 98.
77) 특허청(주 29), 150.
78) 김웅(주 11), 217.
79) 특허청(주 29), 102.

80)

유형	공지디자인 (A, a를 포함하는 A)	출원디자인 (A, A', a, a')
1	한 벌의 물품 (A)	한 벌의 물품 (A, A')
2	한 벌의 물품 (a를 포함하는 A)	구성물품(a, a')

※ A＝A, A≒A', A〉a, a≒a'

대의 경우에는 신규성이 상실되지 않는다.

라. 용이창작성의 판단

한 벌의 물품의 디자인에 관한 출원이 국내외 공지 등이 된 구성물품의 디자인 또는 널리 알려진 형상·모양·색채 또는 이들의 결합에 의하여 용이하게 창작할 수 있는 경우에는 디자인등록을 받을 수 없다.[81] 한편, 한 벌의 물품의 디자인의 구성요소 중 주지 또는 공지되지 않은 부분이 포함되어 있더라도 그 구성요소가 부수적이거나 창작성이 낮아 전체적인 미감에 미치는 영향이 적은 경우에는 쉽게 창작할 수 있는 것으로 본다.[82]

마. 확대된 선출원의 판단

한 벌의 물품의 디자인이 선출원이고 그 구성물품의 디자인이 후출원인 경우, 그 구성물품의 디자인이 한 벌의 물품의 디자인의 일부와 동일 또는 유사한 때에는 확대된 선출원이 적용될 수 있다.[83] 즉, 구성물품에 관한 디자인이 당해 출원한 날 전에 출원하여 당해 출원한 후에 출원공개되거나 등록공고된 한 벌의 물품의 디자인의 출원서의 기재사항 및 출원서에 첨부된 도면·사진 또는 견본에 표현된 구성물품의 디자인의 일부와 동일하거나 유사한 경우에는 확대된 선출원이 적용되어 그 디자인은 디자인등록을 받을 수 없는 것이다(디자인보호법 제33조 제3항).

바. 디자인등록을 받을 수 없는 디자인에 대한 판단

디자인보호법 제34조 제1호 내지 제3호[84]의 판단 시에는 한 벌의 물품을 구성하는 일부의 구성물품에 관한 디자인만이 이에 해당하더라도 디자인등록을

의 관계임[특허청(주 29), 103].

81) 김웅(주 11), 217.

82) 김인배(주 26), 270.

83)

* 확대된 선출원이 적용되는 유형	선출원 디자인 (a를 포함하는 A)	후출원 디자인 (a, a')
	한 벌의 물품	구성물품

※ A〉a, a≒a'의 관계임[특허청(주 29), 113].

84) 1. 국기, 국장(국장), 군기(군기), 훈장, 포장, 기장(기장), 그 밖의 공공기관 등의 표장과 외국의 국기, 국장 또는 국제기관 등의 문자나 표지와 동일하거나 유사한 디자인, 2. 디자인이 주는 의미나 내용 등이 일반인의 통상적인 도덕관념이나 선량한 풍속에 어긋나거나 공공질서를 해칠 우려가 있는 디자인, 3. 타인의 업무와 관련된 물품과 혼동을 가져올 우려가 있는 디자인.

받을 수 없으나, 디자인보호법 제34조 제4호[85])의 판단 시에는 한 벌의 물품의 디자인 전체가 이에 해당할 경우에 디자인등록을 받을 수 없다.[86])

사. 선출원 및 관련디자인의 판단

한 벌의 물품의 디자인과 그 구성물품의 디자인은 서로 비유사 물품으로 취급되므로, 양 디자인간에는 선출원이 적용될 수 없고, 어느 일방을 기본디자인으로 하는 관련디자인으로서의 출원도 성립되지 않는다.[87])

아. 1디자인 1디자인등록출원의 판단

한 벌의 물품의 디자인이 디자인보호법 제42조에서 규정하는 한 벌의 물품의 성립요건을 만족하지 못하는 경우에는 2 이상의 물품에 관한 디자인에 해당하므로 1디자인 1등록출원의 위반으로 된다.

3. 한 벌의 물품의 디자인의 등록요건 위반의 효과

한 벌의 물품의 성립요건의 위반과는 달리, 한 벌의 물품의 디자인 전체로서 이상에서 언급한 일반적인 등록요건을 위반한 출원은 거절이유가 될 뿐만 아니라, 심사시의 착오로 등록된 경우에는 무효심판청구사유가 된다.[88])

Ⅶ. 한 벌의 물품의 디자인의 출원절차

1. 출원서 및 도면

디자인보호법 제37조 제1항 각호의 사항을 기재한 디자인등록출원서를 특허청에 제출하여야 하며, 여기서 '디자인의 대상이 되는 물품'란의 물품명은 시행규칙 [별표 5]에서 정하고 있는 한 벌의 물품명을 기재하여야 한다. 그리고 도면은 디자인보호법 제37조 제2항에 따라 디자인등록출원서에 첨부하여야 하는 바, 한 벌의 물품의 디자인 도면의 제출에 관하여, 각 구성물품의 도면만으

---

85) 4. 물품의 기능을 확보하는 데에 불가결한 형상만으로 된 디자인.
86) 특허청(주 29), 141의 '2. 등록을 받을 수 없는 디자인의 해당여부 판단대상'에서 "1) 법 제34조(디자인등록을 받을 수 없는 디자인) 제1호부터 제3호까지의 규정은 출원디자인의 전체뿐만 아니라 1부분, 1부품 또는 1구성 물품이 이에 해당하는 경우에도 적용된다. 2) 법 제34조(디자인등록을 받을 수 없는 디자인) 제4호는 출원디자인의 전체 형상이 이에 해당하는 경우에만 적용된다"고 언급하고 있다.
87) 김인배(주 26), 271; 김웅(주 11), 218.
88) 조국현(주 1), 371.

로 한 벌의 물품의 디자인을 충분히 표현할 수 있는 경우에는 각 구성물품마다 1조의 도면을 제출하여야 하고, 한 벌의 물품의 각 구성물품이 상호 집합되어 하나의 통일된 형상·모양 또는 관념을 표현하는 경우에는 구성물품이 조합된 상태의 1조의 도면과 각 구성물품에 대한 1조씩의 도면을 제출하여야 한다. 그리고 각 구성물품의 하나의 디자인은 도면이나 3D 모델링 도면으로 표현할 수 있는데, 다만, 하나의 디자인을 도면과 3D 모델링 도면을 혼합하여 표현할 수 없고 도면 또는 3D 모델링 도면 중 한가지로 통일되게 표현하여야 한다.[89] 한편, 디자인의 설명란에는 구성물품의 명칭 및 개수 등을 기재하고, 생략도면, 생략색채 등을 설명할 때에는 구성물품 및 한 벌의 물품의 전체로 설명하면 된다.[90]

2. 보 정

한 벌의 물품의 디자인이 그 성립요건을 만족하는 경우 하나의 디자인으로 취급되므로, 이를 각 구성물품의 디자인으로 보정하는 것은 최초 출원디자인과 보정 이후의 디자인 간의 동일성을 인정하기 어려우므로 이러한 보정은 법 제48조에서의 요지변경에 해당될 수 있는데, 다만, 한 벌의 물품의 디자인이 그 성립요건을 만족하지 못하는 경우에는 일부 구성물품을 삭제 보정하는 것을 요지변경이 아닌 것으로 볼 수 있다.[91] 이것은 우리나라의 한 벌의 물품의 디자인과 동일한 제도인 '조물의장(組物の意匠)'에 관한 일본의장심사기준에서도 동일하게 판단하고 있다.[92]

---

89) 특허청(주 29), 66.
90) 공경식·이승훈 공저(주 13), 240.
91) 김웅(주 11), 218-219.
92) 일본의장심사기준 제7부 제2장 72.1.5.4 출원서에 첨부된 도면 등에 대해서 한 보정의 구체적 취급
  (1) 한 벌의 물품의 구성물품으로서 부적절하다고 인정되는 것을 삭제하는 보정
  출원 당초의 출원서의 '의장에 관한 물품'란에 별표 제2에서 열거하는 한 벌의 하나가 기재되어 있으나, 출원서에 첨부된 도면 등에, 정해진 구성물품의 모든 물품에 관한 의장과, 부적절한 그 외의 물품에 관한 의장이 기재되어 있을 경우, 그 의장등록출원을 하나의 한 벌의 의장의 의장등록출원과 1 이상의 의장등록출원으로 분할하는 때에, 원래의 의장등록출원에 대하여, 부적절한 그 외의 물품에 관한 의장을 출원서에 첨부한 도면 등으로부터 삭제하는 보정은 요지를 변경하는 것이 아니다.
  (2) 구성물품으로서 적절하다고 인정되는 물품을 보충 또는 삭제하는 보정
  구성물품으로서 적절하다고 인정되는 물품을 보충 또는 삭제하는 보정은, 출원 당초의 출원서의 기재 및 출원서에 첨부된 도면 등을 종합적으로 판단하여도, 당연히 도출될 수 있는 동일의 범주를 넘는 것으로, 요지를 변경하는 것이다.

3. 분할출원

법 제42조에 의해 한 벌의 물품의 디자인을 하나의 출원으로서 출원하면, 한 벌의 물품의 전체를 1디자인으로 인정하기 때문에 구성물품별 디자인으로 분할하여 출원할 수 없다.93) 다만, 한 벌의 물품의 디자인이 성립요건을 충족하지 못한 경우에는 이미 한 벌의 물품의 디자인이 아니고 다수의 디자인을 출원한 것이 되므로, 디자인보호법 제40조의 1디자인 1등록출원을 위반한 것이므로, 구성물품별 디자인으로 분할출원이 가능하다.94) 이와 관련하여 디자인심사기준에서의 분할출원의 방법에 따르면, 한 벌의 물품의 디자인으로 출원되었으나 그 성립요건을 충족하지 못한 경우에 구성물품별로 디자인마다 분할하여 출원할 수 있는 예로서 ① "한 벌의 태권도복 세트"를 출원하면서 태권도복 상의와 등산복 하의 도면을 제출한 경우, ② "한 벌의 신발 가방 및 책가방 세트"를 출원하면서 이들 물품에 여행용 가방을 포함하여 제출한 경우를 들고 있다.95)

한편, 2001년 개정 이전의 구법상으로는 다수의 물품으로 구성된 한 벌의 물품의 디자인을 각 구성물품별로 분할할 수 있도록 규정하고 있었다(구법 제19조 제1항 제3호). 그러나 특정용도에 이용되는 다수의 물품으로 구성된 한 벌의 물품의 디자인이 성립요건을 충족하고 있는 경우에는 그 디자인은 전체로서 1디자인으로 성립된 것이므로, 이를 다수의 디자인으로 분할하는 것은 당초 출원인이 요구한 권리범위를 벗어나는 것이고, 또한 1디자인 1등록출원의 원칙에 위반된 출원을 치유하기 위하여 도입된 출원분할제도의 도입취지에도 어긋난다는 견해를 고려하여 2001년 개정법부터는 한 벌의 물품의 디자인에 대해서 분할출원을 허용하지 않고 있다.96)

---

93) 이와 관련하여 만약에 한 벌의 물품의 디자인이 성립요건을 충족하고 있는 경우에도 2001년 개정법 이전의 구법에서와 같이 분할을 허용한다면 1디자인으로 성립된 완성품디자인도 다수의 부품디자인으로 분할할 수 있다는 의미가 되고, 이는 자전거를 1디자인으로 출원했다가 핸들, 바퀴, 페달, 안장 등 다수의 부품으로 분할할 수 있다는 해석이 가능하여 현행의 요지변경에 의한 보정각하제도의 존재 의미가 상실되고, 1디자인 1등록출원의 원칙에 위반된 출원을 치유하기 위하여 도입된 출원분할제도의 도입취지에도 어긋난다는 견해가 있다[조국현(주 1), 383-384].

94) 공경식 · 이승훈 공저(주 13), 240; 특허청(주 29), 77; 일본의장심사기준 제7부 제2장 72.1.6.2 "한 벌의 물품의 의장으로 인정되지 않는 의장등록출원의 분할" 부분.

95) 특허청(주 29), 78.

96) 조국현(주 1), 383; 특허청(주 29), 77; 일본의장심사기준 제7부 제2장 72.1.6.1 "한 벌의 물품의 의장으로 인정되는 의장등록출원의 분할" 부분.

4. 신규성 상실의 예외 주장

한 벌의 물품의 디자인이 신규성을 상실하여 디자인보호법 제36조에서 규정한 "신규성 상실의 예외"의 적용을 받고자 하는 취지의 주장을 한 경우에 신규성 상실의 예외규정의 적용을 받을 수 있음은 당연하다.[97] 또한 한 벌의 물품의 디자인이 공지되고 그 구성물품에 관한 디자인을 자기가 출원하는 경우에도 신규성 상실의 예외를 적용받을 수 있는데, 이것은 출원된 구성물품의 디자인이 한 벌의 물품의 디자인에 포함되어 신규성을 상실한 구성물품의 디자인과 동일성이 인정되기 때문이다.[98]

그러나 구성물품의 디자인이 공지되고 그것을 포함하는 한 벌의 물품의 디자인을 출원하는 경우에는 신규성 상실의 예외가 적용될 수 있는 것인지가 문제될 수 있다. 2001년 개정법 이전에는 한 벌의 물품의 구성물품별로 신규성 상실의 여부를 판단하였기 때문에(구법 제12조 제3항[99]), 한 벌의 물품을 구성하는 각 물품에 관하여 공지가 되었을 경우, 한 벌의 물품의 디자인등록출원도 신규성이 상실된 것으로 취급되었는 바, 이를 극복하기 위해서 신규성 상실의 예외 주장을 할 것이 요구되었다.[100] 그러나 2001년 개정법 이후부터는 한 벌의 물품의 디자인등록출원에 있어서 신규성의 판단은 한 벌의 물품의 전체로서 판단하도록 되었으므로, 한 벌의 물품을 구성하는 물품이 공지된 것을 근거로 한 신규성 상실의 예외의 적용은 인정되지 않는 것으로 본다.[101]

다만, 용이창작성 판단에 있어서는 한 벌의 물품의 디자인의 구성물품의 디자인이 공지 등이 된 경우에 한 벌의 물품의 디자인이 공지 등이 된 디자인의 결합으로부터 쉽게 창작될 수 있는 디자인에 해당할 수 있으므로, 법 제33조 제2항[102]

---

97) 노태정·김병진 공저(주 12), 373.
98) 조국현(주 1), 387.
99) 제1항의 규정에 의한 의장등록출원은 한 벌을 구성하는 물품의 의장이 제5조·제6조·제16조 제1항 및 제2항에서 규정한 요건에 해당하는 경우에 한하여 의장등록을 받을 수 있다(여기서 제5조가 신규성에 관한 규정이었다).
100) 김인배(주 26), 272.
101) 예를 들면, 응접탁자와 소파에 관한 디자인을 자신이 창작한 후 그 응접탁자의 디자인만을 판매함에 따라 공지된 경우 그 공지 후 6개월 이내에 그 응접탁자와 소파를 구성물품으로 한 한 벌의 응접세트를 출원하였을 때 응접탁자에 대하여 신규성상실의 예외규정의 적용을 받기 위한 절차를 취하지 않아도 그 한 벌의 응접세트는 신규성이 상실되지 않는다(노태정·김병진 공저(주 12), 374).
102) 해당 규정의 제1호에서는 신규성이 상실된 디자인 또는 이들의 결합에 따라 쉽게 창작할 수 있는 디자인은 디자인등록을 받을 수 없는 것으로 규정하고 있다.

의 적용시 그 구성물품의 디자인이 공지 등이 되지 않는 것으로 판단될 수 있도록 신규성 상실의 예외 주장을 하여야 할 것이다.[103]

5. 조약에 의한 우선권 주장

한 벌의 물품의 디자인을 제1국에 출원한 후 6월 이내에 우리나라에 동일한 한 벌의 물품의 디자인을 출원하면서 우선권을 주장하는 경우 제1국의 출원디자인과 우리나라의 출원디자인의 동일성이 유지되므로 우선권 주장이 인정된다.[104] 또한 한 벌의 물품의 디자인의 디자인등록출원에 대하여 제1국에서 그 구성물품들이 우리나라의 한 벌의 물품과 마찬가지로 1출원으로 출원되어 그 출원을 근거로 하여 한 벌의 물품의 디자인의 전체로서 유효한 우선권 주장을 수반하고 있는 경우에도 우선권 주장이 인정되어야 할 것이다.[105]

한편, 우선권증명서류에 여러 개의 물품에 관한 디자인이 표현되어 있는 경우, 그 구성물품의 전부나 일부를 대상으로 하여 규칙 [별표 5] (한 벌 물품의 구분)에 규정된 한 벌의 물품의 디자인으로 출원하였다면 디자인의 동일성이 인정된다.[106] 이와 아울러 우선권증명서류에 기재된 디자인과 우선권증명서류에 기재되어 있지 않은 디자인을 합하여 한 벌의 물품의 디자인으로 우리나라에 출원한 경우는 우선권증명서류에 기재된 디자인과 해당 한 벌의 물품의 디자인은 동일성이 인정되지 않는다고 보아야 할 것이다.[107]

Ⅷ. 한 벌의 물품의 디자인권

1. 디자인권의 효력

한 벌의 물품의 디자인제도는 한 벌의 전체로서의 통합적인 디자인에 관한

---

103) 김인배(주 26), 272.
104) 조국현(주 1), 387.
105) 노태정·김병진 공저(주 12), 374; 일본의장심사기준 제7부 제2장 72.1.7 "파리조약에 의한 우선권 등의 주장을 수반하는 한 벌의 물품의 의장의 의장등록출원" 부분 참조.
106) 특허청(주 29), 158; 이와 관련하여 일본의장심사기준 제10부 101.3.2.2에서는 "우선권증명서류에 복수의 의장이 기재되어 있는 경우에, 전부 또는 그 일부의 구성물품에 대하여 한 벌의 물품(일본 의장법 제8조에 규정하는 경제산업성령에서 정하는 별표 제2에 열거된 한 벌)의 의장으로서 우리나라로의 의장등록출원의 의장으로 한 경우는 우선권의 인정 여부에 있어서 동일한 것으로 인정된다"고 규정하여 우리나라의 디자인심사기준의 내용과 동일하게 규정하고 있다.
107) 일본의장심사기준 제10부 101.3.2.3.

창작적 가치를 보호하는 것으로써 한 벌의 전체의 디자인을 1디자인으로 등록하
는 것이므로, 각 구성물품별로 디자인권이 발생하는 것이 아니고 전체로서 하나
의 디자인권만이 발생한다.[108] 따라서 한 벌의 물품의 디자인은 한 벌의 물품의
디자인권의 존속기간도 한 벌의 물품의 디자인 전체로서 진행되고, 각 구성물품
의 디자인별로 이전하거나 소멸시킬 수도 없으며, 또한 무효심판청구, 권리범위확
인심판청구 등도 한 벌의 물품의 디자인 전체에 대해서 하여야 하고, 전용실시권이
나 질권의 설정도 한 벌의 물품을 구성하는 물품에 대하여만 설정할 수 없다.[109]

2. 한 벌의 물품의 디자인권의 일부 침해의 문제

가. 직접침해의 문제

디자인등록을 받은 한 벌의 물품의 디자인의 구성물품의 디자인을 타인이
실시하는 경우 한 벌의 물품의 디자인권을 직접 침해한 것으로 볼 수 있는지에
대하여 2001년 개정법 이전의 구법하에서는 한 벌의 물품의 디자인의 등록요건
으로 전체 디자인에 대한 등록요건과 각 구성물품디자인에 대한 등록요건을 모
두 요구하고 있었기 때문에(구법 제12조 제3항), 한 벌의 물품의 전체에 관한 디
자인권과 각 구성물품에 관한 디자인권이 모두 발생하는 것으로 보아 일부 구
성물품의 디자인을 타인이 실시하는 경우 한 벌의 물품의 디자인권을 침해한
것으로 보아야 한다는 견해가 있었으나, 한 벌의 물품의 디자인은 1디자인이기
때문에 디자인권의 침해여부는 전체적으로 유사한 것인지를 기초로 하여야 하
는 것이므로, 구성물품의 디자인의 실시는 한 벌의 물품의 디자인권의 침해가
아니라는 것이 통설적인 견해였다.[110] 이에 따라 2001년 개정법에서는 각 구성
물품에 관한 등록요건을 폐지하였으므로, 구성물품만의 실시에는 한 벌의 물품
의 디자인권의 효력이 미치지 않는다고 보는 것이 명확하게 되었다.[111]

나. 간접침해의 문제

디자인보호법 제114조의 규정에서는 등록디자인이나 이와 유사한 디자인에

---

108) 김웅(주 11), 219; 조국현(주 1), 385; 寒河江孝允・峯唯夫・金井重彦 編著(주 2), 246(中
    川裕幸 집필부분).
109) 노태정・김병진 공저(주 12), 371-372; 김인배(주 26), 273.
110) 이러한 통설적인 견해는 예컨대 자동차에 관한 디자인에 있어서 타인이 그 자동차를 구
    성하는 핸들을 실시한 경우, 자동차 디자인 자체에 대한 권리침해가 될 수 없다는 것과 해
    석을 같이 한 것이다[노태정・김병진 공저(주 12), 372].
111) 김인배(주 26), 273; 조국현(주 1), 385; 노태정・김병진 공저(주 12), 372; 공경식・이승
    훈 공저(주 13), 241.

관한 물품의 생산에만 사용하는 물품을 업으로서 생산·양도·대여·수출 또는 수입하거나 업으로서 그 물품의 양도 또는 대여의 청약을 하는 행위는 그 디자인권 또는 전용실시권을 침해한 것으로 본다고 규정하고 있다. 여기서 물품의 생산에만 사용하는 물품이란 등록디자인에 관한 물품의 생산에만 사용되는 설비, 재료, 부품 등을 말하는 것으로 해석되고 있으므로, 등록된 한 벌의 물품의 디자인의 구성물품을 '한 벌의 물품의 생산에만 사용하는 물품'이라고 할 수 있는지가 의문이고, 한 벌의 물품은 집합물이고 집합물은 그 자체로서의 개성, 즉, 경제상의 가치를 가지고 거래되는 것이며, 그것을 구성하는 각 구성물품 또한 독립된 개성, 즉, 경제상의 가치를 가지고 거래되는 성질을 가지고 있기 때문에, 전용품이라고 볼 수 없어 구성물품이 등록된 한 벌의 물품의 생산에만 사용되는 경우는 거의 없다고 보아야 할 것이라는 견해가 통설적인 견해이다.[112] 따라서 이러한 통설적인 견해에 따르면, 한 벌의 물품의 디자인권에 관하여 구성물품의 실시에 대한 간접침해의 발생가능성은 거의 없다고 보아야 할 것이다.

다. 이용관계의 문제

선출원이 구성물품에 관한 디자인이고, 후출원이 그 구성물품을 포함한 한 벌의 물품의 디자인인 경우에 후출원은 선출원주의 위반이 아니므로, 디자인등록이 가능할 수 있을 것이다. 그러나 이 경우에 후출원이 선출원의 구성물품을 그대로 포함하여 실시하여야 하므로, 이용관계가 성립될 수 있다(디자인보호법 제95조 제1, 2항).[113] 따라서 후출원인 한 벌의 물품의 디자인권자는 선출원의 구성물품의 디자인권자의 허락을 받거나 또는 통상실시권 허락의 심판(디자인보호법 제123조)에 의하지 아니하고는 자기의 등록디자인 또는 이와 유사한 디자인을 업으로서 실시할 수 없다.[114]

〈정태호〉

---

112) 조국현(주 1), 386; 노태정·김병진 공저(주 12), 373; 김인배(주 26), 273; 공경식·이승훈 공저(주 13), 242; 김웅(주 11), 219; 寒河江孝允·峯唯夫·金井重彦 編著(주 2), 247 (中川裕幸 집필부분).

113) 2001년 개정법 이전에는 선출원이 구성물품, 후출원이 그 구성물품을 포함하는 한 벌의 물품의 디자인인 경우 후출원은 선출원주의의 판단대상이 될 수 있었으므로, 선출원주의 위반으로 인하여 후출원이 아예 등록될 수가 없어 선출원과 후출원간의 이용관계가 성립될 수 없었다. 그러나 2001년 개정법 이후에는 한 벌의 물품의 디자인에 있어서 구성물품마다의 선출원주의에 관한 판단규정이 삭제되어 이용관계가 성립될 수 있게 되었다[김웅(주 11), 220].

114) 공경식·이승훈 공저(주 13), 242.

제43조(비밀디자인)

① 디자인등록출원인은 디자인권의 설정등록일부터 3년 이내의 기간을 정하여 그 디자인을 비밀로 할 것을 청구할 수 있다. 이 경우 복수디자인등록출원된 디자인에 대하여는 출원된 디자인의 전부 또는 일부에 대하여 청구할 수 있다.

② 디자인등록출원인은 디자인등록출원을 한 날부터 최초의 디자인등록료를 내는 날까지 제1항의 청구를 할 수 있다. 다만, 제86조 제1항 제1호 및 제2항에 따라 그 등록료가 면제된 경우에는 제90조 제2항 각 호의 어느 하나에 따라 특허청장이 디자인권을 설정등록할 때까지 할 수 있다.

③ 디자인등록출원인 또는 디자인권자는 제1항에 따라 지정한 기간을 청구에 의하여 단축하거나 연장할 수 있다. 이 경우 그 기간을 연장하는 경우에는 디자인권의 설정등록일부터 3년을 초과할 수 없다.

④ 특허청장은 다음 각 호의 어느 하나에 해당하는 경우에는 비밀디자인의 열람청구에 응하여야 한다.

1. 디자인권자의 동의를 받은 자가 열람청구한 경우
2. 그 비밀디자인과 동일하거나 유사한 디자인에 관한 심사, 디자인일부심사등록 이의신청, 심판, 재심 또는 소송의 당사자나 참가인이 열람청구한 경우
3. 디자인권 침해의 경고를 받은 사실을 소명한 자가 열람청구한 경우
4. 법원 또는 특허심판원이 열람청구한 경우

⑤ 제4항에 따라 비밀디자인을 열람한 자는 그 열람한 내용을 무단으로 촬영·복사 등의 방법으로 취득하거나 알게 된 내용을 누설하여서는 아니 된다.

⑥ 제52조에 따른 출원공개신청을 한 경우에는 제1항에 따른 청구는 철회된 것으로 본다.

<소 목 차>

Ⅰ. 본조의 취지

원래 특허권, 실용신안권, 디자인권 등의 산업재산권은 새로운 발명, 고안, 디자인을 공개하여 다음 단계의 발명, 고안, 창작에 기여한 발명자, 고안자, 창작자에 대하여 그 대가로 독점배타적인 권리를 부여하는 것이다. 그러나 디자인은 발명, 고안과 달리 그 자체가 물품의 외관에 관한 것이어서 한 번 보기만 하면 쉽게 모방할 수 있는 성질이 있으므로, 공개를 함으로써 얻는 이익보다 모방의 동기를 주게 되어 받는 불이익이 더 클 수 있다. 특히 유행에 민감하여 판매시기의 선택이 중요하거나 라이프 사이클이 짧은 디자인의 경우에는 더욱 그러하다. 본조가 규정하고 있는 비밀디자인 제도는 다른 산업재산권법에는 존재하지 않는 디자인보호법 특유의 제도로서 일률적인 등록공고주의의 폐단을 개별적으로 방지하고자 디자인등록출원인의 청구에 의하여 디자인등록 후에도 디자인의 실체적인 내용을 등록일로부터 일정 기간 비밀로 하여 침해로부터 디자인을 보호하면서 비밀디자인권자로 하여금 디자인의 제품화에 대한 준비기간을 확보하게 해주고, 제품 판매의 유리한 시기를 선택할 수 있도록 함으로써 디자인보호를 강화하려는 제도이다. 즉, 선출원주의 하에서 디자인등록출원인이 가능한 빨리 출원하여 출원일을 확보하고 싶으나, 디자인을 실시하기 전에 디자인의 실체적 내용(권리의 객체)이 공개되어 버리면 기업의 디자인 전략에 나쁜 영향을 끼칠 수 있는 점이 비밀디자인 제도의 창설 근거이다. 다만 비밀기간을 디자인설정등록일로부터 3년 내로 한정하고, 일정한 경우 비밀디자인을 열람할 수 있게 하며, 비밀기간 중에는 침해에 대한 과실추정 및 침해금지청구권행사 등을 제한하여 디자인권자와 상대방 사이의 이익의 균형을 꾀하고 있다.

Ⅱ. 비밀디자인의 청구요건

1. 청구권자

디자인을 비밀로 할 것을 청구할 수 있는 자는 '디자인등록출원인'이고(제43조 제1항), 비밀기간의 단축 또는 연장을 청구할 수 있는 자는 '디자인등록출원인' 또는 설정등록 후에는 '디자인권자'이다(제43조 제3항). 전용실시권자 또는 통상실시권자에게는 비밀디자인에 관한 청구권이 인정되지 않는다. 디자인등록을 받을 수 있는 권리가 공유인 경우에는 공유자 전원의 보호를 위해 공유자 전원이 청구하여야 한다고 해석함이 상당하다.

2. 청구의 대상

비밀디자인 청구의 대상이 되는 디자인에 대하여 종전에는 복수디자인등록출원된 디자인의 전부로 제한하였으나, 2013. 5. 28. 법률 제11848호로 개정된 디자인보호법에서는 '복수디자인등록출원된 디자인에 대하여는 출원된 디자인의 전부 또는 일부에 대하여 청구할 수 있다'(제43조 제1항)고 규정하여 위와 같은 제한 규정을 없앴다. 달리 디자인보호법에 비밀디자인 청구의 대상이 되는 디자인을 제한하는 규정이 없으므로, 부분 디자인(제2조 제1호), 글자체 디자인(제2조 제1, 2호), 관련디자인(제35조), 한 벌 물품의 디자인(제42조) 등 디자인의 종류에 상관없이 원칙적으로 비밀디자인 청구의 대상이 된다고 할 것이다.

3. 청구시기

비밀디자인의 청구는 디자인등록출원을 한 날부터 최초의 디자인등록료를 납부하는 날까지 할 수 있다. 다만, 등록료가 면제된 때에는 특허청장이 디자인권을 설정등록할 때까지 할 수 있다(제43조 제2항). 종전에는 비밀디자인의 청구를 디자인등록출원시에만 할 수 있었으나, 2007. 1. 3. 법률 제8187호로 개정된 디자인보호법에서 현재와 같이 개정하였다. 이는 종전에 디자인등록출원인이 디자인등록출원 후에 제품 개발의 지연 등으로 디자인을 비밀로 할 필요성이 생기더라도 청구시기의 제한으로 인해 비밀디자인 청구를 할 수 없었던 문제점을 시정하기 위한 것이다. 특히 디자인심사에 필요한 기간이 단축되어 디자인등록출원인의 출원 시 예정했던 것보다 심사가 빠르게 종료하여 디자인 실시를 준비하는 시간이 촉박하게 되었을 경우에 위 개정부분은 유용할 수 있다.

4. 비밀기간

디자인등록출원인이 디자인을 비밀로 할 것을 청구할 수 있는 기간은 디자인권의 설정등록일로부터 3년 이내이다(제43조 제1항). 3년 이내의 기간은 권리자와 제3자의 이익의 균형을 고려한 것으로서, 디자인 창작자가 그 정도의 기간이면 디자인 실시의 준비에 충분하고, 특히 유행성이 짙은 디자인 또는 단기간만 사용되어지는 디자인에는 충분한 기간이라고 보기 때문이다.

디자인등록출원인 또는 디자인권자는 디자인권의 설정등록일로부터 3년을 넘지 않는 범위에서 비밀기간의 단축 또는 연장을 청구할 수 있다(제43조 제3항). 단축 또는 연장을 인정하는 것은 디자인등록출원인 또는 디자인권자에게 디자인의 실시 시기를 조정할 수 있는 기회를 줄 필요가 있기 때문이다.

5. 출원공개신청의 경우

디자인등록출원인이 디자인을 비밀로 할 것을 청구한 후에 제52조에 따른 출원공개 신청을 하면 비밀디자인 청구는 철회된 것으로 본다(제43조 제6항).

Ⅲ. 비밀디자인 등록의 효과

1. 비밀기간 중의 비공개

비밀디자인은 설정등록이 되어도 등록디자인공보에는 디자인권자의 성명과 주소(법인인 경우에는 그 명칭과 영업소의 소재지), 디자인의 대상이 되는 물품 및 물품류, 디자인심사등록 또는 디자인일부심사등록이라는 사실, 창작자의 성명과 주소, 디자인등록출원번호 및 디자인등록출원일, 디자인등록번호 및 디자인등록일 등의 서지적 사항만 게재되고, '도면 또는 사진(견본의 사진을 포함한다)', '창작내용의 요점',[1] '디자인의 설명'과 같이 디자인권의 실체적인 내용을 이루는 부분은 디자인등록출원인이 청구한 비밀지정기간이 지난 후에야 비로소 게재된다(디자인보호법 시행령 제10조 제2항).

특허청 또는 특허심판원 직원이나 그 직원으로 재직하였던 사람은 비밀디자인에 관하여 직무상 알게 된 사항에 대하여 비밀유지의무를 부담하고, 이 비밀유지의무는 비밀디자인권자가 비밀보장기간 중에 공공연히 비밀디자인을 실시하고 있다 하더라도 그대로 존속한다. 만약 특허청 또는 특허심판원 직원이나 그 직원으로 재직하였던 사람이 비밀디자인에 관하여 직무상 알게 된 비밀을 누설한 경우에는 5년 이하의 징역 또는 5천만원 이하의 벌금에 처한다(제225조 제2항).

2. 침해행위에 대한 과실추정의 배제 및 금지청구권 행사의 제한

일반적으로 디자인권이 발생하면 권리의 공시가 이루어지므로, 타인의 디

---

1) '창작내용의 요점'은 등록디자인의 보호범위를 정하는 기준으로 되지 않으므로(제93조 참조), 디자인권의 실질적 내용을 이루는 것이라고 할 수 있는지는 의문이다.

자인권 또는 전용실시권을 침해한 자는 그 침해행위에 대하여 과실이 있는 것으로 추정한다(제116조 제1항 본문). 그러나 비밀디자인으로 설정등록된 디자인권 또는 전용실시권의 침해에 있어서는 권리의 실체적인 내용이 비밀보장기간 중 공시되지 않으므로, 그 침해행위에 대해 과실추정 규정의 적용이 배제된다(제116조 제1항 단서). 따라서 입증책임의 일반 원칙에 따라 비밀디자인의 디자인권자 또는 전용실시권자 측에서 침해자의 고의·과실을 입증하여야 할 뿐만 아니라, '디자인권자 및 전용실시권자(전용실시권자가 청구하는 경우만 해당한다)의 성명 및 주소(법인인 경우에는 그 명칭 및 주된 사무소의 소재지를 말한다)', '디자인등록출원번호 및 출원일', '디자인등록번호 및 등록일', '디자인등록출원서에 첨부한 도면·사진 또는 견본의 내용'의 사항에 대하여 특허청장으로부터 증명을 받은 서면을 제시하여 경고한 후가 아니면 침해자 또는 침해할 우려가 있는 자에 대하여 그 침해의 금지 또는 예방을 청구할 수 없다(제113조 제2항). 종전에는 비밀디자인권의 침해에 대한 금지 또는 예방 청구권의 행사가 소정의 경고행위 없이 가능한 것인지에 관하여 논란이 있었는데, 2004년에 개정된 디자인보호법에서는 금지 또는 예방 청구권의 행사 전에 경고행위가 선행되어야 한다는 취지의 위와 같은 규정을 두어 논란을 없앴다. 비밀디자인의 디자인권자 또는 전용실시권자로부터 위와 같은 경고를 받은 자가 그 후에도 계속하여 비밀디자인을 실시할 때에는 더 이상 선의(善意)의 실시로 볼 수 없으므로, 비밀디자인의 디자인권자 또는 전용실시권자는 금지 또는 예방 청구권을 행사할 수 있다.

Ⅳ. 비밀디자인의 예외적 열람

비밀디자인으로 등록되면 원칙적으로 디자인의 실체적 내용이 비밀보장기간 중에 디자인권자 이외의 제3자에게 공개되지 아니하나, 다음과 같이 디자인권자의 의사에 반하지 않는 경우나 공익적 견지에서 필요한 경우 등에는 특허청장은 디자인권자 이외의 자의 열람청구에 응하여야 한다(제43조 제4항).

(1) 디자인권자의 동의를 받은 자가 열람청구한 경우

비밀디자인 제도는 디자인권자의 이익 보호를 위한 제도인데, 권리의 이전 또는 실시권의 허여 등을 위해서 디자인권자의 동의가 있는 경우에는 본인의 의사를 존중하여 예외적 열람이 인정된다.

(2) 비밀디자인과 동일하거나 유사한 디자인에 관한 심사, 디자인일부심사
    등록 이의신청, 심판, 재심 또는 소송의 당사자나 참가인이 열람청구한
    경우

비밀디자인이 등록된 후 다른 사람이 이와 동일 또는 유사한 디자인을 후
출원하여 거절이유통지를 받게 되면 후출원인은 이에 대응하기 위해서 의견서
를 작성함에 있어 선출원된 비밀디자인의 내용을 확인할 필요가 있고, 또한 비
밀디자인과 동일하거나 유사한 디자인에 관한 디자인일부심사등록 이의신청,
심판, 재심 또는 소송에 있어서도 당사자나 참가인은 비밀디자인의 내용을 확인
하여야 적절한 대응이 가능하므로 이들에 대하여 비밀디자인의 예외적 열람이
인정되도록 한 것이다. 이 경우 비밀디자인권자의 승낙을 요하지 않고, 특허청
장은 비밀디자인권자에게 통지할 필요도 없다.

(3) 디자인권 침해의 경고를 받은 사실을 소명한 자가 열람청구한 경우

디자인권 침해의 경고를 받은 자는 비밀디자인권의 존부에 상당한 이해관
계가 있는 자이므로 예외적 열람이 인정된다.

(4) 법원 또는 특허심판원이 열람청구한 경우

법원 또는 특허심판원은 소송 또는 심판이 제기된 경우 사건 심리를 위해
당해 비밀디자인의 내용을 확인할 필요성이 있으므로 열람이 인정되도록 한 것
이다.

〈김 신〉

> **제44조(무권리자의 디자인등록출원과 정당한 권리자의 보호)**
>
> 디자인 창작자가 아닌 자로서 디자인등록을 받을 수 있는 권리의 승계인이 아닌 자(이하 "무권리자"라 한다)가 한 디자인등록출원이 제62조 제1항 제1호에 해당하여 디자인등록거절결정 또는 거절한다는 취지의 심결이 확정된 경우에는 그 무권리자의 디자인등록출원 후에 한 정당한 권리자의 디자인등록출원은 무권리자가 디자인등록출원한 때에 디자인등록출원한 것으로 본다. 다만, 디자인등록거절결정 또는 거절한다는 취지의 심결이 확정된 날부터 30일이 지난 후에 정당한 권리자가 디자인등록출원을 한 경우에는 그러하지 아니하다.

<소 목 차>

Ⅰ. 본조의 취지[1]

디자인 창작자가 아닌 자로서 디자인등록을 받을 수 있는 권리의 승계인이 아닌 자(이하 '무권리자'라 한다)가 한 디자인등록출원은 선출원주의와 관련하여 선출원의 지위를 갖지 못할 뿐만 아니라(제46조 제4항), 디자인보호법 제62조 제1항 제1호의 디자인등록거절사유에 해당한다. 본조는 무권리자의 디자인등록출원이 디자인보호법 제62조 제1항 제1호에 해당하여 디자인등록거절결정 또는 거절한다는 취지의 심결이 확정된 경우에는 그 무권리자의 디자인등록출원 후에 한 정당한 권리자의 디자인등록출원은 무권리자가 디자인등록출원한 때에 디자인등록출원한 것으로 봄으로써, 즉 정당한 권리자의 디자인등록출원일이 무권리자의 출원일에 소급하는 것으로 인정해 줌으로써 무권리자의 출원으로 인하여 정당한 권리자에게 발생하는 불이익을 방지하는 데에 그 의의가 있다.

본조는 무권리자의 디자인등록출원이 등록되지 아니한 경우의 정당한 권리자의 보호에 관한 것인데, 무권리자의 디자인등록출원이 등록된 경우의 정당한 권리자의 보호에 관하여는 제45조가 규정하고 있다.

---

1) 정상조·박성수 공편, 특허법 주해Ⅰ, 박영사(2010), 482-485(김운호 집필부분) 참조.

Ⅱ. 모인출원과 정당한 권리자의 보호

　　무권리자에 의한 출원을 강학상 '모인출원'이라고 부르는데, 그 예로는, 정당한 권리자 모르게 제3자가 무단으로 출원하는 경우, 정당한 권리자의 출원 이후에 제3자가 서류를 위조하는 등 무단으로 출원인 명의변경을 하는 경우, 정당한 권리자와 승계인 사이의 출원인 명의변경 약정에 하자가 있어 결과적으로 무권리자에 의한 출원으로 되는 경우, 공동발명에 있어서 공동발명자 1인의 단독 명의로 출원하는 경우 등을 들 수 있다.

　　모인출원은 선출원주의와 관련하여 선출원의 지위를 갖지 못하고(제46조 제4항), 또한 그 등록 전에는 거절사유에 해당하며(제62조 제1항 제1호), 그 등록 후에는 등록무효사유에 해당한다(제121조 제1항 제1호).

　　모인출원에 대한 디자인등록거절결정 또는 거절한다는 취지의 심결이 확정된 경우, 그 모인출원 후에 한 정당한 권리자의 디자인등록출원은 모인출원일로 소급하는 것으로 본다(제44조 본문). 따라서 정당한 권리자의 출원에 대한 디자인등록요건의 구비 등은 무권리자의 출원일을 기준으로 판단하므로, 예컨대 동일 또는 유사한 디자인에 대한 무권리자의 출원, 제3자의 출원, 정당한 권리자의 출원과 같은 시간적 순서로 출원이 있었다고 하더라도, 정당한 권리자의 출원은 무권리자의 출원뿐만 아니라 제3자의 출원에 의하여도 거절되지 않게 된다. 다만, 정당한 권리자의 출원일의 소급 적용은, 절차의 신속 및 권리관계의 조속한 확정을 위하여 정당한 권리자의 출원이 모인출원에 대한 디자인등록거절결정 또는 거절한다는 취지의 심결이 확정된 날부터 30일 이내에 이루어져야만 한다(제44조 단서).

〈김　신〉

> **제45조(무권리자의 디자인등록과 정당한 권리자의 보호)**
> 무권리자라는 사유로 디자인등록에 대한 취소결정 또는 무효심결이 확정된 경우에는 그 디자인등록출원 후에 한 정당한 권리자의 디자인등록출원은 취소 또는 무효로 된 그 등록디자인의 디자인등록출원 시에 디자인등록출원을 한 것으로 본다. 다만, 취소결정 또는 무효심결이 확정된 날부터 30일이 지난 후에 디자인등록출원을 한 경우에는 그러하지 아니하다.

Ⅰ. 본조의 취지[1]

디자인 창작자가 아닌 자로서 디자인등록을 받을 수 있는 권리의 승계인이 아닌 자(이하 '무권리자'라 한다)가 한 디자인등록출원은, 설사 등록이 되었다고 하더라도 등록 취소 및 무효사유에 해당한다(제73조 제3항, 제121조 제1항 제1호). 본조는 무권리자라는 사유로 디자인등록에 대한 취소결정 또는 무효심결이 확정된 경우에는 그 디자인등록출원 후에 한 정당한 권리자의 디자인등록출원은 취소 또는 무효로 된 그 등록디자인의 디자인등록출원 시에 디자인등록출원을 한 것으로 봄으로써, 즉 정당한 권리자의 디자인등록출원일이 무권리자의 출원일에 소급하는 것으로 인정해 줌으로써 무권리자의 출원으로 인하여 정당한 권리자에게 발생하는 불이익을 방지하는 데에 그 의의가 있다.

본조는 무권리자의 디자인등록출원이 등록된 경우의 정당한 권리자의 보호에 관한 것인데, 무권리자의 디자인등록출원이 등록되지 않은 경우의 정당한 권리자의 보호에 관하여는 제44조가 규정하고 있다.

Ⅱ. 모인출원에 의한 디자인등록과 정당한 권리자의 보호

무권리자에 의한 출원을 강학상 '모인출원'이라고 부르는데, 그 예로는, 정

---

1) 정상조 · 박성수 공편, 특허법 주해Ⅰ, 박영사(2010), 486-488(김운호 집필부분) 참조.

당한 권리자 모르게 제3자가 무단으로 출원하는 경우, 정당한 권리자의 출원 이
후에 제3자가 서류를 위조하는 등 무단으로 출원인 명의변경을 하는 경우, 정당
한 권리자와 승계인 사이의 출원인 명의변경 약정에 하자가 있어 결과적으로
무권리자에 의한 출원으로 되는 경우, 공동발명에 있어서 공동발명자 1인의 단
독 명의로 출원하는 경우 등을 들 수 있다.

　　모인출원은 선출원주의와 관련하여 선출원의 지위를 갖지 못하고(제46조 제
4항), 또한 그 등록 전에는 거절사유에 해당하며(제62조 제1항 제1호), 설사 등록
이 되었다고 하더라도 등록 취소 및 무효사유에 해당한다(제73조 제3항, 제121조
제1항 제1호).

　　무권리자라는 사유로 디자인등록에 대한 취소결정 또는 무효심결이 확정된
경우, 모인출원 후에 한 정당한 권리자의 디자인등록출원은 모인출원 시에 디자
인등록출원을 한 것으로 본다(제45조 본문). 따라서 정당한 권리자의 출원에 대
한 디자인등록요건의 구비 등은 무권리자의 출원일을 기준으로 판단하므로, 예
컨대 동일 또는 유사한 디자인에 대한 무권리자의 출원, 제3자의 출원, 정당한
권리자의 출원과 같은 시간적 순서로 출원이 있었다고 하더라도, 정당한 권리자
의 출원은 무권리자의 출원뿐만 아니라 제3자의 출원에 의하여도 거절되지 않
게 된다. 다만, 정당한 권리자의 출원일의 소급 적용은, 절차의 신속 및 권리관
계의 조속한 확정을 위하여 정당한 권리자의 출원이 위 취소결정 또는 무효심
결이 확정된 날부터 30일 이내에 이루어져야만 한다(제45조 단서).

Ⅲ. 특허권 이전등록 청구의 가부

　　정당한 권리자로부터 디자인등록을 받을 수 있는 권리를 승계받은 바 없는
무권리자의 디자인등록출원에 따라 디자인권의 설정등록이 이루어진 경우, 정
당한 권리자가 디자인보호법상의 구제절차에 따르지 아니하고 무권리자에 대하
여 직접 디자인권의 이전등록을 구할 수 있는지 여부에 대하여 견해의 대립이
있는데, 대법원은 2014. 5. 16. 선고 2012다11310 판결에서 「발명을 한 자 또는
그 승계인은 특허법에서 정하는 바에 의하여 특허를 받을 수 있는 권리를 가진
다(특허법 제33조 제1항 본문). 만일 이러한 정당한 권리자 아닌 자가 한 특허출
원에 대하여 특허권의 설정등록이 이루어지면 특허무효사유에 해당하고(특허법
제133조 제1항 제2호), 그러한 사유로 특허를 무효로 한다는 심결이 확정된 경우

정당한 권리자는 그 특허의 등록공고가 있는 날부터 2년 이내와 심결이 확정된 날부터 30일 이내라는 기간 내에 특허출원을 함으로써 그 특허의 출원 시에 특허출원한 것으로 간주되어 구제받을 수 있다(특허법 제35조). 이처럼 특허법이 선출원주의의 일정한 예외를 인정하여 정당한 권리자를 보호하고 있는 취지에 비추어 보면, 정당한 권리자로부터 특허를 받을 수 있는 권리를 승계받은 바 없는 무권리자의 특허출원에 따라 특허권의 설정등록이 이루어졌더라도, 특허법이 정한 위와 같은 절차에 의하여 구제받을 수 있는 정당한 권리자로서는 특허법상의 구제절차에 따르지 아니하고 무권리자에 대하여 직접 특허권의 이전등록을 구할 수는 없다고 할 것이다.」라고 판시하여 부정설을 취하였다.

〈김　신〉

제46조(선출원)

① 동일하거나 유사한 디자인에 대하여 다른 날에 2 이상의 디자인등록출원이 있는 경우에는 먼저 디자인등록출원한 자만이 그 디자인에 관하여 디자인등록을 받을 수 있다.

② 동일하거나 유사한 디자인에 대하여 같은 날에 2 이상의 디자인등록출원이 있는 경우에는 디자인등록출원인이 협의하여 정한 하나의 디자인등록출원인만이 그 디자인에 대하여 디자인등록을 받을 수 있다. 협의가 성립하지 아니하거나 협의를 할 수 없는 경우에는 어느 디자인등록출원인도 그 디자인에 대하여 디자인등록을 받을 수 없다.

③ 디자인등록출원이 무효·취하·포기되거나 제62조에 따른 디자인등록거절결정 또는 거절한다는 취지의 심결이 확정된 경우 그 디자인등록출원은 제1항 및 제2항을 적용할 때에는 처음부터 없었던 것으로 본다. 다만, 제2항 후단에 해당하여 제62조에 따른 디자인등록거절결정이나 거절한다는 취지의 심결이 확정된 경우에는 그러하지 아니하다.

④ 무권리자가 한 디자인등록출원은 제1항 및 제2항을 적용할 때에는 처음부터 없었던 것으로 본다.

⑤ 특허청장은 제2항의 경우에 디자인등록출원인에게 기간을 정하여 협의의 결과를 신고할 것을 명하고 그 기간 내에 신고가 없으면 제2항에 따른 협의는 성립되지 아니한 것으로 본다.

〈소 목 차〉

Ⅰ. 본조의 의의

디자인보호법은 디자인권자에게 등록디자인 및 이와 유사한 디자인의 실시할 권리를 독점하게 하므로, 하나의 디자인 창작에는 2 이상의 권리를 인정하지 않는다. 2 이상의 동일 또는 유사한 디자인이 출원되어 경합하는 경우, 디자인권의 중복 발생을 배제하는 수단으로는 '선창작주의'와 '선출원주의'가 있다. '선창작주의'는 창작이라는 사실적 행위에 주목하여 최선(最先)의 창작자를 보호하려는 것으로서 디자인창작의 장려를 목적으로 하는 디자인제도에 부합하나, 디자인창작의 선후를 확인해야 하는 불편 및 어려움이 있을 수 있고, 디자인을 빨리 출원하기보다는 비밀로 하려는 경향을 조장하여 산업발전에 이바지할 수 없는 단점이 있다. 반면에 '선출원주의'는 출원이라는 실정법상의 권원 부여를 청구하는 행위에 주목하여 최선(最先)의 출원인에게 독점권을 부여하는 것으로서 진정한 창작자의 보호에 미흡하고, 수준이 낮은 디자인의 출원이 증가할 수 있는 단점이 있으나, 산업의 발달에 기여한다는 디자인제도의 최종적 목적에 부합할 뿐만 아니라 선창작자의 확인에 대한 곤란이 없어 심사를 촉진시킬 수 있는 장점이 있다.

　　본조는 디자인권의 중복을 배제하는 취지에서 1디자인 1권리의 원칙을 명확히 함과 동시에 동일하거나 유사한 디자인이 복수 출원된 경우에 '선출원주의'에 의해 등록 여부를 결정할 것을 규정하고 있다.

　　선출원주의는 특허법, 실용신안법 등에서도 채용하고 있으나, 디자인보호법에서의 선출원주의는 선·후 출원을 정함에 있어서 '동일'뿐만 아니라 '유사한' 디자인에 대해서도 판단하는 점 및 특허 또는 실용신안 출원과 사이에는 선·후 출원의 판단을 하지 않는 점에서 특징이 있다. 이는 디자인권의 효력이 '등록디자인 및 이에 유사한' 디자인에까지 미치고(제92조), '발명 또는 고안'은 '기술적 사상'의 창작인 반면, '디자인'은 '미감을 가지는 물품의 외관'의 창작으로서 그 본질을 달리하기 때문이다.

　　본조에서 규정하는 '선출원주의'는 출원디자인의 거절사유(제62조 제2호) 및 등록디자인의 무효사유(제121조 제1항 제2호)로서, 단순한 절차규정이 아니라 공업상 이용가능성이나 신규성(제33조 제1항) 또는 창작비용이성(제33조 제2항) 등과 같이 실체적인 등록요건이라는 점에서도 의의가 있다.

　　한편, 디자인보호법은 무권리자가 한 디자인등록출원은 선출원주의의 적용에 있어 처음부터 없었던 것으로 본다는 규정(제46조 제4항)과 무권리자의 출원·등록에 대한 정당한 권리자의 보호규정(제44조, 제45조) 및 선사용에 따른 통상실시권 규정(제100조) 등을 두어 선출원주의의 단점을 어느 정도 보완하고 있다.

Ⅱ. 선후 출원 판단의 기준

1. 시간적 기준

2 이상 경합하는 출원의 선후는 '출원일(日)'을 기준으로 판단하는 점에서 (제46조 제1, 2항), 신규성 및 창작비용이성 등의 경우 선행디자인 여부를 '출원 시(時)'를 기준으로 판단하는 것(제33조 제1, 2항)과 다르다. 선후 출원 판단에 있어 일(日)을 기준으로 하는 것은 시각증명의 번잡성 등을 고려한 것으로서, 특히, 조약에 따른 우선권주장을 수반하는 출원의 경우에는 나라마다 시차가 있는 등의 이유로 시각증명이 더욱 어려울 수 있다.

여기서 '출원일'은 현실의 출원일 또는 법에 의해 간주되는 출원일을 의미하는데, 법에 의해서 출원일이 앞당겨지는 예로는, 분할출원(제50조 제1, 2항[1]), 무권리자의 출원에 있어 정당한 권리자의 보호(제44조, 제45조[2]), 조약에 따른 우선권 인정(제51조 제1항[3]) 등이 있고, 반대로 법에 의해서 출원일이 늦추어지

---

1) 제50조(출원의 분할)
  ① 다음 각 호의 어느 하나에 해당하는 자는 디자인등록출원의 일부를 1 이상의 새로운 디자인등록출원으로 분할하여 디자인등록출원을 할 수 있다.
  1. 제40조를 위반하여 2 이상의 디자인을 1디자인등록출원으로 출원한 자
  2. 복수디자인등록출원을 한 자
  ② 제1항에 따라 분할된 디자인등록출원(이하 "분할출원"이라 한다)이 있는 경우 그 분할출원은 최초에 디자인등록출원을 한 때에 출원한 것으로 본다. 다만, 제36조 제2항 제1호 또는 제51조 제3항 및 제4항을 적용할 때에는 그러하지 아니하다.
2) 제44조(무권리자의 디자인등록출원과 정당한 권리자의 보호)
  디자인 창작자가 아닌 자로서 디자인등록을 받을 수 있는 권리의 승계인이 아닌 자(이하 "무권리자"라 한다)가 한 디자인등록출원이 제62조 제1항 제1호에 해당하여 디자인등록거절결정 또는 거절한다는 취지의 심결이 확정된 경우에는 그 무권리자의 디자인등록출원 후에 한 정당한 권리자의 디자인등록출원은 무권리자가 디자인등록출원한 때에 디자인등록출원한 것으로 본다. 다만, 디자인등록거절결정 또는 거절한다는 취지의 심결이 확정된 날부터 30일이 지난 후에 정당한 권리자가 디자인등록출원을 한 경우에는 그러하지 아니하다.
  제45조(무권리자의 디자인등록과 정당한 권리자의 보호)
  무권리자라는 사유로 디자인등록에 대한 취소결정 또는 무효심결이 확정된 경우에는 그 디자인등록출원 후에 한 정당한 권리자의 디자인등록출원은 취소 또는 무효로 된 그 등록디자인의 디자인등록출원 시에 디자인등록출원을 한 것으로 본다. 다만, 취소결정 또는 무효심결이 확정된 날부터 30일이 지난 후에 디자인등록출원을 한 경우에는 그러하지 아니하다.
3) 제51조(조약에 따른 우선권 주장)
  ① 조약에 따라 대한민국 국민에게 출원에 대한 우선권을 인정하는 당사국의 국민이 그 당사국 또는 다른 당사국에 출원한 후 동일한 디자인을 대한민국에 디자인등록출원하여

는 예로는, 디자인권의 설정등록 후 출원보정이 요지변경으로 인정된 경우(제48
조 제5항4))가 있다.

한편, 특허청에 제출하는 출원서는 특허청장에게 도달한 날부터 그 효력이
발생한다(제28조 제1항). 전자문서화한 출원서를 특허청의 정보통신망을 이용하
여 제출하는 경우에는 그 제출인이 정보통신망을 통하여 접수번호를 확인할 수
있는 때에 접수된 것으로 본다(제30조 제1, 3항). 이러한 도달주의의 원칙에는 예
외가 있다. 즉, 출원서를 우편으로 특허청장에게 제출하는 경우에 우편물의 통
신일부인(通信日附印)에서 표시된 날이 분명한 때에는 그 표시된 날을, 분명하지
아니한 때에는 우편물의 수령증에 의하여 증명한 날을 각각 특허청장에게 도달
한 것으로 본다(제28조 제2항 제1, 2호).

2. 대상적 기준

선출원주의는 후출원디자인이 선출원디자인과 동일 또는 유사한 경우에 적
용된다(제46조 제1, 2항). 디자인권의 독점배타적인 효력이 등록디자인뿐만 아니
라 그에 유사한 디자인에까지 미치기 때문에(제92조), 후출원디자인이 선출원디
자인에 유사한 경우에도 선출원주의가 적용되는 것이다. 특허법 또는 실용신안
법 상의 선출원주의는 동일성 범위로만 판단하고, 특허출원과 실용신안등록출
원 상호간에도 적용되는 반면에, 디자인보호법 상의 선출원주의는 동일뿐만 아
니라 유사한 범위에 대해서도 판단하고, 타법역의 출원과는 선후 판단을 하지
않는 점에서 차이가 있다.

우선권을 주장하는 경우에는 제33조 및 제46조를 적용할 때 그 당사국 또는 다른 당사국
에 출원한 날을 대한민국에 디자인등록출원한 날로 본다. 대한민국 국민이 조약에 따라 대
한민국 국민에게 출원에 대한 우선권을 인정하는 당사국에 출원한 후 동일한 디자인을 대
한민국에 디자인등록출원한 경우에도 또한 같다.
  4) 제48조(출원의 보정과 요지변경)
    ① 디자인등록출원인은 최초의 디자인등록출원의 요지를 변경하지 아니하는 범위에서
디자인등록출원서의 기재사항, 디자인등록출원서에 첨부한 도면, 도면의 기재사항이나 사
진 또는 견본을 보정할 수 있다.
    ② 디자인등록출원인은 관련디자인등록출원을 단독의 디자인등록출원으로, 단독의 디자
인등록출원을 관련디자인등록출원으로 변경하는 보정을 할 수 있다.
    ③ 디자인등록출원인은 디자인일부심사등록출원을 디자인심사등록출원으로, 디자인심
사등록출원을 디자인일부심사등록출원으로 변경하는 보정을 할 수 있다.
    (제4항은 생략)
    ⑤ 제1항부터 제3항까지의 규정에 따른 보정이 최초의 디자인등록출원의 요지를 변경
하는 것으로 디자인권의 설정등록 후에 인정된 경우에는 그 디자인등록출원은 그 보정서
를 제출한 때에 디자인등록출원을 한 것으로 본다.

한편, 선후 출원의 판단 기초가 되는 자료는, 등록디자인의 보호범위를 정하는 '디자인등록출원서의 기재사항 및 그 출원서에 첨부된 도면·사진 또는 견본과 도면에 적힌 디자인의 설명에 따라 표현된 디자인'이다(제93조 참조).

Ⅲ. 이일(異日)출원

디자인보호법 제46조 제1항에서의 '먼저 디자인등록출원한 자'의 의미에 대하여는 다음과 같은 해석상의 견해 대립이 있는데, 이는 동일인격에 의해 2 이상의 동일하거나 유사한 디자인등록출원이 경합하는 경우 그 처리에 관한 문제이다.[5]

1. 원(願)주의

디자인보호법 제46조 제1항에서의 '먼저 디자인등록출원한 자'를 당해 '출원'에 한정된 출원인으로 이해하는 견해로서, 2 이상의 출원이 동일인격에 의해 이루어졌다고 하더라도 '출원'이 다르면 선후 출원의 관계가 성립하는 것으로, 즉 선출원주의가 적용되는 것으로 본다. 특허법, 실용신안법에서 취하는 견해이다. 아래의 '인(人)주의'에 의하면, 동일인의 후출원에 의해 디자인권의 존속기간이 실질적으로 연장되는 등의 불합리가 초래됨을 주된 근거로 한다. 이에 의하면 2 이상의 동일 또는 유사한 디자인의 출원이 동일인격에 의한 것이라도 하더라도, 그것이 유사디자인(현행법에서의 '관련디자인')의 요건을 갖추지 않은 이상, 선출원주의의 규정에 의해 거절되게 된다.

2. 인(人)주의

디자인보호법 제46조 제1항에서의 '먼저 디자인등록출원한 자'를 당해 출원에 한정되지 않는 '인'을 중심으로 해석하여 동일인격 사이에는 선후 출원관계가 성립되지 않는 것으로, 즉 선출원주의가 적용되지 않는 것으로 보는 견해이다.[6] 디자인보호법은 선출원주의의 예외로서 유사디자인(현행법의 '관련디자인' — 제35조[7]) 제도를 두고 있는 바, 이와의 정합적 해석 등을 그 근거로 한다.

---

5) 디자인보호법 제46조 제2항에서도 같은 취지의 논의가 있으나, 논의의 실익이 더 큰 異日출원에 한정하여 본다.

6) 특허법원 1998. 6. 11. 선고 98허447 판결(상고 부제기 확정).

7) 제35조(관련디자인).

이에 의하면 동일인격에 의한 2 이상의 동일 또는 유사한 디자인의 출원이 경
합되는 경우에 선출원주의의 규정에 의해 거절을 할 수 없는데, 그렇다고 하여
모두 등록을 허여하게 되면 사실상 디자인권의 기간연장이라는 불합리한 효과
가 발생하여 디자인보호법의 정신에 어긋나므로, 선출원이 등록될 수 있는 것이
라면 디자인등록결정하고, 후출원에 대하여는 그것이 선출원과 동일한 경우에
는 취하를 권고하고,8) 선출원과 유사한 경우에는 유사디자인(현행법에서의 '관련
디자인')의 디자인등록출원으로 변경하는 보정을 하도록 하여 유사디자인으로
디자인등록을 받을 수 있도록 한다.

Ⅳ. 동일(同日)출원

선출원주의는 '출원일'을 기준으로 하므로 동일(同日)에 2 이상 동일하거나
유사한 디자인출원이 경합된 경우에는 선출원우위의 원칙이 적용될 수 없다. 이
경우에는 디자인등록출원인이 협의하여 정한 하나의 디자인등록 출원인만이 그
디자인에 대하여 디자인등록을 받을 수 있고, 협의가 성립하지 아니하거나 협의
를 할 수 없는 경우에는 어느 디자인등록출원인도 그 디자인에 대하여 디자인
등록을 받을 수 없다(제46조 제2항). 협의하여 정하는 '하나의 디자인등록출원인'
이란 권리의 주체를 2 이상의 출원인들 중 어느 한 쪽으로 정하라는 것이지, 반
드시 1인의 출원인으로 한정해야 하는 것은 아니다. 만약 특허청장이 디자인등
록출원인에게 기간을 정하여 협의의 결과를 신고할 것을 명하였으나, 그 기간
내에 신고가 없으면 협의는 성립되지 아니한 것으로 본다(제46조 제5항).

협의는 출원인을 2 이상의 출원인들 중 어느 하나로 정하기만 하면 되는
것이므로, 그 태양은 여러 가지일 수 있다. 예컨대 출원인의 어느 한 쪽이 자기
의 디자인등록출원을 취하 또는 포기하는 방법, 동일인의 상호 유사한 디자인의

---

① 디자인권자 또는 디자인등록출원인은 자기의 등록디자인 또는 디자인등록출원한 디자
인(이하 "기본디자인"이라 한다)과만 유사한 디자인(이하 "관련디자인"이라 한다)에 대하
여는 그 기본디자인의 디자인등록출원일부터 1년 이내에 디자인등록출원된 경우에 한하여
제33조 제1항 각 호 및 제46조 제1항·제2항에도 불구하고 관련디자인으로 디자인등록을
받을 수 있다.
   (제2, 3항은 생략함)
8) 취하를 권고하는 통지문의 예: "이 출원디자인은 동일인의 출원에 대한 0년 디자인등록
출원 제0호 디자인과 동일하여 2 이상의 동일한 디자인에 권리를 설정하는 것은 법 정신
에 위배되므로 취하하시기 바랍니다. 그러나 양자의 디자인이 동일하지 않는 경우에는 그
취지의 설명서를 제출하시기 바랍니다."

디자인등록출원의 경우[9])에는 자기의 디자인등록출원에 관계되는 디자인 중에서 선택한 하나의 디자인을 기본디자인으로 하고, 그에 유사한 디자인을 관련디자인으로 하여 관련디자인의 디자인등록출원으로 변경하는 방법 등이 있다.

협의불능은 출원인들 중 어느 한 쪽이 소재불명 등으로 사실상 협의할 수 없는 경우뿐만 아니라, 어느 한 쪽의 출원이 이미 디자인등록결정 되었거나 디자인등록거절결정이 확정된 경우 또는 출원의 포기가 있는 경우 등도 포함한다. 즉, 이미 처분이 확정된 출원에 관해서는 더 이상 출원인의 지위에 관한 협의를 할 수 없게 되는 것이므로, 결국 다른 한 쪽의 출원은 등록을 받을 수 없게 된다. 만약 어느 한쪽의 출원이 이미 디자인등록이 되었다는 이유로 디자인등록이 거절된다면, 거절결정을 받은 쪽에서는 그 등록에 대하여 디자인보호법 제46조 제2항 위반을 이유로 등록무효심판을 청구하여 무효로 함으로써 이익의 균형을 맞출 수 있다.

협의가 성립하지 아니하거나 협의를 할 수 없는 경우에 어느 누구도 그 디자인에 대하여 디자인등록을 받을 수 없도록 한 이유는 무엇일까? 만약 모두가 디자인등록을 받을 수 있다고 하면, 이는 '1디자인 1등록의 원칙'에 반하는 것이므로 채용될 수 없다. 또한 상표법과 같이 '추첨'에 의해 하나의 출원인을 정하는 방법(상표법 제8조 제2항)을 생각할 수 있으나, 디자인보호법은 상표법과 달리 창작의 보호를 위한 제도에 해당하므로 이 또한 채용되기 어렵다. 일반적으로 타인이 디자인권을 취득할 수 있는 가능성이 있다면 오히려 모두 거절될 것을 바랄 것이라는 점, 아무도 디자인등록을 받을 수 없게 되어도 독점권이 없기 때문에 그 디자인의 실시가 불가능하게 되는 것은 아닌 점, 독점권을 바라는 경우에는 디자인권을 공유하는 등의 협의를 행하게 된다는 점 등의 이유 때문에 위와 같은 경우에는 아무도 디자인등록을 받을 수 없도록 규정한 것이다.

V. 선출원의 지위를 가지는 출원인지 여부

1. 선출원의 지위

선(先)출원 또는 동일(同日)출원이라 하더라도, 선출원의 지위를 가지는 출

---

[9]) 물론 이와 같이 동일인격에 의해 2 이상의 디자인등록출원이 경합하는 경우에 있어 선출원주의 규정의 적용 여부 및 처리 방안에 대하여는 앞서 본 바와 같이 '願주의'와 '人주의'의 견해 대립이 있다.

원과 그렇지 않은 출원이 있다. 선출원의 지위란 후(後)출원에 대하여 그 디자인의 등록을 배제하는 힘을 의미한다.

2. 선출원의 지위를 가지는 출원

가. 설정등록된 선출원

출원이 선후 경합관계에 있다가 그 후 선출원으로서 설정등록된 출원은 당연히 후출원의 등록을 배제하는 선출원의 지위를 갖는다.

나. 디자인보호법 제46조 제2항 후단에 의해 거절결정 또는 거절한다는 취지의 심결이 확정된 선출원

디자인보호법 제46조 제3항 단서는, 같은 날에 디자인등록출원된 동일 또는 유사한 디자인에 대하여 디자인보호법 제46조 제2항 후단의 규정에 의한 협의불성립 또는 협의불능에 해당하여 거절결정이나 거절한다는 취지의 심결이 확정된 출원에 대하여 선출원의 지위를 인정하고 있다. 만약 위와 같은 출원에 대하여 선출원의 지위를 인정하지 않으면, 그 후의 재출원 또는 제3자의 후출원이 등록되는 일이 생기게 되는 불공평한 문제가 발생하기 때문이다. 이 경우 중복 개발·투자를 방지하기 위한 목적 등을 위해 그 디자인등록출원에 관한 사항을 디자인공보에 게재하도록 한다. 다만, 디자인등록출원된 디자인이 주는 의미나 내용 등이 일반인의 통상적인 도덕관념이나 선량한 풍속에 어긋나거나 공공질서를 해칠 우려가 있는 디자인에 해당하는 경우에는 게재하지 아니할 수 있다(제56조, 제34조 제2호).

다. 2007년 6월 30일 이전 최초로 디자인등록출원을 한 후 그 출원을 포기하거나 그 출원에 대하여 거절결정 또는 거절한다는 취지의 심결이 확정된 선출원

2007. 1. 3. 법률 제8187호로 개정된 디자인보호법[10] 이전에는, 거절결정이 확정된 출원, 포기된 출원에 대하여도 선출원의 지위가 인정되었다. 그러나 거절결정이 확정된 출원은 등록되어 디자인공보에 게재되는 일이 없고, 포기된 출원도 영구히 등록되는 일이 없음에도, 그것들에 선출원의 지위를 인정하였기 때

---

10) 현행법 제46조에 대응되는 위 법 제16조 중 제3항은 2007년 7월 1일 이후 최초로 디자인등록출원을 한 후 그 디자인등록출원을 포기하거나 디자인등록출원에 대하여 거절결정 또는 거절한다는 취지의 심결이 확정되는 것부터 적용한다(부칙 제3조 제1항).

문에 이와 동일 또는 유사한 후출원의 디자인이 이 선출원에 의해 거절되게 되어 중복 투자·개발을 반복하는 폐해가 있었다. 즉 출원 전의 공지디자인과 비교하여 유사하지 않을 뿐만 아니라 창작성이 있는 디자인을 출원하여도, 거절결정이 확정된 출원 또는 포기된 출원에 유사한 경우에는 거절되고, 이 출원은 또 거절결정이 확정되어 연쇄적으로 후출원의 거절이유가 되어 거절의 연쇄가 발생하는 문제점이 있었다.

3. 선출원의 지위를 가지지 않는 출원

가. 무효 또는 취하된 선출원

디자인등록출원이 무효 또는 취하된 때에는 당해 출원은 선후 출원을 판단함에 있어 처음부터 없었던 것으로 간주되므로 선출원의 지위를 가지지 않는다.

나. 2007년 7월 1일 이후 최초로 디자인등록출원을 한 후 그 출원을 포기하거나 그 출원에 대하여 거절결정 또는 거절한다는 취지의 심결이 확정된 선출원

2007. 1. 3. 법률 제8187호로 개정된 디자인보호법은 위 V. 2. 다.항에서 살펴본 바와 같은 문제점을 시정하기 위하여, 2007년 7월 1일 이후 최초로 디자인등록출원을 한 후 그 출원을 포기하거나 그 출원에 대하여 거절결정 또는 거절한다는 취지의 심결이 확정된 선출원에 선출원의 지위를 부여하지 않고 있다(제46조 제3항).

다. 무권리자의 출원

디자인 창작자가 아닌 자로서 디자인등록을 받을 수 있는 권리의 승계인이 아닌 자(무권리자)가 한 디자인등록출원은 선출원의 지위를 갖지 않는다(제46조 제4항). 이는 정당한 권리자와의 관계에서 뿐만 아니라 제3자와의 관계에서도 마찬가지이다.

〈김　신〉

제47조(절차의 보정)
　특허청장 또는 특허심판원장은 디자인에 관한 절차가 다음 각 호의 어느 하나에 해당하는 경우에는 기간을 정하여 디자인에 관한 절차를 밟는 자에게 보정을 명하여야 한다.
　1. 제4조 제1항 또는 제7조에 위반된 경우
　2. 이 법 또는 이 법에 따른 명령에서 정한 방식에 위반된 경우
　3. 제85조에 따라 내야 할 수수료를 내지 아니한 경우

<소 목 차>

Ⅰ. 절차의 보정

1. 의의 및 취지

가. 의　　의

　절차의 보정은 행위능력, 대리권의 흠결, 법령에 정한 방식 위배 및 수수료 미납 등과 같은 디자인에 관한 절차의 형식적 요건에 관한 보정인데, 특허청장 또는 특허심판원장은 그와 같은 절차의 흠결이나 하자에 대해서는 기간을 정하여 디자인에 관하여 절차를 밟는 자에게 보정을 명하여야 하고(제47조), 보정명령에 응하지 아니하였을 때 디자인에 관한 절차를 무효로 할 수 있다(제18조 제1항).

　이와 같은 절차에 관한 사항의 보정을 '절차적 보정(방식 보정, 형식적 보정)'이라 한다. 반면 디자인권의 권리의 내용과 직접 관계되는 것에 관한 보정, 즉 디자인등록출원의 실체에 관한 사항의 보정을 '실체적 보정'이라고 하는데, 그 주된 내용은 디자인등록출원서의 기재사항, 디자인등록출원서에 첨부한 도면,

도면의 기재사항이나 사진 또는 견본을 보정하는 것이다(제48조 제1항). 그리고 '절차의 보정'과 같이 특허청장 또는 특허심판원장의 보정명령에 따라 보정하는 것을 '명령에 의한 보정(명령 보정)'이라 하고, 그와 달리 보정명령 없이 자발적으로 보정하는 것을 '자발적 보정(자진 보정)'이라 한다.[1]

나. 취 지

절차는 처음부터 완전한 내용일 것이 요구되지만 절차를 밟는 자에게 지식부족, 서투름, 이해부족 등이 있는 경우 및 선출원주의나 기간제한 등으로 절차가 서둘러 진행되면서 불완전한 채로 이루어지는 경우도 적지 않다.[2] 이러한 경우 절차를 무효로 하여 처음부터 다시 절차를 밟게 하는 것은 절차를 밟는 자에게 가혹하고 절차경제면에서도 타당하지 않으므로, 디자인보호법은 보정제도를 두어 디자인에 관한 절차를 밟는 자에게 절차상 흠결이 있거나 불비한 사항을 정정하거나 보충할 수 있는 기회를 제공한다.[3]

그러나 아무런 제한 없이 보정을 명하여 절차를 보정하게 하는 것은 절차를 복잡하게 할 뿐만 아니라, 절차의 원활한 진행을 방해함은 물론 제3자의 이익을 해칠 수도 있다. 따라서 디자인보호법 제47조와 같이 특허청장 또는 특허심판원장이 의무적으로 보정을 명하는 방식 위배에 대한 사항은 부적법하지만 그 흠결을 치유할 수 있고, 보정에 의하여 하자가 치유되더라도 제3자의 이익을 해치지 않은 범위 내로 제한된다. 보정에 의하더라도 그 흠결을 보정할 수 없거나 제3자의 이익을 해치는 경우는 절차를 위하여 제출된 서류나 물건이 반려되거나 보정으로 인한 소급효가 제한된다.[4]

구체적으로 디자인보호법 제38조는 특허청장은 디자인등록출원서가 디자인등록을 받으려는 취지가 명확하게 표시되지 아니한 경우, 디자인등록출원인의 성명이나 명칭이 적혀 있지 아니하거나 명확하게 적혀있지 아니하여 디자인등록출원인을 특정할 수 없는 경우, 도면·사진 또는 견본이 제출되지 아니하거나 도면에 적힌 사항이 선명하지 아니하여 인식할 수 없는 경우, 한글로 적혀 있지 아니한 경우에 기간을 정하여 보완을 명하고, 보완의 효과는 소급하지 않으며, 보완을 하지 아니하면 특허청장이 디자인등록출원을 부적법한 출원으로 보아

---

1) 노태정·김병진 공저, 디자인보호법(3정판), 세창출판사(2009), 536-538; 황의창·황광연 공저, 디자인보호법, 법영사(2011), 334-336; 조국현, 의장법, 법경사(2002), 476-477.
2) 특허청, 조문별 특허법해설(2007), 128.
3) 노태정·김병진 공저(주 1), 536.
4) 특허청(주 2), 128.

반려할 수 있다고 규정하고 있다. 그리고 디자인보호법 시행규칙 제24조는 디자인에 관한 절차에서 기간을 도과하거나 방식에 위반하여 서류나 물건이 제출된 경우 기간을 정하여 소명기회를 부여한 후 소명이 없거나 이유 없으면 제출된 서류나 물건을 부적법한 것으로 보아 반려한다고 규정하고 있다.

그러므로 서류나 물건의 제출로 이루어지는 절차는 디자인보호법 제38조 또는 디자인보호법 시행규칙 제24조의 반려 사유가 우선적으로 심사되고, 반려 사유가 없으면 디자인보호법 제47조의 보정사항이 심사된다.

2. 조문의 연혁

제정 의장법(1961. 12. 31, 법률 제951호)은 절차의 보정에 관하여 독립적인 규정을 두지 않고 제28조에서 특허법의 행위능력에 관한 보정규정(제19조 제3항) 등을 준용하였다. 1980년 개정 의장법(일부개정 1980. 12. 31, 법률 제3327호)은 '출원의 보정'이라는 제목으로 제13조의2를 신설하여 행위능력, 대리권의 흠결, 법령에 정한 방식 위배 및 수수료 미납에 관하여 보정을 명할 수 있다고 규정하였고, 1990년 개정 의장법(전부개정 1990. 1. 13, 법률 제4208호)은 제17조로 조문 위치를 옮기면서 제목을 '절차의 보정'으로 변경하였다. 2002년 개정 의장법(일부개정 2002. 12. 11, 법률 제6767호)은 출원인 등의 권리보호를 강화하기 위하여 "보정을 명하여야 한다"라고 하여 임의규정을 의무규정으로 변경하였고, 2013년 개정 디자인보호법(2013. 5. 28, 법률 제11848호, 시행 2014. 7. 1.)은 조문 위치를 제47조로 옮기고 마찬가지로 조문 위치가 변경된 인용 조항을 반영하였다. 제47조는 부칙 제2조(일반적 적용례)에 따라 이 법 시행 후 출원한 디자인등록출원부터 적용한다.

II. 보정명령의 내용

1. 보정명령의 주체

디자인에 관한 절차가 심사단계에 있을 때에는 방식심사에 따른 보정명령의 주체는 특허청장이다. 실제로 심사관이 방식심사를 하는 경우에도 그것은 심사관이 특허청 직원으로서 내부 위임에 기초하여 특허청장의 권한을 행사하는 것에 불과하다. 디자인에 관한 절차가 심판단계에 있을 때 방식심사에 따른 보정명령의 주체는, 그 심판사건이 심판부에 배당되기 전까지는 특허심판원장이고, 심판부에 배당된 후에는 그 심판장이다.[5] 심판장에 의한 방식심사 및 보정명령에 대해서는 디자인보호법 제128조가 규정하고 있다.

2. 보정명령의 대상 및 보정사항

가. 미성년자·피한정후견인 또는 피성년후견인이 법정대리인에 의하지 않고 디자인등록에 관한 출원·청구나 그 밖의 절차를 밟는 경우(제1호 전단)

미성년자·피한정후견인 또는 피성년후견인은 법정대리인으로 하여금 디자인등록에 관한 출원·청구나 그 밖의 절차를 밟게 해야 하고, 법정대리권을 증명하는 서면을 제출하여 한다(제4조 제1항 전문, 디자인보호법 시행규칙 제7조 제1항). 다만, 미성년자와 피한정후견인이 독립하여 법률행위를 할 수 있는 경우에는 그러하지 아니하다(제4항 제1항 후문). 또한 법정대리인은 후견감독인의 동의 없이 상대방이 청구한 디자인 일부심사등록 이의신청, 심판 또는 재심에 대한 절차를 밟을 수 있다(제4조 제2항).

나. 국내에 주소 또는 영업소가 있는 자로부터 디자인에 관한 절차를 밟을 것을 위임받은 대리인(디자인관리인을 포함한다)이 특별히 권한을 위임받지 아니하고, 디자인등록출원의 포기·취하, 디자인권의 포기, 신청의 취하, 청구의 취하, 보정각하결정, 등록거절결정 또는 등록취소결정에 대한 심판청구, 복대리인의 선임을 한 경우(1호 후단)

디자인에 관한 절차를 밟는 자의 위임에 의한 대리인(재외자의 디자인관리인 재외)은 디자인등록출원의 포기·취하, 디자인권의 포기, 신청의 취하, 청구의 취하, 보정각하결정, 등록거절결정 또는 등록취소결정에 대한 심판청구, 복대리인의 선임에 있어서 특별히 권한을 위임받아야 하고, 특별수권사항을 구체적으로 적시한 서면으로 증명하여야 한다(제8조).[6]

다. 디자인보호법 또는 디자인보호법에 따른 명령에서 정한 방식에 위반된 경우(제2호)

'디자인보호법에 의한 명령'에는 디자인보호법 시행령 및 디자인보호법 시

---

5) 정상조·박성수 공편, 특허법 주해 I, 박영사(2010), 592-593(이명규 집필부분); 특허청 (주 2), 129.
6) 특허청, 심사지침서(특허·실용신안)(2011), 1204.

행규칙이 있다. 법령이 정하는 방식에 위반된 경우는 순수하게 형식적인 것(예를 들어 필요적 기재사항이 기재되어 있지 않은 것, 잘못된 기재가 있는 것, 서명 날인이 없는 것, 출원 당초부터 증명해 둘 필요가 있는 사항에 관해서 필요한 증명서가 제출되어 있지 않은 것, 출원서에 첨부된 증명서에 미비점이 있는 것, 출원서의 기재와 출원서에 첨부된 증명서의 기재가 불일치하는 것 등7))과 실체에 관계되는 것(예를 들어 도면의 기재방법 중 일반적 유의사항이나 도면의 작성방법에 위반된 것 등)이 있다. 실무상은 이 가운데 형식적인 것에 대해서만 보정명령의 대상으로 하고, 실체에 관계되는 것에 대해서는 심사관에 의한 거절이유통지에 의해 자진보정을 촉구하는 것으로 하고 있다. 그 거절이유로 하는 바가 실질적으로는 보정을 종용하는 것이라 해도 그것은 출원인의 의지에 의할 것임을 전제로 하고 있는 것이다.8)

라. 내야 할 수수료를 납부하지 아니한 경우(제3호)

납부한 수수료가 부족한 경우도 수수료를 납부하지 아니한 경우에 해당한다.9) 납부하여야 할 수수료·그 납부방법·납부기간 그 밖에 필요한 사항은 디자인보호법 제85조에 따라 특허료 등의 징수규칙에서 구체적으로 정하고 있다.10) 다만, 디자인권의 설정등록을 받으려는 자 또는 디자인권자가 디자인등록료 납부기간이 지난 후의 추가납부기간에 등록료를 내지 아니한 경우에는 디자인권의 설정등록을 받으려는 자의 디자인등록출원은 포기한 것으로 보며, 디자인권자의 디자인권은 낸 등록료에 해당하는 기간이 끝나는 날의 다음 날로 소급하여 소멸된 것으로 본다(제82조).

3. 보정명령의 방식

보정명령에는 보정할 서류 및 보정할 수 있는 기간 등을 적고 필요한 경우

---

7) 특허청(주 2), 130.
8) 齋藤暸二 著(鄭泰連 譯), 意匠法, 세창출판사(1997), 471. 절차의 보정에 관하여 일본 의장법은 우리나라 디자인보호법 제47조와 유사하게 규정하고 있는 특허법 제17조 제3항을 준용하는데, 齋藤暸二는 "도면에 관한 방식상의 여러 규정은 실체 그 자체를 결정짓는다 (반대로 말하면 이러한 이유만으로도 권리의 객체인 디자인을 나타내는 방식을 법령상 상세히 규정하는 것이다). 그리하여 방식보정이란 절차에서의 기재상의 형식적 요건에 관한 보정에 대해 한정적으로 의미하는 것이 된다"라고 한다.
9) 정상조·박성수 공편(주 5), 595(이명규 집필부분).
10) 특허료 등의 징수규칙[일부개정 2014. 6. 30, 산업통상자원부령 제62호] 제4조(디자인등록료 및 디자인 관련 수수료) 참조.

보정방법을 구체적으로 안내한다.[11]

4. 보정기간

디자인보호법 제47조에 따라 특허청장 또는 특허심판원장이 정할 수 있는 보정기간은 1월 이내로 한다(디자인보호법 시행규칙 제29조 제1항).

보정기간은 불변기간은 아니다.[12] 보정기간을 지정하지 않은 보정명령은 적법한 보정명령이라 할 수 없다.[13] 보정명령을 받을 당시 이미 보정기간이 지난 경우 그 보정명령은 적법한 보정명령이 아니다.[14]

특허청장·특허심판원장은 청구에 따라 보정기간을 단축 또는 연장하거나 직권으로 그 기간을 연장할 수 있다. 이 경우 특허청장 등은 해당 절차의 이해 관계인의 이익이 부당하게 침해되지 아니하도록 단축 또는 연장 여부를 결정하여야 한다(제17조 제2항).

Ⅲ. 보정방법

보정명령을 받아 보정을 하려는 자는 디자인보호법 시행규칙 별지 제2호 서식의 보정서에 보정내용을 증명하는 서류 1통, 대리인에 의하여 절차를 밟는 경우에는 그 대리권을 증명하는 서류 1통을 첨부하여 특허청장 또는 특허심판 원장에게 제출하는 방법으로 보정을 한다. 다만, 디자인보호법 제47조 제3호에 해당하여 수수료를 보정하려는 자는 특허료 등의 징수규칙 별지 제1호의2 서식 의 납부서를 제출하면 된다(디자인보호법 시행규칙 제26조).

Ⅳ. 보정의 효과

1. 적법한 보정이 이루어진 경우

이에 관하여 별도의 규정은 없으나, 절차의 보정이 적법하게 이루어지면 보 정된 사항에 관한 소급효를 부여하여 처음부터 보정된 내용으로 절차가 행해진

---

11) 특허청, 디자인심사기준(2014. 7. 1.), 34.
12) 대법원 1978. 9. 5.자 78마233 결정[미간행].
13) 대법원 1980. 6. 12.자 80마160 결정[공1980, 12956].
14) 정상조·박성수 공편(주 5), 598(이명규 집필부분).

것으로 본다.15)

　행위능력 또는 법정대리권이 없거나 디자인에 관한 절차를 밟는 데에 필요한 권한의 위임에 흠이 있는 자가 밟은 절차는 보정된 당사자나 법정대리인이 추인하면 행위를 한 때로 소급하여 그 효력이 발생한다(제9조).

2. 적법한 보정이 이루어지지 아니한 경우

　특허청장 또는 특허심판원장은 보정명령을 받은 자가 지정된 기간 내에 그 보정을 하지 아니하면 그 디자인에 관한 절차를 무효로 할 수 있다(제18조 제1항). 특허청장 또는 특허심판원장은 디자인에 관한 절차가 무효로 된 경우에 지정된 기간을 지키지 못한 것이 보정명령을 받은 자가 책임질 수 없는 사유에 의한 것으로 인정하면 그 사유가 소멸한 날부터 2개월 이내에 보정명령을 받은 자의 청구에 따라 그 무효처분을 취소할 수 있다. 다만, 지정된 기간의 만료일부터 1년이 지났을 때에는 그러하지 아니하다(제18조 제2항). 특허청장 또는 특허심판원장은 제1항에 따른 무효처분 또는 무효처분의 취소처분을 할 때에는 그 보정명령을 받은 자에게 처분통지서를 송달하여야 한다(제18조 제3항). 무효처분을 할 때에는 이유를 명시하여 절차를 밟은 자에게 통지하여야 하며 행정심판 또는 행정소송을 제기할 수 있다는 안내문을 적을 수 있다.16)

V. 절차의 흠을 간과하고 디자인권설정등록이 된 경우

　절차의 흠에 대한 보정이 없음에도 불구하고 이를 간과하고 디자인권설정등록이 된 경우 그 디자인은 유효한 것으로 본다. 디자인권의 등록무효심판 사유에 해당하지 않기 때문이다(제121조).

VI. 부적법한 출원서류 등의 반려

　특허청장 또는 특허심판원장은 디자인보호법 제37조(디자인등록출원), 제64조(재심사의 청구), 제68조(디자인일부심사등록 이의신청), 제69조(디자인일부심사등록 이의신청 이유 등의 보정), 제126조(심판청구방식) 또는 제127조(디자인등록거절

---

15) 정상조 · 박성수 공편(주 5), 598(이명규 집필부분).
16) 특허청(주 11), 34.

결정에 등에 대한 심판청구방식)에 따른 디자인등록출원, 재심사의 청구, 디자인일부심사등록 이의신청 또는 심판 등에 관한 서류·견본이나 그 밖의 물건(이하 이 조에서 "출원서류 등"이라 한다)이 다음 각 호의 어느 하나에 해당하는 경우에는 법령에 특별한 규정이 있는 경우를 제외하고는 적법한 출원서류 등으로 보지 아니한다(디자인보호법 시행규칙 제24조 제1항).

　1. 법 또는 법에 따른 명령에서 정하는 기간 이내에 제출되지 아니한 서류인 경우

　2. 법 또는 법에 따른 명령에서 정하는 기간 중 연장이 허용되지 아니하는 기간에 대한 기간연장신청서인 경우

　3. 법 제38조 제2항에 따라 디자인등록출원에 대한 보완명령을 받은 자가 지정기간 내에 보완하지 아니한 경우

　4. 다음 각 목의 기간이 지나 제출된 기간연장신청서인 경우

　가. 법 제69조에 따른 디자인일부심사등록 이의신청 이유 등의 보정기간

　나. 법 제119조 또는 제120조에 따른 심판의 청구기간

　다. 특허청장·특허심판원장·심판장 또는 심사관이 지정한 기간

　5. 제3조를 위반하여 건마다 서류를 작성하지 아니한 경우

　6. 제5조 제2항에 따라 제출하여야 하는 서류를 기간 내에 제출하지 아니한 경우

　7. 제13조에 따라 제출하여야 하는 서류를 정당한 소명 없이 소명기간 내에 제출하지 아니한 경우

　8.「특허법 시행규칙」별지 제2호 서식의 대리인에 관한 신고서(포괄위임 원용 제한에 한정한다), 같은 규칙 별지 제3호 서식의 포괄위임등록 신청(변경신청, 철회)서, 같은 규칙 별지 제4호 서식의 출원인코드부여신청서 또는 직권으로 출원인코드를 부여하여야 하는 경우로서 해당 서류가 불명확하여 수리(受理)할 수 없는 경우

　9. 출원 또는 서류의 종류가 불명확한 경우

　10. 한글로 적지 아니한 경우

　11. 디자인등록에 관한 출원·청구나 그 밖의 절차를 밟은 자의 성명(법인인 경우에는 명칭을 말한다) 또는 출원인코드(출원인코드가 없는 경우에는 성명 또는 주소를 말하며, 법인인 경우에는 그 명칭 또는 영업소의 소재지를 말한다)를 적지 아니한 경우

12. 도면이 첨부되지 아니한 경우[법 제41조에 따른 복수디자인등록출원(이하 "복수디자인등록출원"이라 한다)인 경우에는 도면이 디자인의 수에 비하여 부족한 경우를 포함한다]

13. 제출한 도면이 별지 제1호 서식의 기재방법 제8호 바목, 별지 제2호 서식의 기재방법 제12호 바목부터 아목까지, 별지 제3호 서식의 기재방법 제18호 아목부터 차목까지, 별지 제4호 서식의 기재방법 제4호 다목 및 라목, 별지 제8호 서식의 기재방법 제9호 사목에 따른 파일 형식이나 용량을 위반한 경우

14. 디자인의 대상이 되는 물품을 적지 아니한 경우

15. 국내에 주소 또는 영업소를 가지지 아니하는 자가 법 제6조 제1항에 따른 디자인관리인에 의하지 아니하고 제출한 출원서류등인 경우

16. 해당 디자인에 관한 절차를 밟을 권리가 없는 자가 그 절차와 관련하여 제출한 서류인 경우

17. 정보통신망이나 전자적기록매체로 제출된 디자인등록출원서 또는 그 밖의 서류가 특허청에서 제공하는 소프트웨어 또는 특허청 홈페이지를 이용하여 작성되지 아니하였거나, 전자문서로 제출된 서류가 전산정보처리조직에서 처리가 불가능한 상태로 접수된 경우

18. 디자인에 관한 절차가 종료된 후 그 디자인에 관한 절차와 관련하여 제출된 서류인 경우

특허청장 또는 특허심판원장은 위와 같이 부적법한 것으로 보는 출원서류 등을 반려하려는 경우에는 출원서류 등을 제출한 출원인 등에게 출원서류 등을 반려하겠다는 취지, 반려이유 및 소명기간을 적은 서면을 송부하여야 한다. 다만, 위 7호의 경우에는 반려이유를 고지하고 즉시 출원서류 등을 반려하여야 한다. 반려 취지의 서면을 송부받은 출원인 등이 소명하려는 경우에는 소명기간 내에 소명서를 특허청장 또는 특허심판원장에게 제출하여야 한다. 반려 취지의 서면을 송부받은 출원인 등이 소명하지 아니하고 출원서류 등을 소명기간 내에 반려받으려는 경우에는 서류반려요청서를 특허청장 또는 특허심판원장에게 제출하여야 한다. 이 경우 특허청장 또는 특허심판원장은 반려요청을 받으면 즉시 출원서류 등을 반려하여야 한다. 특허청장 또는 특허심판원장은 출원인 등이 소명기간 내에 소명서 또는 반려요청서를 제출하지 아니하거나 제출한 소명이 이유 없다고 인정되는 경우에는 소명기간이 종료된 후 즉시 출원서류 등을 반려하여야 한다(디자인보호법 시행규칙 제24조 제2 내지 5항).

　제출된 서류 등에 대한 특허청장의 위법·부당한 반려처분은 특허출원 또는 특허절차상 보장된 의견제출권 등을 침해하는 것이므로 행정법상 이른바 거부처분에 해당하며 이에 대하여는 일반 행정소송으로 그 취소를 구할 수 있다.[17] 행정쟁송에 의하여 반려처분이 취소되면 반려되었던 서류는 전에 제출한 날에 제출한 것으로 보게 된다.[18]

〈최종선〉

---

17) 대법원 1982. 9. 28. 선고 80누414 판결[공1982.12.15.(694), 1087]은 "이 사건 처분 당시에 시행하던 특허법 시행규칙(1980.12.31 상공부령 제616호로 개정되기 전의 것) 제14조 제1항은, 특허청장은 다음 각 호의 1에 해당하는 경우에는 법령에 특별한 규정이 있는 경우를 제외하고는 그 출원, 청구 기타의 절차에 관한 서류, 견본 또는 기타의 물건을 수리하지 아니한다고 규정하고, 그 제11호로서, 출원, 청구 기타의 절차를 밟는 서류가 방식에 적합하지 아니한 경우를 들고 있는바, 위에 규정된 '서류가 방식에 적합하지 아니한 경우'라 함은 서류의 기재사항에 흠결이 있거나 구비서류가 갖추어져 있지 아니하는 경우 등 서류가 법령상 요구되는 형식적인 방식에 적합하지 아니한 경우를 뜻하고, 위와 같은 형식적인 문제를 벗어나서 출원인이나 발명자가 특허법 제40조에 규정된 권리능력을 가지는가 또는 출원인이 같은 법 제2조 제1항에 규정된 특허를 받을 수 있는 자인가의 여부 등 실질적인 사항에 관한 것을 포함하지 아니한다고 볼 것이며, 따라서 그와 같은 실질적인 사항에 관한 것은 위 특허법 시행규칙 제14조 제1항 제11호에 의거하여 바로 이를 수리하지 아니하는 처분을 할 수는 없고, 일단 출원서류를 수리하여 심사관으로 하여금 실질적인 심사를 하게 하여야 한다고 해석함이 타당하다. 같은 취지에서 원심이 원고의 이 사건 특허출원에 대하여 피고가 '본 출원의 발명자가 공업소유권에 관한 비협정국인 유고슬라비아 국민으로서 특허법 제40조의 단서 규정에 해당하는 국가의 국민이 아닌 경우에는 출원인이 같은 법 제40조의 단서규정에 해당되는 국민이라 하더라도 특허법 제2조 제1항의 규정에 의한 특허를 받을 수 없음'이라는 이유로 이를 반려한 처분은 위법하다고 하여 이 사건 반려처분을 취소한 조처는 정당하고, 거기에 소론과 같은 법리오해, 심리미진, 판단유탈 등의 위법이 없다. 논지는 필경 출원서의 수리요건에 대한 독자적인 견해에서 원심판결을 비난하는 것이니 받아들일 수 없다"라고 설시하였다.

18) 송영식 외 6인 공저, 송영식 지적소유권법 상(제2판), 육법사(2013), 733.

제48조(출원의 보정과 요지변경)

① 디자인등록출원인은 최초의 디자인등록출원의 요지를 변경하지 아니하는 범위에서 디자인등록출원서의 기재사항, 디자인등록출원서에 첨부한 도면, 도면의 기재사항이나 사진 또는 견본을 보정할 수 있다

② 디자인등록출원인은 관련디자인등록출원을 단독의 디자인등록출원으로, 단독의 디자인등록출원을 관련디자인등록출원으로 변경하는 보정을 할 수 있다.

③ 디자인등록출원인은 디자인일부심사등록출원을 디자인심사등록출원으로, 디자인심사등록출원을 디자인일부심사등록출원으로 변경하는 보정을 할 수 있다.

④ 제1항부터 제3항까지의 규정에 따른 보정은 다음 각 호에서 정한 시기에 할 수 있다.

1. 제62조에 따른 디자인등록거절결정 또는 제65조에 따른 디자인등록결정 (이하 "디자인등록여부결정"이라 한다)의 통지서가 발송되기 전까지

2. 제64조에 따른 재심사를 청구할 때

3. 제120조에 따라 디자인등록거절결정에 대한 심판을 청구하는 경우에는 그 청구일부터 30일 이내

⑤ 제1항부터 제3항까지의 규정에 따른 보정이 최초의 디자인등록출원의 요지를 변경하는 것으로 디자인권의 설정등록 후에 인정된 경우에는 그 디자인등록출원은 그 보정서를 제출한 때에 디자인등록출원을 한 것으로 본다.

<소 목 차>

Ⅰ. 서   설

1. 의의 및 취지

출원의 보정이란 디자인등록출원의 내용이나 형식에 하자가 있는 경우 일정한 범위 내에서 이에 대한 정정, 보충을 인정하여 이를 적법하게 시정하는 것을 말한다.[1]

---

1) 송영식 외 6인 공저, 송영식 지적소유권법 상(제2판), 육법사(2013), 1046.

디자인등록출원서 및 첨부된 도면 등은 당해 디자인의 보호범위를 정하는 권리문서이고 그 보호범위를 기초로 디자인의 신규성·창작비용이성 등이 심사되므로, 처음부터 완전하게 기재될 것이 요구된다. 그러나 선출원주의 하에서 출원인이 출원을 서두르는 까닭에 출원서의 기재나 도면의 표현에 완전을 기하기 어려운 경우가 많고, 출원인이 출원 시에 완전하게 기재하였다고 생각하는 경우에도 그 후의 심사단계에서 불비가 드러나는 경우가 적지 않다. 이러한 경우에 출원서의 보정을 일체 인정하지 않으면 선출원의 이익이 상실될 우려가 있어 출원인에게 가혹하고 디자인보호의 취지에도 반한다. 그러나 출원 후의 보정을 자유롭게 인정하면 심사사무를 쓸데없이 번잡하게 할 뿐만 아니라 소급하는 보정의 효과에 의해 출원 당시의 출원서에 기재되어 있지 아니한 디자인도 등록을 받는 사태가 생겨서 제3자의 이익을 해치고 선출원주의에도 반한다.[2)]

따라서 출원서의 보정으로 인하여 공중이 받을 불이익 및 사무처리상의 불합리와 출원인이 받을 이익을 비교형량하여 보정의 내용 및 시기에 일정한 제한을 가할 필요가 있다. 디자인보호법은 이러한 필요를 반영하여 요지를 변경하지 않는 범위에서 제48조 제4항 각호에 정한 시기에 보정할 수 있도록 하는 보정제한주의를 취하고 있다.[3)]

한편 2004년 개정 디자인보호법(2004. 12. 31, 법률 제7289호)은 출원의 변경을 출원의 보정의 한 유형으로 흡수하였는데, 출원의 변경은 단독의 디자인등록출원과 관련디자인등록출원 상호간의 변경 또는 디자인심사등록출원과 디자인일부심사등록출원 상호간의 변경으로서, 출원내용의 동일성을 유지하면서 출원의 형식을 변경하는 것을 말한다.[4)]

이러한 출원의 변경 제도를 둔 취지는 디자인과 관련디자인 상호간의 유사여부 판단이 매우 어려운 일이고, 디자인일부심사등록출원 대상물품이 계속하여 확대됨에 따라 출원인이 어떤 출원형식으로 보호받아야 할지 착오가 생길 수 있기 때문에, 출원의 상호변경을 인정하여 줌으로써 선출원의 지위확보 및 신규성 상실의 방지 등 출원인의 이익보호와 절차의 번잡을 피하려는 것이다.[5)]

---

2) 송영식 외 6인 공저(주 1), 1046-1047, 761-762; 노태정·김병진 공저, 디자인보호법(3정판), 세창출판사(2009), 535-536.
3) 송영식 외 6인 공저(주 1), 762; 노태정·김병진 공저(주 2), 536.
4) 송영식 외 6인 공저(주 1), 1047.
5) 송영식 외 6인 공저(주 1), 1047; 노태정·김병진 공저(주 2), 536.

2. 조문의 연혁

1980년 개정 의장법(일부개정 1980. 12. 31, 법률 제3327호)은 제13조의2로 출원의 보정규정을 신설하여 제2항에서 최초의 출원의 요지를 변경하지 아니하는 범위 내에서 사정 또는 심결이 확정되기 전까지의 출원서의 기재사항 및 출원서에 첨부한 도면을 보정할 수 있다고 규정하였다.

1990년 개정 의장법(전부개정 1990. 1. 13, 법률 제4208호)은 제18조로 "① 의장등록출원인은 최초의 의장등록출원의 요지를 변경하지 아니하는 범위 안에서 사정의 통지서가 송달되기 전까지 의장등록출원서의 기재사항·의장등록출원서에 첨부한 도면 및 도면의 기재사항을 보정할 수 있다. 다만, 거절사정불복항고심판을 청구하는 경우에는 그 심판청구일부터 30일 이내에 보정할 수 있다. ② 제1항의 규정에 의한 보정이 최초의 의장등록출원서의 기재사항·의장등록출원서에 첨부한 도면 및 도면의 기재사항의 요지를 변경하는 것으로 의장권의 설정등록이 있은 후에 인정된 때에는 그 의장등록출원은 그 보정서를 제출한 때에 의장등록출원한 것으로 본다"라고 자세하게 개정하면서, 심사 및 심판 절차의 신속을 도모하기 위하여 종전에 "심사 또는 심결이 확정되기 전까지" 보정할 수 있었던 것을 "사정의 통지서가 송달되기 전까지 또는 거절사정불복항고심판을 청구하는 경우 그 심판청구일부터 30일 이내" 보정할 수 있는 것으로 변경하고, 의장권설정등록이 있은 후에 보정이 요지를 변경한 경우로 인정되는 때의 효과에 관한 조항을 신설하였다.

1995년 개정 의장법(일부개정 1995. 1. 5, 법률 제4894호)은 특허법원이 설치되고 종래 심판소와 항고심판소가 특허심판원으로 통합되어 행정부 내에서의 심판이 1단계로 줄어든 것에 따라 심판청구하는 경우의 보정시기를 "거절사정불복항고심판을 청구하는 경우에는 그 심판청구일부터 30일 이내"에서 "거절사정에 대한 심판을 청구하는 경우에는 그 심판청구일부터 30일 이내"로 변경하였다.

2001년 개정 의장법(일부개정 2001. 2. 3, 법률 제6413호)은 종래 "의장등록사정, 거절사정, 사정"이라는 용어를 "의장등록결정, 의장등록거절결정, 의장등록여부결정"으로 변경하였다.

2004년 개정 디자인보호법(일부개정 2004. 12. 31, 법률 제7289호)은 출원의 변경제도를 흡수하여 제2항 및 제3항으로 편입하였다. 종래 출원인은 의장등록

여부결정이나 심결이 확정되기 전까지 출원의 변경을 할 수 있었으나 후자의 경우 소송계류 중에 출원의 변경을 하게 되면 소송의 대상이 변경되어 사법절차 및 특허행정력에 낭비가 발생하고, 출원인도 불필요한 소송의 추진으로 소송경비의 부담이 발생한다는 등6)의 이유로 출원의 변경의 시기를 제한하면서 보정제도에 흡수시켰다. 그리고 종래 "의장"이라는 용어를 "디자인"으로 변경하였다.

2007년 개정 디자인보호법(일부개정 2007. 1. 3, 법률 제8187호)은 출원인이 유사디자인등록출원을 단독의 디자인등록출원으로 보정할 때도 출원 시에만 할 수 있는 신규성상실의 예외(제8조 제1항)를 주장할 수 있게 하여 출원의 변경으로 인한 불이익을 없앴다.

2009년 개정 디자인보호법(일부개정 2009. 6. 9, 법률 제9764호)은 재심사청구 제도를 도입하면서, 종래 거절결정에 대한 심판을 청구하면서 할 수 있었던 보정을 없애고 재심사를 청구하면서 보정할 수 있도록 변경하였다.

2013년 개정 디자인보호법(전부개정 2013. 5. 28, 법률 제11848호, 시행 2014. 7. 1.)은 조문을 제18조에서 제48조로 바꾸어 규정하면서, '디자인등록거절결정에 대한 심판을 청구하는 경우에는 그 청구일부터 30일 이내'에도 보정할 수 있도록 보정의 기회를 확대하였고, 유사디자인제도가 관련디자인제도로 변경되고 신규성상실의 예외 주장 절차가 출원 시 이외에도 할 수 있도록 변경됨에 따라, 종래 유사디자인등록출원의 변경을 관련디자인등록출원의 변경으로 바꾸고, 그와 관련된 신규성상실의 예외 주장 조항을 삭제하였다. 부칙 제2조(일반적 적용례)에 따라 이 법은 이 법 시행 후 출원한 디자인등록출원부터 적용하나, 부칙 제5조(심판청구에 따른 보정에 관한 적용례)에 따라 제48조 제4항 제3호의 개정규정은 이 법 시행 전에 출원된 디자인등록출원에 대하여 이 법 시행 후에 디자인등록거절결정을 받은 것에 대하여도 적용한다.

II. 보정의 요건

1. 보정의 요건

가. 보정의 주체

디자인등록출원을 보정할 수 있는 자는 디자인등록출원인이나 정당한 승계

---

6) 해당 개정 법률안의 국회 검토보고서, 12-13.

인이다. 대리인은 특별히 권한을 위임받지 않고도 보정할 수 있고(제7조), 공동출원인 경우에는 공동출원인들이 공동으로 보정하거나 출원인 각자가 모두를 대표하여 보정할 수도 있으나, 대표자를 선정하여 특허청장 또는 특허심판원장에게 신고하면 그 대표자만이 모두를 대표하여 보정할 수 있다(제13조 제1항).

나. 보정의 객체(대상)

① 디자인등록출원서의 기재사항, 이에 첨부한 도면, 사진 또는 견본 또는 도면의 기재사항[7])에 대하여 보정하는 '실체적 보정(제47조 제1항)'과 ② 출원의 구분을 변경하는 보정으로 ㉠ 관련디자인등록출원을 단독의 디자인등록출원으로, 단독의 디자인등록출원을 관련디자인등록출원으로 변경하거나(제47조 제2항)[8]) ㉡ 디자인일부심사등록출원을 디자인심사등록출원으로, 디자인심사등록출원을 디자인일부심사등록출원으로의 변경(제47조 제3항)하는 '출원의 변경'이 있다.

다. 보정의 범위

보정은 당초 서류 등의 오기나 불명확한 기재 등을 정정하거나 보충하는 것으로서 최초 출원의 요지를 변경하지 않는 범위 안에서 할 수 있다.[9])

라. 보정의 시기

① 디자인등록거절결정 또는 디자인등록결정의 통지서가 발송되기 전까지,[10]) ② 재심사를 청구하는 경우에는 재심사를 청구할 때, ③ 디자인등록거절결정에 대하여 심판을 청구하는 경우에는 그 청구일로부터 30일 이내에 보정할 수 있다. ③은 종래 삭제되었던 것을 2013년 개정 디자인보호법에서 다시 도입한 것으로서,[11]) 보정의 적법 여부를 심사관이 아닌 심판관이 심사한다는 점에서 ①, ②와 차이가 있다.

그 외에도 ④ 디자인등록거절결정에 대한 불복심판절차에서 심판관이 디자인등록거절결정의 이유와 다른 거절이유를 발견하여 심판청구인에게 거절이유

---

7) 제48조 제1항을 국제디자인등록출원에 대하여 적용할 때에 "도면의 기재사항이나 사진 또는 견본"은 "도면의 기재사항"으로 한다(제186조 제1항).

8) 국제디자인등록출원의 경우에는 제48조 제3항을 적용하지 아니한다(제186조 제2항).

9) 특허청, 디자인심사기준(2014. 7. 1.), 84.

10) 제48조 제4항을 국제디자인등록출원에 대하여 적용할 때에 "제62조에 따른 디자인등록거절결정"은 "헤이그협정 제10조(3)에 따른 국제등록공개가 있는 날부터 제62조에 따른 디자인등록거절결정"으로 한다(제186조 제3항).

11) 특허법이나 실용신안법은 삭제한 이후로 다시 도입하지 않았다.

통지를 하면서 의견서를 제출할 수 있는 기회를 준 경우에 그 거절이유통지에 따른 의견서 제출기간까지 보정할 수 있다(제124조).

보정서가 보정의 시기를 위반하여 제출된 경우에는 반려한다(디자인보호법 시행규칙 제24조).

마. 보정의 방법

보정을 하려는 자는 소정의 보정서(디자인보호법 시행규칙 별지 제2호 서식)에 보정내용을 증명하는 서류 및 대리인에 의하여 절차를 밟는 경우에는 그 대리권을 증명하는 서류를 첨부하여 특허청장, 특허심판원장 또는 심판장에게 제출하여야 한다(디자인보호법 시행규칙 제26조 제1항). 보정서에는 제출인, 대리인, 사건의 표시, 제출원인이 된 서류의 접수(발송)번호, 보정(보완, 보충)할 서류, 보정(보완, 보충)할 사항 등을 기재하도록 되어 있다.

2. 보정의 효과

보정이 요건을 충족하는 경우에 해당 서류는 보정된 후의 상태로 출원 당시에 제출된 것으로 본다.

심사관 또는 심판관은 보정이 최초 출원의 요지를 변경하는 것으로 등록여부결정 전에 인정되는 경우에는 각하하고(제49조 제1항), 심사나 심판절차는 그 보정이 없는 것으로 하여 계속된다.[12]

보정이 최초 출원의 요지를 변경하는 것으로 디자인권의 설정등록이 있은 후에 인정되는 경우에는 그 보정서를 제출한 때에 출원한 것으로 본다(제48조 제5항).[13] 그 결과 제3자는 늦추어진 출원일을 기준으로 신규성, 선출원, 선사용에 의한 통상실시권 등을 주장할 수 있다. 1990년 개정 의장법(1990. 1. 13, 법률 제4208호) 전에는 위와 같은 경우에 관한 규정이 없어 보정의 효과에 관하여 학설의 대립이 있었으나, 입법적으로 해결되었다.[14]

---

12) 노태정·김병진 공저(주 2), 553.

13) 요지의 변경이 문제가 되는 것은 추상적인 일반론의 국면에 있어서가 아니라, 출원 시와 보정서 제출 시의 사이에 무효원인이 존재하는 등 권리에 변동을 초래하든가 또는 선사용권, 이용·저촉관계 등의 권리관계가 존재하는 등의 구체적 국면에 있어서이다. 따라서 여기서의 판단 주체는 이들 권리에 대한 청구 등 당해 사건에 관하여 심리권한을 가지는 기관인 심판관, 판사 등이라 할 것이다[노태정·김병진 공저(주 2), 543-544; 齋藤暸二 著(鄭泰連 譯), 意匠法, 세창출판사(1997), 481].

14) 송영식 외 6인 공저(주 1), 1053.

3. 디자인등록출원의 요지변경

가. 요지변경의 일반적 판단기준

디자인등록출원의 요지란 그 디자인이 속하는 분야에서 통상의 지식에 기초하여 출원서의 기재, 도면 및 도면의 기재 등으로부터 직접적으로 도출되는 디자인의 구체적인 내용이다. 요지변경이란 출원서에 적힌 디자인의 대상이 되는 물품, 출원서에 첨부된 도면(3D 모델링 도면 및 견본 포함) 및 도면의 기재사항 등을 종합적으로 판단하여 최초에 출원된 디자인과 보정된 디자인 간에 동일성이 유지되지 않는 것을 말한다.[15]

디자인은 물품의 외관이므로 디자인 내용의 중심적 위치를 점하는 첨부도면(사진 또는 견본)과 이것을 설명하기 위한 디자인의 대상이 되는 물품 및 디자인의 설명이 그대로 디자인의 요지이다. 따라서 상기 내용의 변경은 곧 요지변경인 셈이다. 그러나 이러한 변경 모두가 요지변경이라 할 수는 없으며, 보정제도의 취지상 명백한 오기의 정정, 불명료한 기재의 석명 등은 요지변경이 되지 아니함은 물론 디자인의 동일성이 유지되는 범위 내에서의 보정 역시 요지 변경이 아니다. 다만, 동일성이 유지되지 못할 때에는 요지변경이 된다.[16]

(1) 디자인의 대상이 되는 물품란의 기재

디자인은 물품의 형태로서 물품이 다른 것이 되면 그 물품에 의해 의미가 부여되어 규정되는 형태와 가치 그 자체에 변동을 미쳐 디자인의 본질을 바꾸게 된다. 따라서 물품이 실질적으로 다르게 되는 보정은 원칙적으로 요지의 변경이 된다.[17]

그러나 그 보정이 표현상의 차이이고 실질적으로 물품 그 자체를 바꾸는 것이 아닌 경우,[18] 예를 들어 최초 제출한 도면 등을 기준으로 판단하여 단순한

---

15) 특허청(주 9), 86; 노태정·김병진 공저(주 2), 542. 요지변경에 관하여 송영식 외 6인 공저(주 1), 1049에는 "요지변경이라 함은 출원서나 도면의 중요한 부분, 즉 디자인등록출원인이 권리범위로 채택하고 있는 부분의 변경 또는 확장하는 경우를 말한다"라고, 齋藤暸二(주 13), 473-474에는 "의장출원에 있어 출원서의 기재 및 도면은 의장 그 자체를 표현하고 직접 규정하는 것이므로 여기서 출원서의 기재, 도면에 대해서 하는 요지의 변경이란 출원절차에 나타내어진 의장 그 자체의 요지를 변경함을 의하는 것이다. 즉, 출원 당초의 출원서의 기재, 도면에 의해 나타낸 의장 본질의 동일성을 잃게 함에 이르는 것이다"라고 기재되어 있다.
16) 송영식 외 6인 공저(주 1), 1049; 노태정·김병진 공저(주 2), 542-543.
17) 齋藤暸二(주 13), 475.
18) 齋藤暸二(주 13), 475.

착오나 오기를 정정하거나 불명확한 것을 명확하게 하는 경우, 물품의 범위가 포괄적인 명칭을 그 하위개념에 속하는 구체적인 명칭으로 보정하는 경우(예, "옥외조명등"을 "가로등"으로 변경) 등은 요지변경으로 되지 않는다.[19)

(2) 디자인의 설명란의 기재

디자인의 설명란에는 물품의 사용목적·사용방법·재질 또는 크기 등에 관한 설명, 정면도·단면도 등과 같이 도면이 표현하는 형태에 관한 설명, 도면에 색채를 입히거나 생략한 것에 관한 설명, 물품의 일부 또는 전부가 투명한 것에 관한 설명, 물품이 가지는 기능에 의하여 변화하는 디자인의 변화 전후의 상태에 대한 설명, 움직이는 물품의 디자인의 움직이는 상태에 관한 설명 등이 기재된다(디자인보호법 시행규칙 별표 제2호).

이는 디자인을 특정하고 이해시키기 위한 사항으로서 도면과 함께 요지 인정에 기초가 되는 사항이다.[20) 따라서 디자인의 설명란의 기재에 대한 정정이나 보충은 그로 인하여 디자인에서 명확해지거나 부가된 부분이 그 정정이나 보충 전의 기재 및 도면으로부터 당연하게 도출되는 일반적인 내용을 벗어나는 것인지 여부에 따라 요지변경인지 판단된다.

구체적으로 투명 부분에 관한 기재나 도면상 표시가 없던 '책상'에 관한 디자인등록출원서의 디자인의 설명란에 '책상의 상판이 투명하다'는 것을 보충하는 보정은 해당 디자인이 속하는 분야에서 통상의 지식을 가진 자가 위 디자인으로부터 당연하게 도출할 수 있는 일반적인 내용을 벗어나는 것이므로 요지변경에 해당하나, 손목시계나 벽시계에 관한 디자인등록출원서에 그 정면유리가 투명하다고 보충하는 것은 해당 디자인으로부터 당연하게 도출되는 일반적인 내용을 벗어나는 것이 아니므로 요지변경에 해당하지 않는다.[21)

한편, 디자인의 창작내용의 요점은 권리범위에 영향을 미치지 않으므로 그 변경은 요지변경으로 취급하지 아니한다.[22)

(3) 도   면

디자인의 첨부 도면은 물품의 형태를 구체적으로 표현한 것이고, 디자인의 객체는 구체화·특정화된 물품의 형태이므로, 구체적인 디자인의 첨부 도면 자체가 디자인 객체의 실질적 내용을 이룬다. 디자인은 이와 같이 첨부 도면에 구

---

19) 특허청(주 9), 87-88.
20) 齋藤暸二(주 13), 475.
21) 노태정·김병진 공저(주 2), 561.
22) 특허청(주 9), 88.

체적으로 표현된 물품의 형태를 객체로 하므로, 청구범위에 문언으로 표현된 기술사상을 객체로 하는 특허나 실용신안에 비하여 객체의 보충·정정으로 인하여 본질에서 동일성을 결여하지 않는 범위가 좁을 수밖에 없다.[23]

대법원도 의장등록출원서의 도면상 모양의 변경은 달리 특별한 사정이 없는 한 의장의 본질적인 요소인 요지의 변경에 속하여 허용될 수 없다고 보고 있다.[24]

(가) 도면의 정정·보충

도면의 정정은 현재 기재되어 있는 도면에 의해 표현되어 있는 디자인을 바르게 고치는 것이다. 구체적으로 도면 작성상의 과오에 의한 각도 불일치의 정정, 도법의 정정, 또는 문자 등 디자인구성요소 이외의 기재의 삭제 등이며, 이들의 정정은 대부분의 경우 오기 정정의 범위에 그친다.[25]

도면의 보충은 최초 출원 시에 기재하지 아니한 도면을 추가하는 것으로서, 최초 출원 시의 도면으로 그 형상을 미루어 알 수 있지만 더욱 명확하게 하기 위하여 제출하는 경우와, 어느 부분의 형상이 명확하게 표현되어 있지 않기 때문에 새로운 도면을 추가하는 경우로 구분하여 관념할 수 있다.[26]

전자의 경우는 최초 출원 시의 도면에서 일단 미루어 알 수 있을 정도가 클수록 그것은 제도의 기능성을 담보하는 운용면에서 더욱 중요한 의의를 지니며, 요지 변경의 측면에서 말하면 이른바 명료하지 않은 기재의 석명 범위에 포함되는 것이 된다. 후자의 경우에 새로운 도면에 의해 표현 제시된 바가 출원 당시의 도면에 의해 나타난 바를 기초로 그 디자인이 속하는 분야의 통상의 지식을 가진 자가 경험칙에 의하여 당연히 그러하다고 파악할 수 범위의 것이면 그것은 출원 당시에 개시된 바를 실질적으로 변경하는 것이 아니고 본질에 변

---

23) 노태정·김병진 공저(주 2), 547; 황의창·황광연 공저, 디자인보호법, 법영사(2011), 341; 齋藤暸二(주 13), 477.

24) 대법원 1995. 7. 28. 선고 94후1626 판결(이 사건 출원의장은 당김고리 및 당김리본이 연설된 왕관의 형상과 모양의 결합을 그 의장고안의 요지로 하고 있고, 그 최초도면에는 당김고리의 모양이 가운데가 뚫린 환지형으로 되어 있으나 이 사건 1992. 3. 14.자 보정서의 도면에는 당김고리의 모양이 밀폐된 사각형을 동그랗게 말아 올린 모양으로 되어 있는 바, 이 사건 의장과 같은 성질의 물품의 경우에는 당김고리 부분의 형상과 모양은 의장의 본질적 요소에 해당하는 부분인 점에 비추어 볼 때 1992. 3. 14.자 이 사건 보정은 요지의 변경에 해당하여 허용될 수 없다고 할 것이다).

25) 노태정·김병진 공저(주 2), 547; 황의창·황광연 공저(주 23), 341; 齋藤暸二(주 13), 477.

26) 황의창·황광연 공저(주 23), 341-342; 齋藤暸二(주 13), 477.

화를 생기게 하지 않는 것이다. 한편, 새로운 도면에 의해 표현 제시된 바가 위와 같이 파악할 수 있는 범위를 넘은 것일 때는 당해 출원의 최초 도면에 의해 개시되어 있지 않은 부분을 부가하거나 출원 당시 명백하지 않은 바를 구체화한 것으로서 출원 당시의 디자인과 다른 것이 되면, 그 절차에 연속성이 인정되지 않으므로 요지변경에 해당한다.[27]

⑷ 형태구성요소의 변경

디자인보호법은 제2조 제1호에서 디자인은 물품의 '형상, 모양이나 색채 또는 이들의 결합'이라고 하여 물품의 형태구성요소를 '형상', '모양', '색채'로 규정한다. 그리고 디자인등록출원은 이러한 형태구성요소를 도면에 기재함에 의해 각각의 디자인을 나타낸다. 즉 형상의장은 형상만을 기재한 도면에 의해, 형상과 모양이 결합한 디자인은 형상과 모양을 기재한 도면에 의해, 형상과 색채가 결합한 디자인은 형상에 색채를 기재한 도면에 의해 디자인이 표현된다.[28]

그런데 때로 형상디자인에 대해서 한 출원을 형상과 모양이 결합한 디자인으로 보정하는 경우가 있다. 이와 같은 객체 구성자료의 변경은 엄밀히 말하면 그에 의해 특정되는 디자인 그 자체의 변경이므로, 원칙적으로 그 보정은 각하되어야 한다. 이런 경우는 권리청구형식을 변경하는 것임과 동시에 내용도 변경하는 것이기 때문이다.[29]

그러나 보정의 각하는 앞에서도 말한 것처럼 제3자의 이익을 고려한 것인데, 새로이 부가되는 모양 또는 색채가 새로운 특징을 표출하는 것이 아니고, 경험칙상 항상 행해지는 범위로 디자인을 한정한 것에 불과하면 제3자의 이익을 해친다고 볼 수 없다. 따라서 이러한 형태구성요소의 부가변경이 그에 의해 새로운 특성이 표출되는 등 디자인의 본질에 변경을 가져오지 않는 한, 객체 구성자료의 형식상의 변경에 그칠 뿐 디자인의 요지를 실질적으로 변경하지 않는 것이라고 해도 무방하다.[30]

그러나 이와 반대로 모양과 색채를 기재하고 모양이나 색채를 한정한 출원을 그들을 한정하지 않는 출원으로 변경하는 것은 대부분의 경우 실질적으로 권리가 미치는 범위를 확대하게 되므로 허용되지 않는다. 요지의 변경이 되지 않은 것은 사진에 의한 출원에서 거기에 나타낸 농담(濃淡) 모양이 그 의장의

---

27) 황의창·황광연 공저(주 23), 342; 齋藤暸二(주 13), 477-478.
28) 황의창·황광연 공저(주 23), 343; 齋藤暸二(주 13), 479.
29) 황의창·황광연 공저(주 23), 343; 齋藤暸二(주 13), 479.
30) 황의창·황광연 공저(주 23), 343; 齋藤暸二(주 13), 479-480.

형태적 특성에 전혀 관계없는 것인 경우에 이를 삭제하고 도면에 기재, 보정하는 경우 등으로 한정될 것이다.[31]

(다) **특허청 디자인심사기준**

특허청 디자인심사기준은 도면의 보정에 있어 요지변경이 되는 경우 및 그렇지 않은 경우의 예를 다음과 같이 들고 있다.[32]

① 요지변경으로 되는 경우의 예

㉮ 최초의 도면 등에 표현된 형상·모양이나 색채상의 부가, 삭감, 변경 등으로 인하여 물품의 외관에 영향을 미치는 경우. 다만, 그 부가, 삭감, 변경 등이 외관에 거의 영향을 미치지 않는 경미한 정도의 것은 예외로 한다.

㉯ 도면 중 불일치한 일면을 중심으로 하여 다른 도면을 정정함으로써 최초에 제출한 도면으로부터 상기되는 것과 다른 디자인이 되는 경우.

㉰ 도면에는 형상만이 그려지고 「디자인의 설명」란에 색구분 또는 색흐림이 있다고 설명되어 있는 것을, 그 설명과 같이 도면을 보정한 것이 통상 그 물품으로서 실시되는 정도의 상식적인 표현이 아닌 경우.

㉱ 복수디자인등록출원의 출원서에 적힌 디자인의 수에 맞춰 도면을 추가로 제출하는 경우(예, 출원서에는 10개의 디자인에 대한 출원으로 표시되어 있으나 도면은 9개의 디자인에 대한 것만 첨부된 출원에 있어 1개 디자인에 대한 도면을 추가로 제출하는 경우).

㉲ 도면을 보정하거나 추가로 제출하는 경우 최초 출원 시 제출된 도면으로부터 당연히 도출될 수 있는 일반적인 형상을 나타내는 것이라고 판단되지 아니할 경우.

㉳ 첨부도면으로 추측하여 상식적으로 판단되는 범위를 벗어날 정도로 디자인의 설명을 보정하는 경우.

② 요지변경으로 되지 않는 경우의 예

㉮ 도면으로 제출한 디자인을 사진 또는 견본으로 보정하거나, 반대로 사진 또는 견본으로 제출한 디자인을 도면으로 보정한 경우에 도면 또는 사진 등을 그대로 실시하면 그렇게 될 것이라고 추측될 수 있는 범위에서 보정하는 경우. 다만, 이 경우의 디자인은 참고도면을 제외하고는 도면 또는 사진 등 한가지로 통일되게 작성되어야 한다.

---

31) 황의창·황광연 공저(주 23), 343; 齋藤暸二(주 13), 480.
32) 특허청(주 9), 86-88.

㉯ 3D 모델링 도면으로 제출된 3차원 모델링 파일의 실행 시 도면의 일부가 깨지거나 터지는 현상이 발생된 경우에 디자인의 동일성이 인정되는 범위에서 같은 3D 모델링 도면으로 보정하는 경우 및 하나의 디자인을 도면과 3D 모델링 도면을 혼합하여 표현한 경우에 보정에 의하여 한가지의 도면이나 3D 모델링 도면으로 통일되게 보정한 경우.

㉰ 도면 등이 너무 작거나 불선명한 경우에 최초에 출원한 것과 동일성을 상실하지 않는 범위에서 적당한 크기 또는 선명한 것으로 보정하는 경우.

㉱ 선명한 사진이더라도 배경 등 불필요한 것이 촬영되어 있어서 디자인을 정확히 알 수 없는 경우에 그 배경, 음영 등을 제거하기 위하여 보정하는 경우.

㉲ 도형 안에 음영, 지시선, 그 밖에 디자인을 구성하지 않는 선·부호 또는 문자 등을 표현하고 있는 경우에 이들을 제거하기 위하여 보정하는 경우.

㉳ 디자인의 설명이나 도면 등의 오기를 정정하거나 미세한 부분의 불명확한 것을 명확하게 하는 경우.

㉴ 복수디자인등록출원된 디자인의 일부를 취하하기 위하여 출원디자인의 일부를 삭제 보정하는 경우.

㉵ 복수디자인등록출원에 있어 출원서에 적힌 디자인의 수를 첨부된 도면상 디자인의 수에 맞춰 보정하는 경우.

나. 부분디자인의 보정에 있어 요지변경 판단기준[33]

(1) 부분디자인의 보정에 있어 요지변경

부분디자인의 보정에 있어서 요지변경이란 디자인의 대상이 되는 물품, 부분디자인으로 등록을 받으려는 부분의 기능·용도, 해당 물품 중에서 부분디자인으로 등록을 받으려는 부분이 차지하는 위치·크기·범위, 부분디자인으로 등록을 받으려는 부분의 형상·모양·색채 또는 이들의 결합 등을 종합적으로 판단하여 최초에 출원된 디자인과 보정된 디자인 간에 동일성이 유지되지 않는 것을 말한다.

---

33) 특허청(주 9), 89-90.

(2) 출원서의 '부분디자인 여부 란'[34]에 대한 보정에 있어 요지변경 여부

㈎ '부분디자인 여부' 란의 삭제

최초 출원서 및 도면 등을 종합적으로 고려하여 부분디자인 출원으로 당연히 인정되는 경우 또는 부분디자인 출원인지 전체디자인 출원인지가 불분명한 경우에, 부분디자인 여부를 삭제하는 보정은 요지변경에 해당한다. 반면, 최초 출원서 및 도면 등을 종합적으로 고려하여 전체디자인 출원으로 당연히 인정되는 경우에, 부분디자인 여부를 삭제하는 보정은 요지변경에 해당하지 않는다.

㈏ '부분디자인 여부' 란의 추가

당초 출원서 및 도면 등을 종합적으로 고려하여 부분디자인 출원으로 당연히 인정되는 경우에, 부분디자인 여부를 추가하는 보정은 요지변경에 해당하지 않는다. 반면, 최초 출원서 및 도면 등을 종합적으로 고려해도 부분디자인 출원인지 전체디자인 출원인지가 불분명한 경우 또는 최초 출원서 및 도면 등을 종합적으로 고려하여 전체디자인 출원으로 당연히 인정되는 경우에, 부분디자인 여부를 추가하는 보정은 요지변경에 해당한다.

(3) 도면의 '부분디자인으로 등록을 받으려는 부분'을 특정하는 기재에 대한 보정

㈎ '부분디자인으로 등록을 받으려는 부분'을 특정하는 기재의 삭제

최초 출원서 및 도면 등을 종합적으로 고려하여 전체디자인 출원으로 당연히 인정되는 경우에는 '부분디자인으로 등록을 받으려는 부분'을 특정하는 기재를 삭제하는 보정은 요지변경에 해당하지 않는다. 반면, 최초 출원서 및 도면 등을 종합적으로 고려하여 부분디자인 출원으로 당연히 인정되는 경우에는 '부분디자인으로 등록을 받으려는 부분'을 특정하는 기재를 삭제하는 보정은 요지변경에 해당한다.

㈏ '부분디자인으로 등록을 받으려는 부분'을 특정하는 기재의 보충

최초 출원서 및 도면 등을 종합적으로 고려하여 부분디자인 출원인 것이 명확하고 '부분디자인으로 등록을 받으려는 부분'이 당연히 도출되는 경우에는 '부분디자인으로 등록을 받으려는 부분'을 특정하는 기재를 보충하는 보정은 요지변경에 해당하지 않는다. 반면, 최초 출원서 및 도면 등을 종합적으로 고려해

---

34) 디자인보호법 시행규칙 서식 제3호 디자인등록출원서의 기재방법에는, "부분디자인을 출원하는 경우에는【디자인의 대상이 되는 물품】란 다음 줄에【부분디자인 여부】란을 만들어 '부분디자인'이라고 적습니다. 부분디자인의 출원이 아닌 경우에는 이 난을 만들지 않습니다"라고 기재되어 있다.

도 '부분디자인으로 등록을 받으려는 부분'이 불명확한 경우에는 '부분디자인으로 등록을 받으려는 부분'을 특정하는 기재를 보충하는 보정은 요지변경에 해당한다.

다. 글자체디자인의 요지변경 판단기준[35]

글자체디자인의 요지변경 여부에 대한 판단은 지정글자 도면을 기준으로 판단한다. 따라서 글자체디자인에 관한 보기문장 도면 또는 대표글자 도면을 기준으로 하여 지정글자 도면을 보정함으로써 최초에 제출한 도면으로부터 상기되는 것과 다른 디자인이 되는 경우는 요지변경으로 본다.

반면, 글자체디자인에 관한 지정글자 도면(지정글자 도면 중 일부가 부족한 경우를 포함한다), 보기문장 도면 또는 대표글자 도면 중 일부가 부족한 경우에 그것을 보충하기 위한 도면이 이미 제출된 도면으로부터 상기될 수 있는 디자인과의 동일성이 상실되지 않는 정도의 것으로 보정된 경우, 최초 제출된 도면을 기준으로 상거래 관행상 당업계의 수준에서 상식적으로 판단하여 동일성이 인정되는 범위에서 글자체디자인에 관한 지정글자 도면을 기준으로 하여 보기문장 도면 또는 대표글자 도면을 보정하는 경우는 요지변경이 아닌 것으로 본다.

〈최종선〉

---

35) 특허청(주 9), 90.

> **제49조(보정각하)**
> ① 심사관은 제48조에 따른 보정이 디자인등록출원의 요지를 변경하는 것일 때에는 결정으로 그 보정을 각하하여야 한다.
> ② 심사관은 제1항에 따른 각하결정을 한 경우에는 그 결정등본을 디자인등록출원인에게 송달한 날부터 30일이 지나기 전까지는 그 디자인등록출원(복수디자인등록출원된 일부 디자인에 대하여 각하결정을 한 경우에는 그 일부 디자인을 말한다)에 대한 디자인등록여부결정을 하여서는 아니 된다.
> ③ 심사관은 디자인등록출원인이 제1항에 따른 각하결정에 대하여 제119조에 따라 심판을 청구한 경우에는 그 심결이 확정될 때까지 그 디자인등록출원(복수디자인등록출원된 일부 디자인에 대한 각하결정에 대하여 심판을 청구한 경우에는 그 일부 디자인을 말한다)의 심사를 중지하여야 한다.
> ④ 제1항에 따른 각하결정은 서면으로 하여야 하며 그 이유를 붙여야 한다.

〈소 목 차〉

Ⅰ. 서   설

1. 의의 및 취지

보정각하란 심사관이나 심판관이 제48조, 제124조에 따른 보정이 디자인등록출원의 요지를 변경하는 것일 때에 보정을 받아들이지 않고 거부하는 행정처분이다. 이와 같이 보정을 제한하여 요지를 변경하는 보정을 각하하는 것은 보정의 효과가 디자인등록출원 시까지 소급하는데 요지를 변경한 보정을 인정하면 출원 당시의 디자인등록출원서에 기재되어 있지 아니한 디자인이 등록을 받는 사태가 생겨 제3자에게 불측의 손해를 주고 선출원주의에도 반하기 때문이다.[1]

---

1) 송영식 외 6인 공저, 송영식 지적소유권법(제2판), 육법사(2013), 1046-1047, 761-762; 노태정 · 김병진 공저, 디자인보호법(3정판), 세창출판사(2009), 535-536.

2. 조문의 연혁

1990년 개정 의장법(전부개정 1990. 1. 13, 법률 제4208호)은 제24조에서 특허법 제51조의 보정각하 규정을 준용하였는데, 당시 특허법의 보정각하 규정은 보정을 출원공고결정 등본의 송달 전에 한 보정과 그 후에 한 보정으로 구분하는 것 이외에는 현행 디자인보호법 제48조와 내용이 실질적으로 동일하였다. 이러한 보정의 구분은 1997년 개정 특허법(일부개정 1997. 4. 10, 법률 제5329호)에서 출원공고제도가 폐지되면서 없어졌다.

2001년 개정 의장법(일부개정 2001. 2. 3, 법률 제6413호)은 2001년 개정 특허법(2001. 2. 3, 법률 제6411호)이 보정각하제도를 대폭 변경함에 따라 더 이상 특허법상의 보정각하 규정을 준용하지 않고, 위 개정특허법 전의 보정각하제도와 동일한 내용의 보정각하 규정을 제18조의2로 신설하였다.

2013년 개정 디자인보호법(전부개정 2013. 5. 28, 법률 제11848호, 시행 2014. 7. 1.)은 조문의 위치를 제48조로 옮기면서 표현을 조금 다듬었을 뿐 내용은 동일하다. 부칙 제2조에 따라 이 법은 이 법 시행 후 출원한 디자인등록출원부터 적용하나, 부칙 제6조(복수디자인등록출원의 보정각하 결정에 따른 심사중지에 관한 적용례)에 따라 제49조 제3항의 개정규정은 이 법 시행 전에 출원된 복수디자인등록출원으로서 이 법 시행 후 그 일부 디자인에 대하여 보정각하 결정을 한 것에 대하여도 적용한다.

Ⅱ. 보정각하의 대상

디자인등록출원인은 ① ㉠ 디자인등록거절결정 또는 디자인등록결정의 통지서가 발송되기 전까지, ㉡ 재심사를 청구할 때, 또는 ㉢ 디자인등록거절결정에 대한 심판을 청구하는 경우에 그 청구일부터 30일 이내에, ㉣ 디자인등록거절결정에 대한 불복심판절차에서 심판관이 디자인등록거절결정의 이유와 다른 거절이유를 발견하여 거절이유통지를 하면서 의견서를 제출할 수 있는 기회를 준 경우에 그 거절이유통지에 따른 의견서 제출기간까지, ② 디자인등록출원서의 기재사항, 디자인등록출원서에 첨부한 도면, 도면의 기재사항이나 사진 또는 견본을 보정할 수 있다. 어느 경우의 보정이든지 최초 출원서의 기재사항, 첨부된 도면 및 도면의 기재사항의 요지를 변경하는 것은 보정각하결정의 대상이

되고, 심사관이나 심판관 모두 보정각하결정을 할 수 있으므로, 심사절차에서
한 보정에 대해서는 심사관이, 심판절차에서 한 보정에 대해서는 심판관이 보정
각하결정을 하여야 한다. 다만, 심사절차에서 한 요지의 변경에 해당하는 보정
이 있었음에도 불구하고 이를 간과한 사실이 심판절차에서 발견된 경우에는 심
판관이 그 보정각하결정을 하여야 한다.[2]

그리고 보정 사항 중 일부만이 요지를 변경하는 것이라도 법상 일부 각하
를 규정하고 있지 않기 때문에 일부 각하는 할 수 없고 전부 각하를 해야 하는
것으로 해석된다.[3]

Ⅲ. 보정각하의 절차

1. 보정각하의 방식

각하결정은 서면으로 이유를 붙여 하여야 한다(제49조 제4항). 심사관은 보
정의 각하결정을 하려는 경우에는 이를 특허청장에게 보고하고, 그 결정서를 작
성하여 이에 성명을 적고 날인하여야 한다(디자인보호법 시행규칙 제44조). 구체
적으로는 각하결정서에는 디자인보호법 시행규칙 제45조에서 규정하고 있는 사
항[4]이 적혀야 한다.

2. 보정각하결정에 대한 불복

보정각하결정을 받은 자가 그 결정에 불복할 때에는 그 결정등본을 송달받
은 날부터 30일 이내에 심판을 청구할 수 있다(제119조).

그러므로 심사관은 보정각하결정을 한 경우에는 그 결정등본을 출원인에게
송달한 날부터 30일이 지나기 전까지는 그 출원(복수디자인등록출원 중 일부 디자
인에 대하여 보정각하 결정을 한 경우에는 그 일부 디자인)에 대하여 등록여부결정

---

2) 대법원 1994. 2. 22. 선고 93후1346 판결.
3) 노태정 · 김병진 공저(주 1), 553.
4) 1. 디자인등록출원번호(국제디자인등록출원인 경우에는 국제등록번호를 말한다), 2. 디자
인의 일련번호(복수디자인등록출원의 경우에만 해당한다), 3. 디자인의 대상이 되는 물품
및 물품류, 4. 디자인등록출원인의 성명 및 주소(법인인 경우에는 그 명칭 및 영업소의 소
재지를 말한다), 5. 디자인등록출원인의 대리인이 있는 경우에는 그 대리인의 성명 및 주
소나 영업소의 소재지. 이 경우 대리인이 「변리사법」 제6조의3에 따른 특허법인(이하 "특
허법인"이라 한다) 또는 같은 법 제6조의12에 따른 특허법인(유한)[이하 "특허법인(유한)"
이라 한다]인 경우에는 그 명칭, 사무소의 소재지 및 지정된 변리사의 성명을 말한다. 6.
각하결정의 주문 및 이유, 7. 각하결정연월일.

을 해서는 아니 된다(제49조 제2항). 심판관도 보정각하결정을 한 경우에는 그 결정등본을 출원인에게 송달한 날부터 30일이 지나기 전까지는 등록거절결정불복심판에 대한 심결을 해서는 아니 된다(제124조 제1항, 제49조 제2항).

또한 심사관은 디자인등록출원인이 디자인보호법 제119조에 따라 심판을 청구한 경우에는 그 심결이 확정될 때까지 그 출원(복수디자인등록출원 중 일부 디자인에 대하여 심판을 청구한 경우에는 그 일부 디자인)의 심사를 중지하여야 한다(제49조 제3항). 심판관도 디자인등록출원인이 디자인보호법 제166조 제1항에 따라 결정에 대한 소를 제기한 경우에는 그 판결이 확정될 때까지 등록거절결정불복심판청구에 대한 심리를 중지하여야 한다(제124조 제1항, 제49조 제3항).

즉, 최초의 디자인등록출원서에 대한 보정이 있는 경우에는 출원심사(거절결정에 대한 불복심판을 포함한다)를 보정된 출원내용에 의하여 할 것인지 아니면 보정전의 당초의 출원내용에 의하여 할 것인지 그 출원심사의 대상을 확정하기 위하여 먼저 그것이 요지의 변경에 해당하는지 여부를 가려야 하고, 만일 요지의 변경에 해당하는 여부에 다툼이 있는 경우에는 그 다툼에 대한 심결이나 판결이 확정되기 전까지는 출원심사의 대상이 확정되지 아니하는 것이므로 출원심사를 중지하게 하는 것이며, 따라서 요지의 변경에 해당하는 보정을 각하함에 있어서는 반드시 별도의 결정절차를 통하여 이를 확정하여야 한다.[5]

Ⅳ. 보정각하의 효과

보정각하를 한 경우 심사나 심판절차는 보정이 없는 것으로 하여 계속되고, 보정 전의 출원서 및 첨부 도면이 심사나 심판의 대상이 된다. 한편, 출원인은 보정각하결정이 있더라도 보정할 수 있는 기간 내에 있으면 다시 보정할 수 있다.

〈최종선〉

---

5) 대법원 1994. 2. 22. 선고 93후1346 판결[공1994.4.15.(966), 1105].

제50조(출원의 분할)

① 다음 각 호의 어느 하나에 해당하는 자는 디자인등록출원의 일부를 1 이상의 새로운 디자인등록출원으로 분할하여 디자인등록출원을 할 수 있다.

1. 제40조를 위반하여 2 이상의 디자인을 1디자인등록출원으로 출원한 자

2. 복수디자인등록출원을 한 자

② 제1항에 따라 분할된 디자인등록출원(이하 "분할출원"이라 한다)이 있는 경우 그 분할출원은 최초에 디자인등록출원을 한 때에 출원한 것으로 본다. 다만, 제36조 제2항 제1호 또는 제51조 제3항 및 제4항을 적용할 때에는 그러하지 아니하다.

③ 제1항에 따른 디자인등록출원의 분할은 제48조 제4항에 따른 보정을 할 수 있는 기간에 할 수 있다.

〈소 목 차〉

Ⅰ. 서   설

1. 의의 및 취지

출원의 분할은 2 이상의 디자인을 1디자인등록출원으로 출원한 경우 또는 복수디자인등록출원을 한 경우에 그 디자인등록출원의 일부를 1 이상의 새로운 디자인등록출원으로 분할하는 것을 의미한다. 이러한 출원의 분할로 분할된 디자인등록출원은 '분할출원'이라 하고, 최초의 디자인등록출원은 '원출원'이라 한다.[1]

디자인보호법은 디자인등록출원은 1디자인마다 1디자인등록출원으로 하고, 이를 위반한 경우 등록거절결정을 하여야 한다고 규정하고 있다(제40조 제1항, 제62조 제1항 제2호). 출원인으로서는 그러한 거절사유를 극복하기 위하여 1디자

---

[1] 디자인보호법 시행규칙 제46조 제1항.

인만 남기고 다른 디자인은 삭제한 후, 삭제한 디자인을 별도로 출원할 수 있는데, 그렇게 되면 별도로 출원한 디자인은 원래보다 출원일이 늦어진다. 1디자인 1디자인등록출원이라는 행정 편의적인 원칙 위반을 이유로 출원인에게 위와 같은 불이익을 감수하게 하는 것은 가혹하다. 출원의 분할은 그러한 불합리를 해결하여 출원인에게 분할에 의한 새로운 출원을 허용하면서 출원일의 소급을 인정하여 출원일이 늦어지는 불이익 없이 거절사유를 극복할 수 있게 한 것이다.

여기에 복수디자인등록출원도 출원의 분할을 할 수 있게 되어, 출원인이 복수디자인 관리의 편의를 도모할 수 있게 되었다.

2. 조문의 연혁

제정 의장법(1961. 12. 31, 법률 제951호)은 제28조에서 특허법 제9조 '2 이상의 발명을 1출원으로 한 자가 이를 2 이상의 출원으로 분할출원한 경우에는 그 분할출원은 최초에 출원한 때에 출원한 것으로 본다'를 준용하였다.

1973년 개정 의장법(전부개정 1973. 2. 8, 법률 제2507호)은 제13조에 분할조항을 독자적으로 규정하면서, 분할출원할 수 있는 경우에 '한 벌의 물품의 의장을 등록출원한 경우'를 추가하고, 신규성 의제와 우선권의 주장을 출원의 소급효의 예외로 하며, 사정 또는 심결이 확정된 후에는 분할할 수 없는 것으로 출원의 분할 시기를 제한하고, 분할이 있을 때 최초에 한 출원은 취하하는 것으로 보았다.

1980년 개정 의장법(일부개정 1980. 12. 31, 법률 제3327호)은 최초에 한 출원이 취하되는 것으로 보는 경우를 '한 벌의 물품의 의장을 2 이상의 출원으로 분할한 경우'만으로 축소하였다.

1990년 개정 의장법(전부개정 1990. 1. 13, 법률 제4208호)은 조문의 위치를 제19조로 바꾸면서 표현을 정비하고, 출원의 분할 시기를 '보정을 할 수 있는 기간 내'로 변경하였다.

1997년 개정 의장법(일부개정 1997. 8. 22, 법률 제5354호)은 분할출원할 수 있는 경우로 '다의장등록출원(현재의 복수디자인등록출원)한 경우'를 추가하였다.

2001년 개정 의장법(일부개정 2001. 2. 3, 법률 제6413호)은 한 벌의 물품의 의장등록요건을 완화하면서 한 벌의 물품의 의장을 1의장등록출원한 경우를 분할출원할 수 있는 경우에서 삭제하고, 관련하여 한 벌의 물품의 의장이 분할된 경우 최초의 의장등록출원이 취하된 것으로 보는 규정도 삭제하였다.

2013년 개정 디자인보호법(전부개정 2013. 5. 28, 법률 제11848호, 시행 2014. 7. 1.)은 조문의 위치를 제50조로 옮겨 규정하면서 표현을 정비하였다. 제50조는 부칙 제2조(일반적 적용례)에 따라 이 법 시행 후 출원한 디자인등록출원부터 적용한다.

Ⅱ. 분할출원의 요건

1. 분할출원의 주체적 요건

분할에 따른 새로운 출원의 출원인은 원출원의 출원인과 동일인이거나 그 승계인이어야 한다.[2]

2. 분할출원의 객체적 요건

가. 분할의 대상이 되는 출원(원출원)은 심사 또는 심판에 계속 중이어야 한다.

출원의 분할은 원출원의 일부에 대하여 하는 것이므로, 원출원이 무효, 취하 또는 포기되거나 디자인등록여부결정이 확정되어 절차가 종료된 때에는 분할출원을 할 수 없다. 그러나 원출원의 절차 계속 중에 분할출원이 있는 경우에는 후에 원출원이 무효, 취하, 포기되거나 디자인등록거절결정이 확정되어 절차가 종료되더라도 분할출원의 적법성에 영향을 미치지 않는다.

나. 원출원이 2 이상의 디자인을 1디자인등록출원으로 한 것 또는 복수디자인등록출원을 한 것 중 어느 하나에 해당하여야 한다.

(1) 디자인보호법 제40조의 1디자인 1디자인등록출원 원칙을 위반하여 2 이상의 디자인을 1디자인등록출원으로 한 것

(㉮) 2 이상의 물품에 관한 출원

출원서의 디자인의 대상이 되는 물품란에는 2 이상의 물품명이 기재되어 있고, 첨부도면에는 하나의 물품의 형태가 도시되어 있는 경우이다. 이러한 경우에는 도면에 도시된 물품의 형태가 물품란에 기재된 2 이상의 물품별로 각각 나타내는 것이라고 보므로,[3] 2 이상의 디자인을 포함하는 것으로 본다. 예를 들어 출원서의 디자인의 대상이 되는 물품란에는 "오토바이 및 오토바이완구"와

---

2) 특허청, 디자인심사기준(2014. 7. 1.) 93.
3) 齋藤暸二 著(鄭泰連 譯), 意匠法, 세창출판사(1997), 454.

같이 둘 이상의 물품명이 기재되어 있고, 첨부 도면에는 하나의 오토바이 형태 만 도시되어 있는 경우이다.[4)]

(내) 2 이상의 형태를 나타낸 출원

출원서의 디자인의 대상이 되는 물품란에는 하나의 물품명이 기재되어 있고, 첨부도면에는 2 이상의 물품의 형태가 도시되어 있는 경우도 2 이상의 디자인을 포함하는 것이 된다. 예를 들어 출원서의 디자인의 대상이 되는 물품란에는 "의자"라고 하나의 물품명이 기재되어 있고, 첨부 도면에는 각각 다른 형태로 구성된 2 이상의 의자가 도시되어 있는 경우이다.[5)]

(대) 2 이상의 물품의 2 이상의 형태를 나타낸 출원

디자인의 대상이 되는 물품란에 2 이상의 물품명이 기재되어 있고, 출원서의 첨부도면에 2 이상의 물품의 형태가 도시되어 있는 경우는 물론 2 이상의 디자인을 포함하는 것이다.

(라) 기   타

그 외에 부분디자인등록출원의 도면에 형태적 또는 기능적으로 일체성이 인정되지 않고 물리적으로 분리된 2 이상의 부분을 '부분디자인으로 등록을 받으려는 부분'으로 도시한 것이나, 한 벌의 물품의 디자인으로 출원되었으나 그 성립요건을 충족하지 못한 것(예, '한 벌의 태권도복 세트'를 출원하면서 '태권도복 상의'와 '등산복 하의' 도면을 제출한 경우)도 2 이상의 디자인을 포함하고 있는 것이다.[6)]

(마) 2 이상의 디자인으로 인정되지 않는 것

반면에 한 벌 물품의 디자인의 요건을 충족하고 있는 디자인등록출원을 각 구성물품별로 분할하는 것,[7)] 물리적으로 분리된 2 이상의 부분이 형태적 또는 기능적으로 일체성이 인정되어 1디자인 1디자인등록출원 요건을 충족하는 부분 디자인등록출원을 각각의 부분으로 분할하는 것[8)]은 2 이상의 디자인이 포함된 것이 아니므로 출원의 분할이 허용되지 않는다. 또한 1디자인 1디자인등록출원으로 출원한 완성품 디자인에 관한 디자인등록출원을 각각의 부품별로 분할하

---

4) 특허청(주 2), 93.
5) 특허청(주 2), 94.
6) 특허청(주 2), 94-95.
7) 송영식 외 6인 공저, 송영식 지적소유권법, 육법사(2013), 1046; 노태정·김병진 공저, 디자인보호법, 세창출판사(2009), 528. 반대 견해는 황의창·황광연 공저, 디자인보호법, 법영사(2011), 251-252 참조.
8) 노태정·김병진 공저(주 7), 528-529.

는 것도 허용되지 않는다. 완성품 디자인은 그 자체 1물품의 디자인이지 각 부품을 단위로 하는 복수 디자인의 집합체가 아니어서 부품별로 분리할 수 없기 때문이다.9) 특허청의 실무도 동일하다.10)

(2) 복수디자인등록출원으로 한 것

적법한 복수디자인등록출원뿐만 아니라 복수디자인등록출원된 하나의 일련번호의 디자인에 2 이상의 디자인을 도시한 것, 복수디자인등록출원에 물품류가 다른 물품이 포함된 것, 복수디자인등록출원에 포함된 출원디자인의 수가 100개를 초과하는 것 등도 포함된다.

다. 분할에 따른 새로운 출원의 디자인은 원출원에 포함되어 있던 둘 이상의 디자인 가운데 하나와 동일한 것이어야 한다.

분할에 따른 새로운 출원의 디자인은 원출원에 포함되어 있던 디자인 중의 하나로서 분할출원의 기초가 된 디자인과 실질적으로 동일성이 유지되어야 한다. 동일하지 않은 디자인에 소급효를 인정하게 되면 선출원주의에 반해서 제3자에게 불측의 손해를 주기 때문이다.11)

한편, 분할출원의 디자인이 분할 후의 원출원의 디자인과 동일하면 동일한 디자인에 대해 같은 날에 2 이상의 출원이 있는 문제가 발생한다. 이 경우에는 분할출원의 객체적 요건은 만족되는 것이므로, 디자인보호법 제46조 제2항을 적용하여 심사해야 한다. 분할출원 당시에는 디자인이 동일하지 않았으나 원출원 또는 분할출원이 보정되어 양자의 디자인이 동일하게 된 때도 또한 같다.12)

3. 분할출원의 시기

출원의 분할은 디자인보호법 제48조(출원의 보정과 요지변경) 제4항에 따라 디자인등록출원을 보정할 수 있는 시기, 즉 디자인등록거절결정 또는 디자인등록결정의 통지서가 발송되기 전까지, 재심사를 청구할 때, 디자인등록거절결정에 대한 심판을 청구하는 경우에는 그 청구일부터 30일 이내에 할 수 있다(제50조 제3항). 출원의 분할도 어떠한 의미에서는 보정의 일종이라고 볼 수 있을

---

9) 송영식 외 6인 공저(주 7), 1045; 노태정·김병진 공저(주 7), 529-531. 반대의 견해는 齋藤暸二(주 3), 455-457 참조.

10) 특허청(주 2), 94. 일본 특허청의 실무도 동일하다(일본 의장심사기준 91. 1. 2.).

11) 노태정·김병진 공저(주 7), 529.

12) 특허청, 심사지침서(특허·실용신안)(2011), 6103; 오세중·이창훈 저, 意匠法·商標法(제2판), 주식회사 한빛지적소유권센터(2002), 282; 황의창·황광연 공저(주 7), 249 참조.

뿐만 아니라[13] 출원의 분할에 따라 원출원에 대한 보정을 해야 하기 때문이다.[14][15]

4. 분할출원의 방법

디자인등록출원의 일부를 하나 이상의 새로운 디자인등록출원으로 분할하려는 자는 원출원의 내용을 하나 또는 둘 이상의 디자인등록출원으로 보정함과 동시에 분할되는 디자인에 대하여 통상의 디자인등록출원과 동일한 절차에 의하여 출원서를 제출한다.[16]

(1) 하나의 출원으로 되어 있는 둘 이상의 디자인을 둘 이상의 디자인등록출원으로 분할하려는 경우에는 원출원을 하나의 디자인에 대한 출원으로 보정함과 아울러, 나머지 디자인 중 등록을 받으려는 디자인마다 분할하여 출원하여야 한다. 다만, 하나의 출원으로 되어 있는 둘 이상의 디자인 중에 하나의 디자인만을 등록받으려는 경우에는 출원을 분할할 필요 없이 원출원을 하나의 디자인에 대한 출원으로 보정하는 것으로 족하다.[17]

(2) 한 벌의 물품의 디자인으로 출원되었으나 그 성립요건을 충족하지 못한 경우에는 구성물품별로 디자인마다 분할하여 출원하면 된다.[18]

(3) 복수디자인등록출원은 출원의 분할에 따라 출원디자인의 수가 변동된 경우에는 원출원의 출원서 및 도면을 보정함과 아울러, 분할되는 디자인은 규칙 [별지 제3호 서식](디자인등록출원서)에 의하여 분할하여 출원하여야 한다. 그리고 출원의 분할에 따라 원출원이 하나의 디자인만을 출원하는 것으로 된 경우에는 원출원의 출원서상 "복수디자인"의 표시를 "1디자인"으로 보정하여야 한다. 한편, 복수디자인등록출원된 하나의 일련번호의 디자인에 둘 이상의 디자인이 포함된 경우에는, 분할하여 출원하거나 각각 하나의 일련번호의 디자인으로 보정하여야 한다. 다만, 도면을 보정함으로써 출원디자인의 수가 100개를 초과

13) 노태정·김병진 공저(주 7), 531.
14) 황의창·황광연 공저(주 7), 249.
15) 국제디자인등록출원의 경우에 관해서는 제186조, 제187조 참조.
16) 디자인보호법 시행규칙 제46조는 분할되는 디자인에 대하여 통상의 디자인등록출원과 동일하게 별지 제3호 서식의 디자인등록출원서에 1. 도면(사진·견본) 1통(분할출원이 복수디자인등록출원인 경우에는 각 디자인마다 1통), 2. 대리인에 의하여 절차를 밟는 경우에는 그 대리권을 증명하는 서류 1통, 3. 그 밖에 법령에서 따로 정하고 있는 경우 그 증명서류 1통을 첨부하여 특허청장에게 제출하여야 한다고 규정하고 있다.
17) 특허청(주 2), 95.
18) 특허청(주 2), 95.

하게 되는 때에는 분할하여 출원하여야 한다.[19]

(4) 분할출원에 대하여 신규성상실의 예외규정의 적용을 받거나 또는 우선
권을 주장하고자 할 때에는 분할출원서에 그 취지를 기재하고 그 주장에 필요한
증명서류를 규정된 날까지 제출하여야 한다. 다만, 원출원에서 공지예외주장이나
우선권 주장을 하지 않다가 분할출원 시 그와 같은 주장을 하는 것은 허용되지
않는다.[20] 분할출원은 원출원 이상의 이익을 받을 수 없는 것이기 때문이다.[21]

Ⅲ. 분할출원의 효과

1. 분할출원의 인정

분할의 요건을 충족하는 경우에는 새로운 출원은 최초에 출원을 한 때에
출원한 것으로 본다(제50조 제2항). 따라서 최초 출원일과 분할출원일 사이에 출
원된 다른 디자인등록출원이나 그 사이에 공지된 디자인 등으로 인하여 거절결
정이 되지 않는다.[22]

다만, ① 디자인보호법 제36조(신규성 상실의 예외) 제2항에 따른 신규성 상
실 예외주장의 시기 및 증명서류 제출기간, ② 디자인보호법 제51조(조약에 따른
우선권 주장) 제3항 및 제4항에 따른 우선권주장의 시기 및 증명서류 제출기간
에 관한 규정을 적용하는 데에 있어서는 분할출원한 때를 기준으로 한다(제50조
제2항 단서). 이것에 대해서도 소급효를 인정하면 기간경과로 해당 규정에 따른
절차를 수행할 수 없게 되어 출원인에게 불리하기 때문이다.[23]

2. 분할출원의 불인정

특허청의 실무는 분할의 요건을 충족하지 못하는 경우에는 분할출원불인정
예고통지를 하고 의견서를 제출할 수 있는 기회를 주고, 불인정예고통지에 따라
제출된 의견에도 불구하고 출원의 분할을 인정할 수 없는 경우에는 분할출원불
인정통지를 한다.[24]

---

19) 특허청(주 2), 95-96.
20) 특허청(주 12), 6104.
21) 노태정·김병진 공저(주 7), 533.
22) 특허청(주 2), 96.
23) 송영식 외 6인 공저(주 7), 769.
24) 특허청(주 2), 96.

출원의 분할이 인정되지 않는 새로운 디자인등록출원은 분할이 있었던 때에 출원한 것으로 취급한다. 다만, 분할출원이 원출원에서 분할로 빠진 디자인과 동일하지 않아 부적법하다는 이유로 불인정되었다가 보정으로 디자인이 동일해지면 적법한 분할출원으로 인정되어 그 출원일이 소급하는 것으로 본다.[25]

분할할 수 있는 기간을 경과하여 제출된 분할출원서는 반려대상이 된다.[26]

〈최종선〉

---

25) 노태정·김병진 공저(주 7), 534.
26) 특허청(주 2), 96.

제51조(조약에 따른 우선권 주장)

① 조약에 따라 대한민국 국민에게 출원에 대한 우선권을 인정하는 당사국의 국민이 그 당사국 또는 다른 당사국에 출원한 후 동일한 디자인을 대한민국에 디자인등록출원하여 우선권을 주장하는 경우에는 제33조 및 제46조를 적용할 때 그 당사국 또는 다른 당사국에 출원한 날을 대한민국에 디자인등록출원한 날로 본다. 대한민국 국민이 조약에 따라 대한민국 국민에게 출원에 대한 우선권을 인정하는 당사국에 출원한 후 동일한 디자인을 대한민국에 디자인등록출원한 경우에도 또한 같다.

② 제1항에 따라 우선권을 주장하려는 자는 우선권 주장의 기초가 되는 최초의 출원일부터 6개월 이내에 디자인등록출원을 하지 아니하면 우선권을 주장할 수 없다.

③ 제1항에 따라 우선권을 주장하려는 자는 디자인등록출원 시 디자인등록출원서에 그 취지와 최초로 출원한 국명 및 출원연월일을 적어야 한다.

④ 제3항에 따라 우선권을 주장한 자는 최초로 출원한 국가의 정부가 인정하는 출원연월일을 적은 서면 및 도면의 등본을 디자인등록출원일부터 3개월 이내에 특허청장에게 제출하여야 한다.

⑤ 제3항에 따라 우선권을 주장한 자가 제4항의 기간 내에 같은 항에 규정된 서류를 제출하지 아니한 경우에는 그 우선권 주장은 효력을 상실한다.

<소 목 차>

Ⅰ. 서   설

1. 의의 및 취지

우선권은 출원된 디자인에 대하여 그와 동일하면서 먼저 출원된 디자인의 출원일에 출원된 것으로 보아 등록 여부를 심사하여 달라고 요구할 수 있는 권리이다. 디자인보호법과 상표법은 조약에 따른 우선권, 즉 어떤 디자인 또는 상

표가 대한민국과 조약을 체결한 다른 나라에 출원된 후에 그와 동일한 디자인
또는 상표가 대한민국에 출원되는 경우의 우선권만을 규정하고 있고(디자인보호
법 제51조, 상표법 제20조),¹⁾ 특허법이나 실용신안법은 조약에 따른 우선권뿐만
아니라 국내 우선권, 즉 선출원과 후출원이 모두 국내에서 이루어지는 경우의
우선권도 규정하고 있다(특허법 제54조, 제55조, 실용신안법 제15조).

　디자인보호법 제51조에서 규정하고 있는 바와 같이 대한민국 국민에게 출
원에 대한 우선권을 인정하는 대표적인 조약은 1883년의 '공업소유권의 보호를
위한 파리조약'(Paris Convention for the Protection of Industrial Property, 이하 '파리
조약'이라 약칭한다)²⁾인데, 이에 따르면 파리조약의 어떤 동맹국(제1국)에서 최선
(最先)으로 정규의 (디자인, 발명 등) 출원을 한 자 또는 그 승계인이 일정기간 내
에 다른 동맹국(제2국)에 동일 목적물에 대하여 출원하는 경우 최선의 출원의
출원일에 출원한 것과 동일하게 취급하여 출원의 순위 및 신규성 등과 같은 등
록요건을 판단하여 달라는 우선권을 주장할 수 있다.³⁾ 이러한 우선권 제도는
출원인이 디자인, 발명 등을 여러 나라에 동시에 출원하는 것이 나라 사이의 거
리, 나라별로 다른 언어 및 출원절차 등에 의하여 지극히 곤란하다는 문제점을
해결하여 산업재산권의 국제적 보호를 도모하고자 하는 것으로서 파리조약의
중요한 원칙 중의 하나이다.⁴⁾

　그 외에도 대한민국이 체결한 우선권에 관한 다자간 조약으로는 파리조약
에 기초한 WTO/TRIPs 협정, 양자 간 조약으로는 대한민국과 캐나다(1979. 2.
13.), 핀란드(1979. 9. 13.), 스페인(1975. 8. 15.), 스위스(1977. 12. 12.), 영국(1978. 2.
19.) 및 미국(1978. 2. 30.) 간의 조약이 있다.⁵⁾ 이러한 양자 간 조약은 우리나라
가 양자 간 조약을 체결한 국가들이 이미 가입하고 있던 파리조약에 가입하면

---

1) 대법원 1992. 1. 17. 선고 91후806 판결은 "구 의장법(1990. 1. 13. 법률 제4208호로 개정
　되기 전의 것) 제16조가 준용하는 구 특허법 제42조가 규정하는 "우선권의 주장"이란 조
　약, 법률에 의하여 대한민국 국민에게 의장출원에 대한 우선권을 인정하는 당사국 국민이
　그 당사국 또는 다른 당사국에 의장출원을 한 후 동일 의장을 대한민국에 의장 출원한 경
　우에 있어서 대한민국에 의장출원한 날을 최초의 의장출원을 한 날로 소급한다는 취지일
　뿐, 내국인인 출원인이 선행의장출원 이후 그와 동일 유사한 의장에 대하여 재차 의장출원
　을 한 경우에 후원출원을 한 날을 선행의장출원일로 소급한다는 취지는 아니다"라고 판시
　하였다.
2) 파리조약은 대한민국에서 1980. 3. 7. 국회의 동의를 받아 비준되고, 같은 해 4. 14. 관보
　를 통해 공포되어, 같은 해 5. 8. 발효되었다.
3) 송영식 외 6인 공저, 송영식 지적소유권법(제2판), 육법사(2013), 105.
4) 송영식 외 6인 공저(주 3), 577.
5) 특허청, 심사지침서(특허·실용신안)(2011), 6302.

서 그 의미가 퇴색되었다.[6]

조약에 의한 우선권은 그 특성상 독립성, 복수성, 잠재성, 부속성, 동일성, 한시성 등의 속성을 갖는다. 우선권은 동맹국에 출원한 최초 출원에 의해 발생하나, 우선권이 발생한 후에는 최초 출원과는 분리하여 별개의 존재로 되는데 이를 우선권의 '독립성'이라 한다. 출원에 의하여 발생하는 우선권은 하나이지만 그 우선권에 기초하여 모든 동맹국에 우선권을 주장할 수 있다. 우선권은 불가분적이 아니고 여러 복수우선권의 집합으로 보는데, 이를 우선권의 '복수성'이라 한다. 이러한 복수의 우선권은 일시에 행사되지 않고 행사될 때까지 잠재해 있으며 또 동맹국에 모두 행사되는 것은 아니고 그대로 소멸되기도 하는데 이를 우선권의 '잠재성'이라 한다. 동맹국 제2국에 우선권을 주장하여 출원한 경우 그 후부터 우선권은 동맹국에 출원한 출원과 운명을 같이하고 독립성을 잃는데 이를 우선권의 '부속성'이라 한다. 이러한 우선권은 최초 출원의 디자인과 제2국의 디자인이 동일하여야 하며(동일성), 또 우선권주장의 기초가 되는 출원이 계속 유지되더라도 우선기간이 종료함과 동시에 소멸되는 한시적인 권리이다(한시성).[7]

2. 조문의 연혁

1973년 개정 의장법(전부개정 1973. 2. 8, 법률 제2507호)은 제16조(우선권의 주장)에서 특허법 제42조 제1항 내지 제4항의 규정[8]을 의장등록출원의 우선권 주장에 준용하면서, 우선권을 주장할 경우에는 최초의 외국에 출원한 날로부터 6월내에 하여야 한다는 규정을 신설하였다.

1990년 개정 의장법(전부개정 1990. 1. 13, 법률 제4208호)은 조문의 위치를

---

6) 尹宣熙, 特許法(개정판), 법문사(2004), 415.

7) 尹宣熙(주 6), 415.

8) 特許法(1973. 2. 8, 법률 제2505호) 제42조(우선권의 주장) ① 조약·협정 또는 법률에 의하여 대한민국 국민에게 특허권을 허여하는 외국에 특허출원을 한 후, 동일 발명이 대한민국에 우선권을 주장하여 특허출원되어 그 특허출원을 특허하는 때에는 외국에 출원한 날을 우선권 주장일로 소급하여 인정한다. ② 전항의 규정에 의한 특허출원에 대하여 우선권의 주장을 하고자 하는 자는 그 취지와 최초로 출원한 국명 및 출원 연월일을 기재한 서면을 특허출원과 동시에 특허국장에게 제출하여야 한다. ③ 전항의 규정에 의한 우선권의 주장을 한 자는 최초에 출원한 국가의 정부가 인정한 출원의 연월일을 기재한 서면, 발명의 명세서 및 도면의 등본을 특허출원일로부터 3월내에 특허국장에게 제출하여야 한다. ④ 제2항의 규정에 의하여 우선권의 주장을 한 자가 전항에 규정한 기간 내에 서면을 제출하지 아니한 때에는 우선권의 주장은 그 효력을 상실한다.

제23조(조약에 의한 우선권주장)로 옮겨 독자적으로 규정하였는데, 제1항에서 "조
약에 의하여 대한민국 국민에게 출원에 대한 우선권을 인정하는 당사국 국민이
그 당사국 또는 다른 당사국에 출원을 한 후 동일한 의장을 대한민국에 의장등
록출원하여 우선권을 주장하는 때에는 제5조 제1항(의장등록의 요건 중 신규성)
및 제16조(선원)의 규정을 적용함에 있어서 그 당사국에 출원한 날을 대한민국
에 의장등록출원한 날로 본다. 대한민국 국민이 조약에 의하여 대한민국 국민에
게 출원에 대한 우선권을 인정하는 당사국에 출원한 후 동일한 의장을 대한민
국에 의장등록출원한 경우에도 또한 같다"라고 하여 우선권 주장의 요건과 적
용 법조를 정비하였다.

　　2001년 개정 의장법(일부개정 2001. 2. 3, 법률 제6413호)은 우선권 규정의 적
용 법조를 제5조 제1항에서 제5조 전(全) 항(의장등록의 요건, 신규성, 창작비용이
성, 확대된 선출원)으로 확장하였다.

　　2013년 개정 디자인보호법(전부개정 2013. 5. 28, 법률 제11848호, 시행 2014. 7.
1.)은 조문의 위치를 제51조로 옮기면서 마찬가지로 조문 위치가 변경된 인용
조항을 반영하고 표현을 다듬었다. 제51조는 부칙 제2조(일반적 적용례)에 따라
이 법 시행 후 출원한 디자인등록출원부터 적용한다.

Ⅱ. 우선권주장의 요건

1. 우선권을 주장할 수 있는 자

　　조약에 의하여 대한민국 국민에게 디자인등록출원에 대한 우선권을 인정하
는 당사국의 국민(디자인보호법 제51조 제1항 제1문, 파리조약 제4조 A 제1항) 및
비동맹국 국민으로서 어느 동맹국 내에 주소 또는 진정하고 실효적인 공업상
또는 상업상의 영업소를 가진 자(파리조약 제3조)는 우선권을 주장할 수 있다. 조
약당사국은 파리조약의 동맹국 및 WTO의 회원국을 포함한다.[9]

　　조약우선권주장출원을 공동으로 하는 경우에는 출원인 중 적어도 1인 이상
이 당사국 국민이거나 당사국에 주소 또는 진정하고 실효적인 산업상 또는 상
업상 영업소를 가지는 비당사국 국민이어야 한다.[10]

---

9) 참고로, 유럽특허청(EPO), 유라시아특허청(EAPO), 아프리카지적재산권기구(OAPI) 및 아
　프리카산업재산권기구(ARIPO)의 가맹국들은 모두 파리조약의 동맹국이므로 이들 지역 특
　허청의 출원을 기초로 우선권주장을 할 수 있다[특허청(주 5), 6302)].
10) 특허청(주 5), 6302.

조약우선권주장은 조약당사국(제1국)에 출원한 이후에만 할 수 있다(파리조약 제4조 A 제1항). 창작자라 할지라도 디자인등록출원할 권리를 타인에게 양도하여 자신이 제1국에 디자인등록출원을 하지 않은 자는 제2국에 우선권주장이 없는 디자인등록출원은 가능하나 그 제1국의 디자인등록출원을 기초로 조약우선권주장을 할 수는 없다.[11]

제2국에 조약우선권주장을 할 수 있는 권리는 각기 다른 승계인에게 이전할 수 있다.[12]

조약우선권주장출원을 할 수 있는 권리의 승계인은 제1국 출원의 출원 시와 제2국 출원의 출원 시 모두 당사국의 국민이어야 한다. 그러나 이 조건은 제1국 출원 시부터 제2국 출원 시까지 모두 만족하여야 하는 것은 아니다. 즉, 조약우선권주장출원을 할 수 있는 권리를 승계 받은 자가 제1국 출원의 출원 시에는 당사국 국민이 아니었으나 이후 제2국 출원의 출원 전에 당사국 국민이 된 자라면 그 권리의 승계는 유효하다. 또한, 당사국 국민이 비당사국 국민에게 우선권을 양도하고, 양수인은 그 권리를 다시 당사국 국민에게 양도할 수 있는데 이러한 경우에도 우선권은 유효하게 주장될 수 있다.[13]

제2국(대한민국)의 출원인은 제1국의 최초의 출원인 또는 그 승계인으로서 제2국에 출원할 권리를 가진 자이어야 한다(출원인의 동일성). 한편 우선권은 디자인등록을 받을 수 있는 권리와는 독립된 별개의 권리이므로 여기서의 승계인은 제1국의 최초의 출원인으로부터 디자인등록을 받을 수 있는 권리뿐만 아니라 우선권까지 승계한 자를 의미한다(우선권의 독립성).[14]

대한민국 국민이 조약에 의하여 대한민국 국민에게 디자인등록출원에 대한 우선권을 인정하는 당사국에 디자인등록출원한 후 동일한 디자인을 대한민국에 디자인등록출원하는 경우에도 우선권을 주장할 수 있다(디자인보호법 제51조 제1항 제2문). 예를 들어, 우리나라 사람이 영국에 최초로 출원한 다음 그 출원을 기초로 하여 우리나라에 조약우선권주장출원을 할 수 있다.[15]

---

11) 특허청(주 5), 6302.
12) 특허청(주 5), 6302.
13) 특허청(주 5), 6302-6303.
14) 송영식 외 6인 공저(주 3), 578.
15) 특허청(주 5), 6303.

2. 우선권 주장의 기초가 되는 출원

우선권 주장의 기초가 되는 제1국의 출원은 정규의 최초의 출원이어야 한다. 파리조약상 이러한 출원에 디자인등록출원뿐만 아니라 실용신안등록출원이 포함됨은 명백하다(파리조약 제4조 E 제1항[16]). 특허출원도 포함될 수 있는지에 관해서는 포함된다고 보는 견해[17]와 포함되지 않는다고 보는 견해[18]가 대립하는데, 특허청 실무는 포함되는 것으로 보고 있다.[19]

가. 출원의 정규성

우선권주장의 기초가 되는 제1국의 출원은 정규의 출원이어야 한다. 각 동맹국의 국내법령 또는 동맹국간에 체결된 양국 간 혹은 다수 국 간의 조약에 따라 정규의 국내출원에 해당되어야 한다(파리조약 제4조 A 제2항). 정규의 국내출원이라 함은 출원의 결과 여부에 불구하고 당해 국에 출원을 한 일자를 확정하기에 적합한 모든 출원을 의미한다(파리조약 제4조 A 제3항).

즉, 제1국에서의 출원이 파리조약에 의한 우선권주장의 기초가 되는 정규출원인지는 제1국의 관련법이 결정한다. 우선권의 기초가 되는 제1국 출원의 출원의 계속 여부는 조약우선권 효력에 영향을 미치지 않는다. 제1국 출원이 취하, 포기, 무효 또는 거절되어도 우선권은 여전히 유효하다. 심지어 제1국 출원이 이루어지는 국가로부터 등록을 받을 수 없는 디자인과 관계된 출원이라도 우선권은 유효하다.[20]

나. 출원의 최선성

우선권주장의 기초가 되는 제1국의 출원은 최초 출원이어야 한다(파리조약 제4조 C 제2, 4항 참조). 다만, 예외적으로 최초 출원이 아닌 출원(후출원)이 최초 출원으로 간주되어 우선권주장의 기초가 될 수 있는데, 그러기 위해서는 ① 후출원이 최초 출원과 동일한 대상에 대하여 출원된 것이고, ② 최초 출원이 공중

---

16) 파리조약 제4조 E 제1항: 어느 동맹국에 있어서 디자인이 실용신안의 출원을 근거로 하는 우선권에 기하여 출원된 경우에 그 우선 기간은 디자인에 대하여 정하여진 것과 같은 기간으로 한다.
17) 조국현, 의장법, 법경사(2002), 509-510.
18) 노태정・김병진 공저, 디자인보호법(3정판), 세창출판사(2009), 561-562; 齋藤曉二 著(鄭泰連 譯), 意匠法, 세창출판사(1997), 411.
19) 특허청, 디자인심사기준(2014. 7. 1.), 186-187.
20) 특허청(주 5), 6304.

의 열람에 제공되지 아니하며(공개되지 아니하며), ③ 최초 출원이 어떠한 권리도
존속시키지 아니하고, ④ 후출원일 당시 최초의 출원이 취소, 포기 또는 거절되
었어야 하며, ⑤ 최초 출원이 같은 국가나 타국에서 아직 우선권 주장의 기초출
원이 되지 않았어야 하는 모든 조건을 충족해야 한다. 그 후부터 최초 출원은
우선권주장의 근거가 될 수 없다(파리조약 제4조 C 제4항).

예를 들어, 영국에 2001년 3월 1일 한 출원을 기초로 조약우선권주장하며
미국에 2001년 5월 1일 출원하고 우리나라에 2002년 4월 1일 출원하고자 하는
경우, 영국 출원으로부터 12개월이 경과하였으므로 영국 출원을 기초로 우선권
주장을 할 수 없는 것은 당연하고, 미국 출원으로부터 12개월이 경과되지 않았
지만 미국 출원은 동일한 디자인에 대한 최초 출원이 아니므로 동 출원을 기초
로 우선권주장을 할 수는 없다. 만약, 최초 출원이 그 국가의 출원을 기초로 우
선권주장을 할 수 없는 국가에 출원된 것이라면 그 국가에의 출원은 최초 출원
의 의미에 포함되지 아니한다.[21]

3. 우선권 주장의 대상이 되는 출원

우선권 주장의 대상이 되는 출원은 우선권 주장의 기초가 되는 출원과 동
일한 것이어야 한다. 여기서의 동일성은 형식적 동일성이 아닌 실질상의 동일성
을 의미한다.[22] 디자인에 관한 법령이나 출원서의 작성 방식이 나라마다 같을
수 없기 때문이다.

따라서 출원의 형식이나 디자인을 표현하는 방식과 관계없이 우선권증명서
류에 표현된 디자인 가운데 대한민국에 출원된 디자인과 실질적으로 동일한 디
자인이 포함되어 있으면 되고, 이는 해당 디자인이 속하는 분야에 있어서 통상
의 지식에 기초하여 우선권증명서류의 전체 기재내용 및 최초에 출원한 국가의
제도 등을 종합적으로 고려하여 판단한다.[23]

물품의 동일성 여부에 관하여 판단에 있어서는, ① 최초 출원 디자인의 물
품 명칭이 다르더라도 우선권증명서류의 기재내용을 종합적으로 고려하여 판단
할 때, 출원디자인이 적용되는 물품의 용도·기능이 실질적으로 동일하면 물품

---

21) 특허청(주 5), 6304.
22) 노태정·김병진 공저(주 18), 561; 황의창·황광연 공저, 디자인보호법, 법영사(2011),
    258; 조국현(주 17), 510; 오세중·이창훈 저, 意匠法·商標法(제2판), 주식회사 한빛지적
    소유권센터(2002), 296; 齋藤曉二(주 18), 412.
23) 특허청(주 19), 187.

의 동일성이 인정되고(예를 들어, 우선권증명서류에는 물품의 명칭이 "Icon for medical apparatus"라고 적혀 있으며, 도면에는 여러 개의 아이콘으로 구성된 조작부를 부분디자인으로 포함하고 있는 의료기기의 전체형태가 표현되어 있고, 우리나라에 부분디자인으로 출원하면서 물품의 명칭을 "의료용 내시경 조정기"로 하고 물품의 전체 형태를 도시하면서, 등록을 받고자 하는 아이콘 부분을 실선으로 표현하고 다른 부분은 파선으로 표현한 경우), ② 우선권증명서류에 기재된 물품의 명칭이 다수의 물품을 포괄하는 명칭이더라도, 그 가운데 하나의 물품의 명칭을 대한민국의 출원서에 적은 경우(예를 들어, 우선권주장서류에 물품의 명칭이 "Bottle"로 적혀 있고 도면은 음료용 페트병에 관한 디자인이 표현되어 있고, 우리나라의 출원서에는 물품의 명칭이 "포장용 병"이라고 적혀 있는 경우)에는 물품의 동일성을 인정한다.[24]

디자인의 동일성 여부에 관한 구체적인 판단방법은 다음과 같다.

① 제1국과 우리나라에서 등록을 받으려고 하는 디자인의 형태가 실질적으로 동일하다면 디자인의 동일성이 인정되고, ② 우선권증명서류에 첨부된 도면에 우리나라에서 등록을 받으려고 하는 디자인의 전체적인 형태가 표현되어 있지 않은 경우 동일성이 인정되지 않으며, ③ 우선권증명서류의 기재내용 및 물품의 특성 등을 종합적으로 고려할 때 도출될 수 있는 디자인을 우리나라에 출원한 경우에는 디자인의 동일성이 인정되고(예를 들어, 제1국의 출원이 평면적 물품에 가까운 "손목시계용 문자판"의 디자인으로서 사시도만이 도시되어 있으며 부분디자인 출원인지에 관하여는 적혀 있지 않은데, 우리나라의 출원서에는 "손목시계용 문자판"의 디자인을 실선으로 표현한 한 벌의 도면이 도시되어 있으며, 이들 도면으로부터 도출된 디자인이 우선권주장증명서류에 표현된 사시도로부터 도출되는 디자인과 실질적으로 일치하는 경우), ④ 우선권증명서류의 기재내용 등을 종합적으로 고려하더라도 등록을 받으려고 하는 부분의 위치·크기·범위를 한정할 수 없다면 디자인의 동일성이 인정되지 않으며(예를 들어, 제1국 출원에서 물품의 명칭에 "Package"로 적혀 있고 도면에는 평면적인 모양만이 도시되어 있는데, 우리나라에는 부분디자인으로 출원하면서 물품의 명칭을 "포장용 상자"로 적고 포장용 상자에 관한 전체디자인의 일부분에 그 모양을 도시한 경우), ⑤ 우선권증명서류에 여러 개의 물품에 관한 디자인이 표현되어 있는 경우에는, 그 구성물품의 전부나 일부를 대상으로 하여 규칙 [별표 5] (한 벌 물품의 구분)에 규정된 한 벌 물품의 디자인으로 출원하였다면 디자인의 동일성이 인정되고, ⑥ 여러 개의 우선권주장에 기

24) 특허청(주 19), 187.

초한 디자인들을 결합하여 구성한 디자인을 우리나라의 출원서에 표현한 경우
에는 디자인이 동일한 것으로 인정되지 않으며(예를 들어, 제1국 출원이 "손목시계
본체"에 관한 디자인이고 제2국 출원은 "손목시계 줄"에 관한 디자인인데, 우리나라의
출원서에는 완성품에 관한 디자인인 "손목시계"를 표현한 경우), ⑦ 우선권증명서류
에 표현되어 있는 디자인이 완성품의 디자인인 경우에, 우리나라의 출원서에 그
완성품을 구성하는 하나의 부품에 관한 디자인을 표현하였다면 디자인의 동일
성이 인정되지 않고, ⑧ 우선권증명서류에 표현되어 있는 디자인이 전체디자인
에 관한 출원인데 우리나라에 부분디자인으로 출원한 경우에는 디자인의 동일
성이 인정되지 않으며, ⑨ 우선권증명서류에 포함된 도면 중 참고도면에 해당하
는 도면에 표현되어 있는 디자인을 우리나라에 출원한 경우에는 디자인의 동일
성이 인정되지 않는다.25)

4. 우선권 주장의 기간 및 절차

가. 우선기간 내의 출원

우선권을 주장하려는 자는 우선권 주장의 기초가 되는 최초의 출원일부터
6개월 이내(우선기간)에 디자인등록출원을 하지 아니하면 우선권을 주장할 수
없다(디자인보호법 제51조 제2항, 파리조약 제4조 C 제1, 2항). 우선권주장의 기초가
되는 출원이 실용신안등록출원인 경우에도 우선기간은 동일하게 6개월 이내이
다(파리조약 제4조 E 제1항). 상표의 우선기간은 디자인과 마찬가지로 6개월 이내
인데, 특허와 실용신안의 우선기간은 12개월 이내이다(상표법 제20조 제2항, 특허
법 제54조 제2항, 실용신안법 제15조, 파리조약 제4조 C 제1항). 이러한 기간의 차이
는 디자인·상표는 출원서류의 작성, 기타 절차에 있어 특허·실용신안의 경우
보다 용이하기 때문이다.26)

기간의 계산은 디자인보호법 제16조에 따라 할 것인데, 파리조약도 기간계
산 규정을 두고 있다(파리조약 제4조 C 제2, 3호27)). 디자인보호법과 파리조약의
기간 계산 방법이 정확하게 일치하지는 않으나, 차이가 미세하여 현실적으로 기

---

25) 특허청(주 19), 188-189.
26) 노태정·김병진 공저(주 18), 562.
27) 파리조약 제4조 C 제2호: 이러한 기간은 최초의 출원일로부터 개시한다. 출원일은 기간
에 산입하지 아니한다. 제3호: 그 말일이 보호의 청구를 할 국가에서 법정의 휴일이거나
또는 관할청이 출원을 접수할 수 없는 날인 경우에는 그 기간은 그 다음 최초의 집무일까
지 연장된다.

간이 다르게 계산될 가능성은 희박하다.

나. 우선권의 주장

우선권을 주장하고자 하는 자는 디자인등록출원과 동시에 출원서에 그 취지, 최초로 출원한 국가의 명칭 및 그 출원 연월일을 기재하여야 한다(디자인보호법 제51조 제3항, 파리조약 제4조 D 제1항). 즉 출원인이 제1국에 출원한 이후 일정 기간 내에 제2국에 출원하였다고 하여 당연히 우선권주장을 한 것으로 간주되지 않고, 서면에 우선권 주장을 명시하여야 한다. 파리조약은 우선권주장을 할 수 있는 기간을 각 동맹국으로 하여금 결정하게 하였는데, 우리나라는 출원과 동시에 우선권을 주장하도록 하여 우선기간과 우선권을 주장할 수 있는 기간이 동일하게 되었다.

다. 우선권 증명서류의 제출

우선권을 주장한 자는 최초로 출원한 국가의 정부가 인정하는 서류로서 디자인등록출원의 연월일을 기재한 서면, 도면의 등본을 디자인등록출원일부터 3개월 이내에 제출하여야 한다(디자인보호법 제51조 제4항, 파리조약 제4조 D 제3항). 특허청장 또는 특허심판원장은 심사 또는 심판을 위하여 필요한 경우 우선권을 주장한 자에 대하여 1개월 이상의 기간을 정하여 우선권 주장 증명서류에 대한 한글번역문의 제출을 요구할 수 있다. 한글번역문의 제출을 요구받은 자는 그 기간 내에 이를 제출하여야 한다. 다만, 우선권 주장 증명서류의 내용 중 디자인등록출원서에 첨부된 도면의 내용과 동일한 부분은 한글번역을 생략할 수 있다(디자인보호법 시행규칙 제47조 제2, 3항). 우선권을 주장한 자가 위 기간 내에 규정된 서류를 제출하지 아니한 경우에는 그 우선권주장은 효력을 상실한다(제51조 제5항).

5. 우선권 주장의 보정

우선권주장의 보정은 출원 당시 우선권주장을 한 경우에 한하여 해당 우선권주장에 대해서만 할 수 있다. 우선권주장의 보정은 출원 당시 출원서에 기재된 우선권주장의 기초가 되는 출원 가운데 적어도 하나가 우선권주장기간의 요건을 충족하는 경우에 한하여 할 수 있다. 우선권주장을 보정할 수 있는 기간은 출원일로부터 3개월 이내이다. 다만 우선권주장에 관한 기재사항의 명백한 오기

를 바로잡는 경우에는 그 이후에도 할 수 있다.28)

Ⅲ. 우선권의 효과

1. 우선권주장이 인정된 경우

우선권주장을 수반한 제2국의 출원은 그 우선권주장이 적법한 것으로 인정되면, 제1국의 최초 출원일부터 제2국의 출월일까지의 기간 중에 행하여진 행위, 즉 특허, 타출원, 당해 발명의 공표 또는 실시, 당해 디자인으로 된 물품의 판매 또는 당해 상표의 사용으로 인하여 무효로 되지 아니하며 또한 이러한 행위는 제3자의 권리 또는 여하한 개인 소유의 권리를 발생시키지 아니한다(파리조약 제4조 B).

디자인보호법은 이러한 파리조약을 받아들여 우선권주장이 인정된 디자인등록출원에 대해서는 디자인보호법 제33조(디자인등록의 요건: 신규성, 창작비용이성, 확대된 선출원) 및 제46조(선출원)를 적용할 때, 우선권주장의 기초가 되는 출원의 최초 출원일을 대한민국에 출원한 날로 본다. 즉, 우선권주장이 인정된 디자인등록출원은 우선권주장기간 내에 출원된 다른 디자인등록출원이나 공지된 디자인 등에 의하여 거절결정되지 않는다.29)

그리고 제3자가 우선권주장기간 내에 우선권주장이 인정된 디자인등록출원과 동일하거나 유사한 디자인을 선의로 실시하더라도 선사용에 따른 통상실시권은 인정되지 않는다.

2. 우선권주장이 인정되지 않은 경우

우선권주장이 인정되지 않은 경우에는 우선권주장불인정예고통지를 하고 의견서를 제출할 수 있는 기회를 주어야 한다. 우선권주장불인정예고통지에 따라 제출된 의견에도 불구하고 우선권주장을 인정할 수 없는 경우에는 우선권주장불인정통지를 하여야 한다. 앞서 본 바와 같이 우선권증명서류가 출원일(국제디자인등록출원의 경우에는 국제공개일)로부터 3개월 이내에 제출되지 않은 경우에는 우선권주장은 효력이 없으므로, 우선권주장 불인정의 절차를 밟을 필요가 없고, 해당 출원에 대하여 출원공개 또는 등록공고를 할 때에, 우선권주장을 하

---

28) 특허청(주 19), 190.
29) 특허청(주 19), 190.

였으나 우선권주장증명서류를 제출하지 않았다는 사실을 적는다.[30]

우선권주장이 인정되지 않은 디자인등록출원은 대한민국에 출원된 날에 출원된 것으로 보아 심사절차가 진행된다.

〈최종선〉

---

30) 특허청(주 19), 190.

〈소 목 차〉

Ⅰ. 취지와 연혁

1. 취　　지

　출원공개제도는 디자인등록출원인의 신청에 의하여 디자인등록출원을 디자인공보에 게재하여 일반에 공개하는 제도로, 유행성이 강한 디자인을 조기에 보호하고, 심사의 정확성과 신속성을 도모하기 위하여 1995. 12. 29. 법률 제5082호로 개정된 의장법에서 보상금청구권제도, 정보제공제도, 우선심사제도와 함께 제23조의2, 제23조의3에 도입되었다.

2. 연　　혁

　(1) 도입 당시에는 공개의 예외로 ① 공공의 질서 또는 선량한 풍속을 문란하게 할 염려가 있다고 인정되는 경우와 ② 국방상 비밀로 취급하여야 하는 경우를 두었으나, 2013. 5. 28. 법률 제11848호로 개정된 디자인보호법에서는 디자인이 주는 의미나 내용 등이 일반인의 통상적인 도덕관념이나 선량한 풍속에

어긋나거나 공공질서를 해칠 우려가 있는 디자인의 경우만 공개하지 않을 수 있도록 하였다.

(2) 2004. 12. 31. 법률 제7289호로 개정된 의장법은 복수디자인등록출원에 대한 출원공개 신청은 출원된 디자인 전부에 대하여 신청하는 경우에 한하는 것으로 정하였으나, 2013. 5. 28. 법률 제11848호로 개정된 디자인보호법에서는 복수디자인등록출원에 대한 공개는 출원된 디자인의 전부 또는 일부에 대하여 신청할 수 있는 것으로 변경하면서 조문을 제52조로 이동하였다.

II. 해   설

1. 출원공개의 요건

(1) 디자인등록출원의 공개를 신청할 수 있는 자는 디자인등록출원인이다. 공동출원의 경우 공유자 전원이 청구하여야 한다(제13조 제1항 제4호).

(2) 출원공개의 대상이 되는 출원은 특허청에 계속 중인 디자인등록출원으로 디자인심사등록출원과 디자인일부심사등록출원(구 디자인무심사등록출원)을 구분하지 않는다.

(3) 출원공개의 신청은 그 디자인등록출원에 대한 최초의 디자인등록여부결정의 등본이 송달된 후에는 할 수 없다. 디자인등록결정의 등본이 송달된 후에는 출원인의 의사에 따라 바로 디자인권의 설정등록이 가능하고, 디자인권의 설정등록이 이루어지면 디자인등록공보에 게재되기 때문에 별도로 공개할 실익이 없기 때문이다. 또한 디자인등록거절결정의 등본이 송달된 후에는 거절결정이 확정되면 선출원의 지위가 인정되지 아니하므로 공개할 실익도 없다(제46조 제3항 본문).[1]

(4) 복수디자인등록출원에 대한 공개는 출원된 디자인의 전부 또는 일부에 대하여 신청할 수 있다.

---

[1] 디자인등록출원인 사이에 협의가 성립하지 아니하거나 협의를 할 수 없어서(제46조 제2항 후단) 해당 디자인등록출원 모두에 대하여 디자인등록거절결정이나 거절한다는 취지의 심결이 확정된 경우에는 해당 디자인등록출원은 선출원의 지위를 유지하게 되는바(제46조 제3항 단서), 디자인보호법 제56조가 이 경우 선행디자인의 조사를 용이하게 하고, 중복개발·중복투자를 방지하기 위해 그 출원에 관한 사항을 디자인공보에 게재하도록 정한 것과 대비된다.

2. 출원공개의 방법

출원공개는 제212조에 따른 디자인공보에 게재하는 방식으로 행해지고, 공개디자인공보에는 ① 디자인등록출원인의 성명과 주소(법인인 경우에는 그 명칭과 영업소의 소재지), ② 디자인의 대상이 되는 물품 및 물품류, ③ 디자인심사등록출원 또는 디자인일부심사등록출원이라는 사실, ④ 창작자의 성명과 주소, ⑤ 디자인등록출원번호 및 디자인등록출원일, ⑥ 출원공개번호 및 공개연월일, ⑦ 도면 또는 사진(견본의 사진을 포함한다), ⑧ 창작내용의 요점, ⑨ 디자인의 설명, ⑩ 다음 각 목의 구분에 따른 사항[부분디자인인 경우: 부분디자인의 디자인등록출원이라는 사실, 디자인보호법 제35조에 따른 관련디자인등록출원인 경우: 기본디자인의 표시, 디자인보호법 제41조에 따른 복수디자인등록출원인 경우: 디자인의 일련번호, 디자인보호법 제51조 제1항에 따른 디자인등록출원인 경우: 우선권주장의 기초가 된 출원일(디자인보호법 제51조 제4항에 따른 우선권 증명서류가 제출되기 전에 공개하는 경우에는 그 내용을 함께 적어야 한다), 디자인보호법 제56조에 따라 게재하는 경우: 동일하거나 유사한 디자인에 대하여 같은 날에 디자인등록출원을 한 둘 이상의 디자인등록출원인 간에 협의가 성립하지 아니하거나 협의를 할 수 없어 해당 디자인등록출원에 대하여 모두 거절결정을 하였거나 거절한다는 취지의 심결이 확정된 사실], ⑪ 그 밖에 특허청장이 게재할 필요가 있다고 인정하는 디자인등록출원공개에 관련된 사항을 게재한다(디자인보호법 시행령 제10조 제3항).

3. 출원공개의 예외

디자인등록출원된 디자인이 제34조 제2호에 해당하는 경우, 즉 디자인이 주는 의미나 내용 등이 일반인의 통상적인 도덕관념이나 선량한 풍속에 어긋나거나 공공질서를 해칠 우려가 있는 디자인의 경우에는 출원공개를 하지 아니할 수 있도록 규정하였다.

〈이다우〉

제53조(출원공개의 효과)

① 디자인등록출원인은 제52조에 따른 출원공개가 있은 후 그 디자인등록출원된 디자인 또는 이와 유사한 디자인을 업으로서 실시한 자에게 디자인등록출원된 디자인임을 서면으로 경고할 수 있다.

② 디자인등록출원인은 제1항에 따라 경고를 받거나 제52조에 따라 출원공개된 디자인임을 알고 그 디자인등록출원된 디자인 또는 이와 유사한 디자인을 업으로서 실시한 자에게 그 경고를 받거나 제52조에 따라 출원공개된 디자인임을 안 때부터 디자인권의 설정등록 시까지의 기간 동안 그 등록디자인 또는 이와 유사한 디자인의 실시에 대하여 통상적으로 받을 수 있는 금액에 상당하는 보상금의 지급을 청구할 수 있다.

③ 제2항에 따른 청구권은 그 디자인등록출원된 디자인에 대한 디자인권이 설정등록된 후가 아니면 행사할 수 없다.

④ 제2항에 따른 청구권의 행사는 디자인권의 행사에 영향을 미치지 아니한다.

⑤ 제2항에 따른 청구권을 행사하는 경우에는 제114조, 제118조 또는 「민법」 제760조·제766조를 준용한다. 이 경우 「민법」 제766조 제1항 중 "피해자나 그 법정대리인이 그 손해 및 가해자를 안 날"은 "해당 디자인권의 설정등록일"로 본다.

⑥ 디자인등록출원이 제52조에 따라 출원공개된 후 다음 각 호의 어느 하나에 해당하는 경우에는 제2항에 따른 청구권은 처음부터 발생하지 아니한 것으로 본다.

1. 디자인등록출원이 포기·무효 또는 취하된 경우
2. 디자인등록출원에 대하여 제62조에 따른 디자인등록거절결정이 확정된 경우
3. 제73조 제3항에 따른 디자인등록취소결정이 확정된 경우
4. 제121조에 따른 디자인등록을 무효로 한다는 심결(제121조 제1항 제4호에 따른 경우는 제외한다)이 확정된 경우

<소 목 차>

I. 취지와 연혁

1. 취　　지

본조는 디자인보호법 제52조에 의하여 디자인등록출원이 일반에 공개되면, 제3자가 이를 실시함으로써 디자인등록출원인의 이익을 해할 수 있으므로, 이러한 디자인등록출원인의 손실을 보전하기 위하여 보상금청구권을 인정한 것이다.[1)

2. 연　　혁

디자인보호법상 출원공개에 따른 보상금청구권제도는 1995. 12. 29. 의장법이 법률 제5082호로 개정될 당시 의장출원공개제도와 함께 제23조의3에 도입된 것이다.

2001. 2. 3. 법률 제6413호로 개정된 의장법은 출원공개 후 의장등록출원이 포기·무효 또는 취하된 때, 의장등록출원의 의장등록거절결정이 확정된 때, 제29조의5 제3항의 규정에 의한 의장등록취소결정이 확정된 때 또는 제68조의 규정에 의한 의장등록을 무효로 한다는 심결(동조 제1항 제4호의 규정에 의한 경우를 제외한다)이 확정된 때에는 보상금청구권은 처음부터 발생하지 아니한 것으로 본다는 내용의 제23조의3 제6항을 신설하였다.

2013. 5. 25. 법률 제11848호로 개정된 디자인보호법(시행 2014. 7. 1.)은 조문의 위치를 제53조로 옮겼을 뿐 내용은 동일하다.

II. 해　　설

1. 보상금청구권의 성질

디자인권은 설정등록에 의하여 비로소 창설되는 권리이므로, 출원공개 후 설정등록 이전까지는 디자인등록을 받을 권리를 가진 자(출원인)는 이를 실시하는 제3자에 대하여 배타적인 권리를 주장할 수는 없다. 그러나 디자인권의 설정

---

1) 기술정보의 조기공개에 의한 중복투자의 회피, 심사청구건수의 억제, 심사적정화 등 산업정책적 고려에 의하여 인정된 특허법상의 출원공개 및 보상금청구권 제도와는 취지상 상당한 차이가 있다. 일본국 의장법은 출원공개 및 보상금청구권 제도를 두고 있지 않다.

등록 이전에 디자인을 공개하지 않는다면 제3자에 의한 디자인의 실시가능성이 훨씬 적을 것임에도 이를 공개함으로써 출원인으로서는 디자인권 설정등록 후 권리의 행사로 얻을 수 있는 이익이 줄어드는 손실[2]을 입게 될 가능성이 커지게 된다. 따라서 보상금청구권은 디자인등록출원이 조기에 공개됨으로써 디자인등록을 받을 권리를 가진 자가 입게 될 피해를 구제해 주기 위해 디자인보호법이 인정하는 특별한 권리라고 할 수 있다.

2. 보상금청구권의 발생요건

(1) 보상금청구권이 발생하기 위하여는, ① 디자인등록출원이 공개되어야 하고, ② 제3자가 디자인등록출원된 디자인 또는 이와 유사한 디자인을 업으로 실시하여야 하며, ③ 제3자에게 그가 실시하는 디자인이 디자인등록출원된 디자인임을 서면으로 경고하거나 제3자가 출원공개된 디자인임을 알고 있어야 하고, ④ 디자인등록출원에 대하여 디자인권의 설정등록이 되어야 한다.

(2) 디자인을 실시하는 제3자에게 경고하는 서면에 어느 정도로 디자인등록출원의 내용이 포함되어야 하는가라는 문제가 있다. 제3자로서는 서면경고에 출원중인 디자인과 실시디자인이 동일한 것임을 판단할 수 있을 정도의 내용이 포함되어야 자신의 행위에 대한 책임을 예견할 수 있을 것이고, 서면에 의한 경고를 요구하는 것은 디자인등록공보와는 달리 출원공개된 디자인은 그 수가 많고, 심사를 거치지 않는 것이어서 장차 디자인등록이 부여될 것인지 불확실하며, 향후 심사과정에서 디자인의 내용 또한 변경될 여지가 많아, 디자인등록출원이 공개된 것(공개디자인공보의 발행)만으로는 제3자가 모든 공개디자인공보를 읽어 볼 것을 기대할 수 없기 때문이므로, 단지 출원번호, 출원공개번호와 디자인의 명칭만을 기재한 경우에는 서면에 의한 경고가 있었다고 볼 수 없을 것이다.

출원공개 후에 보정에 의해 디자인등록출원이 변경된 때에 다시 경고할 필요가 있는지에 관하여, 보호범위에 변경이 가해진 경우에는 재경고가 필요할 것으로 보인다.

위와 같은 경고가 없는 경우에도 제3자의 악의를 증명하면 보상금청구권을

---

2) 디자인권 설정등록 이전에 제3자가 자유롭게 디자인을 실시한다면 결국 디자인권 설정등록 이후 형성될 시장을 잠식하게 될 것이고 이는 출원인이 얻을 수 있는 이익이 줄어드는 결과로 될 것이다.

행사할 수 있을 것이지만, 출원공개만으로는 실시자의 악의가 추정되지 않으므로 제3자의 악의를 증명하는 것은 사실상 어려울 것이다.

출원공개에 관한 디자인을 실시한 자라도 선사용권자(디자인보호법 제100조)나 직무발명자(발명진흥법 제10조)와 같이 무상의 통상실시권을 가지는 자에게는 보상금청구권을 행사할 수 없다.

디자인등록출원과 관계없이 스스로 디자인하고 디자인등록출원 후 그 출원공개 전에 이를 실시하는 자에 대하여도 경고를 하면 보상금청구권을 행사할 수 있다고 봄이 타당하다.

3. 보상금청구권의 행사

보상금청구권은 해당 디자인등록출원에 관한 디자인권의 설정등록이 있은 후가 아니면 행사할 수 없다. 다만 디자인권의 설정등록 전에도 보상금청구권에 기하여 장래의 급부의 소, 가압류, 증거보전 등은 각 필요 요건을 충족하는 경우 허용될 수 있다고 생각되나, 현재의 유효한 권리를 전제로 하는 금지청구권은 인정될 수 없다.

출원공개 후 디자인등록출원이 포기·무효 또는 취하된 때, 디자인등록출원에 대하여 디자인등록거절결정이 확정된 때, 디자인등록취소결정이 확정된 때 및 디자인등록을 무효로 한다는 심결(제121조 제1항 제4호의 규정에 따른 경우는 제외한다)이 확정된 때에는 위 보상금청구권은 처음부터 발생하지 아니한 것으로 본다.

디자인보호법 제114조(침해로 보는 행위), 제118조(서류의 제출) 및 민법 제760조(공동불법행위자의 책임), 제766조(손해배상청구권의 소멸시효)의 규정은 본조의 보상금청구권을 행사하는 경우에 준용되며, 민법 제766조 제1항 중 "피해자나 그 법정대리인이 그 손해 및 가해자를 안 날"은 "해당 디자인권의 설정등록일"로 본다.

본조는 보상금의 수액으로, '경고를 받거나 출원공개된 디자인임을 안 때부터 디자인권의 설정등록 시까지의 기간 동안 그 등록디자인 또는 이와 유사한 디자인의 실시에 대하여 통상적으로 받을 수 있는 금액'으로 정하고 있는데, 이는 실시료 상당액이 될 것이다.

4. 보상금청구권과 디자인권과의 관계

가. 문 제 점

본조 제4항은 보상금청구권의 행사는 디자인권의 행사에 영향을 미치지 아니한다고 규정하고 있다. 보상금청구권은 경고를 받거나 출원공개된 디자인임을 안 때부터 설정등록 시까지의 기간 사이에 행해진 디자인의 실시에 대한 것이고, 디자인권은 설정등록 이후의 침해행위에 대하여 행사할 수 있는 것이므로, 양자는 대상이 되는 실시행위의 시간적 범위를 달리하는 것이어서 당연한 법리라고 볼 수도 있다. 그런데 위와 같은 본조 제4항의 규정이, 디자인등록 이전의 생산 또는 판매 행위에 대하여 보상금청구권을 행사하였음에도, 디자인등록 후에 생산 또는 판매된 물건의 '사용행위'에 대하여 다시 디자인권을 행사하는 것이 가능한지에 대하여 견해의 대립이 있을 수 있다.

이와 관련하여 같은 제도를 둔 특허법에서는 아래와 같은 견해의 대립이 있다.

나. 긍 정 설

보상금청구권으로는 출원공개의 시로부터 디자인권 설정등록의 사이의 특정의 기간에 있어서 경과적인 보호규정이므로 설령 보상금의 지불을 받은 때에도, 디자인등록 후의 권리행사에 대하여 일체 영향을 주는 것이 아니고, 이들의 권리의 행사에 대하여 어떠한 지장을 초래하는 것이 아니며, 본조 제4항은 이러한 취지를 명확하게 하는 것이라고 하는 견해이다.[3] 긍정설에 의하면, 디자인등록출원에 관계된 물건의 제조에 대하여 실시자가 보상금을 지불한 후에도, 이 물건을 사용하고 있는 자에 대하여, 디자인등록 후에 금지, 손해배상을 청구할 수 있는 것으로 된다. 이와 같은 사태를 피하기 위하여 실시자는, 경고를 받은 때 또는 보상금을 지불할 때 등록 후에 더 이상 권리를 행사하지 않도록 특약을 하는 것이 필요하다.

한편, 디자인등록 후의 침해행위에 대하여 권리행사를 허용하는 것이 이중의 이익을 얻을 수 있다는 것을 의미하는 것은 아니므로, 권리자는 침해행위가 없었을 경우 얻을 수 있었던 최대의 손해액에서 이미 보상금청구권 행사를 통하여 보상받은 금액을 공제한 나머지에 금액에 대해서만 손해배상청구를 할 수

---

3) 송영식 등, 지적소유권법(상), 육법사(2008), 707.

있다.

다. 부 정 설

일본에서는, "이 규정은 보상금청구권을 행사해도 디자인등록 후 상대방의 실시(당해 제품이 아니다)를 시인하는 것이 아니라 소위 다짐을 하기 위해 규정한 것이라 이해하는 편이 옳다고 생각되고, 보상금은 실시료 상당액이기 때문에 디자인권자의 손실이 보전되는 것으로 생각할 수 있다. 따라서 보상금 지불에 의해 제조업자의 공개기간 중 제조·판매는 정당화되고, 나아가 사용자에 의한 당해 제품의 사용행위도 정당화된다고 보는 편이 거래의 안전에 적합하다"라고 하거나,[4] "이러한 경우 이중으로 권리행사를 허용하는 것은 디자인보호의 법이념에 근거하지 않는 것이고, '보상금'이라고 호칭하지만 그 실질은 특허실시료 상당액인 이상 이러한 경우에까지 권리행사를 허용하는 것은 오히려 보상금지불자의 부담으로 디자인권자가 이중으로 이득을 얻는 것을 의미하게 된다"고 하는 견해[5]가 있다.

라. 사   견

디자인등록이 이루어진 후 침해행위로 제조된 물건은 생산행위 뿐만 아니라 그 이후의 유통과 사용 모두가 독립하여 침해행위를 구성하고, 전단계의 행위에 대하여 손해배상청구권을 행사하였다고 하여 이와 독립된 후발적 침해행위가 적법하게 되지는 않는다.[6] 같은 취지에서 디자인등록 이전의 행위에 대하여 보상금청구권을 행사한 경우라도, 디자인등록 후의 동일한 침해물에 대한 별개의 침해행위에 대하여 디자인권을 행사할 수 있다고 보는 긍정설에 찬성한다.

다만, 디자인등록 후의 침해행위에 대하여 권리행사를 허용하는 것이 이중의 이익을 얻을 수 있다는 것을 의미하는 것은 아니므로, 권리자는 침해행위가 없었을 경우 얻을 수 있었던 최대의 손해액(디자인보호법 제64조 제1항 상당액)에서 이미 보상금청구권 행사를 통하여 보상받은 금액을 공제한 나머지에 금액에 대해서만 손해배상청구를 할 수 있다고 보아야 할 것이다.[7]

〈이다우〉

4) 竹田和彦 저 김관식 외 4인 역, 特許의 知識(제6판), 도서출판 명현(2002), 309.
5) 松本重敏, 特許發明の保護範圍(新版), 有斐閣(2000), 94.
6) 박성수, 특허침해로 인한 손해배상액의 산정, 경인문화사(2007), 359.
7) 정상조·박성수 공편, 특허법 주해 I, 박영사(2010), 829(강경태 집필부분).

> **제54조(디자인등록을 받을 수 있는 권리의 이전 등)**
> ① 디자인등록을 받을 수 있는 권리는 이전할 수 있다. 다만, 기본디자인등록을 받을 수 있는 권리와 관련디자인등록을 받을 수 있는 권리는 함께 이전하여야 한다.
> ② 디자인등록을 받을 수 있는 권리는 질권의 목적으로 할 수 없다.
> ③ 디자인등록을 받을 수 있는 권리가 공유인 경우에는 각 공유자는 다른 공유자 모두의 동의를 받지 아니하면 그 지분을 양도할 수 없다.

<소 목 차>

I. 의   의

본조는 디자인등록을 받을 수 있는 권리의 이전, 질권설정 및 그 지분의 양도에 관하여 규정하고 있다.

디자인등록을 받을 수 있는 권리의 법적 성격에 대하여 국가에 대하여 디자인권의 부여를 청구할 수 있는 공법상의 권리라고 하는 공권설,[1] 디자인의 창작과 동시에 창작자가 원시적으로 취득하는 재산권이라고 보는 사권설, 출원권으로서의 공권적 성격과 함께 실시, 수익, 양도 가능한 재산권으로서의 성격을 병존하여 가지고 있다고 보는 중간설(양성설)[2]로 나눌 수 있다.

어느 설도 양도가능한 재산권으로서의 성격을 부인하고 있지 않으므로 구별의 실익이 크다고는 볼 수 없다.[3]

---

[1] 권리의 이전가능성을 인정한 것은 디자인보호법이 특별히 이를 규정하고 있기 때문이라고 본다.
[2] 노태정 · 김병진 공저, 디자인보호법(3정판), 세창출판사(2009), 140.
[3] 정상조 · 박성수 공편, 특허법 주해 I, 박영사(2010), 501(김운호 집필부분).

Ⅱ. 해　설

1. 디자인등록을 받을 수 있는 권리의 이전

디자인등록을 받을 수 있는 권리는 재산권으로서 사권적 측면을 가지므로 디자인등록출원 전은 물론 디자인등록출원 후에 있어서도 이전이 가능하다. 다만, 기본디자인등록을 받을 수 있는 권리와 관련디자인등록을 받을 수 있는 권리는 함께 이전하도록 되어 있다.

2. 질권설정의 제한

디자인보호법은 디자인등록을 받을 권리의 양도성은 인정하면서도 질권의 목적으로는 할 수 없다고 규정한다.

위 규정의 취지에 관하여 디자인등록을 받을 권리는 확정적인 것이 아니고 이와 같은 권리를 질권의 목적으로 하는 것은 제3자에게 불측의 손해를 안길 염려가 있고(제3자 보호설), 디자인등록을 받을 권리는 불확정한 것이므로 창작자의 디자인이 저렴한 가격에 자본가에게 탈취될 우려가 있으며(창작자보호설), 질권의 실행 시에 경매에 의하여 권리가 공개되어 권리자체가 훼손되고(권리성질설), 디자인등록을 받을 권리에 대해서는 공시방법이 없는(공시방법결여설) 등의 문제가 있기 때문이라고 설명하고 있다.[4]

3. 공유인 경우 지분권의 양도

디자인보호법상 디자인등록을 받을 수 있는 권리의 공유는 민법상의 공유와 달리 타공유자의 동의 없이 각자의 지분을 임의로 처분할 수 없다. 창작자 상호간 또는 그 승계인 상호간은 민법상의 재산권에 대한 공유관계 보다 신임관계가 두텁고, 다른 공유자와 경업관계에 있는 제3자에게 지분이 양도되는 경우 다른 공유자는 손해를 입게 될 우려가 있을 뿐 아니라, 투하자본과 적용 기술의 숙련도에 따라 발명의 실시 결과가 크게 다르게 나올 수 있어서 공유자가 누구인가에 따라 지분의 가치가 변할 수 있으므로, 다른 공유자의 동의를 요하도록 한 것이다.

4) 노태정·김병진 공저(주 2), 144.

4. 강제집행

디자인등록를 받을 수 있는 권리에 대하여 강제집행을 긍정하는 견해[5]와 부정하는 견해[6]가 나누어질 수 있다.[7]

긍정설은 이에 대한 강제집행을 금지하는 법 규정이 없고, 양도가능한 재산이라는 점을 근거로 하고 있는 반면, 부정설은 디자인등록를 받을 수 있는 권리의 압류에 대한 공시방법이 없고, 강제집행과정 중 그 내용이 공개될 우려가 있으며 미공표의 발명에 대한 물건의 압류를 금지하는 민사집행법 제195조의 제12호[8] 규정 취지에 비추어 강제집행이 불가능하다는 입장이다.

디자인등록을 받을 수 있는 권리는 물건이 아니므로 민사집행법 제195조 제12호가 디자인등록을 받을 수 있는 권리에 대하여 적용되는 것은 아니고, 디자인등록을 받을 수 있는 권리는 인격적 요소 보다는 재산적 요소가 강하므로 민사집행법상 그 밖의 재산권에 대한 집행[9]의 규정에 따라 집행가능하다고 봄이 타당하다. 이 경우 디자인등록출원 전에는 디자인이 공개되어 버리는 불상사를 피하기 위하여 민사집행법 제241조에서 정하는 양도명령 등의 특별한 현금화방법을 이용하여 그 집행을 하여야 할 것이다.[10]

5. 공유물분할청구의 가부

디자인등록을 받을 수 있는 권리에 관하여 공유물분할청구가 가능한지 여부에 대하여 견해가 나누어질 수 있다.

이와 관련해서는 대법원 2014. 8. 20. 선고 2013다41578 판결은 "특허권의 공유자 상호간에 이해관계가 대립되는 경우 등에 그 공유관계를 해소하기 위한 수단으로서 각 공유자에게 민법상의 공유물분할청구권을 인정하더라도 공유자 이외의 제3자에 의하여 다른 공유자 지분의 경제적 가치에 위와 같은 변동이 발생한다고 보기 어려워서 위 특허법 제99조 제2항 및 제4항에 반하지 아니하

5) 법원실무제요 민사집행(Ⅲ), 동산·채권 등 집행, 법원행정처(2014), 454; 강기중, "무권리자의 특허출원(모인출원)과 정당한 권리자의 보호", 법조 통권 572호, 법조협회(2004), 13.
6) 윤선희, 특허법(제5판), 법문사(2012), 253.
7) 정상조·박성수 공편(주 3), 502.
8) '공표되지 아니한 저작 또는 발명에 관한 물건'을 압류 금지 물건으로 규정하고 있다.
9) 민사집행법 제251조.
10) 강기중(주 5), 13.

고, 달리 분할청구를 금지하는 특허법 규정도 없으므로, 특허권의 공유관계에
민법상 공유물분할청구에 관한 규정이 적용될 수 있다. 다만 특허권은 발명실시
에 대한 독점권으로서 그 대상은 형체가 없을 뿐만 아니라 각 공유자에게 특허
권을 부여하는 방식의 현물분할을 인정하면 하나의 특허권이 사실상 내용이 동
일한 복수의 특허권으로 증가하는 부당한 결과를 초래하게 되므로, 특허권의 성
질상 그러한 현물분할은 허용되지 아니하고, 경매에 의한 대금분할이 타당하다.
위와 같은 법리는 디자인권의 경우에도 마찬가지로 적용된다"고 판시하였다.

디자인등록을 받을 수 있는 권리에 대해서도 같은 이유에서 경매에 의한
대금분할이 가능하다고 보는 것이 타당하다.

〈이다우〉

> **제55조(정보 제공)**
> 누구든지 디자인등록출원된 디자인이 제62조 제1항 각 호의 어느 하나에 해당되어 디자인등록될 수 없다는 취지의 정보를 증거와 함께 특허청장 또는 특허심판원장에게 제공할 수 있다.

Ⅰ. 취지와 연혁

본조의 정보제공제도는 디자인등록출원된 디자인에 대하여 누구든지 등록되어서는 안 된다는 정보를 제공하게 함으로써 심사의 정확성, 신속성을 도모하기 위한 것이다.

디자인보호법상 정보제공제도는 1995. 12. 29. 의장법이 법률 제5082호로 개정될 당시 출원공개제도와 함께 도입된 것으로, 당초에는 출원공개된 디자인에 한해서만 의장법 제5조(의장등록의 요건), 제6조(의장등록을 받을 수 없는 의장), 16조(선원)의 규정에 의한 등록요건에 맞지 않는다는 취지의 정보제공을 할 수 있도록 규정되었던 것인데, 2001. 2. 3. 의장법이 법률 제6413호로 개정될 때 출원공개 여부에 관계없이 모든 디자인등록출원에 대해 정보공개를 할 수 있도록 하고, 정보제공사유도 거절이유 전체로 확대되었다.

Ⅱ. 해   설

1. 정보제공을 할 수 있는 자

정보제공을 할 수 있는 자에는 제한이 없다. 이는 심사의 적절을 기하기 위한 것이므로 정보제공자의 자격에 제한을 가할 이유가 없기 때문이다. 따라서 법인격 없는 단체가 제출한 정보제공서류나 정보제공자의 성명 등이 기재되지 않은 정보제공서류이거나 잘못 기재된 정보제공서류라 하더라도 반려나 무효처분 등의 조치 없이 심사에 참고할 수 있다.[1]

2. 정보제공 대상 출원

정보제공은 특허청에 계속 중인 출원에 한해서 할 수 있다. 따라서 출원이 무효, 취하, 포기 또는 디자인등록거절결정이 확정된 경우에는 정보제공을 할 실익이 없다.

3. 제공할 수 있는 정보

제공할 수 있는 정보는 디자인등록출원된 디자인이 디자인보호법 제62조 제1항 각호에 해당한다는 내용으로 제한이 없고, 이를 뒷받침하는 증거를 함께 제출할 수 있다. 이러한 증거는 간행물이나 그 사본 등 통상 디자인등록무효심판절차에서 제출될 수 있는 증거들이 모두 포함된다.

4. 제공된 정보의 채택 여부

제공된 정보를 채택할지 여부는 심사관이 자유롭게 판단할 수 있고, 이를 채택할 의무나 그 채부 여부를 정보제공자에게 통지할 의무는 없다.[2]

5. 정보제공자에 대한 통지

실무상 심사관은 정보제공이 있는 출원이 디자인등록거절결정, 디자인등록결정 또는 기타의 사유로 심사가 종결되는 때에는 그 결과 및 제출정보의 활용 여부를 정보제공자에게 통지한다. 이에 더 나아가 정보제공자의 법적인 지위를 보장하기 위하여, 제공된 정보의 채택 유무에 대한 통지를 받을 권리, 제공된 정보가 채택되지 않을 경우에 의견서를 제출할 수 있는 권리, 정보제공자에게 당해 출원인의 보정서 및 의견서 송부 등을 고려하여야 한다는 주장도 있다.[3]

〈이다우〉

---

1) 정상조·박성수 공편, 특허법 주해Ⅰ, 박영사(2010), 815(강경태 집필부분).
2) 특허청, 우리나라 특허법제에 대한 연혁적 고찰 ― 조문별 특허법해설, 특허청(2007. 4), 385.
3) 특허청(주 2), 385.

> **제56조(거절결정된 출원의 공보게재)**
> 특허청장은 제46조 제2항 후단에 따라 제62조에 따른 디자인등록거절결정이
> 나 거절한다는 취지의 심결이 확정된 경우에는 그 디자인등록출원에 관한 사
> 항을 디자인공보에 게재하여야 한다. 다만, 디자인등록출원된 디자인이 제34
> 조 제2호에 해당하는 경우에는 게재하지 아니할 수 있다.

동일하거나 유사한 디자인에 대하여 같은 날에 2 이상의 디자인등록출원이
있고, 디자인등록출원인 사이에 협의가 성립하지 아니하거나 협의를 할 수 없어
서(제46조 제2항 후단) 해당 디자인등록출원 모두에 대하여 디자인등록거절결정
이나 거절한다는 취지의 심결이 확정된 경우에도 해당 디자인등록출원은 선출
원의 지위를 유지하게 되는데(제46조 제3항 단서), 본조는 선행디자인의 조사를
용이하게 하고, 중복개발·중복투자를 방지하기 위해 그 출원에 관한 사항을 디
자인공보에 게재하도록 한 것이다.

2007. 1. 3. 법률 제8187호로 개정된 디자인보호법에 제23조의6으로 본조가
신설될 당시에는 공개하지 아니할 수 있는 예외로 ① 디자인이 주는 의미나 내
용 등이 일반인의 통상적인 도덕관념인 선량한 풍속에 어긋나거나 공공질서를
해칠 우려가 있는 경우, ② 국방상 비밀로 취급하여야 하는 경우를 규정하고 있
었으나, 2009. 6. 9. 법률 제9764호로 개정된 디자인보호법은 개정에는 공개하지
아니할 수 있는 예외를 디자인이 주는 의미나 내용 등이 일반인의 통상적인 도
덕관념인 선량한 풍속에 어긋나거나 공공질서를 해칠 우려가 있는 경우만으로
제한하였다.

2013. 5. 25. 법률 제11848호로 개정된 디자인보호법(시행 2014. 7. 1.)은 조
문의 위치를 제56조로 옮겼을 뿐 내용은 동일하다.

〈이다우〉

제57조(디자인등록을 받을 수 있는 권리의 승계)

① 디자인등록출원 전에 디자인등록을 받을 수 있는 권리의 승계에 대하여는 그 승계인이 디자인등록출원을 하지 아니하면 제3자에게 대항할 수 없다.

② 같은 자로부터 디자인등록을 받을 수 있는 권리를 승계한 자가 2 이상인 경우로서 같은 날에 2 이상의 디자인등록출원이 있을 때에는 디자인등록출원인이 협의하여 정한 자에게만 승계의 효력이 발생한다.

③ 디자인등록출원 후에는 디자인등록을 받을 수 있는 권리의 승계는 상속이나 그 밖의 일반승계의 경우를 제외하고는 디자인등록출원인 변경신고를 하지 아니하면 그 효력이 발생하지 아니한다.

④ 디자인등록을 받을 수 있는 권리의 상속이나 그 밖의 일반승계가 있는 경우에는 승계인은 지체 없이 그 취지를 특허청장에게 신고하여야 한다.

⑤ 같은 자로부터 디자인등록을 받을 수 있는 권리를 승계한 자가 2 이상인 경우로서 같은 날에 2 이상의 디자인등록출원인 변경신고가 있을 때에는 신고를 한 자 간에 협의하여 정한 자에게만 신고의 효력이 발생한다.

⑥ 제2항 및 제5항의 경우에는 제46조 제5항을 준용한다.

<소 목 차>

I. 취지와 연혁

등록을 효력발생요건으로 하는 디자인권의 이전[1]과 달리 디자인등록을 받을 수 있는 권리에 대하여는 출원 전과 후를 나누어 그 승계에 대하여 규정하고 있다. 종래 특허법을 준용하도록 규정하였으나 2009. 6. 9. 개정된 법률 제9764호에서는 제24조에 별도로 규정하였다.

2013. 5. 25. 법률 제11848호로 개정된 디자인보호법(시행 2014. 7. 1.)은 조문의 위치를 제57조로 옮겼고, 내용은 실질적으로 동일하다.

---

1) 디자인보호법 제96조.

Ⅱ. 디자인등록출원 전의 권리 승계

1. 특정승계의 경우

디자인등록출원 전의 디자인등록을 받을 수 있는 권리에 대하여는 아무런 공시방법이 없으므로 디자인등록을 받을 수 있는 권리는 당사자 사이의 합의만에 의하여 이전할 수 있지만, 승계인이 특허청에 디자인등록출원을 하는 것을 제3자에 대한 대항요건으로 두고 있다(제1항).

같은 자로부터 디자인등록을 받을 수 있는 권리를 승계한 자가 2 이상인 경우로서 같은 날에 2 이상의 디자인등록출원이 있을 때에는 디자인등록출원인이 협의하여 정한 자에게만 승계의 효력이 발생하고(제2항), 이 경우 특허청장은 복수의 디자인등록출원인에게 기간을 정하여 협의의 결과를 신고할 것을 명하고 그 기간 내에 신고가 없으면 제2항에 따른 협의는 성립되지 아니한 것으로 본다(제6항, 제46조 제5항).

원·피고 사이의 계약 내용에 디자인등록에 관한 모든 권리가 원고에게 귀속된다는 내용이 포함된 경우, 디자인등록을 받을 권리는 그 디자인의 완성과 동시에 그 창작자인 피고 소속 연구원들로부터 피고를 거쳐 원고에게 순차 승계되어 디자인등록출원 당시 피고는 그 승계인의 지위를 상실한 상태이므로, 피고의 디자인등록출원에 의하여 이루어진 디자인등록은 '디자인 창작자가 아닌 사람으로서 디자인등록을 받을 수 있는 권리의 승계인'이 아닌 사람에 의한 것으로 무효이다.[2]

2. 일반승계의 경우

일반승계의 경우 해당 승계를 원인으로 디자인등록을 받을 수 있는 권리가 2인 이상에게 중첩되도록 승계되는 경우를 상정하기 어렵다. 다만, 상속 등을 원인으로 디자인등록을 받을 수 있는 권리가 공유로 되었다면, 디자인보호법 제39조에 따라 공동상속인 전원이 공동으로 출원하여야 할 것이다. 디자인등록출원이 있기 전이므로 제4항은 적용될 여지가 없어 보인다.

---

[2] 특허법원 2007. 3. 28. 선고 2006허6143 판결(상고); 대법원 2007. 8. 23. 선고 2007후1664 판결(심리불속행 기각).

Ⅲ. 디자인등록출원 후의 권리 승계

1. 특정승계의 경우

디자인등록출원 후에는 특허청에 디자인등록출원인 변경신고를 하여야 효력이 발생한다(제3항).

같은 자로부터 디자인등록을 받을 수 있는 권리를 승계한 자가 2 이상인 경우로서 같은 날에 2 이상의 디자인등록출원인 변경신고가 있을 때에는 신고를 한 자 간에 협의하여 정한 자에게만 신고의 효력이 발생하고(제5항), 이 경우 특허청장은 복수의 디자인등록출원인 변경신고인에게 기간을 정하여 협의의 결과를 신고할 것을 명하고 그 기간 내에 신고가 없으면 제2항에 따른 협의는 성립되지 아니한 것으로 본다(제6항, 제46조 제5항).

2. 일반승계의 경우

디자인등록을 받을 수 있는 권리의 상속이나 그 밖의 일반승계가 있는 경우에는 승계인은 지체 없이 그 취지를 특허청장에게 신고하여야 한다(제4항). 이를 해태한 경우에 별도의 벌칙규정은 두고 있지 않다.

일반승계의 경우 해당 승계를 원인으로 디자인등록을 받을 수 있는 권리가 2인 이상에게 중첩되도록 승계되는 경우를 상정하기 어렵다. 다만, 상속 등을 원인으로 디자인등록을 받을 수 있는 권리가 공유로 되었다면, 디자인보호법 제39조에 따라 공동상속인 전원이 공동으로 디자인등록출원인 변경신고를 하여야 할 것이다.

3. 디자인등록출원인 변경신고절차

디자인보호법 시행규칙 제51조 제1항은 디자인등록출원인 변경신고를 하려는 자는 「특허법 시행규칙」 별지 제20호서식의 권리관계 변경신고서에 디자인등록출원인 변경의 원인을 증명하는 서류, 제3자의 허가, 인가, 동의 또는 승낙이 필요한 경우에는 이를 받았음을 증명하는 서류 등을 첨부하여 그 디자인등록출원의 등록 전까지 특허청장에게 제출하도록 규정하였다.[3]

〈이다우〉

---

3) 디자인보호법 시행규칙 제51조 제1항 참고.

제 3 장
심   사

제58조(심사관에 의한 심사)
　① 특허청장은 심사관에게 디자인등록출원 및 디자인일부심사등록 이의신청
을 심사하게 한다.
　② 심사관의 자격에 관하여 필요한 사항은 대통령령으로 정한다.

<소 목 차>

Ⅰ. 의   의

　　디자인등록출원 및 디자인일부심사등록 이의신청에 대한 심사주의 원칙을
규정한 것이다. 이를 제도적으로 뒷받침하기 위해 디자인등록출원 및 디자인일
부등록 이의신청에 대한 심사가 적정하게 이루어질 수 있도록 일정한 자격을
가진 심사관에 의한 심사가 이루어지도록 하여 심사의 전문성 유지와 적실성을
도모하고 있다.

　　디자인보호법은 디자인등록출원에 대하여 법정요건의 구비 여부를 특허청
의 심사관에 의하여 심사한 후 권리부여의 결정을 하는 심사주의를 원칙으로
하되, 일부 물품의 디자인에 대하여는 형식적 또는 방식적 요건 외에 실체적 요
건의 일부사항만을 심사하여 디자인일부심사등록을 한 후 이의신청이 있으면
심사관합의체가 이를 심사하도록 하고 있다. 디자인일부심사등록은 유행성이
강하여 비교적 라이프사이클이 짧은 물품의 디자인에 대하여 조기보호를 도모
하기 위해 1998년 법개정 당시 '디자인무심사등록'이란 명칭으로 도입되었다.

Ⅱ. 심사(제1항)

1. 심사주의와 무심사주의

심사의 구체적인 방식과 관련해서는 디자인의 등록여부를 결정함에 있어 형식적인 요건만을 심사할 것인지 아니면 실체적 요건까지 심사를 하여 디자인권을 부여할 것인지에 대해 입법례가 대립되는데 형식적인 요건만을 심사하고 실체적 요건에 대해서는 디자인이 등록된 이후 그 디자인권에 대하여 다툼이 생겼을 경우에 법원에 의해 비로소 심리를 하게 하는 것을 '무심사주의'라고 하며, 실체적 요건까지도 심사를 하여 디자인권을 부여하는 것을 '심사주의'라고 한다.

심사주의 하에 있어서는 권리의 유효성에 대하여 특허청의 심사를 거치므로 디자인권의 신뢰성과 법적 안정성이 높고 부실권리를 예방할 수 있어 디자인권의 유·무효를 둘러싸고 벌이는 분쟁을 사전에 방지할 수 있다. 또한 권리의 존재가 안정되고 재산적 가치를 높게 평가받을 수 있다. 또 권리를 행사하는데도 주저할 필요가 없는 등의 장점이 있으나, 심사에 많은 인력과 시간, 비용이 소요되며, 심사판단기관인 특허청 심사관의 디자인에 대한 판단능력과 선행디자인 조사의 어려움 등과 출원급증으로 심사가 적체되므로 권리허여 결정이 지연되어 산업재산권제도의 목적인 산업발전에 역행할 수도 있다.

한편, 무심사주의에서는 출원의 형식적인 사항이나 구비서류가 갖추어져 있는지 여부만을 심사하여 권리를 부여하므로 심사절차에 많은 시간이 들지 않아 신속하게 권리가 부여될 수도 있고, 실체심사를 행하지 않으므로 심사적체의 우려도 없어 심사에 많은 인력과 경비가 투입되지 않아도 된다는 장점이 있다. 그러나 권리의 법적 안정성과 신뢰성, 권리의 유·무효를 둘러싸고 다툼이 잦아질 수 있는 단점이 있다. 즉 실체심사를 하지 않고 권리를 부여하기 때문에 부실권리가 많아질 우려가 있으며 또한 권리를 둘러싼 유·무효의 분쟁이 많이 발생하여 권리의 안정성·신뢰성을 기하기 어려워 산업의 발전을 저해하는 결과까지 초래할 수 있다.

위와 같이 양 제도는 장·단점이 동시에 존재하므로 어떤 제도가 좋다고 단정하기 어려운데, 우리나라는 처음부터 미국, 일본, 영국 등의 국가와 같이 심사주의를 채택하고 있어 디자인등록출원에 대해서는 형식적 요건과 실체적 요건 모두를 심사한다.

2. 방식심사와 실체심사

가. 방식심사

(1) 의　　의

방식심사라 함은 심사관이 행하는 실체심사에 앞서서 디자인등록출원절차가 디자인보호법령이 정한 방식에 적합한지 아닌지의 심사를 말한다. 방식심사에 관한 행정상의 권한은 특허청장에게 있다. 특허청장의 방식심사결과 처분에는 출원서류 등의 반려와 보정명령이 있으며 또한 보정명령에 대하여 지정기간을 해태한 경우에는 절차를 무효로 할 수 있다.

(2) 출원서류 등의 반려

(개) 출원서류 등의 반려란 디자인등록출원서 또는 사건의 계속 중에 행하여진 절차에 대하여 방식심사의 결과에 따라 이를 수리하지 않고 반려하는 행정처분을 말한다. 디자인등록출원서류 등에 대하여 반려할 수 있는 사항은 디자인보호법 시행규칙에 규정되어 있다.[1]

(내) 특허청장 또는 특허심판원장은 제1항에 따라 부적법한 것으로 보는 출원서류 등을 반려하려는 경우에는 출원서류 등을 제출한 출원인등에게 출원서류 등을 반려하겠다는 취지, 반려이유 및 소명기간을 적은 서면을 송부하여 소명기회를 주어야 하며,[2] 이 서류를 송부받은 출원인 등이 소명하고자 하는 경우에는 소명서를, 소명 없이 출원서류 등을 반려받고자 하는 경우에는 반려요청서를 제출하여야 한다. 특허청장 또는 특허심판원장은 반려요청을 받은 때에는 즉시 출원서류등을 반려하여야 한다.[3]

(대) 출원서류 등의 반려는 특허청장 또는 특허심판원장의 행정처분에 해당하므로 그 처분에 불복하고자 하는 자는 행정심판법의 규정에 따라 행정심판을 청구하거나 행정법원에 소를 제기할 수 있다.

(3) 보정명령 및 절차의 무효

방식심사 결과 수리하는 것이 타당하다고 인정되는 경우에는 이어서 디자인보호법 제47조에서 정하는 방식에 위반되는지 여부에 대하여 심사한다. 특허

---

1) 디자인보호법 시행규칙 제24조.
2) 디자인보호법 시행규칙 제24조 제2항.
3) 디자인보호법 시행규칙 제24조 제3항.

청장은 디자인등록에 관한 절차가 디자인보호법이 정한 방식을 위반한 경우와 행위능력 및 대리권의 범위에 관한 규정에 위반된 경우에는 기간을 정하여 보정을 명한다.4)

위 보정명령을 받은 자가 지정된 기간 내에 그 보정을 하지 아니하면 디자인에 관한 절차를 무효로 할 수 있다.5)

나. 실체심사

(1) 의   의

방식심사 결과 절차보정서의 제출 등에 의하여 방식이 완비되었다고 인정되는 디자인등록출원은 디자인물품의 분류가 된 다음 담당심사관에게 송부되어 실체심사가 진행된다. 실체심사란 디자인등록출원에 대하여 실질적인 등록요건에 적합한가를 검토하는 절차이며 실질적인 등록요건의 심사사항은 디자인보호법 제62조에서 규정하고 있다.

(2) 심사방식

디자인등록출원에 대한 심사는 서면에 의하여 행하여진다. 디자인등록출원 절차가 모두 서면주의에 의하는 것과 마찬가지로 디자인심사도 서면주의에 의하여 행하여지는 것이다. 그러나 서면주의라고 하여 심사관과 출원인과의 면담을 일절 인정하지 않는 것은 아니다. 서면주의 원칙을 침해하지 않으면서 이것을 보조하는 것으로 행하여지는 경우에는 적정한 심사에 도움이 되므로 실무에서는 엄격한 기준을 설정하여 출원인과의 면담을 인정하고 있다.6)

한편 디자인등록출원에 대한 심사는 직권에 의하여 거절이유를 탐지하고 절차를 진행한다.

(3) 실체심사사항

심사관은 디자인등록출원이나 디자인일부심사등록출원이 디자인보호법 제62조에서 규정하고 있는 거절이유에 해당하는 경우에는 디자인등록거절결정을 하여야 한다. 디자인일부심사등록 이의신청이 이유 있는 경우에는 디자인등록취소결정으로 그 등록디자인을 취소하여야 하고, 이의신청이 이유 없을 때에는 이의신청기각결정으로 그 이의신청을 기각하여야 한다.

---

4) 디자인보호법 제47조.
5) 디자인보호법 제18조.
6) 상표디자인심사사무취급규정 제101조.

Ⅲ. 심사관(제2항)

1. 심사관의 의의 및 자격

심사관은 특허청에서 특허·디자인·상표 등의 출원을 심사하는 지위에 있는 자로서 출원인이 출원한 해당디자인 및 출원방식에 대하여 각각의 법령의 규정에 의하여 등록 여부를 결정하기 위하여 그 내용을 심리·판단하는 행위를 하는 자를 말한다.

심사관은 방식심사와 실체심사를 행하고, 그 중 실체심사는 출원된 디자인에 대하여 권리허여여부, 등록이의신청, 갱신등록출원 등을 판단하는 것이므로 고도의 전문지식을 바탕으로 하여야 한다. 이러한 직무의 중요성을 감안하여 특허청장은 심사관으로 하여금 독립적으로 디자인출원을 심사하게 한 것이다.

심사관의 자격에 관하여 필요한 사항은 대통령령으로 정하도록 되어있는바 디자인보호법 시행령은 심사관을 ① 특허청 또는 그 소속기관의 5급 이상의 일반직 국가공무원 또는 고위공무원단에 속하는 일반직 공무원으로서 국제지식재산연수원에서 소정의 심사관 연수과정을 수료한 자와 ② 위 ①항에 따른 심사관 자격의 직급에 해당하는 공무원으로서 변리사 자격이 있는 자(심사관 연수과정을 필요로 하지 않는다)로 한정하고 있는바,[7] 이는 심사관의 직무의 중요성을 감안하여 자격을 법령으로 정한 것이다.

2. 심사관의 제척

가. 의   의

심사관이 심사하는 과정에서 외부의 간섭을 받는다면 심사의 공정을 기하기 어렵고 디자인권에 대한 불신을 초래할 염려가 있으므로 디자인보호법은 법관 또는 심판관에 준하여 심사관의 제척에 관한 준용규정[8]을 두고 있다.

나. 제척의 사유

심사관은 다음에 해당하는 경우에는 당해 출원에 대한 심사로부터 제척된다.

① 심사관 또는 그 배우자이거나 배우자였던 사람이 사건의 당사자, 참가인

---

7) 디자인보호법 시행령 제3조 제1항 및 제2항.
8) 디자인보호법 제76조 및 제78조.

또는 이의신청인인 경우

② 심사관이 사건의 당사자, 참가인 또는 이의신청인의 친족이거나 친족이었던 경우

③ 심사관이 사건의 당사자, 참가인 또는 이의신청인의 법정대리인이거나 법정대리인이었던 경우

④ 심사관이 사건에 대한 증인·감정인으로 된 경우 또는 감정인이었던 경우

⑤ 심사관이 사건의 당사자·참가인 또는 이의신청인의 대리인이거나 대리인이었던 경우

⑥ 심사관이 사건에 관하여 직접 이해관계를 가진 경우

다. 제척의 효과

제척원인이 있는 심사관은 당사자의 신청에 관계없이 당연히 직무로부터 제척된다. 당사자의 신청에 의해 제척사유가 인정되는 경우에는 그 당시부터가 아니라 심사관이 관여한 당초부터 직무의 집행이 위법한 것이 된다.

3. 심사관과 특허청장과의 관계

심사관은 특허청장의 명령에 의해 디자인등록출원 및 디자인일부심사등록 이의신청에 대해 심사하지만, 그 심사결과에 대해서는 특허청장의 간섭을 받지 않고 독립적으로 행한다. 이 점에서 심사관은 독립한 행정기관으로 작용한다.

〈김용덕〉

제59조(전문기관의 지정 등)
　① 특허청장은 디자인등록출원을 심사할 때에 필요하다고 인정하면 전문기관을 지정하여 선행디자인의 조사, 그 밖에 대통령령으로 정하는 업무를 의뢰할 수 있다.
　② 특허청장은 디자인등록출원의 심사에 필요하다고 인정하는 경우에는 관계 행정기관, 해당 디자인 분야의 전문기관 또는 디자인에 관한 지식과 경험이 풍부한 사람에게 협조를 요청하거나 의견을 들을 수 있다. 이 경우 특허청장은 예산의 범위에서 수당 또는 비용을 지급할 수 있다.
　③ 제1항에 따른 전문기관의 지정기준, 선행디자인의 조사 등의 의뢰에 필요한 사항은 대통령령으로 정한다.

Ⅰ. 서　　설

1. 의의 및 취지

가. 의　　의

전문기관에 대한 업무 의뢰란 디자인심사업무의 일부인 선행디자인의 조사 등 업무를 외부 전문기관에 위탁처리하는 제도를 말한다.

나. 취　　지

디자인심사를 함에 있어서 디자인등록출원의 심사를 촉진하고 심사의 질을 향상하기 위하여 전문기관에 선행디자인 조사를 의뢰하거나 디자인심사와 관련하여 관계 행정기관이나 지식과 경험이 풍부한 관계 전문가에게 협조를 요청하거나 의견을 들을 수 있도록 하는 내용의 규정이다.

2. 연　　혁

1963년 이래 특허법에서 심사에 관하여 학식과 경험이 풍부한 자 또는 관계인의 의견을 들을 수 있도록 하는 규정을 두고 있다가 1973년 개정법(1973. 2. 8. 법률 제2506호)에서 심사에 관하여 필요하다고 인정할 때에는 정부관계기관에 협조를 요청할 수 있고, 그 협조요청을 받은 기관의 장은 특별한 사유가 없는 한 심사 협조에 응하여야 한다는 내용의 근거규정을 마련하였으며, 1990년 개정법(1990. 1. 13. 법률 제4207호)에서 특허청장은 심사의 촉진을 위하여 전문기관에 선행기술에 대하여 자료조사를 의뢰할 수 있는 근거 규정을 신설하였다.

디자인보호법에서는 특허법의 위와 같은 규정을 준용하다가 2009년 개정법에서 독립한 조문으로 신설되었다.

Ⅱ. 선행디자인 등의 조사

1. 전문기관

가. 전문기관 지정 연혁

2003년부터 디자인전문기관을 지정하였고 2006년에는 경쟁체제를 도입하여 현재 한국특허정보원과 윕스가 지정되어 있다.

나. 전문기관 지정

디자인보호법 시행령에서는 전문기관 지정요건으로 ① 선행디자인 조사 등 업무에 필요한 장비를 보유할 것, ② 선행디자인 조사 등 업무를 수행할 수 있는 전담인력 및 조직을 확보할 것, ③ 선행디자인 조사 등 업무와 관련된 임직원 및 시설·장비에 대한 보안체계를 갖출 것 등을 지정요건으로 열거하고 있다.[1]

2. 전문기관에의 업무 의뢰

특허청장은 ① 선행디자인의 조사 업무, ② 디자인물품의 분류 업무, ③ 디자인심사자료의 정비·구축 업무 등에 관하여 전문기관에 조사 등을 의뢰할 수 있고,[2] 전문기관의 장은 특허청장으로부터 업무의 의뢰를 받은 경우에는 그 업무결과를 특허청장에게 신속히 통지하여야 한다.[3]

특허청장은 위와 같이 통지받은 업무 결과에 대하여 추가 조사 등이 필요하다고 판단되는 경우에는 조사범위 등을 정하여 그 전문기관의 장에게 다시

---

1) 디자인보호법 시행령 제4조 제1항.
2) 디자인보호법 시행령 제5조 제1항.
3) 디자인보호법 시행령 제5조 제2항.

업무를 의뢰할 수 있다.4)

Ⅲ. 협조요청 및 의견청취

특허청장은 디자인등록출원의 심사에 관하여 필요하다고 인정하는 경우에는 관계행정기관이나 디자인에 관한 지식과 경험이 풍부한 자 또는 관계인에게 협조를 요청하거나 의견을 들을 수 있다.

이를 위하여 특허청에서는 심사자문위원을 두고 있다. 심사자문위원은 업계, 연구기관, 학계 등의 분야별로 안배하여 위촉하고, 위원에 대한 의견문의 대상은 문의 당시 출원 및 기타 디자인 정책에 대한 관련사항 등으로서 ① 출원된 내용의 파악 및 디자인 분야의 정책결정을 위하여 전문지식이 필요한 경우, ② 출원된 디자인 및 디자인 정책과 관련하여 당해 분야에서의 실무 경험이 필요한 사항, ③ 기타 심사 및 디자인 정책에 대하여 특별히 의견문의가 필요한 경우로 한다.5)

〈김용덕〉

---

4) 디자인보호법 시행령 제5조 제3항.
5) 상표디자인심사사무취급규정 제102조 내지 제110조.

제60조(전문기관 지정의 취소 등)

① 특허청장은 제59조 제1항에 따른 전문기관이 제1호에 해당하는 경우에는 그 지정을 취소하여야 하며, 제2호에 해당하는 경우에는 그 지정을 취소하거나 6개월 이내의 기간을 정하여 업무의 전부 또는 일부의 정지를 명할 수 있다.

1. 거짓이나 그 밖의 부정한 방법으로 지정을 받은 경우
2. 제59조 제3항에 따른 지정기준에 맞지 아니하게 된 경우

② 특허청장은 제1항에 따라 지정을 취소하거나 업무정지를 명하려면 청문을 하여야 한다.

③ 제1항에 따른 처분의 세부 기준과 절차 등에 관하여 필요한 사항은 산업통상자원부령으로 정한다.

<소 목 차>

Ⅰ. 서   설

1. 의   의

본조는 디자인출원의 심사에 있어서 특허청으로부터 선행디자인의 조사 등 업무를 의뢰받아 업무를 수행하는 기관인 전문기관에 대한 업무정지 및 취소 등의 제재를 규정한 것이다.

2. 연   혁

2001년 특허법 개정시 '전문조사기관 지정의 취소'에 관한 규정이 신설되었고 디자인보호법(구 의장법 포함)이 이를 준용하다가 2009년 개정법으로 신설되었다.

Ⅱ. 전문기관의 지정 취소 또는 업무정지

1. 지정취소 또는 업무정지의 사유

거짓 그 밖에 부정한 방법으로 전문기관의 지정을 받은 경우에는 디자인보호법 제59조 제1항 제1호의 규정에 의하여 지정이 취소되게 된다. 또한 거짓 그 밖의 부정한 방법으로 전문기관의 지정을 받은 경우는 아니라고 하더라도 디자인보호법 제59조 제3항의 지정기준에 적합하지 아니하게 된 경우에는 그 지정을 취소하거나 6개월 이내의 기간을 정하여 업무의 정지를 명할 수 있다.

지정기준에 적합하지 아니하게 된 경우는 당초에는 지정요건을 충족하여 전문기관으로 지정되었으나 추후에 지정요건을 갖추지 못하게 된 경우를 의미한다. 예를 들면 문헌 및 장비가 후에 지정요건을 만족하지 못하게 되거나, 전담인력 및 조직에 차질에 생기거나, 추후 변리업을 등록한 자가 임ㆍ직원으로 선임되거나, 보안체계가 요건을 만족하지 못하게 되거나 하는 경우 등이 있을 수 있다.

지정기준에 적합하지 아니하게 된 경우 지정취소 및 업무정지의 구체적 기준을 규정하지 않으면 전문기관의 지정취소 및 업무정지에 관한 재량권 범위가 넓고 재량권 행사의 기준이 명확하지 않아 임의적 재량 행사 가능성이 있으므로 본조 제3항에서는 전문기관의 지정취소 및 업무정지의 기준을 시행규칙으로 위임하여 위반사항 및 위반행위의 횟수 등에 따라 구체적으로 규정하고 있다.[1]

---

1) 디자인보호법 시행규칙 제56조 제1항 '전문기관에 대한 행정처분 기준'
  1. 일반기준
  가. 위반행위가 둘 이상인 경우로서 그에 해당하는 각각의 처분기준이 다른 경우에는 그 중 무거운 처분기준에 따른다. 다만, 둘 이상의 기준이 동일한 업무정지인 경우에는 각 처분기준을 합산한 기간을 넘지 않는 범위에서 무거운 처분기준의 2분의 1의 범위에서 가중할 수 있다. 이 경우 각 처분기준을 합산한 기간이 6개월을 넘을 수 없다.
  나. 행정처분 개별기준의 차수는 최근 1년간 같은 위반행위로 행정처분을 받은 경우에 적용한다. 이 경우 행정처분 개별기준의 차수 적용은 행정처분일과 그 처분 후에 같은 위반행위를 하여 적발된 날을 기준으로 한다.
  다. 행정처분기준이 경고인 경우에는 1개월 이상의 기간을 정하여 시정을 명하고 그 기간 동안 위반사항이 시정되지 않으면 2차 위반한 것으로 본다.
  라. 위반사항의 내용으로 보아 그 위반의 정도가 경미하거나 그 밖에 특별한 사유가 있다고 인정되는 경우에는 제2호의 개별기준에 정한 업무정지기간의 2분의 1의 범위에서 감경하여 처분할 수 있다.

2. 지정취소 및 업무정지의 절차

특허청장은 전문기관의 지정을 취소하거나 업무정지를 명하려면 청문을 실시하여야 하고, 지정을 취소한 경우에는 그 사실을 고시하여야 한다.[2] 임의적이고 자의적인 지정취소 및 업무정지를 방지하기 위함이다.

3. 지정취소 및 업무정지의 효과

업무가 정지된 경우에는 다시 지정을 받는 데 제한이 없으나, 거짓 그 밖의 부정한 방법으로 전문기관의 지정을 받아 지정이 취소된경우에는, 취소 당시 임원이었던 자가 임원으로 있는 법인(취소된 날로부터 2년이 지나지 아니한 자에 한함) 또는 지정이 취소된 후 2년이 지나지 아니한 법인의 경우에는 전문기관으로 지정받을 수 없게 된다.[3]

4. 지정취소에 대한 불복

전문기관의 지정취소나 업무정지 등 특허청장의 처분에 대하여 다투려면

2. 개별기준

위반 사항	근거 법조문	위반 횟수			
		1차	2차	3차	4차
가. 거짓 그 밖의 부정한 방법으로 전문기관의 지정을 받은 경우	법 제60조 제1항 제1호	지정취소			
나. 영 제4조 제1항에 따른 지정기준에 적합하지 아니하게 된 경우	법 제60조 제1항 제2호				
1) 영 제4조 제1항 제1호에 따른 장비를 확보하지 아니한 경우		업무정지 6월	지정취소		
2) 영 제4조 제1항 제2호에 따른 전담인력 및 조직을 확보하지 아니한 경우(전담인력의 수가 부족한 경우 부족한 날부터 3개월 내에 전담인력을 보충하지 아니한 경우만 해당한다)		업무정지 3월	업무정지 6월	지정취소	
3) 영 제4조 제1항 제3호 또는 제4호를 위반한 경우		경고	업무정지 3월	업무정지 6월	지정취소

2) 디자인보호법 시행규칙 제56조 제2항.
3) 선행기술조사 전문기관 지정 및 운영과 선행기술조사 사업 관리 등에 관한 고시 제9조 (전문기관 지정제한).

행정소송을 제기하여야 하는데 그 소송은 성격상 항고소송에 해당한다. 지정취소나 업무정지의 처분을 취소 또는 변경하려면 취소소송을, 그와 같은 처분의 효력 유무 또는 존재 여부를 확인하기 위하여는 무효등 확인소송을 제기하여야 할 것이다.4)

   위와 같은 불복 소송은 위 소송에서 피고가 될 특허청의 소재지를 관할하는 행정법원이 제1심관할법원이 될 것인바,5) 현재 특허청은 대전에 소재하고 있으므로 대전지방법원이 제1심관할이 될 것이고, 행정소송법의 중복관할 규정에 따라 대법원 소재지 관할하는 행정법원인 서울행정법원에도 소를 제기할 수 있다.6)

                                                           〈김용덕〉

---

4) 행정소송법 제3조, 제4조.
5) 행정소송법 제9조 제1항.
6) 행정소송법 제9조 제2항.

> **제61조(우선심사)**
> ① 특허청장은 다음 각 호의 어느 하나에 해당하는 디자인등록출원에 대하여
> 는 심사관에게 다른 디자인등록출원에 우선하여 심사하게 할 수 있다.
> 1. 제52조에 따른 출원공개 후 디자인등록출원인이 아닌 자가 업으로서 디자
>   인등록출원된 디자인을 실시하고 있다고 인정되는 경우
> 2. 대통령령으로 정하는 디자인등록출원으로서 긴급하게 처리할 필요가 있다
>   고 인정되는 경우
> ② 특허청장은 복수디자인등록출원에 대하여 제1항에 따라 우선심사를 하는
> 경우에는 제1항 각 호의 어느 하나에 해당하는 일부 디자인만 우선하여 심사
> 하게 할 수 있다.

I. 서   설

1. 의   의

우선심사란 타 출원보다 조기에 권리를 부여함이 필요한 출원에 대하여 산업정책적 차원에서 심사청구 순위에 관계없이 타 출원에 우선하여 심사하는 제도이다.

2. 취   지

출원에 대한 심사의 순서는 출원의 순위에 의하는 것이 원칙이다. 이러한 원칙에 대한 예외가 있는데 본조에서 규정하고 있는 우선심사제도가 그것이다.

3. 연　　혁

특허법의 우선심사에 관한 규정을 준용하다가 2009년 개정(2009. 6. 9. 법률
제9764호)으로 디자인보호법에 명시하게 되었다.

Ⅱ. 우선심사 대상

특허청장이 심사관으로 하여금 다른 출원보다 우선하여 출원심사하게 하는
특정출원은 두 부문으로 구별된다. 하나는 디자인등록출원 후 출원인이 아닌 자
가 업으로서 디자인등록출원된 디자인을 실시하고 있다고 인정되는 경우이고,
다른 하나는 대통령령으로 정하는 디자인등록출원으로서 긴급한 처리가 필요하
다고 인정되는 경우이다.

1. 제52조에 따른 출원공개 후 디자인등록출원인이 아닌 자가 업으로서 디자인등록출원된 디자인을 실시하고 있다고 인정되는 경우

심사처리가 장기화되는 경우 디자인출원 후 시장에 모방품이 범람해도 출
원인은 아직 등록을 받지 못했기 때문에 권리행사를 할 수 없는 문제가 있다.

이에 따라 출원인의 권익보호를 위하여 출원 후 디자인출원인이 아닌 자가
업으로서 디자인을 사용하고 있다고 인정되는 경우 우선심사를 신청할 수 있도
록 하였다. 우선심사를 통하여 빨리 디자인등록을 받고 바로 권리행사를 할 수
있도록 하기 위함이다.

한편으로는 본 규정은 제3자가 우선심사를 청구하는 근거로도 이용될 수
있다. 출원인으로부터 경고를 받았을 경우에 그 출원의 심사가 확정되기 전까지
는 제3자의 사용은 계속해서 제재 또는 방해를 받을 우려가 있고 사용을 주저
하게 되므로 그 출원에 대한 심사를 조속히 확정지을 필요가 있기 때문이다.

2. 대통령령으로 정하는 디자인등록출원으로서 긴급하게 처리할 필요가 있다고 인정되는 경우

이에 대하여 디자인보호법 시행령에서 다음과 같이 정하고 있다.[1]

1. 방위산업 분야의 디자인등록출원

---

1) 디자인보호법 시행령 제6조.

2. 녹색기술[온실가스 감축기술, 에너지 이용 효율화 기술, 청정생산기술, 청정에너지 기술, 자원순환 및 친환경 기술(관련 융합기술을 포함한다) 등 사회·경제 활동의 전 과정에 걸쳐 에너지와 자원을 절약하고 효율적으로 사용하여 온실가스 및 오염물질의 배출을 최소화하는 기술을 말한다]과 직접 관련된 디자인등록출원

3. 수출 촉진과 직접 관련된 디자인등록출원

4. 국가나 지방자치단체의 직무에 관한 디자인등록출원(「고등교육법」에 따른 국립·공립학교의 직무에 관한 디자인등록출원으로서 「기술의 이전 및 사업화 촉진에 관한 법률」 제11조 제1항에 따라 국립·공립학교에 설치된 기술이전·사업화에 관한 업무를 전담하는 조직이 낸 디자인등록출원을 포함한다)

5. 「벤처기업육성에 관한 특별조치법」 제25조에 따라 벤처기업 확인을 받은 기업의 디자인등록출원

6. 「중소기업 기술혁신 촉진법」 제15조에 따라 기술혁신형 중소기업으로 선정된 기업의 디자인등록출원

7. 「발명진흥법」 제11조의2에 따라 직무발명보상 우수기업으로 선정된 기업의 디자인등록출원

7의2. 「산업디자인진흥법」 제6조에 따라 디자인이 우수한 상품으로 선정된 상품에 관한 디자인등록출원

8. 국가의 신기술개발지원사업 또는 품질인증사업의 결과물에 관한 디자인등록출원

9. 조약에 따른 우선권주장의 기초가 되는 디자인등록출원(해당 디자인등록출원을 기초로 하는 우선권주장에 의하여 외국 특허청에서 디자인에 관한 절차가 진행 중인 것으로 한정한다)

10. 디자인등록출원인이 디자인등록출원된 디자인을 실시하고 있거나 실시를 준비 중인 디자인등록출원

11. 전자거래와 직접 관련된 디자인등록출원

12. 특허청장이 외국 특허청장과 우선심사하기로 합의한 디자인등록출원

13. 우선심사를 신청하려는 자가 디자인등록출원된 디자인에 관하여 전문기관에 선행디자인 조사를 의뢰한 경우로서 조사 결과를 특허청장에게 통지하도록 전문기관에 요청한 디자인등록출원

Ⅲ. 우선심사 신청

1. 우선심사 신청 대상

대상에 제한이 없으므로 모든 디자인출원이 그 대상이다.

2. 우선심사 신청절차

가. 우선심사의 신청인은 「특허법 시행규칙」 별지 제22호서식의 '우선심사 신청서'에 다음의 서류를 첨부하여 특허청장에게 제출하여야 한다.[2]
① 우선심사신청설명서 1통
② 대리인에 의하여 절차를 밟는 경우 그 대리권을 증명하는 서류 1통
나. 우선심사의 신청인은 특허청으로부터 우선심사의 신청에 대한 접수번호(납부자번호)를 부여받아 「특허료 등의 징수규칙」 별지 제1호 서식에 의하여 우선심사신청료를 국고수납은행에 납부하여야 한다.

3. 우선심사신청의 취하

우선심사신청의 취하는 우선심사결정의 통지가 있는 경우에는 인정하지 않는다. 이는 심사관의 우선심사결정 통지가 있는 경우에는 우선심사신청의 효력이 발생하여 심사관(또는 특허청)은 우선심사신청이 유효한 것으로 보고 심사에 착수하기 때문이다. 우선심사결정 후 우선심사신청을 취하하는 취하서가 제출되면, 우선심사취하서를 인정할 수 없다는 취지를 우선심사신청인(취하인)에게 통지한다.

Ⅳ. 우선심사 결정

1. 우선심사 결정 절차

가. 우선심사 여부의 결정기한

우선심사 결정업무 담당자(이하 '담당자'라 한다)는 도형상표분류일, 상품분류일 또는 우선심사신청서를 이송받은 날 중 늦은 날부터 10일 이내에 우선심사 여부를 결정하여야 한다.[3]

---

2) 디자인보호법 시행규칙 제57조.
3) 상표디자인심사사무취급규정 제43조.

나. 관계기관에 대한 의견문의

담당자는 당해 출원이 우선심사의 신청대상에 속하는지에 관하여 판단하기 어려운 경우에는 관계기관에 의견문의를 할 수 있다.[4]

다. 우선심사신청의 보완 지시

담당자는 우선심사신청서 및 첨부서류에 보완사항이 있는 경우에는 1월 이내의 기간을 정하여 보완을 지시하여야 한다.[5]

라. 우선심사신청의 보완

우선심사신청의 보완은 우선심사신청 후 우선심사 여부 결정시까지 가능하며, 보완할 수 있는 사항은 특별한 제한은 없다. 다만, 우선심사신청대상 출원이나 우선심사신청인의 동일성을 변경하는 보완은 인정되지 않는다.

마. 우선심사결정의 통지

담당자는 당해 출원이 우선심사의 대상에 해당하여 우선심사를 하기로 결정한 경우에는 즉시 우선심사신청인 및 출원인(출원인이 우선심사신청인이 아닌 경우에 한한다)에게 그 사실을 통지하여야 한다.[6]

바. 우선심사신청의 각하

담당자는 ① 당해 출원이 우선심사의 신청대상이 되지 아니하는 경우, ② 당해 출원의 정상적인 심사착수 예정시기가 신청서류 이송일로부터 2월 이내인 경우, ③ 방식심사에 따른 보정서를 제출하지 아니하거나 보정서에 의하더라도 보정이유가 해소되지 아니한 경우, ④ 우선심사신청서 보완의 보정서를 제출하지 아니하거나 보정서에 의하더라도 보완사항이 해소되지 아니한 경우, ⑤ 상표법 제8조 제5항에 의한 출원시 취소심판청구인이 복수인 경우에 전원이 출원하여 우선심사신청을 하지 않은 경우에는 그 이유를 기재하여 우선심사의 신청을 각하하고, 우선심사신청인 및 출원인(출원인이 우선심사신청인이 아닌 경우에 한한다.)에게 그 사실을 통지하여야 한다.[7]

우선심사를 신청하였으나 각하되어 우선심사를 인정하지 않을 경우에는 불

---

4) 상표디자인심사사무취급규정 제45조.
5) 상표디자인심사사무취급규정 제44조.
6) 상표디자인심사사무취급규정 제49조.
7) 상표디자인심사사무취급규정 제46조.

복을 할 수 없다. 이는 행정처분이 아니고 심사착수를 어떻게 할 것인가에 대하여 심사처리상의 내부적인 문제이기 때문이다.

2. 우선심사 결정 후 절차

가. 우선심사결정 후 심사처리기한[8]

우선심사를 하기로 결정한 출원에 대한 심사는 우선심사결정서 발송일부터 45일 이내에 착수함을 원칙으로 한다.

우선심사출원의 중간서류는 심사관이 이송받은 날로부터 45일 이내에 처리하여야 한다. 다만, 다음 각 호의 어느 하나에 해당하는 경우에는 지정기간 만료일로부터 1월 이내에 처리하여야 한다.

1. 지정기간 만료일까지 중간서류의 제출이 없는 경우
2. 제출된 중간서류를 심사한 결과 거절이유가 해소되지 않는 경우로써, 심사관이 이송받은 날로부터 45일 이내에 처리할 경우 지정기간 만료일이 아직 경과되지 아니하는 경우

나. 우선심사 결과의 통지 등[9]

① 심사관은 우선심사를 하기로 결정한 출원에 대한 최종처리결과(등록결정, 거절결정, 취하·포기 등)를 우선심사신청인 및 출원인(출원인이 우선심사신청인이 아닌 경우에 한한다)에게 통지하여야 한다.

② 심사관은 제1항에 따른 통지를 한 후에는 즉시 그 사실을 전산입력하여야 한다.

〈김용덕〉

---

8) 상표디자인심사사무취급규정 제50조.
9) 상표디자인심사사무취급규정 제51조.

제62조(디자인등록거절결정)

① 심사관은 디자인심사등록출원이 다음 각 호의 어느 하나에 해당하는 경우에는 디자인등록거절결정을 하여야 한다.

1. 제3조 제1항 본문에 따른 디자인등록을 받을 수 있는 권리를 가지지 아니하거나 같은 항 단서에 따라 디자인등록을 받을 수 없는 경우

2. 제27조, 제33조부터 제35조까지, 제37조 제4항, 제39조부터 제42조까지 및 제46조 제1항·제2항에 따라 디자인등록을 받을 수 없는 경우

3. 조약에 위반된 경우

② 심사관은 디자인일부심사등록출원이 다음 각 호의 어느 하나에 해당하는 경우에는 디자인등록거절결정을 하여야 한다.

1. 제3조 제1항 본문에 따른 디자인등록을 받을 수 있는 권리를 가지지 아니하거나 같은 항 단서에 따라 디자인등록을 받을 수 없는 경우

2. 제27조, 제33조(제1항 각 호 외의 부분 및 제2항 제2호만 해당한다), 제34조, 제37조 제4항 및 제39조부터 제42조까지의 규정에 따라 디자인등록을 받을 수 없는 경우

3. 조약에 위반된 경우

③ 심사관은 디자인일부심사등록출원으로서 제35조에 따른 관련디자인등록출원이 제2항 각 호의 어느 하나 또는 다음 각 호의 어느 하나에 해당하는 경우에는 디자인등록거절결정을 하여야 한다.

1. 디자인등록을 받은 관련디자인 또는 디자인등록출원된 관련디자인을 기본디자인으로 표시한 경우

2. 기본디자인의 디자인권이 소멸된 경우

3. 기본디자인의 디자인등록출원이 무효·취하·포기되거나 디자인등록거절결정이 확정된 경우

4. 관련디자인의 디자인등록출원인이 기본디자인의 디자인권자 또는 기본디자인의 디자인등록출원인과 다른 경우

5. 기본디자인과 유사하지 아니한 경우

6. 기본디자인의 디자인등록출원일부터 1년이 지난 후에 디자인등록출원된 경우

7. 제35조 제3항에 따라 디자인등록을 받을 수 없는 경우

④ 심사관은 디자인일부심사등록출원에 관하여 제55조에 따른 정보 및 증거가 제공된 경우에는 제2항에도 불구하고 그 정보 및 증거에 근거하여 디자인등록거절결정을 할 수 있다.

⑤ 복수디자인등록출원에 대하여 제1항부터 제3항까지의 규정에 따라 디자인등록거절결정을 할 경우 일부 디자인에만 거절이유가 있으면 그 일부 디자인에 대하여만 디자인등록거절결정을 할 수 있다.

Ⅰ. 디자인등록거절결정의 의의와 연혁

1. 의   의

특허청 심사관은 디자인등록거절이유가 있는 경우에 디자인등록출원인에게 통지하고 기간을 정하여 의견서를 제출할 수 있는 기회를 준 다음, 통지된 거절이유가 해소되지 않으면 그 거절이유로 디자인등록거절결정을 하여야 한다. 디자인보호법은 디자인등록거절이유를 디자인등록출원이 디자인심사등록출원인지, 디자인일부심사등록출원인지, 관련디자인등록원출인지에 따라 구분하여 규정하고 있다. 특허청 심사관은 제62조에 규정된 거절이유 이외에 다른 거절이유로 디자인등록거절결정을 할 수 없고, 반대로 제62조에 규정된 거절이유가 있으면 반드시 거절결정을 하여야 한다.

2. 조문의 연혁

제정 의장법(1961. 12. 31, 법률 제951호)은 제28조에서 심사관은 특허출원이 거절할 이유가 있다고 인정할 때에는 출원인에 대하여 거절이유를 명시하고 기간을 지정하여 의견서제출의 기회를 주어야 한다는 특허법 제74조를 준용하여 구체적인 거절이유를 명시하고 않았고, 1973년 개정 의장법(전부개정 1973. 2. 8, 법률 제2507호)은 제46조에서 디자인등록거절결정에 관하여 위 특허법 규정과 같은 내용으로 해서 독자적으로 규정하였으며, 1980년 개정 의장법(일부개정 1980. 12. 31, 법률 제3327호)은 심사관의 재량권이 배제되도록 구체적인 거절이유를 명시하였다.

1997년 개정 의장법(일부개정 1997. 8. 22, 법률 제5354호)은 조문의 위치를

제26조로 바꾸고 새로 도입된 의장무심사등록제도에 맞추어 의장무심사등록출원에 대하여는 실체적 요건의 등록거절이유는 적용되지 않는 것으로 하였고, 2001년 개정 의장법(일부개정 2001. 2. 3, 법률 제6413호)은 의장무심사등록제도로 인한 부실권리의 발생을 방지하기 위하여 심사요건을 강화하면서 의장무심사등록출원에 대한 적용되는 거절이유를 추가하였으며, 2004년 개정 디자인보호법(일부개정 2004. 12. 31, 법률 제7289호)은 정보와 증거의 제공이 있는 경우에는 신규성 및 창작비용이성에 관하여도 심사하여 등록거절결정을 할 수 있도록 거절이유를 다시 추가하였고, 2007년 개정 디자인보호법(일부개정 2007. 1. 3, 법률 제8187호)은 정보와 증거의 제공이 없더라도 국내에서 널리 알려진 형상·모양·색채 또는 이들의 결합에 의하여 용이하게 창작할 수 있는 디자인에 해당하는 경우에는 이를 거절결정할 수 있도록 거절이유를 재차 추가하였다.

　　2013년 개정 디자인보호법(전부개정 2013. 5. 28, 법률 제11848호, 시행 2014. 7. 1.)은 조문의 위치를 제62조로 바꾸고, 유사디자인제도가 변경된 관련디자인제도에 맞추어 거절이유를 정비하면서, 복수디자인등록출원에 대해서는 거절이유가 있는 일부에 대해서만 거절결정을 할 수 있다는 규정을 신설하였다. 제62조는 부칙 제2조(일반적 적용례)에 따라 이 법 시행 후 출원한 디자인등록출원부터 적용한다.

II. 거절결정의 이유

1. 디자인심사등록출원의 등록거절사유

가. 제3조 제1항 본문에 따른 디자인등록을 받을 수 있는 권리를 가지지 아니하거나 같은 항 단서에 따라 디자인등록을 받을 수 없는 경우(제1호)

　　디자인을 창작한 사람 또는 그 승계인이 아닌 사람이 디자인심사등록출원을 하거나, 특허청 또는 특허심판원 직원이 재직 중에 상속 또는 유증의 경우를 제외하고 디자인심사등록출원을 한 경우이다.

나. 제27조, 제33조부터 제35조까지, 제37조 제4항, 제39조부터 제42조까지 및 제46조 제1항·제2항에 따라 디자인등록을 받을 수 없는 경우(2호)

(1) 제27조 위반은 재외자인 외국인이 ① 그 외국인이 속하는 국가에서 대

한민국 국민에 대하여 그 국민과 같은 조건으로 디자인권 또는 디자인에 관한 권리를 인정하는 경우, ② 대한민국이 그 외국인에 대하여 디자인권 또는 디자인에 관한 권리를 인정하는 경우에는 그 외국인이 속하는 국가에서 대한민국 국민에 대하여 그 국민과 같은 조건으로 디자인권 또는 디자인에 관한 권리를 인정하는 경우, ③ 조약 및 이에 준하는 것에 따라 디자인권 또는 디자인에 관한 권리가 인정되는 경우 중 어느 하나에도 해당하지 않아 디자인권 또는 디자인에 관한 권리를 누릴 수 없음에도 디자인심사등록출원을 한 경우이다.

(2) 제33조 위반은 디자인이 ① ㉠ 공업상 이용할 수 없는 디자인, ㉡ 디자인등록출원 전에 국내 또는 국외에서 공지되었거나 공연히 실시된 디자인, ㉢ 디자인등록출원 전에 국내 또는 국외에서 반포된 간행물에 게재되었거나 전기통신회선을 통하여 공중이 이용할 수 있게 된 디자인, ㉣ 위 ㉡, ㉢에 해당하는 디자인과 유사한 디자인에 해당하는 경우(제33조 제1항), ② 디자인등록출원 전에 그 디자인이 속하는 분야에서 통상의 지식을 가진 사람이 위 ①의 ㉡, ㉢에 해당하는 디자인 또는 이들의 결합 또는 국내 또는 국외에서 널리 알려진 형상·모양·색채 또는 이들의 결합에 따라 쉽게 창작할 수 있는 디자인(위 ①의 ㉡, ㉢, ㉣에 해당하는 디자인은 제외한다)에 해당하는 경우(제33조 제2항) 및 ③ 그 출원을 한 후에 제52조,[1) 제56조[2) 또는 제90조 제3항[3)에 따라 디자인공보에 게재된 다른 디자인등록출원(그 디자인등록출원일 전에 출원된 것으로 한정한다)의 출원서의 기재사항 및 출원서에 첨부된 도면·사진 또는 견본에 표현된 디자인의 일부와 동일하거나 유사한 경우(다만, 그 디자인등록출원의 출원인과 다른 디자

---

1) 제52조(출원공개) ① 디자인등록출원인은 산업통상자원부령으로 정하는 바에 따라 자기의 디자인등록출원에 대한 공개를 신청할 수 있다. 이 경우 복수디자인등록출원에 대한 공개는 출원된 디자인의 전부 또는 일부에 대하여 신청할 수 있다. ② 특허청장은 제1항에 따른 공개신청이 있는 경우에는 그 디자인등록출원에 관하여 제212조에 따른 디자인공보(이하 "디자인공보"라 한다)에 게재하여 출원공개를 하여야 한다. 다만, 디자인등록출원된 디자인이 제34조 제2호에 해당하는 경우에는 출원공개를 하지 아니할 수 있다. ③ 제1항에 따른 공개신청은 그 디자인등록출원에 대한 최초의 디자인등록여부결정의 등본이 송달된 후에는 할 수 없다.
2) 제56조(거절결정된 출원의 공보게재) 특허청장은 제46조 제2항 후단에 따라 제62조에 따른 디자인등록거절결정이나 거절한다는 취지의 심결이 확정된 경우에는 그 디자인등록출원에 관한 사항을 디자인공보에 게재하여야 한다. 다만, 디자인등록출원된 디자인이 제34조 제2호에 해당하는 경우에는 게재하지 아니할 수 있다.
3) 제90조(디자인권의 설정등록) ③ 특허청장은 제2항에 따라 등록(디자인권을 설정하기 위한 등록)한 경우에는 디자인권자의 성명·주소 및 디자인등록번호 등 대통령령으로 정하는 사항을 디자인공보에 게재하여 등록공고를 하여야 한다.

인등록출원의 출원인이 같은 경우는 제외)(제33조 제3항)에는 각 디자인등록을 받을
수 없음에도 디자인심사등록출원이 된 경우이다.

(3) 제34조 위반은 디자인이 ① 국기, 국장(國章), 군기(軍旗), 훈장, 포장, 기
장(記章), 그 밖의 공공기관 등의 표장과 외국의 국기, 국장 또는 국제기관 등의
문자나 표지와 동일하거나 유사한 디자인, ② 디자인이 주는 의미나 내용 등이
일반인의 통상적인 도덕관념이나 선량한 풍속에 어긋나거나 공공질서를 해칠
우려가 있는 디자인, ③ 타인의 업무와 관련된 물품과 혼동을 가져올 우려가 있
는 디자인 및 ④ 물품의 기능을 확보하는 데에 불가결한 형상만으로 된 디자인
중 어느 하나에 해당하여 디자인등록을 받을 수 없음에도 디자인심사등록출원
이 된 경우이다.

(4) 제35조 위반은 ① 디자인권자 또는 디자인등록출원인은 자기의 등록디
자인 또는 디자인등록출원한 디자인(이하 "기본디자인"이라 한다)과만 유사한 디
자인(이하 "관련디자인"이라 한다)에 대하여는 그 기본디자인의 디자인등록출원일
부터 1년 이내에 디자인등록출원된 경우에 한하여 제33조 제1항 각 호 및 제46
조 제1항·제2항에도 불구하고 관련디자인으로 디자인등록을 받을 수 있는데
이에 위반하여 디자인심사등록출원을 한 경우, ② 디자인등록을 받은 관련디자
인 또는 디자인등록출원된 관련디자인과만 유사한 디자인은 디자인등록을 받을
수 없음에도 디자인심사등록출원이 된 경우 및 ③ 기본디자인의 디자인권에 제
97조에 따른 전용실시권이 설정되어 있는 경우에는 그 기본디자인에 관한 관련
디자인에 대하여는 디자인등록을 받을 수 없음에도 디자인심사등록출원이 된
경우이다.

(5) 제37조 제4항 위반은 디자인일부심사등록출원을 할 수 있는 디자인은
물품류 구분 중 산업통상자원부령으로 정하는 물품으로 한정하고, 이 경우 해당
물품에 대하여는 디자인일부심사등록출원으로만 출원할 수 있는데, 이에 위반
하여 디자인심사등록출원이 된 경우이다.

(6) 제39조 위반은 2명 이상이 공동으로 디자인을 창작한 경우에는 디자인
등록을 받을 수 있는 권리를 공유하는 경우에 공유자 모두가 공동으로 디자인
등록출원을 하여야 함에도 불구하고 일부가 디자인심사등록출원을 한 경우이다.

(7) 제40조 위반은 디자인등록출원은 1디자인마다 1디자인등록출원으로 하
고, 디자인등록출원을 하려는 자는 산업통상자원부령으로 정하는 물품류 구분
에 따라야 함에도 이에 위반하여 디자인심사등록출원을 한 경우이다.

(8) 제41조 위반은 디자인등록출원을 하려는 자는 제40조 제1항에도 불구하고 산업통상자원부령으로 정하는 물품류 구분에서 같은 물품류에 속하는 물품에 대하여는 100 이내의 디자인을 1디자인등록출원(이하 "복수디자인등록출원"이라 한다)으로 할 수 있고, 이 경우 1 디자인마다 분리하여 표현하여야 하는데, 이에 위반하여 디자인심사등록출원을 한 경우이다.

(9) 제42조 위반은 2 이상의 물품이 한 벌의 물품으로 동시에 사용되는 경우 그 한 벌의 물품의 디자인이 한 벌 전체로서 통일성이 있을 때에는 1디자인으로 디자인등록을 받을 수 있고, 이에 따른 한 벌의 물품의 구분은 산업통상자원부령으로 정해져 있는데, 이에 위반하여 디자인심사등록출원이 된 경우이다.

(10) 제46조 제1항·제2항 위반은 ① 동일하거나 유사한 디자인에 대하여 다른 날에 2 이상의 디자인등록출원이 있는 경우에는 먼저 디자인등록출원한 자만이 그 디자인에 관하여 디자인등록을 받을 수 있고, ② 동일하거나 유사한 디자인에 대하여 같은 날에 2 이상의 디자인등록출원이 있는 경우에는 디자인등록출원인이 협의하여 정한 하나의 디자인등록출원인만이 그 디자인에 대하여 디자인등록을 받을 수 있으며, 협의가 성립하지 아니하거나 협의를 할 수 없는 경우에는 어느 디자인등록출원인도 그 디자인에 대하여 디자인등록을 받을 수 없는바, 디자인심사등록출원이 그 중 디자인등록을 받을 수 없는 것에 해당하는 경우이다.

다. 조약에 위반된 경우(3호)

우리나라가 가입한 조약에 의하여 디자인등록을 받을 수 없는 디자인이 디자인심사등록출원이 된 경우이다.

2. 디자인일부심사등록출원의 등록거절사유

"디자인일부심사등록"이란 디자인등록출원이 디자인등록요건 중 일부만을 갖추고 있는지를 심사하여 등록하는 것을 말한다(제2조 제6호). 이는 1997년 개정 의장법에서 유행성이 강한 품목의 디자인에 대하여는 당해 디자인등록출원이 출원방식에 적합한지와 출원된 디자인이 선량한 풍속을 문란하게 할 우려가 있는지 등 형식적이고 기초적인 사항만을 심사하여 이들 품목의 디자인이 신속하게 권리로서 설정될 수 있도록 하기 위하여 도입된 제도이다.4) 이후 부실권

---

4) 해당 개정법률 의안원문·심사보고서·검토보고서.

리의 발생을 방지하기 위하여 여러 차례 개정을 거치면서 심사범위가 확대되고
거절이유도 추가되었다. 2001년 개정 의장법에서는 공업상 이용가능성, 한 벌의
물품의 디자인 요건 등을 거절이유로 추가하였고, 2004년 개정 디자인보호법에
서는 1의장 1디자인등록출원요건, 디자인의 신규성 및 창작비용이성 요건(정보
및 증거의 제공이 있는 경우에 한해)을 거절이유로 다시 추가하였으며, 2007년 개
정 디자인보호법에서는 정보 및 증거의 제공과 상관없이 디자인이 널리 알려진
형상·모양·색채 또는 이들의 결합에 의하여 용이하게 창작할 수 있는 디자인
도 등록받을 수 없다는 거절이유를 추가하였다.

　　최종적으로 디자인일부심사등록출원은 디자인심사등록출원과 달리 제33조
제1항 각호 부분, 제2항 제1호 및 제3항, 제35조, 제46조 제1항·제2항에 관한
심사가 생략된 것으로서 그 심사가 생략된 사항은 등록거절사유가 되지 않는다
(제62조 제2항). 다만, 누구든지 디자인등록출원된 디자인이 제62조 제1항 각 호
의 어느 하나에 해당되어 디자인등록될 수 없다는 취지의 정보를 증거와 함께
특허청장 또는 특허심판원장에게 제공할 수 있고(제55조), 그 경우에는 심사관은
그 정보 및 증거에 근거하여 디자인등록거절결정을 할 수 있다(제62조 제4항).

3. 디자인일부심사등록출원으로서 관련디자인등록출원의 등록거절사유

　　디자인일부심사등록출원으로서 관련디자등록출원이 된 경우에는 기본적으
로 디자인일부심사등록출원과 거절사유가 동일하고, 추가로 ① 디자인등록을
받은 관련디자인 또는 디자인등록출원된 관련디자인을 기본디자인으로 표시한
경우, ② 기본디자인의 디자인권이 소멸된 경우, ③ 기본디자인의 디자인등록출
원이 무효·취하·포기되거나 디자인등록거절결정이 확정된 경우, ④ 관련디자
인의 디자인등록출원인이 기본디자인의 디자인권자 또는 기본디자인의 디자인
등록출원인과 다른 경우, ⑤ 기본디자인과 유사하지 아니한 경우, ⑥ 기본디자
인의 디자인등록출원일부터 1년이 지난 후에 디자인등록출원된 경우 및 ⑦ 제
35조 제3항에 따라 디자인등록을 받을 수 없는 경우도 등록거절사유가 된다(제
62조 제3항).

Ⅲ. 복수디자인등록출원의 등록거절결정

　　복수디자인등록출원에 대하여 제62조 제1항부터 제3항까지의 규정에 따라

디자인등록거절결정을 할 경우 일부 디자인에만 거절이유가 있으면 그 일부 디자인에 대하여만 디자인등록거절결정을 할 수 있다(제62조 제5항). 그러므로 복수디자인등록출원된 디자인 중 일부 디자인에 대하여 거절이유를 발견할 수 없을 때에는 그 일부 디자인에 대하여 디자인등록결정을 하여야 한다(제65조 제2문). 이는 출원인의 편의를 증진시키기 위하여 2013년 개정 디자인보호법에서 도입되었다.

Ⅳ. 거절결정의 방식과 확정

1. 거절결정의 방식

디자인등록거절결정은 서면으로 하여야 하며 그 이유를 붙여야 하고, 특허청장은 디자인등록거절결정을 한 경우에는 그 결정의 등본을 디자인등록출원인에게 송달하여야 한다(제67조). 심사관은 디자인등록출원에 대하여 디자인보호법 제62조에 따른 디자인등록거절결정을 하려는 경우에는 특허청장에게 이를 보고하고, ① 디자인등록출원인의 성명 및 주소, ② 디자인등록출원인의 대리인이 있는 경우에는 그 대리인의 성명 및 주소 또는 영업소의 소재지, ③ 디자인등록출원번호, ④ 디자인의 일련번호(복수디자인등록출원의 경우에만 해당한다), ⑤ 디자인의 대상이 되는 물품 및 물품류, ⑥ 결정의 주문과 그 이유, ⑦ 거절이유통지연월일, ⑧ 결정연월일을 적은 디자인등록거절결정서를 작성하여 이에 성명을 적고 날인하여야 한다(디자인보호법 시행규칙 제58조).

2. 거절결정의 확정

디자인등록거절결정은 디자인등록출원인이 그 결정등본을 송달받은 날부터 30일 이내(연장된 경우에는 그 연장된 기간)에, 불복하는 심판을 청구하지 않거나(제120조), 재심사청구(이 경우에는 재심사에 따른 디자인등록거절결정은 제외된다)(제64조)를 하지 않으면 그대로 확정된다.

〈최종선〉

제63조(거절이유통지)

① 심사관은 제62조에 따라 디자인등록거절결정을 하려는 경우에는 디자인등록출원인에게 미리 거절이유(제62조 제1항부터 제3항까지에 해당하는 이유를 말하며, 이하 "거절이유"라 한다)를 통지하고 기간을 정하여 의견서를 제출할 수 있는 기회를 주어야 한다.

② 복수디자인등록출원된 디자인 중 일부 디자인에 대하여 거절이유가 있는 경우에는 그 디자인의 일련번호, 디자인의 대상이 되는 물품 및 거절이유를 구체적으로 적어야 한다.

<소 목 차>

Ⅰ. 의의 및 취지

디자인등록출원에 대한 거절결정은 심사관이 심사한 결과 특정 디자인등록출원이 디자인보호법이 정한 명시적인 거절이유에 해당할 경우에만 사전에 출원인에게 구체적인 거절이유를 통지하고 기간을 정하여 의견서를 제출할 수 있는 기회를 반드시 부여하여야 한다는 내용의 규정이다. 따라서 이 규정에 위반하여 명시적인 거절이유에 해당하지 않는 사유로 거절결정하거나 의견서 제출 기회를 부여하지 않고 거절결정하는 것은 그 자체로서 위법한 행위가 된다.

본조 제2항에서는 등록출원된 디자인이 복수인 경우 디자인별로 거절이유가 있는지 여부를 심사하여 거절이유를 통지함에 있어서도 거절이유에 해당하는 디자인이 어느 것인지 밝히도록 하여 출원인이 거절이유가 있는 디자인을 알 수 있게 함으로써 일부 디자인에 대한 권리 포기나 보완 조치 등을 쉽게 할 수 있도록 하였다.

거절이유통지에 관한 본조는 특허법 규정을 준용하다가 1997년 법개정으로 신설되었다.

Ⅱ. 거절이유의 적시

심사관은 디자인등록출원에 대하여 거절결정을 하고자 할 때에는 그 거절결정에 앞서 출원인에게 거절이유를 통지하고 기간을 정하여 의견서 제출의 기회를 주어야 한다.

심사관이 거절이유를 발견하는 즉시 거절결정을 하는 것은 출원인에 대하여 너무 가혹할 뿐만 아니라, 심사관도 그 심사에 전혀 과오가 없다고 보증할 수는 없기 때문에 거절결정을 할 것이라는 예고로서의 거절이유를 통지하여 줌으로써 출원인에게는 변명의 기회를 주어 그 불이익을 스스로 구제할 수 있도록 하고, 한편 심사관에게도 혹 있을 수 있는 과오에 대한 재심사의 기회를 주자는 것이 거절이유 통지의 취지이다.

심사관이 거절이유의 통지를 하면서 거절이유와 근거를 구체적으로 밝히도록 한 것은, 출원인이 제시된 거절이유와 근거에 대응하여 보정 등을 통해 거절이유를 극복할 수 있는 기회를 가질 수 있도록 하기 위함이다.

거절이유의 통지는, 디자인보호법 제62조 제1 내지 제3항의 각호에 규정된 이유 중 어느 것에 해당하는지 만이 아니라 구체적인 거절이유를 적시하여야 한다. 따라서 거절이유의 통지에서 표시한 거절이유와 다른 이유로 거절결정을 하기 위해서는 그 새로운 이유에 대하여 다시 거절이유 통지를 함으로써 출원인에게 의견제출의 기회를 부여하여야 한다. 디자인보호법 제62조에서 들고 있는 각 거절이유는 서로 다른 별개의 거절이유가 되고, 심사관이 여러 개의 거절이유를 발견한 때에는 하나의 통지서에 일괄하여 통지하는 것이 원칙이다.

거절이유통지서가 어느 정도 추상적이거나 개괄적으로 기재되어 있다고 하더라도 해당 분야에서 통상의 지식을 가진 자가 전체적으로 그 취지를 이해할 수 있을 정도로 기재하면 충분하고,[1] 거절결정의 이유는 적어도 그 주지(主旨)에 있어서 거절이유통지서에 기재된 이유와 부합하여야 한다.[2]

한편, 그 거절결정의 이유와 다른 거절이유를 발견한 경우가 아니라면 위 거절이유의 통지가 부여되었는지의 여부라는 관점에서 다시 거절이유를 통지하는 것이 필요한지의 여부를 결정하여야 한다는 견해도 있다.[3]

---

1) 대법원 1997. 4. 11. 선고 96후1217 판결[공1997, 1452].
2) 대법원 2001. 4. 27. 선고 98후1259 판결.
3) 권택수, "새로운 거절이유에 해당되어 특허출원인에게 의견서 제출 기회를 부여할 필요

Ⅲ. 의견서 제출기간

거절이유를 통지할 때에는 디자인출원인이 거절이유를 검토하여 의견서를 작성하고 제출할 수 있을 정도의 충분한 기간을 정하여야 할 것이다. 이에 관하여 특허법 시행규칙 제29조는 2개월 이내에서 심사관이 정할 수 있도록 규정하고 있다.

사실상 기간을 부여한 것이라고 볼 수 없을 정도로 짧은 기간을 정한 경우에는 거절이유의 통지를 무효로 보아야 한다. 그러나 거절결정을 하기까지의 사이에 디자인출원인이 자발적으로 의견서를 제출하거나 충분한 기간이 경과하여 그 기회가 제공된 때에는 위법성이 치유된다고 볼 수 있다고 한다.[4]

Ⅳ. 부적법한 거절이유의 통지

이 규정은 심사의 적정을 기하고 심사제도의 신용을 유지하기 위하여 확보하지 아니하면 안 된다는 공익상의 요구에 기인하는 강행규정 해당한다.[5] 따라서 거절이유를 통지하지 아니하고 거절결정을 한 경우, 거절이유를 통지하였더라도 거절이유에 대한 의견서 제출의 기회를 주지 않고(의견서 제출기간 경과 전) 거절결정을 한 경우 및 거절이유는 통지하였더라도 그것이 거절결정의 이유와 달라서 결과적으로 거절결정의 이유로 된 사항에 대하여는 의견제출의 기회를 주지 않게 된 경우 등은 본조에 위배된 거절결정으로서 위법하게 된다.

거절결정에 대한 불복심판에서, 거절결정의 이유와 다른 이유로 심판청구를 기각할 때에는 그 새로운 거절이유에 대하여 의견제출의 기회를 부여하여야 하고(디자인보호법 제124조 제2항), 심사 또는 심판에서 거절이유통지를 하지 아니한 사유에 대하여는 특허청장은 심결취소소송 단계에서 거절결정의 적법사유로 주장할 수 없다.[6]

가 있는지 여부의 판단기준", 대법원판례해설 43호(2002 하반기)(2003. 7.), 법원도서관, 580-594.

4) 정상조·박성수 공편, 특허법 주해Ⅰ, 박영사(2010), 811(강경태 집필부분).
5) 대법원 1999. 11. 12. 선고 98후300 판결[공1999.12.15.(96), 2504].
6) 대법원 2003. 2. 26. 선고 2001후1617 판결[공2003, 937].

V. 거절이유통지에 대한 출원인의 조치

　　디자인출원인은 거절이유통지를 받고, 심사관이 지적한 거절이유가 수긍되지 않을 경우 그 지정기간 내에 자신의 의견이 담긴 의견서를 제출할 수도 있고, 거절이유가 수긍되는 경우에는 디자인의 대상이 되는 물품이나 디자인을 보정하여 거절이유가 해소되도록 할 수도 있다.

〈김용덕〉

제64조(재심사의 청구)

① 디자인등록출원인은 그 디자인등록출원에 관하여 디자인등록거절결정(재심사에 따른 디자인등록거절결정은 제외한다) 등본을 송달받은 날부터 30일(제17조 제1항에 따라 제120조에 따른 기간이 연장된 경우에는 그 연장된 기간을 말한다) 이내에 제48조 제1항부터 제3항까지의 규정에 따른 보정을 하여 디자인등록출원에 대하여 재심사를 청구할 수 있다. 다만, 제120조에 따른 심판청구가 있는 경우에는 그러하지 아니하다.

② 디자인등록출원인은 제1항에 따른 재심사의 청구와 함께 의견서를 제출할 수 있다.

③ 제1항 본문에 따른 요건을 갖추어 재심사가 청구된 경우 그 디자인등록출원에 대하여 종전에 이루어진 디자인등록거절결정은 취소된 것으로 본다.

④ 제1항에 따른 재심사의 청구는 취하할 수 없다.

<소 목 차>

Ⅰ. 서 설

1. 의 의

재심사청구제도는 디자인등록출원인이 그 디자인등록출원에 관하여 디자인등록거절결정 등본을 송달받은 날부터 30일 이내에 디자인등록출원을 보정하여 재심사를 청구하는 경우 심사관으로 하여금 그 디자인등록출원에 대하여 다시 심사하도록 하는 제도이다.

2. 취지 및 연혁

재심사청구 제도가 도입되기 전에는 디자인등록출원인이 디자인등록거절결정을 받은 경우 심사관에게 다시 심사를 받기 위하여는 반드시 디자인등록거절결정에 대하여 불복심판을 청구하도록 하고 있어 디자인등록출원인으로서는 불가피하게 디자인등록거절결정에 대하여 불복심판을 청구하여야만 하는 불편이

있던 문제를 해결하여 디자인등록거절결정에 대한 불복심판을 청구하지 않고서
도 디자인등록출원을 보정하여 재심사를 청구하면서 심사관에 다시 심사를 받
을 수 있도록 2009년 개정 디자인보호법(일부개정 2009. 6. 9, 법률 제9764호)에서
제27조의2로 도입된 것이다.[1]

　　재심사청구제도의 도입으로 1990년 개정 의장법(전부개정 1990. 1. 13, 법률
제4208호)에서 도입된 심사전치제도(디자인등록출원인이 디자인등록거절결정에 대
한 불복심판청구를 하면서 디자인등록출원에 대한 보정을 한 때에는 그 디자인등록출
원을 심사관으로 하여금 다시 심사하게 하는 제도)는 폐지되었다.

　　재심사청구제도는 2013년 개정 디자인보호법(전부개정 2013. 5. 28, 법률 제
11848호, 시행 2014. 7. 1.)에서 제64조로 조문위치가 바뀌면서 표현이 수정되었
고, 재심사의 청구와 함께 의견서를 제출할 수 있다는 조항이 신설되었다. 제64
조는 부칙 제2조(일반적 적용례)에 따라 이 법 시행 후 출원한 디자인등록출원부
터 적용한다.

　　한편, 심사전치제도의 폐지로 디자인등록출원인이 디자인등록거절결정에
대한 불복심판청구를 하면서는 보정을 할 수 없었는데, 2013년 개정 디자인보
호법은 다시 디자인등록거절결정에 대한 불복심판청구를 하면서 그 청구일부터
30일 이내에 보정을 할 수 있다는 규정을 신설하였다(제48조 제4항 제3호). 그런
데 그와 같이 디자인등록출원인에게 심판청구 시에 보정기회를 주는 규정만 신
설되고, 심사관으로 하여금 보정된 디자인등록출원을 다시 심사하게 하여 디자
인등록여부를 결정할 수 있도록 하는 심사전치규정은 신설되지 않았으므로, 심
판청구시에 한 보정은 심판관이 심사한다.

II. 재심사청구제도의 요건 및 효과

1. 재심사청구제도의 요건

가. 재심사청구의 주체

디자인등록출원에 관하여 디자인등록거절결정을 받고 불복심판을 청구하지
아니한 디자인등록출원인이다.

---

1) 개정 디자인보호법 의안원문 및 개정 특허법(2009. 1. 30, 법률 제9381호)의 국회 검토
　및 심사보고서 참조.

나. 재심사청구의 대상

디자인등록거절결정을 받은 디자인등록출원으로서 재심사에 따른 디자인등
록거절결정을 받은 디자인등록출원은 포함되지 않는다.

다. 재심사청구의 기간

재심사청구는 디자인등록거절결정 등본을 송달받은 날부터 30일 이내에 할
수 있다. 여기서의 30일은 디자인등록거절결정에 대하여 불복심판을 청구할 수
있는 기간으로서(제120조) 특허심판원장이 청구에 따라 또는 직권으로 디자인등
록거절결정에 대한 불복심판 청구기간을 연장한 경우(제17조 제1항)에는 연장된
기간까지 재심사청구가 가능하다.

라. 재심사청구의 방식

재심사를 청구하려는 자는 그 취지를 적은 디자인보호법 시행규칙 별지 제
2호 서식의 보정서를 특허청장에게 제출하여야 하고, 이 경우 대리인에 의하여
절차를 밟는 경우에는 그 대리권을 증명하는 서류 1통을 첨부하여야 한다(디자
인보호법 시행규칙 제60조).

그리고 디자인등록출원인은 제1항에 따른 재심사의 청구와 함께 의견서를
제출할 수 있다(제64조 제2항).

2. 재심사청구제도의 효과

가. 종전에 이루어진 거절결정의 효력

제1항에 따른 재심사의 청구가 있는 경우에는 해당 특허출원에 대하여 종
전에 이루어진 특허거절결정은 취소된 것으로 본다(제64조 제3항).

거절결정이 있는 상태에서 또다시 결정을 하게 되는 모순을 없애고, 최초로
결정하는 효과를 부여하기 위해서 결정 전의 상태로 되돌리기 위해서이다.[2] 종
전의 거절결정이 취소되므로 심사관은 재심사 청구된 보정서에 대해 재심사를
행하고, 다시 거절이유통지를 할 수 있는 등 일반적인 심사절차가 그대로 적용
된다.

나. 심사관의 재심사

심사관은 재심사가 청구된 출원에 대해서는 재심사를 청구하는 보정서의

---

[2] 정상조·박성수 공편, 특허법 주해 I, 박영사(2010), 844(신진균 집필부분).

심사관 이송일로부터 1개월 이내에 심사를 착수하는데, 새로운 거절이유를 발견한 경우에는 의견제출통지를 하는 등 보통의 심사절차에 따라 심사한다. 심사관은 재심사에 의하여도 당초 거절이유가 해소되지 않은 경우에는 거절결정을 하고, 당초 거절이유가 해소되고 새로운 거절이유가 발견되지 않은 경우에는 등록결정을 한다.[3]

다. 재심사청구의 취하

재심사의 청구는 취하할 수 없다(제64조 제4항). 재심사청구에 의해 종전의 거절결정이 취소되고 명세서가 보정이 되었는데 재심사청구를 취하하는 경우 취소된 거절결정이 다시 살아나고, 보정이 없었던 것으로 되는 것에 의해 절차가 복잡하고 불안정하게 되는 것을 방지하기 위한 것이다.[4]

〈최종선〉

---

3) 특허청, 디자인심사기준(2014. 7. 1.), 178-179.
4) 정상조·박성수 공편(주 2), 844(신진균 집필부분).

> **제65조(디자인등록결정)**
> 심사관은 디자인등록출원에 대하여 거절이유를 발견할 수 없을 때에는 디자인등록결정을 하여야 한다. 이 경우 복수디자인등록출원된 디자인 중 일부 디자인에 대하여 거절이유를 발견할 수 없을 때에는 그 일부 디자인에 대하여 디자인등록결정을 하여야 한다.

<소 목 차>

Ⅰ. 조문의 취지

디자인등록출원에 대하여 심사관이 심사한 결과 디자인보호법 제62조 각 호에서 규정하고 있는 거절이유를 발견하지 못하거나 통지된 거절이유가 출원인의 의견서 및 보정에 의해 해소된 때에는 디자인등록결정을 하여야 한다.

2013년 개정 의장법(2013. 5. 28, 법률 제11848호)에 따라 심사관은 복수디자인등록출원된 디자인 중 일부 디자인에 대하여 거절이유를 발견할 수 없을 때에는 그 일부 디자인에 대하여 디자인등록결정을 하여야 하고, 개정 전처럼 나머지 거절이유가 있는 디자인을 이유로 디자인 전부에 대하여 디자인등록거절결정을 해서는 아니 된다.

디자인등록결정은 서면으로 하여야 하며 그 이유를 붙여야 하고, 특허청장은 디자인등록결정을 한 경우에는 그 결정의 등본을 디자인등록출원인에게 송달하여야 한다(제67조). 심사관은 디자인등록출원에 대하여 디자인보호법 제65조에 따른 디자인등록결정을 하려는 경우에는 특허청장에게 이를 보고하고, ① 디자인등록출원인의 성명 및 주소, ② 디자인등록출원인의 대리인이 있는 경우에는 그 대리인의 성명 및 주소 또는 영업소의 소재지, ③ 디자인등록출원번호, ④ 디자인의 일련번호(복수디자인등록출원의 경우에만 해당한다), ⑤ 디자인의 대상이 되는 물품 및 물품류, ⑥ 결정의 주문과 그 이유, ⑦ 결정연월일을 적은 디자인등록결정서를 작성하여 이에 성명을 적고 날인하여야 한다(디자인보호법 디자인보호법 시행규칙 제58조).

디자인등록결정은 그 결정의 등본이 송달된 때에 확정되고, 이에 대한 불복제도는 없다.

Ⅱ. 조문의 연혁

제정 의장법(1961. 12. 31, 법률 제951호)은 독자적인 등록결정의 근거규정이 없었고, 1973년 개정 의장법(전부개정 1973. 2. 8, 법률 제2507호)은 제47조에서 "심사관은 의장등록출원에 대하여 거절할 이유를 발견할 수 없을 때에는 의장등록사정을 하여야 한다"라고 독자적으로 규정하였으며, 1990년 개정 의장법(전부개정 1990. 1. 13, 법률 제4208호)은 조문의 위치를 제28조로 바꾸어 규정하였고, 2001년 개정 의장법(일부개정 2001. 2. 3, 법률 제6413호)은 "의장등록사정"이라는 용어를 "의장등록결정"이라는 용어로 순화하였다.

2004년 개정 디자인보호법(일부개정 2004. 12. 31, 법률 제7289호)은 "의장"이라는 용어를 "디자인"으로 변경하였다.

2013년 개정 디자인보호법(전부개정 2013. 5. 28, 법률 제11848호, 시행 2014. 7. 1.)은 조문의 위치를 제65조로 바꾸었고, 출원인의 편의를 위하여 복수디자인등록출원된 디자인 중 일부 디자인에 대하여 거절이유를 발견할 수 없을 때에는 그 일부 디자인에 대하여 디자인등록결정을 하여야 한다는 규정을 신설하였다. 제65조는 부칙 제2조(일반적 적용례)에 따라 이 법 시행 후 출원한 디자인등록출원부터 적용한다.

〈최종선〉

제66조(직권보정)

① 심사관은 제65조에 따른 디자인등록결정을 할 때에 디자인등록출원서 또는 도면에 적힌 사항이 명백히 잘못된 경우에는 직권으로 보정(이하 "직권보정"이라 한다)을 할 수 있다.

② 제1항에 따라 심사관이 직권보정을 한 경우에는 제67조 제2항에 따른 디자인등록결정 등본의 송달과 함께 그 직권보정 사항을 디자인등록출원인에게 알려야 한다.

③ 디자인등록출원인은 직권보정 사항의 전부 또는 일부를 받아들일 수 없는 경우에는 제79조 제1항에 따라 디자인등록료를 낼 때까지 그 직권보정 사항에 대한 의견서를 특허청장에게 제출하여야 한다.

④ 디자인등록출원인이 제3항에 따라 의견서를 제출한 경우 해당 직권보정 사항의 전부 또는 일부는 처음부터 없었던 것으로 본다.

⑤ 제4항에 따라 직권보정의 전부 또는 일부가 처음부터 없었던 것으로 보는 경우 심사관은 그 디자인등록결정을 취소하고 처음부터 다시 심사하여야 한다.

〈소 목 차〉

Ⅰ. 서   설

1. 의의 및 취지

가. 의   의

심사관이 디자인등록결정을 할 때에 디자인등록출원서 또는 도면에 적힌 사항이 명백히 잘못된 경우에는 별도의 보정요구서 등을 발송하지 않고 직권으로 보정을 할 수 있도록 한 것이다.

나. 취   지

본조의 입법취지는 출원된 디자인이 사소하고 명백한 오기가 있을 뿐 디자인등록결정을 받는데 문제가 없는 경우에 그와 같은 오기를 정정하기 위해서 심사관이 거절이유통지를 해야 하는 등 경미한 오류나 누락으로 심사절차가 지연되던 문제점을 해결하기 위하여 심사관으로 하여금 사소하고 명백한 오기는 직권으로 보정할 수 있도록 하여 심사지연을 방지하고 출원인의 편의를 도모하고자 하는 것이다. 이러한 직권보정제도는 디자인보호법에 도입되기 전부터 특허법(제66조의 2, 2009. 1. 30. 신설)과 상표법(제24조의3, 2010. 1. 27. 신설)에 이미 도입되어 운영되고 있던 것이다.

　　그러나 물품의 명칭 등을 명확하게 기재할 책임은 원칙적으로 출원인에게 있고, 디자인보호법 제48조에서 보정할 수 있는 자, 보정이 가능한 기간 및 범위를 엄격하게 정하고 있는 점을 고려할 때, 심사관에 의한 직권 보정 제도는 출원인에 의한 보정의 예외로서 제한된 범위 내에서 보충적으로 운영될 필요가 있다.[1]

2. 조문의 연혁

　　본조는 2013년 개정 디자인보호법(전부개정 2013. 5. 28, 법률 제11848호, 시행 2014. 7. 1.)에서 처음으로 도입되었다. 이 법은 부칙 제2조(일반적 적용례)에 따라 이 법 시행 후 출원한 디자인등록출원부터 적용하나, 제66조의 개정규정은 부칙 제7조(직권보정에 관한 적용례)에 따라 이 법 시행 전에 출원된 디자인등록출원으로서 이 법 시행 후에 디자인등록결정을 하는 때에도 적용한다.

Ⅱ. 직권에 의한 보정

1. 직권보정의 시기 및 범위

가. 명백히 잘못 기재된 내용

　　심사관은 디자인등록출원(국제디자인등록출원은 제외한다[2])에 대하여 등록결정을 할 때에 물품의 명칭, 디자인의 설명 또는 창작내용의 요점란 기재에 명백한 오기가 있는 경우에 직권으로 보정할 수 있다.[3]

　　국문법에 어긋난 오자, 국문법상 해석이 분명한 탈자 등이 명백히 잘못 기재된 내용이다.[4]

---

1) 특허청, 심사지침서(특허실용신안)(2011. 1.), 5501
2) 디자인보호법 제195조(직권보정의 특례) 국제디자인등록출원에 대하여는 제66조를 적용하지 아니한다.
3) 특허청, 디자인심사기준(2014. 7. 1.), 85.
4) 특허청(주 1), 5501.

나. 명백하지 않은 경우

직권보정의 대상은 명백히 잘못 기재된 내용으로 한정된다. 물품의 명칭 등은 디자인권의 권리범위에 직접적으로 영향을 미치므로 심사관은 조금이라도 다른 해석의 여지가 있는 경우에는 직권보정을 하지 않아야 한다.5)

2. 직권보정 절차

가. 직권보정 사항의 통지

심사관이 직권보정을 한 경우에는 디자인등록결정 등본의 송달과 함께 그 내용을 출원인에게 알려야 한다(제66조 제2항).

나. 직권보정 사항에 대한 의견서 제출

디자인등록출원인은 직권보정 사항의 전부 또는 일부를 받아들일 수 없는 경우에는 디자인등록료를 낼 때까지 특허청장에게 그 직권보정사항에 대한 의견서를 제출하여 심사관의 직권보정 사항 중 받아들이는 것을 취사선택할 수 있다(제66조 제3항). 출원인이 의견서를 제출한 경우 의견이 제출된 해당 직권보정 사항의 전부 또는 일부는 처음부터 없었던 것으로 본다(제66조 제4항). 의견서 제출에 따라 직권보정 사항의 전부 또는 일부가 처음부터 없었던 것으로 보는 경우 심사관은 디자인등록결정을 취소하고 처음부터 다시 심사하여야 한다(제66조 제5항).6)

3. 직권보정 효과

심사관이 직권보정을 한 사항 중 출원인이 디자인등록료를 낼 때까지 의견서 제출을 하지 않은 부분은 그대로 보정이 이루어져 출원 당시에 보정된 후의 상태에 있었던 것으로 본다.

〈최종선〉

---

5) 특허청(주 1), 5502.
6) 특허법이나 상표법은 디자인보호법 제66조 제5항과 같이 심사관이 등록결정을 취소하고 다시 심사하는 규정을 두고 있지 않다.

> **제67조(디자인등록여부결정의 방식)**
> ① 디자인등록여부결정은 서면으로 하여야 하며 그 이유를 붙여야 한다.
> ② 특허청장은 디자인등록여부결정을 한 경우에는 그 결정의 등본을 디자인
> 등록출원인에게 송달하여야 한다.

Ⅰ. 조문의 취지

디자인등록여부결정[디자인등록거절결정(제62조), 디자인등록결정(제65조)]은 확인행위적 행정처분으로서 서면으로 하여야 하고, 결정등본을 디자인등록출원인에게 송달하여야 한다. 송달은 디자인등록여부결정의 효력발생요건임과 동시에 디자인등록출원인이 후속조치를 적절하게 취할 수 있는 기회를 제공하고자 함에 있다.[1]

결정서에 이유를 전혀 기재하지 않는 것은 허용되지 않지만, 이유 기재의 방법 및 정도는 일응 특허청에 위임되어 있다고 볼 수 있다.[2]

심사관은 디자인등록여부결정을 하려는 경우에는 특허청장에게 이를 보고하고 디자인등록출원인의 성명 및 주소, 디자인등록출원인의 대리인이 있는 경우에는 그 대리인의 성명 및 주소 또는 영업소의 소재지, 디자인등록출원번호, 디자인의 일련번호(복수디자인등록출원의 경우에만 해당한다), 디자인의 대상이 되는 물품 및 물품류, 결정의 주문과 그 이유, 결정연월일을 적은 디자인등록여부결정서를 작성하여 이에 성명을 적고 날인하여야 한다(디자인보호법 시행규칙 제58조).

디자인등록결정은 등본이 디자인등록출원인에게 송달된 때에 확정되고, 그

---

1) 특허청, 조문별 특허법해설(2007. 9.), 188-189; 일본 의장법 제19조는 일본 특허법 제52조를 준용하고, 일본 특허법 제52조는 우리나라 디자인보호법 제67조와 동일하게 규정하고 있는데, 제1항의 취지에 관해서 절차의 명확화를 위하여 등록여부결정을 문서로 하되, 심사관의 자의를 억제하고, 판단의 신중과 합리성을 담보하여 공정성이 보장되도록 이유를 기재하게 한 것이라고 설명하고 있다[中山新弘 編, 註解 特許法(上) 3版(橋本 良郎 집필부분), 靑林書院(2000), 591-592].
2) 中山新弘 編(주 1), 591(橋本 良郎 집필부분).

에 대한 불복제도는 없다. 디자인등록거절결정은 디자인등록출원인이 그 결정
등본을 송달받은 날부터 30일 이내(연장된 경우에는 그 연장된 기간)에 불복하는
심판을 청구하지 않으면 확정된다.

Ⅱ. 조문의 연혁

　　제정 의장법(1961. 12. 31, 법률 제951호)은 제28조에서 "사정에는 이유를 붙
여야 하고, 심사에 관한 서류의 송달을 각 령에 위임한다"는 취지의 특허법 제
86, 87조를 준용하였고, 1973년 개정 의장법(전부개정 1973. 2. 8, 법률 제2507호)
은 제48조에서 "사정은 문서로 하여야 하며 이유를 붙이어야 하고, 특허국장은
사정이 있었을 때에는 사정의 등본을 특허출원인에게 송달하여야 한다"는 특허
법 제94조를 준용하였다.

　　1990년 개정 의장법(전부개정 1990. 1. 13, 법률 제4208호)은 특허법 조문을
준용하지 않고 제29조에서 "사정은 서면으로 하여야 하며 그 이유를 붙여야 한
다. 특허청장은 사정이 있는 경우에는 그 사정의 등본을 의장등록출원인에게 송
달하여야 한다"라고 독자적으로 규정하였다.

　　2001년 개정 의장법(일부개정 2001. 2. 3, 법률 제6413호)은 '사정'에서 '등록
여부결정'으로 용어를 순화하였고, 2004년 개정 디자인보호법(일부개정 2004. 12.
31, 법률 제7289호) '의장'에서 '디자인'으로 용어를 변경하였다.

　　2013년 개정 디자인보호법(전부개정 2013.5 .28, 법률 제11848호, 시행 2014. 7.
1.)은 조문의 위치를 현재의 제67조로 변경하였다. 제67조는 부칙 제2조(일반적
적용례)에 따라 이 법 시행 후 출원한 디자인등록출원부터 적용한다.

〈최종선〉

제68조(디자인일부심사등록 이의신청)

① 누구든지 디자인일부심사등록출원에 따라 디자인권이 설정등록된 날부터 디자인일부심사등록 공고일 후 3개월이 되는 날까지 그 디자인일부심사등록이 다음 각 호의 어느 하나에 해당하는 것을 이유로 특허청장에게 디자인일부심사등록 이의신청을 할 수 있다. 이 경우 복수디자인등록출원된 디자인등록에 대하여는 각 디자인마다 디자인일부심사등록 이의신청을 하여야 한다.

1. 제3조 제1항 본문에 따른 디자인등록을 받을 수 있는 권리를 가지지 아니하거나 같은 항 단서에 따라 디자인등록을 받을 수 없는 경우
2. 제27조, 제33조, 제34조, 제35조 제2항·제3항, 제39조 및 제46조 제1항·제2항에 위반된 경우
3. 조약에 위반된 경우

② 디자인일부심사등록 이의신청을 하는 자(이하 "이의신청인"이라 한다)는 다음 각 호의 사항을 적은 디자인일부심사등록 이의신청서에 필요한 증거를 첨부하여 특허청장에게 제출하여야 한다.

1. 이의신청인의 성명 및 주소(법인인 경우에는 그 명칭 및 영업소의 소재지)
2. 이의신청인의 대리인이 있는 경우에는 그 대리인의 성명 및 주소나 영업소의 소재지(대리인이 특허법인인 경우에는 그 명칭, 사무소의 소재지 및 지정된 변리사의 성명)
3. 디자인일부심사등록 이의신청의 대상이 되는 등록디자인의 표시
4. 디자인일부심사등록 이의신청의 취지
5. 디자인일부심사등록 이의신청의 이유 및 필요한 증거의 표시

③ 심사장은 디자인일부심사등록 이의신청이 있을 때에는 디자인일부심사등록 이의신청서 부본(副本)을 디자인일부심사등록 이의신청의 대상이 된 등록디자인의 디자인권자에게 송달하고 기간을 정하여 답변서를 제출할 기회를 주어야 한다.

④ 디자인일부심사등록 이의신청에 관하여는 제121조 제4항을 준용한다.

Ⅰ. 본조의 의의 및 취지

1. 의   의

디자인일부심사등록이란 디자인등록출원이 디자인등록요건 가운데 일부만을 갖추고 있는지를 심사하여 등록하는 것이다(디자인보호법 제2조 제6호). 따라서, 심사관은 디자인일부심사등록출원에 대해서는 그 디자인이 출원 전에 국내 또는 국외에서 공지되었는지 등을 심사하지 않는다(디자인보호법 제62조 제2항).

다만, 디자인일부심사등록출원에 의해 등록된 디자인에 대해서는 누구든지 그 등록의 취소를 요구하는 이의신청을 할 수 있도록 규정하고 있다(제1항).

본조는 디자인일부심사등록에 대한 이의신청(이하 본조에서는 "이의신청"이라 한다)의 신청자격, 신청이유, 신청방식 및 심사절차 등을 정하는 것이다.

2. 취   지

디자인일부심사등록제도는 디자인의 유행주기가 짧거나 디자인을 모방하기 쉬운 물품의 디자인에 대해서는 디자인권을 빨리 얻을 수 있도록 기회를 주기 위하여 운영하는 것이다.

따라서, 디자인일부심사등록출에 의해 등록된 디자인 가운데는 디자인등록의 요건을 완전하게 갖추지 못한 것이 존재할 수도 있다.

본조는 디자인일부심사등록출원에 의해 등록된 디자인이 등록요건상 흠을 가지고 있는 경우, 이의신청을 통하여 그 디자인을 취소시킬 수 있는 수단을 제공하는 것이다.

즉, 부실한 등록디자인의 권리자를 보호하는 것은 이 법의 취지에 어긋날 뿐만 아니라, 흠이 있는 권리가 존속함에 따라 일반공중에게 손해가 발생할 수 있기 때문에, 그러한 부작용을 미리 차단하려는 데 목적을 둔 제도이다.

Ⅱ. 이의신청 요건

1. 이의신청 자격

디자인일부심사등록에 대한 이의신청은 누구든지 할 수 있다(제1항 본문). 즉, 등록디자인의 유효성 여부에 따라 법률상 이익을 얻거나 손해를 볼 우려가 있는 이해관계인에게만 청구자격을 주는 등록무효심판이나 권리범위확인심판 등과는 달리, 이의신청의 자격은 등록디자인에 이해관계가 없는 일반공중에게 도 개방되어 있다.

등록디자인에 특정한 이해관계가 없는 일반공중도 이의신청을 제기할 수 있도록 한 이유는, 등록디자인에 등록요건상 하자가 존재하는지 여부에 대하여 더욱 많은 정보가 제공될 수 있기 때문이다.

2. 이의신청 대상

디자인일부심사등록출원에 따라 등록된 디자인일부심사등록에 대해서 이의 신청을 할 수 있다. 이 경우에 복수디자인등록출원되어 등록된 디자인등록에 대 하여는 디자인마다 이의신청을 하여야 한다(제1항 본문).

3. 이의신청 기간

디자인일부심사등록출원에 따라 디자인권이 설정등록된 날부터 디자인일부 심사등록 공고일 후 3개월이 되는 날까지 이의신청을 할 수 있다(제1항 본문).

디자인권이 설정등록된 날이란 디자인등록을 받으려는 자가 디자인등록료 를 낸 경우에 특허청장이 디자인권을 설정하기 위하여 디자인등록원부에 등록 사항을 등재한 날이다(디자인보호법 제90조).

디자인일부심사등록 공고일이란 디자인등록이 공고된 취지를 게재한 등록 디자인공보가 발행된 날을 말한다(디자인보호법 시행규칙 제61조 제1항).

4. 이의신청 이유

디자인일부심사등록에 대한 이의신청은 다음에 열거된 것 가운데 어느 하 나 이상에 해당하는 것을 이유로 제기할 수 있다.

① 제3조(디자인등록을 받을 수 있는 자) 제1항에 위반된 경우
② 제27조(외국인의 권리능력)에 위반된 경우
③ 제33조(디자인등록의 요건)에 위반된 경우
④ 제34조(디자인등록을 받을 수 없는 디자인)에 위반된 경우
⑤ 제35조(관련디자인) 제2항에 위반된 경우
⑥ 제35조(관련디자인) 제3항에 위반된 경우
⑦ 제39조(공동출원)에 위반된 경우

⑧ 제46조(선출원) 제1항에 위반된 경우

⑨ 제46조(선출원) 제2항에 위반된 경우

⑩ 조약에 위반된 경우

제40조(1디자인 1디자인등록출원출원) 등 출원방식에 관한 요건에 위반된 경우에는 디자인등록거절결정(디자인보호법 제62조)의 이유에는 해당하지만 이의신청의 이유는 되지 않는다. 즉, 1디자인 1디자인등록출원의 원칙에 어긋나게 출원되어 그대로 등록된 디자인일지라도 그 효력을 부인할 수는 없다.

Ⅲ. 이의신청 방법

1. 이의신청서 제출

이의신청을 하려는 자는 다음에 열거된 사항을 적은 디자인일부심사등록이의신청서(디자인보호법 시행규칙 별지 제8호서식)를 제출하여야 한다. 이 경우 복수디자인등록출원에 의하여 등록된 디자인에 대해서는 디자인마다 제출하여야 한다(디자인보호법 시행규칙 제62조 제1항).

① 이의신청인의 성명 및 주소(법인은 명칭 및 영업소 소재지)

② 대리인이 있는 경우에는 그 성명 및 주소(특허법인은 명칭, 사무소 소재지 및 지정된 변리사의 성명)

③ 이의신청의 대상이 되는 등록디자인의 표시

④ 이의신청의 취지

⑤ 이의신청의 이유 및 필요한 증거의 표시

2. 증거서류 첨부

이의신청서에는 이의신청의 이유에 대한 증거를 첨부하여야 한다(제2항). 예를 들면, 등록디자인이 출원 전에 잡지에 게재됨으로써 제33조(디자인등록의 요건) 제1항 제2호의 간행물에 게재된 디자인에 해당한다는 이유로 이의신청을 하려는 경우에는, 이를 객관적으로 증명할 수 있도록 그 잡지의 사본 등을 증거로 제출하여야 한다.

Ⅳ. 디자인권자 등에 대한 이의신청 사실의 통지

1. 디자인권자에 대한 통지

이의신청이 있을 때에는 심사장은 이의신청의 대상이 된 등록디자인의 디자인권자에게 이의신청서 부본을 송달함과 아울러, 기간을 정하여 답변서를 제출할 기회를 주어야 한다(제3항).

이의신청의 대상이 된 등록디자인의 디자인권자는 답변서(디자인보호법 시행규칙 별지 제1호서식)를 작성하여 그 답변사항을 증명하는 서류를 첨부하여 제출함으로써 이의신청인이 주장한 이의신청 이유에 대하여 반박할 수 있다.

2. 디자인에 관한 권리를 등록한 자에 대한 통지

이의신청이 있을 때에 이의신청의 대상이 된 등록디자인의 디자인권에 전용실시권이나 그 밖에 디자인에 관한 권리가 설정되어 있는 경우에는, 심사장은 전용실시권자나 그 밖의 권리자에게 그 취지를 통지하여야 한다(제4항에서 제121조 제4항 준용).

〈고재홍〉

> **제69조(디자인일부심사등록 이의신청 이유 등의 보정)**
> 이의신청인은 디자인일부심사등록 이의신청을 한 날부터 30일 이내에 디자인
> 일부심사등록 이의신청서에 적은 이유 또는 증거를 보정할 수 있다.

<소 목 차>

Ⅰ. 본조의 의의 및 취지

1. 의　　의

이의신청을 하려는 자는 이의신청서에 이의신청의 이유 및 그 증거를 표시하여 제출하면서 필요한 증거서류를 함께 첨부하여야 한다(디자인보호법 제68조 제2항).

본조는 일단 제출한 이의신청서에 적은 이의신청의 이유 또는 증거의 표시를 보정하거나 그 증거서류를 보완하는 절차에 관하여 규정한 것이다.

2. 취　　지

이의신청은 디자인일부심사등록출원에 따라 디자인권이 설정등록된 날부터 디자인일부심사등록의 공고일 후 3개월이 되는 날까지만 할 수 있다(디자인보호법 제68조 제1항 본문).

만약 이의신청의 기간 얼마 남지 않아 이의신청서를 서둘러 제출하여야 하는 상황에서는 이의신청의 이유나 증거 등을 완전하게 갖추지 못한 채로 이를 제출하는 사례가 발생할 수도 있다.

본조는 이의신청서를 제출할 때 잘못 적은 사항을 나중에 정정하거나 처음에 제시하지 않았던 이의신청의 이유나 증거를 추가할 기회를 주기 위한 것이다.

II. 이의신청의 이유 및 증거의 보정

1. 보정 대상

이의신청의 보정은 처음에 제출한 이의신청서에 적은 이유 또는 증거를 보완하거나 일부 삭제하거나 새로 추가할 수 있다. 그러나 이의신청의 대상이 되는 등록디자인을 변경할 수는 없다.

2. 보정 기간

이의신청에 대한 보정은 이의신청을 한 날부터 30일 이내에 할 수 있다. 이 경우에 이의신청인은 특허청장에게 기간연장신청서(특허법 시행규칙 별지 제10호서식)를 제출하여 그 기간을 30일 이내에서 한 차례 연장할 수 있다(디자인보호법 제17조 제1항).

다만, 교통이 불편한 지역에 있는 자의 경우에는 추가로 이의신청 보정기간을 30일 이내에서 1회 더 연장할 수 있다(디자인보호법 제17조 제1항 단서, 디자인보호법 시행규칙 제29조 제4항).

이의신청 이유 및 증거의 보정을 일정한 기간까지만 할 수 있도록 제한하는 이유는, 보정이 꼬리를 물고 계속됨으로써 이의신청 심사처리가 지연되는 사례를 방지하고, 이의신청 이유 및 증거가 보정될 때마다 추가로 답변해야 하는 권리자의 번거로움을 덜어주기 위한 것이다.

3. 보정 방법

이의신청 이유 등을 보정하려는 자는 보정서(디자인보호법 시행규칙 별지 제2호서식)를 작성하여 그 보정내용을 증명하는 서류를 첨부하여 제출하여야 한다(디자인보호법 시행규칙 제62조 제4항).

〈고재홍〉

> **제70조(심사·결정의 합의체)**
> ① 디자인일부심사등록 이의신청은 심사관 3명으로 구성되는 심사관합의체에서 심사·결정한다.
> ② 특허청장은 각 디자인일부심사등록 이의신청에 대하여 심사관합의체를 구성할 심사관을 지정하여야 한다.
> ③ 특허청장은 제2항에 따라 지정된 심사관 중 1명을 심사장으로 지정하여야 한다.
> ④ 심사관합의체 및 심사장에 관하여는 제131조 제2항, 제132조 제2항 및 제133조 제2항·제3항을 준용한다.

<소 목 차>

Ⅰ. 본조의 의의 및 취지

1. 의　　의

디자인일부심사등록 이의신청(이하 본조에서는 "이의신청"이라 한다)은 등록디자인에 대하여 이의신청인이 제시한 이유 및 증거와 이를 반박하는 디자인권자의 답변을 기초하여 그 유효성 여부를 결정하는 제도이다.

본조는 이의신청에 대한 심사 및 결정의 담당주체 및 처리절차에 관한 사항을 정하는 규정이다.

2. 취　　지

본조는 여러 명의 심사관이 참여하는 합의체를 구성하여 이의신청을 처리하도록 함으로써 이의신청 심사의 절차적 공정성을 확보함은 물론 그 결정에 대한 신뢰성을 높이기 위한 것이다.

Ⅱ. 이의신청의 심사 및 결정의 담당주체

1. 이의신청에 대한 심사 · 결정의 합의체

이의신청에 대한 심사 및 결정은 심사관 3명으로 구성되는 심사관합의체에서 담당한다(제1항).

이의신청의 심사는 일단 적법한 절차를 따라 등록된 디자인의 유효성 여부를 가리는 것이기 때문에, 디자인등록출원의 심사를 단독의 심사관이 담당하는 것과는 달리, 여러 심사관이 참여하는 합의체를 구성하여 처리하는 것이다.

2. 심사관합의체의 구성

이의신청에 대하여 심사하고 결정할 심사관합의체는 특허청장이 지정하는 심사관으로 구성된다(제2항).

특허청장은 심사관합의체의 심사관 중 이의신청의 심사 및 결정에 관여하는 데 지장이 있는 사람이 있으면 다른 심사관에게 이를 맡길 수 있다(제4항에서 제131조 제2항 준용).

이의신청에 대한 심사 및 결정에 있어서 심사관합의체의 합의는 과반수로 결정한다(제4항에서 제133조 제2항 준용).

심사관합의체의 심사 및 결정에 있어서 합의는 공개하지 않는다. 즉, 심사관합의체는 합의에 따른 결과로서의 결정은 공개하지만, 그 합의과정의 구체적인 내용은 공개하지 않는다(제4항에서 제133조 제3항 준용).

3. 심사장의 지정

심사관합의체의 심사장은 심사관합의체의 심사관 중 특허청장이 지정하는 1명의 심사관이 맡는다(제3항).

심사관합의체의 심사장은 그 이의신청 사건에 관한 사무를 총괄한다(제4항에서 제132조 제2항 준용).

〈고재홍〉

제71조(디자인일부심사등록 이의신청 심사에서의 직권심사)

① 디자인일부심사등록 이의신청에 관한 심사를 할 때에는 디자인권자나 이의신청인이 주장하지 아니한 이유에 대하여도 심사할 수 있다. 이 경우 디자인권자나 이의신청인에게 기간을 정하여 그 이유에 관하여 의견을 진술할 수 있는 기회를 주어야 한다.

② 디자인일부심사등록 이의신청에 관한 심사를 할 때에는 이의신청인이 신청하지 아니한 등록디자인에 관하여는 심사할 수 없다.

<소 목 차>

Ⅰ. 본조의 의의 및 취지

1. 의　　의

본조는 디자인일부심사등록 이의신청(이하 본조에서는 "이의신청"이라 한다)에 대한 심사에서, 등록디자인이 취소되어야 하는 이유 및 증거를 심사관이 직권으로 탐지하여 적용할 수 있는 근거와 절차를 마련함과 아울러, 심사의 대상이 되는 등록디자인의 범위를 정한 것이다.

2. 취　　지

원칙적으로 이의신청은 등록디자인에 대하여 이의신청인이 제시한 이유 및 증거와 이를 반박하는 디자인권자의 답변을 근거로 하여 그 등록디자인이 유효한지를 결정하는 제도이다.

본조는 이의신청의 대상이 된 등록디자인에 대하여 심사관이 직권으로 새로운 이유나 증거를 찾아내어 적용할 수 있도록 함으로써, 흠이 있는 등록디자인을 걸러내는 것을 목적으로 하는 이의신청제도의 유용성을 담보하기 위한 것이다.

또한, 이의신청에 대한 심사에서 그 대상이 되는 등록디자인을 명확하게 특정하기 위한 규정이다.

Ⅱ. 이의신청에 대한 심사에서의 직권심사

1. 직권심사의 범위

이의신청에 관한 심사를 할 때에는 디자인권자나 이의신청인이 주장하지 아니한 이유에 대하여도 심사할 수 있다. 따라서, 심사관은 직권으로 이의신청인이 제시한 것과 다른 이유나 증거를 찾아서 등록취소결정의 근거로 삼을 수 있다(제1항 전단).

예를 들면, 이의신청인이 등록디자인이 취소되어야 하는 이유로 그 디자인이 출원 전에 공지되었다는 사실만을 주장하였더라도, 심사관은 직권으로 디자인이 창작성이 없다는 이유를 적용하여 디자인등록취소결정을 할 수 있다.

2. 직권심사의 대상

복수디자인등록출원에 따라 등록된 복수디자인에 대해서는 디자인의 전체 또는 일부에 대해서 이의신청을 할 수 있다.

그러나 이의신청 심사관은 이의신청에 대한 심사에서 이의신청인이 신청하지 않은 디자인에 대하여는 심사할 수 없다(제2항).

디자인일부심사등록 이의신청 제도의 본질적 의의는 등록이 취소되어야 하는 디자인을 이의신청인이 구체적으로 특정하는 것이므로, 비록 복수디자인등록의 경우일지라도 심사관이 직권으로 그 범위를 확대할 수 없다.

3. 직권심사의 절차

이의신청에 관한 심사에서 심사관이 직권으로 새로 찾은 이유나 증거를 적용하려는 경우에는 디자인권자 및 이의신청인에게 기간을 정하여 그 이유나 증거에 관하여 의견을 진술할 기회를 주어야 한다(제1항 후단).

이에 따라, 디자인권자 및 이의신청인은 심사관이 직권으로 찾아낸 이유나 증거가 적합한지에 관한 의견을 제출할 수 있다.

〈고재홍〉

제72조(디자인일부심사등록 이의신청의 병합 또는 분리)
  심사관합의체는 2 이상의 디자인일부심사등록 이의신청을 병합하거나 분리하
여 심사·결정할 수 있다.

<소 목 차>

Ⅰ. 본조의 의의 및 취지

1. 의   의

디자인일부심사등록 이의신청(이하 본조에서는 "이의신청"이라 한다)은 등록디
자인과 관련하여 이해관계가 없을지라도 누구나 할 수 있으므로 같은 등록디자
인에 대하여 여러 건의 이의신청이 있을 수 있다.

본조는 하나의 등록디자인에 대하여 둘 이상의 이의신청이 있는 때에, 필요
에 따라 이들을 병합하여 심사하거나, 일단 병합한 둘 이상의 이의신청을 다시
분리하여 심사할 수 있는 근거를 마련한 것이다.

2. 취   지

이의신청에 대한 심사는 원칙적으로 사건마다 따로 처리하여야 한다. 그
러나 같은 등록디자인에 대하여 공통적인 이유 및 증거로 여러 건의 이의신청
이 있는 때에 이들을 개별적으로 처리한다면 심사절차에서 비효율이 발생할 뿐
만 아니라, 심사결과의 일관성 및 통일성을 유지하는 데에도 어려움이 있을 수
있다.

본조는 같은 등록디자인에 대한 둘 이상의 이의신청 심사에서 발생할 수
있는 불합리한 결과를 방지함과 아울러 이의신청 심사를 효율적으로 수행하기
위한 수단을 제공하는 것이다.

Ⅱ. 이의신청 심사의 병합 및 분리

1. 이의신청 심사의 병합

이의신청 심사에서 병합이란 둘 이상의 이의신청 사건을 하나의 절차에 따라 심사하고 결정하는 것을 말한다.

일반적으로 이의신청 심사의 병합은, 하나의 등록디자인에 대하여 서로 다른 이의신청인에 의하여 둘 이상의 이의신청이 제기된 때에, 그 이유 및 증거가 공통으로 적용되는 경우에 필요하다.

그러나 하나의 등록디자인에 대하여 같은 이의신청인이 같은 이유 및 증거를 들어 둘 이상의 이의신청을 제기한 경우에는 병합의 대상이 되지 않는다. 이는 단순히 같은 내용의 이의신청서를 두 번 제출한 것에 지나지 않기 때문이다.

둘 이상의 이의신청 사건을 병합한 경우에는 하나의 절차에 따라 심사하고 하나의 결정으로 마무리하기 때문에 이의신청 심사업무의 효율성을 높일 수 있다.

2. 이의신청 심사의 분리

이의신청 심사에서 분리란 둘 이상의 이의신청 사건을 병합하여 처리하다가 필요에 따라 다시 분리하여 개별적으로 심사하거나 결정하는 것을 말한다.

심사관합의체는 둘 이상의 이의신청 사건을 병합한 경우일지라도 심사를 진행하는 과정에서 그 이유 또는 증거를 공통으로 적용하는 것이 적합하지 않다고 판단한 때에는 이를 다시 분리하여 심사할 수 있다.

〈고재홍〉

제73조(디자인일부심사등록 이의신청에 대한 결정)

① 심사관합의체는 제68조 제3항 및 제69조에 따른 기간이 지난 후에 디자인일부심사등록 이의신청에 대한 결정을 하여야 한다.

② 심사장은 이의신청인이 그 이유 및 증거를 제출하지 아니한 경우에는 제68조 제3항에도 불구하고 제69조에 따른 기간이 지난 후에 결정으로 디자인일부심사등록 이의신청을 각하할 수 있다.

③ 심사관합의체는 디자인일부심사등록 이의신청이 이유 있다고 인정될 때에는 그 등록디자인을 취소한다는 취지의 결정(이하 "디자인등록취소결정"이라 한다)을 하여야 한다.

④ 디자인등록취소결정이 확정된 때에는 그 디자인권은 처음부터 없었던 것으로 본다.

⑤ 심사관합의체는 디자인일부심사등록 이의신청이 이유 없다고 인정될 때에는 그 이의신청을 기각한다는 취지의 결정(이하 "이의신청기각결정"이라 한다)을 하여야 한다.

⑥ 디자인일부심사등록 이의신청에 대한 각하결정 및 이의신청기각결정에 대하여는 불복할 수 없다.

〈소 목 차〉

Ⅰ. 본조의 의의 및 취지

1. 의   의

디자인일부심사등록 이의신청(이하 본조에서는 "이의신청"이라 한다)에서 심사관합의체는 이의신청이 법에서 정한 방식요건에 맞게 이루어진 것인지를 심사하고, 이의신청인이 제시하거나 직권으로 찾아낸 이유 및 증거를 바탕으로 하여 등록디자인의 유효성 여부를 결정해야 한다.

본조는 심사관합의체가 이의신청에 대하여 심사한 다음에 최종적으로 내리는 결정의 시기, 종류 및 효력에 관하여 규정하는 것이다.

2. 취　지

이의신청에 대한 심사는 등록디자인의 유효성 여부를 판단하는 것으로서 이의신청인 및 디자인권자에게 큰 영향을 미칠 수 있기 때문에 심사관합의체의 모든 결정은 객관적이고 명확하게 이루어져야 한다.

본조는 이의신청에 대한 결정의 시기 등에 관한 일반적 기준을 정함으로써 이의신청 심사의 절차적 적합성을 담보하기 위한 규정이다.

Ⅱ. 이의신청에 대한 결정

1. 이의신청에 대한 결정의 시기

이의신청이 있을 때에는 이의신청서 부본을 송달받은 디자인권자는 지정된 기간 이내에 이의신청에 대한 답변서를 제출할 수 있다.

한편, 이의신청인은 이의신청을 한 날부터 30일 이내에 이의신청서에 적은 이유 또는 증거를 보정할 수 있다. 또한, 디자인보호법 제17조(기간의 연장 등)에 따라 기간이 연장된 경우에는 그 연장된 기간 이내에 이를 보정할 수 있다.

일반적으로 이의신청에 대한 결정은 디자인권자가 답변서를 제출할 수 있는 기간과 이의신청인이 이유 및 증거를 보정할 수 있는 기간이 모두 지난 다음에 한다(제1항).

이의신청에 대한 답변 및 보정의 과정을 거치면서 이의신청인과 디자인권자가 제기하는 쟁점사항이 정리됨에 따라 이의신청 사건은 심사관합의체가 결정을 내릴 수 있을 만큼 성숙하게 되는 것이다.

그러나 이의신청인이 이의신청의 이유나 증거를 제출하지 않은 경우에는, 디자인권자의 답변서 제출기간과 관계없이 이의신청인의 이유 및 증거를 보정기간이 지난 후에 이의신청을 각하하는 취지의 결정을 할 수 있다(제2항).

2. 이의신청에 대한 결정의 종류

가. 이의신청각하결정

각하란 신청 등이 법령에서 정한 요건을 갖추지 못한 경우에 본안심리에 들어가지 않고 그 신청 자체를 배척하는 것을 말한다.

이의신청에서 이의신청인이 일정한 기간 이내에 그 이유 및 증거를 제출하지 않은 경우에는 이의신청각하결정을 하여야 한다(제2항).

나. 디자인등록취소결정

취소란 일단 유효하게 이루어진 행정처분의 효력을 사후에 그 처분 당시로 소급하여 소멸시키는 행위를 말한다.

심사관합의체는 이의신청의 이유 및 증거가 타당하다고 인정되는 경우에는 등록디자인을 취소한다는 취지의 결정을 하여야 한다(제3항).

다. 이의신청기각결정

기각이란 신청 등에 대하여 그 주장하는 내용이 이유가 없다고 하여 받아들이지 않는 것을 말한다.

심사관합의체는 이의신청이 이유가 없다고 인정될 때에는 그 이의신청을 기각한다는 취지의 결정을 하여야 한다(제5항). 즉, 이의신청인이 제시한 이유 및 증거가 타당하지 않다고 판단되는 경우에는 이의신청인의 주장을 배척하고 등록디자인이 유지되어야 한다는 취지의 결정을 하는 것이다.

3. 이의신청에 대한 결정의 효력

가. 디자인등록취소결정의 효력

디자인등록을 취소한다는 취지의 결정을 받은 디자인권자가 이에 불복할 때에는 그 결정등본을 송달받은 날부터 30일 이내에 심판을 청구할 수 있다(디자인보호법 제120조).

디자인등록취소결정이 확정된 때에는 그 디자인권은 처음부터 없었던 것으로 본다(제4항). 즉, 그 등록디자인 및 디자인권은 소급하여 소멸하는 것이다.

디자인등록취소결정이 확정된다는 것은 디자인권자가 그 결정에 대하여 불복하는 심판을 청구하지 않았거나, 불복심판을 청구하였더라도 디자인권자의 주장이 받아들여지지 않아 더 다툴 수단이 없는 상태를 말한다.

나. 이의신청각하결정 및 이의신청기각결정의 효력

이의신청에 대한 각하결정 또는 기각결정에 대하여는 불복할 수 없다(제6항). 즉, 이의신청인이 이의신청각하결정이나 이의신청기각결정을 받았더라도 그 결정내용 자체에 대해서는 불복을 허용하지 않는다.

그러나 이의신청인은 이의신청의 대상이었던 등록디자인에 대하여 디자인

권자를 피청구인으로 하여 디자인등록의 무효심판을 청구함으로써 이의신청에
서 받은 결정에 불복하는 것과 같은 효과를 얻을 수 있다(디자인보호법 제121조).

〈고재홍〉

제74조(디자인일부심사등록 이의신청에 대한 결정방식)

① 디자인일부심사등록 이의신청에 대한 결정은 다음 각 호의 사항을 적은 서면으로 하여야 하며, 결정을 한 심사관은 그 서면에 기명날인하여야 한다.

1. 디자인일부심사등록 이의신청 사건의 번호

2. 디자인권자와 이의신청인의 성명 및 주소(법인인 경우에는 그 명칭 및 영업소의 소재지)

3. 디자인권자와 이의신청인의 대리인이 있는 경우에는 대리인의 성명 및 주소나 영업소의 소재지(대리인이 특허법인인 경우에는 그 명칭, 사무소의 소재지 및 지정된 변리사의 성명)

4. 결정과 관련된 디자인의 표시

5. 결정의 결론 및 이유

6. 결정연월일

② 심사장은 디자인일부심사등록 이의신청에 대한 결정을 한 경우에는 결정등본을 이의신청인과 디자인권자에게 송달하여야 한다.

〈소 목 차〉

Ⅰ. 본조의 의의 및 취지

1. 의   의

심사관합의체는 디자인일부심사등록 이의신청(이하 본조에서는 "이의신청"이라 한다)에 대한 심사에서 이의신청인의 주장을 받아들일지에 관하여 결론이 나면 이의신청에 대한 결정을 하고 그 내용을 당사자에게 알려야 한다.

본조는 심사관합의체가 이의신청에 대하여 심사한 다음에 최종적으로 내리는 결정의 방식 및 그 결정등본의 송달에 관하여 규정하는 것이다.

2. 취   지

이의신청의 심사는 등록디자인의 유효성 여부를 판단하는 것이므로 심사관합의체의 의사는 객관적이고 명확하게 표시되어야 한다.

본조는 이의신청에 대한 결정의 방식 등에 관하여 구체적 기준을 정함으로써 이의신청 심사의 절차적 정당성을 도모하기 위한 규정이다.

Ⅱ. 이의신청에 대한 결정의 방식 및 송달

1. 이의신청에 대한 결정의 방식

이의신청에 대한 결정은 아래 사항을 적은 서면으로 하여야 한다(제1항). 여기에서, 서면이란 이의결정서를 말한다.

① 이의신청 사건의 번호

② 디자인권자 및 이의신청인 성명 및 주소(디자인권자 또는 이의신청인이 법인인 경우에는 그 명칭 및 영업소 소재지)

③ 디자인권자나 이의신청인의 대리인이 있는 경우에는 대리인 성명 및 주소나 영업소 소재지(대리인이 특허법인인 경우에는 그 명칭, 사무소 소재지 및 지정된 변리사 성명)

④ 결정과 관련된 디자인의 표시

⑤ 결정의 결론 및 이유

⑥ 결정연월일

위 ③의 특허법인은 특허법인과 특허법인(유한)을 포함한다고 할 것이다. 특허법인이란 변리사 업무를 조직적이고 전문적으로 수행하기 위하여 5명 이상의 변리사를 구성원으로 하여 설립된 법인을 말하고(변리사법 제6조의3), 특허법인(유한)이란 특허법인 가운데 유한회사 성격을 가진 법인을 말한다(변리사법 제6조의12).

위 ④에서 결정과 관련된 디자인의 표시란 디자인등록번호를 말하며, 위 ⑤에서 결정의 결론 및 이유란 등록디자인을 취소할 것인지 여부 및 그 근거가 되는 법규정을 말한다.

심사관합의체의 구성원으로서 결정에 참여한 각 심사관은 이의결정서에 성명을 적고 도장을 찍어야 한다(제1항 후단).

2. 이의신청에 대한 결정의 등본 송달

심사관합의체의 심사장은 이의신청에 대한 결정이 있으면 이의신청인 및 디자인권자에게 그 결정의 등본을 송달하여야 한다(제2항).

　이의결정 등본의 송달은 일반적으로 등기우편의 방법으로 하며, 수신인에게 실제로 도달하여야 결정의 효력이 발생한다.

　이의신청에 대한 결정의 등본을 송달받은 이의신청인 및 디자인권자는 필요한 경우에 각각 디자인등록무효심판 및 디자인등록취소결정불복심판을 청구하는 절차를 밟게 된다.

〈고재홍〉

> **제75조(디자인일부심사등록 이의신청의 취하)**
> ① 디자인일부심사등록 이의신청은 제71조 제1항 후단에 따른 의견진술의 통지 또는 제74조 제2항에 따른 결정등본이 송달된 후에는 취하할 수 없다.
> ② 디자인일부심사등록 이의신청을 취하하면 그 이의신청은 처음부터 없었던 것으로 본다.

Ⅰ. 본조의 의의 및 취지

1. 의　　의

취하란 일단 제기한 신청 또는 청구 등을 처음부터 없었던 것으로 만드는 그 신청인 등의 행위를 의미한다.

본조는 이의신청인이 이미 사건으로 성립된 이의신청을 취하할 수 있는 시기 및 그 효과에 관하여 규정하는 것이다.

2. 취　　지

이의신청에 대한 심사는 등록디자인의 유효성 여부를 결정하는 일련의 과정이기 때문에, 이의신청을 언제까지 취하할 수 있으며 그 효과는 무엇인지를 확실히 할 필요가 있다.

본조는 이의신청을 취하할 수 있는 시기를 구체적으로 정함과 아울러 이의신청이 취하된 경우의 효과를 명확하게 함으로써 이의신청에 대한 심사의 절차적 효율성을 유지하기 위한 것이다.

II. 이의신청 취하

1. 이의신청 취하의 시기

이의신청인은 원칙적으로 언제든지 이의신청을 취하할 수 있다. 다만, 다음과 같은 경우에는 이의신청을 취하하는 것이 허용되지 않는다(제1항).

첫째는, 디자인권자 또는 이의신청인이 주장하지 않은 이유를 심사관이 직권으로 인용하여 제71조 제1항 후단에 따라 이의신청인에게 의견을 진술하도록 요구하는 통지가 송달된 후이다.

둘째는, 이의신청에 대한 심사관합의체의 결정등본이 제74조 제2항에 따라 이의신청인에게 송달된 후이다.

특정한 경우에는 이의신청을 취하하지 못하도록 규정한 까닭은, 이의신청이 처음부터 없었던 것으로 됨에 따라 등록디자인이 흠이 있음에도 그대로 유지되는 불합리함을 방지하기 위한 것이다.

2. 이의신청 취하의 효과

이의신청이 취하되면 그 이의신청은 처음부터 없었던 것으로 본다(제2항). 즉, 이의신청이 취하되면 이의신청이 있었다는 사실은 기록으로 남게 되지만, 이의신청의 대상이었던 등록디자인의 지위는 이의신청이 있기 전의 상태로 돌아간다.

〈고재홍〉

제76조(심판규정의 심사에의 준용)

   디자인등록출원의 심사에 관하여는 제135조(제6호는 제외한다)를 준용한다.
이 경우 "심판"은 "심사"로, "심판관"은 "심사관"으로 본다.

<소 목 차>

Ⅰ. 의　　의

   디자인등록출원에 대한 심사는 디자인등록을 받게 되는 디자인등록출원인
의 이해뿐 아니라, 디자인등록을 받은 디자인의 실시에 제한을 받게 되는 제3자
의 이해가 상충되는 절차이다. 따라서 심사관에게는 출원 내용을 파악하여 디자
인등록요건을 갖추었는지 여부를 판단할 수 있는 개인적 능력뿐 아니라, 출원인
의 이해와 제3자의 상충되는 이해에 대하여 객관적이고 공정하게 판단할 수 있
는 제도적 장치가 요구된다고 할 것이다. 이에 따라 디자인보호법은 심사관이
당해 디자인등록출원과 특별한 관계가 있는 경우에는 그 출원심사의 공정성
을 해할 염려가 있게 되어 그 출원심사에서 배제되는 제도적 장치를 마련하고
있다.

Ⅱ. 심사관의 제척사유

   심사관의 제척규정은 대부분 심판관의 제척규정을 준용하고 있다. 따라서
제척사유에 해당하는 심사관이 심사하여 거절결정한 경우 출원인은 거절결정불
복심판을 청구하면서 거절결정의 당부에 대해 다툴 수 있다. 그러나 심사관이
사건에 대하여 심사관 또는 심판관으로서 디자인등록 여부결정 또는 심결에 관
여한 경우는 제척대상에서 제외하고 있다. 심사관에게는 전심관여라는 것이 없
기 때문에 제외한 것이라고 이유를 들기도 하지만, 실제로는 심사관이 거절결정
을 하고 그 출원이 심판에서 취소되어 다시 동일한 심사관이 심사하게 된 경우
라든가, 심판관으로 거절결정을 취소하는 심결에 관여한 후 그 심판관이 심사국
으로 복귀하여 심사관으로서 그 출원을 다시 심사하는 경우가 발생할 수 있고

실제 발생하고 있다. 제척대상에서 제외되었으므로 거절결정을 담당했던 심사
관이 다시 심사할 수 있음은 물론이다.

　　심사관에게 다른 사유는 없고 단지 전에 디자인등록 여부결정에 참여했다
는 것만을 이유로 들어 제척시키는 것은 효율적이지 않다는 점이 강조된 것으
로 보인다. 통상적으로 심사관의 업무를 수행하는 과정에서 흔히 발생하는 사안
일 수 있고, 다른 사유가 없으므로 일반적으로 공무원에게 요구되는 성실·청렴
의무만으로도 충분히 공정한 심사를 기대할 수 있을 것이라고 보이며, 디자인등
록심사는 심판과 달리 분쟁해결의 절차라기보다는 디자인권의 형성을 목적으로
하는 절차[1]이며, 심사의 효율성 측면에서는 종전에 관여했던 심사관·심판관이
더 바람직하다는 것이다.

〈이다우〉

---

[1] 김원준, 특허법, 박영사(2004), 367.

> **제77조(심사 또는 소송절차의 중지)**
> ① 심사관은 디자인등록출원의 심사에 필요한 경우에는 심결이 확정될 때까지 또는 소송절차가 완결될 때까지 그 절차를 중지할 수 있다.
> ② 법원은 필요한 경우에는 디자인등록출원에 대한 결정이 확정될 때까지 그 소송절차를 중지할 수 있다.
> ③ 제1항 및 제2항에 따른 중지에 대하여는 불복할 수 없다.

Ⅰ. 취   지

심사와 심판 또는 소송 중인 사건들이 상호 관련성이 있을 때 이들 사건 간에 상호 모순·저촉되는 결과를 예방하고, 심사·심판의 소송경제를 도모하기 위해서 심사·심판절차나 법원의 소송절차에 있어서 필요한 경우에 결정·심결이 확정될 때까지 그 소송절차를 중지할 수 있도록 하는 취지에서 규정하였다.

Ⅱ. 연   혁

디자인보호법이 2009. 6. 9. 법률 제9764호로 개정되면서 제30조의2(심사 또는 소송절차의 중지)를 신설하여 "① 디자인등록출원의 심사는 필요한 경우에는 심결이 확정될 때까지 또는 소송절차가 완결될 때까지 그 절차를 중지할 수 있다. ② 법원은 필요한 경우에는 디자인등록출원에 대한 결정이 확정될 때까지 그 소송절차를 중지할 수 있다. ③ 제1항 및 제2항에 따른 중지에 대하여는 불복할 수 없다"라고 규정하였다.

그 후 디자인보호법이 2013. 5. 28. 법률 제11848호로 전부 개정되면서 제77조(심사 또는 소송절차의 중지)에서 본조 내용과 같이 규정하였는데 구 디자인

보호법 제30조의2의 규정과 비교할 때 제1항에서 '디자인등록출원의 심사는 필
요한 경우에는' 부분이 '심사관은 디자인등록출원의 심사에 필요한 경우에는'
부분으로 변경된 것 외에 나머지 내용은 같다.

Ⅲ. 내   용

1. 심사절차의 중지(제1항)

심사절차 중에 있는 당해 사건과 관련 있는 다른 사건이 심판 또는 소송에
계속 중인 경우에 관련 있는 다른 사건이 완결될 때까지 당해 사건의 심사절차
의 진행을 중지할 수 있다(법 제77조 제1항).[1]

디자인심사에 관한 절차의 진행을 중지할 것인지 여부는 심사관의 재량에
의하여 결정된다.[2]

2. 소송절차의 중지(제2항)

법원은 필요한 경우에는 소송절차 중에 있는 당해 사건과 관련 있는 디자
인등록출원에 대한 결정이 완료될 때까지 그 소송절차를 중지할 수 있다(법 제
77조 제2항). 법원이 소송절차중지의 결정을 할 것인지 여부는 합리적인 재량에
의하여 직권으로 정하는 것으로서 그 소송절차를 중지한다는 결정에 대하여는
당사자가 항고(재항고)에 의하여 불복할 수 없다.[3]

---

1) 다만, 대법원 1990. 3. 23. 선고 89후2168 판결[거절사정][공1990, 969]은 "상표법(1990.
   1. 13. 법률 제4210호로 개정되기 전) 제18조에 의하여 준용되는 특허법(1990. 1. 13. 법률
   제4207호로 개정되기 전) 제96조 제1항에서, 심사에 있어서 필요한 때에는 심결이 확정 또
   는 소송절차가 완결될 때까지 그 심사의 절차를 중지할 수 있다고 규정한 것은 임의규정
   으로서 심사절차를 꼭 중지하여야 하는 것은 아니므로, 이 사건 상표와 유사하다고 한 인
   용상표에 대한 등록무효심결이 대법원에 계속 중인데도 이 사건 심사절차를 중지하지 아
   니하고 심사 및 심리를 한 것이 위법하다고 할 수 없다"라고 판시함으로써, 심사절차 중에
   있는 당해 사건과 관련 있는 다른 사건이 심판 또는 소송에 계속 중인 경우에 관련 있는
   다른 사건이 완결될 때까지 당해 사건의 심사절차의 진행을 중지하지 않아도 그것 자체가
   위법이라고 할 수 없다는 태도를 취하고 있다.
2) 상표 관련 심판에 대한 것이나, 대법원 1995. 8. 25. 선고 95후125 판결[서비스표등록무
   효][공1995, 3280]은 "상표법 제82조에 의하여 준용되는 특허법 제164조의 규정에 의한 심
   판절차의 중지 여부는 심판장의 자유재량에 속한다"라고 하였다.
3) 상표 관련 소송에 대한 것이나, 대법원 1992. 1. 15.자 91마612 결정[상표사용금지가처
   분][공1992, 1261]은 "법원이 특허법 제164조 제2항에 의한 소송절차중지의 결정을 할 것
   인지 여부는 법원이 합리적인 재량에 의하여 직권으로 정하는 것으로서 그 소송절차를 중
   지한다는 결정에 대하여는 당사자가 항고(재항고)에 의하여 불복할 수 없다"라고 하였다.

3. 중지에 대한 불복(제3항)

중지는 심사와 심판 또는 소송이 관련기관에 계속 중일 때 이들 관계를 조정함으로써 상호 모순 저촉되는 심사, 심판을 예방하는 것이고, 한쪽 절차를 반드시 중지하여야 하는 것은 아니며, 소송경제를 도모하기 위한 심사관 또는 법원의 재량권을 행사하는 방법의 하나이므로, 당해 절차의 중지에 대해서는 불복할 수 없다.

〈윤태식〉

> **제78조(준용규정)**
>
> 디자인일부심사등록 이의신청에 대한 심사·결정에 관하여는 제77조, 제129조, 제135조(제6호는 제외한다), 제142조 제7항, 제145조, 제153조 제3항부터 제6항까지 및 제154조를 준용한다.

<소 목 차>

Ⅰ. 개   요

디자인일부심사등록에 대한 이의신청이 있는 경우, 심사관합의체는 위 이의신청에 대하여 심사·결정하게 된다. 본조는 그 절차와 관련하여 필요한 일부심사절차규정과 심판절차규정을 준용하도록 규정한 것이다.

Ⅱ. 해   설

1. 이의신청에 대한 심사 또는 소송절차의 중지

이의신청에 대한 심사와 소송 중인 사건들이 상호 관련성이 있을 때 이들 사건 간의 상호 모순·저촉되는 결과를 예방하고 이의신청에 대한 심사와 소송의 경제를 도모하기 위하여 이의신청에 대한 심사절차나 법원의 소송절차에 있어서 필요한 경우에 소송절차나 결정이 확정될 때까지 이의신청에 대한 심사절차나 소송절차를 중지할 수 있도록 하는 취지에서 해당 규정을 준용한 것이다.[1]

제77조(심사 또는 소송절차의 중지)

① 심사관은 디자인등록출원의 심사에 필요한 경우에는 심결이 확정될 때까지 또는 소송절차가 완결될 때까지 그 절차를 중지할 수 있다.

② 법원은 필요한 경우에는 디자인등록출원에 대한 결정이 확정될 때까지 그 소송

---

1) 정상조·박성수 공편, 특허법 주해Ⅰ, 박영사(2010), 852(윤태식 집필부분).

절차를 중지할 수 있다.

③ 제1항 및 제2항에 따른 중지에 대하여는 불복할 수 없다.

2. 이의신청의 각하

심리를 진행하여 이의신청의 취지에 대한 판단, 즉 본안심리까지 나아갈 필요가 없는 경우 이를 상대방인 디자인권자에게 통지하여 답변서를 제출할 기회를 부여하지 아니하고 심사관합의체의 결정으로서 이의신청을 각하할 수 있음을 규정한 것이다. 이의신청기간(공고일로부터 3개월)이 도과한 후에 제기된 이의신청이 그 대표적인 예이다.

제129조(보정할 수 없는 심판청구의 심결각하)

부적법한 심판청구로서 그 흠을 보정할 수 없을 때에는 피청구인에게 답변서 제출의 기회를 주지 아니하고 심결로써 각하할 수 있다.

3. 심사관의 제척

이의신청에 대한 심사는 디자인권자의 이해 뿐 아니라, 디자인등록을 받은 디자인의 실시에 제한을 받게 되는 제3자의 이해가 상충되는 절차이다. 따라서 심사관에게는 디자인일부심사등록이 이의사유에 해당하는지 여부를 판단할 수 있는 개인적 능력뿐 아니라, 디자인권자의 이해와 제3자의 상충되는 이해에 대하여 객관적이고 공정하게 판단할 수 있는 제도적 장치가 요구된다고 할 것이다. 이에 따라 디자인보호법은 심사관이 디자인일부심사등록된 디자인과 특별한 관계가 있는 경우에는 그 이의신청에 대한 심사의 공정성을 해할 염려가 있게 되어 그 이의신청에 대한 심사에서 배제되는 제도적 장치를 마련한 것이다.

제135조(심판관의 제척)

심판관은 다음 각 호의 어느 하나에 해당하는 경우에는 그 심판 관여로부터 제척된다.

1. 심판관 또는 그 배우자이거나 배우자였던 사람이 사건의 당사자, 참가인 또는 이의신청인인 경우
2. 심판관이 사건의 당사자, 참가인 또는 이의신청인의 친족이거나 친족이었던 경우
3. 심판관이 사건의 당사자, 참가인 또는 이의신청인의 법정대리인이거나 법정대리인이었던 경우
4. 심판관이 사건에 대한 증인, 감정인으로 된 경우 또는 감정인이었던 경우
5. 심판관이 사건의 당사자·참가인 또는 이의신청인의 대리인이거나 대리인이었

던 경우
7. 심판관이 사건에 관하여 직접 이해관계를 가진 경우

4. 이의신청에 대한 심리

이의신청에 대한 심리에 있어서도 민사소송법이 정한 통역, 중복제소금지, 소명의 방법, 당사자신문 규정을 준용하도록 규정하였다.

제142조(심리 등)

⑦ 심판에 관하여는 「민사소송법」 제143조·제259조·제299조 및 제367조를 준용한다.

[민사소송법]

제143조(통역)
① 변론에 참여하는 사람이 우리말을 하지 못하거나, 듣거나 말하는 데 장애가 있으면 통역인에게 통역하게 하여야 한다. 다만, 위와 같은 장애가 있는 사람에게는 문자로 질문하거나 진술하게 할 수 있다.
② 통역인에게는 이 법의 감정인에 관한 규정을 준용한다.
제259조(중복된 소제기의 금지)
법원에 계속되어 있는 사건에 대하여 당사자는 다시 소를 제기하지 못한다.
제299조(소명의 방법)
① 소명은 즉시 조사할 수 있는 증거에 의하여야 한다.
② 법원은 당사자 또는 법정대리인으로 하여금 보증금을 공탁하게 하거나, 그 주장이 진실하다는 것을 선서하게 하여 소명에 갈음할 수 있다.
③ 제2항의 선서에는 제320조, 제321조 제1항·제3항·제4항 및 제322조의 규정을 준용한다.
제367조(당사자신문)
법원은 직권으로 또는 당사자의 신청에 따라 당사자 본인을 신문할 수 있다. 이 경우 당사자에게 선서를 하게 하여야 한다.

5. 이의신청에 대한 심리에 있어서 증거조사 및 증거보전

이의신청에 대한 심리에 필요한 증거조사 및 증거보전에 관하여 해당 심판 규정을 준용하였다.

제145조(증거조사 및 증거보전)

① 심판에서는 당사자, 참가인 또는 이해관계인의 신청에 의하여 또는 직권으로 증거조사나 증거보전을 할 수 있다.

② 제1항에 따른 증거조사 및 증거보전에 관하여는 「민사소송법」 제2편 제3장 중
증거조사 및 증거보전에 관한 규정을 준용한다. 다만, 심판관은 과태료의 결정을
하거나 구인을 명하거나 보증금을 공탁하게 하지 못한다.

③ 증거보전신청은 심판청구 전에는 특허심판원장에게 하고, 심판계속 중에는 그
사건의 심판장에게 하여야 한다.

④ 특허심판원장은 심판청구 전에 제1항에 따른 증거보전신청이 있으면 증거보전
신청에 관여할 심판관을 지정한다.

⑤ 심판장은 제1항에 따라 직권으로 증거조사나 증거보전을 하였을 때에는 그 결
과를 당사자·참가인 또는 이해관계인에게 송달하고 기간을 정하여 의견서를 제출
할 수 있는 기회를 주어야 한다.

6. 심리비용의 부담과 집행권원보전

이의신청에 대한 심리에서도 당사자, 참가인 또는 심사관합의체와 관련하
여 각종 비용이 발생하게 된다. 이에 해당 심판규정을 준용하였다.

제153조(심판비용)

③ 제119조·제120조 또는 제123조의 심판비용은 청구인 또는 이의신청인이 부담
한다.

④ 제3항에 따라 청구인 또는 이의신청인이 부담하는 비용에 관하여는 「민사소송
법」 제102조를 준용한다.

⑤ 심판비용액은 심결 또는 결정이 확정된 후 당사자의 청구를 받아 특허심판원장
이 결정한다.

⑥ 심판비용의 범위·금액·납부 및 심판에서 절차상의 행위를 하기 위하여 필요한
비용의 지급에 관하여는 그 성질에 반하지 아니하는 범위에서 「민사소송비용법」 중
해당 규정의 예에 따른다.

제154조(심판비용액 또는 대가에 대한 집행권원)

이 법에 따라 특허심판원장이 정한 심판비용액 또는 심판관이 정한 대가에 관하여
확정된 결정은 집행력 있는 집행권원과 같은 효력을 가진다. 이 경우 집행력 있는
정본은 특허심판원 소속 공무원이 부여한다.

〈이다우〉

제 4 장
등록료 및 디자인등록 등

제79조(디자인등록료)
① 제90조 제1항에 따른 디자인권의 설정등록을 받으려는 자는 설정등록을 받으려는 날부터 3년분의 디자인등록료(이하 "등록료"라 한다)를 내야 하며, 디자인권자는 그 다음 해부터의 등록료를 그 권리의 설정등록일에 해당하는 날을 기준으로 매년 1년분씩 내야 한다.
② 제1항에도 불구하고 디자인권자는 그 다음해부터의 등록료는 그 납부연도 순서에 따라 수년분 또는 모든 연도분을 함께 낼 수 있다.
③ 제1항 및 제2항에 따른 등록료, 그 납부방법 및 납부기간, 그 밖에 필요한 사항은 산업통상자원부령으로 정한다.

<소 목 차>

Ⅰ. 취   지

디자인보호법 제79조는 디자인등록료(이하 "등록료"라 한다. 법령 용어에 의하여 디자인권, 실용신안권, 상표권의 설정등록에 있어서는 등록료라 하고, 특허권은 특허료라 한다)의 납부에 관한 규정이다. 등록료 납부는 디자인권의 설정등록 요건인 동시에 존속요건이다. 국가가 등록료를 징수하는 취지는 디자인권자에게 디자인권 설정등록의 범위 내에서 독점배타권을 부여하는 대신 수익자 부담의 원칙에 의거하여 그 독점배타권의 부여에 따른 비용으로서 등록료를 징수하는 것이다. 등록료는 디자인권의 설정등록을 받고자 하는 자가 납부하는 1년차부터 3년차분까지 3년분의 신규설정 등록료와 디자인권자가 4년차분부터 매년 납부하는 연차분 등록료로 구분된다. 현재 디자인권의 존속기간은 등록일로부터 시작하며 그 만료일은 디자인등록출원일 후 20년이 되는 날까지이다.

Ⅱ. 연   혁

1961년 제정법(1961. 12. 31. 법률 제951호) 제23조에서 의장의 등록을 받고자 하는 자는 각령의 정하는 바에 의하여 등록료를 납부하도록 하는 근거규정을 두었으며, 1973년 개정법(1973. 2. 8. 법률 제2507호)에서 등록료·수수료 및 그 납부절차는 대통령령에 위임하였다.

1980년 개정법(1980. 12. 31. 법률 제3327호)에서 등록료, 그 납부방법 및 납부기간 등에 관하여 보다 효율적으로 운영할 수 있도록 하기 위하여 부령(「특허법·실용신안법·의장법 및 상표법에 의한 특허료·등록료와 수수료의 징수규칙」 제정, 1981. 8. 3. 상공부령 제634호, 2005. 7. 1. 「특허료 등의 징수규칙」으로 개칭)에 위임하도록 규정하였다. 또한 2009년 개정법(2009. 1. 30. 법률 제9381호)에서 연차등록료의 납부시기와 주기, 납부방법을 각각 규정하였고, 2013년 개정법(2013. 5. 28. 법률 제11848호)에 의하여 종전 제31조에서 제79조로 변경되었다.

Ⅲ. 해   설

1. 등록료의 납부(제1항)

「디자인보호법」은 디자인권자에게 업으로서 창작 디자인을 독점적으로 실시할 권리를 부여함과 동시에 디자인권자에게 「등록료의 납부」라는 디자인권에 수반하는 의무사항을 규정하고 있다. 등록료의 납부는 디자인권의 설정등록 및 존속여부와 직결되는 중요한 디자인권자의 의무라 할 수 있다.

등록료의 납부의무자는 디자인권의 설정등록을 받고자 하는 자와 디자인권을 존속시키기 위하여 4년차분부터의 연차분 등록료를 납부하는 디자인권자이다. 그러나 납부의무자라 할 수 없는 이해관계인도 디자인보호법 제81조 제1항에 의하여 등록료를 낼 수 있다.

헌법재판소는, 실용신안권의 등록료 납부기한을 1회 6개월간 유예할 뿐 등록료 미납시 실용신안권을 소멸시키면서도 다른 사후적 구제수단을 두지 않은 구 실용신안법 제34조가 재산권을 침해하지 않았으며, 법이 정하는 절차는 아니라고 하더라도 실용신안권의 등록과 동시에 반드시 교부하도록 되어 있는 실용

신안등록증에는 등록료 납부의무와 그 불이행시 실용신안권의 소멸이라는 법적
효과를 고지하고 있고, 실용신안권 설정등록 후 처음으로 납부하게 되는 4년차
분 등록료를 납부기간 내에 납부하지 않는 경우에는 미리 미납사실과 권리소멸
을 예고하는 사전통지를 하는 등 행정실무상으로도 절차적인 면을 보완하고 있
으므로, 실용신안권을 소멸시키기 전에 미리 사전통지나 권리소멸의 예고를 하
지 않았다고 하여 적법절차의 원칙에 어긋난다고 할 수는 없다고 하였다(헌법재
판소 2002. 4. 25. 선고 2001헌마200 전원재판부 결정).

2. 등록료의 납부방법(제2항 및 제3항)

가. 등록료의 납부방법

신규설정 등록료(3년분)와 설정등록된 디자인권의 4년차분부터의 등록료는
그 납부연도 순서에 따라 수년분 또는 모든 연도분을 함께 낼 수 있다. (신규설
정 등록료 납부시 4년차 이후 분의 연차료를 함께 납부 가능)

나. 등록료 납부에 관한 구체적 사항

등록료의 납부방법, 납부기간, 납부금액 등 구체적인 사항은 산업통상자원
부령인 「특허료 등의 징수규칙」1)에서 규정하고 있다.

등록료는 1디자인을 단위로 하여 기본료를 정하고, 디자인수가 1개를 초과
하는 경우에는 그 초과하는 디자인마다 일정액을 가산하는 방법으로 정해진다.
등록료는 디자인심사등록출원과 디자인일부심사등록출원, 연차별 납부구간에
따라 차이가 있다.

국가에 속하는 디자인권에 관한 등록료는 디자인보호법 제86조 제1항 제1
호에 의하여 면제되나, 디자인권 설정등록 당시 국가에 속해 있던 디자인권을
이전 등에 의하여 국가 이외의 자가 취득하였을 경우에는 그 취득하게 된 연차
부터 등록료를 납부하여야 하며, 설정등록 이후 국가 이외의 자에 속해 있던 디
자인권을 이전 등에 의하여 국가가 취득하였을 경우에는 그 취득하게 된 다음
연차부터 등록료를 면제한다.

「특허료 등의 징수규칙」 제8조에 의하여 등록료는 등록료 납부서를 특허청
에 제출한 후, 접수번호를 부여받아 이를 납부자번호로 하여 접수번호를 부여받
은 날의 다음날까지 납부하여야 하며, 인터넷지로 등 정보통신망을 이용한 전자

---

1) 등록료에 관하여 규정하고 있던 "특허법·실용신안법·의장법및상표법에의한특허료·
등록료와수수료의징수규칙"이 2005. 7. 1. 「특허료 등의 징수규칙」으로 변경되었다.

적 수단으로 납부가 가능하다. 등록료의 납부일이 공휴일(토요휴무일을 포함한다)에 해당하는 경우에는 그날 이후의 첫번째 근무일까지 납부하여야 한다. 다른 방법으로는 특허청에서 디자인결정서 또는 연차분 등록료 납부안내서와 함께 송부하는 납부용지를 이용하여 기한내에 납부하면 된다.

신규설정 등록료는 디자인결정의 등본을 받은 날부터 3월 이내에 최초 3년분을 일시에 납부하여야 하고, 납부기간내 납부하지 않았을 때에는 그 기간이 경과한 날부터 6월 이내에 추가납부할 수 있다. 이 경우 매월 100분의 3에 상당하는 금액을 등록료에 가산하여 납부하여야 한다.

4년차분부터의 등록료는 당해권리의 설정등록일에 해당하는 날을 기준으로 하여 매년 1년분씩 그 전년도에 납부하여야 한다. 다만 그 납부기간에 납부하지 아니한 때에는 그 납부기간이 경과된 날부터 매월 100분의 3을 등록료에 가산하여 납부하여야 한다. 아울러 4년차분부터의 등록료는 수 년분 또는 모든 연차분을 일괄하여 납부할 수도 있으며, 3년분 이상 일괄하여 납부하는 경우에는 납부하여야 할 등록료 총액에서 그 총액의 100분의 5에 해당하는 금액을 차감한 금액을 납부할 금액으로 한다. 이 경우 일괄납부 후에 등록료의 금액이 변경되었을 때에는 변경된 등록료를 납부한 것으로 본다.

〈조준형〉

> **제80조(등록료를 납부할 때의 디자인별 포기)**
> ① 복수디자인등록출원에 대한 디자인등록결정을 받은 자가 등록료를 낼 때에는 디자인별로 포기할 수 있다.
> ② 제1항에 따른 디자인의 포기에 필요한 사항은 산업통상자원부령으로 정한다.

Ⅰ. 취   지

디자인보호법 제80조는 등록료를 낼 때의 디자인별 포기에 관한 규정이다. 복수디자인등록출원의 경우 디자인권자의 등록유지 선택에 따라 그 일부 디자인별로 포기할 수 있도록 하였다.

Ⅱ. 연   혁

2001년 개정법(2001. 2. 3. 법률 제6413호)에서 복수디자인제도의 도입에 따라 제31조의2로 신설되었으며, 2013년 개정법(2013. 5. 28. 법률 제11848호)에 의하여 제80조로 변경되었다. 그리고 복수디자인등록출원도 20 이내의 디자인에서 100 이내의 디자인으로 확대(디자인보호법 제41조)하였다.

Ⅲ. 해   설

1. 디자인별 포기(제1항)

「디자인보호법」은 복수디자인등록출원의 경우 디자인등록결정을 받은 자가 등록료를 낼 때 디자인별로 포기할 수 있다.

2. 포기에 필요한 사항(제2항)

디자인의 포기에 필요한 사항은 디자인보호법 시행규칙 제63조의 일부 디자인 포기에 관한 규정에 의하여 디자인별로 포기하려는 자는 「특허권 등의 등록령 시행규칙」 별지 제25호서식의 납부서에 그 취지를 적어 설정등록료를 납부할 때에 「특허법 시행규칙」 별지 제12호서식의 포기서와 함께 특허청장에게 제출하여야 한다.

〈조준형〉

> **제81조(이해관계인의 등록료 납부)**
> ① 이해관계인은 등록료를 내야 할 자의 의사와 관계없이 등록료를 낼 수
> 있다.
> ② 이해관계인이 제1항에 따라 등록료를 낸 경우에는 내야 할 자가 현재 이
> 익을 얻는 한도에서 그 비용의 상환을 청구할 수 있다.

〈소 목 차〉

Ⅰ. 취　　지

이 규정은 실시권자 또는 질권자 등의 이해관계인이 등록료를 납부하여 디자인권자의 등록료 불납으로 인한 디자인권 소멸을 방지함으로써 이해관계인 자신의 이익을 보호할 수 있도록 하는 데 그 제도적 취지가 있다.

이해관계인의 등록료 납부에 있어 디자인권자의 의사에 반하여 낼 수 있느냐의 여부에 대하여는 법령의 해석상 이해관계인이 디자인권자의 동의 없이도 낼 수 있다고 보며 현재 특허청의 실무운영에서도 동의 여부를 묻지 않고 정상적으로 낸 것으로 처리하고 있다. 또한, 디자인권의 설정등록을 받고자 하는 자(출원인)가 내야 할 등록료에 대해서도 마찬가지다.

디자인권자의 의사에 반하여 이해관계인이 등록료를 낸 경우에는 등록료를 내야 할 자가 현재 이익을 얻는 한도에서 그 비용의 상환을 청구할 수 있다.

Ⅱ. 연　　혁

1973년 개정법(1973. 2. 8. 법률 제2507호)에서 이해관계인의 대납규정을 신설하였으며, 1990년 개정법(1990. 1. 13. 법률 제4208호)에서는 이해관계인이 납부한 경우에는 납부하여야할 할 자가 현재 이익을 받는 한도에서 그 비용의 상환을 청구할 수 있도록 비용상환에 대한 근거규정을 두었다. 2013년 개정법(2013. 5.

28. 법률 제11848호)에 의하여 종전 제32조에서 제81조로 변경되었다.

Ⅲ. 해　　설

1. 이해관계인에 의한 납부(제1항)

이해관계인의 대납에 관한 규정이다. '이해관계인'이란 디자인권의 존속 여부에 따라 재산상의 이익에 영향을 받는 자로서 전용실시권자, 통상실시권자, 질권자, 일반채권자(일반채권자라 함은 채권의 확보방법인 담보물권을 보유하지 않아 채무자의 일반재산으로부터 변제받을 수밖에 없는 채권자를 말한다) 등을 들 수 있다. 실무운영에서도 이해관계에 대한 별도의 검증이나 확인은 하지 않고 실제로 등록료를 낸 디자인권자 이외의 자를 이해관계인으로 해석하여 처리하고 있다.

이해관계인의 등록료 납부는 권리이지 법률상 의무는 아니다.[1]

2. 납부한 비용의 상환 청구(제2항)

디자인권자의 의사에 반하여 이해관계인이 등록료를 낸 경우에는 등록료를 내야 할 자가 그 대납의 결과로서 현재 이익을 얻는 한도에서 대납자는 그 비용의 상환을 청구할 수 있다.

민법에서는 채권자가 자기의 채권을 보전하기 위하여 채무자의 권리를 행사할 수 있다고 규정(민법 제404조, 채권자대위권)하고 있다. 이는 채무자의 소극적 또는 적극적 행위로 인해 총 채권의 변제에 충분치 못한 무자력 상태로 들어간 때에 채권자의 보호를 위해 채권자가 채무자의 권리를 대신 행사함으로써 책임재산의 보전에 목적을 두기 위해 강구된 방안이다.

〈조준형〉

---

1) 서울고등법원 1990. 9. 5. 선고 90나3166 판결.

> **제82조(등록료의 추가납부 등)**
> ① 디자인권의 설정등록을 받으려는 자 또는 디자인권자는 제79조 제3항에 따른 등록료 납부기간이 지난 후에도 6개월 이내(이하 "추가납부기간"이라 한다)에 등록료를 추가납부할 수 있다.
> ② 제1항에 따라 등록료를 추가납부할 때에는 내야 할 등록료의 2배의 범위에서 산업통상자원부령으로 정하는 금액을 내야 한다.
> ③ 추가납부기간에 등록료를 내지 아니한 경우(추가납부기간이 끝나더라도 제83조 제2항에 따른 보전기간이 끝나지 아니한 경우에는 그 보전기간에 보전하지 아니한 경우를 말한다)에는 디자인권의 설정등록을 받으려는 자의 디자인등록출원은 포기한 것으로 보며, 디자인권자의 디자인권은 제79조 제1항 또는 제2항에 따라 낸 등록료에 해당하는 기간이 끝나는 날의 다음 날로 소급하여 소멸된 것으로 본다.

I. 취   지

이 규정은 등록료 납부기간 경과 후의 추가납부에 관한 규정이다. 등록료의 추가납부제도는 디자인권의 설정등록을 받고자 하는 자의 디자인설정등록료(1년차부터 3년차까지의 3년분), 디자인권자의 제4년차분부터의 연차분 등록료를 납부기간까지 납부하지 못하였을 경우 일정한 기간(6월)을 정하여 추가적으로 납부할 수 있도록 기회를 부여하는 것을 말한다. 등록료는 일반 조세와 달리 디자인권자에게 등록료 납부에 대해 독촉을 하거나 이에 응하지 않을 경우 강제징수를 하는 것이 아니고 오직 디자인권자의 자유의사에 의해서만 납부 여부가 결정된다.

등록료의 추가납부제도를 도입하게 된 취지는 신규설정등록료 및 제4년차분부터의 등록료 납부에 있어 정상납부기간 경과 후 즉시 출원포기 또는 등록료 불납으로 인정하여 디자인권을 소멸시킨다면 이는 디자인권의 설정등록을 받고자 하는 자 또는 디자인권자에게 너무나 가혹하고 국가의 산업발전 도모라는 디자인보호법 본래의 목적에도 반하는 결과를 초래할 수 있으므로 추가납부기간, 즉 납부기간 경과 후 6월 이내라는 기간을 설정하여 납부토록 한 것이다.

파리협약 제5조의2 규정에서도 특허료 납부기간을 부득이 경과한 경우 특허권자의 구제를 위하여 "6개월 이상의 은혜기간(a period of grace not less than six months)"을 부여하도록 규정하고 있어서, 이 규정은 파리협약의 내용에도 부합된다.

2002년 개정 이전에는 디자인권의 설정등록을 받고자 하는 자 또는 디자인권자가 등록료의 일부를 부족하게 납부한 경우에는 디자인등록출원을 포기하거나 디자인권이 소멸된 것으로 보았으나, 2002년 개정에서 특허청장이 등록료의 보전명령을 하도록 하고 보전기간 내에 등록료를 보전한 경우에는 디자인등록출원 또는 디자인권의 효력이 지속되는 것으로 보도록 하여 디자인권자 등을 보호하도록 하였다(제83조·제84조 및 제90조).

II. 연   혁

1973년 개정법(1973. 2. 8. 법률 제2507호) 제43조에서 등록료의 추납규정을 신설하여 납부기간이 경과한 후 3월 내에 등록료를 추납할 수 있도록 하였으며, 1980년 개정법(1980. 12. 31. 법률 제3327호)부터는 추가납부기간을 납부기간이 경과한 후 6월내로 기간을 연장하였다. 2002년 개정법(2002. 12. 11. 법률 제6767호)에서는 등록료 불납으로 인한 디자인권 소멸시점에 관한 규정에 보전 불이행에 의한 소명에 대한 내용을 추가하였으며, 2009년 개정법(2009. 6. 9. 법률 제9764호)에서 추가납부에 따른 가산료는 '2배의 금액'에서 '2배의 범위에서 부령으로 정하는 금액'으로 완화하였고, 2013년 개정법(2013. 5. 28. 법률 제11848호)에 의하여 종전 제43조에서 제82조로 변경되었다.

III. 해   설

1. 등록료의 추가납부(제1항)

디자인권의 설정등록을 받고자 하는 자 및 디자인권자는 납부기간 경과 후 6월 이내에 등록료를 추가납부할 수 있다는 규정이다. 디자인권의 설정등록을 받고자 하는 자가 디자인 등록결정의 등본을 받은 날로부터 3월내에 1년차분부터 3년차분까지의 총 3년분의 신규설정등록료를 납부하여야 하고, 4년차분부터의 연차분 등록료는 당해 권리의 설정등록일을 기준으로 하여 매년 1년분씩(수년분 또는 모든 연도분) 그 전년도에 납부하여야 하나 부득이한 경우 납부기간이 경과했을 때 그 경과한 날로부터 6월 이내에 추가납부할 수 있다.

2. 추가납부금액, 가산료(제2항)

등록료를 추가납부할 때에는 디자인권의 설정등록을 받고자 하는 자나 디자인권자는 등록료를 추가납부할 때에는 내야 할 등록료의 2배의 범위에서 가산료를 납부하여야 한다. 「특허료 등의 징수규칙」 제8조에 규정된 등록료의 추가납부에 따른 가산료 등을 살펴보면 다음과 같다.

「특허료 등의 징수규칙」 제8조 제6항에 의하여 신규설정 등록료를 추가납부 할 때와 동 규칙 제8조 제8항에 의하여 4년차분부터의 등록료를 추가납부할 때에는, 그 납부기간이 경과된 날부터 1개월이 지나기 전: 100분의 3에 상당하는 금액, 2개월이 지나기 전: 100분의 6에 상당하는 금액, 3개월이 지나기 전: 100분의 9에 상당하는 금액, 4개월이 지나기 전: 100분의 12에 해당하는 금액, 5개월이 지나기 전: 100분의 15에 해당하는 금액, 6개월이 지나기 전: 100분의 18에 해당하는 금액을 가산하여 납부하여야 한다.

〈추가납부기간의 구간별 가산비율〉

추가납부기간	1개월	2개월	3개월	4개월	5개월	6개월
가산비율	3%	6%	9%	12%	15%	18%

3. 추가납부기간 경과시 디자인권의 포기 간주, 소급소멸(제3항)

디자인권의 설정의 등록을 받고자 하는 자 또는 디자인권자가 추가납부기간(정상납부기간 경과 후 6월) 또는 디자인보호법 제83조 제2항의 규정에 의한 보전기간 내에 납부하여야 할 금액을 납부하지 않은 때에는 디자인권의 설정등록을 받으려는 자의 디자인등록출원은 포기한 것으로 보며, 디자인권자의 디자인권은 낸 등록료에 해당하는 기간이 끝나는 날의 다음날로 소급하여 소멸된 것으로 본다.

이와 관련하여 헌법재판소는 실용신안권자의 등록료 납부기간과 등록료 불납에 대한 효과를 규정한 구 실용신안법 제29조 제3항 및 제34조 부분에 대한 헌법소원청구심판에서, 늦어도 등록료 추가납부기간 만료일 다음날부터는 그 법령에 해당하는 사유가 발생하였음을 알았다고 보아야 하며, 60일 이내에 헌법소원심판을 청구하였어야 할 것인데도 그 청구기간이 경과된 후에 헌법소원심판을 청구하였으니, 이 사건 헌법소원심판청구는 부적법하다고 판결하였다(헌법재판소 2000. 11. 30. 선고 99헌마624 전원재판부 결정).

〈조준형〉

제83조(등록료의 보전)
① 특허청장은 디자인권의 설정등록을 받으려는 자 또는 디자인권자가 제79조 제3항 또는 제82조 제1항에 따른 기간 이내에 등록료의 일부를 내지 아니한 경우에는 등록료의 보전(補塡)을 명하여야 한다.
② 제1항에 따라 보전명령을 받은 자는 그 보전명령을 받은 날부터 1개월 이내(이하 "보전기간"이라 한다)에 등록료를 보전할 수 있다.
③ 제2항에 따라 등록료를 보전하는 자는 내지 아니한 금액의 2배의 범위에서 산업통상자원부령으로 정하는 금액을 내야 한다.

Ⅰ. 취   지

이 규정은 등록료의 일부를 납부하지 아니한 경우 추후에 납부할 수 있는 기회를 부여하기 위한 규정이다. 디자인권의 등록관련 절차에 있어서는 출원 절차에서와 같은 절차의 보정기회가 없으므로 디자인권의 설정등록을 받고자 하는 자 또는 디자인권자가 등록료의 일부를 부족하게 납부한 경우에 비록 등록료를 납부할 의사가 있다고 하더라도 해당 디자인권의 설정등록이 포기되거나 디자인권이 소멸된 것으로 간주되어 출원인 또는 권리자에게 가혹한 면이 있었다. 이러한 문제점을 해소하기 위하여 2002년 개정법에 처음으로 도입되었다.

Ⅱ. 연   혁

2002년 개정법(2002. 12. 11. 법률 제6767호)에서 제33조의2로 신설되었고, 2009년 개정법(2009. 6. 9. 법률 제9764호)에서 추가납부에 따른 가산료는 '2배의 금액'에서 '2배의 범위에서 부령으로 정하는 금액'으로 완화하였으며, 2013년 개정법(2013. 5. 28. 법률 제11848호)에 의하여 종전 제33조의2에서 제83조로 변경되었다.

Ⅲ. 해　설

1. 보전명령(제1항)

보전(補塡)이라 함은 '부족한 부분을 보태어 채운다'라는 의미이다. 특허청장은 디자인권의 설정등록을 받고자 하는 자 또는 디자인권자가 제79조 제2항의 납부기간(정상납부기간) 또는 제81조 제1항의 규정에 의한 추가납부기간 이내에 등록료를 부족하게 납부한 경우 보전명령을 하여 추후 납부할 기회를 부여하도록 하고 있다.

2. 보전기간(제2항)

등록료를 보전할 수 있는 기간은 보전명령을 받은 날부터 1월 이내이다. 권리의 불확정 상태가 장기화되는 것은 바람직하지 않기 때문에 법정기간으로 규정한 것이다.

3. 납부방법(제3항)

보전에 의하여 부족한 금액을 낸 시점이 정상납부기간 또는 추가납부기간을 경과한 시점인 경우에는 내지 아니한 금액의 2배의 범위 내에서 산업통상자원부령으로 정하는 금액을 납부하도록 하고 있다. 이는 고의적인 납부 지연을 방지하기 위한 것으로 추가납부시 2배의 범위 내에서 납부토록 하는 제82조 제2항의 등록료 납부체제를 반영한 것이다.

「특허료 등의 징수규칙」 제8조 제9항에 의하여 등록료의 납부기간 또는 추가납부기간을 경과하여 보전하는 때에는 부족하게 납부된 금액의 100분의 3에 상당하는 금액을 가산하여 납부하여야 한다.

〈조준형〉

제84조(등록료의 추가납부 또는 보전에 의한 디자인등록출원과 디자인권의 회복 등)

① 디자인권의 설정등록을 받으려는 자 또는 디자인권자가 책임질 수 없는 사유로 추가납부기간 내에 등록료를 내지 아니하였거나 보전기간 내에 보전하지 아니한 경우에는 그 사유가 종료된 날부터 2개월 이내에 그 등록료를 내거나 보전할 수 있다. 다만, 추가납부기간의 만료일 또는 보전기간의 만료일 중 늦은 날부터 1년이 지났을 때에는 그러하지 아니하다.

② 제1항에 따라 등록료를 내거나 보전한 자는 제82조 제3항에도 불구하고 그 디자인등록출원을 포기하지 아니한 것으로 보며, 그 디자인권은 계속하여 존속하고 있던 것으로 본다.

③ 추가납부기간 내에 등록료를 내지 아니하였거나 보전기간 내에 보전하지 아니하여 실시 중인 등록디자인의 디자인권이 소멸한 경우 그 디자인권자는 추가납부기간 또는 보전기간 만료일부터 3개월 이내에 등록료의 3배를 내고 그 소멸한 권리의 회복을 신청할 수 있다. 이 경우 그 디자인권은 계속하여 존속하고 있던 것으로 본다.

④ 제2항 또는 제3항에 따른 디자인등록출원 또는 디자인권의 효력은 등록료 추가납부기간이 지난 날부터 등록료를 내거나 보전한 날까지의 기간(이하 "효력제한기간"이라 한다) 중에 다른 사람이 그 디자인 또는 이와 유사한 디자인을 실시한 행위에 대하여는 효력이 미치지 아니한다.

⑤ 효력제한기간 중 국내에서 선의로 제2항 또는 제3항에 따른 디자인등록출원된 디자인, 등록디자인 또는 이와 유사한 디자인을 업으로 실시하거나 이를 준비하고 있는 자는 그 실시하거나 준비하고 있는 디자인 및 사업목적의 범위에서 그 디자인권에 대하여 통상실시권을 가진다.

⑥ 제5항에 따라 통상실시권을 갖는 자는 디자인권자 또는 전용실시권자에게 상당한 대가를 지급하여야 한다.

〈소 목 차〉

I. 취   지

이 규정은 등록료의 불납에 의해 실효된 디자인권의 회복에 대한 규정이다. 종전 등록료의 납부는 그 납부기간을 경과한 후라도 6월 이내에 추가납부 등록료를 납부하는 것을 조건으로 하여 추가납부가 인정되어 있었지만(제82조 제1항 및 제2항), 이 6월의 추가납부기간도 경과해버린 경우에 디자인권은 납부기간이 경과한 때에 소급하여 그 디자인권이 소멸된 것으로 되어(제82조 제3항) 사정의 여하를 묻지 않고 이렇게 실효된 디자인권의 회복은 인정되지 않았다.

이것에 대해 파리협약 제5조의2 제2항은 "동맹국은 요금의 불납에 의해 효력을 상실한 특허의 회복에 대해서 정하는 것이 가능하다"라고 규정하고 있고, 또한 미국, 일본 등 여러 국가에서도 이 규정에 상당하는 특허료의 불납에 의해 실효된 특허권의 회복을 인정하는 제도가 마련되어 있을 뿐만 아니라 우리나라도 불가피하게 특허료 납부기간을 도과한 출원인과 특허권자를 보호해야 한다는 요청이 대두되는 등의 상황을 감안하여 특허법뿐만 아니라 디자인보호법에도 이를 적용하여 2001년 2월 3일 이 규정을 신설하여 2001년 7월 1일부터 시행하게 된 것이다.

이와 관련하여 민사소송법 제173조 제1항에서 소송행위의 추후보완을 규정하고 있는데, 민사소송법이 규정하고 있는 상소기간 등의 불변기간은 소송의 신속한 해결을 위하여 단기간으로 정하여져 있어 당사자는 이를 도과하기 쉽고 또한 불변기간의 도과는 재판의 확정·소권의 상실 등 중대하고 종국적인 결과를 초래하게 되므로 우리 민사소송법은 당사자가 그 책임을 질 수 없는 사유로 불변기간을 도과한 때에는 그 사유가 없어진 날로부터 2주일 내에 게을리 한 소송행위를 보완할 수 있으며, 기간해태 후의 소송행위도 그 법정기간 내에 한 것과 동일한 효력을 발생시킨다고 규정하고 있다. 등록료의 불납에 의해 실효된 디자인권의 회복에 대한 규정은 위와 같은 맥락이라고 볼 수 있다.

2005년 개정법에서는 실시 중인 디자인권이 등록료 불납으로 소멸된 경우 이를 구제하기 위하여 등록료 추가납부기간 또는 보전기간 만료일로부터 3월 이내에 3배의 등록료를 납부하고 소멸된 권리의 회복을 신청할 수 있는 규정을 신설하였다.

Ⅱ. 연   혁

　　2001년 개정법(2001. 2. 3. 법률 제6413호)에서 디자인권 회복제도를 최초로 도입하여 본인이 책임질 수 없는 사유로 인하여 등록료를 납부하지 못하여 디자인권이 소멸되는 경우에도 그 사유가 소멸된 후 등록료를 납부하고 디자인권을 회복할 수 있도록 하되, 그 기간 중 다른 사람의 실시행위에 대하여는 효력이 미치지 않도록 디자인권자와 제3자와의 관계를 명확히 하였다.

　　본조는 2001년 개정법(2001. 2. 3. 법률 제6413호)에서 제33조의2로 신설되었고, 2002년 개정법(2002. 12. 11. 법률 제6767호)에서 등록료 보전에 관한 규정이 제33조의2로 신설되고 본조는 제33조의3으로 개정되었으며, 2005년 개정법(2005. 5. 31. 법률 제7554호)에서는 실시 중인 디자인권이 등록료 불납으로 소멸한 경우의 회복에 관한 내용을 제3항에 신설하여 2005. 9. 1.부터 시행하게 되었고, 2013년 전부개정법(2013. 5. 28. 법률 제11848호)에 의하여 종전 제33조의3에서 제84조로 변경되었다.

　　참고로 특허법 제81조의3 제3항 및 실용신안법 제20조는 2014. 6. 11. 개정법률(법률 제12753호, 2015. 1. 1. 시행)에 의하여 조문 중 '실시 중인'을 삭제하여 회복요건을 완화하였으므로 디자인보호법도 향후 제84조 제3항의 조문이 개정될 것으로 보인다.

Ⅲ. 해   설

1. 디자인권의 회복절차(제1항)

　　소정의 기간 이내에 등록료를 내지 않아 디자인권이 소멸된 경우에 디자인권 회복을 위한 절차를 규정한 것으로 다음의 요건 하에 인정하고 있다.

　　① 추가납부기간 또는 보전기간 내에 등록료를 내거나 보전할 수 없었던 것이 디자인권의 설정 등록을 받으려는 자 또는 디자인권자가 책임질 수 없는 사유일 것.

　　② 그 사유가 없어진 날부터 2월 이내이어야 하고, 추가납부기간 만료일 또는 보전기간 만료일 중 늦은 날부터 1년이 지나지 않았을 것.

　　이와 같은 요건으로 한 것은 이미 디자인보호법에 규정되어 있는 거절결정

불복심판이나 재심청구기간을 경과한 경우의 구제조건이나 타 법률과의 형평성을 고려함과 동시에, 디자인권의 관리는 디자인권자의 자기 책임 하에서 행해야 한다는 점, 실효된 디자인권의 회복을 무기한으로 인정하면 제3자에 과대한 부담을 주는 점 등을 감안한 것이다.

「책임질 수 없는 사유」란 천재지변 기타 불가피한 경우 및 사회생활상 요구되는 상당한 주의를 기울였음에도 등록료를 추가납부할 수 없었던 경우를 말한다. 민사소송법 제173조 제1항에서 규정하고 있는 소정의 '당사자가 책임질 수 없는 사유'라고 함은 당사자가 그 소송행위를 하기 위하여 일반적으로 하여야 할 주의를 다하였음에도 불구하고 그 기간을 준수할 수 없었던 사유를 가리키는 것이다(대법원 2004. 3. 12. 선고 2004다2083 판결).

2. 등록료의 추가납부 또는 보전의 효력(제2항)

제2항은 제1항의 규정에 의한 추가납부 또는 보전이 있는 경우의 효력에 대한 규정이다. 등록료의 정상납부기간 경과 후 제82조 제3항의 규정에 의한 6월의 추가납부기간 또는 보전기간 이내에 등록료의 추가납부 또는 보전이 없는 경우에는 디자인권의 설정등록을 받으려고 하는 자의 디자인등록출원을 포기한 것으로 보며, 디자인권자의 디자인권은 낸 등록료에 해당하는 기간이 끝나는 날의 다음날로 소급하여 소멸된 것으로 보나, 제1항의 규정에 의한 추가납부가 있었던 때는 그 디자인등록출원은 포기되지 아니한 것으로 보게 되며, 그 디자인권은 계속하여 존속하고 있던 것으로 본다.

3. 실시 중인 권리가 소멸된 경우의 회복(제3항)

제3항은 실시 중인 권리가 등록료 불납으로 소멸된 경우의 회복에 관한 규정이다. 추가납부기간 이내에 등록료를 납부하지 아니하였거나 보전기간 이내에 보전하지 아니하여 실시 중인 등록디자인의 디자인권이 소멸한 경우 그 디자인권자는 추가납부기간 또는 보전기간 만료일부터 3월 이내에 제79조의 규정에 따른 등록료의 3배를 내고 그 소멸한 권리의 회복을 신청할 수 있다. 이 경우 그 디자인권은 계속하여 존속하고 있었던 것으로 본다.

이 규정은 디자인권자 등의 사업 연속성을 지원하여 디자인권자의 경쟁력 향상에 기여하기 위한 것이기 때문에 '책임질 수 없는 사유'를 요건으로 하지 않으나 회복신청을 위한 디자인권은 '실시 중인 등록디자인의 디자인권이 소멸한 경우'를 요건으로 하고 있다.

4. 효력의 제한(제4항)

일단 소멸된 디자인등록출원 또는 디자인권이 제2항 또는 제3항의 규정에 의하여 회복되는 경우, 등록료 추가납부기간이 지난 날부터 등록료를 내거나 보전한 날까지의 기간, 즉 "효력제한기간" 중에 다른 사람이 그 디자인 또는 유사한 디자인을 실시한 행위에 대하여는 디자인권의 효력이 미치지 않음을 규정한 것이다. 이는 디자인권 등이 소멸된 것으로 알고 이를 선의로 실시한 자를 보호하기 위한 것이다.

「선의」라 함은 등록료 불납에 의하여 디자인등록출원의 포기 또는 디자인권의 소멸상태를 신뢰하고 디자인의 실시사업 또는 준비를 한 경우를 말한다. 즉, 디자인권의 설정등록을 받고자 하는 자 또는 디자인권자가 책임질 수 없는 사유로 등록료를 추가납부하지 못하였음을 알지 못하여야 한다. 그러나 선의라 하더라고 당해 디자인권의 효력이 일시적으로 제한된 것으로서 제1항 및 제3항에서 디자인권자가 책임질 수 없는 사유가 있는 경우 추가납부와 보전으로 디자인권 회복이 가능하고 나아가 실시 중인 등록디자인인 경우 추가납부와 보전기간 경과 후에도 디자인권 회복이 가능함을 규정한 점에 유의하여야 한다. 특히 제5항과 제6항에서 효력제한기간 중 국내에서 선의로서 등록디자인의 실시사업을 하거나 그 사업의 준비를 하고 있는 자는 디자인권이 회복되는 경우 당해 디자인권에 대하여 통상실시권을 가지며 이에 상당한 대가를 지급하여야 한다고 규정하고 있다. 따라서 당해 등록디자인의 효력제한 상태를 인지하였다면 이를 실시하고자 하는 제3자는 그 소멸에 대한 확인행위로서 선의 실시의 진정성 증명에 대비하는 것이 필요하다. 효력제한기간 중에 등록디자인의 실시를 준비하는 제3자의 확인행위는 그 자체로서 선의의 실시를 뒷받침할 뿐만 아니라 디자인권의 효력제한 상태의 단축을 유도하여 등록디자인의 실시를 촉진하는 효과도 기대할 수 있기 때문이다.

이에 관련하여 특허청은 연차등록료 납부일 3개월 전에 연차등록료 납부안내서, 정상납부기간 경과 후 추가납부 안내서, 추가납부기간 경과 후 소멸권리 회복신청안내서를 우편송달하는 행정서비스를 하고 있으나 이것은 법령에 근거 없는 사실행위에 불과하고 법률의 규정에 의한 특허권의 소멸에 영향을 미칠 수는 없다고 한다(서울배심93국제9호 국가배상지급신청에 대한 93. 7. 30 결정례).

5. 통상실시권 발생(제5항)

제4항의 효력제한기간 중 디자인등록출원된 디자인, 등록디자인 또는 이와 유사한 디자인에 대하여 실시사업을 하거나 그 사업의 준비를 하고 있던 자에 대하여 신뢰를 보호하고 시설 등에 대한 투자를 생산적으로 활용할 수 있도록 하기 위하여 그 실시 또는 준비를 하고 있는 디자인 또는 사업의 목적범위 안에서 그 디자인권에 대하여 통상실시권을 갖도록 하였다.

여기서 「실시사업」이란 디자인의 실시를 의미하는 것으로 이와 같은 실시사업이 선의로서 등록료 추가납부기간이 경과한 날부터 디자인권의 회복 전에 하고 있으면 충분하며 그 후에 일시 중지한 경우에도 인정된다고 본다. 「사업준비」라 함은 사업을 개시하기 위한 예비행위로서 객관적으로 인정되는 것으로, 공장부지 매입, 사업설비 구입 등을 들 수 있겠다.

6. 대가지급(제6항)

제5항의 규정에 의하여 통상실시권을 갖게 되는 자는 디자인권자 또는 전용실시권자에게 상당한 대가를 지급하여야 한다. 등록료의 추가납부기간경과 후에 회복한 디자인권 등에 대한 통상실시권은 디자인권자 또는 전용실시권자의 의사에 관계없이 법률의 규정에 의하여 발생하는 법정실시권으로 분류된다. 법정실시권에 대한 대가의 지급은 그 실시권의 인정 취지와 관련이 있다. 실시권의 인정 취지가 기존의 산업시설을 보호하는 측면에 있다면, 즉 산업정책적인 목적이라면 그 실시의 대가를 디자인권자에게 지급하여야 하고, 실시권의 인정 취지가 디자인권자와 일정한 관계에 있는 자 사이의 형평을 도모하는 측면에 있다면, 즉 공평의 목적이라면 법정실시권자는 디자인권자에게 대가를 지급할 필요가 없다.

디자인권 등이 소멸한 것으로 알고 당해 등록디자인의 실시사업을 하거나 그 준비를 한 자가 제5항에 근거하여 통상실시권을 가지더라도 이는 공평의 견지보다는 효력제한기간 중 실시를 통한 설비 또는 사업을 보호한다는 산업정책적인 고려에서 인정되는 제도이므로 디자인권자 또는 전용실시권자에게 상당한 대가를 지급하도록 규정한 것이다.

여기서 상당한 대가는 당해 디자인권이 실시 중인 등록디자인의 디자인권이 아닌 이상 디자인권 소멸을 신뢰한 선의의 제3자에게 주어지는 통상실시권이라는 점에서 디자인권자의 실시를 전제로 추정할 것이 아니다. 나아가 제64조 제3항의 "등록 디자인의 실시에 대하여 통상 받을 수 있는 금액에 상당하는 액"을 적용하는 것 또한 과실로서 디자인권을 실시한 것으로 해석하여 적용하기에는 무리가 따른다. 따라서 제6항에 따른 대가의 지급은 당해 디자인권에 대하여 그 자체만으로 독점적인 창작가치와 실시료 수입을 얻을 수 있는 객관적인 이용가치를 평가하고, 제3자의 실시로 디자인권 가치에 훼손을 일으킨 경우 최저한의 손해액으로 대가를 산정하는 것이 합당하다고 본다. 그러나 효력제한기간 중에 있는 디자인권이 제3항에 따른 디자인권인 경우라면, 실시 중인 등록디자인에 대하여 제3자에게 통상실시권이 주어진 경우로서 전용실시권의 실시료에 준하는 대가를 추정함이 마땅하다. 결국 제3자에게 등록디자인의 실시 여부에 대하여 상당한 주의의무를 부여하고, 전체로는 디자인권의 실시여부에 따라 대가의 추정을 달리 함으로써 디자인권자는 물론 제3자에게도 등록디자인 실시를 유인할 수 있을 것이다.

〈조준형〉

> **제85조(수수료)**
> ① 디자인에 관한 절차를 밟는 자는 수수료를 내야 한다.
> ② 제1항에 따른 수수료, 그 납부방법 및 납부기간, 그 밖에 필요한 사항은 산업통상자원부령으로 정한다.

Ⅰ. 취   지

이 규정은 수수료의 납부에 관한 규정이다. 「수수료」란 국가 또는 공공단체가 행하는 공적 역무를 이용하여 특별한 이익을 얻는 특정 개인으로부터 보상으로 징수하는 공과금을 의미하며 일반조세와 달리 특정 역무에 대하여 개별적으로 징수한다.

「디자인보호법」상 수수료는 디자인등록출원료, 보정료, 이의신청료, 심판청구 관련수수료 등이 있으며, 구체적인 내용은 산업통상자원부령인 「특허료 등의 징수규칙」 제4조에서 규정하고 있다.

Ⅱ. 연   혁

1961년 제정법(1961. 12. 31. 법률 제951호)은 등록료만 규정하였으나, 1973년 개정법(1973. 2. 8. 법률 제2507호)에서 수수료에 관한 사항을 추가하여 등록료 및 수수료를 함께 규정하였다.

1990년 개정법(1990. 1. 13. 법률 제4208호)에서 수수료를 등록료와 분리하여 별도의 규정을 두게 되었으며, 2013년 개정법(2013. 5. 28. 법률 제11848호)에 의하여 종전 제34조에서 제85조로 변경되었다.

Ⅲ. 해   설

1. 수수료의 납부(제1항)

수수료란 디자인에 관한 출원·청구 기타 절차를 밟는 자로부터 징수하는 것으로 국가의 역무 제공에 대한 반대급부 또는 보수를 말한다. 디자인에 관한 절차를 밟음에 있어 납부하는 요금 중 등록료를 제외한 모든 요금을 수수료라 할 수 있다. 개개의 특정의 이용자로부터 징수하는 것이 일반조세와 다른 점이다. 디자인보호법상 수수료에는 디자인등록출원료, 분할출원료, 우선권주장 신청료, 우선심사신청료, 보정료, 비밀디자인 청구료, 출원공개 신청료, 출원인변경 신고료, 법정기간(또는 지정기간) 연장신청료, 기간경과 구제 신청료, 이의신청료, 심판청구 관련수수료 등이 있다.

2. 수수료의 납부방법(제2항)

납부하여야 할 수수료의 금액 및 납부절차 등에 대하여는 산업통상자원부령인 「특허료 등의 징수규칙」에 위임하고 있다.

「특허료 등의 징수규칙」 제4조 제1항에는 디자인보호법 제85조 제1항에 따른 출원 관련 수수료를, 동조 제2항에는 디자인보호법 제79조에 따른 등록료 및 그 밖의 디자인등록 관련 수수료를, 그리고 동조 제3항에는 디자인보호법 제85조에 따른 심판청구 관련 수수료를 규정하고 있다. 또한 납부방법 등에 대한 규정은 「특허료 등의 징수규칙」 제8조에서 규정하고 있으며, 납부방법은 디자인보호법 제79조의 디자인 등록료 납부절차와 동일하므로 동조 주해를 참조하면 된다.

〈조준형〉

제86조(등록료 및 수수료의 감면)

① 특허청장은 다음 각 호의 어느 하나에 해당하는 등록료 및 수수료는 제79조 및 제85조에도 불구하고 면제한다.

1. 국가에 속하는 디자인등록출원 또는 디자인권에 관한 등록료 및 수수료

2. 제121조 제1항에 따라 심사관이 청구한 무효심판에 대한 수수료

② 특허청장은 「국민기초생활 보장법」 제5조에 따른 수급권자 및 산업통상자원부령으로 정하는 자가 한 디자인등록출원 또는 그 디자인등록출원하여 받은 디자인권에 대하여는 제79조 및 제85조에도 불구하고 산업통상자원부령으로 정하는 등록료 및 수수료를 감면할 수 있다.

③ 제2항에 따라 등록료 및 수수료를 감면받으려는 자는 산업통상자원부령으로 정하는 서류를 특허청장에게 제출하여야 한다.

<소 목 차>

Ⅰ. 취   지

이 규정은 등록료 또는 수수료의 면제 및 감면에 관한 규정이다. 국가에 속하는 디자인등록출원 또는 디자인권에 관한 수수료 및 등록료는 면제된다. 이는 납부의무자와 징수권자가 다 같이 '국가'라는 동일 주체인 점을 고려한 것이다. 심사관에 의한 무효심판청구의 경우에도 수수료가 면제되는데 디자인행정을 수행하는 공무원에 의한 공익을 목적으로 하는 업무수행이라는 점을 고려한 것이다.

또한 「국민기초생활 보장법」에 의한 수급권자 및 산업통상자원부령이 정하는 자가 한 디자인등록출원인 경우에는 디자인권의 설정등록을 받기 위한 최초 3년분의 등록료 및 산업통상자원부령이 정하는 수수료를 면제하거나 감면할 수 있도록 규정하고 있다. 이는 국가유공자에 대한 사회적 배려 및 개인·소기업 등 경제적 약자에 대한 지원을 통한 창작분위기 조성과 창작의욕 고취에 그 제도적 취지가 있다.

Ⅱ. 연　　혁

등록료 및 수수료의 감면규정은 1990년 개정법(1990. 1. 13. 법률 제4208호)에서 최초로 도입된 후 「국민기초생활보장법」의 제정(1999. 9. 7. 법률 제6024호) 및 「생활보장법」의 폐지(1999. 9. 7. 법률 제6024호, 2000. 10. 1. 시행) 등에 따른 개정이 있었으며, 2013년 개정법(2013. 5. 28. 법률 제11848호)에 의하여 종전 제35조에서 제86조로 변경되었다.

Ⅲ. 해　　설

1. 등록료 또는 수수료의 면제(제1항)

공무원의 직무창작에 대한 권리는 발명진흥법 제10조 제2항의 규정에 의하여 국가가 승계한다. 이와 같이 국가에 속하는 디자인등록출원 및 국가가 디자인권자로 등록되어 있는 디자인권에 대한 등록료 또는 수수료는 전액 면제되며, 특허청 심사관에 의한 무효심판 청구시에도 수수료(심판청구료)가 전액 면제된다.

2. 등록료 또는 수수료의 감면(제2항)

「국민기초생활 보장법」 제5조의 규정에 의한 수급권자 및 「특허료 등의 징수규칙」에서 정하는 자가 출원한 창작(창작자와 출원인이 같은 경우만 해당한다)에 대하여는 최초 3년분의 등록료 및 「특허료 등의 징수규칙」에서 정하는 수수료(출원료, 심사청구료)를 면제한다.

「특허료 등의 징수규칙」 제7조 제1항에서 연간 10건(디자인보호법 제41조에 따른 복수디자인등록출원은 1 출원에 면제받을 수 있는 디자인은 3개 이하로 한다)에 한하여 출원료와 최초 3년분의 등록료를 면제하고 있는 각 호의 어느 하나에 해당하는 자는 다음과 같다.

1. 「국민기초생활 보장법」 제2조 제2호에 따른 수급자
2. 다음 각 목의 어느 하나에 해당하는 자
　가. 「국가유공자 등 예우 및 지원에 관한 법률」 제4조에 따른 국가유공자 및 같은 법 제5조에 따른 유족 및 가족

　나. 「5·18민주유공자예우에 관한 법률」 제4조 및 제5조에 따른 5·18민주유공자와 유족 및 가족

　다. 「고엽제후유의증 등 환자지원 및 단체설립에 관한 법률」 제4조 또는 제7조에 따른 고엽제후유증환자·고엽제후유의증환자 및 고엽제후유증 2세환자

　라. 「특수임무수행자 지원 및 단체설립에 관한 법률」 제3조 및 제4조에 따른 특수임무수행자와 유족등

　마. 「국가유공자예우에 관한 법률」 제4조에 따른 독립유공자 및 같은 법 제5조에 따른 유족 또는 가족

　바. 「참전유공자예우 및 단체설립에 관한 법률」 제5조에 따른 참전유공자

　3. 「장애인복지법」 제32조 제1항의 규정에 따라 등록된 장애인

　4. 「초·중등교육법」 제2조에 따른 학교의 재학생

　5. 삭제 <2014.2.21.>

　6. 만 6세 이상 및 만 19세 미만인 자

　7. 「병역법」 제5조 제1항 제1호 및 제3호에 따른 병(兵) 또는 공익근무요원으로 복무하거나 같은 법 제24조 및 제25조에 따른 전환복무를 수행하는 자

　「특허료 등의 징수규칙」 제7조 제2항에서는 다음 각 호의 어느 하나에 해당하는 자는 해당 호에서 정하는 금액을 감면한다. 이 경우 100원 미만의 금액은 감면액에 포함하지 아니하며 각호는 다음과 같다.

　1. 「중소기업기본법」 제2조에 따른 소기업(이하 "소기업"이라 한다) 또는 같은 법 제2조에 따른 중기업(이하 "중기업"이라 한다)과 같은 법 제2조에 따른 중소기업이 아닌 기업(이하 "대기업"이라 한다)이 계약에 따라 공동연구를 수행하고, 그 연구결과물에 대하여 공동으로 「특허법」 또는 「실용신안법」에 따른 출원 또는 심사청구를 하는 경우에는 출원료 또는 심사청구료의 100분의 50

　2. 개인(발명자·고안자 또는 창작자와 출원인이 같은 경우만 해당한다. 이하 같다), 소기업 또는 중기업의 경우에는 출원료, 심사청구료, 최초 3년분의 특허료·실용신안등록료 또는 디자인등록료의 100분의 70

　3. 「기술의 이전 및 사업화 촉진에 관한 법률」 제2조 제6호에 따른 공공연구기관(이하 "공공연구기관"이라 한다) 또는 같은 법 제11조 제1항에 따른 전담조직(이하 "전담조직"이라 한다)의 경우에는 출원료, 심사청구료, 최초 3년분의 특허료·실용신안등록료 또는 디자인등록료의 100분의 50

　4. 개인, 소기업 또는 중기업이 자신의 특허권·실용신안권 또는 디자인권

에 대하여 「특허법」 제135조, 「실용신안법」 제33조 또는 「디자인보호법」 제122
조에 따른 권리범위확인심판(이하 "권리범위확인심판"이라 한다)을 청구하는 경우
에는 심판청구료의 100분의 70

5. 전담조직이 자신의 특허권·실용신안권 또는 디자인권에 대하여 권리범
위확인심판을 청구하는 경우에는 심판청구료의 100분의 50

6. 「지방자치법」 제2조 제1항에 따른 지방자치단체의 경우에는 출원료, 심
사청구료, 최초 3년분의 특허료·실용신안등록료 또는 디자인등록료의 100분의
50

7. 「산업발전법」 제10조의2 제1항에 따른 중견기업(이하 "중견기업"이라 한
다)의 경우에는 출원료, 심사청구료, 최초 3년분의 특허료·실용신안등록료 및
디자인등록료의 100분의 30

8. 개인 중 만 19세 이상인 사람부터 만 30세 미만인 사람까지와 만 65세
이상인 사람의 경우에는 출원료, 심사청구료, 최초 3년분의 특허료·실용신안등
록료 및 디자인등록료의 100분의 85

9. 개인, 소기업, 중기업, 공공연구기관, 전담조직 및 중견기업의 경우에는 4
년분부터 6년분까지의 특허료·실용신안등록료 및 디자인등록료의 100분의 30

「특허료 등의 징수규칙」 제7조 제3항에서는 「발명진흥법」 제11조의2에 따
라 직무발명보상 우수기업으로 선정된 소기업, 중기업 및 중견기업에 대하여
2016년 2월 29일까지는 4년분부터 6년분까지의 특허료·실용신안등록료 및 디
자인등록료를 각각 100분의 50까지 감면한다.

「특허료 등의 징수규칙」 제7조 제4항에서는 국공립학교 교직원이 창작하고
국공립학교 교직원, 국가 또는 지방자치단체가 소유하고 있는 디자인권 또는 디
자인등록을 받을 수 있는 권리를 전담조직으로 이전하는 경우에는 이전등록료
또는 출원인변경신고료를 면제한다.

「특허료 등의 징수규칙」 제7조 제5항에서는 다음 각 호의 어느 하나에 해
당하는 자가 공동으로 출원하여 제1항에 따른 면제 또는 제2항에 따른 감면을
받으려는 경우(공동으로 출원하는 자가 모두 해당 수수료 또는 등록료의 면제 또는
감면 대상인 경우만 해당한다)에 감면율(제1항에 따른 면제의 경우 감면율을 100분의
100으로 한다)이 서로 다르면 각각의 감면율을 더하여 감면대상자수로 나누어
구한 평균감면율을 적용하여 감면한다. 이 경우 소숫점 이하는 버리며 각 호는
아래와 같다.

1. 제1항 각 호의 어느 하나에 해당하는 자
2. 제2항 제1호부터 제8호까지의 경우 중 어느 하나에 해당하는 자

3. 제출서류(제3항)

등록료 및 수수료 등을 면제 또는 감면받고자 하는 자는 출원시의 출원서 또는 권리설정등록시의 등록료 납부서에 면제 또는 감면의 사유와 그 대상을 적고 대상에 해당함을 증명하는 서류를 첨부하여 제출하여야 한다.

제출서류는 「특허료 등의 징수규칙」 제7조 제6항에서 규정하고 있는데, 「특허료 등의 징수규칙」 제7조 제1항 및 동조 제2항의 면제 또는 감면대상자가 제출하여야 하는 서류는 제1항 제1호부터 제3호까지에 해당하는 경우에는 그 자격을 증명하는 서류, 제1항 제4호 및 제5호에 해당하는 경우에는 재학증명서, 제1항 제7호에 해당하는 경우 복무증명서, 제2항 각 호의 어느 하나 또는 제3항에 해당하는 경우에는 그 사실을 증명하는 서류를 각각 제출하여야 한다.

「특허료 등의 징수규칙」 제7조 제7항은 제6항에 따라 첨부하여야 하는 서류 중 「전자정부법」 제36조 제1항에 따른 행정정보의 공동이용을 통하여 담당 공무원이 확인하도록 특허청장이 정하여 고시하는 서류는 이를 첨부하지 아니할 수 있다고 규정하고 있다. 다만, 신청인이 확인에 동의하지 아니하는 경우에는 해당 서류를 첨부하여야 한다.

「특허료 등의 징수규칙」 제7조 제8항에서는 제6항에 따른 면제 또는 감면 사유와 그 대상 등을 적지 아니하거나 이를 증명하는 서류를 첨부하지 아니한 이유 등으로 제1항부터 제4항까지의 규정에 따른 면제 또는 감면을 받지 못하고 납부한 자가 면제분 또는 감면분을 반환받으려는 경우에는 출원·권리설정등록·권리범위확인심판청구 및 권리관계변경신고 등을 할 당시에 면제 또는 감면대상이었음을 증명하는 서류와 별지 제3호서식의 수수료 사후 감면 신청서를 그 반환의 대상이 되는 출원료, 최초 3년분의 디자인등록료, 심판청구료, 이전등록료 또는 출원인변경 신고료를 납부한 날부터 5년 이내에 특허청장 또는 특허심판원장에게 제출하도록 규정되어 있다.

〈조준형〉

제87조(등록료 및 수수료의 반환)

① 납부된 등록료 및 수수료는 다음 각 호의 어느 하나에 해당하는 경우에는 납부한 자의 청구에 의하여 반환한다.

1. 잘못 납부된 등록료 및 수수료

2. 디자인등록취소결정 또는 디자인등록을 무효로 한다는 심결이 확정된 해의 다음 해부터의 등록료 해당분

3. 디자인등록출원 후 1개월 이내에 그 디자인등록출원을 취하하거나 포기한 경우 이미 낸 수수료 중 디자인등록출원료 및 우선권주장 신청료. 다만, 다음 각 목의 어느 하나에 해당하는 디자인등록출원의 경우에는 그러하지 아니하다.

　　가. 분할출원 또는 분할출원의 기초가 된 디자인등록출원

　　나. 제61조 제1항에 따라 우선심사의 신청을 한 디자인등록출원

　　다. 심사관이 제63조에 따라 거절이유를 통지하거나 제65조에 따라 디자인등록결정을 한 디자인등록출원

② 특허청장은 납부된 등록료 및 수수료가 제1항 각 호의 어느 하나에 해당하는 경우에는 그 사실을 납부한 자에게 통지하여야 한다.

③ 제1항에 따른 등록료 및 수수료의 반환청구는 제2항에 따른 통지를 받은 날부터 3년이 지나면 할 수 없다.

〈소 목 차〉

Ⅰ. 취　　지

　　이 규정은 이미 납부된 등록료 및 수수료는 원칙적으로 반환하지 않으나 일정한 경우에는 납부한 자의 청구에 의하여 반환한다는 규정이다. 즉, 디자인권자 등이 이미 납부한 등록료 및 출원료·우선심사신청료 등의 수수료는 정당하게 납부한 것으로 보고 이를 납부자에게 되돌려주지 않는 것이 원칙이지만, 잘못 납부된 등록료 및 수수료나 디자인등록취소결정, 디자인등록 무효심결 확정의 경우에는 당해 무효심결이 확정된 해의 다음 해부터의 등록료 해당분은

납부한 자의 청구에 의하여 반환하여야 하며, 디자인등록출원 후 1월 이내에 디자인등록출원을 취하하거나 포기한 경우에도 이미 낸 수수료 중 디자인등록출원료 및 우선권주장 신청료를 반환토록 규정하고 있다.

국가는 수익자 부담의 원칙에 근거하여 디자인관련 수수료 및 등록료를 징수하고 있다. 디자인등록출원의 관리 및 심사·심판처리 등 디자인행정에 소요되는 비용을 해당 행정의 개별 수혜자인 디자인등록출원인 등으로부터 징수하고 있으며, 디자인제도에 근거한 권리독점의 수혜에 대하여도 독점권의 향유자인 디자인권자에게 독점을 희망하는 기간에 해당하는 소정의 등록료를 납부토록 하고 있는 것이다.

따라서 디자인등록출원 후 조기에 출원을 취하하거나 포기하는 경우에는 행정비용의 투입이 비교적 적다는 점을 감안하여 디자인등록출원 후 1월 이내에 디자인등록출원을 취하하거나 포기하는 경우 이미 낸 수수료를 반환해 주도록 규정하고 있으며, 디자인등록취소결정 또는 디자인등록 무효심결에 의한 디자인권의 소멸로 인하여 권리독점기간이 단축된 경우에는 이미 납부한 등록료 중 단축된 기간에 해당하는 등록료를 반환해 주도록 규정하고 있는 것이다.

Ⅱ. 연　　혁

1961년 제정법(1961. 12. 13. 법률 제951호) 제28조에 의해 준용하는 구 특허법 제70조는 기 납부한 등록료는 이를 반환하지 아니한다고 규정함으로써 착오납부의 경우에도 반환받을 수 있는 근거 규정이 없었으나, 1973년 개정법(1973. 2. 8. 법률 제2505호) 제44조 준용규정에 의한 특허법 제84조에서 착오납부의 경우 납부한 날로부터 6월 이내에 납부한 자의 청구에 의하여 반환한다고 규정하였다.

1980년 개정 특허법(1980. 12. 31. 법률 제3325호)에서는 청구기간 6월은 너무 짧은 기간이므로 국고귀속기간과는 형평에 맞지 않아 「예산회계법」(현 「국가재정법」)상의 국가에 대한 금전채권의 소멸시효기간과 같은 5년으로 개정하였다.

1990년 개정법(1990. 1. 13. 법률 제4208호)에 의해서 제36조로 신설되었으며, 1993년 개정법(1993. 12. 10. 법률 제4595호)에서는 디자인이 심결에 의하여 무효심결이 확정된 연도의 다음 연도부터의 등록료 해당분을 반환받을 수 있도록 하고, 회계처리 등의 신속을 기하기 위하여 그 반환 청구기간을 '과오납된 날(무효심결에 따른 반환은 심결이 확정된 날)로부터 1년으로 단축하였다.

　1997년 개정법(1997. 4. 10. 법률 제5329호)에서는 '취소결정'이 확정된 경우에도 그 확정된 연도의 다음 연도부터의 등록료 해당분을 반환할 수 있도록 하였다.

　2001년 개정법(2001. 2. 3. 법률 제6413호)에서는 민원인의 편의를 위하여 잘못 납부된 사실을 납부자에게 통지하도록 함과 동시에 잘못 납부한 경우의 반환청구기간을 잘못 납부된 사실을 '통지받은 날로부터 '1년으로 하였다.

　2007년 개정법(2007. 1. 3. 법률 제8187호)에서는 디자인등록출원(분할출원 또는 분할출원의 기초가 된 디자인등록출원, 우선심사의 신청이 있는 디자인등록출원 제외) 후 1월 이내에 디자인등록출원을 취하하거나 포기한 경우에도 이미 납부한 디자인등록 출원료를 반환받을 수 있도록 하였다. 개정된 규정은 개정법 시행일(2007. 7. 1.) 이후 출원분에 대하여 적용하도록 규정하였다.

　2013년 개정법(2013. 5. 28. 법률 제11848호)에 의하여 종전 제36조에서 제87조로 변경되었다.

Ⅲ. 해　　설

1. 등록료 등의 반환대상(제1항)

　디자인권자 등이 납부대상에 대하여 착오를 일으켜 잘못 납부한 경우는 예컨대, 디자인등록출원이 등록결정되어 납부기간이 경과한 것을 납부기간내로 알고 납부하거나 디자인권의 존속기간이 만료된 것을 존속하고 있는 것으로 착오하여 납부하는 경우 등이 있다.

　디자인권이 디자인등록취소결정 또는 무효심결이 확정된 경우에는 당해 취소결정 또는 무효심결이 확정된 해의 다음 연도분부터의 등록료 해당분도 각각 반환의 대상이 된다.

　출원인이 디자인등록출원 후 1개월 이내에 해당 출원을 취하하거나 포기한 경우에는 납부한 디자인등록출원료 및 우선권주장 신청료를 반환하도록 규정하고 있다. 이 규정은 출원인이 디자인등록출원을 조기에 취하 또는 포기하고 싶어도 이미 납부한 관련 수수료가 반환되지 않아 디자인행정서비스에 대하여 가질 수 있는 불만을 해소하고, 특허청의 입장에서는 출원인이 포기 또는 취하를 하지 않고 출원절차를 계속 진행할 경우 불필요한 업무에 투입되어야 하는 인력과 노력을 절감하기 위한 규정이다.

2. 잘못 납부된 사실 등의 통보(제2항)

특허청장은 납부된 등록료·수수료가 잘못 납부된 경우, 디자인등록취소결정 또는 디자인등록을 무효로 한다는 심결이 확정되고 다음 해부터의 등록료가 남아있는 경우, 디자인등록출원 후 1개월 이내에 그 디자인등록출원을 취하하거나 포기한 경우 이미 낸 디자인등록출원료 및 우선권주장 신청료가 있는 경우에는 납부한 자에게 잘못 납부된 사실, 반환대상의 등록료 및 수수료의 사실을 통지하여야 한다.

3. 납부자의 반환청구(제3항)

반환사유가 발생하더라도 납부자의 반환청구가 있을 때에만 반환한다. 이미 납부한 등록료 등을 반환받고자 하는 자는 반환사유가 발생한 사실을 통지받은 날부터 3년 이내에 반환청구를 하여야 한다.

상기 채권의 소멸시효 3년은 국가재정법상의 국가에 대한 금전채권 소멸시효 5년(국가재정법 제96조)에 대한 특칙이다.

〈조준형〉

제88조(디자인등록원부)

① 특허청장은 특허청에 디자인등록원부를 갖추어 두고 다음 각 호의 사항을 등록한다.

1. 디자인권의 설정·이전·소멸·회복 또는 처분의 제한
2. 전용실시권 또는 통상실시권의 설정·보존·이전·변경·소멸 또는 처분의 제한
3. 디자인권·전용실시권 또는 통상실시권을 목적으로 하는 질권의 설정·이전·변경·소멸 또는 처분의 제한

② 제1항에 따른 디자인등록원부는 그 전부 또는 일부를 전자적 기록매체 등으로 작성할 수 있다.

③ 제1항 및 제2항에서 규정한 사항 외에 등록사항 및 등록절차 등에 관하여 필요한 사항은 대통령령으로 정한다.

<소 목 차>

Ⅰ. 디자인 등록원부

등록이란 국가가 비치하고 있는 공부(公簿)에 권리 또는 법률관계를 기재하는 것 또는 기재된 사항을 말하며 디자인권에 대한 등록의 개념도 이와 같이 해석할 수 있다.

디자인권의 설정등록이란, 심사관의 디자인등록결정과 이에 따른 출원인의 최초 등록료 납부행위로 발생되는 권리의 생성절차이며, 디자인권에 관한 권리의 제반사항, 즉, 발생, 변경, 소멸 등에 관한 사항은 등록원부에 등재하도록 되어 있다.

등록원부는 디자인권 또는 그에 관한 권리관계가 등재된 특허청의 장부를 말하는데, 제3자도 자유롭게 열람할 수 있어, 디자인권과 관련된 거래의 안전을 도모하고, 권리를 양수·양도하는 당사자는 물론 제3자에 대한 불측의 손해도

방지하기 위한 것이다. 일반적으로 등록원부를 확인하는 이유는, 주로 권리관계
를 파악하는 것으로 디자인권자 및 실시권 설정 상황과 법적 다툼의 진행 현황
을 파악하기 위한 것이 대부분이다.

현재까지 판례를 검색해보면, 등록원부 그 자체를 쟁점으로 하여 판단의 대
상으로 삼은 판례는 존재하지 아니한다. 따라서 여기에서는 등록원부에 대한 일
반적인 법리만 기술하고자 한다.

Ⅱ. 등록사항

1. 디자인보호법 제88조 제1항 제1호

제88조 제1항 제1호에는 "디자인권의 설정·이전·소멸·회복 또는 처분의
제한"을 등록사항으로 규정하고 있다.

디자인권의 설정은 디자인결정을 받은 출원인이 법정기간 내에 최초 3년분
의 디자인등록료를 납부하였을 때 특허청이 직권으로 디자인권이 발생하도록
하는 디자인권의 신규등록이다.[1]

디자인권의 이전은 디자인권의 소유자가 변경되는 것으로, 상속이나 합병
과 같은 일반승계를 제외하고 양도와 같은 특별승계는 등록원부에 등록함으로
써 그 효력이 발생한다. 또한, 디자인권의 이전은 가능하나 기본디자인의 디자
인권과 관련디자인의 디자인권은 같은 자에게 함께 이전하여야 한다.[2]

디자인권은 일정한 소멸사유가 발생하게 되면 소멸하게 되는데, 그 소멸사
유로는 디자인보호법 제91조에 의한 디자인권 존속기간의 만료, 제82조에 의한
디자인등록료의 불납, 제111조에 의한 상속인의 부존재, 제105조에 의한 디자인
권의 포기, 제121조에 의한 디자인등록의 무효, 제127조에 의한 디자인등록의
취소 등이 있다.

디자인권의 회복은 제84조 3항에 의한 회복을 말하는 것이고, 디자인권의
처분의 제한은 디자인권의 권리에 대한 집행보전을 위하여 법원 또는 세무서의
촉탁에 의한 압류, 가압류, 가처분 등이 있는 경우, 디자인권의 처분이 제한되는
것을 말한다.

---

1) 디자인보호법 제90조 제1항에 의하면 디자인권은 신규등록에 의하여 발생한다.
2) 디자인보호법 제96조 제1항.

2. 디자인보호법 제88조 제1항 제2호

전용실시권의 설정이란 실시권자가 디자인권자와의 계약에 의하여 일정기
간동안 일정한 지역에서 일정한 내용으로 디자인권을 독점배타적으로 실시할
수 있는 권리를 설정하는 것을 말한다. 반면 통상실시권의 설정은 당사자간(전
용실시권자 포함)의 계약 이외에도, 법률의 규정에 의한 강제실시, 특허청이 재정
에 의한 실시권 허여 등으로도 발생할 수 있다. 보통은 전용실시권은 권리를 양
도에 가까울 정도로 설정하나, 통상실시권은 지역별, 실시권자별, 기간별 개별설
정을 하는 경우가 다수 발생한다.

실시권의 설정이 디자인권의 설정과 가장 크게 차이가 나는 것은 실시권의
보존이다. 실시권의 보존 등록은 법정 통상실시권을 대상으로 하는 것으로, 법
령의 규정에 의한 통상실시권은 등록을 하지 않아도 디자인권자나 전용실시권
자에게 대항할 수 있으나, 법정통상실시권의 이전이나 질권의 설정 등은 등록원
부에 등재하지 않으면 제3자에 대항할 수 없다. 따라서 법정 통상실시권을 이전
하거나 이에 대하여 질권을 설정할 때에는 제3자에게 대항하기 위해서는 보존
등록을 하여야 한다.3)

나머지, 이전, 변경, 소멸 또는 처분의 제한은 디자인권에 대한 것과 같은
법리가 적용된다.

3. 디자인보호법 제88조 제1항 제3호

디자인권 등을 목적으로 하는 질권의 설정은 질권자와 디자인권자 또는 실
시권자와의 계약에 의하여 이루어진다. 특이한 것은 디자인권 및 전용실시권에
대한 질권은 등록하여야 효력이 발생하는 반면, 통상실시권에 대한 질권은 등록
하여야 제3자에게 대항할 수 있다는 차이가 있다.

Ⅲ. 기타 사항

1. 디자인보호법 제88조 제2항 및 제3항

제88조 제2항은 전자적 기록매체 등에 의한 등록원부의 작성을 규정하고

---

3) 이는 제3자에 대한 대항요건이고 당사자간에는 등록이 없어도 정당한 계약 등이 이루어
졌다면 효력이 발생하는 것은 당연하다.

있고, 실제로 현재 특허청의 등록원부는 종이가 아닌 전자기록매체에 의하여 관리되고 있으며, 인터넷으로도 열람 및 발급이 가능하다.

또한, 제3항은 기타 등록사항 및 등록절차를 대통령령으로 정하도록 하고 있는데, 특허권 등의 등록령에서는 ① 디자인일부심사등록 이의신청의 확정결정에 관한 사항, ② 디자인등록취소결정에 대한 심판, ③ 디자인등록거절결정 등의 취소결정에 따른 재심의 확정심결, ④ 특허법원 및 대법원의 판결에 관한 사항을 규정하고 있다.

특히, 심판 사항은 확정된 내용이 기록·관리되고 있고, 판결은 보통 확정 후 1주일 이내에 등록원부에 그 최종 확정사항이 등재되는 것이 일반적이다.

2. 디자인등록의 공신력

공신력이란 일정한 공시방법(디자인권의 등록, 부동산의 등기, 동산의 점유와 같은 공시방법)을 신뢰하고 거래한 경우에 공시방법의 내용과 실질적으로 다른 법률관계가 존재한다 하더라도 그 공시방법을 신뢰하고 거래한 자에게 권리의 취득을 인정하는 효력을 말한다.

디자인등록은 거래의 안전보다는 진실한 권리자를 보호하기 위하여 공신력은 인정되지 않는다. 만일 디자인등록에 공신력을 인정하게 되면 양도계약 등이 없음에도 불구하고 양도증 등을 위조하여 디자인등록을 한 경우에도 권리이전의 효력은 발생하게 된다. 이것은 진실한 권리자 보호에 중대한 결함이 아닐 수 없다.

물론 디자인등록에 공신력을 인정하게 되면 디자인등록을 신뢰하여 거래한 제3자를 보호할 수 있다는 장점은 있으나 진실한 권리자에게 주는 피해가 더 크다. 그래서 디자인보호법상의 등록에는 공신력을 인정하지 않고 있다.

따라서 디자인권에 관하여 등록원부에 등록된 사항과 실체적 법률관계가 일치하지 않는 경우에는, 특허청이 등록에 관하여서는 방식심사만 수행할 뿐, 실체심사를 수행하지 아니하기 때문에, 등록원부에 기재된 사항이 아닌, 실체적 법률관계가 우선한다. 이 경우라 하더라도, 민법 제741조에 의한 부당이득반환이나 제750조 불법행위(권리침해행위)에 근거한 손해배상에 대한 권리는 당연히 담보된다.

3. 디자인등록의 종류

디자인등록을 분류하여 보면, 법령상에 의할 경우, ① 신청에 의한 등록, ②

직권에 의한 등록, ③ 촉탁에 의한 등록으로 나눌 수 있고, 등록내용에 의할 경
우, ① 신규등록, ② 변경등록, ③ 경정등록, ④ 말소등록, ⑤ 회복등록으로 나
눌 수 있으며, 등록의 형식에 의할 경우, ① 주등록(독립등록), ② 부기등록으로
나눌 수 있고, 등록의 효력에 의할 경우, ① 본등록(종국등록), ② 가등록, ③ 예
고등록으로 나눌 수 있다.

가. 법령상 등록의 종류

분 류	의 의	내 용
신청등록	당사자의 신청에 의해 행하는 등록	· 직권·촉탁등록을 제외한 모든 등록으로 등록권리자와 의무자가 공동으로 신청하여야 하나, 상대방의 승낙서가 있는 경우, 판결, 상속 등 일반승계의 경우는 단독으로 신청가능
직권등록	특허청장이 직권으로 행하는 등록	· 특허권의 설정·소멸(포기 제외)·회복 및 존속기간의 연장 · 혼동으로 인한 전용실시권·통상실시권 또는 질권의 소멸 · 심판·재심의 확정심결, 법원의 판결 등
촉탁등록	법원(세무서)의 촉탁에 의해 본권리에 제한을 가하는 등록	· 법원의 압류, 가압류, 가처분, 국세체납처분 등에 의한 압류 등 특허권에 대한 처분의 제한 등에 관한 등록

나. 내용에 의한 분류

분 류	의 의	내 용
신규등록	새로운 등록원인이 발생한 경우에 행하는 등록	· 특허권 설정등록, 전용(통상)실시권의 설정등록, 질권의 설정등록 등
변경등록	기존에 등록된 사항의 일부를 변경하는 등록	· 등록권리의 이전등록, 등록(실시)권자의 명칭 및 주소의 변경이 있는 경우 행하는 표시변경 등록 등
경정등록	기존의 등록사항에 착오를 바로 잡기 위한 등록	· 신청과 직권에 의한 등록이 있으며, 직권에 의한 등록을 행한 경우는 등록권리자와 의무자에게 통보해야 함
말소등록	등록의 실체가 소멸되었거나, 당사자의 의사에 의해 권리를 소멸시키고자 하는 경우에 행하는 등록	· 법률의 규정에 의한 말소등록 - 존속기간만료, 연차등록료 불납, 상속인의 부존재, 특허무효심결의 확정으로 인한 말소등록 · 당사자의 의사표시에 의한 말소등록 - 특허권의 포기, 계약해제 등의 원인에 따라 당사자의 신청에 의한 말소등록
회복등록	권리의 실체관계가 존재하는데도 불구하고 당해 등록이 멸실 또는 부당하게 말소된 경우에 그 회복을 위해 행하는 등록	· 멸실회복 등록: 화재 등의 사고에 의해 소멸된 경우 · 말소회복 등록: 기존 등록의 전부 또는 일부가 불법 또는 착오로 말소된 경우. 등록상의 이해관계자가 있으면 신청서에 그자의 승낙서 또는 그에 대항할 수 있는 재판의 등본을 첨부하여야 함

다. 형식에 의한 등록

분 류	의 의	내 용
주등록 (독립등록)	순위(표시)번호에 연속하는 독립번호를 부여하여 행하는 등록 예: 권리의 이전, 전용실시권 설정 등	· 권리의 순위는 법령에 특별한 규정이 있는 경우를 제외하고는 등록된 순서에 의함 · 등록의 순서는 등록원부 중 동일한 란에 등록된 것에 대하여는 순위번호에 의하고 다른 란에 등록된 것에 대하여는 접수번호에 의함
부기등록	주등록(독립등록)의 등록상 원순위를 확보하면서 그 정정·보충을 위하여 행하는 등록 예: 등록명의인의 표시변경 또는 경정	· 부기등록이 가능한 사항은 주등록과의 동일성을 표시하는 경우로 한정됨 · 부기등록의 순위는 주등록의 순위에 의하고, 부기등록 상호간의 순위는 그 전후에 의함

라. 효력에 의한 등록

분 류	의 의	내 용
본등록 (종국등록)	권리의 변동관계에 있어 확정적으로 효력을 발생하게 하는 등록	신규·경정·변경·말소·회복·멸실등록
가등록	가등록은 본등록의 순위를 보전하기 위한 등록으로서, 후일 가등록에 기하여 본등록을 한 때에는 가등록의 순위가 바로 본등록의 순위가 됨	· 특허권·전용실시권 및 통상실시권과 이를 목적으로 하는 질권의 설정·이전·변경 또는 소멸에 관하여 청구권을 보전하고자 할 경우 · 다만, 그 청구권이 시기부이거나 정지조건부인 경우 기타 장래에 있어서 청구권이 확정될 것인 경우에 행하는 등록
예고등록	등록의 원인이 무효나 취소로 인한 등록의 말소, 회복의 소가 제기된 경우 또는 특허무효심판의 청구 등 권리에 대한 분쟁이 발생한 경우에 행하는 등록	· 예고등록은 선의의 제3자에게 경고를 준다는 사실상의 효과를 가질 뿐, 등록 본래의 효력인 권리변동 등의 효력발생과는 직접 관계가 없음

〈박성용〉

> **제89조(디자인등록증의 발급)**
> ① 특허청장은 디자인권의 설정등록을 하였을 때에는 산업통상자원부령으로 정하는 바에 따라 디자인권자에게 디자인등록증을 발급하여야 한다.
> ② 특허청장은 디자인등록증이 디자인등록원부나 그 밖의 서류와 맞지 아니할 때에는 신청에 의하여 또는 직권으로 디자인등록증을 회수하여 정정발급하거나 새로운 디자인등록증을 발급하여야 한다.

Ⅰ. 디자인등록증의 성격

디자인권이 설정등록되면 일정한 양식에 의한 디자인등록증을 교부한다. 즉, 디자인등록증은 일종의 공적증서로서 디자인권자임을 증명하는 서류이지만, 재산권적 성격보다는 인격권(명예권)적 성격이 강조된다. 따라서, 디자인등록증이 없어도 권리를 주장할 수 있고, 디자인등록증이 양도되어도 권리가 양도되는 것이 아니며, 분실하면 언제든지 재발급이 가능하다.

또한, 디자인등록증을 가진 자를 착오에 의하여 디자인권자로 믿고 거래를 하였더라도 디자인보호법상 특별한 보호가 이루어지는 것은 아니며, 단지 민법상의 착오나 계약에 관한 일반 규정이 적용될 뿐이다.

Ⅱ. 디자인등록증의 교부(제1항)

디자인등록증의 교부는 디자인권의 설정등록에 의한 디자인등록증 교부와, 디자인등록증의 흠결이 존재할 때, 신청 또는 직권에 의하여 발급된 디자인등록증을 회수하고 교부하는 정정교부, 그리고 디자인등록증을 분실 또는 훼손하였을 때 디자인권자의 신청에 의하여 교부하는 재교부가 있다.[1]

---

1) 디자인등록증의 서식에 관한 사항은 디자인보호법 시행규칙 제65조와 제67조에 규정되어 있다.

Ⅲ. 디자인등록증의 정정교부 또는 재교부(제2항)

디자인등록증의 기재사항에 흠결이 있는 경우에는 디자인등록증을 정정교부하거나 새로운 디자인등록증을 교부 할 수 있다. 정정교부 할 경우에는 기존의 디자인등록증은 회수된다. 또한 정정심판이 확정된 경우, 디자인등록증의 기재사항에 변동이 발생하면, 새로운 디자인등록증이 교부된다.

〈박성용〉

제 5 장
디자인권

제90조(디자인권의 설정등록)
① 디자인권은 설정등록에 의하여 발생한다.
② 특허청장은 다음 각 호의 어느 하나에 해당하는 경우에는 디자인권을 설정하기 위한 등록을 하여야 한다.
1. 제79조 제1항에 따라 등록료를 냈을 때
2. 제82조 제1항에 따라 등록료를 추가납부하였을 때
3. 제83조 제2항에 따라 등록료를 보전하였을 때
4. 제84조 제1항에 따라 등록료를 내거나 보전하였을 때
5. 제86조 제1항 제1호 또는 제2항에 따라 그 등록료가 면제되었을 때
③ 특허청장은 제2항에 따라 등록한 경우에는 디자인권자의 성명·주소 및 디자인등록번호 등 대통령령으로 정하는 사항을 디자인공보에 게재하여 등록공고를 하여야 한다.

Ⅰ. 본조의 의의 및 취지

1. 의　　의

　　디자인권의 설정등록이란 디자인등록출원에 대하여 심사관이 등록결정을 한 후 등록료가 납부되거나 면제된 때에 특허청장이 디자인등록원부에 일정한 사항을 등재하는 것을 말한다.

본조는 디자인권의 설정등록 절차, 효력발생 시기 및 등록공고에 관한 사항을 규정함으로써 디자인권을 부여하는 행위에 대한 신뢰성을 확보하기 위한 것이다.

2. 취　지

디자인권의 설정등록은 특정인에게 등록디자인 및 그와 유사한 디자인에 대하여 독점적 권리를 주는 행위이므로 엄격한 요건 및 절차에 따라 이루어져야 한다.

본조는 디자인권의 설정등록에 관한 요건을 명확히 하고 그 절차를 구체적으로 정함으로써 행위에 대한 신뢰도를 확보하기 위한 것이다.

Ⅱ. 디자인권 설정등록

1. 설정등록의 요건

가. 디자인등록출원에 대한 디자인등록결정

디자인권의 설정등록을 하기 위해서는 심사관이 디자인등록출원에 대하여 내린 디자인등록결정이 있어야 한다.

여기에서, 디자인등록결정이란 디자인등록출원에 대하여 심사관이 거절이유를 발견할 수 없을 때 하는 결정이다.

나. 등록료의 납부 또는 면제

특허청장은 다음과 같은 사실이 있으면 디자인권을 설정하기 위한 등록을 하여야 한다(제2항).

① 제79조 제1항에 따라 디자인권의 설정등록을 받으려는 자가 최초 3년분의 디자인등록료를 납부한 경우

② 납부기간 이내에 등록료를 내지 않아서 제82조 제1항에 따라 추가납부기간에 등록료를 추가로 납부한 경우

③ 납부기간 이내에 등록료의 일부를 내지 않아서 제83조 제2항에 따라 보전기간에 등록료를 보전한 경우

④ 본인이 책임질 수 없는 사유로 추가납부기간 또는 보전기간을 놓쳐서 제84조 제1항에 따라 그 사유가 종료된 날부터 2개월 이내에(다만, 추가납부기간

의 만료일 또는 보전기간의 만료일 중 늦은 날부터 1년 이내로 제한) 등록료를 내거
나 보전한 경우

　⑤ 제86조 제1항 제1호 또는 제2항에 따라 등록료가 면제된 경우

　한편, 국제디자인등록출원의 경우에는 국제출원을 할 때 등록료에 해당하
는 금액을 국제사무국을 통하여 납부하였으므로, 별도로 우리나라 특허청에 등
록료를 납부하는 절차를 밟을 필요가 없다.

2. 설정등록의 절차

　특허청장은 디자인등록출원에 대하여 심사관의 등록결정이 있으며, 등록료
가 납부되거나 면제된 때에는 디자인등록원부에 특정사항을 등재함으로써 디자
인권을 설정하기 위한 등록을 한다.

　예외적으로, 헤이그협정에 따른 국제디자인등록출원의 경우에는 심사관이
디자인등록결정을 하면 특허청장은 직권으로 디자인권을 설정하기 위한 등록을
하여야 한다.

3. 설정등록의 효과

가. 디자인권의 발생

　우리나라는 디자인권의 발생에 관하여 등록주의를 따르고 있다. 즉, 디자인
권은 설정등록이라는 행위가 있어야만 발생하는 것이다(제1항).

　디자인을 창작한 자가 디자인등록출원을 하여 등록결정을 받았다고 하더라
도 곧바로 디자인권이 생기는 것은 아니며, 등록결정을 받은 날부터 일정기간
이내에 등록료를 내는 설정등록 절차를 밟아야 한다.

나. 손실보상금 청구권의 행사

　디자인권의 설정등록이 완료되면 디자인권자는 디자인등록출원인의 자격으
로서, 출원된 디자인임을 서면으로 경고받거나 출원공개된 디자인임을 알고 그
출원된 디자인 또는 이와 유사한 디자인을 업(業)으로서 실시한 자에게, 그 등록
디자인 또는 이와 유사한 디자인의 실시에 대하여 통상적으로 받을 수 있는 금
액에 상당하는 보상금을 청구할 수 있다.

Ⅲ. 디자인권 등록공고

1. 등록공고의 개념

디자인권의 등록공고란 설정등록이 완료된 디자인권에 관하여 상세한 정보를 일반공중에게 널리 알리기 위하여 공고하는 것을 말한다.

디자인일부심사등록의 경우에는 등록공고에 의해 일반공중에게 알려짐으로써 일정기간 이내에 누구든지 등록디자인이 취소되어야 하는 이유 및 증거를 제시하여 디자인일부심사등록 이의신청을 할 수 있게 되는 것이다.

2. 등록공고의 방법

특허청장은 디자인권을 설정하기 위한 등록이 이루어진 때에는 그 내용을 디자인공보에 게재하여 공고하여야 한다(제3항).

여기에서, 디자인공보란 디자인보호법 시행령 제10조 제2항에 따라 다음의 사항을 게재하여 발행하는 등록디자인공보를 말한다.

① 디자인권자의 성명 및 주소(디자인권자가 법인인 경우에는 그 명칭 및 영업소 소재지)

② 디자인의 대상이 되는 물품과 그 물품이 속하는 물품류

③ 디자인심사등록 또는 디자인일부심사등록이라는 사실

④ 디자인의 창작자의 성명 및 주소

⑤ 디자인등록출원번호 및 디자인등록출원일

⑥ 디자인등록번호 및 디자인등록일

⑦ 디자인의 도면, 사진 또는 견본의 사진

⑧ 디자인의 창작내용의 요점

⑨ 디자인의 설명

⑩ 물품의 부분에 관한 디자인인 경우에는 부분디자인의 등록이라는 사실

⑪ 관련디자인등록출원되어 등록된 디자인인 경우에는 기본디자인의 표시

⑫ 복수디자인등록출원되어 등록된 디자인인 경우에는 디자인의 일련번호

⑬ 조약에 따른 우선권을 주장하며 디자인등록출원되어 등록된 디자인인 경우에는 우선권주장의 기초가 된 출원의 출원일

⑭ 출원공개된 디자인등록인 경우에는 출원공개 사실 및 공개연월일

⑮ 그 밖에 특허청장이 게재할 필요가 있다고 인정하는 사항

제43조에 따라 그 디자인을 비밀로 하도록 지정된 경우에는 위의 게재사항 가운데 ⑦에서 ⑨까지 사항은 출원인의 청구에 따른 비밀지정기간이 지난 후에 게재한다(디자인보호법 시행령 제10조 제2항 단서).

등록디자인공보는 특허청장이 특허청 홈페이지를 통하여 전자적 매체의 방식인 인터넷공보로 발행하고 있다.

3. 등록공고의 효과

등록공고는 등록디자인에 관한 상세한 내용을 일반공중에게 공표하는 것이므로 디자인과 관련한 분쟁을 예방하는 효과를 가져올 수 있다.

등록디자인공보에 등록디자인의 도면이 게재되면 그 디자인은 간행물에 게재되어 공지된 디자인으로 취급된다.

〈고재홍〉

> **제91조(디자인권의 존속기간)**
> ① 디자인권은 제90조 제1항에 따라 설정등록한 날부터 발생하여 디자인등록
> 출원일 후 20년이 되는 날까지 존속한다. 다만, 제35조에 따라 관련디자인으
> 로 등록된 디자인권의 존속기간 만료일은 그 기본디자인의 디자인권 존속기
> 간 만료일로 한다.
> ② 정당한 권리자의 디자인등록출원이 제44조 및 제45조에 따라 디자인권이
> 설정등록된 경우에는 제1항의 디자인권 존속기간은 무권리자의 디자인등록출
> 원일 다음 날부터 기산한다.

Ⅰ. 본조의 의의 및 취지

1. 의   의

디자인권은 등록디자인을 독점적으로 실시할 수 있는 권리로서 설정등록에
따라 발생하며 일정한 기간까지 한시적으로 존속하는 것이다.

본조는 디자인권 존속기간의 시작일 및 만료일에 관하여 일반원칙 및 예외
를 구체적으로 정하는 것이다.

2. 취   지

디자인권은 디자인권자가 등록디자인 및 그와 유사한 디자인을 독점적으로
실시할 수 있는 배타적 권리이다.

그러나 디자인권자로 하여금 너무 긴 기간 동안 독점적 권리를 누리도록
보장하는 것은, 디자인의 보호 및 이용을 도모함으로써 디자인의 창작을 장려하
고 산업발전에 이바지하고자 하는 이 법의 목적에 어긋난다.

디자인권자가 일정한 기간에 걸쳐 디자인을 독점적으로 실시한 다음에는
디자인권이 자동으로 소멸하도록 함으로써, 일반공중이 그 디자인을 자유로이

이용할 수 있게 하여 디자인권자의 사익과 일반공중의 이익을 적절하게 조화시킬 필요가 있다.

본조는 디자인권이 언제부터 효력이 생기고 언제까지 존속하는지를 구체적으로 규정함으로써 디자인권자와 일반공중 사이의 이해관계를 명확하게 구분하기 위한 것이다.

Ⅱ. 디자인권 존속기간

1. 디자인권 존속기간의 일반원칙

디자인권은 설정등록을 한 날부터 발생하여 디자인등록출원일 후 20년이 되는 날까지 존속한다(제1항). 즉, 디자인권의 존속기간의 기산점은 출원일이지만 디자인권의 실질적 효력은 설정등록일부터 생긴다.

따라서, 디자인등록출원부터 디자인권의 설정등록까지 걸리는 기간이 짧을수록 디자인권이 상대적으로 더 오래 존속하게 되는 것이다.

2. 디자인권 존속기간의 특례

가. 관련디자인의 디자인권 존속기간의 만료일

관련디자인으로 등록된 디자인권의 존속기간 만료일은 그 기본디자인의 디자인권 존속기간 만료일로 한다(제1항 단서).

따라서, 형식적으로는 관련디자인의 존속기간이 그 출원일로부터 20년이 되는 날까지일지라도, 기본디자인의 디자인권이 존속기간의 만료로 소멸하는 경우에는 관련디자인의 디자인권도 존속기간의 만료로 소멸하게 되는 것이다.

나. 정당한 권리자의 출원에 따른 디자인권 존속기간의 기산일

디자인 창작자가 아닌 자로서 디자인등록을 받을 수 있는 권리의 승계인이 아닌 자(이하 이 조에서는 "무권리자"라 한다)가 한 디자인등록출원이 거절결정 또는 거절한다는 취지의 심결이 확정된 경우에는 그 무권리자의 출원 후에 한 정당한 권리자의 출원은 무권리자가 출원한 때에 출원한 것으로 본다(디자인보호법 제44조).

그러므로 정당한 권리자의 디자인등록출원에 대하여 디자인권이 설정등록된 경우에는 그 존속기간은 무권리자의 디자인등록출원일 다음 날부터 시작한다(제2항).

다. 국제등록디자인권의 존속기간

국제등록디자인권이란 헤이그협정에 따른 국제등록에 기초하여 우리나라에서 설정등록이 된 디자인권을 말한다.

국제등록디자인권은 국내에서 설정등록이 된 날부터 발생하여 국제등록일 후 5년이 되는 날까지 존속한다. 다만, 국제등록의 만료일 이후에 설정등록이 이루어진 경우에는 그 설정등록일부터 발생하여 국제등록의 만료일 후 5년이 되는 날까지 존속한다(디자인보호법 제199조 제1항).

또한, 국제등록디자인권의 존속기간은 헤이그협정에 따라 5년마다 갱신할 수 있다. 다만, 우리나라에서 최대로 허용되는 존속기간은 국제등록일 후 20년이 되는 날까지이다(디자인보호법 제199조 제2항).

3. 기타 관련사항

가. 우선권주장 출원에 따른 디자인권의 경우

조약에 따라 대한민국 국민에게 출원에 대한 우선권을 인정하는 당사국의 국민이 그 당사국 또는 다른 당사국에 출원한 후 동일한 디자인을 대한민국에 출원하여 우선권을 주장하는 경우에는 제33조 및 제46조를 적용할 때 즉, 디자인의 신규성, 창작성 및 선출원 여부에 대하여 심사할 때, 그 당사국 또는 다른 당사국에 출원한 날을 대한민국에 출원한 날로 본다(디자인보호법 제51조 제1항).

우선권을 주장한 출원일지라도 국내 출원일 자체가 외국 출원일까지 소급되는 것은 아니므로 그 디자인권의 존속기간은 국내 출원일부터 시작하는 것이다.

나. 분할출원에 따른 디자인권의 경우

1디자인 1출원 원칙에 위반하여 2 이상의 디자인을 1디자인등록출원으로 한 자 또는 복수디자인등록출원을 한 자는 그 출원의 일부를 1 이상의 새로운 출원으로 분할하여 출원할 수 있다(디자인보호법 제50조 제1항).

분할된 디자인등록출원이 있는 경우 그 분할출원은 최초에 디자인등록출원을 한 때에 출원한 것으로 본다(디자인보호법 제50조 제2항). 즉, 분할출원은 출원일 자체가 최초 출원의 출원일까지 소급하게 된다.

따라서, 분할출원에 따른 디자인권의 존속기간은 그 기초가 되는 최초 출원의 출원일부터 시작하는 것이다.

다. 디자인권 존속기간의 만료일이 공휴일인 경우

디자인에 관한 절차에서 기간의 마지막 날이 토요일이나 공휴일('근로자의날제정에관한법률'에 따른 근로자의 날을 포함)에 해당하면 기간은 그 다음 날로 만료한다(디자인보호법 제16조 제4호). 즉, 디자인에 관한 절차에 대해서는 기간의 만료일이 토요일이나 공휴일인 경우에는 그 다음 날이 만료일로 된다.

위 규정은 디자인에 관한 절차에만 적용되는 것이므로 디자인권의 존속기간에는 적용되지 않는다. 즉, 디자인권의 존속기간은 디자인에 관한 절차에 속하는 기간이 아니므로 만료일이 토요일이나 공휴일에 해당하더라도 그 다음 날로 연장되지 않고 그날로 만료한다.

라. 디자인권 존속기간이 만료된 경우

디자인권의 존속기간이 만료하면 디자인권은 물론이고 그에 부수된 전용실시권, 통상실시권 및 질권까지도 소멸한다. 즉 디자인등록원부에 등재된 모든 권리가 소멸하는 것이다. 즉, 디자인권의 존속기간이 만료된 디자인은 일반공중이 자유롭게 이용할 수 있게 된다.

등록디자인과 유사한 디자인이 그 출원일 전 또는 출원일과 같은 날에 출원되어 등록된 디자인권(이하 "원디자인권"이라 한다)과 저촉되는 경우 원디자인권의 존속기간이 만료되는 때에는 원디자인권자는 그 디자인권에 대하여 통상실시권을 가지거나 그 디자인권의 전용실시권에 대하여 통상실시권을 가진다(디자인보호법 제103조 제1항).

원디자인권에 대한 전용실시권자 또는 등록된 통상실시권자는 그 디자인권에 대하여 통상실시권을 가지거나 원디자인권의 존속기간 만료 당시 존재하는 그 디자인권의 전용실시권에 대하여 통상실시권을 가진다(디자인보호법 제103조 제2항).

등록디자인 또는 이와 유사한 디자인이 그 출원일 전 또는 출원일과 같은 날에 출원되어 등록된 특허권·실용신안권과 저촉되고 그 특허권 또는 실용신안권의 존속기간이 만료되는 경우에 관하여도 위 두 규정을 준용한다(디자인보호법 제103조 제3항).

〈고재홍〉

> **제92조(디자인권의 효력)**
>
> 디자인권자는 업으로서 등록디자인 또는 이와 유사한 디자인을 실시할 권리를 독점한다. 다만, 그 디자인권에 관하여 전용실시권을 설정하였을 때에는 제97조 제2항에 따라 전용실시권자가 그 등록디자인 또는 이와 유사한 디자인을 실시할 권리를 독점하는 범위에서는 그러하지 아니하다.

I. 취 지

디자인권은 업으로서 독점배타적으로 실시할 수 있는 권리이고, 그 주체는 설정등록을 받은 자 또는 그 승계인이며, 객체는 등록디자인 또는 이와 유사한 디자인이다. 이처럼 디자인권은 독점배타성을 가지는 사적 재산권이고, 이는 설정등록에 의해 발생한다(제90조 제1항). 디자인권자가 업으로서 등록디자인 또는 이와 유사한 디자인을 실시할 권리를 독점하도록 하는 취지는, 디자인권자에 그와 같은 권리를 부여하여 디자인의 창작을 장려하는 것에 있다(디자인보호법 제1조. 디자인보호법은 디자인의 보호와 이용을 도모함으로써 디자인의 창작을 장려하여 산업발전에 이바지함을 목적으로 한다).

본조에서는 디자인권자의 독점적 실시라는 디자인권의 독점적 성격의 관점에서 디자인권의 효력을 규정하고 있고, 이와 대비하여 디자인보호법 제113조에서는 디자인권에 대한 침해의 금지라는 디자인권의 배타적 성격의 관점에서 디자인권의 효력을 규정하고 있다. 즉 본조는 디자인권의 적극적 효력(독점적 효력)에 관한 규정이고, 제113조는 디자인권의 소극적 효력(금지적 효력)에 관한 규정이라고 볼 수 있다.

Ⅱ. 해   설

1. 업으로서

디자인권자가 등록디자인 또는 이와 유사한 디자인의 실시에 대하여 독점권을 갖는 것은 '업으로서'의 실시에 한한다. 여기서 '업'이란 일정한 목적 하에 계속하여 행하는 유기적 활동으로서 사업을 의미하고, 또 '업으로서'라는 것은 반복적·계속적으로 이루어지는 것을 의미한다. '업으로서'에 해당하기 위해 반드시 영리를 목적으로 하는 것을 필요로 하지 않고 또 실제로 반복적·계속적으로 이루어질 것을 요구하는 것도 아니며, 반복적·계속적으로 행할 태세에 있다면 단지 1회밖에 실시되지 않은 경우라고 하더라도 '업으로서'의 실시라고 볼 수 있다.

이와 달리 사업 활동이 아닌 개인적 또는 가정적인 실시는 공정한 경업질서를 해하는 것이 아니므로 여기서 말하는 업으로서의 실시에 해당하지 않는다고 볼 수 있고,1) 디자인의 보호가 궁극적으로 산업발전을 위한 것이므로 실시행위 자체가 생산, 분배, 소비 등의 과정에서 행하는 경제적 행위로서 이루어지는 실시만을 보호하고 산업발전과 관계가 없는 실시에 대해서는 보호할 필요가 없다는 점에서 디자인권의 효력이 업으로서의 실시에 한정하여 미치도록 한 것이라고 볼 수 있다.2)

2. 등록디자인 또는 이와 유사한 디자인

디자인권은 설정등록을 마친 등록디자인에 대해 발생하지만(제90조 제1항) 그 효력이 미치는 범위에는 등록디자인뿐만 아니라 이와 유사한 디자인도 포함된다. 따라서 디자인등록 제도에서 디자인권의 객체로서의 등록디자인은 권리내용의 전부를 명시하고 있지 않고 그 중핵 또는 중심을 밝히는 것으로 보아야 한다. 디자인권의 객체인 등록디자인은 물품의 형태로서 극히 구체적으로 표현

---

1) 노태정·김병진 공저, 디자인보호법(3정판), 세창출판사(2009), 629; 오세중·이창훈 공저, 의장법·상표법(개정판), 한빛지적소유권센터(2002), 370; 김원준, 산업재산권법, 오래(2012), 586; 이한상·김준학 공저, 지식재산권법, 제일법규(2000), 460; 조국현, 의장법, 법경사(2002), 601; 高田忠, 의장, 유비각(1978), 460; 茶園成樹 편저, 의장법, 유비각(2012), 202-203.
2) 조국현(주 1), 601; 齊藤瞭二 저, 정태련 역, 의장법, 세창출판사(1993), 345.

되고 특정되는 것이지만, 등록된 디자인에 관한 권리내용은 그 등록된 디자인을 중심으로 이에 유사한 디자인에까지 미치면서 이들을 모두 포섭하여 그 실시를 독점배타적으로 지배함에 있다.[3]

디자인은 도면에 의하여 그 내용이 구체적으로 특정되므로 특허나 실용신안에 비하여 권리범위가 협소하다는 점에서 볼 때, 본조가 디자인권의 효력을 등록디자인뿐만 아니라 이와 유사한 디자인에까지 미치도록 한 것은, 디자인이 특허, 실용신안의 기술적 사상과는 달리 물품의 형태로 구체적·명시적으로 표상되므로 동일성 개념만으로는 그 보호대상이 협소하여 실질적인 디자인 보호가 실현되지 않고 또 디자인제도의 목적을 달성할 수 없기 때문이라고 할 것이다.[4] 다시 말해 디자인은 물품과의 불가분성에 따라 물품에 한정되기 때문에 동일성 개념만으로는 권리의 폭이 협소하고, 또한 디자인은 물품의 외관에 관한 미적 창작으로서 타인의 모방이 용이하고 유행에 민감하며 회전수명이 짧기 때문에 디자인권자를 두텁게 보호해주기 위해서 등록디자인의 효력범위를 유사범위까지 인정해 주고 있다.[5]

이러한 점에서 동일성 범위로 한정되는 특허권·실용신안권(특허법 제94조, 실용신안법 제23조)이나, 유사범위에는 금지적 효력만이 인정되는 상표권(상표법 제66조)과는 차이가 있다.[6]

3. 실   시

가. 실시의 태양

'실시'란 디자인에 관한 물품을 생산·사용·양도·대여·수출 또는 수입하거나 그 물품을 양도 또는 대여하기 위하여 청약(양도나 대여를 위한 전시를 포함)하는 행위를 말한다(디자인보호법 제2조 제7호. 개별 실시태양에 관한 상세한 내용은 같은 호의 주해 부분 참조).

---

3) 齊藤瞭二(주 2), 347.
4) 노태정·김병진(주 1), 630; 김원준(주 1), 585; 조국현(주 1), 457; 齊藤瞭二(주 2), 347; 荒木好文, 도해 의장법, 사단법인 발명협회(2003), 155.
5) 이한상·김준학(주 1), 461; 조국현(주 1), 600.
6) 노태정, 디자인 심사·심판실무, 세창출판사(2009), 354; 末吉亙, 의장법(제2판), 중앙경제사(2012), 15.

나. 실시행위의 독립성

(1) 원　칙

위와 같은 실시태양들은 실시 내용을 구성하는 행위로서 각각 독립된 것이고, 그 어느 것에 해당해도 디자인의 실시가 되며, 디자인권의 효력은 각각의 실시행위에 대하여 독립적으로 미친다.[7] 즉 디자인권자는 각 행위별로 독점권을 가지므로, 디자인에 관한 물품을 생산·사용·양도하는 등의 각 행위는 각각 독립적인 것이며, 어느 한 행위가 적법하다고 하여 다른 행위가 적법하다고는 할 수 없다. 이를 가리켜 실시행위 독립의 원칙이라 한다.

따라서 타인의 등록디자인을 무단으로 생산한 경우 그 물품의 판매여부에 관계없이 그 자체로서 침해행위를 구성하고, 디자인등록 물품을 구입하여 업으로서 판매하는 경우에도 그 판매자체가 침해행위가 된다. 또한 물품의 생산만을 내용으로 하는 실시권을 설정 받은 자가 그 물품을 생산하여 양도하거나 대여한 경우에 양도나 대여의 행위는 디자인권의 침해가 된다.[8]

(2) 예　외

그러나 디자인권자나 정당한 실시권자가 실시한 등록디자인의 물품에 대해서는 각각의 실시행위별로 디자인권의 효력이 미치지 않는다고 해야 한다. 즉 디자인권자나 정당한 실시권자로부터 등록디자인의 물품을 구입한 자가 스스로 그 물품을 사용하거나 재판매하는 경우에도 권리침해가 된다고 보는 것은 지나친 디자인권의 보호가 된다는 것이다. 이를 이론적으로 설명하는 견해들로서, 타인이 적법하게 물품의 소유권을 취득한 이상 이미 디자인권자 등의 권리범위를 이탈한 것이라고 보는 소유권이전설과 권리자가 물품을 양도할 때 양수인에게 묵시의 실시허락을 한 것이라는 보는 묵시실시허락설 및 디자인등록 물품의 양도가 정당하게 이루어진 후에는 그 디자인권은 이미 소진된 것이 되고 다시 동일물에 대하여 디자인권을 주장할 수 없다고 보는 소진설(소모이론) 등이 있다.[9]

4. 독　점

등록디자인 또는 이와 유사한 디자인에 대한 실시의 독점이란 디자인권자만이 독점배타적으로 그 등록디자인 또는 이와 유사한 디자인을 실시할 수 있

---

7) 齊藤曉二(주 2), 344.
8) 조국현(주 1), 603; 노태정·김병진(주 1), 631.
9) 조국현(주 1), 603; 오세중·이창훈(주 1), 371; 齊藤曉二(주 2), 344.

는 권리를 갖는다는 것이다. 독점배타적 실시란 디자인권자가 등록디자인 또는 이와 유사한 디자인을 스스로 실시하는 권능을 가짐과 동시에, 제3자의 실시를 배제하는 권능을 가지는 것을 의미한다. 디자인의 창작자는 타인의 권원을 침해하지 않는 한 그 디자인을 자유로이 사용·수익·처분할 권능을 본래 가지고 있으므로, 본조의 적극적·본질적 의의는 그 디자인을 배타적으로 지배하는 힘 즉 제3자의 실시를 배제하는 권능에 있다고 할 수 있다.[10]

본조가 디자인권자는 업으로서 등록디자인 또는 이와 유사한 디자인을 실시할 권리를 독점한다고 규정하고 있으므로, 타인이 디자인권자의 허락 없이 업으로서 등록디자인과 동일·유사한 디자인을 실시하는 경우 디자인권을 침해하는 것이 된다. 따라서 타인이 정당한 권원 없이 등록디자인 또는 이와 유사한 디자인을 업으로 실시하는 경우에는 디자인권자는 그 침해자에 대하여 민사적 또는 형사적 책임을 물을 수 있다. 이처럼 디자인권은 차단효 있는 독점권이며, 단순히 모방금지권에 그치는 저작권과 다르다.[11]

5. 전용실시권 설정에 의한 제한

전용실시권을 설정받은 전용실시권자는 그 설정행위로 정한 범위에서 그 등록디자인 또는 이와 유사한 디자인을 업으로서 실시할 권리를 독점한다(디자인보호법 제97조 제2항). 본조 단서는 그 당연한 귀결로서 이를 그대로 확인하는 규정이라고 볼 수 있다.[12]

따라서 디자인권자도 전용실시권을 설정한 범위 내에서는 업으로서 등록디자인 또는 이와 유사한 디자인을 실시할 권리가 제한된다. 다만 제3자에 의한 디자인권 침해행위에 대해서는 디자인권자는 전용실시권을 설정한 범위 내의 침해라고 하더라도 금지청구권을 행사할 수 있다고 해석된다.[13]

〈정택수〉

---

10) 齊藤曉二(주 2), 345.
11) 송영식 외 6인 공저, 송영식 지적소유권법(상)(제2판), 육법사(2013), 1024.
12) 寒河江孝允 외 2인 편저, 의장법コンメンタール(제2판), LexisNexis(2012), 407(高橋淳 집필부분).
13) 茶園成樹 편저(주 1), 204.

제93조(등록디자인의 보호범위)

등록디자인의 보호범위는 디자인등록출원서의 기재사항 및 그 출원서에 첨부된 도면·사진 또는 견본과 도면에 적힌 디자인의 설명에 따라 표현된 디자인에 의하여 정하여진다.

<소 목 차>

Ⅰ. 취   지

이 규정은 등록디자인의 보호범위를 정하는 기준을 명시하여 그 기준이 명료하지 않음에 따른 무용한 분쟁을 방지하는 등 법 운영의 원활과 적정한 운영을 도모함에 그 취지가 있다.[1] 따라서 등록심사나 침해소송에 있어서 제3자 디자인과의 동일 또는 유사 여부를 판단할 때에는 본조에 의거하여 출원디자인 또는 등록디자인의 보호범위를 결정할 필요가 있다.[2]

디자인은 '표현형태'에 중점이 있어 문장보다는 그림에 의해 표현하는 것이 더 정확하므로 디자인의 내용은 도면에 의해 구체화되고 특정되게 된다.[3] 이를 특허발명의 보호범위가 특허청구범위의 기재에 기초하여 정해지는 것과 대비해 보면, 특허발명이 기술적 사상으로 관념되며 그 추상성으로 인해 그 보호범위를 명시할 것을 요구함에 비하여, 디자인은 물품의 형태로 관념되며 거기에 나타난 디자인 그 자체가 권리의 객체를 구성한다는 점에서 구체성이 있으므로 위와 같이 규정한 것이다. 즉 권리의 객체로서 디자인의 내용이 구체적·명시적으로

---

[1] 노태정·김병진 공저, 디자인보호법(3정판), 세창출판사(2009), 627; 오세중·이창훈 공저, 의장법·상표법(개정판), 한빛지적소유권센터(2002), 367.

[2] 노태정, "[시론] 2010년 디자인보호법 개정안에 대한 문제점과 개선의견", 창작과 권리, 세창출판사, 제59호(2010년 여름호), 235.

[3] 윤선희, 산업재산권법원론, 법문사(2002), 610; 이한상·김준학 공저, 지식재산권법, 제일법규(2000), 461.

나타나는 것이므로, 권리로서 청구하는 범위에 대해 중복하여 특정할 것을 요구할 필요가 없다는 취지가 깔려 있다.[4] 요컨대 특허발명의 보호범위는 청구범위에 기재된 사항에 의하여 정해지지만(특허법 제97조), 디자인은 외형적으로 판단하면 충분하기 때문에 디자인에 관하여는 출원서에 디자인등록 청구범위를 기재할 것을 요구하지 않는 것이다.[5]

　　다만 디자인권의 보호범위를 둘러싼 위와 같은 사정은, 청구범위로 기술되는 특허발명이나 등록실용신안조차 청구범위가 의미하는 바가 일의적이지 않아 여러 가지 해석이 쟁점이 되어 기술적 범위를 획정하는 데에 많은 시간이 소요되는데, 디자인에 있어서는 그 이상으로 곤란한 문제를 디자인권의 행사와 침해소송에 가져오는 원인이 되고 있다.[6]

II. 해　　설

　　디자인권자는 업으로서 등록디자인 또는 이와 유사한 디자인을 실시할 권리를 독점한다(제92조). 이처럼 디자인권의 효력은 등록디자인에 유사한 디자인에까지 미치므로 본조의 실질적인 의의는 등록디자인 자체를 확정하는 자료를 정하는 데에 있다.[7] 어떠한 디자인의 실시가 '등록디자인 또는 그와 유사한 디자인의 실시'에 해당하는지 여부를 판단함에 있어서 본조의 규정에 기초하여 등록디자인의 범위를 결정하여야 한다.[8]

　　출원서의 기재사항 및 출원서에 첨부된 도면(사진 또는 견본)은 디자인의 창작내용을 표현하는 것으로서 디자인의 구체적인 보호범위를 확정하는 기능을 한다. 등록요건을 구비한 경우에는 설정등록에 의하여 디자인권이 발생하고, 등록을 받은 디자인의 도면은 디자인등록원부의 일부로 되며, 등록디자인의 보호범위는 출원서의 기재사항 및 그 출원서에 첨부한 도면 등과 도면에 기재된 디자인의 설명에 표현된 디자인에 의하여 정하여진다. 먼저 출원서의 기재사항 중 등록디자인의 보호범위를 정하는 기준으로서 중요한 의미를 갖는 것은 '디자인

---

4) 齊藤瞭二 저, 정태련 역, 의장법, 세창출판사(1993), 346.
5) 寒河江孝允 외 2인 편저, 의장법コンメンタール(제2판), LexisNexis(2012), 415(高橋淳 집필부분).
6) 牛木理一, 판례의장권침해, 사단법인 발명협회(1993), 3.
7) 齊藤瞭二(주 4), 347.
8) 寒河江孝允 외 2인 편저(주 5), 415.

의 대상이 되는 물품'이다.9) 도면은 디자인등록을 받고자 하는 디자인의 내용을 구체적으로 특정한 것으로서 디자인등록출원서상의 추상적, 관념적인 물품을 도면에 표현된 디자인으로 특정하는 역할을 한다. 다만 일정조건하에서 도면에 갈음하여 사진 또는 견본을 제출할 수 있고(제37조 제3항), 이 경우 사진 등은 도면과 마찬가지로 출원에 관한 디자인을 특정하는 역할을 한다.

도면은 등록디자인의 보호범위를 확인하기 위한 권리범위확인심판 등에 있어서 등록디자인의 보호범위를 형태면에서 특정하는 역할을 한다.10) 도면은 디자인이라는 무형의 추상적 개념을 일정한 도법에 의해 구체적으로 서면화한 것으로서, 출원 시에는 특허출원 등에 있어서의 명세서와 같은 권리청구서로서의 성격을 갖고 있고, 등록 후에는 권리서로서의 성격을 갖고 있다. 이는 물품과 그 형태의 특정이 요구되는 디자인에 있어서 도면이 가장 명확하게 그 내용을 전달할 수 있기 때문이다. 따라서 도면은 디자인의 보호범위 판단 시 가장 중요한 자료가 된다.11) 전개도, 단면도 및 확대도 등 디자인을 구체적이고 명확하게 표현하기 위하여 필요한 부가도면은 디자인의 권리범위를 판단하는 기초가 된다.

도면에는 디자인의 전체적인 형태가 명확하게 표현되어야 한다. 도면 작성의 기초가 된 실물과 창작자의 두뇌 속에 있는 형태가 참작되는 것은 아니며, 도면에 나타나 있지 않지만 실물은 이렇다고 하는 것은 허용되지 않는다. 권리의 객체는 어디까지나 도면에 의해 고정되는 바에 따르며, 도면 그 자체에 의하여 그 권리내용이 완결적으로 표현되어야 하는 이유도 여기에 있다.12) 그러나 디자인을 기재한 것이라 하더라도 도면은 어디까지나 실물을 선으로 묘사한 것에 지나지 않는다. 그것은 하나의 플랜의 제공이고 실체나 질감이 없는 추상이며 실물의 일시적인 모습에 불과하다.13) 따라서 도면의 부족한 점을 다른 것으로 보충할 필요가 있다. 그에 따라 디자인보호법은 디자인의 보호범위는 도면(사진 또는 견본) 외에도 출원서의 기재사항, 도면에 적힌 디자인의 설명에 표현된 것에 의해 정하여진다고 규정하고 있다. 사용상태도 등 디자인을 쉽게 이해하는 데 도움을 주기 위한 참고도면은 디자인의 보호범위를 판단하는 직접적인

---

9) 오세중·이창훈(주 1), 367.
10) 노태정·김병진(주 1), 466-467.
11) 오세중·이창훈(주 1), 368.
12) 齊藤瞭二(주 4), 426.
13) 牛木理一, 의장권침해 ―이론과 실무―, 경제산업조사회(2003), 73.

자료가 되지 않는다.14)

도면에 적히는 '디자인의 설명'에는 통상 도면에 표현된 디자인을 보충하는 내용이 기재된다. 등록디자인의 보호범위는 디자인등록출원서의 기재사항 및 그 출원서에 첨부된 도면·사진 또는 견본과 도면에 적힌 디자인의 설명 등 3가지를 종합하여 정해지는 것이므로, '디자인의 설명'란에 당해 디자인의 특징을 기재하고 있다 하더라도 이에 의하여 디자인의 보호범위가 도면에 나타난 것과 달리 제한되는 것은 아니다. 다만 도면으로도 알 수 있는 내용을 '디자인의 설명'에 특별히 기재한 것이라면 그 부분은 당해 디자인의 창작이 이루어진 곳으로서 디자인의 요부가 될 가능성이 크다.15) 한편 도면의 기재사항 중 창작내용의 요점을 권리범위 판단대상에서 제외16)한 것은 출원인이 기재형식에 구애받지 않고 보다 명확하고 자세히 기재하도록 하여 이를 심사에 활용하기 위한 것이다.17)

도면들 간에 모순 또는 불일치가 있는 경우 디자인의 내용을 어떻게 파악할지가 문제된다. 도면들 간에 모순 또는 불일치가 있고 그 결과 당해 디자인의 내용을 파악할 수 없고 이를 구체화할 수 없는 경우에는, 이를 공업상 이용할 수 있는 디자인이라고 할 수 없어 디자인등록이 거절된다. 그러나 도면에 모순 또는 불일치가 있더라도 그 정도가 경미하여 디자인의 내용을 파악할 수 있는 경우에는 등록될 수도 있는데, 이 경우에 모순 또는 불일치가 있다고 하더라도 그 점으로 곧바로 등록디자인의 보호범위가 획정될 수 없는 것은 아니고, 그 디자인이 속하는 분야에서 통상의 지식을 가진 자의 입장에서 출원서 및 첨부 도면의 기재내용과 당해 디자인에 관계된 물품의 성상을 종합적으로 고려하여 모순 또는 불일치가 도면작성상의 오기 등이라고 이해되고 통일성 있는 디자인을 합리적·객관적으로 상정할 수 있는 경우에는 그와 같이 상정되는 디자인을 가지고 당해 등록디자인의 내용으로 인정할 수 있다.18) 대법원도 출원서에 첨부된 도면에 서로 불일치한 부분이 있다고 하더라도 그 정도가 경미하여 그 디자인 분야에서 통상의 지식을 가진 자가 경험칙에 의하여 디자인의 요지를 충분히 특정할 수 있는 경우에는 공업적 생산방법에 의하여 동일물품을 양산할 수 있

---

14) 齊藤曉二(주 4), 434.
15) 대법원 2012. 4. 13. 선고 2011후3469 판결[비공개] 등.
16) 2001. 2. 3. 법률 제6413호로 개정된 의장법에 의하여 제외되었다.
17) 윤선희(주 3), 634.
18) 寒河江孝允 외 2인 편저(주 5), 416; 茶園成樹 편저, 의장법, 유비각(2012), 205-206.

다 할 것이므로 그 디자인은 공업상 이용할 수 있는 디자인에 해당한다고 판시하였다.[19]

Ⅲ. 판례와 실무

1. 원   칙

디자인권의 침해 시의 디자인 유사 여부는 디자인권의 설정등록 시와 같은 판단 기준에 의하여 판단하는 것이 원칙이다(디자인권의 설정등록 시 유사 여부 판단 기준에 관하여는 제33조 제1항 제3호 주해부분 참조). 대법원은 권리범위확인 사건에서 "디자인의 유사 여부는 이를 구성하는 각 요소를 분리하여 개별적으로 대비할 것이 아니라 그 외관을 전체적으로 대비 관찰하여 보는 사람으로 하여금 상이한 심미감을 느끼게 하는지의 여부에 따라 판단하여야 하고, 이 경우 디자인을 보는 사람의 주의를 가장 끌기 쉬운 부분을 요부로서 파악하고 이것을 관찰하여 심미감에 차이가 생기게 하는지 여부의 관점에서 그 유사 여부를 결정하여야 한다"고 판시하고 있다.[20]

이에 대하여 등록단계에서의 유사 판단과 침해단계에서의 유사 판단은 그 접근방식을 달리하여야 한다는 견해가 있다. 이 견해는, 등록단계에서는 원칙적으로는 신규하고 창작적인 부분을 요부로 특정하여 이를 그 디자인 분야의 평균적 전문가의 기준에서 판단하되, 보조적으로 공지·공용의 디자인과 오인혼동의 우려가 있는 경우에는 신규성 및 창작성이 결여된 것으로 추정할 수 있고, 침해소송 단계에서는 원칙적으로는 물품구매자의 입장에서 등록디자인과 오인혼동의 우려가 있는가의 여부에 의하여 판단하되, 보조적으로 등록디자인의 창작부분(novel features) 즉, 개인적 연원부분(individuelle Quelle)을 요부로 삼아 당해 분야에서 평균적 디자이너의 수준에서 창작적 노력 없이 도용할 수 있었느냐의 여부에 따라 판단함이 타당하다고 한다.[21]

2. 공지된 부분을 포함한 등록디자인의 보호범위

대법원은 일반적으로 디자인권이 신규성이 있는 디자인적 고안에 부여되는

---

19) 대법원 2005. 9. 15. 선고 2004후2123 판결[미간행].
20) 대법원 2010. 7. 22. 선고 2010후913 판결[비공개] 등.
21) 송영식 외 6인 공저, 송영식 지적소유권법(상)(제2판), 육법사(2013), 989-990.

것이므로 공지공용의 사유를 포함한 출원에 의하여 디자인등록이 되었다 하더라도 공지공용 부분까지 독점적이고 배타적인 권리를 인정할 수는 없는 것이라고 판시하였다.[22] 대법원은 또한 "디자인의 동일 또는 유사 여부를 판단함에 있어서는 디자인을 구성하는 각 요소를 부분적으로 분리하여 대비할 것이 아니라 전체와 전체를 대비 관찰하여 보는 사람이 느끼는 심미감 여하에 따라 판단하여야 하고 그 구성요소 중 공지의 형상부분이 있다고 하여도 그것이 특별한 심미감을 불러일으키는 요소가 되지 못하는 것이 아닌 한 이것까지 포함하여 전체로서 관찰하여 느껴지는 장식적 심미감에 따라 판단해야 할 것이기는 하지만, 디자인권은 물품의 신규성이 있는 형상, 모양, 색채의 결합에 부여되는 것으로서 공지의 형상과 모양을 포함한 출원에 의하여 디자인등록이 되었다 하더라도 공지 부분에까지 독점적이고 배타적인 권리를 인정할 수는 없으므로 디자인권의 권리범위를 정함에 있어 공지 부분의 중요도를 낮게 평가하여야 하고, 따라서 등록디자인과 그에 대비되는 디자인이 서로 공지 부분에서 동일 · 유사하다고 하더라도 등록디자인에서 공지 부분을 제외한 나머지 특징적인 부분과 이에 대비되는 디자인의 해당 부분이 서로 유사하지 않다면 대비되는 디자인은 등록디자인의 권리범위에 속한다고 할 수 없다"라고 판시하였다.[23]

위와 같은 대법원판결의 태도는, 출원심사나 등록무효 국면에서는 출원 · 등록 디자인과 비교대상디자인의 유사 판단에서 공통된 공지 부분을 제외한다면 공지 부분을 포함하고 있는 출원 · 등록 디자인이 오히려 신규성을 쉽게 인정받게 되는 불합리가 있고, 권리범위확인이나 침해소송의 국면에서는 디자인권자가 창작한 부분에 한해 독점적 · 배타적 권리를 부여할 필요가 있다는 점을 고려한 것으로서, 디자인권의 형식적 유효성을 전제로 하면서 제3자의 이익과의 형평을 확보함으로써 법적 정의를 실현하고자 하는 특수한 해석이라고 볼 수 있다.[24]

대법원이 위와 같이 등록디자인의 권리범위를 정함에 있어서 등록디자인의 구성요소 중 일부가 이미 공지된 경우 그 공지 부분은 중요성 또는 창작성을 낮게 평가함으로써 이를 판단의 대상이 되는 요부에서 제외하고 있다고 파악하

---

22) 대법원 1987. 9. 8. 선고 85후114 판결[공1987.11.1.(811), 1569]; 대법원 1998. 7. 24. 선고 97후1900 판결[공1998.9.1.(65), 2238] 등.
23) 대법원 2004. 8. 30. 선고 2003후762 판결[공2004.10.1.(211), 1612]; 대법원 2012. 4. 13. 선고 2011후3469 판결[비공개]; 대법원 2012. 4. 13. 선고 2011후3568 판결[비공개]; 대법원 2013. 12. 26. 선고 2013다202939 판결[비공개] 등.
24) 특허법원 지적재산소송실무연구회, 제3판 지적재산소송실무, 박영사(2014), 453.

는 것이 일반적인 견해이고, 특히 디자인에 있어서 공지 부분을 디자인의 구성
에서 제외하는 것이 아니며 특허발명에서 구성요소가 공지된 경우와 같이 공지
부분은 그 중요성 또는 창작성을 낮게 평가하여 판단의 대상이 되는 요부에서
제외하는 것에 불과하다는 점에 유의할 필요가 있다고 한다. 따라서 구성요소
모두가 다른 선행디자인에 의하여 각각 공지된 경우라 하더라도 이는 전부 공
지는 아니므로 그 권리범위가 곧바로 부정되지는 않는데, 이 경우에는 특정 부
분이 요부가 될 수 없으므로 각 공지 부분을 조합한 전체로서의 형상을 확인대
상디자인과 대비하여야 하며, 다만 이러한 경우에 등록디자인의 보호범위는 매
우 협소하다는 것이다.25)

　　이에 대하여 등록디자인의 구성요소 중 일부가 이미 공지된 경우 그 공지
부분이 요부에서 제외된다고 보아서는 안 된다는 견해도 있다. 즉 권리범위확인
사건에서 확인대상디자인이 등록디자인과 공지된 형태에 있어서 유사한 점이
있다고 하더라도, 이 부분에 대해서는 등록디자인에 대하여 독점적, 배타적 권
리를 인정할 수 없어서 그 중요도를 낮게 보아야 하므로 그 부분의 유사성에도
불구하고(또는 그 부분의 유사로 인하여 두 디자인이 전체적으로 서로 유사하다고 판
단되더라도) 확인대상디자인이 등록디자인의 권리범위에 속하지 않게 되는 것뿐
이지, 공지 부분이 요부에서 제외되고 그로 인하여 두 디자인의 심미감이 유사
하지 않기 때문에 확인대상디자인이 등록디자인의 권리범위에 속하지 않는 것
은 아니라는 것이다. 이 견해는 권리성립 과정과 권리행사 과정에서 디자인의
유사 여부 판단기준을 달리 볼 아무런 근거가 없고, 이들 기준을 동일하게 하는
것이 논리 일관적이므로, 등록무효 사건 등에서와 달리 권리범위확인 사건에서
만 공지형태라는 이유로 이를 바로 디자인의 요부에서 제외하는 것은 바람직하
지 않다고 한다.26)

---

25) 성기문, "공지부분이 포함된 특허 및 의장을 둘러싼 실무상의 제문제", 특허소송연구, 특
　　허법원, 제2집(2002), 268; 강기중, "가. 공지의 형상과 모양을 포함하고 있는 등록의장의
　　권리범위의 판단 기준 나. 산업용 안경의 안경테의 전체적인 형상과 모양 및 정면 부분이
　　공지의 형상과 모양 부분이고, 등록의장공보에 측면도가 요부확대사진으로 등재되어 있는
　　경우, 등록의장과 그에 대비되는 의장의 유사 여부는 측면의 홀더 및 커넥터의 형상과 모
　　양에 중점을 두어 판단하여야 한다고 한 사례", 대법원판례해설, 법원도서관(2005), 308;
　　김병식, "공지 부분이 포함되어 있는 디자인권의 권리범위를 정하는 방법", 대법원판례해
　　설, 법원도서관(2012), 323-324; 末吉瓦, 의장법(제2판), 중앙경제사(2012), 75.
26) 유영선, "등록무효소송에서 기본적 또는 기능적 형태를 포함하고 있는 디자인의 유사성
　　판단기준," 지적재산권, 한국지적재산권법제연구원, 제32호(2009. 7.), 63; 박종학, "디자인
　　의 동일 또는 유사 여부 판단 ―대법원 판례를 중심으로―, 창작과 권리 제60호(2010년 가

또한 대법원은 "디자인의 구성 중 물품의 기능에 관련된 부분에 대하여 그 기능을 확보할 수 있는 선택가능한 대체적인 형상이 그 외에 존재하는 경우에는, 그 부분의 형상은 물품의 기능을 확보하는 데에 불가결한 형상이라고 할 수 없으므로, 그 부분이 공지의 형상에 해당된다는 등의 특별한 사정이 없는 한 디자인의 유사 여부 판단에 있어서 그 중요도를 낮게 평가하여야 한다고 단정할 수 없다"고 판시하고 있는데,[27] 이를 반대해석하면 물품의 기능을 확보하는 데에 불가결한 형상인 경우에는 그 중요도를 낮게 평가해야 한다는 취지로 이해된다.

대법원은 위와 같이 등록디자인의 권리범위를 정하는 경우와는 달리 출원심사나 등록무효심판 국면에서 출원·등록 디자인과 대비의 대상인 선행디자인과 사이에 유사한 구성요소가 이미 공지된 경우에는 그것이 특별한 심미감을 불러일으키는 요소가 되지 못하는 것이 아닌 한 이를 제외하여서는 안 된다고 보고 있다.[28] 이는 출원디자인과 선행디자인에 공통된 공지 부분을 요부에서 제외하면 선행디자인의 권리범위가 좁아지게 되어 공지 부분을 포함하고 있는 출원디자인이 오히려 신규성을 쉽게 인정받아 등록되는 모순이 생기기 때문인 점은 앞서 본 바와 같다. 이 점은 등록디자인의 권리범위를 정함에 있어 공지 부분을 디자인의 요부에서 제외하는 것과는 차원이 다른 것이고, 특허발명의 등록요건 판단 시 공지부분을 제외하지 않는 것과 같은 이유라고 볼 수 있다.[29]

한편 등록디자인이 그 등록출원 전에 이미 공지된 디자인 등과 동일·유사한 경우에는 등록무효심판의 유무와 관계없이 권리범위가 인정되지 않는다. 즉 등록디자인이 그 출원 전에 국내 또는 국외에서 공지되었거나 공연히 실시된 디자인이나 그 출원 전에 국내 또는 국외에서 반포된 간행물에 게재되었거나 전기통신회선을 통하여 공중이 이용가능하게 되어 있던 디자인과 동일 또는 유사한 경우에는 그에 대한 등록무효의 심결이 없어도 그 권리범위를 인정할 수 없다.[30] 이는 특허나 실용신안이 전부 공지되어 신규성이 없을 경우 무효심판에

을호), 세창출판사, 97.

27) 대법원 2006. 9. 8. 선고 2005후2274 판결[공2006.10.1.(259), 1697].

28) 대법원 1991. 6. 14. 선고 90후663 판결[공1991, 1930]; 대법원 2005. 6. 10. 선고 2004후2987 판결[공2005.7.15.(230), 1181] 등.

29) 성기문(주 25), 265; 강기중(주 25), 306-307.

30) 대법원 1987. 7. 24.자 87마45 결정[공1987.10.15.(810), 1514]; 대법원 1991. 9. 24. 선고 90후2119 판결[공1991.11.15.(908), 2615]; 대법원 2001. 9. 14. 선고 99도1866 판결[비공개]; 대법원 2003. 1. 10. 선고 2002도5514 판결[비공개]; 대법원 2004. 4. 27. 선고 2002후

관계없이 그 권리범위를 부인하는 것과 같은 맥락으로서, 등록디자인이 공지된
부분으로만 이루어진 경우에는 거기에 어떤 신규성 있는 창작이 가미되어 있다
고는 할 수 없기 때문이다.

3. 창작이 용이한 등록디자인의 보호범위

대법원은 구 의장법[31]이 적용되는 사안에서, "등록된 디자인이 디자인등록
출원 전에 그 디자인이 속하는 분야에서 통상의 지식을 가진 자가 국내에서 널
리 알려진 형상·모양·색채 또는 이들의 결합에 의하여 용이하게 창작할 수
있는 디자인에 해당하는 경우에는 그 등록이 무효로 되기 전에는 등록디자인의
권리범위를 부인할 수 없다"고 판시하였다.[32] 이는 진보성이 없는 특허나 실용
신안에 있어서 무효심판 없이는 그 권리범위를 부인할 수 없다는 판례[33]가 확
립되어 있음에 비추어 특허의 진보성에 유사한 규정인 구 의장법 제5조 제2항
의 경우에도 등록의장이 그에 해당할 때 이를 이유로 등록의장의 권리범위를
부인하기는 어렵다는 점을 고려한 것이라고 한다.[34] 그 후 대법원은 "등록된 의
장이 그 출원 전에 그 의장이 속하는 분야에서 통상의 지식을 가진 자가 기존
의 공지의장들의 결합에 의하여 용이하게 창작할 수 있다고 하더라도 이러한
사정만으로는 등록된 의장의 권리범위가 부정된다고 볼 수 없다"고 판시하였는
데 이는 앞선 판결과 같은 취지이다.[35] 이러한 법리는 대법원 2014. 3. 20. 2012
후4162 전원합의체판결에서 "권리범위확인심판에서는 특허발명의 진보성이 부

2037 판결[공2004.6.1.(203), 924]; 대법원 2008. 9. 25. 선고 2008도3797 판결[비공개]; 대법
    원 2012. 11. 29. 선고 2011후4097 판결[비공개] 등.
31) 구 의장법(2004. 12. 31. 법률 제7289호로 개정되기 전의 것) 제5조(의장등록의 요건)
    ② 의장등록출원전에 그 의장이 속하는 분야에서 통상의 지식을 가진 자가 국내에서 널
    리 알려진 형상·모양·색채 또는 이들의 결합에 의하여 용이하게 창작할 수 있는 의장
    (제1항 각호의 1에 해당하는 의장을 제외한다)에 대하여는 제1항의 규정에 불구하고 의장
    등록을 받을 수 없다.
32) 대법원 2004. 4. 27. 선고 2002후2037 판결[공2004.6.1.(203), 924].
33) 대법원 1998. 10. 27. 선고 97후2095 판결[공1998.12.1.(71), 2783]; 대법원 2001. 2. 9. 선
    고 98후1068 판결[비공개] 등.
34) 강기중, "가. 등록의장이 공지된 의장이나 그 출원 전에 반포된 간행물에 기재된 의장과
    동일·유사한 경우, 등록무효심판이 없어도 그 권리범위를 부정할 수 있는지 여부(적극)
    나. 등록의장이 주지의 형상으로부터 용이하게 창작할 수 있는 것인 경우, 등록무효심판이
    없어도 그 권리범위를 부인할 수 있는지 여부(소극) 및 등록의장과 대비되는 의장이 주지
    의 형상으로부터 용이하게 창작할 수 있는 것인 경우, 등록의장의 권리범위에 속하는지 여
    부(소극)", 대법원판례해설 제50호(2004), 법원도서관, 602.
35) 대법원 2006. 7. 28. 선고 2005후2922 판결[공2006.9.1.(257), 1570].

정된다는 이유로 그 권리범위를 부정하여서는 안 된다"고 판시한 것과 맥락을 같이 한다. 이를 현행 디자인보호법에 반영해 보면 "등록디자인과 같은 디자인 분야에서 통상의 지식을 가진 사람이 그 디자인등록출원 전에 국내 또는 국외에서 공지되었거나 공연히 실시된 디자인 또는 국내 또는 국외에서 반포된 간행물에 게재되었거나 전기통신회선을 통하여 공중이 이용할 수 있게 된 디자인 또는 이들의 결합이나 국내 또는 국외에서 널리 알려진 형상·모양·색채 또는 이들의 결합에 따라 쉽게 실시할 수 있다고 하더라도 그 등록이 무효로 되기 전에는 등록디자인의 권리범위를 부인할 수 없다"라는 내용으로 이해할 수 있다.

한편 대법원 2012. 1. 19. 선고 2010다95390 전원합의체판결은 "특허발명에 대한 무효심결이 확정되기 전이라고 하더라도 특허발명의 진보성이 부정되어 그 특허가 특허무효심판에 의하여 무효로 될 것임이 명백한 경우에는 그 특허권에 기초한 침해금지 또는 손해배상 등의 청구는 특별한 사정이 없는 한 권리남용에 해당하여 허용되지 아니한다"라고 판시하였고, 대법원 2012. 10. 18. 선고 2010다103000 전원합의체판결은 "등록상표에 대한 등록무효심결이 확정되기 전이라고 하더라도 그 상표등록이 무효심판에 의하여 무효로 될 것임이 명백한 경우에는 그 상표권에 기초한 침해금지 또는 손해배상 등의 청구는 특별한 사정이 없는 한 권리남용에 해당하여 허용되지 아니한다"라고 판시하였다. 위와 같은 판결들의 취지를 디자인에 반영한다면, 등록디자인에 대한 등록무효심결이 확정되기 전이라고 하더라도 등록디자인의 창작 용이성이 인정되어 그 디자인등록이 무효심판에 의하여 무효로 될 것임이 명백한 경우에는 그 디자인권에 기초한 침해금지 또는 손해배상 등의 청구는 특별한 사정이 없는 한 권리남용에 해당하여 허용되지 아니하고, 디자인권침해소송을 담당하는 법원으로서도 디자인권자의 그러한 청구가 권리남용에 해당한다는 항변이 있는 경우 그 당부를 살피기 위한 전제로서 등록디자인의 용이 창작 여부에 대하여 심리·판단할 수 있다고 볼 수 있다.

그런데 권리범위확인 사건에서는 위와 같은 권리남용 이론을 그대로 적용하기는 곤란하다. 왜냐하면 권리범위확인심판은 디자인권의 권리범위를 객관적으로 확인하는 데 그칠 뿐이고 권리범위확인심판을 통하여 디자인권의 침해 여부까지 확인하는 것은 아니라는 점과 권리범위확인심판의 심결이 확정될 경우 심판의 당사자뿐만 아니라 제3자에게도 일사부재리의 효력이 미친다는 점을 감안할 때, 침해소송이 아닌 권리범위확인심판에서 권리남용 등 대인적인 권리행사 제한사유를 주장하거나 이를 심리·판단하는 것은 허용될 수 없다고 보아야 하기 때문이다. 위 대법원 전원합의체판결이 권리범위확인 사건의 특수한 사정 등을 고려하여 권리범위확인 사건에 관해서는 종전의 판례들을 변경하지 아니한 취지에 비추어 보더라도 권리범위확인 사건에서 창작 용이성을 이유로 한 권리남용 주장을 허용하기는 어렵다.36)

4. 자유실시 디자인

먼저 대법원은 확인대상디자인이 등록디자인의 출원 전에 공지된 디자인과 동일·유사한 경우에는 등록디자인과 대비할 것도 없이 등록디자인의 권리범위에 속하지 않는다고 보고 있다.37)

또한 대법원 2004. 4. 27. 선고 2002후2037 판결은 앞서 본 것처럼 "등록된 의장이 의장등록출원 전에 그 의장이 속하는 분야에서 통상의 지식을 가진 자가 국내에서 널리 알려진 형상·모양·색채 또는 이들의 결합에 의하여 용이하게 창작할 수 있는 의장에 해당하는 경우에는 그 등록이 무효로 되기 전에는 등록의장의 권리범위를 부인할 수 없다"는 점을 전제로 하여 원심이 그와 같은 창작 용이성을 들어 등록의장의 권리범위 자체를 부인한 것은 잘못이라고 보면서도, 그에 이어 "등록의장과 대비되는 의장이 등록의장의 의장등록출원 전에 그 의장이 속하는 분야에서 통상의 지식을 가진 자가 국내에서 널리 알려진 형상·모양·색채 또는 이들의 결합에 의하여 용이하게 창작할 수 있는 것인 때에는 등록의장과 대비할 것도 없이 그 권리범위에 속하지 않게 된다 할 것이므로" 피고의 실시의장은 그 의장이 속하는 분야에서 통상의 지식을 가진 자가 주지의 형상과 모양의 결합에 의하여 용이하게 창작할 수 있는 것에 불과하므로, 등록의장과 대비할 것도 없이 그 권리범위에 속한다고 할 수 없다고 판시하였다. 확인대상디자인이 주지디자인으로부터 용이하게 창작할 수 있는 것인 경우에 관하여, 특허법상 공지기술과 동일하거나 그로부터 용이하게 실시할 수 있는 특허와 마찬가지로 이른바 자유실시기술의 관점에서 등록권리와 비교할 필요도 없이 그 권리범위에 속하지 아니한 것으로 보는 공지기술의 항변의 법리

---

36) 유영선, "침해소송법원에서 진보성의 심리·판단 가능 여부", 사법 제21호(2012), 사법발전재단, 427-428.
37) 대법원 1994. 9. 27. 선고 93후1995 판결[비공개].

를 디자인보호법상에서도 명시적으로 인정하였다는 점에서 위 판결의 의의가 있다고 한다.[38] 대법원은 위와 같이 등록디자인의 창작 용이성이 인정되는 경우에도 등록무효심결이 확정되기 전에는 등록디자인의 권리범위를 부인할 수 없다고 보면서도, 다만 이러한 경우 등록디자인이 창작이 용이한 것으로서 무효사유가 있음에도 그 권리범위를 인정하는 부당한 결과를 방지하기 위하여, 창작용이성의 관점을 확인대상디자인의 측면으로 옮겨와 확인대상디자인이 이른바 자유실시 디자인에 해당한다는 점을 이유로 하여 등록디자인의 권리범위에 속하지 않는다고 판단하는 구조를 채택하고 있는 것이다.

위 대법원판결들의 취지를 고려할 때 현행 디자인보호법에서는 '확인대상디자인이 등록디자인의 디자인등록출원 전에 국내 또는 국외에서 공지되었거나 공연히 실시된 디자인 또는 국내 또는 국외에서 반포된 간행물에 게재되었거나 전기통신회선을 통하여 공중이 이용할 수 있게 된 디자인과 동일·유사하거나, 그 디자인 분야에서 통상의 지식을 가진 사람이 위와 같은 공지디자인 등 또는 이들의 결합이나 국내 또는 국외에서 널리 알려진 형상·모양·색채 또는 이들의 결합에 따라 쉽게 실시할 수 있는 경우에는, 확인대상디자인은 등록디자인과 대비할 것도 없이 그 권리범위에 속하지 않는다'라는 내용으로 이해할 수 있다.

〈정택수〉

---

38) 유영일, "등록의장과 대비되는 의장이 창작성이 인정되지 아니하는 경우 등록의장의 권리범위에 속하지 아니하는지 여부", 정보법 판례백선, 박영사(2006), 322.

제94조(디자인권의 효력이 미치지 아니하는 범위)

① 디자인권의 효력은 다음 각 호의 어느 하나에 해당하는 사항에는 미치지 아니한다.

1. 연구 또는 시험을 하기 위한 등록디자인 또는 이와 유사한 디자인의 실시

2. 국내를 통과하는 데에 불과한 선박·항공기·차량 또는 이에 사용되는 기계·기구·장치, 그 밖의 물건

3. 디자인등록출원 시부터 국내에 있던 물건

② 글자체가 디자인권으로 설정등록된 경우 그 디자인권의 효력은 다음 각 호의 어느 하나에 해당하는 경우에는 미치지 아니한다.

1. 타자·조판 또는 인쇄 등의 통상적인 과정에서 글자체를 사용하는 경우

2. 제1호에 따른 글자체의 사용으로 생산된 결과물인 경우

〈소 목 차〉

I. 취   지

디자인권은 등록디자인 또는 이와 유사한 디자인의 실시를 독점하는 권리인데, 일정한 경우 그 디자인권의 소극적 효력(금지적 효력)을 제한하는 것이 오히려 산업발전에 기여하고 공익의 증진에도 타당할 수 있고, 본조는 위와 같은 이유에서 제한규정을 둔 것으로 이해할 수 있다.[1]

구체적으로 제1항 제1호는 디자인보호법이 산업의 발달을 궁극의 목적으로 한다는 점에서 출발하여 공익적·정책적 견지에서 제한을 둔 것이고, 제1항 제2호는 교통을 목적으로 하는 실시를 제한함에 따른 국제적 이익과 권리자의 불이익의 교량을 통하여 공익적 이유에서 제한을 둔 것이며, 제1항 제3호는 기존 상

---

1) 노태정·김병진, 디자인보호법(3정판), 세창출판사(2009), 634.

태가 후에 생긴 권리에 의해 해를 입지 않도록 공평의 견지에서 제한을 둔 것이고,[2] 제2항은 글자체디자인권의 보호가 출판·인쇄업계 및 일반 사용자에게 미치는 영향이 크다는 특수성을 고려하여 공평의 견지에서 일정한 제한을 둔 것이다.

II. 해　설

1. 연구 또는 시험을 하기 위한 등록디자인 또는 이와 유사한 디자인의 실시(제1항 제1호)

연구 또는 시험을 하기 위하여 디자인을 실시하는 것은 영리를 목적으로 하는 것이 아닐 뿐만 아니라 디자인권자의 이익을 해치지도 않고 산업발전에도 기여하는 것이므로, 비록 그 연구 또는 시험이 업으로서 행해지는 경우라도 디자인권의 효력이 미치지 아니하는 것으로 하였다. 업으로서의 실시가 아니라면 디자인권의 효력이 미치지 않으므로, 이 규정이 적용되는 것은 연구 또는 시험을 하기 위한 업으로서의 실시 즉 반복적·계속적으로 실시하는 경우이다. 연구 또는 시험을 하기 위한 것이라고 함은 '연구 또는 시험의 차원에서'라는 의미로 볼 수 있으므로, 예를 들어 시험기는 본래 시험을 위한 기계이므로 이를 사용하는 경우는 모두 시험을 위한 것이라고 보는 것은 지나친 확대해석이 될 것이다.[3]

한편 연구 또는 시험에 의해 생산된 물품을 판매하는 경우 디자인권의 침해행위가 된다고 볼 것인지가 문제되고, 이에 관하여 본 호가 정한 범위를 벗어나는 것이므로 디자인권의 침해행위가 된다는 견해[4]와 실시의 어느 유형에도 해당하지 않는다고 보이므로 침해가 성립하지 않는다는 견해[5]가 있는데, 이러한 경우에는 연구 또는 시험을 하기 위한 실시라고 보기 어려우므로 전자의 견해가 타당하다.

2. 국내를 통과하는 데에 불과한 선박·항공기·차량 또는 이에 사용되는 기계·기구·장치, 그 밖의 물건(제1항 제2호)

단순히 국내를 통과하는 데 불과한 교통기관은 비록 디자인권을 침해하는 실시라고 하더라도, 이는 일시적으로 국내를 통과하거나 정박하고 단시간에 국

---

2) 齊藤曉二 저, 정태련 역, 의장법, 세창출판사(1993), 348-349.
3) 高田忠, 의장, 유비각(1978), 466.
4) 노태정·김병진(주 1), 635.
5) 조국현, 의장법, 법경사(2002), 605.

외로 나가는 것이므로 디자인권자에게 미치는 손해가 경미할 것이고, 이를 금지하면 원활한 국제교통에 매우 중대한 장애가 생기게 될 것이므로 디자인권의 효력이 미치지 않도록 한 것이다.[6)]

본 호는 파리협약 제5조의3 규정을 국내법화 한 것인데, 다만 파리협약 제5조의3 규정은 파리협약 동맹국의 선박·항공기 등에 한하고 있으나 본조는 모든 국가의 선박·항공기 등을 대상으로 하고 있어 그 범위가 넓다고 볼 수 있다.[7)]

3. 디자인등록출원 시부터 국내에 있던 물건(제1항 제3호)

디자인등록출원 시부터 국내에 있던 물건에 디자인권의 효력이 미치지 않도록 한 것은, 이들 물건에 대해서도 디자인권의 효력이 미치도록 한다면 법적 안정성을 해할 우려가 있고, 출원 시에 이미 존재하고 있는 물건이므로 그 물건의 존재에 의하여 디자인권자의 경제적 이익이 박탈되는 경우는 없기 때문이다.[8)] 다시 말해 디자인등록출원 시에 존재하는 물건에까지 디자인권의 효력을 미치게 하는 것은 너무 가혹하거나 법적 안정성을 현저하게 해치게 되므로 그 물건에는 디자인권의 효력이 미치지 않게 한 것이다.[9)]

본 호는 선사용권 규정(제100조)과 구조가 유사하나, 선사용권은 통상실시권으로 규정하고 있음에 비하여 본 호는 출원 시에 현존하는 물건을 디자인권의 효력범위 밖으로 두도록 규정하고 있는 점에서 차이가 있다. 출원 시에 현존하던 물건이 멸실되면 더 이상 본 호가 적용되지 않고 동일한 물건을 새로 만든다 하더라도 이는 디자인권의 침해가 되며, 이러한 점에서 디자인등록출원 후에도 계속하여 등록디자인 또는 이와 유사한 디자인을 실시할 수 있는 선사용권과 차이가 있다.[10)]

본 호가 실질적인 의의를 가질 수 있는 것은 물건을 비밀로 소지하고 또 선사용권의 요건을 구비하지 않은 경우라고 볼 수 있다.[11)] 만약 그 물건이 공지 또는 공연실시의 상태에 있었다면 당해 디자인 자체가 신규성이 없어 등록되지 않거나 무효로 될 것이고, 그러한 상태에 있지 않은 경우에 본 호가 적용되어

---

6) 高田忠(주 3), 466; 中山信弘, 공업소유권법 上 특허법(제2판), 홍문당(1998), 322.
7) 정상조·박성수 공편, 특허법 주해 I, 박영사(2010), 1095(홍정표 집필부분); 조국현(주 5), 606.
8) 조국현(주 5), 606.
9) 노태정·김병진(주 1), 635.
10) 中山信弘(주 6), 323; 노태정·김병진(주 1), 635.
11) 노태정·김병진(주 1), 635.

디자인권의 효력이 미치지 않게 될 것이다.

4. 글자체가 디자인권으로 설정등록된 경우

'글자체'란 기록이나 표시 또는 인쇄 등에 사용하기 위하여 공통적인 특징을 가진 형태로 만들어진 한 벌의 글자꼴(숫자, 문장부호 및 기호 등의 형태를 포함한다)을 말한다(제2조 제2호). 글자체가 디자인권으로 설정등록된 경우 그 디자인권의 효력은 타자·조판 또는 인쇄 등의 통상적인 과정에서 글자체를 사용하는 경우(제2항 제1호)와 그와 같은 글자체의 사용으로 생산된 결과물인 경우(제2항 제2호)에는 미치지 않는다.

이는 글자체의 법적인 보호가 출판·인쇄업계 및 일반 사용자에게 미치는 영향이 큰 점을 고려하여, 글자체에 대한 디자인권의 효력이 글자체의 생산 및 생산된 글자체의 유통행위에만 미치도록 하고 통상적인 과정에서의 글자체 사용에는 디자인권의 효력이 미치지 않도록 하여, 인쇄업계 등 최종 사용자가 등록된 글자체라고 하더라도 디자인권자의 허락 없이 자유롭게 그 글자체를 사용할 수 있도록 하기 위한 것이다.[12] 글자체디자인의 경우 위법하게 제작된 글자체를 사용하는 것을 어떻게 취급할 것인가가 문제되는데, 이를 위법하게 취급하여 디자인권이 미치도록 한다면 인쇄 등을 위하여 글자체를 소지하는 자는 소지하는 글자체의 판매경로를 추적해야 하는 등 문자 생활에 큰 불편을 끼치게 되므로 본 제한규정을 두고 있는 것이다. 예컨대 디자인등록을 받은 글자체 중 일부를 가져다 사용하여 현수막 또는 청첩장 등을 인쇄한 경우 등에 있어서는, 우선 유통 중인 글자체를 이용하여 청첩장 또는 현수막을 인쇄한 경우라면 인쇄의 통상적인 과정에서 사용하는 것으로서 디자인권의 효력이 미치지 아니하나, 인쇄하는 자가 스스로 디자인등록을 받은 글자체 중 일부를 제작하여 인쇄한 경우라면 생산·사용에 의한 실시에 해당하여 디자인권 침해가 될 수 있다고 보아야 한다.[13]

〈정택수〉

---

12) 노태정·김병진(주 1), 636.
13) 이상정, "글자체디자인권의 침해에 관한 소고", 경희법학 제39권 제3호, 경희대학교 (2005. 2.), 268-269.

제95조(타인의 등록디자인 등과의 관계)

① 디자인권자·전용실시권자 또는 통상실시권자는 등록디자인이 그 디자인등록출원일 전에 출원된 타인의 등록디자인 또는 이와 유사한 디자인·특허발명·등록실용신안 또는 등록상표를 이용하거나 디자인권이 그 디자인권의 디자인등록출원일 전에 출원된 타인의 특허권·실용신안권 또는 상표권과 저촉되는 경우에는 그 디자인권자·특허권자·실용신안권자 또는 상표권자의 허락을 받지 아니하거나 제123조에 따르지 아니하고는 자기의 등록디자인을 업으로서 실시할 수 없다.

② 디자인권자·전용실시권자 또는 통상실시권자는 그 등록디자인과 유사한 디자인이 그 디자인등록출원일 전에 출원된 타인의 등록디자인 또는 이와 유사한 디자인·특허발명·등록실용신안 또는 등록상표를 이용하거나 그 디자인권의 등록디자인과 유사한 디자인이 디자인등록출원일 전에 출원된 타인의 디자인권·특허권·실용신안권 또는 상표권과 저촉되는 경우에는 그 디자인권자·특허권자·실용신안권자 또는 상표권자의 허락을 받지 아니하거나 제123조에 따르지 아니하고는 자기의 등록디자인과 유사한 디자인을 업으로서 실시할 수 없다.

③ 디자인권자·전용실시권자 또는 통상실시권자는 등록디자인 또는 이와 유사한 디자인이 그 디자인등록출원일 전에 발생한 타인의 저작물을 이용하거나 그 저작권에 저촉되는 경우에는 저작권자의 허락을 받지 아니하고는 자기의 등록디자인 또는 이와 유사한 디자인을 업으로서 실시할 수 없다.

〈소 목 차〉

Ⅰ. 본조의 의의

1. 입법취지

특허권, 실용신안권, 디자인권, 상표권 및 저작권은 각각 동일법역 내에서는 선출원우선의 원칙에 따라 권리가 발생하지만 타법역 간에는 독자적인 요건에 의해 각각의 권리가 발생하므로 그 중에는 대상물이 동일하거나 권리 자체가 경합하는 경우도 발생하게 된다.[1] 이를 디자인을 중심으로 하여 본다면, 디자인의 개발이 기술의 개발과 일체로 이루어져 동일한 개발성과를 미감의 측면으로부터는 디자인으로, 기술의 측면으로부터는 발명·고안으로 동시에 파악할 수 있는 경우가 있고, 또한 타인이 창작한 기술적 사상에 기초를 두고 이를 형태로서 구현화한 디자인도 생각할 수 있다.[2] 나아가 디자인의 요소인 모양이나 형상이 식별표지(상표)로서 인식되는 경우도 있고, 타인의 저작물을 자신의 디자인 도안으로 채용하는 일도 일어날 수 있다.[3]

또한 동일법역 내에서도 그것을 성립시키는 객체에 따라서는 중복되는 권리가 발생하는 경우가 있다.[4] 특히 디자인보호법은 디자인권자에게 등록디자인 및 이와 유사한 디자인을 실시할 권리를 전유시키고 있으므로, 유사범위에서 중첩되는 복수의 디자인권이 성립할 수 있고, 이 때문에 디자인권끼리의 조정규정이 없으면 경합하는 경우의 권리관계에 의문이 생길 우려가 있다.[5]

이에 본조는 디자인권 기타 산업재산권에 대해서는 그 출원일을 기준으로 하여, 저작권에 대해서는 그 발생일을 기준으로 하여 선행되는 권리를 보호하고 선순위 권리자의 허락 없이는 후순위 권리자가 자신의 권리를 실시할 수 없도록 하는 방법으로 권리관계를 조정하고자 하는 취지에서 디자인보호법에 마련된 것이며 2013. 5. 28. 전부개정 전의 법에서는 제45조에서 같은 내용으로 규정되어 있었다. 또한 특허법, 실용신안법, 상표법에도 같은 취지의 규정이 있다(특허법 제98조, 실용신안법 제25조, 상표법 제53조 제1항).[6][7]

---

1) 송영식·이상정·황종환·이대희·김병일·박영규·신재호, 송영식 지적소유권법(상) (제2판), 육법사(2013), 1027.
2) 寒河江孝允·峯唯夫·金井重彦 공편, 意匠法コンメンタール <第2版>, LexisNexis Japan (2012), 428(峯唯夫 집필부분).
3) 寒河江孝允·峯唯夫·金井重彦 공편(주 2), 428, 429.
4) 노태정·김병진, 디자인보호법(3정판), 세창출판사(2009), 670.
5) 寒河江孝允·峯唯夫·金井重彦 공편(주 2), 428, 429.
6) 이 외에도 상표법은 2014. 6. 11. 개정으로 제53조 제2항을 신설하여 등록상표의 사용이 부정경쟁방지 및 영업비밀보호에 관한 법률 제2조 제1호 차목에 따른 부정경쟁행위에 해당할 경우에는 같은 목에 따른 타인의 동의를 받지 아니하고는 그 등록상표를 사용할 수 없다는 규정을 추가하였다. 이는 상표권자 등의 등록상표에 대한 사용이 타인의 상당한 투자나 노력으로 만들어진 성과 등을 무단으로 사용하는 결과를 초래할 경우, 그 타인의 동의를 받지 않고는 그 등록상표를 사용할 수 없도록 하는 내용으로, 공정한 상거래 관행이나 경쟁질서 측면에서 마련된 것이다[위 개정 상표법에 관한 상표법개정안 검토보고서

2. 규정체계

본조 제1항은 후 등록디자인이 타인의 등록디자인 등 산업재산권의 객체를 이용하는 경우 및 후 등록디자인권 중 그 등록디자인에 대한 부분이[8] 타인의 등록디자인권 등 산업재산권과 저촉되는 경우에 관한 규정이다. 또한 제2항은 후 등록디자인과 유사한 디자인이 타인의 등록디자인 등 산업재산권의 객체를 이용하는 경우 및 후 등록디자인권 중 그 등록디자인과 유사한 디자인에 대한 부분이[9] 타인의 등록디자인권 등 산업재산권과 저촉되는 경우에 관하여 정하고 있다. 나아가 제3항은 후 등록디자인 또는 이와 유사한 디자인이 타인의 저작물을 이용하는 경우 및 후 등록디자인권이[10] 타인의 저작권과 저촉되는 경우를 대상으로 한다.

본조는 이렇듯 이용관계와 저촉관계를 하나의 조문에서 규정하되, 이용관계에 관하여는 등록디자인이 특허발명을 이용한다고 하는 것과 같이 권리의 객체를 대상으로 하는 개념으로 규정하고 있고, 저촉관계에 관하여는 디자인권이 특허권과 저촉된다고 하는 것과 같이 권리 자체를 대상으로 하는 개념으로 규정하고 있다. 참고로 일본 의장법 제26조도 우리 디자인보호법 제95조와 같은 취지를 같은 체계에 따라 규정하고 있다.[11] 과거 일본에서는 이용과 저촉 개념

(2014. 2. 국회산업통상자원위원회 전문위원 이동근) 참조]. 아울러 위 개정 상표법은 상표법 제53조 제2항에 해당하는 상표가 등록된 경우에는 그 상표에 관한 권리를 가진 자가 당해 상표등록일부터 5년 이내에 취소심판을 청구할 수 있도록 하고 있다(상표법 제73조 제1항 제7호).

7) 한편 저작권법에는 이용·저촉관계 조문이 규정되어 있지 않다.

8) 디자인권자는 업으로서 등록디자인 또는 이와 유사한 디자인을 실시할 권리를 독점하는데(디자인보호법 제92조), 후 등록디자인권 중 그 등록디자인과 유사한 디자인에 대한 부분은 제2항에서 규정하고 있으므로, 제1항에 규정된 후 등록디자인권은 그 등록디자인에 대한 부분만을 의미하는 것으로 이해함이 타당하다.

9) 우리 디자인보호법상 문언으로는 "그 디자인권(필자 주: 후 등록디자인권을 말한다)의 등록디자인과 유사한 디자인"이라고 되어 있으나, '저촉'을 '권리와 권리' 사이에서 일어나는 개념으로 규정하고 있는 전체적인 조문체계상 여기서 '유사한 디자인'이란 권리의 객체로서의 '후 등록디자인과 유사한 디자인' 자체가 아니라 '후 등록디자인권 중 그 등록디자인과 유사한 디자인에 대한 부분'으로 이해함이 타당하다.

10) 제1항 및 제2항에서 후 등록디자인권 중 그 등록디자인에 대한 부분 및 그 등록디자인과 유사한 디자인에 대한 부분을 각각 나누어 규정하고 있는 것과 달리, 제3항은 이들을 나누지 않고 함께 규정하고 있다. 즉 제3항의 후 등록디자인권은 그 등록디자인에 대한 부분 및 그 등록디자인과 유사한 디자인에 대한 부분을 포함하는 개념이라고 보아야 할 것이다.

11) 다만 '저작권과의 저촉'을 '산업재산권과의 저촉'과 같은 항에서 규정하고 있는 점, 이용

의 구분에 관하여, 이용이란 자신의 권리를 실시하면 타인의 권리를 전부 실시하는 것으로 되지만 타인의 권리를 실시하더라도 자신의 권리의 전부 실시로는 되지 아니하는 관계를 말하고, 저촉이란 어느 쪽 권리를 실시하더라도 상대방의 권리를 전부 실시하는 것으로 되는 관계를 말한다고 보는 견해가 다수의 입장이었다고 한다.12) 그런데 이러한 설명에 의문을 표하면서13) 이용은 디자인14) 구성의 사실상태를 기초로 하는 관념이고, 저촉은 권리의 작용을 기초로 하는 관념으로 파악함이 옳다는 견해가 주창되었다.15) 이 견해가 일본 의장법 제26조의 규정체계와 부합한다는 견지에서 일본의 의장법 주석서에서는 이 견해에 따라, 이용이란 디자인, 발명, 고안이라는 권리의 객체의 내용을 기준으로 한 것이고, 저촉이란 디자인권, 특허권, 실용신안권, 상표권, 저작권이라는 권리의 효력을 기준으로 한 것이라고 파악함이 타당하다고 설명하고 있다.16)17)

―――――――――――――

관계 가운데 '상표, 저작물을 이용'하는 경우에 관한 규정은 두고 있지 않은 점 등에서 차이가 있다.

12) 光石士郎, 意匠法詳説, 帝国地方行政学会(1969), 157; 高田忠, 意匠, 有斐閣(1986), 506; 加藤恒久, 意匠法要説, ぎょうせい(1981), 347[각 斉藤瞭二, 意匠法概説(補訂版), 有斐閣(1995), 324 미주 3 및 寒河江孝允・峯唯夫・金井重彦 공편(주 2), 429에서 재인용].

13) 상표법에서 표장은 물품의 형상과는 관련이 없으므로, 상표권의 내용인 상표의 사용 그 자체가 의장권의 내용인 물품의 형상 등의 실시로 될 수는 없고, 저작권과의 관계에서도 위와 같은 상호 완전실시(어느 쪽 권리를 실시하더라도 상대방의 권리를 전부 실시하는 것)는 적어도 일본 의장법 제26조(우리 디자인보호법 제95조에 해당하는 조문)에 규정하는 태양에서는 일어날 수 없는 것이라고 의문을 표한다[斉藤瞭二(주 12), 324 미주 3].

14) 일본법상의 용어로는 '의장'이나 우리 디자인보호법상의 용어에 맞추어 '디자인'이라고 표현한다(이 글 전체적으로 고유명사를 기재하는 경우를 제외하고는 같다).

15) 斉藤瞭二(주 12), 324 미주 3.

16) 寒河江孝允・峯唯夫・金井重彦 공편(주 2), 429, 430.

17) 한편 일본 의장법 제26조가 '상표, 저작물을 이용'하는 경우에 관한 규정을 두고 있지 않은 점에 대해서, 노태정・김병진(주 4), 677 각주 42는 "이것은 그와 같은 이용관계가 존재하지 않는다는 것이 아니라 일반 해석에 맡기는 취지이다"라고 언급하고 있다.

이와 관련하여 특히 '상표' 이용에 관한 규정이 없는 데 대하여 일본 의장법 주석서에서는 '상표 또는 상표권과의 관계에서는 식별표지인가 아닌가의 관점으로부터 조정할 필요가 있어, 단순히 상표를 구성하는 도형 등이 디자인에 포함되어 있는가라는 관점으로 평가하는 것은 불가능하다. 그래서 어떤 등록디자인에 포함되어 있는 모양 등의 요소가 식별표지로서 기능하고 있다면, 바로 상표권을 침해하고 있다고 평가하는 것이 가능하고, 권리의 저촉이 발생한다고 할 수 있다. 즉 디자인과 상표의 관계에서 이용이 성립할 여지는 없는 것이다. 이에 상표의 이용은 규정되어 있지 않는 것으로 이해된다'라고 하여 그 개념상 '이용'이 아니라 '저촉'만이 문제될 뿐이라는 취지로 설명하고 있다[寒河江孝允・峯唯夫・金井重彦 공편(주 2), 438, 439].

그러나 상표권이라는 권리의 객체로서의 상표(표장)를 디자인의 형태적 구성요소로 이용하는 디자인이 개념상 충분히 성립할 수 있고, 이로 인하여 디자인권과 상표권의 저촉이 일어난다고 이해할 수 있으며, 이러한 관계는 상표 외에 다른 권리들과의 관계와 본질적으

Ⅱ. 이용관계의 의의와 유형

1. 의   의

디자인보호법 등의 산업재산권법에서 이용관계의 정의 규정을 두고 있지는 아니한데, 대법원은 디자인 상호간의 이용관계에 관하여 "후 디자인이[18] 선등록 디자인을 이용하는 관계라고 함은 후 디자인이 전체로서는 타인의 선등록디자인과 유사하지 않지만, 선등록디자인의 요지를 전부 포함하고 선등록디자인의 본질적 특징을 손상시키지 않은 채 그대로 자신의 디자인 내에 도입하고 있어, 후 디자인을 실시하면 필연적으로 선등록디자인을 실시하는 관계에 있는 경우를 말한다"고 정의를 내리고 있다.[19] 이러한 판례의 정의는 발명의 이용관계에 대하여 '이용관계는 후 발명이 선행발명의 특허요지에 새로운 기술적 요소를 가하는 것으로서 후 발명이 선행 발명의 요지를 전부 포함하고 이를 그대로 이용하게 되면 성립된다'고 한 이용발명에 관한 판시와[20][21] 그 궤를 같이 하는 것이다. 학설상으로도 일반적으로 이러한 판례의 태도와 동일하게 보고 있는데, 이는 이용발명의 본질을 이른바 '그대로설'에 따라 파악하는 태도라고 할 수 있다.[22] '그대로설'은 일본의 'そっくり説'이 우리나라에 도입된 것이고,[23] 그 내

로 다르지는 않다고 생각된다. 따라서 이용·저촉관계를 규정하면서 유독 상표 이용은 개념상 배제되어야 하므로 규정하지 않은 것이라는 설명은 쉽게 받아들이기 어렵다.

18) 디자인보호법 제95조는 등록디자인 상호간의 이용관계에 대해서 규정하고 있지만, 다른 등록디자인을 이용하는 디자인은 그 자체가 반드시 디자인등록을 받은 디자인일 필요가 없고, 디자인의 이용관계는 등록디자인과 미등록디자인의 사이에서도 성립하는 것이므로, 디자인의 이용관계가 성립하기 위하여 선출원디자인은 등록되어야 하지만, 후 디자인은 출원되거나 등록되지 않더라도 무방하다는 견지에서, 판례는 '후 등록디자인'이 아닌 '후 디자인'으로 표현하고 있는 것이다[김종석, "디자인의 이용관계(대법원 2011. 4. 28. 선고 2009후2968 판결)", 대법원판례해설, 법원도서관, 제88호(2011), 242 주 17].

19) 대법원 1999. 8. 24. 선고 99후888 판결[공1999.10.1.(91), 1964]; 대법원 2011. 4. 28. 선고 2009후2968 판결[공2011상, 1071].

20) 대법원 1995. 12. 5. 선고 92후1660 판결[공1996.1.15.(2), 235].

21) 고안에 대하여도 대법원 2001. 9. 7. 선고 2001후393 판결[공2001.10.15.(140), 2197]이 같은 취지로 '이용관계는 후 고안이 선등록고안의 기술적 구성에 새로운 기술적 요소를 부가하는 것으로서 후 고안이 선등록고안의 요지를 전부 포함하고 이를 그대로 이용하되, 후 고안 내에 선등록고안이 고안으로서의 일체성을 유지하는 경우에 성립된다'고 판시한 바 있다.

22) 정상조·박성수 공편, 특허법 주해Ⅰ, 박영사(2010), 1217(김관식 집필부분); 특허법원 지적재산소송 실무연구회, 지적재산소송실무(제3판), 박영사(2014), 402, 403.

23) 김관식, "지적재산권 상호간의 이용·저촉관계와 그 통일적 해석방안", 고려법학, 고려

용은 '이용발명이란 선행발명의 특허요지에 새로운 기술적 요소를 가한 것이기 때문에, 선행 특허발명의 특허요지를 전부 포함하고 이를 이용한 것이어야 한다'는 견해로서 일본 법원에 의해 주류적인 해석론으로 받아들여졌고 '후행발명 중에 선행발명이 일체성을 상실하지 않고 존재하고 있는가 여부에 의해 결정된다'는 입장으로 발전하였다.24) 위와 같은 그대로설이 디자인의 이용관계에도 영향을 미쳐 우리나라와 일본의 학설 및 실무가 그에 따라 통일되었다고 볼 수 있다.25)

2. 이용관계의 유형

가. 디자인 상호간의 이용

(1) 서   언

위에서 든 대법원 2011. 4. 28. 선고 2009후2968 판결에서 설시된 디자인 이용의 개념에 따라 디자인 상호간의 이용의 성립요건은 ① 전체적으로 선등록 디자인과 후 디자인이 유사하지 않을 것, ② 후 디자인이 선등록디자인의 요지를 전부 포함하고 있을 것, ③ 선등록디자인의 본질적 특징을 손상시키지 않은 채 그대로 후 디자인의 디자인 내에 도입하고 있을 것이라는 세 가지로 볼 수 있다.26) 위 판결 전에는 '선등록디자인의 특징이 후 디자인에서 다른 구성요소와 구별되는 태양으로 포함되어 있을 것'이라는 요건을 더 드는 견해가 있었는데,27) 위 판결 후 이 견해는 이러한 부가요건이 위 ③ 요건에 포함되어 있는 것으로 이해할 수 있다고 분석한다.28) 이에 디자인 상호간의 이용이 문제되는 사안에서 위 세 가지 성립요건에 따라 이용관계 해당 여부를 판단할 수 있을 것이다. 일반적으로 디자인 상호간의 이용이 문제되는 유형은 아래와 같이 구분하여 설명되고 있다.

대학교 법학연구원, 제49호(2007), 547.

24) 竹田和彦 著, 김관식 · 김동엽 · 오세준 · 이두희 · 임동우 역, 특허의 지식(제8판), 에이제이디자인기획(2011), 129.

25) 송영식 외 6인 공저(주 1), 1027, 1028; 노태정 · 김병진(주 4), 672; 안원모, "디자인 이용관계의 본질 및 유형별 논점에 관한 연구", 법조, 법조협회, 제650호(2010), 273; 김종석(주 18), 242.

26) 김종석(주 18), 242.

27) 안원모(주 25), 275-279.

28) 안원모, "직물지에서의 모양의 이용과 디자인 이용관계의 성립", 홍익법학, 홍익대학교, 제12권 제2호(2011), 374.

(2) 부품·부속품디자인의 이용

부품·부속품과[29] 완성품은 서로 용도가 다른 비유사물품이고 형태 또한 전체적으로 비유사하기 때문에 부품·부속품에 관한 디자인이 먼저 또는 동일자에 출원된 경우에는 양 디자인은 모두 등록될 수 있을 것이나, 완성품에 관한 디자인이 먼저 출원된 경우에는 신규성이나 확대된 선출원 규정에 의하여 부품·부속품에 관한 디자인은 등록 받을 수 없게 된다.[30] 따라서 선출원의 등록디자인이 부품 또는 부속품에 관한 디자인이고 후출원의 등록디자인이 이들 디자인을 거의 그대로 이용한 완성품에 관한 디자인인 경우에는 이용관계가 성립한다.

(3) 부분디자인의 이용

2001. 2. 3. 개정으로 부분디자인제도가 도입되어 물품의 부분의 형태에 대해서도 디자인 등록이 인정되고 있는데, 부분디자인이 선출원되고 이를 디자인의 일부 구성요소로 하고 있는 부분디자인 또는 전체디자인이 후출원되어 모두 등록되는 경우에는 부품·부속품디자인과 완성품디자인의 경우와 마찬가지로 이용관계가 성립한다고 보는 견해가 유력하다.[31] 반면, 부분디자인의 유형은 크게 부분 자체의 형태가 특징적인 경우와 부분의 배열관계(부분의 위치·크기·범위)가 특징적인 경우로 나누어 볼 수 있는데, 전자의 경우 완성품에서 부분 자체의 형태가 그대로 이용되고 있다면 이는 직접침해로 처리하면 족하고, 후자의 경우 부분의 배열관계에 창작성이 인정되어 등록된 것이므로 완성품에서 부분의 배열관계를 변경한 경우에는 부분디자인의 본질적 특징을 그대로 이용한 것으로 되지 않아 이용관계가 성립된다고 할 수 없으니, 부분디자인의 경우에는 이용관계의 성립을 논할 필요가 없다는 견해도 있다.[32]

---

29) 디자인심사기준상 '부품'은 완성품의 일부를 구성하는 물품으로서 분리가 가능하고 독립거래의 대상이 될 수 있는 것(예: 자전거핸들)을 말하고, '부속품'은 완성품의 용도를 확장하거나 기능을 보조, 보충하는 역할을 하는 물품으로서 그 자체가 독립거래의 대상이 될 수 있는 것(예: 자전거반사경)을 말한다[특허청, 디자인심사기준(2014. 7. 1.), 170].

30) 특허청 국제지식재산연수원, 디자인보호법(2007), 560-561.

31) 노태정·김병진(주 4), 673; 특허청 국제지식재산연수원(주 30), 561.
    한편, 특허청 국제지식재산연수원(주 30), 561면은 선출원된 부분디자인의 기능 및 용도가 후출원된 부분디자인 또는 전체디자인 중 선출원된 부분디자인에 상당하는 부분의 기능 및 용도와 서로 공통되고, 양 부분의 형태 또한 서로 동일하거나 유사하여야 이용관계가 성립한다고 보아야 할 것이라는 설명을 덧붙이고 있다.

32) 안원모(주 28), 376.

(4) 구성물품 디자인의 이용

2 이상의 물품이 한 벌의 물품으로 동시에 사용되는 경우 그 한 벌의 물품의 디자인이 한 벌 전체로서 통일성이 있을 때에는 1디자인으로 디자인등록을 받을 수 있는데(디자인보호법 제42조 제1항), 이러한 한 벌 물품의 디자인이 등록되기 위하여는 한 벌 물품의 디자인 전체로서 통상의 1디자인이 등록되기 위한 요건을 구비하면 족하고 이 외에 각 구성물품에 대하여는 독립적인 디자인 등록요건의 구비가 요구되지 않는다.[33] 이에 한 벌 물품의 구성물품의 디자인이 선출원이고 그 구성물품을 포함한 한 벌 물품의 디자인이 후출원인 경우 전체적으로 유사한 디자인이 되지 않는 경우라 하더라도 그 구성물품의 디자인을 도입한 한 벌 물품의 디자인은 이용디자인이 된다(예를 들면 선출원이 나이프에 관한 디자인이고, 후출원이 한 벌의 나이프, 포크 및 스푼에 관한 디자인으로 각각 등록된 경우).[34] 반대로 한 벌 물품의 디자인이 선출원이고 그 구성물품의 디자인이 후출원인 경우에는 후출원의 등록 가부가 문제될 뿐 이용관계로 조정할 수는 없다.[35]

(5) 형상만의 디자인의 이용

형상만의 디자인이 선출원되고 그 형상과 동일 또는 유사한 형상에 모양, 또는 모양과 색채를 결합한 형상·모양·색채의 결합디자인이 후출원되어 모두 등록되는 경우에 이용관계가 성립되는지에 관하여 아래와 같이 견해가 나뉘고 있다.

이 문제는 그 논의의 전제로서 '형상만의 디자인'이 인정되는지, 즉 도면에 형상만을 도시하고 형상의 내부 여백에 어떠한 표시도 없으며 디자인의 설명란에도 아무런 설명이 없는 디자인의 도면에서 여백으로 남겨진 부분을 어떻게 해석할 것인지와 깊은 관련이 있다. 이에 관하여는 형상만을 추상적으로 상정한 것이어서 용지의 색대로 남겨진 여백 부분은 아무것도 정하고 있지 않은 것이라는 무색설(無色說),[36] 도면의 여백 부분은 용지의 색도 공간도 아닌 무모양 즉

---

33) 2001. 2. 3. 개정 전까지는 그 구성물품에 대하여도 각각 독립하여 디자인 등록요건의 구비가 요구되었다가(위 개정 전 구 의장법 제12조 제3항), 위 개정으로 삭제되었다.

34) 노태정·김병진(주 4), 674; 오세중·이창훈, 의장법·상표법(개정판), 한빛지적소유권센터(2002), 384.
　　한편 송영식 외 6인 공저(주 1), 1029도 한 벌의 물품과 그 구성물품 사이에 디자인의 이용관계가 성립할 수 있는 가능성을 인정하고 있다.

35) 우리의 한 벌 물품의 디자인제도와 같은 취지인 일본의 組物디자인제도에 관하여 高田忠, 意匠, 有斐閣(1978), 510.

36) 노태정·김병진(주 4), 183-184; 안원모(주 25), 293, 297, 298(안원모 교수의 견해가 분명하게 나타나 있지는 아니하나 무색설에 동조하는 취지로 이해된다); 김웅, 디자인보호법

불특정한 일색(一色)이라고 하는 무모양설(無模樣說)로[37] 견해가 나뉜다.[38]

무색설을 전제로 하면, 형상만의 디자인의 존재를 인정하여 형상만의 디자인 그 자체로 디자인권이 부여되고 여기에 어떠한 모양이나 색채를 가하는 경우에 이용관계의 성립을 긍정하게 된다.

반면 무모양설에 따르면, 형상만의 디자인에는 권리가 부여될 수 없고 여기에 반드시 일정한 모양이나 색채의 한정이 있어야 한다고 보게 되므로, 모양이나 색채가 다른 경우에는 이용관계의 성립을 부정하게 된다. 다만 무모양설을 취하면서도 형상이 극히 참신하여 모양이나 색채를 부가하여도 형상만의 디자인과 현저히 다르지 아니한 경우에는 예외적으로 이용관계를 인정함이 타당하다고 보기도 한다.[39]

살피건대, 디자인보호법 제2조 제1호가 디자인의 정의를 '물품의 형상·모양·색채 또는 이들을 결합한 것으로서 시각을 통하여 미감을 일으키게 하는 것'이라고 규정하고 있는 이상 '형상만의 디자인' 역시 인정된다고 할 것이어서 무색설의 입장이 타당하다고 생각된다. 뿐만 아니라 디자인의 창작에서 모양이나 색채의 요소가 없는 물품의 형상만의 창작 역시 인간의 정신적 두뇌 활동의 결과물로서 보호의 가치가 충분히 있고, 경우에 따라서는 오히려 형상의 창작에 창작의 노력이 집중되고 모양이나 색채는 부가적인 요소로 취급하는 경우도 있을 수 있으므로, 형상만의 디자인의 보호를 부정할 현실적인 근거도 없다고 본다.[40] 즉 형상만의 디자인은 형상만이 디자인의 형태적 구성요소이고 모양이나

강의, 한국특허아카데미(2007), 73.

37) 송영식 외 6인 공저(주 1), 949; 오세중·이창훈(주 34), 111; 이수웅, 산업재산권법, 삼선(2002), 457; 공경식·이승훈, 코어 디자인보호법(제10판), 한빛지적소유권센터(2013), 104.

38) 이 외에 과거 일본에서는 도면의 여백부분의 색채를 용지의 색으로 해석하여 형상과 용지색채의 결합디자인이라고 보는 용지색설, 형상 외에 당해 물품에서 통상 사용되는 재질의 색채가 결합된 디자인이라고 보는 재질색설 등도 논의되었으나, 우리나라에서 이러한 입장을 취하는 견해는 발견되지 않는다.

39) 송영식 외 6인 공저(주 1), 1028-1029.

40) 한편 안원모(주 25), 297은 "디자인에서의 형상은 기능적인 요소와 관련이 되고 모양이나 색채는 장식적인 요소와 관련되고 있다. 미적인 요소를 보호한다고 하는 점에서 미술저작물과 디자인은 서로 공통되지만 디자인은 기능과 관련된 미를 보호한다고 하는 점이 미술저작물과 구분되는 하나의 기준이 되고 있다. 디자인의 창작에 있어서 기능과 관련된 형상의 창작에 창작의 노력이 집중되는 것이 일반적이고 모양이나 색채는 부가적인 요소로 취급하는 경우가 많다. 이러한 현실에 비추어 창작의 노력이 집중되는 형상에 창작적 가치가 인정된다면 그 자체로서 디자인의 보호가 인정되는 것이 마땅하다"고 견해를 피력하고 있다. 반드시 모양이나 색채의 창작이 형상의 창작보다 부가적으로 취급되어야 하는가에 관하여는 달리 볼 수도 있겠으나, 형상만의 창작도 보호할 가치가 충분하다는 취지는 분명

색채의 한정이 없는 디자인이라 할 것이므로, 이러한 디자인과 동일 또는 유사한 형상에 모양, 또는 모양과 색채를 결합한 결합디자인 사이에 이용관계가 성립할 수 있다. 위에서 본 대법원 2011. 4. 28. 선고 2009후2968 판결의 법리 역시 형상만의 디자인을 이용하는 결합디자인을 배제하는 취지로 보이지는 아니한다.

(6) 결합디자인의 이용

선등록디자인이 형상·모양·색채의 형태요소가 결합된 결합디자인인 경우에도 이용관계가 성립될 수 있는지 문제된다. 이 점에 관하여 하급심 재판례로서 대구지방법원 서부지원 2008. 11. 26.자 2008카합143 결정, 특허법원 1999. 5. 27. 선고 98허10413 판결 등이 부정적인 태도를 보여주고 있다.

이 문제에 관하여 정면으로 견해를 밝히고 있는 학설로는 '물품이 동일한 경우 선등록디자인이 형상과 모양의 결합으로 된 디자인이고 후 디자인이 거기에 형상이나 모양 등을 더한 형상과 모양 등의 결합으로 된 디자인의 경우에는 일반적으로 이용관계가 성립할 수 없다고 생각되나, 선등록디자인의 형상과 모양이 독특하고 후 디자인이 그 형상과 모양을 그대로 단순히 결합시킨 경우에까지 이용관계를 부정하는 것은 디자인의 보호 및 이용을 도모하여 디자인의 창작을 장려하려는 디자인보호법의 목적 및 이용관계의 입법 취지에 비추어 볼 때 곤란하므로, 결국 이용관계에 해당하는지 여부는 이용관계의 성립요건에 따라 판단할 문제이지 단순히 선등록디자인이 형상과 모양의 결합디자인이어서 이용관계가 성립할 수 없다고 단정할 수는 없을 것이다'라고 하거나,[41] '물품의 형상·모양·색채는 각기 물품의 심미성에 영향을 미치는 요소이므로 이를 구분하여 평가할 수 있고, 만일 형상·모양·색채가 혼연일체인 것으로 파악하여 등록된 디자인의 형상·모양·색채의 조합만이 보호되는 것으로 하게 되면 디자인 보호의 범위는 너무 좁게 되므로, 형상·모양·색채 중의 일부 이용에 대하여도 이용관계를 긍정하는 것이 타당하되, 이용디자인과 이용된 디자인 상호간에 심미감이 달라진 경우에는 이용된 디자인의 본질적인 특징이 이용디자인에서 손상된 것으로 평가하여야 하는 경우가 대부분이기 때문에 실제 이용관계 성립 가능성은 매우 희박하다'라고 하여[42] 원론적으로 긍정설의 입장을 밝힌

타당하다고 생각된다.
41) 김종석(주 18), 249.
42) 안원모(주 28), 377-379.

견해들이 있다.

　　살피건대, 디자인보호법 제2조 제1호가 디자인의 정의를 '물품의 형상·모양·색채 또는 이들을 결합한 것으로서 시각을 통하여 미감을 일으키게 하는 것'이라고 규정하고 있어 물품 형태의 표현방법으로 형상·모양·색채의 다양한 결합을 예정하고 있고, 위에서 본 바와 같이 형상만의 디자인도 인정함이 타당한 점에 비추어 보면, 선등록디자인이 형상·모양, 형상·색채, 형상·모양·색채의 결합디자인인 경우에43) 그 구성요소의 결합 자체 또는 그 구성요소 중 일부를 후 디자인이 이용하는 관계도 이론적으로는 성립할 수 있다고 생각된다.

　　위에서 본 대법원 2011. 4. 28. 선고 2009후2968 판결의 사안은 선등록디자인이 공지의 직물지 형상에 모양이 표현된 직물지의 형상과 모양의 결합을 디자인 창작내용의 요점으로 하고 있고, 후 디자인이 이를 이용하였는지가 문제된 것인데, 대법원이 이와 같은 경우에는 원천적으로 이용관계가 성립할 수 없다는 취지로 판시하지는 아니하였다. 대신 후 디자인이 선등록디자인의 본질적 특징을 손상시키지 않은 채 그대로 자기의 디자인 내에 도입하고 있지 아니하다는 이유로 이용관계를 부정하고 있다. 이러한 판시 태도에 비추어 보면, 대법원도 결합디자인의 이용이 원론적으로 인정될 수 있다는 입장을 전제로 하여 이용관계의 성립요건 판단에 나아간 것으로 이해된다.

　　또한 대법원 2011. 7. 28. 선고 2010후3349 판결의 사안 역시 선등록디자인이 직물지의 형상과 모양의 결합을 디자인 창작 내용의 요점으로 하는 것으로서 좌우로 길쭉한 쐐기 무늬가 반복적으로 형성되어 있는 표면과 아무런 무늬가 없는 이면으로 구성되어 있는데, 후 디자인은 좌우로 길쭉한 쐐기 무늬가 반복적으로 형성되어 있는 표면과 그와 대칭되는 좌우로 길쭉한 쐐기 무늬가 반복적으로 형성되어 있는 이면으로 구성되어 있어, 결합디자인의 이용관계가 문제된 사건이다. 이에 대하여 대법원은 양 디자인의 대상이 되는 물품은 직물지로서 스카프 등에도 사용될 수 있고, 이 경우 벽지 등과는 달리 표면 외에 이면의 모양도 보는 사람의 주의를 끌 것이며, 더욱이 직물지의 사용시뿐만 아니라 거래시 그 수요자는 표면 외에 이면의 심미감도 아울러 고려하여 구입 여부를 결정할 것으로 보이므로, 비록 표면이 이면보다 보는 사람의 눈에 잘 띈다 하더

---

43) 디자인보호법상의 정의규정의 문언에만 따른다면 모양·색채의 결합디자인도 존재할 수 있는 것처럼 해석되나, 글자체 디자인을 제외하고는 형상이 없는 디자인은 인정되지 않는다.

라도 표면의 모양만이 요부라고 보기 어렵고, 표면과 이면 모두 요부라 할 것인데 후 디자인에서는 선등록디자인의 이면과 같은 부분을 포함하고 있지 아니하므로, 후 디자인이 선등록디자인을 이용하는 관계에 있다고 볼 수 없다고 판단하였다. 이러한 판시 태도 역시 결합디자인의 이용이 원론적으로 인정될 수 있다는 점 자체는 전제로 한 것이다.

나. 특허발명·등록실용신안의 이용

특허발명·등록실용신안을 이용한 디자인이란 선출원에 관한 발명·고안의 내용을 본질적으로 손상시키지 않고 그대로 도입한 디자인을 말한다.[44] 디자인권과 특허권·실용신안권의 대상은 이질적이지만, 회전방지효과를 갖는 6각형 연필과 이 연필에 모양을 부여시킨 디자인의 경우와 같이 하나의 물품이 디자인등록의 대상이 됨과 동시에 특허나 실용신안의 대상이 되는 경우도 있을 수 있으므로 상호간 이용관계가 성립할 수 있다.[45] 선풍기의 날개부분을 특수한 형상으로 하여 풍력을 강하게 한다거나 위험을 방지함을 내용으로 하는 특허발명을 그대로 도입한 선풍기의 디자인 또는 방향안전을 위하여 접지면에 한 줄의 홈을 형성한 스키의 형상을 내용으로 하는 등록실용신안을 그대로 도입한 스키의 형상에 모양을 결합한 디자인 등도 이에 해당하는 예이다.[46]

그러나 특허발명 또는 등록실용신안의 이용관계에 디자인의 실시과정에서 특허발명이나 등록실용신안을 이용하는 것까지 포함되지는 아니한다. 즉, 물품의 외관과는 관계없는 내부기구로서 특허발명이나 등록실용신안을 내장하는 것 또는 특허된 생산방법·장치에 의하여 제조되는 디자인, 특허발명에 관한 재료를 이용한 디자인 등은 특허법, 실용신안법 독자의 영역에 속하는 문제로서 특허권, 실용신안권의 직접적인 침해가 성립될 수 있을 뿐, 특허발명 또는 등록실용신안의 이용관계에 해당하지는 아니한다.[47]

다. 상표의 이용

디자인과 상표는 배타적, 선택적인 관계에 있는 것이 아니므로 디자인이 될 수 있는 형상이나 모양이라고 하더라도 그것이 상표의 본질적인 기능이라고 할 수 있는 자타상품의 출처표시를 위하여 사용되는 것으로 볼 수 있는 경우에는

---

44) 노태정·김병진(주 4), 676.
45) 송영식 외 6인 공저(주 1), 1029.
46) 노태정·김병진(주 4), 676.
47) 조국현, 의장법, 법경사(2002), 660.

위 사용은 상표로서의 사용이라고 보아야 하고, 그것이 상표로서 사용되고 있는 지의 여부를 판단하기 위하여는, 상품과의 관계, 당해 표장의 사용 태양(즉 상품 등에 표시된 위치, 크기 등), 등록상표의 주지저명성, 그리고 사용자의 의도와 사용경위 등을 종합하여 실제 거래계에서 그 표시된 표장이 상품의 식별표지로서 사용되고 있는지 여부를 종합하여 판단하여야 한다.48) 상표법상 상표를 구성하는 문자 또는 도형이나 입체적 형상은 디자인보호법상 디자인의 형태적 구성요소로 될 수 있으므로, 문자 또는 도형이나 입체적 형상이 상표로서 선등록되어 있고, 위 문자 또는 도형이나 입체적 형상을 디자인의 형태적 구성요소로서 포함하고 있는 후 디자인의 실시가 상표로서의 사용(상표적 사용)에 해당하면, 이용관계가 성립된다.

라. 저작물의 이용

저작권법상 저작물 특히 미술저작물은 디자인의 형태적 구성요소가 될 수 있으므로, 저작권이 발생한 저작물이 저작권발생일 후에 출원된 디자인의 일부를 구성하는 경우에는 저작물의 이용관계가 성립된다. 회화작품을 커튼디자인의 모양으로 이용하거나 조각작품을 조명용 스탠드디자인의 몸체로 이용하는 경우 등을 예로 들 수 있다.49)

Ⅲ. 저촉관계의 의의와 유형

1. 의   의

저촉이란 하나의 권리와 다른 권리가 양립할 수 없는 것, 즉 어느 한 쪽의 권리의 내용과 다른 쪽의 권리의 내용이 전부 또는 일부에서 중첩되는 것을 말하고, 디자인보호법에 규정된 권리의 저촉은 디자인권의 내용인 등록디자인 또는 이와 유사한 디자인을 실시하면, 타인의 권리의 내용인 특허발명이나 등록실용신안의 실시 또는 등록상표의 사용, 저작물의 복제로 되는 경우를 의미한다.50)

이용관계는 동일 권리 상호간에도 성립할 수 있음에 반해, 저촉관계는 동일

---

48) 대법원 2000. 12. 26. 선고 98도2743 판결[공2001.2.15.(124), 406]; 대법원 2013. 3. 14. 선고 2010도15512 판결[공2013상, 692].
49) 특허청 국제지식재산연수원(주 30), 563.
50) 斉藤瞭二(주 12), 320.

권리 상호간에는 성립할 수 없는 것이 원칙이다.[51] 그러나 디자인권의 경우에는 위에서 본 바와 같이 디자인보호법이 디자인권자에게 등록디자인뿐만 아니라 이와 유사한 디자인을 실시할 권리까지 전유시키고 있으므로, 유사범위에서 중첩되는 복수의 디자인권이 성립할 수 있고, 이로 인하여 동일 권리 상호간이지만 저촉관계가 발생할 수 있다.

2. 저촉관계의 유형

가. 디자인권 상호간의 저촉

등록디자인이 타인의 디자인권과 저촉하는 경우는 선후출원 관계로 규제되므로 원칙적으로 발생하지 않고, 다만 잘못하여 2중으로 등록된 경우에는 후출원 등록디자인은 무효사유를 안고 있는 것으로 된다.

한편 유사범위에서 중첩되는 복수의 디자인권 상호의 저촉을 해결하기 위해 디자인보호법 제95조 제2항은 등록디자인과 유사한 디자인이 선출원된 타인의 디자인권과 저촉하는 경우 선출원디자인권자의 허락을 받거나 통상실시권 허락의 심판에 의하여 실시토록 정하고 있다. 예를 들어 선출원디자인 A와 후출원디자인 B의 관계에서 양자가 전체적으로 보아 비유사한 경우 각각 디자인 등록될 수 있지만, A 디자인에 유사한 범위가 a・b・c이고, B 디자인에 유사한 범위가 c・d・e라 하면 c 부분은 중첩되어 저촉관계가 발생하게 되므로 위 규정의 적용을 받게 된다.[52] 또한 저촉관계에 있는 선출원디자인권은 먼저 존속기간이 만료되게 되는데 이 경우 디자인보호법 제103조는 법정 통상실시권이 부여되도록 정하고 있다.

나. 특허권・등록실용신안권과의 저촉

물품의 형상에 관한 창작이 기술적 효과를 달성하기 위하여 창작된 것이면 발명・고안으로서 특허법・실용신안법에 의한 보호대상이 되고 그것이 동시에 미적 효과를 발휘하고 있으면 디자인으로도 성립되어 디자인보호법에 의해 보호되므로, 동일 목적물 위에 실현되는 가치 내용에 대해 각각 특허나 실용신안

---

51) 김관식(주 23), 552.
　　또한 위 논문은 여기서 특허권과 실용신안권은 보호대상이 '기술사상의 창작'으로 동일하므로 동일 권리로 취급하여야 함을 설명하고 있다. 즉 동일한 기술사상에 대하여 특허권과 실용신안권이 동시에 존재할 수 없으므로 저촉관계는 발생하지 않고 다만 후출원에 해당하는 것이 무효사유를 안고 있는 것으로 된다.
52) 노태정・김병진(주 4), 678.

이 등록되는 한편 디자인등록이 이루어질 수 있는데, 이때에는 어느 한 쪽의 권리를 실시하게 되면 다른 쪽의 권리를 실시하는 결과를 필연적으로 초래한다.[53) 또한 목적물이 완전히 동일한 것이 아니더라도 그 일부가 중첩되고 결과적으로 한 쪽의 권리실시가 다른 쪽의 권리의 실시로 되는 수가 있다. 이러한 경우에 모두 합법적으로 성립된 권리이지만 서로 저촉되고 있으므로 디자인보호법 제 95조 제1항 및 제2항은 선출원인의 지위를 보호하도록 후출원인의 실시에 제한을 가하고 있다.[54)

다. 상표권과의 저촉

위에서 본 바와 같이 디자인이 될 수 있는 형상이나 모양이라고 하더라도 그것이 상표로서 사용될 수 있으므로 디자인의 실시가 상표권을 침해하는 경우가 발생할 수 있다.

이와 관련하여 위에서 든 대법원 2013. 3. 14. 선고 2010도15512 판결은 피고인이, 피해자 甲이 등록출원한 도형상표와 유사한 문양의 피고인 사용표장이 부착된 가방과 지갑을 판매하거나 판매 목적으로 전시함으로써 甲의 상표권을 침해하였다는 내용으로 기소된 사안에서, 甲 등록상표의 고객흡인력 등에 편승하기 위한 의도로 사용된 피고인 사용표장은 실제 거래계에서 자타상품의 출처를 표시하기 위하여 상표로서 사용되었고, 피고인 사용표장의 사용에 관하여 그 상표권자인 甲의 허락이 있었다거나 통상실시권 허락의 심판[55)이 있었다는 사정이 없는 이상, 피고인의 처가 피고인 사용표장인 문양에 대해 위 등록상표보다 후출원으로 디자인등록을 받아 피고인이 위 디자인권의 실시허락을 받고서 피고인 사용표장을 사용하였다고 볼 여지가 있다는 점은 피고인의 처의 디자인등록출원일 전에 출원된 甲 등록상표와의 관계에서 피고인 사용표장의 사용이 상표로서의 사용에 해당하여 상표권침해로 되는 데 장애가 되지 못한다고 판단함으로써, 디자인권과 상표권의 저촉관계 판단을 명시적으로 보인 바 있다. 나아가 위 판결은 부정경쟁방지 및 영업비밀보호에 관한 법률(이하 '부정경쟁방지법'이라 한다) 제15조 제1항은 디자인보호법 등 다른 법률에 부정경쟁방지법 제2 조 등과 다른 규정이 있는 경우에는 부정경쟁방지법의 규정을 적용하지 아니하

---

53) 특허청 국제지식재산연수원(주 30), 564.
54) 노태정·김병진(주 4), 679.
55) 위 판결문상의 용어로는 '통상실시권 허여의 심판'(2013. 5. 28. 전부개정 전의 구 디자인보호법 제70조)이나, 현행법상 용어인 '통상실시권 허락의 심판'(디자인보호법 제123조)으로 바꾸어 표기하였다(이 글 전체적으로 같다).

고 다른 법률의 규정을 적용하도록 규정하고 있으나, 디자인의 등록이 대상물품에 미감을 불러일으키는 자신의 디자인의 보호를 위한 것이 아니고, 국내에서 널리 인식되어 사용되고 있는 타인의 상품임을 표시한 표지와 동일 또는 유사한 디자인을 사용하여 일반 수요자로 하여금 타인의 상품과 혼동을 일으키게 하여 이익을 얻을 목적으로 형식상 디자인권을 취득하는 것이라면, 그 디자인의 등록출원 자체가 부정경쟁행위를 목적으로 하는 것으로서, 설령 권리행사의 외형을 갖추었다 하더라도 이는 디자인보호법을 악용하거나 남용한 것이 되어 디자인보호법에 의한 적법한 권리의 행사라고 인정할 수 없으니, 이러한 경우에는 부정경쟁방지법 제15조 제1항에 따라 같은 법 제2조의 적용이 배제된다고 할 수 없다는 '디자인권 남용'의 법리를 설시하여 디자인권과 부정경쟁행위 사이의 저촉문제도 해결하고 있다.[56)]

라. 저작권과의 저촉

저작권과의 저촉관계가 발생하는 것은 등록디자인의 실시가 저작물의 복제 또는 2차적저작물 작성에 해당하는 경우이다.[57)] 저작권은 등록에 의하여 발생하는 권리가 아니므로 디자인보호법 제95조 제3항은 저촉되는 디자인권과 저작권 사이의 우선순위는 디자인 출원일과 저작권 발생일의 선후에 따르도록 정하고 있다.

다만 저작권은 독자적으로 창작한 저작물에 대해서는 그 효력이 미치지 아니하므로 가령 외형적으로 실질적 유사성이 있는 목적물이라 하더라도 디자인권자가 저작권자의 저작물에 의거한 것이 아니고 독자적으로 창작한 경우 또는 그것을 독자적으로 창작한 사람으로부터 승계한 경우에는 저작권과의 저촉의 문제는 일어나지 아니한다.[58)]

---

56) 대법원 2013. 3. 14. 선고 2010도15512 판결에 대한 상세한 평석은 박태일, "전체 표장에 대한 디자인권 및 이를 구성하는 개별 도형들에 대한 상표권과 전체 표장의 사용으로 인한 상표권침해 및 부정경쟁행위 사이의 충돌에 관한 연구", IT와 법 연구, 경북대학교 IT와 법 연구소, 제8집(2014), 31 이하 참조.

57) 寒河江孝允·峯唯夫·金井重彦 共編(주 2), 439.

58) 송영식 외 6인 공저(주 1), 1030.

Ⅳ. 이용 · 저촉관계의 효과

1. 후 디자인의 실시의 제한

이용 · 저촉관계가 인정되면, 후출원인 디자인의 디자인권자, 전용실시권자 또는 통상실시권자는 선출원(산업재산권의 경우) 또는 선발생(저작권의 경우)된 다른 권리 즉 선순위 권리자의 허락을 얻지 아니하고서는 업으로서 그 등록디자인 또는 이와 유사한 디자인을 실시할 수 없다(제95조). 이는 선출원우선의 원칙에 의해 선출원 또는 선발행된 권리자를 보호하기 위함이다. 여기서 같은 날 출원된 산업재산권이나 같은 날 발생된 저작권과의 관계에서는 이용 · 저촉관계가 발생하더라도 디자인보호법 제95조의 적용이 없으므로 그 우열을 정할 수 없어 각각 독립하여 자기의 권리 내용을 실시할 수 있다고 보아야 할 것이다.[59]

한편 디자인권자 · 전용실시권자 또는 통상실시권자는 해당 등록디자인 또는 등록디자인과 유사한 디자인이 디자인보호법 제95조 제1항 또는 제2항에 해당하여 실시의 허락을 받으려는 경우에 그 타인이 정당한 이유 없이 허락하지 아니하거나 그 타인의 허락을 받을 수 없을 때에는 자기의 등록디자인 또는 등록디자인과 유사한 디자인의 실시에 필요한 범위에서 통상실시권 허락의 심판을 청구할 수 있다(제95조 제1항, 제2항, 제123조 제1항).

위와 같이 통상실시권 허락의 심판을 구할 수 있는 대상으로 선출원의 등록상표를 이용하거나 선출원의 상표권과 저촉되는 경우도 포함되어 있으나, 이에 대하여는 상표는 통상실시권이 아니라 통상사용권의 대상이 될 수 있을 뿐이어서 법문의 표현이 적절하지 아니하고 더욱이 상표의 출처표시적 기능에 비추어 볼 때 심판절차에 의해 강제적으로 타인에게 사용권을 허락하도록 하는 것이 타당한지 의문이 있다는 비판이 있다.[60] 참고로 일본 의장법은 선출원 상표권과 후출원 디자인권이 저촉되더라도 상표권자에 대하여 통상실시권 설정의 재정에 관한 일본 의장법 제33조의 규정이 적용되지 않도록 정하고 있다. 이와 관련하여 디자인권이 상표권과[61] 저촉된다고 하는 것은 디자인 대상물품과 지정상품 · 지정서비스업이 동일 또는 유사한 관계에 있음을 의미하는 경우가 대

---

59) 노태정 · 김병진(주 4), 680; 송영식 외 6인 공저(주 1), 1031.

60) 노태정 · 김병진(주 4), 682.

61) 우리 상표법 체계에 따른다면 여기서 '상표권'은 '상표권 또는 서비스표권'을 지칭하는 것으로 보인다.

부분이므로, 상표권자로부터 통상사용권을 얻어 등록디자인 또는 이와 유사한 디자인을 실시하면 상표권자의 업무에 관한 상품과의 사이에서 출처의 혼동이 발생할 우려가 있게 되는데, 특허청이 한편으로는 출처혼동을 방지하는 취지의 심사를 하면서 다른 한편으로는 출처혼동을 일으킬 우려가 있는 재정을 하는 것은 일관성을 결여한 처사라 할 것이어서, 상표권에 대하여는 재정제도를 두지 않았다고 설명된다.62) 이러한 취지는 우리의 경우에도 참조할 필요가 있다고 생각된다. 나아가 상표법상으로는 상표권자가 다른 권리와 저촉되는 경우 그 허락을 얻지 못하더라도 통상실시권 허락의 심판제도가 마련되어 있지 아니한데, 이 점과의 형평을 고려하더라도 다른 권리자들이 상표권자에 대하여 통상사용권 허락의 심판을 청구할 수 있도록 하는 것은 문제가 있다고 본다. 이에 디자인보호법 제95조 제1항, 제2항, 제123조 제1항이 비록 법문상으로는 선순위 상표권자에 대한 통상실시권 허락의 심판을 배제하고 있지는 아니하나, 통상'실시'권이라고만 규정하고 통상'사용'권이라는 표현은 사용하고 있지 아니하다는 점 및 위에서 본 선순위 상표권자에게 강제적인 사용권 허락을 하도록 하는 제도가 불합리한 점 등을 종합하여 합리적으로 해석하면, 위 조문에서 선순위 상표권자에 대한 통상실시권 허락의 심판청구는 배제되어 있는 것이라고 볼 여지도 있다고 생각된다.63)

그리고 통상실시권 허락의 심판제도는 인격권과는 어울리지 않기 때문에 저작권자가 이용허락을 하지 않는 경우에 대하여는 규정되어 있지 않다.64)

2. 위반의 경우 침해의 성립

이용·저촉관계가 있음에도 디자인보호법 제95조의 규정에 위반하여 디자인을 실시하는 경우에는 선순위인 다른 권리의 침해가 성립되어 권리침해의 책임을 지게 된다.

3. 제3자에 대한 관계

다만, 디자인보호법 제95조는 그 이용·저촉관계가 성립하는 선순위인 다른 권리자에 대한 관계에서 등록디자인 또는 이와 유사한 디자인의 실시가 제

---

62) 寒河江孝允·峯唯夫·金井重彦 공편(주 2), 496, 497, 500(香原修也 집필부분).
63) 한편 조국현(주 47), 665는 '상표권과 이용·저촉관계에 있는 경우에는 통상실시권 허락의 심판을 청구할 수 없다'고 기술하고 있는데 그 근거나 이유는 설명하고 있지 않다.
64) 노태정·김병진(주 4), 681.

한됨을 규정하고 있을 뿐 그 선순위 권리자와 관계없는 제3자에 대한 관계에서도 디자인 전용권 및 금지권이 대세적으로 부정되는 것인지에 관하여는 규정되어 있지 않다. 이와 관련하여, 같은 취지의 규정인 상표법 제53조의 해석론이 문제된 사건에서 대법원 2006. 9. 11.자 2006마232 결정은[65] "상표법 제53조에서[66] 등록상표가 그 등록출원 전에 발생한 저작권과 저촉되는 경우에 저작권자의 동의 없이 그 등록상표를 사용할 수 없다고 한 것은 저작권자에 대한 관계에서 등록상표의 사용이 제한됨을 의미하는 것이므로, 저작권자와 관계없는 제3자가 등록상표를 무단으로 사용하는 경우에는 상표권자는 그 사용금지를 청구할 수 있다"고 판단함으로써 상대설의 입장을 명시적으로 채택한 바 있다.[67] 위 결정의 취지는 디자인보호법 제95조의 해석론에도 적용될 수 있다고 할 것이다.

〈박태일〉

---

65) 공2006.11.1.(261), 1780.
66) 엄밀하게 말하면 2014. 6. 11. 개정 전의 구 상표법 제53조 제1항이다.
67) 대법원 2006. 9. 11.자 2006마232 결정에 대한 상세한 평석은 박태일, "저작권과 저촉되는 상표권에 기한 금지청구의 허용 여부", 지적재산 & 정보법연구, 한양대학교 지적재산 & 정보법센터, vol.2 no.1(2010), 25 이하 참조.

제96조(디자인권의 이전 및 공유 등)

① 디자인권은 이전할 수 있다. 다만, 기본디자인의 디자인권과 관련디자인의 디자인권은 같은 자에게 함께 이전하여야 한다.

② 디자인권이 공유인 경우에 각 공유자는 다른 공유자의 동의를 받지 아니하면 그 지분을 이전하거나 그 지분을 목적으로 하는 질권을 설정할 수 없다.

③ 디자인권이 공유인 경우에는 각 공유자는 계약으로 특별히 약정한 경우를 제외하고는 다른 공유자의 동의를 받지 아니하고 그 등록디자인 또는 이와 유사한 디자인을 단독으로 실시할 수 있다.

④ 디자인권이 공유인 경우에는 각 공유자는 다른 공유자의 동의를 받지 아니하면 그 디자인권에 대하여 전용실시권을 설정하거나 통상실시권을 허락할 수 없다.

⑤ 복수디자인등록된 디자인권은 각 디자인권마다 분리하여 이전할 수 있다.

⑥ 기본디자인의 디자인권이 취소, 포기 또는 무효심결 등으로 소멸한 경우 그 기본디자인에 관한 2 이상의 관련디자인의 디자인권을 이전하려면 같은 자에게 함께 이전하여야 한다.

〈소 목 차〉

Ⅰ. 본조의 의의

디자인보호법 제96조는 디자인권의 이전 및 디자인권의 공유자들 사이의 권리조정에 관하여 규정하고 있는데, 이는 특허법 제99조의 특허권의 양도 및 공유에 관한 규정과 같은 취지이다. 한편, 디자인보호법에는 특허법에는 존재하지 않는 특수한 제도로서 관련디자인 제도와 복수디자인등록 제도가 있는데, 위 디자인보호법 제96조는 그에 따라 등록된 디자인권의 이전방법에 관하여도 규정하고 있다.

특허법 제99조 제1항은 특허권은 이를 양도할 수 있다고 규정하고 있지만, 디자인보호법은 일반승계에 의한 권리의 이동까지 포괄하는 이전이라는 용어를 쓰고 있다.[1]

Ⅱ. 디자인권의 이전

1. 디자인권 이전의 의의

디자인보호법 제96조 제1항은 디자인권은 이전할 수 있다고 규정하고 있는데, 디자인권이 일신전속권이 아닌 재산권인 이상 이를 이전할 수 있음은 당연하고, 위 규정은 이를 확인하는 것에 불과하다.

디자인권의 이전은 양도나 신탁 등 당사자간의 계약에 따른 이전, 질권 등 담보권의 실행이나 강제경매에 따른 이전을 포함하는 특정승계에 의한 이전의 경우와 상속, 합병 등에 따른 일반승계에 의한 이전의 경우로 나누어 볼 수 있다.

디자인보호법 제98조 제1항은 거래의 안전과 제3자의 보호를 위하여 상속이나 그 밖의 일반승계를 제외한 이전의 경우에는 그 이전등록이 완료되어야만 법률상 이전의 효력이 발생한다고 규정하고 있다(디자인보호법 제98조 제1항 제1호).

상속이나 그 밖의 일반승계에 의한 이전의 경우 등록이 없이도 그 효력이 발생하는데, 이는 위와 같은 사유의 발생 이후 이전등록이 이루어지기 전까지 권리자가 존재하지 않는 공백상태가 발생하는 것을 막기 위한 것이다.

디자인권 중 일부지분만을 양도하는 것도 가능한데 이 경우에는 원디자인권자와 양수인이 디자인권을 공유하게 된다.

디자인권의 이전은 등록권리자 및 등록의무자가 공동으로 신청하거나 등록의무자의 승낙서를 첨부하여 등록권리자 단독으로 신청할 수 있다. 디자인권이나 그 밖의 권리의 등록에 관하여 필요한 사항에 대하여는 대통령령인 특허권 등의 등록령과 산업통상자원부령인 동 시행규칙에서 자세히 규정하고 있다.

디자인등록을 받을 수 있는 권리도 이전이 가능하지만, 이는 그 성질상 등록에 의하여 효력이 발생하는 물권에 준하는 권리가 아니라 채권적 권리에 불과하므로 위 규정의 적용대상이 아니다.

---

1) 다만, 특허법 제99조 제1항의 양도를 이전이라는 용어로 대체하여도 무방할 것으로 본다.

2. 관련디자인권의 이전

기본디자인의 디자인권과 관련디자인의 디자인권은 같은 자에게 함께 이전
하여야 한다(디자인보호법 제96조 제1항 단서). 관련디자인은 그 효력범위에서 기
본디자인과 중복되는 부분이 존재하므로 만일 기본디자인의 디자인권과 관련디
자인의 디자인권을 따로 이전할 수 있도록 한다면 권리관계가 복잡해질 우려가
있음을 고려하여 그 분리 이전을 금지한 것이다.[2] 따라서 관련디자인의 디자인
권이 2 이상인 경우에도 전부 기본디자인의 디자인권과 함께 이전하여야 한다.

한편 기본디자인의 디자인권이 취소, 포기 또는 무효심결 등으로 소멸한 경
우에도 그 기본디자인에 관한 2 이상의 관련디자인의 디자인권을 이전하려면
같은 자에게 함께 이전하여야 한다(디자인보호법 제96조 제6항). 관련디자인의 디
자인권은 기본디자인의 디자인권이 존속기간 만료로 소멸하는 경우 같이 소멸
하도록 되어 있지만, 그 이외의 사유로 소멸하는 경우 구법의 유사디자인의 경
우와는 달리 기본디자인의 디자인권과 함께 소멸하지 않는데, 기본디자인에 복
수의 관련디자인이 있는 경우 각 관련디자인의 디자인권 사이에 권리범위가 중
복되는 경우도 있고, 각 관련디자인의 디자인권 사이에서는 권리범위가 중복되
지 아니하는 경우에도 이미 관련디자인으로 설정된 권리관계의 안정을 도모하
기 위하여 동일인에게 이전하는 경우에만 그 이전을 허락하는 취지이다.[3]

3. 복수디자인등록된 디자인권의 이전

복수디자인등록된 디자인권은 각 디자인권마다 분리하여 이전할 수 있다(디
자인보호법 제96조 제5항). 복수디자인등록된 디자인은 그 출원절차에 있어서 1디
자인1출원주의의 예외로서 등록을 받은 것이지만, 복수디자인등록이 이루어진
이상 각 디자인마다 독립된 디자인권이 발생하기 때문에 그 이전에 있어서도
각 디자인권별로 처분의 자유가 인정된다. 2013. 5. 28. 법률 제11848호로 개정
된 현행 디자인보호법은 구법과 달리 복수디자인등록된 디자인에 각각 등록번
호를 부여하므로 그 이전에 있어서도 별개의 출원 절차로 등록을 받은 디자인
과 차이가 없게 되었다. 따라서 복수디자인등록된 디자인권의 분할이전 등록방

---

2) 寒河江孝允 외 2인 編著, 意匠法コンメンタール(第2版), LexisNexis(2012), 395(峯唯夫 집
　필부분).
3) 寒河江孝允 외 2인 編著(주 2), 395.

법에 관하여 규정하고 있던 특허권 등의 등록령 시행규칙 제36조는 2014. 6. 25. 산업통상자원부령 제60호로 개정된 시행규칙에서 삭제되었다. 다만 현행법 시행일인 2014. 7. 1. 이전에 등록출원한 복수디자인에 관한 디자인권은 폐지되기 전의 위 시행규칙 제36조의 규정에 따라 이전등록하여야 한다(특허권 등의 등록령 시행규칙 부칙 제3조).

Ⅲ. 디자인권의 공유관계

1. 디자인권 공유관계의 발생원인과 지분

디자인권의 공유관계는 디자인을 공동으로 창작한 자가 공동으로 출원하여 공동디자인권자로 등록됨으로써 발생하는 것이 기본적인 모습이지만 1인에 의한 디자인권 설정등록 후 그 중 일부지분에 관한 양도나 공동상속에 의하여 발생할 수도 있다. 공동창작에 의한 디자인권자의 공유지분은 계약에 따라 정해지는 것이 원칙이나, 그러한 계약이 없는 경우 민법 제262조에 의해 균등한 것으로 추정된다.

2. 디자인권 공유관계의 법적 성격 및 공유물분할청구

민법 제278조는 물건의 공동소유에 관한 규정은 소유권 이외의 재산권에 준용하되 다른 법률에 특별한 규정이 있으면 그에 의한다고 하고 있고, 디자인보호법 제96조 제2항 내지 제4항은 디자인권의 공유자 사이의 권리관계에 관하여 다른 공유자의 동의 없이는 그 지분을 이전하거나 그 지분을 목적으로 하는 질권을 설정할 수 없을 뿐만 아니라 전용실시권을 설정하거나 통상실시권을 허락할 수도 없는 반면, 각 공유자가 계약으로 특별히 약정한 경우를 제외하고는 다른 공유자의 동의를 받지 아니하고 등록디자인 또는 이와 유사한 디자인을 단독으로 실시할 수 있다고 하여 민법상 공유관계와는 다른 권리관계 조정에 관한 규정을 두고 있다. 이러한 디자인권의 공유관계의 법적 성격을 둘러싼 견해의 대립에 관하여는 디자인보호법과 동일한 규정을 두고 있는 특허법에서의 공유관계에 관한 논의가 그대로 적용될 수 있다.

합유설은 특허권의 공유자들 중 1인이 지분을 처분하려면 다른 공유자의 동의를 얻어야 하고, 공유인 특허권에 관한 심판이 필요적 공동소송관계에 있다고 규정되어 있는 등(특허법 제139조) 특허권의 공유자의 행위에 대하여 가하여져 있는 여러 제한에 비추어 보면, 특허권의 공유는 민법상의 공유와 다르고 합유에 준하는 성질을 갖는다는 입장이다.[4] 공유설은 공유인 특허권에 관하여 지분의 처분이 제한되는 등의 특수한 취급을 받는다고 하더라도 이는 특허권의 특수성에서 나오는 것에 불과하고, 그에 관한 심판이 필요적 공동소송에 해당하는 것도 '합일 확정의 필요'라고 하는 절차상의 특수성에 기인한 것일 뿐이므로 이를 근거로 특허권 공유의 본질이 합유라고 볼 수는 없으며, 공동발명을 통하여 원시적으로 특허권을 공동취득하였다는 사정만으로 공동발명자 사이에 조합 혹은 이와 유사한 신뢰관계나 인적 결합이 성립한다고 볼 수 없고, 하물며 공동발명이 아닌 지분의 양도나 강제집행, 상속, 회사의 합병 등에 의하여 특허권의 공동소유 관계에 놓인 당사자 사이에 그러한 인적 결합을 의제하기 어렵다는 입장이다.[5]

　　판례는 특허권의 공유관계에 관하여 각 공유자는 타 공유자의 동의없이 그 지분을 양도 또는 그 지분을 목적으로 하는 질권을 설정할 수 없으며 그 특허권에 대하여 전용실시권을 설정하거나 통상실시권을 허락할 수 없다고 규정하고 있으므로 특허권의 공유관계는 민법 제273조에 규정된 합유에 준하는 것이라 판시하였으나,[6] 그 이후 상표권의 공유관계에 관하여는 각 공유자가 다른 공유자의 동의를 얻지 아니하면 그 지분을 양도하거나 그 지분을 목적으로 하는 질권을 설정할 수 없고 그 상표권에 대하여 전용사용권 또는 통상사용권을 설정할 수도 없는 등 일정한 제약을 받아 그 범위에서 합유와 유사한 성질을 가지지만, 이러한 제약은 상표권이 무체재산권인 특수성에서 유래한 것으로 보일 뿐이고, 상표권의 공유자들이 반드시 공동목적이나 동업관계를 기초로 조합체를 형성하여 상표권을 소유한다고 볼 수 없을 뿐만 아니라 상표법에 상표권의 공유를 합유관계로 본다는 명문의 규정도 없는 이상, 상표권의 공유에도 상표법의 다른 규정이나 그 본질에 반하지 아니하는 범위 내에서는 민법상의 공유의 규정이 적용될 수 있다고 판시하였다.[7]

　　이러한 법적 성격에 관한 논의의 가장 큰 실익 중 하나는 특허법이나 디자

---

4) 정상조·박성수 공편, 특허법 주해Ⅰ, 박영사(2010), 1224-1225(박정희 집필부분).
5) 조영선, "특허권 공유의 법률관계: 특허법 제99조의 해석론과 입법론", 법조 통권 654호, 법조협회(2011. 3), 65-66; 박정화, "특허권의 공유자 1인의 심결취소소송에서의 원고적격", 특허소송연구(3집), 특허법원(2005), 183-184.
6) 대법원 1999. 3. 26. 선고 97다41295 판결[공1999.5.1.(81), 764]; 1987. 12. 8. 선고 87후111 판결[공1988.2.1.(817), 282].
7) 대법원 2004. 12. 9. 선고 2002후567 판결[공2005.1.15.(218), 144].

인보호법에 명문의 규정이 없는 상황에서 공유자의 공유물분할청구권을 인정할
수 있느냐에 있다. 이에 대하여 특허권 공유관계의 법적성격을 합유로 보는 입
장은 그 분할청구권의 행사에 따라 같은 날 출원한 동일한 발명이 여러 개 존
재하게 되고, 특허권의 공유관계에 따른 여러 제한을 분할청구권의 행사에 의하
여 벗어날 수 있게 되는 등 특허법에서 당초 예정할 수 없었던 곤란한 문제를
발생시킨다는 이유로 이를 부정하고 있으나,[8) 다수설은 특허권자 사이에 신뢰
관계가 상실되었을 경우 상대 특허권자의 비협조로 자기 지분의 처분이 불가능
하여 재산권의 행사가 부당하게 제한되는 경우를 방지할 수 있고, 특허권은 유
체물에 대한 권리가 아니라 무체물을 대상으로 하는 지식재산권이라는 특성상
지분의 일부분을 가진 자도 특허권 전체에 대하여 실시를 할 수 있어 공유자
상호간에 이해관계가 대립될 경우 분쟁으로 인하여 특허권을 제대로 활용할 수
없게 될 우려가 있으므로 그 관계를 조기에 해소할 필요가 있으며, 특허권 등의
등록령 제26조 제2항은 특허권을 합유재산이 아닌 공유재산이라는 전제하에 등
록권리자가 2인 이상인 경우 5년 이내의 기간을 정하여 공유물의 분할을 금지
할 수 있다고 한 민법 제268조 제1항 단서에 따른 약정이 있을 때에는 등록신
청서에 이를 기재할 수 있다고 규정하고 있는 점 등을 들어 공유물의 분할청구
가 인정되어야 한다고 하며, 다만 분할방법으로는 특허권의 성질상 현물분할은
안 되고 대금분할 또는 가격배상에 의해야 할 것이라고 한다.[9)

　일본의 통설도 특허권의 공유권이 재산권이고, 단체적 제약을 받는 것도 아
닌 이상 공유관계에서 이탈할 수 없다는 것은 불합리하다는 이유로 공유물분할
청구를 인정하고 있는데, 다만 실시에 대한 독점권이라는 특허권의 성격에 비추
어 볼 때 현물분할을 인정하면 사실상 동일한 특허권이 여러 개 생기는 결과를
초래하는 문제점이 있다는 이유로 대금분할 또는 가격배상에 의한 분할청구만
을 인정하고 있다.[10)

　최근인 2014. 8. 20. 선고된 대법원 2013다41578 판결은, 특허권 및 디자인
권에 관하여 특허법·디자인보호법의 다른 규정이나 특허·디자인의 본질에 반

---

8) 정상조·박성수 공편(주 4), 1227-1228.
9) 정차호, "공동발명자 결정방법 및 관련 권리의 연구", 특허소송연구(3집), 특허법원
  (2005), 169-170; 조영선(주 5), 75-76; 김현호, "특허권의 공유, 이전", 발명특허(34권 4호),
  한국발명진흥회(2009), 57; 강신하, "특허권 공유", 중앙법학(11집 3호), 중앙법학회(2009),
  457-458.
10) 中山信弘, 特許法, 弘文堂(2004), 291.

하는 등의 특별한 사정이 없는 한 공유에 관한 민법의 일반규정이 특허권·디자인권의 공유에도 적용된다는 것을 전제로 하여, 특허권·디자인권의 공유자 상호간에 이해관계가 대립되는 경우 등에 그 공유관계를 해소하기 위한 수단으로서 각 공유자에게 민법상의 공유물분할청구권을 인정하더라도 공유자 이외의 제3자에 의하여 다른 공유자 지분의 경제적 가치에 변동이 발생한다고 보기 어렵고 달리 분할청구를 금지하는 특허법·디자인보호법의 규정도 없으므로, 특허권·디자인권의 공유관계에 민법상 공유물분할청구에 관한 규정이 적용될 수 있다고 명확히 판시하였다. 다만 특허권·디자인권은 무형의 재산권이므로 현물분할을 인정하면 하나의 특허권·디자인권이 사실상 내용이 동일한 복수의 특허권·디자인권으로 증가하는 부당한 결과를 초래하므로 공유물분할에 있어서 현물분할은 인정되지 아니한다고 함으로써, 경매에 의한 대금분할이나 일부 공유자가 다른 공유자의 지분을 대가를 지불하고 양수하는 가격배상 방식만을 인정하였다.

3. 공유자에 의한 침해의 정지·예방 등 청구와 손해배상청구 등

저작권법은 공동저작물의 저작재산권자가 침해의 정지·예방 등의 청구 및 자신의 지분에 관한 손해배상청구를 할 수 있음을 명시적으로 규정하고 있으나 (저작권법 제129조), 디자인보호법이나 특허법에는 이에 관한 명시적인 규정이 존재하지 아니한다. 손해배상청구권 또는 부당이득반환청구권은 가분적인 금전 채권이고 침해가 공유자 각자의 지분에 균등하게 발생하고 있다고 볼 수 있기 때문에 공유자 각자가 자신의 지분에 해당하는 금액을 청구하는 것이 가능하다고 할 것이고, 방해배제청구는 보존행위로서 공유자 각자가 행사할 수 있다고 보는 것이 타당하다.[11]

디자인권 또는 디자인등록을 받을 수 있는 권리가 공유인 경우 그 공유인 권리에 관하여 심판을 청구할 때에는 공유자 모두가 공동으로 청구인이 되거나 공유자 모두를 피청구인으로 하여야 한다(디자인보호법 제125조 제1항·제3항). 그런데 그 심결에 관한 취소소송도 공유자 모두가 공동으로 하여야 하는가, 아니면 공유자 중 1인이 단독으로 할 수 있는가에 관하여 디자인보호법에는 아무런 규정이 없다.

---

11) 寒河江孝允 외 2인 編著(주 2), 523-524(矢野敏樹 집필부분); 中山信弘·小泉直樹 共編, 新·注解 特許法(下), 1738; 김현호(주 9), 58.

이에 관하여 판례는 상표권에 관한 권리범위확인심판 사안에서 상표권의 공유자가 그 상표권의 효력에 관한 심판에서 패소한 경우에 제기할 심결취소소송은 공유자 전원이 공동으로 제기하여야만 하는 고유필수적 공동소송이라고 할 수 없고, 공유자의 1인이라도 당해 상표등록을 무효로 하거나 권리행사를 제한·방해하는 심결이 있는 때에는 그 권리의 소멸을 방지하거나 그 권리행사방해배제를 위하여 단독으로 그 심결의 취소를 구할 수 있다고 한 바 있다.12) 일본 최고재판소도 상표등록에 관한 무효심결의 취소의 소 및 특허이의신청에 대한 취소결정의 취소의 소에서, 공유자 중 1인이 보존행위로서 단독으로 이를 제기할 수 있다고 판시한 바 있다.13) 디자인권에 관하여도 마찬가지로 등록무효나 권리범위확인심판 사건에서는 공유자 중 1인이 심결취소의 소를 제기할 수 있다고 보아야 할 것이다.

다만, 일본의 최고재판소 판례는 무효심판 등 당사자계 사건이 아닌 거절결정 등 거절계 사건에 관하여는, 심결취소의 소를 여전히 고유필수적 공동소송으로 보고 있는데, 이에 대하여는 논리적으로 권리의 공유자 중 1인에 의한 심결취소의 소를 인정하더라도 합일확정의 요청에 아무런 지장이 없다는 최고재판소 판결의 논리가 거절계 사건에서는 적용되지 아니할 이유가 없고, 권리의 성립 전후를 나누어 심결취소의 소의 성격을 달리 볼만한 합리적인 근거가 없다는 등의 이유로 특허 등을 받을 권리의 공유자 중 1인이 심결취소의 소를 제기할 수 있는 것으로 보아야 한다는 비판적 견해가 있다.14)

4. 공유자 자신에 의한 자유실시

디자인권이 공유인 경우에는 각 공유자는 계약으로 특별히 약정한 경우를 제외하고는 다른 공유자의 동의를 받지 아니하고 그 등록디자인 또는 이와 유사한 디자인을 단독으로 실시할 수 있다(디자인보호법 제96조 제3항). 유체물의 공유관계에 있어서 공유자 중 1인이 이를 전부 점유하여 이용하는 경우 타인의 이용을 배제하게 되지만, 무체물인 디자인은 공유자 중 1인이 이를 실시하더라도 다른 공유자의 실시를 방해하거나 이를 배제하지는 않게 되므로 원칙적으로 공유자 1인에 의한 자유실시를 허용하고 있는 것이다. 여기서의 특별한 약정은

---

12) 대법원 2004. 12. 9. 선고 2002후567 판결[공2005.1.15.(218), 144].
13) 最判平14·2·22 判時 1779号81頁; 最判平14·3·25判時1784号124頁; 寒河江孝允 외 2인 編著(주 2), 530에서 재인용.
14) 박정화(주 5), 197-200 참조.

각 공유자의 자유실시를 전면적으로 제한하는 내용이 될 수도 있고, 시간적, 지역적, 내용적으로 제한하는 것이 될 수도 있다.[15)

공유자 중 1인이 등록디자인 또는 이와 유사한 디자인을 실시하지 않고서는 실시할 수 없는 관계에 있는 이용디자인에 관한 권리를 취득한 경우에도 디자인보호법 상 디자인권자의 실시형태에 아무런 제한이 없는 이상 해당 이용디자인을 창작한 공유자에 의한 자유로운 실시가 가능하다고 해석해야 한다.[16)

공유자 자신의 실시로 인정되는 범위와 관련하여 하청이나 외부발주에 의한 실시를 공유자 자신의 실시로 볼 수 있는가의 문제가 있다. 이에 대하여 일본의 대심원판례 중에는 실용신안권에 관하여 제품의 제작에 있어서 ① 공유자로부터 하청업자에게 공임이 지불되었고, ② 공유자가 원료의 구입, 제품의 판매, 품질, 모양 등 일체에 관하여 지휘감독하고 있었으며, ③ 제품 모두가 공유자에게 납입되었다는 것을 이유로 하청업자는 공유자의 기관으로서 실용신안에 관련된 물품을 제작한 것에 지나지 않고 스스로 공유에 관한 고안을 실시하고 있는 것은 아니라고 판단한 사례가 있다.[17) 그 이후의 판례들의 판단경향을 종합하여 보면 개별 사안마다 제반사정을 종합적으로 고려하여 판단하고 있으며, 위 대심원판결의 판단근거가 된 사정들이 중요한 요소이기는 하나 공유자의 자기실시 여부를 결정하는 충분조건으로 볼 수는 없다는 것을 전제로, 공유자의 하청업자에 대한 기술적 관점으로부터의 지휘감독과 생산품이 전량 공유자에 납입될 뿐 별도로 판매되고 있지 않다는 점을 특히 중요한 요소로 보아야 한다는 견해가 있다.[18) 또한 하청업자가 공유자의 지시에 따라 전량을 공유자에게 납입하고 상표등도 공유자의 것을 부착하였다는 등의 사정이 있다면 하청업자는 공유자의 수족으로 볼 수 있어 그 실시는 공유자의 실시로 볼 수 있다는 견해도 있다.[19)

국내의 학설 중에도 다른 공유자의 실시권 설정이나 허락에 대한 동의권과 공유자의 경제활동의 자유 사이의 이해관계를 고려하여야 한다는 전제하에 하청을 받은 타인이 하청을 준 공유자의 대행기관으로 인정되는 경우 공유자의

---

15) 노태정·김병진 공저, 디자인보호법(3정판), 세창출판사(2009), 645.

16) 노태정·김병진 공저(주 15), 645-646; 정상조·박성수 공편(주 4), 1225.

17) 大判昭13·12·22民集17卷24号2700頁; 中山信弘, 小泉直樹 共編, 新·注解 特許法
   (上), 1207에서 재인용.

18) 中山信弘·小泉直樹 共編, 新·注解 特許法(上), 1207-1209.

19) 中山信弘(주 10), 290.

실시로 볼 수 있다고 하면서, 보수를 지급하여 물건을 제작시키는 납품계약의
존재, 공유자의 하청업자에 대한 원료의 구입·제품의 모양, 품질 등의 결정에
있어서의 지휘·감독관계, 하청업자가 제작한 물건 전부의 공유자에 대한 인도
라는 조건이 갖추어지면 하청업체가 공유자의 대행기관으로 볼 수 있다고 하는
견해가 있다.[20]

살피건대, 이는 원칙적으로 개별사안의 특수성을 고려하여 결정할 사실인
정의 문제로서, 공유자와 하청업자가 계열사의 관계에 있다거나 사실상 하나의
회사로 볼 수 있는지 등을 포함한 양자 사이의 관계, 제품 생산에 관한 설비나
재료의 제공 이나 기술적인 지도 등을 포함한 지휘감독 여부, 제품의 생산에 있
어서 하청이나 외부발주가 필요한 사정이 있는지와 그러한 하청이나 외부발주
가 일반적인 것인지 여부, 하청업자의 생산품이 전량 또는 대부분 공유자에게
납품되는지 여부 등의 제반 사정을 종합적으로 고려하여야 할 것인데, 그중에서
도 공유자의 생산에 관한 지휘감독 여부와 공유자에 대한 생산품의 전량 또는
대부분 납품여부가 가장 중요한 고려요소가 될 것으로 생각된다.

5. 공유관계에 따른 디자인권 행사의 제한

가. 지분 이전과 질권 설정

디자인권이 공유인 경우에 각 공유자는 다른 공유자의 동의를 받지 아니하
면 그 지분을 이전하거나 그 지분을 목적으로 하는 질권을 설정할 수 없다(디자
인보호법 제96조 제2항). 민법상 공유자는 다른 공유자의 동의 없이 자신의 지분
을 자유로이 처분할 수 있는 것이 원칙이지만(민법 제263조) 디자인권의 각 공유
자는 지분의 비율에 관계 없이 다른 공유자의 동의를 얻지 않고 디자인을 단독
으로 실시할 수 있기 때문에 공유자가 누구인지에 따라 각 공유자의 지분가치
가 실질적으로 영향을 받을 수 있음을 고려하여 다른 공유자의 동의 없이 지분
을 마음대로 처분할 수 없도록 하는 제한을 둔 것이다. 공유지분에 관한 질권이
설정되어 있는 경우에도 채무미변제시 경매에 의하여 공유자가 달라질 가능성
이 있기 때문에 지분 이전의 경우와 마찬가지로 그 설정에 다른 공유자의 동의
를 얻도록 한 것이다.

그런데, 저작권법은 공동저작물에 관하여 다른 저작재산권자의 동의가 없
으면 그 지분을 양도하거나 질권의 목적으로 할 수 없다고 하여 디자인보호법

---

20) 김현호(주 9), 57-58.

과 동일한 취지의 규정을 두고 있으나 한편으로는 각 저작재산권자는 신의에
반하여 동의를 거부할 수 없다고 규정하고 있다(저작권법 제48조 제1항). 따라서
공동저작물의 저작재산권의 경우에는 일부 저작재산권자가 신의에 반하여 그
지분의 양도나 이에 관한 질권의 설정을 거절할 경우 지분의 양도나 질권의 설
정을 원하는 저작재산권자는 그를 상대로 의사의 표시를 명하는 판결을 받아
지분을 양도하거나 질권을 설정할 수가 있지만, 이러한 규정이 없는 디자인권의
공유관계에 관하여는 지분의 이전이나 질권설정에 대한 거부 사유는 제한이 없
는 것이라고 해석된다.

나. 전용실시권의 설정 및 통상실시권의 허락

디자인권이 공유인 경우에는 일부 공유자의 전용실시권의 설정이나 통상사
용권의 허락은 디자인권의 지분양도나 그에 관한 질권의 설정의 경우와 마찬가
지로 다른 공유자의 공유지분의 경제적 가치에 영향을 미칠 수 있기 때문에 다
른 공유자의 동의를 받아야 한다(디자인보호법 제96조 제4항).

이 때 공유자 중 일부로부터만 허락을 받고 디자인을 실시하는 자의 책임
이 문제가 되는데 다른 공유자의 동의가 없는 실시허락은 무효라고 보아야 하
므로 그 실시도 권한이 없는 것으로서 디자인권침해가 성립한다고 봄이 타당하
다.[21] 이 경우 다른 공유자는 실시자를 상대로 침해금지·예방 등의 청구, 실시
자에게 고의·과실이 있는 경우 손해배상청구 등 디자인권자로서의 권리를 행
사할 수 있을 것이다.

이 경우 실시를 허락한 다른 공유자의 책임도 문제가 되는데, 이에 관하여
판례는 상표에 관한 사안에서 상표권자의 승낙 없이 제3자에게 상표를 사용하
게 하는 행위는 상표법 제2조 제1항 제7호에서 규정하고 있는 상표의 사용에
해당하지 아니하므로 등록상표를 사용하게 한 행위만으로 상표권 침해행위에
해당한다고 할 수 없다고 하였다.[22] 이와 같은 논리에 따른다면 디자인보호법이
규정한 '실시'란 디자인에 관한 물품을 생산·사용·양도·대여·수출 또는 수
입하거나 그 물품을 양도 또는 대여하기 위하여 청약(양도나 대여를 위한 전시를
포함한다)하는 행위를 말하는 것이므로(디자인보호법 제2조 제7호), 제3자에 대한
실시허락은 디자인보호법이 규정한 위와 같은 행위에 해당하지 아니하여 원칙

---

21) 노태정·김병진 공저(주 15), 646-647; 윤선희, 특허법(제5판), 법문사(2012), 652.
22) 대법원 2004. 9. 24. 선고 2002다58594 판결[공2004.11.1.(213), 1716]; 2006. 12. 8. 선고
2006다54064 판결(미간행).

적으로 디자인권침해에 해당하지 아니한다고 할 것이다. 다만 이는 디자인권의 공유자가 직접 디자인권을 침해하였는지에 관한 문제이고, 실시자의 행위가 디자인권 침해행위에 해당한다면 이를 허락한 공유자는 그에 대한 공동불법행위자로서의 책임을 져야 할 것이다.[23]

다. 공유지분에 대한 압류 및 강제경매

공유지분에 대한 압류의 가능여부에 대하여 일본에서는 다른 공유자의 동의가 없는 한 법원의 양도명령 등에 의한 권리이전이 불가능하기 때문에 이에 대한 압류도 불가능하다는 견해와 다른 공유자의 동의는 압류된 지분을 환가할 때 고려하면 족한 것이므로 다른 공유자의 동의가 없더라도 압류는 가능하다는 견해가 나뉘고 있다.[24] 디자인권의 공유지분의 이전에 있어서 다른 공유자의 동의가 필요하다는 규정은 공유지분의 집행대상 적격 자체를 부정하는 것은 아니므로 이론적으로는 압류가능설이 타당하다. 다만 현실적으로는 다른 공유자의 동의가 없는 한 현금화가 불가능하므로 실무에서는 압류명령 신청시 다른 공유자의 동의서를 내도록 하고 있다.[25] 일본에서도 실무상의 취급은 이와 같다고 한다.[26] 다른 공유자가 압류에 동의를 한 경우에 실제 강제집행에 있어서 반대의 의사표시를 하는 것이 가능한가에 대하여는 압류에 동의한 이상 특별한 사정이 없는 한 강제집행에 의한 지분의 이전까지도 동의하는 의사표시를 한 것으로 보는 것이 합리적이므로 특별한 사정이 없는 한 이는 허용되지 않는다고 할 것이다.

6. 공유지분의 포기 · 상속

디자인권자가 디자인권을 포기하거나 상속인이 없이 사망한 경우에는 그 디자인권은 소멸되지만(디자인보호법 제107조, 제111조), 공유자 중의 일부가 지분을 포기하거나 상속인이 없이 사망하면 그 지분은 나머지 공유자들에게 지분별로 귀속된다(민법 제267조).

〈김창권〉

---

23) 같은 취지로 정상조 · 박성수 공편(주 4), 1226.
24) 寒河江孝允 외 2인 編著(주 2), 526.
25) 법원행정처, 법원실무제요 민사집행(Ⅲ)(2003), 460
26) 寒河江孝允 외 2인 編著(주 2), 530.

> **제97조(전용실시권)**
> ① 디자인권자는 그 디자인권에 대하여 타인에게 전용실시권을 설정할 수 있다. 다만, 기본디자인의 디자인권과 관련디자인의 디자인권에 대한 전용실시권은 같은 자에게 동시에 설정하여야 한다.
> ② 전용실시권을 설정받은 전용실시권자는 그 설정행위로 정한 범위에서 그 등록디자인 또는 이와 유사한 디자인을 업으로서 실시할 권리를 독점한다.
> ③ 전용실시권자는 실시사업(實施事業)과 같이 이전하는 경우 또는 상속이나 그 밖의 일반승계의 경우를 제외하고는 디자인권자의 동의를 받지 아니하면 그 전용실시권을 이전할 수 없다.
> ④ 전용실시권자는 디자인권자의 동의를 받지 아니하면 그 전용실시권을 목적으로 하는 질권을 설정하거나 통상실시권을 허락할 수 없다.
> ⑤ 전용실시권에 관하여는 제96조 제2항부터 제4항까지의 규정을 준용한다.
> ⑥ 기본디자인의 디자인권이 취소, 포기 또는 무효심결 등으로 소멸한 경우 그 기본디자인에 관한 2 이상의 관련디자인의 전용실시권을 설정하려면 같은 자에게 함께 설정하여야 한다.

Ⅰ. 전용실시권의 의의

디자인권자는 스스로 디자인을 실시할 수도 있지만 경제적 사정이나 실시능력 등의 문제로 스스로 실시가 곤란한 경우 제3자에게 전용실시권을 설정하거나 통상실시권을 허락함으로써 이를 실시하도록 하고 실시료를 징수할 수도 있다. 전용실시권자는 업으로서 설정계약에 의하여 정해진 범위 내에서 디자인 및 이와 유사한 디자인을 실시할 권한을 가지는데 이는 독점·배타적 성격을 가지므로 채권적 권리에 불과한 통상실시권과는 달리 물권적 권리에 해당하고,

그 설정된 범위 내에서는 디자인권자도 스스로 디자인권을 행사할 수 없게 되므로 전용실시권자는 사실상 디자인권자와 유사한 지위를 가지게 된다.

Ⅱ. 전용실시권의 발생

전용실시권은 법정실시권과 강제실시권이 인정되는 통상실시권과는 달리 설정계약과 등록에 의하여 발생한다. 흔하지는 않지만 설정계약 대신 유언과 같은 단독행위에 의한 설정도 가능하다. 전용실시권은 등록하여야만 효력이 발생하므로(디자인보호법 제98조 제1항 제2호) 설정계약 후 등록을 하지 아니하면 전용실시권으로서의 효력은 발생하지 아니하지만 당사자 사이의 계약적 효력은 유효하므로 당사자간에 독점적인 실시권을 부여하려는 의사의 합치가 있다면 독점적 통상실시권으로서의 효력은 발생한다고 보아야 한다.[1] 한편 디자인권이 공유인 경우 다른 공유자의 동의를 얻지 못하면 전용실시권을 설정할 수 없다 (디자인보호법 제96조 제4항).

Ⅲ. 전용실시권의 내용

1. 전용실시권의 범위

전용실시권의 범위는 계약으로 자유롭게 정할 수 있다. 디자인권 전부를 대상으로 할 수도 있고, 그 범위를 시간적, 장소적, 내용적으로 나누어 설정할 수도 있다. 디자인권 전부를 대상으로 하는 전용실시권은 그 독점·배타적 성질상 하나만 설정이 가능하나 범위를 나눈 전용실시권은 상호간에 효력이 저촉되지 아니하는 범위 내라면 다수 설정이 가능하다.

전용실시권자가 설정범위를 넘어서 디자인권을 행사할 경우 이는 권한이 없는 디자인권의 실시로서 단순한 채무불이행이 아니라 디자인권침해가 성립한다고 봄이 타당하다.[2]

가. 시간적 제한

디자인권의 존속기간 전부를 대상으로 하는 것도 가능하고 존속기간의 범

---

1) 윤선희, 특허법(제5판), 법문사(2012), 674.
2) 정상조·박성수 공편, 특허법 주해Ⅰ, 박영사(2010), 1230-1231(이회기 집필부분); 中山 信弘·小泉直樹 共編, 新·注解 特許法(上), 1222(城山康文 집필부분).

위 내에서 시기와 종기를 정하여 전용실시권을 설정하는 것도 가능하다. 비합리적일 정도의 단기간으로 전용실시권을 설정하는 것이 유효한가가 문제될 수 있는데, 이는 민법 제104조의 불공정한 법률행위의 문제로 다루어야 할 것이다.

나. 장소적 제한

디자인권의 효력은 국내전역에 미치는데 그 중 지역적 범위를 나누어 특정 행정구역을 대상으로 한정할 수도 있고, 좀더 세부적으로 제조공장의 소재지, 판매영업소를 특정한 곳으로 지정하는 것과 같은 한정도 가능하다.

수출지역의 제한이 가능한가가 문제되는데, 특허에 관하여는 특허권이 국내에 한해 효력이 있기 때문에 수출지역을 제한하는 전용실시권 설정이 불가능하다고 하는 견해가 있는바,[3] 이는 특허법상 실시 개념에 수출이 포함되어 있지 않기 때문에 타당한 견해라고 보이나, 실시의 개념에 수출이 포함되어 있는 디자인보호법의 해석상으로는 수출지역의 제한도 가능한 것으로 해석하는 것이 타당하다고 보인다. 일본에서도 특허법상 특허실시의 정의에 수출이 포함되어 있지 않던 당시에는 전용실시권의 설정에 있어서 수출지역의 제한은 효력이 없다고 해석되었으나, 平成 18년 특허법의 개정에 의하여 실시의 태양에 수출이 포함된 이후에는 전용실시권의 설정에 있어서 수출지역의 제한이 가능하다고 해석하고 있다.[4]

다. 내용적 제한

전용실시권의 내용적 제한은 다양한 형태가 있다. 생산ㆍ사용ㆍ양도ㆍ대여ㆍ수출ㆍ수입 등 중에서 생산만을 전용실시권 설정의 대상으로 하는 경우와 같이 실시의 태양을 한정할 수도 있고, 바퀴에 관한 디자인을 자동차의 생산에만 사용하도록 하는 경우와 같이 그 이용분야를 한정하는 것도 가능하다.

전용실시권의 대상이 되는 제품의 생산량을 제한하는 전용실시권의 설정이 가능한지가 문제되는데, 이는 결국 동일한 전용실시권을 여러 개 설정할 수 있다는 것을 의미하므로 이러한 제한은 등록할 수 없다고 보아야 한다.[5] 다만, 위와 같은 계약은 당사자들 사이에는 효력이 있다고 보아야 하므로 이를 어길 경우 채무불이행의 문제가 생기지만, 위와 같은 제한을 전용실시권의 내용으로

---

3) 정상조ㆍ박성수 공편(주 2), 1231.
4) 中山信弘ㆍ小泉直樹 共編(주 2), 1221.
5) 中山信弘ㆍ小泉直樹 共編(주 2), 1221-1222.

등록할 수 없는 이상 이를 어기더라도 디자인권 침해의 문제는 발생하지 아니
한다.

2. 관련디자인의 특칙

기본디자인의 디자인권과 관련디자인의 디자인권에 대한 전용실시권은 같
은 자에게 동시에 설정하여야 한다(디자인보호법 제97조 제1항 단서). 권리범위가
중복될 수 있는 기본디자인권과 관련디자인권에 대하여 각각 별도의 전용실시
권 설정을 인정하게 되면 2 이상의 권리자가 동일 또는 유사한 디자인을 실시
할 수 있게 되어 권리충돌이 발생할 수 있기 때문이다.

기본디자인의 디자인권이 취소, 포기 또는 무효심결 등으로 소멸한 경우 그
기본디자인에 관한 2 이상의 관련디자인의 전용실시권을 설정하려면 같은 자에
게 함께 설정하여야 한다(디자인보호법 제97조 제6항). 기본디자인이 존속기간 만
료로 소멸한 경우 관련디자인권도 같이 소멸하기 때문에 별도로 전용실시권을
설정할 여지가 없지만, 기본디자인이 그 이외의 사유로 소멸한 경우에는 관련디
자인의 디자인권은 소멸하지 않기 때문에 여전히 관련디자인에 대한 전용실시
권의 설정이 가능한데, 복수의 관련디자인이 있는 경우 각 관련디자인 사이에
권리범위가 중복되는 경우도 있고, 각 관련디자인 사이에서 권리범위가 중복되
지 아니하는 경우에도 이미 관련디자인으로 설정된 권리관계의 안정을 도모하
기 위하여 동일인에게 동시에 전용실시권을 설정하는 것만을 허용하는 것이다.

3. 전용실시권의 행사 및 제한

가. 행   사

전용실시권자는 설정행위로 정한 범위에서 그 등록디자인 또는 이와 유사
한 디자인을 업으로서 실시할 권리를 독점하므로(디자인보호법 제97조 제2항) 그
범위 내에서 전용실시권의 효력은 디자인권과 거의 유사하다. 즉 권리침해에 대
한 침해행위 금지·예방 등 청구권(제113조), 손해배상청구권(제115조), 신용회복
청구권(제117조)을 직접 행사할 수 있고, 기타 민법상 부당이득반환청구권 등도
행사할 수 있다.

나. 제   한

전용실시권은 디자인권으로부터 파생된 권리이므로 디자인권 자체에 대한

권리의 제한사항은 전용실시권에도 미친다. 따라서 디자인보호법 제94조가 규정한 디자인권이 미치지 아니하는 범위에 관한 사항(연구 또는 시험을 하기 위한 등록디자인 또는 이와 유사한 디자인의 실시 등)에 관하여는 전용실시권도 미치지 아니하고, 타인의 선출원 권리와 이용·저촉관계에 있는 경우 선출원권리자의 허락을 얻거나 통상실시권허여의 심판에 의하지 않고는 이를 실시할 수 없다는 제한 등도 전용실시권에 적용된다.

한편, 전용실시권의 설정등록 이전에 통상실시권이 등록되어 있다면 이로써 전용실시권에 대항할 수 있기 때문에 이러한 범위에서 전용실시권의 효력은 제한이 된다(디자인보호법 제104조 제1항). 법정실시권이나 강제실시권은 전용실시권의 설정등록이 된 이후에 발생하더라도 그 실시가 전용실시권에 저촉되지 아니하는데 이는 법률의 규정이나 행정처분에 의하여 발생하는 법정실시권이나 강제실시권의 속성상 불가피한 일이라고 보아야 한다.[6]

4. 통상실시권의 허락

전용실시권자는 디자인권자의 동의를 받지 아니하면 통상실시권을 허락할 수 없다(디자인보호법 제97조 제4항). 디자인권자는 디자인을 실시하는 자의 실시 능력에 따라 많은 영향을 받기 때문에 전용실시권자가 통상실시권을 허락함에 있어 그 동의를 받도록 한 것이다. 디자인권자의 동의를 받지 아니한 통상실시권의 허락은 무효가 되는바,[7] 디자인권자가 전용실시권을 설정한 이상 스스로 디자인을 실시할 수 없게 되더라도 통상실시권 허락에 대한 동의권을 침해한 범위 내에서는 위와 같은 통상실시권자의 실시가 디자인권자와의 관계에서 디자인권침해에 해당한다. 한편 전용실시권자는 상대방에게 디자인권자의 동의를 받을 의무를 부담하게 된다.

전용실시권자가 하청을 주는 경우 이를 전용실시권자 자신의 실시로 볼 것인지 아니면 통상실시권의 허락으로 볼 것인지가 문제되는데, 이에 관하여는 디자인권 공유자의 하청에서와 같은 논의가 적용될 수 있다.

---

6) 노태정·김병진 공저, 디자인보호법(3정판), 세창출판사(2009), 688.
7) 中山信弘·小泉直樹 共編(주 2), 1222.

5. 전용실시권의 이전 및 질권설정

가. 이   전

전용실시권은 재산권이고 등록에 의하여 공시도 되는 이상 이를 자유롭게 처분할 수 있도록 함이 원칙일 것이다. 그러나 전용실시권자가 누구인지는 그 실시능력이나 실시료 지불능력면에서 디자인권자에게 큰 이해관계가 걸린 문제이므로 디자인보호법은 전용실시권의 이전 및 질권설정에 의한 처분에 일정한 제한을 가하고 있다. 즉 전용실시권자는 실시사업(實施事業)과 같이 이전하거나, 상속이나 그 밖의 일반승계의 경우를 제외하고는 디자인권자의 동의를 받지 아니하면 그 전용실시권을 이전할 수 없다(디자인보호법 제97조 제3항). 위 규정을 위반한 전용실시권의 이전은 그 효력이 없다.

상속이나 그 밖의 일반승계의 경우에도 전용실시권자가 변경되는 경우 디자인권자에게 영향을 줄 수 있기는 하지만 이 경우에도 디자인권자의 동의를 요건으로 한다면 디자인권자의 의사에 따라 전용실시권이 사실상 소멸하는 불합리한 결과가 발생할 수도 있는 점을 고려하여 승계자의 이익을 우선한 것이라고 볼 수 있다.

실시사업과 함께 이전하는 경우 디자인권자의 동의가 필요 없도록 한 것은 국민경제상의 이익을 위하여 실시사업이 전체로서 이전되면 그 실시를 위하여 필수적인 전용실시권도 함께 이전하도록 한 것이지만 그 실시사업의 범위를 어디로 볼 것인가 하는 문제가 발생한다. 사소한 설비의 이전만으로 실시사업의 이전이라고 할 수는 없을 것이나 영업양도의 정도에까지 이르러야 하는지에 관하여는, 법조문이 영업양도라는 용어를 쓰고 있지 아니하고 이와 같이 엄격하게 해석하면 실시설비는 모두 양도하나 고용관계가 승계되지 아니하는 경우와 같이 영업양도로 볼 수 없는 경우 결과적으로 실시설비가 무용지물이 되는 결과가 초래될 수도 있다. 결국 디자인권자의 이익과 국가경제상 이익을 비교형량하여 개별 사안마다 판단할 수밖에 없을 것으로 본다.[8]

그런데 위 규정에도 불구하고 전용실시권 설정계약에서 전용실시권을 이전하는 것을 금지한다고 약정한 경우에는 그에도 불구하고 실시사업과 함께 전용실시권이 이전될 수 있는지가 문제된다. 이에 관하여 일본에서는 위 규정은 강행규정이라고 할 수는 없으므로 위 계약이 전용실시권의 이전을 해제조건으로

---

8) 정상조 · 박성수 공편(주 2), 1237.

하는 것이라면 전용실시권의 이전이 효력이 없다는 견해가 있다.[9] 살피건대, 위 규정이 도입된 취지가 실시설비의 일실로 인한 국가경제상의 손실을 막기 위한 것이라는 점을 고려하면 이는 강행규정으로 볼 수 있으므로, 이에 반하는 약정 은 효력이 없다고 봄이 타당하다.

한편, 전용실시권은 그 중 일부에 관하여 범위를 정하여 이전하는 것도 가 능하다.

나. 질권설정

전용실시권자는 디자인권자의 동의를 받지 아니하면 그 전용실시권을 목적 으로 하는 질권을 설정할 수 없다(디자인보호법 제97조 제4항). 질권의 실행으로 인하여 전용실시권자가 달라짐으로써 디자인권자의 이해관계에 영향을 미칠 수 있음을 고려한 조항이다. 디자인권자가 질권설정에 동의를 하였다면 추후 강제 집행절차에 의하여 전용실시권자가 달라질 수도 있음을 수인한 것이므로 강제 집행절차에는 그 동의를 요하지 아니한다고 봄이 타당하다.

6. 전용실시권의 공유

전용실시권의 효력은 디자인권과 유사하여 전용실시권이 공유인 경우의 취 급은 디자인권의 공유에 관한 규정이 준용된다(디자인보호법 제97조 제5항). 즉, 전용실시권이 공유인 경우에는 각 공유자는 다른 공유자의 동의를 받지 아니하 면 그 지분을 이전하거나 그 지분을 목적으로 하는 질권을 설정할 수 없고, 통상 실시권을 허락할 수 없으나(디자인보호법 제96조 제2, 4항), 계약으로 특별히 약정 한 경우를 제외하고는 다른 공유자의 동의를 받지 아니하고 그 등록디자인 또는 이와 유사한 디자인을 단독으로 실시할 수 있다(디자인보호법 제96조 제3항).

7. 전용실시권의 소멸

전용실시권은 디자인권이 소멸하면 그에 따라 당연히 소멸한다. 원래 디자 인권은 포기에 의해 소멸하지만 전용실시권이 설정되어 있는 경우에는 전용실 시권자의 동의 없이는 포기할 수 없다(디자인보호법 제106조 제1항). 전용실시권 자체의 소멸사유로는 설정기간의 만료, 계약의 해제·해지, 전용실시권의 포기 와 혼동 등이 있다. 전용실시권에 관하여 질권이나 통상사용권에 관한 설정등록

---

9) 中山信弘·小泉直樹 共編(주 2), 1224.

이 되어 있는 경우에는 혼동이 발생하더라도 전용실시권이 소멸하지 아니한다
고 해석된다(민법 제191조).

8. 전용실시권 설정등록 후의 디자인권자의 법적 지위

가. 디자인권자의 의무

전용실시권은 등록하여야만 효력이 발생하고, 그 설정등록은 디자인권자와
전용실시권을 설정받은 자가 공동으로 신청하여야 하기 때문에 디자인권자는
전용실시권 설정등록에 협조해야 할 의무가 있다. 만일 디자인권자가 이에 협조
하지 아니하는 경우 전용실시권을 설정받은 자는 디자인권자를 상대로 의사의
표시를 명하는 판결을 받아 직접 설정등록을 할 수가 있을 것이다.

그 외에도 디자인권자는 디자인등록료를 성실히 납부하고, 디자인권에 대
한 등록무효심판이 청구된 경우 적절히 응소함으로써 디자인권이 소멸하지 않
도록 하여야 할 의무 등도 부담한다고 보아야 하며, 그 외에도 계약에 따른 의
무도 당연히 부담한다.

나. 실   시

전용실시권자는 설정행위로 정한 범위에서 디자인을 독점적으로 실시할 권
리를 가지므로 그 범위에서는 디자인권자도 디자인을 실시할 수 없다. 만일 디
자인권자가 전용실시권이 설정된 디자인을 실시할 경우 전용실시권의 침해가
성립한다.

다. 디자인권의 양도

디자인권자는 전용실시권을 설정한 이후에도 자유롭게 자신의 디자인권을
양도할 수 있지만 전용실시권자는 디자인권의 양수인에 대항할 수 있으므로 전
용실시권을 행사하는 데는 아무런 지장이 없다.

이때 이미 체결된 전용실시권 설정계약상 계약자의 지위가 양수인에게 승
계되는지에 관하여는 양수인이 설정계약상의 지위를 승계한다는 견해와 양도는
자유로이 할 수 있으나 전용실시권 설정자의 지위는 의무도 포함하고 있는 것
이므로 일방적으로 이전되지 않는다는 견해가 나뉜다.[10]

생각건대 전용실시권 설정계약상 디자인권자의 지위가 당연히 양수인에게
이전된다고 해석할 근거는 없으나, 양수인이 전용실시권의 존재를 알고 디자인

---

10) 윤선희(주 1), 671.

권을 양수하는 이상 전용실시권자와의 관계에서 디자인권자의 지위에서만 이행할 수 있는 의무는 이를 승계하겠다는 묵시적인 의사표시가 있는 것으로 추정하는 것이 타당하고, 전용실시권자도 이를 반대할 이유가 없는 것이므로 특별한 사정이 없는 한 이에 동의하는 묵시적 의사표시를 한 것으로 추정할 수 있을 것이다. 전용실시권자는 디자인권 양도계약의 당사자가 아니지만 그 동의의 의사표시는 양수인과 사이에서 의무이행을 요구하는 등의 일정한 행위에 의하여 묵시적으로 행할 수 있는 것으로 보아야 할 것이다. 양수인이 이와 같은 전용실시권 설정계약상 설정자의 지위에서의 의무를 면하기 위하여는 디자인권에 관한 양도계약 당시 전용실시권이 존재한다는 사실을 과실 없이 알지 못하였다는 등의 예외적인 상황이 있음을 증명하여 위와 같은 추정을 번복하여야 할 것이다. 따라서 특별한 사정이 없는 한 전용실시권자는 디자인권을 존속시킬 의무와 관련하여 디자인권의 양수인에게 디자인등록료 납부 등을 청구할 수 있다고 본다.

디자인권자의 지위에 있지 않더라도 이행이 가능한 의무도 양수인에게 승계되는지 여부는 구체적 사안에 따라 판단하여야 할 것이다.

라. 침해자에 대한 침해금지·예방 등 청구와 손해배상청구

전용실시권 설정등록 후 디자인권자가 디자인권을 무단으로 실시하는 제3자를 상대로 금지청구나 손해배상청구를 할 수 있는지가 문제된다.

이에 대하여 대법원 판례는 상표권에 관한 사안에서 상표권이나 서비스표권에 관하여 전용사용권이 설정된 경우 이로 인하여 상표권자나 서비스표권자의 상표 또는 서비스표의 사용권이 제한받게 되지만, 제3자가 그 상표 또는 서비스표를 정당한 법적 권한 없이 사용하는 경우에는 그 상표권자나 서비스표권자가 그 상표권이나 서비스표권에 기하여 제3자의 상표 또는 서비스표의 사용에 대한 금지를 청구할 수 있는 권리까지 상실하는 것은 아니고, 이러한 경우에 그 상표나 서비스표에 대한 전용사용권을 침해하는 상표법 위반죄가 성립함은 물론 상표권자나 서비스표권자의 상표권 또는 서비스표권을 침해하는 상표법 위반죄도 함께 성립한다고 한다.[11]

일본 최고재판소도 특허에 관한 사안에서 특허법 제100조 제1항(우리 특허법 제126조 제1항의 침해금지·예방청구 조항과 동일)의 문언상 특허권자의 침해금

---

11) 대법원 2006. 9. 8. 선고 2006도1580 판결[공2006.10.1.(259), 1711].

지청구가 제한된다고 해석할 근거가 없고, 전용실시권자의 매출에 따라 실시료
가 정해진 경우에는 특허권자는 실시료수입 확보라는 관점에서 그 침해금지를
청구할 현실적인 이익이 있으며, 일반적으로 전용실시권이 어떠한 이유로 소멸
하고 특허권자가 특허발명을 실시하려고 할 때 불이익을 피할 수 있다는 등의
사유를 고려하여 특허권자의 침해금지청구를 인정할 필요가 있다고 하였다.12)

　　일본의 다수설도 이러한 결론을 지지하고 있으며,13) 국내의 학설도 이를 지
지하고 있는 것으로 보인다.14)

　　생각건대 디자인권자의 침해금지·예방 등 청구권을 인정하더라도 전용실
시권자에게 어떠한 불이익이 발생한다고 할 수 없는 점, 실시료가 전용실시권자
의 매출에 연동되어 있는 경우 뿐만 아니라 정액으로 정하여져 있는 경우라도
전용실시권자가 원활한 사업의 수행으로 실시료를 납부할 자력을 유지하는지는
디자인권자에게 중요한 이해관계가 걸린 사안이므로 디자인권자가 제3자의 침
해행위를 금지할 사실상 이익이 있다고 볼 수 있는 점, 통상적으로 전용실시권
설정계약에 디자인권자가 전용실시권자와의 관계에서 디자인실시에 관한 독점
적 권리를 부여하는 것 이외에 제3자에 대한 관계에서 권리행사를 하지 않기로
하는 내용이 포함되어 있다고 할 수는 없고 디자인보호법에서 디자인권자의 침
해금지·예방 등 청구를 금하는 규정도 존재하지 아니하는 점, 전용실시권자가
디자인권자의 동의 없이 통상실시권을 허락한 경우 디자인권자가 해당 통상실
시권자를 상대로 침해금지·예방 등 청구를 할 수 있음이 당연하다고 할 것인
데 전용실시권 설정 이후 디자인권자의 금지·예방 등 청구권이 소멸한다고 해
석하면 위와 같은 통상실시권자를 상대로 이를 청구할 수 없다고 해석되어 전
용실시권자의 통상실시권 허락에 대한 디자인권자의 동의권이 사실상 무용지물
이 될 우려가 있는 점 등에 비추어 볼 때 디자인권자는 전용실시권의 설정 이
후에도 제3자를 상대로 침해금지·예방 등 청구를 할 수 있다고 봄이 타당하다.

　　손해배상청구에 관하여는 좀 더 어려운 문제가 있다. 원칙적으로 전용실시
권자의 매출액에 기초하여 실시료가 결정되는 경우라면 제3자의 무단 실시로

---

12) 最判平 17・6・16・民集59卷5号1074頁[中山信弘・小泉直樹 共編(주 2), 1227에서 재
　　인용].

13) 駒田泰土, 專用實施權を 設定した特許權者の差止請求-權利變動の構造分析の觀點から,
　　知財年報 2007, NBL, 2007, 228 이하[조영선, "특허실시권자의 손해배상 및 금지청구권",
　　저스티스 110호, 한국법학원(2009. 4), 114에서 재인용]; 中山信弘, 特許法, 弘文堂(2004),
　　331.

14) 조영선(주 13), 114.

인하여 감소한 전용실시권자의 매출액에 기초한 실시료에 해당하는 액수만큼의 손해가 있다고 할 수 있으므로 이를 청구할 수 있다고 할 것이나, 정액으로 실시료를 받기로 약정한 경우라면 전용실시권자의 매출감소가 곧바로 디자인권자의 손해가 되는 것은 아니므로 손해배상청구를 인정할 수 없을 것으로 본다.[15]

마. 디자인권의 무효와 기지급 실시료의 반환의무

등록디자인을 대상으로 한 실시계약이 체결된 이후 디자인권에 관한 무효심결이 확정됨으로써 디자인권의 효력이 소급적으로 소멸할 경우, 위 실시계약도 원시적으로 이행불능으로서 무효가 되어 결국 실시권자가 이미 지급한 실시료를 부당이득으로 반환받을 수 있는지에 관하여는 특허의 경우를 중심으로 국내외적으로 많은 논의가 있다. 만일 실시계약에서 이러한 경우를 예정하여 반환여부에 관하여 정하여 놓았다면 그에 따라 처리하면 될 것이지만, 실시계약에서 이를 정하여 놓지 않은 경우 어떻게 처리할 것인지가 문제가 된다.

이에 대하여 미국은 Lear, Inc. v. Adkins 판결[16]에서 실시권자가 해당 특허의 유효성을 다툴 수 없다는 기존의 판례를 변경하여 실시권자도 해당 특허의 무효를 다툴 수 있다고 하면서 최소한 실시권자가 계약상의 실시료를 지불하기를 거절한 때부터는 향후 실시료를 지급할 필요가 없다는 취지로 판시한 바 있는데, 위 판결 이후 연방순회항소법원을 포함한 각급 법원에서도 실시계약의 대상이 된 특허가 무효가 되더라도 실시계약이 원래부터 무효는 아니라는 전제하에서,[17] 특허가 무효로 되기 이전에 특허권자가 특허실시계약에 따라 취득한 실시료를 반환할 필요가 없다고 판시하여 미국에서는 기지급 실시료의 반환의무가 없다는 것이 판례상 확립된 원칙이 되었다. 다만 예외적으로 특허권자가 실시권자를 기망하여 실시계약을 체결한 경우에는 이미 지급한 실시료에 대하여도 반환을 청구할 수 있다.[18]

독일의 경우에도 제국법원이 간주규정인 특허무효의 소급효는 이미 특허권이 발생하여 존재한다는 사실 자체를 부정하는 것은 아니라는 이유로, 사후에 무효로 된 특허에 의해 특허실시계약이 무효로 되지 않고 아울러 이미 지급된

---

15) 좀더 자세한 내용은 조영선(주 13), 108-113 참조.
16) 395 U.S. 653, 671, 673 (1969).
17) Troxel Mfg. Co. v. Schwinn Bicycle Co., 465 F.2d 1253, 1257-1259 (6th Cir. 1972); Bristol Locknut Co. v. SPS Technologies, Inc., 677 F.2d 1277, 1279 (9th Cir. 1982).
18) Transitron Electronic Corp. v. Hughes Aircraft Co. 649 F.2d 871, 875-876 (1st Cir. 1981); Zenith Laboratories, Inc. v. Carter-Wallace, Inc., 530 F.2d 508, 515 (3rd Cir. 1976).

실시료는 반환할 필요가 없다고 판시한 이래[19] 실시계약의 대상이 된 특허가 기술적으로 실시불가능하여 산업상 이용가능성이 없다는 등의 예외적인 경우를 제외하고는 기지급 실시료를 반환할 필요가 없다는 것이 확립된 판례가 되었다.[20] 다만, 특허무효심결이 확정되기 이전이라도 무효심판이 청구되거나 1심에서 무효가 선고된 경우와 같이 경제적 측면에서 실시계약의 대상이 존재하지 않는 것으로 인정되는 경우에는 실시권자의 계약해지권이 인정된다고 한다.[21]

일본은 이에 관한 판례가 존재하지 아니하지만 특허무효의 소급효에 의하여 실시계약도 무효가 되므로 기지급 실시료를 부당이득으로 반환하여야 한다는 반환의무 긍정설과 특허무효의 소급효가 실시계약을 당연히 무효로 만드는 것은 아니고 유효한 특허권의 존재에 의하여 사실상의 급부가 이루어진 이상 특허무효의 확정 이후에 채무이행불능 상태에 빠질 뿐이므로 원칙적으로 기지급 실시료를 반환할 필요가 없다는 반환의무 부정설이 대립하고 있는데, 후자의 견해가 다수설이다.[22] 다만 반환의무 부정설을 취하는 학자들도 기술적 실시불가능의 경우에는 원칙적으로 실시료를 반환받을 수 있다고 하는 것이 일반적인 견해이다.[23]

우리나라도 일본과 마찬가지로 반환의무 긍정설과 반환의무 부정설이 대립하고 있는데, 후자의 견해가 다수설이다.[24]

---

19) BGH GRUR 1957, 595 ─ Verwandlungstisch; Preu, a.a.O. S. 623, 624[박영규, "특허의 무효와 특허실시계약의 효력", 비교사법 제16권 1호, 한국비교사법연구회(2009. 3), 482에서 재인용].

20) 박영규(주 19), 482-483.

21) 박영규(주 19), 485-486.

22) 石川義雄 "實施契約中の權利の無效と不當利得返還請求權", 『特許判例百選』 第2版, 有斐閣(1985), 155; 吉原省三, "無效審決が確定した場合の支拂濟實施料等の返還の要部", 判例ライセンス法: 山上和則先生還曆記念論文集, 發明協會(2000. 1), 30-32; 中山信弘・小泉直樹 共編, 新・注解 特許法(下), 2050(小林純子 집필부분); 中山信弘(주 13), 423.

23) 雨宮正彦, "實施契約", 裁判實務大系(9), 靑林書院(1985) 393-394; 石村智, "實施契約", 『新・裁判實務大系 知的財産關係訴訟法』, 靑林書院(2002), 369.

24) 정상조・박성수 공편(주 2), 1239; 정차호, "특허권의 소멸과 실시료 지불의무와의 관계", 성균관법학 19권 2호(2007), 233; 박영규(주 19), 489-490; 문선영, "특허의 무효로 인한 특허실시계약의 법률관계 ─기지급 실시료 반환 의무 및 특허실시계약의 취소 가부를 중심으로─", 상사판례연구 제23집 제1권(2010. 3), 662.

9. 전용실시권자의 의무

가. 실시료 납부 의무

전용실시권자는 기본적으로 디자인권자에게 계약으로 정해진 실시료를 납부할 의무가 있고, 이를 이행하지 아니하면 계약해지의 사유가 된다.

나. 실시의무

전용실시권자가 실시의무를 부담하는지에 관하여는 그 계약에 따로 정한 바가 있다면 그에 따라야 할 것이지만 따로 정한 바가 없다면 실시료 납부방식에 따라 달리 보아야 할 것이다. 정액으로 실시료를 납부하는 경우라면 전용실시권의 실시 여부가 디자인권자의 실시료 수익과는 관련이 없으므로 일반적으로 그 실시의무를 인정하기 어렵다. 다만 해당 디자인의 실시로 인한 가치의 유지가 필요한 사정이 있는 경우라면 달리 볼 수도 있을 것이다. 그러나 실시료가 전용실시권자의 매출액에 연동되는 경우라면 전용실시권자의 불실시에 정당한 사유가 있지 아니한 이상 전용실시권자는 실시의무를 부담한다고 봄이 타당하다. 이 경우 전용실시권자가 실시의무를 위반한다면 디자인권자로서는 계약상의 채무불이행을 이유로 계약을 해제·해지할 수 있다고 할 것이지만, 이로 인하여 입은 손해는 어떻게 산정할 수 있는가 하는 문제가 있다. 일률적으로 말하기는 어렵지만 최소한 해당기간 동안 정액으로 실시료를 받을 경우의 통상의 실시료 상당액을 그 손해로 볼 수 있을 것이다.

다. 부쟁의무

전용실시권자를 포함한 일반적인 실시권자가 신의칙상 디자인권의 효력을 다투어서는 안 된다는 소위 부쟁의무가 인정되어 디자인권에 관한 무효심판청구인 적격이 부정되는지가 문제된다.

이에 관하여 미 연방대법원은 실시권자는 실시료 지급과 관련된 소의 이익이 있으므로 따로 실제적인 다툼(actual case or controversy)을 입증하기 위하여 실시료 지불을 중단할 필요가 없이, 즉 실시계약을 유지하며 무효확인청구소송을 제기하는 것이 가능하다고 판시하였다.[25]

일본에서는 실시권자가 특허무효에 의하여 실시료의 지급을 면하게 되므로

---

25) MedImmune, Inc. v. Genentech, Inc., et al. 549 U.S. 118 (2007).

무효심판을 청구할 이해관계가 있다는 것이 통설의 입장이다.[26]

우리나라에서도 무효사유가 있는 특허의 존속을 방지하는 것은 특허제도의 본질에 관련된 공익적 필요에 속하고, 실시계약을 체결했다는 이유만으로 실시권자가 해당 특허의 유효성을 인정했다고 간주하여 그 유효성을 다투는 것을 금지하는 것은 실시권자에게 일방적으로 불리하므로 원칙적으로 부쟁의무를 인정하지 않는 것이 통설적 견해이다.[27]

다만, 계약체결시에 실시권자가 무효사유가 존재함을 안 경우나 화해에 의하여 무효심판청구를 취하하고 전용실시권을 설정한 경우 등과 같이 특수한 경우에는 신의칙상 부쟁의무가 인정될 수 있다.[28]

판례는 디자인에 관한 실시권설정등록을 마쳤다거나 통상실시권을 허락받았다고 할지라도 그 사실만으로써 등록무효심판을 청구할 수 있는 이해관계가 상실된다고 할 수 없다거나[29] 특허청으로부터 대가지급 조건부로 특허에 관한 통상실시권을 허여받은 경우 그 무효심판을 구할 이해관계가 있다고 하여[30] 실시권자의 무효심판 청구인적격을 인정한 사례도 있으나, 특허권자로부터 특허발명의 실시를 허락받은 자는 법률상 아무런 장애 없이 이를 실시할 수 있으므로 특별한 사정이 없는 한 특허무효심판을 청구할 수 있는 이해관계인이라고 보기 어렵다고 하거나[31] 실용신안의 실시권자로 등록을 받은 자는 그 실용신안의 무효심판청구의 이해관계인의 범주에 속한다고 할 수 없다고 한 사례[32]도 있다.

실시허락계약서에 부쟁의무 조항이 있는 경우 그 유효성에 관하여는, 원칙적으로 유효성을 인정하되 계약체결 과정에서 공서양속에 반하는 행위가 있는 경우 무효이며 시장에서의 경쟁질서에 악영향을 미치는 경우 불공정거래행위에 해당할 수가 있다는 견해[33]를 비롯하여 다양한 견해가 존재한다. 미국에서는

---

26) 酒迎明洋, "通常實施權者の無效審判請求", 特許判例百選(第4版) jurist No. 209(2012); 中山信弘(주 13), 423-424.
27) 조영선, 특허법(제4판), 박영사(2013), 598; 윤선희(주 1), 678; 정상조·박성수 공편(주 2), 1240.
28) 정상조·박성수 공편(주 2), 1240.
29) 대법원 1980. 3. 25. 선고 79후78 판결[공1980.6.1.(633), 12789]; 1980. 7. 22. 선고 79후75 판결[공1980.9.15.(640), 13051].
30) 대법원 1984. 5. 29. 선고 82후30 판결[공1984.8.1.(733), 1188].
31) 대법원 1979. 4. 10. 선고 77후49 판결[공1979.7.15.(612), 11951]; 1981. 7. 28. 선고 80후77 판결[공1981.10.1.(665), 14265].
32) 대법원 1983. 12. 27. 선고 82후58 판결[공1984.2.15.(722), 264].
33) 조영선(주 27), 596.

1969년 연방대법원의 Lear. Inc. v. Adkins[34] 사건 이후 실시권 설정계약의 부쟁 조항은 무효로 취급되고 있고 특허의 실시권자는 이와 상관 없이 실시기간 중에 특허의 무효확인을 구하는 소송(Declaratory judgement)을 제기할 수 있다고 한다.[35]

이는 독점규제 및 공정거래에 관한 법률의 적용 문제와도 결부된 쟁점으로서 여기서는 자세한 논의를 생략한다.

〈김창권〉

---

34) 395 U.S. 653 (1969).
35) 조영선(주 27), 596-597.

제98조(디자인권 및 전용실시권 등록의 효력)

① 다음 각 호에 해당하는 사항은 등록하지 아니하면 효력이 발생하지 아니한다.

1. 디자인권의 이전(상속이나 그 밖의 일반승계에 의한 경우는 제외한다), 포기에 의한 소멸 또는 처분의 제한

2. 전용실시권의 설정·이전(상속이나 그 밖의 일반승계에 의한 경우는 제외한다)·변경·소멸(혼동에 의한 경우는 제외한다) 또는 처분의 제한

3. 디자인권 또는 전용실시권을 목적으로 하는 질권의 설정·이전(상속이나 그 밖의 일반승계에 의한 경우는 제외한다)·변경·소멸(혼동에 의한 경우는 제외한다) 또는 처분의 제한

② 제1항 각 호에 따른 디자인권·전용실시권 및 질권의 상속이나 그 밖의 일반승계의 경우에는 지체 없이 그 취지를 특허청장에게 신고하여야 한다.

〈소 목 차〉

I. 본조의 취지

1. 의 의

민법이 부동산 물권변동에 관하여 등록을 효력발생요건으로 하고 있는 것과 같이 디자인보호법은 디자인권 및 전용실시권과 이를 목적으로 하는 질권에 관하여도 등록을 권리의 득실변경의 효력발생요건으로 규정하였다. 디자인권의 설정도 등록에 의하여 효력이 발생하지만 이에 관하여는 디자인보호법 제90조 제1항이 규정하고 있다. 본조에서 말하는 등록은 가등록이 아닌 본등록을 말하는 것이지만, 가등록에 의하여 권리의 우선순위가 보존되기 때문에 나중에 본등록이 이루어지면 그 효력의 발생일이 가등록시로 소급한다(「특허권 등의 등록령」 제8조 제2항).

2. 민법 제187조의 준용 여부

민법 제187조는 상속, 공용징수, 판결, 경매 기타 법률의 규정에 의한 부동산에 관한 물권의 취득은 등기를 요하지 아니한다고 규정하고 있지만, 디자인보호법은 상속 등 일반승계에 의한 경우를 제외하고는 등록절차가 없이도 법률의 규정에 의하여 디자인권이나 전용실시권에 관한 권리변동이 발생할 수 있는 경우를 규정하고 있지 않다. 그런데 디자인등록원부는 공시기능에 있어서 부동산등기부와 차이가 없으므로 민법 제187조의 규정을 디자인보호법에도 준용하여 공용징수, 판결 등에 의한 디자인권·전용실시권·질권 취득의 경우에도 등록이 없이 해당 사유가 발생한 날 디자인권 등에 관한 권리변동의 효력이 발생할 수 있는지가 문제된다.

이점에 관하여는 디자인보호법 제98조 제1항이 일반승계를 제외한 디자인권 등의 권리변동은 등록하지 아니하면 효력이 발생하지 아니한다고 명시적으로 규정하고 있는 반면, 민법 제187조를 준용한다는 규정을 두고 있지 아니한 이상 문리해석상으로는 민법 제187조를 준용할 근거가 없으므로 위와 같은 경우에도 등록을 마쳐야 권리변동의 효력이 발생한다고 해석할 수밖에 없을 것으로 본다.

Ⅱ. 등록의 대상

1. 디자인권

상속이나 그 밖의 일반승계에 의한 경우를 제외한 디자인권의 이전, 포기에 의한 소멸 또는 처분의 제한은 등록하여야 효력이 발생한다(디자인보호법 제98조 제1항 제1호). 입법적으로는 이를 대항요건으로 하는 방법도 있을 수 있으나 권리관계의 명확화를 위하여 민법상 부동산 물권변동에서와 마찬가지로 등록을 효력발생요건으로 한 것이다.

특정승계의 경우와는 달리 상속이나 그 밖의 일반승계에 의한 이전의 경우에는 해당 사유발생일에 이전의 효력이 발생하도록 하였는데 이는 그러한 사유가 발생한 날부터 등록이 이루어지기 전까지 권리자가 아무도 없게 되는 것을 방지하기 위함이다.

존속기간만료, 등록료 미납, 상속인의 부존재, 무효심판의 확정 등 통상의 디자인권 소멸에 관하여는 직권으로 말소등록이 행해지지만(특허권 등의 등록령 제14조 제1항), 디자인권의 포기는 디자인권자가 신청하지 아니하면 특허청이 알 수 없기 때문에 권리의 명확화를 위하여 등록을 소멸의 효력발생요건으로 정한 것이다.

처분제한의 등기는 집행보전을 위한 가압류, 가처분 등의 등기를 말하는 것으로서 법원의 결정이 있더라도 등기하지 아니하면 그 효력이 발생하지 아니한다. 법원은 디자인권을 포함한 특허권 등이나 특허권 등에 관한 권리에 관하여 처분을 제한하거나 그 제한을 해제한 경우에는 촉탁서에 재판의 등본을 첨부하여 처분의 제한에 관한 등록 또는 그 등록의 말소를 특허청장에게 촉탁하여야 한다(「특허권 등의 등록령」 제17조 제1항).

등록이 권리변동의 효력발생요건이지만 실체적 요건을 갖추지 아니한 등록, 예컨대 위조된 서류에 의한 이전등록 등은 그 효력이 없다.

2. 전용실시권

전용실시권의 설정, 상속이나 그 밖의 일반승계에 의한 경우를 제외한 이전, 변경, 혼동에 의한 경우를 제외한 소멸 또는 처분의 제한에 관하여는 등록하여야만 그 효력이 발생한다(디자인보호법 제98조 제1항 제2호). 등록을 효력발생요건으로 한 이유는 디자인권의 경우와 같이 권리관계의 명확화를 위한 것이다.

전용실시권은 설정계약과 설정등록에 의하여 발생하므로 전용실시권 설정계약이 있더라도 설정등록이 이루어지지 아니하면 전용실시권으로서의 효력은 발생하지 아니한다.

디자인권자와 전용실시권자가 전용실시권에 관한 시간, 장소, 내용 등을 변경하는 경우에도 이를 등록하여야만 효력이 발생한다.

전용실시권의 소멸은 일반적으로 특허청이 직권으로 등록하지 않기 때문에 등록을 소멸의 효력발생요건으로 하였다. 다만 혼동에 의한 소멸은 그 전제로서 권리의 이전등록이 먼저 이루어지므로 굳이 등록을 효력발생요건으로 할 필요가 없기 때문에 제외하였다. 등록원부에 계약기간의 만료시점이나 해제조건 등이 기재되어 있는 경우에는 별도로 말소등록을 하지 않더라도 해당 사유가 발생함으로써 전용실시권이 소멸한다.[1]

전용실시권의 이전, 처분의 제한에 관하여는 디자인권에 관한 부분의 설명

---

[1] 中山信弘・小泉直樹 共編, 新・注解 特許法(上), 1225(城山康文 집필부분).

을 참조하면 된다.

3. 질　권

디자인권 또는 전용실시권을 목적으로 하는 질권의 설정, 상속이나 그 밖의 일반승계의 경우를 제외한 이전, 변경, 혼동에 의한 경우를 제외한 소멸 또는 처분의 제한은 등록하지 아니하면 효력이 발생하지 아니한다(디자인보호법 제98조 제1항 제3호). 앞서 본 바와 마찬가지로 디자인권에 관한 권리관계의 명확화를 도모하기 위한 규정이다. 질권의 소멸이나 처분의 제한은 그 피담보채권에 관한 것이 아니라 질권 그 자체에 관한 것을 말한다.[2]

4. 일반승계와 특허청장에 대한 신고

디자인권·전용실시권 및 질권의 상속이나 그 밖의 일반승계의 경우에는 지체 없이 그 취지를 특허청장에게 신고하여야 한다. 권리관계의 명확화를 위한 행정절차에 관한 규정일 뿐 권리취득의 효력발생요건이나 대항요건에 관한 규정이 아니고 이를 위반할 경우에 대한 벌칙규정도 없다. 그러나 그와 같은 신고가 없어서 특허청장이 그와 같은 사실을 모른 채 행정절차를 진행하여 승계인에게 불이익한 결과가 초래되더라도 특허청장을 상대로 그 무효를 주장하거나 손해배상을 청구하는 것은 허용되지 않는다고 보아야 할 것이다.[3]

〈김창권〉

---

2) 일본 특허법 제98조 제1항은 혼동 또는 담보하는 채권의 소멸에 의한 질권소멸은 등록을 효력발생요건으로 하지 아니한다고 명시적으로 규정하고 있다.
3) 中山信弘·小泉直樹 共編(주 1), 1361(林いづみ 집필부분).

제99조(통상실시권)

① 디자인권자는 그 디자인권에 대하여 타인에게 통상실시권을 허락할 수 있다.

② 통상실시권자는 이 법에 따라 또는 설정행위로 정한 범위에서 그 등록디자인 또는 이와 유사한 디자인을 업으로서 실시할 수 있는 권리를 가진다.

③ 제123조에 따른 통상실시권은 그 통상실시권자의 해당 디자인권·전용실시권 또는 통상실시권과 함께 이전되고 해당 디자인권·전용실시권 또는 통상실시권이 소멸되면 함께 소멸된다.

④ 제3항 외의 통상실시권은 실시사업과 같이 이전하는 경우 또는 상속이나 그 밖의 일반승계의 경우를 제외하고는 디자인권자(전용실시권자로부터 통상실시권을 허락받은 경우에는 디자인권자 및 전용실시권자)의 동의를 받지 아니하면 이전할 수 없다.

⑤ 제3항 외의 통상실시권은 디자인권자(전용실시권자로부터 통상실시권을 허락받은 경우에는 디자인권자 및 전용실시권자)의 동의를 받지 아니하면 그 통상실시권을 목적으로 하는 질권을 설정할 수 없다.

⑥ 통상실시권에 관하여는 제96조 제2항·제3항을 준용한다.

<소 목 차>

Ⅰ. 통상실시권의 성질 및 종류

1. 통상실시권의 성질

통상실시권은 채권이고, 그 구체적 내용은 당사자 간의 계약에 의해 정해진다. 다만, 디자인보호법은 계약에서 정해지는 것 이외에 몇 가지 규정을 하고 있는데, 이러한 통상실시권의 성질이 무엇인지가 문제된다.

디자인보호법상 인정되는 통상실시권은 당해 디자인을 업으로서 실시할 수 있는 권리이다. 디자인권자 또는 전용실시권자로부터 방해배제 또는 손해배상 청구를 받지 않는 권원, 다시 말하면 디자인권자 또는 전용실시권자의 배타독점권을 통상실시권자에 대하여 행사하지 못하게 하는 부작위청구권이라고 할 수 있다.[1] 나아가 계약에 의하여 위와 같은 부작위청구권에 그치지 않고 더 많은 부작위청구를 할 수 있도록 정하는 것은 공서양속이나 독점규제 및 공정거래에 관한 법률 위반 등의 강행법규위반에 해당하지 않는 한 유효하다.[2]

이와 관련하여 실시허락자는 보다 완전하게 통상실시권자가 등록디자인을 실질적으로 실시하도록 한다는 의미에서 제3자의 위법한 침해를 금지시킬 의무까지 부담하는지 문제될 수 있다. 통상실시권계약 내용에 그와 같은 의무를 부담시키는 취지의 조항이 있다면 긍정될 수도 있을 것이나, 일반적으로 실시허락자에게 그와 같은 작위의무를 부담시키는 것은 부정하는 것이 타당하다.[3]

디자인보호법상의 통상실시권은 실시허락자에 대한 부작위청구권이지만 허락자는 복수의 실시권을 중첩적으로 허락할 수 있다는 점에 특징이 있다. 소유권과 다른 지적재산권의 특징이라 할 수 있다. 디자인권은 당해 디자인이란 정보를 독점적으로 사용할 수 있는 권원, 즉 제3자의 실시를 배제할 수 있는 권원이라 할 것인데, 실시권의 허락은 이러한 독점의 일부를 면제하는 것에 지나지 않고, 허락자로부터 실시권자에게 어떠한 적극적인 급부가 있는 것은 아니고, 실시권자의 실시를 방해하지 않는다는 소극적 급부에 지나지 않는다. 소극적인 급부이므로, 원칙적으로 복수의 실시권이 존재할 수 있다.[4]

2. 허락에 의한 통상실시권과 법정실시권, 재정실시권

통상실시권에는 허락에 의한 것 이외에 허락자의 의사와 관계없이 법률상 요건을 충족하는 것에 의해 당연히 발생하는 통상실시권과, 허락자의 의사를 대신하여 행정관청의 재정에 의해 발생하는 재정실시권의 3종류가 있다.

---

1) 일본에서도 같은 취지로 이해되고 있다[満田重昭・松尾和子 대표집필, 注解 意匠法, 青林書院(2010), 423(森本 敬司 집필부분)].
2) 정상조・박성수 공편, 특허법 주해 I, 박영사(2010), 1248(이회기 집필부분). 특허권의 통상실시권에 관한 논의이지만, 디자인권의 통상실시권에 관하여도 마찬가지로 적용될 수 있을 것이다.
3) 정상조・박성수 공편(주 2), 1248.
4) 정상조・박성수 공편(주 2), 1248.

　　법정실시권에는 디자인등록료 추가납부기간이 지난 날부터 등록료를 내거
나 보전한 날까지의 기간 중 실시 또는 실시 준비에 의한 통상실시권(제84조 제
5항), 선사용에 따른 통상실시권(제100조), 선출원에 따른 통상실시권(제101조),
무효심판청구등록 전의 실시에 의한 통상실시권(제102조), 디자인권 등의 존속기
간만료 후의 통상실시권(제103조), 질권행사로 인한 디자인권의 이전에 따른 통
상실시권(제110조), 재심에 의하여 회복한 디자인권에 대한 선사용자의 통상실시
권(제162조), 재심에 의하여 통상실시권을 상실한 원권리자의 통상실시권(제163
조), 직무발명에 관한 사용자의 통상실시권(발명진흥법 제10조)이 있다.

　　재정실시권에는 이용디자인의 경우의 실시권, 타인의 디자인권·특허권·
실용신안권과 저촉되는 경우의 실시권이 있다(법정실시권, 재정실시권에 관한 상세
한 내용은 해당 조문을 참조).

　　디자인보호법은 이러한 법정실시권, 재정실시권을 통상실시권이라고 규정
하여, 대항력의 문제를 제외하고는 원칙적으로 허락에 의한 통상실시권과 동일
하게 취급하고 있다.

3. 독점적 통상실시권과 비독점적 통상실시권

　　통상실시권은 동일 디자인권에 관하여 복수 존재할 수 있지만, 계약에 의해
허락자와 실시권자간에 제3자에게 실시허락을 하지 않겠다는 약정을 체결하는
것이 가능하고, 이러한 실시권허락계약에 의해 발생하는 권리를 독점적 통상실
시권이라고 한다. 나아가 실시허락자 자신도 실시하지 않는다는 취지의 특약을
하는 경우를 완전독점적 통상실시권이라고 하고 있다. 위와 같은 경우 이외의
통상실시권, 즉 실시허락자가 동일내용의 통상실시권을 중복하여 허락하는 경
우를 비독점적 통상실시권이라고 부르고 있다.[5]

　　현행법은 전용실시권을 따로 규정하고 있지만 전용실시권의 강력한 효력,
등록의 필요성 등을 싫어해서 독점적 통상실시권계약을 체결하는 경우도 있다.
제3자에게 불측의 손해를 줄 우려가 없기 때문에 당사자의 의사에 반하여 이것
을 금지할 이유는 없을 것이다.[6]

　　다만, 독점적 통상실시권의 독점성에 관하여는 등록할 수 없고, 따라서 제3
자에게 대항력이 없으므로, 실시허락자가 계약에 반하여 제3자에게 실시를 허락

---

　5) 滿田重昭·松尾和子 대표집필(주 1), 424.
　6) 정상조·박성수 공편(주 2), 1249.

한다고 해도 독점적 통상실시권자는 제3자의 실시를 금지할 수 없고, 실시허락
자에 대한 채무불이행책임만을 물을 수 있다.[7]

또한, 독점적 통상실시권은 명시의 계약에 의해서만 성립하는 것은 아니고
묵시의 계약에 의해서도 성립할 수 있을 것이다.[8]

II. 통상실시권의 허락

1. 허락행위

전용실시권과 달리 어떠한 요식행위도 필요치 않기 때문에 당사자간의 의
사의 합치만 있으면 성립될 수 있다. 구두계약에 의해서도 성립되지만 보통의
경우에는 상세한 계약서 작성에 의해 성립되는 경우가 많을 것이다. 묵시의 계
약에 의해서도 성립 가능하나, 이 경우에는 당사자간의 관계 등 제반사정을 고
려해서 신중하게 인정되어야 할 것이다.

전용실시권 계약이 성립된 후에 전용실시권의 범위 내에서 전용실시권자의
승낙 없이 디자인권자가 통상실시권을 허락하는 것은 당연무효이고, 디자인권
자의 승낙 없이 전용실시권자가 통상실시권을 허락하는 것도 무효이다.[9]

2. 대항요건

전용실시권은 등록이 효력발생요건이지만, 통상실시권의 경우는 대항요건
에 불과하고, 등록을 하게 되면 그 후의 디자인권, 전용실시권을 취득한 자에
대하여 대항할 수 있다(디자인보호법 제104조). 통상실시권자는 통상실시권의 채
권성으로 인하여 그 법적 지위가 불안정하기 때문에 등록을 요건으로 하여 통
상실시권자가 양도받은 특허권자 또는 다른 전용실시권자에게 대항하여 자기의
통상실시권을 주장하도록 그 보호수단을 마련해 준 것이다. 대항요건으로 등록
을 요구한 것은 대항력 있는 통상실시권의 존재를 제3자에게 공시함으로써 제3
자의 불측의 손해를 방지하기 위한 것이다.[10]

통상실시권의 이전, 변경, 소멸 또는 처분의 제한, 통상실시권을 목적으로
하는 질권설정, 이전, 변경, 소멸 또는 처분의 제한도 마찬가지로 등록이 대항요

7) 정상조·박성수 공편(주 2), 1249.
8) 정상조·박성수 공편(주 2), 1249-1250.
9) 滿田重昭·松尾和子 대표집필(주 1), 424.
10) 특허청, 조문별 특허법 해설(2007), 286.

건이다(디자인보호법 제104조 제3항). 그러나 법정통상실시권의 성립에 대하여는
등록 없이 대항력이 있다(디자인보호법 제104조 제2항). 직무발명에 관한 사용자
의 통상실시권(발명진흥법 제10조 제1항), 선사용에 따른 통상실시권(디자인보호법
제100조) 등의 법정실시권은 실시권의 설정계약 없이 법에 의하여 당연히 그 성
립이 인정되는 통상실시권이다. 이 경우에도 실시권자가 법정실시권의 발생을
예상하여 이를 사전에 등록하는 것은 불가능하고 가능한 경우에도 법에 의하여
당연히 발생하는 법정실시권의 대항요건으로 등록을 요구하는 것은 법정실시권
의 법적 성질에도 부합하지 않으므로 성립과 동시에 대항력을 갖춘 것으로 인
정한 것이다.[11]

Ⅲ. 통상실시권의 내용

1. 범 위

전용실시권과 마찬가지로 통상실시권에는 시간적, 장소적, 내용적 제한이
가해질 수 있다. 통상실시권의 범위에 관한 문제는 전용실시권의 경우와 거의
동일하므로, 전용실시권에 관한 '범위'를 참조하면 된다.

또한, 재정통상실시권의 경우는 재정함에 있어서 '통상실시권의 범위 및 기
간'과 '대가'를 명시하여야 한다(디자인보호법 제150조 제2항 제5호). 법정통상실
시권의 경우는 이를 인정하는 조문의 규정, 그 해석에 의해 정해지므로 해당조
문을 참조하면 된다.

2. 재실시허락

통상실시권을 재실시허락하는 규정은 디자인보호법에 없고 원칙적으로 재
실시를 허락할 권리도 없으나[12] 디자인권자의 허락이 있는 경우에는 가능할 것
이다.[13]

다만, 디자인보호법에 규정이 없다는 것은 재실시허락의 등록이 불가능하
다는 것을 의미하고, 따라서 재실시는 제3자에게 대항력을 가지지 못하고, 대항
력을 갖기 위해서는 재실시허락이 아닌 디자인권자로부터 직접 실시허락을 받

11) 특허청(주 10), 287.
12) 滿田重昭・松尾和子 대표집필(주 1), 424.
13) 정상조・박성수 공편(주 2), 1251.

는 형식으로서 그 취지를 등록해야 한다.[14]

　재실시허락을 긍정하는 이상, 실시료의 징수 등 제반 권리의무의 귀속주체
는 디자인권자라기보다는 통상실시권자로 보는 것이 실체에 부합하고, 타당할
것이다.[15]

3. 담보권의 설정

　재정실시권 이외의 통상실시권자는 디자인권자 또는 디자인권자 및 전용실
시권자의 동의를 얻는 경우에 한해 통상실시권에 질권을 설정할 수 있다(디자인
보호법 제99조 제5항).

4. 통상실시권의 공유

　통상실시권의 공유에 관하여는 디자인보호법 제99조 제6항에서 제96조 제2
항, 제3항을 준용하고 있으므로 동조를 참조하면 된다.

5. 통상실시권의 효력

가. 학　　설

　통상실시권이 침해되는 경우 통상실시권자는 그 침해자에 대하여 어떠한
조치를 취할 수 있는지, 즉 디자인권자 또는 전용실시권자에게 주어지는 금지청
구권, 손해배상청구권이 통상실시권자에게도 허용되는지 여부가 문제된다.

　이에 대하여는 ① 손해배상청구권, 금지청구권 모두 인정하지 않는 견해,
② 손해배상청구권은 통상실시권에 인정하지만, 금지청구권은 독점적 통상실시
권에만 인정하는 견해, ③ 손해배상청구권은 통상실시권에게 인정하지만, 금지
청구권은 인정하지 않는 견해, ④ 손해배상청구권은 독점적 통상실시권에만 인
정하고, 금지청구권은 인정하지 않는 견해, ⑤ 손해배상청구권도 금지청구권도
독점적 통상실시권자에게만 인정하는 견해, ⑥ 손해배상청구권도 금지청구권도
모두 인정하는 견해가 있을 수 있다.[16]

　일본에서는 독점적 통상실시권자의 경우 금지청구권이 인정되지 않고, 디
자인권자의 금지청구권도 대위행사할 수 없지만 손해배상청구권은 인정하는 견

---

14) 정상조·박성수 공편(주 2), 1251.
15) 정상조·박성수 공편(주 2), 1251.
16) 정상조·박성수 공편(주 2), 1252.

해가 다수설이다.[17]

나. 불법행위

채권침해도 불법행위가 되는지에 관하여 논란이 있을 수 있으나, 채권의 성질, 침해의 태양 등을 감안하여 불법행위를 인정하는 것이 통설,[18] 판례[19]이다. 채권침해의 태양은 보통 ① 채권귀속의 침해, ② 급부목적의 침해, ③ 채무불이행에의 가담이란 3가지가 들어지는바, ① 제3자가 권원 없이 등록디자인을 실시한다고 해도 통상실시권자는 당해 등록디자인의 실시를 계속할 수 있기 때문에 채권의 귀속의 침해는 없다고 해야 하고, ② 디자인권의 대상은 재산적 정보이고, 정보의 특성으로서 급부 목적의 침해라는 것은 있을 수 없으며, ③ 비독점적 통상실시권의 허락자는 통상실시권자에게만 실시를 허락해야 하는 의무를 부담하는 것은 아니고 다른 제3자에게 실시를 허락할 수 있고, 다른 제3자의 무권원의 실시를 방치할 자유도 있기 때문에, 제3자가 무권원 실시에 의해 실시허락자의 채무불이행에 가담한다고도 할 수 없으므로, 결국 제3자의 무권원의 실시는 그것만으로는 채권침해에 의한 불법행위에 해당한다고 볼 수 없다.[20]

그러나, 위와 같은 통상실시권과 달리 독점적 통상실시권의 경우에는 당해 디자인권을 독점적으로 실시할 권리이므로 제3자가 무권원으로 이것을 실시하는 경우에는 형식상으로는 일응 독점적 통상실시권을 침해하는 것으로 될 수 있다. 이에 대하여는 전용실시권이라는 제도가 있음에도, 독점적 통상실시권이라는 법에 명문의 규정이 없는 제도를 그 정도로 보호할 가치가 있는가 하는 의문이 제기될 수 있으나, 그 필요성이 있고, 실무상으로도 이용되고 있기 때문에 이를 긍정하는 것이 타당하다.[21]

또한, 불법행위를 부정하는 입장에서는 실시허락자가 손해배상청구를 하고 이것을 독점적 실시권자에게 분배하는 것으로 하면 되지만 이러한 번잡한 절차를 거치기보다는 독점적 통상실시권자와 실시허락자가 개별로 각각 받은 손해의 배상을 청구하는 것을 인정하는 것이 합리적이다.[22]

---

17) 満田重昭・松尾和子 대표집필(주 1), 424.
18) 곽윤직, 채권총론, 박영사(2000), 79.
19) 대법원 2007. 9. 21. 선고 2006다9446 판결[공2007.10.15.(284), 1649] 등.
20) 정상조・박성수 공편(주 2), 1252-1253.
21) 정상조・박성수 공편(주 2), 1253.
22) 정상조・박성수 공편(주 2), 1253.

다. 채권자대위

채권자대위는 특정채권을 보전하기 위해서는 안 되고 채무자에게 변제자력이 없을 것을 요구하지만, 판례는 부동산 이용권과 관련하여 몇몇 특정채권의 보전을 위한 채권자대위를 인정해 왔다. 통상실시권과 관련하여, 그 침해가 있는 경우 채권자대위가 인정되는지 여부가 문제된다.

디자인권은 중첩적으로 이용가능하고, 특히 통상실시권은 복수의 실시권이 성립될 수 있는 것이 그 특징이므로, 실시허락자는 제3자에게 새롭게 실시허락을 하거나, 제3자의 실시를 묵인할 자유가 있으며, 이에 관하여 통상실시권자는 이의를 제기할 법적 지위도 없다. 따라서, 통상실시권자에게 채권자대위의 행사를 인정하면, 실시허락자의 자유를 박탈하는 것으로 되므로, 허용해서는 안 될 것이다.23)

그러나 독점적 통상실시권의 경우는 실시허락자가 스스로의 의사에 따라 자기실시 및 제3자에 대하여 실시허락을 하지 않는다는 부작위의무를 부담하는 것으로서, 이 경우 채권자대위를 인정한다고 해도 허락자의 자유를 부당하게 침해하는 것으로는 되지 않으므로 이를 인정할 수 있다.24) 한편, 대법원 판례25)는 독점적 저작이용권에 채권자대위를 인정할지 여부가 문제된 사안에서 "독점적인 이용권자로서는 이를 대위하여 행사하지 아니하면 달리 자신의 권리를 보전할 방법이 없을 뿐 아니라, 저작권법이 보호하는 이용허락의 대상이 되는 권리들은 일신전속적인 권리도 아니어서 독점적인 이용권자는 자신의 권리를 보전하기 위하여 필요한 범위 내에서 권리자를 대위하여 저작권법 제91조에 기한 침해정지청구권을 행사할 수 있다"고 하여 독점적 저작이용권자에게 채권자대위권을 인정하고 있다. 위 판례가 "저작권법은 특허법이 전용실시권제도를 둔 것과는 달리 침해정지청구권을 행사할 수 있는 이용권을 부여하는 제도를 마련하고 있지 아니하여"라고 하여 독점적 통상실시권의 경우에는 채권자대위를 인정하는 데 소극적인 입장을 보인 판시로도 볼 수 있지만, 독점적 통상실시권이나 독점적 저작이용권이나 모두 실시자(이용자)에게 독점적으로 실시(이용)하게 한다는 점에서는 아무 차이가 없으므로 특허에 전용실시권이란 제도가 있다는 이유로 채권자대위를 인정하지 말아야 할 근거는 될 수 없다고 보는 견해가 있

---

23) 정상조·박성수 공편(주 2), 1253-1254.
24) 정상조·박성수 공편(주 2), 1254
25) 대법원 2007. 1. 25. 선고 2005다11626 판결[공2007.3.1.(269), 333].

고,26) 특허의 경우는 전용실시권이 인정되기 때문에 독점적 통상실시권자에게 채권자대위권을 인정하지 않는 편이 바람직하다는 견해도 있는데,27) 위와 같은 논의는 마찬가지로 디자인권의 독점적 통상실시권자에 대하여도 적용될 수 있을 것이다.

다만, 독점적 통상실시권이라고 해도 계약상 디자인권자에게 제3자의 침해를 배제할 의무가 없는 경우에는 채권자대위는 인정되지 않는다.28)

또한 독점적 통상실시권의 경우에 나.항에서 기술한 바와 같이 손해배상청구의 경우에는 고유의 청구권을 가지고 있다고 해석할 수 있으므로, 굳이 채권자대위의 규정을 적용할 필요가 없다.29)

라. 통상실시권에 기한 고유의 방해배제청구권

통상실시권 고유의 방해배제청구권에 대하여 비독점적 통상실시권의 경우에는 위 나.항과 다.항에서 기술한 같은 이유로 방해배제청구권을 인정하기는 곤란하다.30)

독점적 통상실시권의 경우, 대항력 있는 부동산 이용권에 이를 긍정하는 논리를 유추하여 방해배제청구권을 인정할지에 대하여 독점적 통상실시권은 대항력 또한 인정되지 아니하므로 이를 부정해야 한다.31)

마. 손해액 추정 및 과실 추정 규정의 적용 여부

손해액 추정에 관한 디자인보호법 제115조와 과실의 추정에 관한 제116조 제1항이 통상실시권에도 적용되는지가 문제된다.

일본에서는 손해액 추정 규정은 전용실시권자를 위한 규정이므로 완전 독점적통상실시권자에 대하여 적용되지 않고 민법 일반원칙에 따라야한다고 한 판결이 있다.32) 과실의 추정 규정에 대하여는 독점적실시권은 디자인권자에 대한 채권적청구권에 지나지 않으므로 손해배상청구권의 성부는 채권침해에 대한

---

26) 정상조 · 박성수 공편(주 2), 1254.
27) 박성수, "저작권법상 복제권의 침해방조와 채권자 대위에 의한 침해금지청구의 행사 및 보전의 필요성", 대법원판례해설 69호(2007 상반기), 법원도서관, 692.
28) 정상조 · 박성수 공편(주 2), 1254.
29) 정상조 · 박성수 공편(주 2), 1254.
30) 정상조 · 박성수 공편(주 2), 1254.
31) 정상조 · 박성수 공편(주 2), 1255.
32) 東京高判 昭56 · 3 · 4[昭53(ネ)509] 無体集13卷 1号 271頁[滿田重昭 · 松尾和子 대표집필(주 1), 425에서 재인용].

일반원칙에 의하여야 한다고 하면서 위 규정을 적용하지 않고 과실을 인정하지 아니한 판결33)이 있는 반면에 공시되지 않는 독점적 통상실시권자의 법익 침해 행위에 대하여도 위 규정을 유추적용함이 상당하다고 하여 손해발생을 인정한 판결34)도 있다.

한편 디자인보호법 제2조 제5호에 의한 디자인일부심사등록디자인의 통상실시권자는 그 등록디자인 또는 이와 유사한 디자인과 관련하여 타인의 디자인권 또는 전용실시권을 침해한 경우에는 제116조 제1항에 따라 침해행위에 대하여 과실이 있는 것으로 추정한다(디자인보호법 제116조 제2항).

바. 판 례

하급심 판결로는 상표사건에서 "통상실시권이라 함은 상표권 등 권리자나 그 전용실시권자와의 설정계약에서 정한 범위 내에서 지정물건에 관하여 상표 등을 사용할 수 있는 권리로서 독점적 통상실시권이든 비독점적 통상실시권이든 모두 그 성질은 배타성이 없는 채권적인 권리에 불과하므로 제3자가 권한 없이 당해 상표권 등을 사용하더라도 이는 당해 상표권 등의 침해는 될지언정 통상실시권 그 자체를 침해하는 것은 아니어서 통상실시권자가 직접 그 제3자를 상대로 금지청구나 손해배상청구를 할 수 없다"고 한 사례35)가 있다.

6. 계약당사자의 변동

가. 실시허락자의 변동

디자인권자 또는 전용실시권자는 통상실시권 허락 후에도 디자인권, 전용실시권을 양도할 수 있는 것은 전용실시권과 마찬가지이다. 그때의 문제점은 전용실시권의 경우와 같기 때문에 전용실시권에 관한 부분을 참조하면 된다.

나. 실시권자의 변동

디자인보호법 제123조에 의한 재정실시권을 제외한 나머지 통상실시권은 ① 실시사업과 같이 이전하는 경우, ② 디자인권자(전용실시권자로부터 통상실시권을 허락받은 경우는 디자인권 및 전용실시권자)의 허락이 있는 경우, ③ 일반승계의 경우에 통상실시권자가 변동될 수 있다(디자인보호법 제99조 제4항).

33) 大阪高判 昭57・9・16[昭57(ネ)43] 最高裁 HP 知的財産権裁判例集.
34) 大阪高判 平12・12・1[平12(ネ)728] 最高裁 HP 知的財産権裁判例集.
35) 부산지법 2001. 11. 16. 선고 2000가합19444 판결[손해배상(기)].

등록은 이전의 효력발생요건이 아니고, 대항요건이다(디자인보호법 제104조
제3항).

Ⅳ. 통상실시권허락에 수반하는 의무

1. 실시허락자의 의무

가. 설정등록협력의무

디자인권자가 통상실시권의 설정등록에 협력할 의무가 있는지 여부는 실시
계약상 특약이 있다면 아무런 문제가 없으나, 실시계약에 규정이 없는 경우에는
문제가 된다.

(1) 부 정 설

통상실시권은 원래 부작위청구권에 불과하고 전용실시권과 달리 등록이 없
더라도 효력은 발생하고 등록은 대항요건에 지나지 아니하므로 특약이 없는 한
디자인권자는 설정등록에 협력할 의무가 없다는 견해[36]이다.

(2) 긍 정 설

디자인의 실시는 적지 아니한 자본과 설비를 투입하여 하나의 사업으로 행
하여지므로 실시권설정 이후에 디자인권의 이전이나 전용실시권의 설정 등으로
통상실시권자의 실시행위가 하루아침에 위법실시로 되어 버린다는 것은 부당하
기 짝이 없으므로, 반대의 특약이 없는 한 등록의무를 인정하는 것이 타당하다
는 견해[37]이다.

(3) 개별사안별로 판단하자는 설

구체적 사안마다 개별적으로 당사자의 합리적 의사를 탐구하여 등록한다는
취지의 합의를 인정할 수 있다면 등록청구권은 인정되어야 한다는 견해[38]이다.

일본의 판례는 특허권의 통상실시권에 관하여 "통상실시권자는 단지 특허
권자에 대하여 실시의 용인을 청구하는 권리를 가지는 것에 불과하고, 통상실시

---

36) 辻木勳男, 武又征治 편저, 知的財産契約の理論と實務, 日月評論社, 90; 末吉 瓦 편저,
   實務知的財産法講義, 165; 江口 裕之, 解說 特許法(개정 2판), 436[권택수, "통상실시권의
   효력과 관련한 몇 가지 문제", 특허법원 개원 10주년 기념논문집 특허소송연구 특별호
   (2008), 483에서 재인용].
37) 송영식, 지적소유권법 上, 육법사(2008), 460.
38) 권택수(주 36), 483(기본적으로는 부정설이 타당하지만 실시계약내용이나 계약당사자의
   합리적 의사에 의하여 특허권자의 등록의무가 있는 것으로 보이는 경우에는 특허권자의
   설정등록의무를 인정할 수 있다는 견해이다); 윤선희, 특허법(제5판), 법문사(2012), 688.

권자는 특약이 없는 한 당연히 특허권자에게 통상실시권에 대한 설정등록이행 절차의 이행을 구할 수 없다"39)고 하여 등록의무를 부정하고 있다.

임대차의 등기에 관한 민법 제621조 제1항과 같이 반대의 약정이 없으면 디자인권자의 등록절차협력의무를 인정한다는 명문의 조항이 없는 이상 개별 사안별로 판단하는 것이 타당해 보인다.

2. 실시권자의 의무

실시권자의 기본적인 의무는 실시료 지불의무이다. 이는 계약의 문제이며 무상인 경우도 있을 수 있다. 부쟁의무는 전용실시권의 경우와 같다. 한편 실시권자는 통상실시권자나 전용실시권자 모두 원칙적으로는 무효심판을 청구할 수 있는 이해관계인에 해당하고, 예외적으로만 이해관계인에 해당하지 않는다는 견해가 있다.40)

V. 통상실시권의 소멸

허락에 의한 통상실시권은 디자인권에 부수된 권리이므로 디자인권의 소멸, 실시권의 설정기간의 만료, 실시계약의 해제·취소, 포기, 상속인의 부존재 등에 의하여 통상실시권이 소멸된다.

〈박정훈〉

---

39) 最高裁判所 昭和 48. 4. 20. 判決(判例時報 704호, 49).
40) 자세한 내용은 김병식, "실시권자가 무효심판을 청구할 수 있는 이해관계인에 해당하는지", 특허법원 지적재산소송실무연구회 발표문(2013) 참조.

제100조(선사용에 따른 통상실시권)

　디자인등록출원 시에 그 디자인등록출원된 디자인의 내용을 알지 못하고 그
디자인을 창작하거나 그 디자인을 창작한 사람으로부터 알게 되어 국내에서
그 등록디자인 또는 이와 유사한 디자인의 실시사업을 하거나 그 사업의 준
비를 하고 있는 자는 그 실시 또는 준비를 하고 있는 디자인 및 사업의 목적
범위에서 그 디자인등록출원된 디자인의 디자인권에 대하여 통상실시권을 가
진다

〈소 목 차〉

Ⅰ. 선사용에 따른 통상실시권의 성질

　　디자인등록출원 시에 그 디자인등록출원된 디자인의 내용을 알지 못하고
그 디자인을 창작하거나 그 디자인을 창작한 사람으로부터 알게 되어 국내에서
그 등록디자인 또는 이와 유사한 디자인의 실시사업을 하거나 그 사업의 준비
를 하고 있는 자, 즉 선사용자에게 그 실시 또는 준비를 하고 있는 디자인 및
사업의 목적 범위에서 그 디자인등록출원된 디자인의 디자인권에 대하여 주어
지는 법정 통상실시권을 선사용권이라 한다.

　　원래 디자인보호는 최초의 출원인에게 주어진다. 선출원제도하에서 선의로
디자인권의 대상인 디자인을 실시 또는 준비를 하고 있는 자에게 실시를 하지
못하게 하면 불측의 손해를 줄 염려가 있어 형식상의 결함을 보완하기 위하여
선사용에 의한 통상실시권을 규정하였다. 선사용에 의한 통상실시권은 디자인
권자와 선사용자 사이의 공평의 이념과 선사용자의 사업설비 등의 이용을 불가
능하게 하는 경우 국민경제상으로 불이익하기 때문에 인정된다. 선사용권의 이
론적 근거에 관하여는 여러 견해가 있는데, 경제설과 공평설이 있다.[1]

---

1) 조영원, 특허법주해, 세창출판사(1994), 333. 특허권의 통상실시권에 관한 논의지만, 디자
　인권의 통상실시권에 관하여도 마찬가지로 적용될 수 있을 것이다.

경제설은 선사용자의 사업 또는 설비를 무용지물로 만드는 것은 국가경제
상 손실이 클 뿐만 아니라 사업자나 설비자에 대하여도 공평하지 못하다는 것
이나 사업설비가 노후화되거나 양도된 경우에도 실시사업은 계속할 수 있다는
점을 설명하기 곤란하므로, 연혁적으로는 경제설에서 공평설로 이동하고 있으
며 공평설이 다수의 견해이다. 즉, 출원 당시 디자인권의 대상인 디자인을 선의
로 사실상 지배하여 이용하고 있는 자가 그 후에 출원한 디자인권자 때문에 그
실시를 못 하게 되는 것은 디자인권자를 지나치게 보호하는 것이어서 공평하지
못하므로 선사용자와 디자인권자의 이해를 공평의 견지에서 조정하기 위하여
인정한 제도라고 한다.[2]

Ⅱ. 선사용에 따른 통상실시권의 요건

1. 객관적 요건

"디자인등록출원 시"이므로 이론상으로는 디자인등록출원일 중의 시각도
문제되지만 실제로 시각이 문제되는 예는 드물 것이다.

"사업의 준비"는 어느 정도 단계까지의 준비를 일컫는지 문제될 수 있으나
적어도 객관적으로 인정될 수 있는 정도의 것을 필요로 한다. 사업에 필요한 기
계를 발주하여 설비를 갖추었다던가 고용계약을 체결하여 상당한 선정활동을
하고 있는 경우에는 사업의 준비 중에 포함될 것이다.[3] 일본 최고재판소는 특
허법의 선사용권에 관하여 "사업의 준비는 사업의 실시단계는 이르지 아니하였
어도 즉시 실시의 의도가 객관적으로 인식될 정도로 표명되고 있는 것을 의미
한다"고 판시하고 있다.[4]

실시사업이란 사업자에게 계속의 의사가 있고 그 디자인의 실시가 인정될
만한 객관적 사정이 있어야 한다.[5] 일본 최고재판소는 "실시사업을 한다는 것
은 자기를 위해서, 자기의 계산으로 실시사업을 하는 것을 의미하고, 자기에게
있는 사업설비를 사용하여 자기가 직접 디자인에 관한 물품의 제조, 판매 등의
사업을 한 경우뿐만 아니라 사업설비가 있는 타인에게 주문하여 자기를 위해서

---

2) 中山信弘 編著, 注解 特許法(第3版), 青林書院, 845(中山信弘 집필부분), 정상조・박성
   수 공편, 특허법 주해Ⅰ, 박영사(2010), 1259(이회기 집필부분)에서 재인용.
3) 특허청, 조문별 특허법 해설(2007), 255.
4) 滿田重昭・松尾和子 대표집필, 注解 意匠法, 青林書院(2010), 429(光石 俊郎 집필부분).
5) 정상조・박성수 공편(주 2), 1259.

만 그 디자인에 관한 물품을 제조하게 하고 이를 인도받아 타인에게 판매하는 경우 등도 포함된다"고 판시하고 있다.[6]

2. 주관적 요건

디자인등록출원된 디자인의 내용을 알지 못하고 그 디자인을 창작하거나 그 디자인을 창작한 사람으로부터 알게 된 경우여야 한다. 타인으로부터 그 디자인을 알게 된 경우에 그것이 선의인한 그 디자인을 알게 된 경로는 문제되지 않으나, 선사용권의 과도한 보호를 방지하기 위하여 디자인등록출원인으로부터 디자인을 알게 된 경우는 제외되는 것으로 해석함이 타당하다.[7]

일본에서는 자기의 창작을 모용당한 창작자의 경우와 같이 디자인등록출원된 디자인과 실시되고 있는 디자인이 동일계통의 창작에서 파생된 경우에는 선사용권이 부정된다는 견해가 있다. 그러한 경우에는 등록디자인의 무효 주장이 가능하다는 것을 논거로 한다.[8]

Ⅲ. 선사용권의 범위

1. 실시형식과 디자인권 범위

선사용자는 실시 또는 준비를 하고 있는 디자인 및 사업의 목적범위에서 통상실시권을 가진다. 다만, 디자인의 실시형식은 유동적이고 변경될 수 있는 것이므로 선사용권자가 그 실시형식을 변경하여 실시하는 것이 선사용권의 범위 내로 허용되는지가 문제된다.

실시형식의 변경을 전혀 인정하지 않는 것은 선사용제도 자체를 무의미하게 할 염려가 있어 선사용자에게 지나치게 불리하다는 견해[9]가 유력하다. 한편 일본에서는 선사용권이 실시 또는 실시준비를 하고 있는 구체적 디자인과 유사한 디자인에도 미치는지에 대하여 이를 긍정하는 견해와 부정하는 견해가 있는데, 판례 중에는 방론으로 이를 긍정한 사례가 있다.[10]

---

6) 満田重昭・松尾和子 대표집필(주 4), 430.
7) 정상조・박성수 공편(주 2), 1259.
8) 満田重昭・松尾和子 대표집필(주 4), 428.
9) 송영식, 지적소유권법 上, 육법사(2008), 524.
10) 満田重昭・松尾和子 대표집필(주 4), 431.

2. 선사용권과 실시형태의 변환

디자인의 실시형태는, 디자인에 관한 물품을 생산, 사용, 양도, 대여, 수출 또는 수입하거나 그 물품의 양도 또는 대여의 청약(양도나 대여를 위한 전시를 포함한다)이다(디자인보호법 제2조 제7호).

선사용권은 "실시 또는 준비를 하고 있는 디자인 및 사업의 목적 범위에서" 통상실시권을 가진다는 것은 디자인의 범위 안에서 다른 실시형태로의 변환도 가능하다 할 것이다. 다만, '생산'의 실시형태에서 다른 실시형태로의 변환은 가능하지만, 다른 형태 예컨대 '사용'에서 다른 형태로의 변환은 불가하다고 보는 것이, 선사용권과 디자인권과의 이익균형상 타당하다고 하는 견해가 있다.[11]

3. 선사용권과 제3자

선사용권자는 자신이 그 디자인을 실시할 수 있지만 제3자로 하여금 그 실시의 사업을 하게 할 수도 있다.[12] 일본 최고재판소는 제3자가 선사용권자로부터 주문에 근거해 오로지 선사용권자를 위해서만 해당 디자인에 관한 물품을 제조, 판매, 수출한 행위는 선사용권의 행사범위 내에 속한다고 판단하였다.[13]

선사용권자가 제조, 판매한 물품을 제3자가 사용하는 행위도 적법하다.[14]

4. 선사용권의 소멸과 이전

선사용권자가 사업을 폐지하면 선사용권은 소멸한다.

허락에 의한 통상실시권과 마찬가지로 선사용권도 일반승계, 실시사업과 함께 이전하는 경우 이외에는 디자인권자(전용실시권자로부터 통상실시권을 허락받은 경우에는 디자인권자 및 전용실시권자)의 동의 없이는 이전할 수 없다(디자인보호법 제99조 제4항).

선사용권의 성립에 관하여는 어떠한 대항요건을 필요로 하지 않지만(디자인보호법 제104조 제2항), 이전에 관하여는 디자인보호법 제104조 제3항에서 통상실시권 일반의 이전에 등록을 대항요건으로 하면서, 선사용권을 달리 제외하지

---

11) 정상조·박성수 공편(주 2), 1260.
12) 정상조·박성수 공편(주 2), 1261.
13) 滿田重昭·松尾和子 대표집필(주 4), 432.
14) 滿田重昭·松尾和子 대표집필(주 4), 432.

않았기 때문에 선사용권도 이전시 등록을 하지 않으면 제3자에게 대항할 수 없다는 견해가 유력하다.[15] 이에 대하여는 선사용권은 법정실시권으로서 특허권자, 전용실시권자가 변동되어도 언제나 그 효력이 있다는 점에서(디자인보호법 제104조 제2항), 유효하게 선사용권이 이전된다면 그 등록 없이도 대항요건이 인정된다고 보는 것이 간명하다는 견해가 있다.[16] 원래 디자인보호법 제104조 제3항은 허락에 의한 통상시실권을 대상으로 한 것이고, 법정실시권인 선사용권의 이전에는 적용되지 않는다고 해석하는 것이 타당하다.[17]

일본에서는 선사용권을 포함한 법정통상실시권의 경우에는 등록하지 아니하면 제3자에게 통상실시권의 이전을 대항할 수 없다는 조문(일본 의장법 제28조 제3항에 의해 준용되는 특허법 제99조 제3항)은 적용되지 않는다고 해석되고 있고, 판례도 같은 취지이다.[18]

5. 선사용권을 인정한 판례

특허권의 선사용권을 인정한 사례[19]로서 주요 판시 내용은 다음과 같다.

"원고가 이 사건 특허발명의 특허권자로서 피고에 대하여 특허권의 침해를 이유로 이 사건 특허발명을 사용한 이 사건 제품의 생산 금지를 구함에 대하여, 피고는 그가 이 사건 특허발명이 출원되기 전에 이미 이 사건 특허발명과 같은 방법으로 이 사건 제품을 생산하였으므로, 특허법 제103조에 따라 이 사건 특허발명에 대한 통상실시권을 가진다고 항변한다. … 변론 전체의 취지를 종합하면, 피고는 2004년경부터 강화유리를 이용한 밀폐용기 제품의 개발에 착수하여 2005. 3.경 도면제작을 완성한 사실, 피고는 2005. 5.경 금형제작업체인 소외 현진기계 주식회사(이하 '현진기계'라 한다)에 위 도면을 이용한 시제품 생산용 금형제작을 의뢰하고 2005. 6.경 현진기계로부터 이를 공급받은 사실, 이어 피고는 현진기계에 본제품 생산용 금형제작을 의뢰한 후 2005. 6.경과 같은 해 7.경 이를 공급받아 위 금형을 이용하여 이 사건 제품을 생산한 후 2005. 10.경 일부 대리점에 시험적으로 출고하였고, 2005. 12.경부터는 본격적으로 이 사건 제품을 소비자에게 판매해온 사실, 이 사건 특허발명에 따른 실시예인 별지도면 4의

---

15) 송영식(주 9), 524.
16) 정상조·박성수 공편(주 2), 1261.
17) 정상조·박성수 공편(주 2), 1261.
18) 滿田重昭·松尾和子 대표집필(주 4), 432.
19) 서울고등법원 2008. 11. 19. 선고 2008나37478 판결(특허권침해금지).

M1금형, M2금형은 위와 같이 피고가 2005. 3.경 제작한 금형도면(을 제1호증의 1 첨부)에 개시되어 있고 이 사건 제품은 위 도면으로 제작된 금형을 사용하여 생산된 것인 사실을 인정할 수 있고, 이 사건 특허발명이 이 사건 제품 출시 후인 2006. 2. 14. 출원된 사실은 앞서 본 바와 같은바, 그렇다면 피고는 이 사건 특허발명이 출원되기 전에 이미 이 사건 특허발명과 같은 방법으로 이 사건 제품을 생산하고 있었다 할 것이므로, 특허법 제103조에 따라 피고는 이 사건 특허발명에 관하여 선사용에 의한 통상실시권을 가진다 할 것이어서, 이를 지적하는 피고의 위 항변은 이유 있다."

〈박정훈〉

제101조(선출원에 따른 통상실시권)

타인의 디자인권이 설정등록되는 때에 그 디자인등록출원된 디자인의 내용을 알지 못하고 그 디자인을 창작하거나 그 디자인을 창작한 사람으로부터 알게 되어 국내에서 그 디자인 또는 이와 유사한 디자인의 실시사업을 하거나 그 사업의 준비를 하고 있는 자(제100조에 해당하는 자는 제외한다)는 다음 각 호의 요건을 모두 갖춘 경우에 한정하여 그 실시 또는 준비를 하고 있는 디자인 및 사업의 목적 범위에서 그 디자인권에 대하여 통상실시권을 가진다.

1. 타인이 디자인권을 설정등록받기 위하여 디자인등록출원을 한 날 전에 그 디자인 또는 이와 유사한 디자인에 대하여 디자인등록출원을 하였을 것
2. 타인의 디자인권이 설정등록되는 때에 제1호에 따른 디자인등록출원에 관한 디자인의 실시사업을 하거나 그 사업의 준비를 하고 있을 것
3. 제1호 중 먼저 디자인등록출원한 디자인이 제33조 제1항 각 호의 어느 하나에 해당하여 디자인등록거절결정이나 거절한다는 취지의 심결이 확정되었을 것

Ⅰ. 본조의 의의

선출원된 디자인의 등록을 거절하는 거절결정이나 그러한 취지의 심결이 확정되었는데 선출원된 디자인과 유사한 후출원디자인이 등록된 경우 선출원인이 그 디자인의 실시사업을 하거나 그 준비를 하고 있던 경우 예상하지 못한 손해를 입을 수 있다. 본 조문은 이와 같은 경우 선출원인과 후출원 디자인권자

의 이해관계를 조정하기 위한 것이다.[1]

Ⅱ. 요건사실

1. 출원등록된 디자인의 내용을 알지 못하고 스스로 그 디자인을 창작하거나 그 디자인을 알지 못하고 그 디자인을 창작한 자로부터 알게 되었을 것.

2. 디자인권이 등록될 때 국내에서 그 디자인 또는 이와 유사한 디자인의 실시사업을 하거나 그 사업의 준비를 하고 있던 자일 것.

3. 등록디자인의 출원일 전에 스스로 그 디자인 또는 이와 유사한 디자인에 대하여 디자인등록출원을 한 자일 것

4. 스스로 한 디자인등록출원이 디자인보호법 제33조 제1항 각 호의 어느 하나에 해당하여 디자인등록을 거절한다는 취지의 거절결정이나 심결이 확정된 자일 것

5. 실시태양이 실시 또는 준비를 하고 있던 디자인 및 사업목적 범위 내일 것

Ⅲ. 통상실시권의 성립요건

1. 「디자인의 내용을 알지 못하고」

디자인보호법 제100조의 선사용에 따른 통상실시권과 동일하다(디자인보호법 제100조 주해 참조).

2. 「디자인권이 설정등록되는 때」

3. 「국내에서 디자인의 실시사업을 하고 있는 자 또는 그 사업준비를 하고 있는 자」

(1) 디자인보호법 제100조의 선사용에 따른 통상실시권과 동일하다(디자인보호법 제100조 주해 참조).

(2) 「제100조에 해당하는 자는 제외한다」

디자인보호법 제100조와 본조의 요건을 동시에 구비한 경우에 본조에 의한 통상실시권은 주장할 수 없다. 따라서 해당 등록디자인의 출원 전에 실시하

---

1) 満田重昭・松尾和子 대표집필, 注解 意匠法, 靑林書院(2010), 434(光石 後郎 집필부분).

였으면 선사용에 따른 통상실시권(제100조)을 주장하고, 후출원의 디자인출원부
터 설정등록 사이에 실시하였으면 선출원에 따른 통상실시권(본조)을 주장하게
된다.2)

4. 「디자인등록출원에 관한 디자인」

일본에서는 디자인등록출원에 개시된 디자인과 유사한 디자인에 대하여도
통상실시권을 주는 것은 제3자와 비교하여 출원인을 지나치게 우대하는 것이
되고, 통상실시권이 부여되는 디자인을 명확하게 하기 위해 거절이 확정된 디자
인출원의 출원 시에 개시된 것과 동일한 디자인에 대하여만 후출원에 의한 디
자인권의 통상실시권을 부여하게 되었는데, 유사한 디자인에 대하여 통상실시
권을 부여하지 않는 것은 입법론상 의문이라는 견해가 있다.3)

5. 「먼저 디자인등록출원한 디자인이 제33조 제1항 각 호의 어느 하나
   에 해당하여 디자인등록거절결정이나 거절한다는 취지의 심결이 확
   정되었을 것」

디자인등록이 되지 않고 공연히 알려진 디자인에 의해 디자인등록출원이 거
절된 경우 출원된 디자인의 실시가 나중에 출원되어 등록된 디자인의 침해가
되지 않으리라고 안심한 출원인을 보호하기 위해 본조의 통상실시권이 인정된
다.4) 일본에서는 타인의 디자인등록으로 공개된 디자인에 의해 디자인출원이
거절된 경우에는 본조에 의해 보호되지 아니하여야 되는데 이와 같은 경우에도
본조에 의해 통상실시권이 인정되는 것은 입법론상 의문이라는 견해가 있다.5)

Ⅳ. 선사용권의 범위 ―「실시 또는 준비를 하고 있는 디자인 및 사
    업의 목적 범위에서」

일본에서는 실시 또는 준비를 하고 있는 디자인과 유사한 디자인에 대하여
는 본조에 따른 통상실시권이 인정되지 않는다고 해석된다.6)

---

2) 満田重昭・松尾和子 대표집필(주 1), 435.
3) 満田重昭・松尾和子 대표집필(주 1), 435.
4) 満田重昭・松尾和子 대표집필(주 1), 435.
5) 満田重昭・松尾和子 대표집필(주 1), 435.
6) 満田重昭・松尾和子 대표집필(주 1), 436.

　　후출원에 의한 디자인권 설정 시에 그 디자인권의 디자인 또는 이와 유사한 디자인인 디자인 A와 디자인 B가 실시되고 있었지만 디자인 A만 선출원의 대상이었던 경우에는 디자인 A에 대하여만 통상실시권이 인정되고, 디자인 B는 통상실시권이 인정되지 않는다고 한다.[7]

V. 선사용권을 원용할 수 있는 자의 범위

　　디자인보호법 제100조의 선사용에 따른 통상실시권과 동일하다(디자인보호법 제100조 주해 참조).

VI. 선사용권의 소멸과 이전

　　디자인보호법 제100조의 선사용에 따른 통상실시권과 동일하다(디자인보호법 제100조 주해 참조).

〈박정훈〉

---

7) 満田重昭・松尾和子 대표집필(주 1), 436.

> **제102조(무효심판청구 등록 전의 실시에 의한 통상실시권)**
> ① 다음 각 호의 어느 하나에 해당하는 자가 디자인등록에 대한 무효심판청구의 등록 전에 자기의 등록디자인이 무효사유에 해당하는 것을 알지 못하고 국내에서 그 디자인 또는 이와 유사한 디자인의 실시사업을 하거나 그 사업의 준비를 하고 있는 경우에는 그 실시 또는 준비를 하고 있는 디자인 및 사업의 목적 범위에서 그 디자인권에 대하여 통상실시권을 가진다.
> 1. 동일하거나 유사한 디자인에 대한 2 이상의 등록디자인 중 그 하나의 디자인등록을 무효로 한 경우의 원(原)디자인권자
> 2. 디자인등록을 무효로 하고 동일하거나 유사한 디자인에 관하여 정당한 권리자에게 디자인등록을 한 경우의 원디자인권자
> ② 제1항 제1호 및 제2호의 경우에 있어서 그 무효로 된 디자인권에 대하여 무효심판청구 등록 당시에 이미 전용실시권이나 통상실시권 또는 그 전용실시권에 대한 통상실시권을 취득한 자로서 다음 각 호의 어느 하나에 해당하는 자는 통상실시권을 가진다.
> 1. 해당 통상실시권 또는 전용실시권의 등록을 받은 자
> 2. 제104조 제2항에 해당하는 통상실시권을 취득한 자
> ③ 제1항 및 제2항에 따라 통상실시권을 가지는 자는 디자인권자 또는 전용실시권자에게 상당한 대가를 지급하여야 한다.

〈소 목 차〉

I. 본조의 의의

자기의 디자인권이 무효사유에 해당되는 것을 알지 못하고, 국가로부터 부여받은 디자인권을 신뢰하여 그 디자인 또는 이와 유사한 디자인의 실시사업을

하거나 실시 준비 중인 자를 보호하기 위한 규정이다. 이 규정에 의하여 인정받
게 되는 통상실시권을 강학상 중용권(中用權)으로 부른다. 디자인권이 착오로 부
여된 경우 국가가 잘못한 측면도 있고 권리자로서도 예측하기 어렵기 때문에
자기의 권리를 신뢰하여 사업을 벌여 놓거나 사업준비를 갖춘 선의의 사용자를
보호하기 위한 제도이다. 중용권은 선사용권과 존재이유가 유사하다. 선사용권
은 국민경제적 의의와 양 당사자와의 형평의 측면에서 무상의 통상실시권이 부
여되지만 중용권은 산업정책적인 고려에서 인정되는 것이므로 유상의 통상실
시권이 부여된다. 선사용권과 중용권은 발생요건과 법적 성질 및 범위는 유사
하다.[1]

Ⅱ. 중용권의 요건

1. 무효심판청구등록전의 실시

여기서의 등록은 예고등록을 말한다. 제3자에 대한 경고의 의미를 가지므로
예고등록 후의 실시사업 또는 사업준비는 중용권의 보호를 받을 수 없다.[2]

2. 선　　의

선의라 함은 디자인권이 무효사유에 해당하는 것을 알지 못하고 실시사업
을 하거나 그 사업의 준비를 하고 있는 것을 말한다. 자신의 디자인권에 무효사
유가 있다는 것을 모른 것에 과실이 있더라도 무방하다. 원래 디자인권에 무효
사유가 있는 때에는 심사단계에서 거절결정이 되어서 권리가 발생하지 않으므
로 특허청의 판단을 자기의 책임으로 전가할 수 없기 때문이다. 다만, 무권리자
가 디자인등록을 받은 후 실시한 경우와 같이 무효사유가 있음을 알고 디자인
의 실시사업을 한 경우에는 선의자에 해당하지 않지만, 디자인등록을 받은 무권
리자로부터 선의로 디자인권을 양도받은 자는 선의자에 해당한다.[3]

---

1) 정상조·박성수 공편, 특허법 주해Ⅰ, 박영사(2010), 1264(이회기 집필부분). 특허권의
　통상실시권에 관한 논의이지만 디자인권의 통상실시권에 관하여도 마찬가지로 적용될 수
　있을 것이다.
2) 정상조·박성수 공편(주 1), 1264.
3) 윤선희, 특허법(제5판), 법문사(2012), 701.

3. 국내에서 실시사업 또는 사업준비를 하고 있을 것

국내에서 실시사업 또는 사업준비를 하고 있을 것의 구체적 요건은 선사용
권의 경우와 동일하다(디자인보호법 제100조 주해 참조).

Ⅲ. 주체 및 범위

1. 원디자인권자

동일하거나 유사한 디자인에 관하여 2 이상의 디자인권이 등록된 경우 그
중 하나를 무효로 한 경우이다. 주로 신규성(제33조 제1항 제1호·제2호·제3호),
확대된 선출원의 지위(제33조 제3항), 선출원주의(제46조) 위반을 이유로 무효로
되는 경우이다. 원디자인권자란 무효가 되기 이전에 디자인권을 보유하고 있었
던 자를 의미한다.

2. 정당한 권리자에게 디자인권을 부여한 경우

디자인권을 무효로 하고 동일하거나 유사한 디자인에 관하여 정당한 권리
자에게 디자인권을 부여한 경우이다(디자인보호법 제102조 제1항 제2호). 예를 들
어, 동일하거나 유사한 디자인에 대하여 2개의 디자인등록출원이 선·후로 된
경우에 착오로 후출원이 디자인등록된 경우 선출원자는 후출원의 디자인등록을
무효화시키고 자신의 선출원에 대하여 디자인등록를 받을 수 있다.[4]

본 호가 적용되는 것은 무권리자 디자인등록 또는 무권리자 출원임을 알지
못하고 선의로 양수하여 디자인권자가 된 자만이 해당하고, 무권리자임을 알고
양수한 자는 선의라 할 수 없으므로 법정실시권을 가질 수 없다.[5]

3. 실시권자

제1호·제2호의 경우에 있어서 디자인권에 대한 무효심판의 등록 당시에
이미 전용실시권, 통상실시권 또는 그 전용실시권에 대한 통상실시권을 취득하
고 등록을 받은 자는 통상실시권을 갖는다. 다만, 법정실시권의 등록 예외 규정
(디자인보호법 제104조 제2항)이 적용되는 경우는 등록을 하지 않아도 대항력이

---

4) 정상조·박성수 공편(주 1), 1265.
5) 정상조·박성수 공편(주 1), 1265-1266.

있어 새로운 디자인권자 등에게 그 효력을 주장할 수 있다. 디자인보호법 제123
조에 따른 재정에 의한 통상실시권도 직권으로 등록이 이루어지므로 본조에 의
한 통상실시권을 갖게 된다.

Ⅳ. 효　　과

1. 통상실시권

실시 또는 준비를 하고 있는 디자인 및 사업 목적 범위 안에서 통상실시권
을 갖는다. 실시 또는 준비의 의미, 통상실시권의 적용범위는 선사용권(디자인보
호법 제100조)의 경우와 같다.

일본에서는 본조에 따른 중용권은 국민경제상의 관점에서 인정되므로 실시
형태와 관련하여 실시범위를 확장하는 것은 허용되지 않는다는 견해가 있다. 이
에 따르면 디자인 또는 이와 유사한 디자인에 관한 물품을 제조하고 있던 자는
다른 실시형태, 즉 사용, 양도, 임대, 수출, 수입 등의 행위가 허용되지만 제조를
하지 않고 있던 자가 종래의 실시형태에 부가하여 제조행위를 하는 것은 허용
되지 않는다. 다만 종래의 실시형태의 범위 내이면 사업계속 중에 그 규모를 확
대하는 것은 허용된다고 한다.[6]

2. 대　　가

본조의 입법 취지는 공평의 이념이라기보다는 사업설비의 보호라는 경제적
이유밖에 없으므로 공평의 이념을 갖는 선사용권과 달리 대가지급의무를 규정
하고 있다. 특허청의 처분을 신뢰한 자를 구제하고 기존설비의 폐기를 방지한다
는 경제상의 이유에서 규정된 것이므로 상당한 대가를 지불하지 않으면 안 된
다(디자인보호법 제102조 제3항).[7] 이 경우의 상당한 대가의 산정은 허락이 있는
경우의 통상의 실시료 상당액을 고려하여 결정하여야 할 것이다.[8]

3. 등　　록

일본에서는 중용권의 이전, 변경, 소멸 또는 처분의 제한 등은 등록하지 않

---

6) 満田重昭·松尾和子 대표집필, 注解 意匠法, 青林書院(2010), 440-441(古沢 博 집필부
　분).
7) 윤선희(주 3), 703; 정상조·박성수 공편(주 1), 1266.
8) 정상조·박성수 공편(주 1), 1266; 満田重昭·松尾和子 대표집필(주 6), 441.

으면 제3자에게 대항할 수 없다는 견해가 있는데[9] 이는 선사용권을 포함한 법
정통상실시권의 경우에는 등록하지 아니하면 제3자에게 통상실시권의 이전을
대항할 수 없다는 조문이 적용되지 않는다는 견해[10]와 배치되는 것으로 보인다
(디자인보호법 제100조 주해 참조). 원래 디자인보호법 제104조 제3항은 허락에
의한 통상실시권을 대상으로 한 것이고, 법정실시권의 이전에는 적용되지 않는
다고 해석하는 것이 타당하므로 유효하게 중용권이 이전된다면 그 등록 없이도
제3자에게 대항할 수 있다 할 것이다(디자인보호법 제100조 주해 참조).

〈박정훈〉

---

9) 満田重昭 · 松尾和子 대표집필(주 6), 441.
10) 満田重昭 · 松尾和子 대표집필(주 6), 432.

제103조(디자인권 등의 존속기간 만료 후의 통상실시권)

① 등록디자인과 유사한 디자인이 그 디자인등록출원일 전 또는 디자인등록출원일과 같은 날에 출원되어 등록된 디자인권(이하 "원디자인권"이라 한다)과 저촉되는 경우 원디자인권의 존속기간이 만료되는 때에는 원디자인권자는 원디자인권의 범위에서 그 디자인권에 대하여 통상실시권을 가지거나 원디자인권의 존속기간 만료 당시 존재하는 그 디자인권의 전용실시권에 대하여 통상실시권을 가진다.

② 제1항의 경우 원디자인권의 만료 당시 존재하는 원디자인권에 대한 전용실시권자 또는 제104조 제1항에 따라 등록된 통상실시권자는 원권리의 범위에서 그 디자인권에 대하여 통상실시권을 가지거나 원디자인권의 존속기간 만료 당시 존재하는 그 디자인권의 전용실시권에 대하여 통상실시권을 가진다.

③ 등록디자인 또는 이와 유사한 디자인이 그 디자인등록출원일 전 또는 디자인등록출원일과 같은 날에 출원되어 등록된 특허권·실용신안권과 저촉되고 그 특허권 또는 실용신안권의 존속기간이 만료되는 경우에 관하여는 제1항 및 제2항을 준용한다.

④ 제2항(제3항에서 준용하는 경우를 포함한다)에 따라 통상실시권을 갖는 자는 그 디자인권자 또는 그 디자인권에 대한 전용실시권자에게 상당한 대가를 지급하여야 한다

〈소 목 차〉

Ⅰ. 본조의 의의

1. 제103조 제1항·제2항

제103조 제1항·제2항은 등록디자인과 유사한 디자인이 같은 날 또는 먼저 출원된 디자인권(원디자인권)과 저촉되고 원디자인권의 존속기간이 만료되는 경우에 원디자인권자 및 원디자인권에 대한 전용실시권자 또는 등록된 통상실시권자를 보호하기 위한 규정이다.

디자인권의 효력은 등록디자인 뿐만 아니라 이와 유사한 디자인에도 미치
므로(제92조) 원디자인과 유사한 디자인이 같은 날 또는 나중에 출원된 등록디자
인과 유사한 경우 디자인권 사이의 저촉문제가 발생한다. 그러한 경우 원디자인
권자는 자신의 등록디자인과 유사한 디자인을 실시할 수 있지만 원디자인권의
존속기간이 만료되면 같은 날 또는 나중에 출원된 등록디자인의 제한을 받게 되
어 더 이상 원디자인과 유사한 디자인을 실시할 수 없게 된다. 제103조 제1항·
제2항은 이러한 경우 원디자인권자 및 원디자인권에 대한 전용실시권자 또는
등록된 통상실시권자의 실시를 보호하기위하여 통상실시권을 부여하고 있다.[1]

2. 제103조 제3항

제103조 제3항은 특허권·실용신안권이 디자인권과 저촉되고 특허권·실
용신안권의 존속기간이 만료되는 경우에 특허권자·실용신안권자를 보호하기
위한 규정이다. 특허권·실용신안권과 디자인권은 그 보호의 대상이 상이하지
만 현실적으로 양자가 저촉될 수 있으며, 특허·실용신안출원과 디자인등록출
원에 대해서는 선·후출원의 심사가 이루어지지 아니하므로 저촉되는 2개의 출
원에 모두 권리가 부여될 수 있다. 이 경우 특허·실용신안출원이 디자인등록출
원보다 먼저 이루어지거나 동일자 출원인 경우 그 특허권자·실용신안권자는
특허권·실용신안권의 존속기간중에는 디자인권의 존재에도 불구하고 당해 특
허권·실용신안권에 의한 어떠한 제약도 받지 아니하고 자유롭게 그 특허권·
실용신안권을 실시할 수 있다. 그러나 특허권·실용신안권의 존속기간이 만료
된 후에 그 특허권·실용신안권과 저촉되는 디자인권이 존속하고 있는 경우 그
특허권·실용신안권의 실시를 계속할 수 없다고 하면 특허권자·실용신안권자
는 그 설비를 제거하여야 하므로 지극히 불합리한 결과를 초래하게 되므로, 특
허권·실용신안권의 존속기간이 만료된 후 법정의 통상실시권을 부여하고자 하
는 취지에서 규정한 것이다.[2]

---

1) 일본에서도 같은 취지로 설명되고 있다[満田重昭·松尾和子 대표집필, 注解 意匠法, 靑
   林書院(2010), 442-443(大瀬戸豪志 집필부분)].
2) 특허청, 특허법 조문해설(2007), 260. 특허권의 통상실시권에 관한 논의이지만 디자인권
   의 통상실시권에 관하여도 마찬가지로 적용될 수 있을 것이다.

II. 요　건

1. 제103조 제1항·제2항

가. 디자인등록출원일 이전 또는 같은 날에 출원된 원디자인권

원디자인권 존속기간 만료 후에 통상실시권을 갖기 위해서는 원디자인 출원이 등록디자인 출원보다 선출원이거나 최소한 같은 날의 출원이어야 한다.

나. 원디자인권과 등록디자인권의 저촉

원디자인권과 등록디자인권의 저촉은 선·후출원 또는 동일 날짜의 디자인 출원 심사 당시에 각각의 출원디자인의 유사범위에 속하는 디자인에 대한 심사가 이루어지지 않기 때문에 발생한다.3) 일본에서는 등록디자인의 유사 디자인과 유사한 디자인에 대한 디자인권에 대하여는 본항들이 적용되지 않는다는 견해가 있다.4)

다. 원디자인권의 존속기간의 만료

원디자인권이 존속기간의 만료로 소멸한 경우에 본항들이 적용된다. 원디자인권에 대한 무효심결확정, 포기, 등록료 미납 등의 경우로 원디자인권이 소멸한 경우에는 본항들이 적용되지 않는다. 일본에서는 입법론으로 원디자인권이 무효심결 확정으로 소멸된 경우에는 유상의 통상실시권이 인정되어야 한다는 견해가 있다.5)

2. 제103조 제3항

가. 디자인등록출원일 이전 또는 같은 날에 출원된 특허권·실용신안권

특허권·실용신안권 존속기간 만료 후에 통상실시권을 갖기 위해서는 특허·실용신안출원이 디자인 등록출원보다 선출원이거나 최소한 같은 날의 출원이어야 한다. 동일한 물품의 미적 요소는 디자인권이 대상이 되고 동시에 기술적 요소는 특허권 또는 실용신안권의 대상이 되는데 디자인권의 출원일 이후에 출원된 특허권 또는 실용신안권이 디자인권과 저촉되는 경우에는 디자인권자의

---

3) 滿田重昭·松尾和子 대표집필(주 1), 443.
4) 滿田重昭·松尾和子 대표집필(주 1), 443.
5) 滿田重昭·松尾和子 대표집필(주 1), 443-444.

허락 없이는 특허권 또는 실용신안권을 업으로서 실시할 수 없으므로(특허법 제
98조) 디자인등록출원일 이후에 출원된 특허권 또는 실용신안권에 대하여는 통
상실시권을 인정할 필요가 없다.

나. 특허권·실용신안권과 디자인권의 저촉

특허권·실용신안권과 디자인권은 그 보호의 대상이 상이하지만 현실적으
로 양자가 저촉될 수 있고 특허·실용신안과 디자인 등록출원이 선·후출원의
심사가 이루어지지 않으므로 저촉되는 2개의 출원에 대하여 모두 권리가 부여
될 수 있다. 특허권·실용신안권과 디자인권은 권리내용에서 저촉하는 것일지
라도 그 출원의 선후에 관계없이 서로 별개의 권리로 독립적으로 설정된다는
점에서 통상실시권을 인정한다.6)

본항은 상표권 또는 저작권과 디자인권이 저촉되는 경우에는 적용되지 않
는다. 상표권의 경우는 존속기간 만료 후에는 존속기간 갱신 등록을 할 수 있기
때문에 별도로 통상실시권을 인정해 줄 필요가 없다. 디자인권이 그 출원일 전
에 발생한 타인의 저작권과 저촉되는 경우에는 저작권자의 허락 없이는 업으로
서 등록디자인 또는 이와 유사한 디자인을 실시할 수 없는바(디자인보호법 제95
조 제3항 참조), 일본 의장법도 특허권, 실용신안권의 존속기간 만료 후에 그 특
허권이나 실용신안권의 통상실시권만 인정하고, 저작권의 경우에는 그 만료 후
에 통상실시권이 인정하지 않는다(일본 의장법 제31조 제2항). 일본에서는 저작권
과 디자인권이 저촉되는 경우에는 통상 디자인권이 저작권을 침해하는 상태에
있게 되므로 저작권의 존속기간 만료 후에 디자인권의 행사를 인정해 주는 것
은 불합리하다는 견해가 있다.7)

다. 특허권·실용신안권의 존속기간의 만료

특허권자·실용신안권자의 기득권을 인정하기 위해서는 특허권·실용신안
권이 정상적인 존속기간 만료에 의해 소멸된 것이어야 하며, 그 이외의 이유(예
컨대 무효심결확정, 포기, 등록료불납)로 특허권·실용신안권이 소멸한 경우에는
통상실시권이 인정되지 않는다.8)

---

6) 정상조·박성수 공편, 특허법 주해 I, 박영사(2010), 1268(이회기 집필부분).
7) 滿田重昭·松尾和子 대표집필(주 1), 445.
8) 정상조·박성수 공편(주 6), 1268.

Ⅲ. 효　과

1. 통상실시권

원디자인권자(제103조 제1항) 또는 특허권자·실용신안권자(제103조 제3항)는 원디자인권 또는 특허권·실용신안권의 존속기간이 만료된 후에 원디자인권 또는 특허권·실용신안권의 범위 전부에서 디자인권 또는 그 전용실시권에 대하여 무상의 통상실시권을 가진다.

원디자인권의 전용실시권자 또는 등록된 통상실시권자(제103조 제2항), 특허권·실용신안권의 전용실시권자 또는 등록된 통상실시권자(제103조 제3항)는 원디자인권 또는 특허권·실용신안권의 존속기간이 만료된 후에 원권리의 범위 내, 즉 전용실시권 또는 통상실시권의 범위 내에서 디자인권 또는 그 전용실시권에 대하여 유상의 통상실시권을 가진다.

선사용에 따른 통상실시권과 달리 통상실시권의 범위가 원디자인권자, 특허권자·실용신안권자 또는 이들의 전용실시권자, 등록된 통상실시권자가 실제 실시하고 있거나 실시를 준비해 온 사업의 범위 내에 한정되지 않는다. 선사용권의 경우와는 달리 국민경제상의 관점에서 발생하는 권리가 아니기 때문이다.[9]

2. 대　가

설정 원인이 권리의 공평을 기한다는 점을 중시하므로 원디자인권자 또는 특허권자·실용신안권자게 인정되는 법정 통상실시권의 경우에는 그 대가를 지급할 필요가 없다.[10]

그러나 만료 당시 원디자인권 또는 특허권·실용신안권에 존재하던 전용실시권자 및 등록된 통상실시권자는 본조에 따른 법정 통상실시권에 대하여 디자인권자나 그 전용실시권자에게는 상당한 대가를 지급하여야 한다(디자인보호법 105조 제4항). 실시권자는 디자인권자 또는 그 전용실시권자에게 대가를 지급하는 것이 통상적이므로 원디자인권 또는 특허권·실용신안권의 존속기간이 만료

---

9) 정상조·박성수 공편(주 6), 1268.
10) 정상조·박성수 공편(주 6), 1269.

된 경우에도 실시에 대가를 지급하도록 한 것이다.

〈박정훈〉

> **제104조(통상실시권 등록의 효력)**
> ① 통상실시권을 등록한 경우에는 그 등록 후에 디자인권 또는 전용실시권을 취득한 자에 대하여도 그 효력이 발생한다.
> ② 제84조 제5항, 제100조부터 제103조까지, 제110조, 제162조, 제163조 및 「발명진흥법」 제10조 제1항에 따른 통상실시권은 등록이 없더라도 제1항에 따른 효력이 발생한다.
> ③ 통상실시권의 이전·변경·소멸 또는 처분의 제한, 통상실시권을 목적으로 하는 질권의 설정·이전·변경·소멸 또는 처분의 제한은 등록하지 아니하면 제3자에게 대항할 수 없다.

Ⅰ. 본조의 의의

통상실시권자는 통상실시권의 채권성으로 인하여 그 법적 지위가 불안정하기 때문에 등록을 요건으로 하여 통상실시권자가 디자인권 등을 양도받은 디자인권자 또는 다른 전용 실시권자에 대항하여 자기의 통상실시권을 주장할 수 있도록 보호수단을 마련한 것이다.

Ⅱ. 등록된 통상실시권의 효력

통상실시권의 등록 시 그 이후에 디자인권 또는 전용실시권의 이전 또는 새로운 전용실시권의 설정 등록이 있다 하더라도 통상실시권자는 신디자인권자 또는 신전용실시권자에 대항하여 자신의 통상실시권을 주장할 수 있다.

미등록의 통상실시권자는 신디자인권자나 전용실시권자에 대항할 수 없게 되어 피해를 볼 수 있다. 이 경우 법은 특별한 보호조치를 강구하고 있지 않으므로 미등록 통상실시권자는 구디자인권자에 대하여 채무불이행으로 인한 손해배상을 청구할 수 있음에 그친다.[1] 디자인권자가 이중으로 독점적 통상실시권

---

1) 송영식, 지적소유권법 上, 육법사(2008), 459. 특허권의 통상실시권에 관한 논의이지만

을 부여한 경우 등록이 없는 한 쌍방 모두 대항할 수 없고 각자가 실시할 수 있
으며 디자인권자에 대하여 채무불이행 책임을 물을 수 있을 뿐이다.[2]

Ⅲ. 법정 실시권의 등록 예외 규정

법정 실시권은 실시권의 설정계약 없이 법에 의해 당연히 성립이 인정되는
통상실시권이다. 실시권자가 법정실시권의 발생을 예상하여 이를 사전에 등록
하는 것은 불가능하고 이것이 가능한 경우에도 법에 의해 당연히 발생하는 법
정실시권의 대항요건으로 등록을 요구하는 것은 법정실시권의 법적 성질에도
부합하지 않는다.[3]

Ⅳ. 이전 등의 경우 제3자에 대한 대항요건

통상실시권자로부터 실시사업과 함께 통상실시권을 양수한 경우 이를 등록
하지 않으면 디자인권자에게 자신이 적법한 통상실시권자임을 주장할 수 없다.
등록된 통상실시권자로부터 디자인권자의 동의를 얻어 통상실시권을 양수한 경
우에 이를 등록하지 않으면 그 후 디자인권을 양수한 자에게 자신이 적법한 통
상실시권자임을 주장할 수 없다.[4]

〈박정훈〉

디자인권의 통상실시권에 관하여도 마찬가지로 적용될 수 있을 것이다.
2) 송영식(주 1), 459.
3) 특허청, 조문별특허법 해설(2007), 287.
4) 특허청(주 3), 287.

Ⅰ. 본조의 의의

물권 등의 권리는 권리자가 자유로이 포기할 수 있음이 원칙이고, 디자인권
도 디자인권자가 자유로이 포기할 수 있다. 본조에서는 이러한 원칙을 확인해
주고 있다.

Ⅱ. 포기의 절차

디자인권의 포기는 디자인보호법 제98조 제1항 제1호[1]의 말소 등록이 있어
야 효력이 발생한다. 특허권자의 단독 신청으로 포기에 따른 말소 등록을 신청
할 수 있다(특허권 등의 등록령 제43조).

복수디자인등록된 디자인권(제41조)은 각 디자인마다 분리하여 포기할 수
있다.

Ⅲ. 전용실시권, 통상실시권의 포기

디자인권을 자유로이 포기할 수 있듯이 디자인권에 대한 전용실시권과 통
상실시권도 명문의 규정이 없더라도 이를 자유로이 포기할 수 있다.

전용실시권 포기의 경우 디자인보호법 제98조 제1항 제2호의 등록이 있어

---

1) 디자인보호법 제98조(디자인권 및 전용실시권 등록의 효력)
   ① 다음 각 호에 해당하는 사항은 등록하지 아니하면 효력이 발생하지 아니한다.
   1. 디자인권의 이전(상속이나 그 밖의 일반승계에 의한 경우는 제외한다), 포기에 의한
      소멸 또는 처분의 제한

야 효력이 발생한다.

　반면, 통상실시권 포기의 경우에는 이를 등록하지 아니하면 제3자에게 대항할 수 없는 대항요건에 불과하다(제104조 제3항).

Ⅳ. 포기의 효과 및 제한

　디자인권을 포기하면 디자인권은 포기가 있는 때로부터 소멸하게 된다(제107조). 디자인권에 대하여 전용실시권자 등의 이해관계인이 있는 경우에는 이해관계인의 동의를 얻어야 권리를 포기할 수 있는 등의 제한이 있다(제106조).

　포기의 효과 및 제한에 대한 자세한 설명은 디자인보호법 제106조, 제107조의 주해 부분 참조.

〈윤주탁〉

> **제106조(디자인권 등의 포기의 제한)**
> ① 디자인권자는 전용실시권자·질권자 및 제97조 제4항(전용실시권에 대한 통상실시권)·제99조 제1항(디자인권자의 허락에 의한 통상실시권) 또는「발명진흥법」제10조 제1항(직무발명의 통상실시권)에 따른 통상실시권자의 동의를 받지 아니하면 디자인권을 포기할 수 없다.
> ② 전용실시권자는 질권자 및 제97조 제4항(전용실시권에 대한 통상실시권)에 따른 통상실시권자의 동의를 받지 아니하면 전용실시권을 포기할 수 없다.
> ③ 통상실시권자는 질권자의 동의를 받지 아니하면 통상실시권을 포기할 수 없다.

Ⅰ. 본조의 의의

디자인권자, 전용실시권자 및 통상실시권자는 자신의 권리를 자유로이 포기할 수 있음이 원칙이다(디자인권 포기에 관하여는 제105조 참조). 그러나, 이러한 권리를 기초로 하여 전용실시권, 통상실시권, 질권 등이 설정되어 있는 경우 디자인권·전용실시권·통상실시권을 포기하게 되면 이를 기초로 하는 권리들도 함께 소멸하게 된다. 본조는 디자인권자, 전용실시권자 및 통상실시권자가 해당 권리를 포기함에 있어 그로 인해 법률상 불이익을 받는 제3자의 동의를 얻도록 함으로써 위 권리들의 소멸에 법률상 이해관계 있는 제3자의 이익을 보호하기 위한 규정이다.

특허법 제119조(특허권 등의 포기의 제한)에도 동일한 규정이 있고, 민법 제352조(질권설정자의 권리처분 제한), 제371조 제2항(지상권, 전세권을 목적으로 하는 저당권의 포기)도 동일한 취지의 규정으로 볼 수 있다.

Ⅱ. 포기의 제한

1. 디자인권 포기의 제한

가. 포기의 제한

디자인권자는 자신의 디자인권에 대하여 타인에게 전용실시권을 설정하거나(제97조 제1항), 질권을 설정하거나(제108조), 통상실시권을 허락할 수 있다(제99조 제1항). 또한, 디자인권자는 전용실시권자가 그 전용실시권을 목적으로 질권을 설정하거나 통상실시권을 허락하도록 동의할 수 있고(제97조 제4항), 통상실시권자가 그 통상실시권을 목적으로 질권을 설정하도록 동의할 수 있다(제99조 제5항). 한편, 사용자는 종업원이 취득한 직무발명에 대하여 법률상 통상실시권을 가진다(발명진흥법 제10조 제1항).

이와 같이 디자인권이 타인의 권리의 목적이 된 경우 디자인권을 포기하기 위해서는 전용실시권자, 질권자, 전용실시권에 대한 통상실시권자, 디자인권자의 허락에 의한 통상실시권자, 직무발명에 있어 통상실시권자의 동의를 얻어야 한다(제106조 제1항).

또한, 전용실시권에 대한 질권자, 통상실시권에 대한 질권자의 경우에는 본조에 포함되는지 여부가 명확하지 않다고 볼 여지가 있으나, 위 질권들은 '전용실시권에 대한 통상실시권'과 마찬가지로 설정 당시에 디자인권자의 동의가 필요한 점, 위 질권자들도 디자인권이 소멸되는 경우 '전용실시권에 대한 통상실시권자'와 마찬가지로 불이익을 입게 되는 이해관계가 있는 점, 전용실시권자가 전용실시권을 포기하기 위해서는 질권자의 동의를 얻어야 하고, 통상실시권자가 통상실시권을 포기하기 위해서는 질권자의 동의를 얻어야 하는 점(제106조 제2, 3항) 등에 비추어 보면, 디자인권자가 디자인권을 포기하기 위해서는 전용실시권에 대한 질권자, 통상실시권에 대한 질권자의 동의도 얻어야 한다고 할 것이다.

나. 공유권 포기의 제한

한편, 디자인권이 공유인 경우에는 각 공유자는 다른 공유자의 동의를 얻어야 전용실시권과 질권의 설정 및 통상실시권의 허락을 할 수 있으나(제96조), 일부 공유자가 디자인권의 지분을 포기하면 그 지분은 다른 공유자에게 지분 비율로 속하게 되므로 일부 공유자가 자기의 지분을 포기할 때 다른 공유자의 동의는 필요하지 않다.

2. 전용실시권·통상실시권 포기의 제한

가. 전용실시권 포기의 제한

전용실시권자는 디자인권자의 동의를 얻어 그 전용실시권을 목적으로 하는 질권을 설정하거나 통상실시권을 허락할 수 있다(제97조 제4항). 그 경우 전용실시권자가 전용실시권을 포기하기 위해서는 포기로 인해 권리가 소멸되는 질권자와 통상실시권의 동의를 얻어야 한다(제106조 제2항).

또한, 전용실시권자가 디자인권자의 동의를 얻어 허락한 통상실시권자는 디자인권자와 전용실시권자 모두의 동의를 얻어 그 통상실시권을 목적으로 하는 질권을 설정할 수 있으므로(제99조 제5항), 이러한 경우 전용실시권자가 전용실시권을 포기하기 위해서는 위 1.의 가.항에서 본 바와 같은 이유로 '디자인권자의 동의를 얻어 허락한 통상실시권'에 대한 질권자의 동의도 얻어야 한다.

한편, 전용실시권의 포기로 인해 권리제한이 소멸하게 되는 디자인권자의 동의는 필요하지 않다.

나. 통상실시권 포기의 제한

디자인권자의 허락에 의한 통상실시권자는 디자인권자의 동의를 얻어, 전용실시권자가 디자인권자의 동의를 얻어 허락한 통상실시권자는 디자인권자와 전용실시권자 모두의 동의를 얻어 그 통상실시권을 목적으로 하는 질권을 설정할 수 있다(제99조 제5항). 그 경우 통상실시권자가 통상실시권을 포기하기 위해서는 포기로 인해 권리가 소멸되는 질권자의 동의를 얻어야 한다(제106조 제3항). 한편, 통상실시권의 포기로 인해 권리제한이 소멸하게 되는 디자인권자와 전용실시권자의 동의는 필요하지 않다.

Ⅲ. 위반의 효과

본조에 위반되는 행위의 효력에 대하여는 본조 각 항에 정한 이해관계인의 추인을 얻어도 유효로 되지 않는다는 견해도 있을 수 있으나, 절대적으로 무효가 되는 것이 아니라 본조 각 항에 정한 이해관계인에게 대항하지 못하는 상대적인 무효라고 봄이 타당하다.

본조 제1항, 제2항에 정한 이해관계인의 동의가 없는 한 디자인권, 전용실
시권의 포기로 인한 말소등록¹⁾을 할 수 없고, 위 이해관계인의 동의가 없는 상
태에서 디자인권, 전용실시권의 포기로 인한 말소등록이 되었다고 하더라도, 위
이해관계인은 위 말소등록의 무효를 주장하며 위 말소등록의 회복을 구할 수
있다(특허권 등의 등록령 제27조).

통상실시권의 설정 등록이 되어 있는 경우 본조 제3항에 정한 이해관계인
의 동의가 없는 한 통상실시권의 포기로 인한 말소등록²⁾을 할 수 없고, 통상실
시권의 포기로 인한 말소등록이 되었다고 하더라도, 위 이해관계인은 위 말소등
록의 무효를 주장하며 위 말소등록의 회복을 구할 수 있다(특허권 등의 등록령
제27조).

〈윤주탁〉

---

1) 디자인보호법 제98조(디자인권 및 전용실시권 등록의 효력)
　① 다음 각 호에 해당하는 사항은 등록하지 아니하면 효력이 발생하지 아니한다.
　1. 디자인권의 이전(상속이나 그 밖의 일반승계에 의한 경우는 제외한다), 포기에 의한
　　소멸 또는 처분의 제한
　2. 전용실시권의 설정·이전(상속이나 그 밖의 일반승계에 의한 경우는 제외한다)·변
　　경·소멸(혼동에 의한 경우는 제외한다) 또는 처분의 제한
2) 디자인보호법 제104조(통상실시권 등록의 효력)
　③ 통상실시권의 이전·변경·소멸 또는 처분의 제한, 통상실시권을 목적으로 하는 질
권의 설정·이전·변경·소멸 또는 처분의 제한은 등록하지 아니하면 제3자에게 대항할
수 없다.

> **제107조(포기의 효과)**
> 디자인권·전용실시권 및 통상실시권을 포기하였을 때에는 디자인권·전용실시권 및 통상실시권은 그때부터 효력이 소멸된다.

Ⅰ. 본조의 의의

본조는 디자인권자, 전용실시권자 또는 통상실시권자가 자신의 권리를 포기하는 경우에 그 권리소멸의 효력발생시기를 정한 규정으로서, 권리의 포기에 소급효가 없음을 규정하고 있다.

특허법 제120조(포기의 효과)에도 동일한 규정이 있다.

Ⅱ. 포기의 효과

1. 포기의 효과의 발생 시기

본조는 디자인권, 전용실시권 및 통상실시권은 '포기가 있는 때'로부터 권리가 소멸하게 된다고 규정하고 있다.

먼저, 디자인권과 전용실시권의 포기는 등록하여야 그 효력이 발생하므로(제98조 제1항) 디자인권과 전용실시권의 경우 '포기가 있는 때'는 포기를 원인으로 말소등록이 된 때를 의미한다고 할 것이다.

다음으로, 통상실시권의 포기는 등록이 효력발생요건이 아니고 제3자에 대한 대항요건에 불과하므로(제104조 제3항), 통상실시권의 경우 '포기가 있는 때'란 포기의 상대방인 디자인권자나 전용실시권자에게 포기의 의사표시가 도달한 때를 의미한다고 할 것이다(민법 제111조 제1항).

2. 효과의 구체적 내용

디자인권, 전용실시권 및 통상실시권(이하 본조에서는 '디자인권 등'이라 한다)의 포기는 장래를 향하여 효력이 있을 뿐 소급효가 없음이 원칙이므로, 디자인권 등을 포기하더라도 포기 전의 권리는 유효하다.

따라서, 디자인권의 포기가 있기 전 유효하게 존재하였던 디자인권의 효력 여부에 관하여 다툴 이익이 있는 이해관계인으로서는 무효심판의 청구와 그 심판청구를 기각한 심결에 대한 심결취소 소송을 제기할 수 있다.[1]

다만, 예외적으로 디자인등록출원의 선후를 정함에 있어서는 디자인등록출원의 포기는 출원시에 소급하여 출원이 없었던 것으로 간주된다(제36조 제3항, 제4항).

3. 복수디자인등록된 디자인권의 포기

한편, 복수디자인등록된 디자인권(제41조)은 각 디자인마다 분리하여 포기할 수 있으므로(제105조), 포기의 효과도 해당 디자인에 대하여만 발생한다.

〈윤주탁〉

---

1) 특허법원 2007. 8. 22. 선고 2006허10135 판결 참조.

> **제108조(질권)**
>
> 디자인권·전용실시권 또는 통상실시권을 목적으로 하는 질권을 설정하였을 때에는 질권자는 계약으로 특별히 정한 경우를 제외하고는 해당 등록디자인을 실시할 수 없다.

Ⅰ. 본조의 의의

질권이란 채권담보를 위하여 채권자가 채무자 또는 제3자 소유의 일정한 재산을 점유하고 채무의 변제가 있을 때까지 이를 유치함으로써 그 변제를 간접적으로 강제함과 아울러 변제기에 채무의 변제가 없을 때에는 그 재산의 환가대금으로부터 우선적으로 채권의 만족을 얻을 수 있는 권리를 말한다.[1]

질권은 원래 유체물에 대하여 발달하였고 유체물 위에 존재하는 것이 원칙이나(민법 제329조), 질권의 주된 작용은 목적물을 환가하여 그 대가로부터 피담보채권을 우선적으로 변제받는데 있으므로, 환가에 의하여 우선변제를 받을 수

---

[1] 곽윤직 편집대표, 민법주해 Ⅵ(초판), 박영사(2002), 342(양승태 집필부분).

있다면 질권의 목적물을 유체물에 한할 이유는 없는 것이다.2)

이러한 이유에서 민법에서는 양도성을 갖는 재산권을 목적으로 질권을 설정할 수 있다고 규정함으로써(민법 제345조), 권리질권을 명문으로 인정하고 있다. 디자인권도 양도성을 갖는 재산권이고(제96조 제1항), 전용실시권과 통상실시권도 디자인권자 등의 동의를 얻어야 하는 등 일정한 제한이 있기는 하나 역시 양도성을 갖는 재산권이므로(제97조 제3항, 제99조 제4항), 디자인권·전용실시권 또는 통상실시권(이하 본조에서는 '디자인권 등'이라 한다)을 목적으로 질권을 설정할 수 있다고 할 것인데, 본조에서 디자인권 등에 대하여 질권을 설정할 수 있다고 규정하고 있다. 특허법에서도 특허권·전용실시권 또는 통상실시권에 대하여 질권을 설정할 수 있다고 규정하고 있다(특허법 제121조).

또한, 본조는 질권자는 질권설정계약에서 특별히 정한 경우를 제외하고는 해당 등록디자인을 실시할 수는 없음을 명확히 밝힌 점에 그 의의가 있다.

Ⅱ. 법적 성질

1. 담보물권

디자인권 등에 대한 질권은 원칙적으로 당사자 사이의 약정에 의하여 성립되는 약정담보물권이다. 디자인권 등에 대한 질권은 권리질권의 경우와 마찬가지로, 유체물에 대한 질권과 달리 담보목적물을 직접 배타적으로 지배하지는 못하지만, 담보의 목적 범위 안에서 우선변제권능에 의하여 목적물의 교환가치를 지배한다는 점에서 유체물에 대한 지배와 동일시 할 수 있는 것이므로 물권으로 볼 수 있다.3)

2. 담보물권으로서의 권능

가. 우선변제권능

질권자는 목적물을 환가한 대금으로부터 채권의 우선변제를 받을 권능이 있다.

나. 유치적 권능

디자인권 등에 대한 질권은 권리질권의 일종이기 때문에, 동산질권에서와

---

2) 곽윤직 편집대표(주 1), 411(정동윤 집필부분).
3) 곽윤직 편집대표(주 1), 351.

같이 목적물의 점유를 질권설정자로부터 질권자에게 이전하는 것을 뜻하는 원
래적 의미의 유치적 효력이 인정될 여지는 없다. 다만 유치적 권능은 우선변제
를 확보하기 위한 처분권능의 제한이라는 의미로 작용할 뿐이다(민법 제352조).

3. 담보물권으로서의 일반적 성질

가. 부 종 성

디자인권 등에 대한 질권의 성립과 존속에는 피담보채권의 존재를 필요로
한다. 따라서, 피담보채권이 계약의 무효·취소·해제 등의 사유로 처음부터 발
생하지 아니하거나 변제 등의 사유로 소멸하는 경우 질권 역시 당연히 소멸한
다. 이를 담보물권의 부종성이라 한다.[4]

이와 같이 질권이 담보물권의 부종성에 기하여 소멸할 경우, 이는 민법 제
187조의 '기타 법률의 규정'에 의한 물권의 변동에 해당되므로, 디자인권 등에
대한 질권은 디자인등록원부에 등록하지 아니하여도 소멸의 효력이 발생한다.

나. 수 반 성

디자인권 등에 대한 질권의 피담보채권이 제3자에게 이전되면 질권도 함께
제3자에게 이전되고, 피담보채권이 다른 담보권의 목적이 되면 그 질권도 다른
담보권의 목적이 된다. 이를 담보물권의 수반성이라 한다.[5]

수반성으로 인하여 질권이 이전되는 경우에는 목적물의 종류에 따라 정해
져 있는 공시방법이나 대항요건도 모두 갖추어야 하므로, 디자인권과 전용실시
권에 대한 질권 설정의 효력이 발생하기 위하여는 디자인보호법 제98조 제1항
제3호[6]에 정하여진 공시방법으로서의 등록을 하여야 하고, 통상실시권에 대한
질권 설정으로 대항하기 위하여는 디자인보호법 제104조 제3항[7]에 정한 대항
요건으로서의 등록을 하여야 한다.

---

4) 곽윤직 편집대표(주 1), 352.
5) 곽윤직 편집대표(주 1), 353.
6) 디자인보호법 제98조(디자인권 및 전용실시권 등록의 효력)
   ① 다음 각 호에 해당하는 사항은 등록하지 아니하면 효력이 발생하지 아니한다.
   3. 디자인권 또는 전용실시권을 목적으로 하는 질권의 설정·이전(상속이나 그 밖의 일
      반승계에 의한 경우는 제외한다)·변경·소멸(혼동에 의한 경우는 제외한다) 또는 처
      분의 제한
7) 디자인보호법 제104조(통상실시권 등록의 효력)
   ③ 통상실시권의 이전·변경·소멸 또는 처분의 제한, 통상실시권을 목적으로 하는 질
   권의 설정·이전·변경·소멸 또는 처분의 제한은 등록하지 아니하면 제3자에게 대항할
   수 없다.

다. 불가분성

디자인권 등에 대한 질권자는 피담보채권의 원본과 이자 중 일부라도 남아 있는 때에는 그 전부를 변제받을 때까지 질권 전부의 권능을 행사할 수 있다(민법 제355조, 제343조, 제321조). 이를 담보물권의 불가분성이라 한다.

라. 물상대위성

질권자는 질물의 멸실, 훼손 또는 공용징수로 인하여 질권설정자가 받을 금전 기타 물건에 대하여도 질권을 행사할 수 있다(민법 제355조, 제342조). 이를 담보물권의 물상대위성이라 한다.

제109조에서는 "질권은 이 법에 따른 보상금이나 등록디자인 실시에 대하여 받을 대가나 물품에 대하여도 행사할 수 있다. 다만, 그 보상금 등의 지급 또는 인도 전에 압류하여야 한다"고 규정하고 있다.

이에 관하여는 디자인보호법 제109조 주해 부분을 참조.

4. 권리질권에 관한 규정의 준용

디자인권 등에 대한 질권은 권리질권의 일종에 해당하므로, 디자인보호법에 특별한 규정이 없으면 권리질권에 관한 민법의 규정이 적용 내지 준용된다고 할 것이다.

Ⅲ. 질권의 성립

1. 질권설정계약

가. 설정의 합의

디자인권 등에 대한 질권의 설정은 질권설정자와 질권자 사이의 질권설정에 관한 합의에 의해 이루어진다. 일반적인 동산질권의 설정계약에서는 요물성이 요구되지만(민법 제330조), 디자인권 등은 그 존재를 증명하는 증서나 그 권리 자체를 표상하는 증권이 존재하지 않는 무형의 재산권이므로, 어떤 증서나 증권의 인도 또는 교부를 질권설정의 성립요건 내지 효력발생요건으로 할 수 없다.[8]

---

8) 김용담 편집대표, 주석 민법 물권(3)(제4판), 한국사법행정학회(2011), 565(이태종 집필 부분).

나. 질권의 목적물

질권을 설정할 수 있는 권리는 디자인권, 전용실시권, 통상실시권이다. 통상실시권에는 디자인권자로부터 허락받은 통상실시권과 전용실시권자로부터 허락받은 통상실시권이 포함된다.

디자인등록을 받을 수 있는 권리도 양도할 수 있는 권리이기는 하지만(제54조 제1항), 디자인호보법은 명문으로 그에 대한 질권 설정을 금지하고 있다(제54조 제2항). 다만, 디자인등록을 받을 수 있는 권리는 양도할 수 있는 것이므로, 양도담보, 매도담보 등과 같은 비전형담보의 형태로 담보권의 목적이 될 수 있을 것이다.

다. 공유자 등의 동의

디자인권이 공유인 경우에는, 다른 공유자의 동의를 얻어야만 그 지분에 대하여 질권을 설정할 수 있다(제96조 제2항).

전용실시권자가 전용실시권을 대상으로 하는 질권을 설정하기 위해서는 디자인권자의 동의를 얻어야 한다(제97조 제4항).

통상실시권자가 통상실시권을 대상으로 하는 질권을 설정하기 위해서는, 디자인권자로부터 허락받은 통상실시권의 경우 디자인권자의 동의를 얻어야 하고, 전용실시권자로부터 허락받은 통상실시권의 경우 디자인권자와 전용실시권자 모두의 동의를 얻어야 한다(제99조 제5항).

2. 피담보채권의 존재

디자인권 등에 대한 질권도 담보물권의 공통적 성질인 부종성이 있으므로, 질권이 유효하게 성립하려면 피담보채권이 존재하여야 한다.

그러나, 디자인권 등에 대한 질권에 있어서도 동산질권, 권리질권과 마찬가지로 부종성이 완화되어 현재의 채권뿐만 아니라 장래의 채권, 조건부 채권 또는 기한부채권을 위해서도 질권을 설정할 수 있다(민법 제355조, 제334조).

3. 설정방법

가. 개   설

권리질권의 설정은 법률에 다른 규정이 없으면 그 권리의 양도에 관한 방법에 의하여야 하므로(민법 제346조), 디자인권 등에 대한 질권의 설정은 디자인보호법에 정한 권리의 양도에 관한 방법에 의하여야 한다.

나. 디자인권, 전용실시권

디자인권과 전용실시권을 목적으로 하는 질권의 설정은 그 내용을 디자인 등록원부에 등록하여야 그 효력이 발생한다(제98조 제1항 제3호). 그 설정 등록 신청서에는 질권의 목적인 권리의 표시, 채권액, 존속기간, 변제기, 이자 등에 관한 사항을 구체적으로 기재하여야 한다(특허권 등의 등록령 제40조).

다. 통상실시권

통상실시권에 대한 질권의 설정은 당사자 사이의 질권설정의 합의만으로 효력이 발생하고, 디자인등록원부에 등록하는 것은 대항요건에 불과하다(제104 조 제3항).

Ⅳ. 질권의 효력

1. 피담보채권의 범위

질권의 효력이 미치는 피담보채권의 범위는 권리질권과 마찬가지로 원본, 이자, 위약금, 질권실행의 비용, 채무불이행으로 인한 손해배상 등이다(민법 제 355조, 제334조 본문). 다만, 다른 약정이 있는 경우에는 그 약정에 의한다(민법 제355조, 제334조 단서).

또한, 디자인권 등에 대한 질권도 담보물권의 공통적인 성질인 불가분성을 가지므로, 질권자가 피담보채권의 전부를 변제받을 때까지 질권 전부의 권능을 행사할 수 있다(민법 제355조, 제343조, 제321조).

2. 질권의 효력이 미치는 디자인권 등의 범위

가. 개   설

질권의 효력은 디자인권, 전용실시권, 통상실시권 전체에 미친다. 복수디자 인등록된 디자인권(제41조)의 경우에는 각 디자인마다 피담보채권액 전액을 담 보한다.

나. 실시권 등

(1) 실시권의 귀속

질권자는 질권의 목적물인 디자인권, 전용실시권 또는 통상실시권을 행사하여 수익할 수 있는지가 문제된다.

이에 대하여는 권리질권의 경우 유치권에 관한 민법 제323조, 제324조가 준용되므로(민법 제355조, 제343조), 질권자는 질권설정자의 승낙이 있는 때에 한하여 수익할 수 있고, 이 수익으로 피담보채권의 우선변제에 충당할 수 있다는 것이 통설적 견해이다.[9]

디자인보호법은 본조에서 "질권자는 계약으로 특별히 정한 경우를 제외하고는 해당 등록디자인을 실시할 수 없다"고 규정함으로써, 위 민법 규정과 같이 질권자는 질권설정자의 승낙이 있는 때에 한하여 권리를 행사하여 그 수익을 우선변제에 충당할 수 있음을 밝히고 있다.

(2) 실시에 대하여 받을 대가 등의 귀속

질권설정자인 디자인권자 등이 디자인권의 실시에 대하여 받을 대가 등이 질권의 효력이 직접 미치는 과실 내지 과실에 준하는 것으로 볼 수 있는지가 문제된다(민법 제355조, 제343조, 제323조).

제109조에서는 "질권은 등록디자인 실시에 대하여 받을 대가나 물품에 대하여도 행사할 수 있다"고 규정하면서도, "다만 그 지급 또는 인도 전에 압류하여야 한다"고 규정하고 있는데, 이는 '실시에 대하여 받을 대가 등'이 질권의 효력이 직접 미치는 과실 내지 과실에 준하는 것이 아님을 전제로 물상대위권의 행사에 의하여 질권을 행사할 수 있음을 밝힌 것으로 보아야 한다.

3. 우선변제적 효력

디자인권 등에 대한 질권자는 피담보채무를 변제받지 못할 경우 디자인권 등을 환가하여 그 환가 대금으로부터 다른 일반채권자에 우선하여 변제를 받을 수 있다.

동일한 디자인권 등에 복수의 질권이 설정등록 되거나 양도담보권, 가등기담보권이 설정된 경우에는 그 상호 간의 우선순위는 법령에 특별한 규정이 있는 경우를 제외하고는 등록된 순서에 따른다(특허권 등의 등록령 제4조).

---

9) 김용담 편집대표(주 8), 610.

4. 유질계약

디자인권 등의 질권의 경우 질권자에게 변제에 갈음하여 질물의 소유권을 취득하게 하거나 법률에 정한 방법에 의하지 아니하고 질물을 처분할 것을 약정하는 '유질계약'이 가능한지가 문제된다.

유질계약은 원칙적으로 금지되나(민법 제339조), 상행위로 인하여 생긴 채권을 담보하기 위하여 설정한 질권에는 유질계약이 허용된다(상법 제59조).

따라서, 디자인권 등에 대한 질권에 있어서도 상행위로 인한 채권을 담보하기 위한 경우에는 유질계약이 허용된다. 여기서 상행위로 인하여 생긴 채권이라함은 쌍방적 상행위로 인하여 생긴 채권뿐만 아니라 일방적 상행위로 인하여생긴 채권도 포함한다.

5. 포기 등의 제한

디자인권자는 질권자의 동의를 얻지 아니하면 디자인권을 포기할 수 없고(제106조 제1항), 전용실시권자는 질권자의 동의를 얻지 아니하면 전용실시권을포기할 수 없으며(제106조 제2항), 통상실시권자는 질권자의 동의를 얻지 아니하면 통상실시권을 포기할 수 없다(제106조 제3항).

이에 관한 자세한 설명은 디자인보호법 제106조 주해 부분을 참조.

6. 질권의 소멸

디자인권 등에 대한 질권은 질권의 포기, 피담보채권의 소멸, 질권의 실행, 질권에 우선하는 다른 채권자의 경매 등에 의하여 소멸하게 된다.

V. 질권의 실행

1. 개   설

질권자는 변제기에 피담보채무를 변제받지 못하는 경우, 질권을 실행하여그 환가대금으로부터 우선변제를 받을 수 있다.

그런데, 디자인보호법은 디자인권 등에 대한 질권의 강제집행절차에 대하여 아무런 규정을 두고 있지 않으므로, 민사집행법의 일반 원칙에 따라 질권을실행하여야 한다.

디자인권 등은 유체동산·금전채권·유체물의 인도나 권리의 이전을 목적으로 하는 청구권에 해당하지 않고, 부동산을 목적으로 하는 재산권도 아니므로 '그 밖의 재산권에 대한 강제집행'의 대상이 된다고 할 것이고(민사집행법 제251조[10]), 이에 대한 담보권의 실행은 민사집행법 제273조[11])에서 규정하고 있는 '채권과 그 밖의 재산권에 대한 담보권의 실행'의 방법에 의하여 행하여진다.

2. 압류절차

가. 압류명령 신청

(1) 관   할

디자인권 등에 대한 질권을 실행하기 위하여는 채무자의 보통재판적이 있는 곳을 관할하는 지방법원(보충적으로는 민사집행규칙 제175조 제2항에 따라 디자인등록을 하는 특허청이 소재한 지역을 관할하는 대전지방법원)에 압류명령을 신청하여야 한다(민사집행법 제224조). 별도의 집행권원을 필요로 하지는 않지만, 담보권의 존재를 증명하기 위하여 디자인등록원부를 제출하여야 한다(민사집행법 제273조).

(2) 공유자의 동의

디자인보호법은 디자인권이 공유인 경우에는 다른 공유자의 동의 없이는 양도할 수 없다고 규정하고 있는데(제96조 제2항), 압류명령 신청시에 다른 공유자의 동의가 필요한지가 문제된다.

이에 대하여, 법이 다른 공유자의 동의를 요구하는 취지는 공유지분의 집행적격 자체를 부정하는 것이라기보다는, 압류는 가능하지만 공유자의 동의 없이는 현금화할 수 없다는 취지로 보는 것이 타당하다는 견해[12])가 있으나, 대법원(대법원 2012. 4. 16.자 2011마2412 결정[비공개])은 "특허권을 공유하는 경우에 각 공유자는 다른 공유자의 동의를 얻지 아니하면 그 지분을 양도하거나 그 지분

---

10) 민사집행법 제251조(그 밖의 재산권에 대한 집행)
    ① 앞의 여러 조문에 규정된 재산권 외에 부동산을 목적으로 하지 아니한 재산권에 대한 강제집행은 이 관의 규정 및 제98조 내지 제101조의 규정을 준용한다.
11) 민사집행법 제273조(채권과 그 밖의 재산권에 대한 담보권의 실행)
    ① 채권, 그 밖의 재산권을 목적으로 하는 담보권의 실행은 담보권의 존재를 증명하는 서류(권리의 이전에 관하여 등기나 등록을 필요로 하는 경우에는 그 등기사항증명서 또는 등록원부의 등본)가 제출된 때에 개시한다.
    ③ 제1항과 제2항의 권리실행절차에는 제2편 제2장 제4절 제3관의 규정을 준용한다.
12) 법원행정처, 법원실무제요 민사집행 Ⅲ, 법원행정처(2003), 460.

을 목적으로 하는 질권을 설정할 수 없고, 그 특허권에 대하여 전용실시권을 설정하거나 통상실시권을 허락할 수 없는 등 특허권의 공유관계는 합유에 준하는 성질을 갖는 것이고, 또한 특허법이 위와 같이 공유지분의 자유로운 양도 등을 금지하는 것은 다른 공유자의 이익을 보호하려는 데 그 목적이 있으므로, 각 공유자의 공유지분은 다른 공유자의 동의를 얻지 않는 한 압류의 대상이 될 수 없다"고 하여 동의를 얻지 못하는 경우 집행 적격을 부정하고 있다. 다만, 강제집행 실무에 있어서는 무의미한 강제집행을 방지하기 위하여 압류명령신청 단계에서 다른 공유자의 동의서를 요구하고 있다.[13]

한편, 위와 같이 압류명령 신청시에 다른 공유자의 동의가 필요하다고 보는 경우에도, 질권의 성립 단계에서 다른 공유자의 동의를 받은 이상(제96조 제2항) 강제집행 단계에서 요구되는 다른 공유자의 동의 요건도 당연히 충족된 것으로 볼 수 있는지가 문제될 수 있다. 이에 대하여, 질권 설정 당시 다른 공유자의 동의를 얻었다고 하더라도 압류 신청시에는 별도의 동의를 다시 얻어야 한다는 견해가 있을 수 있으나, 아래와 같은 이유로 질권 설정 당시 이미 획득한 다른 공유자의 동의로 충분하고 별도의 동의를 얻을 필요는 없다는 견해가 타당하다.[14]

디자인권에 대한 질권에서는 일반적인 권리질권과는 달리 직접 추심할 권리가 인정되지 않으므로 임의 변제를 하지 못하는 경우에는 질권의 실행으로서의 강제집행이 예정되어 있는 점, 질권 설정 당시에 공유자의 동의를 요구하는 취지는 강제집행이 이루어지는 경우 질권의 목적물인 공유디자인권이 제3자에게 이전될 가능성이 크기 때문인 점, 공유자는 질권 설정에 동의함으로써 질권의 목적이 된 권리가 강제집행을 통하여 제3자에게 이전될 수도 있는 것을 용인하였다고 할 것인 점 등에 비추어 보면, 질권 설정 당시의 공유자의 동의서를 제출하는 것으로 족하다고 할 것이고, 이와 같이 본다고 하더라도 다른 공유자의 이익이 침해된다고 보기도 어렵다.

나. 압류명령

압류명령에는 디자인권 등의 압류와 동시에 채무자에 대하여 압류된 디자인권 등에 대한 이전을 비롯한 일체의 처분을 금지한다는 내용이 포함된다.

---

13) 법원행정처(주 12), 460.
14) 특허권 등에 대한 질권과 관련하여 같은 견해로는 정상조·박성수 공편, 특허법 주해 I, 박영사(2010), 1327(심준보 집필부분).

전용실시권이나 통상실시권이 설정된 디자인권에 있어 전용실시권이나 통상실시권을 압류하는 경우에는, 제3채무자인 디자인권자에 대하여 채무자인 실시권자가 하는 권리처분에 대하여 승낙이나 그 밖의 협력을 금지한다는 내용도 포함된다.[15]

이러한 압류명령에 기재된 처분제한은 디자인등록원부에 등록되어야 효력이 발생하므로(제98조), 법원사무관 등은 압류명령을 발령함과 동시에 직권으로 촉탁서에 압류명령 정본을 첨부하여 특허청장에게 압류등록을 촉탁하여야 한다(민사집행규칙 제175조 제5항, 민사집행법 제94조).

특허청장은 위 등록촉탁서에 기해 압류기입등록을 한 후 그 등록원부 등본을 법원에 송부하여야 한다(민사집행규칙 제175조 제5항, 민사집행법 제94조, 특허권 등의 등록령 제17조).

압류명령에 의하여 제한되는 것은 처분행위에 한정되므로, 디자인권자가 등록디자인을 실시함에는 아무런 장애가 없다. 단, 압류명령에 의한 압류 이후에는 디자인권자가 전용실시권이나 통상실시권을 타인에게 설정하거나 허락할 수는 없다.[16]

3. 현금화 절차

통상적으로 부동산에 대하여는 부동산 경매절차에 의하여, 금전채권에 대하여는 추심명령이나 전부명령에 의하여 현금화 절차가 이루어진다.

그러나, 디자인권은 부동산도 아니고 금전채권도 아니기 때문에 위와 같은 방법으로는 현금화가 이루어질 수 없다.

따라서, 디자인권은 민사집행법 제251조, 제241조에 의한 특별한 현금화 방법으로서 ① 디자인권을 법원이 정한 값으로 지급함에 갈음하여 압류채권자에게 양도하는 양도명령, ② 추심에 갈음하여 법원이 정한 방법으로 그 디자인권을 매각하도록 집행관에게 명하는 매각명령, ③ 관리인을 선임하여 그 디자인권의 관리를 명하는 관리명령에 의해 현금화될 수 있다.

이와 같은 양도명령, 매각명령 등에 의한 현금화절차가 완료되면 법원사무관 등은 등록에 관한 사무를 취급하는 관서인 특허청장에게 압류채권자 또는 매수인이 취득한 디자인권의 이전등록과 압류기입등록 및 소멸할 부담의 말소

15) 법원행정처(주 12), 462.
16) 법원행정처(주 12), 463-464.

등록을 촉탁하여야 한다(민사집행규칙 175조 제5항, 민사집행법 제144조).

4. 통상실시권

디자인권자는 디자인권을 목적으로 하는 질권설정 전에 그 등록디자인 또는 이와 유사한 디자인을 실시하고 있는 경우에는 그 디자인권이 경매 등에 의하여 이전되더라도 그 디자인권에 대하여 통상실시권을 가진다. 이 경우 디자인권자는 경매 등에 의하여 디자인권을 이전받은 자에게 상당한 대가를 지급하여야 한다(제110조).

이에 관하여는 디자인보호법 제110조 주해 부분을 참조.

Ⅵ. 동산·채권 등의 담보에 관한 법률

1. 동산·채권 등의 담보에 관한 법률의 제정

동산·채권담보를 활성화하기 위하여 동산·채권 등의 담보에 관한 법률이 2010. 6. 10. 법률 제10366호로 제정되었다.

위 법에서는 양도담보 등 명목을 묻지 아니하고 위 법에 따라 동산·채권을 담보로 제공하기로 하는 약정에 따라 동산(여러 개의 동산 또는 장래에 취득할 동산을 포함한다)을 목적으로 등기한 담보권과 금전의 지급을 목적으로 하는 지명채권(여러 개의 채권 또는 장래에 발생할 채권을 포함한다)을 목적으로 등기한 담보권의 내용이나 실행 등에 관하여 규율하고 있다.

2. 지식재산권[17]의 담보에 관한 특례의 신설

위 법은 지식재산권담보권[18]에 대하여는 개별 법률에 등록제도가 마련되어 있기 때문에 '지식재산권의 담보에 관한 특례'의 형식으로 제58조 내지 제61조를 신설하였다.

---

17) 위 법 제정 당시에는 '지적재산권'이라는 용어가 사용되었으나, 2011. 5. 19. '지식재산권'으로 변경되었다.
18) '지식재산권담보권'은 담보약정에 따라 특허권, 실용신안권, 디자인권, 상표권, 저작권, 반도체집적회로의 배치설계권 등 지식재산권(법률에 따라 질권을 설정할 수 있는 경우로 한정한다)을 목적으로 그 지식재산권을 규율하는 개별 법률에 따라 등록한 담보권을 말한다(동산·채권 등의 담보에 관한 법률 제2조 제4호).

3. 특례의 구체적인 내용

가. 지식재산권담보권 등록

지식재산권자가 약정에 따라 동일한 채권을 담보하기 위하여 2개 이상의 지식재산권을 담보로 제공하는 경우에는 특허원부, 저작권등록부 등 그 지식재산권을 등록하는 공적 장부(이하 '등록부'라 한다)에 위 법에 따른 담보권을 등록할 수 있다. 다만, 담보의 목적이 되는 지식재산권은 그 등록부를 관장하는 기관(특허권, 실용신안권, 상표권, 디자인권의 경우 특허청장, 저작권의 경우 문화체육관광부장관)이 동일하여야 하고, 지식재산권의 종류와 대상을 정하거나 그 밖에 이와 유사한 방법으로 특정할 수 있어야 한다(「동산·채권 등의 담보에 관한 법률」 제58조).

나. 등록의 효력

약정에 따른 지식재산권담보권의 득실변경은 그 등록을 한 때에 그 지식재산권에 대한 질권의 득실변경을 등록한 것과 동일한 효력이 생긴다. 동일한 지식재산권에 관하여 이 법에 따른 담보권 등록과 그 지식재산권을 규율하는 개별 법률에 따른 질권 등록이 이루어진 경우에 그 순위는 법률에 다른 규정이 없으면 그 선후에 따른다(「동산·채권 등의 담보에 관한 법률」 제59조).

다. 권리행사

담보권자는 지식재산권을 규율하는 개별 법률에 따라 담보권을 행사할 수 있다(「동산·채권 등의 담보에 관한 법률」 제60조).

라. 준   용

지식재산권담보권에 관하여는 그 성질에 반하지 아니하는 범위에서 동산담보권에 관한 규정과 민법 제352조를 준용한다.

〈윤주탁〉

> **제109조(질권의 물상대위)**
>
> 질권은 이 법에 따른 보상금이나 등록디자인 실시에 대하여 받을 대가나 물품에 대하여도 행사할 수 있다. 다만, 그 보상금 등의 지급 또는 인도 전에 압류하여야 한다.

<소 목 차>

Ⅰ. 본조의 의의

물상대위란 담보물권의 목적물이 멸실·훼손 등으로 인하여 그 목적물에 갈음하는 금전 기타의 물건이 목적물의 소유자에게 귀속된 경우, 담보권자가 목적물에 갈음하는 금전 기타의 물건에 대하여도 담보권을 행사할 수 있는 것을 의미한다. 물상대위가 인정되는 근거에 관하여, 통설은 담보물권은 목적물의 실체를 목적으로 하는 권리가 아니라 그 교환가치의 지배를 목적으로 하는 이른바 가치권이므로, 목적물 자체가 멸실 또는 훼손되더라도 그 교환가치를 대표하는 다른 물건이 존재하는 때에는 그 물건 위에 담보권을 존속시키는 것이 담보물권의 본질상 당연하기 때문이라고 설명한다.[1]

본조는 권리질권의 일종인 디자인권·전용실시권 또는 통상실시권(이하 본조에서는 '디자인권 등'이라 한다)을 목적으로 하는 질권(제108조)에 대하여도 물상대위가 인정됨을 밝히면서, 민법상의 물상대위와는 달리 등록디자인 실시에 대하여 받을 대가나 물품에 대하여도 물상대위를 인정하고 있다.

---

1) 곽윤직 편집대표, 민법주해 Ⅵ(초판), 박영사(2002), 400(양승태 집필부분).

Ⅱ. 물상대위의 목적물

1. 디자인보호법에 의한 보상금

물상대위의 대상인 '디자인보호법에 의한 보상금'이란 제53조 제2항(출원공개의 효과로 인한 실시자의 보상금) 등에 규정된 보상금청구권을 취득하는 경우를 의미한다.

2. 등록디자인 실시에 대하여 받을 대가나 물품

물상대위의 대상인 '등록디자인의 실시에 대하여 받을 대가나 물건'은 엄밀하게는 대가나 물건 그 자체가 아니라 대가나 물건에 대한 청구권을 의미한다.

등록디자인의 실시에 대하여 받을 대가나 물건에 관한 청구권에는 구체적으로 실시료청구권, 손해배상청구권, 부당이득반환청구권 등과 같이 등록디자인의 실시와 관련하여 발생할 수 있는 모든 청구권이 이에 포함된다.[2]

3. 디자인권의 처분 대가

디자인권의 처분 대가에 대하여도 물상대위권을 행사할 수 있는지가 문제된다. 양도 등 디자인권의 처분은 질권의 목적물에 대한 추급이 가능하므로, 물상대위가 인정되지 않는다.[3]

Ⅲ. 물상대위의 행사요건

1. 압류의 대상과 시기

물상대위의 대상이 되는 권리는 앞에서 본 바와 같이 '디자인보호법에 의하여 취득한 보상금청구권'과 '등록디자인의 실시에 대하여 받을 대가나 물건에 관한 청구권'이다.

이러한 청구권에 대하여 제109조 단서는 "그 지급 또는 인도 전에 이를 압류하여야 한다"고 규정하여 압류의 시기를 제한하고 있다. 이는 일단 질권설정

---

2) 정상조·박성수 공편, 특허법 주해Ⅰ, 박영사(2010), 1336(심준보 집필부분).
3) 김용담 편집대표, 주석 민법 물권(3)(제4판), 한국사법행정학회(2011), 537(이태종 집필부분).

자가 이를 지급 또는 인도받게 되면 질권설정자의 일반재산과 혼입되어 특정성을 잃게 되고, 그 후에까지 질권자의 추급을 허용하면 제3자에게 불측의 손해를 줄 우려가 있기 때문이다.4)

한편, 압류가 지급 또는 인도 전에 이루어진 경우라도, 아래 3.항에서 보는 바와 같은 시기적 제한이 있다.

2. 압류의 주체

압류는 반드시 물상대위권을 행사하는 질권자가 하여야 하는지가 문제된다.

이에 대하여는, 압류는 반드시 물상대위권을 행사하는 질권자가 하여야 한다는 소수설이 있으나, 압류를 요하는 목적이 금전 기타 물건의 특정성을 보존하려는 데 있는 것이므로 제3자의 압류에 의해서도 그 목적을 달성할 수 있는 이상 굳이 질권자 본인이 압류할 필요가 없다는 것이 통설이다.5)

디자인권 등에 대한 질권에 있어서도, '압류'는 청구권의 특정성을 유지하기 위하여 필요한 것이고, 그 압류가 질권자가 아닌 제3자에 의하여 이루어지더라도 특정성이 유지되는 것이므로, 질권자는 별도로 압류하지 않고서도 배당요구를 하는 방법으로 우선변제받을 수 있다.

대법원도 "민법 제370조, 제342조 단서가 저당권자는 물상대위권을 행사하기 위하여 저당권설정자가 받을 금전 기타 물건의 지급 또는 인도 전에 압류하여야 한다고 규정한 것은 물상대위의 목적인 채권의 특정성을 유지하여 그 효력을 보전함과 동시에 제3자에게 불측의 손해를 입히지 않으려는 데에 그 취지가 있다. 따라서 저당목적물의 변형물인 금전 기타 물건에 대하여 이미 제3자가 압류하여 그 금전 또는 물건이 특정된 이상 저당권자가 스스로 이를 압류하지 않고서도 물상대위권을 행사하여 일반 채권자보다 우선변제를 받을 수 있다"고 판시하는 등 통설의 입장과 같이, 이미 제3자가 압류하여 그 금전 또는 물건이 특정된 이상 담보권자가 스스로 이를 압류하지 않고서도 배당요구를 하는 방법으로 물상대위권을 행사하여 일반 채권자보다 우선변제를 받을 수 있다고 일관되게 판시하고 있다.6)

---

4) 곽윤직 편집대표(주 1), 402.
5) 곽윤직 편집대표(주 1), 402.
6) 대법원 2010. 10. 28. 선고 2010다46756 판결[공2010하, 2165], 대법원 2003. 3. 28. 선고 2002다13539 판결[공2003.5.15.(178), 1055] 등.

3. 행사방법

대법원은 담보권자가 물상대위권을 행사하여 우선변제를 받기 위한 권리실행방법으로, ① 민사집행법 제273조에 의하여 담보권의 존재를 증명하는 서류를 집행법원에 제출하여 채권압류 및 전부명령을 신청하거나, ② 제3자의 압류에 의한 강제집행절차에 배당요구의 종기까지 민사집행법 제247조 제1항에 의한 배당요구를 하는 방법으로 물상대위권을 행사할 수 있다고 판시하고 있다.[7] 한편, 대법원은 위 ①항의 행사 시기와 관련하여 "저당권자의 물상대위권 행사로서의 압류 및 전부는 그 명령이 제3채무자에게 송달됨으로써 효력이 생기며, 물상대위권의 행사를 제한하는 취지인 '특정성의 유지'나 '제3자의 보호'는 물상대위권자의 압류 및 전부명령이 효력을 발생함으로써 비로소 달성될 수 있는 것이므로, 배당요구의 종기가 지난 후에 물상대위에 기한 채권압류 및 전부명령이 제3채무자에게 송달되었을 경우에는, 물상대위권자는 배당절차에서 우선변제를 받을 수 없다"고 판시하고 있다.[8]

한편, 담보권의 존재를 증명하는 서류를 제출하여 개시된 압류가 아니라 집행권원에 의한 강제집행의 방법으로 채권의 압류 및 전부명령을 받거나,[9] 가압류를 받은 경우[10]에는 물상대위권의 행사를 보전하는 효력이 없어 우선변제를 받을 수 없다고 한다.

따라서, 질권자는 ① 민사집행법 제273조에 의하여 질권의 존재를 증명하는 서류를 집행법원에 제출하는 방법으로 채권압류 및 전부명령을 신청하여 채권압류 및 전부명령이 배당요구 종기까지 제3채무자에게 송달되게 하거나, ② 제3자의 압류에 의한 강제집행절차에 배당요구의 종기까지 민사집행법 제247조 제1항에 의한 배당요구를 하는 방법으로 물상대위권을 행사할 수 있다.

4. 민법에 의한 물상대위권의 행사

디자인권 등에 대한 질권은 권리질권의 일종이므로, 질권자는 민법 제355조, 제342조에 따른 물상대위권의 행사가 가능하다.

즉, 질권자는 디자인권 등의 멸실, 훼손 또는 공용징수로 인하여 질권설정

---

7) 대법원 2010. 10. 28. 선고 2010다46756 판결[공2010하, 2165] 등.
8) 대법원 2003. 3. 28. 선고 2002다13539 판결[공2003.5.15.(178), 1055].
9) 대법원 1990. 12. 26. 선고 90다카24816 판결[공1991.2.15.(890), 628].
10) 대법원 1994. 11. 22. 선고 94다25278 판결[공1995.1.1.(983), 71].

자가 받을 금전 기타 물건에 대하여도 질권을 행사할 수 있다. 다만, 이 경우에도 그 지급 또는 인도전에 압류하여야 하므로, 위 2.항, 3.항의 논의가 그대로 적용된다.

5. 물상대위권을 행사하지 않은 경우의 법률관계

질권자가 물상대위권을 행사하지 아니하여 우선변제권을 상실한 이상 다른 채권자가 그 보상금 또는 실시에 대하여 받을 대가나 물품으로부터 이득을 얻었다고 하더라도 이를 부당이득으로 반환을 구할 수는 없다.[11]

한편, "저당권자는 저당권의 목적이 된 물건의 멸실, 훼손 또는 공용징수로 인하여 저당목적물의 소유자가 받을 저당목적물에 갈음하는 금전 기타 물건에 대하여 물상대위권을 행사할 수 있으나, 다만 그 지급 또는 인도 전에 이를 압류하여야 하며, 저당권자가 위 금전 또는 물건의 인도청구권을 압류하기 전에 저당물의 소유자가 그 인도청구권에 기하여 금전 등을 수령한 경우 저당권자는 더 이상 물상대위권을 행사할 수 없게 된다. 이 경우 저당권자는 저당권의 채권최고액 범위 내에서 저당목적물의 교환가치를 지배하고 있다가 저당권을 상실하는 손해를 입게 되는 반면에, 저당목적물의 소유자는 저당권의 채권최고액 범위 내에서 저당권자에게 저당목적물의 교환가치를 양보하여야 할 지위에 있다가 마치 그러한 저당권의 부담이 없었던 것과 같은 상태에서의 대가를 취득하게 되는 것이므로, 그 수령한 금액 가운데 저당권의 채권최고액을 한도로 하는 피담보채권액의 범위 내에서는 이득을 얻게 된다. 저당목적물 소유자가 얻은 위와 같은 이익은 저당권자의 손실로 인한 것으로서 인과관계가 있을 뿐 아니라, 공평의 관념에 위배되는 재산적 가치의 이동이 있는 경우 수익자로부터 그 이득을 되돌려받아 손실자와 재산상태의 조정을 꾀하는 부당이득제도의 목적에 비추어 보면 위와 같은 이익을 소유권자에게 종국적으로 귀속시키는 것은 저당권자에 대한 관계에서 공평의 관념에 위배되어 법률상 원인이 없다고 봄이 상당하므로, 저당목적물 소유자는 저당권자에게 이를 부당이득으로 반환할 의무가 있다"는 판결이 있는데,[12] 이는 멸실, 훼손 또는 공용징수 등의 원인으로 인하여 질권의 목적물인 디자인권 등의 전부 또는 일부에 대하여 질권을 사실상 또는 법률상 행사할 수 없는 상태에서, 디자인권 등의 권리자가 디자인권 등에

---

11) 대법원 2010. 10. 28. 선고 2010다46756 판결[공2010하, 2165].
12) 대법원 2009. 5. 14. 선고 2008다17656 판결[공2009상, 829].

갈음하는 금전 기타 물건에 대한 물상대위권이 행사되기 전에 금전 등을 수령한 경우, 질권자는 디자인권 등의 권리자를 상대로 피담보채권액의 범위 내에서 이득의 반환을 구할 수 있다는 점에서 의의가 있다.

〈윤주탁〉

> **제110조(질권행사로 인한 디자인권의 이전에 따른 통상실시권)**
> 디자인권자는 디자인권을 목적으로 하는 질권설정 전에 그 등록디자인 또는 이와 유사한 디자인을 실시하고 있는 경우에는 그 디자인권이 경매 등에 의하여 이전되더라도 그 디자인권에 대하여 통상실시권을 가진다. 이 경우 디자인권자는 경매 등에 의하여 디자인권을 이전받은 자에게 상당한 대가를 지급하여야 한다.

Ⅰ. 본조의 의의

통상적으로 디자인권자는 디자인을 실시하기 위하여 상당한 자본과 노력을 투여하게 되는 점, 질권이 실행됨으로써 디자인권의 실시권을 상실하게 되면 디자인권자가 마련한 물적 설비 등이 쓸모없게 되는 점, 당해 디자인권을 가장 효율적으로 실시할 수 있는 능력은 디자인권자에게 있을 것인 점 등에서 디자인권자가 통상실시권을 보유하는 것이 유익한 측면이 있다.[1]

또한, 디자인권을 이전(移轉)받은 자로서도 디자인권을 실시하기 위해서는 물적 설비 등의 투자가 필요한데[이전(以前) 디자인권자로부터 당해 설비를 양수하는 방법도 있을 수 있으나, 경우에 따라서는 그 양수가 원만하게 이루어지지 못할 가능성도 배제할 수 없다], 사회경제적으로 보면 동일한 물적 설비에 대한 중복투자가 발생하게 되고, 새로운 설비가 가동될 때까지 일시적으로 디자인권이 활용되지 못하게 되는 측면도 있다.

이와 같은 사정을 감안하여, 디자인보호법은 디자인권자가 디자인권에 대한 질권을 설정하기 이전(以前)부터 당해 디자인권을 실시하고 있었던 경우에 한하여, 통상실시권을 부여하는 규정을 둠으로써, 사회경제적인 손실을 줄임과 동시에 디자인권자의 실시이익과 디자인권을 이전(移轉)받은 자의 이해를 조절

---

1) 정상조·박성수 공편, 특허법 주해Ⅰ, 박영사(2010), 1330-1331(심준보 집필부분). 특허권의 통상실시권에 관한 논의이나 디자인권의 통상실시권에 관하여도 마찬가지로 적용될 수 있을 것이다.

하고 있다. 즉 디자인보호법은 디자인권자로 하여금 디자인권을 이전(移轉)받은 자에게 상당한 대가를 지급하도록 함으로써, 그 이해관계를 조절하고 있다.

Ⅱ. 내　　용

1. 성립요건

가. 질권 설정 전 디자인권자의 실시

디자인권자가 디자인권에 대한 질권을 설정하기 이전(以前)부터 당해 디자인권을 실시하고 있었어야 한다.

나. 질권의 실행

질권의 실행으로 디자인권이 제3자에게 이전(移轉)되어야 한다.

디자인권을 목적으로 하는 질권이 '민사집행법상의 집행절차'에 의하여 실행될 경우에만 본조가 적용되는가. 아니면 그 외의 '다양한 질권의 실행 절차 모두'에 동일하게 적용되는 것인가가 문제되는데, 다음과 같은 이유로 후자의 입장이 타당하다고 할 것이다.[2]

법문상으로도 "경매 등"이라고 하여 질권의 실행방법에 대하여 별다른 한정을 하지 않고 있는 점, 질권자가 질권을 실행하는 방법은 민사집행법상의 강제집행 이외에도 상행위로 인하여 생긴 채권을 담보하기 위한 유질계약에 의한 유질, 양 당사자 사이의 합의에 따른 임의매각 등과 같이 다양한 방법으로 이루어질 수 있는 점, 본조의 입법취지가 사회경제적인 중복투자를 방지함과 동시에 디자인권자의 실시이익을 보호하고자 하는 것인데, 이는 다양한 질권의 실행 방법 모두에게 동일하게 요청되기 때문이다.[3]

2. 효　　과

가. 법정 통상실시권

당해 디자인권을 실시하던 디자인권자는 법률의 규정에 의한 통상실시권을 취득한다. 디자인권이 제3자에게 이전등록되는 때에 즉시 발생하고, 법률에 의하여 발생하는 법정 통상실시권이므로, 등록 없이도 디자인권 또는 전용실시권을 취득한 자에게 대항할 수 있다(디자인보호법 제104조 제2항).

---

2) 정상조·박성수 공편(주 1), 1332.
3) 정상조·박성수 공편(주 1), 1332.

　　이와 같이 발생한 통상실시권의 실시범위에 대하여 질권 설정 이전(以前)부터 실시하던 범위 내로 한정된다고 보는 견해가 있다.

　　위 견해는 제110조의 입법취지가 사회경제적인 손실을 방지하기 위한 것이기는 하지만 그 이해관계의 균형점을 질권 설정 이전(以前)에 디자인권이 실시된 경우에 두고 있는 점, 디자인권을 이전(移轉)받은 자로서도 법률의 규정에 따라 법정 통상실시권 부여를 용인한다 할지라도 그 범위는 디자인권을 이전(移轉)받을 당시의 실시 현황대로 한정된다고 보는 것이 합리적인 점, 그렇게 보더라도 기존의 디자인권자로서는 실시하던 현황 그대로의 통상실시권이 보장되므로 불리하다고 볼 수 없는 점 등을 논거로 하는데,4) 기존의 디자인권자와 새로운 디자인권자의 이익형량상 위 견해가 타당하다.

　　제110조의 통상실시권의 범위가 디자인권 이전 당시의 실시 현황에 한정됨을 전제로, 당사자 사이의 약정에 의하여 그 통상실시권의 범위를 확장할 수는 있으나 그러한 약정에 의한 통상실시권은 더 이상 제110조 소정의 법정 통상실시권이 아니라 일반적인 통상실시권에 해당한다.5)

나. 상당한 대가

　　당해 디자인권을 실시하던 디자인권자는 디자인권을 이전(移轉)받은 자에게 상당한 대가를 지급하여야 한다. 구체적인 금액은 양 당사자 사이의 협의에 의하여 결정되어야 할 것이다. 그 협의에 실패할 경우 결국 일반적인 민사소송의 절차를 통해 법원에 의해 구체적인 금액이 결정될 것이다.

〈박정훈〉

---

4) 정상조 · 박성수 공편(주 1), 1332-1333.
5) 정상조 · 박성수 공편(주 1), 1333.

> **제111조(상속인이 없는 경우의 디자인권 소멸)**
> 디자인권의 상속이 개시되었으나 상속인이 없는 경우에는 그 디자인권은 소멸된다.

Ⅰ. 본조의 의의

일반적으로 상속재산은 상속인이 없는 경우 국가에 귀속된다(민법 제1058조).

그러나, 디자인권의 경우에는 그 예외를 인정하여 상속인이 없는 디자인권은 소멸하는 것으로 규정하고 있다.

위와 같이 소멸시키는 취지는 상속인이 없는 경우 디자인권을 국가가 독점적으로 소유하는 것보다는 이를 일반 공중에 개방하여 자유로이 실시할 수 있도록 하는 것이 산업정책상 유리하다는 데에 있다.[1]

특허법 제124조는 본조와 동일한 내용을 규정하고 있고, 실용신안법 제28조는 특허법 제124조를 준용하고 있으며, 상표법 제64조에서는 "상표권자가 사망한 날부터 3년 이내에 상속인이 그 상표권의 이전등록을 하지 아니한 경우에는 사망한 날로부터 3년이 되는 날의 다음 날에 상표권이 소멸하고, 법인의 청산종결등기일(청산종결등기가 되었더라도 청산사무가 사실상 끝나지 아니한 경우에는 청산사무가 사실상 끝난 날과 청산종결등기일부터 6개월이 지난 날 중 빠른 날로 한다)까지 그 상표권의 이전등록을 하지 아니한 경우에는 청산종결등기일의 다음 날에 법인의 상표권이 소멸한다"고 규정하고 있다.

한편, 저작권법에서도 저작재산권의 상속인이 없는 경우에, 국가가 그 저작권을 행사하는 것보다는 공유(公有)의 대상으로 취급하여 일반 공중이 널리 자유롭게 이용할 수 있도록 하는 것이 문화발전에 기여할 수 있다고 하는 정책적

---

1) 정상조·박성수 공편, 특허법 주해Ⅰ, 박영사(2010), 1339(한동수 집필부분).

인 판단에 기초하여, 그리고 국가에 귀속되는 저작물의 진정한 주인인 일반 국민이므로 일반 국민이 자유롭게 이용할 수 있는 공유의 대상으로 취급하는 것이 당연하다는 견지에서 본조와 같은 취지의 규정을 두고 있다(저작권법 제49조).[2]

II. 내   용

1. '상속인이 없는 경우'의 의미

일본 의장법 제36조에서 준용하고 있는 일본 특허법 제76조는 "민법 제958조(상속인수색의 공고)의 기간 내에 상속인이라는 권리를 주장하는 자가 없는 때에는 소멸된다"고 규정하고 있으나, 우리 디자인보호법은 "상속이 개시된 때 상속인이 없는 경우에는 소멸된다"고만 규정하고 있어, 상속 개시 이후 구체적으로 어느 시점에 디자인권이 소멸하는지 논란이 있을 수 있다.

이에 대하여, 피상속인의 사망으로 인하여 곧바로 소멸되는 것으로 해석하는 견해가 있을 수 있으나, 본조의 입법취지 및 민법과의 조화로운 해석을 고려할 때, 민법의 규정에 따라 다음과 같이 해석함이 타당하다.[3]

상속인의 존부가 분명하지 않은 때에는 이해관계인 또는 검사의 청구에 의하여 상속개시지의 가정법원은 상속재산관리인을 선임하고 지체없이 이를 공고하여야 한다.[4] 위와 같은 선임 공고가 있은 날로부터 3개월 이내에 상속인의 존부를 알 수 없는 때에는, 관리인은 지체없이 일반상속채권자와 유증받은 자에 대하여 2개월 이상의 기간을 정해 그 기간 내에 채권 또는 수증을 신고할 것을 공고하여야 하고, 채권자·수증자에게 변제하는 청산절차를 거치게 된다(민법 제1056조). 위 채권신고의 공고기간이 경과한 후에도 상속인의 존부를 알 수 없는 때에는, 가정법원은 관리인의 청구에 의하여 1년 이상의 기간을 정해 그 기간 내에 상속인이 있으면 그 권리를 주장할 것을 공고하여야 한다(민법 제1057조). 가정법원은 위 민법 제1057조의 상속인수색의 공고 기간 내에 상속권을 주장하는 자가 없는 때에는 특별연고자의 청구(상속인수색의 공고 기간 만료 후 2개월 이내에 청구하여야 함)에 의하여 상속재산의 분여를 할 수 있다(민법 제1057조

---

2) 정상조 편, 著作權法 注解, 박영사(2007), 670-671(정상조 집필부분).
3) 특허법 제124조의 해석과 관련하여 같은 견해로는 정상조·박성수 공편(주 1), 1340-1341 (한동수 집필부분).
4) 민법 제1053조, 가사소송법 제2조 제1항 제2호 가목 라류 사건 37), 제44조 제6호, 가사소송규칙 제78조 등 참조.

의2).

결국, 상속인수색의 공고 기간까지 상속권을 주장하는 자가 없고(또는 상속인으로서 그 권리를 주장한 자가 상속인이 아니라고 판명되고), 상속인수색의 공고 기간 경과 후 2개월이 지나도록 특별연고자의 상속재산분여의 청구가 없어 잔여재산으로 디자인권이 남게 되거나, 재산분여의 청구가 있었으나 청구가 각하되어 잔여재산으로 디자인권이 남게 되거나, 재산분여의 청구가 있었으나 일부 분여를 인정하는 심판이 있고 분여 이후의 잔여재산으로 디자인권이 남게 되는 경우에는 최종적으로 그 디자인권은 본조에 의하여 소멸하게 된다.

2. 법인 해산의 경우

법인이 해산한 경우에도 본조가 유추적용될 수 있는지가 문제된다.

반대설이 있을 수 있으나, 본조는 자연인의 사망의 경우에 대하여만 적용되고, 저작권법과 같이 명문의 규정[5]을 두고 있지 않는 디자인보호법의 해석으로는 본조가 유추적용되지 않는다고 할 것이다.

따라서, 민법상 법인의 경우에는 민법 제80조[6]에 정한 바에 따라, 합명회사의 경우에는 상법 제260조에 정한 바에 따라, 합자회사의 경우에는 상법 제269조, 제260조에 정한 바에 따라, 유한책임회사의 경우에는 상법 제287조의45, 제260조에 정한 바에 따라, 주식회사의 경우에는 상법 제538조,[7] 제542조, 제260조에 정한 바에 따라, 유한회사의 경우에는 상법 제612조, 제613조, 제260조에 정한 바에 따라 권리의 귀속이 결정된다고 할 것이다.

---

5) 저작권법 제49조(저작재산권의 소멸) 저작재산권이 다음 각 호의 어느 하나에 해당하는 경우에는 소멸한다.
　　2. 저작재산권자인 법인 또는 단체가 해산되어 그 권리가 「민법」 그 밖의 법률의 규정에 따라 국가에 귀속되는 경우
6) 민법 제80조(잔여재산의 귀속)
　　① 해산한 법인의 재산은 정관으로 지정한 자에게 귀속한다.
　　② 정관으로 귀속권리자를 지정하지 아니하거나 이를 지정하는 방법을 정하지 아니한 때에는 이사 또는 청산인은 주무관청의 허가를 얻어 그 법인의 목적에 유사한 목적을 위하여 그 재산을 처분할 수 있다. 그러나 사단법인에 있어서는 총회의 결의가 있어야 한다.
　　③ 전2항의 규정에 의하여 처분되지 아니한 재산은 국고에 귀속한다.
7) 상법 제538조(잔여재산의 분배) 잔여재산은 각 주주가 가진 주식의 수에 따라 주주에게 분배하여야 한다. 그러나 제344조 제1항의 규정을 적용하는 경우에는 그러하지 아니하다.

3. 디자인권의 소멸등록 및 소멸공고

디자인권은 법률의 규정에 의하여 소멸되는 것이므로 디자인등록원부에 등록하지 아니하여도 소멸의 효력이 발생한다고 할 것이나, 특허청장은 직권으로 디자인권 소멸의 등록을 하여야 하고(특허권 등의 등록령 제14조 제1호), 본조에 규정에 의하여 디자인권이 소멸된 때에는 그 취지를 디자인공보에 공고하여야 한다(디자인법보호법 시행규칙 제69조).

4. 디자인권의 공유자 중 일부가 상속인 없이 사망한 경우

디자인권이 공유인 경우에는 공유자 중 일부가 상속인 없이 사망하더라도 공유의 일반 원리에 의하여 그 지분은 다른 공유자에게 지분의 비율로 귀속될 뿐 디자인권이 소멸되는 것은 아니다(민법 제267조[8]).

5. 디자인을 받을 수 있는 권리의 경우

상속인이 없는 경우 디자인을 받을 수 있는 권리가 소멸한다는 명문규정은 없으나, 본조를 유추적용하여 디자인을 받을 수 있는 권리도 소멸한다고 보는 것이 타당하다.

〈윤주탁〉

---

[8] 민법 제267조(지분포기 등의 경우의 귀속) 공유자가 그 지분을 포기하거나 상속인없이 사망한 때에는 그 지분은 다른 공유자에게 각 지분의 비율로 귀속한다.

<소 목 차>

Ⅰ. 본조의 의의

본조는 디자인보호법에 따라 특허청장이 정한 대가와 보상금액에 관한 결
정이 확정된 경우 그 확정된 결정에 집행력을 부여한 규정으로서, 디자인보호법
에 의해 특허청장이 결정한 대가와 보상금에 대하여 채무자가 이행을 하지 아
니하는 경우 채무자의 일반재산에 대한 강제집행을 용이하게 해주기 위한 규정
이다.

Ⅱ. 내   용

집행권원(執行權原)이라 함은 일정한 실체적 이행청구권의 존재와 범위를
표시하고 그 청구권에 집행력을 인정한 공증의 문서를 말한다. 집행권원만으로
는 강제집행을 실시할 수 없고, 집행권원의 정본에 집행력 있음과 집행당사자를
공증하기 위한 집행문을 부여받아야(민사집행법 제29조) 비로소 강제집행을 실시
할 수 있는 것이 원칙이다.

그런데, 본조의 전문에서는 '이 법에 따라 특허청장이 정한 대가와 보상금
액에 관하여 확정된 결정'(이하 본조에서는 '확정 결정'이라 한다)은 집행력 있는
집행권원과 같은 효력을 지닌다고 규정하면서도 후문에서는 특허청 소속 공무
원이 집행력 있는 정본을 부여한다고 규정하고 있어, '확정 결정'에 대하여 집
행문을 부여받아야만 민사집행법에 의한 강제집행을 실시할 수 있는지가 문제
된다.

이에 대하여, 특허청 소속 공무원에 의한 집행력 있는 정본의 부여 절차가

필요하다는 견해가 있을 수 있으나, 본조는 법률에서 특히 집행력 있는 집행권원과 동일한 효력이 있는 것으로 규정하고 있어 집행력의 존재가 명백하므로 집행문을 부여받을 필요가 없는 경우에 해당한다고 해석함이 타당하다.[1] 다만, '확정 결정'이 있은 후 그 의무의 승계가 발생한 경우에는 본조 후문에 따라 특허청 소속 공무원이 승계집행문을 내어 주어야 할 것이다.

〈윤주탁〉

---

[1] 김상원·박우동·이시윤·이재성 편집대표, 주석 민사집행법(Ⅱ)(제2판), 한국사법행정학회(2007), 145(김용덕 집필부분).

제6장
디자인권자의 보호

제113조(권리침해에 대한 금지청구권 등)
① 디자인권자 또는 전용실시권자는 자기의 권리를 침해한 자 또는 침해할
우려가 있는 자에 대하여 그 침해의 금지 또는 예방을 청구할 수 있다.
② 제43조 제1항에 따라 비밀로 할 것을 청구한 디자인의 디자인권자 및 전
용실시권자는 산업통상자원부령으로 정하는 바에 따라 그 디자인에 관한 다
음 각 호의 사항에 대하여 특허청장으로부터 증명을 받은 서면을 제시하여
경고한 후가 아니면 제1항에 따른 청구를 할 수 없다.
1. 디자인권자 및 전용실시권자(전용실시권자가 청구하는 경우만 해당한다)의
   성명 및 주소(법인인 경우에는 그 명칭 및 주된 사무소의 소재지를 말한다)
2. 디자인등록출원번호 및 출원일
3. 디자인등록번호 및 등록일
4. 디자인등록출원서에 첨부한 도면·사진 또는 견본의 내용
③ 디자인권자 또는 전용실시권자는 제1항에 따른 청구를 할 때에는 침해행
위를 조성한 물품의 폐기, 침해행위에 제공된 설비의 제거, 그 밖에 침해의
예방에 필요한 행위를 청구할 수 있다.

I. 의   의

디자인보호법 제92조는 디자인권의 효력에 관하여 "디자인권자는 업으로서 등록디자인 또는 이와 유사한 디자인을 실시할 권리를 독점한다"라고 규정하고 있고, 이로써 디자인권자는 스스로 디자인을 실시할 권리(전용권 또는 독점적 실시권)와 함께 다른 사람이 그러한 행위를 하지 못하도록 할 권리(배타권 또는 금지권)를 가진다.[1]

이러한 배타권으로서의 성격으로 인하여 디자인권은 배타적 지배권인 소유권과 같은 성질을 가지므로 민법상의 물상청구권의 하나로서 그 침해의 제거·예방을 청구할 수 있고, 손해배상 및 부당이득반환의 법리에 따라 구제받을 수도 있다.[2] 본조는 디자인권 침해에 대한 민사상의 구제수단의 하나인 금지청구권에 관한 특별규정으로서 이를 확인하고 있다.[3]

금지청구권은 현재 또는 장래의 침해에 대하여 행사하는 점에서 과거의 침해에 대하여 행사하는 손해배상, 부당이득반환 등의 청구권과 다르고, 권리침해에 대한 구제수단으로서 가장 유효하고 직접적인 것이다.[4]

II. 규정체계

디자인보호법 제113조 제1항은 디자인권의 직접 침해에 대한 금지청구권과 침해예방청구권에 관하여 규정하고 있고, 제3항은 금지청구권의 실효성을 확보하기 위하여 침해행위를 조성한 물품 등의 폐기, 제거청구권에 관하여 규정하고 있다.[5]

제2항은 비밀디자인에 관하여 제1항의 금지청구를 하는 경우의 권리행사절

---

1) 노태정·김병진 공저, 디자인보호법, 세창출판사(2005), 582-576 참조; 寒河江孝允 외 공저, 意匠法コンメンタール<제2판>, LexisNexis(2012), 533 참조.
2) 김주형, "특허권등 침해에 대한 금지청구권", 재판자료 56집, 법원도서관(1992), 335; 滿田重昭·松尾和子, 注解 意匠法, 靑林書院(2010), 468-469 참조.
3) 정상조·박성수 공편, 특허법 주해II, 박영사(2010), 2 참조; 정상조·박준석, 지적재산권법(제2판), 홍문사(2011), 227 참조; 송영식 외 6인 공저, 송영식 지적소유권법(제2판), 육법사(2013), 652 참조; 김주형(주 2), 335 참조; 滿田重昭·松尾和子(주 2), 469 참조.
4) 김주형, 앞의 논문, 335.
5) 寒河江孝允 외 공저(주 1), 532; 김주형(주 2), 335.

차에 관한 특례를 규정하고 있다.[6]

Ⅲ. 침해금지청구의 요건

1. 금지청구권자

디자인보호법상 금지청구를 할 수 있는 자는 '디자인권자와 전용실시권자'로 규정되어 있다. 이러한 권리관계는 디자인등록원부 등에 의하여 쉽게 증명할 수 있다.[7]

디자인권이 공유인 경우, 금지청구권의 행사는 보존행위에 해당하기 때문에 그 권리의 공유자도 단독으로 금지청구권을 행사할 수 있다.[8] 디자인권자가 전용실시권을 설정한 때는 전용실시권자가 등록디자인 또는 이와 유사한 디자인을 실시할 권리를 독점하는 범위에서 스스로 디자인을 실시할 수 없지만(제92조 단서), 금지청구권은 그대로 보유하면서 행사할 수 있다.[9] 디자인권의 이전이나 전용실시권의 설정·이전(상속 기타 일반승계에 의한 이전은 제외)은 그에 관한 등록을 마쳐야 효력이 발생하기 때문에(제98조 참조), 디자인권을 이전받거나 전용실시권을 설정·이전받으려는 자는 그러한 등록을 마친 후에야 금지청구권을 행사할 수 있다.[10]

통상실시권자의 경우, 비독점적 통상실시권자가 금지청구권을 가지지 않는다는 점에 대해서는 견해가 일치되어 있고, 독점적 통상실시권자에 대해서도 디자인보호법 제113조 제1항에서 금지청구권을 행사할 수 있는 자로 열거되어 있지 않고, 통상실시권은 채권적 권리로서 대세적인 배타성을 갖지 않으며 그에 대한 침해는 채권침해에 지나지 않는다는 점에서 금지청구권을 행사할 수 없다

---

6) 寒河江孝允 외 공저(주 1), 532.

7) 송영식 외 6인 공저(주 3), 653 참조.

8) 대법원 1999. 5. 25. 선고 98다41216 판결 참조(이는 저작권에 관한 판례이다); 정상조·박성수 공편(주 3), 4 참조; 송영식 외 6인 공저(주 3), 653; 寒河江孝允 외 공저(주 1), 532; 滿田重昭·松尾和子(주 2), 473.

9) 정상조·박성수 공편(주 3), 4 참조; 김주형(주 2), 337; 寒河江孝允 외 공저(주 1), 536 (관련된 다양한 학설도 소개하고 있다); 滿田重昭·松尾和子(주 2), 473; 最高裁 平成 17년(2005년) 6월 17일 판결, 平成 17년(受) 제997호 특허권침해금지청구사건[사단법인 한국특허법학회 역, 中山信弘 외 3인 편저, 특허판례백선, 박영사(2004), 617-622에서 재인용 (부정설, 긍정설 및 중간설도 소개)].

10) 정상조·박성수 공편(주 3), 4 참조; 김주형(주 2), 337; 寒河江孝允 외 공저(주 1), 535 참조.

는 견해가 다수설이다.[11]

나아가 스스로 금지청구권을 행사할 수 없는 통상실시권자가 디자인권자의 금지청구권을 대위할 수 있는가에 대해서도 견해가 나뉜다.[12] 긍정설은 원칙적으로 독점적 통상실시권자는 디자인권자에 대하여 제3자의 침해행위를 배제하여 줄 것을 요구할 수 있을 뿐 스스로 제3자에 대하여 침해행위의 금지를 요구할 근거가 없고, 이 경우 디자인권자가 위와 같은 자신의 채무를 이행하지 않는다면 독점적 통상실시권자로서는 디자인권자에 대하여 채무불이행 책임을 물을 수밖에 없다 할 것이지만, 독점적 통상실시권자 및 제3자 간의 법률관계를 간명하게 처리할 수 있다는 점을 고려하면 독점적 통상실시권자는 디자인권자에 대하여 제3자의 침해행위를 배제하여 줄 것을 요구할 수 있는 권리를 피보전권리로 하여 디자인권자의 제3자에 대한 금지청구권을 대위행사할 수 있다고 봄이 상당하다고 한다.[13] 이에 대해 부정설은 통상실시권은 단지 디자인권자에 대하여 특허발명실시의 용인을 청구할 채권적 권리로서 통상실시권자의 실시행위는 권리행위가 아니라 방임행위에 불과한 것이므로 통상실시권자의 대위권은 생길 수 없다고 한다.[14]

2. 금지청구의 상대방 및 내용 — 침해한 자 또는 침해할 우려가 있는 자에 대한 금지 또는 예방청구

가. 디자인권 · 전용실시권을 침해한 자에 대한 금지청구

디자인권자는 업으로서 등록디자인 또는 이와 유사한 디자인을 실시할 권리를 독점하므로(제92조), 디자인권의 침해자는 권한 없이, 업으로서, 디자인권자의 등록디자인 또는 그와 유사한 디자인을 실시하는 자, 즉 디자인 또는 그와 유사한 디자인에 관한 물품을 생산 · 사용 · 양도 · 대여 · 수출 또는 수입하거나

---

11) 정상조 · 박성수 공편(주 3), 5 참조; 寒河江孝允 외 공저(주 1), 539; 滿田重昭 · 松尾和子(주 2), 473-474 참조. 대법원은 2007. 1. 25. 선고 2005다11626 판결(소리바다 사건)에서 부정설을 취하고 있음을 나타내는 설시를 한 바 있다. 통상실시권의 법적 성질에 관한 자세한 논의는 사단법인 한국특허법학회 역(주 9), 587-592 참조.
12) 滿田重昭 · 松尾和子(주 2), 474.
13) 東京地判 昭和 40(1965年). 8. 31. 判タ 185호 209[滿田重昭 · 松尾和子(주 2), 474에서 재인용]. 위 판결의 구체적 내용 및 독점적 통상실시권의 성질, 금지청구권의 대위행사 가부에 대한 재판례 및 학설에 대한 자세한 소개는 사단법인 한국특허법학회 역(주 9), 610-616 참조.
14) 김주형(주 2), 339; ヘアブラシ事件, 大阪地判 昭和 59. 12. 20. 無体集 16卷 3号 803[寒河江孝允 외 공저(주 1), 539에서 재인용].

그 물품을 양도 또는 대여하기 위하여 청약(양도나 대여를 위한 전시를 포함한다)하는 행위를 하는 자를 말한다(제2조 제7호).[15] 나아가 전용실시권의 침해자는 전용실시권자가 디자인권자로부터 전용실시권을 설정 받은 범위 내에서 디자인의 실시를 업으로서 하는 자이다.[16]

침해자에는 자연인뿐만 아니라 법인도 포함된다.[17] 법적으로는 법인격이 인정되지 않는 단체도 사단 또는 재단의 실체를 갖추고, 대표자가 정해져 있으면 포함된다(민사소송법 제52조).[18]

침해에 대한 금지청구는 손해배상청구와는 달리 침해자의 고의·과실을 불문하므로 디자인권자는 선의 무과실로 디자인권을 침해하는 자에 대하여도 금지청구권을 행사할 수 있다.[19] 디자인권침해를 이유로 금지청구를 하는 경우에는 상대방이 독립의 실시행위자인가 아닌가를 신중하게 검토할 필요가 있다. 예를 들어 디자인권의 공유자 또는 통상실시권자의 하청으로 전적으로 주문자를 위하여 그 지휘 아래 디자인의 실시를 하고 있는 자는 주문자의 실시권을 원용할 수 있기 때문이다.[20]

한편, 침해가 위법할 것은 필요하나, 침해의 사실이 있으면 위법성이 추정되므로, 금지청구소송의 피고가 위법성조각사유를 주장·증명하여야 한다.[21]

침해금지청구권의 내용은 침해를 현재 행하고 있는 자에 대하여 침해행위의 금지를 구하는 것이다.[22] 즉, 디자인권자의 경우에는 권한 없는 자가 업으로서 디자인권의 범위 내의 디자인을 실시하는 행위, 전용실시권자의 경우에는 업으로서 그가 설정 받은 실시권의 범위에 저촉되는 디자인의 실시행위의 금지를 청구하는 것이다.[23] 이러한 실시행위에는 제114조에서 '침해로 보는 행위'(간접침해)도 포함된다.

다만, 디자인권의 침해를 정당화하는 사유, 즉 (i) 계약 또는 법률의 규정에

15) 寒河江孝允 외 공저(주 1), 540; 滿田重昭·松尾和子(주 2), 469.
16) 寒河江孝允 외 공저(주 1), 540. 한편, 교사·방조자에 대한 금지청구가 가능한지와 관련해서는 부정하는 판례가 있으나 이를 긍정하여야 한다는 학설도 있다. 사단법인 한국특허법학회 역(주 9), 516-521 참조.
17) 寒河江孝允 외 공저(주 1), 541.
18) 寒河江孝允 외 공저(주 1), 541.
19) 김주형(주 2), 340; 寒河江孝允 외 공저(주 1), 543; 滿田重昭·松尾和子(주 2), 471.
20) 滿田重昭·松尾和子(주 2), 471.
21) 寒河江孝允 외 공저(주 1), 543.
22) 김주형(주 2), 342.
23) 寒河江孝允 외 공저(주 1), 542.

의한 전용실시권이나 통상실시권이 있는 경우, (ii) 디자인권의 효력이 미치지
않는 범위(디자인보호법 제94조) 내의 행위인 경우, (iii) 디자인권의 소진이 인정
되는 경우 등에는 금지청구권을 행사할 수 없다.24) 나아가 디자인등록에 대한
무효심결이 확정되기 전이라고 하더라도 디자인등록이 그 무효심판에 의하여
무효로 될 것임이 명백한 경우에는 디자인권에 기초한 침해금지 또는 손해배상
등의 청구는 특별한 사정이 없는 한 권리남용에 해당하여 허용되지 아니한다고
보아야 하고, 디자인권침해소송을 담당하는 법원으로서도 디자인권자의 그러한
청구가 권리남용에 해당한다는 항변이 있는 경우 당부를 살피기 위한 전제로서
디자인의 창작성 여부에 대하여 심리・판단할 수 있다할 것이다.25)

  금지청구는 권리자가 침해자에 대해서 경고문을 발송하는 등 재판 외에서
구하는 것도 가능하고, 재판상 청구하는 것도 가능하다. 재판상 청구는 본소
또는 가처분으로 청구하는 것 모두 가능하다.26) 한편 디자인권의 존속기간이
경과한 후에는 디자인권자가 소멸된 디자인에 터잡아 금지청구권을 행사할 수
없다.27)

  금지청구는 부작위채무의 이행을 구하는 것으로서, 그 집행은 간접강제의
방법에 의한다(민사집행법 제261조, 제262조).28) 집행권원의 실효성을 확보하고
침해형식의 변경에 의한 강제집행의 잠탈을 억제키 위해 침해자가 근소한 변경
을 가하여 실시하는 경우 판결 주문에 특정된 침해행위의 핵심적인 내용이 그
대로인 한 사소한 변경에 대해서도 집행을 할 수 있다는 견해가 유력하다.29)

나. 침해할 우려가 있는 자에 대한 침해예방청구

  침해예방청구권은 장래 침해할 우려의 원인이 되는 행위의 금지를 구하는

---

24) 정상조・박성수 공편(주 3), 6 참조; 김주형(주 2), 341 참조; 滿田重昭・松尾和子(주 2),
   469-470 참조.
25) 특허권에 관한 대법원 2012. 1. 19. 선고 2010다95390 전원합의체 판결 참조; 滿田重
   昭・松尾和子(주 2), 470 참조. 그 외 금지청구권 행사에 대한 침해자의 항변, 금지청구와
   형평법적 요소의 고려에 대해서는 정상조・박성수 공편(주 3), 10-58 참조.
26) 寒河江孝允 외 공저(주 1), 542; 김주형(주 2), 343. 디자인권자 또는 전용실시권자는 침
   해의 금지 또는 예방을 '청구할 수 있는' 것이고, 이를 청구하여야 하는 것은 아니다. 다
   만, 실시권 계약에 그 행사의 의무를 규정하고 있음에도 디자인권자 등이 이를 청구하지
   않는 경우에는 계약상의 채무불이행의 문제가 생길 수 있다. 寒河江孝允 외 공저(주 1),
   543-544.
27) 정상조・박성수 공편(주 3), 10 참조.
28) 寒河江孝允 외 공저(주 1), 543.
29) 송영식 외 6인 공저(주 3), 657.

것이다.30)

　디자인권 또는 전용실시권을 침해할 우려라 함은 일반적으로 현실의 침해에는 이르지 않지만 침해발생의 가능성이 극히 큰 것을 의미하는데,31) 이러한 우려를 정형화하여 법에 의하여 침해로 의제한 것이 '침해로 보는 행위' 또는 '간접침해'이다(디자인보호법 제114조).32)

　어느 경우에 '침해할 우려'가 있다고 볼 것인가에 관해서는 견해가 나뉜다. 이중 객관설은 침해할 우려를 객관적인 것으로 해석하고 침해의 준비행위가 완성된 때에 침해의 우려가 있다고 보는 반면,33) 주관설은 침해품을 제조, 판매할 의도, 즉 침해의 의도가 인정될 때 침해의 우려가 있다고 해석한다.34) 침해자의 주관적인 의사는 기준으로서 불확실하다 할 것이므로 객관설이 타당하고 또한 현재 다수설이다.35)

　객관설에 따르면 단순히 침해품을 소지하거나 디자인권을 침해할 기계의 설계도면을 작성한 정도로는 침해의 우려를 인정할 수 없고, 현재 침해품의 제조준비 중에 있는 경우 또는 계절품이기 때문에 현재 생산중지 중이지만 계절이 도래하면 생산의 재개가 확실한 경우 및 침해품을 판매목적을 위하여 소지한 경우 또는 판매준비를 위하여 침해품을 반포하고 있는 경우에는 침해의 우려를 인정할 수 있게 된다.36)

　침해할 우려의 원인이 되는 행위는 청구시에 어느 정도 명확하게 특정되고 주장되어야 한다.37) 이를 위해서는 침해행위 착수 전의 객관적인 침해 예비행위 내지 준비행위의 존재 등 구체적인 사실을 드는 것이 필요하다.38)

---

30) 寒河江孝允 외 공저(주 1), 542.
31) 서울남부지방법원 1987. 11. 18. 선고 87가합1052 판결[의장권침해금지청구사건]("카세트 테이프 레코더 및 동 덱메카니즘의 제조, 판매 등을 사업목적으로 하는 을이 의장을 제조하여 거래처에 그 성능검사를 의뢰하고 또 선전용 카달로그를 제작 배포하는 등 갑의 의장권을 침해한 사실이 있음에도 불구하고 이러한 사실을 강력히 부인하면서 한편으로는 갑의 의장에 대하여 무효심판청구를 하고 현재까지도 이를 유지하고 있다면 비록 현재는 이와 같은 침해행위를 하고 있지 않다고 하더라도 언제든지 다시 기회만 허락되면 이러한 침해행위를 할 가능성이 높다고 보이므로 갑의 의장권을 침해할 우려가 있는 경우에 해당한다"고 판시).
32) 정상조·박성수 공편(주 3), 7; 김주형(주 2), 341.
33) 寒河江孝允 외 공저(주 1), 541.
34) 김주형(주 2), 342.
35) 정상조·박성수 공편(주 3), 7 참조; 김주형(주 2), 342.
36) 정상조·박성수 공편(주 3), 7 참조; 김주형(주 2), 341.
37) 寒河江孝允 외 공저(주 1), 542.
38) 滿田重昭·松尾和子(주 2), 470 참조.

이와 관련하여 서울고등법원은, 특허권에 관한 것이기는 하나, 원고가 그 제조방법에 관하여 특허권을 보유한 농약원재 메타실에 대하여 피고명의로 농수산부에 메타실수입원제등록 및 메타실수화제 제조품목등록이 되어 있고 피고가 발행 배포한 농약안내서에 메타실수화제에 관한 소개가 되어 있다 하더라도 피고가 실제로 메타실원제를 수입한 일도 없고 또 수입절차를 취한 일도 없다면 위와 같은 사유만으로는 피고가 원고들의 특허권리를 침해하고 있다거나 침해할 우려가 있다고 단정할 수 없다고 판시하였다.39)

일본에서는 디자인권침해금지청구의 대상물이 팸플릿에 기재되어 있다는 것만으로는 실시행위로 볼 수 없다는 사례가 있다.40) 이전에 침해가 있었으나 현재 일시적으로 중지하고 있는 경우에 한하지 않고, 과거에 침해의 사실이 없었어도 침해의 우려가 있으면 침해예방청구가 가능하다.41)

Ⅳ. 침해조성물 폐기·제거청구권(제3항)

1. 의 의

제113조 제3항은 제1항의 침해금지 및 예방청구권의 구체적인 내용을 명확히 한 것이다. 즉, 제1항의 침해금지 및 예방청구권은 청구권의 구체적인 내용이 규정되어 있지 않으므로, 예를 들면 침해품 제조설비의 가동 중지 외에 제조설비의 폐기 또는 제거를 요구하는 것이 침해금지 및 예방청구권의 내용으로 인정될 수 있는지 명확하지 않다. 그러나 침해행위에 제공된 설비의 소지는 그 자체가 디자인권 침해는 아니라 할지라도 그 소지를 금지하지 않을 경우 향후 동일한 침해행위의 발생가능성이 높다. 따라서 제1항의 침해금지 및 예방청구권의 내용을 명확히 하고 그 실효성을 확보하기 위하여 침해행위 조성 물품의 폐기, 침해행위 제공설비의 제거를 예시로 하여 침해자에 대하여 침해예방에 필요한 조치를 청구할 수 있게 하였다.42)

---

39) 서울고등법원 1988. 7. 4. 선고 88나7745 판결.
40) 大阪地判 昭 46. 10. 29. 判タ 274号 340[滿田重昭·松尾和子(주 2), 470에서 재인용].
41) 상대방이 과거에 침해물품을 제조판매하지 않았고, 장래에도 이를 제조·판매할 예정도 의사도 없다고 주장하고 있는 사안에서, 침해의 우려가 있다고 판단하여 금지청구를 인용한 사례. 大阪地判 昭 46. 10. 29. 判タ 274号 340[滿田重昭·松尾和子(주 2), 470에서 재인용].
42) 정상조·박성수 공편(주 3), 8 참조; 사단법인 한국특허법학회 역(주 9), 513 참조; 송영식 외 6인 공저(주 3), 657; 滿田重昭·松尾和子(주 2), 474.

폐기 · 제거청구는 본청구인 금지청구의 부대청구적인 성격을 갖는다.[43] 즉 이는 침해에 조성된 물품의 폐기 · 침해행위에 제공된 설비의 제거 등 침해의 예방에 필요한 행위를 청구하는 것으로서, 독립하여 이를 행사할 수 없고 침해 금지 · 예방청구를 할 때 부대해서만 할 수 있다.[44] 반대로 제1항의 청구를 하는 경우에 항상 제3항의 규정에 의하여 구체적인 청구의 태양을 나타내어야만 하는 것은 아니다.[45]

2. 침해행위를 조성한 물품, 침해행위에 제공된 설비의 의미

여기서 "침해행위를 조성한 물품"이란 침해행위에 필연적으로 동반되는 물품, 즉 그것이 없이는 침해행위가 성립하지 않는 물품을 말한다.[46] 구체적으로는 권한 없는 자가 업으로서 디자인을 실시하여 제조한 물품 등이 이에 해당한다.[47] 침해행위를 조성한 물품이어야 하므로, 침해물의 부품 등도 이에 해당하지 않는다(그 부품 자체에 부분디자인권이 있는 경우 부분디자인권 침해의 조성물품이 되는 것은 별론으로 한다).[48]

또 "침해행위에 제공된 설비"란 침해물품의 제조에 이용한 장치 및 설비로서, 예를 들면 침해물품을 제조하기 위해 사용한 금형 및 목형 등이 이에 해당한다.[49] 다른 용도에도 사용되는 것이 명확한 범용의 설비, 장치도 포함은 되지만, 제거의 대상은 디자인권 침해의 예방에 그 설비의 폐기가 필요한가에 따라 결정하여야 할 것이다.[50]

3. 폐기, 제거, 그 밖에 침해의 예방에 필요한 행위의 의미

물품의 폐기는 어떤 물건을 사용하지 못하도록 버리는 것이고, 설비의 제거는 설비를 침해자 수중에서 철거하는 것을 말한다.[51] 폐기 및 제거청구권은 금

---

43) 寒河江孝允 외 공저(주 1), 544.
44) 정상조 · 박성수 공편(주 3), 8; 寒河江孝允 외 공저(주 1), 544; 滿田重昭 · 松尾和子(주 2), 474.
45) 정상조 · 박성수 공편(주 3), 8-9; 滿田重昭 · 松尾和子(주 2), 474.
46) 정상조 · 박성수 공편(주 3), 9 참조; 寒河江孝允 외 공저(주 1), 544.
47) 寒河江孝允 외 공저(주 1), 544.
48) 寒河江孝允 외 공저(주 1), 544.
49) 寒河江孝允 외 공저(주 1), 546-547; 滿田重昭 · 松尾和子(주 2), 475.
50) 정상조 · 박성수 공편(주 3), 9 참조; 寒河江孝允 외 공저(주 1), 547; 滿田重昭 · 松尾和子(주 2), 475.
51) 寒河江孝允 외 공저(주 1), 547.

지청구권과 달리 작위청구권에 해당한다.[52] 작위청구이므로 집행은 대체집행(민사집행법 제260조)에 의한다.[53] 폐기청구가 인용되기 위해서는 피고가 그 물건에 관하여 소유권 등 처분권이 있어야 한다.[54]

　　폐기 및 제거청구를 하는 경우에는 대상물을 구체적으로 특정하여야 한다.[55] 반제품도 폐기청구의 대상으로 될 수 있지만, 단순히 '피고제품의 반제품'이라고만 표시해서는 부족하고, 특정한 완성품과 관련하여 그 완성품을 위한 반제품이란 점이 명확하게 표시되어야 한다.[56]

　　폐기 또는 제거에 갈음하여 인도를 구하는 것이 허용되는지에 관하여는, 물건의 폐기가 인정되는 이상 인도는 당연히 인정되어야 한다는 견해와,[57] 디자인보호법 제113조 제3항은 디자인권자에게 타인의 소유물을 자유롭게 처분하는 것까지 허용하는 것은 아니기 때문에 소극적으로 해석하여야 한다는 견해가 있다.[58]

　　"기타 침해의 예방에 필요한 행위"란 현실적으로 예상되는 침해를 예방하기 위하여 필요한 행위를 말한다.[59] 작위청구권이고, 대상으로 되는 행위가 특정될 것이 필요하다는 점에서 폐기·제거 청구와 같지만, 예방행위에 다양한 것이 있을 수 있다는 점에서 다르다.[60] 침해행위를 하지 않을 것을 보증하기 위해 담보를 제공시키거나 공탁을 하게 하는 것, 디자인권의 존속기간 동안 침해물품을 집행관에게 보관시키는 것 등이 예로 들어진다.[61] 어떠한 것이 필요한 행위인지에 관하여는 객관적으로 판단해야 한다는 객관설과 행위자의 주관적 의도에 따라 판단하여야 한다는 주관설 및 획일적으로 결정할 것이 아니고 행위의 객관적 성질과 행위자의 주관적 의도를 감안하여 결정하여야 한다는 견해가 있다.[62] 일본의 판례는, 특허에 관련된 것이지만, '침해의 예방에 필요한 행위'에

---

52) 寒河江孝允 외 공저(주 1), 546.
53) 寒河江孝允 외 공저(주 1), 546.
54) 寒河江孝允 외 공저(주 1), 546; 滿田重昭·松尾和子(주 2), 475.
55) 寒河江孝允 외 공저(주 1), 546.
56) 滿田重昭·松尾和子(주 2), 475.
57) 吉藤幸朔 저, YOU ME 디자인보호법률사무소 역, 특허법개설(제13판), 대광서림(2000), 529 참조.
58) 송영식 외 6인 공저(주 3), 657; 寒河江孝允 외 공저(주 1), 546-547.
59) 寒河江孝允 외 공저(주 1), 547.
60) 寒河江孝允 외 공저(주 1), 547.
61) 寒河江孝允 외 공저(주 1), 547; 滿田重昭·松尾和子(주 2), 475.
62) 윤선희, 특허법, 법문사(2004), 707[정상조·박성수 공편(주 3), 10에서 재인용].

관하여, 금지청구권의 행사를 실효 있게 하는 것임과 동시에 그것이 금지청구권의 실현을 위하여 필요한 범위 내인 것을 요한다는 일반론을 설시한 후, 그 구체적인 기준으로서 ① 특허발명의 내용, ② 현재 행해지거나 장래에 행해질 염려가 있는 침해행위의 태양, ③ 특허권자가 행사하는 금지청구권의 구체적 태양 등의 고려요소를 들고 있다.[63]

V. 비밀디자인의 특례(제2항)

비밀디자인은 출원인의 청구에 의해 디자인권의 설정등록일부터 3년 이내의 기간을 정하여 그 디자인을 비밀로 하는 제도이다(제43조 제1항).

비밀디자인에도 일반적인 디자인과 마찬가지로 금지청구권이 인정되는데, 제2항은 이를 전제로 비밀디자인권자가 금지청구권을 행사하기 위한 절차를 정한 것이다.[64]

비밀디자인은 공개되지 않기 때문에 비밀디자인이 비밀로 있는 기간 내에 비밀디자인권에 저촉되는 디자인, 즉 비밀디자인 및 이와 유사한 디자인을 실시하는 제3자는 갑자기 금지청구를 당하게 된다. 제3자는 자신이 실시하는 디자인이 침해로 되는지 아닌지를 판단할 수 없고, 소송대책도 수립할 수 없게 되며, 이는 법적안정성, 공평성을 흠결한 가혹한 것이라 할 것이다.[65] 이에 금지청구권자가 미리 제113조 제2항에 기재된 사항에 대하여 특허청장으로부터 증명을 받은 서면을 침해자에게 제시하여 경고하는 것을 금지청구권 행사의 요건으로 하고 있는 것이다.[66] 비밀디자인에 관한 이러한 특칙은 청구의 절차요건이고 침해의 성부라고 하는 실체문제와는 관계가 없다.[67]

제2항의 요건을 충족하는 경고를 받은 자는 제43조 제4항 제3호의 '디자인권 침해의 경고를 받은 사실을 소명한 자'에 해당하여 특허청장에게 비밀디자인의 열람을 청구할 수 있다.

비밀디자인의 비밀기간이 경과하여 디자인공보에 게재된 이후에는 그러한

---

63) 最高裁 平成 11년(1999년) 7월 16일 제2소법정판결, 平成 10년(才) 제604호 특허권침해 예방청구사건[사단법인 한국특허법학회 역(주 9), 514에서 재인용].
64) 寒河江孝允 외 공저(주 1), 548.
65) 노태정·김병진 공저(주 1), 670; 滿田重昭·松尾和子(주 2), 476.
66) 寒河江孝允 외 공저(주 1), 548.
67) 寒河江孝允 외 공저(주 1), 549.

절차를 거칠 이유가 없으므로, 일반적인 디자인에 기한 금지청구의 요건과 동일하게 된다.[68]

어떠한 이유로든 비밀디자인의 내용을 알고 있는 자, 정당한 이유로 비밀디자인의 내용을 알게 된 자로부터 전해 들어 내용을 알고 있는 자에 대해서 금지청구권을 행사하는 경우에는, 이 항의 규정 취지에 비추어, 미리 경고를 할 필요가 없을 것이다.[69]

이러한 절차를 만족시킨 후 비밀디자인권에 관하여 금지청구권, 예방청구권을 행사하는 경우, 금지청구권의 행사와 병행하여 침해행위를 조성한 물품의 폐기, 침해행위에 제공된 설비의 제거, 그 밖에 침해의 예방에 필요한 행위를 청구할 수 있다.[70]

〈김기영〉

---

68) 寒河江孝允 외 공저(주 1), 549; 滿田重昭·松尾和子(주 2), 476.
69) 寒河江孝允 외 공저(주 1), 549.
70) 寒河江孝允 외 공저(주 1), 549.

〈소 목 차〉

Ⅰ. 본조의 의의

본조는 이른바 '간접침해[1]'에 대하여 규정한 것으로, 조립에 의하여 침해품을 만들 수 있는 부품을 판매하는 행위와 같이 권리침해행위에 이어질 것이 명백한 준비단계의 행위를 권리침해로 보는 것이다. 그 행위 자체가 직접적으로 침해를 구성하는 것이 아니지만, 그 행위가 권리자의 이익을 해할 우려가 있거나 권리 침해를 할 우려가 큰 경우에는 침해로 볼 필요가 있기 때문에 이러한 필요를 충족하기 위한 규정이다. 이는 직접 침해행위의 예비 또는 방조행위 중 하나에 해당한다.

본조는 실시 행위에 '수출'을 포함하는 부분을 제외하고는, 물건의 발명에 관한 특허권의 간접침해에 관하여 규정한 특허법 제127조 제1호와 거의 같은 내용으로서, 특허권의 간접침해와 같은 구조로 되어 있다. 따라서 특허법 제127조 제1호에 관한 해석론은 대부분 본조의 경우에도 그대로 적용될 수 있다.[2]

특허권의 간접침해와 관련하여, 대법원은 "간접침해에 관하여 규정하고 있는 특허법 제127조 제1호 규정은 발명의 모든 구성요소를 가진 물건을 실시한 것이 아니고 그전 단계에 있는 행위를 하였더라도 발명의 모든 구성요소를 가진 물건을 실시하게 될 개연성이 큰 경우에는 장래의 특허권 침해에 대한 권리

---

[1] 법문의 규정을 보면 '간주침해'라고 함이 더 적당하나, 관행적으로 '간접침해'로 불리고 있다.

[2] 정상조·박성수 공편, 특허법 주해Ⅱ, 박영사(2010), 59 이하 참조(곽민섭 집필부분).

구제의 실효성을 높이기 위하여 일정한 요건 아래 이를 특허권의 침해로 간주하더라도 특허권이 부당하게 확장되지 않는다고 본 것이라고 이해된다"라고 판시하고 있는바,3) 이러한 취지는 디자인권의 간접침해에도 그대로 적용할 수 있을 것이다.

Ⅱ. 본조의 연혁

디자인권의 간접침해에 관한 규정은 1990. 1. 13. 법률 제4208호로 의장법이 전부 개정될 당시 제63조로 처음으로 도입되었는데, 당시에는 "등록의장에 관한 물품의 생산에만 사용하는 물품을 업으로서 실시하는 행위는 당해 의장권 또는 전용실용권을 침해한 것으로 본다"라고만 규정하였다. 그 후 1993. 12. 10. 법률 제4595호로 "등록의장이나 이와 유사한 의장에 관한 물품의 생산에만 사용하는 물품을 업으로서 실시하는 행위는 당해 의장권 또는 전용실용권을 침해한 것으로 본다"라고 개정함으로써 '유사한 의장', '전용실용권'에 대한 부분을 추가하였다. 2001. 2. 3. 법률 제6413호에서는 '실시' 행위를 '생산·양도·대여 또는 수입하거나 그 물품의 양도 또는 대여의 청약을 하는 행위'로 특정하는 내용으로 개정하였고, 2004. 12. 31. 법률 제7289호에 따라 '의장'이 '디자인'으로 명칭이 변경되었다.

그 후 2011. 6. 30. 법률 제10809호는 그 실시 행위에 '수출' 행위를 추가하였는바, 이는 「대한민국과 유럽연합 및 그 회원국 간의 자유무역협정」의 합의사항을 반영하기 위하여 디자인의 실시행위, 등록디자인을 침해하는 것으로 보는 행위 및 재심에 따라 회복한 디자인권의 효력이 미치지 않는 행위에 '수출'을 포함하여 등록디자인의 권리보호를 강화하려는 취지에 따른 것이다.

한편 2013. 5. 28. 법률 제11848호로 전부 개정된 현행 디자인보호법은 조문체계의 정리에 따라 종전 제63조의 규정을 제114조로 이동하였다.

Ⅲ. 간접침해의 성립요건

1. 공용성(供用性)

간접침해를 구성하는 물품은 등록디자인이나 이와 유사한 디자인(이하 '등

---

3) 대법원 2009. 9. 10. 선고 2007후3356 판결[공2009하, 1690].

록디자인'이라 한다)에 관한 물품의 '생산'에 사용되어야 한다. 여기서 말하는 '생산'이란 등록디자인의 구성요소 일부가 모자란 물품을 사용하여 그 디자인의 모든 구성요소를 가진 물품을 새로 만들어내는 모든 행위를 의미하므로, 공업적 생산에 한하지 않고 가공, 조립, 성형 등의 행위도 포함된다.[4]

이와 관련하여 생산과 수리의 한계를 정하는 문제가 있다. 등록디자인이 적용된 물품이 양도된 경우 그 물품을 단순히 수리하는 것은 이미 디자인권이 소진(消盡, exhaustion)된 물품을 '사용'하는 것에 불과하다고 볼 수 있다. 이러한 수리 작업에 부품을 공급하는 것은 무방하나, 수리를 넘어서는 새로운 '생산' 행위에 대하여 부품을 공급하는 것은 간접침해를 구성할 여지가 있다.

대법원은 특허권과 관련하여, "특허발명의 대상이거나 그와 관련된 물건을 사용함에 따라 마모되거나 소진되어 자주 교체해 주어야 하는 소모부품일지라도, 특허발명의 본질적인 구성요소에 해당하고 다른 용도로는 사용되지 아니하며 일반적으로 널리 쉽게 구할 수 없는 물품으로서 당해 발명에 관한 물건의 구입 시에 이미 그러한 교체가 예정되어 있었고 특허권자 측에 의하여 그러한 부품이 따로 제조·판매되고 있다면, 그러한 물건은 특허권에 대한 이른바 간접침해에서 말하는 '특허 물건의 생산에만 사용하는 물건'에 해당한다"라고 판시함으로써 레이저 프린터에 사용되는 소모부품인 감광드럼 카트리지에 대하여 간접침해를 인정하였다.[5]

반면 내용기간 내에 있는 재생 가능한 범퍼를 수거한 후 이를 세척하고, 흠집제거 및 도색작업 등을 거쳐 디자인 등록된 원래의 범퍼와 동일한 형상과 색채를 갖춘 범퍼로 복원하는 정도에 그친 경우, 이는 등록된 디자인에 관한 물품을 새로 생산하는 행위에 해당하지 아니하므로 그 디자인권을 침해하였다고 볼 수 없다고 하였다.[6]

위 판결들에서 대법원은 수리와 생산의 경계에 대한 명확한 정의를 하고 있지는 아니하나, 대체로 보면 그 디자인이 적용된 물품의 본질적인 부분이 변경되었는지를 기준으로 판단하여야 할 것으로 생각한다.[7] 위 범퍼 디자인 사건에서 이루어진 행위는 세척, 흠집제거, 도색작업 등 원래 디자인의 복원 작업에 불과한 것이어서 수리행위에 포섭될 수 있었다고 보인다.

---

4) 대법원 2009. 9. 10. 선고 2007후3356 판결[공2009하, 1690] 참조.
5) 대법원 2001. 1. 30. 선고 98후2580 판결[공2001.3.15.(126), 574].
6) 대법원 1999. 12. 7. 선고 99도2079 판결[공2000.1.15.(98), 243].
7) 특허권에 대하여는, 정상조·박성수 공편(주 2), 98.

본조에서는 간접침해의 성립을 위한 전제로서 직접침해가 성립하여야 하는 지를 명시하고 있지 아니하다. 특허권과 관련하여, 이를 부정하는 견해(독립설)는 규정의 문리해석이나 특허권 보호의 입법 취지에 비추어 직접침해의 성립 여부와 무관하게 간접침해는 독립적으로 성립할 수 있다고 한다. 이에 반대하는 견해(종속설)는 직접침해의 상당한 가능성이 없는 경우까지 간접침해를 인정하는 것은 특허권의 부당한 확장에 해당한다는 것이다.

그러나 이러한 견해의 대립은 이론적일 뿐 실제 문제 해결을 위한 별다른 실익을 인정하기 어렵다. 권리침해에 대한 교사·방조 행위 중 하나를 입법화한 이상 그 직접침해의 존재는 일단 책임인정의 당연한 전제가 되어야 하나, 일부 실시행위가 법상 침해행위의 범주에서 제외되어 있다고 하여(예를 들면 레이저프린터의 감광드럼 카트리지에 관한 업으로서 실시가 아닌 개인적 실시의 경우), 그 부분에 대한 간접침해까지 일률적으로 부인할 수는 없으며, 간접침해가 실질적인 권리침해에 해당하는지는 직접침해의 성립 여부와는 다른 차원에서 개별적으로 논의되어야 할 사항이다.[8]

2. 전용성(專用性)

간접침해가 성립할 수 있는 대상물은 등록디자인에 관한 물품의 생산'에만' 사용되어야 한다.

특허권과 관련하여 대법원은, "특허 물건의 생산에만 사용하는 물건에 해당하기 위하여는 사회통념상 통용되고 승인될 수 있는 경제적, 상업적 내지 실용적인 다른 용도가 없어야 하고, 이와 달리 단순히 특허 물건 이외의 물건에 사용될 이론적, 실험적 또는 일시적인 사용가능성이 있는 정도에 불과한 경우에는 간접침해의 성립을 부정할 만한 다른 용도가 있다고 할 수 없다"라고 하면서,[9] '특허 물건의 생산에만 사용하는 물건'에 해당한다는 점은 특허권자가 주장·증명하여야 한다고 판시한다.[10]

그러나 그 자체로 범용성이 있는 물건이 아닌 한 디자인 물품의 부품이라는 점이 증명되면 침해자가 그 물건에 다른 용도가 있음에 관하여 합리성이 있는 주장을 하는 경우에 한하여 위와 같은 권리자의 증명책임이 현실화된다고

---

8) 한동수, "간접침해의 성립요건", 대법원판례해설 82호(2010), 660도 같은 취지.
9) 대법원 2009. 9. 10. 선고 2007후3356 판결[공2009하, 1690].
10) 대법원 2001. 1. 30. 선고 98후2580 판결[공2001.3.15.(126), 574]; 대법원 2002. 11. 8. 선고 2000다27602 판결[공2003.1.1.(169), 12].

보는 것이 타당하다.[11] 예를 들면, 1단계 증명을 권리자가 문제가 된 물품이 침해용도로 사용된다는 점에 관하여 주장·증명하면, 침해의 의심을 받는 자가 2단계의 타 용도(비침해 용도)의 존재를 주장·증명하여야 한다. 이때 증명은 단순한 가능성의 주장에 그쳐서는 안되며, 사용사실을 증명한다. 그러면 3단계에서 그 타 용도가 경제적·상업적·실용적 용도가 아니라는 사실의 증명을 권리자 등 침해를 주장하는 자가 주장·증명하는 방식으로 그 입증책임을 분배할 수 있다.[12]

간접침해를 인정함에 있어서 다른 용도가 경제적·상업적·실용적인지의 판단은 소비자 또는 고객의 관점에서 용도가 고객흡인력을 가지고 있다거나, 구매동기가 되는지를 고려하여 판단하여야 한다.[13]

실무상, 이러한 전용성 요건을 충족하지 못하여 간접침해가 부인되는 경우가 많다. 예를 들어 서울고등법원 2011. 7. 21. 선고 2010나123006 판결(확정)의 사안을 보면, 등록디자인은 오른쪽 그림과 같이 채도가 다른 유사한 색상 계열의 9개의 모자이크 타일이 부착되어 하나의 물품으로 사용되는 건축용 타일에 관한  것인데, 침해로 주장된 행위는 그 물품을 구성하는 낱장 타일을 수입한 행위였다. 이에 대하여 법원은 반드시 9개의 모자이크 단위로만 위 타일이 사용되는 것이 아니라 다른 색상 또는 수의 조합으로 사용되거나 벽면의 전체 또는 일부를 구성하는 방법으로도 사용된다는 사실인정을 토대로 간접침해의 성립을 부인하였다.

또 일본에서 최초로 의장권에 기한 간접침해를 다룬 사안으로 알려진 발판용 패널 사건[14]에서도 피고 제품이 등록의장과 같이 발판 고정의 용도뿐 아니라 철골계단용 난간을 세우는 데도 사용되는 사실을 인정하여 간접침해의 성립을 부정하였다.

---

11) 한동수(주 8), 670.
12) 최승재, "특허간접침해의 판단과 상업적, 경제적 용도의 의미", 특허소송연구 6집(2013. 5), 특허법원, 579.
13) 최승재(주 12), 576.
14) 東京地裁 1997. 12. 12. 判決(第14262号, 判時 1641号 115面)[비교상표판례연구회 역, 상표판례백선, 박영사(2011), 376(백강진 번역부분)].

Ⅳ. 기타 유형의 간접침해 등

앞서 본 것처럼 전용성 요건을 엄격히 적용하는 경우 간접침해의 성립이 부정되는 경우가 많다. 일본 의장법의 경우에는 제38조 제2호에서 "등록의장 또는 이와 유사한 의장에 관련된 물품을 업으로서의 양도, 대여 또는 수출을 위해 소지하는 행위는 해당 의장권과 전용실시권을 침해한 것으로 본다"라는 또 다른 형태의 간접침해 규정을 두었고, 일본 특허법의 경우에는 2002년 법 개정을 통하여 다른 용도를 가진 물건의 경우에도 행위자의 주관적 의사를 고려하여 권리침해로 볼 수 있다는 규정이 추가되었다. 미국의 경우에도 특허법상 유도침해(inducement infringement)를 인정함으로써 다른 용도를 가진 기본 물품이나 유통상품에 대해서도 침해를 인정할 여지를 남겨 두고 있다.

이처럼 전용성 요건을 완화하는 보완 입법이 없는 우리나라의 경우에도, 보충적으로 민법상의 공동불법행위나 부당이득반환 규정 등에 의하여 디자인침해 행위의 교사 · 방조자에 대한 민사상 책임을 물을 수는 있을 것이다.[15]

한편 이러한 간접침해의 규정은 민사책임을 부과시키는 정책적 규정일 뿐 형벌법규의 구성요건으로 규정한 취지는 아니므로,[16] 이를 디자인보호법 제220조 제1항의 디자인권 등 침해죄로 의율할 수는 없을 것이다.

〈백강진〉

---

15) 저작권침해의 방조자에 대하여 침해정지청구권을 인정한 대법원 2007. 1. 25. 선고 2005 다11626 판결(소리바다 가처분 사건)의 경우에 비추어 보면, 침해금지청구권도 인정될 여지가 있다.

16) 특허권의 간접침해에 관한 대법원 1993. 2. 23. 선고 92도3350 판결[공1993.4.15.(942), 1116] 참조.

제115조(손해액의 추정 등)

① 디자인권자 또는 전용실시권자는 고의나 과실로 인하여 자기의 디자인권 또는 전용실시권을 침해한 자에 대하여 그 침해에 의하여 자기가 입은 손해의 배상을 청구하는 경우 그 권리를 침해한 자가 그 침해행위를 하게 한 물건을 양도하였을 때에는 그 물건의 양도수량에 디자인권자 또는 전용실시권자가 그 침해행위가 없었다면 판매할 수 있었던 물건의 단위수량당 이익액을 곱한 금액을 디자인권자 또는 전용실시권자가 입은 손해액으로 할 수 있다.

② 제1항에 따라 손해액을 산정하는 경우 손해액은 디자인권자 또는 전용실시권자가 생산할 수 있었던 물건의 수량에서 실제 판매한 물건의 수량을 뺀 수량에 단위수량당 이익액을 곱한 금액을 한도로 한다. 다만, 디자인권자 또는 전용실시권자가 침해행위 외의 사유로 판매할 수 없었던 사정이 있을 때에는 그 침해행위 외의 사유로 판매할 수 없었던 수량에 따른 금액을 빼야 한다.

③ 디자인권자 또는 전용실시권자가 고의나 과실로 자기의 디자인권 또는 전용실시권을 침해한 자에 대하여 그 침해에 의하여 자기가 입은 손해의 배상을 청구하는 경우 권리를 침해한 자가 그 침해행위로 이익을 얻었을 때에는 그 이익액을 디자인권자 또는 전용실시권자가 받은 손해액으로 추정한다.

④ 디자인권자 또는 전용실시권자가 고의나 과실로 자기의 디자인권 또는 전용실시권을 침해한 자에 대하여 그 침해에 의하여 자기가 입은 손해의 배상을 청구하는 경우 그 등록디자인의 실시에 대하여 통상적으로 받을 수 있는 금액을 디자인권자 또는 전용실시권자가 입은 손해액으로 하여 손해배상을 청구할 수 있다.

⑤ 제4항에도 불구하고 손해액이 같은 항에 규정된 금액을 초과하는 경우에는 그 초과액에 대하여도 손해배상을 청구할 수 있다. 이 경우 디자인권 또는 전용실시권을 침해한 자에게 고의 또는 중대한 과실이 없을 때에는 법원은 손해배상액을 산정할 때 그 사실을 고려할 수 있다.

⑥ 법원은 디자인권 또는 전용실시권의 침해에 관한 소송에서 손해가 발생한 것은 인정되나 그 손해액을 증명하기 위하여 필요한 사실을 밝히는 것이 사실의 성질상 극히 곤란한 경우에는 제1항부터 제5항까지의 규정에도 불구하고 변론전체의 취지와 증거조사의 결과에 기초하여 상당한 손해액을 인정할 수 있다.

<소 목 차>

Ⅰ. 서　　론

　1990. 1. 13. 법률 제4208호로 디자인보호법의 전신인 의장법이 전부 개정됨에 따라 제32조 제1항의 의장권 침해에 대한 손해배상청구권 규정[1]이 삭제되었으나, 위 규정이 없다고 하더라도 디자인권 침해는 민법상의 불법행위에 해당하므로 민법 제750조에 의한 손해배상청구권이 인정됨에는 학설이나 판례상 의문이 없다. 디자인권 침해에 대한 손해배상청구가 인정되기 위하여는 민법상 불법행위의 일반원칙에 따라 ① 디자인권의 침해행위, ② 손해의 발생, ③ 디자인권의 침해와 손해의 발생 사이의 인과관계,[2] ④ 침해자의 고의 또는 과실 등의 요건이 충족되어야 하고, 구체적인 손해배상의 범위를 확정하기 위하여 손해액을 입증하여야 할 것인데, 디자인보호법 제114조에서는 디자인권의 침해로 보

---

1) 제32조(손해배상의 청구)
　① 의장권자 또는 전용실시권자는 고의 또는 과실에 의하여 자기의 의장권 또는 전용실시권을 침해한 자에 대하여는 손해배상을 청구할 수 있다.
2) 디자인권 침해행위가 없었더라면 디자인권자가 이익을 얻었을 것이라는 합리적인 개연성을 말한다.

는 행위를, 제116조에서는 일정한 경우 과실이 추정됨을 규정하고 있다.

한편 디자인권의 침해가 인정되더라도 실제 디자인권자가 그로 인하여 입은 손해를 입증하는 것은 쉽지 않은 일인데, 이에 관하여 디자인보호법 제115조에서는 '손해액의 추정등'이라는 규정을 두고 있고, 이 역시 민법 제750조에서 규정하고 있는 불법행위로 인한 손해배상청구권 규정에 대한 디자인보호법상의 특칙이라고 할 것이다.

II. 손해액 추정규정의 연혁

1. 디자인보호법 제115조의 연혁

1990. 1. 13. 법률 제4208호로 전부 개정된 의장법 제64조에서 문구는 다소 상이하지만 현행법 제115조 제3 내지 5항과 사실상 동일한 내용의 규정이 신설되었고,3) 2001. 2. 3. 법률 제6413호로 일부 개정되면서 현행법 제115조 제1, 2항과 유사한 규정이 제64조 제1항에, 현행법 제115조 제6항과 유사한 규정이 제64조 제5항에 각각 신설되고, 기존 제1 내지 3항이 제2 내지 4항으로 옮겨졌으며,4) 2004. 12. 31. 법률 제7289호로 의장법이 디자인보호법으로 개정되면서

---

3) 제64조(손해액의 추정등)

① 의장권자 또는 전용실시권자가 고의 또는 과실에 의하여 자기의 의장권 또는 전용실시권을 침해한 자에 대하여 그 침해에 의하여 자기가 받은 손해의 배상을 청구하는 경우 권리를 침해한 者가 그 침해행위에 의하여 이익을 받은 때에는 그 이익의 액을 의장권자 또는 전용실시권자가 받은 손해의 액으로 추정한다.

② 의장권자 또는 전용실시권자가 고의 또는 과실에 의하여 자기의 의장권 또는 전용실시권을 침해한 자에 대하여 그 침해에 의하여 자기가 받은 손해의 배상을 청구하는 경우 그 등록의장의 실시에 대하여 통상 받을 수 있는 금액에 상당하는 액을 의장권자 또는 전용실시권자가 받은 손해의 액으로 하여 그 손해배상을 청구할 수 있다.

③ 제2항의 규정에 불구하고 손해의 액이 동항에 규정하는 금액을 초과하는 경우에는 그 초과액에 대하여도 손해배상을 청구할 수 있다. 이 경우 의장권 또는 전용실시권을 침해한 자에게 고의 또는 중대한 과실이 없는 때에는 법원은 손해배상의 액을 정함에 있어서 이를 참작할 수 있다.

4) 제64조(손해액의 추정등)

① 의장권자 또는 전용실시권자는 고의 또는 과실로 인하여 자기의 의장권 또는 전용실시권을 침해한 자에 대하여 그 침해에 의하여 자기가 입은 손해의 배상을 청구하는 경우 당해 권리를 침해한 자가 그 침해행위를 하게한 물건을 양도한 때에는 그 물건의 양도수량에 의장권자 또는 전용실시권자가 당해 침해행위가 없었다면 판매할 수 있었던 물건의 단위수량당 이익액을 곱한 금액을 의장권자 또는 전용실시권자가 입은 손해액으로 할 수 있다. 이 경우 손해액은 의장권자 또는 전용실시권자가 생산할 수 있었던 물건의 수량에서 실제 판매한 물건의 수량을 뺀 수량에 단위수량당 이익액을 곱한 금액을 한도로 한다. 다만, 의장권자 또는 전용실시권자가 침해행위 외의 사유로 판매할 수 없었던 사정이 있는

기존 규정의 '의장권'이 '디자인권'으로 변경되었고,5) 2013. 5. 28. 법률 제11848

때에는 당해 침해행위 외의 사유로 판매할 수 없었던 수량에 따른 금액을 빼야 한다.

② 의장권자 또는 전용실시권자가 고의 또는 과실에 의하여 자기의 의장권 또는 전용실시권을 침해한 자에 대하여 그 침해에 의하여 자기가 받은 손해의 배상을 청구하는 경우 권리를 침해한 자가 그 침해행위에 의하여 이익을 받은 때에는 그 이익의 액을 의장권자 또는 전용실시권자가 받은 손해의 액으로 추정한다.

③ 의장권자 또는 전용실시권자가 고의 또는 과실에 의하여 자기의 의장권 또는 전용실시권을 침해한 자에 대하여 그 침해에 의하여 자기가 받은 손해의 배상을 청구하는 경우 그 등록디자인의 실시에 대하여 통상 받을 수 있는 금액에 상당하는 액을 의장권자 또는 전용실시권자가 받은 손해의 액으로 하여 그 손해배상을 청구할 수 있다.

④ 제3항의 규정에 불구하고 손해의 액이 동항에 규정하는 금액을 초과하는 경우에는 그 초과액에 대하여도 손해배상을 청구할 수 있다. 이 경우 의장권 또는 전용실시권을 침해한 자에게 고의 또는 중대한 과실이 없는 때에는 법원은 손해배상의 액을 정함에 있어서 이를 참작할 수 있다.

⑤ 법원은 의장권 또는 전용실시권의 침해에 관한 소송에 있어서 손해가 발생된 것은 인정되나 그 손해액을 입증하기 위하여 필요한 사실을 입증하는 것이 해당 사실의 성질상 극히 곤란한 경우에는 제1항 내지 제4항의 규정에 불구하고 변론전체의 취지와 증거조사의 결과에 기초하여 상당한 손해액을 인정할 수 있다.

5) 제64조(손해액의 추정등)

① 디자인권자 또는 전용실시권자는 고의 또는 과실로 인하여 자기의 디자인권 또는 전용실시권을 침해한 자에 대하여 그 침해에 의하여 자기가 입은 손해의 배상을 청구하는 경우 당해 권리를 침해한 자가 그 침해행위를 하게한 물건을 양도한 때에는 그 물건의 양도수량에 디자인권자 또는 전용실시권자가 당해 침해행위가 없었다면 판매할 수 있었던 물건의 단위수량당 이익액을 곱한 금액을 디자인권자 또는 전용실시권자가 입은 손해액으로 할 수 있다. 이 경우 손해액은 디자인권자 또는 전용실시권자가 생산할 수 있었던 물건의 수량에서 실제 판매한 물건의 수량을 뺀 수량에 단위수량당 이익액을 곱한 금액을 한도로 한다. 다만, 디자인권자 또는 전용실시권자가 침해행위 외의 사유로 판매할 수 없었던 사정이 있는 때에는 당해 침해행위 외의 사유로 판매할 수 없었던 수량에 따른 금액을 빼야 한다.

② 디자인권자 또는 전용실시권자가 고의 또는 과실에 의하여 자기의 디자인권 또는 전용실시권을 침해한 자에 대하여 그 침해에 의하여 자기가 받은 손해의 배상을 청구하는 경우 권리를 침해한 자가 그 침해행위에 의하여 이익을 받은 때에는 그 이익의 액을 디자인권자 또는 전용실시권자가 받은 손해의 액으로 추정한다.

③ 디자인권자 또는 전용실시권자가 고의 또는 과실에 의하여 자기의 디자인권 또는 전용실시권을 침해한 자에 대하여 그 침해에 의하여 자기가 받은 손해의 배상을 청구하는 경우 그 등록디자인의 실시에 대하여 통상 받을 수 있는 금액에 상당하는 액을 디자인권자 또는 전용실시권자가 받은 손해의 액으로 하여 그 손해배상을 청구할 수 있다.

④ 제3항의 규정에 불구하고 손해의 액이 동항에 규정하는 금액을 초과하는 경우에는 그 초과액에 대하여도 손해배상을 청구할 수 있다. 이 경우 디자인권 또는 전용실시권을 침해한 자에게 고의 또는 중대한 과실이 없는 때에는 법원은 손해배상의 액을 정함에 있어서 이를 참작할 수 있다.

⑤ 법원은 디자인권 또는 전용실시권의 침해에 관한 소송에 있어서 손해가 발생된 것은 인정되나 그 손해액을 입증하기 위하여 필요한 사실을 입증하는 것이 해당 사실의 성질상 극히 곤란한 경우에는 제1항 내지 제4항의 규정에 불구하고 변론전체의 취지와 증거조사의 결과에 기초하여 상당한 손해액을 인정할 수 있다.

호로 전부 개정됨에 따라 기존 제64조가 문구만 일부 수정되어 현행법 제115조로 변경되었는데, 제64조 제1항 제1문이 제115조 제1항으로, 제64조 제1항 제2문 및 단서가 제115조 제2항으로 나누어짐에 따라 제64조 제2 내지 5항이 제115조 제3 내지 6항으로 자리를 옮기게 되었다.

2. 다른 지식재산권법과의 관계

특허법의 경우 1990. 1. 13. 개정으로 현행 디자인보호법 제115조 제3 내지 5항과 동일한 내용을, 2001. 2. 3. 개정으로 현행 디자인보호법 제115조 제1, 2, 6항과 동일한 내용을 특허법 제128조에 신설하였고, 실용신안법 제30조에서는 특허법 제128조를 준용하고 있다.

상표법의 경우 1973. 2. 8. 개정으로 현행 디자인보호법 제115조 제3, 4항과 유사한 내용을, 1990. 1. 13. 개정으로 현행 디자인보호법 제115조 제3 내지 5항과 동일한 내용을, 2001. 2. 3. 개정으로 현행 디자인보호법 제115조 제1, 2, 6항과 동일한 내용을 상표법 제67조에 신설하였다.

부정경쟁방지 및 영업비밀보호에 관한 법률(이하 '부정경쟁방지법'이라 한다)의 경우 1998. 12. 31. 법률 제5621호로 개정되기 전에는 제15조6)에서 특허법, 실용신안법, 의장법, 상표법 등을 포괄적으로 원용하는 규정만을 두고 있었는데, 1998. 12. 31. 법률 제5621호로 제14조의2를 신설하여 현행 디자인보호법 제115조 제3 내지 5항과 동일한 내용을, 2001. 2. 3. 법률 제6421호로 현행 디자인보호법 제115조 제1, 2, 6항과 동일한 내용을 각 규정하였다.

또한, 저작권법 제93조 제1 내지 3항은 디자인보호법 제115조 제3, 4항 및 제5항 제1문과 동일한 체계로 구성되어 있다.

따라서 이하에서 살펴볼 내용은 ─그 결론은 각 보호법익, 재산적 가치 등의 특징에 따라 다소 상이할 수 있으나─ 기본적으로 위 각 법률에서도 동일하게 논의될 수 있을 것이므로, 이하에서는 필요한 범위 내에서 다른 지식재산권법에서의 논의내용을 함께 살펴보기로 한다.

---

6) 제15조(다른 법률과의 관계)
  특허법, 실용신안법, 의장법, 상표법, 독점규제및공정거래에관한법률 또는 형법 중 국기·국장에 관한 규정에 제2조 내지 제6조, 제10조 내지 제14조 및 제18조 제1항의 규정과 다른 규정이 있는 경우에는 그 법에 의한다.

3. 입법경위

현행 디자인보호법 제115조의 규정을 신설한 1990. 1. 13. 전부 개정된 법률 제4208호의 제안이유나 검토의견에는 위 규정의 입법취지에 관한 별다른 설명이 없어 위 규정이 도입되게 된 배경을 파악하기 어렵고, 2001. 2. 3. 일부 개정된 법률 제6413호의 개정이유에는 제64조 제1항의 신설취지에 대하여 의장권의 침해에 대한 손해액의 산정에 있어서 침해자가 판매한 수량에 권리자의 원가계산에 의한 이익액을 곱한 것을 권리자의 손해액으로 할 수 있도록 함으로써 판매수량만을 확인하면 손해액을 쉽게 산정할 수 있도록 하였다는 간단한 설명이 있을 뿐이다.

한편, 특허법 제128조 제1항의 도입배경에 관하여는, 대법원 1997. 9. 12. 선고 96다43119 판결[7]에서 제시된 기준을 반영한 것이라는 견해,[8] 위 판결 및 일본 특허법의 태도에 따라 신설된 것이라는 견해,[9] 미국 Panduit 사건[10]의 이론에 따라 도입된 일본 특허법의 규정에 뿌리를 둔 것이라는 견해,[11] 일본 특허법의 규정을 받아들인 것이라는 견해[12] 등이 있다.

---

7) [공1997.10.15.(44), 3083]. 위 판결에서는 "상표권자가 상표법 제67조 제1항에 의하여 상표권을 침해한 자에 대하여 손해배상을 청구하는 경우에, 침해자가 받은 이익의 액은 침해제품의 총 판매액에 그 순이익률을 곱하거나 또는 그 제조판매수량에 그 제품 1개당 순이익액을 곱하는 등의 방법으로 산출함이 원칙이지만, 통상 상표권의 침해에 있어서 침해자는 상표권자와 동종의 영업을 영위하면서 한편으로 그 상표에 화체된 상표권자의 신용에 무상으로 편승하는 입장이어서, 위와 같은 신용을 획득하기 위하여 상표권자가 투여한 자본과 노력 등을 고려할 때, 특별한 사정이 없는 한 침해자의 위 순이익률은 상표권자의 해당 상표품 판매에 있어서의 순이익률보다는 작지 않다고 추인할 수 있으므로, 침해자의 판매액에 상표권자의 위 순이익률을 곱하는 방법으로도 침해자가 받은 이익의 액을 산출할 수 있고, 위와 같이 산출된 이익의 액은 침해자의 순이익액으로서, 그 중 상품의 품질, 기술, 의장, 상표 이외의 신용, 판매정책, 선전 등으로 인하여 상표의 사용과 무관하게 얻은 이익이 있다는 특별한 사정이 없는 이상 그것이 상표권자가 상표권 침해로 인하여 입은 손해액으로 추정된다고 보아야 한다"라고 판시하였다.
8) 정상조·박준석, 지식재산권법, 홍문사(2013), 240; 송영식 외 6인, 지적소유권법(하), 육법사(2013), 290에서는 상표법 제67조 제1항에 관하여 이와 같은 취지로 설명하고 있다.
9) 김철환, "特許權侵害로 인한 損害賠償額의 算定方法", 창작과 권리 제40호, 세창출판사(2005), 10.
10) Panduit Corp. v. Stahlin Bros. Fibre Works, Inc., 575 F.2d 1152, 197 U.S.P.Q. 726(6th Cir. 1978).
11) 尹宣熙, "特許權侵害에 있어 損害賠償額의 算定 ─특허법 제128조 제1항의 이해─", 저스티스 제80호, 한국법학원(2004), 134.
12) 梁彰洙, "特許權 侵害로 인한 損害賠償 試論 ─特許法 제128조 제1항의 立法趣旨와 解釋論─", 법조 제588호, 법조협회(2005), 30.

위 논의는 디자인보호법 제115조 제1, 2항에 관하여도 마찬가지로 적용될 수 있다고 할 것인데, 이 규정은 기본적으로 디자인보호법 제115조 제3항에서 침해자의 이익액을 디자인권자 또는 전용사용권자의 손해액으로 추정하고 있던 것에서 한걸음 더 나아가 디자인권자 또는 전용사용권자가 입증하기 더욱 용이한 디자인권자 또는 전용사용권자의 이익률에 침해자의 판매수량을 곱한 금액으로써 디자인권자 또는 전용사용권자의 손해액을 추정할 수 있도록 함으로써 디자인권자 또는 전용사용권자의 편의를 증진시키고자 하는 규정으로서 위 96다43119 판결의 결론의 도출과정과 궤를 같이 한다고 할 것이나, 기본적으로 일본 특허법 개정의 영향을 받은 것임을 부인할 수는 없을 것이다.[13]

Ⅲ. 디자인보호법 제115조 각항에 공통된 문제

1. 독점적 통상실시권자에의 유추적용 가부

디자인권자가 통상실시권을 설정하여 주면서 통상실시권자와의 사이에 독점권을 주어 제3자에게는 디자인권을 설정하지 않겠다는 특약을 하거나 나아가 디자인권자 자신도 등록디자인을 실시하지 않겠다고 특약을 한 이른바 독점적 통상실시권을 설정하여 준 경우, 디자인보호법 제115조를 독점적 통상실시권자에게도 유추적용할 수 있는지 문제가 된다.

특허법 제128조에 관한 논의로서, 유추적용긍정설[14]은 독점적 통상실시권은 전용실시권과 같이 실시권을 전유하는 것으로서 그 내용이 동일하며 다만 등록에 의하여 공시할 수 없을 뿐이므로 제3자가 고의 또는 과실로 이를 침해하고 있는 것으로 보아도 될 것이고, 손해배상의 범위에 있어서는 특허법 제128조가 유추적용될 것이라고 하나, 유추적용부정설[15]은 특허법 제128조는 특허권 및 전용실시권자에 대하여 그 대외적 독점권의 보호목적을 위하여 정해진 규정이고 특허권의 침해행위라고 해도 반드시 판매이익에 직결하는데 한하지 아니하는 행위에 대하여 침해자가 얻는 이익의 액을 손해의 액이라고 추정하는 특별규정인데, 손해액을 회복한다고 하는 손해배상법리의 원칙상 안이하게 유추

---

13) 일본 특허법의 개정 과정에 관한 자세한 내용은 박성수, 특허침해로 인한 손해배상액의 산정, 경인문화사(2007), 29-34, 43-52 참조.

14) 安元模, 特許權의 侵害와 損害賠償, 세창출판사(2005), 159; 鄭熺章, "特許權等 侵害로 因한 損害賠償請求權, 不當利得返還請求權", 재판자료 제56집, 법원도서관(1992), 439.

15) 李相京, 知的財産權訴訟法, 육법사(1998), 287-288; 박성수(주 13), 333-335.

적용을 허용하여서는 아니되고 오히려 특별법에 의한 보호규정의 적용을 받고
자 한다면 독점적 실시권자는 전용실시권 등록을 하여야 할 것이라고 한다.

특허권에 관한 하급심에서는 완전독점적 통상실시권의 침해는 제3자의 채
권침해에 해당한다고 하면서, 완전독점적 통상실시권은 물권적 효력이 아닌 채
권적 효력만을 가진다는 점을 제외하고는 전용실시권과 그 효력의 내용이 동일
하므로, 특허권자와 전용실시권자의 손해액의 추정 규정인 특허법 제128조가
이 사건에서 손해액 계산을 함에 있어서도 유추적용될 수 있다고 판시한 예가
있다.16)

2. 디자인권침해로 인한 손해배상청구의 유형

디자인보호법 제115조는 손해3분설 중 소극적 재산손해에 관한 규정으로
서,17) 디자인권자 또는 전용실시권자로서는 ① 민법 제750조에 의한 손해배상
청구 외에, 입증의 부담을 덜기 위하여 ② 디자인보호법 제115조 제3항에 의하
여 침해자의 침해행위로 인한 이익액을, ③ 대법원 1997. 9. 12. 선고 96다43119
판결18) 및 그 이후에 신설된 디자인보호법 제115조 제1항에 의하여 침해자의
제품 양도수량에 디자인권자 또는 전용실시권자의 단위수량당 이익액을 곱한
금액을 각 청구할 수도 있고, 이러한 입증조차도 곤란할 경우 ④ 디자인보호법
제115조 제4항에 의하여 통상실시료 상당액을 청구하거나 ⑤ 법원에서 인정하
는 상당한 손해액을 청구할 수도 있는데,19) 이 경우 각 항마다 소송물이 달라지
는지 여부가 문제될 수 있다.

살피건대 소극적 손해를 청구하는 한 소송물이 달라지는 것은 아니므로, 만
약 디자인보호법 제115조 제3항에 기한 청구 또는 민법 제750조에 기한 청구를
하였다가 청구기각 판결을 받아 확정되었다면 다시 디자인보호법 제115조 제4
항에 기한 청구를 하는 것은 기판력에 저촉된다.20)

16) 서울중앙지방법원 2004. 2. 13. 선고 2002가합30683 판결[비공개], 서울고등법원 2004나
21659로 항소되었다가, 2006. 7. 28. 피고의 항소취하로 확정되었다.
17) 李均龍, "商標權侵害로 인한 禁止請求 및 損害賠償請求訴訟에 관한 小考", 법조 제420
호, 법조협회(1991), 67; 김병일, "상표권침해로 인한 손해배상", 창작과 권리 제15호, 세창
출판사(1999), 98.
18) [공1997.10.15.(44), 3083].
19) 이는 통상적으로 예비적 주장에 의하여 청구하는 경우가 대부분일 것이다.
20) 상표법 제67조에 관한 학설로는 全孝淑, '商標權 侵害로 인한 損害賠償請求의 要件事
實', 民事裁判의 諸問題 9권, 韓國司法行政學會(1997), 452; 李均龍(주 17), 76; 김병일(주
17), 96.

3. 당사자의 주장과 규정의 적용

법원은 디자인보호법 제115조의 각 항을 적용할 때 당사자가 주장하는 항에 구속되는지, 아니면 당사자가 명시적으로 주장하지 않은 항도 적용할 수 있는지 여부가 문제된다.

특허법 제128조 및 상표법 제67조에 관한 학설로는, 대법원은 손해배상책임이 인정되는 한 손해액에 관하여는 법원이 적극적으로 석명권을 행사하고 입증을 촉구하여야 하며 경우에 따라서는 직권으로 손해액을 심리판단할 필요가 있다는 입장을 취하고 있으므로 법원은 당사자의 주장이 없더라도 직권으로 다른 유형의 계산방법에 따라 손해액을 산정할 수 있다거나,[21] 변론의 전 취지에 의하여 명시적으로 주장하지 않은 항에 대한 주장이 있다고 선의로 해석하여 적용을 인정할 수 있을 것[22]이라는 취지로 당사자가 주장하는 항에 구속되지 않는다는 견해[23]와 민사소송법상의 변론주의와 관련하여, 원고가 주장책임을 지는 이상 그러한 문언이 어떠한 형태로든 전혀 주장되어 있다고 해석되지 않는 경우에는 당사자가 주장하지 않은 항을 적용할 수 없으나 가능한 석명권을 적절하게 행사하여 주장을 정리할 수 있도록 하여야 한다는 견해[24]가 있다.

대법원은 구 부정경쟁방지 및 영업비밀보호에 관한 법률(2007. 12. 21. 법률 제8767호로 개정되기 전의 것, 이하 '부경법'이라 한다) 제14조의2 제1항의 적용을 주장하는 원고에 대하여 제2, 3항을 적용하여 산정한 손해액이 더 적음을 이유로 피고가 제2, 3항의 적용을 주장할 수 있는가의 문제에 관하여, "부경법 제14조의2 제1항은 영업상의 이익을 침해당한 자(이하 '피침해자'라 한다)가 부정경쟁행위 또는 영업비밀 침해행위가 없었다면 판매할 수 있었던 물건의 수량을 영업상의 이익을 침해한 자(이하 '침해자'라 한다)가 부정경쟁행위 또는 영업비밀 침해행위로 양도한 물건의 양도수량에 의해 추정하는 규정으로, 피침해자에 대하여는 자신이 생산할 수 있었던 물건의 수량에서 침해행위가 있었음에도 실제 판매한 물건의 수량을 뺀 수량에 단위수량당 이익액을 곱한 금액을 한도로 하

---

21) 상표법 제67조에 관한 학설로서 全孝淑(주 20), 453.
22) 상표법 제67조에 관한 학설로서 김병일(주 17), 97.
23) 특허법 제128조에 관한 학설로는 李相京(주 15), 311; 權澤秀, "特許權 侵害로 인한 損害賠償 —특히 일실이익의 산정과 관련하여—", 民事裁判의 諸問題 11권, 韓國司法行政學會(2002), 577; 安元模(주 14), 243-244.
24) 특허법 제128조에 관한 학설로는 梁彰洙(주 12), 66-67; 박성수(주 13), 363; 상표법 제67조에 관한 학설로는 李均龍(주 17), 76.

여 부정경쟁행위 또는 영업비밀 침해행위가 없었다면 판매할 수 있었던 물건의
수량 대신에 침해자가 양도한 물건의 양도수량을 입증하여 손해액을 청구할 수
있도록 하는 한편 침해자에 대하여는 피침해자가 부정경쟁행위 또는 영업비밀
침해행위 외의 사유로 판매할 수 없었던 사정이 있는 경우 당해 부정경쟁행위
또는 영업비밀 침해행위 외의 사유로 판매할 수 없었던 수량에 따른 금액을 빼
야 한다는 항변을 제출할 수 있도록 한 것이다. 따라서 피침해자가 같은 항에
의하여 손해액을 청구하여 그에 따라 손해액을 산정하는 경우에 침해자로서는
같은 항 단서에 따른 손해액의 감액을 주장할 수 있으나, 같은 항에 의하여 산
정된 손해액이 같은 조 제2항이나 제3항에 의하여 산정된 손해액보다 과다하다
는 사정을 들어 같은 조 제2항이나 제3항에 의하여 산정된 손해액으로 감액할
것을 주장하여 다투는 것은 허용되지 아니한다"라고 판시하였다.25)

4. 기여도의 고려

   디자인권 침해로 인하여 피고가 원고에게 배상할 손해액을 산정함에 있어
서 전체 제품 판매에 대한 원고 디자인의 기여도를 참작하여야 하는데, 기여도
는 침해자가 얻은 전체 이익에 대한 디자인권의 침해에 관계된 부분의 불가결
성, 중요성, 가격비율, 양적 비율 등을 참작하여 종합적으로 평가하여야 한다.
   저작권과 관련하여 대법원 2004. 6. 11. 선고 2002다18244 판결26)에서는
"구 저작권법(2000. 1. 12. 법률 제6134호로 개정되기 전의 법률) 제93조 제2항은 저
작재산권자가 고의 또는 과실로 그 권리를 침해한 자에 대하여 손해배상을 청
구하는 경우에 그 권리를 침해한 자가 침해행위에 의하여 이익을 받았을 때에
는 그 이익액을 저작재산권자가 입은 손해액으로 추정하도록 규정하고 있는바,
물건의 일부가 저작재산권의 침해에 관계된 경우에 있어서는 침해자가 그 물건
을 제작·판매함으로써 얻은 이익 전체를 침해행위에 의한 이익이라고 할 수는
없고 침해자가 그 물건을 제작·판매함으로써 얻은 전체 이익에 대한 당해 저
작재산권의 침해행위에 관계된 부분의 기여율(기여도)을 산정하여 그에 따라 침
해행위에 의한 이익액을 산출하여야 할 것이고, 그러한 기여율은 침해자가 얻은
전체 이익에 대한 저작재산권의 침해에 관계된 부분의 불가결성, 중요성, 가격
비율, 양적 비율 등을 참작하여 종합적으로 평가할 수밖에 없다. … 피고 2 등

---

25) 대법원 2009. 8. 20. 선고 2007다12975 판결[공2009하, 1503].
26) [공2004, 1143].

이 원고가 작곡한 이 사건 곡을 타이틀곡으로 한 음반을 제작·판매함에 있어서 이 사건 곡이 80년대 초반의 인기곡이었다는 사정 이외에 가수의 인기도와 위 음반에 대한 홍보 등도 상당한 영향을 미친 사정 등을 고려하여 피고 2 등이 위 음반을 제작·판매하여 얻은 이익에 대한 이 사건 곡의 기여도는 30%로 봄이 상당하다고 한 원심의 사실인정과 판단은 정당한 것으로 수긍이 된다"라고 판시한 바 있다.

　　디자인권과 관련하여 서울고등법원 2012. 1. 11. 선고 2011나34424 판결[27]에서는 "원고가 이 사건 아파트 입주민들의 선호에 따라 이 사건 공사현장의 샘플하우스에 이 사건 천정등을 납품하였으나, 이 사건 천정등의 유리덮개의 마감처리가 유리가루 뿌림 방식으로 되어 있어 약간의 진동에도 유리가루가 떨어지고, 유리의 낙하위험이 있는 등의 문제가 생긴 반면, 피고가 생산한 이 사건 식탁등은 유리 덮개 내부면을 금형으로 찍어 유리가루가 떨어지지 않았고 프레임에 유리 덮개를 유리볼트로 고정하여 유리 덮개가 낙하하는 위험이 없는 장점이 있어 피고가 이 사건 식탁등을 이 사건 공사현장에 납품하게 된 사실을 인정할 수 있는데, 위 인정사실에 의하면, 원고 디자인 외에도 이 사건 천정등의 품질이나 안전도 등도 그 판매에 공헌하는 한 요소라고 할 것이고, 이와 함께 앞서 인정한 제반사정으로, 이 사건 아파트 입주민이 이 사건 천정등을 선호함에 있어서 그 디자인을 높게 고려하였을 것인 점 및 이 사건 천정등의 판매가격과 이 사건 식탁등의 납품가격 등을 두루 고려하면, 원고가 이 사건 천정등의 판매로 얻을 수 있는 이득액 중에서 원고 디자인이 기여한 정도는 80%라고 봄이 상당하다"라고 판시하였다.

　　다만 위 판결에 의하더라도 기여도의 증명책임이 누구에게 있는지는 명확하지 않은데, 디자인보호법 제115조 제1, 2항에 대응되는 특허법 제128조 제1, 2항에 관하여 권리자의 두터운 보호를 취지로 하는 특허법 제128조의 취지상 침해자에게 증명책임이 있다고 보는 것이 타당하다는 견해[28]가 있다.

---

27) [비공개] 상고기간 도과로 확정되었다.
28) 박성수(주 13), 351.

Ⅳ. 제115조 제1, 2항

1. 법적 성격

본 조항은 조문 구조상으로는 제115조의 제3항에 앞서 규정되어 있으나, 그 연혁 및 논리구조를 보면 먼저 신설된 제3항의 보충규정 내지 특별규정에 해당한다고 할 수 있고 그 법적 성격 내지 추정의 범위 역시 제3항에서의 논의와 궤를 같이 한다고 할 것이다. 따라서 제3항에 대응되는 상표법 제67조 제2항에 관한 기존의 논의를 중심으로 살펴보면, 권리자의 현실의 손해액에 관계없이 침해자가 얻은 전(全) 이익의 반환청구권을 새로 인정한 규정이라는 견해,29) 특별히 규범적 손해개념을 새로 도입한 것이라는 견해30)도 있으나, 위 규정은 권리자가 침해에 의하여 입은 소극적 손해의 인과관계와 액수를 입증하는 것이 극도로 곤란하다는 점에 비추어 권리자의 입증의 부담을 덜어주기 위해 설정된 규정이라는 견해가 우리나라31)와 일본32)의 통설이다. 또한 이를 반증의 제출을 허락하지 않는 간주규정이 아니라 반증에 의하여 그 추정을 깨뜨릴 수 있는 추정규정으로 보는 견해가 다수설이다.33)

판례도 상표법 제67조 제1항의 규정은 상표권자 등이 상표권 등의 침해로 인하여 입은 손해의 배상을 청구하는 경우에 그 손해의 액을 입증하는 것이 곤란한 점을 감안하여 권리를 침해한 자가 그 침해행위에 의하여 이익을 받은 때에는 그 이익의 액을 상표권자 등이 입은 손해의 액으로 추정하는 것일 뿐이라고 판시하여34) 통설과 같은 입장이다.

---

29) 播磨良承, '特許權侵害における民事責任の本質', 時報, 42卷 9號, 149[全孝淑(주 20), 440에서 재인용].

30) 田村善之, 知的財産權と損害賠償, 弘文堂(1993), 214-215[全孝淑(주 20), 440에서 재인용].

31) 李均龍(주 17), 68; 全孝淑(주 20), 440; 송영식 외 6인(주 8), 289-290.

32) 中山信弘(編) 注解 特許法 (上), 靑林書院 (1994), 860, 862[全孝淑(주 20), 440에서 재인용].

33) 박성수(주 13), 214.

34) 대법원 1997. 9. 12. 선고 96다43119 판결[공1997.10.15.(44), 3083]; 대법원 2004. 7. 22. 선고 2003다62910 판결[비공개]; 대법원 2009. 10. 29. 선고 2007다22514, 22521(병합) 판결[공2009하, 1968] 등.

2. 추정의 범위

가. 손해 발생의 추정 여부

먼저 위 규정에 의한 추정의 범위에 손해의 발생까지도 포함되는지 여부에 관하여, 상표법 제67조에 관한 우리나라의 통설[35]은 위 규정의 취지는 손해액에 관한 법률상의 사실추정규정으로서 손해의 발생까지 추정하는 것은 아니므로 위 규정에 의한 손해배상을 구하는 경우에는 상표권자 또는 전용사용권자가 손해의 발생에 관하여 입증하여야 한다고 해석하고 있다.

판례도 "상표법 제67조 제1항[36]의 규정은 상표권자 등이 상표권 등의 침해로 인하여 입은 손해의 배상을 청구하는 경우에 그 손해의 액을 입증하는 것이 곤란한 점을 감안하여 권리를 침해한 자가 그 침해행위에 의하여 이익을 받은 때에는 그 이익의 액을 상표권자 등이 입은 손해의 액으로 추정하는 것일 뿐이고, 상표권 등의 침해가 있는 경우에 그로 인한 손해의 발생까지를 추정하는 취지라고 볼 수 없으므로, 상표권자가 위 규정의 적용을 받기 위하여는 스스로 업으로 등록상표를 사용하고 있고 또한 그 상표권에 대한 침해행위에 의하여 실제로 영업상의 손해를 입은 것을 주장·입증할 필요가 있다"라고 판시한 바 있다.[37]

나. 입증의 정도

따라서 디자인권자 또는 전용실시권자가 위 규정의 적용을 받기 위하여는 디자인권의 침해행위 뿐만 아니라 이로 인하여 디자인권자 또는 전용실시권자가 손해를 입은 사실, 즉 디자인권자 또는 전용실시권자가 스스로 업으로 등록 디자인을 사용하고 있고 또한 그 디자인권에 대한 침해행위에 의하여 실제로 영업상의 손해를 입은 것을 주장·입증할 필요가 있으나,[38] 디자인권자 또는 전용실시권자의 입증책임을 완화하기 위하여 도입된 규정의 취지에 비추어볼 때 손해의 발생에 관한 입증의 정도를 완화할 필요가 있다.

판례 역시 이와 같은 입장에서 "특허법 제128조 제2항에서 말하는 이익은 침해자가 침해행위에 따라 얻게 된 것으로서 그 내용에 특별한 제한은 없으나,

---

35) 全孝淑(주 20), 441; 李均龍(주 17), 68; 김병일(주 17), 86.
36) 현행 상표법 제67조 제2항.
37) 대법원 1997. 9. 12. 선고 96다43119 판결[공1997.10.15.(44), 3083].
38) 全孝淑(주 20), 443.

이 규정은 특허권자에게 손해가 발생한 경우에 그 손해액을 평가하는 방법을 정한 것에 불과하여 침해행위에도 불구하고 특허권자에게 손해가 없는 경우에는 적용될 여지가 없으며, 다만 손해의 발생에 관한 주장·입증의 정도에 있어서는 경업관계 등으로 인하여 손해 발생의 염려 내지 개연성을 주장·입증하는 것으로 충분하다"라고 판시하거나,39) "위 규정의 취지에 비추어 보면 위와 같은 손해의 발생에 관한 주장·입증의 정도에 있어서는 손해 발생의 염려 내지 개연성의 존재를 주장·입증하는 것으로 족하다고 보아야 하고, 따라서 상표권자가 침해자와 동종의 영업을 하고 있는 것을 증명한 경우라면 특별한 사정이 없는 한 상표권 침해에 의하여 영업상의 손해를 입었음이 사실상 추정된다고 볼 수 있다"라고 판시한 바 있다.40)

3. 디자인권자 또는 전용실시권자의 등록디자인 사용 요부

특허법 제128조에 관한 우리나라의 다수설41)은 특허권자나 전용실시권자가 특허법 제128조 제2항을 적용하여 손해액을 산정할 것을 주장하기 위해서는 반드시 권리자가 특허발명을 실시하고 있어야 한다고 한다. 상표법 제67조에 관한 통설42) 역시, 상표법 제67조 제1, 2항에 의하여 손해배상을 청구하기 위하여 권리자는 등록상표를 지정상품에 사용하고 있을 것을 요건으로 하고, 등록상표를 지정상품에 사용하고 있지 않는 경우에는 스스로 상표 사용에 의하여 얻을 수 있는 이익의 상실이 있다고 할 수 없으므로 상표권의 침해가 있다 하더라도 본 조항을 적용할 여지는 없다고 한다.

이에 대하여 '특허권자 또는 전용실시권자가 당해 침해행위가 없었다면 판매할 수 있었던 물건'의 해석을 엄격한 특허의 실시품으로 한정하지 아니하고 '특허침해품과 경쟁관계에 있는 특허권자의 제품'으로 확대하여 해석하거나,43) '침해행위가 없었다면 판매할 수 있었던 물건'이라 함은 침해자의 제품과 대체

---

39) 대법원 2006. 10. 12. 선고 2006다1831 판결[공2006, 1889].
40) 대법원 2013. 7. 25. 선고 2013다21666 판결[공2013하, 1596]; 대법원 1997. 9. 12. 선고 96다43119 판결[공1997.10.15.(44), 3083].
41) 權澤秀(주 23), 548 이하; 裵大憲, 特許侵害와 損害賠償, 세창출판사(1997), 94; 송영식 외 6인, 지적소유권법(상), 666-667; 尹宣熙(주 11), 112 이하; 全孝淑, "特許權 侵害로 인한 損害賠償", 저스티스 30권 제1호, 한국법학원(1997), 7 이하; 鄭熺章(주 14), 422 이하 등.
42) 김병일(주 17), 87-88; 李均龍(주 17), 68-69; 田智媛, "상표권 침해로 인한 영업상 손해의 배상을 구하기 위한 전제요건인 상표권자의 '등록상표 사용'의 의미", 대법원판례해설 제81호, 법원도서관(2009), 555-557.
43) 安元模(주 14), 166-167.

가능성이 있는 제품으로서 특허권자가 판매할 용의 또는 예정이 있는 것을 가리킨다고 해석하여[44] 실시요건을 완화하는 견해, 실시요건은 법 규정의 문언에 없는 요건이고 추정의 복멸에 의하여 과잉배상이 방지될 수 있으므로 권리자가 이를 실제로 사용하고 있을 것을 요건으로 하지 아니한다는 견해[45]가 있다.

앞서 살펴본 1997. 9. 12. 선고 96다43119 판결[46]에서는 상표권자가 위 규정의 적용을 받기 위하여는 스스로 업으로 등록상표를 사용하고 있고 또한 그 상표권에 대한 침해행위에 의하여 실제로 영업상의 손해를 입은 것을 주장·입증할 필요가 있다는 전제하에, "상표권자인 원고가 'Ⓧ SUNX'라는 등록상표를 부착한 제품을 그 계열회사인 소외 회사를 통하여 위 회사와 사이에 대한민국 내에서의 독점판매대리점 계약을 체결한 피고 3 회사에 공급하여 온 사실, 그런데 피고들이 이 사건 등록상표와 유사한 'SUNKS'라는 표장을 원고의 제품과 유사한 제품에 부착, 판매하여 온 사실을 인정한 다음, 피고들은 공동하여 이 사건 등록상표를 부착, 판매하는 원고의 상품과 같은 종류의 상품에 위 등록상표와 유사한 위 표장을 부착, 판매함으로써 원고의 등록상표권을 침해하였다고 할 것이므로 각자 상표권자인 원고가 입은 손해를 배상할 책임이 있다고 한 원심의 판단은 정당하다"라고 판시하였는데, 위 판결에 대하여는, 통설의 입장에 따른 것으로 해석하는 견해[47]와 위 판결에서는 권리자가 침해자와 동종의 영업을 하고 있는 것을 증명한 것으로 충분하다고 하였을 뿐 상표를 스스로 지정상품에 사용하였어야만 손해가 발생한다고 판시한 바는 없으므로 위 판결이 통설의 입장을 취한 것으로 볼 수는 없다는 견해[48]가 있다.

한편, 대법원 2009. 10. 29. 선고 2007다22514, 22521(병합) 판결[49]에서는 "상표권 침해행위로 인하여 영업상의 이익이 침해되었음을 이유로 위 규정에 따라 영업상 손해의 배상을 구하는 상표권자로서는 스스로 업으로 등록상표를 사용하고 있음을 주장·입증할 필요가 있으며, 여기에서 등록상표를 사용하고 있는 경우라 함은 등록상표를 지정상품 그 자체 또는 거래사회의 통념상 이와 동일하게 볼 수 있는 상품에 현실로 사용한 때를 말하고, 지정상품과 유사한 상

---

44) 梁彰洙(주 12), 58.
45) 박성수(주 13), 269.
46) [공1997.10.15.(44), 3083].
47) 李均龍(주 17), 69.
48) 박성수(주 13), 126.
49) [공2009하, 1968].

품에 사용한 것만으로는 등록상표를 사용하였다고 볼 수 없다는 전제하에, 피고
들이 공동하여 이 사건 상표를 부착, 판매하는 원고의 상품과 같은 종류의 상품
인 화장품에 이 사건 상표와 유사한 피고실시표장을 부착, 판매함으로써 원고의
이 사건 상표권을 침해하였고, 이 사건 상표가 실제 사용된 상품인 화장품이 이
사건 상표의 지정상품 중 '화장비누, 크림비누' 등과 유사한 상품에 해당한다
하더라도, 원고가 이 사건 상표를 그 지정상품 자체 또는 거래사회의 통념상 이
와 동일하게 볼 수 있는 상품에 현실로 사용하여 제품을 생산·판매하는 등의
영업활동을 하였다고 인정되지 않는 이상, 그에 따른 영업상의 손해가 있었다고
보기는 어렵다"라고 판시하여 통설과 같은 입장에 있다.

그러나, 대법원 2009. 10. 15. 선고 2009다19925 판결[50])에서는 원고가 대리
점 계약을 체결하여 국내에서 특허발명을 이용한 제품을 판매하여 온 사안에
대하여 "원심이 이 사건 특허발명에 따른 제품이 원심 판시와 같은 경위로 국
내에서 판매되어 사용되고 있는 이상, 피고가 이 사건 특허발명의 특허권을 침
해하는 원심 판시 실시제품들을 생산, 판매함으로 인하여 그 특허권자인 원고가
손해를 입을 염려 내지 개연성이 인정된다는 취지로 판단한 것은 정당하다. 원
심판결에는 피고가 상고이유로 주장하는 바와 같은 특허실시 여부에 관한 법리
오해 등의 위법이 없다"라고 판시하였다.[51])

4. 적극적 요건

가. 침해물건의 양도수량

민법상의 일반불법행위의 원칙인 차액설에 의하여 손해액을 산정하면, 「권
리자의 감소한 판매량(=침해가 없었다면 판매가능한 판매량－실제 판매량) × 권리자
의 물건 단위수량당 이익액」과 같이 산정할 수 있는데, 이 중에서 '침해가 없었
다면 판매가능한 판매량'을 입증하기가 쉽지 않으므로, 디자인보호법 제115조
제1항에서는 「침해물건의 양도수량 × 권리자의 물건 단위수량당 이익액」과 같이
산정할 수 있도록 하였다. 이로써 디자인보호법 제118조의 서류제출명령 등에
의하여 침해자의 매출전표 등을 제출받아 침해물건의 양도수량을 파악하고 권
리자의 물건 단위수량당 이익액을 스스로 산정하여 손해액을 비교적 쉽게 계산

---

50) [비공개].
51) 위 판결의 원심인 서울고등법원 2009. 2. 3. 선고 2008나17757 판결에서는 '권리자의 특
    허발명 실시'는 특허법 제128조 제2항의 적용의 적극적 요건은 아니라고 명시적으로 판시
    하였다.

할 수 있다.

위 규정에서는 '침해물건의 양도수량'을 '권리자의 감소한 판매량'으로 추정하는 논리구조를 가지고 있으므로 침해물건의 양도수량이 침해로 인한 권리자의 매출 감소를 추인할 수 있는 사정이 존재할 것을 요한다면서, 비교적 시장구조가 단순하고 침해자가 1인인 경우 권리자의 물건과 침해물건 이외에 대체물건이 없어 상호경쟁관계에 있는 경우에 특히 이 방식이 합리성을 띄게 된다는 견해[52]가 있고, 이에 대하여 만일 침해자의 양도수량이 침해로 인한 권리자의 매출액 감소를 추인할 수 있을 정도의 사정이 존재한다면 굳이 특허법 제128조 제1항을 신설하지 아니하더라도 특허권 침해로 인한 일실이익의 산정에 관한 종전의 방식에 의하여 권리자의 매출감소로 인한 일실이익의 배상을 인정할 수 있을 것이므로 위와 같은 해석은 특허법 제128조 제1항을 무의미하게 만드는 것이라는 비판[53]이 있다.

나. 단위수량당 이익액

단위수량당 이익액의 의미에 관하여, 특허법 제128조 제1항에 관한 다수설[54]은 침해가 없었다면 증가하였을 것으로 상정되는 대체제품의 단위당 매출액으로부터 그것을 달성하기 위하여 증가하였을 것으로 상정되는 단위당 비용을 공제한 액, 즉 한계이익이라고 한다. 이는 제품판매액에서 변동경비는 공제하되, 고정경비는 추가 생산과는 상관없이 지출하는 것이므로 공제하지 않는 것으로 파악하는 견해로서,[55] 구 의장법(2004. 12. 31. 법률 제7289호 디자인보호법으로 개정되기 전의 것) 제64조 제1항에 관한 다수설[56]이기도 하다.

판례[57]도 구 의장법(2004. 12. 31. 법률 제7289호 디자인보호법으로 개정되기 전의 것) 제64조 제1항 본문에서 말하는 '단위수량당 이익액'은 침해가 없었다면 의장권자가 판매할 수 있었을 것으로 보이는 의장권자 제품의 단위당 판매가액에서 그 증가되는 제품의 판매를 위하여 추가로 지출하였을 것으로 보이는 제품 단위당 비용을 공제한 금액을 말한다고 판시하여 한계이익설을 취하고 있다.

---

52) 송영식 외 6인(주 41), 666.
53) 박성수(주 13), 227.
54) 박성수(주 13), 231-232; 安元模(주 14), 169; 梁彰洙(주 12), 60-61.
55) 김상국, "의장권침해로 인한 손해배상액의 산정", 판례연구 19집, 부산판례연구회(2008), 631.
56) 박성수, "의장권 침해로 인한 손해액 산정을 위한 구 의장법 제64조 제1항의 해석", 대법원판례해설 65호, 법원도서관(2007), 561; 김상국(주 55), 634.
57) 대법원 2006. 10. 13. 선고 2005다36830 판결[공2006하, 1906].

5. 손해배상액의 상한(권리자의 생산능력)

손해액은 디자인권자 또는 전용실시권자가 생산할 수 있었던 물건의 수량
에서 실제 판매한 물건의 수량을 뺀 수량에 단위수량당 이익액을 곱한 금액을
한도로 한다. 즉, 권리자의 생산능력을 벗어난 범위에서 침해자가 생산, 판매한
경우에 그 범위는 손해배상액 산정의 기초로 할 수 없는 것인데, 그 증명책임은
권리자 측에 있다.[58]

6. 소극적 요건

디자인권자 또는 전용실시권자가 침해행위 외의 사유로 침해자의 양도수량
전부 또는 일부를 판매할 수 없었던 사정이 있는 때에는 침해행위 외의 사유로
판매할 수 없었던 수량에 따른 금액을 빼야한다. 침해행위 외의 사유로 침해자
의 양도수량 전부 또는 일부를 판매할 수 없었던 사정에는 예컨대 침해물건의
기술적 우수성, 침해자의 영업노력 등으로 침해물건이 많이 팔렸다는 사정,[59]
시장에서의 대체품의 존재[60] 등이 해당할 수 있고, 이러한 사정은 감액 요소로
서 침해자가 주장, 입증하여야 한다.[61] 아울러 침해자는 위와 같은 사정이 존재
하는 것뿐만 아니라 그러한 사정에 의하여 판매할 수 없었던 수량에 대하여도
입증하여야 한다.[62]

대법원에서도 "의장권 등의 침해로 인한 손해액의 추정에 관한 구 의장법
(2004. 12. 31. 법률 제7289호 디자인보호법으로 개정되기 전의 것) 제64조 제1항 단
서의 사유는 침해자의 시장개발 노력·판매망, 침해자의 상표, 광고·선전, 침
해제품의 품질의 우수성 등으로 인하여 의장권의 침해와 무관한 판매수량이 있
는 경우를 말하는 것으로서, 의장권을 침해하지 않으면서 의장권자의 제품과 시
장에서 경쟁하는 경합제품이 있다는 사정이나 침해제품에 실용신안권이 실시되
고 있다는 사정 등이 포함될 수 있으나, 위 단서를 적용하여 손해배상액의 감액
을 주장하는 침해자는 그러한 사정으로 인하여 의장권자가 판매할 수 없었던
수량에 의한 금액에 관해서까지 주장과 입증을 하여야 한다"라고 판시한 바 있

---

58) 박성수(주 13), 239; 梁彰洙(주 12), 64.
59) 김철환(주 9), 12.
60) 尹宣熙(주 11), 126.
61) 박성수(주 13), 244; 尹宣熙, 特許法(제5판), 법문사(2012), 814 등.
62) 安元模(주 14), 180.

고,[63] 상표권에 관하여도 이와 동일한 취지의 하급심 판결이 있었다.[64]

7. 적용의 효과

침해물건의 양도수량에 권리자가 그 침해행위가 없었다면 판매할 수 있었던 물건의 단위수량당 이익액을 곱한 금액을 권리자의 손해액으로 할 수 있다. 이는 앞서 본 바와 같이 반증의 제출을 허락하지 않는 간주규정이 아니라 반증에 의하여 그 추정을 깨뜨릴 수 있는 추정규정으로 보는 견해가 다수설이다.[65]

다만 소극적 요건이 존재하는 것으로 인정되는 경우 당해 침해행위 외의 사유로 판매할 수 없었던 수량에 따른 금액을 빼야 하는데, 그 부분에 대하여 같은 조 제4항의 적용을 주장하여 제4항의 실시료 상당액의 청구가 가능한 것

---

63) 대법원 2006. 10. 13. 선고 2005다36830 판결[공2006하, 1906].

64) 대구고등법원 2013. 2. 1. 선고 2011나6183 판결(대법원 2013. 7. 25. 선고 2013다21666 판결[공2013하, 1596]로 상고기각되었다). 위 판결에서는 소극적 요건의 구체적인 입증 정도에 관하여, "① 피고의 경우 1978. 7. 20. 피고의 전신인 남성알미늄공업사가 설립되어 1985. 12. 17. 주식회사 남성알미늄으로 법인전환하였는데, 요부인 '남성'은 피고의 대표이사의 성(姓)인 남(南)과 별을 뜻하는 성(星)을 결합한 것이고, 원고의 경우 1947. 7. 20. 원고의 전신인 남선경금속 공업사가 설립되어 1973. 1. 4. 남선경금속공업 주식회사로 법인전환하였으며, 1990. 2. 28. 현재의 상호(주식회사 남선알미늄)로 변경하는 등 원고와 피고의 상호는 독자적으로 생성, 발전한 것으로 보이고, ② 요부인 남성 다음에 '알미늄'이라는 보통명칭을 사용하여 상호의 주된 부분을 완성한 시기는 오히려 피고가 10여년 이상 앞서는데, 원고의 상호와 피고의 이전 상호인 주식회사 남성알미늄은 요부인 '남성' 또는 '남선'에 보통명칭인 '알미늄'이 결합하게 됨으로써 비로소 두 상호의 유사성이 분명하게 부각되는 점, ③ 피고가 생산하는 알미늄 제품은 특별한 가공이나 용역을 투여하는 과정을 거치지 아니하고 그 자체로 직접 효용을 발휘할 수 있는 최종 소비재가 아니라 별도의 가공이나 용역이 투여됨으로써 비로소 최종적인 효용을 얻을 수 있는 중간재적인 제품이고 (예컨대, 알미늄을 재료로 하여 생산된 최종 소비재인 주전자, 그릇 등이 아니라 최종적인 효용을 얻기 위하여는 별도의 가공을 필요로 하는 형재 또는 인테리어 등 공사업자의 시공과정이 필요한 창문, 도어용 샤시 등의 제품이다), 피고도 자신이 생산하는 알미늄 제품의 거의 대부분을 대리점이나 공사업체에 판매하고 일반소비자를 상대로 판매하지는 않았는데, 알미늄 대리점, 알미늄창호 판매점, 알미늄창호 시공회사, 알미늄프로파일 취급점 등 알미늄 제품을 전문적으로 취급하는 업체에서는 피고의 전신인 주식회사 남성알미늄과 원고의 상호인 주식회사 남선알미늄을 혼동하지는 않았던 점, ④ 피고가 생산하는 제품을 일반인인 소비자가 직접 구입하여 공사에 사용하는 경우는 통상적으로 상정하기 어려운 점(일반소비자가 공사업체에 특정회사의 제품을 사용해 줄 것을 요구할 수는 있으나, 그러한 경우에도 공사업체를 통하여 남성알미늄과 남선알미늄의 혼동가능성이 배제될 수 있을 것으로 보인다) 등을 종합하면, 피고의 상표권 침해와 인과관계가 인정되는 원고의 손해는 극히 미미하다고 할 것이고, 상표법 제67조 제1항에 규정된 피고가 양도한 물건의 수량에 원고가 그 침해행위가 없었다면 판매할 수 있었던 물건의 단위수량당 이익액을 곱한 금액의 대부분은, 상표권자가 당해 침해행위 외의 사유로 판매할 수 없었던 수량에 따른 금액에 해당한다는 사실이 입증되었다고 볼 것"이라고 판시하였다.

65) 박성수(주 13), 214.

인지 문제된다. 특허법 제128조의 해석에 있어서는 제1, 2항에 의한 청구가 인정되지 않는 부분에 대하여 제3항의 적용을 긍정하고 있다.[66)]

V. 제115조 제3항

1. 추정의 성질과 그 복멸사유

가. 추정의 성질

제3항은 불법행위의 요건사실인 '침해행위와 인과관계 있는 손해액'을 증명하는 대신에 이보다 증명이 용이한 '침해자가 침해행위로 얻은 이익액'을 증명함에 의하여 '침해행위와 인과관계 있는 손해액'이 증명된 것으로 인정한다는 규정으로서 법률상의 사실추정에 해당한다.[67)] 이러한 추정은 그 효과를 주장하는 권리자에 대해서는 증명주제의 선택을 허용하고, 이를 복멸하고자 하는 침해자에게는 반대사실을 입증할 책임을 부담시킨다. 즉 권리자는 손해배상을 청구할 때 직접 '침해행위와 인과관계 있는 손해액'을 증명하거나, '침해자가 침해행위로 얻은 이익액'을 증명하여 이에 대신할 수도 있다. 한편 이를 다투는 침해자는 '침해자가 침해행위로 얻은 이익액'의 증명을 진위불명의 상태로 만들어 본항의 추정을 면할 수 있는데, 이는 추정의 복멸이 아니라 추정규정의 적용배제이고, 이 때 침해자가 내세우는 증거는 반증이다. 또한 '침해자가 침해행위로 얻은 이익액'이 권리자에 의하여 증명된 경우에도 침해자는 '침해행위와 인과관계 있는 손해액'의 부존재를 증명하면 손해배상을 면할 수 있는데, 이는 추정의 복멸이고, 이 때 침해자가 내세우는 증거는 반증이 아니라 본증으로서 법관을 확신시킬 정도에 이르러야 한다.[68)]

나. 인과관계의 추정

일반적으로 불법행위로 인한 손해배상을 청구하기 위하여는 권리자가 침해행위와 손해의 발생 사이에 인과관계가 있다는 것을 입증할 책임을 부담하는 것이 원칙인데, 엄격한 인과관계를 요구할 경우 이 규정의 실효성을 사실상 부인하는 결과에 이를 수 있으므로, 디자인보호법 제115조 제3항은 침해행위와

---

66) 박성수(주 13), 259-260.
67) 金孝淑(주 20), 443; 김병일(주 17), 86.
68) 金孝淑(주 20), 443.

손해의 발생 사이에 인과관계가 존재한다는 점까지도 추정하는 것이다.[69]

대법원에서는 상표권 침해에 관하여, "상표권자 또는 전용사용권자가 이 규정에 의하여 상표권 침해자에 대하여 손해배상을 청구하는 경우 그 자가 침해행위에 의하여 이익을 받았을 때에는 그 이익의 액은 상표권자가 받은 손해액으로 추정되므로 상표권자 또는 전용사용권자는 상표권 침해자가 취득한 이익을 입증하면 되고 그 밖에 침해행위와 손해의 발생 간의 인과관계에 대하여는 이를 입증할 필요가 없다"라고 판시한 바 있다.[70]

다. 추정복멸 사유

손해의 불발생이 추정복멸 사유인지에 관하여, 손해의 발생까지 추정되는 것은 아니라는 통설[71]에 의하면 '손해의 불발생'은 부인에 해당할 것이나, 손해의 발생까지 추정되는 것은 아니라고 하면서도 '손해의 발생'은 손해발생의 염려 내지 개연성의 존재만으로 족한 것이므로 구체적 손해의 불발생은 침해자가 입증책임을 부담한다는 견해[72]도 있다. 한편 손해의 발생까지 추정되는 것이라는 견해에 의하면 손해의 불발생은 추정복멸사유에 해당할 것이다.[73]

대법원에서는 상표권 침해에 관하여, 상표법 제67조 제2, 3항이 손해의 발생이 없는 것이 분명한 경우에까지 침해자에게 손해배상의무를 인정하는 취지는 아니므로, 침해자도 권리자가 동종의 영업에 종사하지 않는다는 등으로 손해의 발생이 있을 수 없다는 것을 주장·입증하여 손해배상책임을 면하거나 또는 적어도 그와 같은 금액을 얻을 수 없었음을 주장·입증하여 위 규정의 적용으로부터 벗어날 수 있다고 판시하였다.[74]

제2항의 디자인권자의 생산능력의 한계나, 소극적 요건인 침해행위 외에 판

---

69) 저작권법에 관하여 黃贊鉉, "손해배상책임에 관한 현행법의 규정과 입법론적 검토", 정보법학 제3호, 한국정보법학회(1999), 312.

70) 대법원 1992. 2. 25. 선고 91다23776 판결[공1992.4.15.(918), 1124].

71) 全孝淑(주 20), 441; 李均龍(주 17), 68; 김병일(주 17), 86.

72) 小野昌延(編), 注解商標法, 青林書院(1994), 620(全孝淑(주 20), 444에서 재인용).

73) 全孝淑(주 20), 444.

74) 대법원 2008. 3. 27. 선고 2005다75002 판결[비공개], 원고 회사가 닭고기를 공급하는 회사로서 업으로 통닭용 양념을 제조하여 판매한 바는 없고, 통닭용 양념의 공급선이나 판매망을 따로 갖춘 것도 아니며, 단지 양념 공급업 알선을 소극적으로 한 사실이 인정되므로 피고 회사가 원고 회사의 이 사건 등록상표권 또는 등록서비스표권을 침해하는 동종의 영업을 한다고 보기 어렵다고 보아, 피고 회사의 이 사건 등록상표권 또는 등록서비스표권 침해에 관하여 상표법 제67조 제2항 … 을 적용하지 아니한 원심의 인정과 판단은 위 법리와 기록에 비추어 정당하다고 판시하였다.

매할 수 없었던 사정, 즉 침해물건의 기술적 우수성, 침해자의 영업노력 등으로 침해물건이 많이 팔렸다는 사정, 시장에서의 대체품의 존재, 저렴한 가격, 광고·선전, 지명도 등의 사유는 추정복멸사유에 해당할 수 있으나, 침해자는 위와 같은 사정이 존재하는 것뿐만 아니라 그러한 사정에 의하여 권리자의 실제 손해액이 추정액보다 적다는 것을 입증하여야 추정이 복멸된다.

대법원에서도 상표권 침해에 관하여, 상표법 제67조 제2항은 침해행위에 의하여 침해자가 받은 이익의 액으로 권리자가 받은 손해액을 추정하는 것으로서, 침해자의 상품 또는 서비스의 품질, 기술, 의장 상표 또는 서비스표 이외의 신용, 판매정책, 선전 등으로 인하여 침해된 상표 또는 서비스표의 사용과 무관하게 얻은 이익이 있다는 특별한 사정이 있는 경우에는 위 추정과 달리 인정될 수가 있고, 이러한 특별한 사정에 침해자가 침해한 상표 또는 서비스표 이외의 다른 상표 또는 서비스표를 사용하여 이익을 얻었다는 점이 포함될 수 있으나, 그에 관한 입증책임은 침해자에게 있다고 할 것이라고 판시한 바 있다.75)

2. 이익의 범위

침해자의 이익액은 「침해물건의 매상고 × 피고의 이익률」 또는 「침해물건의 판매수량 × 침해물건의 단위수량당 이익액」의 방법으로 산정할 수 있는데, 여기서 말하는 침해자의 이익액을 어떻게 산정할 것인지 문제된다.

가. 학　설

(1) 순이익설

침해자의 이익액은 당해 제품의 매상액에서 제조원가 외에 매출액을 높이기 위하여 업무상 지출된 비용(일반관리비, 판매비, 발송운송비, 광고선전비, 제세공과금 등 필요한 경비)을 공제함으로써 산정된 금액으로 보는 견해76)이다. 이를 침해자의 이익에서 고정비용(감가상각비, 일반관리비 등을 판매수량에 비율적으로 대응한 금액)과 변동비용(재료비, 판매비 등)을 공제한 것으로 설명하기도 한다.77) 순이익설은 일반불법행위로 인하여 발생한 손해 중 일실이익은 본래의 필요경비를 제외한 순이익 상당의 손실액을 가리키는 것이고, 위 규정은 단순히 입증

---

75) 대법원 2008. 3. 27. 선고 2005다75002 판결[비공개].
76) 특허법 제128조에 관한 학설로는 裵大憲(주 41), 96-97; 김철환(주 9), 14; 저작권법 제93조에 관한 학설로는 정상조·박준석(주 8), 521.
77) 박성수(주 13), 275.

책임의 경감을 위한 손해액의 추정규정에 불과할 뿐 어떤 제재적 의미를 가지는 것은 아니라고 할 것이므로, 이 규정에 의해 권리자의 손해액으로 추정되는 침해자의 이익액도 순이익액으로 해석하여야 한다고 한다.[78] 이 견해에 의하면 권리자가 침해자의 순이익이 얼마인지를 입증하여야 한다.[79]

(2) 총이익설(粗利益說[80])

침해자의 이익액은 당해 제품의 매상액으로부터 제조원가, 판매원가 외에 침해자가 침해행위로 제조, 판매를 한 것에 직접 필요하였던 제경비(일반관리비의 공제를 하지 않는다)만을 공제한 액으로 보는 견해인데, 이에 대하여는 오로지 침해자측의 사정만을 고려의 대상으로 하여 권리자측의 사정을 판단요소로 하지 않는 점에서는 종래의 순이익설과 기본적으로 발상을 같이 한다는 평가가 있다.[81]

(3) 한계이익설

침해자의 이익액은 재무회계상의 이익개념에 의할 것이 아니라 침해자의 매상액에서 생산증가에 따른 변동경비(원료비, 제품의 제조·판매를 위해 직접 추가적 지출을 요하는 인건비, 기타 경비의 증가분)만을 공제한 금액이라고 이해하는 견해이다.[82] 이 견해에 따르면 침해물건의 개발비, 일반관리비, 제품의 매출과 관계없이 고정적으로 지출되는 인건비, 제조관리비는 공제대상에서 제외되는데, 즉, 물건의 생산에 새로운 설비투자나 고용원 채용, 훈련 등의 필요가 없는 경우라면 변동경비만 공제하면 충분하고 고정비적 성격의 경비는 공제할 필요가 없다고 보는 것으로서, 결국 원가를 변동비와 고정비로 나누고 고정비는 공제할 수 없다고 하는 한정원가에 의하여 일실이익이 확대되는 결과가 된다.[83]

만일 순이익설의 방식대로 고정비용을 공제하게 되면 공제되는 만큼의 비용이 결국 타제품에 할당되어 그 이익액이 줄어들게 되고 권리자에게는 회복할 수 없는 손해가 남게 되므로 이 규정의 이익액은 한계이익으로 보는 것이 논리

---

78) 김철환(주 9), 14; 裵大憲(주 41), 95; 黃贊鉉(주 69), 314.
79) 裵大憲(주 41), 96.
80) 田村善之 「特許権侵害に対する損害賠償(四·完)」 法協108卷10号1頁(108卷1539頁)[小野昌延(編), 注解商標法(新版) 下卷, 靑林書院(2005), 938에서 재인용].
81) 박성수(주 13), 277.
82) 특허법 제128조에 관한 학설로는 박성수(주 13), 277; 상표법 제67조에 관한 학설로는 全孝淑(주 20), 436; 한편 송영식 외 6인(주 41), 667에서도 한계이익설을 최근의 유력한 견해로 소개하고 있다.
83) 송영식 외 6인(주 41), 668.

적으로 정당하고,[84] 순이익설에 의하면 권리자는 침해자가 얻은 순이익을 주
장·입증해야 하는데 권리자가 침해자의 당해 제품에 관한 필요경비를 주장·
입증하는 것은 현실적으로 곤란한 경우가 많아서 주장·입증책임을 권리자에게
완전히 부담시키는 경우에는 이 규정의 추정을 받을 수 없게 되고 입증책임 경
감이라는 제115조의 입법취지에 반하게 되는 반면,[85] 한계이익설을 취할 경우
순이익설과 비교하여 상대적으로 일실이익이 늘어나게 되므로 부수적으로 침해
에 대한 제재적인 효과도 거둘 수 있다[86]는 점을 근거로 한다.

(4) 절 충 설

일반적으로 순이익으로 보아야 할 것이나, 이렇게 되면 계산이 복잡하게 되
어 손해액의 입증을 용이하게 하려고 한 제115조의 기본취지에 어긋나므로, 기
본적으로 순이익설에 의거하면서도 권리자가 총이익액을 입증한 때에는 침해자
가 감액요소, 즉 침해자가 그 이익 중에 자기의 노력과 출자에 기초한 것을 주
장·입증하지 않으면 총이익을 권리자의 손해액으로 인정하는 것이 상당하다는
견해이다.[87]

나. 판 결

(1) 대법원 판결

㉮ 대법원 1992. 2. 25. 선고 91다23776 판결[88]

타인의 상표권을 침해한 자가 침해행위에 의하여 이익을 받았을 때에는 그
이익의 액을 상표권자가 받은 손해액으로 추정하는데 피고가 1987. 4.말부터
1988. 11.초순경까지 사이에 원고의 등록상표와 유사한 상표가 들어 있는 포장
지를 사용하여 분와사비 70,000포를 판매한 사실 및 피고가 분와사비를 판매하
여 얻은 순이익이 1포당 금 288원인 사실은 당사자 사이에 다툼이 없고 위 기
간 이후에도 1989. 1. 30.부터 같은 해 3.말까지 분와사비 2,520포를 더 판매한
사실이 인정된다 하여 피고는 원고에게 합계금 20,885,760원(= 72,520포 × 288원)
을 배상할 의무가 있다고 판시하였다.

---

84) 全孝淑(주 20), 436.
85) 李相京(주 15), 299.
86) 全孝淑(주 20), 436.
87) 송영식 외 6인(주 41), 667; 김병일(주 17), 90.
88) [공1992.4.15.(918), 1124].

(나) 대법원 1997. 9. 12. 선고 96다43119 판결[89]

　상표권자가 구 상표법 제67조 제1항[90])에 의하여 상표권을 침해한 자에 대하여 손해배상을 청구하는 경우에, 침해자가 받은 이익의 액은 침해 제품의 총 판매액에 그 순이익률을 곱하거나 또는 그 제조판매수량에 그 제품 1개당 순이익액을 곱하는 등의 방법으로 산출함이 원칙이라 할 것이나, 통상 상표권의 침해에 있어서 침해자는 상표권자와 동종의 영업을 영위하면서 한편으로 그 상표에 화체된 상표권자의 신용에 무상으로 편승하는 입장이어서, 위와 같은 신용을 획득하기 위하여 상표권자가 투여한 자본과 노력 등을 고려할 때, 특별한 사정이 없는 한 침해자의 위 순이익률은 상표권자의 해당 상표품 판매에 있어서의 순이익률보다는 작지 않다고 추인할 수 있으므로, 침해자의 판매액에 상표권자의 위 순이익률을 곱하는 방법으로도 침해자가 받은 이익의 액을 산출할 수 있다고 할 것이고, 위와 같이 산출된 이익의 액은 침해자의 순이익액으로서, 그것이 상표권자가 상표권 침해로 인하여 입은 손해액으로 추정된다고 보아야 할 것이라고 전제하고, 상표권 침해가 있었던 1990년부터 1993년경까지의 피고 2가 경영하는 소외 회사의 총 매출액은 합계 금 945,311,750원이고, 그 중 1/5 정도가 위 유사한 표장을 부착한 상품의 매출액이며, 한편 같은 기간 동안의 원고 회사의 영업이익률은 7.608% 정도인 사실을 인정한 다음, 특별한 사정이 없는 한 위 유사한 표장을 부착한 상품의 매출액에 원고 회사의 위 영업이익률을 곱하는 방법으로 산정한 금액이 피고들의 위 상표권 침해로 인한 이익의 액이라고 보아 이를 원고가 입은 손해의 액으로 추정하는 원심의 판단은 정당하다고 판시하였다.

　위 판결에 대하여 순이익설을 취한 것으로 이해하면서 우리나라의 주류적인 판결례가 순이익설을 취하고 있다는 견해[91])가 있으나, 이에 대하여 위 96다 43119 판결은 순이익률이나 순이익액이라는 표현을 사용하고 있으면서도 비용으로 공제하는 항목이 구체적으로 무엇인지, 다시 말해서 일반관리비를 공제한 것인지 아닌지에 대하여는 명시적으로 밝힌 바 없으므로 이 판결을 가지고 순이익설을 채택하였다고 단정하기 어렵다는 견해,[92]) 위 판결은 침해자 이익에 대하여 판단한 것일 뿐만 아니라 상표권자인 원고회사 자신이 침해자인 피고의

---

89) [공1997.10.15.(44), 3083].
90) 현행 디자인보호법 제115조 제3항과 같은 내용이다.
91) 尹宣熙(주 11), 119.
92) 박성수(주 13), 279.

순이익률이 그의 '영업이익률'보다 작지 않다고 주장하여 이를 기준으로 침해자 이익을 산정한 것을 그대로 수긍한 것에 그친다는 견해[93])가 있다.

　　㈜ 대법원 2008. 3. 27. 선고 2005다75002 판결[94])

　　상표법 제67조 제2항은 권리를 침해한 자가 그 침해행위에 의하여 이익을 받은 때에는 그 이익의 액을 권리자가 받은 손해의 액으로 추정한다고 규정하고 … 있으므로, 상표권자 혹은 전용사용권자로서는 침해자가 상표권 침해행위로 인하여 얻은 수익에서 상표권 침해로 인하여 추가로 들어간 비용을 공제한 금액, 즉 침해자의 이익액을 손해액으로 삼아 손해배상을 … 청구할 수 있다고 판시하였는데,[95]) 위 판결에 대하여 한계이익설을 채택한 것으로 이해하는 견해[96])가 있다.

　　(2) 하급심 판결

　　㈎ 서울민사지방법원 1992. 2. 21. 선고 90가합36831 판결[97])

　　실용신안권에 관한 사안으로서, 총제품매출액에서 총제품매입원가를 공제하여 매출총이익을 계산하는 방식으로 산출된 피고들의 이익을 원고의 손해로 보아 손해배상액을 산정하였는데, 이 판결을 조이익설(총이익설)에 가까운 판결로 평가하는 견해[98])가 있다.

　　㈏ 서울지방법원 2004. 2. 13. 선고 2002가합30683 판결[99])

　　특허법 제128조 제2항에 기하여 손해배상을 청구한 사안인데, 손해배상액을 산정함에 있어 침해자의 총매출액 중 침해된 특허를 이용한 사료나 그 관련 제품의 매출액이 차지하는 비율에 따른 매출총이익액에서 같은 비율에 따른 판매 및 일반관리비(다만, 그 특허를 이용한 매출과 관계없이 고정적으로 지출되리라고 보이는 임원급여와 감가상각비는 제외한다)를 공제하는 방식[= 매출총이익 × 사료 관련 매출액/매출총액 − (판매 및 일반관리비 − 고정비용) × 사료 관련 매출액/매출총액]으로 계산함이 상당하다고 판시함으로써, 명시적으로 한계이익설을 채택

93) 梁彰洙(주 12), 63.
94) [비공개].
95) 위 판결의 원심인 서울고등법원 2005. 11. 8. 선고 2004나91900 판결에서는 "이 경우 이익은 매출액에서 일반관리비 등을 제외한 순이익을 의미한다"라고 판시하였다.
96) 정상조·박성수 공편, 특허법 주해Ⅱ, 박영사(2010), 230(박성수 집필부분).
97) [비공개].
98) 소孝淑(주 20), 436.
99) [비공개], 서울고등법원 2004나21659로 항소되었다가, 2006. 7. 28. 피고의 항소취하로 확정되었다.

하였다.[100]

　　㈐ 서울고등법원 2004. 7. 6. 선고 2003나36739 판결[101]

부정경쟁방지법 제14조의2 제2항에 의하면 부정경쟁행위로 인한 손해배상을 청구하는 경우에는 영업상의 이익을 침해한 자가 그 침해행위에 의하여 이익을 받은 것이 있는 때에는 그 이익액을 손해액으로 추정한다고 규정하고 있고, 이 경우 침해자가 받은 이익액은 침해제품의 총판매액에 그 순이익률을 곱하는 등의 방법으로 산출함이 원칙이지만 침해자의 판매액에 청구권자의 순이익률을 곱하는 방식에 의한 손해산정도 적법하다 할 것인바, 피고의 2002. 7. 1.부터 2002. 12. 31.까지의 매출액이 201,523,355원이고, 원고의 2002. 1. 1.부터 2002. 12. 31.까지의 매출액 대비 영업이익률이 30.48%인 사실은 당사자 사이에 다툼이 없으므로, 이에 의하면 피고가 위 부정경쟁행위로 인하여 2002. 7. 1.부터 2002. 12. 31.까지의 기간동안 얻은 이익액은 61,424,318원(= 201,523,355원 × 30.48%)이 된다고 판시하였다.

　　㈑ 서울고등법원 2005. 3. 16. 선고 2004나53922 판결[102]

피고의 부정경쟁행위로 인하여 원고가 입은 손해는 특별한 사정이 없는 한 부정경쟁방지법 제14조의 2 제2항에 의하여 부정경쟁행위자가 부정경쟁행위로 인하여 얻은 이득액에 상당한 액이라 할 것인바, 피고가 1997년도부터 2002. 2. 26.까지 옥시화이트 제품을 판매하여 그 합계액이 6,968,585,314원에 이르는 사실을 인정할 수 있고, 피고가 속하는 비누 및 세정제 제품의 도매 및 상품중개업자의 표준소득률 중 일반율이 4.6%인 사실을 인정할 수 있어 피고가 옥시화이트 제품을 판매하여 320,554,924원(= 매출액 합계 6,968,585,314원 × 0.046) 상당의 이익을 얻은 사실을 인정할 수 있으므로, 원고가 입은 손해액은 320,554,924원으로 추정된다고 판시하였다.

　　㈒ 대전지방법원 홍성지원 2010. 6. 10. 선고 2009가단1566 판결[103]

원고는 상표권 침해행위에 해당하는 피고들의 세금계산서 매입분을 특정하지 못하고 있는 점, 피고들이 이 사건 상표를 표시한 상품 등을 판매하는 과정에서 지출한 판매비와 관리비 등을 추출할 자료가 부족하고, 피고들의 이익은 이 사건 상표권의 침해행위에 의해서만 발생하였다기보다는 김 등 원료 구입과

---

100) 박성수(주 13), 281.
101) [비공개], 상고기간 도과되어 확정되었다.
102) [비공개], 상고기간 도과되어 확정되었다.
103) [비공개], 대전고등법원 2010나5470으로 항소되었다가 2010. 9. 1. 항소취하로 확정되었다.

정에서 들인 노력과 상품 판매 과정에서의 경영력, 판매력 등에서도 기인한 것
으로 보이는 점 등에 비추어 보면, 이 사건 상표권 침해행위로 인한 피고들의
이익액은 상표법 제67조 제2항에 의하여 이를 산정하는 것은 적절치 않다고 판
시하였다.

Ⅵ. 제115조 제4항

1. 법적 성격

디자인권자 또는 전용실시권자는 그 등록디자인의 실시에 대하여 통상적으
로 받을 수 있는 금액을 디자인권자 또는 전용실시권자가 입은 손해액으로 하
여 손해배상을 청구할 수 있다고 규정하고 있는데, 특히 손해불발생의 항변이
가능한지와 관련하여 위 규정의 법적 성격이 문제된다.

가. 손해액법정설

손해발생을 전제로 하여 실시료 상당액을 최저한도의 손해액으로 법정한
것이므로 권리자로서는 손해의 발생을 요건사실로 증명할 필요가 없고 권리침
해 및 실시료 상당액만 주장·입증하면 족하며 손해의 불발생은 항변사유로서
침해자에게 주장·입증책임이 있다는 견해[104]이다. 이 설에 의하면 손해의 발생
이 있을 수 없는 경우를 제외하고는 최소한 실시료 상당액의 손해는 인정되나
디자인권자가 실제로 등록디자인을 사용하여 영업을 하고 있지 아니하거나 디
자인권자가 타인에게 전용실시권을 설정하면서 실시료를 정액으로 정한 경우에
는 손해가 있을 수 없기 때문에 배상을 하지 않아도 된다고 한다.[105]

나. 손해발생의제설

디자인권 침해의 경우 손해액의 증명이 곤란한 것을 감안하여 디자인권 침
해행위가 있으면 항상 최저한도 실시료 상당액의 손해가 발행하고 있는 것으로
간주하는 규정으로서 손해의 발생, 손해액 및 손해와 침해 사이의 인과관계의
존재가 모두 의제되어 있으므로 권리자는 침해자의 권리침해를 입증하기만 하

---

104) 상표법 제67조에 관한 학설로는 全孝淑(주 20), 448; 李均龍(주 17), 74-75; 文容宣, "상
　　 표권 침해로 인한 손해배상청구에 관한 구 상표법 제67조 제2항의 취지", 대법원판례해설
　　 제42호, 법원도서관(2002), 182; 송영식 외 6인(주 41), 668-669; 저작권법 제125조 제2항에
　　 관한 학설로는 오승종, 저작권법(제3판), 박영사(2013), 1438.
105) 文容宣(주 104), 179.

면 되고, 손해의 불발생을 항변사유로 주장할 수 없다는 견해이다. 이 설에서는 디자인권자가 실제로 등록디자인을 실시하여 영업을 하고 있지 아니하더라도 타인의 침해가 있으면 장래 실시하는 경우에 수입의 감소가 있을 것을 상정할 수 있고 이런 의미에서 디자인권 그 자체의 가치의 감소라고 하는 손해가 발생한다고 말할 수 있다고 하거나, 침해자가 적법하게 사용하기 위하여는 디자인권자의 사용허락을 요하기 때문에 디자인권자는 적어도 얻을 수 있는 실시료를 상실하고 있다고 말할 수 있기 때문이라고 한다. 이 규정과 동일한 규정인 특허법 제128조 제3항, 저작권법 제125조 제2항의 법적 성격에 대하여는 손해발생 의제설이 다수설이다.[106)]

다. 판 례

대법원에서는 디자인보호법 제115조 제4항과 내용이 동일한 상표법 제67조 제3항에 관하여, 제67조 제2항과 마찬가지로 불법행위에 기한 손해배상청구에 있어서 손해에 관한 피해자의 주장·입증책임을 경감하는 취지의 규정이고, 손해의 발생이 없는 것이 분명한 경우까지 침해자에게 손해배상의무를 인정하는 취지는 아니라 할 것이므로, 제67조 제3항의 규정에 의하여 상표권자 등이 상표권 등을 침해한 자에 대하여 침해에 의하여 받은 손해의 배상을 청구하는 경우에 상표권자 등은 손해의 발생사실에 관하여 구체적으로 주장·입증할 필요는 없고, 권리침해의 사실과 통상 받을 수 있는 금액을 주장·입증하면 족하다고 할 것이지만, 침해자도 손해의 발생이 있을 수 없다는 것을 주장·입증하여 손해배상책임을 면할 수 있는 것이라고 판시하고,[107)] 이러한 전제하에 상표권자에

---

106) 특허법 제128조 제3항에 관한 학설로는 박성수(주 13), 292-293; 張秀吉, '知的所有權의 侵害에 따른 損害賠償', 지적소유권법연구 창간호, 한국지적소유권학회(1991), 52; 鄭熺章 (주 14), 428; 李相京(주 15), 309; 저작권법 제125조 제2항에 관한 학설로는 鄭載勳, "著作權侵害에 대한 損害賠償", 法曹 46卷 3號(1997), 103; 黃贊鉉(주 69), 317.

107) 대법원 2002. 10. 11. 선고 2002다33175 판결[공2002, 2705]. 위 판결에서는 이 같은 취지에서 "원고가 1994.경 이래로 수건 제조업 또는 판매업을 하고 있지 않을 뿐 아니라, 1997. 10. 15.부터 1999. 3. 11.까지 김경암에게 원고의 등록상표(이하 '이 사건 상표'라 한다)에 대한 전용사용권을 부여함으로써 위 전용사용권이 미치는 범위 내에서는 이 사건 상표를 사용할 수 없는 점에 비추어 보면, 피고의 이 사건 상표 사용으로 인하여 전용사용권자인 김경암에게 영업상의 손해가 발생하였는지 여부는 별론으로 하고, 상표권자인 원고에게 손해가 발생하였다고는 볼 수 없으므로, 피고가 이 사건 상표를 사용함으로써 원고에게 손해가 발생하였음을 전제로 한 원고의 위 주장은 더 나아가 살필 필요 없이 이유 없다고 판단하고 있는바, 위에서 본 법리와 기록에 비추어 보면 원심의 위와 같은 판단은 그 설시에 있어서 다소 적절하지 못한 점이 없지 아니하나 원심이, 원고가 이 사건 상표를 사용하여 수건 제조업 또는 판매업을 하고 있지 않거나 전용사용권을 설정함으로써 그 범위

게 손해의 발생이 인정되지 아니하는 경우에는 민법 제750조에 기한 손해배상
청구권 역시 인정될 수 없다고 판시하여[108] 손해불발생의 항변을 인정하고 있다.

　　한편, 대법원에서는 "저작권법 제93조 제2항[109])에서는 저작재산권을 침해
한 자가 침해행위에 의하여 이익을 받았을 때에는 그 이익의 액을 저작재산권
자 등이 입은 손해액으로 추정한다고 규정하고 있고, 그 제3항[110])에서는 저작재
산권자 등은 제2항의 규정에 의한 손해액 외에 그 권리의 행사로 통상 얻을 수
있는 금액에 상당하는 액을 손해액으로 하여 그 배상을 청구할 수 있다고 규정
하고 있는바, 이는 피해 저작재산권자의 손해액에 대한 입증의 편의를 도모하기
위한 규정으로서 최소한 제3항의 규정에 의한 금액은 보장해 주려는 것"이라고
판시한 바 있는데,[111] 최소한의 보장이라는 표현에 무게를 둔다면 대법원도 이
규정을 간주규정에 가깝게 보는 것이라고 하여 손해발생의제설에 따른 것으로
해석하는 견해가 있다.[112]

내에서는 피고의 이 사건 상표 사용으로 인하여 원고에게 손해가 발생하였다고 볼 수 없다
는 이유로 원고의 청구를 배척한 것은 결론에 있어서 정당한 것으로 수긍할 수 있고, 거기
에 상고이유로 주장하는 바와 같이 상표법 제67조 제2항(현행법 제67조 제3항)에 관한 법
리오해 또는 심리미진으로 인한 이유불비의 위법이 있다고 할 수 없다"라고 판시하였다.
108) 대법원 2004. 7. 22. 선고 2003다62910 판결[비공개]. 위 판결에서는 이 같은 취지에서
"원심은 서울 중구 신당동 소재 광희시장에서 의류판매업에 종사하는 피고가 2001. 8.경부
터 2001. 11. 20.까지 사이에 원고가 의류 등을 지정상품으로 하여 일본 및 대한민국 특허
청에 각 등록한 상표인 X-GIRL(이하 '이 사건 상표'라고 한다)에 대한 정당한 사용권한
없이 이를 위조한 상표가 부착된 티셔츠 등 의류를 일본 보따리상들에게 판매하여 온 사
실, 원고는 피고의 이 사건 판매행위 기간 동안 일본 내에서는 위 상표를 부착한 제품을
생산 · 판매하여 왔지만 대한민국 내에서는 그 생산 · 판매 등 영업활동을 하지 아니한 사
실 등을 인정한 다음, 피고의 이 사건 판매행위 기간 동안 원고가 대한민국 내에서 위 상표
를 사용하여 제품을 생산 · 판매하는 등의 영업활동을 한 바가 없는 이상 그에 따른 영업상
손해도 없었다 할 것이고, 원고가 대한민국에서 이 사건 상표권을 등록하고 그 침해행위에
대한 단속활동을 벌여 왔다 해도 이를 제품의 생산 · 판매 또는 그와 유사한 내용의 영업
활동에 해당하는 것으로 볼 수 없다 할 것이며, 따라서 피고의 이 사건 판매행위로 인하여
원고에게 영업상 손해가 발생하였음을 전제로 하는 원고의 한국 상표권에 기한 손해배상
청구는 이유 없다고 판단한 다음, 나아가 원고가 이 사건 상표에 관한 대한민국 내 위조품
단속을 위하여 지출하였다고 주장하는 비용은 원고 직원들이 대한민국 내에서 불특정 다
수인을 상대로 위조품 단속을 하는 과정에서 일반적으로 지출된 것일 뿐 피고의 이 사건
판매행위 단속에 직접 소요된 것이라고 볼 수 없다는 이유로 위 지출비용 상당의 손해배
상청구도 배척하였다. 앞서 본 법리를 기초로 이 사건 기록을 살펴보면, 위와 같은 원심의
사실인정 및 판단은 정당한 것으로 수긍할 수 있고 거기에 상고이유에서 주장하는 바와
같은 법리오해 및 심리미진 등의 위법이 있다고 할 수 없다"라고 판시하였다.
109) 현행 저작권법 제125조 제1항.
110) 현행 저작권법 제125조 제2항.
111) 대법원 1996. 6. 11. 선고 95다49639 판결[공1996, 2121].
112) 정상조 · 박성수 공편(주 96), 240.

라. 검　토

위 상표법 제67조 제3항에 관한 대법원 판결이 상표권 이외에 특허권, 디자인권에도 그대로 적용될 수 있다고 보기는 어렵다.113) 이는 우리 법체계가 상표권에 대하여 가지는 평가와 특허권, 디자인권에 대하여 가지는 평가가 다르기 때문이다.114) 특허권이나 디자인권은 기술의 발전이나 심미적 가치 창출이라는 점에서 그 자체로 재산적 가치를 갖는 것임에 비하여, 상표는 설령 그 창작을 위한 노력과 투자가 큰 경우에 있어서도 영업표지로서 사용에 의하여 업무상 신용이나 고객흡인력을 축적해 나가는 것이기 때문에 이러한 신용이나 고객흡인력이 화체되지 아니한 불사용상표의 객관적 가치는 매우 미미하거나 없을 수도 있다.115) 또한, 판례는 기본적으로 차액설을 취하면서도 보충적으로 평가설(법익침해설)에 의해 구체적 타당성을 확보하고 있고, 예컨대 토지의 소유자는 실제로 토지를 사용하고 있지 않았더라도 토지의 불법점유자에 대하여 임료 상당액을 청구할 수 있기도 하다.116)

전용실시권이 설정된 경우에는 원칙적으로 전용실시권자가 손해배상청구권자가 될 것이지만, 전용실시권의 실시료를 정액으로 하여 정하지 아니하고 디자인제품의 판매액에 따른 비율로 정한 경우에는 디자인권의 침해에 의해 전용실시권자의 매상이 줄어들게 되면 디자인권자의 실시료 수입이 줄어들게 되므로 이 경우에는 디자인권자도 위 규정에 기한 손해배상을 구할 수 있다고 보아야 할 것이다.117)

---

113) 정상조・박성수 공편(주 96), 240-241.
114) 朴晟秀, "구 상표법 67조 2항의 법적 성격", 한국정보법학회 편, 정보판례백선(Ⅰ), 博英社(2006), 240.
115) 尹孝淑(주 20), 448.
116) 다만, 타인의 토지의 경계를 침범하여 건물을 신축함으로써 타인의 토지를 점유하고 있는 경우에는 건물을 철거함으로써 불법점유자의 점유를 배제하기 전까지는 그 토지의 소유자로서는 위 토지를 현실적으로 이용할 수 없음에 반하여, 디자인권의 침해로 디자인권자 또는 전용실시권자에게 손해가 발생하는 경우에는 침해행위가 계속되고 있다 하더라도 디자인권자 또는 전용실시권자는 여전히 자신의 등록디자인을 현실적으로 사용할 수 있다는 점에서 다소 차이가 있다. 따라서 본 조항을 살펴보는데 있어 보다 적절한 비유는 타인의 토지 위로 고압의 송전선을 설치하거나 고가도로를 신축한 경우 등이 될 수 있을 것이다.
117) 文容宣(주 104), 184 참조.

2. 실시료 상당액의 산정

가. 통상적으로 받을 수 있는 금액의 의미

통상적으로 받을 수 있는 금액이란 침해자에게 실시를 허락하였다면 받을 수 있었을 액이 아니라 일반적으로 타인에게 실시허락을 하였다면 받을 수 있었을 액을 의미한다. 실시권이 설정되어 있는 경우에는 그 실시료를 참고할 수 있을 것이지만,[118] 실시권이 설정되어 있지 않을 경우에는 권리자가 주장하는 액수의 범위 내에서 법원이 감정이나 사실조회 등의 증거조사방법을 통하여 이를 결정하게 될 것인데, 실시료율이나 단위당 실시료의 액수는 권리자의 입증이 없어도 법원이 현저한 사실이나 변론 전체의 취지로부터 인정할 수 있으나, 침해자의 판매수량과 판매가액에 관하여는 권리자가 주장입증책임을 부담한다.[119]

나. 실시료 상당액 산정의 기준시

특허의 실시료 상당액 산정의 기준시에 관하여는, 원칙적으로 사후적으로 보아 객관적으로 상당한 액으로 해석하여야 한다는 견해,[120] 실시료 상당액의 기준은 침해시를 기준으로 하면 배상액이 소액에 그치게 되어 불공평하므로 사실심 변론종결시를 기준으로 하고 그간의 모든 사정을 고려하여 결정하여야 한다는 견해,[121] 상당한 실시료 산정의 기준시점은 침해행위시를 기준으로 하되, 사실심의 변론종결시에 명확하게 밝혀진 침해기간 중의 특허발명의 가치에 관한 전체의 증거를 참작하여 합리적인 당사자라면 침해행위 개시 시에 합의하였을 실시료액을 기준으로 하여야 한다는 견해[122] 등이 있다. 한편, 상표의 사용료 상당액 산정의 기준시에 관하여는 불법행위시인 침해행위가 발생한 때로 보

---

118) 특허법에 관한 판례로서, 대법원 2006. 4. 27. 선고 2003다15006 판결[집54(1)민, 143; 공 2006.6.1.(251), 879]에서는 특허법 제128조 제3항에 의하여 특허발명의 실시에 대하여 통상 받을 수 있는 금액에 상당하는 액을 결정함에 있어서는, 당해 특허발명에 대하여 특허권자가 제3자와 사이에 특허권 실시계약을 맺고 실시료를 받은 바 있다면 그 계약 내용을 침해자에게도 유추적용하는 것이 현저하게 불합리하다는 특별한 사정이 없는 한 그 실시계약에서 정한 실시료를 참작하여 위 금액을 산정하여야 하며, 그 유추적용이 현저하게 불합리하다는 사정에 대한 입증책임은 그러한 사정을 주장하는 자에게 있다고 판시한 바 있다.

119) 李均龍(주 17), 75-76.

120) 孫京漢 編, 新特許法論, '特許權侵害로 인한 損害賠償', 法英社(2005), 817(全孝淑 집필 부분).

121) 송영식 외 6인(주 41), 669; 박성수(주 13), 305.

122) 安元模(주 14), 255.

는 견해[123] 외에는 국내에서는 별다른 논의가 없다.

특허법에 관한 판례로서, 대법원 2006. 4. 27. 선고 2003다15006 판결[124]에서는 특허법 제128조 제3항에 의하여 특허발명의 실시에 대하여 통상 받을 수 있는 금액에 상당하는 액을 결정함에 있어서는, 특허발명의 객관적인 기술적 가치, 당해 특허발명에 대한 제3자와의 실시계약 내용, 당해 침해자와의 과거의 실시계약 내용, 당해 기술분야에서 같은 종류의 특허발명이 얻을 수 있는 실시료, 특허발명의 잔여 보호기간, 특허권자의 특허발명 이용 형태, 특허발명과 유사한 대체기술의 존재 여부, 침해자가 특허침해로 얻은 이익 등 변론종결시까지 변론과정에서 나타난 여러 가지 사정을 모두 고려하여 객관적, 합리적인 금액으로 결정하여야 한다고 판시하였다.

3. 실시료 상당액 산정에 관한 판결

가. 대법원 판결

(1) 대법원 2006. 4. 27. 선고 2003다15006 판결[125]

특허권에 관한 사안으로서, 특허법 제128조 제3항에 의하여 특허발명의 실시에 대하여 통상 받을 수 있는 금액에 상당하는 액을 결정함에 있어서는, 특허발명의 객관적인 기술적 가치, 당해 특허발명에 대한 제3자와의 실시계약 내용, 당해 침해자와의 과거의 실시계약 내용, 당해 기술분야에서 같은 종류의 특허발명이 얻을 수 있는 실시료, 특허발명의 잔여 보호기간, 특허권자의 특허발명 이용 형태, 특허발명과 유사한 대체기술의 존재 여부, 침해자가 특허침해로 얻은 이익 등 변론종결시까지 변론과정에서 나타난 여러 가지 사정을 모두 고려하여 객관적, 합리적인 금액으로 결정하여야 하고, 특히 당해 특허발명에 대하여 특허권자가 제3자와 사이에 특허권 실시계약을 맺고 실시료를 받은 바 있다면 그 계약 내용을 침해자에게도 유추적용하는 것이 현저하게 불합리하다는 특별한 사정이 없는 한 그 실시계약에서 정한 실시료를 참작하여 위 금액을 산정하여야 하며, 그 유추적용이 현저하게 불합리하다는 사정에 대한 입증책임은 그러한 사정을 주장하는 자에게 있다고 판시하였다.

---

123) 김병일(주 17), 94.
124) [집54(1)민, 143; 공2006.6.1.(251), 879].
125) [집54(1)민, 143; 공2006.6.1.(251), 879].

(2) 대법원 2008. 4. 24. 선고 2006다55593 판결126)

구 저작권법(2006. 12. 28. 법률 제8101호로 개정되기 전의 것) 제93조 제2항에 따라 손해액을 산정함에 있어 그 권리의 행사로 통상 얻을 수 있는 금액에 상당하는 액이라 함은 침해자가 저작물의 이용허락을 받았더라면 그 대가로서 지급하였을 객관적으로 상당한 금액을 말하는 것으로, 저작권자가 침해행위와 유사한 형태의 저작물 이용과 관련하여 저작물이용계약을 맺고 이용료를 받은 사례가 있는 경우라면, 특별한 사정이 없는 한 그 이용계약에서 정해진 이용료를 저작권자가 그 권리의 행사로 통상 얻을 수 있는 금액으로 보아 이를 기준으로 손해액을 산정함이 상당하다는 전제 하에 원심이 원고와 피고 사이에 2000. 5. 23. 체결된 이 사건 3곡에 대한 저작권 이용료를 기준으로 이 사건 3곡에 대한 저작권 침해로 인한 손해액을 산정하였음은 옳다고 판시하였다.

(3) 대법원 2001. 11. 30. 선고 99다69631 판결127)

저작권자가 침해행위와 유사한 형태의 저작물 사용과 관련하여 저작물사용계약을 맺고 사용료를 받은 사례가 있는 경우라면, 그 사용료가 특별히 예외적인 사정이 있어 이례적으로 높게 책정된 것이라거나 저작권 침해로 인한 손해배상청구 소송에 영향을 미치기 위하여 상대방과 통모하여 비정상적으로 고액으로 정한 것이라는 등의 특별한 사정이 없는 한, 그 사용계약에서 정해진 사용료를 저작권자가 그 권리의 행사로 통상 얻을 수 있는 금액으로 보아 이를 기준으로 손해액을 산정함이 상당하다고 판시하였다.

(4) 대법원 2003. 3. 11. 선고 2000다48272 판결128)

이 사건 등록고안에 관하여 원고 2나 원고들이 체결한 기존의 각 실시허락계약을 보면 매출금액의 3%를 통상실시료로 지급하기로 약정하였고 위 실시료율 3%는 이 사건 등록고안의 기술내용과 기여도 등을 고려하여 정한 것으로 보이며, 달리 위 실시료율이 부당하다고 볼 만한 자료를 기록상 찾아보기 어려운 이상, 통상실시료 상당의 금액을 손해배상으로 구하는 이 사건에 있어서 피고들이 배상할 손해액은 위 실시료율에 의하여 산정함이 상당하다고 판시하였다.

---

126) [비공개].
127) [공2002.1.15.(146), 160].
128) [공2003.5.1.(177), 959].

나. 하급심 판결

(1) 광주지방법원 2008. 9. 4. 선고 2007가합10766 판결129)

① 원고는 2006. 3. 15. A 주식회사에게 2005. 11. 28.부터 2006. 11. 27.까지 사이에 이 사건 특허권 및 이 사건 디자인권에 관하여 통상실시권을 설정함에 있어서 A 주식회사와 사이에 보강토 옹벽용 블록 및 보강토 옹벽의 마감형 블록에 관하여는 개당 각 금 2,000원, 블록 연결용 투 핀에 관하여는 개당 금 500원의 실시료를 각 지급받기로 약정한 사실, ② 그 후 원고는 2008. 1. 16. A 주식회사에게 2008. 1. 16.부터 2009. 1. 15.까지 사이에 이 사건 디자인권에 관하여 실시권을 설정함에 있어서 A 주식회사와 사이에 ①항 기재와 같은 금액의 실시료를 지급받기로 약정한 사실을 인정할 수 있는바, 위 인정사실에 의하면, 피고에게 위 실시료를 유추 적용함이 현저하게 불합리하다는 사정을 찾아볼 수 없는 이 사건에 있어서 위 실시료를 원고가 받은 손해액을 산정함에 있어서 기준으로 삼음이 상당하다고 판시하였다.

(2) 부산고등법원 1996. 6. 27. 선고 95나3886 판결130)

피고가 원고의 의장권의 권리범위 내에 속하는 제품 합계 금 1,556,774,710원(1,505,622,610원 + 51,152,100원) 상당을 납품한 사실은 앞서 인정한 바와 같고, 증거를 종합하면 등록의장권자의 실시료는 통상 매출액의 3% 내지 5%인 사실을 인정할 수 있으므로, 원고는 피고의 위 의장권침해행위로 인하여 적어도 피고가 납품한 위 제품들에 대하여 3%의 실시료에 상당하는 금 46,703,241원(1,556,774,710원 × 3/100)의 손해는 입었다고 판시하였다.

(3) 대구고등법원 2013. 2. 1. 선고 2011나6183 판결131)

일반적으로 사용료는 기존에 상표권 사용계약이 있었으면 그에 따르고, 사용계약이 없는 경우에는 업계의 통상적인 사용료 등에 거래의 개별사정을 고려하여 적정하게 산정한 사용료율에 침해물건의 판매가격을 곱하는 방식에 의하여 산정하는 것이 보통이라는 전제 아래, 감정결과에 의하여 원고가 피고로부터 2004년부터 2007년까지 받을 수 있었던 원고 상표의 통상사용료율132)을 0.5%로 인정하였다.

---

129) [비공개], 항소되었으나 항소취하로 확정되었다.
130) [비공개], 상고되었으나 대법원 1997. 2. 14. 선고 96다36159 판결로 상고기각되었다.
131) [비공개], 대법원 2013. 7. 25. 선고 2013다21666 판결[공2013하, 1596]로 상고기각되었다.
132) 통상사용료율 = 기업가치 × 상표기여도 / 총매출액.

(4) 서울중앙지방법원 2009. 5. 6. 선고 2007가합46652 판결[133]

피고 1은 원고 2와 이 사건 가맹계약을 체결하면서 월 카드매출액의 1%에 해당하는 금액을 로열티로 지급하기로 한 점, 원고 1은 원고 2의 대표이사로서 피고 1과 이 사건 가맹계약을 직접 체결한 점 등을 감안할 때, 피고들이 원고 1에게 이 사건 서비스표 사용의 대가로 통상 지급하여야 할 금원은 '월 카드매출액의 1%에 해당하는 금액'이라고 판시하였다.

Ⅶ. 제115조 제5항

1. 주의적 규정

제4항의 규정에 불구하고 손해의 액이 같은 항에 규정된 금액을 초과하는 경우에는 그 초과액에 대하여도 손해배상을 청구할 수 있다. 이는 실손해배상의 원칙을 확인하는 규정으로서 이 규정이 없더라도 민법이나 제1, 3항의 규정에 의한 손해배상청구가 가능하므로 주의적인 규정에 지나지 않는다.[134]

2. 침해자의 과실 내용 참작

침해자에게 고의 또는 중대한 과실이 없을 때에는 법원은 손해배상액을 산정함에 있어서 이를 고려할 수 있다. 즉 침해자에게 경과실만 있는 경우에는 제4항의 손해배상액을 초과하는 손해배상액이 경감될 수 있다. 이는 실시료 상당액 이상의 배상을 청구하는 경우에 경과실밖에 없는 침해자에게 이를 모두 배상케 하는 것은 가혹하므로 법원의 재량에 의하여 배상액을 경감할 수 있도록 하는 규정이다.

3. 제5항의 적용범위

손해액이 제4항의 실시료 상당액을 초과하는 한 제1항이나 제3항에 의하여 산정된 금액에 대하여도 제5항 제2문을 근거로 하여 침해자의 경과실을 참작하여 손해배상액을 정할 수 있는지 문제되는데, 제5항 제2문의 규정 자체가 제4항의 금액을 넘는 손해배상청구의 경우라고만 규정하여 제1, 3항에 의한 청구를 배제하고 있지 않고, 제5항 제2문이 침해자를 보호하기 위한 규정이라고 한다

---

133) [비공개], 항소기간 도과로 확정되었다.
134) 全孝淑(주 20), 450.

면, 실시료의 액을 초과하는 손해배상이 제1, 3항의 규정에 의하여 청구되어 그 손해배상액이 실시료를 초과하는 경우에도 법원이 이를 참작할 수 있다고 보아야 할 것이다.135)

4. 감액의 한도

침해자의 경과실을 참작한다 하더라도 제4항의 실시료 상당액은 침해자의 과실 정도에 관계 없이 최저의 손해배상액으로써 인정되는 것이므로 제4항의 실시료 상당액 이하로 경감할 수는 없다.136)

Ⅷ. 제115조 제6항

1. 취   지

이는 2001. 2. 3. 특허법과 함께 디자인보호법이 개정되면서 신설된 규정으로서 앞에서 살펴본 제1 내지 5항의 규정 취지와 마찬가지로 권리의 침해사실 및 손해의 발생사실이 인정되는 이상 손해액의 입증이 곤란한 경우라 하더라도 법원이 변론 전체의 취지와 증거조사의 결과에 기초하여 상당하다고 인정되는 금액을 손해액으로 인정할 수 있도록 함으로써 권리자의 입증의 부담을 완화하고자 하는 규정이다.

2. 적용요건

손해액을 입증하기 위하여 필요한 사실을 입증하는 것이 해당 사실의 성질상 극히 곤란한 경우의 예로 '침해자가 매입·매출관계 서류를 전혀 작성치 않았거나 제출하지 아니한 경우 등의 사정으로 손해액의 입증을 위하여 필요한 사실의 입증이 대단히 곤란한 경우'137)를 들 수 있다.

상표권에 관한 대법원 2005. 1. 13. 선고 2002다67642 판결138)에서는, 증거에 의하여 산정한 피고의 이익 금액에는 이 사건 등록상표권의 침해행위에 의하여 얻은 이익과 무관한 정상적인 영업이익 및 피고가 종래부터 구축한 영업망이나 경영수완에 의한 이익 등의 기여요인에 의한 이익이 포함되어 있기 때

---

135) 상표법 제67조에 관한 학설로 김병일(주 17), 98; 李均龍(주 17), 78; 全孝淑(주 20), 451.
136) 상표법 제67조에 관한 학설로 김병일(주 17), 98; 李均龍(주 17), 79; 全孝淑(주 20), 452.
137) 송영식 외 6인(주 41), 670.
138) [비공개].

문에 그 이익 전부를 곧바로 침해행위에 의하여 얻은 것이라고 할 수 없지만, 달리 침해행위에 의하여 얻은 이익액을 인정할 증거가 없고, 이 사건 등록상표의 통상사용료를 산정할 자료도 없어, 결국 피고의 이 사건 등록상표권의 침해행위로 인한 손해액을 입증하기 위하여 필요한 사실을 입증하는 것이 해당 사실의 성질상 극히 곤란한 경우에 해당한다고 판시한 바 있다.

3. 적용 효과

가. 적정손해배상

법원은 변론 전체의 취지와 증거조사의 결과에 기초하여 상당한 손해액을 인정할 수 있는데, 법원은 피고의 매출액, 피고가 등록디자인을 사용하게 된 배경, 원고와 피고의 제품 및 영업의 동종성, 디자인권침해의 기간, 피고가 보여준 태도, 침해의 고의성, 기타 이 사건 변론에 나타난 제반 사정 등[139]을 참작할 수 있다. 어느 정도가 상당한 손해액에 해당하는지에 관하여 이를 사회통념상 침해된 손해액[140]으로 이해하는 견해도 있으나, 이는 결국 개별 사건에서 법원이 구체적으로 판단할 사항이다.

나. 관련 판결례

(1) 대법원 판결

(가) 대법원 2006. 4. 27. 선고 2003다15006 판결[141]

피고의 특허침해기간이 약 8년 반 정도였는데 이 중 소송 제기 전 5년 반 정도에 대해서는 특허법 제128조 제3항에 의한 실시료 상당액이 청구되고, 그전 3년 정도에 대해서는 제5항에 의한 상당한 손해액이 청구된 사안이었는데, 원심인 서울고등법원은[142] 문서제출명령에 대하여 피고가 매입, 매출 관계 서류의 보존기한은 5년이라는 회사의 내규에 따라 앞의 3년 정도에 해당하는 매출 관계서류는 폐기하였다고 주장하자, 자료가 없는 3년간의 기간에 대하여 특허법 제128조 제5항을 적용하여 상당한 손해액을 인정하였다.

---

139) 대법원 2005. 5. 27. 선고 2004다60584 판결[공2005.7.1.(229), 1035] 참조.
140) 전수진, 특허침해에 있어서 손해배상액의 산정에 관한 연구, 연세대학교 법무대학원 석사학위논문(2003), 94.
141) [집54(1)민, 143; 공2006.6.1.(251), 879].
142) 서울고등법원 2003. 2. 10. 선고 2001나42518 판결.

(나) 대법원 2005. 1. 13. 선고 2002다67642 판결[143]

피고가 (가)호 표장 또는 (나)호 표장을 부착한 위 상품의 수입, 판매 수량은 265,752상자(1상자당 24캔)이고, 그 상품의 수입단가는 1상자에 최대 7,000원, 피고가 도매상에 판매하는 가격은 1상자에 최소 8,000원에 이르는 사실을 인정한 다음, 이러한 사실을 토대로 산정한 피고의 이익 금액인 265,752,000원 {265,752상자 × (8,000원 - 7,000원)}에는 이 사건 등록상표권의 침해행위에 의하여 얻은 이익과 무관한 정상적인 영업이익 및 피고가 종래부터 구축한 영업망이나 경영수완에 의한 이익 등의 기여요인에 의한 이익이 포함되어 있기 때문에 그 이익 전부를 곧바로 침해행위에 의하여 얻은 것이라고 할 수 없지만, 달리 침해행위에 의하여 얻은 이익 액을 인정할 증거가 없고, 한편, 이 사건 등록상표의 통상 사용료를 산정할 자료도 없어, 결국 피고의 이 사건 등록상표권의 침해행위로 인한 손해액을 입증하기 위하여 필요한 사실을 입증하는 것이 해당 사실의 성질상 극히 곤란한 경우에 해당하므로, 상표법 제67조 제5항을 적용하여 그 증거조사 결과에 나타난 이 사건 등록상표의 인지도, 피고가 (가)호 표장 및 (나)호 표장을 피고의 상품에 사용하게 된 경위, 원고와 피고의 사업규모, 수요자와 유통경로의 이동(異同), 기타 변론에 나타난 제반 사정 등을 종합하여 원고의 손해액은 위에서 추산된 피고의 이익 중 60%에 해당하는 금액인 159,451,200원 (= 265,752,000원 × 60%)이라고 봄이 상당하다고 판시하였다.

(다) 대법원 2005. 5. 27. 선고 2004다60584 판결[144]

상표사용료 상당액의 합계가 133,155,798원이고, 이와 별도로 피고들이 1999. 12.부터 2000. 9.까지 '오리리화장품'이라는 상호를 표시하여 생산 · 판매한 제품의 총매출액이 804,380,774원에 이르는 점, 피고들이 이 사건 각 등록상표 및 피고들 상표를 사용하게 된 배경, 원고들과 피고들의 상품 및 영업의 동종성, 상표권침해 및 부정경쟁행위의 기간, 그 동안 피고들이 보여준 태도와 권리침해의 고의성, 기타 이 사건 변론에 나타난 제반 사정 등을 종합하여, 이 사건 상표권침해 및 부정경쟁행위로 인하여 피고들이 원고에게 배상하여야 할 손해액을 1억 7천만원으로 정하였는바, 원심의 이러한 조치는 위 각 규정에 따른 것으로서 정당하며, 그 손해액 또한 비교적 적정하다고 판시하였다.

---

143) [비공개].
144) [공2005.7.1.(229), 1035].

(2) 하급심 판결

⑦ 수원지방법원 성남지원 2006. 11. 24. 선고 2005가합5573 판결[145]

구 의장법 제64조 제1, 2, 5항 … 은 의장권 … 을 침해한 자가 그 침해행위를 하게 한 상품을 양도한 때에는 그 상품의 양도수량에 의장권자 … 가 그 침해행위가 없었다면 판매할 수 있었던 상품의 단위수량당 이익액을 곱한 금액을 의장권자 … 의 손해액으로 할 수 있고, 나아가 법원은 의장권 … 의 침해행위에 관한 소송에 있어서 손해가 발생된 것은 인정되나 그 손해액을 입증하기 위하여 필요한 사실을 입증하는 것이 해당 사실의 성질상 극히 곤란한 경우에는 변론 전체의 취지와 증거조사의 결과에 기초하여 상당한 손해액을 인정할 수 있다고 규정하고 있는바, 이 사건 변론에 나타난 원고들의 영업규모와 인지도, 피고들의 영업규모와 판매방식, 이 사건 침해제품의 제조공정 및 판매단가, 피고들의 의장권 … 침해행위의 태양, 횟수 및 기간, 원고들과 피고들이 영위하는 영업의 동종성, 일반 제조업계의 관행상 이익액은 총공사대금의 7% 정도인 점 등의 제반 사정을 종합하여 보면, 의장권 … 침해로 인하여 원고 1이 입은 재산상 손해액은 7,210,000원(판매가격 103,000,000원 × 순이익률 7%) 정도가 된다고 봄이 상당하다.

⑭ 서울고등법원 2013. 5. 29. 선고 2012나61393 판결[146]

상표권침해행위에 따른 손해가 발생한 것으로 인정될 수 있는 경우에 손해의 성질상 손해액의 입증이 곤란하다고 할 수 없다고 하여도 손해액을 입증하기 위하여 필요한 사실(상대방의 판매수량이나 이익률 등)을 입증하는 것이 해당 사실의 성질상 극히 곤란한 때에는 변론 전체의 취지와 증거조사의 결과에 기초하여 상당한 손해액을 인정할 수 있고, 다만 그 인정은 경험칙에 기초한 개연성이 높은 것이거나 적어도 사실과 손해 사이에 공평성을 갖출 수 있을 정도로 균형을 갖추어야 한다고 해석된다.

이 사건에서 보면, 피고들이 세무 신고한 2009년부터 2012년까지 사업소득의 합계는 939,104,500(=85,824,000＋147,019,000＋97,108,000＋145,100,000＋89,895,000＋145,908,600＋90,619,900＋137,630,000)원에 이르고, 피고들은 매출액 중 별지3 문양을 사용한 제품의 비중은 15%이고 그 영업이익률은 15%라고 자인하고 있다.

---

145) [비공개], 항소기간 도과로 확정되었다.
146) [비공개], 상고되었으나 대법원 2013. 10. 17. 선고 2013다56877 판결로 심리불속행기각되었다.

그리고 별지2 문양을 사용한 제품의 비중과 영업이익률도 비슷하다고 본다면 피고들이 별지2, 3 문양을 사용하여 얻은 이익은 21,129,851(= 939,104,500 × 0.15 × 0.15)원 정도로 추정된다. 그리고 상표권과 같은 절대적 배타권에서는 제3자가 상표권의 대상이 되어 있는 등록상표와 동일하거나 유사한 상표를 지정상품과 동일하거나 유사한 상품에 사용하면 설령 그에 따라 실제로 혼동이나 혼동의 우려가 생기지 않아도 등록상표의 자타 식별기능이나 광고선전 기능이 침해되고 그 결과 상표권의 재산적 가치가 저하되는 것은 경험칙에 비추어 분명하므로 상표권자가 그와 같은 등록상표의 모용을 입증하면 통상은 손해가 생긴 사실이 추정된다.

　　그뿐만 아니라 피고들이 개인 명의로 사업자등록을 한 다음, 원고의 상표와 유사한 상표를 사용한 상품을 판매하고 있는 영업형태에 비추어 실제 매출액은 세무 신고한 매출액보다 클 것으로 보이고, 별지2, 3 문양을 사용한 제품의 판매량과 영업이익률도 피고들이 자인하고 있는 것보다 클 개연성이 있으며, 피고 박무성은 2009. 5. 초 무렵부터 2009. 10. 23.까지 약 6개월 동안에도 별지2 문양의 상표가 부착된 가방 약 600개를 750만 원에 판매하였고, 지갑 약 80개를 100만 원에 판매하였으며, 판매 시가 1,300만 원 상당의 가방 약 880개와 지갑 약 170개를 판매 목적으로 보관하였고, 피고들은 원고의 상표권을 침해한 전력이 있을 뿐 아니라 상표권 침해에 관한 민사, 형사사건이 계속되고 있음에도 이 법원 변론종결시점까지 별지 문양이 사용된 제품을 여전히 제조, 판매하고 있었으며, 피고들은 별지 문양을 사용하여 상품을 제조, 판매한 자료를 전혀 제출하지 않고 있고, 원고가 그에 관한 자료를 입수하여 제출하는 것도 사실상 불가능한 사정에 비추어 원고 등록상표의 주지 저명성, 피고들의 의도, 침해의 경위·태양·기간·정도, 원고의 제품과 피고들 제품의 가격 및 거래방법의 차이 등을 종합적으로 고려하여 볼 때, 원고는 피고들의 제품 생산·판매행위로 말미암아 적어도 4,000만 원 정도의 재산상 손해를 입었다고 봄이 타당하다.

　　㈐ 서울고등법원 2011. 8. 17. 선고 2010나102542 판결[147]

　　피고의 이 사건 상표권 침해로 인하여 원고가 입은 손해액을 구체적으로 산정하기 어려우므로, 원고가 입은 손해액은 상표법 제67조 제5항에 따라 법원이 변론 전체의 취지와 증거조사 결과에 기초하여 산정할 수밖에 없는바, … 피

---

147) [비공개], 대법원 2013. 11. 28. 선고 2011다73793 판결[공2014상, 20]로 원고 패소 부분이 파기되어 서울고등법원 2013나78251호로 환송되었고 2014. 4. 29. 조정으로 확정되었다.

고의 이 사건 상표권 침해기간 중 총매출액이 450,774,204원인 점, 그 중 상당
부분은 피고들 표장 외의 다른 표장들이 사용된 조미 김의 매출액으로 보이는
점, 원고가 이 사건 상표의 단독상표권자가 아니라 공동상표권자인 점, 원고가
운영하는 업체의 매출규모 및 영업이익률, 피고가 이 사건 소장을 송달받고도
2009. 12.까지 이 사건 상표권 침해행위를 하여 온 점 등 변론에 나타난 제반
사정 등을 고려하면 피고의 이 사건 상표권 침해로 인하여 원고가 입은 손해액
은 700만 원 정도로 봄이 타당하다고 판시하였다.

　(라) 서울고등법원 2009. 5. 13. 선고 2008나60317 판결[148]

　　원고가 RENOMA 상표의 사용을 허락함에 있어 제품의 품질과 이에 따른
상표에 화체된 상표권자의 신용을 지키기 위해 노력한 사정, 원고가 RENOMA
상표의 사용을 허락하고 받은 기본사용료의 액수, 원고가 상표사용을 허락하고
받은 매출액에 따른 사용료의 액수와 피고들의 매출 또는 이익의 비교, 상표권
이나 전용사용권을 침해하는 상품이 생산업자, 도매업자, 판매업자 등으로 순차
로 유통되는 경우에 있어서 상표권자나 전용사용권자는 주로 하나의 특정업자
와 상표사용에 관한 계약을 체결하고, 그에 따라 사용료를 취득하는 것이 일반
적인 사정(적법한 상표사용계약에 따라 생산·판매된 상품을 취득한 사람에 대해서는
상표권의 효력이 소진되어 그 사람에 의한 상품의 양도 등은 상표권의 침해행위에 해
당하지 않는다), 피고들이 RENOMA 표장을 무단으로 사용한 기간과 정도, 전용
사용권 침해행위의 태양, 그 밖에 변론에 나타난 모든 사정(피고 1이 소비자들에
게 제공한 수량을 정확하게 확정할 수는 없는 점, 피고 2와 피고 1 사이의 물품공급계약
에서의 대금이 235,000,000원인 점 등)을 고려하면, 피고들이 연대하여 RENOMA
상표의 전용사용권자인 원고에게 배상해야 할 손해배상액은 5,000만 원 정도로
정함이 상당하다.

　(마) 대전지방법원 홍성지원 2010. 6. 10. 선고 2009가단1566 판결[149]

　　원고가 이 사건 상표를 취득하고 유지함에 들인 비용과 노력, 이 사건 약정
에서 해외 수출의 경우 순 이익금의 20%를 사용료로 지급하기로 한 점, 피고 2
는 자신 역시 통상사용권자에 불구함에도 甲에게 충청도 이남 지역에 대해 이
사건 상표의 통상사용권을 부여하면서 그 사용료로 매출액의 1%를 지급받기로
하였는데, 이 사건 상표에 관해 정상적으로 통상사용권을 부여할 경우에 사용료

---

148) [비공개], 상고기간 도과로 확정되었다.
149) [비공개], 대전고등법원 2010나5470으로 항소되었다가 2010. 9. 1. 항소취하로 확정되
　　었다.

는 이보다 상당히 높을 것으로 보이는 점, 그 밖에 피고들이 이 사건 상표권을 침해한 기간과 정도, 침해행위의 태양, 그로 인한 매출액, 원고가 위 일본국 등 록상표에 관하여 지급받은 사용료 액수 등을 고려하면, 이 사건 상표권 침해행 위로 인한 손해배상액은 피고 1은 60,000,000원, 피고 3은 10,000,000원으로 정 함이 상당하다고 판시하였다.

〈염호준〉

제116조(과실의 추정)
① 타인의 디자인권 또는 전용실시권을 침해한 자는 그 침해행위에 대하여 과실이 있는 것으로 추정한다. 다만, 제43조 제1항에 따라 비밀디자인으로 설정등록된 디자인권 또는 전용실시권의 침해에 대하여는 그러하지 아니하다.
② 디자인일부심사등록디자인의 디자인권자·전용실시권자 또는 통상실시권자가 그 등록디자인 또는 이와 유사한 디자인과 관련하여 타인의 디자인권 또는 전용실시권을 침해한 경우에는 제1항을 준용한다.

〈소 목 차〉

Ⅰ. 서   론

1. 의   의

가. 디자인권침해와 과실

디자인권침해에 대한 손해배상청구가 인정되기 위하여는 민법상 불법행위의 일반원칙에 따라 ① 디자인권의 침해행위, ② 손해의 발생, ③ 디자인권의 침해와 손해의 발생 사이의 인과관계, ④ 침해자의 고의 또는 과실 등의 요건이 충족되어야 한다(민법 제750조).

한편, 디자인보호법 제115조는 디자인권침해로 인한 손해배상액 산정의 특칙으로서, 각 항에서 "고의나 과실로 인하여 자기의 디자인권 또는 전용실시권을 침해한 자"라는 요건을 규정하고 있으므로, 침해자의 고의 또는 과실은 손해배상 청구의 요건임과 동시에 손해액 산정의 특칙을 적용받기 위한 요건에 해당된다.

나. 과실의 증명책임

민법상 불법행위에 관하여 통설과 판례는 이른바 권리요건 분류설의 입장에서 가해자(피고)의 과실을 증명할 책임이 피해자(원고)에게 있다고 한다.[1] 그

---

1) 郭潤直 編, 民法注解[ⅩⅧ] 債權(11), 박영사(2005), 203(李尙勳 집필부분).

러나, 디자인권침해의 경우에도 권리자가 침해자의 과실을 증명하여야 한다면, 권리자로서는 과실을 입증하기 어려운 경우가 있을 수 있어서2) 권리자의 보호에 미흡할 우려가 있으므로 디자인보호법 제116조에서는 일정한 경우 과실이 추정됨을 특칙으로 규정하고 있다.

다. 추정규정의 근거

디자인권침해에 대하여 이와 같이 무거운 주의의무를 과하는 근거로는 디자인공보가 발간되어 있으므로 누구나 디자인권의 존재를 알 수 있다는 점, 디자인을 실시하는 자는 이를 업으로 실시하는 것이 일반적인데 일반 민·형사 법률관계에서도 업무상 과실에 대해서는 통상의 과실보다 주의의무를 더 무겁게 부과하는 경우가 있는 점 등을 들 수 있을 것이다.3) 한편, 상표법은 상표권자라는 표시가 있었던 경우에는 침해자의 고의까지도 추정하는 규정을 두고 있다(상표법 제68조).

대법원에서는 이와 동일한 내용의 특허법 제130조에 대하여, "(특허법 제130조의) 취지는 특허발명의 경우 그 내용이 특허공보 또는 특허등록원부 등에 의해 공시되어 일반 공중에게 널리 알려질 수 있고, 또 업으로서 기술을 실시하는 사업자에게 당해 기술분야에서의 특허권의 침해에 대한 주의의무를 부과하는 것이 정당하다는 데 있다"라고 판시한 바 있다.4)

2. 규정의 연혁

1973. 2. 8. 법률 제2507호로 전부 개정된 의장법에 과실의 추정규정이 최초로 도입되었고,5) 1990. 1. 13. 법률 제4208호로 전부 개정되면서 기존 제33조가 문구만 일부 수정되어 제65조로 변경되었으며,6) 1997. 8. 22. 법률 제5354호

---

2) 정상조·박준석, 지식재산권법, 홍문사(2013), 238.
3) 정상조·박성수 공편, 특허법 주해II, 박영사(2010), 304(박성수 집필부분).
4) 대법원 2003. 3. 11. 선고 2000다48272 판결[공2003, 959]; 대법원 2006. 4. 27. 선고 2003다15006 판결[공2006, 879].
5) 제33조(과실의 추정)
　타인의 의장권 또는 전용실시권을 침해한 자는 그 침해행위에 대하여 과실이 있는 것으로 추정한다. 다만, 제11조 제1항의 규정에 의하여 비밀로 할 것을 청구한 의장의 의장권 또는 전용실시권의 침해에 대하여는 예외로 한다.
6) 제65조(과실의 추정)
　타인의 의장권 또는 전용실시권을 침해한 자는 그 침해행위에 대하여 과실이 있는 것으로 추정한다. 다만, 제13조 제1항의 규정에 의하여 비밀의장으로 설정등록된 의장권 또는 전용실시권의 침해에 대하여는 그러하지 아니하다.

로 일부 개정되어 의장무심사등록제도가 도입되면서 제65조 제2항이 신설되었
고,[7] 2001. 2. 3. 법률 제6413호로 일부 개정되면서 제65조 제2항의 적용범위에
의장권자 외에 전용실시권자 및 통상실시권자를 추가되었으며,[8] 2004. 12. 31.
법률 제7289호로 의장법이 디자인보호법으로 개정되면서 기존 규정의 '의장권'
이 '디자인권'으로 변경되었고,[9] 2013. 5. 28. 법률 제11848호로 전부 개정됨에
따라 기존 제65조가 문구만 일부 수정되어 현행법 제116조로 변경되었다.

Ⅱ. 추정의 요건

    디자인보호법 제116조의 적용을 받기 위해서는 침해자의 디자인권침해가
인정되어야 한다. 디자인권의 침해에 대한 상세한 설명은 디자인권 침해에 관한
조문에 대한 주해부분에 미루어 둔다.
    다만, 비밀디자인으로 설정등록된 디자인권의 침해에 대하여는 과실이 추
정되지 않는다. 이는 비밀디자인의 경우 열람청구의 요건이 ① 디자인권자의 동
의를 받은 자가 열람청구한 경우, ② 그 비밀디자인과 동일하거나 유사한 디자
인에 관한 심사, 디자인일부심사등록 이의신청, 심판, 재심 또는 소송의 당사자
나 참가인이 열람청구한 경우, ③ 디자인권 침해의 경고를 받은 사실을 소명한
자가 열람청구한 경우, ④ 법원 또는 특허심판원이 열람청구한 경우로 엄격히
제한되어 있고(제43조 제2항), 이 요건에 해당하여 비밀디자인을 열람한 자도 열
람한 내용을 무단으로 촬영·복사 등의 방법으로 취득하거나 알게 된 내용을

---

  7) 제65조(과실의 추정)
    ① 타인의 의장권 또는 전용실시권을 침해한 자는 그 침해행위에 대하여 과실이 있는
  것으로 추정한다. 다만, 제13조 제1항의 규정에 의하여 비밀의장으로 설정등록된 의장권
  또는 전용실시권의 침해에 대하여는 그러하지 아니하다.
    ② 제1항의 규정은 의장무심사등록을 받은 자가 타인의 의장권 또는 전용실시권을 침
  해한 경우에 관하여 이를 준용한다.
  8) 제65조(과실의 추정)
    ② 제1항의 규정은 의장무심사등록의장의 의장권자·전용실시권자 또는 통상실시권자
  가 타인의 의장권 또는 전용실시권을 침해한 경우에 관하여 이를 준용한다.
  9) 제65조(과실의 추정)
    ① 타인의 디자인권 또는 전용실시권을 침해한 자는 그 침해행위에 대하여 과실이 있는
  것으로 추정한다. 다만, 제13조 제1항의 규정에 의하여 비밀디자인으로 설정등록된 디자인
  권 또는 전용실시권의 침해에 대하여는 그러하지 아니하다.
    ② 제1항의 규정은 디자인무심사등록디자인의 디자인권자·전용실시권자 또는 통상실
  시권자가 타인의 디자인권 또는 전용실시권을 침해한 경우에 관하여 이를 준용한다.

누설하여서는 안 되므로(제43조 제3항), 일반적으로 디자인공보가 발간되어 있어 누구나 디자인권의 존재를 알 수 있는 경우와는 달리 보아야 하기 때문이다. 비밀디자인에 대한 상세한 설명은 해당 조문에 대한 주해부분에 미루어 둔다.

디자인일부심사등록디자인의 디자인권자·전용실시권자 또는 통상실시권자가 그 등록디자인 또는 이와 유사한 디자인과 관련하여 타인의 디자인권 또는 전용실시권을 침해한 경우에도 그 침해행위에 대하여 과실이 있는 것으로 추정한다. 이는 디자인일부심사등록의 경우 간이한 심사절차에 의하여 등록되는 점을 감안하여 등록되었더라도 결과적으로 타인의 디자인권 또는 전용실시권을 침해하는 경우가 있을 수 있음을 감안하여 이 경우에도 과실이 추정된다는 것을 밝힌 주의적 규정에 해당한다. 디자인일부심사등록디자인에 대한 상세한 설명은 해당 조문에 대한 주해부분에 미루어 둔다.

Ⅲ. 추정의 효과

디자인권침해에 있어서는 과실로 침해품을 제조하거나 판매하는 경우는 상정하기 어렵다. 따라서 디자인보호법 제116조가 추정하는 침해자의 과실은 일반 불법행위의 그것과는 다른 내용의 것이 될 수밖에 없다.

추정되는 과실의 내용에 대하여, 특허법에 관한 외국의 학설로서 ① 특허권의 존재에 관한 인식·예견을 하지 않은 것, ② 기술적 범위(특허권의 보호범위)에 속하는 것을 인식·예견하지 않은 것으로 나누어 볼 수 있다는 견해가 있다.[10]

결국, 디자인보호법 제116조가 추정하는 과실은 구체적 행위 그 자체에 대한 주의의무라기보다는 일정한 사실(디자인권의 존재)을 알지 못한 것, 또는 일정한 판단(디자인권의 권리범위에 속함)을 하지 못한 것을 비난하는 것으로서 '악의의 추정'과 유사한 면이 있다.[11]

---

10) 中山信弘 編, 注解 特許法(上) 3版(靑柳昤子 집필부분), 靑林書院(2000), 1132(정상조·박성수 공편(주 3), 306에서 재인용).

11) 박성수(주 3), 306.

Ⅳ. 추정의 복멸

1. 추정의 복멸을 위한 증명

침해자의 디자인권침해가 인정될 경우 어떻게 하면 이 추정을 벗어날 수 있는가? 특허법에 관한 외국의 학설로서, 이 규정의 추정을 복멸하기 위해서는 ① 특허권의 존재를 알지 못하였다는 점에 상당한 이유가 있다는 점, 또는 ② 특허권의 보호범위에 속하지 않는다고 믿은 점에 상당한 이유가 있다는 점을 주장·증명하여야 한다고 하는 견해가 있다.[12]

대법원에서는 이와 내용이 동일한 특허법 제130조의 적용을 벗어날 수 있는 요건에 대하여, "위 규정에도 불구하고 타인의 특허발명을 허락 없이 실시한 자에게 과실이 없다고 하기 위해서는 특허권의 존재를 알지 못하였다는 점을 정당화할 수 있는 사정이 있다거나 자신이 실시하는 기술이 특허발명의 권리범위에 속하지 않는다고 믿은 점을 정당화할 수 있는 사정이 있다는 것을 주장·입증하여야 할 것"이라고 판시한 바 있다.[13] 그러나 결과적으로 이와 같은 추정의 복멸이 실제로 인정된 사례를 찾기는 쉽지 않다.

2. 관련 판결례

가. 대법원 1997. 2. 14. 선고 96다36159 판결[14]

대법원은 의장권을 침해한 자가 그 의장권의 등록 사실을 모르고 단지 제 3 자의 주문을 받아 생산하여 주문자 상표부착 방식으로 제 3 자에게 전량 납품한 경우 "의장법 제65조 본문에서는 '타인의 의장권 또는 전용실시권을 침해한 자는 그 침해행위에 대하여 과실이 있는 것으로 추정한다'라고 규정하고 있는바, 피고가 비록 이 사건 의장권에 관하여 원고 명의로 등록된 사실을 몰랐고, 또한 소외 A회사와의 계약에 의하여 위 소외 회사가 제공한 설계도면과 장비, 부품으로 이 사건 물품을 제조한 다음 위 소외 회사의 상호와 마크를 부착하여 전량 위 소외 회사에 납품하였다고 하더라도 그 생산행위 자체가 원고의 이 사건 의장권을 침해한 것으로 추정되는 실시행위이며, 위와 같은 사유만으로는 피고

12) 青柳昤子, 전게 注解 特許法(上), 1133(정상조·박성수 공편(주 3), 308에서 재인용).
13) 대법원 2006. 4. 27. 선고 2003다15006 판결[공2006, 879].
14) [공1997상, 751].

에게 과실이 없다거나 위 과실의 추정을 번복할 사유가 되지 못한다"라고 판시하였다.

나. 대법원 2003. 3. 11. 선고 2000다48272 판결[15]

대법원은 "비록 원고 A가 소외 B로부터 지관가공장치를 구입하여 사용하여 왔고 또 이 사건 등록고안의 침해사실을 안 때로부터 4년 이상이나 위 B에 대하여 아무런 이의를 제기하지 않았다고 하더라도, 그와 같은 사정만으로 피고들이 위 B로부터 매수하여 사용한 지관가공장치가 이 사건 등록고안의 권리범위에 속하지 아니한다고 믿은 데 대하여 상당한 이유가 있다고 보기 어려우므로, 결국 피고들에게 과실이 없다거나 위 과실의 추정을 번복할 사유가 된다고볼 수 없다"라고 하여 원고가 침해품의 판매·사용 사실도 알고 있었고, 그로부터 4년이 지나도록 이의를 제기한 바 없다고 하더라도 여전히 과실의 추정은복멸될 수 없다고 판시하였다.

다. 대법원 2006. 4. 27. 선고 2003다15006 판결[16]

대법원에서는 "피고가 이 사건 특허발명의 존재를 모르고 고가의 CD복제용 기계를 구입하여 설명서대로 조작한 것뿐이라거나, 이 사건 특허발명을 실시한 결과물이 유형적 형상으로 남아 있지 아니하다는 등의 사정만으로 피고가이 사건 특허발명의 존재를 몰랐다는 점, 또는 자신이 실시하도록 한 기술이 이사건 특허발명의 권리범위에 속하지 아니한다고 믿었던 점을 정당화할 수 있는사정이 입증되었다고 할 수 없다"라고 판시하였다.

라. 대법원 2009. 1. 30. 선고 2007다65245 판결[17]

대법원에서는 "원고가 피고들에게 피고들이 제작, 판매하는 이 사건 실시고안은 원고의 실용신안권을 침해한다는 경고장을 발송하여 그 제조 금지 등을요구하자, 피고들은 이 사건 실시고안은 등록받은 피고 1의 실용신안권에 기하여 제작, 판매된 것이라고 주장하면서 원고의 제조 금지 등의 청구에 응하지 않았고, 이에 원고가 피고 1의 실용신안권에 대한 등록무효심판을 제기하여 결국위 실용신안권의 등록을 무효로 하는 심결이 확정된 사실을 인정할 수 있는데,이 사건 실시고안과 동일한 기술이 실용신안권으로 등록받았더라도 구 실용신

---

15) [공2003, 959].
16) [공2006, 879].
17) [비공개].

안법 제49조 제 3 항에 의해 그 실용신안권은 처음부터 없었던 것으로 보게 되었고, 피고들 자신이 위 침해 당시 이 사건 실시고안을 등록된 자신의 실용신안권에 기해 제작한 것이라고 믿었더라도 그러한 점만으로는 이 사건 실시고안이 이 사건 등록고안의 권리범위에 속하지 않는다고 믿었던 점을 정당화할 수 있는 사정 등에 해당한다고 할 수 없다"라고 판시하였다.

위 사안에서는 결국 피고의 등록실용신안권이 무효로 되었으나, 설령 무효로 되지 않았다고 하더라도 등록된 실용신안이 그보다 먼저 등록된 다른 실용신안의 권리범위에 속하고, 그에 따라 침해를 구성하는 것은 얼마든지 가능한 일이므로, 피고의 등록실용신안권이 무효로 되었는지 여부에 얽매이지 아니 하고 같은 결론을 도출할 수 있다는 견해가 있다.[18]

〈염호준〉

---

18) 정상조 · 박성수 공편(주 3), 312.

> **제117조(디자인권자 등의 신용회복)**
>
> 법원은 고의나 과실로 디자인권 또는 전용실시권을 침해함으로써 디자인권자 또는 전용실시권자의 업무상 신용을 떨어뜨린 자에 대하여는 디자인권자 또는 전용실시권자의 청구에 의하여 손해배상을 갈음하여 또는 손해배상과 함께 디자인권자 또는 전용실시권자의 업무상 신용회복을 위하여 필요한 조치를 명할 수 있다.

<소 목 차>

Ⅰ. 서   론

1. 의   의

타인의 디자인권을 침해하는 것은 위법행위에 해당하므로, 고의 또는 과실로 디자인권을 침해하여 타인에게 손해를 가한 자는 그 손해를 배상할 책임이 있다. 불법행위로 인한 손해는 금전으로 배상하는 것이 원칙이지만(민법 제763조, 제394조), 예컨대 불법행위로 인하여 명예가 훼손된 경우와 같이 그 손해를 금전으로 산정하기도 어렵고 금전적인 손해배상만으로는 충분한 민사적 구제가 되지 않는 경우가 있을 수 있다. 우리 민법 제764조에서는 불법행위에 대한 구제방법은 금전배상에 의한다고 하는 원칙에 대한 예외로서 명예훼손의 경우에는 명예훼손에 적당한 처분, 즉 원상회복을 명할 수 있음을 규정하고 있다.[1] 디자인권을 침해하여 디자인권자의 업무상 신용을 떨어뜨린 경우에도 명예훼손의 경우와 유사한 사정이 있다고 볼 수 있기 때문에[2] 디자인보호법 제117조에서는 이와 같은 취지에서 손해배상에 갈음하여 또는 손해배상과 함께 업무상 신용회복을 위하여 필요한 조치를 명할 수 있도록 규정하고 있다.

---

1) 郭潤直 編, 民法注解[ⅩⅨ] 債權(12), 박영사(2005), 332(金滉植 집필부분).
2) 郭潤直 編(주 1), 332.

2. 연   혁

가. 관련 법체계

명예훼손에 대한 구제의 일종으로서 원상회복을 명하는 것은 여러 외국에서도 보편적으로 행해지고 있는데, 스위스의 경우는 명예권을 포함한 인격권에 관하여 특별규정을 두고 있고(채무법 제49조 제2항), 독일의 경우는 불법행위 일반에 관하여 원상회복을 원칙으로 하는 규정을 두고 있으며(민법 제249조), 프랑스의 경우는 판례·학설에 의하여 인정되고 있다.[3]

우리나라 지식재산권법 중 특허법은 제131조에서, 상표법은 제69조에서, 부정경쟁방지 및 영업비밀보호에 관한 법률은 제6조와 제12조에서 각 신용회복조치에 관하여 규정하고 있고, 실용신안법은 제30조에서 특허법 제131조를 준용하고 있으며, 저작권법은 제127조에서 저작인격권의 침해와 관련하여 명예회복을 위하여 필요한 조치를 청구할 수 있도록 규정하고 있다.

이 같은 우리 지식재산권법 체계에 대하여, 상표권은 상표권자의 신용이 담겨져 있기 쉬운 것이고 부정경쟁행위의 경우 역시 피해자의 신용이 훼손되기 쉬운 것이며 저작인격권이 침해된 경우에 금전적인 손해배상만으로 충분하지 못한 경우가 많을 것임은 의문이 없으나, 특허권이나 실용신안권, 디자인권이 침해된 경우에도 비금전적인 신용회복의 조치를 규정한 것은 우리나라의 전체 법체계상 검토해 볼 때 다소 특이한 경우라는 평가가 있다.[4]

나. 디자인보호법상의 연혁

디자인보호법으로 법명이 변경되기 전의 법인 의장법은 1961. 12. 31. 법률 제951호로 제정된 의장법 제28조에서부터 특허법 제149조[5]를 준용하여 이와 같은 규정을 가지고 있었다.

그 후 1973. 2. 8. 법률 제2507호로 전부 개정되면서 제56조에서 특허법 제157조[6]를 준용하여 "고의 또는 과실"을 요건으로 하고 특허권자 외에 전용실시

---

3) 郭潤直 編(주 1), 333.
4) 정상조·박성수 공편, 특허법 주해 II, 박영사(2010), 317(박성수 집필부분).
5) 제149조(특허권자의 신용회복)
   특허권을 침해함으로써 특허권자의 신용을 실추하게 한 자에 대하여는 신용회복을 위하여 필요한 조치를 명할 수 있다.
6) 제157조(특허권자등의 신용회복)
   법원은 고의 또는 과실에 의하여 특허권 또는 전용실시권을 침해함으로써 특허권자 또는 전용실시권자의 업무상의 신용을 실추하게 한 자에 대하여는 특허권자 또는 전용실시

권자도 청구할 수 있도록 규정하였다.

한편 1990. 1. 13. 법률 제4208호로 전부 개정되면서 특허법을 준용하지 않고 제66조에서 "법원은 고의 또는 과실에 의하여 의장권 또는 전용실시권을 침해함으로써 의장권자 또는 전용실시권자의 업무상의 신용을 실추하게 한 자에 대하여는 의장권자 또는 전용실시권자의 청구에 의하여 손해배상에 갈음하거나 손해배상과 함께 의장권자 또는 전용실시권자의 업무상의 신용회복을 위하여 필요한 조치를 명할 수 있다"라고 하여 현행법과 유사한 내용의 규정을 갖추게 되었다.

그 후 2013. 5. 28. 법률 제11848호로 다시 전부 개정되면서 비로소 현행법과 같은 내용이 제117조에 자리 잡게 되었다.

Ⅱ. 적용요건

1. 디자인권자 또는 전용실시권자의 청구

앞서 살펴본 바와 같이 제정 의장법에서는 의장권자만이 청구권을 가지고 있었으나, 1973. 2. 8. 법률 제2507호로 전부 개정된 이래로 청구권자에는 디자인권자 뿐만 아니라 전용실시권자까지 포함되게 되었다. 이 경우 전용실시권자는 등록되어 있어야 한다(제98조 제1항 제2호).

신용회복에 필요한 조치는 그 자체가 업무상 신용의 실추가 있었다는 사실을 다른 사람에게 알리는 결과가 될 수 있으므로 이로 인하여 오히려 피해자에게 손해를 끼치는 결과를 초래할 수도 있다. 따라서 디자인권자 또는 전용실시권자(이하 '디자인권자 등'이라고 한다)가 금전배상만을 청구하고 있는 경우에 피고가 신문에 의한 취소광고로 족하다는 항변을 하더라도 그 항변은 배척되어야 한다.[7]

2. 디자인권의 침해

디자인보호법 제117조의 신용회복을 위한 조치를 청구하기 위해서는 먼저 디자인권의 침해가 있어야 한다. 디자인권의 침해에 대한 상세한 설명은 디자인

권자의 청구에 의하여 특허권자 또는 전용실시권자의 업무상의 신용회복을 위하여 필요한 조치를 명할 수 있다.

7) 郭潤直 編(주 1), 336-337.

권 침해에 관한 조문에 대한 주해부분에 미루어 둔다.

3. 고의 또는 과실

앞서 살펴본 바와 같이 1973. 2. 8. 법률 제2507호로 전부 개정된 이래로 '고의 또는 과실'에 의하여 디자인권 또는 전용실시권(이하 '디자인권 등'이라 한다)을 침해한 경우에 한하여 신용회복을 위한 조치를 청구할 수 있다. 제116조의 침해자의 과실 추정이 여기에도 적용되는지 여부에 관하여는 그 적용을 부정할 이유가 없으므로 침해자의 과실은 추정된다.[8]

여기서 말하는 고의 또는 과실이란 디자인권 등의 침해에 대한 고의 또는 과실을 말하는 것이지 신용이 떨어진 결과에 대한 고의 또는 과실을 말하는 것은 아니다.[9]

4. 업무상 신용의 실추

디자인권 등의 침해로 디자인권자 등의 업무상 신용이 떨어졌을 것을 요한다. 이와 관련하여 대법원은 "법인의 명예나 신용을 훼손하는 행위에는 법인의 목적사업 수행에 영향을 미칠 정도로 법인의 사회적 평가를 저하시키는 일체의 행위가 포함되므로, 이에는 구체적인 사실을 적시하거나 의견을 표명하는 행위 등뿐만이 아니라, 고급 이미지의 의류로서 명성과 신용을 얻고 있는 타인의 의류와 유사한 디자인의 의류를 제조하여 이를 저가로 유통시키는 방법 등으로 타인인 법인의 신용을 훼손하는 행위도 포함된다고 할 것이다"라고 판시한 바 있다.[10]

디자인권의 침해가 인정된다고 이로 인하여 업무상 신용이 떨어졌다는 점이 당연히 인정되는 것은 아니다. 디자인권 침해에 관한 사례는 아니지만 대법원에서도 "상표권 또는 전용사용권의 침해행위나 구 부정경쟁방지법(2004. 1. 20. 법률 제7095호로 개정되기 전의 것) 제2조 제1호 (가)목에서 정하는 상품주체의 혼동행위가 있었다고 하여도 그것만으로 상표권자 또는 전용사용권자나 상품주체의 영업상의 신용이 당연히 침해되었다고 단언하기 어려우므로, 그와 같은 경우 상표법 제69조 또는 구 부정경쟁방지법 제6조에 정한 신용회복을 위해 필요한

---

8) 정상조·박성수 공편(주 4), 319.
9) 정상조·박성수 공편(주 4), 319.
10) 대법원 2008. 10. 9. 선고 2006다53146 판결[공2008하, 1529].

조치를 명하기 위하여는 상표권 또는 전용사용권의 침해행위나 상품주체혼동행위가 있었다는 것 외에 그와 같은 행위에 의하여 상표권자 또는 전용사용권자나 상품주체의 영업상의 신용이 실추되었음이 인정되어야만 한다"라는 전제 아래 "비록 피고가 이 사건 계약기간 동안 상표권을 침해하는 행위를 하였고 그 후에도 유사 소화제에 유사 상표를 부착·판매하였다 하여도, 피고가 판매한 유사 소화제의 품질이 조악하여 거래계에서 원고가 제조·판매한 이 사건 소화제의 신용이 손상되었다는 등의 특별한 사정이 있었음을 인정할 자료를 기록상 찾아보기 어려워, 원고의 영업상 신용이 실추되었음을 추인하기는 어렵다"라고 판시하였다.[11]

　　여기서 말하는 '업무'는 디자인보호법 제92조[12])가 말하는 '업으로서'와 연관지어 해석하여야 하므로 여기서 말하는 '신용'은 디자인권 등을 실시하는 업과 관련이 있어야 한다. 따라서 설령 침해자가 디자인을 무단으로 실시하면서 현저하게 조잡한 제품을 마치 등록디자인제품인양 판매하여 디자인권자 등의 업무상 신용이 떨어지는 결과를 초래하였다고 하더라도 디자인권자 등이 실제로는 그 디자인을 실시하는 업이 아닌 다른 업무상 신용을 훼손당하였다면 이 규정의 보호를 받을 수 없다.[13]

5. 금전배상과의 관계

　　본조의 법문에 의하면 신용회복에 필요한 조치는 손해배상을 갈음하여 또는 손해배상과 함께 청구할 수 있는 것이므로 신용회복에 필요한 조치를 청구한다고 하여 금전배상 청구권이 상실되는 것은 아니고, 서로 다른 시기에 별도로 청구할 수도 있다. 다만 신용회복에 필요한 조치는 침해가 이루어진 시기와 멀리 떨어지지 아니한 시기에 이루어져야 실효성이 있다는 점을 고려하여 청구를 인용하여야 한다고 한다.[14]

　　신용회복에 필요한 조치를 금전배상과 함께 명할 것인가, 아니면 둘 중

---

11) 대법원 2008. 11. 13. 선고 2006다22722 판결[공2008하, 1665].

12) 제92조(디자인권의 효력)
　　디자인권자는 업으로서 등록디자인 또는 이와 유사한 디자인을 실시할 권리를 독점한다. 다만, 그 디자인권에 관하여 전용실시권을 설정하였을 때에는 제97조 제2항에 따라 전용실시권자가 그 등록디자인 또는 이와 유사한 디자인을 실시할 권리를 독점하는 범위에서는 그러하지 아니하다.

13) 정상조·박성수 공편(주 4), 320.

14) 정상조·박성수 공편(주 4), 321.

하나만 명할 것인가 여부는 디자인권자 등의 청구범위 내에서 법원이 판단
한다.15)

손해배상청구와 신용회복에 필요한 조치를 동시에 청구하는 경우에는 이러
한 사정을 고려하여 손해배상금이 감액될 수 있는지 여부 및 손해배상청구에
갈음하여 신용회복에 필요한 조치만을 청구하는 경우에는 이러한 사정을 고려
하여 신용회복에 필요한 조치를 더 넓은 범위에서 인정할 수 있는 여부에 관하
여는, 디자인권자 등이 금전배상과 신용회복에 필요한 조치를 각각 다른 시기에
별도로 청구할 수 있는 사정을 감안하면 모두 부정적으로 해석하는 것이 타당
하다고 할 것이다.16)

Ⅲ. 신용회복을 위하여 필요한 조치

본조에 기하여 법원이 명할 수 있는 조치로는 신문·잡지 등을 통한 사죄
광고 내지 취소광고의 게재, 사죄장의 교부, 공개법정에서의 사죄, 피해자 승소
판결의 신문 등에의 공고 등이 있다.17)

이들 중에서 종래 가장 활용이 많이 되는 조치는 사죄광고의 게재였는데,
이것이 피고의 이름으로 사죄를 강제시킨다고 하는 점에서 피고 본인의 양심의
자유를 침해하는 것으로서 헌법 제19조에 위배되는 것이 아닌가 하는 의문이
있었다. 이에 관하여 헌법재판소에서는 "민법 제764조가 사죄광고제도를 포함
하는 취지라면 그에 의한 기본권 제한에 있어서 그 선택된 수단이 목적에 적합
하지 않을 뿐 아니라 그 정도 또한 과잉하여 비례의 원칙이 정한 한계를 벗어
난 것으로 헌법 제37조 제2항에 의하여 정당화 될 수 없어 헌법 제19조에 위반
되는 동시에 헌법상 보장되는 인격권의 침해에 이르게 된다"라고 결정하였다.18)
다만 이에 대하여는 법원이 처분으로써 요구하는 것은 사죄광고에 포함된 사죄
라는 관념이 갖는 윤리성이 본래의 것 그대로의 본질적인 것이라기보다는 당사
자 본인의 내재적 의사와는 관계없이 외부적으로 표출되는 것에 지나지 않는
일종의 의제라고 볼 수밖에 없고, 사회적으로도 그와 같이 인식되는 것이 현실
이므로 피해자의 충분한 구제를 위하여 사죄광고를 꼭 위헌이라고 보아야 할

---

15) 郭潤直 編(주 1), 337.
16) 정상조·박성수 공편(주 4), 321.
17) 郭潤直 編(주 1), 334.
18) 헌법재판소 1991. 4. 1. 89헌마160 전원재판부[헌판집 제3권].

것인지는 의문이라는 견해가 있다.[19)

　법원이 명하는 바가 피고 이외의 자가 발행하는 신문을 통해서 광고를 하는 것인 경우에는 당해 신문사와 광고게재계약을 체결하면 목적이 달성될 수 있고, 그 자체는 피고의 비용으로 피고 이외의 자에 의하여 가능하므로 대체집행을 하면 된다.[20) 다만 제3자인 신문사는 그 판결에 구속될 이유가 없으므로 신문사가 그 광고게재계약의 체결을 거부하면 당해 처분은 이행불능이 될 수밖에 없다.[21)

　그 밖에 위에서 열거하지 아니한 조치를 당사자가 신청한 경우에 헌법이나 법률, 공서양속에 반하지 아니하는 한 허용될 수 있다. 신용회복을 위하여 필요한 조치는 일종의 비송사건에 해당하는 재판이라고 보아야 할 것이므로, 당사자가 신청한 조치와 동일한 조치를 법원이 인용하거나 기각하는 주문만이 가능한 것이 아니라 당사자가 신청한 범위를 벗어나지 아니하는 한 법원이 스스로 판단하여 피해자의 신용회복을 위하여 적절한 조치를 명할 수 있다고 할 것이다.[22)

〈염호준〉

---

19) 郭潤直 編(주 1), 335.
20) 郭潤直 編(주 1), 338.
21) 郭潤直 編(주 1), 338.
22) 정상조·박성수 공편(주 4), 323.

> **제118조(서류의 제출)**
>
> 법원은 디자인권 또는 전용실시권의 침해에 관한 소송에서 당사자의 신청에 의하여 해당 침해행위로 인한 손해를 계산하는 데에 필요한 서류를 제출하도록 다른 당사자에게 명할 수 있다. 다만, 그 서류의 소지자가 그 서류의 제출을 거절할 정당한 이유가 있을 때에는 그러하지 아니하다.

<소 목 차>

Ⅰ. 의   의

이 조항은 디자인권이 침해된 경우에 손해배상의 계산에 필요한 서류가 소송의 상대방에게 있는 경우에 이의 제출을 명하여 그 계산을 가능하게 하기 위한 것이다.[1]

민사소송법에 문서제출명령에 관한 일반조항이 있으나(민사소송법 제343조 내지 제355조), 이 규정은 민사소송법의 문서제출명령에 관한 규정의 보충규정으로서 민사소송법 제344조에서 한정하는 서류 이외에 손해액 계산을 위하여 필요한 서류 모두를 제출신청할 수 있다고 해석된다.[2] 즉 민사소송법 제344조 제1항 제3호 다목 및 제315조 제1항 제2호에 의하면 기술 또는 직업의 비밀에 관한 사항으로서 비밀을 지킬 의무가 면제되지 아니한 문서는 문서제출의무가 없는 것으로 해석될 수 있으나, 디자인보호법상의 서류제출명령의 대상이 되는 것은 손해액 계산을 위한 서류에 국한되므로 단순히 영업상의 비밀에 속한다는 이유만으로 정당한 이유가 있다고 할 수는 없다.[3] 여기에 이 규정의 의의가 있

---

1) 송영식 외 6인 공저, 송영식 지적소유권법(상)(제2판), 육법사(2013), 678 참조. 관련하여 특허법 제132조에 규정된 서류제출명령의 의의 및 연혁 등에 관한 자세한 소개는 정상조·박성수 공편, 특허법 주해Ⅱ, 박영사(2010), 326-335(박성수 집필부분) 참조.
2) 송영식 외 6인 공저(주 1), 679; 寒河江孝允 외 공저, 意匠法コンメンタール(제2판), LexisNexis(2012), 599.
3) 송영식 외 6인 공저(주 1), 679; 사단법인 한국특허법학회 편, 개정판 특허판례연구, 박영사(2012), 842(오충진 집필부분) 참조; 寒河江孝允 외 공저(주 2), 599.

으며, 이 규정에서 정하지 않은 사항은 민사소송법의 문서제출명령신청에 관한 규정에 의할 것이다.4)

Ⅱ. 서류제출명령의 신청권자 및 상대방 — 당사자

이 규정은 '당사자'의 신청에 의하여 제출을 명할 수 있다고 규정하고 있으므로, 손해액의 계산을 위한 서류는 권리자뿐만 아니라 침해자도 서류제출명령을 신청할 수 있다.5) 예를 들어, 피고가 권리자인 원고의 실손해를 주장·입증하여 제115조 제2항의 손해액의 추정을 번복하기 위하여, 원고가 소지한 장부 등의 제출을 구할 수 있다.6) '당사자'에는 독립당사자참가인, 보조참가인 등 참가인도 포함되고, 공동소송의 같은 편 당사자도 포함된다고 할 것이다.7) 그러나 제118조의 규정에 비추어 '당사자' 이외의 제3자는 포함되지 않는다 할 것이다.8)

Ⅲ. 신청절차

디자인보호법에는 서류제출명령의 신청절차에 관한 특별규정이 없기 때문에 일반법인 민사소송법 제345조의 규정에 따라 신청하여야 한다.9) 즉, 신청서에는 문서의 표시, 문서의 취지, 문서를 가진 사람, 증명할 사실, 문서를 제출하여야 하는 의무의 원인을 기재하여야 한다.

'문서의 표시'는 문서의 종별, 명칭, 작성자 등에 의해 문서를 특정하는 것이다.10) 이와 관련하여, 장부체계 및 장부명칭이 각 당사자에 따라 다른 것이

---

4) 한편, 디자인보호법 제213조는 '서류의 제출 등'이란 제목 아래 "특허청장 또는 심사관은 당사자에게 심판 또는 재심에 관한 절차 외의 절차를 처리하기 위하여 필요한 서류, 그 밖의 물건의 제출을 명할 수 있다"라고 규정하고 있는바, 그 규정의 의의 등에 관하여는 해당 부분 참조.

5) 송영식 외 6인 공저(주 1), 679; 寒河江孝允 외 공저(주 2), 599.

6) 寒河江孝允 외 공저(주 2), 599; 滿田重昭·松尾和子, 注解 意匠法, 503.

7) 정상조·박성수 공편(주 1), 338-339 참조; 寒河江孝允 외 공저(주 2), 599. 여기서 독점적 통상실시권자가 서류제출명령을 신청할 수 있는가와 관련해서는 부정적이라는 견해가 있다. 정상조·박성수 공편(주 1), 337-338 참조.

8) 정상조·박성수 공편(주 1), 339.

9) 寒河江孝允 외 공저(주 2), 601.

10) 滿田重昭·松尾和子(주 6), 503.

현실이기 때문에 신청인이 문서소지자의 장부체계에 관한 정확한 명칭에 의하여 문서를 특정하는 것이 불가능하다는 점이 문제로 된다.[11] 이에 관하여는, 통상의 장부체계에 기초하여 신청인이 문서를 특정하면 소지자에 대하여 제출을 구하는 장부류의 종류가 무엇인지 이해할 수 있기 때문에, 통상의 장부체계에 기초하여 통상의 장부의 명칭에 의해 특정되면 문서의 특정에 흠결이 없다고 해석하여야 할 것이다.[12] 특히 문서의 특정이 곤란한 경우에는, 법원은 신청대상이 되는 문서의 취지나 그 문서로 증명할 사실을 개괄적으로 표시한 당사자의 신청에 따라, 상대방 당사자에게 신청내용과 관련하여 가지고 있는 문서 또는 신청내용과 관련하여 서증으로 제출할 문서에 관하여 그 표시와 취지 등을 적어 내도록 명할 수 있다(민사소송법 제346조). 상대방은 이 신청에 대해서도 서류제출명령신청에 대한 것과 마찬가지로 의견이 있는 때에는 이를 적은 서면을 법원에 제출할 수 있다(민사소송규칙 제110조 제3항).

'문서의 취지'와 관련해서는, 제출을 구하는 문서에 어떠한 것이 기재되어 있는가에 관하여 개요를 기재하면 된다.[13] 이때 구체적 수치의 기재까지는 필요하지 않다고 해석된다.[14] 문서의 취지에 관하여 구체적인 기재를 하지 아니한 경우에도 신청 자체가 부적법한 것으로 되지는 않는 것이 일반적이지만,[15] 신청인으로서는 가능한 한 그 주장에 관계된 침해자의 양도수량, 매상고, 판매단위 등을 간단하게 기재하여야 한다.[16]

'문서를 가진 사람'은 신청인의 상대방인 소송 사건의 당사자이고, 제3자는 포함되지 않는다. 이는 현재 문서를 자기 품속에 가지고 있다는 좁은 의미로 해석할 것이 아니라, 현재는 그 품속에 없더라도 사실상 문서를 자기의 지배에 옮길 수 있는 지위에 있는 자는 포함되나, 문서의 소유자이기는 하지만 현실로 그 문서를 소지하고 있는 제3자가 문서의 반환을 거부하고 있는 경우에는 그 소유자는 문서소지인이라고 할 수 없다는 견해가 있다.[17]

---

11) 寒河江孝允 외 공저(주 2), 601.
12) 정상조·박성수 공편(주 1), 344-345 참조; 寒河江孝允 외 공저(주 2), 601-602.
13) 정상조·박성수 공편(주 1), 345; 寒河江孝允 외 공저(주 2), 602; 滿田重昭·松尾和子 (주 6), 504.
14) 寒河江孝允 외 공저(주 2), 602.
15) スノ-ポ-ル 사건, 大阪地昭 58년 12월 9일, 판タ 514호, 295[寒河江孝允 외 공저(주 2), 602-603에서 재인용].
16) 寒河江孝允 외 공저(주 2), 603.
17) 정상조·박성수 공편(주 1), 338 참조.

'증명할 사실'은 해당 문서에 의해 입증하려고 하는 사실로서, 손해액 산정의 기초로 되는 일정 기간에 있어서의 대상물건의 판매수량, 판매단가, 원가, 이익률 등을 가능한 한 구체적으로 기재한다.[18]

'문서제출의 원인'은 본 규정이 제출의무의 원인이 된다.[19]

Ⅳ. 제출 대상 ― 손해 계산에 필요한 서류

제출명령의 대상이 되는 서류는 손해액의 계산을 위하여 필요한 서류이므로, 그 범위는 원칙적으로 손해배상청구를 주장하는 기간 내의 계산에 필요한 기간의 문서에 한하고, 또 대상물건(침해품)에 의한 손해의 계산을 위하여 필요한 문서에 한정된다.[20] 반면에 손해를 계산하는 데 필요한 서류의 범위를 지나치게 엄격히 보면 손해액의 정확한 계산을 할 수 없게 되기 때문에, 다른 제품 및 손해배상청구기간 이외의 기간에 관하여 기재되어 있다 하여도, 손해액 계산을 위하여 필요한 사항을 기재한 문서와 일체를 이루고 있는 서류는 제출명령의 대상이 된다고 하여야 한다.[21] 일본의 학설 중에는 이와 같은 경우에 먼저 구입량, 판매량, 구입단가·매상단가를 기재한 구입장부, 매상대장 등의 장부에 관하여 제출을 명하고, 필요에 따라 추가로 제출을 명하는 것으로 하면, 필요한 단계에 필요한 문서가 제출되고 상대방의 불이익도 줄일 수 있다는 견해가 있고, 실무상으로는 장부에 관하여 해당 제품 이외의 부분이나 거래처를 흑색으로 한 채 복사하여 증거로 제출하고, 흑색처리하지 않은 원본에 관하여도 원고대리인에 한하여 개시하는 예가 있다고 한다.[22]

손해액 계산에 필요한 서류로는 보통 매상고(판매수량 및 판매단위)를 보여주는 문서, 원가계산을 보여주는 문서, 이익의 액을 보여주는 문서 등이 신청의 대상이 된다.[23] 또 필요한 경우에는 이러한 문서에 있는 수치의 신빙성을 담보

---

18) 寒河江孝允 외 공저(주 2), 603; 滿田重昭·松尾和子(주 6), 503.

19) 滿田重昭·松尾和子(주 6), 504.

20) 寒河江孝允 외 공저(주 2), 600. 특허법 제132조의 서류제출명령에서 말하는 '서류'의 개념은 민사소송법 제344조에서 말하는 '서증'의 범위에 국한되지 않고, 검증의 대상이 되는 문서도 포함되고, 손해 자체에 대한 주장이나 증명을 위하여 필요한 문서도 포함된다고 해석하여야 한다는 견해도 있다[정상조·박성수 공편(주 1), 336-337, 340].

21) 寒河江孝允 외 공저(주 2), 600.

22) 門口正人 외 3인 편, 民事證據法大系 제4권(各論Ⅱ 書證), 靑林書院(2003), 221-222, 226(森義之·內藤裕之 집필부분)[정상조·박성수 공편(주 1), 340-341에서 재인용].

23) 滿田重昭·松尾和子(주 6), 503.

하기 위한 문서에 관하여도 제출을 구할 수 있다.24) 구체적인 예로는, 매상장부,
수주전표철, 구입장부, 발주전표철, 상품수불부 중 당해 침해품에 관한 부분, 원
재료 수불부, 경비지출 장비, 컴퓨터용 자기테프, 디스크 등이 있다.25) 그러나
손해계산과 직접 관련이 없는 설계도, 사양서, 작업지시서, 재고표, 현금출납부,
어음수표기입장 등은 이에 포함되지 않는다.26)

Ⅴ. 제출 거절 사유 — 정당한 이유

　　서류의 소지자가 서류의 제출을 거절할 정당한 이유가 있을 때에는 서류
제출을 명할 수 없다. 앞에서 본 바와 같이 해당 문서에 영업비밀이 기재되어
있다는 것만으로는 정당한 이유가 있다고 볼 수는 없다.27) 그러나 어떠한 경우
에 정당한 이유가 있는가는 구체적인 사안에서 신청인과 문서소지자의 이익을
비교형량하여 결정하여야 하고, 소지자가 가진 영업비밀의 보호에 관하여도 일
정한 배려가 필요하다.28)

　　이와 관련하여, 민사소송법 제347조 제4항은 법원은 서류 소지자가 그 제
출을 거절할 정당한 이유가 있는지를 판단하기 위하여 필요하다고 인정하는 때
에는 서류의 소지자에게 제시하도록 명할 수 있고, 이 경우 법원은 그 문서를
다른 사람이 보도록 하여서는 안 된다고 규정하고 있고(이를 'In Camera' 또는
'인카메라' 절차라 한다), 이러한 규정은 디자인침해소송 사건의 민사소송법상 문
서제출명령 신청뿐만 아니라 디자인보호법상의 서류제출명령 신청에 대한 재판
절차에서도 적용된다 할 것이다.29)

　　나아가 디자인보호법 제217조에서는 '비밀유지명령'에 관하여 규정하고 있

---

24) 滿田重昭·松尾和子(주 6), 504. 일본에서는 매상액을 나타내는 서류의 예로 외상매출장
　　부(주고객별원장), 매출원장, 납품전표 부본, 청구명세서, 수령증, 출고전표 등이, 원가를
　　나타내는 서류로 매입원장, 외상매입장부(매입처별원장), 납품서철, 손익계산서 및 그 부속
　　명세서 등이, 서류의 진실성을 확인하기 위한 문서로서 총계정원장, 확정신고서 및 그 첨
　　부서류의 부본이 예시된다고 한다. 牧野利秋 편, 裁判實務大系(9) 工業所有權訴訟法 "損
　　害(6) — 書類の 提出", 靑林書院(1985), 373(雨宮正彦 집필부분)[정상조·박성수 공편(주
　　1), 341-342에서 재인용].
25) 송영식 외 6인 공저(주 1), 678.
26) 송영식 외 6인 공저(주 1), 678.
27) 정상조·박성수 공편(주 1), 348-349; 寒河江孝允 외 공저(주 2), 600-601; 滿田重昭·松
　　尾和子(주 6), 504.
28) 정상조·박성수 공편(주 1), 350 참조; 寒河江孝允 외 공저(주 2), 601.
29) 송영식 외 6인 공저(주 1), 679.

고, 인카메라절차에서 제시되는 문서도 비밀유지명령의 대상이 되는지에 관하여는 해석이 갈리고 있다(이에 관하여는 해당 부분 주해 참조).30)

　서류의 소지자가 영업비밀이 기재되어 있는 문서를 특정하여 주장하는 경우, 법원이 인카메라 절차에 의해 그 존재를 인정하는 경우에도, 해당 영업비밀 부분이 분리가능하고 손해액 증명에 필요하지 않다고 판단하면, 해당 영업비밀 부분을 제외한 문서제출명령을 할 수 있고, 경우에 따라 기록의 열람등사제한 등의 조치를 할 수 있을 것이다.31)

　일본의 경우, 특허사건에 관계된 손해증명을 위한 문서제출명령에 관련된 것이긴 하나, 침해자가 그 사업활동으로서 한 제품의 제조·판매행위의 내용 내지 그와 밀접히 관련된 문서는 일본 특허법 제105조에 의한 문서제출명령의 대상인 문서이고, 침해행위에 의하여 얻은 이익을 계산하기 위하여 필요한 사항을 기재한 문서와 일체를 이루고 있는 이상, 거래선·매상고·경비율·이익률이 기재되어 있다 하여 영업비밀에 해당한다고 볼 수 없을 뿐만 아니라 그러한 사항을 포함하고 있다 하더라도 해당 문서의 제출을 거절할 정당한 이유가 되지 않는다고 결정한 예가 있다.32) 또 그 결정에서는, 영업비밀이 불필요하게 개시되는 것을 피하기 위한 조치는 원심법원의 적절한 소송지휘에 맡겼고, 이에 동경지방법원은 문서제출명령에 의해 제출된 문서의 열람, 등사 등의 방법을 소송지휘에 기하여 상세히 정하였다.33)

---

30) 일본 의장법 제41조에 의하여 준용되는 일본 특허법 제105조의4 내지 제105조의6에 의하면, 인카메라심리절차에서 문서제출명령 신청인 측의 관여를 인정하는 제도가 있는데, 이때 상대방의 영업비밀을 개시받은 자에 대해서 형사벌의 제재를 들어 소송목적 사용 외 금지 및 비밀유지명령을 받지 않는 제3자에의 개시금지를 명하는 비밀유지명령이 발령될 수 있다. 末吉互, 新版 意匠法(제2판), 中央經濟社(2008), 231.

31) 寒河江孝允 외 공저(주 2), 601; 滿田重昭·松尾和子(주 6), 505.

32) 東京高決 平成9年 5月 2日 判時1601号 143面(ベラセラ-ル製劑 및 トラニラスト製劑 문서제출명령사건 특허 항고심) [末吉互(주 30), 232 및 송영식 외 6인 공저(주 1), 679-680에서 재인용]. 위 사안에서 제출명령의 대상으로 된 서류는, "침해기간 중의 ① 대차대조표·손익계산서, ② 영업보고서, ③ 확정신고서(첨부서류포함), ④ 총계정원장, ⑤ 거래선별원장, ⑥ 매입선별원장, ⑦ 매상원장·매상전표, ⑧ 매입원장·매입전표, ⑨ 제조원가보고서, ⑩ 원료수불대장, ⑪ 출고대장·제품수불대장, ⑫ 재고표, ⑬ 경비명세서(제조경비 및 판매경비), ⑭ 납품서(납품전표)·청구서(청구명세서)·수령서, ⑮ 품질시험서, ⑯ 판매회사와의 위탁판매계약에 기한 원가관리표, ⑰ 제조지시서·제조기록서, ⑱ 시험검사기록, ⑲ 기타 명칭 여하를 불문하고 침해품의 제조량, 판매량, 판매단가, 제조원가, 판매에 직접 필요한 판매경비를 기록한 문서" 등이다[송영식 외 6인 공저(주 1), 680에서 재인용].

33) 東京地決 平成9年 7月 22日 判時1627号 141面(ベラセラ-ル製劑 및 トラニラスト製劑 문서제출명령사건 특허 소송지휘재판)[末吉互(주 30), 232에서 재인용]. 소송지휘의 구체적 내용은 정상조·박성수 공편(주 1), 343-344 참조.

Ⅵ. 신청허부의 재판과 불복

일반적으로 문서제출명령 신청이 있는 경우, 법원은 그 신청서를 상대방에게 송달하는 등 상대방으로 하여금 문서제출명령신청에 대한 의견을 진술할 기회를 주어야 하는데,34) 이는 디자인보호법상의 서류제출명령 신청에 대한 재판절차에서도 적용된다.35)

법원은 서류제출명령신청이 이유 있다고 인정하면 문서를 특정하고 제출기간을 정하여 결정으로 서류제출명령을 한다(민사소송법 제347조 제1항). 서류제출명령신청이 문서의 일부에 대하여만 이유 있다고 인정한 때에는 그 부분만의 제출을 명한다(위 제2항). 신청이 이유 없는 경우 신청을 기각하는 것이 원칙이지만, 실무상으로는 법원이 변론종결시까지 허부의 결정을 유보함으로써 묵시적으로 기각하는 경우도 있다.36)

서류제출명령의 신청에 관한 결정에 대하여는 즉시항고를 할 수 있다(민사소송법 제348조).

서류제출명령이 있어도 그 문서가 법원에 제출되기 전까지는 그 신청을 철회할 수 있고, 이때 상대방의 동의는 필요하지 않다.37)

Ⅶ. 부제출의 효과

민사소송법에 의하면, 문서의 제출을 명령받은 당사자가 문서를 제출하지 않거나 인카메라 심리절차를 위한 문서제시명령에 따르지 아니한 때에는 법원은 문서의 기재에 대한 상대방의 주장을 진실한 것으로 인정할 수 있고(민사소송법 제349조), 이러한 규정은 디자인보호법상의 서류제출명령에 대한 부제출 등의 경우에도 적용된다.38) 제1심에서 제출하지 않은 경우에도 항소심의 변론종결시까지 제출하면 이러한 효과는 생기지 않는다.39)

---

34) 민사소송규칙 제110조 제2항 및 대법원 2009. 4. 28.자 2009무12 결정.
35) 정상조 · 박성수 공편(주 1), 346 참조.
36) 대법원 2001. 5. 8. 선고 2000다35955 판결; 滿田重昭 · 松尾和子(주 6), 505.
37) 대법원 1971. 3. 23. 선고 70다3013 판결[정상조 · 박성수 공편(주 1), 346에서 재인용].
38) 정상조 · 박성수 공편(주 1), 353.
39) 寒河江孝允 외 공저(주 2), 604.

　　문서의 기재에 관한 상대방의 주장은, 요증사실 그 자체가 아니고, 문서의 성질, 내용, 성립의 진정 등이다. 따라서 서류제출명령 신청인의 해당 문서의 성질, 내용, 성립에 관한 주장이 진실한 것으로 인정되어도, 그에 의해 요증사실 (손해액에 대한 계산) 그 자체가 증명되었는지 여부는 법원이 자유심증에 의하여 결정하는 것이다.[40)]

　　또 당사자가 상대방의 사용을 방해할 목적으로 제출의무가 있는 문서를 훼손하여 버리거나 이를 사용할 수 없게 한 때에는, 법원은 그 문서의 기재에 대한 상대방의 주장을 진실한 것으로 인정할 수 있다(민사소송법 제350조). 방해할 목적은 장래 분쟁이 생길 경우에 해당 문서가 존재하면 상대방이 이를 이용하여 자신에게 불리하게 될지도 모른다는 정도로 족하다고 해석된다.[41)] 고의로 문서를 훼손한 것이 아니고, 문서의 보관상 과실로 인하여 멸실된 경우에도 위 규정이 준용될 것인가에 관하여는 견해가 갈린다.[42)]

　　부제출 및 사용방해의 효과는, 법원이 진실이라고 인정할 수 있다는 것이므로, 반드시 진실이라고 인정하여야 하는 것은 아니다. 법원은 부제출 및 사용방해라고 하는 사실을 변론의 전취지로 참작할 수도 있다.[43)]

　　　　　　　　　　　　　　　　　　　　　　　〈김기영〉

---

40) 대법원 1993. 6. 25. 선고 93다15991 판결; 대법원 2007. 9. 21. 선고 2006다9446 판결; 정상조·박성수 공편(주 1), 353; 寒河江孝允 외 공저(주 2), 604. 한편, 일본 민사소송법 제224조 제3항은, "상대방이 해당 문서의 기재에 관하여 구체적인 주장을 하고 해당 문서에 의하여 증명할 사실을 다른 증거에 의하여 증명하는 것이 현저히 곤란한 경우에는, 법원은 그 사실에 관한 상대방의 주장을 진실한 것으로 인정할 수 있다"고 규정하고 있다.

41) 寒河江孝允 외 공저(주 2), 604.

42) 寒河江孝允 외 공저(주 2), 604-605.

43) 滿田重昭·松尾和子(주 6), 505.

제 7 장
심　　판

　　심사관은 제48조에 따른 보정이 디자인등록출원의 요지를 변경하는 것인 때에는 결정으로 그 보정을 각하하여야 하는바(제49조 제1항), 보정각하결정을 받은 자(출원인)는 심사관의 보정각하결정에 대해 보정각하결정의 취소를 구하는 심판을 청구할 수 있다.

　　본조는 이와 같이 보정각하결정에 대한 불복심판에 관한 근거규정이다. 보정각하결정은 행정처분의 일종이기는 하지만 본조에 의한 심판을 청구하는 이외에 별도의 행정소송으로서 이를 다투는 것은 허용되지 아니한다.

　　본조는 2004. 12. 31. 법률 제7289호로 개정된 의장법에 보정각하제도와 함께 도입된 것으로 보정각하결정에 대한 독립된 불복수단이다. 이에 비하여 특허법은 특허거절결정에 대한 심판에서 보정각하결정에 대하여 다투는 것을 허용할 뿐 독립하여 불복하지 못하도록 규정하였다(특허법 제51조 제3항).

〈이다우〉

> 제120조(디자인등록거절결정 또는 디자인등록취소결정에 대한 심판)
> 디자인등록거절결정 또는 디자인등록취소결정을 받은 자가 불복할 때에는 그 결정등본을 송달받은 날부터 30일 이내에 심판을 청구할 수 있다.

I. 의의 및 법적 성격

1. 의　　의

디자인등록출원을 하였으나 심사관이 그 출원이 디자인보호법 제62조 제1항, 제2항, 제3항 각호의 어느 하나에 해당한다고 인정하여 디자인등록거절결정을 한 경우 또는 디자인일부심사등록이 같은 법 제68조 제1항 각호에 해당하는 사유가 있어 심사관합의체가 같은 법 제73조 제3항에 의하여 디자인등록취소결정을 한 경우 출원인 또는 디자인권자는 본조에 의하여 그 거절결정 또는 취소결정의 취소를 구하는 심판을 청구할 수 있다. 본조는 이와 같은 거절결정 또는 취소결정에 대한 불복심판에 관한 근거규정이다. 거절결정은 행정처분의 일종이기는 하지만 본조에 의한 심판을 청구하는 이외에 별도의 행정소송으로서 이를 다투는 것은 허용되지 아니한다(디자인보호법 제216조).[1]

2. 법적 성격

디자인등록거절결정(이하 '등록거절결정'이라고 한다) 또는 디자인등록취소결정(이하 '등록취소결정'이라고 한다)에 대한 심판은 심사관의 등록거절결정 또는 심사관 합의체의 등록취소결정에 대하여 불복이 있는 자가 청구하는 것이지만 심리와 심판의 대상이 되는 것은 디자인등록출원에 대하여 등록을 허용할 것인

---

[1] 다만 학설로서는 특별한 경우에 행정소송으로 다툴 수 있도록 하자는 견해가 있다. 김병국, "특허출원에 대한 거절결정시 이유부기의 하자 및 그에 대한 쟁송방법에 관한 고찰", 지식과 권리(2005년 가을·겨울호), 대한변리사협회, 57-64.

가의 여부라고 이해되고 있다.2) 이는 디자인등록출원에 대한 심사절차 또는 디자인일부심사등록 이의신청절차에서 밟은 디자인에 관한 절차는 본조에 의한 등록거절결정 또는 등록취소결정에 대한 심판절차에서도 그 효력이 있기 때문이다(제156조). 즉, 본조에 의한 심판은 심사절차에 대하여 속심적 성격을 갖는 것이다. 따라서 불복의 대상이 된 등록거절결정 또는 등록취소결정에서 내세운 등록거절이유 또는 등록취소이유가 부당하였거나 보정에 의하여 해소된 경우에도 다른 이유에 관하여 의견서를 제출할 기회(제63조 제1항), 답변서를 제출할 기회(제68조 제3항), 의견을 진술할 기회(제71조 제1항)가 부여되었다면 그 다른 이유를 내세워 등록거절결정 또는 등록취소결정을 유지하고 심판청구를 기각할 수 있다.

    등록거절결정 또는 등록취소결정에 대한 불복심판은 모두 특허청의 결정에 대한 불복심판으로서 결정계 심판의 일종이다. 따라서 심결에 대한 취소소송에 있어서는 심리범위에 관하여 이른바 무제한설을 취하더라도 디자인등록심사나 디자인일부심사등록이의신청 절차 및 이에 대한 취소심판절차에서 다루어지지 않은 거절이유나 증거를 들어 심결의 당부를 판단할 수 없다.

II. 심판의 청구

1. 청구기간

    본조에 의한 불복심판은 등록거절결정 또는 등록취소결정의 등본을 송달받은 날부터 30일 이내에 청구하여야 한다. 다만, 같은 법 제64조는 등록거절결정(재심사에 따른 거절결정은 제외한다)이 있는 경우에 그 등본을 송달받은 날부터 30일 이내에 그 디자인등록출원의 기재사항, 디자인등록출원서에 첨부된 도면, 도면의 기재사항이나 사진 또는 견본을 보정하여 그 디자인등록출원에 관하여 재심사를 청구할 수 있다고 규정하여 1회에 한하여 등록거절결정에 대한 취소심판이 아닌 재심사를 청구할 수 있도록 규정하고 있어 결국 최초 등록거절결정에 대하여는 2회의 불복기회가 주어진다.

    기간의 계산에 있어서 초일은 산입하지 아니하므로 송달받은 날 다음날부터 기산하여 30일 이내에 심판을 청구하여야 한다(제16조). 특허청장 또는 특허심판원장은 당사자의 청구 또는 직권으로 심판의 청구기간을 1회에 한하여 30

---

    2) 中山新弘 編, 注解 特許法(下) 3版, 靑林書院(2000), 1327-1328(荒垣恒輝 집필부분).

일 이내에서 연장할 수 있다(제17조 제1항 본문). 다만 교통이 불편한 지역에 있는 자의 경우에는 추가로 1회 연장할 수 있고, 그 기간은 30일 이내이다(제17조 제1항 단서, 디자인보호법 시행규칙 제29조 제4항).

2. 청구인

가. 원　칙

심판의 청구인은 등록거절결정 또는 등록취소결정을 받은 자인바, 등록거절결정은 출원인 또는 그 승계인에 대하여 하는 것이고, 등록취소결정은 디자인권자에게 하는 것이므로 심판의 청구인은 출원인, 디자인권자 또는 그 승계인이 청구할 수 있다. 한편, 권리범위확인심판이나 무효심판과 달리 등록거절결정 또는 등록취소결정에 대한 불복심판에 있어서는 그 특성상 제3자의 심판참가는 허용되지 아니한다(제155조).

나. 디자인권 등이 공유인 경우

2인 이상이 공동으로 디자인을 창작하여 디자인등록을 받을 권리가 공유인 경우에는(제3조 제2항) 공유자 전원이 공동으로 출원을 해야 하는바(제39조), 등록거절결정을 받은 자는 공유자 전원이 될 것이므로 등록거절결정에 대한 불복심판도 공유자 전원이 청구인이 되어야 한다. 마찬가지로 디자인권이 공유인 경우 등록취소결정에 대한 불복심판도 공유자 전원이 청구인이 되어야 한다(제125조 제1항).

따라서 디자인권이나 디자인등록을 받을 권리의 공유자의 일부가 제기한 등록거절결정 등에 대한 불복심판은 부적법한 것이고, 한편 심판청구서의 보정은 청구의 이유를 제외하고는 요지를 변경할 수 없다 할 것인데, 심판의 계속중 나머지 공동출원인을 심판청구인으로 추가하는 보정은 요지의 변경에 해당하는 것이므로 원칙적으로 그 심판청구는 각하되어야 한다.

그러나 이와 같이 공유자의 일부가 제기한 심판청구라고 하더라도 아직 심판청구기간이 도과되기 전이라면 나머지 공동출원인을 추가하는 보정을 허용하여 그 하자가 치유될 수 있도록 함이 당사자의 권리구제 및 소송경제면에서 타당하다.3) 이와 같은 입장을 반영하여 현행 디자인보호법은 청구인에 관한 기재를 바로잡는 보정은 청구인을 추가하는 것을 포함하여 이를 요지의 변경에 해

---

3) 대법원 2005. 5. 27. 선고 2003후182 판결[공2005.7.1.(229), 1077].

당하지 않는 것으로 보고 있다(제126조 제2항 제1호).

다. 등록거절결정 또는 등록취소결정 후의 특정승계인

등록거절결정 또는 등록취소결정이 있은 후에 디자인등록을 받을 권리 또
는 디자인권에 관하여 상속 기타 일반승계에 의하지 아니한 승계가 있었던 경
우에 그 특정승계인이 제기한 심판청구의 적법성에 관해서 일본의 하급심 판결
은 심판청구기간 내에 권리승계의 신고가 있는 때에는(제38조 제4항) 청구인 적
격에 관한 흠결은 보정되며 그 특정승계인이 심판청구인의 지위를 갖지만 심판
청구기간 내에 그와 같은 신고가 없었던 때에는 부적법한 것으로서 각하되어야
한다고 판결하였다.[4]

〈이다우〉

---

4) 東京高判, 昭 60. 12. 24. 無体財産権関係民事 · 行政裁判例集 17巻3号 659, 判例タイム
ズ586号, 81.

제121조(디자인등록의 무효심판)

① 이해관계인 또는 심사관은 디자인등록이 다음 각 호의 어느 하나에 해당하는 경우에는 무효심판을 청구할 수 있다. 이 경우 제41조에 따라 복수디자인등록출원된 디자인등록에 대하여는 각 디자인마다 청구하여야 한다.

1. 제3조 제1항 본문에 따른 디자인등록을 받을 수 있는 권리를 가지지 아니하거나 같은 항 단서에 따라 디자인등록을 받을 수 없는 경우

2. 제27조, 제33조, 제34조, 제35조 제2항·제3항, 제39조 및 제46조 제1항·제2항에 위반된 경우

3. 조약에 위반된 경우

4. 디자인등록된 후 그 디자인권자가 제27조에 따라 디자인권을 누릴 수 없는 자로 되거나 그 디자인등록이 조약에 위반된 경우

② 제1항에 따른 심판은 디자인권이 소멸된 후에도 청구할 수 있다.

③ 디자인등록을 무효로 한다는 심결이 확정된 때에는 그 디자인권은 처음부터 없었던 것으로 본다. 다만, 제1항 제4호에 따라 디자인등록을 무효로 한다는 심결이 확정된 경우에는 디자인권은 그 디자인등록이 같은 호에 해당하게 된 때부터 없었던 것으로 본다.

④ 심판장은 제1항의 심판이 청구된 경우에는 그 취지를 해당 디자인권의 전용실시권자나 그 밖에 디자인에 관한 권리를 등록한 자에게 통지하여야 한다.

〈소 목 차〉

I. 서   설

1. 의의 및 취지

디자인등록의 무효심판 제도는 특허청 심사관으로부터 출원에 대한 거절이유를 발견할 수 없다고 등록결정을 받아 설정등록을 마친 디자인권에 일정한 하자가 있음을 이유로 이해관계인 또는 심사관의 청구에 의하여 처음부터 또는 하자가 발생한 때부터 디자인권의 효력을 소멸시키는 준사법적 행정절차이다.

이는 디자인등록을 받을 수 있는 권리를 갖지 아니한 사람이 디자인등록을 받거나 디자인등록요건을 충족하지 못하는 디자인이 디자인권으로 설정등록되어 디자인권이 잘못 귀속되거나 누구나 자유롭게 사용할 수 있는 디자인이 부당하게 독점되어 디자인의 창작 장려를 위한 정당한 보호가 이루어지지 않고 산업발전이 저해되는 폐해를 없애기 위하여 마련된 제도이다.

2. 조문의 연혁

제정 의장법(1961. 12. 31, 법률 제951호)은 제19조에서 등록무효심판에 관하여 규정하고 있었다.

1973년 개정 의장법(전부개정 1973. 2. 8, 법률 제2507호)은 조문의 위치를 옮겨 제35조에서 의장등록의 무효사유를, 제36조에서 의장등록의 무효의 효과를 각 규정하면서, 신설된 유사의장과 관련하여 기본의장의 의장등록을 무효로 한다는 심결 또는 판결이 확정되었을 때에는 그 유사의장의 의장등록은 무효로 된다고 규정하였다.

1980년 개정 의장법(일부개정 1980. 12. 31, 법률 제3327호)은 종래 무효사유였던 1의장 1출원에 관한 규정 위반을 삭제하였다.

1990년 개정 의장법(전부개정 1990. 1. 13, 법률 제4208호)은 조문의 위치를 제68조로 옮겨 등록무효사유와 등록무효심결의 효과를 통합하여 규정하고, 심판장은 무효심판청구가 있을 때 그 취지를 의장권의 전용실시권자 등에게 통지하도록 하는 조항을 신설하였다.

1997년 개정 의장법(일부개정 1997. 8. 22, 법률 제5354호)은 신설된 다의장등록출원제도에 맞추어 다의장등록출원된 의장등록에 대하여서는 각 의장마다 등록무효심판을 청구할 수 있다고 규정하였다. 2001년 개정 의장법(일부개정 2001.

2. 3, 법률 제6413호)은 종래 무효사유였던 1벌 물품의 의장에 관한 규정 위반을 삭제하였다.

2013년 개정 디자인보호법(전부개정 2013. 5. 28, 법률 제11848호, 시행 2014. 7. 1.)은 유사디자인제도를 관련디자인[1]제도로 대체하면서 기본디자인이 무효로 되면 유사디자인도 무효로 된다는 규정을 승계하지 않아 관련디자인이 기본디자인의 무효에 의하여 무효로 되지 않게 되었다. 제121조는 부칙 제2조(일반적 적용례) 및 부칙 제12조(디자인등록무효심판에 관한 적용례)에 따라 이 법 시행 후 출원한 디자인등록출원부터 적용한다.

Ⅱ. 무효심판의 당사자

1. 청 구 인

무효심판청구는 "이해관계인 또는 심사관"이 할 수 있다.

가. 이해관계인
(1) 의   의

이해관계인이란 무효심판의 청구대상이 되는 등록디자인이 유효하게 존속함으로 말미암아 그 권리의 대항을 받을 염려가 있어 현재 업무상 손해를 받거나 후일 손해를 받을 염려가 있는 자를 의미한다.[2] 이에는 무효심판의 청구대상이 되는 등록디자인과 동일하거나 유사한 디자인으로 자기의 영업으로 하는 물품을 생산 판매하였거나 생산·판매하고 있어 그 등록디자인의 소멸에 직접적이고도 현실적인 이해관계가 있는 사람, 그 업무의 성질상 장래에 그러한 물품을 업으로 제조·판매·사용하리라고 추측이 갈 수 있는 자 등이 포함된다.[3]

심판청구에 이해관계를 요구하는 것은 심판이 준사법적인 쟁송절차의 성격을 가지므로 민사소송의 "이익이 없으면 소권이 없다"는 원칙에 따르도록 함이 적당하기 때문이다.[4] 즉, 이해관계 없는 자에 의한 심판청구는 부적법하므로 각하되어야 한다.

이해관계가 없는 자에 의한 무효심판청구는 부적법하므로 이해관계의 유무

1) 각주 27번 참조
2) 대법원 2001. 6. 29. 선고 99후1331 판결[공2001.8.15.(136), 1773].
3) 대법원 2000. 10. 24. 선고 98후1358 판결[공2000.12.15.(120), 2461], 대법원 2000. 4. 11. 선고 97후3241 판결[공2000.6.1.(107), 1192].
4) 송영식 외 6인 공저, 송영식 지적소유권법(제2판), 육법사(2013), 820.

는 직권으로 심리하여야 한다.5) 주된 당사자인 심판청구인이 이해관계를 갖지
아니한 경우에는 가사 참가인이 독립하여 무효심판을 청구할 수 있는 이해관계
를 가진 자라 하더라도 그로써 심판청구인의 심판청구를 적법하게 할 수는 없
다.6) 이해관계인에 해당하는지 여부는 심결시를 기준으로 판단하여야 한다.7)

  (2) 이해관계가 문제되는 경우

  ㈎ 실시권자의 이해관계 유무

  실시권자도 등록무효심판을 청구할 수 있는 이해관계인에 해당하는지 여부
에 관해서는 견해가 나뉜다.

  실시권자는 권리의 대항을 받을 염려가 없으므로 이해관계가 없다는 견
해,8) 실시권자는 실시료의 지급의무가 있는 등의 불이익이 있는 경우에는 이해
관계가 있다는 견해,9) 실시권자는 원칙적으로 이해관계가 있고, 예외적으로 무
효심판청구가 신의칙에 반하는 특별한 사정이 있는 경우(화해에 의해 무효심판을
취하하고 실시권계약을 체결한 경우, 당사자 간에 조합유사의 긴밀한 관계가 있는 경
우 등)에 이해관계가 부정된다는 견해,10) 실시권을 설정받았다는 사유만으로는
이해관계가 없다고 단정할 수 없지만 실시권 설정 과정에서의 교섭 내용 및 구
체적인 실시허락계약의 내용 등을 종합적으로 고려하여 개별적으로 이해관계의
유무를 가려야 한다는 견해11) 등이 있다.

  대법원 판례의 입장은 두 가지로 나뉜다. 먼저 실시권자는 실용신안권자로
부터 권리의 대항을 받을 염려가 없어서 이해관계가 없다거나,12) 특허권자로부
터 그 발명의 실시의 허락을 받은 사람은 어느 특별한 사정이 있어서 그 특허
를 무효로 하지 않으면 안 될 정당한 이유가 있는 경우는 모르되, 그렇지 아니
하는 한 그 특허를 무효로 하여야 할 구체적인 이익이 있다고는 할 수 없다거

  5) 대법원 1971. 4 .28. 선고 70후68 판결[미간행], 대법원 1981. 7. 28. 선고 80후77 판결[공
    1981.10.1.(665), 14265].
  6) 대법원 1970. 8. 31. 선고 69후13 판결[미간행].
  7) 대법원 1991. 11. 26. 선고 91후240 판결[공1992.1.15.(912), 312], 대법원 2006. 9. 14. 선
    고 2005후3291 판결[공2006.10.15.(260), 1764], 대법원 2009. 5. 28. 선고 2007후3301 판결
    [공2009하, 1038].
  8) 尹宣熙, 特許法(제5판), 법문사(2012), 922.
  9) 노태정 · 김병진 공저, 디자인보호법(3정판), 세창출판사(2009), 775.
  10) 한국특법학회 편, 개정판 특허판례연구, 박영사(2012), 700(김동준 집필부분); 정상조 ·
    박성수 공편, 특허법 주해 I, 박영사(2010), 1240(이회기 집필부분); 황경남, '특허무효심
    판', 재판자료 제56집, 법원도서관, 471.
  11) 정상조 · 박성수 공편, 특허법 주해 II, 박영사(2010), 378-379(최정열 집필부분).
  12) 대법원 1977. 3. 22. 선고 76후7 판결[미간행].

나,13) 특허권자로부터 그 특허권의 실시권을 허여받은 자는 그 허여기간 안에는 그 권리의 대항을 받을 염려가 없어 업무상 손해를 받거나 받을 염려가 없으므로 그 기간 중에는 그 특허에 관하여 무효확인을 구할 이해관계가 없다거나,14) 실용실안권의 실시권자로 등록을 받은 자는 그 실용신안의 무효심판청구의 이해관계인의 범주에 속한다 할 수 없다고 본 것15)이 있다.

반면, 디자인등록무효심판청구인이 피심판청구인으로부터 본건등록의장에 대한 실시권의 허여를 받은 사실만으로써는 이해관계가 상실되었다고 볼 수 없다거나,16) 특허무효심판청구인이 특허청으로부터 본건 특허의 통상실시권을 허여받았다 하여도 동 허여처분에 제품순판매액의 3퍼센트에 해당하는 대가의 지급조건이 붙어 있어 통상실시권에 수반하는 의무이행을 하여야 한다면 위 실시권 허여 자체만으로 당사자 간의 모든 이해관계가 소멸되었다고 볼 수 없으니 특허무효심판을 구할 이해관계가 있다고 본 것도 있다.17)

사견으로는 실시권자라도 하더라도 실시료 지급 의무나 실시 기간 또는 범위 등의 제한과 같은 의무나 제한이 전혀 없다는 특별한 사정이 없는 한 자유로운 실시를 위하여 디자인권을 무효로 할 법률상 이익이 있으므로, 실시권이 있다는 사정만으로 이해관계를 부정하는 것은 타당하지 않다고 본다. 그리고 등록무효심판 청구가 신의칙에 반하는 등의 특별한 사정이 있는 경우는 그 이해관계가 부정되지만, 이는 실시권자가 아닌 경우에도 마찬가지이다.

⑴ 합의와 이해관계의 소멸 여부

심판청구 당시 이해관계가 있었던 당사자라 하더라도 심판 계속 중에 그 심판에 관하여 당사자 사이에 다투지 아니하기로 하는 합의가 있었다면 특별한 사정이 없는 한 그 이해관계는 소멸된다고 해석하여야 한다.18)

한편 대법원은 2000. 11. 28. 선고 2000후754판결에서 "원심판결 이유에 의하면, 원심은 판시 증거에 의하여, 이 사건 특허발명의 공동특허권자의 1인인

---

13) 대법원 1979. 4. 10. 선고 77후49 판결[공1979, 11951].
14) 대법원 1981. 7. 28. 선고 80후77 판결[공1981, 14265].
15) 대법원 1983. 12. 27. 선고 82후58 판결[공1984, 264].
16) 대법원 1972. 4. 20. 선고 72후6 판결, 대법원 1980. 3. 25. 선고 79후78, 대법원 1980. 5. 13. 선고 79후74, 대법원 1980. 7. 22. 선고 79후75 판결.
17) 대법원 1984. 5. 29. 선고 82후30 판결[공1984, 1188].
18) 대법원 2001. 6. 29. 선고 99후1331 판결[공2001.8.15.(136), 1773], 대법원 2000. 1. 21. 선고 99후2198 판결[공2000상, 490], 대법원 1990. 10. 23. 선고 89후2151 판결[공1990, 2422], 대법원 1979. 3. 13. 선고 77후50 판결[공1979, 11913] 등 다수.

원고 갑이 1997. 11. 19.경 피고와 동일지분으로 공동출자를 하여 이 사건 특허발명에 관한 발열조성체 및 이를 부착한 제품을 생산, 판매하기로 하는 동업계약을 체결하고, 위 동업계약에 따라 공동으로 이 사건 특허발명을 이용하여 "온도시락"을 제조, 판매하여 오던 중, 사업지분에 관하여 다툼이 있자 1998. 3. 10.경 피고가 이 사건 특허발명을 침해하였다고 주장하면서 피고를 특허법위반 혐의로 형사고소를 하고, 피고가 1999. 4. 20.경 원고 이광재의 특허품목인 '발열조성체'를 절대로 생산 및 판매를 하지 않기로 하는 내용의 각서를 위 원고에게 작성하여 주자 이에 따라 위 형사고소를 취하한 사실을 인정한 다음, 이러한 동업계약의 내용 및 그 후의 진행경과에 비추어 보면, 위 원고와 피고 사이에 동업계약이 있었다고 하여도 피고는 위 원고를 포함한 이 사건 특허발명의 특허권자들로부터 권리의 대항을 받을 염려가 있다고 할 것이고, 피고가 위 원고에게 위와 같은 각서를 작성하여 준 사실만으로는 이 사건 특허발명의 적법성을 인정하여 이 사건 특허발명의 등록무효를 구하는 심판청구권을 포기하는 등 이 사건 특허발명의 효력을 법적으로 다투지 아니하기로 한 것으로 볼 수 없으므로, 피고가 무효심판을 청구할 이해관계인으로서의 지위를 상실하였다고 할 수는 없다는 취지로 판단하였다. 기록에 의하여 살펴보면 위와 같은 원심의 판단은 정당하고 거기에 상고이유에서 주장하는 바와 같은 이해관계 유무에 관한 사실오인의 위법이 있다고 할 수 없다"라고 판시하였다. 이에 비추어 보면 대법원은 단순히 합의가 있었다는 사정만으로 바로 이해관계가 소멸하였다고 보지 않고, 합의의 내용 및 전후 경과 등을 종합하여 이해관계의 소멸 여부를 판단하고 있다고 할 것이다.

나. 심 사 관

심사관은 특허청의 심사관[19]을 의미한다. 심사관은 이른바 공익의 대표자로서 별도의 개인적인 이해관계가 없다고 하더라도 무효심판을 청구할 수 있다. 이는 디자인제도의 공익적 성격을 반영한 결과로서 디자인의 무효심판은 개인

---

19) 관련하여, 대법원 1989. 3. 14. 선고 86후171 판결[공1989.5.1.(847), 608]은 "실용신안법 제25조 제2항이 심사관으로 하여금 실용신안등록의 무효심판을 청구할 수 있도록 규정한 것은 심사관 개인을 이해관계인으로 보아서가 아니라 실용신안제도의 원활한 목적달성을 위한 공익적 견지에서 나온 것이므로 그 심사관은 심판제기 당시 실용신안의 등록출원에 대한 심사를 담당하고 있는 자이면 되고 반드시 당해 실용신안등록을 심사하여 등록사정한 심사관에 한하거나 심결당시에 그 심사관의 지위에 있어야만 하는 것은 아니다"라고 판시하였다.

의 이익에만 도움이 되는 것이 아니라 본래 독점권을 부여해서는 안 되는 기술
에 대하여 부여된 독점권을 소멸시킴으로써 원칙적으로 모든 사람에게 이익이
되기 때문이다.[20]

　　실무상으로는 이해관계 있는 당사자가 무효심판을 청구하여 그 심리 과정에
서 무효사유가 있음이 밝혀졌음에도 당사자 사이에 합의가 성립되어 무효심판이
취하됨으로써 당해 특허가 존속하게 되는 경우에 종종 심사관이 무효심판을 청
구하고 있다. 심사관이 무효심판을 청구하는 경우에 종래의 심결이나 심결취소
소송의 판결문에서는 심사관 개인을 당사자로 표시한 예도 있으나 현재의 실무는
당사자란에 "특허청 심사관"이라고만 표시하고 심결취소소송 단계에서는 특허
청이 당사자가 되는 경우와 마찬가지로 소송수행자의 지정을 인정하고 있다.[21]

2. 피청구인

　　무효심판의 피청구인은 무효심판청구 당시 디자인권자이다. 통상적으로는
디자인등록원부에 디자인권자로 등록되어 있는 자가 디자인권자이나, 상속이나
합병 등과 같은 일반 승계로 디자인권이 이전된 경우에 등록이 없더라도 승계
인이 디자인권자가 된다.

　　신탁법에 의한 신탁등록이 된 경우는 수탁자가 피청구인이 된다.[22]

　　디자인권자가 아닌 자를 피청구인으로 하는 심판청구는 부적법한 심판청구
로서 각하된다.

　　심판 계속 중에 디자인권의 이전이 있는 경우에는 피청구인의 당사자로서
의 지위에는 아무런 영향이 없고 당초의 피청구인이 그 사건의 종국에 이르기
까지 당사자로서 자기 또는 승계인을 위하여 제반의 행위를 할 적격을 가진
다.[23][24] 다만, 심판장은 이 경우 승계인에 대하여 그 절차를 속행하게 할 수 있

20) 정상조・박성수 공편(주 11), 384(최정열 집필부분).
21) 정상조・박성수 공편(주 11), 384(최정열 집필부분).
22) 정상조・박성수 공편(주 11), 384(최정열 집필부분).
23) 송영식 외 6인 공저(주 4), 821.
24) 대법원 1967. 6. 27. 선고 67후1 판결[집15(2)행, 017]은 "특허나 실용신안의 등록무효를
　　구하는 특허사건은 피심판 청구인의 작위 또는 부작위의 효력을 대상으로 하는 것이 아니
　　고, 그가 가지고 있는 특허 또는 실용신안의 등록을 대상으로 하여 그 등록의 무효사유를
　　주장하여, 이에 대한 심판을 구하는 것이니 만큼, 심판청구인으로서는 그 등록이 존재하는
　　한 언제나 그 권리자를 상대로 같은 사유를 주장하여 무효심판을 구할 필요와 그 이익이
　　있는 것이라고 할 것임에 반하여 특허법이나, 민사소송법상 사건 계속 중, 그 등록권리의
　　특별승계가 있는 경우 승계인으로 하여금 당사자의 지위를 당연히 승계케 하는 규정이 없

다(제21조).

공유인 디자인권의 디자인권자에 대하여 심판을 청구할 때에는 공유자 모두를 피청구인으로 하여야 한다(제125조 제3항). 소송목적이 공동소송인 모두에게 합일적으로 확정되어야 하는 고유필수적 공동소송에 준한다고 볼 수 있다. 만일 공유자의 전원을 피청구인으로 하여 청구하지 아니한 경우는 위법하여 각하되어야 하나, 심판청구서에 누락된 공유자를 피청구인으로 추가하는 보정을 할 수 있고, 이는 요지변경에 해당하지 않는다(제126조 제2항 제1호).

디자인권 소멸 후의 피청구인은 디자인권이 소멸한 때에 디자인권자로 등록되어 있던 자이다.

Ⅲ. 무효심판 청구의 대상

디자인등록된 디자인이 무효심판 청구의 대상이 되고, 복수디자인등록출원된 디자인등록에 대하여는 각 디자인마다 청구하여야 한다(제121조 제1항).

Ⅳ. 무효사유

1. 제한적 열거주의

디자인보호법은 디자인등록이 제121조 제1항 제1호 내지 제4호의 어느 하나에 해당하는 경우에 무효심판을 청구할 수 있는 제한적 열거주의를 채택하고 있다.[25] 다른 사유로 무효심판을 청구하는 것은 허용되지 않는다. 심판관의 자의를 배제하고 심판의 적정을 도모하기 위함이다.[26]

으므로, 계쟁 권리에 대한 처분금지가 처분에 관한 규정이 없는 위와 같은 특허사건의 피심판청구인은 계쟁 중인 등록 권리를 타인에게 양도함으로써 심판청구인으로 하여금 속수무책으로 패배케 하는 불합리한 결과에 이르게 하는 사례가 없지 않을 것인즉, 이러한 결과를 막기 위하여 특허사건의 특이성과 당사자 쌍방과 권리승계인의 권리관계를 공평히 교량하고, 특허법 제32조(현행 특허법 제21조)의 취지를 감안하여 위와 같은 권리양도의 경우에는 그 양도가 피심판청구인의 당사자로서의 지위에는 아무런 영향도 미치는 것이 아니고, 일방 본안에 관한 심결 또는 판결의 효력을 승계인에게도 미치는 것이므로, 당초의 피심판청구인은 그 사건이 종국에 이르기까지 당사자로서 자기 또는 승계인을 위하여 제반의 행위를 할 적격을 가지는 것이라고 해석하지 않을 수 없다"고 판시하였다.

25) 노태정·김병진 공저(주 9), 776; 황의창·황광연 공저, 디자인보호법, 법영사(2011), 670; 조국현, 의장법, 법경사(2002), 720-721; 오세중·이창훈 저, 意匠法·商標法(제2판), 주식회사 한빛지적소유권센터(2002), 437.
26) 노태정·김병진 공저(주 9), 776.

2. 무효사유

디자인보호법 제121조 제1항에 열거한 등록무효사유는 대부분 디자인의 등록거절사유와 동일한 것이지만, 등록거절사유 중 제35조 제1항,[27] 제37조 제4항,[28] 제40조,[29] 제41조,[30] 제42조[31]는 등록무효사유에서 제외되어 있다. 이들 규정의 위반은 절차적 요건의 위반에 해당되거나 출원형식의 하자에 불과한 것이므로 이를 이유로 무효로 하는 것은 디자인권자에게 너무 가혹하기 때문이다. 반면, 디자인등록된 후 그 디자인권자가 제27조에 따라 디자인권을 누릴 수 없는 자로 되거나 그 디자인등록이 조약에 위반된 경우는 디자인등록된 후에 발생한 사유로서 디자인등록무효사유는 되나, 디자인등록거절이유는 되지 않는다.[32]

가. 제3조 제1항 본문에 따른 디자인등록을 받을 수 있는 권리를 가지지 아니하거나 같은 항 단서에 따라 디자인등록을 받을 수 없는 경우(제1호)

디자인을 창작한 사람 또는 그 승계인이 아닌 사람이 디자인등록을 받거나, 특허청 또는 특허심판원 직원이 재직 중에 상속 또는 유증의 경우를 제외하고 디자인등록을 받은 경우에는 본 호에 의하여 등록이 무효로 된다.

---

27) 제35조(관련디자인) ① 디자인권자 또는 디자인등록출원인은 자기의 등록디자인 또는 디자인등록출원한 디자인(이하 "기본디자인"이라 한다)과만 유사한 디자인(이하 "관련디자인"이라 한다)에 대하여는 그 기본디자인의 디자인등록출원일부터 1년 이내에 디자인등록 출원된 경우에 한하여 제33조 제1항 각 호 및 제46조 제1항·제2항에도 불구하고 관련디자인으로 디자인등록을 받을 수 있다.

28) 제37조(디자인등록출원) ④ 디자인일부심사등록출원을 할 수 있는 디자인은 물품류 구분 중 산업통상자원부령으로 정하는 물품으로 한정한다. 이 경우 해당 물품에 대하여는 디자인일부심사등록출원으로만 출원할 수 있다.

29) 제40조(1디자인 1디자인등록출원) ① 디자인등록출원은 1디자인마다 1디자인등록출원으로 한다. ② 디자인등록출원을 하려는 자는 산업통상자원부령으로 정하는 물품류 구분에 따라야 한다.

30) 제41조(복수디자인등록출원) 디자인등록출원을 하려는 자는 제40조 제1항에도 불구하고 산업통상자원부령으로 정하는 물품류 구분에서 같은 물품류에 속하는 물품에 대하여는 100 이내의 디자인을 1디자인등록출원으로 할 수 있다. 이 경우 1 디자인마다 분리하여 표현하여야 한다.

31) 제42조(한 벌의 물품의 디자인) 디자인등록출원을 하려는 자는 제40조 제1항에도 불구하고 산업통상자원부령으로 정하는 물품류 구분에서 같은 물품류에 속하는 물품에 대하여는 100 이내의 디자인을 1디자인등록출원(이하 "복수디자인등록출원"이라 한다)으로 할 수 있다. 이 경우 1 디자인마다 분리하여 표현하여야 한다.

32) 노태정·김병진 공저(주 9), 777; 황의창·황광연 공저(주 25), 671.

나. 제27조, 제33조, 제34조, 제35조 제2항·제3항, 제39조 및 제46조
제1항·제2항에 위반된 경우(2호)

(1) 제27조 위반은 재외자인 외국인이 ① 그 외국인이 속하는 국가에서 대
한민국 국민에 대하여 그 국민과 같은 조건으로 디자인권 또는 디자인에 관한
권리를 인정하는 경우, ② 대한민국이 그 외국인에 대하여 디자인권 또는 디자
인에 관한 권리를 인정하는 경우에는 그 외국인이 속하는 국가에서 대한민국
국민에 대하여 그 국민과 같은 조건으로 디자인권 또는 디자인에 관한 권리를
인정하는 경우, ③ 조약 및 이에 준하는 것에 따라 디자인권 또는 디자인에 관
한 권리가 인정되는 경우 중 어느 하나에도 해당하지 않아 디자인권 또는 디자
인에 관한 권리를 누릴 수 없음에도 디자인권을 부여받은 경우이다.

(2) 제33조 위반은 디자인이 ① ㉠ 공업상 이용할 수 없는 디자인, ㉡ 디자
인등록출원 전에 국내 또는 국외에서 공지되었거나 공연히 실시된 디자인, ㉢
디자인등록출원 전에 국내 또는 국외에서 반포된 간행물에 게재되었거나 전기
통신회선을 통하여 공중이 이용할 수 있게 된 디자인, ㉣ 위 ㉡, ㉢에 해당하는
디자인과 유사한 디자인에 해당하는 경우(제33조 제1항), ② 디자인등록출원 전
에 그 디자인이 속하는 분야에서 통상의 지식을 가진 사람이 위 ①의 ㉡, ㉢에
해당하는 디자인 또는 이들의 결합 또는 국내 또는 국외에서 널리 알려진 형
상·모양·색채 또는 이들의 결합에 따라 쉽게 창작할 수 있는 디자인(위 ①의
㉡, ㉢, ㉣에 해당하는 디자인은 제외한다)에 해당하는 경우(제33조 제2항), ③ 그
출원을 한 후에 제52조,33) 제56조34) 또는 제90조35) 제3항에 따라 디자인공보에

---

33) 제52조(출원공개) ① 디자인등록출원인은 산업통상자원부령으로 정하는 바에 따라 자기
의 디자인등록출원에 대한 공개를 신청할 수 있다. 이 경우 복수디자인등록출원에 대한 공
개는 출원된 디자인의 전부 또는 일부에 대하여 신청할 수 있다. ② 특허청장은 제1항에
따른 공개신청이 있는 경우에는 그 디자인등록출원에 관하여 제212조에 따른 디자인공보
(이하 "디자인공보"라 한다)에 게재하여 출원공개를 하여야 한다. 다만, 디자인등록출원된
디자인이 제34조 제2호에 해당하는 경우에는 출원공개를 하지 아니할 수 있다. ③ 제1항
에 따른 공개신청은 그 디자인등록출원에 대한 최초의 디자인등록여부결정의 등본이 송달
된 후에는 할 수 없다.

34) 제56조(거절결정된 출원의 공보게재) 특허청장은 제46조 제2항 후단에 따라 제62조에
따른 디자인등록거절결정이나 거절한다는 취지의 심결이 확정된 경우에는 그 디자인등록
출원에 관한 사항을 디자인공보에 게재하여야 한다. 다만, 디자인등록출원된 디자인이 제
34조 제2호에 해당하는 경우에는 게재하지 아니할 수 있다.

35) 제90조(디자인권의 설정등록) ③ 특허청장은 제2항에 따라 등록(디자인권을 설정하기 위
한 등록)한 경우에는 디자인권자의 성명·주소 및 디자인등록번호 등 대통령령으로 정하
는 사항을 디자인공보에 게재하여 등록공고를 하여야 한다.

게재된 다른 디자인등록출원(그 디자인등록출원일 전에 출원된 것으로 한정한다)의 출원서의 기재사항 및 출원서에 첨부된 도면·사진 또는 견본에 표현된 디자인의 일부와 동일하거나 유사한 경우(다만, 그 디자인등록출원의 출원인과 다른 디자인등록출원의 출원인이 같은 경우는 제외)(제33조 제3항)에는 각 디자인등록을 받을 수 없음에도 디자인등록이 된 경우이다.

(3) 제34조 위반은 디자인이 ① 국기, 국장(國章), 군기(軍旗), 훈장, 포장, 기장(旗章), 그 밖의 공공기관 등의 표장과 외국의 국기, 국장 또는 국제기관 등의 문자나 표지와 동일하거나 유사한 디자인, ② 디자인이 주는 의미나 내용 등이 일반인의 통상적인 도덕관념이나 선량한 풍속에 어긋나거나 공공질서를 해칠 우려가 있는 디자인, ③ 타인의 업무와 관련된 물품과 혼동을 가져올 우려가 있는 디자인, ④ 물품의 기능을 확보하는 데에 불가결한 형상만으로 된 디자인 중 어느 하나에 해당하여 디자인등록을 받을 수 없음에도 디자인등록이 된 경우이다.

(4) 제35조 제2항, 제3항 위반은 디자인등록을 받은 관련디자인 또는 디자인등록출원된 다른 관련디자인과만 유사하여 디자인등록을 받을 수 없음에도 디자인등록이 된 경우 또는 기본디자인의 디자인권에 제97조에 따른 전용실시권이 설정되어 있는 경우에는 그 기본디자인에 관한 관련디자인에 대하여는 디자인등록을 받을 수 없음에도 디자인등록이 된 경우이다.

(5) 제39조 위반은 2명 이상이 공동으로 디자인을 창작한 경우에는 디자인등록을 받을 수 있는 권리를 공유하는 경우에 공유자 모두가 공동으로 디자인등록출원을 하여야 함에도 불구하고 그렇지 않은 경우이다.

(6) 제46조 제1항, 제2항 위반은 ① 동일하거나 유사한 디자인에 대하여 다른 날에 2 이상의 디자인등록출원이 있는 경우에는 먼저 디자인등록출원한 자만이 그 디자인에 관하여 디자인등록을 받을 수 있고, ② 동일하거나 유사한 디자인에 대하여 같은 날에 2 이상의 디자인등록출원이 있는 경우에는 디자인등록출원인이 협의하여 정한 하나의 디자인등록출원인만이 그 디자인에 대하여 디자인등록을 받을 수 있으며, 협의가 성립하지 아니하거나 협의를 할 수 없는 경우에는 어느 디자인등록출원인도 그 디자인에 대하여 디자인등록을 받을 수 없는데, 이에 위반하여 디자인등록이 된 경우이다.

다. 조약에 위반된 경우(3호)

우리나라가 가입한 조약에 의하여 디자인등록을 받을 수 없는 디자인이 디자인등록이 된 경우이다.

라. 디자인등록된 후 그 디자인권자가 제27조에 따라 디자인권을 누릴 수 없는 자로 되거나 그 디자인등록이 조약에 위반된 경우(4호)

재외자인 외국인이 제27조 각 호에 해당하여 디자인권 또는 디자인에 관한 권리를 누릴 수 있어 디자인등록을 받은 후에 제27조의 각 호 어디에도 해당하지 않게 되어 디자인권을 누릴 수 없게 되거나, 디자인이 등록된 후에 우리나라가 가입한 조약에 의하여 디자인등록을 받을 수 없는 디자인에 해당하게 된 경우이다.

3. 무효사유 존부 판단의 기준시

무효사유의 존부를 판단하는 기준시는 무효사유에 따라 다르다. 제121조 제1항 제4호에 정한 후발적 무효사유의 경우는 디자인이 위 무효사유에 해당하게 된 때이나, 다른 무효사유 중 공업상 이용가능성, 신규성, 창작비용이성이 없다거나 선출원이 있었다는 등의 사유는 출원시를 기준으로 하고 그 외의 사유는 출원인 보호의 견지에서 디자인등록결정시를 기준으로 하여 판단함이 타당하다.36)

4. 무효사유의 변경 · 추가 등

디자인보호법은 심판청구서의 보정은 그 요지를 변경할 수 없다고 규정하면서도 청구의 이유에 관해서는 요지를 변경할 수 있다고 규정하고 있다(제126조 제2항 2호). 특허심판원의 실무에 있어서도 청구의 이유를 비교적 자유롭게 변경할 수 있도록 운영하고 있으며, 심결취소소송에 있어서도 심리범위에 관한 무제한설을 취하는 결과 심결당시에 제출하지 않았던 새로운 무효 사유나 관련 증거 등을 자유롭게 제출할 수 있다.37)38)

---

36) 정상조 · 박성수 공편(주 11), 392-393(최정열 집필부분).
37) 대법원 2002. 6. 25. 선고 2000후1290 판결[집50(1)특, 776; 공2002.11.15.(166), 2616]은 "심판은 특허심판원에서의 행정절차이며 심결은 행정처분에 해당하고, 그에 대한 불복의 소송인 심결취소소송은 항고소송에 해당하여 그 소송물은 심결의 실체적, 절차적 위법성 여부라 할 것이므로 당사자는 심결에서 판단되지 않은 처분의 위법사유도 심결취소소송단

한편, 디자인보호법 제147조 제1항은 이른바 심판의 심리에 관하여 이른바 직권심리주의를 채택하여 "당사자 또는 참가인이 신청하지 아니한 이유에 대하여도 이를 심리할 수 있다"라고 규정하고 있다. 따라서 심판부가 당사자가 심판 청구서에서 언급하지 않은 디자인 무효사유를 발견한 경우에는 당사자의 주장 유무와 관계없이 이를 근거로 디자인무효 심결을 할 수도 있다. 다만, 이때에는 당사자의 의견 진술권을 보장한다는 측면에서 당사자 및 참가인에게 기간을 정하여 그 이유에 대한 의견을 진술할 수 있는 기회를 주어야 한다(제147조 제1항 2문). 당사자가 청구하지 아니한 취지에 관해서 심판할 수 없음은 물론이다(제147조 제2항).[39]

V. 무효심판 청구의 시기

디자인권의 무효심판은 디자인권이 소멸한 후에도 청구할 수 있다(제121조 제2항). 다만, 무효를 구하는 디자인권이 이미 소급적으로 소멸한 경우에는 다시 무효심판을 할 아무런 필요가 없으므로, 제121조 제2항의 소멸은 디자인권이 소급효 없이 소멸한 경우만을 의미한다. 디자인권의 소급효 없이 소멸한 경우에는 그 디자인권의 존속기간 중의 침해행위로 인한 손해배상책임이나 형사책임의 문제가 여전히 남아 있을 수 있기 때문이다.[40]

1990년 개정 의장법(1990. 1. 13. 법률 제4208호로 개정되기 전의 것)은 "의장등록이 의장등록출원 전에 외국에서 반포된 간행물에 기재된 의장 또는 그 의장에 의하여 그 의장이 속하는 분야에서 통상의 지식을 가진 자가 용이하게 고안할 수 있는 의장에 대하여 허여된 때에는 그러한 점을 이유로 하는 무효심판

계에서 주장·입증할 수 있고 심결취소소송의 법원은 특별한 사정이 없는 한 제한 없이 이를 심리·판단하여 판결의 기초로 삼을 수 있는 것이며 이와 같이 본다고 하여 심급의 이익을 해한다거나 당사자에게 예측하지 못한 불의의 손해를 입히는 것이 아니다. 따라서 원심이 심판절차에 제출되지 않았던 공지기술에 관한 자료를 증거로 채택하여 심리·판단한 것은 정당하고, 거기에 상고이유 제1점에서 주장하는 바와 같은 심급에 관한 이익이나 심결취소소송의 심리범위에 대한 법리오해의 위법이 없다"라고 설시하였다. 그러나 이와 같은 무제한설은 언제나 적용되는 것은 아니고, 거절결정취소심판에 대한 심결취소소송과 같이 결정계 사건에 있어서는 심결취소소송 단계에서 새로운 거절이유로 거절결정이나 심결의 결론을 유지할 수는 없는 것이므로 무제한설이 적용될 수 없다.

38) 정상조·박성수 공편(주 11), 393(최정열 집필부분).
39) 정상조·박성수 공편(주 11), 394(최정열 집필부분).
40) 특허법원 지적재산소송 실무연구회, 지적재산소송실무(제3판), 박영사, 53-54.

은 의장등록의 설정의 등록일로부터 5년을 경과한 후에는 청구할 수 없다"라는
종전의 제척기간 규정을 삭제하였다. 1990년 개정 특허법(1990. 1. 13. 법률 제
4207호로 개정된 것)은 정보의 국제화시대에 국내 간행물에 의한 공지와 외국 간
행물에 의한 공지를 구별할 필요가 없고, 출원 전에 이미 공지된 발명에 대하여
무효심판을 청구할 수 없게 하는 것은 특허법 정신에 반한다는 등의 이유[41])로
"특허가 특허출원 전에 외국에서 반포된 간행물에 기재된 발명 또는 그 발명에
의하여 그 발명이 속하는 기술분야에서 통상의 지식을 가진 자가 용이하게 발
명할 수 있는 발명에 대하여 허여된 때에는 그러한 점을 이유로 하는 무효심판
은 특허권의 설정의 등록일로부터 5년을 경과한 후에는 이를 청구할 수 없다"
라는 제척기간 규정을 삭제하였는바, 1990년 개정 의장법도 같은 취지에서 제
척기간 규정을 삭제한 것으로 보인다.

　　다만, 위 개정 의장법 부칙 제4조는 "이 법 시행 전에 한 의장등록출원에
의하여 권리설정된 등록의장에 관한 심판·항고심판·재심 및 소송은 종전의
규정에 의한다"라고 규정하고 있으므로 그 시행일인 1990. 9. 1. 이전에 출원되
어 등록된 의장등록에 대하여는 제척기간 규정이 적용된다.

Ⅵ. 이해관계인에 대한 통지

　　심판장은 무효심판이 청구된 경우에는 그 취지를 해당 디자인권의 전용실
시권자나 그 밖에 디자인에 관한 권리를 등록한 자에게 통지하여야 한다(제121
조 제4항). 이는 이해관계인에게 심판 참가의 기회를 부여하고, 나아가 심결에
불복이 있으면 디자인보호법 제166조 제2항[42])에 따라 심결에 대한 소를 제기할
수 있도록 하기 위해서이다.[43])

Ⅶ. 무효심결의 효과

1. 소급효 및 대세효

디자인등록을 무효로 하는 심결이 확정된 때는 그 특허권은 처음부터 없었

---

41) 해당 특허법개정법률안 심사보고서, 상공위원회(1989. 12.), 13-14.
42) 제166조(심결 등에 대한 소) ② 제1항에 따른 소(심결에 대한 소 등)는 당사자, 참가인
　　또는 해당 심판이나 재심에 참가신청을 하였으나 그 신청이 거부된 자만 제기할 수 있다.
43) 특허청, 조문별 특허법해설(2007), 316.

던 것으로 본다(제121조 제3항 본문). 다만, 디자인등록된 후 그 디자인권자가 제
27조에 따라 디자인권을 누릴 수 없는 자로 되거나 그 디자인등록이 조약에 위
반된 경우에 해당하여 디자인등록을 무효로 한다는 심결이 확정된 경우에는 디
자인권은 그 디자인등록이 위 무효사유에 해당하게 된 때부터 없었던 것으로
본다(제121조 제3항 단서). 이와 같이 확정된 무효심결은 디자인권이 없는 것으로
변경시키는 형성력을 가지고, 형성력에 의한 법률관계의 변동의 효과는 누구나
인정하여야 하기 때문에 무효심결의 효력은 당사자만이 아니라 일반 제3자에게
도 효력이 미친다(대세효).[44]

　　무효심결이 확정된 때에는 디자인권이 유효임을 전제로 하는 민사상의 금
지청구 또는 손해배상청구나 형사상의 기소는 인정될 수 없어 본안 판단으로는
청구기각판결이나 무죄판결이 선고되어야 한다. 그리고 소급효가 인정되는 사
유로 무효심결이 확정되면 디자인권의 침해를 원인으로 침해금지, 손해배상 등
을 명한 민사 확정판결이나 디자인권의 침해를 인정한 형사 유죄확정판결은 민
사소송법 제451조 제1항 제8호 또는 형사소송법 제420조 제6호의 재심사유에
해당하게 된다.

　　무효심결 확정 전에 디자인권 침해를 이유로 한 손해배상청구, 부당이득반
환청구에 의하여 받은 금원도 부당이득으로 반환하여야 한다.[45]

　　또 금지청구권의 행사로 인하여 제3자가 제품을 생산·판매하지 못하게 된
경우에 디자인권자가 나중에 손해배상책임을 지게 되느냐의 문제는 불법행위
일반원칙에 따른다. 일반적으로는 적법한 권리행사이므로 고의·과실이 없다고
하여야 할 것이다. 다만, 현실적으로는 드물겠지만 디자인권 취득이 신의칙에
반하는 경우 또는 디자인권이 무효로 될 개연성이 극히 높음에도 불구하고 그
러한 사실을 알고 권리행사를 한 경우에는 예외적으로 불법행위를 구성하는 경
우도 있을 것이다.[46]

　　한편, 소제기 전에 소송 외에서의 침해자의 고객에 대한 권리침해경고는 무
효확정에 의해 신용훼손행위로 되거나 업무방해행위에 해당하는 경우도 있을
수 있다(대법원 1977. 4. 26. 선고 76도2446 판결 참조).[47]

---

44) 이시윤, 신민사소송법, 박영사(2002), 552.
45) 송영식 외 6인 공저(주 4), 823.
46) 송영식 외 6인 공저(주 4), 823.
47) 송영식 외 6인 공저(주 4), 823.

2. 실시권자의 부당이득반환청구 등

디자인권에 관한 통상실시권 설정계약을 체결하고 실시료를 지급하였다거나 디자인권분쟁 도중에 화해하여 금전을 지급하였는데 나중에 디자인권이 무효로 된 경우에 실시료 등이 부당이득으로 반환되어야 하는지 여부가 문제될 수 있는데, 관련 약정이 있으면 그에 따라 처리하면 될 것이다. 관련 약정이 없는 경우의 처리와 관련하여 견해가 나뉘는데, 국내의 다수설은 실시권자가 디자인권이 무효로 되기 전까지는 실시권에 의하여 제3자의 자유로운 실시로 인한 경쟁에서 보호 내지는 이익을 받아서 손해를 입었다고 할 수는 없으므로, 디자인권자가 디자인권이 명백히 무효라거나 유명무실한 것이라는 사정을 알고 있었고 그와 같은 사정 때문에 실시권자가 실질적으로 아무런 보호를 받지 못했다는 등의 사정이 없는 한, 부당이득 반환의무는 없다고 본다.48)

3. 일사부재리

무효심판의 심결이 확정된 때에는 그 사건에 대해서 누구든지 동일 사실 및 동일 증거에 의하여 그 심판을 청구할 수 없다(제151조).

다만 확정된 심결이 디자인권을 무효로 하는 것인 경우에는 디자인권이 처음부터 존재하지 않는 것이 되어 새로이 무효심판청구를 할 이익이 없기 때문에 일사부재리의 효력이 문제되지 않으므로,49) 무효심판청구를 기각한 심결이 확정된 경우에 일사부재리의 효력이 의의를 갖는다.

4. 법정실시권의 발생

동일하거나 유사한 디자인에 대한 2 이상의 등록디자인 중 그 하나의 디자인등록을 무효로 한 경우의 원(原)디자인권자 또는 디자인등록을 무효로 하고 동일하거나 유사한 디자인에 관하여 정당한 권리자에게 디자인등록을 한 경우의 원디자인권자가 디자인등록에 대한 무효심판청구의 등록 전에 자기의 등록디자인이 무효사유에 해당하는 것을 알지 못하고 국내에서 그 디자인 또는 이와 유사한 디자인의 실시사업을 하거나 그 사업의 준비를 하고 있는 경우에는

---

48) 노태정·김병진 공저(주 9), 784; 황의창·황광연 공저(주 25), 672; 조국현(주 25), 722-723; 오세중·이창훈 저(주 25), 442.

49) 특허법원 지적재산소송 실무연구회(주 40), 123; 牧野利秋 ‘특허법 제167조의 효력이 미치는 범위’, 특허판례백선(비교특허판례연구회 역), 박영사(2005), 298-298 재인용.

그 실시 또는 준비를 하고 있는 디자인 및 사업의 목적 범위에서 그 디자인권에 대하여 통상실시권을 가진다(제102조 제1항). 그리고 위와 같이 무효로 된 디자인권에 대하여 무효심판청구 등록 당시에 이미 전용실시권이나 통상실시권 또는 그 전용실시권에 대한 통상실시권을 취득한 자도 통상실시권을 가진다(제102조 제2항). 이와 같이 통상실시권을 가지는 자는 디자인권자 또는 전용실시권자에게 상당한 대가를 지급하여야 한다(제102조 제3항).

5. 등록료의 반환

디자인등록을 무효로 한다는 심결이 확정된 해의 다음 해부터의 등록료 해당분은 납부한 자의 청구에 의하여 반환한다(제87조 제1항 제2호). 특허청장은 등록료가 반환 사유에 해당하는 경우에는 그 사실을 납부한 자에게 통지하여야 하고(제87조 제2항), 등록료의 반환청구는 특허청장의 위와 같은 통지로부터 3년이 지나면 할 수 없다(제87조 제3항).

6. 보상금 청구권의 소멸

디자인등록출원인은 출원공개가 있은 후 그 디자인등록출원된 디자인 또는 이와 유사한 디자인을 업으로서 실시한 자에게 디자인등록출원된 디자인임을 서면으로 경고할 수 있고, 그러한 경고를 받거나 출원공개된 디자인임을 알고 그 디자인등록출원된 디자인 또는 이와 유사한 디자인을 업으로서 실시한 자에게 그 경고를 받거나 출원공개된 디자인임을 안 때부터 디자인권의 설정등록 시까지의 기간 동안 그 등록디자인 또는 이와 유사한 디자인의 실시에 대하여 통상적으로 받을 수 있는 금액에 상당하는 보상금의 지급을 그 디자인권이 설정등록된 후에 청구할 수 있는데(제53조 제1, 2, 3항), 디자인등록출원이 출원공개된 후 디자인등록을 무효로 한다는 심결(제121조 제1항 제4호에 따른 경우는 제외한다)이 확정된 경우에는 위와 같은 보상금 청구권이 처음부터 발생하지 아니한 것으로 본다(제53조 제6항 제4호).

Ⅷ. 무효심판과 민·형사소송 및 권리범위확인심판

등록무효사유에 해당하는 하자가 있는 디자인권의 무효를 디자인등록의 무효심판절차를 거치지 않고 디자인권의 침해를 원인으로 하는 민·형사소송이나 권리범위확인심판에서 주장할 수 있는지 여부에 대해서, 종래 대법원 판례는 디자인을 포함하여 그 출원 당시 공지·공용된 디자인과 동일·유사하여 신규성이 부정되는 경우에는 무효심결의 유무와 관계없이 그 권리범위를 인정할 수 없다고 보았다.[50] 반면, 등록된 디자인이 그 출원 전에 그 디자인이 속하는 분야에서 통상의 지식을 가진 자가 국내에서 널리 알려진 형상·모양·색채 또는 이들의 결합 등에 의하여 용이하게 창작할 수 있는 의장에 해당하는 경우에는 그 등록이 무효로 되기 전에는 등록의장의 권리범위를 부인할 수 없다고 보았다.[51] 대법원은 특허나 실용신안의 경우에도 등록발명이나 등록고안이 신규성이 부정되는 경우에는 무효심판 절차를 거쳐 무효로 확정되기 전에도 다른 절차에서 그 권리범위가 인정될 수 없으나, 진보성이 부정되는 경우에는 그 권리범위를 부정할 수는 없다고 보았다.[52]

　　그런데 대법원 2012. 1. 19. 선고 2010다95390 전원합의체 판결은 "특허법은 특허가 일정한 사유에 해당하는 경우에 별도로 마련한 특허의 무효심판절차를 거쳐 무효로 할 수 있도록 규정하고 있으므로, 특허는 일단 등록된 이상 비록 진보성이 없어 무효사유가 존재한다고 하더라도 이와 같은 심판에 의하여 무효로 한다는 심결이 확정되지 않는 한 대세적(對世的)으로 무효로 되는 것은 아니다. 그런데 특허법은 제1조에서 발명을 보호·장려하고 이용을 도모함으로써 기술의 발전을 촉진하여 산업발전에 이바지함을 목적으로 한다고 규정하여 발명자뿐만 아니라 이용자의 이익도 아울러 보호하여 궁극적으로 산업발전에 기여함을 입법목적으로 하고 있는 한편 제29조 제2항에서 그 발명이 속하는 기술분야에서 통상의 지식을 가진 자(이하 '통상의 기술자'라 한다)가 특허출원 전에 공지된 선행기술에 의하여 용이하게 발명할 수 있는 것에 대하여는 특허를 받을 수 없다고 규정함으로써 사회의 기술발전에 기여하지 못하는 진보성 없는 발명은 누구나 자유롭게 이용할 수 있는 이른바 공공영역에 두고 있다. 따라서 진보성이 없어 본래 공중에게 개방되어야 하는 기술에 대하여 잘못하여 특허등

50) 대법원 1987. 7. 24.자 87마45 결정[공1987.10.15.(810), 1514], 대법원 1991. 3. 16.자 90마995 결정[공1991.5.15.(896), 1236], 대법원 1991. 9 .24. 선고 90후2119 판결[공1991.11.15.(908), 2615], 대법원 1993. 11. 12. 선고 92도3354 판결[공1994.1.1.(959), 118], 대법원 1996. 1. 26. 선고 95후1135 판결[공1996.3.15.(6), 791], 대법원 2008. 9. 25. 선고 2008도3797 판결[미간행] 등.
51) 대법원 2004. 4. 27. 선고 2002후2037 판결[공2004.6.1.(203), 924].
52) 대법원 1992. 6. 2.자 91마540 결정[공1992.8.1.(925), 2109], 대법원 2001. 3. 23. 선고 98다7209 판결[공2001.5.15.(130), 926].

록이 이루어져 있음에도 별다른 제한 없이 그 기술을 당해 특허권자에게 독점시킨다면 공공의 이익을 부당하게 훼손할 뿐만 아니라 위에서 본 바와 같은 특허법의 입법목적에도 정면으로 배치된다. 또한 특허권도 사적 재산권의 하나인 이상 특허발명의 실질적 가치에 부응하여 정의와 공평의 이념에 맞게 행사되어야 할 것인데, 진보성이 없어 보호할 가치가 없는 발명에 대하여 형식적으로 특허등록이 되어 있음을 기화로 발명을 실시하는 자를 상대로 침해금지 또는 손해배상 등을 청구할 수 있도록 용인하는 것은 특허권자에게 부당한 이익을 주고 발명을 실시하는 자에게는 불합리한 고통이나 손해를 줄 뿐이므로 실질적 정의와 당사자들 사이의 형평에도 어긋난다. 이러한 점들에 비추어 보면, 특허발명에 대한 무효심결이 확정되기 전이라고 하더라도 특허발명의 진보성이 부정되어 특허가 특허무효심판에 의하여 무효로 될 것임이 명백한 경우에는 특허권에 기초한 침해금지 또는 손해배상 등의 청구는 특별한 사정이 없는 한 권리남용에 해당하여 허용되지 아니한다고 보아야 하고, 특허권침해소송을 담당하는 법원으로서도 특허권자의 그러한 청구가 권리남용에 해당한다는 항변이 있는 경우 당부를 살피기 위한 전제로서 특허발명의 진보성 여부에 대하여 심리·판단할 수 있다"라고 판시하여 종래 판례를 변경하였다.

　　대법원 2012. 7. 12. 선고 2010다42082 판결은 "등록실용신안에 대한 무효심결이 확정되기 전이라고 하더라도 등록실용신안의 진보성이 부정되어 그 실용신안등록이 무효심판에 의하여 무효로 될 것임이 명백한 경우에는 그 실용신안권에 기초한 침해금지 또는 손해배상 등의 청구는 특별한 사정이 없는 한 권리남용에 해당하여 허용되지 아니한다고 보아야 하고, 실용신안권침해소송을 담당하는 법원으로서도 실용신안권자의 그러한 청구가 권리남용에 해당한다는 항변이 있는 경우 그 당부를 살피기 위한 전제로서 등록실용신안의 진보성 여부에 대하여 심리·판단할 수 있다고 할 것이다"라고 판시하여 실용신안권에 대해서도 동일한 입장을 취하였다.

　　한편 대법원 2014. 3. 20. 선고 2012후4162 전원합의체 판결은 "특허법은 특허가 일정한 사유에 해당하는 경우에 별도로 마련한 특허의 무효심판절차를 거쳐 무효로 할 수 있도록 규정하고 있으므로, 특허는 일단 등록이 되면 비록 진보성이 없어 당해 특허를 무효로 할 수 있는 사유가 있더라도 특허무효심판에 의하여 무효로 한다는 심결이 확정되지 않는 한 다른 절차에서 그 특허가 무효임을 전제로 판단할 수는 없다. 나아가 특허법이 규정하고 있는 권리범위확인심판은 심판청구인이 그 청구에서 심판의 대상으로 삼은 확인대상발명이 특허권의 효력이 미치는 객관적인 범위에 속하는지 여부를 확인하는 목적을 가진 절차이므로, 그 절차에서 특허발명의 진보성 여부까지 판단하는 것은 특허법이 권리범위확인심판 제도를 두고 있는 목적을 벗어나고 그 제도의 본질에 맞지 않다. 특허법이 심판이라는 동일한 절차 안에 권리범위확인심판과는 별도로 특허무효심판을 규정하여 특허발명의 진보성 여부가 문제 되는 경우 특허무효심판에서 이에 관하여 심리하여 진보성이 부정되면 그 특허를 무효로 하도록 하고 있음에도 진보성 여부를 권리범위확인심판에서까지 판단할 수 있게 하는 것은 본래 특허무효심판의 기능에 속하는 것을 권리범위확인심판에 부여함으로써 특허무효심판의 기능을 상당 부분 약화시킬 우려가 있다는 점에서도 바람직하지 않다. 따라서 권리범위확인심판에서는 특허발명의 진보성이 부정된다는 이유로 그 권리범위를 부정하여서는 안 된다. 다만 대법원은 특허의 일부 또는 전부가 출원 당시 공지공용의 것인 경우까지 특허청구범위에 기재되어 있다는 이유만으로 권리범위를 인정하여 독점적·배타적인 실시권을 부여할 수는 없으므로 권리범위확인심판에서도 특허무효의 심결 유무에 관계없이 그 권리범위를 부정할 수 있다고 보고 있으나, 이러한 법리를 공지공용의 것이 아니라 그 기술분야에서 통상의 지식을 가진 자가 선행기술에 의하여 용이하게 발명할 수 있는 것뿐이어서 진보성이 부정되는 경우까지 확장할 수는 없다. 위와 같은 법리는 실용신안의 경우에도 마찬가지로 적용된다"라고 하여 민사소송과 성격이 달라 권리남용이 인정될 수 없는 권리범위확인심판에서는 여전히 진보성이 부정된다고 하여 권리범위를 부정할 수는 없다고 판시하였다.

　이러한 대법원의 입장은 디자인권의 민·형사소송이나 권리범위확인심판에도 동일하게 적용될 것이다.

〈최종선〉

> **제122조(권리범위 확인심판)**
> 디자인권자·전용실시권자 또는 이해관계인은 등록디자인의 보호범위를 확인하기 위하여 디자인권의 권리범위 확인심판을 청구할 수 있다. 이 경우 제41조에 따라 복수디자인등록출원된 디자인등록에 대하여는 각 디자인마다 청구하여야 한다.

I. 서   론

1. 의   의

디자인권은 이른바 무체재산권이기 때문에 물권·채권 등 다른 종류의 권리에 비하여 권리내용이 매우 추상적이므로, 구체적인 분쟁에서는 먼저 그 권리범위 내지 보호범위를 확정지을 필요가 있고, 그 후 문제가 된 구체적인 실시형태[1]가 그 권리범위에 속하는지를 판단한다. 이와 같이 어느 실시형태가 등록디자인의 권리범위에 속하는지 여부에 대한 확인을 구하는 심판이 권리범위 확인심판이다.

권리범위 확인심판의 법적 성질에 관하여, 권리범위 확인심판은 기술적 범위에 관한 사실관계의 확정에 그쳐야 하는 것이라고 하는 견해[2]와 권리범위확

---

1) 일종의 실시 예로서, '확인대상디자인'이라고 부른다.
2) 곽태철, "권리범위 확인심판에 관한 연구", 지적재산권법에 관한 제문제(재판자료 제56집), 법원행정처(1992), 510-511; 송영식, "권리범위확인 심판제도에 관한 판례검토(하)", 法

인 심판은 법률관계의 확정을 목적으로 하는 것이라고 하는 견해3)가 있다.

대법원은, 권리범위 확인심판은 단순히 특허나 실용신안 자체의 발명이나 고안의 범위라고 하는 사실구성의 상태를 확정하는 것이 아니라, 그 권리의 효력이 미치는 범위를 대상물과의 관계에서 구체적으로 확정하는 것이라고 한다.4) 즉, 단순히 기술적 범위를 확인하는 사실관계의 확정을 목적으로 하는 것이 아니라, 그 기술적 범위를 기초로 하여 구체적으로 문제된 실시형태와의 관계에 있어서 권리의 효력이 미치는 범위를 확인하는 한도에서 권리관계의 확정을 목적으로 하는 것이다. 다만, 이 경우에도 위와 같이 제한된 범위 내에서의 권리관계 확정을 넘어서 디자인권의 침해 여부, 즉 침해금지청구권의 존부나 손해배상채무의 존부와 같은 권리관계까지 확인하거나 확정할 수 있는 것은 아니다.5)

2. 연   혁

가. 관련 법체계

권리범위 확인심판은 일본의 구 특허법(1911년 법) 제84조 제1항 제2호에서 유래한 것인데, 다른 나라에는 유사한 제도를 찾아보기 어려울 뿐만 아니라, 일본에서도 1959년 개정법에서 이를 폐지하고 특허청 내의 일종의 감정절차인 판정제도6)를 도입하였다. 현재 권리범위 확인심판제도를 두고 있는 나라는 오스트리아 정도에 불과한데, 오스트리아의 경우도 심리의 중복을 피하기 위하여 일반 법원에 침해소송이 먼저 제기되어 있으면 권리범위 확인심판 청구를 각하한다.7)

律新聞 제1666호, 法律新聞社(1987. 1. 5.), 16; 심재두, "등록실용신안간의 권리범위확인심판", 판례연구 제3집, 서울지방변호사회(1990), 263.

3) 김인섭, "권리범위 확인심판의 본질과 공지공용사항을 포함하는 특허권의 효력과의 관계", 특별법연구 제1권, 한국사법행정학회(1982), 68; 박희섭·김원오, 特許法原論, 세창출판사(2009), 628; 崔正烈, "權利範圍 確認審判에 關한 小考", 特許訴訟硏究 第3輯, 特許法院(2005), 29.

4) 대법원 1963. 9. 5. 선고 63후11 판결[집11(2)행, 051], 1971. 11. 23. 선고 71후18 판결[비공개], 1983. 4. 12. 선고 80후65 판결[집31(2)특, 25; 공1983.6.1.(705), 817], 1991. 3. 27. 선고 90후373 판결[집39(1)특, 610; 공1991.5.15.(896), 1287] 등.

5) 정상조·박성수 공편, 특허법 주해Ⅱ, 박영사(2010), 436(최정열 집필부분).

6) 일본의 판정제도는 법적 효력이 없는 특허청의 공적 감정의견 내지는 공적 해석의 성질을 갖고 있을 뿐이다.

7) 오스트리아 특허법 제163조(http://www.wipo.int/wipolex/en/text.jsp?file_id=124832)

(1) Any person who is manufacturing on an industrial scale, who brings into circulation,

디자인보호법 제122조에서는 "디자인권자·전용실시권자 또는 이해관계인은 등록디자인의 보호범위를 확인하기 위하여 디자인권의 권리범위 확인심판을 청구할 수 있다"라고 규정하고 있고, 특허법 제135조 제1항, 상표법 제75조도 같은 취지를 규정하고 있으며, 실용신안법 제33조는 특허법 제135조를 준용하고 있다.

나. 디자인보호법상의 연혁

디자인보호법으로 변경되기 전의 의장법은 1961. 12. 31. 법률 제951호로 제정된 의장법 제25조[8])에서부터 권리범위 확인심판에 관한 규정을 가지고 있었다.

그 후 1973. 2. 8. 법률 제2507호로 전부 개정되면서 제69조[9])에서 '의장권자'도 청구인으로 규정되었고, 2007. 1. 3. 법률 제81878호로 일부 개정되면서 제69조[10])에서 '전용실시권자'에게도 권리범위 확인심판의 청구권이 인정됨이 명문으로 규정되었으며, 2013. 5. 28. 법률 제11848호로 전부 개정되어 이와 동일한 내용이 제122조에 자리 잡게 되었다.

---

places on sale or uses an object, applies a process on an industrial scale or intends to take such steps may apply to the Patent Office for a declaration against the owner of the patent or the exclusive licensee, stating that the object or the process is not covered either completely or partly by the patent.

(2) The owner of a patent or the exclusive licensee may apply to the Patent Office for a declaration against any person who is manufacturing on an industrial scale, who brings into circulation, places on sale or uses an object, applies a process on an industrial scale or intends to take such steps, which declaration shall state that the object or the process is covered either completely or partly by the patent.

(3) Applications under subsections (1) and (2) shall be rejected if the party opposing the application proves that an infringement action concerning the same object or process, filed prior to the filing of the application for a declaration, is pending before the court between the same parties.

8) 제25조(심판의 청구대상)
① 심판은 본법 또는 본법에 의거하여 발하는 명령의 규정하는 것을 제외하고는 다음 사항에 대하여 이를 청구할 수 있다.
2. 의장권의 범위의 확인
③ 제1항 제2호의 확인심판은 이해관계인에 한하여 이를 청구할 수 있다.
9) 제69조(권리범위 확인심판)
의장권자 또는 이해관계인은 등록의장의 보호범위를 확인하기 위하여 의장권의 권리범위 확인심판을 청구할 수 있다.
10) 제69조(권리범위 확인심판)
디자인권자·전용실시권자 또는 이해관계인은 등록디자인의 보호범위를 확인하기 위하여 디자인권의 권리범위 확인심판을 청구할 수 있다.

3. 종   류

적극적 권리범위 확인심판은 디자인권자 · 전용실시권자가 제3자를 상대방으로 하여 제3자가 실시하는 확인대상디자인이 자신의 등록디자인의 권리범위에 속한다는 취지의 확인을 구하는 것으로서, 권리자가 청구의 주체가 된다는 점에서 침해소송과 직접적으로 대응되는 심판이다. 반면, 소극적 권리범위 확인심판은 이해관계인인 제3자가 자신이 실시하거나 실시하려고 하는 확인대상디자인이 디자인권자의 등록디자인의 권리범위에 속하지 아니한다는 취지의 확인을 구하는 것으로, 심판청구인이 다양한 방어의 목적으로 제기하는 심판이다. 위와 같은 구분은 ① 청구권자가 누구인지 여부, ② 장래 실시하고자 하는 확인대상디자인에 대한 확인의 이익 유무, ③ 이른바 권리 대 권리 간의 권리범위 확인심판의 적법성 여부에 관한 논의에서 특히 실익이 있는데, 이에 대하여는 후술하기로 한다.

4. 존 폐 론

디자인권의 권리범위를 확정짓는 작용은 본질적으로 사법작용에 속하는 것임에도, 디자인보호법은 특허청에 권리범위의 확정권한을 부여하고 있을 뿐만 아니라, 다른 심판들과는 달리 권리범위 확인심판의 효력 등에 관하여 제122조 외에는 아무런 규정을 두고 있지 않아, 심판의 본질이나 그 효력의 내용 및 심리범위 등에 관하여 문제가 되고 있다.

폐지론11)의 요지는, 권리범위 확인심판은 행정부와 사법부의 권한분배의 원칙에 어긋나고, 이 제도를 도입하고 있는 입법례가 거의 없으며, 침해분쟁에 있어서 중간확인적인 판단에 불과하여 확인의 이익이 있는지가 의문스럽고, 실무상 침해소송을 담당하는 법원은 권리범위 확인심판의 결과를 기다리느라 소송절차가 지연되고 있으며, 심결은 침해소송에 대한 기속력이 없고 증거방법의 하나에 불과하여 결론이 상충할 때는 무의미한 절차가 된다는 점 등을 근거로,

---

11) 김철환, "심결취소소송에서의 소의 이익", 사법논집 제39집, 법원도서관(2004), 567; 朴正喜, "권리범위 확인심판제도의 폐지 필요성에 대한 고찰", 特許訴訟硏究 第3輯, 特許法院(2005), 448; 심재두(주 2), 259; 최성준, "권리범위 확인심판의 폐지의 타당성에 관하여", 법조 제43권 제10호, 법조협회(1994), 74 등. 정상조 · 박성수 공편(주 5), 467에서는 이 같은 전제 하에서 제도 자체를 모두 없앨 수 없다면 일정한 경우에 소극적 권리범위 확인심판청구에 한하여 허용되는 것으로 법률에 의한 제한을 둘 필요가 있다는 입법론을 제시하고 있다.

권리범위 확인심판 제도를 조속히 폐지하고 일본의 판정제도와 유사한 제도로 대체하면 충분하다고 한다.

이에 대하여 존치론[12]의 요지는, 권리범위 확인심판은 현실적으로 계쟁 당사자 간에 존재하는 해석상의 차이를 해결해 주는 기능을 담당하고 있고, 그 청구가 특허쟁송 중 큰 비중을 차지하고 있는 점 등을 감안할 때 실무상 그 중요성은 여전히 크다고 한다.

이러한 존폐론의 대립에도 불구하고 권리범위 확인심판 사건 수에 비추어 볼 때 실무상의 중요성은 작지 아니하므로,[13] 존재하는 동안에는 무익한 절차가 되지 않게 바람직한 실무관행을 정착시켜 나가야 할 것이다.[14]

II. 심판요건

1. 당사자적격

권리범위 확인심판을 청구할 수 있는 자는 '디자인권자·전용실시권자' 또는 '이해관계인'이다. 적극적 심판은 디자인권자 또는 전용실시권자가 등록디자인을 무단 실시하거나 이용하는 자를 상대로 제기하고, 소극적 심판은 디자인권자로부터 권리의 대항을 받을 염려가 있는 자인 이해관계인이 디자인권자를 상대로 제기하는 것이 원칙이다.

종래 디자인권자가 아닌 전용실시권자가 '이해관계인'으로서 적극적 심판을 제기할 수 있는지가 문제되었다. 판례는 명문 규정이 없는 한 전용실시권자는 심판청구의 당사자적격이 없으므로 이해관계인에 포함되지 않는다고 하였으나,[15] 이 경우 디자인권자가 재외자이거나 분쟁 개입에 소극적인 경우에는 전용

---

12) 권택수, "권리범위 확인심판과 진보성의 판단", 특별법연구 제7권, 박영사(2005), 817; 이두형, "특허권 침해 관련 법적 공격·방어수단에 관한 고찰", 사법논집 제43집, 법원도서관(2006), 668; 이수완, "특허법원 10년간의 권리범위확인(특·실) 심판사건에 관한 판결의 통계적 분석", 특허법원 개원 10주년 기념논문집, 특허법원(2008), 95-96 등.

13) 특허법원 지적재산소송실무연구회, 지적재산소송실무, 박영사(2014), 340(염호준 집필부분)에 의하면 특허심판원에 접수된 권리범위 확인심판 사건의 수는 2010년 864건, 2011년 705건, 2012년 681건이고, 위 2012년의 681건은 특허심판원의 전체 접수사건 14,747건의 약 4.6%를 차지하고 있다. 한편, 특허법원에 접수된 권리범위 확인심판 심결취소소송 사건의 수는 2010년 217건, 2011년 266건, 2012년 215건이고, 위 2012년의 215건은 특허법원의 전체 접수사건 1,145건의 약 19%를 차지하고 있다.

14) 김태현, "권리범위 확인심판의 본질과 진보성 판단의 가부", 特許訴訟硏究 第4輯, 特許法院(2008), 230.

15) 대법원 2003. 5. 16. 선고 2001후3262 판결[공2003.6.15.(180), 1371].

실시권자의 권리행사가 제한되는 결과를 초래할 수 있다는 비판이 일자, 앞서
살펴본 바와 같이 2007. 1. 3. 법률 제81878호 개정 디자인보호법에서 권리범위
확인심판을 청구할 수 있는 자에 전용실시권자를 명시적으로 포함함으로써 입
법적으로 해결하였다.

　　소극적 권리범위 확인심판에서 전용실시권자가 피청구인이 될 수 있는지
여부에 관하여, 특히 외국 권리자의 경우 국내 분쟁의 해결에 소극적인 경우가
많고 전용실시권자는 현행법상 등록디자인에 대한 권리 분쟁이 발생한 경우, 당
사자로서 직접 사건에 개입하여 침해금지청구, 손해배상청구 등을 할 수 있으므
로, 예컨대 청구인이 실시하는 기술에 대하여 침해를 주장하는 당사자가 국내의
전용실시권자이고 디자인권자는 외국인 또는 외국법인인 경우에 이해관계인은
국내의 전용실시권자를 피청구인으로 하여 소극적 권리범위 확인심판을 청구할
수 있다는 견해가 있다.[16)]

2. 확인의 이익

가. 적극적 권리범위 확인심판과 실시주장디자인

　　적극적 권리범위 확인심판에서 흔히 피청구인으로부터 확인대상디자인이
아닌 실시주장디자인을 실시하고 있어 확인의 이익이 없으므로 심판청구가 부
적법하다는 주장이 제기된다. 이는 소극적 권리범위 확인심판의 경우에는 원칙
적으로 실시자가 확인대상디자인을 특정함에 반하여, 적극적 권리범위 확인심
판의 경우에는 권리자가 상대방의 확인대상디자인을 특정하기 때문에 생기는
문제이기도 하다.

　　확인대상디자인과 실시주장디자인의 동일성이 인정되지 아니하고 피청구인
은 실시주장디자인을 실시하고 있을 뿐인 경우, 그가 실시하거나 실시하려고 하
지도 아니하는 확인대상디자인이 등록디자인의 권리범위에 속한다는 심판이 확
정된다고 하더라도 그 기판력은 확인대상디자인에만 미치는 것이지 확인대상디
자인과 동일성이 없는 실시주장디자인에까지 그 기판력이 미칠 리는 없으므로,
결국 확인대상디자인에 대한 권리범위확인 심판청구는 확인의 이익이 없어 부
적법하므로 각하되어야 한다.[17)] 나아가 심판청구인이 심판대상으로 삼고 있는

---

16) 정상조·박성수 공편(주 5), 438.
17) 대법원 1982. 7. 27. 선고 81후69 판결[비공개], 1985. 10. 22. 선고 85후48, 49 판결[공
　　1985.12.15.(766), 1553], 1996. 9. 20. 선고 96후665 판결[공1996.11.1.(21), 3194], 2003. 6.
　　10. 선고 2002후2419 판결[공2003.7.15.(182), 1548] 등.

확인대상디자인이 피청구인이 현실적으로 실시하고 있는 실시주장디자인과 실질적으로 동일성이 있는 디자인이라고 볼 수 있다 한들, 확인대상디자인이 등록디자인의 권리범위에 속한다는 심결이 확정되어도 그 기판력은 확인대상디자인에만 미치는 것이지 이와 다른 실시주장디자인에는 미친다고 볼 수 없으므로, 실시주장디자인과 균등범위 내의 확인대상디자인에 대한 심판청구라도 확인의 이익이 없어 부적법하다.[18]

즉, 적극적 권리범위 확인심판에서 피청구인이 실제로 실시하고 있는 실시주장디자인이 확인대상디자인과 사실적 관점에서 동일성이 인정되지 않는다면, 비록 그것이 균등 관계에 있다는 평가를 받을 수 있다고 하더라도 그 심판청구는 부적법하다고 보아야 한다.

나. 소극적 권리범위 확인심판과 확인대상디자인

소극적 권리범위 확인심판의 확인대상디자인도 적극적 권리범위 확인심판과 마찬가지로 심판청구인이 실시하였거나 실시하는 것이어야만 하는가? 대법원은 "산업재산권에 관한 소극적 권리범위 확인심판에 있어서의 심판을 청구할 수 있는 이해관계인이라 함은 등록권리자 등으로부터 권리의 대항을 받아 업무상 손해를 받고 있거나 손해를 받을 염려가 있는 자를 말하고, 이러한 이해관계인에는 권리범위에 속하는지 여부에 관하여 분쟁이 생길 염려가 있는 대상물을 제조·판매·사용하는 것을 업으로 하고 있는 자에 한하지 아니하고 그 업무의 성질상 장래에 그러한 물품을 업으로 제조·판매·사용하리라고 추측이 갈 수 있는 자도 포함된다"라고 하여 "심판청구인은 이 사건 등록디자인과 동종의 물품을 제조·판매하는 자로서 이 사건 등록디자인권자인 피심판청구인으로부터 디자인권의 침해금지를 요청하는 경고장을 받은바 있으므로 이 사건 심판청구를 할 수 있는 이해관계인에 해당하고, 설사 이 사건 확인대상디자인이 심판청구인의 심판 청구 당시 제조·판매해 온 물품이 아니어서 피심판청구인으로부터 경고장을 받게 된 당해 물품이 아니라 하더라도 심판청구인으로서는 장래 실시하고자 하는 확인대상디자인이 이 사건 등록의장권의 권리범위에 속하는지 여부의 확인심판을 청구할 이익이 있다"라고 판시하였다.[19]

또한 대법원은 "심판청구인들이 실제 사용하고 있는 고안이 실시주장고안

---

18) 대법원 1996. 3. 8. 선고 94후2247 판결[공1996.5.1.(9), 1257], 2012. 10. 25. 선고 2011후2626 판결[비공개] 등.
19) 대법원 2000. 4. 11. 선고 97후3241 판결[공2000.6.1.(107), 1192].

임에도 불구하고 이를 은폐하기 위해 확인대상고안을 조작하여 확인대상고안이
등록된 실용신안의 권리범위에 속하지 않는다는 확인을 구하는 청구를 해온 것
이라도, 그 때문에 확인대상고안의 사용 가능성이 없다는 이유로 심판청구인들
이 이해관계인이 아니라 하여 그 청구의 적법 여부가 문제로 될 수는 있지만, 이
경우에도 그 심판 대상은 확인대상고안이 되어야 한다”라고 판시한 바 있다.[20]

다. 무효이거나 소멸된 권리

디자인보호법은 제121조 제2항에서 등록무효심판의 경우에는 디자인권이
소멸된 후에도 청구할 수 있다고 명문으로 규정하고 있으나, 권리범위 확인심판
의 경우에는 이에 관하여 아무런 규정을 두고 있지 않다.

특허권에 대한 학설로서는 권리가 소멸된 후에도 무효심판과 정정심판 등
의 청구를 허용하고 있고, 특허권 존속당시의 침해행위에 대하여 손해배상 등을
청구하기 위하여 필요한 경우도 있으므로 특허권이 소멸된 이후에도 권리범위
확인심판 청구가 허용되어야 한다고 주장하는 긍정설과,[21] 권리가 소멸된 이후
에는 확인의 이익이 없으므로 존속 중에만 권리범위 확인심판을 청구할 수 있
다고 보는 부정설이 대립하고 있다.[22] 부정설이 다수설이라고 한다.[23]

대법원은, “디자인권의 권리범위확인에 관한 청구는 현존하는 디자인권의
범위를 확정하려는데 그 목적이 있으므로 적법하게 발생한 디자인권도 일단 소
멸하면 그에 관한 권리범위의 확인을 구할 이익이 없다”라고 판시하고 있다.[24]
따라서 권리범위 확인심판청구 사건이 상고심에 계속 중일 때 등록 권리에 대
한 무효심결이 확정된 경우나[25] 존속기간 만료로 등록 권리가 소멸된 경우에
도[26] 심결취소청구의 소는 심결의 취소를 구할 법률상의 이익이 없어 부적법
각하되어야 한다.

이러한 판례의 태도는, 이론적·실제적 필요성으로는 등록무효심판과 같이

---

20) 대법원 1985. 10. 22. 선고 85후48, 49 판결[공1985.12.15.(766), 1553].
21) 박희섭·김원오(주 3), 629-630; 신성기, “권리범위 확인심판의 이해관계인, 심판의 대상,
    심리기준과 방법에 관하여: 대법원 판례를 중심으로”, 창작과 권리(1998. 여름호), 세창출
    판사, 9.
22) 黃宗煥, 特許法, 한빛지적소유권센터(2005), 888; 김형근, “등록권리 상호간의 권리범위
    확인심판에 대하여”, 충남대학교 대학원(2002), 15-16.
23) 박희섭·김원오(주 3), 629.
24) 대법원 2000. 7. 6. 선고 99후161 판결[비공개].
25) 대법원 2000. 7. 6. 선고 99후161 판결[비공개].
26) 대법원 2002. 2. 22. 선고 2001후2474 판결[비공개].

권리 소멸 후의 권리범위 확인심판 청구가 가능하다고 할 수 있음에도, 권리범위 확인심판 제도의 한계 때문에 그 심판대상의 범위를 엄격하게 보려는 입장으로 이해된다.[27]

이에 대하여, 위 판례는 심판의 이익과 소의 이익을 구별하지 않은 것이라면서, 권리범위 확인심판에 대한 심결취소소송의 계속 중 소급효 없이 소멸한 때에는 일률적으로 소의 이익이 부정된다고 볼 것이 아니라, ① 권리범위에 속한다는 인용심결의 경우에는 위 판례와 같이 소를 각하한다면 위 인용심결이 그대로 확정되는 결과가 초래되어 그 심결에 일사부재리의 법적 효력 및 침해사건 등에 유력한 증거로 활용되는 등 사실상의 효력을 가지게 되므로, 불리한 판단을 받은 당사자에게 위 인용심결의 취소를 구할 법률상 이익을 긍정하여야 하고, ② 권리범위에 속하지 않는다는 기각심결의 경우에는 심결이 취소되더라도 재심결 절차에서 심판청구가 각하될 뿐 권리범위에 속한다는 인용심결을 받을 가능성이 전혀 없으므로, 소의 이익을 부정하여야 한다는 견해[28]가 있다.

라. 합의로 인한 이해관계의 소멸

(1) 심판이나 소 각하 원칙

심판이 계속 중에 확인대상디자인을 실시하고 있는 자가 디자인권자와 사이에, 디자인권자의 디자인권을 인정하면서 손해를 배상하고 앞으로는 확인대상디자인을 실시하지 않음은 물론, 해당 디자인권을 침해하는 행위를 하지 않겠다는 취지의 합의를 한 경우, 확인대상디자인을 실시하던 당사자로서는 더는 이해관계가 있다고 할 수 없으므로 심판청구의 이익이 없어진다는 것이 판례의 주류적 입장이다.[29]

당사자 사이에 심판을 취하하기로 한다는 내용의 합의가 이루어졌다면, 그 취하서를 제출하지 아니한 이상 심판청구취하로 인하여 사건이 종결되지는 아니하나, 특별한 사정이 없는 한 심판이나 소송을 계속 유지할 법률상의 이익은 소멸된다.[30] 이러한 합의가 심판계속 중에 이루어졌다면 심판청구가 각하되고,

---

27) 염호준(주 13), 347.

28) 김철환(주 11), 574.

29) 대법원 1980. 9. 30. 선고 79후95 판결[공1980.12.1.(645), 13304], 대법원 1990. 10. 23. 선고 89후2151 판결[공1990.12.15.(886), 2422], 대법원 1997. 9. 5. 선고 96후1743 판결[공1997.10.15.(44), 3101], 대법원 2000. 1. 21. 선고 99후2198 판결[공2000.3.1.(101), 490], 대법원 2007. 5. 11. 선고 2005후1202 판결[공2007.6.15.(276), 920] 등.

30) 대법원 1968. 12. 3. 선고 68후46 판결[집16(3)행, 056], 대법원 1979. 10. 10. 선고 77후17 판결[공1979.12.15.(622), 12315], 대법원 1989. 9. 12. 선고 88후1281 판결[공1989.11.1.

심결 이후에 이루어졌다면 심결의 취소를 구할 소의 이익이 없으므로 소 각하
된다.31)

(2) 합의 내용에 따른 구분 필요성

다만 판례는 합의의 내용에 따라 그 효력의 범위를 엄격하게 해석하여, 합
의에도 불구하고 심판청구의 이해관계를 긍정하는 경우도 있으므로 주의를 요
한다. 즉, 합의 문언의 내용 해석에 따라, ① 디자인권의 유·무효를 다투지 않
겠다는 합의, ② 단순히 디자인권 침해를 하지 않겠다는 합의, ③ 문제된 확인
대상디자인이 디자인권을 침해하였음을 인정하고 이를 실시하지 않겠다는 합의
등으로 구분하여, 엄격하게 그 합의의 범위 내에서의 효력만을 인정한 사례들이
있다.

(가) 대법원 1996. 12. 6. 선고 95후1050 판결32)

심판피청구인(권리자)이 심판청구인에 대하여 위 실용신안권을 침해하였다
는 이유로 형사고소를 하였다가 쌍방이 합의에 이르러 심판피청구인이 위 고소
를 취하하는 대신 심판청구인은 심판피청구인에게 합계 금 1,750만 원을 지급
하기로 하고, 나아가 심판피청구인과의 사이에 "심판피청구인이 보유하고 있는
실용신안등록 제63061호에 대한 권리를 인정하고 그 권리에 위반되는 행위를
하지 않는다"라는 약정을 하였음을 알 수 있다. 그러나 기록상 위 형사고소와
그에 따른 합의가 심판청구인이 이 사건 확인대상고안을 실시한 것과 관련된
것이었는지, 아니면 이 사건 확인대상고안과는 다른 고안을 실시한 때문이었는
지의 여부가 분명하지 아니할 뿐만 아니라, 가사 위 형사고소와 합의가 심판청
구인이 이 사건 확인대상고안을 실시한 때문이었다고 하더라도 문언상으로는
위 합의의 취지를 심판청구인이 심판피청구인의 이 사건 등록고안에 대한 정당
한 권리를 인정하고 그 권리에 위반되는 행위를 하지 아니하기로 한 것으로 볼
수 있을 뿐이어서, 위 합의로써 곧바로 심판청구인이 이 사건 등록고안의 권리
범위에 이 사건 확인대상고안이 속함을 인정하였다거나 이 사건 등록고안의 권
리범위를 확인하는 심판청구권까지를 포기하기로 한 것으로는 볼 수 없고, 이를
달리 해석할 자료도 엿보이지 아니하므로, 위와 같은 합의가 있었다는 사정만으
로 심판청구인의 위와 같은 이해관계가 소멸하였다고 할 수는 없다.

---

(859), 1475], 대법원 1997. 9. 5. 선고 96후1743 판결[공1997.10.15.(44), 3101] 등.

31) 대법원 2007. 5. 11. 선고 2005후1202 판결[공2007.6.15.(276), 920].

32) [공1997.1.15.(26), 207].

(나) 대법원 2001. 6. 29. 선고 99후1331 판결[33]

원고와 피고(권리자) 사이의 합의서에는 원고가 디자인등록 제품을 제작한 것에 대하여 사과하고, 추후 디자인등록 제품을 제작하지 않겠으며, 기존 디자인등록 제품을 폐기하겠다는 내용만 포함되어 있을 뿐 이 사건 무효심판청구 사건의 처리에 관하여는 아무런 기재가 없음을 알 수 있고, 여기에 위 합의의 내용과 합의에 이르기까지의 경위 등을 종합하여 보면, 위 합의는 원고가 자신이 제작하였던 물품이 피고의 이 사건 등록디자인권의 권리범위에 속한다는 사실을 인정한 것일 뿐, 이 사건 등록디자인권의 효력에 대하여도 무효심판절차를 통하여 일체 다투지 않겠다는 취지까지 포함된 것으로 보기 어렵고, 비록 피고가 위 합의 당시 이 사건 무효심판의 청구사실을 몰랐다고 하더라도 그러한 사정만으로 위 합의의 내용에 무효심판청구의 취하도 포함된 것으로 보기 부족하며, 나아가 디자인등록의 무효심판은 원래 등록되지 않았어야 할 디자인을 무효화시키기 위한 것으로서 무효로 되어야 할 등록디자인에 의하여 일반 수요자나 거래자가 부당한 피해를 보는 일이 없도록 하는 공익적 성격을 지닌 것이라는 점까지 고려하여 보면, 무효심판 계속 중에 그 심판에 관하여 다투지 않겠다는 명시적 약정도 없고, 무효심판까지 포함하여 합의하였다고 볼 만한 특별한 사정이 있다고도 보이지 않는 이 사건에 있어서, 원고와 피고 사이의 위와 같은 합의만으로는 이 사건 무효심판을 유지할 이해관계가 소멸하였다고 단정할 수 없다 할 것이다.

(다) 대법원 2002. 4. 12. 선고 99후2853 판결[34]

등록고안의 침해가 되는 물품을 생산하지 않겠다는 약속을 한 것만으로는, 등록고안이 공지공용의 고안으로서 권리범위를 인정할 수 없거나 확인대상고안이 공지공용의 고안이어서 등록고안의 침해로 되지 아니하는 경우에까지 확인대상고안을 생산하지 않겠다는 약속을 한 것으로 볼 수는 없으므로, 결국 위와 같은 사정만으로 동종의 영업에 종사하고 있는 피고에게 이 사건 권리범위 확인심판을 청구할 이해관계가 없다고 할 수는 없다.

(라) 대법원 2004. 4. 16. 선고 2002후2938 판결[35]

원고(권리자)와 피고 사이의 '합의 및 이행각서'에는, 피고가 이 사건 등록

33) [공2001.8.15.(136), 1773].
34) [공2002.6.1.(155), 1161].
35) [비공개].

의장을 침해한 것에 대한 손해를 배상하고, 이미 제작한 물품 및 의장지 원본을 교부하며, 앞으로 침해행위를 하지 않겠다는 내용만이 포함되어 있을 뿐, 당시 계속 중이던 권리범위 확인심판 청구를 취하하겠다거나 포기한다는 기재가 없고, 오히려 그 합의의 문언과 합의에 이르기까지의 경위 등을 종합하여 볼 때, 피고는 그 합의 당시 가처분결정으로 인하여 원고와의 분쟁을 빨리 끝낼 필요가 있어 이미 실시한 의장에 대하여는 침해를 인정하되 당시 특허심판원에 계류 중이던 이 사건 권리범위 확인심판 청구는 계속 유지하여 피고의 실시의장이 이 사건 등록의장의 권리범위에 속하는지의 여부를 알고자 한 사실, 이에 따라 원고와 피고는 이 사건 권리범위 확인심판의 결과에 따라 다시 손해배상 등의 분쟁이 발생하거나 합의가 무효로 되는 것을 방지하기 위하여 '특허심판원에 제기한 권리범위 확인심판 청구의 승패에 관계없이 이에 대하여 쌍방은 그에 따른 손해배상을 상대방에게 청구하거나 이 합의서가 무효임을 전제로 하는 일체의 민·형사상 청구를 하지 않기로 한다'라는 내용을 포함한 '합의 및 이행각서'를 작성한 사실을 알 수 있는바, 그러한 사정 아래에서는 원고와 피고 사이의 그 합의의 취지는 피고가 가처분결정에서 판시된 침해사실은 인정하지만, 이미 진행 중인 권리범위 확인심판 청구는 취하하지 않고 그에 대한 판단을 받아보겠다는 뜻이라고 할 것이고, 따라서 피고가 향후 이 사건 등록의장에 대한 침해행위를 하지 않겠다고 약정한 것에는 권리범위 확인심판에서 그 실시의장이 이 사건 등록의장의 권리를 침해한 것으로 인정되면 그 실시를 계속하지 않겠다는 약속을 한 것에 불과할 뿐, 계류 중인 이 사건 권리범위 확인심판을 포기한 것이라거나 심판의 결과 그 실시의장이 이 사건 등록의장권을 침해한 것으로 인정되지 아니하는 경우에까지 이를 실시하지 않겠다는 약속을 한 것으로 볼 수는 없다고 할 것이므로, 위와 같은 내용의 그 합의만으로 동종의 영업에 종사하고 있는 피고의 이 사건 권리범위 확인심판의 이해관계가 소멸되었다고 단정할 수는 없다고 할 것이다.

　(3) 소취하 합의의 해제

　　비록 소취하 합의를 하였더라도 위 합의가 명시적·묵시적으로 해제된 사정이 보인다면, 심판이나 소의 이익이 여전히 존속하게 된다.

　　대법원에서는 "심결취소소송을 제기한 이후에 당사자 사이에 소를 취하하기로 하는 합의가 이루어졌다면 특별한 사정이 없는 한 소송을 계속 유지할 법률상의 이익이 소멸되어 당해 소는 각하되어야 하는 것이지만, 소취하 계약도

당사자 사이의 합의에 의하여 해제할 수 있음은 물론이고 계약의 합의해제는
명시적으로 이루어진 경우뿐만 아니라 묵시적으로 이루어질 수도 있는 것으로,
계약의 성립 후에 당사자 쌍방의 계약실현의사의 결여 또는 포기로 인하여 쌍
방 모두 이행의 제공이나 최고에 이름이 없이 장기간 이를 방치하였다면, 그 계
약은 당사자 쌍방이 계약을 실현하지 아니할 의사가 일치됨으로써 묵시적으로
합의해제되었다고 해석함이 상당하다"라고 판시한 바 있다.[36]

3. 등록된 디자인의 심판대상 적격성(이른바 권리 대 권리 간의 권리범위
확인심판 여부)

가. 문제의 소재

이는 확인대상디자인이 등록된 디자인인 경우에 다른 등록디자인권자가 이
에 대하여, 또는 확인대상디자인을 실시하는 자가 다른 등록디자인권자에 대하
여 권리범위 확인심판을 청구할 수 있는지 여부에 관한 문제이다.

나. 학   설

특허권에 관한 논의로서, 등록권리는 무효심판이 확정되기 전까지는 그 효
력을 부정할 수 없으므로 등록권리 상호간의 권리범위 확인심판청구는 부적법
하다는 부정설,[37] 뒤에 등록된 권리가 먼저 등록된 권리에 대하여 이용관계에
있는 경우에는 뒤에 등록된 권리가 먼저 출원 등록된 권리의 권리범위에 포함
된다는 판단이 반드시 뒤에 출원되어 등록된 권리가 무효라는 전제에 선 것은
아니므로 등록권리 상호간의 권리범위확인 심판을 청구를 인정하여야 한다는
긍정설,[38] 적극적 확인심판의 경우는 부정설과 같은 이유로 부적법하다고 보지
만, 소극적 확인심판의 경우는 만일 그 청구가 인용된다고 하더라도 심판청구인
의 등록권리가 피심판청구인의 권리범위에 속하지 아니함을 확정하는 것일 뿐
이고, 이로 말미암아 피심판청구인의 등록권리의 효력을 부인하는 결과가 되는
것은 아니므로 부적법하다고 볼 이유가 없다는 절충설[39]이 있다.

---

36) 대법원 2007. 5. 11. 선고 2005후1202 판결[공2007.6.15.(276), 920].
37) 이수웅, "권리 대 권리 상호간의 권리범위 확인심판", 法律新聞 제1594호, 法律新聞社
(1985. 6. 24.), 12.
38) 박희섭・김원오(주 3), 634, 李仁鍾, 特許法槪論(2004), 21c법경사, 930, 黃宗煥(주 23),
894.
39) 심재두(주 2), 273.

다. 판   례

(1) 적극적 심판의 불허, 소극적 심판의 허용 원칙

판례는, "특허권의 권리범위 확인심판은 등록된 특허권을 중심으로 어떠한 확인대상발명이 적극적으로 등록 특허발명의 권리범위에 속한다거나 소극적으로 이에 속하지 아니함을 확인하는 것인바, 선등록 특허권자가 후등록 특허권자를 상대로 제기하는 적극적 권리범위 확인심판은 등록무효절차 이외에서 등록된 권리의 효력을 부인하는 결과가 되어 부적법하나, 후등록 특허권자가 선등록 특허권자를 상대로 제기하는 소극적 권리범위 확인심판은 후등록 특허권자 스스로가 자신의 등록된 권리의 효력이 부인되는 위험을 감수하면서 타인의 등록된 권리의 범위에 속하는지 여부에 대한 판단을 구하는 것이어서 적법하다"라고 판시하여,[40] 권리 상호 간의 권리범위 확인심판에 관하여 '적극적 심판의 불허, 소극적 심판의 허용' 원칙을 확립하고 있다.

다만 특허법원 판결 중에는 "권리 대 권리의 적극적 권리범위 확인심판에서 피심판청구인의 특허발명이 그 신규성이 부정되는 경우에는 피심판청구인의 특허발명의 보호범위를 부정할 수 있다"라고 판시한 예가 있다.[41]

한편, 대법원은 심판계속 중 또는 심결취소소송 계속 중 확인대상발명이 등록된 경우에 관하여는, "특허심판원의 심결취소소송에서 심결의 위법 여부는 심결 당시의 법령과 사실 상태를 기준으로 판단하여야 하고, 원칙적으로 심결이 있은 후 비로소 발생한 사실을 고려하여 판단의 근거로 삼을 수는 없으므로, 이 사건 심결 후에 원고가 실시하고 있는 디자인이 디자인등록되었다고 하여 이 사건 심판청구가 결과적으로 부적법한 것으로 되는 것은 아니다"라고 판시하고 있다.[42]

따라서 심판계속 중인 경우를 포함하여 심결이 있기 전에 확인대상디자인이 등록된 경우에는 그 적극적 권리범위 확인심판은 부적법한 것으로 되지만, 심결이 있은 후에 그 심결에 대한 취소소송 계속 중에 확인대상디자인이 등록된 경우에는 그 심판 자체가 부적법한 것으로 되는 것은 아니게 된다.

40) 대법원 1976. 11. 23. 선고 73후47 판결[비공개], 대법원 1985. 4. 23. 선고 84후19 판결[집33(1)특, 372; 공1985.6.15.(754), 788], 대법원 1996. 7. 30. 선고 96후375 판결[공1996.9. 15.(18), 2675], 대법원 2007. 10. 11. 선고 2007후2766 판결[비공개] 등.

41) 특허법원 2013. 10. 25. 선고 2013허976 판결[비공개](2013후2965로 상고심 계속 중).

42) 대법원 2002. 4. 12. 선고 99후2211 판결[비공개], 대법원 2004. 11. 12. 선고 2003후1420 판결[비공개] 등.

(2) 이용관계에 관한 예외

다만 대법원은 비록 권리 대 권리 간의 적극적 권리범위 확인심판청구라고 하더라도 이용관계에 있을 때에는 이를 허용하고 있다.43)

디자인보호법 95조에서 등록디자인이 그 디자인등록출원일 전에 출원된 타인의 등록디자인 또는 이와 유사한 디자인·특허발명·등록실용신안 또는 등록상표를 이용하거나 이에 저촉되는 경우에는 그 권리자의 허락을 받지 아니하고는 실시할 수 없다는 취지로 규정하고 있으므로, 이러한 이용관계에 있는 권리 사이의 적극적 권리범위확인에 관하여는 예외를 인정한 것이다.

한편, 이러한 이용관계는 적극적 심판청구의 심판 단계에서 주장되어야 하는 것인지가 문제된다. 대법원에서는 "원고는 상고이유로서, 후 출원에 의하여 등록된 고안이 선 출원에 의하여 등록된 고안을 이용한 경우 후 등록권리가 무효사유를 가지고 있는 경우도 있고, 원고가 이 사건 심판단계에서 후 등록된 확인대상고안이 무효라고 주장한 것은 단순한 주장에 불과할 뿐 그로 인하여 심판청구가 부적법하다고 할 수는 없다는 취지로 주장하나, 원고가 후 등록된 확인대상고안이 진보성이 없는 개악고안으로서 무효라는 취지로 주장하면서 적극적 권리범위 확인심판을 청구한 이상, 확인의 이익이 인정될 수 없어 부적법한 청구로 귀결될 수밖에 없으므로, 같은 취지의 원심 판단은 정당하다"고 판시하였다.44)

이에 따르면, 선등록권리자가 이용관계를 주장하며 권리 대 권리 간의 적극적 권리범위 확인심판을 청구하는 경우에는 확인의 이익이 있어, 본안에 나아가 뒤에 출원된 디자인이 먼저 출원된 디자인을 이용한 관계에 있는지를 살펴볼 필요가 있지만, 뒤에 출원된 디자인의 무효를 주장하며 권리범위 확인심판을 청구하는 경우에는, 실제로 뒤에 출원된 디자인이 먼저 출원된 디자인의 이용관계에 있는지 여부는 살펴볼 필요가 없이, 주장 자체로 선등록권리자의 심판청구를 각하하여야 할 것으로 보인다.45)

---

43) 대법원 2002. 6. 28. 선고 99후2433 판결[공2002.8.15.(160), 1855] 등.

44) 대법원 2002. 6. 28. 선고 99후2433 판결[공2002.8.15.(160), 1855], 원심인 특허법원 1999. 9. 2. 선고 99허1720 판결에서, "이와 같이 등록 권리에 대한 적극적 권리범위 확인심판을 적법하게 하는 이용관계에 관한 주장은 심판단계에서 하여야 하는 것이고, 심판단계에서는 그러한 주장을 하지 아니하다가 심판청구를 각하하는 심결이 있은 후 그 심결의 취소를 구하는 소송단계에 와서 비로소 그러한 주장을 하는 것은 그 주장으로 인하여 부적법한 심판청구가 심판청구시로 소급하여 적법하게 되는 것은 아니라고 할 것이어서 허용될 수 없다"라고 판시한 데 대하여, 패소한 원고가 상고한 사건이다.

45) 염호준(주 13), 352.

Ⅲ. 심판의 대상

1. 확인대상디자인의 특정

가. 특정의 필요성

권리범위 확인심판의 본질이 등록디자인 자체의 기술적 범위를 명확히 하기 위한 것이 아니라, 구체적인 대상인 확인대상디자인과의 관계에서 확인대상디자인이 등록디자인의 권리범위에 속하는 것인가를 판단하는 것이라는 점은 앞서 살펴본 바와 같다. 그렇다면 확인대상디자인은 단순히 등록디자인의 권리범위를 확인하기 위한 잣대가 아니라, 오히려 실질적인 심판의 대상이라고 할 것이다.[46)

따라서 권리범위 확인심판에 있어서 확인대상디자인의 특정 문제는 심판청구의 적법요건이자 청구취지의 일부로서 심판의 대상을 명확히 하는 것이라는 점에서 매우 중요한 것이고, 그 특정 여부에 관하여 의심이 있을 때에는 당사자의 명확한 주장이 없더라도 특허심판원이나 법원이 이를 직권으로 조사하여야 한다.[47)

나. 청구취지에 있어서 확인대상디자인의 특정

(1) 청구원인에 있어서 확인대상디자인의 특정과의 구분의 필요성

종래의 실무에서는 심판청구인이 심판청구서 말미에 도면을 별지로 첨부하여, 이를 권리범위 확인심판청구의 청구취지에서 인용하여 확인대상디자인의 특정에 이용함과 동시에, 청구원인사실에서도 인용하여 이를 등록디자인의 구성과 대비하는 방법이 널리 채택되어 왔고, 대법원 역시 청구취지 및 청구원인사실에 있어서의 특정을 구분하지 아니하여 왔다고 할 수 있다.[48)

그러나 권리범위 확인심판에 있어서도 심판을 구하는 청구의 내용을 명확히 한다는 의미에서의 특정, 즉 심판대상물의 특정과, 등록디자인의 보호범위에 속하는가 여부의 심리의 전제로서 필요한 특정, 즉 청구원인사실에 있어서의 특정이 개념적으로 명확히 구분되므로, 이 두 가지의 특정의 정도는 각각의 장면에서 목적하는 바에 따라 정해지는 것으로 동일하지 아니하다고 할 것

---

46) 崔正烈(주 3), 36.
47) 대법원 2005. 4. 29. 선고 2003후656 판결[공2005.6.1.(227), 868].
48) 전지원, "확인대상발명의 특정", 대법원판례해설 제90호, 법원도서관(2011), 714.

이다.49) 따라서 심판을 구하는 청구의 내용을 명확히 하고, 일사부재리의 효력
이 미치는 범위를 정한다는 점에서 의미를 가진다는 점을 고려할 때, 청구취지
에 있어서의 특정을 별도로 검토할 필요가 있다.

(2) 특정의 정도

특허침해금지소송에 있어서 청구취지로서의 피고제품의 특정에 관하여는,
그것이 사회적으로 보아 다른 물건과 식별할 수 있는 것이라면 청구취지에 있
어서의 특정의 문제로 생각하는 한 상당하다고 볼 것50)이라거나, 원고가 금지의
대상으로 하고 있는 물건과 금지의 대상으로 하지 않는 물건 사이에 사회통념
상 구별이 가능할 수 있도록 표현하여야 할 것51)이라는 견해가 있다. 위 견해에
서는 권리범위 확인심판에서의 확인대상발명의 특정에 관하여도, 확인대상발명
의 기술구성 자체를 특정할 수 없거나, 확인대상발명의 기술구성이 특허발명과
대비될 수 있을 정도로 특정되지 않았다면 그 심판청구는 부적법하다고 한다.52)
특허법원에서도 '확인대상발명은 그 기술구성을 구체적으로 특정할 수 없는 것
이어서 이 건 특허와의 대비가 불가능한 경우에 해당한다'53)고 판시한 예가 있다.

1959년 개정 특허법에서 권리범위 확인심판제도가 폐지된 일본에서는 침해
금지소송에서 '특허권에 대한 침해금지청구소송에 있어서 심리의 대상이 되는
침해행위의 특정에 대하여는 사회통념상 금지의 대상으로서 다른 것과 구별될
수 있는 정도로 구체적으로 특정될 것을 요구함과 동시에 원고의 특허발명의
기술적 사상에 속하는지 여부를 판단하기 위하여 특허발명의 구성과 대비할 수
있도록 구체적으로 기재될 것을 요하며, 또한 그것으로 충분하다'고 판시하고
있다.54)

이와 같은 취지에서 대법원 2011. 9. 8. 선고 2010후3356 판결은 '특허권의
권리범위 확인심판을 청구함에 있어 심판청구의 대상이 되는 확인대상발명은
당해 특허발명과 서로 대비할 수 있을 만큼 구체적으로 특정되어야 할 뿐만 아

49) 전지원(주 48), 715.
50) 권택수, "특허권침해금지청구소송에 있어서의 실무상 제문제(피고제품 및 피고방법의 특
정, 특허청구범위의 해석과 관련하여)", 民刑事實務硏究, 서울북부지방법원(2004), 366.
51) 오승종, "컴퓨터 관련 발명의 보호 —민사법적 구제에 있어서 심판의 대상 및 특정을 중
심으로—", 지적재산권의 현재와 미래: 소담 김명신 선생 화갑기념논문집(2004), 한국산업
재산권법학회, 771.
52) 오승종(주 51), 772.
53) 특허법원 1998. 10. 29. 선고 98허5343 판결[비공개](확정).
54) 大阪地裁 1987(昭和 62). 11. 25. 昭和 59年 (ワ) 第7127号 判決; 大阪地裁 1995(平成
7). 1. 26. 平成 3 年 (ワ) 第6772号 判決.

니라, 그에 앞서 사회통념상 특허발명의 권리범위에 속하는지를 확인하는 대상
으로서 다른 것과 구별될 수 있는 정도로 구체적으로 특정되어야 한다'고 판시
하였다.

(3) 불특정부분이 있더라도 권리범위 속부를 판단할 수 있는 경우

침해소송에 있어서는 청구취지의 특정과 청구원인의 특정을 구분하여 청구
취지가 불명확하게 특정되어 있는 경우 법원은 피고의 이의 여부에 불구하고
직권으로 보정을 명하고 이에 응하지 않을 때에는 소를 각하하여야 하나, 청구
원인이 등록디자인의 구성과 대비할 수 있도록 구체적으로 기재되어 있지 않다
하여 소송물의 불특정을 이유로 소를 각하할 수는 없고 청구를 기각할 수 있을
뿐이다.55)

반면, 권리범위 확인심판에 있어서는 디자인보호법 제126조 제3항에서 권
리범위 확인심판을 청구할 때에는 등록디자인과 대비할 수 있는 도면을 첨부하
여야 한다고 규정하는 한편, 제128조 제1항 제1호, 제129조에서 심판장은 심판
청구서가 위 제126조 제3항의 규정에 위반되는 경우 기간을 정하여 그 보정을
명하여야 하며, 부적법한 심판청구로서 그 흠결을 보정할 수 없을 때에는 심결
로써 이를 각하할 수 있다고 명문으로 규정하고 있으므로, 이 점에 있어서는 침
해소송과 달리 권리범위 확인심판에서 청구취지 및 청구원인사실에 있어서의
확인대상디자인의 특정을 구분할 실익이 크지 않다고 볼 여지도 있다. 그러나
불특정부분이 있더라도 권리범위 속부를 판단할 수 있는 경우에는 다음에서 보
는 바와 같이 청구취지 및 청구원인사실에 있어서의 확인대상디자인의 특정을
구분할 실익이 있다.56)

특허권에 관하여, 확인대상발명의 설명서에 특허발명의 구성요소에 대응하
는 구체적인 구성이 일부 기재되어 있지 않거나 불명확한 부분이 있다 하더라
도, 나머지 구성만으로 확인대상발명이 특허발명의 권리범위에 속하는지 여부
를 판단할 수 있는 경우에 확인대상발명이 특정된 것으로 볼 수 있는지 여부에
관하여, 이 경우에도 특정되지 않은 것으로 처리하고 그 후 보정을 통하여 확인
대상발명이 특정된 후 같은 판단을 하는 것은 소송경제에 반하고 당사자의 의
사에도 합치된다고 할 수 없으므로,57) 위와 같은 경우에는 확인대상발명의 설명

---

55) 염호준(주 13), 358.
56) 염호준(주 13), 359.
57) 김종석, "권리범위 확인심판 청구에서 확인대상발명의 특정 정도", 대법원판례해설 제84
    호(2010), 법원도서관, 617.

서에 기재된 기술구성 자체만으로 특허발명의 권리범위에 속하는지 여부가 명확하게 가려지게 되면 확인대상발명은 특정된 것으로 보는 견해가 다수였다.[58]

대법원에서는 이와 비슷한 취지에서 '확인대상발명이 특허발명의 필수적 구성요소를 결여하고 있어 그 권리범위에 속하지 아니하는 이상 확인대상발명이 사용되는 철판의 재질을 스테인리스 철판으로 한정하지 않아 특허발명과 대비될 수 있을 정도로 특정되지 않았다고 할 수 없다'라거나,[59] '확인대상발명이 형광안료를 함유하는지 및 요입부의 크기가 40~220 메쉬의 범위 내에 들어가는지 여부를 특정할 수 없으므로(그 결과에 따라 이 사건의 결론이 달라질 수 있다), 확인대상발명은 특허발명과 서로 대비할 수 있을 만큼 구체적으로 특정되었다고 할 수 없다'[60]라고 판시한 바 있는데, 대법원 2010. 5. 27. 선고 2010후296 판결[61]에서 명시적으로 '특허권의 권리범위 확인심판을 청구함에 있어 심판청구의 대상이 되는 확인대상발명은 당해 특허발명과 서로 대비할 수 있을 만큼 구체적으로 특정되어야 하는바, 그 특정을 위해서 대상물의 구체적인 구성을 전부 기재할 필요는 없지만, 적어도 특허발명의 구성요건과 대비하여 그 차이점을 판단함에 필요할 정도로 특허발명의 구성요건에 대응하는 부분의 구체적인 구성을 기재하여야 함이 원칙이다. 다만 확인대상발명의 설명서에 특허발명의 구성요소와 대응하는 구체적인 구성이 일부 기재되어 있지 않거나 불명확한 부분이 있다고 하더라도 나머지 구성만으로 확인대상발명이 특허발명의 권리범위에 속하는지 여부를 판단할 수 있는 경우[62]에는 확인대상발명은 특정된 것으로 봄이 상당하다'라고 판시하였다.[63]

---

58) 권오희, "권리범위 확인심판에서의 심판대상물에 관한 고찰", 특허법원 개원 10주년 기념논문집(2008), 443; 김종석(주 57), 617.

59) 대법원 2002. 8. 27. 선고 2000후2620 판결[비공개].

60) 대법원 2001. 8. 21. 선고 99후2372 판결[공2001.10.1.(139), 2116].

61) [공2010하, 1296].

62) 비록 확인대상발명의 설명서에 이 사건 제4항 내지 제9항 발명에 기재된 제1윙의 절단 길이에 관한 수치 한정 또는 커터 단부의 단면 형상 등에 관하여 기재되어 있지 않다고 하더라도, 확인대상발명이 이 사건 제1항 발명의 권리범위에 속하지 않는 이상, 확인대상발명은 이 사건 제1항 발명의 모든 구성을 포함하면서 그 항을 기술적으로 한정하거나 부가하여 구체화한 이 사건 제4항 내지 제9항 발명의 권리범위에도 속하지 않는다고 할 것이다.

63) 김종석(주 57), 615에서는 "이 사건에서와 같이 종속항이 여러 개이고 당사자가 실제로 판단을 받고자 하는 주된 항은 독립항일 경우에 확인대상발명을 특정함에 있어서 종속항에 대응하는 모든 구성요소들을 기재하게 함은 불합리하고 실질적인 이익도 없다(확인대상발명이 독립항인 특허발명의 권리범위에 속하게 되면 확인대상발명에 세부 구성이 기재되어 있다고 하더라도 상위개념으로 된 그 특허발명의 권리범위에 속하게 되고, 독립항인

이 판결의 의미 및 그 적용범위에 관하여 위 판시는 심판대상물의 특정 자체는 적법하게 이루어진 것이어서 적어도 일사부재리의 효력이 미치는 객관적 범위는 정할 수 있음을 전제로, 나아가 청구원인으로서 특허발명의 구성요건과 대비할 수 있도록 도면에 의해 구체적인 구성을 특정함에 있어 그 특정의 정도를 완화할 수 있다는 것이지, 심판대상인 확인대상발명 자체가 사회통념상 다른 것과 구별될 수 있는 것이 아니어서, 일사부재리의 효력이 미치는 객관적 범위를 정할 수 없는 경우까지도 확인대상발명이 적법하게 특정된 것으로 봄이 상당하다는 취지는 아니라고 보아야 할 것이라는 견해64)가 있다.

대법원 2011. 9. 8. 선고 2010후3356 판결65)에서는 이와 같은 취지에서 "특허권의 권리범위 확인심판을 청구함에 있어 심판청구의 대상이 되는 확인대상발명은 당해 특허발명과 서로 대비할 수 있을 만큼 구체적으로 특정되어야 할 뿐만 아니라, 그에 앞서 사회통념상 특허발명의 권리범위에 속하는지를 확인하는 대상으로서 다른 것과 구별될 수 있는 정도로 구체적으로 특정되어야 한다. 만약 확인대상발명의 일부 구성이 불명확하여 다른 것과 구별될 수 있는 정도로 구체적으로 특정되어 있지 않다면, 특허심판원으로서는 요지변경이 되지 아니하는 범위 내에서 확인대상발명의 설명서 및 도면에 대한 보정을 명하는 등의 조치를 취하여야 할 것이며, 그럼에도 불구하고 그와 같은 특정에 미흡함이 있다면 심판의 심결이 확정되더라도 그 일사부재리의 효력이 미치는 범위가 명확하다고 할 수 없으므로, 나머지 구성만으로 확인대상발명이 특허발명의 권리범위에 속하는지 여부를 판단할 수 있는 경우라 하더라도 심판청구를 각하하여야 할 것이다"라고 판시하였다.

따라서 확인대상디자인이 등록디자인의 구성요소들의 일부만을 갖추고 있고 나머지 구성요소가 결여되어 있어 등록디자인의 권리범위에 속하지 않음이 명백한 경우라도, 확인대상디자인 자체의 일부 구성요소가 불명확하여 사회통념상 다른 것과 구별될 수 없다면 등록디자인의 권리범위에 속하지 않는다는 본안판단에까지 나아갈 수 없고 심판청구를 각하할 수 있을 뿐이다.66)

특허발명의 권리범위에 속하지 않게 되면 하위개념으로 된 종속항인 나머지 청구항의 권리범위에 속하지 않게 된다)"라고 한다.
 64) 전지원(주 48), 716.
 65) [공2011하, 2150].
 66) 전지원(주 48), 717.

다. 청구원인에 있어서 확인대상디자인의 특정

등록디자인과 대비하여 권리범위 속부를 판단하기 위해서는 등록디자인의 구성요건에 대응하는 부분의 구체적인 구성을 확인대상디자인의 도면에 기재하는 것이 필요하다. 대비 판단의 전제로서, 그 구체적인 구성은 등록디자인의 구성요건과 대비하여 그 차이점을 판단함에 필요한 정도로는 특정하여야 한다.

특허에 관한 사건에서 대법원은 "특허발명의 권리범위 확인심판을 청구함에 있어 심판청구의 대상이 되는 확인대상발명은 당해 특허발명과 서로 대비할 수 있을 만큼 구체적으로 특정되어야 하는 것인바, 그 특정을 위하여 대상물의 구체적인 구성을 전부 기재할 필요는 없다고 하더라도 특허발명의 구성요건에 대응하는 부분의 구체적인 구성을 기재하여야 하며, 그 구체적인 구성의 기재는 특허발명의 구성요건에 대비하여 그 차이점을 판단함에 필요한 정도는 되어야 할 것"이라고 판시하였다.[67] 특허법원도 "일반적으로 디자인의 권리범위 확인심판을 청구함에 있어서 심판청구의 대상이 되는 확인대상디자인은 당해 등록디자인과 서로 대비할 수 있을 만큼 구체적으로 특정되어야 하는 것인바, 그 특정을 위해서는 대상물의 구체적인 구성을 전부 기재할 필요는 없고 등록디자인의 구성요건에 대응하는 부분의 구체적인 구성을 기재하여 등록디자인의 구성요건과 대비하여 그 차이점을 판단함에 필요한 정도여야 할 것"이라고 판시한 바 있다.[68]

확인대상디자인의 구성이 구체적으로 기재되어 있는지 여부는 사안에 따라 다른 것으로 일률적인 기준의 제시는 어렵지만, 일응, 그 정도의 구성 기재에 의하여 확인대상디자인이 등록디자인의 권리범위에 속하는지 여부를 가릴 수 있는지를 기준으로 결정한다.[69] 만약 속부 여부를 판단하기 곤란하고, 권리범위

---

67) 대법원 2005. 4. 29. 선고 2003후656 판결[공2005.6.1.(227), 868], 대법원 1994. 5. 24. 선고 93후381 판결[공1994.7.1.(971), 1833], 대법원 2005. 9. 29. 선고 2004후486 판결[공2005.11.1.(237), 1720] 등.

68) 특허법원 2005. 12. 22. 선고 2005허6061 판결[각공2006.2.10.(30), 341](상고기간 도과로 확정됨). 이 같은 전제 하에 디자인의 대상이 되는 물품의 투명·불투명은 엄밀히 말하면 물품의 형상·모양·색채는 아니지만 디자인의 동일성을 판단하는 요소로서 디자인의 대상이 되는 물품의 전부 또는 일부가 투명인 경우에는 그에 관하여 의장 도면의 설명 란에 기재하여야 하는데, 이 사건에서 원고가 특허심판원에 제출한 확인대상디자인의 설명서에는 하부용기가 '투명체'로 기재되어 있으나 도면에는 불투명체로 나타나 있어 확인대상디자인은 이 사건 등록디자인과의 유사 여부 판단에 영향을 미치는 하부용기의 투명 여부가 설명서와 도면에 서로 다르게 표시되어 있으므로, 확인대상디자인은 이 사건 등록디자인과 대비할 수 있을 정도로 구체적으로 특정되어 있다고 볼 수 없다고 판시하였다.

69) 대법원 2001. 8. 21. 선고 99후2372 판결[공2001.10.1.(139), 2116]에서도 "… 확인대상발명이 형광안료를 함유하는지 및 요입부의 크기가 40~220메쉬의 범위 내에 들어가는지 여

에 속하는 것으로도, 속하지 않는 것으로도 될 수 있게 애매하게 기재되어 있다
면 불특정 상태라고 보아야 할 것이다.[70]

라. 불특정시의 조치(보정과 한계)

심판단계에서 확인대상디자인이 불명확하여 등록디자인과 대비할 수 있을
정도로 구체적으로 특정되어 있지 않다면, 특허심판원으로서는 요지변경이 되
지 아니하는 범위 내에서 확인대상디자인의 도면에 대한 보정을 명하는 등의
조치를 취하여야 할 것이다. 그럼에도 불구하고 권리범위 확인심판에서 확인대
상발명의 기술구성이 특허발명과 대비할 수 있을 정도로 특정이 되지 않았다면
그 심판청구는 부적법하여 각하되어야 하고, 그러한 조치를 취하지 아니한 채
내린 심결은 위법하다는 것이 대법원 판례이다.[71] 특허법원도 "만약 확인대상디
자인이 불명확하여 등록디자인과 대비대상이 될 수 있을 정도로 구체적으로 특
정되어 있지 않다면, 특허심판원으로서는 요지 변경이 되지 않는 범위 내에서
확인대상디자인의 설명서 및 도면에 대한 보정을 명하는 등의 조치를 취하여야
할 것이며, 그럼에도 불구하고 그와 같은 특정에 미흡함이 있다면 심판청구를
각하하여야 할 것이다"라고 판시한 바 있다.[72]

한편, 디자인보호법 제126조 제2항에서 요지변경이 되지 아니하는 범위 내
에서 심판청구서를 보정할 수 있도록 규정하고 있는 취지는, 요지의 변경을 쉽
게 인정할 경우 심판절차의 지연을 초래하거나 심판피청구인의 방어권행사를
곤란케 할 우려가 있기 때문이라 할 것이므로, 그 보정의 정도가 확인대상디자
인에 관하여 심판청구서에 첨부된 도면 표현된 구조의 불명확한 부분을 구체화
한 것이거나, 처음부터 당연히 있어야 할 구성을 부가한 것에 지나지 아니하여
심판청구의 전체적 취지에 비추어 볼 때 그 동일성이 유지된다고 인정된다면,
이는 요지변경에 해당하지 않는다고 보아야 한다.[73]

___

부를 특정할 수 없으므로(그 결과에 따라 이 사건의 결론이 달라질 수 있다), …"라고 괄
호 안의 부분을 부기함으로써, 특정되지 않은 구성요소의 보정 결과에 따라 심결이 달라질
수 있는 경우에 확인대상발명의 불특정을 이유로 심결을 취소할 수 있다는 취지를 내비치
고 있다.

70) 염호준(주 13), 363.

71) 대법원 1967. 3. 7. 선고 64후20 판결[비공개], 대법원 1994. 5. 24. 선고 93후381 판결[공
1994.7.1.(971), 1833], 대법원 2001. 8. 21. 선고 99후2372 판결[공2001.10.1.(139), 2116], 대
법원 2005. 4. 29. 선고 2003후656 판결[공2005.6.1.(227), 868] 등.

72) 위 특허법원 2005. 12. 22. 선고 2005허6061 판결[각공2006.2.10.(30), 341].

73) 대법원 1990. 1. 23. 선고 89후179 판결[공1990.3.15(868), 529], 대법원 1995. 5. 12. 선고
93후1926 판결[공1995.6.15.(994), 2119], 대법원 2000. 9. 8. 선고 97후4039 판결[비공개].

한편, 디자인보호법 제126조 제2항 제3호는, 적극적 권리범위 확인심판에서 피청구인이 심판청구서의 확인대상디자인은 자신이 실제로 실시하고 있는 디자인과 다르다고 주장하는 경우, 청구인이 피청구인의 실시주장디자인과 동일하게 하기 위하여 심판청구서의 확인대상디자인을 보정할 때에는, 심판청구서의 보정이 요지변경에 해당하더라도 허용되도록 하였다. 이는 적극적 권리범위 확인심판의 경우, 청구인으로서는 피청구인이 실시하는 확인대상디자인을 정확하게 특정하기 어려운 측면이 있고, 그리하여 특정의 잘못으로 인하여 심판청구가 각하됨으로써 분쟁해결이 지연되는 경우가 많으므로, 피청구인이 실시하고 있는 디자인이 청구인이 특정한 디자인과 동일성을 벗어날 정도로 다른 경우에도 보정이 가능하도록 하여, 정확하고 신속한 분쟁해결이 이루어지도록 하기 위한 것이다.[74]

심결취소소송에서는 심결시를 기준으로 심결의 위법성 여부를 판단할 뿐만 아니라, 확인대상디자인의 동일성이 훼손된다면 소송물의 변경으로 특허심판원의 심판절차를 경유하여야 한다는 필요적 전치주의에 반하게 되므로, 원칙적으로 소송절차에서는 확인대상디자인의 보정이 허용되지 않는다.[75] 다만, 명백한 오기를 정정하거나 불명확한 부분을 구체화하는 등 제한적인 경우에 한하여 허용될 뿐이다.[76]

위와 같이 확인대상디자인의 보정을 제한하는 기존 실무에 대하여는, 심판청구 단계에서 확인대상디자인을 정확하게 특정하기가 쉽지 않고, 특정 문제로 심판청구를 각하한 다음 다시 제기하도록 하는 것이 소송경제에도 부합하지 않는다는 이유 등으로 보정 허용 기준을 완화하여야 한다는 취지의 견해도 있다.[77]

마. 복수의 확인대상디자인의 허용 여부

1건의 권리범위 확인심판 청구에서 복수의 확인대상디자인에 대한 판단을 구할 수 있는지 여부가 문제된다.

---

74) 염호준(주 13), 356.
75) 특허법원 1999. 3. 25. 선고 98허6162 판결(확정), 2006. 12. 14. 선고 2006허5263 판결(확정).
76) 염호준(주 13), 356.
77) 오충진, "권리범위 확인심판에서 확인대상발명의 특정", 特許訴訟硏究 第4輯, 特許法院(2008), 259; 한국특허법학회 편, "확인대상고안의 보정 시 요지변경의 의미", 특허판례연구, 박영사(2012), 719(한동수 집필부분).

특허심판원에서는 특허에 관한 권리범위 확인심판 청구와 관련하여 확인대상발명은 1개이어야 하고, 확인대상발명이 여러 개인 것이 명백하거나 확인대상발명이 하나인 것으로 인정하기에는 불명확한 점이나 모순이 있는 경우 그 흠결을 보정하도록 보정명령을 하고, 보정명령에 응하지 않거나 보정에 의해서도 그 흠결이 해소되지 아니한 때에는 심판청구를 각하하는 것이 실무례이고,78) 이와 같은 취지의 판결79)80)이 선고된 바도 있다.

살피건대 동일한 당사자 사이에서 상대방이 실시하는 디자인이 실질적으로 동일하거나 유사한 경우에는 이를 한 번에 심판 청구하는 것을 허용하는 것이 당사자 사이의 유사한 법률관계를 일거에 해결할 수 있어 분쟁의 신속한 해결과 소송경제라는 측면에서 바람직하다는 점에 비추어 보면, 복수의 확인대상디자인에 대한 권리범위 확인심판을 단순 병합하여 청구하는 것도 가능하다고 볼 것이다.

특허법원에서는 특허에 관한 사안이기는 하나 이와 같은 취지에서 "권리범위 확인심판에서 확인대상발명은 한 개여야 한다는 특허심판원의 심판편람 규정은 그 규정의 성질과 내용상 행정기관 내부의 사무처리준칙을 정한 것에 불과하여 대내적으로 행정기관을 기속함은 별론으로 하고 대외적으로 법원이나 일반 국민을 기속하는 효력은 없는 점, 특허법은 특허권자·전용실시권자 또는 이해관계인은 특허발명의 보호범위를 확인하기 위하여 특허권의 권리범위 확인심판을 청구할 수 있다고 규정하고 있을 뿐(제135조 제1항), 특허권의 권리범위를 확인하기 위한 확인대상발명의 개수를 특별히 제한하고 있지는 않은 점, 확인대상발명을 복수로 하여 권리범위 확인심판을 청구하는 것은 결국 복수의 청구를 병합하는 것인데, 특허법상의 심판절차와 성질이 유사한 일반 행정심판 절차를 규정하고 있는 행정심판법은 관련 청구의 병합을 인정하고 있는 점(행정심판법 제37조 참조), 관련되는 복수의 청구를 하나의 심판절차에서 해결하는 것이 분쟁의 일회적 해결이나 심판경제상 바람직한 점 등을 종합하여 보면, 특별한 사정이 없는 한 확인대상발명이 복수라는 것만으로 바로 권리범위 확인심판청구가 위법하다고 볼 수는 없다"라고 판시하였다.81)

---

78) 특허심판원, 심판편람(2011), 538.
79) 대법원 1971. 6. 22. 선고 69후18 판결[비공개].
80) 특허법원 2001. 1. 5. 선고 2000허600 판결[비공개](확정).
81) 특허법원 2013. 11. 7. 선고 2013허4954 판결[비공개](확정). 특허법원 2007. 4. 12. 선고 2006허2486 판결[비공개](확정)도 이와 같은 취지이다.

이러한 경우 특허심판원으로서는 단순 병합된 확인대상디자인에 대한 각각의 심판청구에 대하여 모두 판단을 하여야 하고, 그 결과 일부 확인대상디자인만이 등록디자인의 권리범위에 속하는 경우에는 일부 인용, 일부 기각의 주문을 내어야 할 것이다.[82]

그러나 복수의 확인대상디자인을 선택적 또는 예비적 병합의 형태로 청구하면서, 그 모두가 등록디자인의 권리범위에 속한다는 취지가 아니라, 그 중 선택된 일부만이 등록디자인의 권리범위에 속한다는 취지로 청구하는 것은, 심판의 대상 자체가 불분명하고, 확인대상디자인은 명확하고 간결하게 기재되어야 한다는 점에 위배되며, 사실상 상대방에게 심판의 대상을 특정할 책임을 전가하는 결과에 이르게 되므로 부적법하다고 해야 할 것이다. 특허법원에서도 실용신안에 관한 사건에서 "확인대상고안은, 외함구조에 있어서 방열용 돌출부가 있는 경우와 돌출부가 없어도 되는 경우가 선택적으로 기재되어 있고, 또한 외함의 재질도 철 또는 알루미늄으로 선택적으로 기재되어 있으며, 상ㆍ하부 커버도 철 또는 합성수지계열의 재질로 선택적으로 기재되어 있어, 확인대상고안의 필수적 구성요소가 이 사건 등록고안의 구성요소와 대비할 수 있을 만큼 특정되었다고 볼 수 없다"라고 판시한 바 있다.[83]

2. 복수디자인등록출원된 디자인

특허법에서 특허출원은 1발명을 1특허출원으로 하면서도, 하나의 총괄적 발명의 개념을 형성하는 1군의 발명에 대하여 1특허출원으로 할 수 있도록 규정하고 있고(특허법 제45조 제1항), 하나의 특허발명의 특허청구범위에 2 이상의 청구항이 기재되어 있는 때에는 '청구항마다 권리범위 확인심판을 청구할 수 있다'고 규정하고 있다(특허법 제135조 제2항).

따라서, 복수의 청구항을 가진 하나의 총괄적 발명의 개념을 형성하는 1군의 특허발명에 대하여 일부의 청구항만을 특정하지 아니하고 그 권리범위 확인심판을 청구한 경우에 판단의 대상은 무엇인지, 그리고 확인대상발명과의 관계에서 본 청구항별 권리범위가 상이하다면 심결 주문에 청구항별로 개별적인 판단을 해야 하는지에 대한 논의가 있어 왔다.

그러나 디자인보호법에서 디자인등록출원은 1디자인마다 1디자인등록출원

---

82) 오충진(주 77), 266.
83) 특허법원 2006. 10. 20. 선고 2006허1438 판결[비공개](확정).

을 원칙으로 하고(제40조 제1항), 다만 같은 물품류에 속하는 물품에 대하여는 100 이내의 디자인을 1디자인등록출원으로 하여 복수디자인등록출원할 수 있으나(제41조), 복수디자인등록출원된 디자인등록에 대하여는 '각 디자인마다 권리범위 확인심판을 청구하여야 한다'고 규정하고 있다(제122조).

따라서 하나의 권리범위 확인심판절차에서 복수디자인등록출원된 디자인등록 중 하나 이상의 디자인에 대하여 권리범위 확인심판을 청구할 수 없으므로, 특허법에서 논의되는 위와 같은 문제는 사실상 발생하기 어렵다.

복수디자인등록출원에 대한 상세한 설명은 해당 조문에 대한 주해부분에 미루어 둔다.

Ⅳ. 심리 및 판단

1. 심리의 구조 및 순서

심리는 ① 당사자적격, 청구의 적법여부, 확인대상디자인의 특정 여부 등과 같은 절차의 적법성 여부에 관한 심리와 ② 확인대상디자인이 등록디자인의 권리범위에 속하는지 여부에 관한 본안 심리로 나뉜다. 확인대상디자인이 등록디자인의 권리범위에 속하는지 여부에 관한 본안 심리는 크게 ⓐ 확인대상디자인이 '자유실시디자인'에 해당하는지 여부에 관한 판단 및 ⓑ 확인대상디자인이 등록디자인의 권리범위에 속하는지 여부에 관한 판단으로 이루어진다.

우선 확인대상디자인이 '자유실시디자인'이라는 주장이 제기되면 등록디자인과 대비하기 전에 그 해당 여부를 판단하는데,[84] 이 경우에는 확인대상디자인과 선행디자인인 비교대상디자인을 대비 판단하게 된다. 한편, 등록디자인과의 대비를 위해서는 먼저 등록디자인의 권리범위를 확정하는 작업이 필요하고, 다음으로 등록디자인의 권리범위를 확인대상디자인과 비교하여 침해에 해당하는지를 판단하며, 나아가 기타의 이론에 근거하여 침해관계를 인정할 수 있는지를

---

[84] 대법원 2004. 4. 27. 선고 2002후2037 판결[공2004.6.1.(203), 924]에서 "등록된 의장이 의장등록출원 전에 그 의장이 속하는 분야에서 통상의 지식을 가진 자가 국내에서 널리 알려진 형상·모양·색채 또는 이들의 결합에 의하여 용이하게 창작할 수 있는 의장에 해당하는 경우에는 그 등록이 무효로 되기 전에는 등록의장의 권리범위를 부인할 수 없지만, 등록의장과 대비되는 의장이 등록의장의 의장등록출원 전에 그 의장이 속하는 분야에서 통상의 지식을 가진 자가 국내에서 널리 알려진 형상·모양·색채 또는 이들의 결합에 의하여 용이하게 창작할 수 있는 것인 때에는 등록의장과 대비할 것도 없이 그 권리범위에 속하지 않게 된다"라고 판시하여 이른바 '자유실시디자인'의 항변을 인정하고 있다.

판단하게 된다.

이와 같은 판단과정을 순서에 따라 나열하면 다음과 같다.

① 대비 선행단계: 확인대상디자인이 자유실시디자인인지 판단(확인대상디자인과 비교대상디자인의 비교)

② 대비 1단계: 등록디자인의 권리범위 확정(등록디자인과 확인대상디자인의 비교)

③ 대비 2단계: 침해 여부의 판단(등록디자인과 확인대상디자인의 비교)

④ 대비 3단계: 기타 침해이론의 적용 가능성 판단(등록디자인과 확인대상디자인의 비교)

위와 같은 실체적 판단 중 뒤에서 따로 살펴볼 내용을 제외한 등록디자인의 권리범위 확정 및 침해 여부 판단에 대한 상세한 설명은 디자인등록요건 및 디자인권 침해에 관한 조문에 대한 주해부분에 미루어 둔다.

2. 디자인권의 흠결을 다투는 경우

가. 공지된 부분을 포함한 디자인권의 권리범위

우선, 등록디자인이 그 출원 전에 국내 또는 국외에서 공지되었거나 공연히 실시된 디자인이나 그 출원 전에 국내 또는 국외에서 반포된 간행물에 게재된 디자인과 동일 또는 유사한 경우에는 그에 대한 등록무효의 심결이 없어도 그 권리범위를 인정할 수 없다.[85] 한편, 디자인의 일부분에 공지의 형상과 모양이 포함된 경우, 대법원에서는 "디자인권은 물품의 신규성이 있는 형상, 모양, 색채의 결합에 부여되는 것으로서 공지의 형상과 모양을 포함한 출원에 의하여 디자인등록이 되었다 하더라도 공지부분에까지 독점적이고 배타적인 권리를 인정할 수는 없으므로 디자인권의 권리범위를 정함에 있어 공지 부분의 중요도를 낮게 평가하여야 하고, 따라서 등록디자인과 그에 대비되는 디자인이 서로 공지부분에서 동일·유사하다고 하더라도 등록디자인에서 공지 부분을 제외한 나머지 특징적인 부분과 이에 대비되는 디자인의 해당 부분이 서로 유사하지 않다면 대비되는 디자인은 등록디자인의 권리범위에 속한다고 할 수 없다"라고 판시하여[86] 권리의 속부를 판단함에 있어서는 디자인의 구성요소 중 공지된 부분을 요부에서 제외하고 있다.[87]

---

85) 대법원 2008. 9. 25. 선고 2008도3797 판결[비공개].

86) 대법원 2012. 4. 13. 선고 2011후3568 판결 등.

87) 특허법원 지적재산소송실무연구회, 지적재산소송실무, 박영사(2014), 436(곽부규 집필부분).

나. 창작이 용이한 디자인권의 권리범위

대법원에서는 등록된 디자인이 디자인등록출원 전에 그 디자인이 속하는 분야에서 통상의 지식을 가진 자가 국내에서 널리 알려진 형상·모양·색채 또는 이들의 결합에 의하여 용이하게 창작할 수 있는 디자인에 해당하는 경우에는 그 등록이 무효로 되기 전에는 등록디자인의 권리범위를 부인할 수 없다고 판시하여,[88] 등록디자인의 창작이 용이한 경우에도 등록무효 심판을 거치지 않은 채 바로 그 효력을 부인할 수 없다는 입장을 취하고 있다. 이러한 대법원의 태도는 특허나 실용신안에 관한 권리범위 확인사건에 있어서 진보성이 없는 경우 그 권리범위를 바로 부인할 수 없다는 판례와 궤를 같이 하는 것이다.[89]

한편, 특허발명에 대한 무효심결이 확정되기 전이라고 하더라도 특허발명의 진보성이 부정되어 특허가 특허무효심판에 의하여 무효로 될 것임이 명백한 경우에는 특허권에 기초한 침해금지 또는 손해배상 등의 청구는 특별한 사정이 없는 한 권리남용에 해당하여 허용되지 아니한다는 취지의 대법원 2012. 1. 19. 선고 2010다95390 전원합의체 판결[90]을 근거로 권리범위 확인사건에서도 위와 같은 권리남용이론을 주장할 수 있는가?

이에 대하여는 위 대법원 전원합의체 판결이 권리범위 확인사건의 특수한 사정 등을 고려하여 권리범위 확인사건에 관해서는 종전의 판례들을 변경하지 아니한 취지에 비추어 볼 때, 권리범위 확인사건에서 창작 용이성을 이유로 권리남용 주장을 허용하기는 어렵다는 견해가 있었다.[91]

대법원에서도 "권리범위 확인심판은 심판청구인이 그 청구에서 심판의 대상으로 삼은 확인대상발명이 특허권의 효력이 미치는 객관적인 범위에 속하는지 여부를 확인하는 목적을 가진 절차이므로, 그 절차에서 특허발명의 진보성여부까지 판단하는 것은 특허법이 권리범위 확인심판 제도를 두고 있는 목적을 벗어나고 그 제도의 본질에 맞지 않다. 특허법이 심판이라는 동일한 절차 안에 권리범위 확인심판과는 별도로 특허무효심판을 규정하여 특허발명의 진보성 여부가 문제 되는 경우 특허무효심판에서 이에 관하여 심리하여 진보성이 부정되면 그 특허를 무효로 하도록 하고 있음에도 진보성 여부를 권리범위 확인심판

---

88) 대법원 2004. 4. 27. 선고 2002후2037 판결[공2004.6.1.(203), 924].

89) 특허법원 지적재산소송실무연구회(주 87), 436.

90) [공2012상, 299].

91) 유영선, "침해소송법원에서 진보성의 심리·판단 가능 여부", 사법 제21호, 사법발전재단(2012), 427.

에서까지 판단할 수 있게 하는 것은 본래 특허무효심판의 기능에 속하는 것을 권리범위 확인심판에 부여함으로써 특허무효심판의 기능을 상당 부분 약화시킬 우려가 있다는 점에서도 바람직하지 않다. 따라서 권리범위 확인심판에서는 특허발명의 진보성이 부정된다는 이유로 그 권리범위를 부정하여서는 안 된다. 다만 대법원은 특허의 일부 또는 전부가 출원 당시 공지공용의 것인 경우까지 특허청구범위에 기재되어 있다는 이유만으로 권리범위를 인정하여 독점적·배타적인 실시권을 부여할 수는 없으므로 권리범위 확인심판에서도 특허무효의 심결 유무에 관계없이 그 권리범위를 부정할 수 있다고 보고 있으나, 이러한 법리를 공지공용의 것이 아니라 그 기술분야에서 통상의 지식을 가진 자가 선행기술에 의하여 용이하게 발명할 수 있는 것뿐이어서 진보성이 부정되는 경우까지 확장할 수는 없다"라고 판시하여 이를 부정하였다.[92]

3. 자유실시디자인의 범위

확인대상디자인이 비교대상디자인과 동일·유사한 경우에는 확인대상디자인은 등록디자인과 대비할 것도 없이 등록디자인의 권리범위에 속하지 않는다.[93] 또한, 확인대상디자인이 주지 디자인에 의하여 용이하게 창작할 수 있는 경우에도 확인대상디자인은 등록디자인과 대비할 것도 없이 등록디자인의 권리범위에 속하지 않는다.[94]

다만, 2004. 12. 31. 법률 제7289호로 개정되기 전의 구 의장법 시행 이전에 출원된 등록디자인의 권리범위확인 사건에 있어서는 확인대상디자인이 주지의 디자인에 의하여 용이하게 창작할 수 있어야 하고 간행물에 게재된 디자인의 결합에 의하여 용이하게 창작할 수 있는 경우까지 자유실시디자인이라고 할 수는 없다.[95]

4. 심결의 주문

심결은 당사자가 신청한 청구의 취지에 따라서 그 청구취지의 당부를 판단하면 족하다. 즉 적극적 권리범위 확인심판에 있어서 확인대상디자인의 등록디

---

92) 대법원 2014. 3. 20. 선고 2012후4162 전원합의체 판결[공2014상, 977].
93) 대법원 1994. 9. 27. 선고 93후1995 판결[비공개].
94) 대법원 2004. 4. 27. 선고 2002후2037 판결[공2004.6.1.(203), 924].
95) 특허법원 2008. 10. 8. 선고 2008허6338 판결[비공개](상고되었으나 대법원 2009. 2. 26. 선고 2008후4141 판결로 심리불속행기각되었다).

자인의 권리범위에 속하는 경우에는 "확인대상디자인이 등록디자인의 권리범위
에 속한다"는 취지의 심결을, 반대의 경우에는 "청구인의 청구를 기각한다"는
심결을 하여야 하는 것이고, 반대로 소극적 권리범위 확인심판에 있어서는 확인
대상디자인이 등록디자인의 권리범위에 속하지 아니하는 경우에 "확인대상디자
인이 등록디자인의 권리범위에 속하지 아니한다"는 심결을, 반대의 경우에는
"청구인의 청구를 기각한다"는 심결을 하여야 한다.96)

　　즉, 권리범위 확인심판의 경우에도 민사소송법 제188조의 당사자처분권주
의가 적용됨에 따라 심판원은 당사자가 신청하지 아니한 청구취지 등 당사지의
신청취지에 포함되지 아니한 사항에 대하여는 심결하지 못한다. 따라서 적극적
권리범위 확인심판에 있어서 단순히 "청구를 기각한다"고 하지 아니하고 "확인
대상디자인이 등록디자인의 권리범위에 속하지 아니한다"라고 심결하거나, 소
극적 권리범위 확인심판에 있어서 "확인대상디자인이 등록디자인의 권리범위에
속한다"라고 심결하는 것도 허용되지 아니한다.97)

V. 심결의 효력

1. 일사부재리의 효력

　　디자인보호법 제151조에서는 "이 법에 따른 심판의 심결이 확정되었을 때
에는 그 사건에 대하여는 누구든지 같은 사실 및 같은 증거에 의하여 다시 심
판을 청구할 수 없다"라고 하여 일사부재리의 원칙을 규정하고 있는데, 이는 권
리범위 확인심판에도 마찬가지로 적용된다. 일사부재리에 대한 상세한 설명은
위 조문에 대한 주해부분에 미루어 둔다.

　　다만, 권리범위 확인심판에 있어서는 등록디자인과 확인대상디자인이 동일
하고 관련 증거가 동일하다면 그 심판의 유형이 적극적 권리범위확인과 소극적
권리범위 확인심판으로 서로 다르다고 하더라도 일사부재리의 적용이 있다.98)

96) 정상조 · 박성수 공편(주 5), 456-457.
97) 정상조 · 박성수 공편(주 5), 458.
98) 대법원 1976. 6. 8. 선고 75후18 판결[집24(2)행, 42; 공1976.8.1.(541), 9259], 대법원
　　2006. 5. 26. 선고 2003후427 판결[공2006.7.1.(253), 1190].

2. 침해소송과의 관계

가. 절차의 독립성

권리범위 확인심판 및 그 심결취소소송과 침해소송은 별개의 독립된 소송으로서, 두 소송이 동시에 계속 중이어도 중복소송에 해당하지 않고,[99] 법률상으로는 어느 한쪽의 결론이 다른 소송에서 기속력을 가지지도 아니한다. 대법원도, "민사재판에 있어서 이와 관련된 다른 권리범위 확인심판 등의 확정심결에서 인정된 사실은 특별한 사정이 없는 한 유력한 증거자료가 되는 것이나, 당해 민사재판에서 제출된 다른 증거내용에 비추어 관련 권리범위 확인심판사건 등의 확정심결에서의 사실판단을 그대로 채용하기 어렵다고 인정될 경우에는 이를 배척할 수 있는 것이라 할 것이다"라고 판시하고 있다.[100]

다만, 디자인보호법 제152조에서는 심판사건과 침해소송이 서로 관련된 것일 경우 그 절차의 지연을 방지하고 심판원과 법원의 판단의 모순·저촉을 방지하기 위하여 절차를 조정하는 규정을 두고 있는데, 이에 대한 상세한 설명은 위 조문에 대한 주해부분에 미루어 둔다.

---

99) 대법원 2011. 2. 24. 선고 2008후4486 판결[공2011상, 762], 원심인 특허법원에서는 상표권의 권리범위 확인심판은 심판청구인이 심판의 대상으로 삼은 구체적인 확인대상표장과의 관계에서 당해 등록상표의 효력이 미치는 범위에 관하여 현실적인 다툼이 계속되고 있고, 동일한 심판 대상에 대하여 가장 유효·적절한 분쟁해결수단인 침해금지청구나 손해배상청구와 같은 민사 본안소송의 판결이 내려지기 전에 그 권리범위의 속부를 확정할 실익이 있는 경우에 확인의 이익 내지 소의 이익이 있다는 전제에서 이 사건 심결취소소송은 소의 이익이 없다고 판단하였다. 이에 대하여 대법원에서는 "원고가 2007. 3. 21. 피고를 상대로 특허심판원에 이 사건 소극적 권리범위 확인심판을 제기하였으나 특허심판원이 2008. 4. 28. 확인대상표장이 이 사건 등록상표의 권리범위에 속한다는 이유로 청구를 기각하는 이 사건 심결을 한 점, 비록 피고가 이 사건 등록상표의 상표권 침해와 관련된 민사소송을 2006. 7. 11. 제기하여 2008. 7. 25. 원고 승소판결이 선고되었고, 그 과정에서 이 사건 심결이 먼저 내려져 위 민사판결에 고려될 수 있었으며 이 사건 심결취소소송의 상고심 계속 중 위 민사판결이 2010. 5. 13. 그대로 확정되었다고 하더라도 여전히 원고에게 불리한 이 사건 심결이 유효하게 존속하고 있는 점, 확정된 위 민사판결은 이 사건 심결취소소송을 담당하는 법원에 대하여 법적 기속력이 없으므로 원고는 위 민사판결이 확정되었음에도 불구하고 자신에게 불리한 이 사건 심결을 취소할 법률상 이익이 있고, 달리 이 사건 심결 이후 이 사건 등록상표의 상표권이 소멸되었다거나 당사자 사이의 합의로 이해관계가 소멸되었다는 등 이 사건 심결 이후 심결을 취소할 법률상 이익이 소멸되었다는 사정도 보이지 아니하는 점 등에 비추어 원고는 이 사건 심결의 취소를 구할 소의 이익이 있다고 할 것이다"라고 판시하였다.
100) 대법원 2002. 1. 11. 선고 99다59320 판결[집50(1)민, 31; 공2002.3.1.(149), 454].

나. 재심사유의 해당 여부

확정된 권리범위 확인심판의 심결이 관련 침해관련 민·형사 소송의 판결을 기초로 하였는데 그 판결이 상급심 판결 등 다른 재판이나 재심 등에 의하여 바뀌게 된 경우 또는 반대로 확정된 침해 관련 민사소송의 판결이 권리범위 확인심판의 심결을 기초로 한 것이었는데 그 심결이 심결취소소송에 의하여 취소 확정되었을 때 등의 경우에는 각각 확정된 권리범위 확인심판의 심결 및 확정된 침해관련 민사소송의 판결의 재심사유가 됨은 디자인보호법 제158조 제2항, 제1항 및 민사소송법 제451조 제1항 제8호에 의하여 명백하다.

그러나 침해관련 민사소송의 판결이 먼저 있은 후에 그와 반대되는 결론의 권리범위 확인심판의 심결이 확정된 경우에는 침해관련 민사소송의 판결이 권리범위 확인심판의 심결을 기초로 한 것이라고 할 수 없을 뿐만 아니라 판결이 기초로 한 행정처분이 변경된 바도 없으므로 재심사유가 될 수 없다. 이는 반대의 경우 즉, 권리범위 확인심판의 심결이 확정된 이후에 그 심결과 반대되는 결론의 침해관련 민사소송 판결이 선고되어 확정된 경우도 마찬가지이다.[101]

한편, 형사소송법 제420조 제6호에서는 "저작권, 특허권, 실용신안권, 의장권 또는 상표권을 침해한 죄로 유죄의 선고를 받은 사건에 관하여 그 권리에 대한 무효의 심결 또는 무효의 판결이 확정된 때"에 한하여 명시적인 재심사유로 하고 있을 뿐이므로 권리범위 확인심판의 심결이 확정된 사정은 재심사유가 될 수 없다.[102]

〈염호준〉

---

101) 정상조·박성수 공편(주 5), 461-462.
102) 박희섭·김원오(주 3), 640.

제123조(통상실시권 허락의 심판)

① 디자인권자 · 전용실시권자 또는 통상실시권자는 해당 등록디자인 또는 등록디자인과 유사한 디자인이 제95조 제1항 또는 제2항에 해당하여 실시의 허락을 받으려는 경우에 그 타인이 정당한 이유 없이 허락하지 아니하거나 그 타인의 허락을 받을 수 없을 때에는 자기의 등록디자인 또는 등록디자인과 유사한 디자인의 실시에 필요한 범위에서 통상실시권 허락의 심판을 청구할 수 있다.

② 제1항에 따른 심판에 따라 통상실시권을 허락한 자가 그 통상실시권을 허락받은 자의 등록디자인 또는 이와 유사한 디자인을 실시할 필요가 있는 경우에 그 통상실시권을 허락받은 자가 실시를 허락하지 아니하거나 실시의 허락을 받을 수 없을 때에는 통상실시권을 허락받아 실시하려는 등록디자인 또는 이와 유사한 디자인의 범위에서 통상실시권 허락의 심판을 청구할 수 있다.

③ 제1항 및 제2항에 따라 통상실시권을 허락받은 자는 특허권자 · 실용신안권자 · 디자인권자 또는 그 전용실시권자에게 대가를 지급하여야 한다. 다만, 자기가 책임질 수 없는 사유로 지급할 수 없는 경우에는 그 대가를 공탁하여야 한다.

④ 제3항에 따른 통상실시권자는 그 대가를 지급하지 아니하거나 공탁을 하지 아니하면 그 특허발명 · 등록실용신안 또는 등록디자인이나 이와 유사한 디자인을 실시할 수 없다.

<소 목 차>

Ⅰ. 본조의 의의

① 등록디자인이 타인의 선출원인 등록디자인 또는 이와 유사한 디자인, 특허발명, 등록실용신안과 이용관계에 있거나 또는 특허권, 실용신안권과 저촉관

계에 있을 때, ② 등록디자인과 유사한 디자인이 타인의 선출원인 등록디자인
또는 이와 유사한 디자인, 특허발명, 등록실용신안과 이용관계에 있거나 또는
디자인권, 특허권, 실용신안권과 저촉관계에 있을 때 등록디자인의 디자인권자,
전용실시권자 또는 통상실시권자가 등록된 디자인 및 이와 유사한 디자인을 실
시하기 위하여 청구하는 심판이다. 반대로 선출원 디자인권자, 특허권자, 실용권
자도 후출원 디자인권자 등의 동의를 얻지 않으면 후출원 등록디자인 또는 이
와 유사한 디자인을 실시할 수 없기 때문에 이를 실시하기 위하여 청구하는 심
판이기도 하다. 서로 이용, 저촉관계에 있는 디자인권, 특허권, 실용신안권을 사
장시키지 않고 산업발전에 기여하도록 하기 위해 마련된 제도이다.

Ⅱ. 통상실시권허락심판의 당사자

원칙적으로 청구인은 이용관계나 저촉관계에 있는 후출원 등록디자인의 디
자인권자, 전용실시권자 또는 통상실시권자이고, 피청구인은 선출원 디자인권
자, 특허권자, 실용신안권자가 된다(디자인보호법 제95조 제1항·제2항, 제123조 제
1항). 이용, 저촉관계는 상표권 및 저작권과의 관계에서도 발생하지만 일본 의장
법에서는 상표권 및 저작권은 협의청구의 대상에서 제외하고 있다.[1] 일본에서
는 출처혼동을 방지한다는 관점에서 상표권의 경우는 상표권자의 의사에 의하
지 않고 통상실시권을 설정하는 재정제도는 적용되지 않는다고 한다.[2] 또한 의
장권이 먼저 발생한 저작권과 저촉되는 경우는 의장권이 저작물의 복제권 등을
침해한 출원에 기해 성립한 것이고, 의장권의 실시가 저작권의 침해에 해당하므
로 저작물의 모방자인 의장권자에게 저작권에 대한 법정의 협의권을 부여할 필
요는 없다고 한다.[3]

디자인보호법 제95조에서는 등록디자인 및 이와 유사한 디자인이 디자인등
록출원일 전에 출원된 타인의 등록상표 또는 그 출원일 전에 발생한 타인의 저
작물과 이용, 저촉관계에 있는 경우 그 타인의 허락을 받지 않으면 디자인권자
가 등록디자인 및 이와 유사한 디자인을 실시할 수 없다고 규정하고 있으나, 본

---

1) 일본 의장법 제33조 제1항.
2) 満田重昭·松尾和子 대표집필, 注解 意匠法(초판), 靑林書院(2010), 450(櫻木 信義 집필
   부분).
3) 寒河江孝允 대표집필, 意匠法 コンメンタール(초판), 雄松堂出版(2007), 432(香原修也
   집필부분).

조에서는 상표권자와 저작권자를 통상실시권허락심판의 상대방에서 제외하고 있다. 상표권자의 동의 없이 심판에 의해 강제로 통상실시권을 허락하는 것은 상표권의 본질인 출처표시기능을 약화시킬 우려가 있고, 시각저작물에 대한 저작권과 디자인권은 사실상 보호대상이 동일한바 이미 발생한 저작권을 침해하여 등록한 디자인권자에게 저작권자를 상대로 통상실시권 허락의 심판을 청구할 권리까지 부여할 필요는 없다는 점에서 상표권자와 저작권자는 본조의 심판청구의 상대방에서 제외된 것으로 보인다.

한편, 이용디자인 또는 저촉관계에 있는 디자인권의 디자인권자에게 통상실시권을 허락한 때에는 선출원 디자인권자, 특허권자, 실용신안권자에게도 그 보상책으로 후출원의 디자인권에 대해 통상실시허락심판을 청구할 수 있게 하고 있다(디자인보호법 제123조 제2항). 이 경우는 선출원의 디자인권자, 특허권자, 실용신안권자가 청구인, 이용디자인 또는 저촉디자인의 디자인권자(후출원 디자인권자)가 피청구인이 된다.

Ⅲ. 통상실시권허락심판의 요건

등록디자인 또는 이와 유사한 디자인이 타인의 선출원인 등록디자인 또는 이와 유사한 디자인, 특허발명, 등록실용신안과 이용관계에 있거나 디자인권(등록디자인과 유사한 디자인의 경우), 특허권, 실용신안권과 저촉관계에 있기 때문에 타인의 등록디자인 등에 대한 실시의 허락 없이는 등록디자인 또는 이와 유사한 디자인을 실시할 수 없고, 그 타인에 대한 실시허락을 요청하였음에도 정당한 이유 없이 허락하지 아니하거나 허락을 받을 수 없는 경우이다(제1항).

자신의 권리에 대해 심판에 따라 통상실시권을 허락한 선출원 디자인권자, 특허권자, 실용신안권자도 자기의 권리 실시에 후출원 디자인권의 실시가 필요하여 후출원 디자인권자에게 실시허락을 요청하였음에도 실시를 허락하지 아니하거나 실시의 허락을 받을 수 없을 때 후출원 디자인권 또는 이와 유사한 디자인의 범위에서 통상실시권허락심판을 청구할 수 있다(제2항).

1. 이용, 저촉관계에 있을 것

등록디자인 또는 이와 유사한 디자인이 선출원의 등록디자인 또는 이와 유사한 디자인, 특허발명, 등록실용신안을 이용하거나 디자인권(등록디자인과 유사한 디자인의 경우), 특허권, 실용신안권과 저촉관계에 있어야 한다. '이용'이란 자기의 등록디자인 또는 이와 유사한 디자인을 실시하려면 필연적으로 타인의 등록디자인 또는 이와 유사한 디자인, 특허발명, 등록실용신안을 전부 실시하여야 하는 경우이고, '저촉'이란 등록디자인 또는 이와 유사한 디자인의 권리내용 전부가 타인의 등록디자인(등록디자인과 유사한 디자인의 경우), 특허발명 또는 등록실용신안의 권리내용의 전부와 동일한 경우를 의미한다.[4]

2. 정당한 이유 없이 실시허락을 하지 아니하거나 실시허락을 받을 수 없을 것

부당한 조건을 제시하거나, 선출원 디자인권, 특허권, 실용신안권이 공유인 경우 모든 공유자의 동의(디자인보호법 제96조 제4항, 특허법 제99조 제4항, 실용신안법 제28조)를 받기 어렵거나, 권리자의 소재가 불분명한 경우 등이 이에 해당할 것이다.[5]

3. 협의절차를 거칠 것

후출원의 디자인권자 등은 먼저 선출원인 디자인권자 등에게 자기의 등록디자인 또는 이와 유사한 디자인을 실시하기 위한 협의를 거쳐야 하며(제1항), 후출원의 디자인권자 등에게 통상실시권이 허락된 경우, 선출원 디자인권자 등 역시 후출원의 등록디자인 또는 이와 유사한 디자인을 실시할 필요가 있는 경우에 후출원 디자인권자에게 실시허락을 할 것을 협의하여야 한다(제2항).

Ⅳ. 심판청구

1. 청구기간

명시적인 규정은 없으나, 디자인권 설정등록일로부터 가능하다 할 것이다.[6]

2. 청구의 방식

실시권심판청구서에는 소정의 사유 이외에 ① 실시를 요하는 자기의 등록

---

4) 송영식, 지적소유권법 上, 육법사(2008), 943.
5) 송영식(주 4), 756. 특허권의 통상실시권에 관한 논의이나 디자인권의 통상실시권에 관하여도 마찬가지로 적용될 수 있을 것이다.
6) 정상조·박성수 공편, 특허법 주해Ⅱ, 박영사(2010), 507(이회기 집필부분).

디자인번호 및 명칭, ② 실시되어야 할 타인의 특허발명·등록실용신안 또는 등록디자인의 번호, 명칭 및 등록연월일, ③ 통상실시권의 범위, 기간 및 대가를 기재하여야 한다(디자인보호법 제126조 제4항).

3. 심결 및 효과

통상실시권을 허락한다는 심결이 확정되면 강제 통상실시권이 발생한다. 심결의 주문에는 통상실시권의 범위·기간 및 대가가 포함되어야 한다(디자인보호법 제150조 제2항 제5호).

통상실시허락심판에 의하여 실시허락을 받은 통상실시권자는 특허권자, 실용신안권자, 디자인권자 또는 그 전용실시권자에 대해 대가를 지급하거나 책임질 수 없는 사유로 지급할 수 없는 경우에는 공탁하여야 한다(디자인보호법 제123조 제3항). 통상실시권자는 대가를 지급하지 아니하거나 공탁을 하지 아니하면 실시할 수 없다(디자인보호법 제123조 제4항).

통상실시허락심판에 의한 실시권은 심결의 확정에 의하여 발생하므로, 따로 등록하지 아니하여도 효력이 있다. 다만, 제3자에 대항하기 위하여는 등록이 있어야 한다.[7]

〈박정훈〉

---

7) 정상조·박성수 공편(주 6), 507-508.

제124조(심사규정의 디자인등록거절결정에 대한 심판에의 준용)

① 디자인등록거절결정에 대한 심판에 관하여는 제48조 제1항부터 제3항까지, 제48조 제4항 제1호, 제49조, 제63조 및 제65조를 준용한다. 이 경우 제48조 제4항 제1호 중 "제62조에 따른 디자인등록거절결정 또는 제65조에 따른 디자인등록결정(이하 "디자인등록여부결정"이라 한다)의 통지서가 발송되기 전까지"는 "거절이유통지에 따른 의견서 제출기간까지"로 보고, 제49조 제3항 중 "제119조에 따라 심판을 청구한 경우"는 "제166조 제1항에 따라 소를 제기한 경우"로, "그 심결이 확정될 때까지"는 "그 판결이 확정될 때까지"로 본다.

② 제1항에 따라 준용되는 제63조는 디자인등록거절결정의 이유와 다른 거절이유를 심판절차에서 발견한 경우에만 적용한다.

<소 목 차>

I. 개   요

디자인등록거절결정에 대한 불복심판에서, 심판청구인(출원인)은 디자인등록출원의 요지를 변경하지 않는 범위에서 보정을 할 수 있는데, 이때 심판관은 보정이 요지변경인 경우 이를 각하하여야 하고, 다른 거절이유로 디자인등록거절결정을 유지하는 경우에는 그 다른 거절이유를 통지하고 의견제출기회를 부여하여야 한다. 심판관은 심리결과 원래의 거절이유가 이유가 없거나 보정에 의하여 해소된 경우, 다른 거절이유를 발견할 수 없거나 보정에 의하여 다른 거절이유가 해소된 경우에는 심결로서 디자인등록거절결정을 취소하여야 한다. 디자인등록거절결정을 취소하는 경우 심사에 부칠 것이라는 심결을 하거나(제157조 제2항), 디자인등록결정을 하여야 한다.

II. 해　　설

1. 거절결정불복심판에서의 보정

거절결정불복심판에서의 보정에는 심사절차에서의 보정에 관한 규정이 준용된다. 다만, 그 시기는 "거절이유통지에 따른 의견서 제출기간까지"로 제한된다.

제48조(출원의 보정과 요지변경)

① 디자인등록출원인은 최초의 디자인등록출원의 요지를 변경하지 아니하는 범위에서 디자인등록출원서의 기재사항, 디자인등록출원서에 첨부한 도면, 도면의 기재사항이나 사진 또는 견본을 보정할 수 있다.

② 디자인등록출원인은 관련디자인등록출원을 단독의 디자인등록출원으로, 단독의 디자인등록출원을 관련디자인등록출원으로 변경하는 보정을 할 수 있다.

③ 디자인등록출원인은 디자인일부심사등록출원을 디자인심사등록출원으로, 디자인심사등록출원을 디자인일부심사등록출원으로 변경하는 보정을 할 수 있다.

④ 제1항부터 제3항까지의 규정에 따른 보정은 다음 각 호에서 정한 시기에 할 수 있다.

　1. 제62조에 따른 디자인등록거절결정 또는 제65조에 따른 디자인등록결정(이하 "디자인등록여부결정"이라 한다)의 통지서가 발송되기 전까지

2. 거절결정불복심판에서의 보정각하

거절결정불복심판에서의 보정각하에는 심사절차에서의 보정각하에 관한 규정이 준용된다. 다만, 보정각하의 주체가 심판관이므로 그에 대한 불복은 심결취소소송에 의하여야 하고, 이 경우 심판관은 그 판결이 확정될 때까지 그 디자인등록출원에 대한 심사를 중지하여야 한다.

제49조(보정각하)

① 심사관은 제48조에 따른 보정이 디자인등록출원의 요지를 변경하는 것일 때에는 결정으로 그 보정을 각하하여야 한다.

② 심사관은 제1항에 따른 각하결정을 한 경우에는 그 결정등본을 디자인등록출원인에게 송달한 날부터 30일이 지나기 전까지는 그 디자인등록출원(복수디자인등록출원된 일부 디자인에 대하여 각하결정을 한 경우에는 그 일부 디자인을 말한다)에 대한 디자인등록여부결정을 하여서는 아니 된다.

③ 심사관은 디자인등록출원인이 제1항에 따른 각하결정에 대하여 제119조에 따라

심판을 청구한 경우에는 그 심결이 확정될 때까지 그 디자인등록출원(복수디자인
등록출원된 일부 디자인에 대한 각하결정에 대하여 심판을 청구한 경우에는 그 일
부 디자인을 말한다)의 심사를 중지하여야 한다.
④ 제1항에 따른 각하결정은 서면으로 하여야 하며 그 이유를 붙여야 한다.

3. 거절결정불복심판에서의 거절이유통지

거절결정불복심판에서의 심판관은 디자인등록거절결정과 다른 거절이유를
발견한 경우에만 거절이유를 통지하고, 기간을 정하여 의견을 제출할 수 있는
기회를 제공하여야 한다. 이는 디자인등록거절결정의 거절이유에 대해서는 심
사절차에서 그 통지가 이루어졌으므로, 이에 대해서는 반복하여 거절이유를 통
지하지 않도록 규정한 것이다.

제63조(거절이유통지)

① 심사관은 제62조에 따라 디자인등록거절결정을 하려는 경우에는 디자인등록출
원인에게 미리 거절이유(제62조 제1항부터 제3항까지에 해당하는 이유를 말하며,
이하 "거절이유"라 한다)를 통지하고 기간을 정하여 의견서를 제출할 수 있는 기회
를 주어야 한다.
② 복수디자인등록출원된 디자인 중 일부 디자인에 대하여 거절이유가 있는 경우
에는 그 디자인의 일련번호, 디자인의 대상이 되는 물품 및 거절이유를 구체적으로
적어야 한다.

4. 거절결정불복심판에서의 디자인등록결정

심판관은 심리결과 원래의 거절이유가 잘못되었거나 보정에 의하여 거절이
유가 해소된 경우, 새로운 거절이유를 발견할 수 없거나 새로운 거절이유가 보
정에 의하여 해소된 경우에는 심결로서 디자인등록거절결정을 취소하여야 한다.
이때 심판관은 디자인등록거절결정을 취소하는 경우 심사에 부칠 것이라는 심
결을 할 수도 있지만(제157조 제2항), 디자인등록결정을 할 수도 있다. 다만 심판
관에 의한 디자인등록결정은 실무적으로는 잘 활용되지 아니한다.

제65조(디자인등록결정)

심사관은 디자인등록출원에 대하여 거절이유를 발견할 수 없을 때에는 디자인등록
결정을 하여야 한다. 이 경우 복수디자인등록출원된 디자인 중 일부 디자인에 대하
여 거절이유를 발견할 수 없을 때에는 그 일부 디자인에 대하여 디자인등록결정을
하여야 한다.

〈이다우〉

제125조(공동심판의 청구 등)

　① 디자인권 또는 디자인등록을 받을 수 있는 권리의 공유자가 그 공유인 권리에 관하여 심판을 청구할 때에는 공유자 모두가 공동으로 청구하여야 한다.
　② 제1항에도 불구하고 같은 디자인권에 관하여 제121조 제1항의 디자인등록 무효심판 또는 제122조의 권리범위 확인심판을 청구하는 자가 2인 이상이면 각자 또는 모두가 공동으로 심판을 청구할 수 있다.
　③ 공유인 디자인권의 디자인권자에 대하여 심판을 청구할 때에는 공유자 모두를 피청구인으로 하여야 한다.
　④ 제1항 또는 제2항에 따른 청구인이나 제3항에 따른 피청구인 중 1인에게 심판절차의 중단 또는 중지의 원인이 있으면 모두에게 그 효력이 발생한다.

<소 목 차>

Ⅰ. 공동심판의 의의 및 본 조문의 연혁

1. 공동심판의 의의 및 취지

　공동심판이란 하나의 심판사건에 대한 청구인 또는 피청구인이 복수인 심판을 말한다. 공동심판제도를 두고 있는 이유는 동일한 절차의 반복 또는 중복으로 인하여 발생할 수 있는 심판경제적인 측면에서 불합리한 점을 방지하고, 분쟁의 통일적 해결을 도모하고 모순을 제거하기 위해서이다.[1]

　공유인 디자인권의 권리자들이 심판을 청구하거나, 공유인 디자인권에 대하여 심판을 청구하는 경우는 이른바 '고유필수적 공동심판'으로서, 공유자 전원이 심판의 청구인 또는 피청구인이 되어야 하고(제125조 제1, 3항), 동일한 디자인권에 대하여 심판을 청구할 자가 복수인 경우에는 이른바 '유사필수적 공동심판'에 해당하는 것으로서, 각자가 개별적으로 심판을 청구하는 것도 무방하

---

1) 특허청, 조문별 특허법 해설, 영인정보시스템(2002), 355.

지만 전원이 공동으로 심판을 청구할 수 있다(제125조 제2항).2)

우리 대법원 판례는 "디자인권이 공유인 때에는 그 디자인권에 대한 심판사건에 있어서 공유자 전원이 심판의 청구인 또는 피청구인이 되어야 한다. 따라서 공유인 디자인권에 관한 심판절차는 공유자 전원에게 합일적으로 확정되어야 할 경우(소위 필요적 공동소송)라 할 것이므로 이런 때에는 심판의 목적인 법률관계의 성질상 심판절차는 공동당사자의 전원에 대하여 동일하게 진행되어야 할 것이니 공동당사자 1인의 심판절차에 관한 행위라도 그 전원에게 이익이 되는 것은 그 전원에 대하여 효력이 있다고 할 것이다"라고 판시하고 있다.3) 또한, 판례는 "특허의 공유관계는 민법 제273조에 규정된 합유에 준하는 것이라 할 것이므로 특허권이 공유인 때에는 그 특허권에 관한 심판사건에 있어서는 공유자 전원이 심판의 청구인 또는 피청구인이 되어야 하고, 그 심판절차는 전원에게 합일적으로 확정되어야 할 필요에서 이른바 필요적 공동소송관계에 있다"라고 판시하였다.4) 이 판례는 특허에 관한 것이긴 하지만 디자인권·상표권에도 그대로 적용될 수 있으며, 디자인보호법 제125조와 동일한 취지의 규정이 특허법 제139조, 실용신안법 제33조, 상표법 제77조에도 있다.

2. 본 조문의 연혁

디자인(의장)은 1946년의 제정 특허법에서는 미국특허법의 영향을 받아 특허의 일종으로 보호받다가,5) 1961. 12. 31. 법률 제951호로 디자인 보호를 위한

---

2) 노태정·김병진, 디자인보호법, 3정판, 세창출판사(2009), 745-746; '고유필수적 공동심판'이란 공동심판이 법률상 강제되고 또 합일확정의 필요가 있는 공동심판을 말하는 것으로서, 이에 위반하면 당사자 적격이 없어 부적법 각하된다. '유사필수적 공동심판'이란 공동심판이 강제되지 않으나 합일확정의 필요가 있는 공동심판을 말하는 것으로서, 각자 개별적으로 심판을 할 수 있지만 일단 공동심판인으로 된 이상 합일확정이 요청되어 승패를 일률적으로 해야 하는 공동심판을 말한다[이시윤, 신민사소송법, 제6증보판, 박영사(2012), 689; 윤기승, "공동심판의 심결에 대한 취소소송에서의 당사자 적격", 지식재산연구, 한국지식재산연구원, 제4권 제3호(2009년 9월), 8].

3) 대법원 1982. 6. 22. 선고 81후43 판결.

4) 대법원 1987. 12. 8. 선고 87후111 판결; 민법상 합유물의 처분·변경권은 물론 그 지분의 처분권도 합유자 전원에 공동귀속되어 있는 관계이므로(제272조, 제273조) 이에 관한 심판이나 소송수행권도 전원이 공동행사할 것을 요한다[이시윤(주 2), 690].

5) 디자인(의장)은 미군정기인 1946. 10. 5. 미국 특허법을 모델로 하여 군정법령 제91호로 제정된 '특허법'의 제21조(미장특허의 수득) "물품의 형상, 모양, 색채 또는 그 결합에 관하여 신규하고 장식적인 산업적 미장을 고안한 자는 그 미장에 대하여 미장특허를 수득할 수 있다"에 의해서 보호받다 1961. 12. 31. 특허법에서 분리되어 일본과 비슷하게 단독 의장법이 제정되었다.

독립 '의장법'이 제정·시행되었고, '의장법'의 법명은 2004. 12. 31. 법률 제 7289호로 '디자인보호법'으로 변경되었다. 1961년 제정 의장법부터 특허법의 공동심판에 관한 규정을 계속 준용하여 오다가, 2009. 6. 9. 법률 제9764호로 개정된 '디자인보호법'에서 특허법의 준용을 탈피하여 별도의 제72조(공동심판의 청구 등) 조문을 두었으며, 그 내용은 "① 같은 디자인권에 관하여 제68조 제1항의 디자인등록의 무효심판 또는 제69조의 권리범위 확인심판을 청구하는 자가 2명 이상이면 각자 또는 그 전원이 공동으로 심판을 청구할 수 있다. ② 공유인 디자인권의 디자인권자에 대하여 심판을 청구하는 때에는 공유자 전원을 피청구인으로 청구하여야 한다. ③ 제1항에도 불구하고 디자인권 또는 디자인등록을 받을 수 있는 권리의 공유자가 그 공유인 권리에 관하여 심판을 청구하는 때에는 공유자 전원이 공동으로 청구하여야 한다. ④ 제1항 또는 제3항에 따른 청구인이나 제2항에 따른 피청구인 중 1명에 관하여 심판절차의 중단 또는 중지의 원인이 있는 때에는 전원에 관하여 그 효력이 발생한다"이다. 이 규정의 내용은 현행 특허법의 공동심판에 관한 내용과 비슷하며, 현행 디자인보호법의 내용과도 별 차이가 없으나, 조항의 배열 및 표현에서 일부 차이가 있다. 현행 디자인보호법 제125조(공동심판의 청구 등)는 2013. 5. 28. 법률 제11848호로 전부 개정되어 2014. 7. 1.부터 시행중인 내용이다.

Ⅱ. 출원디자인 또는 디자인권이 공유(共有)인 경우의 공동 심판청구 (제1항)

디자인보호법 제125조 제1항은 "디자인권 또는 디자인등록을 받을 수 있는 권리의 공유자가 그 공유인 권리에 관하여 심판을 청구할 때에는 공유자 모두가 공동으로 청구하여야 한다"라고 규정하고 있다. 이는 디자인권이 공동소유인 경우에는 공동으로 심판을 청구하여야 함을 규정한 것으로서 소위 '고유필수적 공동심판'에 해당한다. 따라서 공유자가 심판청구인이 되어 심판을 청구하는 경우에는 공유자 전원이 심판청구를 하여야 하고, 공유자 중 일부만이 심판청구를 할 수 없다.

'고유필수적 공동심판'에 위반한 심판청구는 부적법하므로 심결로서 각하한다. 특허법원도 "거절결정에 관하여 특허를 받을 권리의 공유자 중 1인만이 단독으로 불복심판청구를 하였을 경우 그 심판청구는 구 특허법 제139조 제3항을 위반한 것으로 부적법하고, 나머지 공유자가 심판청구기간 내에 불복심판청구를 하지 아니한 이상, 그 심판청구의 적법성의 흠결은 보정할 수 없는 때에 해당하므로 구 특허법 제142조에 의하여 각하될 수밖에 없다"라고 판시했다.[6]

다만, 종래 우리 판례는 "고유필요적 공동소송에서 공동소송인으로 될 자를 일부 빠뜨림으로써 당사자적격에 흠결이 생긴 경우 추가할 수 있다"라고 하면서,[7] 누락된 청구인을 심판청구기간 내에 추가하는 보정은 요지변경으로 보지 않고, "아직 심판청구기간이 도과되기 전이라면 나머지 공동출원인을 추가하는 보정을 허용하여 그 하자가 치유될 수 있도록 함이 당사자의 권리구제 및 소송경제면에서 타당하다"라는 입장을 취했다.[8] 그리고 청구인의 편의제고를 위해서 2009. 1. 30. 법률 제9381호 개정된 특허법에서 이러한 판례의 취지와 같은 내용을 반영하였다. 이어서 2009. 6. 9. 법률 제9764호로 개정된 디자인보호법 제72조의2 제2항 제1호에도 "제1항 제1호에 따른 당사자 중 디자인권자의 기재를 바로잡기 위하여 보정(추가하는 것을 포함한다)하는 경우"를 요지변경에서 명시적으로 제외하고 당사자 보정을 허용하였으며, 이 내용이 현행 디자인보호법 제126조에 그대로 이어지고 있다. 따라서 심판청구서를 보정하는 경우에는 그 요지를 변경할 수는 없으나, 당사자 중 디자인권자의 기재를 바로잡기 위하여 보정하거나 추가하는 것은 요지변경으로 보지 아니므로(디자인보호법 제126조 제2항 제1호), 심리종결 전까지 디자인권자를 보정하면 적법한 심판청구로 인정한다.[9]

한편, 대법원은 공유 상표권에 대하여 "상표권의 공유자가 그 상표권의 효력에 관한 심판에서 패소한 경우에 제기할 심결취소소송은 공유자 전원이 공동으로 제기하여야만 하는 고유필수적 공동소송이라고 할 수 없고, 공유자의 1인이라도 당해 상표등록을 무효로 하거나 권리행사를 제한·방해하는 심결이 있는 때에는 그 권리의 소멸을 방지하거나 그 권리행사방해배제를 위하여 단독으로 그 심결의 취소를 구할 수 있다"라고 하여, 공유상표권의 심결취소소송은 고유필수적 공동소송에 해당하지 아니한다는 입장이지만,[10] 특허법원은 공유 특허권에 관하여 "특허권의 공유자가 특허무효심판사건에서 패소한 경우에 그 심결취소소송은 그 소송의 목적이 공유자 전원에게 합일적으로 확정될 필요가 있

---

6) 특허법원 2011. 9. 11. 선고 2010허8511 판결.
7) 대법원 1993. 9. 28. 선고 93다32095 판결.
8) 대법원 2005. 5. 27. 선고 2003후182 판결; 대법원 2007. 4. 26. 선고 2005후2861 판결.
9) 특허심판원, 심판편람, 제10판(2011), 125.
10) 대법원 2004. 12. 9. 선고 2002후567 판결.

기 때문에 고유필수적 공동소송으로 보아 공유자 전원이 공동으로 제기하여야 한다고 해석함이 상당하다"라고 하여 공유특허권의 심결취소소송은 고유필수적 공동소송으로 보고 있다.[11] 생각건대, 디자인보호법 제125조 제1항과 마찬가지로 상표법 제77조 제3항은 "제1항에도 불구하고 상표권 또는 상표등록을 받을 수 있는 권리의 공유자가 그 공유인 권리에 대하여 심판을 청구하는 때에는 공유자 전원이 공동으로 청구하여야 한다"라고 명시하고 있으므로, 공동 출원상표 등의 등록거절결정 불복심판은 법문상 공동으로 청구하여야 함이 명백하므로 고유필수적 공동심판에 해당한다 할 것이다. 다만, 공유 상표권에 대한 특허심판원의 무효심판이나 권리범위확인심판에 불복하여 공유 상표권자들이 특허법원에 제기한 심결취소소송은 심판이 아니므로 달리 보아도 상표법의 규정에 정면으로 반한다고는 할 수 없겠으나, 분쟁의 통일적 해결을 도모하려는 상표법의 해당 조문 취지를 고려하여 고유필수적 공동소송으로 처리하는 것이 타당하다고 본다.

Ⅲ. 복수 심판 청구자의 각자 또는 공동 심판청구(제2항)

디자인보호법 제125조 제2항은 "제1항에도 불구하고 같은 디자인권에 관하여 제121조 제1항의 디자인등록무효심판[12] 또는 제122조의 권리범위확인심판[13]을 청구하는 자가 2인 이상이면 각자 또는 모두가 공동으로 심판을 청구할 수 있다"라고 규정하고 있다. 디자인권자로부터 권리의 대항을 받는 다수인이 당해 디

---

11) 특허법원 1999. 5. 28. 선고 98허7110 판결.
12) 제121조(디자인등록의 무효심판) ① 이해관계인 또는 심사관은 디자인등록이 다음 각 호의 어느 하나에 해당하는 경우에는 무효심판을 청구할 수 있다. 이 경우 제41조에 따라 복수디자인등록출원된 디자인등록에 대하여는 각 디자인마다 청구하여야 한다.
   1. 제3조 제1항 본문에 따른 디자인등록을 받을 수 있는 권리를 가지지 아니하거나 같은 항 단서에 따라 디자인등록을 받을 수 없는 경우
   2. 제27조, 제33조, 제34조, 제35조 제2항·제3항, 제39조 및 제46조 제1항·제2항에 위반된 경우
   3. 조약에 위반된 경우
   4. 디자인등록된 후 그 디자인권자가 제27조에 따라 디자인권을 누릴 수 없는 자로 되거나 그 디자인등록이 조약에 위반된 경우
13) 제122조(권리범위 확인심판) 디자인권자·전용실시권자 또는 이해관계인은 등록디자인의 보호범위를 확인하기 위하여 디자인권의 권리범위 확인심판을 청구할 수 있다. 이 경우 제41조에 따라 복수디자인등록출원된 디자인등록에 대하여는 각 디자인마다 청구하여야 한다.

자인권에 관하여 무효심판이나 소극적 권리범위확인심판을 청구하는 경우에는
여러 명이 각각 별도의 심판을 청구할 수도 있고, 여러 명이 공동으로 청구할
수도 있음을 규정한 것이다. 후자의 경우는 공동심판이 된다. 이와 같은 공동
심판은 심판청구시부터 성립될 수도 있고 심리병합에 의해서도 될 수 있다.14)

　　공동심판이 되려면 다음과 같은 조건을 구비해야 한다. 먼저, 절차적 요건
으로서 동일한 절차 내에서 심판이 될 수 있는 청구여야 한다. 예컨대, 동일한
디자인권에 대하여 갑은 무효심판을 청구하고, 을은 권리범위확인심판을 청구
하는 경우에는 동일한 절차 내의 심판이 될 수 없으므로 공동심판이 될 수 없
다. 그리고 객체적 요건으로서 심판 대상물인 디자인권이 동일해야 한다. 동일
한 디자인권에 관한 청구이면 족하고, 세부적으로 동일사실이나 동일증거까지
요하는 것은 아니다.15)

　　동일 디자인권에 대하여 여러 명이 공동으로 심판을 청구한 공동심판의 성
질에 대해서 판례와 학설은 이른바 '유사필수적 공동심판'으로 보고 있다.16) 따
라서 공동심판 청구인 각자가 심판청구인 적격을 가져야 하므로 당사자 능력,
법정대리인, 대리권의 존재, 이해관계의 유무 등 심판청구의 적법 요건은 각자
별로 판단하며, 심판청구의 취하도 각자 자유이다.17) 우리 판례는 "고유필요적
공동소송에서 공동소송인으로 될 자를 일부 빠뜨림으로써 당사자적격에 흠결이
생긴 경우 추가할 수 있으나, 유사필요적 공동소송 및 통상 공동소송에서는 공
동소송인을 일부 빠뜨려도 당사자적격의 흠결의 문제가 생기지 않으므로 입법
취지상 이 경우는 추가의 대상이 되지 않는다"라고 판시하고 있다.18) 그리고 심
판은 심판청구인들 사이에 합일확정되어야 하고, 공동심판에서 심결의 개수는
실질적으로 1개이다.

　　유사필수적 공동심판에 대하여 불복하는 소의 제기는 전원이 함께 원고가
되어서 할 수도 있고, 일부나 각자도 할 수 있다. 일부가 심결취소소송을 제기
하면 당해 심결은 확정되지 아니하고, 심결취소소송을 제기하지 않은 공동심판
청구인도 심판청구인으로서의 지위를 유지하게 된다.19) 이와 관련하여 우리 대

---

14) 특허법원 2000. 10. 12. 선고 99허9571 판결.
15) 정상조·박성수 공편, 특허법 주해Ⅱ, 박영사(2010), 511(한규현 집필부분); 이상경, "공
　　동심판과 심결취소소송의 당사자 적격", 인권과 정의, 제277호(1999년 9월호), 97.
16) 정상조·박성수 공편(주 15), 511; 특허심판원(주 9), 123.
17) 정상조·박성수 공편(주 15), 511.
18) 대법원 1993. 9. 28. 선고 93다32095 판결.
19) 특허심판원(주 9), 123.

법원은 특허사건에서 "피고와 소외 주식회사가 당초 공동으로 이 사건 특허발명의 무효심판을 청구한 이상 피고와 소외 주식회사는 유사필수적 공동심판관계에 있다고 할 것이므로, 비록 위 심판사건에서 피소한 원고가 공동심판청구인 중 피고만을 상대로 심결취소소송을 제기하였다 하더라도 그 심결은 피고와 소외 주식회사에 대한 제소기간에 대하여 모두 확정이 차단된다고 할 것이며, 이 경우 소외 주식회사에 대한 제소기간의 도과로 심결 중 소외 주식회사의 심판청구에 대한 부분만이 그대로 분리 확정되었다고 할 수 없다"라고 판시하고 있다.[20]

Ⅳ. 공동소유 디자인권에 대한 공유자 전원을 피청구인으로 한 심판 청구(제3항)

디자인보호법 제125조 제3항은 "공유인 디자인권의 디자인권자에 대하여 심판을 청구할 때에는 공유자 모두를 피청구인으로 하여야 한다"라고 규정하고 있다. 이는 디자인권이 공유인 경우에는 공유자 모두를 대상으로 심판을 청구해야 한다는 것으로서 이른바 '고유필수적 공동심판'에 해당한다. 따라서 공유자 전원을 피청구인으로 하지 않고, 일부만을 상대로 심판을 청구할 수 없다. 특히 심판관은 당사자계 심판사건에서 절차 도중 등록권리의 일부 양도로 인하여 당사자 변경이 발생할 수 있으므로 반드시 심결 전에 등록원부를 확인할 필요가 있다.[21] 만약 일부만을 상대로 심판청구를 하면 부적법한 청구가 되므로 심결로서 각하한다.

현행법에 명문화하기 이전에도 우리 판례는 누락된 청구인을 심판청구기간 내에 추가하는 보정은 요지변경으로 보지 않고, "아직 심판청구기간이 도과되기 전이라면 나머지 공동출원인을 추가하는 보정을 허용하여 그 하자가 치유될 수 있도록 함이 당사자의 권리구제 및 소송경제면에서 타당하다"라는 입장을 취하였다.[22] 그러다가, 2009. 6. 9. 법률 제9764호로 개정된 디자인보호법 제72조의2 제2항 제1호에 "제1항 제1호에 따른 당사자 중 디자인권자의 기재를 바로잡기 위하여 보정(추가하는 것을 포함한다)하는 경우"를 요지변경에서 명시적으로 제외하여 보정을 허용하였으며, 이 내용이 현행 디자인보호법 제126조에 그대로 이어지고 있다. 따라서 심판청구서를 보정하는 경우에는 그 요지를 변경할 수는

---

20) 대법원 2009. 5. 28. 선고 2007후1510 판결.
21) 특허심판원, 심판 필수 체크포인트집, 특허심판원(2010), 22.
22) 대법원 2005. 5. 27. 선고 2003후182 판결; 대법원 2007. 4. 26. 선고 2005후2861 판결.

없으나, 피청구인인 공동디자인권자의 기재를 바로잡기 위하여 보정하거나, 누락된 공동디자인권자를 추가하는 보정은 요지변경이 아니므로, 심리종결 전까지 보정할 수 있다.[23)

Ⅴ. 심판절차의 중단 또는 중지(제4항)

　　디자인보호법 제125조 제4항은 "제1항 또는 제2항에 따른 청구인이나 제3항에 따른 피청구인 중 1인에게 심판절차의 중단 또는 중지의 원인이 있으면 모두에게 그 효력이 발생한다"라고 규정하고 있다. 이는 민사소송법 제67조 제3항과 마찬가지의 규정으로서[24) '고유필수적 공동심판'뿐만 아니라 '유사필수적 공동심판'에서도 합일적 확정이 요청되므로 공동심판 청구인 또는 피청구인의 1인에 관하여 발생한 심판절차의 중단 또는 중지의 사유는 전원에 대하여 효력이 미친다는 내용이다. 우리 특허법원은 "동일한 실용신안권에 관하여 무효심판을 청구하는 자가 2인 이상이 있는 때에는 그 전원이 공동으로 심판을 청구할 수 있고(구 실용신안법 제35조, 특허법 제139조 제1항) 위 공동심판청구인 중 1인에 관하여 심판절차의 중단 또는 중지의 원인이 되는 때에는 전원에 관하여 그 효력을 발생하는바(특허법 제139조 제4항), 이와 같은 공동심판은 심판청구시부터 성립될 수도 있지만, 심리를 병합하는 것(특허법 제160조)에 의하여도 생길 수 있다. 이러한 특허심판절차에서의 공동심판은 민소법 소송의 통상공동소송적 성격을 가진다기보다는 소위 유사필요적 공동소송의 성격을 가진다고 보는 것이 상당하므로 위 공동심판에 있어서는 심결의 개수는 합일확정의 필요에 따라 형식적 및 실질적으로 하나라고 보아야 할 것이다"라고 판시하고 있다.[25)

〈손영식〉

---

23) 특허심판원(주 9), 125.
24) 제67조(필수적 공동소송에 대한 특별규정) ① 소송목적이 공동소송인 모두에게 합일적으로 확정되어야 할 공동소송의 경우에 공동소송인 가운데 한 사람의 소송행위는 모두의 이익을 위하여서만 효력을 가진다.
　　② 제1항의 공동소송에서 공동소송인 가운데 한 사람에 대한 상대방의 소송행위는 공동소송인 모두에게 효력이 미친다.
　　③ 제1항의 공동소송에서 공동소송인 가운데 한 사람에게 소송절차를 중단 또는 중지하여야 할 이유가 있는 경우 그 중단 또는 중지는 모두에게 효력이 미친다.
25) 특허법원 2000. 10. 12. 선고 99허9571 판결.

제126조(심판청구방식)

① 제121조부터 제123조까지에 따라 디자인등록의 무효심판, 권리범위 확인심판 또는 통상실시권 허락의 심판을 청구하려는 자는 다음 각 호의 사항을 적은 심판청구서를 특허심판원장에게 제출하여야 한다.

1. 당사자의 성명 및 주소(법인인 경우에는 그 명칭 및 영업소의 소재지)
2. 대리인이 있는 경우에는 그 대리인의 성명 및 주소나 영업소의 소재지(대리인이 특허법인·특허법인(유한)인 경우에는 그 명칭, 사무소의 소재지 및 지정된 변리사의 성명)
3. 심판사건의 표시
4. 청구의 취지 및 그 이유

② 제1항에 따라 제출된 심판청구서를 보정하는 경우에는 그 요지를 변경할 수 없다. 다만, 다음 각 호의 어느 하나에 해당하는 경우에는 그러하지 아니하다.

1. 제1항 제1호에 따른 당사자 중 디자인권자의 기재를 바로잡기 위하여 보정(추가하는 것을 포함한다)하는 경우
2. 제1항 제4호에 따른 청구의 이유를 보정하는 경우
3. 디자인권자 또는 전용실시권자가 제122조에 따라 청구한 권리범위 확인심판에서 심판청구서의 확인대상 디자인(청구인이 주장하는 피청구인의 디자인을 말한다)의 도면에 대하여 피청구인이 자신이 실제로 실시하고 있는 디자인과 비교하여 다르다고 주장하는 경우에 청구인이 피청구인의 실시 디자인과 같게 하기 위하여 심판청구서의 확인대상 디자인의 도면을 보정하는 경우

③ 제122조에 따른 권리범위 확인심판을 청구할 때에는 등록디자인과 대비할 수 있는 도면을 첨부하여야 한다.

④ 제123조 제1항에 따른 통상실시권 허락의 심판의 청구서에는 제1항 각 호의 사항 외에 다음 각 호의 사항을 추가로 적어야 한다.

1. 실시하려는 자기의 등록디자인의 번호 및 명칭
2. 실시되어야 할 타인의 특허발명·등록실용신안 또는 등록디자인의 번호·명칭 및 특허나 등록의 연월일
3. 특허발명·등록실용신안 또는 등록디자인의 통상실시권의 범위·기간 및 대가

Ⅰ. 본 조문의 개요 및 연혁

1. 조문의 개요

본 조문은 당사자계 디자인 심판청구서의 필수적 기재사항, 심판청구서의 보정과 요지 변경의 금지 및 그 예외를 규정하고 있다.[1] 또한, 권리범위확인심판을 청구하는 경우는 등록디자인과 대비할 수 있는 도면을 첨부하여야 함과 통상실시권 허여심판의 경우 추가로 기재할 사항을 적시하고 있다. 본 조문의 내용과 거의 동일한 내용이 특허법 제140조, 실용신안법 제33조, 상표법 제77조 의2에도 규정되어 있다. 특허심판원의 방식담당자는 1차로 본 조문의 규정에서 정하는 청구서로서 형식적 기재요건을 구비하였는지 여부를 먼저 살펴보고, 최종적으로는 해당 심판부의 주심 심판관이 조사·판단한다.[2]

2. 조문의 연혁

디자인(의장)은 1946년 제정된 특허법에서는 특허의 일종으로 보호받다가,[3] 1961. 12. 31. 법률 제951호로 디자인 보호를 위한 독립 '의장법'이 제정·시행되었다. '의장법'의 법명은 2004. 12. 31. 법률 제7289호로 '디자인보호법'으로 변경되었다. 1961년 제정 의장법에서부터 특허법의 심판청구절차에 관한 규정

---

1) 결정계 심판사건, 즉 디자인등록 거절결정 등에 대한 심판청구방식은 제127조에서 별도로 규정하고 있다.
2) 특허심판원, 심판편람, 제10판(2011), 38.
3) 디자인(의장)은 미군정기인 1946. 10. 5. 미국 특허법을 모델로 하여 군정법령 제91호로 제정된 '특허법' 제21조(미장특허의 수득)에 의해서 보호받다 1961. 12. 31. 특허법에서 분리되어 단독 '의장법'이 되었다.

을 준용하여 오다가, 2009. 6. 9. 법률 제9764호로 개정된 '디자인보호법'부터 특허법의 준용에서 탈피하여 별도로 제72조의2 조문을 두게 되었다. 특히, 2009년 개정법 72조의2 제2항 제1호는 "제1항 제1호에 따른 당사자 중 디자인권자의 기재를 바로잡기 위하여 보정(추가하는 것을 포함한다)하는 경우"를 요지변경에서 명시적으로 제외하였고, 이 내용이 2013. 5. 28. 법률 제11848호로 전부 개정되어 2014. 7. 1.부터 시행 중인 현행 디자인보호법 제126조에 그대로 유지되고 있다.

Ⅱ. 당사자계 심판청구서의 기재사항(제1항)

디자인등록의 무효심판, 권리범위확인심판 등 당사자계 심판을 청구하는 자는 디자인보호법 제126조 제1항에 따라 심판청구서에 1. 당사자의 성명 및 주소(법인인 경우에는 그 명칭 및 영업소의 소재지), 2. 대리인이 있는 경우에는 그 대리인의 성명 및 주소나 영업소의 소재지(대리인이 특허법인·특허법인(유한)인 경우에는 그 명칭, 사무소의 소재지 및 지정된 변리사의 성명), 3. 심판사건의 표시, 4. 청구의 취지 및 그 이유를 기재하여야 한다.

1. 당사자의 성명 및 주소(제1호)

심사관의 거절결정에 대한 불복심판인 결정계 사건을 제외한 디자인등록의 무효심판, 권리범위확인심판, 통상실시권 허락의 심판, 즉 당사자계 사건인 경우는 청구인과 피청구인의 성명과 주소를 모두 기재하여야 한다. 특히 권리범위확인심판의 성격상, 적극적 권리범위확인심판의 경우는 청구인과 권리자를 일치시키고, 소극적 권리범위확인심판의 경우는 피청구인과 권리자를 일치시켜야 한다. 법인의 경우는 그 명칭과 영업소의 소재지를 기재하여야 한다. 2001. 2. 3. 법률 제6411호로 개정된 의장법이 당시에 준용하던 특허법에서 당사자가 법인인 경우 대표자 성명의 기재요건을 삭제하였고, 이때 특허법인의 설립이 허용됨에 따라 대리인의 기재요건을 당사자 기재요건과 별개로 구분하여 법인인 경우에는 그 명칭, 사무소의 소재지 및 지정된 변리사의 성명을 기재하도록 세분하였다.

권리자의 주소 또는 영업소의 소재지는 디자인등록원부에 기재되어 있는 사항에 따라야 한다. 다만, 권리자의 송달받을 주소가 디자인등록원부상의 주소와 다른 경우에는 심판청구서 자체에는 송달받을 주소를 기재할 수 없으나, 출원인코드부여신청서에 송달받을 주소를 기재하면 그곳으로 송달된다. 만일 출원인코드에 달리 기재되어 있으면 출원인정보변경신청서를 통해 코드정보를 수정하면 된다. 그러나 청구인이 권리자가 아닌 경우에는 서류송달을 위하여 현실의 주소 또는 영업소의 소재지를 선택적으로 기재하여야 한다.[4]

우리 판례는 당사자 표시의 정정과 관련하여 단순한 당사자의 보정은 요지변경에 해당되지 아니한다고 하면서, "이 경우 당사자표시의 보정은 심판청구서상의 당사자표시만에 의하는 것이 아니라 청구의 취지와 그 이유 등 심판청구서의 전취지를 합리적으로 해석하여 당사자를 확정한 다음 그 확정된 당사자와 동일성이 인정되는 범위 내에서 심판청구서상의 당사자표시를 정정하는 것을 의미한다"라고 판시하고 있다.[5]

청구인, 피청구인의 성명, 주소의 미기재는 불수리 또는 반려의 대상이고(디자인보호법 시행규칙 제2조), 오기재는 보정 또는 직권정정의 대상이 된다.[6]

2. 대리인의 성명, 주소 및 영업소의 소재지(제2호)

심판당사자의 대리인이 있는 경우에는 대리인의 성명 및 주소나 영업소의 소재지를 기재하여야 한다. 즉 주소나 영업소의 소재지는 그 중 하나만 기재한다. 2001년 개정법에 반영된 것으로서, 법률시장 개방에 대비하여 특허법률사무소의 대형화를 유도하기 위하여 특허법인 설립을 허용함에 따라 대리인의 기재요건을 당사자의 기재요건과 구분하여 세분화한 것이며, 대리인이 특허법인인 경우에는 그 명칭과 더불어 지정된 변리사의 성명을 추가로 기재하도록 한 것이다.[7] 대리인이 없는 경우에는 기재할 필요가 없고, 본 호의 대리인에는 법정대리인·위임대리인뿐만 아니라 디자인보호법 제6조에 규정된 재외자의 디자인관리인[8]도 포함된다.

---

4) 정상조·박성수 공편, 특허법 주해Ⅱ, 박영사(2010), 518(황우택 집필부분).
5) 대법원 1999. 1. 26. 선고 97후3371 판결.
6) 특허심판원(주 2), 41.
7) 정상조·박성수 공편(주 4), 518.
8) 제6조(재외자의 디자인관리인) ① 국내에 주소 또는 영업소가 없는 자(이하 "재외자"라 한다)는 재외자(법인인 경우에는 그 대표자)가 국내에 체류하는 경우를 제외하고는 그 재외자의 디자인에 관한 대리인으로서 국내에 주소 또는 영업소가 있는 자(이하 "디자인관리인"이라 한다)에 의하지 아니하면 디자인에 관한 절차를 밟거나 이 법 또는 이 법에 따른 명령에 따라 행정청이 한 처분에 대하여 소(訴)를 제기할 수 없다.
  ② 디자인관리인은 위임된 권한의 범위에서 디자인에 관한 절차 및 이 법 또는 이 법에

3. 심판사건의 표시(제3호)

본 조문은 당사자계 심판사건에 관한 사항을 규정한 것으로서, 사건표시란에 무효심판의 경우는 "디자인등록 제○○○호 무효", 권리범위확인심판의 경우는 "디자인등록 제○○○호 권리범위확인(적극/소극)", 통상실시권 허락심판은 "디자인등록 제○○○호 통상실시권허락"9) 등과 같이 기재한다.10) 사건의 표시를 기재하지 않으면 불수리 또는 반려 대상이고(디자인보호법 시행규칙 제2조), 잘못 기재된 경우는 보정 또는 직권정정의 대상이 된다.11)

4. 청구의 취지 및 이유(제4호)

'청구의 취지'란 심결주문에 대응하는 확정적 신청으로서 심결의 결론부분에 해당한다. 청구의 취지에는 심판청구인이 심판을 청구하는 취지를 간결, 명확하게 표시한다. 예컨대, 디자인등록무효심판의 경우는 "디자인등록 제○○○호는 그 등록을 무효로 한다. 심판비용은 피청구인의 부담으로 한다. 라는 심결을 구합니다"라고 기재하고, 적극적 권리범위확인심판의 경우에는 "확인대상디자인은 디자인등록 제○○○호 디자인의 권리범위에 속한다. 심판비용은 피청구인이 부담한다. 라는 심결을 구합니다"라고 기재하며, 소극적 권리범위확인심판의 경우에는 "확인대상디자인은 디자인등록 제○○○호 디자인의 권리범위에 속하지 아니한다. 심판비용은 피청구인이 부담한다. 라는 심결을 구합니다"라는 형식으로 기재하면 된다. 우리 판례는 어떠한 청구 취지인가를 인식할 수 있는 정도의 기재이면 된다고 보고 있다.12)

청구의 취지를 기재하지 않으면 반려대상이 되고, 청구의 취지는 요지로서 변경이 허용되지 않는 것이 원칙이다. 우리 대법원도 청구의 취지를 변경하는 것은 허용할 수 없다고 하면서 "'청구의 취지'라 함은 심판청구인이 특허청에 어떠한 심결을 구하는가를 특정하여 요구하는 것을 말한다 하겠으므로 이를 변경하게 되면 청구 자체를 변경하는 것이 되어 이는 허용될 수 없는 것이다. 또한, 청구취지를 예비적으로 추가하는 것은 청구 자체를 변경하는 것이 되어 부

따른 명령에 따라 행정청이 한 처분에 관한 소송에서 본인을 대리한다.
9) 통상실시권허락 심판은 사례를 찾아볼 수 없을 정도로 청구되는 경우가 드물다.
10) 특허심판원(주 2), 869-878.
11) 특허심판원(주 2), 41.
12) 대법원 1987. 11. 10. 선고 86후72, 73 판결 등.

적법하다 할 것이다"라고 판시하고 있다.[13] 한편, 청구취지에 부가되는 심판비용의 부담에 관한 부분은 특허심판원의 직권을 촉구하는 정도에 불과하며, 이는 민사소송의 경우도 동일하다.[14]

　　'청구의 이유'란 청구의 취지를 뒷받침하기 위한 법률적 근거 또는 사실관계의 구체적인 주장을 말한다. 청구이유의 기재는 먼저, 이 사건 등록디자인에 대한 객관적 상황이나 사건의 개요를 적시하고, 그 다음 권리범위확인심판의 경우는 확인대상디자인을 적시하며, 이어서 이해관계를 소명하고, 그 다음 무효심판은 무효로 되어야 하는 사유를, 적극적 권리범위확인심판은 확인대상디자인이 이 사건 등록디자인의 권리범위에 속하는 이유를, 소극적 권리범위확인심판은 속하지 않는 이유를 구체적, 논리적으로 기재한다. 증거가 있는 경우는 해당 주장부분에 뒷받침하는 증거를 인용하는 것이 좋으며, 맨 마지막 페이지에 전체 증거목록을 기재하고, 붙임에서 증거를 순서대로 첨부한다. 청구이유의 보정은 요지 변경으로 보지 않으므로(제126조 제2항 제2호) 심판청구시 기재하지 않더라도 반려대상이 아니며 나중에 보정할 수 있다. 특허법원 판례는 "상표법 제77조 본문에 의하여 준용되는 특허법 제140조 제1항 제3호에 따르면, 심판을 청구하고자 하는 자는 청구의 취지 및 그 이유를 기재한 심판청구서를 특허심판원장에게 제출하여야 하고, 같은 법 제141조에 의하면 제140조 제1항의 규정에 위반되는 경우 심판장은 기간을 정하여 그 보정을 명하여야 하며, 보정명령을 받은 자가 지정된 기간 이내에 보정을 하지 아니한 경우에는 결정으로 심판청구서를 각하하여야 한다"라고 판시하고 있다.[15]

Ⅲ. 심판청구서의 보정, 요지변경의 금지 및 예외(제2항)

　　디자인보호법 제126조 제2항은 "제1항에 따라 제출된 심판청구서를 보정하는 경우에는 그 요지를 변경할 수 없다. 다만, 다음 각 호의 어느 하나에 해당하는 경우에는 그러하지 아니하다. 1. 제1항 제1호에 따른 당사자 중 디자인권자의 기재를 바로잡기 위하여 보정(추가하는 것을 포함한다)하는 경우, 2. 제1항 제4호에 따른 청구의 이유를 보정하는 경우, 3. 디자인권자 또는 전용실시권자

---

13) 대법원 1991. 5. 28. 선고 90후854 판결.
14) 정상조·박성수 공편(주 4), 519.
15) 특허법원 2010. 6. 11. 선고 2010허1978 판결.

가 제122조에16) 따라 청구한 권리범위 확인심판에서 심판청구서의 확인대상 디자인(청구인이 주장하는 피청구인의 디자인을 말한다)의 도면에 대하여 피청구인이 자신이 실제로 실시하고 있는 디자인과 비교하여 다르다고 주장하는 경우에 청구인이 피청구인의 실시 디자인과 같게 하기 위하여 심판청구서의 확인대상 디자인의 도면을 보정하는 경우"라고 규정하고 있다.

심판청구서 중에서 단순한 오기의 정정이나 불분명한 기재의 석명 등은 할 수 있으나, 심판청구서는 그 요지를 변경하지 아니하는 범위 내에서만 변경할 수 있는 것이 원칙이다. 심판청구의 요지를 변경하게 되면 심판절차의 지연을 초래하거나 피청구인의 방어권 행사를 곤란케 하는 등 부작용이 크기 때문이다.17)

구체적으로 청구인과 피청구인의 변경, 이 사건 등록디자인권의 번호 변경, 무효심판을 권리범위확인심판으로 변경하는 등 심판종류의 변경 또는 심판물을 결정하는 청구취지의 변경 등은 원칙적으로 요지의 변경으로서 허용되지 않는다. 다만, 이들도 오기의 정정 등과 같이 동일성을 벗어나지 않는 범위 내에서의 보정은 허용된다. 특허심판원 실무도 개인이 대리인을 통하지 않고 직접 심판청구를 하면서 청구취지를 잘못 기재하는 경우에 청구이유를 보아 청구취지의 기재가 잘못임이 명백하면 보정명령을 통해 청구취지의 보정을 허용하고 있다.18)

당사자 중 공유 디자인권자의 오기재를 바로 잡거나 추가하는 보정은 요지변경으로 보지 않고(제126조 제2항 제1호), 당사자가 아닌 대리인의 성명 보정이나 대리인의 변경은 요지변경이 아니며, 당사자가 법인으로서 청구서에 그 대표자명이 없는 것을 보충하거나 표시되어 있는 대표자명을 변경하는 보정은 요지변경으로 보지 않으므로 허용된다.19)

또한, 심판청구의 이유에 기재된 개개의 무효나 권리범위확인 사유는 법률관계나 사실에 입각한 공격방어 방법에 불과하므로, 이러한 심판청구의 이유는 내용이 변경되더라도 요지변경으로 보지 않고 허용된다(제126조 제2항 제2호). 요

---

16) 제122조(권리범위 확인심판) 디자인권자·전용실시권자 또는 이해관계인은 등록디자인의 보호범위를 확인하기 위하여 디자인권의 권리범위 확인심판을 청구할 수 있다. 이 경우 제41조에 따라 복수디자인등록출원된 디자인등록에 대하여는 각 디자인마다 청구하여야 한다.
17) 정상조·박성수 공편(주 4), 519.
18) 특허심판원, 심판 필수 체크포인트집, 특허심판원(2010), 18.
19) 특허심판원(주 2), 41.

컨대, 청구의 취지는 변경할 수 없으나, 청구의 이유는 변경할 수 있다. 실제로
청구인은 심판을 청구하면서 일단 '무효이다' 또는 '권리범위에 속한다' 등 청
구의 취지만을 우선 기재하여 심판을 청구하고 구체적인 이유는 추후에 보정
하는 사례가 흔히 있고, 당사자들은 공방을 진행하면서 상대방의 반박과 제출증
거에 대응하여 자기의 주장을 뒷받침하는 이유나 근거를 적절히 보완해 나가는
것이 일반적이다.

디자인권자 또는 전용실시권자가 권리범위확인심판에서 피청구인의 확인대
상디자인의 도면에 대하여 피청구인이 자신이 실제로 실시하고 있는 디자인과
비교하여 다르다고 주장하는 경우에 청구인이 피청구인의 실시 디자인과 같게
하기 위하여 심판청구서의 확인대상디자인의 도면을 보정하는 것은 허용된다(제
126조 제2항 제3호). 본 호의 내용은 2007. 1. 3. 법률 제8197호로 개정된 특허법
에 당시 디자인보호법 제72조의 준용규정이던 특허법 제140조 제2항 제2호가
신설되면서 인정되게 되었다. 그 이유는 본 호가 신설되기 전에는 권리범위확인
심판에서 확인대상디자인의 보정은 원칙적으로 요지변경으로 보아 인정하지 않
았기 때문에, 적극적 권리범위확인심판의 청구권자가 피청구인이 실시하고 있
는 확인대상디자인을 구체적으로 파악하기 어려워 잘못 특정함으로써 심판청구
가 각하되는 경우가 자주 발생했다. 이에 따라 불필요한 권리범위확인심판을 다
시 제기해야 하는 불편이 생기고, 분쟁이 장기화되는 등의 부작용이 심각하여
확인대상디자인의 도면 보정을 크게 완화한 것이다.[20]

다만, 제126조 제2항 제3호는 청구인이 피청구인의 실시 디자인과 같게 하
기 위하여 확인대상디자인의 도면을 보정하는 경우를 규정하고 있으므로 내용
상 적극적 권리범위확인심판을 말하며, 청구인의 실시디자인을 피청구인의 등
록디자인과 대비하는 소극적 권리범위확인심판에는 적용되지 않다고 해석된다.
특허법원 판례도 "적극적 권리범위확인심판에서는 확인대상발명을 보정하는 것
이 허용된다 하더라도 확인대상발명의 특정 의무자와 실시자가 동일한 소극적
권리범위확인심판에는 허용되지 아니한다"라고 판시하고 있다.[21] 또한, 특허법
원의 심결취소소송은 특허심판원 심결의 위법성 여부를 판단하는 것이므로 취
소소송에서의 도면보정은 원칙적으로 허용되지 않는다. 우리 판례도 "권리범위

20) 노태정·김병진, 디자인보호법(3정판), 세창출판사(2009), 789; 정상조·박성수 공편(주
4), 521-522.
21) 특허법원 2009. 9. 9. 선고 2009허2227 판결.

확인심결에 대한 취소소송절차에서 특허발명의 권리범위에 속하는지 여부의 판단대상이 되는 확인대상발명에 대한 설명서 및 도면의 보정은 심판절차에서의 심판청구서 보정과 달리 명백한 오기를 정정하는 경우 등에 해당하지 아니하는 한 허용되지 않는다"라고 판시하고 있다.[22]

Ⅳ. 권리범위확인심판 청구시 대비도면의 첨부(제3항)

디자인보호법 제126조 제3항은 "제122조에 따른 권리범위 확인심판을 청구할 때에는 등록디자인과 대비할 수 있는 도면을 첨부하여야 한다"라고 규정하고 있다. 디자인보호법상의 디자인이란 "물품의 형상·모양·색채 또는 이들을 결합한 것으로서 시각을 통하여 미감(美感)을 일으키게 하는 것"을 말하므로(제2조 제1호), 디자인에서 '도면'은 권리의 범위나 실태를 잘 파악할 수 있게 하는 것으로서 중요하게 취급된다. 즉, 디자인등록 출원서에는 도면을 필수적으로 첨부하여야 하고(디자인보호법 시행규칙 제1항 제1호), 등록디자인의 보호범위는 디자인등록출원서의 기재사항 및 그 출원서에 첨부된 도면·사진 또는 견본과 도면에 적힌 디자인의 설명에 따라 표현된 디자인에 의하여 정하여지며(제93조), 등록디자인의 도면은 등록원부의 일부로 본다(특허권 등의 등록령 제9조 제4항).

권리범위확인심판이란 특정 계쟁대상물인 확인대상디자인이 등록디자인권의 권리범위에 속하는가의 여부에 대한 확인을 구하는 심판을 말하므로, 등록디자인과 대비하여 판단할 수 있는 확인대상디자인을 표현한 도면이 필요하다. 본항은 확인대상디자인의 내용을 명확하게 하기 위하여 심판청구서에 도면을 첨부하여 제출하도록 규정하고 있는 것이다.

도면은 심판의 대상을 특정하는 역할을 한다. 심판청구서에 첨부되는 확인대상디자인의 도면과 설명은 심결에서 주문의 별지에 기재되는 내용이며, 주문의 별지는 주문의 일부를 구성한다. 확인대상디자인의 도면은 정확하고 명확하게 특정되어야 한다. 하지만, 확인대상디자인의 도면과 설명서는 출원서에서 정해진 양식에 따라 작성되어야 하는 것은 아니고 당해 등록디자인과 서로 대비할 수 있을 만큼 구체적으로 기재되어 있으면 족하다. 특허법원 판례는 "확인대상디자인이 이 사건 등록디자인과 대비할 수 있을 정도로 구체적으로 특정되어 있지 않다면, 특허심판원으로서는 청구인인 원고에게 요지 변경이 되지 않는 범

---

22) 대법원 2001. 8. 21. 선고 99후2372 판결; 특허법원 2011. 5. 12. 선고 2010허5611 판결.

위 내에서 확인대상디자인의 설명서 및 도면에 대한 보정을 명하는 등의 조치
를 취하고 그럼에도 불구하고 그와 같은 특정에 미흡함이 있다면 심판청구를
각하하였어야 할 것"이라고 판시하고 있고,23) 대법원은 "확인대상발명의 특정에
미흡함이 있다면 심판의 심결이 확정되더라도 그 일사부재리의 효력이 미치는
범위가 명확하다고 할 수 없으므로, 나머지 구성만으로 확인대상발명이 특허발
명의 권리범위에 속하는지 여부를 판단할 수 있는 경우라 하더라도 심판청구를
각하하여야 할 것이다"라고 판시하고 있다.24) 또한, 특허법원은 "소극적 권리범
위확인심판의 경우 심판청구인이 스스로 확인대상고안의 실시자에 해당하기 때
문에 확인대상고안을 정확하게 특정하여야 할 의무에 있어서 피심판청구인의
실시 고안에 대하여 등록고안과 대비할 수 있을 정도로 특정하여야 하는 적극
적 권리범위확인심판의 경우보다 그 정도가 더 높다고 할 것이다"라고 판시하
고 있다.25)

V. 통상실시권허락심판 청구시의 추가 기재사항(제4항)

디자인보호법 제126조 제4항은 "제123조 제1항에 따른 통상실시권 허락의
심판의 청구서에는 제1항 각 호의 사항 외에 다음 각 호의 사항을 추가로 적어
야 한다. 1. 실시하려는 자기의 등록디자인의 번호 및 명칭, 2. 실시되어야 할
타인의 특허발명·등록실용신안 또는 등록디자인의 번호·명칭 및 특허나 등록
의 연월일, 3. 특허발명·등록실용신안 또는 등록디자인의 통상실시권의 범위·
기간 및 대가"라고 규정하고 있다.

통상실시권허락의 심판이란 등록디자인 또는 이와 유사한 디자인이 타인의
선출원 권리와 이용·저촉관계에 있을 때 그 선출원 권리의 실시를 조정하기
위한 심판을 말한다.26) 디자인보호법 제95조27)는 등록디자인이 타인의 선출원

---

23) 특허법원 2005. 12. 22. 선고 2005허6061 판결.
24) 대법원 2011. 9. 8. 선고 2010후3356 판결.
25) 특허법원 2009. 7. 10. 선고 2008허14339 판결.
26) 노태정·김병진(주 20), 799.
27) 제95조(타인의 등록디자인 등과의 관계) ① 디자인권자·전용실시권자 또는 통상실시권
    자는 등록디자인이 그 디자인등록출원일 전에 출원된 타인의 등록디자인 또는 이와 유사
    한 디자인·특허발명·등록실용신안 또는 등록상표를 이용하거나 디자인권이 그 디자인
    권의 디자인등록출원일 전에 출원된 타인의 특허권·실용신안권 또는 상표권과 저촉되는
    경우에는 그 디자인권자·특허권자·실용신안권자 또는 상표권자의 허락을 받지 아니하
    거나 제123조에 따르지 아니하고는 자기의 등록디자인을 업으로서 실시할 수 없다.

권리와 이용 또는 저촉의 관계에 있을 때에는 후출원 권리자는 선출원 권리자의 허락을 얻지 않으면 업으로서 실시할 수 없다고 규정하고 있다. 그런데 그 타인이 정당한 이유 없이 허락을 하지 않거나 주소불명 등으로 허락을 받을 수 없는 경우에는 자기의 등록디자인의 실시에 필요한 범위 안에서 통상실시권 허락의 심판을 청구할 수 있도록 디자인보호법 제123조 제1항[28]은 규정하고 있다.

통상실시권 허락의 심판을 청구하는 경우에는 제126조 제1항 각호 "1. 당사자의 성명 및 주소(법인인 경우에는 그 명칭 및 영업소의 소재지), 2. 대리인이 있는 경우에는 그 대리인의 성명 및 주소나 영업소의 소재지(대리인이 특허법인·특허법인(유한)인 경우에는 그 명칭, 사무소의 소재지 및 지정된 변리사의 성명), 3. 심판사건의 표시, 4. 청구의 취지 및 그 이유" 외에 통상실시권 허락 여부의 판단에 추가적으로 필요한 사항인 "1. 실시하려는 자기의 등록디자인의 번호 및 명칭, 2. 실시되어야 할 타인의 특허발명·등록실용신안 또는 등록디자인의 번호·명칭 및 특허나 등록의 연월일, 3. 특허발명·등록실용신안 또는 등록디자인의 통상실시권의 범위·기간 및 대가"를 심판청구서에 기재하여야 한다.

이러한 사항이 기재되어 있지 아니한 경우 심판장은 기간을 정하여 보정을 명하고, 지정된 기간 내에 그 흠결을 보정하지 않을 경우 결정으로 심판청구서를 각하한다(제128조 제1항 제1호).

〈손영식〉

---

② 디자인권자·전용실시권자 또는 통상실시권자는 그 등록디자인과 유사한 디자인이 그 디자인등록출원일 전에 출원된 타인의 등록디자인 또는 이와 유사한 디자인·특허발명·등록실용신안 또는 등록상표를 이용하거나 그 디자인권의 등록디자인과 유사한 디자인이 디자인등록출원일 전에 출원된 타인의 디자인권·특허권·실용신안권 또는 상표권과 저촉되는 경우에는 그 디자인권자·특허권자·실용신안권자 또는 상표권자의 허락을 받지 아니하거나 제123조에 따르지 아니하고는 자기의 등록디자인과 유사한 디자인을 업으로서 실시할 수 없다.

③ 디자인권자·전용실시권자 또는 통상실시권자는 등록디자인 또는 이와 유사한 디자인이 그 디자인등록출원일 전에 발생한 타인의 저작물을 이용하거나 그 저작권에 저촉되는 경우에는 저작권자의 허락을 받지 아니하고는 자기의 등록디자인 또는 이와 유사한 디자인을 업으로서 실시할 수 없다.

28) 제123조(통상실시권 허락의 심판) ① 디자인권자·전용실시권자 또는 통상실시권자는 해당 등록디자인 또는 등록디자인과 유사한 디자인이 제95조 제1항 또는 제2항에 해당하여 실시의 허락을 받으려는 경우에 그 타인이 정당한 이유 없이 허락하지 아니하거나 그 타인의 허락을 받을 수 없을 때에는 자기의 등록디자인 또는 등록디자인과 유사한 디자인의 실시에 필요한 범위에서 통상실시권 허락의 심판을 청구할 수 있다.

제127조(디자인등록거절결정 등에 대한 심판청구방식)

① 제119조 또는 제120조에 따라 보정각하결정, 디자인등록거절결정 또는 디자인등록취소결정에 대한 심판을 청구하려는 자는 다음 각 호의 사항을 적은 심판청구서를 특허심판원장에게 제출하여야 하며, 특허심판원장은 제120조에 따른 디자인등록취소결정에 대한 심판이 청구된 경우에는 그 취지를 이의신청인에게 알려야 한다.

1. 청구인의 성명 및 주소(법인인 경우에는 그 명칭 및 영업소의 소재지)
2. 대리인이 있는 경우에는 그 대리인의 성명 및 주소나 영업소의 소재지(대리인이 특허법인·특허법인(유한)인 경우에는 그 명칭, 사무소의 소재지 및 지정된 변리사의 성명)
3. 출원일과 출원번호(디자인등록취소결정에 대하여 불복하는 경우에는 디자인등록일과 등록번호)
4. 디자인의 대상이 되는 물품 및 물품류
5. 디자인등록거절결정일, 디자인등록취소결정일 또는 보정각하결정일
6. 심판사건의 표시
7. 청구의 취지 및 그 이유

② 제1항에 따라 제출된 심판청구서를 보정하는 경우에는 그 요지를 변경할 수 없다. 다만, 다음 각 호의 어느 하나에 해당하는 경우에는 그러하지 아니하다.

1. 제1항 제1호에 따른 청구인의 기재를 바로잡기 위하여 보정(추가하는 것을 포함한다)하는 경우
2. 제1항 제7호에 따른 청구의 이유를 보정하는 경우

<소 목 차>

I. 본 조문의 개요 및 연혁

1. 조문의 개요

본 조문은 디자인등록거절결정, 보정각하결정, 디자인등록취소결정 등 심사관의 결정에 대한 불복심판인 결정계 디자인 심판청구서의 필수적 기재사항, 심판청구서의 보정과 요지 변경의 금지 및 그 예외를 규정하고 있다.[1] 본 조문의 내용과 비슷한 사항이 특허법 제140조의2, 실용신안법 제33조에도 규정되어 있다. 다만, 상표법에는 제77조의2 심판청구방식의 규정만 있고, 별도로 결정계 심판의 청구방식에 대하여 규정하지 않고 있다.

특허심판원의 방식담당자가 먼저 본 조문에서 정하는 형식적 기재요건을 심판청구서에 제대로 갖추어져 있는지를 살펴보고, 최종적으로는 주심 심판관이 조사·판단한다.[2]

2. 조문의 연혁

디자인(의장)은 1946년 제정된 특허법에서는 특허의 일종으로 보호받다가,[3] 1961. 12. 31. 법률 제951호로 디자인 보호를 위한 독립 '의장법'이 제정·시행되었다. '의장법'의 법명은 2004. 12. 31. 법률 제7289호로 '디자인보호법'으로 변경되었다. 1961년 제정 의장법에서부터 특허법의 심판청구방식에 관한 규정을 준용하여 오다가, 2009. 6. 9. 법률 제9764호로 개정된 '디자인보호법'부터 특허법의 준용에서 탈피하여 별도로 제72조의3 조문을 두었다. 특허법에서 제140조의2 '특허거절결정 등에 대한 심판청구방식'은 1995. 1. 5. 법률 제4892호로 신설된 것으로서, 그 이전에는 특허거절사정 또는 보정각하결정 불복심판의 심판청구서는 특허청 심판소를 거치지 않고 바로 항고심판소에 심판을 청구하여 왔는데, 항고심판소가 폐지되고 특허심판원이 설립됨에 따라 이에 맞춰 본 조문이 신설된 것이다. 2009년 개정 디자인보호법 72조의3 제2항 제1호는 "제1

1) 당사자계 심판사건, 즉 무효심판, 권리범위확인심판 등에 대한 심판청구방식은 제126조에서 별도로 규정하고 있다.
2) 특허심판원, 심판편람, 제10판(2011), 38.
3) 디자인(의장)은 미군정기인 1946. 10. 5. 미국 특허법을 모델로 하여 군정법령 제91호로 제정된 '특허법' 제21조(미장특허의 수득)에 의해서 보호받다 1961. 12. 31. 특허법에서 분리되어 단독 '의장법'이 되었다.

항 제1호에 따른 청구인의 기재를 바로잡기 위하여 보정(추가하는 것을 포함한다)
하는 경우"를 요지변경에서 명시적으로 제외하였고 이 내용이 2013. 5. 28. 법
률 제11848호로 전부 개정되어 2014. 7. 1.부터 시행 중인 현행 디자인보호법
제127조에 그대로 이어지고 있다.

Ⅱ. 결정계 심판청구서의 기재사항 및 통지(제1항)

심사관의 거절결정 등에 대한 불복심판을 청구하는 자는 디자인보호법 제
127조 제1항에 따라 심판청구서에 "1. 청구인의 성명 및 주소(법인인 경우에는
그 명칭 및 영업소의 소재지), 2. 대리인이 있는 경우에는 그 대리인의 성명 및
주소나 영업소의 소재지(대리인이 특허법인·특허법인(유한)인 경우에는 그 명칭,
사무소의 소재지 및 지정된 변리사의 성명), 3. 출원일과 출원번호(디자인등록취소
결정에 대하여 불복하는 경우에는 디자인등록일과 등록번호), 4. 디자인의 대상이
되는 물품 및 물품류, 5. 디자인등록거절결정일, 디자인등록취소결정일 또는
보정각하결정일, 6. 심판사건의 표시, 7. 청구의 취지 및 그 이유"를 기재하여
야 한다. 그리고 특허심판원장은 제120조에 따른 디자인등록취소결정에 대한
심판이 청구된 경우에는 그 취지를 이의신청인에게 알려야 한다(제127조 제1항
후단).

1. 청구인의 성명 및 주소(제1호)

심사관의 거절결정 등에 대한 불복심판을 청구하는 출원인 또는 출원할 권
리의 승계인은 심판청구서에 성명과 주소를 기재하여야 한다. 법인은 그 명칭
및 영업소의 소재지를 기재해야 한다. 공동출원의 경우는 심판청구인인 공동출
원인 모두의 성명과 주소를 기재해야 한다. 기타 나머지 사항은 앞에서 언급한
제126조 제1항 제1호에 대한 설명과 유사하다.

심판 청구인의 주소 또는 영업소의 소재지는 디자인출원서에 기재되어 있
는 사항에 따라야 한다. 우리 판례는 청구인 표시의 정정과 관련하여 단순한 청
구인의 보정은 요지변경에 해당되지 아니한다고 하면서, "이 경우 당사자표시의
보정은 심판청구서상의 당사자표시만에 의하는 것이 아니라 청구의 취지와 그
이유 등 심판청구서의 전취지를 합리적으로 해석하여 당사자를 확정한 다음 그
확정된 당사자와 동일성이 인정되는 범위 내에서 심판청구서상의 당사자표시를

정정하는 것을 의미한다"라고 판시하고 있다.[4)]

　청구인의 성명, 주소의 미기재는 불수리 또는 반려 대상이고, 오기재는 보정 또는 직권정정의 대상이 된다.[5)]

2. 대리인의 성명 및 주소나 영업소의 소재지(제2호)

　심판청구인의 대리인이 있는 경우에는 대리인의 성명을 표시하고, 주소나 영업소의 소재지 중 하나를 기재하여야 한다. 대리인이 특허법인인 경우에는 그 명칭, 사무소의 소재지 및 지정된 변리사의 성명을 기재해야 한다. 대리인은 법정대리인과 임의대리인 모두를 포함하고, 디자인보호법 제6조에 의한 재외자의 디자인관리인도 대리인에 포함된다.

3. 출원일 및 출원번호(제3호)

　출원일은 출원서에 기재되어 있는 출원일을 말하며, 출원번호는 출원 시 부여 받은 번호를 말한다. 디자인의 경우는 "30-출원연도-일련번호" 순으로 되어 있다. 디자인등록취소결정에 대한 불복심판의 경우는 심판청구서에 디자인 등록일과 등록번호를 기재하여야 하고, 특허심판원장은 디자인등록취소결정에 대한 불복 심판이 청구된 경우에 그 취지를 이의신청인에게 알려야 하는데, 그 이유는 다음과 같다.

　디자인 등록출원 중에서 산업자원부령이 일부심사등록출원으로 정한 물품에 대하여는 디자인보호법이 정한 등록요건 중에서 방식요건과 공업상이용가능성, 공서양속의 위반여부 등 실체적 요건의 일부사항만을 심사하여 등록을 허여하는데, 이렇게 등록된 디자인을 디자인일부심사등록디자인권이라 한다.[6)] 디자인일부심사등록디자인권에 대해서는 설정등록이 있는 날로부터 등록공고일 후 3개월이 되는 날까지 누구나 등록상의 흠결을 이유로 등록의 취소를 구하는 이의신청을 할 수 있으며(제68조), 이의신청에 대하여는 3인의 심사관합의체가 심사하고 결정한다(제70조). 심사관합의체는 디자인일부심사등록이의신청이 이유가 있다고 인정될 때에는 그 등록디자인을 취소한다는 취지의 결정을 한다(제73

---

4) 대법원 1999. 1. 26. 선고 97후3371 판결.

5) 특허심판원(주 2), 41.

6) 노태정·김병진, 디자인보호법(3정판), 세창출판사(2009), 625-626; 종래 '디자인무심사등록'이라 하던 것을 2014. 7. 1. 시행 디자인보호법부터는 '디자인일부심사등록'으로 용어를 변경하였다.

조). 그리고 디자인등록취소결정을 받은 디자인일부심사등록디자인권자는 결정 등본을 송달받은 날부터 30일 이내에 특허심판원에 불복 심판을 청구할 수 있다(제120조). 본 호는 이렇게 디자인등록취소결정을 받은 자가 심판을 청구하는 경우는 일반 거절결정 불복 심판과 달리 일단 등록된 디자인의 취소에 대한 불복 심판이므로 심판청구서에 디자인 등록일과 등록번호를 기재해야 한다는 것이다. 또한, 이의신청인의 이의신청에 의하여 일부심사등록디자인이 취소된 것이고, 보통 이의신청인은 무효심판의 청구인과 같이 일부심사등록디자인의 존부에 직접적인 이해관계를 갖는 경우가 일반적이므로 디자인등록취소결정에 대한 불복 심판이 제기된 경우 특허심판원장은 그 취지를 이의신청인에게 알리도록 규정한 것이다. 다만, 이 경우에도 이의신청인은 당사자가 아니고, 청구인(디자인권자)만이 당사자가 된다.[7]

4. 디자인의 대상이 되는 물품 및 물품류(제4호)

디자인보호법 제2조는 "'디자인'이란 물품[물품의 부분(제42조는 제외한다) 및 글자체를 포함한다. 이하 같다]의 형상·모양·색채 또는 이들을 결합한 것으로서 시각을 통하여 미감(美感)을 일으키게 하는 것을 말한다"라고 규정하고 있고, 디자인보호법상 디자인은 독립성이 있는 구체적인 유체동산인 물품에 표현된 것을 말하므로 물품과 불가분의 관계가 있으며, 디자인은 물품을 떠나서는 존재하지 않는다는 것이 특허법의 발명과 다른 중요한 점이다.[8] 따라서 디자인보호법은 디자인등록출원 시(제37조 제1항 제3호) 뿐만 아니라 거절결정 등에 대한 불복 심판청구 시에도 디자인의 대상이 되는 물품 및 산업통상자원부령이 정하는 물품류 구분(제40조 제2항)에 따른 물품류를 기재하도록 규정하고 있다.

5. 디자인등록거절결정일, 디자인등록취소결정일 또는 보정각하결정일 (제5호)

심판의 대상이 되는 디자인을 정확하게 특정하기 위하여 디자인등록거절결정에 대한 불복 심판인 경우는 당해 거절 디자인의 거절 결정일, 디자인등록취소에 대한 불복 심판인 경우는 당해 취소 디자인의 취소 결정일, 보정각하에 대한 불복 심판인 경우는 당해 보정각하 디자인의 보정각하 결정일을 해당 심판

---

7) 노태정·김병진(주 6), 768.
8) 노태정·김병진(주 6), 165.

청구서에 각각 기재하여야 한다.

6. 심판사건의 표시(제6호)

본 조문은 결정계 심판사건에 관한 사항을 규정한 것이다. 심판사건의 표시
는 청구내용에 따라서 거절결정불복 심판의 경우는 "○○○년 디자인등록출원
제○○○호의 거절결정불복", 취소결정불복 심판은 "디자인등록 제○○○호의
취소결정불복", 보정각하결정불복 심판은 "○○○년 디자인등록출원 제○○○
호의 보정각하결정불복" 등과 같이 기재한다.[9] 사건의 표시를 기재하지 않으면
불수리 또는 반려 대상이고(디자인보호법 시행규칙 제2조), 잘못 기재된 경우는
보정 또는 직권정정의 대상이 된다.[10]

7. 청구의 취지 및 이유

'청구의 취지'란 심결주문에 대응하는 확정적 신청으로서 심결의 결론부분
에 해당한다. 청구의 취지에는 심판청구인이 심판을 청구하는 취지를 간결, 명
확하게 표시한다. 예컨대, 디자인등록출원 거절결정불복심판의 경우에는 "원결
정을 취소하고, 이 사건을 특허청 심사국에 환송한다. 라는 심결을 구합니다"라
고 기재하고, 디자인등록 취소결정불복심판의 경우에는 "원결정을 취소한다. 디
자인등록 제○○○호는 이를 등록유지결정하기로 한다. 라는 심결을 구합니다"
라고 기재하며, 디자인등록출원 보정각하결정불복심판의 경우에는 "디자인등록
출원 제○○○호의 보정각하결정을 취소한다. 이 사건을 특허청 심사국에 환송
한다. 라는 심결을 구합니다"라는 형식으로 기재한다. 우리 대법원 판례는 어떠
한 청구취지인가를 인식할 수 있는 정도의 기재이면 된다고 보고 있다.[11]

청구의 취지를 기재하지 않으면 반려대상이 되고 청구의 취지는 요지로서
변경이 허용되지 않는 것이 원칙이다. 우리 대법원도 청구의 취지를 변경하는
것은 허용할 수 없다고 하면서 "'청구의 취지'라 함은 심판청구인이 특허청에
어떠한 심결을 구하는가를 특정하여 요구하는 것을 말한다 하겠으므로 이를 변
경하게 되면 청구 자체를 변경하는 것이 되어 이는 허용될 수 없는 것이다. 또
한 청구취지를 예비적으로 추가하는 것은 청구 자체를 변경하는 것이 되어 부

9) 특허심판원(주 2), 875-876.
10) 특허심판원(주 2), 41.
11) 대법원 1987. 11. 10. 선고 86후72, 73 판결 등.

적법하다 할 것이다"라고 판시하고 있다.[12)]

　'청구의 이유'란 청구의 취지를 뒷받침하기 위한 법률적 근거 또는 사실관계의 구체적인 주장을 말한다. 즉, 결정계에서 청구의 이유는 원결정이 취소되어야 하는 이유를 말한다. 여기서는 디자인등록의 취소결정 등본을 받은 사실 등 통상의 사건개요, 원결정의 취소근거 법 조항, 취소 이유의 설명 및 그것에 대응하는 증거방법 등을 구체적, 논리적으로 기재한다. 증거가 있으면 해당 주장부분에 인용하는 것이 설득력을 높일 수 있으며, 청구이유의 끝 부분에 전체 증거목록을 기재하고, 이어서 증거를 순서대로 첨부한다. 청구이유의 보정은 요지 변경으로 보지 않으므로(제127조 제2항 제2호), 보정 할 수 있다. 특허법원은 "상표법 제77조 본문에 의하여 준용되는 특허법 제140조 제1항 제3호에 따르면, 심판을 청구하고자 하는 자는 청구의 취지 및 그 이유를 기재한 심판청구서를 특허심판원장에게 제출하여야 하고, 같은 법 제141조에 의하면 제140조 제1항의 규정에 위반되는 경우 심판장은 기간을 정하여 그 보정을 명하여야 하며, 보정명령을 받은 자가 지정된 기간 이내에 보정을 하지 아니한 경우에는 결정으로 심판청구서를 각하하여야 한다"라고 판시하고 있다.[13)]

Ⅲ. 심판청구서의 보정, 요지변경의 금지 및 예외(제2항)

　디자인보호법 제127조 제2항은 "제1항에 따라 제출된 심판청구서를 보정하는 경우에는 그 요지를 변경할 수 없다. 다만, 다음 각 호의 어느 하나에 해당하는 경우에는 그러하지 아니하다. 1. 제1항 제1호에 따른 청구인의 기재를 바로잡기 위하여 보정(추가하는 것을 포함한다)하는 경우, 2. 제1항 제7호에 따른 청구의 이유를 보정하는 경우"라고 규정하고 있다.

　심판청구서 중에서 단순한 오기의 정정이나 불분명한 기재의 석명 등은 할 수 있으나, 심판청구서는 그 요지를 변경하지 아니하는 범위 내에서만 변경할 수 있는 것이 원칙이다. 심판청구의 요지를 변경하게 되면 심판절차의 지연을 초래하는 등 부작용이 크기 때문이다.[14)]

　구체적으로 디자인등록출원 거절결정불복심판의 경우에 디자인등록출원번

---

12) 대법원 1991. 5. 28. 선고 90후854 판결.
13) 특허법원 2010. 6. 11. 선고 2010허1978 판결.
14) 노태정·김병진(주 6), 744; 정상조·박성수 공편, 특허법 주해Ⅱ, 박영사(2010), 519(황우택 집필부분).

호의 변경, 디자인등록 취소결정불복심판의 경우에 디자인등록번호의 변경, 거절결정불복심판을 디자인일부심사등록 취소결정불복심판으로 변경하는 등 심판종류의 변경 또는 심판물을 결정하는 청구취지의 변경은 원칙적으로 요지의 변경이므로 허용되지 않는다. 다만, 이들도 오기의 정정 등과 같이 동일성을 벗어나지 않는 범위 내에서의 단순 보정은 허용된다고 본다.

한편, 2009년 디자인보호법의 개정으로 심판청구서의 기재사항 중 출원이 공유인 경우 공동심판 청구인(출원인)의 기재를 바로잡기 위해서 보정하거나 누락된 공유자를 추가하는 것은 요지변경으로 보지 않게 되었다(제127조 제2항 제1호). 또한, 당사자가 아닌 대리인의 성명 보정이나 대리인 자체의 변경은 요지변경이 아니며, 당사자가 법인으로서 청구서에 그 대표자명이 없는 것을 보충하거나 표시되어 있는 대표자명을 변경하는 보정은 요지변경이 아니므로 허용된다.[15]

또한, 심판청구의 이유에 기재된 개개의 근거나 주장은 공격방어 방법에 불과하므로, 내용을 변경하더라도 요지변경으로 보지 않고 허용된다(제127조 제2항 제2호). 즉, 청구의 취지는 변경할 수 없으나, 청구의 이유는 적절히 변경할 수 있다. 실제로 심판 청구인은 심판을 청구하면서 일단 "○○○년 디자인등록출원 제○○○호에 관한 원결정을 취소한다. 이 사건을 특허청 심사국에 환송한다. 라는 심결을 구합니다. 구체적인 청구 이유는 추후 제출하겠습니다" 등과 같이 청구의 취지만을 우선 기재하여 심판을 청구하고 구체적인 이유는 추후 보정하는 사례가 흔히 있고, 심판이 진행되면서 청구 이유의 내용이 보충·변경되는 것이 일반적 현상이다.

본 조항의 필수적 기재사항을 제대로 기재하지 않은 심판청구서에 대해서는 소관 심판장이 기간을 정하여 심판청구인에게 보정을 명하고, 지정된 기간 내에 흠결을 보정하지 않으면 결정으로 심판청구서를 각하한다(제128조 제1항 제1호).

〈손영식〉

제128조(심판청구의 각하 등)

① 심판장은 다음 각 호의 어느 하나에 해당하는 경우에는 기간을 정하여 그 보정을 명하여야 한다.

1. 심판청구서가 제126조 제1항·제3항·제4항 또는 제127조 제1항에 위반된 경우

2. 심판에 관한 절차가 다음 각 목의 어느 하나에 해당되는 경우

   가. 제4조 제1항 또는 제7조에 위반된 경우

   나. 제85조에 따라 내야 할 수수료를 내지 아니한 경우

   다. 이 법 또는 이 법에 따른 명령으로 정하는 방식에 위반된 경우

② 심판장은 제1항에 따른 보정명령을 받은 자가 지정된 기간에 보정을 하지 아니하면 결정으로 심판청구를 각하하여야 한다.

③ 제2항에 따른 결정은 서면으로 하여야 하며 그 이유를 붙여야 한다.

<소 목 차>

Ⅰ. 본 조문의 개요 및 연혁

1. 조문의 개요

본 조문은 심판청구서 또는 심판에 관한 절차가 심판방식에 위반된 경우의 조치를 정한 규정이다. 심판의 방식심사라 함은 심판관이 행하는 실체 심판에 앞서서 심판청구서나 심판절차가 디자인보호법령이 정하는 형식적 요건을 충족하는지를 심사하는 것을 말한다. 심판에 대한 방식심사의 행정상 권한은 심판관 합의체가 아닌 특허심판원장이나 심판장에게 있고, 방식심사결과 처분에는 심판청구서류 등의 반려와 보정명령이 있다. 심판서류 등의 반려란 심판청구서를 수리하지 않고 돌려보내는 행정처분을 말하는 것으로서 심판청구에 중대한 흠결이 있어 심판청구일을 그대로 유지하는 것이 타당하지 않다고 인정되는 경우

에 행한다(디자인보호법 시행규칙 제2조 제1항). 심판장의 보정명령에 대하여 청구인이 지정기간 내에 제대로 보정을 하지 않으면 결정으로 심판청구를 각하한다(제128조 제2항). 각하가 확정된 경우에는 당해 디자인심판에 관한 절차는 무효로 되고(제18조), 절차가 무효로 되면 그 심판청구는 처음부터 없었던 것으로 간주된다.[1)]

2. 조문의 연혁

디자인(의장)은 1946년 제정된 특허법에서는 특허의 일종으로 보호받다가,[2)] 1961. 12. 31. 법률 제951호로 디자인 보호를 위한 독립 '의장법'이 제정·시행되었다. '의장법'의 법명은 2004. 12. 31. 법률 제7289호로 '디자인보호법'으로 변경되었다. 1961년 제정 의장법에서부터 특허법의 심판청구서의 각하에 관한 규정을 준용하여 오다가, 2009. 6. 9. 법률 제9764호로 개정된 '디자인보호법'부터 특허법의 준용에서 탈피하여 별도로 제72조의4 조문을 두게 되었다. 이 조문은 2013. 5. 28. 법률 제11848호로 전부 개정되어 2014. 7. 1.부터 시행 중인 현행 디자인보호법 제128조로 이동 배치되었다.

Ⅱ. 흠결 있는 심판청구에 대한 보정 명령(제1항)

디자인보호법 제128조 제1항은 "심판장은 다음 각 호의 어느 하나에 해당하는 경우에는 기간을 정하여 그 보정을 명하여야 한다. 1. 심판청구서가 제126조 제1항·제3항·제4항 또는 제127조 제1항에 위반된 경우, 2. 심판에 관한 절차가 다음 각 목의 어느 하나에 해당되는 경우, 가. 제4조 제1항 또는 제7조에 위반된 경우, 나. 제85조에 따라 내야 할 수수료를 내지 아니한 경우, 다. 이 법 또는 이 법에 따른 명령으로 정하는 방식에 위반된 경우"라고 규정하고 있다.

1. 심판청구서가 방식에 위배된 경우(제1호)

본 호에 따라 심판청구서가 제126조 제1항·제3항·제4항인 "당사자의 성명 및 주소(법인인 경우에는 그 명칭 및 영업소의 소재지), 심판사건의 표시, 청구

---

1) 특허심판원, 심판편람, 제10판(2011), 41-44.
2) 디자인(의장)은 미군정기인 1946. 10. 5. 미국 특허법을 모델로 하여 군정법령 제91호로 제정된 '특허법' 제21조(미장특허의 수득)로 보호받다 1961. 12. 31. 특허법에서 분리되어 단독 '의장법'이 되었다.

의 취지 및 그 이유" 또는 제127조 제1항인 "청구인의 성명 및 주소(법인인 경우에는 그 명칭 및 영업소의 소재지)"에 위반된 경우, 즉 방식에 위반된 경우에 심판장은 기간을 정하여 보정을 명해야 한다.

보정명령에 대하여 지정된 기간 내에 보정을 하지 아니한 경우에는 심판장은 결정으로 각하한다(제128조 제2항).

2. 심판에 관한 절차 등에 위배된 경우(제2호)

제128조 제1항 제2호 '가목'에 따라 미성년자·피한정후견인 또는 피성년후견인은 법정대리인에 의하지 아니하면 디자인등록에 관한 출원·청구, 그 밖의 절차를 밟을 수 없는데도 불구하고(제4조 제1항), 청구인의 심판 절차가 이에 위반된 경우, 또는 국내에 주소 또는 영업소가 있는 자로부터 디자인에 관한 절차를 밟을 것을 위임받은 대리인 또는 디자인관리인은 특별히 권한을 위임받지 아니하면 심판청구 등을 할 수 없는데도 불구하고(제7조), 청구인의 심판 절차가 이에 위반된 경우에는 심판장은 기간을 정하여 그 보정을 명하여야 한다. 또한 디자인에 관한 절차를 밟는 자는 수수료를 내야 하는데도 불구하고(제85조), 청구인이 내야 할 수수료를 내지 아니한 경우에는 심판장은 기간을 정하여 그 보정을 명하여야 한다고 제2호 '나목'은 규정하고 있다. 그리고 그 밖에 디자인보호법 또는 그에 따른 명령으로 정하는 방식에 위반된 경우에 심판장은 제2호 '다목'에 따라 기간을 정하여 그 보정을 명하여야 한다.

위와 같은 심판장의 보정명령에 대하여 청구인이 지정된 기간 내에 보정을 하지 아니한 경우에는 심판장은 결정으로 심판청구를 각하한다(제128조 제2항).

Ⅲ. 보정 불이행 심판청구의 각하(제2항)

제128조 제2항은 "심판장은 제1항에 따른 보정명령을 받은 자가 지정된 기간에 보정을 하지 아니하면 결정으로 심판청구를 각하하여야 한다"라고 규정하고 있다. 이를 결정각하(決定却下)라 한다. 민사소송법 제254조[3]에서 규정하고

---

3) 민사소송법 제254조(재판장의 소장심사권) ① 소장이 제249조 제1항의 규정에 어긋나는 경우에는 재판장은 상당한 기간을 정하고, 그 기간 이내에 흠을 보정하도록 명하여야 한다. 소장에 법률의 규정에 따른 인지를 붙이지 아니한 경우에도 또한 같다.
② 원고가 제1항의 기간 이내에 흠을 보정하지 아니한 때에는 재판장은 명령으로 소장을 각하하여야 한다.

있는 재판장의 소장심사권과 같은 규정이다.

심판청구서에 대한 보정명령과 각하결정은 심판관 합의체에서 하는 것이 아니고, 심판장의 권한으로 되어 있는데, 심리의 내용이 형식적이고 단순하기 때문이다.[4] 이 점에서 제129조의 부적법한 심판청구가 심판관 합의체에서 심결 각하(審決却下) 형식으로 이루어지는 것과 차이가 있고, 우리 판례는 "특허심판 원장이 한 보정명령은 심판장이 특허법 제141조 제2항의 규정에 의하여 각하결 정을 할 요건인 보정명령의 근거가 될 수 없기 때문에 심판장의 보정명령 없이 심판청구서의 각하결정은 위법하다"라고 판시하고 있다.[5]

보정명령에는 시기적인 제한이 없으며, 심리가 개시된 뒤라도 심판청구서 에 흠결이 발견되면 보정을 명할 수 있다.[6] 심판장은 보정기간을 특허심판원의 내규에 따라 보통 4주를 주고 있다. 하지만, 보정기간을 지정하지 않은 보정명 령은 적법한 보정명령이라 할 수 없으나,[7] 보정을 위한 지정기간은 불변기간이 아니므로[8] 사안에 따라 기간의 증감이 가능하며, 보정기간이 경과한 이후 심판 청구서가 각하되기 이전에 실제로 보정이 이루어지면 적법한 보정으로 보아 심 리를 진행할 수 있다.[9] 우리 특허법원 판례도 "심판청구 수수료 등의 보정기간 은 불변기간이 아니므로 이와 같이 보정기한이 경과한 이후 심판청구서가 각하 되기 이전인 1999. 4. 14. 실제로 보정이 이루어진 이 건에 있어서는 심판장은 심판청구서를 각하할 것이 아니라 적법하게 보정이 이루어진 것으로 보고 심리 를 진행하였어야 할 것이다"라고 판시했다.[10] 현재 특허심판원 실무도 수수료나 심판청구의 이유 등의 보정은 기간 경과 후에 보정이 이루어졌다 하더라도 적 법한 보정으로 인정하고 다음 절차를 진행하고 있다.[11]

특허심판원 심판장의 심판청구 결정각하에 대해서 불복이 있는 자는 결정의

---

③ 제2항의 명령에 대하여는 즉시항고를 할 수 있다.

④ 재판장은 소장을 심사하면서 필요하다고 인정하는 경우에는 원고에게 청구하는 이 유에 대응하는 증거방법을 구체적으로 적어 내도록 명할 수 있으며, 원고가 소장에 인용한 서증(書證)의 등본 또는 사본을 붙이지 아니한 경우에는 이를 제출하도록 명할 수 있다.

4) 정상조·박성수 공편, 특허법 주해Ⅱ, 박영사(2010), 541(황우택 집필부분).

5) 특허법원 1999. 11. 11. 선고 99허4538 판결.

6) 대법원 1969. 12. 26. 선고 67다1744 판결.

7) 대법원 1980. 6. 12.자 80마160 결정.

8) 대법원 1978. 9. 5.자 78마233 결정.

9) 정상조·박성수 공편(주 4), 543.

10) 특허법원 1999. 9. 30. 선고 99허4675 판결.

11) 특허심판원, 심판 필수 체크포인트집, 특허심판원(2010), 20.

등본을 송달받은 날부터 30일 이내에 특허법원에 소를 제기할 수 있다(제166조).

Ⅳ. 결정 각하의 형식(제3항)

  제128조 제3항은 심판청구서의 각하 결정은 그 이유를 붙여 서면으로 하여
야 함을 규정하고 있다. 각하는 심판장 명의의 결정서로 하며, 각하 이유는 통
상 "심판장이 심판청구서의 흠결에 대한 보정 또는 불납 수수료의 납부를 기간
을 정하여 명하였으나, 지정된 기간이 지난 현재까지 이를 보정하지 않으므로
심판청구서를 각하한다"라는 형식으로 하고 있다. 각하처분이 있을 때에는 심판
장은 청구인에게 결정등본을 송달하며, 청구인은 이에 불복할 경우 특허법원에
소를 제기할 수 있다.

                                                              〈손영식〉

> **제129조(보정할 수 없는 심판청구의 심결각하)**
> 부적법한 심판청구로서 그 흠을 보정할 수 없을 때에는 피청구인에게 답변서 제출의 기회를 주지 아니하고 심결로써 각하할 수 있다.

〈소 목 차〉

I. 본 조문의 개요 및 연혁

1. 조문의 개요

본 조문은 보정에 의해서도 치유될 수 없는 부적법한 심판청구에 대하여 피청구인에게 답변서의 제출 기회를 주지 아니하고 합의체 심판부가 심결로서 각하할 수 있도록 한 규정이다. 이는 민사소송법 제219조[1] '변론 없이 하는 소의 각하'에 상당하는 규정이다.

심판청구서가 방식에 위반되거나 수수료를 납부하지 아니한 경우 등은 앞에서 살펴본 제128조의 규정을 적용하여 심판장이 결정으로 심판청구서를 각하하고(결정각하), 심판청구서가 일정한 형식적 요건을 충족하면 부적법하거나 이유가 없더라도 일단 수리하여 심리를 한다. 그리고 심판청구의 기본요건 흠결이 중대하고 보정에 의해서도 치유될 수 없는 것일 때에는 본 규정을 적용하여 청구 취지에 대한 본안 심리에까지 나아가지 않고 합의부의 심결로서 심판청구를 각하한다(심결각하). 본 조문은 무효심판 등 당사자계 심판뿐만 아니라 거절결정 불복심판 등 결정계 사건에도 적용된다.[2]

---

[1] 제219조(변론 없이 하는 소의 각하) 부적법한 소로서 그 흠을 보정할 수 없는 경우에는 변론 없이 판결로 소를 각하할 수 있다.

[2] 특허청, 조문별 특허법해설, 영인정보시스템(2002), 364; 정상조·박성수 공편, 특허법 주해II, 박영사(2010), 546(황우택 집필부분).

2. 조문의 연혁

디자인(의장)은 1946년 제정된 특허법에서는 특허의 일종으로 보호받다가,[3] 1961. 12. 31. 법률 제951호로 디자인 보호를 위한 독립 '의장법'이 제정·시행되었다. '의장법'의 법명(法名)은 2004. 12. 31. 법률 제7289호로 '디자인보호법'으로 변경되었다. 1961년 제정 의장법에서부터 특허법의 부적법한 심판청구의 각하에 관한 규정을 준용하여 오다가, 2009. 6. 9. 법률 제9764호로 개정된 '디자인보호법'부터 특허법의 준용을 탈피하여 별도의 제72조의5 조문을 두었다. 이 조문은 다시 일부 문구가 변경되어 2013. 5. 28. 법률 제11848호로 전부 개정되고 2014. 7. 1.부터 시행 중인 현행 디자인보호법 제129조로 이동 배치되었다.

Ⅱ. 부적법한 심판청구로서 보정이 불가능한 경우

피청구인에게 답변서 제출기회를 주지 않고 심결각하를 할 수 있는 보정이 불가능한 부적법한 심판청구의 예는 다음과 같다. ① 당사자능력이 없는 자에 의한 심판청구, ② 재외자가 디자인관리인에 의하지 않고 한 심판청구, ③ 디자인권자 아닌 자를 피청구인으로 한 무효심판청구, ④ 무효나 권리범위확인 심판의 대상이 된 디자인이 존속기간 만료로 소멸된 경우, ⑤ 일사부재리의 규정에 위반된 심판청구, ⑥ 디자인거절결정불복 심판의 청구기간인 거절결정등본을 송달 받은 날부터 30일을 도과하여 심판을 청구한 경우 등이다.[4]

우리 대법원 판례는 "서류가 방식에 적합하지 아니한 경우라 함은 서류의 기재사항에 흠결이 있거나 구비서류가 갖추어져 있지 아니하는 경우 등 서류가 법률상 요구되는 형식적인 방식에 적합하지 아니한 경우를 뜻하고, 형식적인 문제를 벗어나서 출원인이나 발명자가 본조에 규정된 권리능력을 가지는지 또는 출원인이 본법 제2조 제1항에 규정된 특허를 받을 수 있는 자인지 여부 등 실질적인 사건에 관한 것을 포함하지 아니하고, 출원서류가 그 같은 실질적인 사항을 포함하는 경우에는 위 시행규칙 제14조 제1항 제11호의 규정에 의하여 불

---

3) 디자인(의장)은 미군정기인 1946. 10. 5. 미국 특허법을 모델로 하여 군정법령 제91호로 제정된 '특허법' 제21조(미장특허의 수득)로 보호받다 1961. 12. 31. 특허법에서 분리되어 개별 법률인 '의장법'이 되었다.

4) 노태정·김병진, 디자인보호법, 3정판, 세창출판사(2009), 746; 위 특허법 주해Ⅱ, 547.

수리처분을 할 것이 아니라 일단 수리하여 심사관으로 하여금 실질적인 심사를 하게 하여야 함이 상당하다"라고 판시하고 있다.[5]

Ⅲ. 답변서 제출기회의 생략

심판장은 심판당사자에게 동등한 주장과 방어기회를 부여하고 심판결과의 오류를 방지하기 위하여, 심판이 청구되면 청구서 부본을 피청구인에게 송달하고 기간을 정하여 답변서를 제출할 수 있는 기회를 주어야 하고, 피청구인의 답변서는 그 부본을 청구인에게 송달하여야 함이 원칙이다(제134조). 하지만, 보정에 의해서도 치유될 수 없는 부적법한 심판청구에 대하여는 피청구인에게 답변서의 제출 기회를 주지 않더라도 피청구인에게 불이익이 돌아가지 않고, 보정을 할 수 없어 그 필요성도 없으므로 답변서의 제출기회를 생략한 것이다.

Ⅳ. 심결각하

위와 같이 심판청구기간의 도과, 당사자 적격의 흠결 등과 같이 심판청구가 부적법하고 그 흠결을 보정할 수 없을 때에는 합의부의 심결로 각하한다. 이를 심결각하(審決却下)라 하며, 심판청구서의 형식적 요건의 흠결을 이유로 심판장 단독명의로 행하는 결정각하(決定却下)와 구별되는 개념이다. 즉, 심판청구에 대하여 심결각하를 할 경우에는 그 심리의 신중을 기하기 위하여 심판관 합의체에서 관장하고 있는 데 비하여, 심판청구서의 결정각하는 비교적 경미한 것이어서 심판장의 단독결정으로 처리한다.[6]

결정각하나 심결각하에 대하여 불복하는 심판청구인은 결정 또는 심결의 등본을 송달받은 날부터 30일 이내에 특허법원에 소를 제기할 수 있다(제166조).

〈손영식〉

---

5) 대법원 1982. 9. 28. 선고 80누414 판결.
6) 노태정·김병진(주 4), 747.

> **제130조(심판관)**
> ① 특허심판원장은 심판이 청구되면 심판관에게 심판하게 한다.
> ② 심판관의 자격은 대통령령으로 정한다.
> ③ 심판관은 직무상 독립하여 심판한다.

Ⅰ. 본 조문의 개요 및 연혁

1. 조문의 개요

본 조문은 디자인권의 심판은 특허심판원의 심판관이 담당하고, 심판관은 공무원으로서의 일반적인 자격 외에 특정한 자격이 필요하며, 심판은 직무상 독립적으로 수행함을 규정한 것이다. 디자인권은 특허권·상표권 등과 마찬가지로 준사법적인 절차를 거쳐 등록 여부가 결정되고, 심사관의 등록 또는 거절결정 처분의 적정성을 심판하고, 당사자 사이의 분쟁을 원활하게 해결하기 위해서는 해당분야의 전문지식과 경험 등 자격을 갖춘 심판관으로 하여금 공정하고 객관적으로 업무를 수행하게 함이 바람직하기 때문이다.[1]

특허심판원의 심판은 형식적으로는 행정행위의 성질을 가지나, 실질적으로는 민사소송법상의 재판절차를 상당 부분 준용하는 준사법적 행위의 성질을 갖고, 특허심판원은 특허법원의 전심 절차로서 제1심 법원과 같은 역할을 한다. 따라서 법령에서 심판관의 자격을 규정하고 직무상 독립을 보장하는 것은 재판에서 적정·공평을 보장하며 국민의 신뢰를 유지하기 위하여 헌법(제101조, 제103조)에서 법관의 자격을 규정하고 재판상 독립성을 보장한 것과 같은 맥락 및 취지라 할 수 있다.

---

[1] 특허청, 조문별 특허법해설, 영인정보시스템(2002), 364-365; 특허심판원, 심판편람, 제10판(2011), 3.

2. 조문의 연혁

디자인(의장)은 1946년 제정된 특허법에서는 특허의 일종으로 보호받다가,[2] 1961. 12. 31. 법률 제951호로 디자인 보호를 위한 단독 '의장법'이 제정·시행되었고, '의장법'의 법명은 2004. 12. 31. 법률 제7289호로 '디자인보호법'으로 변경되었다.

제정 의장법이 준용하던 특허법은 1963. 3. 5. 법률 제1293호로 개정된 특허법 제93조에 "① 심판청구가 있을 때에는 심판관으로 하여금 이를 심판하게 한다. 단, 특허국장이 필요하다고 인정할 때에는 심사장 또는 심사관으로 하여금 심판하게 할 수 있다. ② 심판관 또는 심판에 종사하는 심사장이나 심사관은 직무상 독립하여 심판한다"라는 규정이 신설되었으며, 그 후 1990. 1. 13. 법률 제4207호로 개정된 특허법 제143조 제2항에서 "심판관 및 항고심판관의 자격은 대통령령으로 정한다"라는 항이 추가되었다.

디자인보호법의 '심판관'에 관한 규정은 특허법의 관련 규정을 준용하여 오다가, 2009. 6. 9. 법률 제9764호로 개정된 '디자인보호법'부터 특허법의 준용을 탈피하여 별도의 제72조의6 조문을 두었다. 이 조문은 2013. 5. 28. 법률 제11848호로 전부 개정되어 2014. 7. 1.부터 시행 중인 현행 디자인보호법 제130조로 이동 배치되었다.

Ⅱ. 심판관에 의한 심판(제1항)

디자인심판사건은 전문지식과 자격을 갖춘 심판관이 심판을 해야 한다는 규정이다. 즉, 디자인권에 대한 심판은 디자인심사관의 디자인권 부여나 거절의 적정성을 판단하고, 당사자 사이의 분쟁을 적정하게 해결하여야 하는 전문 분야의 업무이므로 법령의 규정을 충족하는 심판관이 심판을 담당하도록 한 것이다.

한편, 디자인등록출원에 대한 심사는 법령상 자격요건을 갖춘 심사관이 담당하며(제58조), 특허심판원의 심결에 대한 불복 소송은 자격을 갖춘 특허법원의 판사가 담당하고 있다(제166조, 법원조직법 제28조의2 내지 제28조의4).

---

[2] 디자인(의장)은 미군정기인 1946. 10. 5. 미국 특허법을 모델로 하여 군정법령 제91호로 제정된 '특허법' 제21조(미장특허의 수득)로 보호받다가 1961. 12. 31. 특허법에서 분리되어 개별 법률인 '의장법'이 되었다.

Ⅲ. 심판관의 자격(제2항)

디자인 심판관의 자격은 대통령령에서 정하도록 하고 있다. 이에 따라 디자인보호법 시행령 제8조는 "① 법 제130조 제2항에 따른 심판관이 될 수 있는 사람은 특허청이나 그 소속 기관의 4급 이상 일반직 국가공무원 또는 고위공무원단에 속하는 일반직공무원 중 다음 각 호의 어느 하나에 해당하는 사람으로서 국제지식재산연수원에서 심판관 연수과정을 수료한 사람으로 한다. 1. 특허청에서 2년 이상 심사관으로 재직한 사람, 2. 특허청에서 심사관으로 재직한 기간과 5급 이상 일반직 국가공무원 또는 고위공무원단에 속하는 일반직공무원으로서 특허심판원에서 심판 업무에 직접 종사한 기간을 합한 기간이 2년 이상인 사람, ② 제1항에 따른 심판관 자격의 직급에 해당하는 공무원(고위공무원단에 속하는 일반직공무원을 포함한다)으로서 변리사 자격이 있는 사람은 제1항에도 불구하고 심판관이 될 수 있다. ③ 제1항에 따른 심판관의 연수에 관하여 필요한 사항은 특허청장이 정한다"라고 규정하고 있다.

디자인 심판은 디자인등록출원에 대한 심사관의 준사법적인 등록결정 또는 거절결정 처분의 적법성 여부를 다루고, 디자인등록 무효심판 · 권리범위확인심판 등 당사자 사이의 디자인권 분쟁을 객관적으로 공정하게 심판하는 업무이므로 공무원으로서의 일반적인 자격 요건 외에 별도 법령에서 심판관의 자격요건을 특별히 규정하고 있는 것이다. 이러한 심판관의 임용자격요건을 결여한 자에 의한 심판은 위법한 것이 된다.[3]

Ⅳ. 심판관의 직무상 독립(제3항)

심판관은 공무원으로서 특허심판원의 소속이지만, 심판사건의 처리에 있어서는 공정성을 확보하기 위하여 외부의 간섭이나 특허청장 또는 특허심판원장으로부터 지시를 받지 않고 독립하여 심판업무를 수행한다.[4] 다시 말해, 심판관은 구체적인 사건에서 어떻게 심판할 것인가에 대하여 합의부를 제외하고는 특허심판원장 등 어느 누구의 지시나 명령을 받지 아니하고, 언론 등 이른바 여론

---

3) 정상조 · 박성수 공편, 특허법 주해Ⅱ, 박영사(2010), 555(황우택 집필부분).
4) 특허청(주 1), 366.

의 눈치나 압력으로부터도 독립하여 자기 자신의 의사에 의하여 심판을 해야
한다. 또한, 심판관은 원칙적으로 그 심판내용을 이유로 형사상 또는 징계상의
책임을 지지 않고,5) 국회 등 국가기관은 공식적으로 기판력 있는 심판을 규탄
하는 의사표명을 하여서는 안 된다.

　　한편, 디자인보호법 제207조 제2항은 "디자인등록출원, 심사, 디자인일부심
사등록 이의신청, 심판 또는 재심으로 계속 중인 사건의 내용이나 디자인등록여
부결정·심결 또는 결정의 내용에 관하여는 감정·증언하거나 질의에 응답할
수 없다"라고 규정하고 있다. 이는 심사·심판 내용 등에 관한 감정·증언 또는
질의를 허용할 경우에는 출원에 관한 심사나 심판 등이 유명무실해질 우려가
있고, 심사관이나 심판관 등이 불필요한 분쟁에 휘말려 심사·심판의 적정성·
공정성을 해할 우려가 있기 때문에 둔 조항으로서 심판관의 직무상 독립을 뒷
받침하는 역할을 한다.

〈손영식〉

---

5) 한편, 심판관이 고의 또는 과실로 오판을 하여 당사자에게 손해를 가한 경우에 국가가
　국가배상법에 의한 배상책임을 지는가 문제 될 수 있는데, 법관에 대하여 우리 대법원
　및 헌법재판소는 악의에 의한 사실인정 또는 법령해석의 왜곡이 있는 경우에 한하여 적용
　할 수 있다는 '제한설'을 취하고 있다(대법원 2001. 4. 24. 선고 2000다16114 판결; 헌법재
　판소 1989. 7. 14.자 88헌가5·8 병합 결정). 이러한 판례는 타당하다고 생각되며, 특허심
　판원 심판관의 경우도 같이 취급할 수 있다고 생각한다.

> **제131조(심판관의 지정)**
> ① 특허심판원장은 각 심판사건에 대하여 제133조에 따른 합의체를 구성할 심판관을 지정하여야 한다.
> ② 특허심판원장은 제1항의 심판관 중 심판에 관여하는 데에 지장이 있는 사람이 있으면 다른 심판관에게 심판하게 할 수 있다.

<소 목 차>

Ⅰ. 본 조문의 개요 및 연혁

본 조문은 특허심판원의 심판관 합의체에서 디자인에 대한 심판을 처리하여야 하므로(제133조), 이러한 합의체를 구성할 심판관의 지정 및 변경에 대하여 규정한 것이다. 합의체를 구성할 심판관은 특허심판원장이 지정하고, 심판관 중에서 심판에 관여하는 데 지장이 있는 심판관이 있으면 변경할 수 있다.

디자인(의장)은 1946년 제정된 특허법에서는 특허의 일종으로 보호받다가,[1] 1961. 12. 31. 법률 제951호로 디자인 보호를 위한 단독 '의장법'이 제정·시행되었고, '의장법'의 법명은 2004. 12. 31. 법률 제7289호로 '디자인보호법'으로 변경되었다. 제정 의장법에서부터 특허법의 심판관 지정에 관한 규정을 준용하였으며, 1995. 1. 5. 법률 제4892호로 개정된 특허법에서 특허심판원이 독립기관화 됨에 따라 심판관의 지정권자도 '특허청장'에서 '특허심판원장'으로 변경되었다. 2009. 6. 9. 법률 제9764호로 개정된 '디자인보호법'부터는 특허법 준용에서 탈피하여 별도로 제72조의7(심판관의 지정) 조문을 두게 되었고, 이 조문은 2013. 5. 28. 법률 제11848호로 전부 개정되어 2014. 7. 1.부터 시행 중인 현행 디자인보호법 제131조로 이동 배치되었다.

---

1) 디자인(의장)은 미군정기인 1946. 10. 5. 미국 특허법을 모델로 하여 군정법령 제91호로 제정된 '특허법' 제21조(미장특허의 수득)로 보호받다 1961. 12. 31. 특허법에서 분리되어 단독 '의장법'이 되었다.

Ⅱ. 합의체 심판관의 지정(제1항)

디자인 심판은 3명 또는 5명의 심판관으로 구성된 합의체가 한다. 통상적으로는 3인 합의체에서 심리하며, 합의는 과반수에 의해 결정된다(제133조). 심판관은 특허심판원 소속의 직원이지만 심판사건에 대하여 합의체가 지정되면 그 사건 당사자와의 관계에 있어서 독립기관으로서 사건을 다룬다.[2)]

특허심판원의 행정업무를 총괄하는 특허심판원장이 각 심판사건의 처리를 담당하는 합의체를 구성하는 심판관을 지정한다. 특허심판원장이 개별 사건별로 담당 심판관을 지정하는 이유는 심판 사건의 내용에 따라 적합한 심판관을 지정하기 위해서이다.[3)] 실무상으로는 특허심판원 심판정책과에서 방식심사를 완료한 후 심판관을 지정함으로써 심판부에 사건을 이관한다. 심판관의 지정은 특허심판의 경우는 권리종류, 국제특허분류(IPC) 등을 참작하여 기계·화학·전기 등 유사 분야의 심판관 그룹 내에 속한 심판관들 중에서, 디자인 심판의 경우는 디자인 심판부의 심판관들 중에서 전산으로 무작위로 지정한다. 그리고 담당자는 심판관 지정시 심판장, 주심 및 부심심판관의 성명과 지정연월일을 기재하고 심판원장의 결재를 받는다.[4)] 특허심판원장은 심판관을 지정한 후에 그 사실을 당사자에게 통지한다(디자인보호법 시행규칙 제72조).

Ⅲ. 심판관의 지정변경(제2항)

특허심판원장은 심판관 중에서 심판에 관여하는 데 제척, 기피, 인사이동, 장기교육 등의 사유로 지장이 있는 심판관이 있을 때에는 다른 심판관으로 변경할 수 있다. 담당자는 심판관의 지정변경시 심판장, 주심 및 부심심판관의 성명과 지정연월일을 기재하고 심판원장의 결재를 받는다. 특허심판원장은 지정된 심판관이 변경된 경우에는 그 사실을 당사자에게 통지한다(디자인보호법 시행규칙 제72조). 다만, 우리 판례는 이러한 심판관 변경통지 규정을 훈시규정으로 해석하고 있다. 즉, 심판관의 변경이 있을 때 이를 당사자에게 통지하도록 한

---

2) 특허심판원, 심판편람, 제10판(2011), 400.
3) 특허청, 조문별 특허법해설, 영인정보시스템(2002), 366.
4) 특허심판원(주 2), 18.

것은 당사자에게 심판관의 자격에 대한 이의신청이나 제척 또는 기피신청 등을 할 수 있도록 기회를 제공함에 있는 것으로서, 이러한 통지규정은 훈시규정이라 할 것이므로 변경된 심판관의 성명을 출원인에게 통지하지 아니한 채 심결을 한 것은 잘못이지만, 심결의 결과에 영향이 미치는 위법은 아니라고 판시하고 있다.[5]

〈손영식〉

---

5) 대법원 1996. 9. 24. 선고 96후856 판결; 특허법원 2001. 9. 7. 선고 2000허6325 판결.

> **제132조(심판장의 지정)**
> ① 특허심판원장은 제131조 제1항에 따라 지정된 심판관 중에서 1명을 심판장으로 지정하여야 한다.
> ② 심판장은 그 심판사건에 관한 사무를 총괄한다.

Ⅰ. 본조의 의의

심판장의 지정과 심판장의 직무에 관한 규정이다. 디자인심판은 합의체에 의해 진행되며, 이때 합의체의 장으로서 심판지휘권을 행사하고 합의를 주재할 자가 필요하다.

심판장은 지정된 심판관 중에서 특허심판원장에 의해 지정되며, 디자인심판사건에 관한 사무를 총괄한다.

Ⅱ. 심판장의 지정 및 권한

1. 심판장의 지정(제1항)

특허심판원장은 각 심판사건에 대하여 지정된 심판관 중에서 합의체를 효율적으로 운영하기 위하여 1인을 심판장으로 지정한다. 심판장은 그 권한을 행사하는 외에는 다른 심판관들과 평등한 지위에서 심리를 진행한다. 심판장의 자격은 고위공무원단에 속하는 일반직공무원으로서, i) 특허청에서 2년 이상 심사관으로 재직한 자, ii) 특허청에서 심사관으로 재직한 기간과 5급 이상 일반직 국가공무원 또는 고위공무원단에 속하는 일반직공무원으로서 특허심판원에서 심판관으로 재직한 기간을 합한 기간이 2년 이상인 자, iii) 심판관 자격의 직급에 해당하는 공무원(고위공무원단에 속하는 일반직공무원을 포함한다)으로서 변리사 자격이 있는 자 중 어느 하나에 해당하여야 한다.[1]

---

1) 디자인보호법 시행령 제8조 및 「특허청과 그 소속기관 직제」 제22조 제2항.

2. 심판장의 권한(제2항)

심판장은 그 심판사건에 관한 사무를 총괄한다. 심판장의 직무범위는 제128조(심판청구의 각하 등), 제134조(답변서의 제출 등), 제142조(심리 등), 제145조(증거조사 및 증거보전), 제146조(심판의 진행) 등에도 규정되어 있지만 합의체의 장으로 합의를 주재하고, 구술심리를 진행하며, 심결문의 검토·보완, 심판관의 심판처리상황 점검·지도, 심판부 배당사건의 송무 총괄 등의 업무를 담당한다.[2]

심판장은 또한 심판청구서가 필수적 기재사항을 구비하고 있는가 또는 수수료가 납부되어 있는가 등 디자인보호법, 디자인보호법시행령 및 디자인보호법시행규칙이 정한 방식에 맞게 제출되었는지를 판단할 권한을 가지고,[3] 각종 통지, 송달 등의 업무를 수행한다.

다만 심판청구가 심판청구요건을 구비하여 적법한 것인지 또는 청구가 이유 있는 지 여부 등의 실질적 사항에 관한 판단의 권한은 심판관 합의체에 있고, 이에 관한 흠결이 해소되지 않은 경우에는 심결로서 각하한다.

심판장의 심판지휘와 관련하여, 심판은 신속·원활한 심리진행을 위한 직권탐지주의를 허용하고 있으므로 당사자, 기타 관계인의 기간준수 또는 출석 여부에 구애받지 않고 심판장은 직권으로 심판을 진행할 수 있다. 구술심리기일 등에 출석하지 아니하더라도 상대방의 주장사실을 자인하는 것으로 간주되는 민사소송법상의 의제자백 효과는 발생되지 아니하나, 불출석에 따르는 불리한 판단까지 배제되는 것은 아니다.[4]

〈홍정표〉

---

2) 특허심판원, 심판편람(제11판), 특허심판원(2014), 66.
3) 심판장은 심판청구서가 법령이 정한 방식을 위반한 경우에 기간을 정하여 보정명령을 하고, 보정에 의해서도 그 흠결이 해소되지 않은 경우 심판청구서를 각하한다.
4) 정상조·박성수 공편, 특허법 주해Ⅱ, 박영사(2010), 563(황우택 집필부분).

> **제133조(심판의 합의체)**
> ① 심판은 3명 또는 5명의 심판관으로 구성되는 합의체가 한다.
> ② 제1항의 합의체의 합의는 과반수로 결정한다.
> ③ 심판의 합의는 공개하지 아니한다.

<소 목 차>

Ⅰ. 본조의 의의

심판관 합의체의 구성, 합의에 도달하는 방식 및 합의의 비공개 원칙에 대하여 규정한 것이다. 각 심판사건은 특허심판원장이 지정한 3인 또는 5인의 심판관으로 구성된 합의체에 의해 수행된다. 통상은 3인의 합의체가 사건을 심리하게 되지만 후술하는 소정의 경우에는 5인의 심판관 합의체가 구성되며, 이 경우에는 특허심판원장 또는 수석심판장이 합의체 심판장이 된다.

Ⅱ. 합의체의 구성과 합의절차

1. 합의체의 구성(제1항)

심판관 합의체는 3인 또는 5인의 심판관으로 구성된다. 통상의 경우는 3인의 합의체로 구성되지만, 종전의 판례에 따르기에 적합하지 아니하거나 종전의 심결을 변경할 필요가 있는 사건, 법률적·기술적 판단에 있어 매우 중요하고 또는 사회적 영향이 큰 사건, 또는 법원에서 취소된 사건으로서 그 사안이 중요한 사건, 여러 심판부에 공통으로 걸려 있는 사건으로서 각 심판부의 의견이 상반되어 전체적인 의견 조정이 필요한 사건, 3인 합의체에 의하여 합의가 이루어지지 않는 사건, 사건 쟁점이 복잡하여 장기간 처리가 지연되는 사건, 기타 특허심판원장이 필요하다고 인정하는 사건 등에 대하여는 5인 합의체가 구성된다.[1]

---

1) 특허청 심판사무취급규정(2015. 3. 15. 특허청훈령 808호) 제28조.

심결은 일정사항을 기재한 문서로 행하여지고, 심결이라는 처분을 행한 주체는 당해 심판관 합의체로서, 심결문의 말미에는 심결을 한 심판장, 주심, 합의심판관 등 합의체에 속하는 심판관 전원이 기명날인한다.2)

심판관 합의체는 심판관이 특허심판원에 속하는 직원이므로 특허심판원장의 지휘 감독을 받는 면을 가지고 있다고 하더라도, 심판관의 자격을 대통령령으로 정하도록 규정하고 있고(제130조 제2항), 심판관은 직무상 독립하여 심판하도록 규정하고 있으므로(제130조 제3항), 심판에 있어서 심판관에게 직권행사의 독립성이 보장되어 있다. 또한 심판관에게는 헌법에 보장된 재판관과 같은 신분보장은 없지만 재판관과 마찬가지로 제척, 기피제도가 있다(제135조 내지 제139조).

심판관 합의체가 순수한 「행정청」으로서의 성질을 구비하고 있는가에 대하여 의문이 있을 수 있다. 심결은 일정사항을 기재한 문서로 행하지만, 심결이라는 처분을 행한 주체는 당해 심판관 합의체라 보는 것이 적절하고(제150조 제2항에는 "제1항의 심결은 다음 각 호의 사항을 기재한 서면으로 하여야 하며 심결한 심판관은 이에 기명날인하여야 한다"라고 규정되어 있으므로, 심결문서의 작성주체는 심판관임은 명백하다), 그런 의미에서 당해 합의체는 「행정청」으로서의 성질을 가지고 있다고 볼 수 있다. 한편 심판관 합의체의 「심결」이라고 하는 처분은 특허심판원장의 「송달」이라고 하는 행위로 인하여 비로소 성립하는 것이므로, 특허심판원장이라고 하는 행정청과 그 심리관적인 역할을 수행하는 심판관 합의체라고 하는 행정청에 의한 합성적인 행정처분으로도 볼 수도 있다. 여기서 이러한 두 종류의 행정청을 일괄하여 「특허심판원장」이라고 하는 행정청의 처분으로 이해할 수도 있을 것으로 보인다.3)

2. 합의의 의결(제2항)

합의라 함은 심판관 합의체의 구성원이 그 합의체에 부쳐진 심판사건에 대하여 공동으로 심리하는 것을 말한다. 본 조항은 합의체의 합의는 심판관의 과반수에 의해 결정됨을 규정하고 있어서, 3인 합의체의 경우에는 2인, 5인 합의체의 경우에는 3인 이상의 심판관이 찬성한 의견으로 합의체의 판단이 결정된다.

의견이 일치하지 않는 경우에는 바로 다수결에 의하지 아니하고 다음 합의

---

2) 특허심판원, 심판편람(제11판), 특허심판원(2014), 359.
3) 日本 靑木康, 答弁の機会の不供与という審決の手続上の瑕疵, 三宅喜壽, 455; 정상조·박성수 공편, 특허법 주해Ⅱ, 박영사(2010), 567(황우택 집필부분)에서 재인용.

를 예정하여 각자 재검토한 후 다시 의견교환을 한다. 두 번, 세 번의 합의에서도 의견이 일치하지 아니하면 다수결에 의해 결정한다. 다수결로 합의된 결과와 주심 심판관의 의견이 다른 경우 주심은 자기의 의견과 반대되는 심결문을 기초하여야 하는데, 이와 같은 경우 주심의 요구에 의하거나 또는 심판장이 주심 심판관의 반대가 없는 한 다른 심판관과 논의한 후 특허심판원장에게 보고하여, 주심 심판관을 변경할 수도 있다.[4]

　합의체가 이 조문의 규정에 위반되어 구성된 경우에는 그 합의체가 행한 심결은 위법하다. 대법원 판례도 이와 같은 취지에서 "재판장 판사 A, 판사 B, 판사 C 3인이 합의체를 이루어 변론을 종결하였음에도 불구하고, 원심판결에는 재판장 판사 A, 판사 B, 판사 D 3인이 서명날인을 함으로써 변론종결기일의 심리에 관여하지 않은 판사 D가 그 판결에 관여하였으므로, 판결법원이 적법하게 구성되었다고 할 수 없다"고 하여, "심리종결 시 합의체를 이루는 심판관들과 심결문에 서명날인하는 합의체를 이루는 심판관들은 동일하여야 한다"고 판시하였다.[5]

3. 합의의 비공개(제3항)

　합의체의 합의는 외부에 공개하지 아니한다. 합의체의 합의경과와 합의과정에서 각 심판관들의 의견을 외부에 누설하여서는 아니 되며, 심결문 등본의 송달 전까지는 합의의 결론을 외부에 알려서도 아니 된다.[6]

〈홍정표〉

---

4) 특허심판원(주 2), 352.
5) 대법원 2005. 10. 28. 선고 2005후1967 판결. 정상조·박성수 공편(주 3), 568에서 재인용.
6) 특허심판원(주 2), 354.

제134조(답변서 제출 등)
　① 심판장은 심판이 청구되면 청구서 부본을 피청구인에게 송달하고 기간을 정하여 답변서를 제출할 수 있는 기회를 주어야 한다.
　② 심판장은 제1항의 답변서를 받았을 때에는 그 부본을 청구인에게 송달하여야 한다.
　③ 심판장은 심판에 관하여 당사자를 심문할 수 있다.

<소 목 차>

Ⅰ. 본조의 의의

　심판청구가 있는 때에 심판장은 피청구인에게 청구서의 부본을 송달하고 청구이유가 없음 등을 주장하는 답변서를 제출할 수 있는 기회를 부여하도록 하고, 피청구인이 답변서를 제출하면 역시 이를 청구인에게 송달하여 청구인이 피청구인의 주장에 대하여 대응할 수 있도록 규정한 조항이다.

Ⅱ. 심판청구서와 답변서의 제출

1. 심판청구서의 송달(제1항)

　심판장은 심판청구가 있는 때에는 청구서의 부본을 피청구인에게 송달하고, 상당한 기간을 지정하여 답변서를 제출할 기회를 주어야 한다. 이 조문의 취지는 피청구인에게 청구서의 내용을 통지하여 이에 대한 의견진술 및 증거의 제출 등 방어기회를 부여함으로써 심판의 정확·공정을 기하기 위한 것이다. 이 조문 제1항에서의 "심판의 청구가 있는 때"란 심판장이 제128조 제1항에서 규정한 각하 사유가 없는 것으로 판단한 후를 말한다.

　이 조문이 답변서 제출기간을 정한 것은 절차의 신속한 진행을 도모하면서 답변서 제출기간 내에 심리를 종결할 수 없도록 하기 위한 것이므로, 지정기간

경과 후에 답변서가 제출되었더라도 심리종결통지가 있기 전까지는 답변서를
반려하지 아니한다. 따라서 답변서가 기간을 경과하여 제출되었더라도 제2항의
규정에 따라 원칙적으로 청구인에게 답변서를 송달하여 절차를 진행하여야 한
다.[1] 답변서 제출기간은 1월 이내에서 심판장이 지정한 기간이며, 이 기간에 대
해서는 신청에 의한 연장이 가능하다.[2]

한편, 심판장은 디자인등록의 무효심판이 청구되면 그 사실을 디자인권의
전용실시권자 기타 등록을 한 권리를 가지는 자에게 통지하여야 한다(제121조
제4항).

심판장이 착오로 피청구인에게 답변서 제출 기회를 주지 않고 심결을 내린
경우에는 피청구인의 방어권을 부정하고 상기 규정의 취지에 반하는 것이므로
절차를 위배하였다는 이유로 위법하게 된다.[3] 반면, 심판부가 제출된 답변서를
착오로 검토하지 않고 심결을 내린 경우에는 그 결론이 두 가지로 나누어진다.
첫째 답변서를 검토하지 않아 심결의 결론에 영향을 미칠 수 있는 중요한 사항
에 대한 판단을 누락한 때에는 그 심결은 실질적으로 피청구인의 방어권을 부
정한 것으로서 위법하게 된다. 둘째 답변서에 청구인이 제출한 각 서증에 대한
증거가치를 부정하는 취지의 의견만 기재되어 있을 뿐 달리 특단의 주장이 기
재되어 있지 않다면, 심판부가 답변서를 간과하였다 하더라도 청구인의 방어권
에 실질적인 영향을 미치는 것이라고 할 수 없으므로 절차를 위배하여 위법적
인 것이라고 보기 어려울 것이다.[4]

피청구인이 재외자로서 그 재외자에게 디자인관리인이 있는 때에는 청구서
부본을 그 디자인관리인에게 송달한다. 재외자에 디자인관리인이 없는 때에는
재외자 본인에게 항공우편으로 발송할 수 있으며, 이 경우 발송을 한 날에 송달

---

1) 특허청, 조문별 특허법해설, 특허청(2007), 352.
2) 최초의 연장신청은 소명이 필요 없으나, 2회 이후의 연장신청은 불가피성을 소명한 경우
   에 한하여 연장이 승인된다. 각 연장기간은 1개월이다. 특허청 심판사무취급규정(2015. 3.
   15. 특허청훈령 808호), 제22조.
3) 특허법원 1999. 10. 14. 선고 99허4026 판결은, 이 조문 제1항 및 제2항의 취지는 심판의
   양 당사자에게 심판이 청구된 사실을 알리고 각자에게 자신의 주장과 증거를 제출할 수
   있는 기회와 상대방의 주장에 대하여 반박할 수 있는 기회를 부여하기 위한 것이라고 할
   것이므로, 특허심판원의 심결에 이러한 절차규정을 위반한 하자가 있는 경우에 그 심결은
   위법하다고 하면서, 이 건 심결은 이 법원에 의한 전 심결의 취소 후 다시 심리를 하면서
   당연히 원고에게 하여야 할 새로운 심판번호 및 심판관 지정통지를 하지 아니하여 원고에
   게 자신의 주장과 증거를 제출하거나 (가)호 설명서를 보정할 기회를 부여하지 아니한 채
   심결한 것이어서 위법하다고 판시하였다.
4) 정상조·박성수 공편, 특허법 주해Ⅱ, 박영사(2010), 571(황우택 집필부분).

된 것으로 본다.5)

2. 답변서 부본의 송달(제2항)

이 조문의 제2항은 심판장이 답변서를 수리한 때에는 그 부본을 청구인에게 송달하여 방어의 기회를 주어야 함을 규정하고 있다.

답변서 제출을 위한 심판청구서 부본 송달 외 의견서 등 기타 중간서류의 부본 송달 시에는 달리 기간을 정하지 아니하며, 당사자는 의견서를 제출할 때 심리의 효율성을 위하여 새로운 주장을 하거나 종전 주장을 철회하거나 새로운 증거를 제출하는지 등을 표시하는 '의견요약서'를 작성하여 첨부하여야 한다.6)

심리종결 후 제출되는 의견서에 대해서는 심결에 참작하지 아니하고 그대로 기록에 편철하며 그 서류는 신청이 있는 경우에 한하여 반환한다. 그러나 반환 전에 당사자 또는 참가인의 신청에 의하여 또는 심판장의 직권으로 심리를 재개하는 경우에는 그러하지 아니하다.7)

Ⅲ. 당사자 심문

심판장은 심판에 관하여 당사자를 심문할 수 있다는 규정이다. 심문8)이라함은 일반적으로 어떤 사항 또는 문제에 관하여 진술하게 하는 것으로 질문과 같은 의미이며, 납득할 수 있도록 상세하게 진술하도록 하는 의미가 포함되어 있다. 심판의 심리에 있어 당사자의 신청, 주장, 입증 또는 명세서의 기재 등이 명확하지 않으면, 그 쟁점을 인식하여 정확한 심리를 할 수 없으므로, 이러한 것을 분명하게 하기 위하여 심문이 필요한 경우가 있다.

당사자의 주장을 명확히 하기 위한 당사자 심문은 민소법에 있어서의 석명권 행사에 상당하는 것이나, 직권탐지주의가 적용되는 심판에 있어서는 변론주의의 원칙이 지배하는 민사소송에서 행사되는 석명권의 범위에 그치지 않고 더

---

5) 디자인보호법 제211조.
6) 특허심판원 별지 4-5 서식(중간서류부본송달서) 참조.
7) 「디자인보호법 시행규칙」제81조.
8) 심문(審問)과 신문(訊問): '심문'은 '자세히 따져 묻는다'는 뜻으로 법원이 당사자나 그 밖에 이해관계가 있는 사람에게 서면이나 구두로 개별적으로 진술할 기회를 주는 것을 말하고, '신문'은 '알고 있는 사실을 캐어묻는다'는 뜻으로 법원 또는 당사자가 증인·반대당사자 등에 말로 물어 조사하는 것을 말하며, 증인신문, 당사자 신문 등이 여기에 해당한다. 특허심판원, 심판편람(제11판), 특허심판원(2014), 275 주 19 참조.

욱 적극적인 당사자 질문도 허용되는 것으로 해석된다. 심문은 구술심리에서는 민사소송의 구두변론의 석명권 행사와 같이 행할 수 있고, 서면심리에서의 심문은 심판장 명의로 심문서를 발부하는 것으로 행한다. 심문에 대하여 당사자가 불응하는 경우는 그대로 심리를 진행하고 불응한 것을 유일의 이유로 각하심결을 하거나 그 당사자에게 불리한 주문을 도출해서는 안 된다.[9]

심문은 직권에 의하여 행하여지지만 심문여부는 단순한 재량사항은 아니고 필요한 때는 이를 행하여야 하며 이와 같은 경우에 심문을 행하지 아니한 때에는 위법으로 되는 경우가 있다(민사소송법 제136조 제4항).[10]

〈홍정표〉

---

9) 특허심판원(주 8), 275-276.
10) 특허심판원(주 8), 276.

제135조(심판관의 제척)

심판관은 다음 각 호의 어느 하나에 해당하는 경우에는 그 심판 관여로부터 제척된다.

1. 심판관 또는 그 배우자이거나 배우자였던 사람이 사건의 당사자, 참가인 또는 이의신청인인 경우
2. 심판관이 사건의 당사자, 참가인 또는 이의신청인의 친족이거나 친족이었던 경우
3. 심판관이 사건의 당사자, 참가인 또는 이의신청인의 법정대리인이거나 법정대리인이었던 경우
4. 심판관이 사건에 대한 증인, 감정인으로 된 경우 또는 감정인이었던 경우
5. 심판관이 사건의 당사자·참가인 또는 이의신청인의 대리인이거나 대리인이었던 경우
6. 심판관이 사건에 대하여 심사관 또는 심판관으로서 보정각하결정, 디자인등록여부결정, 디자인일부심사등록 이의신청에 대한 결정 또는 심결에 관여한 경우
7. 심판관이 사건에 관하여 직접 이해관계를 가진 경우

〈소 목 차〉

Ⅰ. 본조의 의의

심판의 공정성을 유지하기 위하여 심판관이 구체적인 사건과 인적·물적으로 특수한 관계에 있는 경우에 그 사건의 직무집행에서 당연히 제외되는 것을 말한다. 심판의 공정성을 보장하기 위하여 심판관을 직무집행에서 배제하는 제도로는 제척 외에 기피와 회피가 있다.

제136조에서는 이 조에서 규정하는 제척원인이 있는 때에 당사자 또는 참가인은 제척신청을 할 수 있도록 규정하고 있으나, 제척신청에 관계없이 제척원인이 있는 심판관은 그 심판의 관여에서 제척된다. 제척신청을 받아들이는 결정이 있다고 하더라도 그 결정은 제척원인을 확인하는 것에 불과할 뿐, 그 결정에 의해 비로소 제척되는 것은 아니다. 따라서 그 결정 후 심판의 관여만이 위법하게 되는 것이 아니라 심판에 관여한 당초부터의 모든 행위가 위법하게 된다.[1]

제척은 일정한 원인에 의하여 법률상 당연히 직무의 집행에서 제외되는 것인데 대하여, 기피는 당사자 등으로부터 그 직무집행의 배제신청이 있는 경우에 기피결정이 내려지면 직무집행에서 물러나는 것이며, 회피는 심판관이 자진하여 직무집행에서 사퇴하는 것인 점에서 차이가 있다.[2]

심판관이 제척사유에 해당되면 특허심판원장은 그 신청에 관련된 심판관 이외의 다른 심판관을 지정하여 그 사건을 처리하게 한다.

Ⅱ. 제척사유

1. 심판관 또는 그 배우자이거나 배우자였던 사람이 사건의 당사자, 참가인 또는 이의신청인인 경우(제1호)

'배우자'란 민법 제812조의 요건을 갖춘, 현재나 과거의 법률상 배우자에 한정되므로 사실혼이나 약혼과 같은 관계는 이에 해당하지 않는다. 이런 관계는 뒤에서 설명하는 심판관의 기피나 회피사유에 해당된다.[3]

민사소송법 제41조의 '당사자'란 제척제도의 본질상 각종 소송참가인, 선정

---

1) 특허청, 조문별 특허법해설, 특허청(2007), 354.
2) 특허심판원, 심판편람(제11판), 특허심판원(2014), 67.
3) 정상조·박성수 공편, 특허법 주해Ⅱ, 박영사(2010), 577(박준석 집필부분).

당사자, 탈퇴한 당사자, 파산관재인이 당사자인 경우의 파산자 본인 등과 같이 분쟁의 해결에 관하여 실질적 이해관계가 있어 기판력이나 집행력이 미치는 자를 포함하여 넓은 의미로 해석된다.[4]

그러나 디자인보호법의 경우 민사소송법과 달리 제척사유 중에 '당사자'와 별도로 '참가인'을 정하고 있을 뿐 아니라 참가제도에 관하여도 독립당사자 참가 제도나 인수승계 제도(민사소송법 제82조 제3항)가 존재하지 아니한다는 차이가 있다. 결국 이 조에서의 '당사자'는 협의로 해석해야 할 것이다.[5]

'참가인'은 심판절차에 있어 자기의 이익을 옹호하기 위하여 디자인보호법 제143조의 규정에 따라 새로 절차에 참가하는 제3자를 가리키는데, 이러한 참가인은 당사자와 동등한 당사자의 지위로 참가하는 경우와 심판결과에 대한 이해관계를 가진 자가 종전 당사자 중 일방을 보조하기 위하여 참가하는 경우로 나뉜다.

2. 심판관이 사건의 당사자, 참가인 또는 이의신청인의 친족이거나 친족이었던 경우(제2호)

이 조에서의 '친족'의 개념은 민법 제777조의 규정에 따라, 8촌 이내의 혈족,[6] 4촌 이내의 인척,[7] 배우자를 말한다.

3. 심판관이 사건의 당사자, 참가인 또는 이의신청인의 법정대리인이거나 법정대리인이었던 경우(제3호)

민사소송법 제41조 제4호에서는 제척사유로 "법관이 사건당사자의 대리인이었거나 대리인이 된 때"라고 정하고 있어서, 임의대리인과 법정대리인이 모두 포함되는 것으로 해석되지만,[8] 디자인보호법은 굳이 법정대리인만을 제135조 제3호로 따로 규정하고 있고 임의대리인은 제135조 제5호에서 별도로 정하고 있다.

---

4) 송상현·박익환, 민사소송법(신정 5판), 박영사(2008), 78.
5) 정상조·박성수 공편(주 3), 577.
6) 자기의 직계존속과 직계비속을 직계혈족이라 하고 자기의 형제자매와 형제자매의 직계비속, 직계존속의 형제자매 및 그 형제자매의 직계비속을 방계혈족이라 한다(민법 제768조).
7) 혈족의 배우자, 배우자의 혈족, 배우자의 혈족의 배우자를 말한다(민법 제769조).
8) 이시윤, 신민사소송법(제8판), 박영사(2014), 79.

4. 심판관이 사건에 대한 증인 · 감정인9)으로 된 경우 또는 감정인이었
   던 경우(제4호)

  민사소송법 제41조 제3호는 "법관이 사건에 관하여 증언이나 감정을 하였
을 때"라고 규정하고 있어서 위 호와 표현에 있어서 차이가 있다. 위 호를 법문
의 의미에 완전히 충실하도록 해석하면 실제 증언이나 감정을 하지 않았더라도
증언이나 감정인으로 채택되었다가 후에 철회된 경우를 포함하는 것으로 해석
될 여지도 있으나, 이는 불필요하게 제척사유를 넓게 하는 것이다.

  이 호는 그 표현상 문제에 불구하고, 증인이나 감정을 실제로 행한 경우를
대상으로 삼고 있다고 보아야 할 것이다.10)

5. 심판관이 사건의 당사자 · 참가인 또는 이의신청인의 대리인이거나
   대리인이었던 경우(제5호)

  앞서 제3호에 대한 설명부분에서 본대로, 제5호는 임의대리의 경우에만 적
용된다.

6. 심판관이 사건에 대하여 심사관 또는 심판관으로서 보정각하결정, 디
   자인등록여부결정, 디자인일부심사등록 이의신청에 대한 결정 또는
   심결에 관여한 경우(제6호)

  심판관이 사건에 대하여 심사관 또는 심판관으로서 '디자인등록여부결정 ·
디자인일부심사등록이의신청에 대한 결정 또는 심결'에 관여한 경우에 관한 규
정이다. 이 경우를 통상 전심관여(前審關與)라고 하며 실무상 가장 많이 문제가
된다. 본 규정은 민사소송법 제41조 제5호와 같은 취지로서 예단을 배제하여 심
판의 공정성을 유지하고 심급제도의 취지를 실현하기 위한 것이다.11)

  (1) '사건'의 의미

  이 조에서의 사건이란 현재 특허심판원에 계속 중인 당해 사건을 말한다.12)

─────────────────────

  9) 감정인이란 심판 과정에서 특수한 사실의 판정이 필요할 때, 심판장의 의뢰에 따라 사물
    의 진위 · 양부(良否) · 가치 등에 대한 판단을 진술할 수 있는 전문가를 말한다. 증인은 사
    실을 그대로 보고하는 자임에 비하여, 감정인은 사실에 대한 판단을 보고하는 자인 점에서
    차이가 있다. 특허청(주 1), 354.
  10) 정상조 · 박성수 공편(주 3), 579.
  11) 노태정 · 김병진 공저, 디자인보호법(3정판), 세창출판사(2009), 740.
  12) 심판관의 제척사유를 규정한 개정 전의 특허법(1990. 1. 13. 법률 제4207호로 개정되기

디자인권의 권리범위확인심판과 디자인등록의 무효심판은 서로 동일 사건이라
고 할 수 없으므로, 권리범위확인심판에 관여한 심판관이 무효심판에 관여하였
다고 하더라도 제척사유에 해당한다고 할 수 없다. 또한 동일한 등록디자인이라
고 하더라도 당해 무효심판 청구 이전에 별개로 행해진 무효심판 청구사건에
심판관이었던 자가 당해 심판에 다시 관여하였다고 하더라도 제6호의 제척사유
에 해당하지 않는다.

하급심 판례 중에는 디자인거절결정불복심판에 관여한 심판관이 당해 디자
인등록무효심판에 관여한 사건에 대하여 제6호의 제척사유에 해당한다고 판시
한 예가 있다.13) 이와 같이 등록결정 자체가 아니라 당초의 거절결정을 취소하
고 다시 심사에 환송하여 최종적으로 등록을 가능하게 한 거절결정불복심판은
엄밀히 '동일사건'이 아니라고 볼 수도 있다. 그러나 거절결정불복심판의 심결
이 있게 되면 그 심결의 취지가 환송 후 등록여부결정에 있어서 심사관을 기속
하게 되므로 비록 형식적으로는 거절결정불복심판과 환송 후 등록여부결정이
별개라 하더라도 실질적으로는 하나의 절차와 같이 기능하게 됨을 염두에 둔
판례라 하겠다.14)

(2) '관여'의 의미

민사소송법상 법관의 제척사유에 관한 판례를 보면, 법관의 제척원인이 되
는 전심관여는 최종변론과 판결의 합의에 관여하거나 종국판결과 더불어 상급
심의 판단을 받는 중간적인 재판에 관여함을 말하는 것이고, 최종변론 전의 변
론이나 증거조사 또는 기일지정과 같은 소송지휘 상의 재판 등에 관여한 경우
는 포함되지 않는다.15)

따라서 심판관이 디자인등록결정이나 심결에 관한 종국적 판단에 관여한
것이 아니라 단지 그 이전의 절차에 관련된 것에 불과한 때에는 이 호에 해당
된다고 보기 어렵다. 왜냐하면 이 조의 제척사유가 대부분 민사소송법의 규정을
근간으로 한 것일 뿐 아니라, 사법의 공정성을 유지하기 위한 법관의 제척사유
에 관한 기준에 비하여 심판의 공정성을 유지하기 위한 심판관의 제척사유에

전의 것) 제107조 제6호의 소정의 심판관이 사건에 대하여 심사관, 심판관 또는 판사로서
    사정, 심결 또는 판결에 관여한 때의 사건이라 함은 현재 계속 중인 당해 사건을 가리킨
    다. 대법원 1992. 3. 31. 선고 91후1632 판결[공1992.5.15.(920), 1437].
13) 특허법원 2000. 8. 17. 선고 2000허3463 판결[미간행].
14) 정상조·박성수 공편(주 3), 580.
15) 대법원 1997. 6. 13. 선고 96다56115 판결[공1997.8.1.(39), 2157] 및 이시윤(주 8), 79.

관한 기준이 더 엄격할 수는 없다고 보이기 때문이다.[16)

　대법원 판례를 보면, "심판관이 심판관여로부터 제척되는 사정에 관여한 때 라고 함은 심사관으로서 직접 사정을 담당하는 경우를 말하는 것이므로 거절의 예고통지를 하는데 관여하였을 뿐이라면 전심의 거절사정에 관여하였다고 볼 수 없다"고 판시하고 있다.[17) 이에 따라 출원사건을 담당하여 거절이유통지를 한 심사관이 그 등록여부에 대한 실질적인 결정이 있기 전에, 특허청 내부의 인 사이동으로 특허심판원의 심판관이 되어 당해 출원에 대한 심판을 담당하게 된 경우를 가정하면, 구체적 사정에 따라 기피나 회피사유가 될 수 있을지언정 제 척사유가 되지는 않는다.

　제척사유에 해당한다고 본 대법원 판례를 보면, 대법원 1982. 6. 22. 선고 81후30 판결[집30(2)특, 116, 1982. 9. 1.(687), 693]에서 "심사관이 사건에 대하여 심사관, 심판관 또는 판사로서 사정, 심결 또는 판결에 관여한 때에는 심사의 사정에 관여할 수 없다 할 것이니, 파기환송전의 제1차 거절사정에 관여한 심사 관이 환송 후의 제2차 거절사정에 다시 관여함은 제척사유 있는 심사관의 관여 로서 위법하다"고 하였고, 대법원 1970. 9. 17. 선고 68후28 판결[집18(3)행, 001] 에서는 "제1차 항고심판관으로 심결에 관여한 심판관은 다시 원심결(환송사건의 심결)에 관여할 수 없다"고 판시하였다. 특허법원 판례로는, 실용신안등록출원에 대한 등록결정을 한 심사관이 권리범위확인심판에 심판관으로 관여한 사안에 대하여 제척사유에 해당한다고 판시한 사례가 있다.[18)

　한편 직접 출원에 대한 등록결정이나 거절결정을 한 심사관이 아니고 단지 그 심사관의 상급 지휘자인 파트장 또는 과장으로서 심사관에 대한 지휘·감독 차원에서 결정서에 서명하였다는 것만으로는, 해당 사건에 대한 심판관으로서 의 제척사유에 해당하지 않는다.[19)

7. 심판관이 사건에 관하여 직접 이해관계를 가진 경우(제7호)

　여기에서 이해관계라 함은 법률상의 이해관계를 말하는 것이며 경제상의 이해관계를 포함하지 아니한다. 이 호에 해당하는 법률상의 이해관계의 예로는

---

16) 정상조·박성수 공편(주 3), 581.
17) 대법원 1980. 9. 3. 선고 78후3 판결[집28(3)행041, 공1980.12.1.(645), 13302] 및 1988. 2. 23. 선고 83후38 판결[공1988.4.15.(822), 595] 참조.
18) 특허법원 1998. 8. 27. 선고 98허3484 판결(확정).
19) 특허법원 2005. 7. 8. 선고 2004허5894 판결 참조.

심판관이 사건의 다툼의 대상이 되어 있는 권리의 선취득권자인 경우, 심판관이 사건의 다툼의 대상이 되어 있는 권리의 질권자인 경우, 심판관이 사건의 다툼의 대상이 되어 있는 권리의 실시권자인 경우, 심판관이 사건의 다툼의 대상이 되어 있는 권리의 물상보증인인 경우 등을 들 수 있다.[20]

Ⅲ. 제척의 효과 및 다른 절차에서의 준용

1. 제척의 효과

제척의 원인이 있음에도 불구하고 심판관이 사건에 관여할 때에는 당사자 또는 참가인은 제척신청을 할 수 있다. 제척신청은 구술심리 중에 구술로 인한 신청이 인정되는 외에는 서면으로 하여야 한다. 제척신청은 심결 시까지 할 수 있다.

제척신청이 있는 때에는 긴급을 요하는 경우를 제외하면 제척심판의 결정이 있을 때까지 심판절차가 중지된다. 긴급을 요하는 경우의 예로는 "증인을 긴급히 신문하지 아니하면 외국으로 출국한다든지 사망할 우려가 있는 경우, 긴급히 검증을 하지 아니하면 목적물이 변화, 소멸하는 경우"를 들 수 있다. 해당 심판관이 긴급을 요하는 때라고 판단하는 경우에는, 그 뜻을 당사자 등에게 알리고 심판절차를 중지하지 않고 심리를 진행한다.[21]

긴급을 요하는 경우를 제외하고는 제척원인이 있는 심판관은 법률상 당연히 해당 심판사건에 대하여 일체의 직무집행을 할 수 없다. 당해 심판관이나 당사자 등이 제척원인을 알고 있는지의 여부에 관계없이 그 효과가 발생한다.

심판의 결과, 제척원인이 있는 심판관이 관여한 심리는 절차상 무효로 되어야 하는 것이므로, 심결 전이라면 다시 심리하지 않으면 안 된다. 또 심결이 되고 그 심결에 대하여 특허법원에 소를 제기한 후에는 특허법원에서 원심결을 취소하게 될 것이다. 또 심결이 확정된 때에는 재심의 이유로 된다.[22]

2. 다른 절차에의 준용

심판관의 제척에 관한 규정은 출원의 심사(제76조), 심판의 재심(제164조) 등

---

20) 특허심판원(주 2), 68.
21) 특허심판원(주 2), 69.
22) 특허심판원(주 2), 70.

에 관해서도 준용된다. 따라서 파기환송 전의 제1차 거절결정에 관여한 심사관
이 환송 후의 제2차 거절결정에 다시 관여함은 제척사유 있는 심사관의 관여로
서 위법하다.

〈홍정표〉

　　제척의 원인이 있음에도 불구하고 심판관이 사건에 관여할 때에는 당사자
또는 참가인은 제척신청을 할 수 있다. 제척신청은 구술심리 중에는 구술로 인
한 신청이 인정되는 외에는 서면으로 신청하여야 한다.

　　민사소송법은 제척에 관하여 "직권으로 또는 당사자의 신청"에 따른다고
하고 있음에 비하여 제136조는 당사자 등의 신청만을 규정하고 있을 따름이지
만, 심판관의 직권에 의하여 제척되는 것도 해석상 당연히 허용된다. 제척사유
가 존재한 심판절차에서 당사자가 비록 심판관의 제척에 관한 주장을 하지 않
았더라도 나중에 제척사유의 존재를 들어 당해 심판절차의 심결취소를 구하는
것이 당연히 허용된다. 왜냐하면 제척사유가 존재하면 당해 심판관은 직무집행
에서 당연히 배제되므로 비록 제척신청에 따라 제척에 관한 심판 결정이 있는
경우라도 이는 확인적이고 선언적인 효과를 가질 뿐 그 결정이 있어야 비로소
당해 심판관이 제척되는 것은 아니기 때문이다.[1]

　　디자인보호법 시행규칙은 특허심판원장으로 하여금 심판관을 지정하거나
지정된 심판관의 변경이 있는 때에는 그 사실을 당사자에게 통지하도록 규정하
고 있다(디자인보호법 시행규칙 제72조 제2항). 이 규정에 관하여 판례[2]는 심판관
을 당사자에게 통지하도록 한 것은 당사자에게 심판관의 자격에 대한 이의신청,
제척이나 기피신청을 할 수 있도록 기회를 제공함에 있다고 해석하면서도, 이는
훈시규정에 불과하므로 가령 특허심판원이 최후로 변경된 심판관의 성명을 당
사자에게 통지하지 아니한 채 심결을 하였더라도 그 잘못이 심결결과에 영향을
미치는 위법이 되지는 않는다고 판시하고 있다.[3]

　　제척신청은 심결 시까지 할 수 있으며, 심결에서 확정까지의 사이에는 상급
심의 청구 또는 소의 원인으로 할 수 있고, 심결 확정 후에는 재심의 사유로 할

---

1) 정상조 · 박성수 공편, 특허법 주해Ⅱ, 박영사(2010), 585(박준석 집필부분).
2) 대법원 1996. 9. 24. 선고 96후856 판결[공1996.11.1.(21), 3205].
3) 정상조 · 박성수 공편(주 1), 585.

수 있다.[4] 제척신청이 있으면 그 심판사건의 절차는 중지되고 제척신청을 처리하기 위하여 특허심판원장이 지정하는 심판관으로 합의체가 구성된다. 이 경우 제척신청을 받은 심판관은 이 합의체에 관여할 수 없다. 다만, 의견은 진술할 수 있다.[5]

제척의 원인은 신청한 날로부터 3일 이내에 이를 소명하여야 한다.[6]

〈홍정표〉

---

4) 디자인보호법 제158조 및 민사소송법 제451조.
5) 특허심판원, 심판편람(제11판), 특허심판원(2014), 69.
6) 디자인보호법 제138조 제2항.

제137조(심판관의 기피)
① 심판관에게 공정한 심판을 기대하기 어려운 사정이 있으면 당사자 또는 참가인은 기피신청을 할 수 있다.
② 당사자 또는 참가인은 사건에 대하여 심판관에게 서면 또는 구두로 진술을 한 후에는 기피신청을 할 수 없다. 다만, 기피의 원인이 있는 것을 알지 못한 경우 또는 기피의 원인이 그 후에 발생한 경우에는 그러하지 아니하다.

<소 목 차>

I. 본조의 의의

심판관의 기피(忌避)란 법률상 정해진 제척사유 이외에 심판의 공정을 기대하기 어려운 사정이 있는 때에 당사자 또는 참가인의 신청 및 이에 대한 결정에 의하여 당해 심판관을 그 직무집행에서 배제하는 것을 말한다. 제척이 법률상 당연히 발생하는 것과는 달리 기피는 신청이 있고 이에 대한 결정이 있을 때 비로소 이루어진다. 따라서 기피의 결정이 있기 전에 그 심판관이 행한 직무는 위법하다고 할 수 없다.[1]

제137조의 기피는 다음 몇 가지 점에서 제135조의 제척(除斥)과 구별된다.[2]

첫째, 기피의 경우 법률 규정만으로는 당연히 효력이 발생되지 않고 별도의 신청과 결정이 반드시 필요하다. 제척에 대한 결정이 확인적 성질을 가진 것과 달리 기피에 대한 결정은 형성적 성질을 가지므로, 기피결정이 있기 전이라면 그 심판관이 행한 직무가 위법하다고 할 수 없다.

둘째, 그 사유가 법률에 구체적·열거적으로 규정되어 있는 제척과 달리 기피의 경우에는 심판의 공정을 기대하기 어려운 사정이 있는 사유이기만 하면 어느 것이나 해당될 수 있다.

셋째, 제척에 관한 제135조의 일부 또는 전부가 적용되는 디자인등록출원의 심사(제76조), 디자인일부심사등록이의신청에 대한 심사·결정(제78조) 등에

---

1) 특허청, 조문별 특허법해설, 특허청(2007), 357.
2) 정상조·박성수 공편, 특허법 주해II, 박영사(2010), 586(박준석 집필부분) 참조.

기피에 관한 제137조는 적용되지 아니한다.

특허심판원이 처리한 실제 제척이나 기피 신청사건의 현황을 보면 제척·기피 제도의 활용이 미약하다. 실례로 2004년부터 2013년까지 특허심판원에서 처리한 기피 사건의 수는 총 23건이고 이중 1건만이 인용되었다. 제척 사건의 수는 총 12건이고 이중 2건이 인용되었다.

Ⅱ. 심판의 공정을 기대하기 어려운 사정(제1항)

기피사유가 되는 '심판의 공정을 기대하기 어려운 사정'이 구체적으로 무엇인지에 관하여 디자인보호법은 더 이상 정하고 있지 아니하나 객관적이고 합리적인 이유가 있어야 할 것이다.

민사소송법상의 기피에 관한 규정인 제43조 제1항에서의 '공정한 재판을 기대하기 어려운 사정'이라는 의미는, 당사자가 불공평한 재판이 될지도 모른다고 추측할 만한 주관적인 사정이 있는 때를 말하는 것이 아니고, 통상인의 판단으로서 법관과 사건과의 관계로 보아 불공정한 재판을 할 것이라는 의혹을 갖는 것이 합리적이라고 인정될 만한 객관적인 사정이 있음을 요한다.[3]

따라서 소송지휘에 관한 불만만으로는 기피사유가 되지 않는데, 이런 지휘에 관하여는 따로 민사소송법이 구체절차를 마련해 놓고 있으므로(민사소송법 제138조, 제392조) 실제로 판례가 민사소송법상 기피사유가 된다고 본 예는 거의 없다. 학설[4]은 당사자와의 관계에서 법관이 약혼·사실혼 관계 등 애정관계, 친밀한 우정관계, 제척사유에 해당하는 민법상 친족을 넘는 친척관계, 정치적·종교적 대립관계를 비롯한 원한관계, 당사자가 법인인 경우에 법관이 주주 등 그 구성원이거나 재판 외에서 당사자와 법률상담을 한 때가 이에 해당한다고 한다. 또한 학설은 소송대리인과의 관계에서는 당사자와의 관계만큼 엄격하지는 않더라도 심판관이 소송대리인과 혼인관계, 민법 소정 친족관계, 특별한 친근관계나 불화관계에 있을 때 기피사유가 된다고 풀이하고 있다.[5]

특허심판원의 심판편람을 보면, 심판관이 사건의 당사자와 친우이거나 원한관계에 있는 때, 사건에 대하여 경제적으로 특별한 이해관계를 가지고 있거나

---

3) 대법원 1992. 12. 30.자 92마783 결정[공1993.2.15.(938), 608].
4) 이시윤, 신민사소송법(제8판), 박영사(2014), 81-82.
5) 정상조·박성수 공편(주 2), 588.

사적인 감정서를 제출한 일이 있을 때, 또는 심판관이 당사자와 내연 또는 약혼 관계가 있을 때 등을 '심판의 공정을 기대하기 어려운 사정이 있는 경우'로 예시하고 있다.[6]

Ⅲ. 기피신청의 시기(제2항)

기피신청을 하려는 자는 당해 사건에 대하여 심판관에게 서면 또는 구두로 진술을 하기 전에 기피신청을 하여야 하고, 서면 또는 구두로 진술을 한 후에는 심판관을 기피할 수 없다(제137조 제2항 본문). 다만 기피의 원인이 있는 것을 알지 못한 때 또는 기피의 원인이 그 후에 발생한 때에는 서면 또는 구두로 진술을 한 후에도 기피의 신청을 할 수 있다(제137조 제2항 단서).

여기에서 진술이라 함은 구술심리에 의한 경우 당사자 또는 참가인이 일정(日程)의 신청을 한 때에는 아직 그 이유에 대하여 진술을 하지 아니하였어도 진술이 있었던 것이라고 할 수 있다. 서면심리에 의한 경우는 답변서, 의견서 등의 제출이 있었을 때에 진술이 있는 것이라 할 수 있다.[7] 참고로 민사소송법은 본안에 관하여 변론하거나 변론준비기일에서 진술하기 이전에 기피신청을 하지 않으면 기피신청권을 상실하도록 정하고 있다(민사소송법 제43조 제2항).

이와 같이 심판에서 기피신청의 시기를 제한하는 이유는 담당 심판관에게 기피의 이유가 있음을 알면서도 진술을 한 것은 그 심판관을 신뢰하고 있었던 것으로 볼 수 있고,[8] 만일 시기를 제한하지 않는다면 기피신청이 있는 경우 그 신청에 대한 결정이 있을 때까지 절차를 중지하여야 하는 것(제140조)과 관련하여 기피신청이 남용되어 절차의 신속 및 안정을 크게 해칠 우려가 있기 때문이다.[9]

신청의 방식은 서면에 의하거나 구술에 의하거나를 불문하고 심판사건, 기피하고자 하는 심판관 성명 및 기피원인을 명백히 하여야 한다. 다만 구술에 의한 신청이 인정되는 것은 구술심리의 경우에 한한다(제138조).

〈홍정표〉

---

6) 특허심판원, 심판편람(제11판), 특허심판원(2014), 73.
7) 특허심판원(주 6), 74.
8) 특허청(주 1), 358.
9) 정상조·박성수 공편(주 2), 589.

제138조(제척 또는 기피의 소명)
　① 제136조 및 제137조에 따라 제척 및 기피신청을 하려는 자는 그 원인을 적은 서면을 특허심판원장에게 제출하여야 한다. 다만 구술심리를 할 때에는 구술로 할 수 있다.
　② 제척 또는 기피의 원인은 신청한 날부터 3일 이내에 소명하여야 한다.

<소 목 차>

Ⅰ. 제척 또는 기피의 신청방식

　제척 및 기피신청을 하고자 하는 자는 그 원인을 기재한 서면을 특허심판원장에게 제출하여야 하지만 구술심리에 있어서는 구술로 할 수 있다(제138조 제1항). 심판관에 대한 제척신청 또는 기피신청을 하고자 하는 자는 특허법 시행규칙 소정 별지 제33호서식에 의한 심판사건 신청서를 특허심판원장에게 제출하여야 한다(디자인보호법 시행규칙 제74조). 신청의 방식은 서면에 의하거나 구술에 의하거나를 불문하고 심판사건, 기피하고자 하는 심판관 성명 및 기피원인을 명백히 하여야 한다.

　민사소송법에서는 신청방식에 관하여 별다른 규정을 두지 아니하였으므로 그에 따라 서면이나 구술 어느 것이든 가능한 것으로 풀이된다.[1] 그와 달리 디자인보호법이 원칙적으로 서면에 의할 것을 요구하는 것은 구술심리주의를 취한 민사소송과 달리 심판이 구술심리와 서면심리를 병행하고 있는데다가 실제 심판실무에서는 서면심리가 많음을 고려한 것이라 하겠다.

Ⅱ. 제척 또는 기피의 신청에 대한 처리

　당사자로부터 서면 또는 구술심리 중에 구술에 의해 제척이나 기피의 신청이 있는 때에, 특허심판원장은 그 심판사건의 절차중지를 명하고, 신청의 결정

---

1) 이시윤, 신민사소송법(제8판), 박영사(2014), 83.

을 위한 심판관 합의체를 구성하며 이를 당사자에게 통지한다. 이 경우 제척·기피신청을 받은 심판관은 이 합의체에 관여할 수 없다. 다만, 의견은 진술할 수 있다.

새로 구성된 합의체에서의 제척·기피여부 결정은 3일의 소명기간이 경과한 후 즉시 행하여야 하며, 서면으로 당사자 등에 통보한다. 신청이 받아들여지는 경우에 특허심판원장은 당해 심판을 처리할 새로운 심판부를 구성한다.

구술심리 또는 증거조사 중 제척·기피신청이 있는 경우, 심판장은 그러한 신청이 있었다는 사실의 기재를 심판사무관에게 지시하고, 그 신청에 대한 결정이 있을 때까지 심판절차를 중지한다는 뜻을 선언한다. 다만, 긴급을 요하는 때라고 판단될 때에는 그 뜻을 당사자 등에게 알리고 심판절차를 중지하지 않고 심리를 진행한다.

제척신청이나 기피신청이 있는 경우 특허심판원은 민사소송법에 따른 제척·기피신청에 관한 법원의 실무와 마찬가지로 이미 진행 중인 심판사건과는 독립된 별도의 사건번호를 부여하고 해당사건에 심판이력으로 생성시킨다.[2]

Ⅲ. 제척 또는 기피의 소명방식 및 시기(제2항)

제척 또는 기피원인은 신청한 날부터 3일 이내에 소명하여야 한다. 민사소송법에서는 소명방법에 관하여 신청한 날부터 3일 이내에 서면으로만 가능하도록 규정하고 있는데 반하여(민사소송법 제44조 제2항), 디자인보호법은 이런 소명방법에 관하여 특별한 제한을 두지 아니하여 서면이나 구술 모두 가능하다고 해석된다. 소명(疎明)은 통상 입증을 요하는 사실에 대하여 고도의 개연성, 즉 확신에 이를만한 수준을 가리키는 증명(證明)과 달리 낮은 수준의 개연성, 즉 일응 확실할 것이라는 추측을 얻은 상태, 혹은 일응 진실한 것이라고 인정되는 상태를 말한다. 다양한 경우에 소명을 요구하고 있는 민사소송법과 달리,[3] 디자인보호법은 오로지 제138조 제2항에서만 이런 '소명'을 요구하고 있다.[4]

〈홍정표〉

---

2) 예를 들어 제척사건의 경우 사건번호는 ○○○○당(제척)○○, ○○○○원(제척)○○과 같이 부여한다. 특허심판원, 심판편람(제11판), 특허심판원(2014), 76.

3) 가령 민사소송법 제62조, 제73조, 제110조 등.

4) 정상조·박성수 공편, 특허법 주해Ⅱ, 박영사(2010), 592(박준석 집필부분).

> **제139조(제척 또는 기피신청에 관한 결정)**
> ① 제척 또는 기피신청이 있으면 심판으로 결정하여야 한다.
> ② 제척 또는 기피신청을 당한 심판관은 그 제척 또는 기피에 대한 심판에 관여할 수 없다. 다만, 의견을 진술할 수 있다.
> ③ 제1항에 따른 결정은 서면으로 하여야 하며 그 이유를 붙여야 한다.
> ④ 제1항에 따른 결정에는 불복할 수 없다.

<소 목 차>

Ⅰ. 제척 또는 기피신청에 대한 결정의 주체

제척 또는 기피신청이 있는 때에는 심판에 의하여 이를 결정하여야 한다(제139조 제1항).

민사소송법에서는 제척 및 기피재판에 있어 신청의 방식에 어긋나거나 소송의 지연을 목적으로 하는 것이 분명한 경우에는 우선 신청을 받은 법원 또는 법관이 결정으로 이를 각하하도록 하여(민사소송법 제45조 제1항) 이른바 '간이각하'제도를 두고 있으며, 그렇지 않은 경우라야 신청을 받은 법관이 소속된 법원의 다른 합의부에서 재판하도록 하고 있다(민사소송법 제46조 제1항). 또한 민사소송법에서는 3인만으로 구성된 작은 지원(支院)의 법관이 제척 또는 기피의 신청의 대상이 되어, 당해 신청을 당한 법관의 소속 법원이 합의부를 구성하지 못하는 경우에는 바로 위의 상급법원이 결정하도록 하고 있다(민사소송법 제46조 제3항). 이에 비하여, 디자인보호법에서는 간이각하 제도가 존재하지 아니하며 이런 사유에 해당하는 경우라도 심판관 합의체에 의하여야 한다.[1] 이때 제척 또는 기피의 신청을 당한 심판관은 그 제척 또는 기피에 대한 심판에 관여할 수 없으며, 의견을 진술할 수 있을 뿐이다(제139조 제2항).

[1) 정상조·박성수 공편, 특허법 주해Ⅱ, 박영사(2010), 593(박준석 집필부분).

Ⅱ. 결정의 방식과 불복

제척 또는 기피신청이 들어오면 그 심판사건에 대한 절차는 중지되고2) 신청의 결정을 위해 특허심판원장에 의해 새롭게 구성된 심판관 합의체가 제척·기피신청을 받아들일 것인지의 여부를 결정하게 된다. 이러한 결정은 서면으로 하여야 하며 그 이유를 붙여야 한다(제139조 제3항). 결정은 3일의 소명기간이 경과한 후 즉시 행하여야 하며 당사자 등에 통보하여야 한다. 신청을 받아들이는 경우 특허심판원장은 당해 심판을 처리할 새로운 심판부를 구성한다.

기피의 원인은 신청한 날로부터 3일 이내에 이를 소명하여야 한다. 심판장은 소명된 원인으로 보아, 그 신청이 명백한 기피신청권의 남용이라고 즉시 판단할 수 있는 경우에는 합의에 들어가 그 신청은 신청권의 남용이라는 취지로 각하하는 결정을 한다. 또한 3일 이내에 소명서가 제출되지 아니한 때에도 그 추후보완이 인정되지 아니하므로 결정으로 각하한다.

한편 민사소송법에서는 제척 또는 기피신청에 대한 결정 중 인용결정에 대하여는 불복할 수 없지만, 각하나 기각결정에 대하여는 즉시항고를 할 수 있도록 규정하고 있음에 비하여(민사소송법 제47조 제1항, 제2항), 제139조 제4항은 제척 또는 기피신청에 대한 결정에 불복할 수 없다고 규정하고 있다. 이는 독립하여 불복하지 못한다는 것에 불과할 뿐 제척 또는 기피신청의 대상이 된 심판관이 행한 심결에 관한 불복 절차 중에서 이에 대하여 다툴 수 있다.3)

〈홍정표〉

---

2) 다만, 긴급을 요하는 때라고 판단될 때에는 그 뜻을 당사자 등에게 알리고 심판절차를 중지하지 않고 심리를 진행한다.

3) 특허청, 조문별 특허법해설, 특허청(2007), 360.

> **제140조(심판절차의 중지)**
> 제척 또는 기피의 신청이 있으면 그 신청에 대한 결정이 있을 때까지 심판절차를 중지하여야 한다. 다만, 긴급한 경우에는 그러하지 아니하다.

Ⅰ. 심판절차의 중지

제척 또는 기피의 신청이 있는 때 당해 심판은 '중지'된다. 구 디자인보호법에서 준용하던 특허법은 '심판절차의 정지'라고 표현하던 것을 1973. 2. 8. 개정에 의하여 '중지'라고 조문 수정하였다.

민사소송법상 소송절차의 '정지'에는 '중단'과 '중지' 두 가지가 있다. '중단'이라 함은 당사자나 소송수행자에게 소송수행이 불가능한 사유가 생겼을 때 새로운 당사자나 소송수행자가 나타나 소송을 수행할 때까지 법률상 당연히 절차의 진행이 정지되는 것을 말한다. 당사자에 의한 소송절차의 수계나 법원의 속행명령에 의하여 해소된다. '중지'라 함은 법원이나 당사자에게 소송을 진행할 수 없는 장애가 생겼거나 진행에 부적당한 사유가 생겼을 때 법률상 당연히 또는 법원의 명령에 의하여 절차의 진행이 정지되는 것을 말한다. 당사자 또는 소송수행자의 교체가 이루어지지 않는 점에서 중단과 다르다.[1]

그러한 민사소송법상의 구별기준에 따르자면 제140조의 경우는 '중단'과 '중지' 중 어느 하나에 꼭 부합한다고 보기 어렵다.[2] 민사소송법에서는 제척·기피신청에 관하여 '소송절차의 정지'라고 표현하고 있다(민사소송법 제48조).

Ⅱ. 긴급을 요하는 때의 예외

제척 또는 기피의 신청이 있는 때에는 그 신청에 대한 결정이 있을 때까지 심판절차를 중지하여야 하지만, 긴급을 요하는 때에는 그러하지 아니하다. 긴급

---

[1] 이시윤, 신민사소송법(제8판), 박영사(2014), 431.
[2] 정상조·박성수 공편, 특허법 주해Ⅱ, 박영사(2010), 595(박준석 집필부분).

을 요하는 때의 예를 들면, 증인을 긴급히 신문하지 않을 때에는 외국으로 출국
한다든가 사망할 우려가 있는 때, 긴급히 검증을 하지 아니하면 목적물이 변
화·소멸하는 때를 말한다. 이렇게 긴급을 요하여 심판절차를 계속 진행하는 경
우 특허심판원에서는 그 뜻을 당사자 등에게 알린다.

    만일 긴급을 요하지 않음에도 심판절차를 계속 진행하였는데 나중에 '기피
신청'을 인용하는 결정이 있는 경우 그 절차진행이 무효로 됨에는 아무런 다툼
이 없다. 그러나 나중에 신청을 각하하거나 기각하는 결정이 있을 경우 앞서 절
차진행의 위법이 후발적으로 치유되는지에 관하여, 판례3)는 위법성이 치유된다
고 보고 있다.

    한편, 긴급을 요하여 심판절차를 계속 진행하였는데 나중에 제척이나 기피
신청을 인용하는 결정이 있을 경우 당해 절차진행의 효력이 어떻게 되는 지에
관하여 민사소송법상으로는, 항상 무효로 한다는 설, 항상 유효로 한다는 설, 절
충적으로 제척의 경우에는 무효이지만 기피의 경우에는 유효한 것으로 한다는
설이 있다.4)

〈홍정표〉

---

3) 대법원 1966. 5. 24. 선고 66다517 판결[집14(2)민, 029].
  4) 각 설들에 대한 상세한 내용은 정상조·박성수 공편(주 2), 596-597을 참고할 것.

> **제141조(심판관의 회피)**
> 심판관이 제135조 또는 제137조에 해당하는 경우에는 특허심판원장의 허가를 받아 해당 사건에 대한 심판을 회피할 수 있다.

심판관의 회피라 함은 심판관이 스스로 제척 또는 기피 이유가 있다고 인정하여 자발적으로 직무집행을 피하는 것을 말한다. 회피에 관한 규정은 2001. 2. 3.(법률 제6411호로 개정된 법) 특허법 개정 시 신설되어, 디자인보호법에서 준용하여 왔다. 회피의 경우에는 따로 심결을 요하지 않으며, 특허심판원장의 허가를 받으면 된다. 회피는 제척 및 기피의 원인은 물론이고, 이에 준하는 원인으로 심판관이 판단해 볼 때 타인으로부터 공정을 기대하기 어려운 사정이 있다는 말을 들을 우려가 있을 때 특허심판원장에게 신고하여 사건에 관여하지 않는 것을 말한다. 심판관의 회피신고가 이유가 있다고 인정되는 경우에 특허심판원장은 심판관의 지정변경을 한다.[1]

민사재판에서는 회피사유가 있는 경우 정식으로 회피절차를 거치기보다는 법원내부의 사건재배당절차를 거쳐 사실상 동일한 목적을 달성하는 경우가 많다. 또한 회피사유가 있음에도 회피하지 않더라도, 당사자로서는 기피절차를 이용할 수 있으므로, 실무상 회피제도는 그다지 큰 의미를 가지지 않으며 회피에 대한 판례 역시 찾기 어렵다.[2] 디자인보호법에 있어서도 특허심판원장에게 심판관 중 심판에 관여하는 데 지장이 있는 자가 있는 때에는 다른 심판관으로 하여금 이를 행하게 할 수 있는 권한을 부여하고 있으므로(제131조 제2항), 회피제도보다는 위 조항에 따라 특허심판원장이 심판관 교체를 하게 될 여지가 크다.

〈홍정표〉

---

1) 특허심판원, 심판편람(제11판), 특허심판원(2014), 77.
2) 정상조·박성수 공편, 특허법 주해Ⅱ, 박영사(2010), 598(박준석 집필부분).

제142조(심리 등)

① 심판은 구술심리 또는 서면심리로 한다. 다만, 당사자가 구술심리를 신청하였을 때에는 서면심리만으로 결정할 수 있다고 인정되는 경우 외에는 구술심리를 하여야 한다.

② 구술심리는 공개하여야 한다. 다만, 공공의 질서 또는 선량한 풍속을 문란하게 할 우려가 있으면 그러하지 아니하다.

③ 심판장은 제1항에 따라 구술심리로 심판을 할 경우에는 그 기일 및 장소를 정하고 그 취지를 적은 서면을 당사자 및 참가인에게 송달하여야 한다. 다만, 해당 사건에 출석한 당사자 및 참가인에게 알렸을 때에는 그러하지 아니하다.

④ 심판장은 제1항에 따라 구술심리로 심판을 할 경우에는 특허심판원장이 지정한 직원에게 기일마다 심리의 요지와 그 밖에 필요한 사항을 적은 조서를 작성하게 하여야 한다.

⑤ 제4항의 조서는 심판장 및 조서를 작성한 직원이 기명날인하여야 한다.

⑥ 제4항의 조서에 관하여는 「민사소송법」 제153조·제154조 및 제156조부터 제160조까지의 규정을 준용한다.

⑦ 심판에 관하여는 「민사소송법」 제143조·제259조·제299조 및 제367조를 준용한다.

⑧ 심판장은 구술심리 중 심판정 내의 질서를 유지한다.

<소 목 차>

Ⅰ. 구술심리와 서면심리(제1항)

1. 심리방식

심판이 청구되면 특별한 사정이 없는 한 심리가 진행된다. 심리는 심결을 내리는데 기초가 되는 자료를 수집하기 위한 심판의 가장 핵심적인 절차로서, 양 당사자의 공격·방어뿐만 아니라 심판부의 심판운영 및 당사자의 신청에 대한 사실인정 등을 가리킨다. 심리방식에는 구술에 의하는 경우(구술심리)와 서면에 의하는 경우(서면심리)가 있다.

　구술심리는 변론, 증거조사 등 당사자 및 심판관의 각종 심판행위가 구술(口述)에 의하여 이루어지는 것을 말하고, 서면심리는 위 심판행위가 당사자가 제출한 서면을 토대로 이루어지는 것을 말한다. 협의의 구술심리절차는 심판정에서 개최되는 당사자들의 청구이유에 대한 공방만을 의미하나, 광의의 구술심리절차는 당사자들의 공방 외에 증인신문, 감정, 검증, 증거보전절차 등을 포함한다.[1]

　구술심리는 심판관이 당사자·증인의 진술을 직접 들을 수 있고, 즉각적인 반문을 통해 진상을 파악하고 의문 나는 점을 명확하게 밝힐 수 있어 쟁점파악이 용이하며, 파악한 쟁점에 대해서는 증거조사를 집중시킬 수 있으므로 신속·정확한 심판에 큰 도움이 된다. 또한, 심판은 민사소송과 달리 직권주의에 기초하여 심리를 진행하기 때문에 구술심리에 있어서도 심판장이 적극적으로 심리지휘를 할 수 있으므로 사건에 따라 다양한 검토를 하여 최적의 사건해결을 도모할 수도 있다.

　반면에, 구술심리는 심판정에 당사자·증인들이 출석해야 하는 번거로움이 있고, 진술결과를 보존하고 재확인하는 것이 용이하지 아니하며, 진술이나 청취는 쉽게 망각되고 복잡한 사실관계나 기술설명은 이해의 곤란과 청취결과의 정리를 어렵게 하여 판단자료의 명확성과 안정성을 저해할 수 있는 단점이 있다.[2]

　한편, 서면심리는 심판정에 출정해야 하는 번거로움이 없고, 청취하여 내용을 이해해야 하는 불편함이 없으며, 진술이 명확하고 언제나 재확인할 수 있도록 자료가 보존되어 있어서 편리한 장점이 있으나, 매번 서면의 작성·교환·열람 등에 많은 시간과 노력이 필요하고, 심판서류가 방대해져 쟁점을 찾아 심리를 집중하는 데 불편하며, 합의제의 실효성을 확보하기 어려운 단점이 있다.[3]

2. 구술심리와 서면심리의 조화

　제142조 제1항은 "심판은 구술심리 또는 서면심리로 한다"고 규정함으로써 심판관이 사건의 내용 및 성질에 따라 두 가지 심리방식 중 어느 하나를 선택할 수 있도록 하고 있다. 다만 당사자가 구술심리를 신청한 때에는 서면심리만

1) 특허심판원, 심판편람(제11판), 특허심판원(2014), 285.
2) 특허심판원(주 1), 285-286.
3) 특허심판원(주 1), 286.

으로 결정할 수 있다고 인정되지 않는 한 구술심리를 하여야 한다고 규정함으로써, 당사자의 신청이 있는 때에는 구술심리를 원칙으로 하도록 하고 있다. 이는 행정심판법 제40조 제1항4)과도 조화를 이루고 있는 규정이다.

특허심판원의 심판절차는 디자인권의 효력을 소급적으로 상실시키는 등 그 심판의 결과가 당사자에게 미치는 영향이 중대하고, 또 대세적 효력으로 인한 파급효과도 막대하므로, 심판의 심리는 그 절차 및 방식에 있어서 신중하고 정확을 기할 필요가 있을 뿐만 아니라 또 공정성·신속성이 아울러 요구된다. 디자인보호법은 이러한 심리의 정확성과 공정성·신속성을 조화시키기 위하여 구술심리와 서면심리를 조화하여 활용할 수 있도록 하고 있다.5)

특허심판원의 심판사무취급규정6) 제39조의2에는 ① 일방당사자 또는 쌍방당사자가 구술심리를 신청한 사건, ② 쌍방당사자가 대리인이 없는 사건, ③ 석명권행사를 위하여 구술심리가 필요하다고 인정되는 사건에서는 원칙적으로 구술심리를 개최하도록 하되, 심판장이 서면심리만으로 결정할 수 있다고 인정되는 사건은 위 규정에도 불구하고 구술심리를 하지 아니할 수 있으며, 이 경우 위 ①에 해당하는 사건에 대해서는 서면심리만으로 결정한다는 사실을 심판사건 신청서를 인계받은 날 또는 답변서 제출기간 만료일 중 나중의 날로부터 15일 이내에 구술심리를 신청한 당사자에게 통지(별지 제23호서식)하여야 한다고 규정되어 있다.

구술심리의 장소는 통상 대전정부청사 내 특허심판원 심판정이고,7) 2014년 4월부터는 일정 사건에 대하여 특허청 서울사무소 심판정과 대전 특허심판원 심판정을 연결하는 원격화상구술심리도 행하여지고 있다.8)

II. 구술심리의 공개(제2항)

제2항은 구술심리는 원칙적으로 공개하여야 하고, 예외적으로 공공의 질서

---

4) 2014. 5. 28.자로 일부개정된 행정심판법 제40조 제1항은 "행정심판의 심리는 구술심리 또는 서면심리로 한다. 다만, 당사자가 구술심리를 신청한 때에는 서면심리만으로 결정할 수 있다고 인정되는 경우 외에는 구술심리를 하여야 한다"고 규정하고 있다.
5) 윤선희, 특허법(제5판), 법문사(2012), 895.
6) 2015. 3. 15. 특허청훈령 808호로 일부 개정된 것.
7) 특허청 서울사무소 심판정에서 개최할 수 있다는 규정(심판사무취급규정 39조의3)은 있으나, 서울사무소에서 개최된 사건의 수는 매우 적다.
8) 위 심판사무취급규정 제39조의4 참조.

또는 선량한 풍속을 문란하게 할 염려가 있는 때에는 공개하지 않을 수 있다고 규정하고 있다. 이는 심판의 공정성을 기하기 위한 것으로서, 심판절차는 특허심판원의 심판관 합의체가 대법원의 최종심을 전제로 출원에 대한 거절결정, 등록디자인 등의 처분에 대한 쟁송을 심리 판단하는 준(準)사법적 절차이므로, 헌법 제110조에서 규정하고 있는 "재판의 심리와 판결은 공개한다"라고 하는 재판에 있어서의 공개의 취지에 따른 것이다.9)

Ⅲ. 구술심리의 통보(제3항)

제3항은 구술심리에 의한 심판을 하고자 하는 경우 그 통지절차에 관한 규정이다. 심판장은 구술심리에 의한 심판을 할 경우에는 그 기일 및 장소를 정하고 그 취지를 기재한 서면을 당사자 및 참가인에게 송달하여야 하되, 다만 당해 사건에 출석한 당사자 및 참가인에게 알린 때에는 예외로 한다고 규정하고 있다.

심판장은 당사자의 구술심리 신청이 있는 사건에 대하여 구술심리를 행하는 경우에는 심판사건신청서를 인계받은 날 또는 답변서 제출기간 만료일 중 나중의 날로부터 15일 이내에 구술심리기일, 개정시간 및 장소를 지정한 구술심리기일지정통지서를 당사자에게 통지한다. 심판장은 필요한 경우 신청 또는 직권으로 구술심리기일, 개정 시간 및 장소를 변경할 수 있고, 이 경우 구술심리기일변경통지서를 통지하여야 한다. 당사자 등이 기일변경신청을 하고자 하는 때에는 기일변경이 필요한 사유를 밝히고, 그 사유를 소명하는 자료를 제출하여야 한다.10)

Ⅳ. 조서의 작성 및 기명날인(제4항·제5항)

제4항 및 제5항은 구술심리에 의한 심판을 할 경우의 조서 작성에 관한 규정이다. 심판장은 구술심리로 심판을 할 경우에는 특허심판원장이 지정한 직원에게 기일마다 심리의 요지 기타 필요한 사항을 기재한 조서를 작성하게 하고, 이 조서에는 심판장 및 조서를 작성한 직원이 기명날인한다.

---

9) 정상조·박성수 공편, 특허법 주해Ⅱ, 박영사(2010), 601-602(김철환 집필부분).
10) 심판사무취급규정 제40조 및 제41조.

조서는 구술심리 기일에 있어서 심리절차의 경과나 내용을 명확하게 함과 동시에 이것에 관하여 확실한 증명 문서를 남기는 것을 목적으로 하여 작성된다. 심판사무관 등은 원칙적으로 구술심리 조서(필요시 증인·당사자신문 조서를 포함한다)를 구술심리기일 종료 후 10일 이내에 해당 심판사건의 심판전자서류철 심판이력에 등재하여야 한다. 다만, 부득이한 사정이 있는 경우에는 심리종결통지 전까지 등재할 수 있다.

구술심리 조서에는 사건번호, 심판관 및 당사자 등 형식적 기재사항 외에 실질적 기재사항으로서 심판장이 기재를 명한 사항, 당사자·대리인 및 참가인의 진술사항의 요지 등이 기재된다. 당사자가 의견서 등의 서면에 기재하지 않고 구술심리에서만 주장한 사항이 조서에 기재되지 않았다면, 심판에 있어 진술하였다는 것을 증명할 수 없다.[11]

조서는 관계인(대리인·참가인 등, 증인·감정인도 자기의 증언이나 감정의견에 관한 한 관계인이다)의 신청이 있는 때에는 심판원은 이를 읽어주거나 보여주어야 한다(민사소송법 제157조). 구술심리진술의 내용, 증인의 선서나 진술내용 등은 법정증거력이 인정되지 아니하여 증거가 되는데 그치는데 비해, 조서는 엄격한 형식 하에 공공기관이 작성하는 것이기 때문에 특별한 사정이 없는 한 진실한 것이라는 강한 증명력을 갖는다.[12]

조서를 작성하는 외에도, 민사소송법 규정이 준용됨에 따라, 심판장은 구술심리를 하는 경우 녹음을 하여야 하고 필요한 경우 속기를 하게 할 수 있고, 위 녹음테이프와 속기록은 심판기록과 함께 보관하여야 한다.[13] 당사자나 이해관계를 소명한 제3자는 신청에 의해 제1항의 녹음테이프와 속기록의 복사를 신청할 수 있다.[14]

---

11) 조서에 기재되어야 하는 사항으로는, 당사자가 의견서 등 서면에 기재하지 아니하고 구술심리에서만 주장한 사실로서 그것이 쟁점이나 실체 판단에 영향을 미치는 경우, 심판부의 석명에 기하여 서면에서 주장한 것과 차이가 있거나 불명확한 부분을 명확히 한 경우, 서면 공방에서는 다툼이 있었지만 구술심리에서 다툼 없는 사실로 정리되거나 한쪽 당사자의 주장을 상대방이 수용하게 된 사실관계나 주장, 당사자가 구술심리 조서에 남겨주기를 희망하는 사항 등이다.

12) 특허심판원(주 1), 289.

13) 구술심리조서가 작성된 후 심판이 확정되면 녹음테이프와 속기록은 폐기할 수 있다(심판사무취급규정 제45조 제3항).

14) 위 심판사무취급규정 제45조 제2항.

V. 민사소송법의 준용(제6항 · 제7항)

심판을 할 경우의 조서 및 심판절차에 관하여는 민사소송법의 제 규정들이 준용된다. 제6항은 민사소송법의 변론조서에 관한 규정인 민사소송법 제153조(형식적 기재사항), 제154조(실질적 기재사항), 제156조(서면 등의 인용 · 첨부), 제157조(관계인의 조서낭독 등 청구권), 제158조(조서의 증명력), 제159조(변론의 속기와 녹음), 제160조(다른 조서에 준용하는 규정)를 준용하도록 하고, 제7항은 민사소송법 제143조(통역), 제259조(중복된 소제기의 금지), 제299조(소명의 방법), 제367조(당사자 신문)를 준용하도록 하고 있다.

VI. 심판정 내의 질서유지(제8항)

제8항은 구술심리 중 심판정의 질서유지에 관한 규정으로 2013. 5. 28. 개정법(법률 제11848호)에 의해 처음 도입되었다. 현행 심판사무취급규정 제45조의2를 보면, 심판장은 심판정의 질서유지를 위해, 허락 없이 심판정 안에서 녹화 · 촬영 · 중계방송 등의 행위를 하는 것을 금지할 수 있고, 심판을 방해하는 자에 대하여 퇴정을 명하거나 기타 심판정의 질서를 유지하기 위하여 필요한 조치를 할 수 있으며, 이를 위해 특허심판원장은 심판정의 질서유지를 담당하는 직원을 둘 수 있다고 규정하고 있다.

〈홍정표〉

> **제143조(참가)**
>
> 제125조 제2항에 따라 심판을 청구할 수 있는 자는 심리가 종결될 때까지 그 심판에 참가할 수 있다.
>
> ② 제1항에 따른 참가인은 피참가인이 그 심판의 청구를 취하한 후에도 심판절차를 속행할 수 있다.
>
> ③ 심판의 결과에 대하여 이해관계를 가진 자는 심리가 종결될 때까지 당사자의 어느 한쪽을 보조하기 위하여 그 심판에 참가할 수 있다.
>
> ④ 제3항에 따른 참가인은 모든 심판절차를 밟을 수 있다.
>
> ⑤ 제1항 또는 제3항에 따른 참가인에게 심판절차의 중단 또는 중지의 원인이 있으면 그 중단 또는 중지는 피참가인에 대해서도 그 효력을 발생한다.

<소 목 차>

Ⅰ. 의의 및 민사소송법과의 관계

1. 참가의 의의

심판절차에서 참가라 함은 심판계속 중에 제3자가 자기의 법률상의 이익을 위하여 심판당사자의 일방에 참여하여 그 심판절차를 수행하는 것을 말한다. 보정각하결정에 대한 불복심판(제119조) 및 디자인등록거절결정 또는 디자인등록취소결정에 대한 불복심판(제120조)과 같이 피청구인이 존재하지 않는 결정계심판에서는 참가가 허용되지 않으므로(제155조), 참가가 허용되는 심판은 당사자계 심판에 한한다.

심판에 의한 분쟁의 해결은 심판당사자 간에 상대적으로 이루어지는 것이므로, 통상적으로는 제3자가 이에 간섭할 필요가 없다. 그러나 제3자가 당사자와 특별한 법률적인 관계가 있거나 또는 심결의 효력이 제3자에게 미치게 되는 경우에는, 그 심판을 당사자에게만 맡기고 방관하게 되면 제3자가 법률상 불측의 손해를 입을 우려가 있다. 이와 같은 경우에 제3자가 별도의 새로운 심판절차를 밟지 않고서도 타인 간에 계속 중인 심판에 개입하여 일방 당사자의 심판

을 보조하거나 또는 스스로 당사자가 되어 심판절차를 수행하는 것이 심판에 있어서의 참가제도이다.1)

심판절차에 대한 참가는 심리가 종결되기 전까지 허용된다. 또한 참가의 대상물이 심판의 대상물과 동일하여야 한다.

심판의 심결이 있는 때에 그 심결의 효력은 참가인에게도 미친다. 참가인 뿐 아니라 참가신청을 하였으나 그 신청이 거부된 자는 당해 심판의 심결등본을 송달받을 수 있고(제150조 제6항), 그 등본을 송달받은 날부터 30일 이내에 심결에 대한 불복의 소를 특허법원에 제기할 수 있다(제166조 제2항).

2. 민사소송법의 참가와의 관계

디자인심판에 있어서의 참가제도는 원래 민사소송법의 참가제도에서 유래된 것이지만 민사소송법의 참가제도와 동일하지는 않다. 민사소송법에 있어서는 ㉮ 독립당사자참가, ㉯ 공동소송적 당사자참가, ㉰ 보조참가, ㉱ 공동소송적 보조참가가 인정되고 있다(민사소송법 제71조, 제78조, 제79조, 제83조). 그런데 디자인심판에 있어서는 공동소송적 당사자참가(제143조 제1항)와 보조참가(제143조 제3항)만 인정된다. 디자인심판에 있어서의 공동소송적 당사자참가는 ㉯의 공동소송적 당사자참가와 유사하고, 제143조 제3항이 규정하는 참가는 위 ㉱의 공동소송적 보조참가에 가깝다.2)

㉮의 독립당사자참가는 참가인이 당사자 쌍방을 피고로 하는 것으로서 삼면소송의 구조를 갖는 것인데, 디자인심판에서는 당사자 쌍방 중 어느 한 쪽이 이기는 것으로 결론이 날 뿐, 민사소송에서와 같이 제3의 판단이 이루어지는 경우는 없기 때문에 독립당사자참가 제도를 인정하지 않더라도 공동소송적 당사자참가에 의하여 충분히 그 목적을 달성할 수 있으므로, 디자인심판에서는 허용되지 않는다.3)

㉰의 보조참가는 당사자의 일방을 보조하기 위하여 참가를 하지만 참가인의 이름으로 판결을 받지도 못하고 참가인에게 중단사유가 생겨도 본 소송절차가 중단되지 않는 등 소송수행권이 제약되는 데 비하여, ㉱의 공동소송적 보조참가는 본 소송의 판결의 기판력을 받는다는 점에서 실질적으로는 필요적 공동

1) 특허심판원, 심판편람(제11판), 특허심판원(2014), 132.
2) 정상조·박성수 공편, 특허법 주해Ⅱ, 박영사(2010), 605-606(김철환 집필부분).
3) 특허청, 조문별 특허법해설, 특허청(2007), 365.

소송인에 가까운 지위를 가지고 있고, 피참가인의 행위와 저촉되는 소송행위를
할 수 있으며, 참가인의 상소기간을 피참가인과 독립하여 기산하고, 참가인에게
소송절차의 중단 또는 중지의 사유가 발생한 때에는 소송절차가 정지되는 점에
서 차이가 있다. ㉰의 보조참가는 소송수행권이 제한되는 등의 이유에서 심판에
서 허용할 실익이 없고, 제143조 제3항에서 규정하는 참가는 위 ㉱의 공동소송
적 보조참가에 유사하다.4)

Ⅱ. 참가의 종류

　　디자인심판에서의 참가는 공동소송적 당사자참가(제143조 제1항)와 보조참
가5)(제143조 제3항)가 있다. 공동소송적 당사자참가는 원래 당사자로서 심판을
청구할 수 있는 자가 이해관계인 중 한 사람의 심판청구에 참가하여 공동심판
청구인과 같은 입장에서 심판절차를 진행하는 참가이다. 보조참가는 심판의 결
과에 대하여 이해관계를 가지는 자(예: 실시권자, 질권자)가 심리가 종결될 때까
지 당사자 일방을 보조하기 위하여 심판에 참여하는 것을 말한다.6)
　　당사자참가인이나 보조참가인 모두 일체의 심판절차를 행할 수 있다는 점
에서는 같으나, 당사자참가인의 경우 피참가인이 그 심판청구를 취하한 후에도
심판절차를 속행할 수 있으나(제143조 제2항), 보조참가의 참가인은 피참가인이
심판청구를 취하한 후에는 더 이상 심판절차를 속행할 수 없다. 보조참가는 청
구인 측이나 피청구인 측 어느 쪽이나 참가할 수 있으나, 당사자참가는 심판청
구인측에 공동청구인으로 참가하는 경우에만 인정될 뿐 피청구인 측에는 참가
할 수 없다.
　　당사자참가인이나 보조참가인 어느 쪽이나 심판절차의 중단 또는 중지의
원인이 있는 때에는, 그 중단 또는 중지는 피참가인에 대하여도 그 효력이 발생
한다(제143조 제5항).

---

4) 박희섭·김원오, 특허법원론(제4판), 세창출판사(2009), 575; 정상조·박성수 공편(주 2),
　605-606에서 재인용.
5) 심판에서의 보조참가는 민사소송법에서의 보조참가보다는 공동소송적 보조참가에 가까
　우나, 이하에서는 '보조참가'로 쓴다
6) 특허심판원(주 1), 132.

Ⅲ. 공동소송적 당사자참가

공동소송적 당사자참가인은 당사자 적격이 있는 자이므로, 그 지위·권한
은 청구인의 지위·권한과 다름이 없고, 따라서 일체의 심판절차를 행할 수 있
다. 따라서 공동소송적 당사자 참가인은 피참가인의 의사와 관계없이 자신에게
유리한 증거를 독자적으로 제출할 수 있고 또 단독으로 불복할 수 있다. 또 참
가 후 피참가인이 심판청구를 취하하더라도 참가인은 당사자로서 심판절차를
계속 수행할 수 있다(제143조 제2항).

공동소송적 당사자참가의 경우는 심판 청구인 측에만 참가할 수 있다.

Ⅳ. 보조참가

보조참가인은 심판의 결과에 대하여 이해관계를 가진 자가 당사자의 일방
을 보조하기 위하여 심판에 참가하는 것으로서, '이해관계'는 있어야 하나 당사
자적격을 가져야 하는 것은 아니다. 여기서 '심판의 결과'는 심결의 결론인 주
문에 나타난 판단을 말하고, 심결의 이유에만 나타난 사실에 관한 판단에 지나
지 않는 것은 포함하지 아니한다.

보조참가인으로서 이해관계를 가지는 경우의 예로는, 디자인권에 관하여
무효심판이 청구된 경우 그 디자인권의 실시권자 또는 질권자를 들 수 있다. 이
경우 실시권자는 당사자로서의 자격은 가지지 못하나 디자인등록을 무효로 하
는 취지의 심결이 확정되면 그 효력이 자기에게도 미친다는 이해관계를 가지기
때문이다.

또한 적극적 권리범위확인심판의 경우 피청구인으로부터 실시와 관련된 물
품을 공급받고 있는 자도 여기에 해당한다.[7] 그러나 상표권에 있어서 재외자의
상표관리인은 형식적으로는 임의대리인이지만 실질적으로는 법정대리인과 같은
기능을 하는 관계로 당사자 본인에 준한다고 볼 수 있으므로, 제3자로서 법률상
이해관계가 없으므로 재외자를 위하여 보조참가를 할 수 없다는 것이 판례의
태도이다.[8]

---

7) 정상조·박성수 공편(주 2), 607.
8) 대법원 1997. 3. 25. 선고 96후313, 320(병합) 판결[공1997.5.1.(33), 1231].

공격 및 방어 방법의 제출에 있어서 보조참가인이 피참가인의 이익에 반하는 것이 허용되는지 여부에 관해서는 부정설[9]과 긍정설[10]로 견해가 나누어진다. 부정설의 논거는 보조참가인은 피참가인의 승소를 위하여 참가한 자이므로 민사소송법의 규정을 유추하여 디자인심판에서도 피참가인의 이익에 반하는 공방은 허용될 수 없다는 것이고, 긍정설의 논거는 심결이 확정되면 일사부재리의 효력을 가지는 디자인심판의 특성상 심결의 효력은 참가인에게도 미치므로 피참가인의 이익에 반하는 공방도 허용되어야 한다는 것이다. 특허심판원의 실무는 이를 긍정하고, 보조참가의 참가인은 공동소송적 보조참가에 해당하므로 피청구인의 행위와 저촉되는 행위를 포함한 일체의 심판절차를 행할 수 있도록 허용하고 있다.[11]

보조참가는 공동소송적 당사자참가의 경우와 달리 심판 청구인 측만 아니라 피청구인 측에도 참가할 수 있다.

보조참가인의 참가는 당사자 일방을 보조하기 위하여 참가한 것이므로 그 당사자가 심판의 청구를 취하하였을 때에는 당사자참가의 경우와 달리 심판절차를 속행할 수 없다. 참가인에게 심판절차의 중단 또는 중지의 원인이 있는 때에 그 중단 또는 중지의 효과가 피참가인에게도 미치는 것은 당사자 참가의 경우와 같다(제143조 제5항).

〈홍정표〉

---

9) 윤선희, 특허법(제5판), 법문사(2012), 884.

10) 특허청(주 3), 366. 민사소송법상의 보조참가인은 참가적 효력만이 있을 뿐 판결의 효력이 미치지 않고, 따라서 피참가인에게 불이익이 되는 행위 및 피참가인의 행위와 저촉되는 행위를 할 수 없다는 점에서, 심판절차의 보조참가인과 차이가 있다고 서술하고 있다.

11) 특허심판원(주 1), 133.

> **제144조(참가의 신청 및 결정)**
> ① 심판에 참가하려는 자는 참가신청서를 심판장에게 제출하여야 한다.
> ② 심판장은 참가신청이 있는 경우에는 참가신청서 부본을 당사자 및 다른 참가인에게 송부하고 기간을 정하여 의견서를 제출할 수 있는 기회를 주어야 한다.
> ③ 참가신청이 있는 경우에는 심판으로 그 참가 여부를 결정하여야 한다.
> ④ 제3항에 따른 결정은 서면으로 하여야 하며 그 이유를 붙여야 한다.
> ⑤ 제3항에 따른 결정에는 불복할 수 없다.

<소 목 차>

Ⅰ. 참가신청

심판에 참가하고자 하는 자는 참가신청서를 심판장에게 제출하여야 한다(제144조 제1항). 민사소송법에서는 참가의 종류에 따라 참가신청을 서면으로 하여야 하거나 서면 또는 구술로 할 수도 있으나1)(민사소송법 제72조), 디자인심판에 대한 참가에서는 반드시 서면에 의하도록 하고 있다. 심판절차에 대한 참가신청은 심판이 계속 중임과 동시에 심리가 종결되기 전에만 가능하다.

참가신청이 있는 때에 심판장은 참가신청서의 부본을 양 당사자 및 참가인 (이미 참가허가결정을 득한 자)에게 송달하고 상당한 기간을 지정하여 그것에 대한 의견서를 제출할 기회를 주어야 한다(제144조 제2항). 이는 당사자 및 다른 참가인이 참가신청에 대하여 이의가 있을 수 있기 때문에 그들에게 참가신청서 부본을 송달함으로써 참가에 대한 의견 진술의 기회를 부여하고자 하는 것이다.

의견서를 받은 결과 또는 직권으로 제143조 제1항의 참가에 대한 청구인 적격이나 제143조 제3항의 참가에 대한 이해관계가 분명하지 아니한 경우에는,

---

1) 예를 들어 독립당사자 참가신청은 소의 일종이므로 반드시 서면에 의하여야 하고, 법원은 참가의 허락 여부의 결정을 하여야 하나, 보조참가의 경우에는 소에 관한 규정이 적용되지 아니하므로 그 신청은 서면 또는 구술 어느 쪽으로든 할 수 있으며, 참가신청에 대하여 당사자 쪽의 이의가 없는 한 참가를 유효한 것으로 처리하여야 하고 허가의 결정도 할 필요가 없다. 특허청, 조문별 특허법해설, 특허청(2007), 367.

심판장은 참가신청인에게 심문서를 보내어 참가이유에 대하여 소명하도록 한다.

Ⅱ. 참가신청에 대한 허부결정

참가신청에 대해서는 심판에 의하여 반드시 그 참가여부에 대한 허부의 결정을 하여야 한다(제144조 제3항). 참가의 결정은 서면으로 하여야 하고 반드시 그 이유를 붙여야 한다(제144조 제4항).

참가신청인은 참가신청과 참가인으로 할 수 있는 심판절차를 병행하여 할 수 있는 것이므로, 참가신청인으로부터 제출된 서류의 부본은 참가결정을 하기 전이라도 당사자에게 송부하고 필요하다면 의견 등을 구할 수 있다.[2]

참가신청에 대한 결정에 대하여는 불복이 허용되지 않는다(제144조 제5항). 참가 여부의 결정 자체에 대하여 다투는 경우 심판절차를 지연시키는 결과를 초래하기 때문이다. 그러나 참가신청을 하였다가 그 신청이 거부된 자는 나중에 심결이 있은 후 그 심결에 대한 취소소송을 제기할 원고 적격을 가지고 있으므로(제166조 제2항), 위 심결취소소송에서 참가 허부의 결정에 대하여 다툴 수 있다.

Ⅲ. 참가의 종료

심판청구가 부적법한 경우 심판청구서 또는 심판청구가 각하되게 되는데, 이와 같이 부적법한 심판청구에 대하여 참가신청서가 제출된 경우에는, 심판청구서 또는 심판청구를 각하하고, 이어서 참가신청을 결정에 의하여 각하하게 된다.

보조참가(제143조 제3항)의 경우에는 피참가인이 심판청구를 취하하면 참가가 종료되나, 공동소송적 당사자 참가(제143조 제1항)의 경우에는 참가인이 절차를 속행할 수 있으므로 참가인의 청구에 의해 심판절차가 계속 진행된다. 공동소송적 당사자 참가의 경우에는, 참가허부 결정전에 심판청구가 취하되었어도 참가허부 결정을 하여야 하고 참가허가 시에는 심판절차를 진행한다.[3]

심판에 대한 참가는 심판장의 참가불허 결정이 있을 때, 심결이 확정된 때,

---

2) 특허심판원(주 1), 140.
3) 특허심판원(주 1), 141.

참가신청이 취하된 때에 소멸한다.

　참가신청의 취하는 심판청구의 취하에 준하여 심결이 확정될 때까지 심판청구의 어느 단계에서도 가능하다. 참가신청의 취하는 그것에 의하여 피참가인 및 그 상대방의 이익을 해하는 것이 아니고, 심결의 효력은 취하한 참가신청인 또는 참가인에게 미치는 것이기 때문에 어느 당사자의 동의도 필요하지 않다.

　한편 당사자 참가에 있어서 심판청구인이 심판의 청구를 취하하였기 때문에 참가인만이 절차를 진행하고 있는 경우에는, 제149조 제1항을 유추하여 참가인의 주장에 대하여 피청구인이 답변서를 제출한 후에는 피청구인의 동의를 필요로 한다.4)

〈홍정표〉

---

4) 특허심판원(주 1), 139.

제145조(증거조사 및 증거보전)
① 심판에서는 당사자, 참가인 또는 이해관계인의 신청에 의하여 또는 직권
으로 증거조사나 증거보전을 할 수 있다.
② 제1항에 따른 증거조사 및 증거보전에 관하여는 「민사소송법」 제2편 제3
장 중 증거조사 및 증거보전에 관한 규정을 준용한다. 다만, 심판관은 과태료
의 결정을 하거나 구인을 명하거나 보증금을 공탁하게 하지 못한다.
③ 증거보전신청은 심판청구 전에는 특허심판원장에게 하고, 심판계속 중에
는 그 사건의 심판장에게 하여야 한다.
④ 특허심판원장은 심판청구 전에 제1항에 따른 증거보전신청이 있으면 증거
보전신청에 관여할 심판관을 지정한다.
⑤ 심판장은 제1항에 따라 직권으로 증거조사나 증거보전을 하였을 때에는
그 결과를 당사자·참가인 또는 이해관계인에게 송달하고 기간을 정하여 의
견서를 제출할 수 있는 기회를 주어야 한다.

〈소 목 차〉

Ⅰ. 의의 및 민사소송법과의 관계

1. 증거조사 및 증거보전의 의의

심판은 구체적인 사실을 소전제로 하고 법규의 존부와 해석을 대전제로 하
여 삼단논법에 따라 권리관계를 판단하는 것이므로 사실관계의 확정이 필수적
이다. 특허심판원이 사실관계에 대하여 판단하는 사실인정에서 판단의 근거자
료가 되는 것이 증거이며, 특허심판원은 심판절차에서 이러한 증거를 조사할 것
이 요구된다.[1]

디자인보호법은 심판에서도 신청 또는 직권으로 증거조사 및 증거보전을
할 수 있다는 취지를 규정하고 있다(제145조 제1항). 여기서 '증거조사'란 심판관

---

1) 특허심판원, 심판편람(제11판), 특허심판원(2014), 205.

의 심증형성을 위하여 법정의 절차에 따라 인적·물적 증거의 내용을 오관의 작용에 의하여 지각하는 심판원의 소송행위를 말하고, '증거보전'은 심판계속 전 또는 심판계속 중에 특정의 증거를 미리 조사해 두었다가 본 심판에서 사실인정에 쓰기 위한 증거조사방법으로서, 본 심판에서 정상적인 증거조사를 할 때까지 기다리고 있다가는 조사가 불가능하게 되거나 곤란하게 될 염려가 있는 증거를 미리 조사하여 그 결과를 보전하여 두려는 절차이다.[2]

2. 민사소송법의 준용

심판에서의 증거조사 및 증거보전은 민사소송법의 증거조사 및 증거보전에 관한 규정이 준용된다. 다만 민사소송법의 규정 중 어느 조문을 준용하는 지에 관하여는 구체적으로 규정되어 있지 않으나, 민사소송법 제2편 제3장 증거에 관한 규정의 대부분이 준용되고, 증거조사 및 증거보전의 절차는 이들 규정에 따른다. 다만 민사소송법이 당사자주의를 원칙적으로 채택하고 있는 반면, 디자인심판은 직권주의를 채택하고 있으므로, 민사소송법의 규정 중 당사자주의에 관련되는 규정은 준용되지 않는다고 보아야 할 것이다.[3] 심판에서는 과태료의 결정, 구인명령 또는 보증금을 공탁하게 하는 것은 할 수 없다(제145조 제2항 단서).

민사소송법에서의 증거조사 및 증거보전에 관한 규정 중 심판절차에 준용될 수 없는 규정들을 정리하면 다음과 같다.[4]

① 민사소송법 제288조(불요증사실) 중 재판상 자백, 제349조(당사자가 문서를 제출하지 아니한 때의 효과), 제350조(당사자가 사용을 방해한 때의 효과) 및 제369조(출석·선서·진술의 의무)는 디자인보호법의 심판이 변론주의가 아닌 직권탐지주의를 채택하고 있기 때문에 준용되지 아니한다고 보아야 할 것이다.

② 민사소송법 제299조(소명의 방법) 제2항 및 제300조(보증금의 몰취)는 제145조 제2항의 단서 규정인 "심판관은 공탁금을 공탁하게 하지 못한다"는 규정에 의하여 준용되지 아니한다.

③ 민사소송법 제301조(거짓진술에 대한 제재), 제311조(증인이 출석하지 아니한 경우의 과태료 등), 제318조(증언거부에 대한 제재), 제326조(선서거부에 대한 제

---

2) 정상조·박성수 공편, 특허법 주해Ⅱ, 박영사(2010), 612-613(김철환 집필부분).

3) 예를 들면, 민사소송법 제349조는 당사자가 문서제출명령에 응하지 아니한 때에는 법원은 문서에 관한 상대방의 주장을 진실한 것으로 인정할 수 있다고 규정하고 있으나 심판에서는 준용되지 않는다고 보아야 한다. 특허청, 조문별 특허법해설, 특허청(2007), 370.

4) 특허청(주 3), 370.

재), 제351조(제3자가 문서를 제출하지 아니한 때의 제재), 제363조(문서성립의 부인
에 대한 제재), 제366조(검증의 절차 등) 제2항 및 제370조(거짓 진술에 대한 제재)
는 제145조 제2항의 단서 규정인 "심판관은 과태료의 결정을 하지 못한다"는
규정에 의하여 준용되지 아니한다.

④ 민사소송법 제312조(출석하지 아니한 증인의 구인)는 제145조 제2항의 단
서 규정인 "심판관은 구인을 명하지 못한다"는 규정에 의하여 준용되지 아니
한다.

⑤ 민사소송법 제376조(증거보전의 관할)는 제145조 제3항의 규정에 의하여
준용되지 아니한다.

Ⅱ. 증거조사

1. 증거조사의 신청

증거조사는 당사자·참가인 또는 이해관계인의 신청에 의하여 또는 직권으
로 할 수 있으므로(제145조 제1항), 당사자는 특허청에 대하여 증거조사를 신청
할 수 있다.

증거조사 신청의 방식은 증거방법 및 이에 의하여 증명할 사항을 표시하여
야 하며 심리 종결 시까지 할 수 있다. 이러한 증거조사 신청은 그 증거방법의
조사 전에는 임의로 철회할 수 있으나, 이미 조사에 들어간 후에는 상대방의 동
의를 필요로 한다.

심판장은 당사자·참가인으로부터 증거신청이 있으면 이를 상대방으로 통
지하여 그 신청에 대하여 진술할 기회를 주어야 하고, 심판관은 원칙적으로 그
에 대한 채택여부를 결정하여야 한다.[5] 이는 당사자 또는 참가인이 알지 못하
는 불리한 증거로 인하여 당사자의 이익이 손해 받는 경우를 방지하기 위한 것

---

5) 증거신청에 대해서 반드시 채택여부의 결정을 요하느냐에 관하여 판례는 부정적으로서,
   당사자가 신청한 증거이나 법원이 필요 없다고 인정한 것은 조사하지 아니할 수 있는 것
   이며, 이에 대하여 반드시 증거 채부의 결정을 하여야 하는 것은 아니라는 판례(대법원
   1989. 9. 7.자 89마694 결정)가 있고, 증거신청에 대한 채부의 결정 없이 변론을 종결하고
   판결을 선고한 것은 그 신청을 묵시적으로 기각한 취지라고 할 것이고, 이 증거가 당사자
   의 주장사실에 대한 유일한 증거에도 해당하지 아니하므로 위 신청을 받아들이지 않은 것
   에 잘못이 없다고 한 판례(대법원 1992. 9. 25. 선고 92누5096 판결)가 있다. 특허심판원
   (주 1), 217 참조. 그러나, 증거신청을 배척할 때에는, 당사자가 별도의 증거를 준비하는 데
   도움이 되도록 각하결정을 하는 것이 바람직할 것이다. 이시윤, 신민사소송법(제8판), 박영
   사(2014), 468.

이다.

증거의 채택여부는 심판관의 자유재량에 맡겨져 있지만 그것이 당사자의 주장사실에 대한 유일한 증거인 경우에는 반드시 이를 채택하여 조사하여야 한다. 그러나 유일한 증거라도 이것이 반증인 경우에는 조사하지 아니할 수 있으며, 당사자가 비용을 예납하지 아니하는 등의 경우에도 이를 조사하지 아니할 수 있다.6)

심판부는 부적법한 증거신청, 부적법하거나 위법하게 수집된 증거방법 또는 시기가 너무 늦은 증거신청의 경우에는 조사하지 아니할 수 있고, 증인의 행방불명, 목적물의 분실, 증거조사를 할 수 있는지 여부를 알 수 없는 경우에도 조사하지 아니할 수 있다. 적법한 증거신청이라도 사건과 관계가 없거나 가치가 없어서 심판결과에 영향이 없는 사실인 경우에는 조사하지 아니하여도 된다.7)

2. 직권에 의한 증거조사

증거조사는 당사자 등의 신청 외에 직권으로도 할 수 있다(제145조 제1항). 심판장은 당사자가 신청한 증거에 의해 심증을 얻을 수 없거나 기타 필요하다고 인정할 때에는 직권으로 증거조사를 할 수 있는데, 이는 진실발견을 위하여 직권으로 증거조사를 할 권능을 심판장에게 부여한 것이지 반드시 증거조사를 하여야 한다는 의무를 부여한 것은 아니다.8) 그러나 그것이 심판의 귀추에 영향을 주는 중요한 증거라면 이를 조사하지 아니하면 위법하게 된다.9)

직권으로 증거를 조사한 경우, 심판장은 그 결과를 당사자·참가인 또는 이해관계인에게 송달하고 기간을 정하여 의견서 제출의 기회를 주어야 한다(제145조 제5항). 이는 심판의 적정을 기하여 심판제도의 신용을 유지하기 위해 준수하여야 하는 공익상의 요구에 기인한 강행규정이라고 할 것이다.10)

---

6) 윤선희, 특허법(제5판), 법문사(2012), 905.
7) 특허심판원(주 1), 216.
8) 대법원 1989. 1. 17. 선고 86후6, 86후12 판결[공1989.3.1.(843), 301], 대법원 1992. 3. 31. 선고 91후1595 판결[공1992.5.15.(920), 1435], 대법원 1993. 5. 11. 선고 92후2090 판결[공1993.7.15.(948), 1711], 대법원 1995. 11. 24. 선고 93후114 판결[공1996.1.15.(2), 225], 대법원 1995. 11. 24. 선고 93후107 판결[공1996.1.15.(2), 223] 등 다수. 정상조·박성수 공편(주 2), 614. 주 3에서 재인용.
9) 대법원 1970. 7. 28. 선고 70후26 판결[집18(2)행, 087].
10) 대법원 1979. 11. 13. 선고 79후26 판결[공1980.2.1.(625), 12430], 대법원 1984. 2. 28. 선고 81후10 판결[공1984.5.1.(727), 599], 대법원 1987. 3. 24. 선고 96후20 판결[공1997.5.15.(800), 728], 대법원 1989. 5. 23. 선고 86후90 판결[공1989.7.15.(852), 1000], 대법원 1999.

이와 관련하여, 특허심판원의 심판부가 등록상표의 사용사실에 관한 주된 증거의 신빙성을 확인하기 위하여 직권으로 참고인과 통화한 후 이를 탄핵증거로 사용하는 데 있어 위 직권증거조사 결과를 등록상표권자에게 송달하고 기간을 정하여 의견서를 제출할 수 있는 기회를 주지 않은 경우, 결론을 내림에 있어서 중요한 증거의 탄핵이 부적법한 직권증거조사절차에 따라 이루어진 것으로서 위법하다고 한 하급심 판례가 있다.[11]

3. 증거조사의 내용

증거조사는 증인신문, 감정, 서증, 검증 및 당사자신문 등이 있다.

증인신문은 증인의 증언으로부터 증거자료를 얻는 증거조사를 말한다. 증인이라 함은 과거에 경험한 사실을 심판원에 보고할 것을 명령받은 제3자이다. 증인은 경험사실을 보고하는 자이지 결코 자기의 의견이나 상상한 바를 진술하는 자는 아니다.

특별한 학식과 경험을 기초로 하여 얻은 사실을 보고하는 감정증인도 증인일 뿐 감정인은 아니므로 그 조사절차는 증인신문절차에 의한다. 심판에 있어서 증인신문을 할 때에는 절차상 번잡함을 피하기 위하여 민사소송의 예에 따라 구술심리를 병행하는 것이 상례이다.[12] 증인은 민사소송법의 규정에 따라 출석의무, 진술의무, 선서의무가 있다.

당사자신문이란 당사자 또는 그 법정대리인 등을 증인과 동일한 방법으로 사실을 진술하게 한 후 그 진술로부터 증거자료를 얻는 증거조사방법으로서, 다른 증거조사에 의하여 심증을 얻지 못한 경우에 한하여 허용되는 보충적인 증거조사방법이다. 당사자신문은 증거자료이지 소송자료가 아니므로 당사자신문에서 상대방의 주장사실과 일치되는 진술을 하여도 자백으로 되지 아니하며, 소송당사자로서의 주장사실과 모순되는 진술을 하여도 전에 한 소송상의 주장을 바꾼 것으로 되지 아니한다.[13]

감정은 특별한 학식과 경험을 가진 자에게 그 전문지식에 의하여 법규, 관

---

6. 8. 선고 98후1143 판결[공1999.7.15.(86), 1415], 대법원 1996. 2. 9. 선고 94후241 판결 [공1996.4.1.(7), 954] 등 다수. 정상조·박성수 공편(주 2), 614. 주 5에서 재인용.

11) 특허법원 2004. 4. 16. 선고 2003허6975 판결[각공 2004.6.10.(10), 853](확정). 정상조·박성수 공편(주 2), 614 주 6에서 재인용.

12) 특허심판원(주 1), 218.

13) 송상현·박익환, 민사소송법(신정5판), 박영사(2008), 597.

습, 경험칙 등에 관한 자신의 판단과 의견을 보고하게 하여 그것으로부터 증거자료를 얻는 증거조사방법이다.[14] 감정은 당사자의 신청에 의하여 하는 것이 원칙이고, 신청서에는 감정신청의 대상, 이유를 기재하고 대상물과 함께 제출하여야 한다. 심판장은 감정신청 서류의 내용상 송달할 필요가 없다고 인정하는 경우가 아닌 한, 감정신청 서류의 부본을 상대방에게 송달하여 의견제출기회를 주어야 한다. 심판관은 신청서를 토대로 하되 상대방의 의견서가 제출되면 그 의견서를 고려하여 감정사항을 정한다.[15]

서증은 문자 또는 기타 부호로서 사상을 표시한 문서의 기재 내용을 증거로 하는 증거조사방법이다. 문서는 작성명의인의 의사에 기초하여 진정하게 작성된 것이라는 형식적 증거력과 문서 내용이 요증사실을 증명하기에 적합한 가치를 가져야 한다는 실질적 증거력이 있어야 한다.[16]

문서가 증거방법이 되더라도 그 문서의 의미, 내용이 증명의 대상이 아니고 문서의 지질, 형상, 필적 또는 인영의 동일성이 증명의 대상으로 되는 경우에는 그 문서는 서증이 아니고 검증의 대상 내지 목적물이다.[17]

검증은 심판관이 직접적으로 자신의 오관의 작용에 의하여 사물의 형상, 현상을 검사하여 그 결과를 증거자료로 하는 증거조사방법이다. 그 대상물을 검증물이라 하며, 토지, 건물, 설비, 장치 등이 그 예이다. 검증은 심판정 내에서의 검증과, 검증물이 심판정 외에 있어 현장에 가서 하는 현장검증이 있다.[18]

Ⅲ. 증거보전

1. 요 건

증거보전은 심판절차에서의 통상의 증거조사 시까지 기다리면 그 조사가 불능 또는 곤란하게 될 염려가 있는 특정의 증거에 대하여 사전에 조사하여 그 결과를 보전하여 두는 절차를 말한다. 증거보전의 사유로는 사전에 증거조사를 하지 아니하면 증거를 사용하는 것이 곤란하거나 불가능하게 될 염려가 있는 경우라야 한다. 예를 들어 증인이 사망할 우려가 있거나, 검증물에 있어서 현장

---

14) 송상현·박익환(주 13), 575.
15) 특허심판원(주 1), 244.
16) 정상조·박성수 공편(주 2), 615-616.
17) 특허심판원(주 1), 208.
18) 특허심판원(주 1), 238.

이 변경될 우려가 있다거나, 문서에 있어서 자구를 고치거나 은닉 또는 인멸될 가능성이 많은 경우 등이다. 증거보전의 대상이 되는 증거조사방법에는 제한이 없으므로, 증인신문, 당사자 본인 신문, 감정, 서증, 검증 등이 모두 포함된다.19)

2. 증거보전절차

증거보전신청은 심판청구 전에는 특허심판원장에게 하여야 하고, 심판계속 중에는 그 사건의 심판장에게 하여야 한다(제145조 제3항). 이 경우 증명할 사실, 보존하고자 하는 증거, 증거보전의 사유를 명시한 증거보전신청서를 제출하고 아울러 증거보전의 사유를 소명하여야 한다.

심판장은 증거보전의 신청이 방식에 맞고 그 요건을 구비하고 있어 증거보전을 하여야 할 것으로 판단한 때에는 증거보전을 개시한다는 결정을 한다. 증거보전의 결정에 대하여는 독립하여 불복할 수 없다(민사소송법 제380조). 그러나 위 증거보전 개시결정은 심판절차에 관한 결정이므로 심결에 대하여 불복하면서 위 증거보전 개시결정의 위법성을 주장할 수 있을 것이다.

증거보전은 당사자 등의 신청 외에 직권으로 할 수 있다(제145조 제1항). 만일 심판장이 직권으로 증거보전을 하는 경우, 그 결과를 당사자·참가인 또는 이해관계인에게 송달하고 기간을 정하여 의견서제출의 기회를 주어야 한다(제145조 제5항).

〈홍정표〉

---

19) 정상조·박성수 공편(주 2), 616.

> **제146조(심판의 진행)**
> 심판장은 당사자 또는 참가인이 법정기간 또는 지정기간에 절차를 밟지 아니하거나 제142조 제3항에 따른 기일에 출석하지 아니하여도 심판을 진행할 수 있다.

<소 목 차>

Ⅰ. 직권진행주의

직권진행주의는 심판의 진행에 있어서 당사자 기타 관계인의 기간 준수 또는 출석 여부에 관계없이 직권으로 심판을 진행할 수 있다는 규정이다.

민사소송법에 있어서도 법원이 직권에 의하여 소송의 진행을 도모하는 등 직권주의에 의한 규정을 적지 않게 볼 수 있으나, 민사소송은 원래 당사자가 자유로이 처분할 수 있는 개인의 이익에 관한 분쟁의 해결을 목적으로 하는 것이므로 동법의 근간을 이루는 주요한 조항들이 당사자주의(처분권주의, 변론주의)의 입장을 취하고 있으나, 심판에 있어서는 그 심결의 효력이 널리 제3자에게 미치고 대세적인 영향이 크므로, 당사자의 의사와는 어느 정도 무관하게 심판관이 직권으로 적극적으로 사건에 개입하고 주도적으로 심리를 진행하여야 할 필요가 있다.[1]

특히 디자인권은 그 성질상 광범위하게 일반에게 영향을 미치기 때문에 심판은 단지 청구인, 피청구인의 개인적인 이해를 넘어 공중의 이해득실과 밀접한 관계를 가진다. 따라서 쌍방이 절차를 밟지 아니하거나 쌍방이 불출석한 경우라도 직권으로 심리를 속행하여 분쟁을 해결하고자 하는 것이 이 조문의 취지이다.[2] 심판의 실체적인 심리에 관해서는 뒤에서 보는 디자인보호법 제147조에서 직권주의를 채택하고 있다.

---

1) 특허심판원, 심판편람(제11판), 특허심판원(2014), 268.
2) 특허청, 조문별 특허법해설, 특허청(2007), 372.

Ⅱ. 직권진행주의의 내용

심판장은 당사자 또는 참가인이 법정기간 또는 지정기간 내에 절차를 밟지 아니하거나 제142조 제3항에 규정한 심판기일에 출석하지 아니하여도 심판을 진행할 수 있다. 민사소송은 당사자 사이의 다툼을 개별적, 상대적으로 해결하는 것으로서 당사자 일방 또는 쌍방의 출석이 없으면 절차를 진행할 수 없으나, 심판의 경우에는 당사자의 이해를 넘어 일반 공중의 이해관계에 밀접한 관계가 있으므로, 당사자 쌍방이 절차를 밟지 않거나 쌍방이 불출석하더라도 직권으로 심리를 속행하여 심결을 할 수 있도록 하고 있다. 따라서 민사소송에서와 같은 변론기일 불출석으로 인한 자백간주(민사소송법 제150조 제3항), 소취하간주(민사소송법 제268조 제2항)의 불이익은 적용되지 않는다.[3]

직권진행주의가 적용됨에 따라, 심판장은 법정기간 또는 지정기간의 직권에 의한 연장(제17조), 절차의 속행(제21조), 중단 또는 중지된 절차의 수계명령(제24조 제4항), 심리방식의 선택(제142조) 및 심판의 진행(제146조)을 행할 수 있다.

〈홍정표〉

---

3) 정상조·박성수 공편, 특허법 주해Ⅱ, 박영사(2010), 617-618(김철환 집필부분).

> **제147조(직권심리)**
> ① 심판에서는 당사자 또는 참가인이 신청하지 아니한 이유에 대해서도 심리할 수 있다. 이 경우 당사자 및 참가인에게 기간을 정하여 그 이유에 대하여 의견을 진술할 기회를 주어야 한다.
> ② 심판에서는 청구인이 신청하지 아니한 청구의 취지에 대해서는 심리할 수 없다.

I. 의의 및 방식

제146조는 심판절차의 진행에 관련하여 직권주의를 규정하고 있는 데 대하여, 제147조는 심판절차의 심리에 대한 직권주의를 규정하고 있다. 민사소송법에서도 소송절차의 진행과 관련해서는 직권주의를 많이 채택하고 있지만 소송절차의 심리와 관련해서는 당사자주의를 채택하고 있다. 이러한 차이점은 일반 공중의 이해와 관계가 있는 디자인심판에 있어서는 당사자가 주장한 사실만을 참작하는 것으로는 불충분하기 때문이다. 따라서 공익적 견지에서 필요한 경우에는 당사자가 주장하지 아니한 사실이나 이유에 관해서도 심리할 수 있다.

Ⅱ. 직권에 의한 심리

디자인보호법은 심판절차에서 민사소송법의 변론주의가 아닌 직권심리주의를 채택함으로써 심판에서는 당사자 또는 참가인이 신청하지 아니한 이유에 대하여도 심리할 수 있다(디자인보호법 제147조 제1항). 이 규정에 따라, 예컨대 무효심판에서 심판청구인이 주장한 무효사유로는 그 등록디자인을 무효로 할 수 없더라도, 심판관이 새로이 발견한 무효사유로 무효가 가능할 때에는 그 등록디자인을 무효시킬 수 있다.

이는 등록디자인은 대세적인 효력을 갖는 것으로서 본래 무효 또는 거절되어야 할 등록디자인이 당사자의 불충분한 주장에 의해 유지되어 제3자의 이익이 침해되는 것을 막기 위해서이다.

그러나 직권심리는 공익적 견지에서 필요한 경우에 당사자 또는 참가인이 주장하지 아니한 이유에 대하여도 이를 심리할 수 있다는 취지이지 심판관이 이를 적극적으로 탐지할 의무까지 있는 것은 아니다.[1] 더욱이 청구인이 신청하지 아니한 청구의 취지에 대해서는 심리할 수 없다(제147조 제2항).

Ⅲ. 의견진술 기회의 부여

심판에서 당사자 또는 참가인이 신청하지 아니한 이유에 대하여 심리하는 경우에 당사자 및 참가인에게 기간을 정하여 그 이유에 대하여 의견을 진술할 기회를 주어야 한다(제147조 제1항 후단). 이 규정은 당사자·참가인이 자기도 모르는 사이에 불리한 자료가 심판관에게 모아지고, 그에 대한 진술의 기회가 부여되지 않은 상태에서 심판관이 심증을 형성하게 되는 불리함을 구제하기 위한 것으로서, 심판관이 직권에 의하여 증거조사를 한 경우에 당사자·참가인에게 의견진술 기회를 주어야 하는 것과 동일한 취지이다.[2]

판례도 "심판에서 당사자가 신청하지 아니한 이유에 대하여 심리하는 경우 당사자에게 기간을 정하여 그 이유에 대하여 의견을 진술할 기회를 주도록 되어 있는 특허법 제159조 제1항(디자인보호법 제147조 제1항)은 당사자에게 의견진술의 기회를 줌으로써 당사자가 전혀 예상하지 못한 이유로 그 이익을 침해당하는 일이 없도록 함과 동시에 심판의 적정과 공정성을 유지하고자 함에 그 목적이 있다"라고 하여 같은 취지로 판시하고 있다.[3]

이 규정은 강행규정으로서, 특허심판원이 직권으로 심리한 심결이유에 대하여 당사자 및 참가인에게 의견진술의 기회를 주지 아니한 심판절차는 위법하다.[4]

그러나, 심판에서 당사자가 신청하지 아니한 이유에 대하여 심리하는 경우에 해당하여 의견을 진술할 기회를 주어야 하는지의 여부는 청구이유, 제시증거

---

1) 대법원 1993. 1. 19. 선고 92후599 판결[공1993.3.1.(939), 733] 참조.
2) 특허청, 조문별 특허법해설, 특허청(2007), 373.
3) 대법원 2006. 2. 9. 선고 2003후1994 판결[공2006.3.15.(246), 449].
4) 대법원 1997. 8. 29. 선고 96후2104 판결[공1997.10.1.(43), 2895], 1990. 11. 27. 선고 90후496 판결[공1991.1.15.(888), 231] 등 참조.

및 당사자들의 주장내용 등을 종합적으로 검토하여 결정하여야 하며,5) 형식적으로는 의견진술의 기회를 주지 아니하였더라도 실질적으로 의견진술의 기회가 주어졌다고 볼 만한 사정이 있다면 이러한 경우까지 의견서 제출의 기회를 주어야 하는 것은 아니다.

이와 관련한 대법원 판결을 보면, 대법원 1997. 11. 28. 선고 97후341 판결[공(49), 112]은, "원심이 거절사정에서와는 다른 별개의 새로운 이유로 심결을 한 것이 아니고, 명세서에 기재된 공지된 선행기술을 전제로 하여 거절사정에서의 거절이유와 실질적으로 동일한 사유로 심결을 하였다면, 이러한 경우에까지 출원인에게 의견서 제출기회를 주어야 하는 것은 아니다"라고 판시하고 있다. 그리고 대법원 2006. 6. 27. 선고 2004후387 판결[공(256), 1442]은, "특허심판원이 직권으로 심리한 이유에 대하여 당사자 또는 참가인에게 의견진술의 기회를 주지 않은 채 이루어진 심결은 원칙적으로 위법하여 유지될 수 없지만, 형식적으로는 이러한 의견진술의 기회가 주어지지 아니하였어도 실질적으로는 이러한 기회가 주어졌다고 볼 수 있을 만한 특별한 사정이 있는 경우에는 심판절차에서의 직권심리에 관한 절차위반의 위법이 없다고 보아야 한다"고 판시하고 있다.6)

Ⅳ. 신청하지 아니한 청구취지에 대한 심리

심판에서는 심판청구서에 나타난 청구 취지의 옳고 그름을 심리하는 것에 그쳐야 하고 심판청구인이 신청하지 아니한 청구의 취지에 대하여는 심리할 수 없다. 예를 들어 권리범위확인심판에서 그 등록디자인의 무효 여부를 판단할 수 없는 것이고, 그 반대의 경우도 마찬가지이다.

〈홍정표〉

---

5) 대법원 2006. 2. 9. 선고 2003후1994 판결[공2006.3.15.(246), 449].
6) 정상조·박성수 공편, 특허법 주해Ⅱ, 박영사(2010), 622(한규현 집필부분).

> **제148조(심리·심결의 병합 또는 분리)**
> 심판관은 당사자 양쪽 또는 어느 한쪽이 같은 2 이상의 심판에 대하여 심리
> 또는 심결을 병합하거나 분리할 수 있다.

Ⅰ. 심리·심결의 병합 및 분리

심리의 병합이란 2이상의 심판사건을 동일한 심판절차에 의해 심리하는 것을 말하고, 심리의 분리란 병합하기로 한 2이상의 심판사건을 분리하는 것을 말한다.

심리의 병합은 동일한 쟁점을 가진 여러 개의 심판사건에 대한 심리의 중복을 피하여 심리절차의 경제성을 도모함과 동시에 심결 간의 모순저촉을 피하는 것을 목적으로 하고 있다. 심리의 분리는 심리를 병합하기로 결정한 후에, 다시 판단해 보니 현재 심판사건이 다른 심판사건과 관련성이 없고 오히려 심리의 복잡화 및 지연의 원인이 되고 있다고 인정되는 경우에, 심리를 분리하고 각각 별개의 절차에 의해 심리하여 절차의 간명과 촉진을 도모하기 위한 것이다.[1]

심리는 심판절차 중 심판의 개시와 종료를 제외한 과정을 말하고, 심결은 심판합의체에 의한 심판의 최종적 판단을 말한다. 디자인보호법이 심리 또는 심결을 병합하거나 분리할 수 있다고 한 것은 심리는 분리하여 진행하되 심결은 병합하여 하는 경우가 있고, 또 심리는 병합하여 진행하되 심결은 각각 분리하여 하는 경우도 있으므로, 이러한 사정을 명확히 한 것이다.[2]

---

1) 특허심판원, 심판편람(제11판), 특허심판원(2014), 164.
2) 특허청, 조문별 특허법해설, 특허청(2007), 374.

Ⅱ. 심리·심결의 병합

1. 심리·심결 병합의 요건

가. 당사자·심판의 동일성

디자인보호법은 당사자 쌍방 또는 일방이 동일한 2 이상의 심판에 대하여 심리 또는 심결을 병합하거나 분리할 수 있다고 규정하고 있으므로, 심리 또는 심결의 병합은 심판청구인과 피심판청구인이 다 같이 동일하거나 그 중 어느 한쪽이 동일한 경우여야 한다.

심리·심결을 병합할 수 있는 심판의 종류에 관하여는 법에 아무런 규정이 없으나, 통상은 2 이상의 심판이 동일한 종류일 것이 요구된다.3) 심판의 종류가 다른 경우(예를 들어 무효심판과 권리범위확인심판의 경우)에 심결의 병합은 할 수 없다. 다만, 이 경우라도 심리의 병합은 심판의 간편을 위하여 바람직할 수 있다. 또한 당사자 쌍방이나 일방이 동일하다고 하더라도 수개의 심판 사건에서 대상이 되는 권리가 서로 다른 경우에는 병합심결을 할 수 없고, 병합심리도 그 실익이 없다.4)

심리 또는 심결의 병합은 심리종결 전까지 할 수 있다.

나. 병합의 필요성

심리의 병합은 심리절차의 경제성을 도모하거나 동일 또는 유사 사건을 대상으로 한 심결의 모순 저촉을 피하고자 하는 목적을 달성할 수 있을 때 병합할 필요가 있다. 이러한 경우의 예로는, 동일한 증거조사가 있는 경우, 비교대상발명 또는 증거방법이 동일한 경우, 등록디자인에 대한 복수의 무효심판의 경우 등이 있다.5)

2. 심리병합의 절차

심리병합을 할 것인지 여부는 심판관(합의체)에 의하여 판단된다. 심판관(합의체)는 자유로운 판단에 기초하여 심리·심결을 병합할 것인지를 결정하고,6)

---

3) 특허심판원(주 1), 159.
4) 특허청, 우리나라 특허법제에 대한 연혁적 고찰 — 조문별 특허법해설, 특허청(2007. 5), 864.
5) 특허심판원(주 1), 159.
6) 병합할 수 있는 관련 사건들을 병합하지 아니하였다고 어떤 잘못이 있다고 할 수 없다.

심리 · 심결을 병합하는 경우에 심판장은 그 취지를 당사자에게 통지하게 된다.

심리병합을 하게 되면 관련되는 복수의 심판에 대하여 답변서 부본 등 문서의 발송, 구술심리, 증거조사, 합의, 기타 심판에 관한 절차 및 심리 등을 모두 동일한 절차에 의해서 하게 된다.[7]

3. 심리병합의 효과

심리를 병합한 심판사건에 관하여서는 동시에 동일한 심결문으로 병합된 수만큼의 사건을 심결하는 것이 가능하다. 2 이상의 사건에 대한 심리가 병합된 경우 병합 전에 각각의 심판사건에 대하여 제출 또는 제시된 서류 및 물건, 각각의 심판사건의 심리에 의해 얻어진 증거방법 등은 병합된 심판사건에도 이용될 수 있다. 다만, 이러한 증거방법을 채용하는 경우에는 당사자에게 의견의 신청 또는 답변서를 제출할 기회를 주어야 한다.[8]

수개의 사건을 하나의 병합심결로 종결한 경우 그 심결에 대하여 불복하면 병합된 각 사건에 대하여 모두 효력이 있다.[9]

Ⅲ. 심리의 분리

1. 심리분리의 요건

심리의 분리가 가능한 경우는 심리를 병합한 경우에 한한다.

또한 병합한 심리를 분리할 필요성이 있어야 한다. 즉 현재 심판사건이 다른 심판사건과 관련성이 없다고 인정되어 더 이상 동일한 절차로 심리할 필요가 없거나, 심리의 병합이 심리의 복잡화 및 지연의 원인이 되고 있는 경우 등이 여기에 해당한다.

2. 심리분리의 절차

심리분리를 할 것인지 여부는 심판관(합의체)의 재량에 속하는 사항으로서, 심판관(합의체)에 의하여 직권으로 판단된다. 심리를 분리하는 경우에 심판장은

　　　대법원 1997. 6. 13. 선고 96후1835 판결, 대법원 1989. 11. 28. 선고 89후469[공1990.1.15. (864), 148] 판결 참조.
　7) 특허심판원(주 1), 160.
　8) 특허심판원(주 1), 160.
　9) 대법원 1987. 4. 28. 선고 84후21 판결[공1987.6.15.(802), 891].

그 취지를 당사자에게 통지한다.

3. 심리분리의 효과

심리분리결정에 의해 분리된 심판사건은 별개의 독립된 심리절차로 심리 판단되고, 심결도 별개로 하게 된다.

〈홍정표〉

제149조(심판청구의 취하)

　① 심판청구는 심결이 확정될 때까지 취하할 수 있다. 다만, 제134조 제1항에 따른 답변서가 제출된 후에는 상대방의 동의를 받아야 한다.
　② 제1항에 따라 취하를 하였을 때에는 그 심판청구는 처음부터 없었던 것으로 본다.

<소 목 차>

Ⅰ. 의의 및 방식

　심판청구의 취하란 청구인이 하는 일방적인 심판청구의 철회행위를 말한다. 심판청구를 취하하면 심판청구는 처음부터 그 청구가 없었던 것과 동일한 상태로 돌아가기 때문에 후일에 동일한 청구취지로 동일한 피청구인에 대하여 다시 심판을 청구할 수 있다.

　원래 심판은 직권심리를 원칙으로 하고 있으나, 절차개시 및 절차종료와 관련해서는 당사자주의에 해당하는 처분권주의를 채택할 수 있으므로, 디자인보호법은 심판의 청구 및 취하에 관하여는 당사자의 자유의사에 따르도록 규정하고 있다.[1]

　심판청구의 취하는 취하서를 그 사건이 계류 중인 특허심판원에 제출하여야 한다. 심결 후 사건이 특허법원 또는 대법원에 계류 중일 때 심판취하서가 접수되면, 특허심판원은 이를 처리하고 그 취지를 특허법원에 송부하거나, 또는 특허법원을 경유하여 대법원으로 송부한다.[2] 심판청구인에 의하여 적법하게 이루어진 심판청구 취하의 효력은 취하서가 제출되어 접수한 접수 시에 발생하는 것이므로 취하는 착오 등을 이유로 취소할 수 없다.[3]

---

1) 특허청, 우리나라 특허법제에 대한 연혁적 고찰 — 조문별 특허법해설, 특허청(2007. 5), 867.
2) 특허심판원, 심판편람(제11판), 특허심판원(2014), 341.
3) 대법원 1970. 6. 30. 선고 70후7 판결[집18(2)행, 027].

Ⅱ. 심판청구의 취하 시기 및 동의

심판청구는 그 심결이 확정될 때까지 이를 취하할 수 있다(제149조 제1항). 구 디자인보호법에서 준용하던 구 특허법(1990. 1. 13. 법률 제4207호로 개정되기 전의 것) 제118조 제1항은 심판청구는 그 심리가 종결될 때까지 이를 취하할 수 있다고 규정하고 있었다. 구법에서 심판청구의 취하시기를 심리종결통지까지로 제한한 이유는 심판의 진행이 심결을 할 수 있을 정도로 성숙하여 심리종결통지를 한 이후에도 심판청구를 취하할 수 있게 하면, 그때까지의 심리가 헛수고로 되기 때문이다. 그러나 심판 및 소송에서 당사자가 보다 자유롭게 대응하도록 허용하면서, 분쟁의 조기 해결 등을 도모하기 위한 필요에 따라 그 시기적 제한을 심결 확정시까지로 개정한 것이다. 따라서 심결이 내려진 후라도 심결이 확정되기 전까지는 심판청구를 취하할 수 있다.

당사자계 심판에서 답변서의 제출이 있는 경우에는 피청구인의 동의를 얻어야 하는데(제149조 제1항 단서), 피청구인이 여러 명일 경우에는 전원의 동의를 받아야 한다. 만일 상대방의 동의가 없을 때에는 취하의 효력은 발생하지 아니한다.

이는 민사소송법 제266조 제2항과 같은 취지의 규정으로서, 피심판청구인이 답변서를 제출한 이상 심판청구에 적극적으로 대응할 태도를 보인 것으로 보아야 하고, 그에 따라 피심판청구인에게도 심판을 유지할 이해관계가 있다고 보아 본안심결(청구기각심결)을 받을 이익이 생겼다고 할 수 있기 때문이다.[4]

당사자 참가인은 피참가인인 청구인이 심판을 취하하여도 절차를 속행할 수 있으므로(제143조 제2항), 심판취하는 당사자참가인과는 관련이 없다고 봄이 타당하다. 다만, 심판청구인이 심판의 청구를 취하하여 당사자 참가인만이 절차를 진행하고 있고 참가인의 주장에 대한 피청구인의 답변서 제출 이후인 경우, 당사자 참가인의 참가취하는 제149조를 유추하여 피청구인의 동의가 필요한 것으로 봄이 타당하다.[5]

---

4) 정상조·박성수 공편, 특허법 주해Ⅱ, 박영사(2010), 629(김철환 집필부분).
5) 특허심판원(주 2), 338.

Ⅲ. 심판청구 취하의 효과

디자인등록의 무효에 대하여는 특허의 경우와 달리[6] 일부취하를 할 수 없다. 다만, 복수디자인등록의 경우에는 일부취하가 가능하다. 거절결정불복심판에서는 심판청구의 일부를 취하할 수 없으나 복수디자인의 경우에는 삭제보정으로 가능하다.

심판청구의 취하가 있는 때에는 그 심판청구는 처음부터 없었던 것으로 본다(제149조 제2항).

〈홍정표〉

---

[6] 특허의 경우에는 2 이상의 청구항에 관하여 제133조 제1항의 무효심판 또는 제135조의 권리범위확인심판을 청구한 때에는 청구항마다 이를 취하할 수 있다(특허법 제161조 제2항).

제150조(심결)

① 심판은 특별한 규정이 있는 경우를 제외하고는 심결로써 종결한다.

② 제1항의 심결은 다음 각 호의 사항을 적은 서면으로 하여야 하며 심결을 한 심판관은 그 서면에 기명날인하여야 한다.

1. 심판의 번호

2. 당사자 및 참가인의 성명 및 주소(법인인 경우에는 그 명칭 및 영업소의 소재지)

3. 대리인이 있으면 그 대리인의 성명 및 주소나 영업소의 소재지(대리인이 특허법인인 경우에는 그 명칭, 사무소의 소재지 및 지정된 변리사의 성명)

4. 심판사건의 표시

5. 심결의 주문(제123조의 심판의 경우에는 통상실시권의 범위·기간 및 대가를 포함한다)

6. 심결의 이유(청구의 취지 및 그 이유의 요지를 포함한다)

7. 심결연월일

③ 심판장은 사건이 심결을 할 정도로 성숙하였을 때에는 심리의 종결을 당사자 및 참가인에게 알려야 한다.

④ 심판장은 필요하다고 인정하면 제3항에 따라 심리종결을 통지한 후에도 당사자 또는 참가인의 신청에 의하여 또는 직권으로 심리를 재개할 수 있다.

⑤ 심결은 제3항에 따른 심리종결통지를 한 날부터 20일 이내에 한다.

⑥ 심판장은 심결 또는 결정이 있으면 그 등본을 당사자, 참가인 및 심판에 참가신청을 하였으나 그 신청이 거부된 자에게 송달하여야 한다.

<소 목 차>

Ⅰ. 본조의 취지[1]

심판은 심판청구의 취하 등과 같은 특별한 규정이 있는 경우를 제외하고는 심판관 합의체의 심판에 대한 최종적인 판단인 심결로써 종료하게 되는데, 심결

---

1) 정상조·박성수 공편, 특허법 주해Ⅱ, 박영사(2010), 631-634(박정희 집필부분) 참조.

에서의 판단은 심결취소소송의 소송물이 되고, 확정된 심결은 일사부재리의 효
력을 가지는 등 심결은 심판에 대한 최종적인 판단으로서의 의미뿐만 아니라
이후의 절차의 진행과 효력이 미치는 범위의 결정에서 중요한 의미를 가지므로,
이와 관련된 사항을 법정할 필요가 있다. 본조에서는 이와 같은 심결의 중요성
을 감안하여 심결문의 기재사항, 심결에 수반되어야 하는 절차 등에 관하여 규
정하고 있다.

Ⅱ. 심결의 성립 및 기재사항

　　심결은 심판관 합의체가 서면에 심판의 번호, 당사자 및 참가인의 성명 및
주소(법인인 경우에는 그 명칭 및 영업소의 소재지), 대리인이 있는 경우에는 그 대
리인의 성명 및 주소나 영업소의 소재지(대리인이 특허법인인 경우에는 그 명칭,
사무소의 소재지 및 지정된 변리사의 성명), 심판사건의 표시, 심결의 주문(제123조
의 통상실시권 허락의 심판의 경우에는 통상실시권의 범위·기간 및 대가를 포함한
다), 심결의 이유(청구의 취지 및 그 이유를 포함한다), 심결연월일을 기재한 다음
기명날인을 함으로써 성립한다.

　　심결문에 기재하여야 할 사항 중에서 청구의 이유를 어느 범위까지 기재하
여야 하는가가 문제로 되고, 이에 대하여 일본 최고재판소는 소화 59년(1984년)
3월 13일 선고 소화54년(행ツ) 제134호 판결에서, "… 심결서에 이유를 기재하
도록 하고 있는 취지는, 심판관의 판단의 신중, 합리성을 담보하고 자의를 억제
하여 심결의 공정을 보장할 것, 당사자가 심결에 대하여 취소소송을 제기할지
어떨지를 고려하는 데에 편의를 줄 것 및 심결의 적부에 관한 법원의 심사 대
상을 명확하게 할 것에 있다고 할 것이고, 따라서 심결서에 기재하여야 하는 이
유로서는, … 위에서 본 바와 같이 심판에서의 최종적인 판단으로서, 그 판단의
근거를 증거에 의하여 인정된 사실에 기초하여 구체적으로 명시하는 것이 요구
된다고 해석하는 것이 타당하다"라고 판시한 바 있다.2)

　　청구의 이유가 구체적으로 기재되어 있지 않은 심결은 본조 2항 위반으로
위법하여 취소를 면할 수 없을 것이나,3) 우리 실무상으로는 심결의 위법이 문

---

2) 西田美昭(박화규 역), "심판서에 있어서 이유 기재의 정도", 特許判例百選(2005), 박영
　사, 301.
3) 西田美昭(주 2), 301-304.

제가 될 정도로 청구의 이유가 구체적으로 기재되어 있지 않은 경우는 거의 없는 것으로 보인다.

Ⅲ. 심결의 효력발생시기

디자인보호법에서는 판결, 결정·명령이나 재결의 효력발생시기에 관하여 규정하고 있는 민법 제205조, 제221조 제1항이나 행정심판법 제48조 제2항과 달리 심결의 효력발생시기에 관하여 특별한 규정을 두고 있지 않지만, 심결은 상대방이 있는 행정처분의 일종이므로 상대방에게 도달됨으로써 효력이 발생한다고 할 것이다.[4] 당사자계 심결의 경우에는 심판청구인과 피심판청구인 각자에게 도달한 때 효력이 발생하고, 디자인권자가 여럿인 필수적 공동심판의 경우에는 합일확정의 필요가 있으므로 최후의 자에게 도달한 때에 효력이 발생할 것이다.

Ⅳ. 심결의 경정

심판절차와 소송절차가 유사한 면이 있어서 디자인보호법의 여러 조문에서 민사소송법을 준용하고 있는 점 등에 비추어, 그 성질에 반하지 않는 한 심판절차에 민사소송법의 규정이 유추적용 될 수 있다고 보아야 할 것인데, 심결문의 기재방식은 판결문의 기재방식과 큰 차이가 없어서[5] 판결의 경정에 관한 민사소송법 제211조의 규정은 심결에 유추적용 할 수 있을 것이다. 따라서 심결에 잘못된 계산이나 기재, 그 밖에 이와 비슷한 잘못이 있음이 분명한 때에는 경정결정을 할 수 있을 것으로 보인다.

Ⅴ. 심결 전·후의 절차

1. 심결 전의 절차

심판장은 사건이 심결을 할 수 있을 정도로 성숙되었다고 판단되면, 당사자 및 참가인에게 심리종결통지를 하여야 하는데, 이는 당사자에게 자료의 추가제

---

4) 대법원 1967. 11. 21. 선고 67누129 판결.
5) 민사소송법 제208조 참조.

출이나 심리재개 신청의 기회를 주려는 취지가 아니라 심리종결을 당사자에게 통지하고 지체 없이 심결을 하도록 하기 위한 훈시적 규정에 불과하므로, 이에 위반하였다고 하여 심결이 위법하다고 볼 수는 없다.[6] 심리종결통지를 한 이후에는 이해관계인이라도 심판에 참가할 수 없다(제143조 제1항). 한편, 심판장은 심리종결통지를 하였더라도 필요하다고 인정할 때에는 당사자 또는 참가인의 신청에 의하여 또는 직권으로 심리를 재개할 수 있다.

2. 심결 후의 절차

심결은 심리종결통지일로부터 20일 이내에 심결을 해야 하는데, 이는 심리종결통지 후 지체 없이 심결을 하도록 하기 위한 훈시규정에 지나지 않으므로, 이에 위반하였다고 하여 심결이 위법하다고 볼 수는 없다. 한편, 심판장은 심결 또는 결정을 한 후 그 등본을 당사자, 참가인 및 심판에 참가신청을 하였으나 그 신청이 거부된 자에게 송달하여야 하는데, 이들은 심결 등에 대한 취소소송을 제기할 수 있는 원고적격이 있기 때문이다(제166조 제1, 2항).

〈김 신〉

---

6) 대법원 1995. 2. 24. 선고 93후1841 판결 등.

> **제151조(일사부재리)**
> 이 법에 따른 심판의 심결이 확정되었을 때에는 그 사건에 대하여는 누구든지 같은 사실 및 같은 증거에 의하여 다시 심판을 청구할 수 없다. 다만, 확정된 심결이 각하심결인 경우에는 그러하지 아니하다.

Ⅰ. 본조의 취지

본조에서는 심판의 심결이 확정된 때에는 누구든지 동일사실 및 동일증거에 의하여 다시 심판을 청구할 수 없다고 하여 확정된 심결의 일사부재리의 효력에 관하여 규정하고 있다. 일사부재리 규정의 유래를 보면, 오스트리아의 1897년 특허법 제93조를 일본에서 1909년 특허법 제87조로 수계하여 현행 일본특허법 제167조에 이른 것을[1] 우리 특허법이 제163조로 다시 수계하고, 이와 동일한 규정을 본조에 둔 것이다.

확정심결에 일사부재리의 효력을 인정한 근거로는, 서로 모순·저촉되는 심결이 발생하는 것을 방지함으로써 확정심결의 신뢰성과 권위를 유지하도록 하고, 남청구의 방지 및 심판절차의 경제성을 도모함으로써 동일 심판에 대하여 특허심판원이 반복하여 다시 심판하거나 피청구인이 다시 심판에 응하여야 하는 번거로움을 면하도록 하는 점이 거론된다.

---

1) 牧野利秋(박정희 역), "특허법 제167조의 효력이 미치는 범위", 特許判例百選(2005), 박영사, 295.

Ⅱ. 구별되는 개념

1. 확정된 형사판결의 일사부재리

유·무죄의 실체 판결이나 면소판결이 확정되면, 원칙적으로 공소가 제기된 피고인에 대하여 사실심 판결 선고일 당시를 기준으로 판결의 대상이 된 공소사실은 물론 그 공소사실과 단일하고도 동일한 관계에 있는 사실의 전부에 대하여 그 후에 새로운 증거가 발견된다고 하더라도 다시 심리·판단할 수 없는바, 이를 '확정된 형사판결의 일사부재리'라고 한다.2) 즉 확정된 형사판결의 일사부재리는 원칙적으로 공소가 제기된 피고인에만 미치고, 새로운 증거가 발견된다고 하더라도 적용된다.

2. 확정된 민사판결의 기판력

민사판결이 확정되면 원칙적으로 당사자는 사실심 변론종결일 당시 제출할 수 있었던 공격방어방법을 들어 전소의 판결 주문에서 확정된 권리관계와 다른 판단을 구할 수 없고, 후소 법원은 그와 같은 사유가 제출되어도 이를 배제하여야 하는바, 이를 '확정된 민사판결의 기판력'이라고 한다.3) 즉 확정된 민사판결의 기판력은 원칙적으로 동일 당사자 사이에만 미치고, 사실심 변론종결일 당시 제출할 수 있었던 주장 및 증거라면 설사 그 내용이 전소에서 제출하였던 주장 및 증거와 다르더라도 적용된다.

3. 확정된 민·형사판결의 효력과의 차이점

확정심결의 일사부재리는 위에서 본 확정된 민·형사판결의 효력과 달리 '공소가 제기된 피고인' 또는 '당사자' 외에 '제3자'에 대하여도 대세효를 가지어 그 주관적 범위가 확대되는 점(주관적 범위의 확대), '동일사실'에 의한 심판이라도 '동일증거'에 의하지 아니한 경우에는 적용되지 아니하여 그 객관적 범위가 축소되는 점(객관적 범위의 축소)에서 특징이 있다.

---

2) 이재상, 신형사소송법(제2판), 박영사, 678-683 참조.
3) 이시윤, 신민사소송법(제6증보판), 박영사, 585-623 참조.

Ⅲ. 일사부재리의 요건

확정심결의 일사부재리 효력은 '동일사실' 및 '동일증거'에 의하여 '동일심판'을 청구하는 경우에만 미친다. 따라서 동일심판이 아닌 경우는 물론, 동일사실에 관한 심판청구라도 다른 증거에 의하여 하는 것이거나 동일증거에 의한 것이라도 다른 사실에 관하여 심판청구를 하는 것은 일사부재리에 저촉되지 않는다.

1. 동일사실

'동일사실'이란 동일권리에 대하여 동일한 원인을 이유로 하는 특정한 사실을 말한다. 따라서 같은 무효의 효과를 발생시키는 사유라도 디자인보호법에 규정된 각 등록무효사유(디자인보호법 제121조 제1항 각 호)는 별개의 원인사실을 구성한다. 권리범위확인심판사건에서는 확인대상디자인과 이에 대비되는 등록디자인에 의하여 동일사실인지 여부가 판단되므로 그 중 하나라도 상이한 경우에는 동일사실이라고 볼 수 없다.4) 그러나 앞서 본 바와 같이 확정심결의 일사부재리 효력은 확정된 형사판결의 일사부재리나 확정된 민사판결의 기판력과 달리 '동일증거에 의한 제한 내'에서만 인정되는 점에서 동일사실인지에 관한 문제는 확정된 민·형사판결의 효력에 비해 이를 논할 실익이 크지 않다.

2. 동일증거

이전 확정심결에서의 증거와 새로운 심판청구에서의 증거 사이의 '동일' 범위를 어디까지로 볼 것인가에 대하여는 여러 견해가 대립하고 있고, 그 중 어느 견해를 채택하느냐에 따라 일사부재리의 적용범위가 달라지는 점에서 중요하다.

가. 학   설

일사부재리의 객관적 범위 중 '동일증거'의 의미에 관하여는 다음과 같은 학설이 있는데, 그 중 형식증거설, 쟁점증거설, 증거동일성설은 협의설로 분류되고, 중요증거설, 동일법규내증거설은 광의설로 분류될 수 있다.

1) 형식증거설: 동일증거의 의미를 문자 그대로 동일사실을 증명하기 위한

---

4) 특허법원 2006. 11. 17. 선고 2006허1513 판결 참조.

증거가 형식상 완전히 동일한 경우를 의미한다고 보는 견해이다.

2) 쟁점증거설: 이전 심결에서 이미 인정받은 쟁점에 관한 증거는 새로운 증거라도 동일증거에 해당하여 재심판이 허용되지 않지만, 이전 심결에서 배척된 쟁점에 관한 증거는 그 증거가치의 경중을 묻지 아니하고 동일증거에 해당하지 아니하여 재심판을 허용하여야 한다는 견해이다.

3) 증거동일성설: 디자인등록공보와 이를 실시한 제품의 설명서와 같이 설사 증거의 출처가 다르더라도 증거내용이 실질적으로 동일하다면 동일증거라고 보는 견해이다.

4) 중요증거설: 동일증거의 의미를 전의 확정심결을 뒤집을 수 있을 정도로 중요한 증거가 아닌 것으로 보는 견해로서, 증거의 가치를 중시하여 동일증거의 개념을 넓게 해석한다. 이에 의하면 새로운 심판청구 사건에서 새로운 증거를 부가하거나 전혀 새로운 증거를 제출하더라도 전의 확정심결을 뒤집기 어려운 경우에는 동일증거로 보나, 전의 확정심결과 결론을 달리하게 되는 경우에는 동일증거가 아니라고 보게 된다.

5) 동일법규내증거설: 동일사실과 동일증거를 서로 관련시켜서 동일법규의 구성요건사실을 증명하기 위하여 사용되는 증거이면, 증거의 내용이 다르더라도 동일증거에 해당하여 일사부재리의 효력을 받는다고 보는 견해이다.

나. 대법원 판례

대법원은 '일사부재리의 원칙에 있어서 동일증거에는 전에 확정된 심결의 증거와 동일한 증거만이 아니라 그 심결을 번복할 수 있을 정도로 유력하지 아니한 증거가 부가되는 경우도 포함하는 것이다'는 취지로 판시[5]하여 '중요증거설'의 입장에 있다.

다. 검   토

확정심결의 일사부재리 효력은, 확정된 형사판결의 일사부재리나 확정된 민사판결의 기판력과 달리 '동일증거'에 의한 재심판의 경우에만 적용되어, 동일한 사실에 관한 동일한 심판청구라도 그것이 '동일증거'에 의한 것이 아닌 때에는 이를 허용하고 있다. 이는 심결이 확정되면 확정 민·형사판결과 달리 당

---

5) 대법원 2013. 9. 13. 선고 2012후1057 판결, 대법원 2005. 3. 11. 선고 2004후42 판결, 대법원 2003. 12. 26. 선고 2003후1567 판결, 대법원 2001. 6. 26. 선고 99후2402 판결, 대법원 2000. 10. 27. 선고 2000후1412 판결 등.

사자뿐만 아니라 당해 심판절차에 직접 관여하지 아니한 일반 제3자에 대하여
도 대세적으로 효력이 발생하기 때문에, 당사자가 심판의 수행을 제대로 못하여
필요한 증거를 제출하지 못함으로써 그 디자인등록무효심판청구가 배척된 경우
에도 새로운 증거를 갖추어 무효임을 충분히 입증할 수 있는 제3자의 심판청구
를 봉쇄하는 것은 제3자의 이익을 해할 뿐만 아니라 디자인권이 부여되어서는
아니 될 디자인에 디자인권이 부여되는 것은 디자인 제도의 취지에 반하게 되
므로, 한편으로는 모순·저촉되는 심결의 발생을 방지하고 심판절차의 경제를
꾀하면서 다른 한편으로는 제3자의 심판청구의 이익을 보호하여 본래 디자인권
을 받아서는 아니 될 디자인이 디자인권을 받은 경우에는 널리 이를 무효로 할
수 있는 길을 열어주고 있는 것이다.

확정심결의 일사부재리에서 '동일증거'의 의미에 관한 협의설은 '무효사유
가 있는 디자인에 대한 제3자의 심판청구의 이익'을 더 중시하는 견해이고, 광
의설은 '디자인권의 안정 내지 모순·저촉되는 심결의 방지 및 심판절차의 경
제'라는 이익을 더 중시하는 견해인데, 위 상반되는 이익 사이에서 조화로운 해
석이 요구된다.

먼저 형식증거설은 동일증거의 범위를 너무 좁게 해석함으로써 재심판을
허용하는 범위가 너무 넓어져 남청구를 방지하려는 일사부재리의 존재 의의를
몰각할 수 있어 타당하지 않다. 그리고 쟁점증거설은 일반적으로 일사부재리가
문제되는 경우는 이전 심결에서 배척된 쟁점에 관하여 새로운 증거를 제출하는
경우일 것이고, 배척된 쟁점에의 관련 여부가 증거를 제출하는 자의 진술에 의
하여 판단될 가능성이 크므로, 실제에 있어서 형식증거설과 별다른 차이가 없어
역시 타당하지 아니하다. 한편, 동일법규내증거설은 디자인보호법 제151조가 일
사부재리의 적용요건에 관하여 '동일사실'이라고만 규정하지 아니하고 '동일사
실 및 동일증거'라고 규정한 취지에 반하고, 본래 디자인권을 받아서는 아니 될
디자인이 디자인권을 받은 경우 이를 무효로 할 수 있는 길을 사실상 봉쇄하는
것이므로 타당하지 않다.

따라서 위 학설 중 실질적으로 선택 가능한 것은 '증거동일성설'과 '중요증
거설'이라고 할 것인데, 그 중 우리나라 대법원 판례의 입장인 '중요증거설'은
다음과 같은 문제가 있다.[6]

---

[6] '중요증거설'에 대하여 비판적인 견해에 대하여는 정상조·박성수 공편, 특허법 주해Ⅱ,
    박영사(2010), 639-640(박정희 집필부분); 오충진, "일사부재리의 판단기준", 특허판례연구

첫째, 중요증거설은 심판청구의 적법요건 판단과 실체 판단을 혼동하고 있다. 즉 중요증거설은 심판청구의 적법요건인 일사부재리 해당 여부를 판단함에 있어 새로운 심판청구에서 제출된 증거를 이전 확정심결에서 제출된 증거와 비교하는 것이 아니라 등록디자인과 대비하여 용이창작성 유무 등을 판단하는 것으로서, 이에 의하면 각하심결과 인용심결만 있고 기각심결은 없는 결과가 된다.

둘째, 중요증거설에 의하면 일사부재리의 적용 여부를 가리기 위해서 사실상 본안 심리가 거의 종료되어야 하므로 심판절차의 경제성이라는 측면에서 별로 도움이 되지 않는다.

셋째, 중요증거설을 일관되게 적용하면, 전에 확정된 심결의 증거와 전혀 다른 새로운 증거를 제출한 경우에도 그 증거만으로 전의 확정심결을 번복할 수 없는 경우에는 이를 동일증거로 보게 되는데,7) 이는 디자인보호법 제151조의 법문에 반하는 지나친 확장해석이 된다.

넷째, 일사부재리의 대세효 규정은 연혁적으로 오스트리아의 구 특허법을 수계한 일본의 구 특허법에 의해 수계되었는데, 위 규정은 제3자의 재판청구권을 과도하게 제한한다는 이유로 오스트리아에서는 1973년 헌법재판소의 위헌판결로, 일본에서는 평성 23년(2011년) 특허법 개정으로 각 폐지되었고, 우리나라에서도 일사부재리의 대세효 규정에 대하여 입법적 재검토가 필요하다는 의견이 있다.8) 이와 같이 일사부재리의 주관적 범위를 확대하는 규정에 대한 비판론이 있는 상황에서 그 객관적 범위와 관련된 '동일증거'마저 확대하여 일사부재리의 적용범위를 넓히는 것은 바람직하지 않다고 생각한다.

다섯째, 새로운 심판청구에서 제출된 증거가 전의 확정심결(1차 심결)의 이유에서 거론된 증거와 실질적으로 동일하지 않으면서 전의 확정심결을 번복할

(2012), 박영사, 909; 권택수, "일사부재리의 원칙", 특허소송연구 1집, 특허법원, 162 등 참조.

7) 특허법원 2006. 9. 28 선고 2006허732 판결(심리불속행 기각)은 '전에 확정된 심결의 증거와 전혀 다른 새로운 증거만을 제출하는 경우에는, 그 새로운 증거가 전에 확정된 심결과 다른 결론을 내릴 수 있을 만한 것인지의 여부에 관계없이 동일증거라고 볼 수 없으므로 일사부재리에 해당하지 않는다'고 판단하였는바, 이 판결은 "심판의 적법요건에 관한 기준인 일사부재리의 원칙과 특허발명의 실체적 요건에 관한 진보성 판단을 분리한 점에 의의가 있다"고 평가된다[우라옥, "일사부재리의 원칙을 적용함에 있어 '동일한 증거'에 관한 사례연구", 지적재산권 제24호(2008. 3.), 지적재산권 법제연구원].

8) 정상조·박성수 공편(주 6), 641-642; 김종석, "일사부재리 원칙의 판단기준 시점", 사법 20호(2012. 6.), 사법발전재단, 240 등.

수 있을 정도로 유력하지 않은 경우, '증거동일성설'에 의하면 새로운 심판청구
(2차 심판청구)는 일사부재리에 위반되지 않으므로 특허심판원은 본안 판단을 하
여 '기각'심결을 할 것이고, '중요증거설'에 의하면 새로운 심판청구는 일사부재
리에 위반되어 특허심판원은 '각하'심결을 하게 될 것이다. 위와 같은 2차 심결
이 각 확정된 후 다시 심판청구인이 3차, 4차의 새로운 심판을 청구하면서 2차
심결에서의 증거와 실질적으로 동일한 증거를 제출한 경우를 상정할 때, '증거
동일성설'에 의하면 2차 심결인 '기각'심결에는 일사부재리의 효력이 발생하므
로 특허심판원으로서는 3차, 4차 심판청구에 대하여 본안 판단까지 할 필요가
없고, 상대방도 다시 심판에 응해야 하는 번거로움을 피할 수 있어 심판절차의
경제에 부합하는 반면, '중요증거설'에 의하면 2차 심결인 '각하'심결에는 일사
부재리의 효력이 없으므로 특허심판원으로서는 3차, 4차 심판청구에 대하여 다
시 본안 판단까지 해야 하고, 상대방도 다시 심판에 응해야 하는 등 심판절차가
증거동일성설에 비해 오히려 비경제적이게 될 수 있다.

그러므로 일사부재리를 규정하고 있는 디자인보호법 제151조의 법문에 충
실하고, 본안 판단에 앞서 쉽게 동일증거 여부를 판단할 수 있는 장점이 있으
며, 일사부재리가 심판청구의 적법요건이라는 점에도 부합하는 '증거동일성설'
이 위와 같은 비판을 받는 '중요증거설'보다 더 타당하다.

3. 동일심판

디자인보호법 제151조는 위와 같은 동일사실 및 동일증거에 의하여 '그 사
건에 대하여는 … 다시 심판을 청구할 수 없다'고 규정하고 있는데, 여기의 심
판은 보통 청구취지의 대상이 되어 있는 권리가 동일하고 종류가 동일한 심판
인 '동일심판'을 의미하는 것으로 해석된다. 종류가 동일한 심판인지와 관련하
여, 거절결정불복심판청구와 등록무효심판청구는 동일한 심판이 아니라고 할
것이나,9) 권리범위확인심판에서 확정이 요구되는 구체적인 사실은 적극적 권리

---

9) 특허법원 2009. 4. 24. 선고 2009허1729 판결(심리불속행 기각)은, 유사디자인이 기본디
자인과 비유사함에도 유사디자인으로 잘못 등록되었다고 주장하면서 등록무효심판을 청구
한 사안에서, 비록 전의 확정심결인 거절결정에 대한 불복심판에서 유사디자인이 기본디
자인과 유사하므로 등록거절사유에 해당하지 아니한다는 판단이 있었다고 하더라도, 전의
확정심결과 이 사건 등록무효심판의 핵심 쟁점이 동일하다는 이유로 확정심결의 일사부재
리 효력이 이 사건 등록무효심판에도 미친다고 해석한다면, 전의 확정심결과 같이 거절결
정 불복심판 절차에서 출원인의 심판청구가 받아들여진 경우에는 당해 심결에서 판단된
내용과 관련하여서는 장차 어느 누구도 등록무효심판 자체를 청구할 수 없게 되는 부당한

범위확인심판에서의 그것과 소극적 권리범위확인심판에서의 그것을 달리 볼 것이 아니므로 적극적 권리범위확인심판과 소극적 권리범위확인심판은 동일한 심판이라고 보아야 한다.[10) 한편, 정정심판과 정정무효심판은 적극적·소극적 권리범위확인심판과 유사한 면을 가지고 있으나, 정정인용심결과 인용된 정정사항에 대한 정정무효심판을 동일심판으로 보는 것은 정정무효심판제도 자체를 부정하는 것이므로 그와 같은 경우는 동일심판이 아니라고 할 것이나, 정정무효심결에서 무효로 확정된 정정부분을 정정사항으로 하여 다시 정정심판을 청구하는 것은 금지되어야 하므로 그와 같은 경우에는 동일심판으로 보아야 할 것이다.[11)

4. 심결 이유 중의 사실 및 증거

일사부재리의 객관적 범위를 판단함에 있어 기준이 되는 동일사실 및 동일증거는 확정심결의 이유에서 거론되었던 것이어야 한다. 심결 이유 중에 다루어지지 않았던 사실 및 증거와의 관계에서는 심결의 모순·저촉이라고 하는 문제는 발생하지 않기 때문이다. 대법원도 2013. 9. 13. 선고 2012후1057 판결에서 '전에 확정된 심결의 증거를 그 심결에서 판단하지 않았던 사항에 관한 증거로 들어 판단하는 경우에는 일사부재리 원칙에 반하지 않는다'고 판시하여 이를 명백히 하였다.

심결의 이유에서 거론되지 않았던 것으로서 심결취소소송에서 비로소 새로운 주장이나 증거가 제출되어 그것이 판결의 이유에서 거론된 경우 일사부재리의 객관적 범위를 정함에 있어 참작대상이 되는지 여부가 문제된다. 우리나라 대법원은 결정계 사건에서 의견제출 기회와 관련하여 제한설을 취하는 경우를 제외하고는 원칙적으로 무제한설을 취하고 있는바,[12) 판결의 이유 중에 거론된 주장이나 증거를 일사부재리의 객관적 범위에서 제외하는 해석론은 무제한설의 입지를 제한하는 것으로서 찬성하기 어렵다.[13) 따라서 디자인등록무효심판청구에서 기각심결이 나고 그에 대한 심결취소소송에서 심판청구인인 원고가 새로

결론에 이르게 된다는 이유로 일사부재리의 효력이 미치지 않는다고 판시하였다.
10) 대법원 2012. 5. 24. 선고 2012후757 판결, 대법원 2006. 5. 26. 선고 2003후427 판결, 대법원 1976. 6. 8. 선고 75후18 판결 참조.
11) 정상조·박성수 공편(주 6), 638 참조.
12) 대법원 2002. 6. 25. 선고 2000후1290 판결, 2009. 5. 28. 선고 2007후4410 판결 등.
13) 권택수, "일사부재리의 원칙", 특허소송연구 1집, 특허법원, 156 참조.

운 주장이나 증거를 제출하였으나, 특허법원이 새로운 주장이나 증거를 포함하
여 판단한 후 원고의 청구를 기각하는 판결을 선고하여 최종적으로 확정된 경
우, 심판절차와 심결취소소송에서 제출되어 심결 및 판결의 이유에서 거론된 모
든 주장과 증거는 일사부재리의 효력이 미치는 객관적 범위에 포함되고, 또한
무효심판청구를 인용한 심결을 취소하는 확정판결에 따라 심판청구를 기각하는
심결이 확정된 경우, 설사 후속 심결이 확정판결의 이유 중에서 거론되었던 사
실과 증거를 거시하지 않았다 하더라도 그 심결은 심결취소판결의 기속력에 의
해 확정판결의 이유를 그대로 원용한 것이므로 판결 이유 중에 거론된 사실과
증거는 일사부재리의 효력이 미치는 객관적 범위에 포함된다고 할 것이다.

Ⅳ. 일사부재리의 판단기준시점

디자인보호법 제151조에서의 심결이 확정되었는지 여부를 심판청구시를
기준으로 판단할 것인지, 심결시를 기준으로 판단할 것인지에 대하여는 많은 논
란이 있었다. 대법원은 종래 '심결시설'[14]을 채택하였는데, 이에 대한 비판[15]을
수용하여 2012. 1. 19. 선고 2009후2234 전원합의체 판결에서 「구 특허법 제163
조에서 정한 일사부재리의 원칙에 해당하는지는 심판의 청구시가 아니라 심결
시를 기준으로 판단해야 한다고 해석한 종래의 대법원판례에 따르면, 동일특허
에 대하여 동일사실 및 동일증거에 의한 복수의 심판청구가 각각 있은 경우에
어느 심판의 심결(제1차 심결)에 대한 심결취소소송이 계속하는 동안 다른 심판
의 심결이 확정 등록된다면, 법원이 당해 심판에 대한 심결취소의 청구가 이유
있다고 하여 제1차 심결을 취소하더라도 특허심판원이 그 심판청구에 대하여
특허법 제189조 제1항 및 제2항에 의하여 다시 심결을 하는 때에는 일사부재리
의 원칙에 의하여 그 심판청구를 각하할 수밖에 없다. 그러나 이는 관련 확정
심결의 등록이라는 우연한 사정에 의하여 심판청구인이 자신의 고유한 이익을
위하여 진행하던 절차가 소급적으로 부적법하게 되는 것으로 헌법상 보장된 국
민의 재판청구권을 과도하게 침해할 우려가 있고, 그 심판에 대한 특허심판원
심결을 취소한 법원 판결을 무의미하게 하는 불합리가 발생하게 된다. 나아가

---

14) 대법원 2000. 6. 23. 선고 97후3661판결, 대법원 2006. 5. 26. 선고 2003후427 판결.
15) 특허법원 지적재산소송 실무연구회, 지적재산소송실무(전면 개정판), 박영사; 정상조·박
　성수 공편(주 6), 641-643; 오충진(주 6), 910-911 등.

구 특허법 제163조는 일사부재리의 효력이 미치는 인적 범위에 관하여 "누구든 지"라고 정하고 있어서 확정 등록된 심결의 당사자나 그 승계인 이외의 사람이 라도 동일사실 및 동일증거에 의하여 동일심판을 청구할 수 없으므로, 함부로 그 적용의 범위를 넓히는 것은 위와 같이 국민의 재판청구권의 행사를 제한하 는 결과가 될 것이다. 그런데 구 특허법 제163조는 '그 심판을 청구할 수 없다' 라고 규정하고 있어서, 위 규정의 문언에 따르면 심판의 심결이 확정 등록된 후 에는 앞선 심판청구와 동일사실 및 동일증거에 기초하여 새로운 심판을 청구하 는 것이 허용되지 않는다고 해석될 뿐이다. 그러함에도 이를 넘어서 심판청구를 제기하던 당시에 다른 심판의 심결이 확정 등록되지 아니하였는데 그 심판청구 에 관한 심결을 할 때에 다른 심판의 심결이 확정 등록된 경우에까지 그 심판 청구가 일사부재리의 원칙에 의하여 소급적으로 부적법하게 될 수 있다고 하는 것은 합리적인 해석이라고 할 수 없다. 그렇다면 일사부재리의 원칙에 따라 심 판청구가 부적법하게 되는지 여부를 판단하는 기준시점은 심판청구를 제기하던 당시로 보아야 할 것이고, 심판청구 후에 비로소 동일사실 및 동일증거에 의한 다른 심판의 심결이 확정 등록된 경우에는 당해 심판청구를 일사부재리의 원칙 에 의하여 부적법하다고 할 수 없다.」라고 판시하여 '심판청구시설'로 견해를 변경하였다.

　　이와 같은 '일사부재리 판단의 기준 시점'에 관한 대법원의 판례 변경은, 확정심결의 일사부재리가 '제3자에 대한 대세효'를 갖는 것과 관련하여 그 적용 범위의 확대를 경계하면서 '심결시설'과 '심판청구시설'에 따라 결론이 달라지 는 구체적 사안에서 '디자인권의 안정 내지 모순·저촉되는 심결의 방지 및 심 판절차의 경제'라는 이익보다 '무효사유가 있는 특허에 대한 제3자의 심판청구 의 이익'을 더 우선시한 것으로 평가할 수 있다.

V. 일사부재리의 효력

　　확정심결의 일사부재리는 심결의 당사자나 그 승계인뿐만 아니라 일반 제3 자에 대하여도 대세적으로 효력이 있다. 위 대세효에 대하여는 입법론적 재검토 가 필요하다는 비판이 있다.16) 한편 일사부재리는 심판의 적법요건이므로 이에 위반하여 제기한 새로운 심판청구는 부적법하여 각하되어야 한다(디자인보호법

---

16) 정상조·박성수 공편(주 6), 641-642; 김종석(주 8), 240 등.

제129조 참조).

일사부재리의 효력이 심판청구를 배척한 심결에 대해서만 발생한다는 견해[17]가 있는데, 등록무효심판에서 심판청구를 인용하는 경우, 즉 디자인권 등을 무효로 하는 심결이 확정된 경우에는 디자인권 등은 처음부터 존재하지 않는 것이 되어 새로이 무효심판청구를 할 이익이 없기 때문에 일사부재리의 효력이 문제되지 않을 뿐이고, 적극적 권리범위확인심판과 소극적 권리범위확인심판 사이에도 일사부재리의 효력이 인정되는 점 등에 비추어 보면 심판청구를 배척한 심결 또는 권리자에게 유리한 심결에 대해서만 일사부재리의 효력이 인정된다고 볼 수는 없다.

〈김　신〉

---

17) 권택수(주 6), 151.

제152조(소송과의 관계)

① 심판장은 심판에서 필요하면 그 심판사건과 관련되는 디자인일부심사등록 이의신청에 대한 결정 또는 다른 심판의 심결이 확정되거나 소송절차가 완결될 때까지 그 절차를 중지할 수 있다.

② 법원은 소송절차에서 필요하면 디자인에 관한 심결이 확정될 때까지 그 소송절차를 중지할 수 있다.

③ 법원은 디자인권 또는 전용실시권의 침해에 관한 소가 제기된 경우에는 그 취지를 특허심판원장에게 통보하여야 한다. 그 소송절차가 끝났을 때에도 또한 같다.

④ 특허심판원장은 제3항에 따른 디자인권 또는 전용실시권의 침해에 관한 소에 대응하여 그 디자인권에 관한 무효심판 등이 청구된 경우에는 그 취지를 제3항에 해당하는 법원에 통보하여야 한다. 그 심판청구의 각하결정, 심결 또는 청구의 취하가 있는 경우에도 또한 같다.

<소 목 차>

Ⅰ. 본조의 취지[1]

본조는 심사와 심판 또는 소송중인 사건들이 상호 관련성이 있을 때 이들 사건들 간에 상호 모순·저촉되는 결과를 방지하기 위하여 심사·심판 또는 소송절차의 중지제도 및 특허심판원과 법원 간 통보제도를 둔 것이다.

Ⅱ. 내 용

1. 심판절차 및 소송절차의 중지(제1, 2항)

각종 심판절차와 소송절차는 상호 연관되는 경우가 많으므로 제1, 2항은 이들 절차의 합리적인 조정을 위하여 그 중 하나의 절차를 중지할 수 있음을 규정한 것이다. 심사에 있어서도 제77조에 이 조문 내용과 같은 취지의 규정이

---

1) 정상조·박성수 공편, 특허법 주해Ⅱ, 박영사(2010), 644-646(윤태식 집필부분) 참조.

있다.2)

디자인을 받을 수 있는 권리를 승계하지 않고 디자인출원을 하여 디자인권자가 되었다고 하는 이유로서 갑을 피청구인으로 하여 무효심판이 청구되어 있고, 동시에 법원에서는 당해 디자인을 받을 권리 양도의 유·무효가 다투어지고 있을 때, 소송에서 갑이 디자인을 받을 권리를 정당하게 승계하였는지 여부가 판단된 후에 심판의 심리를 진행하는 것이 소송경제에 합치되므로, 제1항의 규정에 의하여 심판절차를 중지할 수 있다. 그리고 만약 디자인권자 을이 제3자인 병에 대하여 디자인권 침해를 이유로 법원에 손해배상을 청구하는 소를 제기하였고, 동시에 특허심판원에 을의 디자인권에 대한 무효심판이 계속 중에 있을 때에는, 무효심판의 심결이 확정된 후 소송을 심리를 진행하는 것이 소송경제에 합치되므로, 제2항의 규정에 의하여 소송절차를 중지할 수 있다.

제1, 2항에 의해 절차를 중지할 것인지 여부는 담당 심판관 또는 법관의 재량에 의하여 결정된다.3) 즉 디자인보호법 제164조 제1항이 심판에서 필요하면 그 심판사건과 관련되는 디자인일부심사등록 이의신청에 대한 결정 또는 다른 심판의 심결이 확정되거나 소송절차가 완결될 때까지 그 절차를 중지할 수 있다고 규정한 것은 임의규정으로서 심판절차를 꼭 중지하여야 하는 것은 아니므로, 관련 사건의 심판 등이 계속 중임에도 심판절차를 중지하지 아니하고 심결에 이른 조치는 위법하다고 할 수 없다.4) 그리고 디자인보호법 제164조 제2항에 의하여 법원이 소송절차 중지의 결정을 할 것인지 여부도 합리적인 재량에 의하여 직권으로 정하는 것으로서 그 소송절차를 중지한다는 결정에 대하여는 당사자가 항고(재항고)에 의하여 불복할 수 없다.5)

2. 소 제기 및 심판청구 사실의 통보(제3, 4항)

제3, 4항은 디자인 분쟁의 효율적인 해결을 위하여 디자인권 또는 전용실시

---

2) 제77조(심사 또는 소송절차의 중지)
　① 심사관은 디자인등록출원의 심사에 필요한 경우에는 심결이 확정될 때까지 또는 소송절차가 완결될 때까지 그 절차를 중지할 수 있다.
　② 법원은 필요한 경우에는 디자인등록출원에 대한 결정이 확정될 때까지 그 소송절차를 중지할 수 있다.
　③ 제1항 및 제2항에 따른 중지에 대하여는 불복할 수 없다.
3) 대법원 1995. 8. 25. 선고 95후125 판결, 대법원 1992. 1. 15.자 91마612 결정.
4) 대법원 1995. 4. 25. 선고 94후2094 판결.
5) 대법원 1992. 1. 15.자 91마612 결정.

권의 침해에 관한 소가 제기된 경우 법원에서는 그 사실을 특허심판원장에게
통보하고, 특허심판원장은 그 소에 대응하는 무효심판 등이 청구된 경우에는 법
원에 그 사실을 통보하도록 한 규정이다.

〈김 신〉

제153조(심판비용)

① 제121조 제1항 및 제122조에 따른 심판비용의 부담에 관한 사항은 심판이 심결에 의하여 종결될 때에는 그 심결로써 정하고, 심판이 심결에 의하지 아니하고 종결될 때에는 결정으로써 정하여야 한다.

② 제1항의 심판비용에 관하여는「민사소송법」제98조부터 제103조까지, 제107조 제1항·제2항, 제108조, 제111조, 제112조 및 제116조를 준용한다.

③ 제119조·제120조 또는 제123조의 심판비용은 청구인 또는 이의신청인이 부담한다.

④ 제3항에 따라 청구인 또는 이의신청인이 부담하는 비용에 관하여는「민사소송법」제102조를 준용한다.

⑤ 심판비용액은 심결 또는 결정이 확정된 후 당사자의 청구를 받아 특허심판원장이 결정한다.

⑥ 심판비용의 범위·금액·납부 및 심판에서 절차상의 행위를 하기 위하여 필요한 비용의 지급에 관하여는 그 성질에 반하지 아니하는 범위에서「민사소송비용법」중 해당 규정의 예에 따른다.

⑦ 심판의 대리를 한 변리사에게 당사자가 지급하였거나 지급할 보수는 특허청장이 정하는 금액의 범위에서 심판비용으로 본다. 이 경우 여러 명의 변리사가 심판의 대리를 한 경우라도 1명의 변리사가 심판대리를 한 것으로 본다.

〈소 목 차〉

Ⅰ. 심판비용 개관

1. 심판비용의 의의

디자인보호법은 심판비용에 관하여 민사소송법 규정을 준용하도록 하고 있고(제153조 제2항), 심판비용의 범위·금액·납부 등에 관해서는 민사소송비용법의 예에 의하도록 하고 있다(제153조 제6항). 민사소송법은 소송비용의 범위·금액·납부 등에 관하여 민사소송규칙, 민사소송비용법, 민사소송비용규칙, 민사소송 등 인지법, 민사소송 등 인지규칙, 변호사보수의 소송비용산입에 관한 규칙, 집행관 수수료 규칙 등에 의하도록 정하고 있다(민사소송법 제98조 내지 제116조).

무엇이 소송비용이 되는지에 관하여, 민사소송비용법 제1조는 '소송행위에 필요한 한도의 비용'으로 정의하고 있고, 그 산정에 관해서는 민사소송비용법의 규정에 의하되, 규정이 없는 비용은 그 실비액에 의하도록 하고 있다(같은 법 제9조).

2. 심판비용의 종류

민사소송비용법에 규정된 심판비용은 협의의 심판비용과 당사자비용으로 구분된다.[1]

가. 심판비용

협의의 심판비용이란 당사자가 심판수행을 위하여 특허심판원에 납부하는 비용으로서 수수료와 체당금으로 나뉜다.

(1) 수 수 료

수수료(인지대)란 심판의 제기 또는 기타의 신청을 하는 경우, 인지를 첩용하는 방법으로 납입하는 비용을 말한다. 그 법률적 성질은 당사자가 특허심판원에 대하여 일정한 행위를 요구함으로 인하여 공적비용으로서 징수하는 요금이라고 할 수 있다. 이에 관해서는 「민사소송 등 인지법」에 의하도록 되어 있다(민사소송비용법 제2조).

(2) 체 당 금

체당금(替當金)이란 특정한 심판을 위하여 국고가 채무자로서 현금으로 지

---

1) 이시윤, 新民事訴訟法(제7판), 박영사(2013), 643.

출하게 될 비용으로서 종국적으로는 당사자로부터 상환을 받을 수 있는 성질의 돈을 말한다. 증인, 감정인에 대한 일당이나 특별요금, 그들에게 지급할 숙박료, 여비, 검증비, 출석요구서 송달료, 신문·관보 등에 의한 광고료 등이 있다(민사소송비용법 제3조 내지 제8조).

나. 당사자비용

당사자가 채무자로서 국고 이외의 자에 대하여 지급하는 비용을 가리킨다. 민사소송비용법이 규정하는 서류의 서기료, 도면 작성료, 번역료(민사소송비용법 제3조, 같은 규칙 제2조, 제3조), 집행관의 수수료체당금(민사소송비용법 제10조), 당사자가 기일에 출석하도록 명령받은 경우의 여비·일당(민사소송비용법 제4조) 등이 있다. 당사자비용은 당해 행위를 구하는 당사자가 그 행위를 한 자에게 그때그때 지급할 수밖에 없고 후에 심판비용의 부담자가 정해지면 그 부담자로부터 상환을 받을 수 있게 된다.

3. 심판비용에 관한 결정

심판비용에 관한 결정이란 서로 대립하는 당사자가 심판 수행에 필요한 한도 내에서 지출한 비용을 상대방 당사자 또는 그 심판에 관여한 제3자로부터 상환 받을 수 있도록 그 부담자와 부담비율 또는 구체적인 부담액을 정하는 결정을 말한다.

심판비용의 부담자와 그 액수를 동시에 정하는 것이 간편할 것이나(민사소송법 제114조 제1항 참조), 본안심판과 동시에 심판비용에 관한 재판을 해야 하므로(제153조 제1항) 그때 바로 구체적인 심판비용액까지 확정하는 것은 기술적으로 어렵다. 따라서 심판비용액 확정결정의 절차를 추가적으로 둘 수밖에 없다(제153조 제5항, 민사소송법 제110조 참조).

가. 심판비용 부담의 결정(제153조 제1항)

심판비용의 부담자와 부담비율을 정하는 결정이다. 디자인보호법 제153조 제1항은 "심판이 심결에 의하여 종결할 때에는 그 심결로써, 심판이 심결에 의하지 아니하고 종결할 때에는 결정으로써 하여야 한다"라고 규정하고 있다.

심판이 심결에 의하지 아니하고 종결할 때에는 같은 조 제5항의 심판비용액 확정의 결정만으로도 심판비용의 부담 및 심판비용액의 확정이 가능하므로 같은 조 제1항은 불필요한 규정이라고 볼 여지도 있으나, 제5항은 특허심판원장

이 구체적인 심판비용액을 확정하도록 규정하고 있으므로, 심판비용의 부담은
해당 사건의 기록을 검토한 심판부가 심판절차와 내용을 고려하여 합리적으로
결정할 수 있도록 하고 있다는 점에서 제1항의 의의를 찾을 수 있을 것이다.

나. 심판비용액 확정의 결정(제153조 제5항)

심판비용 부담의 결정에서는 심판비용 부담자와 부담비율만이 정해지므로
심판비용의 구체적인 부담액을 확정하는 절차가 별도로 필요하다. 이 확정결정
절차는 심판비용 부담의 결정과는 독립된 사후절차로서, 심판비용액을 확정하는
유일한 절차이므로 이 절차에 의하지 아니하고 심판비용액의 확정을 구하는 독립
된 신청은 허용되지 않는 것으로 봄이 타당하다.[2] 심판비용 부담의 결정에서 정
해진 부담비율은 그 확정결정의 전제가 되고 확정결정의 절차에서 그것을 변경
할 수는 없다.

이 절차에서는 당사자가 제출한 개개의 비용항목이 권리를 늘리거나 지키
는 데 필요한 비용이었는지의 여부, 심판비용에 속하는 것인지 여부, 그 구체적
인 금액 등을 개별적으로 심사하여 비용액을 확정하게 된다.

4. 심판비용에 관한 결정의 효력

심판비용에 관한 결정에 대한 당사자의 신청은 직권발동을 촉구하는 데 불
과하므로 당사자의 신청이 없더라도 특허심판원은 반드시 심판비용 부담의 결
정을 해야 한다.

심판비용 부담의 결정이 집행권원이 되고, 심판비용액 확정의 결정은 심판
비용 부담의 결정에 의하여 확정된 심판비용 상환청구권의 집행을 위해 그 액
수만을 정하는 부수적 결정이다.[3]

Ⅱ. 심판비용 부담의 결정(제153조 제1항)

1. 의   의

디자인등록의 무효심판(제121조 제1항), 권리범위 확인심판(제122조)에 관한
비용부담은 직권으로 결정하여 심결의 주문 또는 별도의 결정문에 기재해야 한

---

2) 소송비용에 관해서는 대법원 1987. 3. 10. 선고 86다카803 판결[공1987.5.1.(799), 632]
  참조.
3) 대법원 2001. 8. 13.자 2000마7028 결정[공2001.10.15.(140), 2151] 참조.

다는 규정이다.4)

심판비용 부담의 결정은 본조항의 규정 형식이나 적정한 비용부담을 위하여 본안사건의 심판기록을 검토한 심판부가 담당하는 것이 합리적이라는 점을 고려하여 본안사건의 심판부가 심판의 종결 후 즉시 직권으로 처리할 수 있도록 규정한 점에서 의의가 있다고 보인다.5)

2. 결정 주문과 이유의 기재

심판비용 부담의 결정 주문은 "심판비용은 피청구인이 부담한다", "심판비용 중 70%는 청구인이 부담하고, 30%는 피청구인이 부담한다", "심판비용은 각자 부담한다"라는 식으로 심판비용의 부담자와 부담비율을 정해주면 된다.

심판비용 부담의 결정에도 이유를 명시함이 원칙이나, 일반적으로 심판의 주문과 디자인보호법이 준용하는 민사소송법 규정에 의하여 그 이유를 쉽게 알 수 있으므로 따로 이유를 적지 않거나 단순히 "패소자의 부담으로 한다"라는 정도로 적어도 무방하다. 다만 전부승소자에게 심판비용의 일부를 부담시킨다든지, 일부패소자에게 심판비용을 전액 부담시키는 등 비용부담의 원칙에 대한 예외에 해당하는 경우에는 구체적으로 그 이유를 설시할 필요가 있다.

3. 심판청구의 취하와 심판비용의 부담

가. 심판청구는 심결이 확정될 때까지 이를 취하할 수 있고, 취하가 있는 때에는 그 심판청구는 처음부터 없었던 것으로 보는데(제149조), 이와 같이 심판청구가 심결에 의하지 아니하고 종결할 때에는 본안사건의 심판부가 직권으로 심판비용의 부담자와 부담비율을 결정해야 함은 앞서 설명한 바와 같다.

심판청구의 취하는 심판청구인이 쓸데없는 심판을 청구한 셈이 되므로 패소자에 준하여 그 심판비용을 부담시켜야 할 것이지만, 심판이 청구된 후 피청구인과의 화해가 성립되었거나 피청구인이 자진하여 디자인의 등록을 무효로

---

4) 민사소송에서는 소송이 재판에 의하지 아니하고 끝난 경우에는 '당사자의 신청에 의해' 소송비용의 액수를 정해 부담하도록 규정하고 있다(민사소송법 제114조 제1항). 다만 심판 절차의 실무상 심결에 의하지 아니하고 종결할 때에는 본조항의 규정에도 불구하고 심판비용 부담의 결정을 하지 않는다고 한다[특허심판원, 심판편람(제11판)(2014), 757. 이하 '2014년 심판편람'이라고만 한다].

5) 민사소송에서는, 소송이 재판에 의하지 아니하고 끝난 경우(민사소송법 제114조) 소송비용에 관한 재판을 본안사건의 담당법원이 처리하도록 하고 있다{대법원 1992. 11. 30.자 90마1003 결정[공1993.2.1.(937), 407]; 1999. 8. 25.자 97마3132 결정[공1999.11.1.(93), 2156]; 법원행정처, 법원실무제요 민사소송[Ⅰ](2005), 410 참조}.

한 결과 심판이 취하된 경우에는 피청구인에게 심판비용 전액을 부담시키거나 쌍방에게 안분 분담시키는 것이 적절할 수도 있다(민사소송법 제99조 참조).

나. 공동심판청구인 중 일부 청구인이 심판을 취하한 경우에도, 취하하지 않은 심판청구인에 대해서는 심결로써 심판비용의 부담을 정하고, 취하한 심판청구인에 대해서는 결정으로써 심판비용의 부담을 따로 정해야 한다.

4. 참가와 심판비용의 부담

참가신청에 대하여 당사자가 이의를 진술함으로써 그 이의에 의하여 생긴 심판비용은 이의의 허부를 결정할 때에 함께 결정하고, 참가인과 상대방과의 사이에 참가로 인하여 생긴 심판비용의 부담은 본안의 심판을 할 때에 결정한다. 한편 참가인이 참가의 신청을 취하한 경우와 당사자가 참가에 대한 이의를 취하한 경우 또는 참가인이 참가한 이후에 참가신청을 취하한 경우에, 참가신청이나 이의신청에 의하여 생긴 비용에 대해서는 심판이 심결에 의하지 아니하고 종결된 경우에 해당하므로 따로 심판비용 부담의 결정을 할 수밖에 없을 것이다.6)

5. 이해관계에 대한 다툼과 심판비용의 부담

심판청구의 이해관계에 관하여 당사자간의 다툼이 있어 증거조사에 비용이 소요된 경우 그 비용의 부담은 다툰 당사자간에 있어 본안심리에서의 승패와는 별도로 이해관계에 관한 다툼의 승패에 따라 정할 수 있다.7) 이해관계의 여부는 심판청구의 전제가 되는 것으로서 본안심판의 당부와는 다른 쟁점을 가지므로 본안심판과 섞어 심판비용 부담의 결정을 하는 것은 적절하지 않다는 고려에 따른 것으로 보인다. 다만 이해관계의 다툼에 관한 심판비용이 미미하거나 그 부분만을 분리하는 것이 기술적으로 쉽지 않다면 전체 심판비용의 부담만을 결정하되 그러한 사정을 적절히 반영하는 것이 현실적일 것이다.

6. 취소판결에 의한 심판사건에서의 심판비용의 부담

실무상 취소된 원심판의 심판비용까지 포함하여 심판총비용을 정한다.8)

---

6) 민사소송법 제114조 제1항은 디자인보호법에 의해 준용되지 않지만 유추적용될 수 있을 것이다.
7) 특허심판원(주 4), 760. 이 경우 디자인보호법 제153조 제2항의 기준에 따라 정하면 될 것이다.
8) 특허심판원(주 4), 760.

Ⅲ. 민사소송법 규정의 준용(제153조 제2항)

1. 심판비용 부담의 원칙, 예외

가. 심판비용 부담의 원칙: 패소자 부담(민사소송법 제98조)

심판에서 승소한 당사자는 자신이 지출한 심판비용을 패소한 당사자에게
청구할 수 있다. 양 당사자가 함께 분쟁을 해결하기 위하여 국가의 심판제도를
이용하였으므로 각자 심판비용을 부담하는 것이 원칙이라고 할 수도 있겠으나,
승패의 결과에 따라 패소자에게 일종의 결과적 책임을 부담하게 하는 것이 정
의감에 합치되고 심판제도의 적정하고 합리적인 운영이라는 견지에서도 낫다고
이해할 수 있다.

패소한 당사자란 심판청구가 인용되면 피청구인이고, 심판청구가 기각되면
청구인이다. 심판청구가 일부는 인용이 되고 일부가 기각되면 일부패소[9]가 되
는데, 이 경우의 심판비용 부담에 관해서는 민사소송법 제101조에서 규정한다.
심판청구가 각하된 경우도 청구인이 패소한 것이다.

나. 원칙에 대한 예외(1)(민사소송법 제99조)

패소자의 심판행위라고 해서 모두 무익하고 승소자의 심판행위라고 해서
모두 유익한 것은 아니므로 패소자 부담의 원칙만을 고수하여 항상 심판비용의
전부를 패소자에게 부담시킨다면 경우에 따라서는 공평하지 못할 수도 있다. 특
별한 사정이 있는 경우에는 심판비용의 일부를 승소자에게 부담시킬 수 있도록
본조는 규정하고 있고 이는 심판부의 재량에 맡겨져 있다.

2014년 심판편람(758면)은 심판청구가 화해, 권리이전, 실시권설정을 이유로
각하된 경우, 소극적 권리범위확인심판에 있어 피청구인(권리자)이 경고 등 권리
행사가 없고 방어도 하지 아니한 때에 청구인(비권리자)이 승소한 경우에는 승소
자가 비용을 부담하고, 신청에 의한 증인심문 결과 증인·증언이 입증사항과 관
계가 없는 자(사항)인 것이 판명된 경우 그 증인심문에 소요된 비용은 신청한
당사자가 승소자인 경우에도 그에게 일부나 전부를 부담시킬 수 있다고 한다.
참고로 대법원은 적극적 권리범위확인 심결에 대한 상고심 계속 중 당해 디자
인등록의 무효심결이 확정되어 위 상고심의 소를 각하하는 경우 소송총비용을

---

9) '일부승소·일부패소'라고 표현하는 것이 보다 정확할 수 있으나 민사소송법 제101조에
   서 '일부패소'라고 표현하고 있으므로 '일부패소'라고 표시하는 것이 법문에 부합한다.

각자의 부담으로 명하고 있다.[10]

다. 원칙에 대한 예외(2)(민사소송법 제100조)

민사소송법 제99조가 권리를 늘리거나 지키는 데 필요하였던 행위로 인한 비용인가 아닌가 하는 심판의 내용적 고찰에 기한 예외를 규정한 것임에 비해, 민사소송법 제100조는 심판의 형태적 고찰에 기하여 심판을 지연시키는 행위 또는 불행위로 인한 비용인가 아닌가에 따라 승소자의 부담으로 할 수 있다는 예외를 규정한 것이다.

마찬가지로 심판부의 재량에 맡겨져 있으나, 개개의 행위가 과연 심판을 지연시킨 것인지 아닌지 불분명한 경우가 많으므로 실무상 거의 적용되지 않는 실정이다.

2. 일부패소의 경우(민사소송법 제101조)

가. 심판청구의 일부에 대하여 패소한 경우, 패소자 부담의 원칙에 의하면 그 당사자는 패소부분에 대한 심판비용을 부담하게 되겠지만 패소부분과 승소부분의 비율이 구체적인 사안에 따라서 다르고 또한 패소부분에 관한 심판비용과 승소부분에 관한 심판비용을 구별하기 어려운 경우도 많을 것이므로 일부패소의 경우에는 심판비용을 분담시키는 방법, 비율 등을 심판부의 재량에 의하여 정할 수 있게 하고 사정에 따라서는 당사자의 일방에게 심판비용의 전부를 부담시킬 수 있도록 예외를 규정한 것이다.

일부패소의 경우에 각 당사자가 부담할 심판비용은 결정권자가 제반사정을 종합하여 재량에 의해 정할 수 있으므로, 반드시 청구액과 인용액의 비율만으로 정할 필요는 없다.[11]

나. 일부패소의 경우 심판비용의 부담을 정하는 방법으로는 사정에 따라 다음과 같은 네 가지 방법을 이용할 수 있다.[12]

(1) 첫째는 각 당사자에게 자기가 지출한 비용을 부담시키고 서로 상대방에 대하여 상환청구를 할 수 없게 하는 방법이다. 비용상계라고도 한다. [기재례: 심판비용은 각자 부담한다][13]

---

10) 대법원 2005. 5. 13. 선고 2004후295 판결[미간행] 등.
11) 대법원 2007. 7. 12. 선고 2005다38324 판결[공2007.8.15.(280), 1237] 참조.
12) 関日榮・金能煥 공편, 註釋 民事訴訟法(Ⅱ)(제7판), 韓國司法行政學會(2012), 76(이기택 집필부분) 참조.
13) "심판비용은 각자 부담한다"라는 주문을 쓰면 보통의 경우는 청구인이 더 많은 심판비

(2) 둘째는 패소의 비율에 응하여 부담시키는 비율분담의 방법이다. [기재례: 심판비용 중 30%는 청구인이 부담하고, 70%는 피청구인이 부담한다]

(3) 셋째는 비용 중 특정 부분을 당사자의 일방에게 부담시키고 나머지를 다른 당사자에게 전부 부담시키는 방법이다. [기재례: 심판비용 중 검증비용은 청구인이 부담하고, 나머지는 피청구인이 부담한다] 다만 실무상 흔히 이용되는 방법은 아니다.

(4) 넷째는 사정에 따라 일방의 당사자에게 전액을 부담시키는 방법이다. [기재례: 심판비용은 (피)청구인이 부담한다]

네 가지 방법 중 어떤 방법을 선택할 것인가는 사정에 따라 담당 심판부가 판단할 것이다. 승패의 비율이 수치적으로 분명하더라도 권리를 늘리거나 지키는 데 필요한 행위였는지 여부, 공격방어방법의 제출이 적당한 시기를 넘겼는지 여부, 기일이나 기간의 준수를 게을리 함으로써 생긴 비용인지 여부 등의 사정을 고려하여 결정해야 하므로 승패의 비율만으로 안분하는 것이 적당하지 않은 경우도 있다. 따라서 구체적인 사건의 사정에 따라서 부담의 방법과 비율을 합리적으로 정해야 한다.[14]

3. 공동심판, 참가의 경우

가. 공동심판의 경우(민사소송법 제102조)

(1) 공동심판이란 1개의 심판절차에 여러 사람의 청구인 또는 피청구인이 관여하는 심판형태를 말한다. 이 경우 청구인 또는 피청구인측에 서는 여러 사람을 공동심판(피)청구인이라 한다.[15] 공동심판은 처음부터 여러 사람의 청구인이, 또는 여러 사람의 피청구인에 대하여 공동으로 심판을 제기한 경우뿐만 아니라 처음에는 단일심판이었다가 뒤에 공동심판이 되는 경우도 있다.

(2) 심판비용 부담에 관하여 공동심판은, ① 공동심판(피)청구인이 전부 패소한 경우, ② 공동심판(피)청구인이 전부 승소한 경우, ③ 공동심판(피)청구인이 일부패소한 경우, ④ 공동심판(피)청구인 중 일부가 패소한 경우로 구분할 수 있다.

먼저 공동심판(피)청구인이 전부 패소한 경우에는 공동심판(피)청구인이 심

용을 지출하므로 청구인이 더 많이 부담하게 된다. 만약 심판비용의 절반을 각 당사자에게 분담시키려고 한다면 주문에서 "심판비용을 절반씩 분담한다"라고 표시를 해야 한다.

14) 대법원 2000. 1. 18. 선고 98다18506 판결[공2000.3.1.(101), 446] 등 참조.

15) 공동소송에 관한 상세한 설명은 이시윤(주 1), 692 이하 참조.

판비용을 전부 부담한다. 공동심판(피)청구인들 사이에서 누가 얼마를 부담할지
는 관련 법규나 그들 사이의 계약관계에 의해 정해짐이 원칙이고, 그러한 기준
이 마련되어 있지 않은 때에는 민사소송법 제102조에 의해 정하면 된다. 이에
관해서는 후술한다.

　　다음 공동심판(피)청구인이 전부 승소한 경우에는 패소한 상대방 당사자가
민사소송법 제98조에 의하여 승소한 공동심판(피)청구인들이 각각 지출한 비용
을 모두 상환할 의무를 부담하는 것이 원칙이다.[16]

　　그리고 공동심판(피)청구인 전원이 일부패소한 경우에는 민사소송법 제101
조와 제102조를 함께 적용하여 심판비용의 부담을 정할 수밖에 없는데, 우선 민
사소송법 제101조에 의하여 공동심판청구인과 공동심판피청구인 중 어느 쪽에
얼마만큼을 부담시킬 것인가를 정하고 나서 제102조에 의하여 공동심판(피)청구
인 상호간의 분담을 정하면 된다. 이러한 이치는 쌍방이 모두 공동심판(피)청구
인인 경우에도 같다.

　　마지막으로 공동심판(피)청구인 중 일부가 패소한 경우에는 승패에 따라
"심판비용 중 청구인과 피청구인 갑 사이에 생긴 부분은 피청구인 갑이 부담하
고, 청구인과 피청구인 을 사이에 생긴 부분은 청구인이 부담한다"는 식으로 결
정하는 예가 많다. 그러나 이러한 주문은 청구인이 지출한 심판비용 중 피청구
인 갑에 대한 부분과 피청구인 을에 대한 부분으로 나누는 작업을 심판비용액
확정결정 절차에서 가려내야 하므로 문제가 있다. 심판비용의 부담에 관해서는
사안을 충분히 파악하고 있는 해당 심판부에 큰 폭의 재량을 부여하고 있으므
로 적절히 정하되, 심판비용액 확정결정에서는 구체적인 계산 및 항목 확인 이
외에 가급적 추가적인 판단의 여지를 남겨 두지 않는 것이 바람직하다.

　　(3) 민사소송법 제102조는 공동심판(피)청구인이 전부 패소한 경우의 심판
비용 부담에 관해 규정하고 있다.

　　㈎ 균등부담의 원칙(민사소송법 제102조 제1항 본문)

　　민사소송법 제102조 제1항 전문은 "공동소송인은 소송비용을 균등하게 부
담한다"라고 규정하고 있는바, 이는 심판부에서 심판비용의 부담을 정할 때 기
준으로서 기능한다기보다는 공동심판(피)청구인들 사이의 심판비용 분담에 관해
정해지지 않았을 때 그 분담방법을 정하는 규범으로서 기능한다. 실무에서도 단

---

16) 다만 소송에서의 변호사 보수에 관해서는 예외가 있다{대법원 2000. 11. 30.자 2000마
　　5563 전원합의체 결정[집48(2)민, 229; 공2001.1.15.(122), 153] 참조}.

순히 "심판비용은 공동심판(피)청구인이 부담한다"라고 선언하는 것이 보통인데, 그와 같이 주문에서 부담비율을 정하지 아니하면 위 조항에 의하여 균등하게 분담하게 된다.[17)]

(내) **연대부담의 예외**(민사소송법 제102조 제1항 단서)

심판물이 공동심판(피)청구인의 합유 또는 공유에 속하는 소위 필수적 공동심판의 경우에는 원칙적으로 심판비용을 연대부담시키는 것이 적절할 것이다.[18)] 이 경우는 심판비용을 분할하여 분담하는 것으로 정하게 되면 상대방 당사자로서는 공동심판(피)청구인 개개인으로부터 심판비용을 추심해야 하므로 절차가 번잡할 뿐만 아니라 한 사람이라도 무자력자가 끼어 있는 때에는 그 부담부분 만큼은 상환을 받을 수 없게 되어 불공평하기 때문이다.

(대) **다른 방법**(민사소송법 제102조 제2항)

심판비용의 부담을 공동심판(피)청구인의 분할부담으로 하거나 연대부담으로 하는 것이 도리어 불공평하다고 생각될 경우에 심판부는 사정에 따라서 그 이외의 다른 방법으로 부담시킬 수 있다. 예컨대, 공동심판(피)청구인 중 1인만이 다투고 다른 공동심판(피)청구인은 상대방의 주장사실을 전부 인정하고 있어서 그 1인 때문에 심판이 현저히 지연되고 입증을 위하여 상당한 비용이 허비된 경우에 그 비용은 그 행위를 하게 한 자에게 부담시켜야 할 것이고, 연대하여 상환하라고 한다든가 균등하게 분할상환하라고 하여서는 불공평할 것이다. 또 공동심판의 일부 당사자 사이에서만 이해관계 여부에 관한 다툼이 있어 이를 위해 소요된 비용의 경우에는 그 당사자 사이에서만 부담을 정하는 것이 공평할 것이다.[19)]

이와 같은 경우에 실무에서는 주문에서 "심판비용 중 청구인과 피청구인 갑 사이에 생긴 부분은 피청구인 갑이 부담하고, 청구인과 피청구인 을 사이에 생긴 부분은 피청구인 을이 부담한다"라고 결정하는 예가 있다. 일반론으로는

---

17) 판례도 판결주문에서 공동소송인별로 소송비용의 부담비율을 정하거나 연대부담을 명하지 아니하고 단순히 소송비용은 "공동소송인들의 부담으로 한다"라고 정하였다면 공동소송인들은 상대방에 대하여 균등하게 소송비용을 부담하고, 공동소송인들 상호 간에 내부적으로 비용분담 문제가 생기더라도 그것은 그들 사이의 합의와 실체법에 의하여 해결되어야 한다고 한다{대법원 2001. 10. 16.자 2001마1774 결정[공2001.12.15.(144), 2519]}.
18) 복수의 출원인이 특허청의 거절결정에 대하여 특허심판원에 취소심판을 공동으로 청구하는 경우가 전형적인 필수적 공동심판에 해당한다[이에 관한 자세한 설명으로는, 특허법원 지적재산소송 실무연구회, 지적재산소송실무(제3판), 박영사(2014), 16 참조].
19) 특허심판원(주 4), 760 참조.

앞서 언급한 바와 같이 청구인이 지출한 비용을 피청구인 갑에 대한 부분과 피청구인 을에 대한 부분으로 나누기가 어려운 경우가 많고, 또 그것을 나누는 것을 본안심리를 하는 심판부가 아닌 심판비용액 확정결정을 하는 특허심판원장의 판단에 미루는 것이 되므로, 가급적 수액까지 산출하여 부담을 정하든지 그렇지 못하더라도 숫자로 표시하는 비율을 정하여 부담시키는 것이 바람직할 것이다.

나. 참가의 경우(민사소송법 제103조)

(1) 공동심판을 청구할 수 있는 자는 심리가 종결될 때까지 심판에 참가할 수 있고, 심판의 결과에 대하여 이해관계를 가진 자는 심리가 종결될 때까지 당사자의 어느 한쪽을 보조하기 위하여 심판에 참가할 수 있다(디자인보호법 제143조).

(2) 참가신청은 이유를 붙여 서면으로 해야 하고 특허심판원은 심판으로 그 참가 여부를 결정해야 한다는 점에서(디자인보호법 제144조), 참가신청에 대하여 당사자가 이의를 신청한 때에만 참가이유를 소명하도록 하여 참가허부를 결정하고, 이의신청이 없는 경우에는 법원이 직권으로 하지 않는 한, 참가인은 참가이유를 소명할 필요가 없는 민사소송법 제72조, 제73조와는 차이가 있다.[20]

(3) 참가비용의 부담에 관하여 민사소송법 제98조 내지 제102조를 준용하므로, 본안심판에서 상대방이 패소하게 되면 상대방의 부담이 되고 피참가인이 패소하게 되면 피참가인 부담으로 된다. 본안심판이 일부패소인 경우에는 민사소송법 제101조에 의하여 심판부가 부담비율을 정한다. 상대방이 여러 명이라든지 피참가인과 참가인이 공동하여 심판행위를 한 경우에 심판부는 민사소송법 제102조에 의하여 비용부담의 방법을 정할 수 있다. 그리고 참가인의 심판행위가 권리를 늘리거나 지키는 데 필요한 것이었는지 또는 그것 때문에 심판이 지연되지는 아니하였는지 등을 참작한 후에 민사소송법 제99조, 제100조를 준용하여 그 비용의 부담을 정할 수 있다.

---

20) 민사소송법 제74조에 의하면, 당사자가 이의신청 없이 변론에서 진술하면 이의신청권 자체가 소멸된다. 다만 2014년 심판편람(759면)에서는 "참가신청에 대하여 당사자의 이의 신청이 있어 이의로 인하여 참가 허부결정이 있는 경우"라고 하여 디자인보호법 제144조에 불구하고 실무에서는 참가 허부결정을 이의신청이 있는 경우에만 하는 취지로 기재되어 있다.

4. 제3자의 비용상환, 무권대리인의 비용부담

가. 제3자의 비용상환(민사소송법 제107조)

(1) 심판에 관여하는 제3자가 고의 또는 중대한 과실로 쓸데없는 비용을 생기게 한 경우 민법상의 불법행위로 인한 손해배상과는 별도로 그 제3자에 대하여 일종의 제재로서 그 비용을 부담시킬 수 있도록 하는 규정이다. 그 목적은 명백히 부적법하거나 또는 이유 없는 신청을 하여 국가기관의 업무를 방해하는 것을 방지하고 또한 불필요한 비용을 지출한 당사자에게 신속간편한 방법으로 상환받을 수 있게 하려는 데 있다. 본조에 의한 심판비용 상환의무는 당사자의 상환의무와 병렬적으로 발생하고 당사자의 심판비용 상환의무가 본조의 의무에 의하여 면제되는 것은 아니다.

대리인이 정당한 이유 없이 기일의 준수를 게을리하고 그 때문에 출석한 상대방 당사자에게 쓸데없는 비용을 들게 한 경우에는 본조에 해당한다. 비록 그와 같은 행위를 법률을 모르는 당사자가 요구한다고 하더라도 대리인은 이에 따라서는 아니되므로 그 책임을 면할 수 없기 때문이다.

본조에 의하여 상환할 비용은 심판비용에 국한되지 않는다. 심판절차에서 제3자가 고의 또는 중대한 과실로 불필요한 비용을 발생시키기만 하면 비용상환의무의 대상이 된다.

제3자의 비용상환의무가 발생하면, 당사자의 신청 또는 직권으로 심판부는 쓸데없는 비용을 내게 한 제3자에 대하여 그 비용의 상환을 명하는 결정을 할 수 있다. 이 상환명령은 결정으로 하게 되지만 심판의 제3자에게 의무를 과하는 것이므로 결정을 하기 전에 관계인을 심문하는 것이 바람직하다.[21]

(2) 법정대리인 또는 심판대리인이 심판행위를 한 후 대리권 또는 심판행위를 함에 필요한 수권이 있었다는 것을 증명하지 못한 경우 또는 추인을 얻지 못하여 그 심판행위가 유효로 되지 못한 경우 그 심판행위로 인하여 생긴 심판비용에 대하여 당해 법정대리인 또는 심판대리인에게 상환을 명할 수 있다.

민사소송법 제107조 제2항에 의한 상환의무의 대상은 제1항의 비용과는 달리 '심판비용'에 국한되는 것으로 해석된다.

---

21) 閔日榮·金能煥 공편(주 12), 106(이기택 집필부분) 참조.

나. 무권대리인의 비용부담(민사소송법 제108조)

(1) 청구인의 법정대리인 또는 심판대리인으로서 심판청구를 제기한 자가 그 대리권을 증명할 수 없고 또한 추인을 받지 못한 경우에는 심판청구는 결국 부적법하여 각하될 것이다. 이 경우 심판비용을 무권대리인이 부담하도록 하는 규정이다.

한편 수권 없이 심판을 제기함으로써 상대방 당사자로 하여금 심판대리인을 선임하도록 하여 선임비용이 들도록 한 경우 선임비용 중 심판비용에 해당하는 부분은 당연히 무권대리인이 상환의무를 부담한다고 할 것이지만, 민사소송비용법에 의한 심판비용을 초과하는 선임비용까지 무권대리인이 부담해야 하는지 의문이 있다. 민사소송법 제108조 및 제107조 제2항은 상환 대상을 '소송비용'으로 한정하고 있으므로 '심판비용'만 상환하면 될 것으로 보인다. 다만 불필요한 비용지출이 무권대리인의 고의 또는 중과실에 의한 것임이 증명된다면 민사소송법 제107조 제1항의 요건도 충족할 것이고, 민사소송법 제108조 및 제107조 제2항이 제107조 제1항의 적용을 배제한다고 볼 이유도 없으므로, 민사소송법 제107조 제1항에 의하여 당사자가 선임비용으로 지출한 모든 비용에 대해 상환하도록 하거나 민법상 불법행위에 의한 손해배상으로 별도의 청구가 가능하다고 생각된다. 다만 그 요건에 대한 증명은 엄격하게 따져야 할 것이다.

(2) 청구인의 성명을 모용하여 심판청구를 제기한 경우에는 실제로 심판청구를 제기한 자는 형식적으로 대리인으로 표시되어 있지 않지만 그 심판의 청구인은 청구서에 청구인이라고 기재된 자이므로(표시주의), 현실적으로 심판청구 제기의 심판행위를 한 자는 대리권 없이 심판행위를 했다는 점에서 본조를 유추적용하여 심판비용을 부담시킬 수 있을 것이다. 본조는 법인이나 법인 아닌 사단 또는 재단으로서 당사자능력이 인정되는 단체(민사소송법 제52조)의 대표자 또는 관리인에게도 준용된다(민사소송법 제64조).

5. 상대방에 대한 최고, 부담비용의 상계(민사소송법 제111조, 제112조)

가. 민사소송법 제111조, 제112조는 심판비용액을 확정하기 위한 절차이다. 당사자의 심판비용액 확정결정 신청이 있으면, 그 결정을 하기 전에 상대방에게 비용계산서의 등본을 교부하고 이에 대해 상대방이 이의가 있으면 별도의 비용계산서나 소명자료를 제출하도록 하여 심판비용액 확정결정의 정확성과 공평성

을 확보한다. 물론 당사자들 사이에 부담비율이 정해져 있는 경우에는 양쪽의
비용계산서 및 소명자료를 검토하여 서로 주고받을 금액을 상계함으로써 일거
에 심판비용에 관한 결정을 간편한 방법으로 마무리할 수 있다.

　　나. 당사자들은 비용계산서 기재의 비용항목, 권리를 늘리거나 지키는 데
있어서의 필요성, 민사소송비용법 소정액의 초과 유무 등에 관하여 의견을 개진
할 수 있으나, 비용상환의무의 존부에 관하여는 이미 심판비용 부담의 결정에서
정해진 것이므로 이의를 제기할 수 없다.

　　다. 상대방이 제출한 비용계산서는 그것이 상대방의 새로운 신청으로서의
실질을 갖는다고 할 수 있으므로, 이에 대해서는 신청인에게도 의견을 진술할
기회를 주는 것이 공평할 것인바, '소송실무'에서는 이미 상대방이 제출한 비용
계산서의 등본을 다시 신청인에게 송달한다.[22]

　　라. 반대로, 상대방이 심판부가 정한 기간 내에 비용계산서 및 비용액의 소
명에 필요한 서류를 제출하지 않은 때에는 심판부는 신청인이 계상한 비용만으
로 분담액을 정할 수 있다. 상대방이 전술한 서면을 제출하지 않는다고 해서 심
판비용 부담의 결정이 명하고 있는 분담비율을 무시하고 신청인이 계상한 비용
액 전부를 상대방의 부담으로 할 수는 없고 그 금액에 대해서만 부담액을 정해
야 한다. 예컨대, 심판비용 부담의 결정에서 청구인이 30%, 피청구인이 70%로
분담비율이 결정되고 심판비용액 확정결정의 신청을 한 청구인이 계상한 총비
용액이 15,000원인 때 상대방인 피청구인이 최고에 대하여 비용계산서를 제출
하지 않으면, 15,000원에 대하여 신청인 4,500원(30%), 상대방 10,500원(70%)의
분담액을 정하면 되는 것이다.

　　상대방이 최고기간 내에 필요한 서류를 제출하지 않더라도 자신의 비용상
환청구권은 소멸하지 않으므로 상대방은 나중에 따로 심판비용액의 확정을 구
하는 신청을 할 수 있다.

　　마. 당사자 쌍방이 계상한 비용계산서에 기하여 각기 지출한 총비용액을
산출하여 분담비율에 따라 쌍방의 부담액을 정하게 된다. 그리하여 지출액과 부
담액을 상계하고 차액에 대해서는 부담액이 많은 당사자가 부담액이 적은 당사
자에게 지급할 것을 결정하게 된다. 예컨대, 청구인이 30%, 피청구인이 70%를
분담할 때 청구인이 지출한 총비용액이 15,000원, 피청구인이 지출한 것이
9,000원이라고 하면, 청구인은 피청구인에게 10,500원을 청구할 수 있고, 피청구

_____

22) 법원행정처(주 5), 419 참조.

인은 청구인에게 2,700원을 청구할 수 있게 되므로, 피청구인의 상환청구권 2,700원은 청구인의 상환청구권 10,500원 중 2,700원과 상계된 것으로 간주하고 피청구인이 청구인에게 지급할 비용액을 7,800원으로 결정하게 된다.

6. 비용의 예납(민사소송법 제116조)

가. 민사소송법 제116조 제1항에서는 비용을 필요로 하는 행위에 관하여 예납명령을 발할 수 있는 근거를, 제2항에서는 예납하지 않는 경우의 제재에 관하여 규정하고 있다.

비용을 필요로 하는 심판행위에 관하여 예납제도를 규정한 이유는 심판부에 대하여 일정한 행위를 요구하는 당사자는 필요한 비용을 미리 지출하여 요구한 행위를 쉽게 할 수 있게 하는 것이 바람직할 것이고 만일에 심판부가 비용을 미리 지출하고 당사자로부터 수봉(收捧)하려고 할 때 당사자의 무자력 등으로 수봉이 불가능하거나 곤란하게 될 염려가 있기 때문이다. 심판비용의 예납제도는 국가의 심판비용 확보를 담보하는 기능을 하는 점에서, 당사자의 상대방에 대한 심판비용 상환을 담보하는 기능을 하는 심판비용의 담보제공 제도(민사소송법 제117조 이하)와 구별된다. 심판비용의 담보제공이든 심판비용의 예납이든 모두 심판청구 당사자에게 금전적 의무를 부과함으로써 심판청구권을 제한하는 측면이 있으므로, 그 정도와 범위를 적절히 정하여 운용해야 하고, 특히 소송(심판)구조 제도(민사소송법 제128조 이하)의 합리적인 구비가 전제되어야 할 것이다.

나. 예납해야 하는 심판비용은 ① 증인, 감정인, 통역인에 대한 여비, ② 감정인, 통역인, 번역인에 대한 감정료, 통역료, 번역료 및 감정, 통역, 번역에 필요한 비용, ③ 감정의 촉탁을 한 경우 그에 필요한 비용, ④ 현장검증 등 행위를 수행하기 위하여 심판관 및 참여 공무원 등에게 지급되는 여비이다.23) 심판장은 심판비용을 필요로 하는 행위에 대하여 당사자에게 그 비용을 미리 납부하게 할 때에는 예납요구서를 송부한다.24)

심판부가 심판비용의 예납을 명할 수 있는 당사자는 그 심판행위로 이익을 받을 당사자인 것이 원칙인바, 구체적으로는 다음 각호의 기준을 따라야 한다(민사소송규칙 제19조). 아래 속기 또는 녹음, 증거조사를 양쪽 당사자가 신청한

---

23) 심판사무취급규정(특허청 훈령 제755호) 제15조 참조.
24) 위 심판사무취급규정 제17조 참조.

경우에는 필요한 비용을 균등하게 나누어 미리 내게 하여야 한다. 다만 심판부
는 사정에 따라 미리 낼 금액의 비율을 다르게 할 수 있다.

　　(1) (제1호) 송달료는 청구인

　　(2) (제2호) 심리의 속기 또는 녹음에 드는 비용은 신청인. 다만 직권에 의
한 속기 또는 녹음의 경우에는 그 속기 또는 녹음으로 이익을 받을 당사자가
분명하지 아니한 때에는 청구인

　　(3) (제3호) 증거조사를 위한 증인·감정인·통역인 등에 대한 여비·일
당·숙박료 및 감정인·통역인 등에 대한 보수와 심판부 외에서의 증거조사를
위한 심판관, 그 밖의 심판원 공무원의 여비·숙박료는 그 증거조사를 신청한
당사자. 다만 직권에 의한 증거조사의 경우에 그 증거조사로 이익을 받을 당사
자가 분명하지 아니한 때에는 청구인

　　다. 당사자가 자진하여 필요한 비용을 예납하지 않는다면 심판부는 예납명
령을 발한다.

　　예납명령에는 비용을 요하는 심판행위의 내용과 기한을 명시하여야 한다.
증거조사비용에 관해서는 증거채택의 결정을 할 때에 같은 조치를 취하게 된다.
예납명령은 민사소송법 제116조 제2항에 의한 제재의 근거가 된다. 예납명령은
성질로 보면 심판의 지휘에 관한 것이므로 심판부는 언제든지 이를 취소할 수
있고 다시 예납명령을 할 수 있다.

　　라. 심판부가 (신청이든 직권이든) 비용을 필요로 하는 행위를 함에 있어서
예납명령을 할 것인가 아닌가는 "할 수 있다"라고 되어 있는 규정의 형식상 자
유재량으로 봄이 타당하다. 예납명령 제도는 당사자에게 비용을 지급하게 하는
담보수단이기 때문에, 심판부가 예납명령을 함에 있어서는 당사자의 자산상태
를 참작하여 정해야 한다.25)

　　마. 당사자가 필요한 비용을 예납하지 아니한 경우 민사소송법 제116조 제
2항의 제재를 가할 수 있다. 민사소송법 제116조 제2항에는 "비용을 미리 내지
아니하는 때에는 법원은 그 소송행위를 하지 아니할 수 있다"라고 규정되어 있
어 그 제재가 단지 그 행위를 하지 않는다는 소극적 효과에 그치는 것인지, 그
신청 또는 심판청구서를 각하하는 적극적 제재까지 할 수 있는지 문제된다. 규
정의 문언 자체가 "소송행위를 하지 아니할 수 있다"라고만 되어 있으므로, 당
사자에게 불이익하게 확장하여 해석하기는 어렵다고 보인다.

---

25) 閔日榮·金能煥 공편(주 12), 158(이기택 집필부분) 참조.

당사자의 신청에 의하여 심판행위가 허용될 것인 때에는 기간 내에 비용의
예납이 없는 이상 심판부는 그 신청을 배척할 수밖에 없을 것이고, 직권에 의한
심판행위인 경우에 있어서는 심판부가 심판행위를 하지 않기로 하였는지 여부
가 분명하지 않으므로 명시적으로 선언할 필요가 있을 것이다.

    바. 예납명령에 대해서는 독립한 불복방법이 없다. 따라서 예납명령에 따르
지 않아 증거결정이 취소됨으로써 그것 때문에 불이익한 심판을 받게 되면 그
것을 이유로 심결취소소송에서 다툴 수밖에 없다.

Ⅳ. 거절계 사건 등의 심판비용의 부담(제153조 제3항, 제4항)

    1. 보정각하결정에 대한 심판(제119조), 디자인등록거절결정 또는 디자인등
록취소결정에 대한 심판(제120조), 통상실시권 허락의 심판(제123조)은 청구인 또
는 이의신청인이 비용을 부담하도록 규정하고 있다. 실무상으로는 심결시 주문
에 비용부담을 기재하지 않는다고 한다.[26]
    2. 제153조 제3항은 심판의 승패에 관계없이 심판비용을 청구인 또는 이의
신청인의 부담으로 정하고 있으므로 청구인 또는 이의신청인이 복수일 경우에
는 청구인 또는 이의신청인들 사이의 심판비용 안분의 문제가 생긴다. 청구인
또는 이의신청인들 사이에 특별한 약정이나 관계 법령의 규정이 없으면 공동심
판의 경우와 같이 처리하는 것이 타당하므로 민사소송법 제102조를 준용하게
된다. 앞서 살펴본 '공동심판'에 관한 설명 중 공동심판(피)청구인들이 전부패소
한 경우와 같다.

Ⅴ. 심판비용액 확정의 결정(제153조 제5항)

    1. 심결 이후에도 심판비용이 생길 수 있고 심판비용액의 확정은 기술적이
고 복잡하여 본안심결을 지연시킬 수 있다는 점을 고려하여, 디자인보호법 제
153조 제1항의 심판비용 부담의 결정에서는 심판비용의 부담자와 부담비율 정
도만 정하고, 구체적인 심판비용액의 확정은 나중에 간편하고 기계적인 절차에
따라 결정하기 위한 규정이다.[27]

---

26) 특허심판원(주 4), 757 참조.
27) 한편 소송비용액의 확정결정 절차에 관한 민사소송법 제110조, 제115조의 사무는 법원
    조직법 제54조 제2항 제1호, 사법보좌관규칙 제2조 제1항 제1호의 규정에 의하여 사법보

그런데 심판비용 부담의 결정 절차에서는 심판비용액 확정결정 절차에 재량의 여지를 남기지 않도록 가능한 한 구체적으로 심판비용의 부담을 정하는 것이 바람직함은 앞서 설명한 바와 같은바, 만약 심판비용 부담의 결정에서 심판비용의 부담자를 정하고 구체적인 심판비용액까지도 쉽게 확정할 수 있어 그렇게 하였다면, 본항의 절차를 거칠 필요가 없는 것이 아닌지 의문이 있다. 그러나 디자인보호법 제154조에서 본항에 의한 특허심판원장의 심판비용액 확정결정에 '집행력 있는 집행권원'의 효력을 부여하고 있으므로, 민사소송에서와는 달리 본항의 절차는 생략될 수 없다고 할 것이다.[28]

2. 심판비용액 결정을 청구하는 자는 심판비용액 결정청구서에 필요한 비용계산서와 증빙서류를 첨부하여야 한다(디자인보호법 시행규칙 제84조). 결정청구서를 접수한 때에는 사건기록과 대조하여 청구서의 기재사항의 흠결 유무를 조사하고, 피청구인에게 의견서 제출기간을 정하여 최고서를 송달하며, 피청구인이 의견서 등을 제출하면 다시 그 의견서 등을 청구인에게 송달하여 의견을 묻고, 당사자들로부터 제출받은 결정청구서 또는 의견서 등을 참작하여 심판비용을 계산한 후, 심판비용액 결정서를 작성하여 당사자들에게 송달한다.[29]

심판비용액 확정결정 절차에서는 상환할 심판비용의 수액을 청구범위 내에서 정할 따름이고 그 상환의무 자체의 존부를 심리·판단할 수는 없다.[30]

3. 심판비용액 확정은 결정으로 한다. 상환할 비용액을 명시하고 공동심판(피)청구인에게는 연대채무를 진 것이 아닌 한 각각 그 금액을 명시하여야 한다. 결정액은 청구된 총비용액을 초과할 수 없으나 당사자가 청구한 비용액의 총액을 초과하지 아니하는 범위 내에서는 부당한 비용 및 금액을 삭제 또는 감액하거나 직권으로 새로운 비용항목을 추가 또는 증액할 수 있다.

4. 수인의 공동심판(피)청구인 중 일부만 심판비용액 확정결정을 청구한 경우에는 공동심판(피)청구인 전원이 청구한 것을 전제로 심판비용액을 계산한 다

좌관이 행할 수 있도록 되어 있다.

28) 일본 의장법 제52조가 준용하는 일본 특허법 제169조 제5항도 우리와 같은 문언으로 규정되어 있는데, 같은 조 제1항의 심결이나 결정에서는 구체적인 비용액을 정하지 아니하고, 제5항에 따라 당사자의 청구에 의하여 특허청장관이 (구체적인 심판비용액을) 결정한다고 한다{中産信弘·小泉直樹 공편, 新·註解 特許法(下卷), 靑林書院(2011), 2344(伊原友己 집필부분) 참조}.

29) 심판 또는 재심에 관한 비용액결정에 관한 규정(특허청고시 제2013-21호) 제4조, 제5조, 제6조 참조. 심판비용의 구체적인 계산방법에 관해서는 특허심판원(주 4), 764 참조.

30) 대법원 2002. 9. 23.자 2000마5257 결정[공2002.11.15.(166), 2468]; 2008. 5. 7.자 2008마482 결정[미간행] 참조.

음 그 중 당해 청구인이 상환받을 수 있는 금액에 대해서만 확정결정을 해야
하고, 수인의 공동심판(피)청구인 중 일부만을 상대로 심판비용액 확정을 청구
한 경우에도 공동심판(피)청구인 전원을 상대로 청구한 것을 전제로 심판비용액
을 계산한 다음 그 중 당해 피청구인이 부담해야 할 금액에 대해서만 확정결정
을 해야 한다.

Ⅵ. 민사소송비용법 규정의 준용(제153조 제6항)

심판비용의 범위와 금액 등에 관해서는 앞서 설명한 바와 같이 민사소송비
용법의 규정에 따라 정해진다.

한편 「심판 또는 재심에 관한 비용액결정에 관한 규정(특허청고시 제2013-21
호)」 제8조, 제9조는 심판비용액의 범위를 심판 또는 재심의 심판행위에 필요한
한도의 비용으로서 다음과 같이 정하고 있는데, 본조항과 충돌이 있는 경우에는
상위법인 본조항의 규정에 의해 민사소송비용법, 민사소송비용규칙이 우선적으
로 적용되어야 할 것이다.

① 심판 또는 재심의 청구료: '특허료 등의 징수규칙'의 규정에 의하여 특
허청에 납부한 금액

② 심판의 대리를 한 변리사에게 당사자가 지급한 또는 지급할 보수: 심판
또는 재심의 청구료 범위 이내에서 보수계약에 의하여 당사자가 지급하는 금액

③ 심판 또는 재심의 청구서, 기타 서류 및 도면의 작성료

④ 출석통지에 의한 당사자, 증인, 감정인, 통역인 등의 일당, 숙박료 또는
여비

⑤ 신청에 의하여 비용을 예납시키고 실시한 현지 검증에 소요된 일당, 숙
박료 또는 여비

Ⅶ. 대리인 보수의 심판비용 산입(제153조 제7항)

1. 실제로 심판이나 소송을 수행하는 데 있어서 당사자가 지출하게 되는 비
용 중에서 가장 큰 몫을 차지하는 것은 변호사, 변리사에 대한 보수이다. 디자
인보호법 제172조는 심결취소소송에서의 소송대리인 보수의 소송비용 산입에
관하여 민사소송법 제109조를 준용하도록 규정하고 있으므로 소송대리인에 대

한 실제 지급액 중 대법원규칙이 정하는 범위 내에서 소송비용으로 인정되어 상대방으로부터 반환받을 수 있다.[31]

한편 본조항은 심판비용에 포함되는 변리사 보수의 심판비용 산입에 관하여 규정하고 있는데, 실제 지급액 중 '특허청장이 정하는 금액의 범위'에서 심판비용으로 인정된다는 취지다. '특허청장이 정하는 금액의 범위'는 「심판 또는 재심에 관한 비용액결정에 관한 규정(특허청고시 제2013-21호)」 제8조 제2호, 제9조 제2호를 말하는데, '심판 또는 재심의 청구료 범위' 이내에서 변리사 보수를 심판비용으로 인정한다는 것이다. '심판 또는 재심의 청구료'는 「특허료 등의 징수규칙(지식경제부령 제253호)」에 따라 특허청에 납부한 금액을 의미하므로, 심판비용으로 인정되는 변리사 보수는 '특허료 등의 징수규칙에 따라 특허청에 납부한 심판 또는 재심 청구료'의 범위이다. 예컨대, 심판청구를 의뢰받은 변리사가 당사자로부터 3,850,000원의 보수를 받았고, 심판 청구료를 333,660원 납부했다면, 심판청구가 전부 인용된 경우 상대방으로부터 상환받을 수 있는 금액은 심판 청구료 333,660원과 심판 청구료 범위 내의 변리사보수 333,660원 합계 667,320원이 된다.[32]

위 규정은 심판비용액에 대한 업계의 현실을 반영하지 못하고 있으므로, 심판비용에 산입되는 대리인의 보수를 적정화함으로써 권리구제 수단으로써의 특허심판의 실효성을 강화해야 한다는 지적이 있다.[33]

---

31) 판례는 변호사보수를 소송비용에 산입하여 패소한 당사자에게 부담시키도록 정한 본조는 정당한 권리행사로서 소송을 제기하거나 부당한 제소에 응소하려는 당사자를 위하여 실효적인 권리구제를 보장하고, 함부로 소송을 제기하거나 상소하는 행태를 억제하여 사법제도의 적정하고 합리적인 운영을 도모하려는 데 취지가 있어 그 입법목적이 정당함은 물론, 권리를 정당하게 실행하기 위하여 소송을 제기하거나 응소한 사람의 경우 이로써 지출한 변호사비용을 상환받을 수 있게 되는 반면, 패소할 경우 비교적 고액인 변호사비용의 부담으로 인하여 부당한 제소 및 방어와 상소를 자제하게 되는 등 입법 목적의 달성에 실효적인 수단이 된다고 할 것이어서 방법의 적정성도 인정되고, 나아가 비록 변호사보수를 소송비용에 산입함으로써 특히 경제적인 능력이 부족한 사람들의 법원에의 접근을 일부 제한하게 되는 점은 부인할 수 없으나, 위 정당한 권리실행을 위하여 소송제도를 이용하려는 사람들에게 실효적인 권리구제수단을 마련하고 사법제도를 적정하고 합리적으로 운영하기 위한 중대한 공익을 추구하고 있어 피해의 최소성과 법익의 균형성도 갖추고 있는바, 그렇다면 이 법률조항은 충분히 합리적인 근거가 있다고 할 것이므로 헌법 제11조의 평등원칙에 위배되지 않는다고 한다{헌법재판소 2002. 4. 25. 선고 2001헌바20 결정[헌공제68호]; 대법원 2005. 11. 8.자 2005마957 결정[미간행]}.

32) 특허심판원, 정책연구과제 최종보고서(적정 심판비용액 산정을 위한 연구)(2014. 6. 20.), 3 참조.

33) 특허심판원(주 32), 1 참조.

2. 민사소송법 제109조 제2항과 마찬가지로 본조항 후문에 의하여, 여러 명의 변리사가 심판절차를 대리하였더라도 1명의 변리사가 심판대리를 한 것으로 본다.

3. 소송비용에 산입되는 변호사 보수는 디자인보호법 제172조가 준용하는 민사소송법 제109조에 의하여 대법원규칙인 「변호사 보수의 소송비용 산입에 관한 규칙」 제3조 제1항에 따라 정하는데, 심판비용도 위와 같은 기준을 유추적용하여 정할 수 있다는 견해가 있을 수 있으나, 디자인보호법 제153조 제2항은 민사소송법 제109조의 준용을 배제하고 같은 조 제7항에 따라 '특허청장이 정하는 금액의 범위'를 기준으로 명시하고 있는 이상, 위 대법원규칙의 기준을 유추적용하기는 어렵다고 생각된다.

〈곽부규〉

> ### 제154조(심판비용액 또는 대가에 대한 집행권원)
> 이 법에 따라 특허심판원장이 정한 심판비용액 또는 심판관이 정한 대가에 관하여 확정된 결정은 집행력 있는 집행권원과 같은 효력을 가진다. 이 경우 집행력 있는 정본은 특허심판원 소속 공무원이 부여한다.

집행문이란 집행권원에 집행력 있음과 집행당사자를 공증하기 위하여 법원 사무관등이 공증기관으로서 집행권원의 끝에 덧붙여 적는 공증문언을 말하며(민사집행법 제29조 제1항, 제2항), 집행문이 있는 집행권원의 정본을 '집행력 있는 정본'이라고 한다(민사집행법 제28조 제1항). 집행문은 강제집행을 실시하기 위하여 신청에 따라 부여되는 것으로서 채권자가 집행기관(집행법원 또는 집행관)에 강제집행을 신청 또는 위임하면서 첨부·제출해야 하는 것이다.

모든 강제집행에 집행문부여가 필요한 것은 아니다. 법률상 '집행력 있는 집행권원(채무명의, 집행명의)' 또는 '집행력 있는 민사판결 정본'과 동일한 효력이 있는 것으로 인정되는 경우에는 집행문부여가 필요하지 않다. 본조에 따른 특허심판원장이 정한 심판비용액에 관하여 확정된 결정도 집행력 있는 집행권원과 동일한 효력을 가진다고 규정되어 있으므로 집행문을 부여받을 필요 없이 집행할 수 있다고 할 것이다.[1]

다만 본조 후문은 특허심판원 소속 공무원이 '집행력 있는 정본'을 부여한다고 규정하고 있고, 「심판 또는 재심에 관한 비용액결정에 관한 규정」 제11조는, 디자인보호법 제154조에 의하여 강제집행문 부여를 신청하는 자는 집행문 부여 신청서를 특허심판원장에게 제출해야 하고, 그러한 신청에 대하여 집행문, 심판비용액 결정문 등본 송달증명원 또는 심판비용액 결정 확정증명원을 특허심판원 심판정책과장 명의로 발급할 수 있다고 규정하고 있다. 일본 의장법 제52조가 준용하는 일본 특허법 제170조에는 "심판비용액에 관하여 확정된 결정은 집행력 있는 채무명의와 같은 효력이 있다"라고만 규정되어 있어 우리 디자인보호법 제154조 후문에 해당하는 규정은 없다.

〈곽부규〉

---

1) 법원행정처, 법원실무제요 민사집행[Ⅰ](2014), 203-205; 같은 취지로 특허심판원, 심판편람(제11판)(2014), 766 참조.

본조는 결정계인 디자인등록거절결정과 디자인등록취소결정에 대한 심판에
성질상 당사자계 심판에 적용되는 답변서 제출 및 참가 규정의 적용을 배제하
는 것을 내용으로 한다.

제134조(답변서 제출 등)
① 심판장은 심판이 청구되면 청구서 부본을 피청구인에게 송달하고 기간을 정하
여 답변서를 제출할 수 있는 기회를 주어야 한다.
② 심판장은 제1항의 답변서를 받았을 때에는 그 부본을 청구인에게 송달하여야
한다.

제143조(참가)
① 제125조 제2항에 따라 심판을 청구할 수 있는 자는 심리가 종결될 때까지 그
심판에 참가할 수 있다.
② 제1항에 따른 참가인은 피참가인이 그 심판의 청구를 취하한 후에도 심판절차
를 속행할 수 있다.
③ 심판의 결과에 대하여 이해관계를 가진 자는 심리가 종결될 때까지 당사자의
어느 한쪽을 보조하기 위하여 그 심판에 참가할 수 있다.
④ 제3항에 따른 참가인은 모든 심판절차를 밟을 수 있다.
⑤ 제1항 또는 제3항에 따른 참가인에게 심판절차의 중단 또는 중지의 원인이 있
으면 그 중단 또는 중지는 피참가인에 대하여도 그 효력이 발생한다.

제144조(참가의 신청 및 결정)
① 심판에 참가하려는 자는 참가신청서를 심판장에게 제출하여야 한다.
② 심판장은 참가신청이 있는 경우에는 참가신청서 부본을 당사자 및 다른 참가인
에게 송달하고 기간을 정하여 의견서를 제출할 수 있는 기회를 주어야 한다.
③ 참가신청이 있는 경우에는 심판으로 그 참가 여부를 결정하여야 한다.
④ 제3항에 따른 결정은 서면으로 하여야 하며 그 이유를 붙여야 한다.
⑤ 제3항에 따른 결정에는 불복할 수 없다.

〈이다우〉

> **제156조(심사 또는 디자인일부심사등록 이의신청 절차의 효력)**
> 심사 또는 디자인일부심사등록 이의신청 절차에서 밟은 디자인에 관한 절차
> 는 디자인등록거절결정 또는 디자인등록취소결정에 대한 심판에서도 그 효력
> 이 있다.

　이 조문은 결정계 심판, 즉 디자인등록거절결정 또는 디자인등록취소결정
에 대한 불복심판에 있어서, 심사와 심판이 속심 관계에 있다는 것을 규정한 것
이다.[1] 거절·취소결정 불복심판의 심리는 심사단계의 심리에 기초하여 계속하
되, 심사단계에서 제출되지 않은 새로운 자료를 보충하여 심사관의 판단의 당부
를 조사하는 것이다. 심사와 불복심판과는 속심 관계에 있어, 심사에서 행해진
절차는 그대로 심판에도 효력이 있기 때문에, 동일한 증거조사를 반복할 필요가
없는 등 소송경제면에 있어서 실익이 있다.

　불복심판에서의 재심리 결과, 거절·취소결정에서와 동일한 이유로 심결하
는 경우에는 이미 심사단계에서 출원인에게 의견서 제출, 명세서 등의 보정의
기회를 부여했기 때문에 다시 심사단계와 동일한 거절이유를 통지할 필요가 없
다.[2] 반면에, 심판단계에서 새로이 발견한 거절이유에 관해서는 의견제출통지
등을 통해 의견서 제출 및 보정의 기회를 부여하지 않으면 안 된다(제124조, 제
63조).

〈곽부규〉

---

1) 정상조·박성수 공편, 특허법 주해Ⅱ, 박영사(2010), 667(박길채 집필부분).
2) 中産信弘·小泉直樹 공편, 新·註解 特許法(下卷), 靑林書院(2011), 2296(古橋伸茂 집
　필부분).

제157조(디자인등록거절결정 등의 취소)

　① 심판관은 제119조 또는 제120조에 따른 심판이 청구된 경우에 그 청구가 이유 있다고 인정할 때에는 심결로써 보정각하결정, 디자인등록거절결정 또는 디자인등록취소결정을 취소하여야 한다.
　② 심판에서 보정각하결정, 디자인등록거절결정 또는 디자인등록취소결정을 취소할 경우에는 심사에 부칠 것이라는 심결을 할 수 있다.
　③ 제1항 및 제2항에 따른 심결에서 취소의 기본이 된 이유는 그 사건에 대하여 심사관을 기속한다.

〈소 목 차〉

Ⅰ. 거절결정 등에 대한 불복심판의 심결

　　심사관은 디자인심사등록출원이나 디자인일부심사등록출원 등이 등록요건에 부합되지 않을 때에는 '디자인등록거절결정'을 하고(제62조), 또 심사관합의체는 디자인일부심사등록 이의신청에 대하여 신청이 이유 있으면 '디자인등록취소결정'을 하는데(제73조 제3항), 이러한 '디자인등록거절결정'이나 '디자인등록취소결정'에 대해서는 제120조에 의하여 불복심판을 청구할 수 있다. 한편 심사관은 디자인등록출원의 요지를 변경하는 보정에 대하여 '보정각하결정'을 하는데(제49조), 이에 대해서는 제119조에 따라 불복심판을 청구할 수 있다.

　　제119조나 제120조에 의하여 심판이 제기된 경우 심리를 거쳐 심결을 하게 되는데, 제150조 제1항은 단순히 "심판은 특별한 규정이 있는 경우를 제외하고는 심결로써 종결한다"라고만 규정되어 있어 인용심결과 기각심결을 구분하여 규정하지는 않고 있다. 다만 제157조에서 "심판관은 제119조 또는 제120조에 따른 심판이 청구된 경우에 그 청구가 이유 있다고 인정할 때에는 심결로써 보정각하결정, 디자인등록거절결정 또는 디자인등록취소결정을 취소하여야 한다"라고 규정하여 인용심결의 경우를 특별히 규정하고 있다.

　　따라서 불복심판 청구가 이유 없는 때에는 제150조 제1항에 의하여 기각심결을 하게 되고, 불복심판 청구가 이유 있는 때에는 제150조 제1항 및 제157조에 근거하여 인용심결을 하게 된다. 인용심결의 경우에는 제157조에 의하여 거절결정 등을 취소하고 등록결정을 할 수도 있고(제124조, 제65조), 심사에 부치는 결정을 할 수도 있다(제157조 제2항).

Ⅱ. 취소 심결(제1항)

심판관은 제119조 또는 제120조에 의한 심판청구가 이유 있다고 인정할 때에는 심결로써 보정각하결정, 디자인등록거절결정 또는 디자인등록취소결정을 취소하여야 한다. 즉 심결의 주문에 취소하는 취지를 기재해야 한다. 심결 주문은, 청구가 이유 있어 디자인등록을 시키는 경우에는 "원결정을 취소하고 이 사건 디자인에 대하여 등록결정 한다"라고 기재하고, 청구가 이유 있어 심사에 부치는 결정을 하는 경우에는 "원결정을 취소하고 이 사건을 특허청 심사국에 환송한다"라고 기재한다.[1]

거절결정 등에 대한 불복심판을 청구한 당사자의 궁극적인 목적은 출원에 대한 등록결정을 받는 것이고 한편 거절결정 등에 관한 불복심판 절차는 심사절차에 대한 속행 절차라는 점에서 보면(제156조), 심판청구가 이유 있는 경우에 굳이 거절결정 등을 취소할 필요 없이 바로 등록결정을 할 수 있다고 볼 여지도 있으나, 법률은 심판의 결론을 명확히 한다는 의미에서 이와 같이 심결로써 거절결정 등을 취소하도록 하고 있다.[2]

Ⅲ. 취소환송 심결(제2항)

거절결정 등을 취소하고 심사에 부치는 결정을 할 수 있도록 한 규정이다. 민사소송법은 일정한 경우에 필요적 환송 규정을 두고 있으나(민사소송법 제418조), 이 조항에서 심사에 부치는 결정은 심판관의 재량에 맡겨져 있다.

자판을 하면 심급의 이익이 박탈되거나 위법하게 되는 경우에는 심사국으로 환송하는 것이 적합하다.[3]

---

1) 특허심판원, 심판편람 제11판(2014), 389, 404. 한편 결정계 심판에서는 심판비용을 항상 청구인이 부담하므로 비용부담에 대해서는 별도로 기재할 필요가 없다(심판비용에 관한 제153조 주해부분 참조).
2) 정상조·박성수 공편, 특허법 주해Ⅱ, 박영사(2010), 669-670(최정열 집필부분).
3) 특허심판원(주 1), 674; 中産信弘·小泉直樹 공편, 新·註解 特許法(下卷), 青林書院

Ⅳ. 취소 심결의 기속력(제3항)

거절결정 등에 관한 불복심판에서 거절결정 등을 취소하는 심결이 있어 당해 사건이 심사관에게 환송된 경우, 심결에 있어서 취소의 기본이 된 이유는 그 사건에 대하여 심사관을 기속한다. 따라서 심사관은 원 결정과 동일한 이유로 거절결정을 할 수 없으며, 다른 거절이유를 발견하지 못할 경우에는 디자인등록 결정을 해야 한다.

다른 거절이유란 불복심판이 청구된 원 결정의 거절이유, 보정 및 재심사 과정에서 다루어진 거절이유, 심판관이 새롭게 발견하여 제124조 제2항 및 제63조의 규정에 따라 거절이유가 통지되고 의견제출기회가 주어진 후 심판에서 판단이 이루어진 거절이유 등을 모두 제외한 새로운 거절이유를 말한다. 구체적으로 어떤 것이 다른 거절이유인가에 관해서는 제124조 제2항의 해석에 달려 있다.

〈곽부규〉

(2011), 2303(古橋伸茂 집필부분).

제 8 장
재심 및 소송

> **제158조(재심의 청구)**
> ① 당사자는 확정된 심결에 대하여 재심을 청구할 수 있다.
> ② 제1항의 재심청구에 관하여는 「민사소송법」 제451조 및 제453조를 준용한다.

<소 목 차>

Ⅰ. 재심의 의의	1. 제1항(재심청구)
Ⅱ. 재심의 청구요건	2. 제2항(민사소송법의 재심사유 준용)

Ⅰ. 재심의 의의

재심은 확정된 종국판결에 대해서 특별한 사유가 있는 경우에 그 판결의 취소와 재심리를 구하는 소송법상의 제도이다(민사소송법 제451조, 형사소송법 제420조 참조). 디자인보호법은 특허법, 실용신안법, 상표법과 같이 확정된 심결에 대한 불복신청제도로서 소송법상의 재심제도에 유사한 재심제도를 도입한 것이다(특허법 제178조, 실용신안법 제33조, 상표법 제83조).

특허, 상표, 실용신안과 같은 지식재산권에 대한 무효 등 분쟁은 특별한 심판절차를 거쳐 특별한 심판기관인 특허심판원으로 하여금 먼저 심판하도록 하고 있다(대법원 1962. 3. 15.자 4294행항8 결정[집10(1)행, 129]). 이러한 심판의 법적 성격은 특허심판원에서의 행정절차이고 그 심결은 행정처분에 해당한다(대법원 2002. 6. 25. 선고 2000후1290 판결[공2002.11.15.(166), 2616]).[1] 그러나 행정처분에 대한 취소소송인 행정소송법이 제31조에 제3자에 의한 재심청구만 인정하고 있는 것과는 달리 소송법상의 재심제도를 도입함으로써 이미 종결된 심판에 대하여 다시 심판을 받을 수 있도록 한 것이다. 그 주된 근거는 심판절차에서는 민

---

[1] 정상조·박성수 공편, 특허법 주해Ⅱ, 박영사(2010), 673-711(오영준 집필부분).

사소송법의 절차가 준용되고 있고 심판관의 합의체가 채택되고 있으며, 당사자
계 심판에서는 당사자 대립구조가 취해지고 있는 등 특허심판원에 의한 심판은
준사법적 절차로서의 성격도 겸유하고 있다는 점에서 구하고 있다.

심결이 일단 확정된 이상 그 심결은 기속력, 형식적 확정력, 일사부재리의
효력(디자인보호법 제151조), 구속력 등이 생기므로 더 이상 다투는 것을 허용하
지 않는 것이 원칙이다. 그러나 심결의 효력을 그대로 적용하는 것이 정의와 공
평의 관념에 현저히 반하는 결과를 낳게 되는 경우에는 디자인보호법은 특허법
등과 같이 재심제도를 도입하여 이를 시정할 수 있도록 한 것이다. 그러나 재심
은 어디까지나 확정심결에 대한 비상의 불복신청수단이기 때문에 민사소송법
제451조에 해당하는 사유가 있는 경우 및 디자인보호법 제159조의 경우에 한하
여 재심사유를 엄격하게 제한하고 청구기간에도 제한을 가함으로써 적정한 조
정을 도모하고 있다.2)3)

---

2) 滿田重昭・松尾和子 編, 注解 意匠法, 靑林書院(2010), 620-640.
3) 한편, 일본은 2011. 6. 8. 특허법개정을 통하여 제104조의4(주장의 제한)를 신설하였고,
   2011. 6. 24. 개정된 의장법도 제41조에서 위 특허법 제104조의4를 준용하고 있는바, 그 내
   용은 다음과 같다. 특허권 또는 전용실시권의 침해 또는 제65조 제1항 또는 제184조의10
   제1항에 규정하는 보상금의 지급청구에 관계된 소송의 종국판결이 확정된 후에 다음에 정
   하는 심결이 확정된 때에는 해당 소송의 당사자였던 자는 해당 종국판결에 대한 재심(해
   당 소송을 본안으로 하는 가압류명령사건의 채권자에 대한 손해배상청구소송을 목적으로
   하는 소 및 해당 소송을 본안으로 하는 가처분 명령사건의 채권자에 대한 손해배상 및 부
   당이득반환청구를 목적으로 하는 소를 포함한다)에서 해당 심결이 확정된 것을 주장할 수
   없다.
   1. 해당 특허를 무효로 하여야 한다는 취지의 심결
   2. 해당 특허권의 존속기간의 연장등록을 무효로 하여야 한다는 취지의 심결
   3. 해당 특허의 원서에 첨부한 명세서, 특허청구의 범위 또는 도면의 정정을 하여야 한
   다는 취지의 심결로서 정령으로 정하는 것.
   위와 같은 규정의 신설은 동법 제104조의3 제1항에서 "특허가 무효심판에 의하여 무효
   로 될 것이라고 인정되는 경우에는 특허권자는 침해소송의 상대방에 대하여 권리행사를
   할 수 없다"는 규정을 신설한 이후에 이루어진 것이다. 침해소송과 무효소송과의 이중트랙
   을 갖는 것에서 오는 법적 안정성의 저해를 재심사유를 제한함으로써 조정하고자 한 것이
   다. 우리나라에의 도입가능성에 대하여는, 강헌, "특허권침해소송과 재심청구의 제한―일
   본에서의 논의를 중심으로―", 경영법률 제24집 제2호, 사단법인 한국경영법률학회(2014),
   569-589.

Ⅱ. 재심의 청구요건

1. 제1항(재심청구)

가. 재심청구의 대상

(1) 확정심결

재심청구의 대상은 확정된 심결이다. 본조의 법문은 확정심결을 대상으로 하고 있을 뿐 그것이 각하심결인지 기각심결인지 등을 구별하고 있지 아니하고 있으나 각하심결에 대해서도 이를 대상으로 함이 타당하다는 견해도 있다.4)

확정된 심결이여야 하므로, 아직 확정되지 아니하고 심결취소소송 등 불복신청수단이 남아있는 심결에 대해서는 재심의 청구를 할 수 없다. 심결확정 전에 제기한 재심의 청구가 부적법하다는 이유로 각하되지 아니하고 있는 동안에, 심결이 확정되었다고 하더라도, 그 재심의 청구가 적법한 것으로 되는 것은 아니다.5)

다만, 재심의 청구는 종국된 심결의 확정력을 제거함을 목적으로 하는 것으로서 확정된 심결에 대해서만 제기할 수 있는 것이므로 확정심결이라도 형식적으로 확정만 되었지 내용상의 확정력이 없는 무효인 심결(예: 사망자를 상대로 한 심결)은 재심을 제기할 필요가 없으므로 이를 대상으로 한 재심청구는 부적법하다.6)

---

4) 이하 정상조·박성수 공편(주 1), 675에서 인용: 확정심결의 효력에 대하여 규정하고 있는 특허법 제163조는 "심판의 심결이 확정된 때에는 그 사건에 대하여는 누구든지 동일사실 및 동일증거에 의하여 다시 심판을 청구할 수 없다. 다만, 확정된 심결이 각하심결인 경우에는 그러하지 아니하다"라고 규정하여 다른 확정심결에 대해서는 일사부재리의 효력을 주고 있으면서도 각하심결에 대하여 일사부재리의 효력을 배제하고 있기 때문에, 각하심결에 대하여는 다시 새로운 심판을 청구하면 되지 재심을 청구할 필요가 없지 않나 하는 의문이 생길 수 있다. 재심은 기존의 심판을 속행하는 것이므로 새로운 심판청구와는 절차나 비용의 측면에 있어서 청구인에게 유리하며, 특히 심판의 청구가 일정한 기간 내에 이루어져야 하는 경우에는 기간준수 유무에 있어서 중대한 차이를 가져온다(예: 재심청구는 심결확정 후 재심의 사유를 안 날부터 30일 이내에 또는 심결확정 후 3년 내에 재심을 청구하여야 하는데, 이 재심청구를 각하한 심결을 재심으로 다투지 못한다면, 새로운 재심청구는 불가능하게 된다). 이러한 사정을 종합하여 보면, 각하심결에 대하여도 재심사유가 존재하는 경우에는 재심청구를 인정함이 타당하다. 특허법원 2011. 7. 8. 선고 2010재허43 판결은 재심청구기간을 도과하였다는 것을 사유로 하여 재심청구를 각하한 특허법원 2010. 6. 30. 선고 2009재허30 판결(특허법원 2008. 3. 20. 선고 2007허4694 판결에 대한 재심사건)에 대하여 청구인이 주장하는 재심사유가 민사소송법이 규정하는 재심사유에 해당되지 아니한다는 이유로 각하하였다.

5) 대법원 1980. 7. 8. 선고 80다1132 판결[공1980.9.1.(639), 13011].

6) 대법원 1994. 12. 9. 선고 94다16564 판결[공1995.1.15.(984), 445]. 원래 재심의 소는 종국판결의 확정력을 제거함을 그 목적으로 하는 것으로 확정된 판결에 대하여서만 제기할 수 있

(2) 청구의 의의

민사소송법은 재심의 소를 '제기'할 수 있다고 규정하고 있는 반면에, 형사소송법은 '청구'할 수 있다고 달리 구별하여 규정하고 있으나, 여기서 '청구'라 함은 확정심결을 취소하고 확정심결에 의하여 종료된 본안사건을 다시 심판할 것을 구하는 것을 의미한다.

나. 재심 청구적격자

청구적격자는 확정심결의 '당사자'이다. 즉 결정계심판의 확정심결에 대한 재심청구의 청구인은 당해 심판의 청구인만이 재심당사자가 된다. 한편, 당사자계 심판의 확정심결에 관하여는 당해 심판의 청구인 또는 피청구인이 재심청구인이 되고, 각각의 상대방이 피청구인으로 되어 각각 재심당사자가 된다. 그러나 디자인보호법 제159조가 규정하는 사해재심청구에 있어서는 그 심결에 의하여 권리 또는 이익을 해하는 제3자가 청구인이 되고 심판의 청구인 및 피청구인이 공동피청구인이 된다.

심판에 참가할 자격을 가진 참가인이 재심의 청구를 할 수 있는지 문제된다. 일본의 경우, 1996년 민사소송법을 개정하면서 소송의 결과에 대하여 이해관계를 가진 제3자가 보조참가를 신청하고, 재심의 소를 제기하는 것을 법문상 명확히 하였고(민사소송법 제42조 내지 제45조), 이에 따라 의장법(제53조)에서도 재심청구인으로의 적격을 가진 자는 당사자 및 참가인임을 명확히 하였다.[7]

참가인이란 당사자 이외의 제3자가 타인의 심판절차의 계속 중 그 심판의 당사자의 일방에 들어가 그 심판절차를 수행하는 자를 말한다. 심판절차상의 참가에는 디자인보호법 제125조 제1항에 의하여 임의적 공동심판을 청구할 수 있는 자가 심리의 종결까지 청구인으로서 그 심판에 참가하는 민사소송법상의 공동소송참가에 유사한 참가(디자인보호법 제143조 제1항)와 심판의 결과에 대하여 이해관계를 가지는 자가 심리종결 시까지 당사자의 일방을 보조하기 위하여 그 심판에 참가하는 공동소송적 보조참가에 유사한 참가(디자인보호법 제143조 제3항)가 있다. 심판의 당사자가 될 수 없는 자라도 심판의 결과에 대하여 법률상 이해관계를 가지는 경우(예: 특허무효심판청구가 제기된 특허권에 관하여 전용실시권, 통상실시권, 질권을 가지는 자 등) 당사자의 일방을 보조하기 위하여 심판에

는 것이므로 소송수계 또는 당사자표시 정정 등 절차를 밟지 아니하고 사망한 사람을 당사자로 하여 선고된 판결은 당연무효로서 확정력이 없어 이에 대한 재심의 소는 부적법하다.

7) 滿田重昭·松尾和子 編(주 2), 623.

참가할 수 있는데, 이러한 참가인은 피참가인이 심결취소소송을 제기하지 않는 경우에도 독자적으로 심결취소소송을 제기할 수 있다.

　이러한 점에 비추어 보면, 본조의 법문에 청구를 할 수 있는 자를 '당사자'에 한정하고 있다는 이유로 '사해재심'의 청구가 허용되는 경우 이외에는 '참가인'이 독립하여 재심의 청구를 할 수 없다고 해석하기 보다는, '참가인'의 청구적격을 긍정함이 타당하다고 본다. 참가인은 당초 심판에 공동참가를 할 수 있거나 법률상 이해관계를 갖고 있는 자로서 실제로 그 심판에 참가하였던 이상, 이들에 대하여 재심의 청구를 제기할 적격을 부정할 합리적인 이유를 찾아볼 수 없다. 사해재심은 재심대상심판에 참가하지 아니한 자에 대하여도 '사해재심사유'라는 독자적인 사유가 있는 경우에 한하여 재심을 청구할 수 있도록 한 것으로서, 이와 같이 재심 대상 심판에 참가하였던 자가 당해 확정심결에 대하여 재심을 청구하는 것과는 서로 그 제도의 취지를 달리하므로 사해재심을 이유로 참가인의 재심청구를 부정하는 것은 타당하지 않다.[8] 이 경우 참가인이 재심을 청구할 경우에는 당해 심판의 청구인 및 피청구인을 공동피청구인으로 삼아야 할 것이다. 입법론적으로는 일본의 경우와 같이 '참가인'을 재심청구인 중의 하나로 명시함이 옳을 것이다.

2. 제2항(민사소송법의 재심사유 준용)

가. 준용되는 민사소송법의 재심사유

(1) 민사소송법 제451조(재심사유)

　본조 제2항에 의하여 준용되는 민사소송법 제451조에서 규정하는 재심사유는 다음과 같다.

　① 다음 각 호 가운데 어느 하나에 해당하면 확정된 종국판결에 대하여 재심의 소를 제기할 수 있다. 다만, 당사자가 상소에 의하여 그 사유를 주장하였거나, 이를 알고도 주장하지 아니한 때에는 그러하지 아니하다.

　1. 법률에 따라 판결법원을 구성하지 아니한 때

　2. 법률상 그 재판에 관여할 수 없는 법관이 관여한 때

---

8) 민사소송법상으로는 판결의 효력이 제3자에게 확장되는 경우에 판결의 취소에 대하여 고유의 이익을 갖는 제3자도 재심을 청구할 당사자 적격이 있으며, 이 경우 제3자는 본소 당사자 간의 법률관계인 확정판결의 취소를 목적으로 재심의 소를 제기하는 것이므로, 그 법률관계의 주체인 본소 당사자를 공동피고로 하여야 한다고 설명되고 있다. 이시윤, 新民事訴訟法(제3판), 박영사(2007), 811 참조.

　3. 법정대리권·소송대리권 또는 대리인이 소송행위를 하는 데에 필요한 권한의 수여에 흠이 있는 때. 다만, 제60조 또는 제97조의 규정에 따라 추인한 때에는 그러하지 아니하다.

　4. 재판에 관여한 법관이 그 사건에 관하여 직무에 관한 죄를 범한 때

　5. 형사상 처벌을 받을 다른 사람의 행위로 말미암아 자백을 하였거나 판결에 영향을 미칠 공격 또는 방어방법의 제출에 방해를 받은 때

　6. 판결의 증거가 된 문서, 그 밖의 물건이 위조되거나 변조된 것인 때

　7. 증인·감정인·통역인의 거짓 진술 또는 당사자신문에 따른 당사자나 법정대리인의 거짓 진술이 판결의 증거가 된 때

　8. 판결의 기초가 된 민사나 형사의 판결, 그 밖의 재판 또는 행정처분이 다른 재판이나 행정처분에 따라 바뀐 때

　9. 판결에 영향을 미칠 중요한 사항에 관하여 판단을 누락한 때

　10. 재심을 제기할 판결이 전에 선고한 확정판결에 어긋나는 때

　11. 당사자가 상대방의 주소 또는 거소를 알고 있었음에도 있는 곳을 잘 모른다고 하거나 주소나 거소를 거짓으로 하여 소를 제기한 때

　② 제1항 제4호 내지 제7호의 경우에는 처벌받을 행위에 대하여 유죄의 판결이나 과태료부과의 재판이 확정된 때 또는 증거부족 외의 이유로 유죄의 확정판결이나 과태료부과의 확정재판을 할 수 없을 때에만 재심의 소를 제기할 수 있다.

　③ 항소심에서 사건에 대하여 본안판결을 하였을 때에는 제1심 판결에 대하여 재심의 소를 제기하지 못한다.

　(2) 그 외 준용되는 규정

　본조 제1항의 재심청구에 준용되는 민사소송법 제451조 제3항은 "항소심에서 사건에 대하여 본안판결을 하였을 때에는 제1심 판결에 대하여 재심의 소를 제기하지 못한다"라고 규정하고 있다. 본조 제2항은 위 제3항을 포함한 민사소송법 제451조 전체를 준용하고 있다. 이 규정을 준용함으로써, 당해 심결에 대하여 심결취소의 판결이 있었던 경우 그 심결에 대한 재심의 심판청구는 허용되지 않는 것으로 해석된다.

　한편, 본조 제2항은 "판결의 기본이 되는 재판에 제451조에 정한 사유가 있을 때에는 그 재판에 대하여 독립된 불복방법이 있는 경우라도 그 사유를 재심의 이유로 삼을 수 있다"고 규정한 민사소송법 제452조를 명문으로 준용하고

있지 아니하다.

　이는 예컨대, 참가 허부의 결정, 보정각하의 결정 등 중간의 결정, 심결이
이루어지고 이를 전제로 하여 본안에 관한 종국 심결이 확정된 경우, 재심사유
가 존재하는 당해 중간의 결정, 심결 자체에 대하여 재심을 청구하지 아니한 채
곧바로 이를 이유로 당해 본안에 관한 종국 심결에 관하여 재심을 청구할 수
있는지의 문제이다. 보정각하의 결정 등으로 인하여 본안에 관한 심결에 영향을
미치는 경우, 보정각하의 결정에 대하여 먼저 재심절차를 거칠 것을 요구하게
되면, 본안에 관한 심결의 재심청구기간이 도과할 위험이 있을 수 있고, 공연히
절차상의 불편과 비용만을 증가하게 할 수 있다. 본조 제2항이 민사소송법 제
452조의 준용을 누락한 것은 입법상의 과오로 보이므로, 그 유추적용을 인정하
여 이를 긍정적으로 해석함이 타당하다. 참고로 일본 의장법은 우리 민사소송법
제452조와 같은 규정인 일본 민사소송법 제339조를 그대로 준용하고 있다.9)

나. 재심사유의 분류 및 판례
(1) 재심사유의 분류

　재심사유는 절차상의 중대한 하자(제1호부터 제3호, 제11호), 심결에 영향을
미친 범죄 및 그 외 위법행위가 있었던 경우(제4호에서 제7호), 그 외 심판의 기
초로 된 자료에 중대한 하자가 있었던 경우(제8호, 제9호), 심결의 존재를 제도상
용인하기 어려운 경우(제10호)로 대별할 수 있다.10)

(2) 판　　례

　확정심결 자체의 재심사유에 관한 판례나 심결례는 드문 실정이고, 대부분
심결취소소송에서 재심사유에 관한 판단이 이루어지고 있다. 그 사례도 디자인
권에 관련된 부분은 극히 드물고 특허에 대하여 주로 이루어지고 있으나 이를
디자인권에 관한 부분의 재심사유에 대하여도 적용할 수 있을 것이다.

　먼저 민사소송법 제451조 제1항 단서의 '재심사유를 알고 주장하지 아니한
때'의 의미는 당사자가 재심사유의 존재를 알았음에도 불구하고 상소를 제기하
면서 이를 상소심에서 주장하지 아니한 경우뿐만 아니라, 상소를 제기하지 아니
하여 판결을 확정시킨 경우도 포함한다고 판시하였다.11) 즉, 판단유탈과 같은
재심사유는 심결이유를 읽어봄으로서 쉽게 알 수 있는 것이므로 당사자는 특별

---

　9) 滿田重昭·松尾和子 編(주 2), 623.
　10) 滿田重昭·松尾和子 編(주 2), 621.
　11) 대법원 1985. 10. 22. 선고 84후68 판결[공1985.12.15.(766), 1551].

한 사정이 없는 한 심결정본의 송달에 의하여 이를 안 것이라고 봄이 상당하고
따라서 이를 알고도 상소에 의하여 주장하지 아니한 경우는 그 사유를 이유로
한 재심청구는 할 수 없다 할 것이므로 이를 각하하여야 할 것이라고 보았다.

　　화학관련 심판사건에 있어서 화학분야를 전공하지 아니한 심판관이 심판에
관여하였다는 재심사유는 구 특허법(1990. 1. 14. 법률 제4207호로 전문 개정되기
전의 것) 제136조 2항에 의하여 준용되는 민사소송법 제422조 제1항 제2호(현 민
사소송법 제451조 제1항 제2호)에 해당되지 아니하고 민사소송법 제422조 제1항
각호의 어디에도 해당하지 아니하므로 재심청구를 부적합한 것으로 각하한 원
심은 정당하다고 판시하였다.12) 디자인권의 경우에는 특허사건과 달리 심판관
의 전공분야와 사건과의 관련성이 사실상 요구될 여지도 전혀 없으나, 법률에
규정된 심판관의 자격 이외에 다른 사유는 위 제2호의 사유에 해당되지 않는다
는 점을 분명히 한 것에 의의가 있다.

　　판례는 실용신안법 제29조, 특허법 제136조에 의하여 준용되는 민사소송법
제422조 제1항 제6호(현 민사소송법 제451조 제1항 제6호)에서 규정하는 판단누락
은 당사자가 적법하게 소송상 제출한 공격방어방법으로 당연히 판결의 결론에
영향이 있는 것에 대하여 판결 이유 중에서 판단을 표시하지 아니한 경우를 말
하는 것이고 판단을 표시한 경우에는 설령 그 판단내용에 잘못이 있다 하더라
도 이를 위 법조에서 말하는 판단유탈로는 볼 수 없다고 하고 있다.13)

　　특허의 무효심판사건이 상고심에 계속 중 당해 특허의 정정심결이 확정된
경우, 그 특허발명은 특허법 제136조 제9항에 의하여 정정 후의 명세서대로 특
허출원 되고 특허권의 설정등록이 된 것이므로, 정정 전의 특허발명을 대상으로
하여 무효 여부를 판단한 원심판결에는 민사소송법 제422조 제1항 제8호(현 민
사소송법 제451조 제1항 제8호) 소정의 재심사유가 있어 판결에 영향을 끼친 법령
위반이 있다고 판시하였다.14)

〈우라옥〉

---

12) 대법원 1997. 6. 27. 선고 97후235 판결[공1997.8.1.(39), 2182].
13) 대법원 1987. 7. 21. 선고 87후55 판결[공1987.9.15.(808), 1398]; 대법원 1987. 4. 14. 선
　　고 86사38 판결[공1987.6.1.(801), 784].
14) 대법원 2001. 10. 12. 선고 99후598 판결[공2001.12.1.(143), 2488]; 대법원 2004. 10. 28.
　　선고 2000다69194 판결[공2004.12.1.(215), 1915]; 대법원 2012. 10. 11. 선고 2012후2166
　　판결[미간행]; 대법원 2012. 11. 29. 선고 2010다99705 판결[미간행].

> **제159조(사해심결에 대한 불복청구)**
> ① 심판의 당사자가 공모하여 제3자의 권리 또는 이익을 사해(詐害)할 목적
> 으로 심결을 하게 한 경우에는 제3자는 그 확정된 심결에 대하여 재심을 청
> 구할 수 있다.
> ② 제1항의 재심청구의 경우에는 심판의 당사자를 공동피청구인으로 한다.

Ⅰ. 사해재심의 의의

본조는 심판의 청구인과 피청구인이 공모하여 제3자의 권리 또는 이익을 해할 목적으로 이루어진 심결(사해심결)에 대하여, 그 심결에 의하여 불이익을 받은 제3자에게 재심청구권을 부여한 것이다.[1]

특허법 제179조, 실용신안법 제33조(특허법 제179조의 준용), 상표법 제84조, 행정소송법 제31조(제3자에 의한 재심청구), 상법 제406조(대표소송과 재심의 소) 등에서도 사해심결 및 판결에 대하여 재심제도를 인정하고 있다. 이는 모두 행정기관의 심결 또는 행정처분이나 법원의 판결의 효력이 제3자에게 확장되는 대세적 효력이 있는 경우,[2] 그 대세효로 인하여 자신의 권리 또는 이익에 불리한 영향을 받게 되면서도 당해 행정절차나 소송절차에 참가하지 못한 제3자에게 그 심결 또는 행정처분이나 판결의 효력을 재심에 의하여 소멸시키고 새로운 심결 또는 행정처분이나 판결을 구할 수 있는 기회를 부여한 것이다.[3]

사해재심에 해당하는 구체적인 예로서는 「특허권자 甲이 그 특허권에 관하여 乙을 위하여 질권을 설정하고 그 후 丙이 청구한 무효심판에서 특허권자 甲

---

1) 사해재심제도에 대한 비판 및 사해방지 독립당사자참가 제도 등과의 대비에 관한 자세한 논의는, 정상조·박성수 공편, 특허법 주해Ⅱ, 박영사(2010), 682-683(오영준 집필부분) 각 참조.
2) '심결'이 확정되면 당사자, 참가인뿐만 아니라 제3자 및 법원에도 그 효력이 미친다. 이와 같은 심결의 구속력을 '심결의 대세적 효력'이라고 한다.
3) 법원행정처, 법원실무제요 행정(1997), 297-298.

이 丙과 공모하여 허위의 진술을 함으로써 심판관을 기망하여 특허를 무효로 하는 취지의 심결을 받아 그것이 확정된 경우」를 들 수 있고, 여기서 특허권에 대하여 질권을 설정받은 乙이 사해재심을 청구할 수 있는 '제3자'에 해당한다.4)

II. 사해재심의 요건

1. 재심청구의 대상이 되는 심결

본조에 의하여 재심의 청구가 인정되기 위해서는 「심판의 청구인 및 피청구인이 공모하여, 즉 심판의 당사자가 공모하여 제3자의 권리 또는 이익을 사해할 목적으로 심결을 하게 한 때」라는 요건을 갖추어야 한다.

「사해할 목적」에 관해서는 「이 경우 '해할 목적'은 결과적으로 그와 같이 추인할 수 있는 정도면 족하다」고 해석하여야 하고 그렇지 않으면 이 규정은 유명무실해 진다고 한다는 견해가 있다.5) 또한 「해하는 목적은 해함을 당하는 것이 통상 인식될 수 있는 사실관계이면 그것을 추인할 수 있을 것이다. 그러나 해한 사실이 없는 것이 명백한 경우에는 해하는 목적의 존재의 증명이 불충분하다고 할 수 있는 경우가 많을 것이다」라는 견해도 있다.6)

본조의 사해재심제도와 유사한 구조를 갖는 것으로 논의되고 있는 민사소송법 제79조의 「권리침해를 이유로 한 독립당사자 참가(사해방지참가)」에 대하여 학설은 본소의 당사자들이 당해 소송을 통하여 참가인을 해할 의사 즉 사해의사를 갖고 있다고 객관적으로 판정할 수 있는 경우에 참가를 허용하자는 '詐害意思說'이 다수설이고,7) 판례8)의 입장도 이와 다르지 않다. 따라서 본조에 의한 사해재심사유를 판단함에 있어서도 위와 같은 다수설의 입장 및 판례를 적용하여 청구인 및 피청구인이 당해 심결을 통하여 제3자를 해칠 의사(사해의사)가 있다고 객관적으로 인정되고, 그 심결의 결과 제3자의 권리 또는 법률상의 지위가 침해될 염려가 있다고 인정되는 경우에는 '사해할 목적'의 요건을 충족하는 것으로 볼 수 있을 것이다.

---

4) 滿田重昭・松尾和子 編, 注解 意匠法, 靑林書院(2010), 625-626.
5) 滿田重昭・松尾和子 編(주 4), 625-626.
6) 小野昌延 編, 註解 商標法[新版] 下卷, 靑林書院, 1210-1211.
7) 이시윤, 新民事訴訟法(제3판), 박영사(2007), 702-703.
8) 대법원 1990. 7. 13. 선고 89다카20719, 20726 판결[공1990.9.1.(879), 1695]; 대법원 1997. 6. 27. 선고 95다40977, 40984 판결[공1997.8.15.(40), 2302]; 대법원 2005. 10. 17.자 2005마 814 결정[공2005.12.15.(240), 1921].

한편, 여기서 「심결을 하게 한 경우」의 의미에 관하여 이를 문언 그대로 해석하여 「특허심판원으로 하여금 심결을 하도록 한 때」로 한정하여 해석하는 견해와 「심결 후 그 심결에 대한 취소의 소를 취하하거나 그 소송 과정에서 제대로 공격, 방어를 하지 아니함으로써 심결을 그대로 확정시킨 때」까지도 포함하는 것으로 넓게 해석하는 견해가 대립되고 있다.9) 앞의 견해에 의하면 재심대상심결의 당사자가 '심결 전'에 공모하여 사해심결을 하게 하여야만 재심사유에 해당하고, 후의 견해에 의하면 재심대상심결의 당사자가 '심결 후'에 공모하여 부당한 내용의 심결을 그대로 확정시킨 경우까지도 재심사유에 포함된다. 특허법원은 재심대상심결 후 심결에 대한 취소소송이 계속되던 중 소취하 약정을 하고 소를 취하함으로써 심결을 확정시킨 사안에서 공모한 사실이 인정되더라도 그와 같은 행위가 '심결 전'에 이루어진 것이 아니므로 본조의 재심사유에 해당되지 아니한다고 판시하였다.10)

2. 청 구 인

심판의 청구인 및 피청구인 이외의 자로서 사해행위의 결과, 권리 또는 이익을 침해당한 제3자가 본조의 재심의 청구를 할 수 있다.

제3자의 범위에 관하여는 행정소송법 제31조11)에서 규정하고 있는 '권리 또는 이익의 침해를 받은 제3자'와 관련하여 논의가 이루어지고 있다. 즉, '권리 또는 이익의 침해를 받은 제3자'를 행정소송법 제16조 제1항12)의 소송참가를

---

9) 박원규, "특허법 제179조 제1항의 재심사유에 대한 검토 ―대상판결: 특허법원 2007. 4. 5. 선고 2006허3977 판결―", 지적재산권 제19호, 지적재산권법제연구원(2007)에서 인용. 당사자가 상고를 제기한 후 취하하여 위 특허법원판결이 그대로 확정되었다.

10) 특허법원 2007. 4. 5. 선고 2006허3977 판결.

11) 행정소송법 제31조는 "처분 등을 취소하는 판결에 의하여 권리 또는 이익의 침해를 받은 제3자"를 재심원고로 규정하고 있고, 아울러 '자기에게 책임 없는 사유로 소송에 참가하지 못함으로써 판결의 결과에 영향을 미칠 공격 또는 방어방법을 제출하지 못한 때'를 재심사유로 규정하고 있다.

12) 행정소송법 제16조(제3자의 소송참가)
    ① 법원은 소송의 결과에 따라 권리 또는 이익의 침해를 받을 제3자가 있는 경우에는 당사자 또는 제3자의 신청 또는 직권에 의하여 결정으로써 그 제3자를 소송에 참가시킬 수 있다.
    ② 법원이 제1항의 규정에 의한 결정을 하고자 할 때에는 미리 당사자 및 제3자의 의견을 들어야 한다.
    ③ 제1항의 규정에 의한 신청을 한 제3자는 그 신청을 각하한 결정에 대하여 즉시항고할 수 있다.
    ④ 제1항의 규정에 의하여 소송에 참가한 제3자에 대하여는 민사소송법 제67조의 규정

할 수 있는 '소송의 결과에 따라 권리 또는 이익의 침해를 받을 제3자'와 동일하게 볼 수 있는지에 관한 논의가 그것이다. 제3자의 재심제도와 소송참가제도를 동일한 목적을 위한 두 가지 제도로 파악하여 '취소판결의 결과 그 구속력을 받는 행정청의 행위에 의하여 권리·이익을 침해받은 제3자'도 포함된다고 보는 것이 다수설이고,[13] 소수설은 확정된 종국판결의 효력을 좌우하여야 할 범위를 그렇게 넓게 인정하는 것은 법적 안정성의 요청에 모순되므로, '취소판결에 의하여 권리를 침해당하는 제3자'를 취소판결의 형성력을 직접 받는 자에 한정하여야 한다고 한다.[14]

앞에 든 사례에서 질권을 설정받은 乙이 사해재심을 청구할 수 있는 '제3자'에 해당한다고 보고 있는바, 이 경우는 등록무효 등 결과에 따라 디자인권이 소멸되면, 그 위에 설정된 질권은 자동적으로 소멸되므로, 이 경우 제3자는 직접적으로 사해심결의 영향을 받는 자이고, 위와 같은 논의 중 다수설의 입장에서는 경우에 '제3자'에 해당될 수 있다고 보이므로, 다수설의 입장에서 본조의 제3자의 범위를 논하는 것이 타당하다고 본다.

3. 피청구인

확정심결의 청구인 및 피청구인의 쌍방을 재심공동피청구인으로 하여야 한다고 규정하고 있다. 즉, 공모하여 사해심결을 한 당해 심판의 청구인 및 피청구인 양자이다. 앞에 든 질권자 을에 의한 재심청구의 예에서는 갑과 병이 피청구인이 된다. 따라서 공동피고로 하여야 하기 때문에, 일방만을 피청구인으로 하여 청구한 재심은 부적법하다.

을 준용한다.

13) 이하 정상조·박성수 공편(주 1), 686면에서 인용: 예컨대, 행정청이 甲, 乙 중 甲에 대하여 허가를 하자, 乙이 甲에 대한 허가처분의 취소를 구하는 소를 제기하고 그 취소판결이 확정된 경우, 甲은 취소판결의 효력을 직접적으로 받는 자이므로 여기에 포함된다. 문제는 불허가처분을 받은 乙이 甲에 대한 허가처분의 취소를 구함이 없이 자기에 대한 불허가처분의 취소를 구하는 소를 제기한 경우, 乙의 청구가 인용된다고 하더라도 甲에 대한 허가처분은 취소되지 아니하고 甲은 취소판결의 형성력 자체에 의하여 해를 입게 되는 것은 아니다. 그러나 위 취소판결의 구속력을 받은 행정청이 허가 전의 상태로 돌아가 다시 양 신청인의 우열을 판정하고 그 결과 전의 판단과 다른 결론에 도달할 경우 甲에 대한 허가를 취소하고 乙에 대한 허가를 부여할 수 있다. 이 경우 甲은 구속력에 의하여 권리를 해함을 받은 제3자에 해당된다고 할 것이다. 山村恒年·阿部泰隆 編, 行政事件訴訟法, 三省堂(1984), 355 참조.

14) 법원행정처(주 3), 298.

Ⅲ. 사해재심의 심리절차

사해재심절차에 관하여는 재심청구 단계에서는 제3자가 재심청구인이 되고 종전의 확정심결에 대한 심판청구인 및 피청구인이 공동피청구인이 된다.[15]

재심청구를 심리하는 특허심판원의 재심절차도 일반 행정소송법상의 제3자의 재심청구나 일반 민사소송법상의 재심절차와 크게 다르지 아니할 것이므로, 민사소송법상의 재심절차에 관하여 논의되고 있는 사항을 살펴보면, 본조의 사해재심절차의 이해에 도움이 될 것이다.

첫째, 종래 민사소송법상의 재심의 소에 관하여 재심의 소의 소송물은 확정판결의 취소요구와 재심의 대상이 되는 소송의 소송물 두 가지로 구성된다고 보는 것이 현재의 확립된 견해 및 판례이다. 이와 같은 구조를 본조의 사해재심에 관하여 적용하여 보면, 사해재심절차에서는 ① 제3자의 재심대상심판의 청구인 및 피청구인에 대한 재심대상심결의 취소청구와 ② 위 취소청구가 받아들여질 경우 재심대상심판의 청구인의 피청구인에 대한 재심대상 심판청구 두 가지에 대하여 순차적으로 심판이 행하여지는 것으로 볼 수 있다.

둘째, 재심청구에 있어서 제3자 및 공동피청구인(재심대상심판의 청구인과 피청구인)은 필수적 공동심판관계에 있다고 할 것이다. 제3자의 공동피청구인에 대한 재심대상심결의 취소청구와 재심대상심판의 청구인의 피청구인에 대한 심판청구는 제3자 및 공동피청구인 모두에게 합일적으로 확정될 필요가 있기 때문이다.

예컨대, 제3자가 공동피청구인 중 재심대상심판의 청구인에 대하여는 이겼지만, 피청구인에 대하여는 졌다거나, 혹은 그 반대의 상황을 상정하기 어렵다. 또한, 제3자의 사해재심청구가 기각된 경우 제3자가 그 중 재심대상심판의 청구인만을 상대로 심결취소소송을 제기하거나, 혹은 제3자의 사해재심청구가 받아들여져 재심대상심결이 취소되고 재심대상심판의 청구가 기각된 경우 그 재심대상심판의 청구인이 제3자나 재심대상심판의 피청구인 중 1인만을 상대로 심결취소소송을 제기하는 것 역시 허용하기 어렵다. 이를 허용하게 되면 합일확정

---

15) 제3자 및 공동피청구인 상호간 공동심판, 공동소송관계, 특허심판원의 심판절차와 특허법원의 심결취소소송절차 등에 관한 상세한 논의는, 위 정상조 · 박성수 공편(주 1), 689-697.

에 반하는 결과를 가져오기 때문이다.[16)]

　　결국, 제3자의 재심청구는 제3자 및 공동피청구인 모두에게 합일적으로 확정되어야 하므로, 이들은 특허심판원의 재심절차에 있어서 필수적 공동심판관계에 있다고 할 것이다. 나아가, 특허심판원의 재심심결에 불복하여 제기된 심결취소소송절차에 있어서도 이와 같은 합일확정의 필요성은 동일하므로, 제3자 및 공동피청구인은 필수적 공동소송관계에 있다고 할 것이다.

　　셋째, 특허심판원은 우선 재심요건이 갖추어졌다고 판단하는 경우, 본안 심리까지 한 후 재심대상심판의 청구인의 피청구인에 대한 청구가 이유 없다고 판단되면 재심청구를 단순히 기각하고, 이와 달리 재심대상심판의 청구인의 피청구인에 대한 청구가 이유 있다고 판단하면, 재심대상심결을 취소하고, 심판청구인의 피청구인에 대한 청구를 제3자의 불복범위 내에서 기각하는 심결을 하게 된다.

〈우라옥〉

---

16) 이와 달리 제3자의 사해재심청구가 받아들여져 재심대상심결이 취소되고, 재심대상심판의 청구가 기각되었는데 그 재심대상심판의 청구인이 제3자만을 상대로 심결취소소송을 제기한 경우, 비록 심결취소소송이 제기되지 않은 다른 공동피청구인에 대하여는 이미 그 심결이 확정된 상태에 있다 하더라도, 만일 재심대상심판의 청구인과 제3자 사이의 심결취소소송을 적법하다고 보아 심결취소판결이 선고·확정될 경우에는 취소판결의 대세효에 의하여 '합일확정'은 보장될 수 있으므로, '합일확정'을 근거로 하는 '필수적 공동소송설'을 취하는 것은 적절하지 아니하다는 견해도 있을 수 있다. 그러나 이는 심결에서 이긴 다른 공동피청구인을 제외한 채 소송을 진행한 후 그 심결을 취소시킨 다음 그 취소판결의 효력이 다른 공동피청구인에게 미치는 것을 용인하는 결과가 되므로 그 다른 공동피청구인의 법적 지위를 불안하게 하고 절차적 기본권을 해치게 된다. 정상조·박성수 공편(주 1), 689.

제160조(재심청구의 기간)

① 당사자는 심결 확정 후 재심사유를 안 날부터 30일 이내에 재심을 청구하여야 한다.

② 대리권의 흠을 이유로 재심을 청구하는 경우에 제1항의 기간은 청구인 또는 법정대리인이 심결등본의 송달에 의하여 심결이 있은 것을 안 날의 다음 날부터 기산한다.

③ 심결 확정 후 3년이 지나면 재심을 청구할 수 없다.

④ 재심사유가 심결 확정 후에 생겼을 때에는 제3항의 기간은 그 사유가 발생한 날의 다음 날부터 기산한다.

⑤ 제1항 및 제3항은 해당 심결 이전의 확정심결과 저촉한다는 이유로 재심을 청구하는 경우에는 적용하지 아니한다.

<소 목 차>

Ⅰ. 의   의

본조는 재심청구기간의 제한에 관한 규정인바, 민사소송법과 대비할 때, 본조 제1항의 기간은 민사소송법 제456조 제1항의 기간과 같으나, 본조 제3항의 기간은 민사소송법 제456조 제3항이 판결확정 후 5년이 지나면 재심의 소를 제기하지 못하도록 규정한 것과 달리 3년으로 그 기간이 단축되어 있다.

Ⅱ. 내   용

1. 제1항(원칙적 청구기간)

재심의 청구는 원칙적으로 심결이 각 확정된 후 재심의 사유를 안 날로부터 30일 이내에 하여야 한다. 여기서 30일이라 함은 재심의 사유를 안 날로부터 기산하기 때문에 재심의 사유마다 각각 기산하여야 한다.[1] 재심의 청구를 제기한 후, 재심의 사유가 추가된 경우에는 재심의 사유마다 각각 기산하여야 하므로 준비서면 등으로 주장이 제기된 시점을 기준으로 그 준수 여부를 판단한다.[2]

판례는 '증인의 허위진술이 판결의 증거로 된 때'를 재심사유로 하는 경우에 그 판결의 증거로 된 증인의 증언이 위증이라는 내용의 유죄판결이 확정된 사실을 알았다면 그 재심사유를 알았다고 보아야 할 것이고, 그때부터 재심청구기간이 진행한다고 보고 있고,[3] 또한 판결정본이 송달되면 특별한 사정이 없는 한 그 당사자는 판결정본을 송달받았을 때에 그 판결에 판단누락이 있는지를 알게 됨으로써 재심사유의 존재를 알았다고 할 것이므로, 그 후에 판결이 확정된 경우에는 위 판단누락이 있음을 이유로 하는 재심의 소 제기기간은 재심대상판결이 확정된 때부터 기산하여야 한다고 보고 있다.[4] 재심청구가 재심청구기간을 도과한 경우에는 재심청구기간을 도과하여 부적법하다는 이유로 각하하여야 한다. 그럼에도, 이를 간과하고 재심사유의 존부에 관하여 판단하여 재심청구를 기각한 심결은 그 자체로서 위법하여 취소를 면할 수 없다.[5]

2. 제2항(대리권 흠결을 이유로 하는 경우의 특례)

청구인이 '법률의 규정에 따라서 대리할 수 없었던 점'을 재심사유로 하는 경우에는 청구인 또는 그 법정대리인이 심결등본의 송달에 의하여 심결이 있었던 것을 안 날의 다음 날로부터 30일 이내이다.

심결이 대리인에게 송달되었을 때에는 그 대리인은 특별한 사정이 없는 한 그 송달을 받을 당시에 그 심결에 판단누락이 있는지 여부를 알았다고 할 것이고 그 대리인이 판단누락 유무를 안 경우에는 특별한 사정이 없는 한 당사자도 그 판단누락 유무를 알았던 것이라고 보아야 할 것이므로 확정심결에 대하여

---

1) 대법원 2012. 1. 27. 선고 2011후3421 판결[미간행].

2) 위 1) 사건에서 대법원은 "원고는 이 사건 재심대상판결의 정본을 송달받은 2011. 5. 23. 재심대상판결에 그 주장의 제척기간 준수 여부에 대한 판단을 누락한 재심사유가 있음을 알았다고 봄이 상당하므로, 이러한 재심사유는 원고가 그 존재를 안 이후로서 재심대상판결이 확정된 2011. 7. 18.로부터 30일이 경과한 후임이 역수상 명백한 2011. 10. 12.자의 준비서면에서 비로소 주장된 것임이 분명하므로, 위 재심사유는 재심의 소 제기기간 경과 후에 주장된 것으로서 이 부분에 대한 재심의 소는 부적법하여 각하될 수밖에 없다"고 판시하였다.

3) 대법원 1996. 5. 31. 선고 95다33993 판결[공1996.7.15.(14), 2023].

4) 대법원 1993. 9. 28. 선고 92다33930 판결[공1993.11.15.(956), 2944].

5) 특허법원 1998. 8. 20. 선고 98허4036 판결[미간행].

판단누락이 있음을 이유로 한 재심청구의 제기기간은 대리인이 심결의 송달을
받은 때에 안 것으로 하여 계산하여야 한다.6)

　　이와 관련하여 문제가 되는 것은, 그 대리인 또는 법인의 대표자 앞으로 공
시송달이 이루어진 경우이다. 공시송달 요건을 구비하지 못한 채 이루어진 송달
은 부적법하여 그 효력이 발생할 수 없다. 따라서 공시송달에 의하여 이루어진
확정심결에 대하여 재심청구가 제기된 경우에는 반드시 그 공시송달의 적법 여
부를 먼저 따져서 적법한 송달이 있은 날로부터 다시 기산하는 것이 필요하다.

3. 제3항(재심청구의 객관적 제척기간)

　　본조 제1항, 제2항의 경우라도 심결이 확정된 날로부터 3년을 경과한 후에
는 청구할 수 없다. 재심청구가 이 제척기간을 경과하여 제기된 경우에는 부적
법한 것으로 보아 각하하여야 한다.

　　판례는 재심사유의 발생일이 아니라 재심사유를 안 날로부터 진행하는 민
사소송법 제456조 제1항의 출소기간은 같은 조 제3항 제척기간과는 별개의 재
심제기기간으로서, 그 출소기간이 경과한 이상 재심대상판결의 확정일로부터
진행하는 제척기간이 경과하였는지 여부와는 관계 없이 재심의 소를 제기할 수
없다는 입장을 취하고 있다.7) 이와 같은 법리는 본조에 의한 재심절차의 경우
에도 동일하게 적용될 수 있다고 본다.

4. 제4항(재심사유가 심결이 확정된 후에 발생한 경우)

　　재심사유가 심결이 확정된 후에 발생한 경우에는 본조 제3항의 3년은 그
이유가 발생한 날의 다음 날부터 기산한다. 예컨대, 심결이 확정된 후에 그 심
판에 관여한 심판관에 관하여 수뢰죄의 판결이 확정된 경우에는 그때까지 재심
사유는 존재하지 아니하였기 때문에, 제3항의 기간에 산입하는 것은 부당하다.

　　재심사유는 심결 등의 확정 후에 발생하면 본항의 적용을 받는 이익을 받
을 뿐이고, 그와 별도로 심결 등의 확정 전에 발생한 재심사유에 기초하여 재심
을 청구하는 것은 여전히 가능하고, 그 때는 각 주장하는 재심사유에 따라 기산
일의 적용을 받는 것은 말할 필요도 없다.

---

6) 대법원 1968. 11. 26. 선고 67후37 판결[미간행]; 대법원 1987. 7. 21. 선고 87후55 판결
　[공1987.9.15.(808), 1398].
7) 대법원 1996. 5. 31. 선고 95다33993 판결[공1996.7.15.(14), 2023].

5. 제5항(확정심결 저촉시의 재심청구와 청구기간의 무제한)

당해 심결이 전에 이루어진 확정심결에 저촉하는 것을 이유로 하는 경우에 한하여 청구기간의 제한이 없다.

판례는 '당해 심결 이전에 행하여진 확정심결과 저촉한다는 이유'라 함은 동일 당사자 사이의 같은 내용의 사건에 관하여 저촉되는 확정심결이 있는 경우를 뜻한다고 보고 있다.[8]

〈우라옥〉

---

8) 대법원 2001. 10. 12. 선고 99후1737 판결[미간행].

제161조(재심에 의하여 회복한 디자인권의 효력 제한)

① 다음 각 호의 어느 하나에 해당하는 경우에 디자인권의 효력은 해당 심결
이 확정된 후 재심청구 등록 전에 선의로 수입 또는 국내에서 생산하거나 취
득한 물품에는 미치지 아니한다.

1. 무효가 된 디자인권(디자인등록취소결정에 대한 심판에 의하여 취소가 확
정된 디자인권을 포함한다)이 재심에 의하여 회복된 경우

2. 디자인권의 권리범위에 속하지 아니한다는 심결이 확정된 후 재심에 의하
여 그 심결과 상반되는 심결이 확정된 경우

3. 거절한다는 취지의 심결이 있었던 디자인등록출원에 대하여 재심에 의하
여 디자인권이 설정등록된 경우

② 제1항 각 호에 해당하는 경우의 디자인권의 효력은 다음 각 호의 어느 하
나의 행위에 미치지 아니한다.

1. 해당 심결이 확정된 후 재심청구 등록 전에 한 해당 디자인의 선의의 실시

2. 등록디자인과 관련된 물품의 생산에만 사용하는 물품을 해당 심결이 확정
된 후 재심청구 등록 전에 선의로 생산·양도·대여·수출 또는 수입하거
나 양도 또는 대여의 청약을 하는 행위

<소 목 차>

Ⅰ. 의   의

본조는 디자인권이 재심에 의하여 회복된 경우의 효력에 관하여 제한을 가
함으로써 선의의 제3자를 보호하려는 규정이다. 심결확정 후 재심청구의 등록
전에 디자인권의 무효를 신뢰하여 당해 발명을 선의로 실시한 자에게 디자인권
의 침해에 대한 책임을 묻지 아니하는 경우를 규정함으로써 회복된 디자인권의
효력을 제한하고 있는 것이다.

II. 디자인권의 효력이 미치지 아니하는 물품 또는 행위

1. 디자인실시물의 보호(제1항)

본항은, 디자인을 실시하는 물품을 보호하기 위하여 디자인권의 효력이 물건에 관하여는 미치지 않는 경우를 규정한 것이다. 그 요건은 다음과 같다.

가. 재심에 의하여 다음 각 호의 사유에 따라 디자인권이 회복될 것

제1호: 무효로 된 디자인권 또는 디자인등록취소결정에 대한 심판에 의하여 취소가 확정된 디자인권이 재심에 의하여 회복된 경우

제2호: 디자인권의 권리범위에 속하지 아니한다는 심결이 확정된 후 재심에 의하여 이와 상반되는 심결이 확정된 경우

제3호: 거절한다는 취지의 심결이 있었던 디자인등록출원에 대하여 재심에 의하여 디자인권이 설정등록된 경우

나. 기간 내에 선의로 수입 또는 국내에서 생산, 취득한 물품일 것

재심에 의하여 효력 등이 회복된 디자인권에 저촉된 물품이, 심결이 확정된 후 재심의 청구의 등록 전의 기간 내에, 선의로 수입 또는 국내에서 생산, 취득한 물품일 것을 요한다.

2. 디자인실시행위의 보호(제2항)

본항은, 제1항에 규정하는 사정이 존재할 것을 요건으로 하여 특히 이러한 디자인권에 관한 권리에 저촉되는 행위를 보호하기 위하여 디자인권의 효력이 디자인실시행위에 관하여 미치지 않는 경우를 규정한 것이다.

디자인의 실시 자체(직접 침해에 해당하는 행위)에 대한 부분은 제1호에서 규정하고 있고, 디자인보호법 제114조의 규정에 의하여 침해로 보는 행위(이른바 간접침해행위)에 대하여는 제2항 제2호를 두고 있다. 선의를 요하는 점 및 재심 청구의 등록 전의 행위일 것에 관하여는 제1항의 경우와 동일하다.

III. 선의의 요건

본조에 의하여 보호되는 자는 선의에 기하여 디자인권 침해에 해당하는 행위를 한 자이다. 악의의 침해자는 디자인권이 회복될 때까지의 기간에 한 행위

에 걸쳐서 소급해서 침해책임을 물어도 부당하지 않다는 것이 선의를 그 요건
으로 규정한 본조의 취지이다.[1]

　선의라는 것은 명확하지 않다. 일본에서는 특허법 제175조의 해석에 관하
여, 선의는 실시자나 행위자가 재심사유의 존재를 알지 못하였던 것으로 족하
고, 재심청구가 된 것을 예기하고 있었을 것까지는 필요하지 않다고 하는 견해
와 당해 확정심결에 대해서 재심의 이유가 존재하고 있고, 특허권이 회복되어
또한 그 발명에 대해서 특허권이 설정되기에 이른 것까지를 알 필요는 없다는
견해가 있다.[2]

　특허법 제175조의 해석은 본조의 해석에 동일하게 적용될 수 있을 것이다.
좀 더 상세히 논의를 살펴보면 다음의 두 가지 관점에서 접근이 가능할 것으로
보인다. 즉, 본조의 취지를 디자인등록을 무효로 한 심결이 확정된 것에 대한
제3자의 신뢰의 보호라는 것에 중점을 두는 것으로 본다면, 신뢰보호의 전제로
된 '선의'의 요건으로서, 확정된 무효심결의 존재를 알고, 그 확정심결에 대해서
재심청구가 된 사정이 있다는 것을 모르고서 설령 알고 있어도 확정심결이 재
심에 의해 취소될 것은 아니라고 믿는 것을 필요로 한다고 생각할 수도 있다.
하지만, 선의를 그렇게까지 엄격히 해석할 필요는 없을 것이다.[3]

　또, 본조의 취지를 심결의 확정에 의해 일단 안정된 것으로 보는 법률관계
에서 성립된 사실상태의 계속이라고 하는 요청과 재심에 의해 확정심결의 복멸
이라고 하는 효과와의 간격 사이를 공평의 견지에서 조정을 기하는 것이라고
보면, 본조에서 요구하고 있는 '선의'는 재심사유의 존재를 알고 거기에 재심의
청구에 의하여 디자인권을 무효로 한 확정심결이 취소된 것에 이른 것을 안다
고 하는 적극적인 악의의 경우는 제외한 정도로 해석하는 것도 가능하다.[4]

---

1) 滿田重昭・松尾和子 編, 注解 意匠法, 靑林書院(2010), 629.
2) 中山信弘 編, 注解 特許法[下卷], 靑林書院(2000), 2378.
3) 滿田重昭・松尾和子 編(주 1), 629.
4) 이 견해에 의하면, 본조의 선의는 확정된 무효심결의 지・부지에 관계 없이 성립할 수
　있는 것으로 보아 무효심결의 확정 전부터 실시한 자는 선의로서 하고 있는 것으로 할
　수 있는가도 문제지만, 무효심결의 확정에 의해 일단 디자인권이 무효로 되어 다자인이 자
　유로이 실시할 수 있는 상태로 된 후에, 재심에 의한 디자인권의 회복에 의해 그 실시가
　소급해서 침해로 된다고 하는 것과 같이 같은 사실의 평가가 변하는 것은 본래 바람직한
　것은 아니기 때문에, 본조의 적용에 관해서는 기간 중에 행위자가 재심에 의해 권리가 회
　복된 사정을 알았는지 아닌지만을 문제로 보면 족하고, 실시행위가 기간의 시기(심결의 확
　정)보다 전인가 아닌가는 문제로 삼지 않아야 한다는 견해로서, 이 견해는 '선의'의 문제
　는 시기의 문제와는 분리하자는 취지이나, 본조에서 침해가 되지 않는 것으로 보는 시기를
　명확히 하고 있는 것과는 배치되는 견해가 아닐까 생각한다.

실제문제로서 무효로 된 디자인권이 재심에 의해 회복된 것은 극히 예외적인 사태라고 할 수 있기 때문에, 본조의 선의는 일응 추정된다고 본다.

Ⅳ. 기　간

본조의 보호는, 일정의 기간 내에, 수입, 제조, 취득한 물품, 또는 일정의 기간 내에 한 실시행위(간접침해에 해당하는 행위포함)에 대해서 주어진다. 기간의 시기는, 디자인권의 등록을 무효로 하는 심결의 확정시이다. 그것은 제도의 취지에서 보면 당연하다. 기간의 종기는, 재심의 청구의 등록(특허권 등의 등록령 제6조 제3항 제4조에 의한 예고등록)의 시이다.5) 재심의 청구에 대해서 예고등록이 되면, 이후는 악의가 의제된다. 구체적으로는 1항의 '물품'은, 그 수입, 국내에서의 제조 또는 취득이 무효심결의 확정시부터 재심의 청구의 등록의 시기까지 한 것을 요건으로서 보호한다. 무효심결의 확정 전에 수입, 제조, 취득한 물품은, 침해물품이므로, 보호는 불필요하다. 디자인의 실시 등의 행위는 무효심결의 확정에서 재심의 청구의 등록까지의 기간에 한해 보호된다. 이후의 실시는 회복된 디자인권의 효력이 미친다.

〈우라옥〉

---

5) 특허청장은 위 재심의 청구가 있다는 특허심판원장의 통지가 있는 경우에 예고등록을 하여야 한다(특허권 등의 등록령 제19조 제4항 단서).

제162조(재심에 의하여 회복한 디자인권에 대한 선사용자의 통상실시권)
제161조 제1항 각 호의 어느 하나에 해당하는 경우에 해당 심결이 확정된 후
재심청구 등록 전에 국내에서 선의로 그 디자인의 실시사업을 하고 있는 자
또는 그 사업을 준비하고 있는 자는 실시하고 있거나 준비하고 있는 디자인
및 사업의 목적 범위에서 그 디자인권에 관하여 통상실시권을 가진다.

<소 목 차>

Ⅰ. 의   의

본조는 사업설비의 유지라고 하는 측면을 중시하여 선의의 실시자에게 통상실시권을 인정하고 있다. 무효로 된 디자인권이 재심에 의하여 회복 또는 거절심결이 있었던 디자인권등록출원에 대해서 재심에 의하여 디자인권의 설정등록이 있는 경우에 선의자에 대해서, 일정한 요건이 충족되면, 일정범위 내에서 그 디자인을 계속해서 실시하는 권리를 인정한다는 점에서 위 제161조와 같이 회복 등이 있었던 디자인권의 효력의 제한이라고 볼 수 있다.

Ⅱ. 요   건

본조의 규정은 제161조 제1항 각 호의 1에 해당할 것 및 당해 심결이 확정된 후 재심청구의 등록 전에 선의로 국내에서 그 발명의 실시사업을 하고 있는 자 또는 그 사업의 준비를 하고 있는 자일 것을 요건으로 하고 있다.

「당해 심결이 확정된 후 재심청구의 등록 전」이라는 시기적인 요건은 '디자인의 실시사업' 또는 '그 사업의 준비'를 하고 있는 기간에 관한 것이다.

「선의로 국내에서 그 디자인의 실시사업을 하고 있는 자 또는 그 사업의 준비를 하고 있는 자」라는 요건은 '선사용에 의한 통상실시권'을 규정하는 디자인보호법 제100조 소정의 「디자인의 내용을 알지 못하고 … 국내에서 그 디자인의 실시사업을 하거나 그 사업의 준비를 하고 있는 자」라는 요건과 유사하다.

Ⅲ. 효   과

「그 실시 또는 준비를 하고 있는 디자인 및 사업의 목적의 범위에서 그 디자인권에 관하여 통상실시권을 가진다」는 부분이 본조를 적용할 경우의 효과이다. 이는 '선사용에 의한 통상실시권'을 규정하는 디자인보호법 제100조 소정의 「그 실시 또는 준비를 하고 있는 디자인 및 사업의 목적의 범위에서 그 디자인 등록출원된 디자인의 디자인권에 대하여 통상실시권을 가진다」라는 부분과 매우 유사하다.

본조의 규정에 의하여서는 한정된 범위의 통상실시권이 발생될 따름이고, 그 범위는 위 법 제100조에서 규정하는 선사용에 의한 통상실시권의 범위와 일치한다.

본조에 의하여 발생하는 통상실시권은 이른바 법정실시권이고 등록 없이도 제3자에 대하여 그 효력이 발생한다(디자인보호법 제104조 제2항).

〈우라옥〉

<소 목 차>

Ⅰ. 의   의

본조는 통상실시권 허락의 확정심결과 상반되는 재심심결이 있는 경우 그 통상실시권을 허락받은 자에 대하여 사업설비의 유지라고 하는 측면을 중시하여 통상실시권을 인정하는 것이다. 본조에 의한 통상실시권 역시 법정실시권이다(디자인보호법 제104조 제2항).

디자인권자·전용실시권자 또는 통상실시권자는, 등록디자인이 그 디자인등록출원일 전에 출원된 등록디자인 또는 이와 유사한 디자인·특허발명·등록실용신안 또는 등록상표를 이용하거나, 디자인권이 그 디자인권의 디자인등록출원일 전에 출원된 타인의 특허권·실용실안권 또는 상표권과 저촉되는 경우에는, 그 디자인권자·특허권자·실용신안권자 또는 상표권자의 허락을 얻지 아니하고는 자기의 디자인을 업으로서 실시할 수 없다(디자인보호법 제95조). 이 경우 당해 디자인의 실시의 허락을 받고자 하는 경우에 그 타인이 정당한 이유 없이 허락하지 아니하거나 그 타인의 허락을 받을 수 없는 때에는 자기의 디자인의 실시에 필요한 범위 안에서 통상실시권 허락의 심판을 청구할 수 있다(디자인보호법 제123조 제1항). 또한, 그 심판에 의하여 통상실시권을 허락한 자가 그 통상실시권의 허락을 받은 자의 등록디자인 또는 이와 유사한 디자인의 실

시할 필요가 있는 경우에 그 통상실시권을 허락받은 자가 실시를 허락하지 아
니하거나 실시의 허락을 받을 수 없는 때에는 통상실시권의 허락를 받아 실시
하고자 하는 등록디자인 또는 이와 유사한 디자인의 범위에서 통상실시권 허락
의 심판을 청구할 수 있다(디자인보호법 제123조 제2항).

　　본조는 이러한 경위로 통상실시권 허락의 확정심결을 받은 자가 재심에 의
하여 그와 상반되는 심결이 확정되더라도 그 디자인의 실시사업을 하고 있거나
사업의 준비를 하고 있는 경우에는 원통상실시권의 사업의 목적 및 발명의 범
위 안에서 그 디자인권 또는 전용실시권에 대하여 통상실시권을 갖도록 한 것
이다.

II. 요   건

　　본조의 규정은 제123조 제1항 또는 제2항의 규정에 의하여 통상실시권을
허여한다는 심결이 확정된 후 재심에 의하여 이에 상반되는 심결의 확정이 있
을 것 및 재심청구 등록 전에 선의로 국내에서 그 디자인의 실시사업을 하고
있는 자 또는 그 사업의 준비를 하고 있는 자일 것을 요건으로 하고 있다.

III. 효   과

　　본조에 의하면 「원통상실시권의 사업의 목적 및 발명의 범위 안에서 그
디자인권 또는 재심의 심결의 확정이 있는 당시에 존재하는 전용실시권에 대하
여 통상실시권을 가진다」.

　　그 범위는 당초 디자인보호법 제123조 제1항 또는 제2항에 의하여 허락받
은 통상실시권의 범위 안에서이다.

　　본조에 의하여 발생하는 통상실시권은 이른바 법정실시권이고 등록 없이도
제3자에 대하여 그 효력이 발생한다(디자인보호법 제104조 제2항).

　　본조 제2항에 의하면 제1항에 의하여 통상실시권을 갖게 된 자는 특허권자
또는 전용실시권자에게 상당한 대가를 지급하여야 한다.

〈우라옥〉

제164조(재심에서의 심판규정의 준용)
    재심의 절차에 관하여는 그 성질에 반하지 아니하는 범위에서 심판의 절차에
관한 규정을 준용한다.

<소 목 차>

Ⅰ. 의   의

재심사유의 유무에 관한 심리를 행하고, 나아가 재심사유가 있다는 결론에
이르게 되면, 당해 심판에 관하여도 재심리가 행해지게 된다. 본조는 이 경우
그 성질에 반하지 않는 한 심판의 절차에 관한 규정을 준용하도록 하고 있다.

Ⅱ. 심판의 절차

재심사유가 있는 것으로 인정되어 재심리를 하게 되면, 재심 이전의 상태에
들어가 속행되는 것이다. 재심 대상이 된 심판의 청구에 관하여 다시 심리함에
있어서 처음부터 새로 심리하는 것이 아니라 그 청구에 관한 전 심판이 종결되
기 전의 상태로 돌아가는 것이다.[1] 그러므로 당사자도 전 소송과 같이 청구인
(재심피청구인), 피청구인(재심청구인), 증거자료 등도 종전 심판에 제출된 것 등
을 토대로 전 심판에 연속하여 추가 증거자료 등을 제출할 수 있다.

다만, 특허법 제185조에서 직권심리의 원칙에 관한 규정인 특허법 제159조
를 준용하지 않고 재심의 심리범위에 관한 민사소송법 제459조 제1항을 준용하
고 있고, 디자인보호법에서도 제147조에서는 직권심리의 원칙을 그대로 규정하
고 있으면서 재심에 관해서는 위 특허법 제185조와 같은 규정을 아래 제165조
에 규정하고 있다.

즉, 위 제147조 제1항은 "심판에서는 당사자 또는 참가인이 신청하지 아니
한 이유에 대하여도 심리할 수 있고, 다만 이 경우 당사자 및 참가인에게 기간

---

1) 김상원 외 3인 편, 註釋 新民事訴訟法(Ⅶ)(第1版), 한국사법행정학회(2004), 124(이인복
    집필부분).

을 정하여 그 이유에 대하여 의견을 진술할 기회를 주어야 한다"라고 규정하고 있는바, 이는 아래 제165조의 규정에 반하여 재심의 절차에서는 적용되지 않는 것이다.

〈우라옥〉

> **제165조(「민사소송법」의 준용)**
> 재심청구에 관하여는 「민사소송법」 제459조 제1항을 준용한다.

I. 의   의

본조는 민사소송법 제459조 제1항을 준용하고 있는바, 아래에서 보는 바와 같이 민사소송법 제459조 제1항은 그 심판의 범위에 관한 규정이다. 다만 재심의 소를 제기한 후 재심의 사유를 변경할 수 있도록 한 민사소송법 제459조 제2항은 이를 준용하고 있지 않고 있다. 그러나 민사소송법 제459조 제2항을 준용하지 아니하였다 하여 재심사유의 변경이 허용되지 않는 것으로는 보기 어렵다. 본조가 민사소송법 제459조 제1항을 특별히 명시한 이유는 심판의 직권심리의 원칙에 대한 예외로서 심판의 범위에 제한이 있다는 점을 분명하기 위하여 이를 특별히 준용할 것을 명시한 것이고, 재심의 청구를 하기 위한 시기를 준수하였고, 재심사유가 존재한다면 그 추가 및 변경은 허용되어야 재심제도를 인정하는 취지에 부합하기 때문이다.[1]

II. 준용되는 민사소송법 제459조 제1항의 내용

본조에 의하여 준용되는 민사소송법 제459조 제1항은, "본안의 변론과 재

---

1) 대법원은 2012. 1. 27. 선고 2011후3421 사건에서 "원고는 이 사건 재심대상판결의 정본을 송달받은 2011. 5. 23. 재심대상판결에 그 주장의 제척기간 준수 여부에 대한 판단을 누락한 재심사유가 있음을 알았다고 봄이 상당하므로, 이러한 재심사유는 원고가 그 존재를 안 이후로서 재심대상판결이 확정된 2011. 7. 18.로부터 30일이 경과한 후임이 역수 상 명백한 2011. 10. 12.자의 준비서면에서 비로소 주장된 것임이 분명하므로, 위 재심사유는 재심의 소 제기기간 경과 후에 주장된 것으로서 이 부분에 대한 재심의 소는 부적법하여 각하될 수밖에 없다"고 판시하였다. 재심사유의 주장을 소 제기 후에 추가한 경우에 그 자체로서 부적법한 것으로 판시하지 아니하였다. 행정소송법상으로도 재심에 대하여 소의 변경에 관한 규정의 적용을 배제하지 아니하고 있으므로, 심결에 대한 재심청구의 경우에도 이를 달리 볼 이유는 없지 않을까.

판은 재심청구이유의 범위 안에서 하여야 한다"라고 규정하고 있다. 이 규정은 재심대상판결에 대한 재심청구에 관하여 재심사유의 존부를 심리한 후 그것이 인정되어 본안의 단계로 들어간 경우 심리·판단할 수 있는 범위에 관한 것이므로, 여기서 본안의 변론과 재판이라 함은 재심의 소에 있어서 취소의 대상이 되는 확정판결로써 재판된 사건의 변론과 재판을 말한다. 예컨대, 등록무효심결에 대한 재심사건에 있어서는 등록무효사유의 존부에 대한 변론과 재판이 본안의 변론과 재판이 되는 것이다.

한편, 민사소송법에 의한 재심의 경우 본안에 대한 심리는 원소송의 변론을 속행하는 형식으로 진행되기 때문에 재심사유를 낳게한 흠 있는 소송절차는 다시 행하여야 하고, 또한 흠 있는 소송자료를 제외하고 그 나머지 절차와 자료에 당사자 쌍방이 새로 제출한 소송자료를 보태어 결론을 내려야 한다. 위증 등 형사상 처벌을 받을 행위에 관하여 유죄의 확정판결이 있어 재심사유의 존재가 인정되고 본안의 심리에 들어갈 때 재심법원은 그 유죄판결의 내용에 구속을 받지 아니한다. 그리하여 재심법원은 그 유죄판결의 내용과 같은 사실의 존부에 관한 실질적 판단을 자유로이 할 수 있으며, 따라서 재심법원의 자유로운 판단에 의하여 재심대상판결을 정당하다고 인정할 때에는 새로운 증거의 제출이 없더라도 재심청구를 배척할 수 있다.[2][3] 이와 같은 법리는 디자인보호법에 의한 재심절차에도 그대로 준용된다.

민사소송법상 확정판결을 취소할 수 있는 범위는 재심원고가 불복을 주장한 한도에서 할 수 있는바, 이를 준용하는 디자인보호법상 재심절차의 경우에도 재심청구인이 불복을 주장한 한도에서만 재심대상심결을 취소할 수 있다.

〈우라옥〉

---

2) 김상원 외 3인 편, 註釋 新民事訴訟法(Ⅶ)(第1版), 한국사법행정학회(2004), 125-126.
3) 대법원 1975. 2. 25. 선고 73다933 판결[공1975.5.1.(511), 8364]; 대법원 1983. 12. 27. 선고 82다146 판결[집31(6)민, 109; 공1984.3.1.(723), 312].

제166조(심결 등에 대한 소)

① 심결에 대한 소와 제124조 제1항(제164조에서 준용하는 경우를 포함한다)에 따라 준용되는 제49조 제1항에 따른 각하결정 및 심판청구나 재심청구의 각하결정에 대한 소는 특허법원의 전속관할로 한다.

② 제1항에 따른 소는 당사자, 참가인 또는 해당 심판이나 재심에 참가신청을 하였으나 그 신청이 거부된 자만 제기할 수 있다.

③ 제1항에 따른 소는 심결 또는 결정의 등본을 송달받은 날부터 30일 이내에 제기하여야 한다.

④ 제3항의 기간은 불변기간으로 한다.

⑤ 심판장은 주소 또는 거소가 멀리 떨어진 곳에 있거나 교통이 불편한 지역에 있는 자를 위하여 직권으로 제3항의 불변기간에 대하여 부가기간을 정할 수 있다.

⑥ 심판을 청구할 수 있는 사항에 관한 소는 심결에 대한 것이 아니면 제기할 수 없다.

⑦ 제150조 제2항 제5호에 따른 대가의 심결 및 제153조 제1항에 따른 심판비용의 심결 또는 결정에 대하여는 독립하여 제1항에 따른 소를 제기할 수 없다.

⑧ 제1항에 따른 특허법원의 판결에 대하여는 대법원에 상고할 수 있다.

〈소 목 차〉

I. 심결취소의 소

1. 의   의

특허법 제132조의2는 디자인에 관한 심판과 재심을 특허청장 소속하에 있는 특허심판원이 담당하도록 규정하고 있고, 본조 제1항은 심결에 대한 소와 보정각하결정, 심판청구와 재심청구의 각하결정에 대한 소를 특허법원의 전속관할로 규정하는 한편, 제6항은 '심판을 청구할 수 있는 사항에 관한 소는 심결에 대한 것이 아니면 제기할 수 없다'고 규정하여 특허법원에 소를 제기할 수 있는 심결취소소송의 대상을 특허심판원이 담당하는 심판 중 심결, 보정각하결정, 심판청구와 재심청구의 각하결정으로 명확히 함과 아울러 특허법원에 소를 제기하기에 앞서 특허심판원에 심결을 거쳐야 한다는 심판전치주의를 밝힌 것으로 보인다.

2. 종   류

심결취소소송은 심결의 당사자에 따라 결정계 심결취소소송과 당사자계 심결취소소송으로 구분된다. 특허청 심사관의 디자인등록거절결정, 디자인등록취소결정(디자인보호법 제120조), 보정각하결정(디자인보호법 제119조)에 대한 심판의 심결에 대한 취소소송이 특허청장을 상대로 한 결정계 심결취소소송이 된다.

디자인등록의 무효심판(디자인보호법 제121조), 등록디자인의 보호범위를 확인하기 위한 디자인권의 권리범위 확인심판(디자인보호법 제122조), 통상실시권 허락의 심판(디자인보호법 제123조)의 심결에 대한 취소소송은 디자인권자 또는 이해관계인을 상대로 제기하는 당사자계 심결취소소송이 된다.

II. 심결취소소송의 소송물

1. 소 송 물

대법원은 심판은 특허심판원에서의 행정절차이며 심결은 행정처분에 해당하고, 그에 대한 불복의 소송인 심결취소소송은 항고소송에 해당하여 그 소송물은 심결의 실체적 · 절차적 위법 여부이므로, 당사자는 심결에서 판단되지 않은 처분의 위법사유도 심결취소소송단계에서 주장 · 입증할 수 있고, 심결취소소송

의 법원은 특별한 사정이 없는 한 제한 없이 이를 심리·판단하여 판결의 기초
로 삼을 수 있으며, 이와 같이 본다고 하여 심급의 이익을 해한다거나 당사자에
게 예측하지 못한 불의의 손해를 입히는 것이 아니라고 보고 있다.[1]

2. 심결의 실체상 위법 여부

심결 중 결정계 심결취소소송에서는 거절이유가 있다고 본 심결 또는 보정
각하사유가 있다고 본 심결이 위법한지 여부이고, 당사자계 심결취소소송에서
는 심판청구인이 주장에 대한 심결의 판단이 위법한지 여부이다.

3. 심결의 절차상 위법 여부

심결이 절차를 위반하였더라도 심결의 결과에 영향을 미칠 가능성이 있어
야 할 것이다. 대표적인 사유로는 거절결정에 대한 심판에서 거절결정의 이유와
다른 거절이유를 발견한 경우에는 거절이유의 통지를 하여 새로운 거절이유에
대한 의견서 제출의 기회를 주어야 함에도 거절결정의 거절이유와 심판청구를
기각한 심결의 이유가 주요한 취지가 부합하지 아니하는 경우에는 그를 이유로
심판청구를 기각해서는 안 된다.[2]

Ⅲ. 심결취소소송의 원고적격

1. 원고적격의 제한

심결취소의 소는 당사자, 참가인 또는 해당 심판이나 재심에 참가신청을 하
였으나 그 신청이 거부된 자만 제기할 수 있다(본조 제2항). 일반적으로 행정소
송에서는 처분 등의 취소를 구할 법률상의 이익이 있는 자가 원고적격을 가지
므로, 행정처분의 직접의 상대방 이외의 제3자라도 행정처분에 의하여 법률상의
이익이 침해되는 때에는 그 처분의 취소를 청구할 수 있지만, 심결취소소송에서
는 심결에 의하여 자기의 법률상의 이익이 침해되는 자라도 그 모두에게 원고
적격이 인정되는 것이 아니고, 법에서 정한 자만이 원고적격을 갖는다는 점에서
원고적격의 범위가 상당히 제한되어 있다. 따라서 등록디자인의 진정한 권리자

---

[1] 대법원 2009. 5. 28. 선고 2007후4410 판결, 대법원 2004. 7. 22. 선고 2004후356 판결(당
　사자계 심결취소소송에 대한 사안으로 소위 '무제한설'의 입장이다).
[2] 대법원 2013. 9. 26. 선고 2013후1054 판결, 대법원 2003. 10. 10. 선고 2001후2757 판결
　등 참조(결정계 심결취소소송에 대한 사안으로 소위 '제한설'의 입장이다).

라 하더라도 심결의 당사자 등이 아니라면 심결에 대한 소를 제기할 수 없다.[3]

2. 당사자의 범위

결정계 심결에서는 심판청구를 한 자, 당사자계 심결에서는 심판청구인 또는 심판청구인 또는 참가신청을 한 자이다. 이러한 자들 중에서 불이익한 심결을 받은 자만이 원고적격이 있고, 유리한 심결을 받은 자는 소의 이익이 없으므로, 심결취소의 소를 제기할 수 없다.

3. 권리가 공유인 경우

디자인권 또는 디자인등록을 받을 수 있는 권리(이하 통틀어 '디자인권 등'이라 한다)의 공동소유관계에 대해서는 특허권에 대한 견해의 대립에 대한 논의가 준용될 수 있을 것이다. 대법원은 종래 '특허의 공유관계는 민법 제273조에 규정된 합유에 준하는 것이라 할 것이므로, 특허권이 공유인 때에는 그 특허권에 관한 심판사건에 있어서는 공유자 전원이 심판의 청구인 또는 피청구인이 되어야 하고, 그 심판절차는 공유자 전원에게 합일적으로 확정되어야 할 필요에서 이른바 필수적 공동소송관계에 있다'라고 판시하여 합유에 준하는 성질을 가진다고 판시하였으나,[4] '상표권이 공유인 경우에 각 공유자는 다른 공유자의 동의를 얻지 아니하면 그 지분을 양도하거나 그 지분을 목적으로 하는 질권을 설정할 수 없고 그 상표권에 대하여 전용사용권 또는 통상사용권을 설정할 수도 없는 등 일정한 제약을 받아 그 범위에서 합유와 유사한 성질을 가지지만, 이러한 제약은 상표권이 무체재산권인 특수성에서 유래한 것으로 보일 뿐이고, 상표권의 공유자들이 반드시 공동목적이나 동업관계를 기초로 조합체를 형성하여 상표권을 소유한다고 볼 수 없을 뿐만 아니라 상표법에 상표권의 공유를 합유관계로 본다는 명문의 규정도 없는 이상, 상표권의 공유에도 상표법의 다른 규정이나 그 본질에 반하지 아니하는 범위 내에서는 민법상의 공유의 규정이 적용될 수 있고, 상표권의 공유자가 그 상표권의 효력에 관한 심판에서 패소한 경우에 제기할 심결취소소송은 공유자 전원이 공동으로 제기하여야만 하는 고유필수적 공동소송이라고 할 수 없고, 공유자의 1인이라도 당해 상표등록을 무효로

---

3) 대법원 2014. 1. 16. 선고 2013후2309 판결 참조.
4) 대법원 1999. 3. 26. 선고 97다41295 판결, 대법원 1987. 12. 8. 선고 87후111 판결 등 참조.

하거나 권리행사를 제한·방해하는 심결이 있는 때에는 그 권리의 소멸을 방지
하거나 그 권리행사방해배제를 위하여 단독으로 그 심결의 취소를 구할 수 있
다'고 판시하여5) 무체재산권의 공동소유관계에 민법상 공유의 규정을 적용할
수 있다는 입장으로 바뀐 것으로 이해된다.

4. 원고가 될 수 있는 참가인

1) 본조 제2항에서 심결취소의 소를 제기할 수 있는 참가인이란 심판절차
상의 참가인으로서 당사자 이외의 제3자가 타인의 심판절차의 계속 중 그 심판
의 당사자 일방의 편으로 들어가 그 심판절차를 수행하는 자를 말한다. 심판절
차의 참가는 디자인보호법 제143, 144조에서 규정하고 있다. 동일한 디자인권에
대하여 디자인등록무효심판, 권리범위확인심판을 청구하는 자가 2인 이상인 경
우 각자 또는 모두가 공동으로 심판을 청구할 수 있지만(디자인보호법 제125조
제2항), 공동으로 심판청구를 하지 아니하고 타인의 청구에 의하여 계속 중인
심판절차에 참가할 경우에는 디자인보호법 제143조 제1항에 따라 참가할 수도
있다. 타인의 심판절차에 참가한 경우에는 참가인으로서 심결취소소송의 원고
적격이 있다.

2) 한편 심판의 당사자가 될 수 없는 자라도 심판의 결과에 이해관계를 가
지는 자는 디자인보호법 제143조 제3항에 따라 심리가 종결될 때까지 당사자의
어느 한쪽을 보조하기 위하여 그 심판에 참가할 수 있는데, 이러한 참가인도 모
든 심판절차를 밟을 수 있고(같은 조 제4항), 피참가인이 심결취소의 소를 제기
하지 않는 경우에도 독자적으로 심결취소의 소를 제기할 수 있다.

5. 심판 또는 재심에 참가신청을 하였으나 그 신청이 거부된 자

심판단계에서의 참가신청에 대한 결정에 대해서 불복할 수 없는데(디자인보
호법 제144조 제5항), 참가신청이 거부된 자가 심결에 대하여 불만이 있을 경우
본조 제2항에 따라 심결취소의 소를 제기할 수 있다. 따라서 디자인권의 전용실
시권, 통상실시권 등을 가진 자는 참가신청을 하여 참가가 허락되었다면 참가인
으로서 심결취소의 소를 제기할 수 있고, 참가신청이 거부된 경우라도 위 조항
에 따라 심결취소의 소를 제기할 수 있다.

---

5) 대법원 2004. 12. 9. 선고 2002후567 판결.

6. 권리승계와 당사자적격

가. 일반승계와 특정승계

디자인권을 받을 권리 또는 디자인권의 제3자 이전에는 상속, 법인의 합병
에 의해 상속인이나 합병 후 존속회사가 피상속인이나 합병 전 회사의 권리의
무를 일괄하여 승계하는 일반승계와 디자인권 양도 등에 의한 특정승계가 있다.

나. 일반승계

1) 심결 전의 승계

심판절차 중 상속 또는 회사의 합병에 의하여 일반승계가 이루어진 경우
심판절차는 중단되고 상속인 또는 합병에 의하여 설립된 회사 또는 합병 후 존
속한 회사가 디자인보호법 제23조에 의해 절차를 수계하게 되는데, 수계한 상속
인 또는 회사가 당사자가 되고, 피상속인, 합병으로 소멸한 회사는 당사자가 될
수 없다.

심판절차 중 종전 권리자가 사망하여 당사자로서의 자격을 상실한 때에는
그 때부터 그 당사자의 지위를 당연승계하는 상속인과 사이에 심판절차가 존속
하는 것이고, 다만 상속인이 심판수계절차를 밟을 때까지 심판절차가 중단되는
데, 심판관이 이와 같은 중단사유를 알지 못하고 구 권리자를 당사자로 하여 심
결한 경우에는 그 심결은 심판절차에 관여할 수 있는 적법한 수계인의 권한을
배제하는 결과가 되는 절차상의 위법은 있으나 그 심결이 당연 무효라고 할 수
는 없으므로, 상속인이 수계신청을 하여 심결등본을 송달받고 심결취소의 소를
제기한 다음에 그 소송절차에서 수계절차를 밟은 경우에도 그 수계와 소제기는
적법한 것으로 보아야 한다.[6]

심판절차 중에 일반승계가 생긴 경우 심판절차는 원칙적으로 중단되지만,
대리인이 있는 경우에는 중단되지 않는다(디자인보호법 제22조 단서). 대리인이
있어 중단되지 않는 경우라도 신고 등을 게을리하여 심결에서 피승계인이 당사
자로 표시되더라도 심결의 당사자가 되는 것은 승계인이고, 대리인은 승계인의
대리인이 된다.[7] 다만 심판절차의 대리인이 심결취소소송의 대리권을 위임받지
않은 경우에는 심결송달과 동시에 대리권은 종료되고 중단된다.[8] 심결송달 후

---

6) 대법원 1995. 5. 24. 선고 94다28444 전원합의체 판결 참조.
7) 특허법원 지적재산소송 실무연구회, 지적재산소송실무(제3판), 특허법원(2014), 31.
8) 대법원 1994. 3. 8. 선고 93다52105 판결.

에 절차가 중단된 경우에도 수계의 절차가 필요한데, 심판관이 수계여부를 결정
한다(디자인보호법 제24조).

2) 심결 후 소제기 전의 승계

심결 후 일반 승계가 이루어진 경우 승계인은 심판사건의 당사자 등의 지
위를 당연히 승계하므로, 승계인이 원고적격과 피고적격을 갖는다. 피고측에 일
반승계가 있었음에도 소장의 피고의 표시를 피승계인으로 기재한 채 소를 제기
한 경우에는 행정소송법 제14조에 의한 피고경정의 사유가 된다.

3) 소제기 후의 승계

소제기 후에 일반승계가 이루어진 경우, 소송대리인이 없는 때에는 소송절
차가 중단되고, 승계인이 수계하게 된다. 수계는 승계인 또는 상대방이 신청할
수 있고, 법원이 직권으로 속행명령을 발령할 수도 있다(민사소송법 제233조 내지
제244조). 일반승계가 있으면 일단 절차가 정지되고, 그 후 법원이 상속인 등 소송
을 속행할 자에 의한 소송의 수계를 인정하면 그때부터 다시 절차가 진행된다.

다. 특정승계

1) 심결 전의 승계

특허청장 또는 심판장은 디자인에 관한 절차가 특허청 또는 특허심판원에
계속 중일 때 디자인권 또는 디자인권에 관한 권리가 이전되면 그 디자인권 또
는 디자인에 관한 권리의 승계인에 대하여 그 절차를 속행하게 할 수 있다(디자
인보호법 제21조). 그러나 심판장 등이 위와 같이 승계인에게 속행하게 하지 않
은 채 심결이 내려지더라도 디자인권 또는 디자인에 관한 권리에 관하여 밟은
절차의 효력은 그 디자인권 또는 디자인에 관한 권리의 승계인에 미치므로(디자
인보호법 제20조), 심결이 위법하게 되는 것은 아니고, 심판절차 중의 권리의 승
계인은 본조 제2항의 당사자에 포함되므로 심결취소의 소를 제기할 수 있다고
볼 것이다.[9] 상표권에 대한 사건에서 대법원은 등록상표무효심판청구에 있어서
의 이해관계인이라 함은 그 등록권리와 동일 또는 유사한 상표를 사용한 바 있
거나 현재 사용하고 있음으로써 등록상표의 소멸에 직접적인 이해관계가 있는
자를 말하며 이해관계인이 무효심판청구를 한 후 그 인용상표의 상표권을 타에
양도하고 그 이전등록까지 마쳤더라도 이는 이해관계의 유무를 판단하는데 기
준이 될 수 없다고 보아 양도인의 원고적격을 인정한다.[10]

---

9) 특허법원 지적재산소송실무연구회(주 7), 32, 33.
10) 대법원 1989. 6. 27. 선고 88후332 판결, 같은 취지로는 특허법원 1999. 9. 10. 선고 98허

2) 심결 후 소제기 전의 승계

심결 후에 디자인권의 특정승계가 있고 출소기간 내에 권리이전에 대해 등록이 마쳐진 경우 심결 전 특정승계가 이루어진 경우와 마찬가지로 양도인뿐만 아니라 양수인도 심결취소의 소를 제기할 수 있다고 볼 것이다.[11]

3) 소제기 후의 승계

소제기 후에 특정승계가 이루어진 경우 양수인이 승계참가를 하거나 양도인 또는 상대방의 소송인수의 신청에 의해 승계가 이루어지고, 양도인은 상대방의 승낙을 얻어 소송에서 탈퇴할 수 있다(민사소송법 제82조, 제80조 참조).

Ⅳ. 심결취소소송의 제기기간

1. 제기기간

1) 행정소송법 제20조는 '취소소송은 처분 등이 있음을 안 날부터 90일 이내에 제기하여야 한다'라고 규정하여 제소기간을 제한하고 있다. 이는 공권력의 작용은 공익과 밀접한 관련이 있으므로 그와 관련된 권리관계를 조속히 확정시켜 법적안정성을 추구할 필요가 있기 때문이다. 같은 취지에서 본조 제3항도 심결에 대한 소는 심결 또는 결정의 등본을 송달받은 날로부터 30일 이내에 제기하여야 한다고 규정하여 불복기간을 더욱 단축하고, 기산일도 심결 등이 있음을 알았는지 여부를 불문하고 심결 등의 등본을 송달받은 날을 기준으로 하여 제소기간 산정이 간편해졌다.

2) 심결취소의 소의 제소기간의 기산점과 관련하여 디자인보호법 제16조 제4항이 적용되는지 문제된다. 즉, 위 조항은 '디자인에 관한 절차에서 기간의 마지막 날이 토요일이나 공휴일(근로자의 날 제정에 관한 법률에 따른 근로자의 날을 포함한다)에 해당하면 기간은 그 다음 날로 만료한다'고 규정되어 있는데, ⓐ 여기서 '디자인에 관한 절차'란 디자인에 관한 출원·청구 기타의 절차를 말하고(디자인보호법 제4조 제1항), ⓑ 디자인보호법 제6조 제1, 2항에서 '디자인에 관한 절차'와 '디자인보호법 또는 디자인보호법에 의한 명령에 의하여 행정청이 한 처분에 대한 소 제기'를 구별하여 규정하고 있는 점, ⓒ 디자인보호법 제17조에서 '디자인에 관한 절차'에 관한 기간의 연장 등을 일반적으로 규정하고 있

9277 판결이 있다.

11) 보다 구체적인 논의는 특허법원 지적재산소송실무연구회(주 7), 35 참조.

음에도, 본조에서 '심결에 대한 소'와 그에 대한 부가기간을 정할 수 있음을 별도로 규정하고 있는 점 등에 비추어 보면, 여기에는 '심결에 대한 소'에 대한 절차는 포함되지 아니한다고 볼 것이므로, '심결에 대한 소'의 제소기간을 계산할 때에는 디자인보호법 제16조가 적용되지 아니하고, 그에 관하여 법이나 행정소송법에 별도로 규정하고 있는 바도 없으므로, 행정소송법 제8조에 의해 준용되는 민사소송법 제170조에 따라 '기간의 말일이 토요일 또는 공휴일에 해당한 때에는 기간은 그 익일로 만료한다'고 규정한 민법 제161조가 적용된다고 볼 것이다.12)

　　3) 심결 등 취소소송의 제기기간은 불변기간이다(본조 제3항). 민사소송법상 불변기간이란 법정기간 중 법률이 특히 불변기간이라고 규정하는 기간을 말하는데 법원이 임의로 늘이거나 줄일 수 없고(민사소송법 제172조 제1항), 당사자가 책임질 수 없는 사유로 말미암아 불변기간을 지킬 수 없었던 경우에는 그 사유가 없어진 날부터 2주 이내에 게을리 한 소송행위를 보완할 수 있다(민사소송법 제173조). 심결취소소송에서의 불변기간도 같은 개념이므로, 특허심판원이나 특허법원이 제소기간을 늘이거나 줄일 수는 없고, 당사자가 책임질 수 없는 사유로 말미암아 제소기간을 경과하여 심결취소의 소를 제기하더라도 추후보완의 요건을 갖춘 경우에는 적법하게 된다. 제소기간을 계산할 때 심결 또는 결정의 등본을 받은 날은 산입하지 않고 그 다음 날부터 기산한다(디자인보호법 제16조).

2. 부가기간

　　특허심판원의 심판장은 주소 또는 거소가 멀리 떨어진 곳에 있거나 교통이 불편한 지역에 있는 자를 위하여 직권으로 제3항의 불변기간에 대하여 부가기간을 정할 수 있다. 민사소송법의 불변기간에 대한 제172조 제2항은 '법원은 불변기간에 대하여 주소 또는 거소가 멀리 떨어진 곳에 있는 사람을 위하여 부가기간을 정할 수 있다'고 규정하는 것과 같은 맥락이다. 심결 등 취소소송의 제소기간을 불변기간으로 규정한 취지에 비추어보면, 제소기간의 연장을 위한 부

---

12) 원고가 2013. 4. 1. 심결정본을 송달받고, 그로부터 31일이 되는 날인 2013. 5. 2. 특허법원에 불복청구의 소를 제기한 사안에서 대법원 2014. 2. 13. 선고 2013후1573 판결은 '근로자의 날 제정에 관한 법률'에서 정한 근로자의 날은 민법 제161조 소정의 '토요일 또는 공휴일'에 해당하지 아니하므로, 2013. 4. 1.부터 30일이 되는 날인 2013. 5. 1.(수요일)이 근로자의 날이기는 하지만, 심결취소를 구하는 소는 그 제소기간이 2013. 5. 1.에 만료된다고 본 원심을 유지하였다.

가기간의 지정은 제소기간 내에 이루어져야만 효력이 있고, 단순히 부가기간지정신청이 제소기간 내에 있었다는 사정만으로 제소기간이 당연히 연장되는 것이라 할 수 없고, 제소기간이 경과하기 전에 부가기간 지정이 적법하게 이루어져야 제소기간이 연장된다.[13]

부가기간은 심판장이 당사자의 구체적 사정을 고려하여 재량으로 정하는 직권사항으로, 당사자는 신청권이 없고, 신청을 하여도 직권발동을 촉구하는 것에 불과하여 그에 대한 심판장의 결정에 대해 불복할 수 없다.

V. 심판전치주의

행정소송법 제18조 제1항은 "일반 행정처분에 대한 취소소송은 법령의 규정에 의하여 당해 처분에 대한 행정심판을 제기할 수 있는 경우에도 이를 거치지 아니하고 제기할 수 있으나, 다른 법률에 당해 처분에 대한 행정심판의 재결을 거치지 아니하면 취소소송을 제기할 수 없다는 규정이 있는 때에는 그러하지 아니하다"고 규정하고 있고, 본조 제6항은 "심판을 청구할 수 있는 사항에 관한 소는 심결에 대한 것이 아니면 제기할 수 없다"고 규정하여 반드시 심판절차를 거치도록 규정하여 심판전치주의를 채택하고 있다. 따라서 심판을 거치지 아니하고 곧바로 특허법원에 소를 제기하는 경우에는 위 규정에 위반되어 부적법하여 각하된다.

디자인등록의 무효를 구하는 자는 특허심판원에 디자인등록무효심판을 청구한 후 그 심결에 대하여만 특허법원에 소송을 제기할 수 있을 뿐 직접 디자인등록무효를 구하는 소를 특허법원에 제기할 수는 없고, 디자인등록의 무효심판청구에 대한 특허심판원의 심결에 대한 소가 제기된 경우에도 특허법원으로서는 그 심결의 절차적, 실체적 적법 여부를 심리·판단하여 부적법한 경우에 그 심결을 취소하는 형성판결을 할 수 있을 뿐이고, 행정청인 특허심판원을 대신하여 그 의장등록을 무효로 하는 판결이나 특허심판원으로 하여금 디자인등록을 무효로 할 것을 명하는 이행판결을 할 수는 없다고 할 것이다.[14] 또한, 심결의 하자가 행정법의 법리상 취소할 수 있는 사유에 해당되거나 당연 무효의 사유에 해당되는가의 여부에도 불구하고 특허법의 규정에 따르지 아니한 채 일

---

13) 대법원 2008. 9. 11. 선고 2007후4649 판결.
14) 대법원 1999. 7. 23. 선고 98후2689 판결 참조.

반 행정소송의 형태로 그 취소나 무효확인을 구할 수는 없는 것이어서, 그와 같은 실질을 가지는 소송상의 청구는 부적법하다.[15]

Ⅵ. 대가·심판비용만을 다투는 소제기의 제한

디자인권자·전용실시권자 또는 통상실시권자는 해당 등록디자인 또는 등록디자인과 유사한 디자인이 디자인보호법 제95조 제1, 2항에 해당하여 실시의 허락을 받으려는 경우에 그 타인이 정당한 이유 없이 허락하지 아니하거나 그 타인의 허락을 받을 수 없는 때에는 자기의 등록디자인 또는 등록디자인과 유사한 디자인의 실시에 필요한 범위에서 통상실시권 허락의 심판을 구할 수 있고, 그러한 통상실시권의 허락의 심결에는 주문에 통상실시권의 범위·기간 및 대가를 포함하게 되는데(디자인보호법 제150조 제2항 제5호), 위 심결 중 대가 부분만의 취소를 구하는 소를 독립하여 제기할 수 없다. 또한 디자인등록의 무효심판(디자인보호법 제121조 제1항), 권리범위 확인심판(디자인보호법 제122조)에 따른 심판비용의 부담에 관한 사항은 심판이 심결에 의해 종결될 때에는 그 심결로써, 심판이 심결에 의하지 아니하고 종결될 때에는 결정으로써 정하게 되는데, 그 심결 또는 결정 중 심판비용의 부담 부분만의 취소를 구하는 소도 독립하여 제기할 수 없다. 위 심결 또는 결정 중 대가 부분이나 심판비용의 부담 부분에 대하여 다투고자 할 때에는 그 심결 또는 결정의 취소를 구하는 소를 제기하여 그 소송 중에서 대가나 심판비용의 부담을 다툴 수 있을 뿐이다.

Ⅶ. 상　　고

특허법원의 판결에 대하여는 판결정본이 송달된 날부터 2주 이내에 상고를 할 수 있다(본조 제8항, 민사소송법 제425조, 제396조 본문). 상고절차에 대하여는 디자인보호법에 별도의 규정이 없으므로 민사소송의 상고절차가 준용된다. 특허법원의 판결이 선고된 이상 판결서 송달 이전에도 상고할 수 있고(민사소송법 제425조, 제396조 단서), 상고장에는 당사자와 법정대리인, 특허법원의 판결의 표시와 그 판결에 대한 상고의 취지를 기재하여 특허법원에 제출하여야 한다(민사소송법 제425조, 제397조). 상고장에 상고이유를 적지 아니한 때에는 상고인은 소

15) 대법원 1996. 3. 12. 선고 95누18826 판결.

송기록 접수의 통지를 받은 날부터 20일 이내에 상고이유서를 제출하여야 한다 (민사소송법 제427조).

　　상고이유는 특허법원의 판결에 영향을 미친 헌법·법률·명령 또는 규칙의 위반이 있다는 것을 이유로 드는 때에만 할 수 있고(민사소송법 제423조), 특허법원의 판결이 적법하게 확정한 사실은 상고법원을 기속한다(민사소송법 제432조).

　　심결취소소송에도 상고심절차에 관한 특례법이 적용되므로(위 디자인보호법 제2조) 대법원은 상고이유에 관한 주장이 위 디자인보호법 제4조 제1항 각호의 사유를 포함하지 아니한다고 인정하면 더 나아가 심리를 하지 아니하고 판결로 상고를 기각한다(위 디자인보호법 제4조 제1항).

〈손천우〉

제167조(피고적격)

제166조 제1항에 따른 소는 특허청장을 피고로 하여 제기하여야 한다. 다만, 제121조 제1항, 제122조, 제123조 제1항 및 제2항에 따른 심판 또는 그 재심의 심결에 대한 소는 그 청구인 또는 피청구인을 피고로 하여 제기하여야 한다.

<소 목 차>

Ⅰ. 피고적격의 법정

결정계 심결취소소송에서는 특허청장이 피고적격을 갖지만, 당사자계 심결에 대한 취소소송에서는 그 심판 또는 재심의 청구인이나 피청구인이 피고적격을 갖는다.

가. 특허청장

거절결정이나 보정각하결정에 대한 불복심판에 대한 심결 및 심판청구나 재심청구의 각하결정에 대한 취소를 구하는 소의 피고는 특허청장이다. 심결의 취소를 구하는 소는 특허심판원의 심판관 합의체가 행한 심결이라는 행정처분의 취소를 구하는 것이고, 심판청구서 또는 재심청구서의 각하결정의 취소를 구하는 소는 심판장이 행한 각하결정이라는 행정처분의 취소를 구하는 것인데, 심판관은 독립된 기관으로 해석되기 때문에 행정소송법의 일반원칙에 따르면 심결취소소송의 피고는 심판관 합의체 또는 심판장으로 할 수도 있으나, 심결취소소송의 적정하고도 능률적인 운영을 위한 합목적적 고려에서 특허청이라는 관서의 대표자인 특허청장을 피고로 하기로 한 것이다.[1]

나. 심판(재심)의 청구인 또는 피청구인

당사자계 심판(디자인등록 무효심판, 권리범위 확인심판, 통상실시권 허락의 심판 등)의 심결 또는 그 재심심판의 심결에 대한 취소소송의 피고는 심판 또는

---

1) 특허법원 지적재산소송 실무연구회, 지적재산소송실무(제3판), 박영사(2014), 26.

재심청구인 또는 피청구인이다. 당사자계 심판에서는 불이익한 심결을 받은 측
은 원고가 되고, 그 상대방이 피고가 되므로, 심판청구를 인용한 심결에 대한
취소소송의 피고는 심판청구인이고, 심판청구를 기각한 심결에 대한 취소소송
의 피고는 심판피청구인이 된다. 이와 같이 당사자계 심판의 심결의 취소를 구
하는 소의 피고를 특허청장이나 심판관 합의체가 아니라 심판의 청구인 또는
피청구인으로 하는 이유는 이해상반하는 당사자 사이의 문제로서 다투게 하는
것이 실정에 부합하고, 입증활동의 적정하고 효율적인 운영을 기대할 수 있을
뿐 아니라 심결의 결과가 직접 관계당사자의 이해와 관계되어 있는 점을 종합
적으로 고려한 입법정책에 따른 것이다.2)

당사자계 심판에서 심판청구인의 심판청구가 그 흠을 보정할 수 없어 디자
인보호법 제129조에 따라 각하한 심결에 대한 취소소송의 피고는 특허청장이
아니라 심판의 상대방인 디자인권자가 된다.

Ⅱ. 공유자의 피고적격

디자인권이 수인의 공유인 경우 이에 대한 심판청구는 공유자 전원을 피심
판청구인으로 하는 고유필수적 공동심판이다(디자인보호법 제125조 제2항). 위 조
항에 따라 공유자 전원을 상대로 한 심판청구에서 청구기각심결이 내려진 경우
그 심결취소소송도 공유자 전원을 상대로 하여야 하는 고유필수적 공동심판인
지 문제되는데, 심결취소소송에 있어 상표권의 공유자가 원고인 경우 고유필수
적 공동소송이 아니라 공유자 중 1인이 제기한 심결취소소송도 적법하다는 대
법원 2004. 12. 9. 선고 2002후567 판결의 입장을 공유자가 피고인 경우에도 그
대로 유지하는 것이 이론적 일관성이 있을 수 있겠으나, 한편, 공유자가 피고인
경우 상대방인 원고로서는 공유자의 비협조로 인해 디자인권을 보존하지 못하
게 되는 불합리가 없고 공유자 전원을 상대로 심결취소의 소를 제기함에 아무
런 장애가 없으므로 공유자가 원고인 경우와 달리 고유필수적 공동소송으로 취
급하더라도 무방하다.3) 고유필수적 공동소송으로 볼 경우 원고가 공유자 중 일
부를 피고에서 누락하더라도 민사소송법 제68조 제1항에 의해 특허법원의 판결

---

2) 특허법원 지적재산소송 실무연구회(주 1), 27.
3) 고유필수적 공동소송이라는 견해로는 정상조 · 박성수 공편, 특허법 주해Ⅱ, 861(최성준
　집필부분)이 있다.

선고 시까지 누락된 피고를 추가할 수 있다.

Ⅲ. 특정승계와 피고적격

심판 중에 디자인권이 양도되었음에도 속행명령이 없이 원권리자를 피청구인으로 하여 청구기각심결이 내려진 경우 그 심결의 취소소송은 원권리자를 피고로 하여야 하므로 피고를 잘못 지정한 것이라 할 수 없어 승계인으로의 경정은 허용되지 않고 승계참가나 인수참가를 통해 피고의 승계를 허용할 필요가 있다.[4]

〈손천우〉

---

4) 자세한 논의에 대해서는 특허법원 지적재산소송 실무연구회(주 1), 34 참조.

제168조(소 제기 통지 및 재판서 정본 송부)

① 법원은 심결에 대한 소와 제124조 제1항(제164조에서 준용하는 경우를 포함한다)에 따라 준용되는 제49조 제1항에 따른 각하결정에 대한 소 또는 제166조 제8항에 따른 상고가 제기되었을 때에는 지체 없이 그 취지를 특허심판원장에게 통지하여야 한다.

② 법원은 제167조 단서에 따른 소에 관하여 소송절차가 완결되었을 때에는 지체 없이 그 사건에 대한 각 심급의 재판서 정본을 특허심판원장에게 보내야 한다.

심결이 확정되면 일사부재리(디자인보호법 제151조) 등의 효력이 발생한다. 또한 특허청장은 확정심결을 등록하고, 심결의 내용에 따라 등록디자인에 대한 말소, 변경 등의 등록을 하는데, 심결취소의 소가 제기되었거나 그 판결에 대한 상고가 제기된 경우에는 특허청에서 확정심결의 등록절차가 이루어지는 것을 중지시킬 필요가 있으므로, 그 취지를 특허심판원장에게 통지하여 특허청으로 하여금 아직 심결이 확정되지 않았음을 알게 하기 위한 조항이다.

본조 제1항은 심결취소소송의 제기와 상고제기 사실을 통지하는 것이고, 본조 제2항은 재판서 정본의 송부에 관한 규정이다. 특허법원이 판결을 선고한 후 상고가 없거나 상고가 제기되었지만 상고기각되어 심결취소소송이 완결된 경우 법원은 지체 없이 그 사건에 대한 각 심급의 재판서 정본을 특허심판원장에게 보내 특허청에 심결취소소송의 완결 사실을 알려 후속 절차를 밟을 수 있도록 하는 규정이다.

〈손천우〉

> **제169조(심결 또는 결정의 취소)**
> ① 법원은 제166조 제1항에 따라 소가 제기된 경우에 그 청구가 이유 있다고 인정할 때에는 판결로써 해당 심결 또는 결정을 취소하여야 한다.
> ② 심판관은 제1항에 따라 심결 또는 결정의 취소판결이 확정되었을 때에는 다시 심리를 하여 심결 또는 결정을 하여야 한다.
> ③ 제1항에 따른 판결에서 취소의 기본이 된 이유는 그 사건에 대하여 특허심판원을 기속한다.

〈소 목 차〉

Ⅰ. 심결취소소송의 판결

심결취소소송이 소송요건을 구비하고, 특허심판원의 심결 또는 심판청구 각하결정 등을 취소할 사유가 인정되는 경우에는 원고의 청구를 받아들여 심결을 취소하는 판결을 선고하게 된다. 특허법원은 심결을 취소할 수 있을 뿐 거절결정 자체를 취소하거나 출원을 수리하는 등의 특허결정을 할 수는 없으므로, 심결취소의 소 중에서 거절결정 자체의 취소를 구하는 경우가 있다면 이 부분은 부적법하므로 각하하여야 한다.[1]

심결취소소송의 대상인 심결 또는 결정이 형식적으로는 하나이지만 실제로는 가분적인 수개의 심판청구가 병합된 경우에는 심결의 일부 취소도 가능하다.

Ⅱ. 확정판결의 형성력과 기판력

1. 확정판결의 형성력

심결을 취소하는 판결이 확정되면 취소된 심결은 특허심판원의 별도의 행위를 기다릴 필요 없이 그 효력을 잃게 되는데, 심결의 효력을 상실시킨다는 점

[1) 특허법원 2000. 11. 3. 선고 2000허2620 판결 참조.

에서 확정된 심결취소판결은 형성력을 갖는다. 따라서 심판관은 다시 심리를 하여 심결 또는 결정을 하여야 한다(본조 제2항).

2. 확정판결의 기판력

확정판결의 주문에 포함된 법률적 판단의 내용은 이후 소송당사자에게 효력이 미치게 되므로 동일한 사항이 소송상 문제가 되었을 때에는 법원은 이에 저촉되는 판단을 할 수 없게 된다. 그러나 특허법원의 판결이 확정된 이후에 새로 제기된 심결취소소송은 제소기간을 도과한 것으로 각하될 것이기 때문에 기판력이 문제되는 경우는 거의 없을 것이다.

Ⅲ. 확정판결의 기속력

1. 의   의

심결 또는 결정을 취소하는 판결이 확정된 때에는 앞서 본 형성력에 의해 기존의 심결 또는 결정은 효력을 잃으므로 심판관은 다시 심리를 하여 심결 또는 결정을 하여야 하고(본조 제2항), 위 판결에서 취소의 기본이 된 이유는 그 사건에 대하여 특허심판원을 기속하므로(본조 제3항), 특허심판원은 확정된 심결취소판결에 따라 다시 심결 또는 결정을 할 때 위 판결의 취소의 기본이 된 이유와 저촉되는 심결 또는 결정을 할 수 없는데, 이를 확정된 심결취소판결의 기속력이라 한다. 본조의 규정은 일반 행정소송에서 취소판결의 기속력을 규정한 행정소송법 제30조에 대한 특별규정이다. 디자인보호법 제151조가 규정하고 있는 일사부재리의 효력은 심결이 확정된 경우에 적용되는 것인 반면, 본조에서 규정하고 있는 기속력은 심결을 취소하는 판결이 확정되었을 뿐, 심결은 확정되지 아니한 경우에 적용되는 것으로 적용시점과 대상이 다르다.

2. 기속력의 내용

심결취소소송에서 인용판결이 확정되면 특허심판원은 동일 사실관계 아래에서 동일 당사자에 대하여 동일한 내용의 심결 또는 결정을 반복하여서는 안 된다. 다만 취소판결의 사유가 심판절차의 위법이나 형식상의 흠인 경우에는 그 확정판결의 기속력이 취소사유로 된 절차나 위법에만 미치므로 심판관이 적법한 절차나 형식을 갖추어 동일한 내용의 심결을 하는 것은 가능하다.[2]

---

2) 대법원 2005. 1. 14. 선고 2003두13045 판결 등 참조.

또한 심결취소소송에서 인용판결이 확정된 경우 그 심결 또는 결정을 한 심판관은 심판청구인의 새로운 신청을 기다리지 않고 그 취소판결의 취지에 따라 다시 심리하여야 한다. 심결이나 결정이 절차나 형식을 위반하였다는 이유로 취소된 경우에는 심판관은 그와 같은 잘못을 피하여 적정한 절차나 형식으로 심결 또는 결정을 하여야 한다.

3. 기속력의 범위

가. 주관적 범위

확정된 심결취소판결은 특허심판원과 심판관을 기속한다.

나. 객관적 범위

1) 본조 제3항에서 규정하고 있는 '취소의 기본이 되는 이유'가 무엇인지 문제된다. 기속력은 심결의 위법성 일반에 대해서가 아니라 심결 또는 결정의 개개의 위법원인에 대하여 생기는 것이므로,[3] 심결취소판결이 확정됨에 따라 재개된 심판절차에서 특허심판원은 그 취소판결에 나타난 위법사유와 동일한 이유로 종전의 심결의 심결과 동일한 결론의 심결 또는 결정을 할 수 없다. 다만 심결취소판결 후 심판절차에서 새로운 증거가 제출되어 기속력 판단의 기초가 된 증거관계에 변동이 생긴 경우에는 취소판결에 나타난 위법사유와 다른 이유에 의해 동일한 심결 또는 결정을 하는 것은 가능하다. 판례도 '심결을 취소하는 판결이 확정된 경우, 그 취소의 기본이 된 이유는 그 사건에 대하여 특허심판원을 기속하는 것인바, 이 경우의 기속력은 취소의 이유가 된 심결의 사실상 및 법률상 판단이 정당하지 않다는 점에 있어서 발생하는 것이므로, 취소 후의 심리과정에서 새로운 증거가 제출되어 기속적 판단의 기초가 되는 증거관계에 변동이 생기는 등의 특단의 사정이 없는 한, 특허심판원은 위 확정된 취소판결에서 위법이라고 판단된 이유와 동일한 이유로 종전의 심결과 동일한 결론의 심결을 할 수 없고, 여기에서 새로운 증거라 함은 적어도 취소된 심결이 행하여진 심판절차 내지는 그 심결의 취소소송에서 채택, 조사되지 않은 것으로서 심결취소판결의 결론을 번복하기에 족한 증명력을 가지는 증거라고 판시하고

---

3) 대법원 1997. 2. 11. 선고 96누13057 판결(행정처분에 위법이 있어 행정처분을 취소하는 판결이 확정된 경우 그 확정판결의 기판력은 거기에 적시된 위법사유에 한하여 미치는 것이므로, 행정관청이 그 확정판결에 적시된 위법사유를 보완하여 행한 새로운 행정처분은 확정판결에 의하여 취소된 종전의 처분과는 별개의 처분으로서 확정판결의 기판력에 저촉된다고 할 수 없다.)

있다.4)

　　2) 대법원 환송판결의 특허청에 대한 기속력은 파기의 이유가 된 원심결의
사실상 및 법률상의 판단이 정당하지 않다는 소극적인 면에서만 발생하는 것이
므로 환송 후의 심결에서는 파기의 이유로 된 잘못된 견해만 피하면 다른 가능
한 견해에 의하여 환송 전의 원심결과 동일한 결론을 낼 수 있다.5) 대법원 환송
판결의 파기이유는 유사디자인이 등록되면 기본디자인권과 합체하고 적어도 기
본디자인의 관념적 유사범위를 구체적으로 명백히 하여 그 권리범위를 확보한
것으로 보아야 할 것인데, 등록디자인을 기본디자인으로 한 유사디자인등록이
되어 있고, 위 등록디자인과 유사디자인 및 확인대상디자인을 함께 대비해 보면
전체적으로 유사함에도 환송 전 원심결이 유사디자인과 확인대상디자인은 대비
하지 아니하고 등록디자인과 확인대상디자인만을 대비하여 서로 유사하지 않다
고 판단하였음은 채증법칙을 어기고 심리를 다하지 아니한 잘못을 저질렀다고
함에 있음이 명백하고, 환송 후 원심결이유는 등록디자인과 유사디자인 및 확인
대상디자인을 함께 대비해 보면 전체적으로 유사하나, 확인대상디자인은 등록
디자인보다 선등록된 청구인의 디자인에 유사하므로 결국 등록디자인의 권리범
위는 확인대상디자인에 미칠 수 없다고 함에 있는바, 환송 후 원심결의 이러한
판단은 당원의 환송판결 파기이유에 따르되, 환송 전 원심결이나 환송판결에서
판단되지 아니한 청구인의 주장을 받아 들여 환송 전의 원심결과 동일한 결론
을 내린 것이므로 환송판결의 기속력에 관한 법리를 오해한 위법이 있다고 할
수 없다고 판시하였다.6)

　　3) 그러나 새로운 주장과 증거가 없거나 새로운 증거가 제출되더라도 심결
취소소송의 결론을 뒤집기에 충분한 증명력을 갖지 못하는 경우에는 특허심판
원은 취소판결과 다른 판단을 할 수 없다. 판례도 '심결을 취소하는 판결이 확
정된 경우, 그 취소의 기본이 된 이유는 그 사건에 대하여 특허심판원을 기속하
는 것인바, 이 경우의 기속력은 취소의 이유가 된 심결의 사실상 및 법률상 판
단이 정당하지 않다는 점에 있어서 발생하는 것이므로, 취소 후의 심리과정에서
새로운 증거가 제출되어 기속적 판단의 기초가 되는 증거관계에 변동이 생기는
등의 특단의 사정이 없는 한, 특허심판원은 위 확정된 취소판결에서 위법이라고

---

4) 대법원 2008. 6. 12. 선고 2006후3007 판결, 대법원 2002. 12. 26. 선고 2001후96 판결,
　대법원 2002. 11. 26. 선고 2000후2590 판결 등 참조.
5) 대법원 1991. 6. 28. 선고 90후1123 판결, 대법원 1994. 3. 11. 선고 92후1141 판결.
6) 대법원 1991. 6. 28. 선고 90후1123 판결.

판단된 이유와 동일한 이유로 종전의 심결과 동일한 결론의 심결을 할 수 없고,7) 여기서 새로운 증거라 함은 적어도 취소된 심결이 행하여진 심판절차 내지는 그 심결의 취소소송에서 채택, 조사되지 않은 것으로서 심결취소판결의 결론을 번복하기에 족한 증명력을 가지는 증거라고 보아야 한다'8)고 판시하였다.

4) 당사자가 1차 심결의 심리절차에서 증거(비교대상디자인이나 선행공지 디자인 등)를 제출하여 유리한 심결을 받았고, 어떠한 경위에서인지 그 심결취소소송에서 위 증거들을 제출하지 않고 주장도 하지 않는 경우에는 주장·입증책임의 원칙상 심결취소판결이 선고될 것인데, 그러한 심결취소판결이 확정된 후 그에 따른 2차 심결의 심리절차에서 다시 1차 심결의 심리절차에서 제출된 증거를 제출한 경우, 이를 새로운 증거로 볼 수 없으므로 2차 심결에서 이를 이유로 취소확정판결의 기속력에 반하는 판단을 할 수는 없다.9)

다. 기속력에 위반된 심결의 효력

2차 심결이 판결의 기속력에 반하는 판단을 하는 경우 그 자체로 2차 심결은 위법하게 되고 취소사유가 된다. 1차 심결을 취소한 판결이 확정된 후 진행된 특허심판원의 심판절차에서 새로운 주장·입증이 없어 그대로 판결의 기속력에 따라 판단을 한 심결은 적법하다.

〈손천우〉

---

7) 대법원 2002. 11. 26. 선고 2000후2590 판결.
8) 대법원 2002. 12. 26. 선고 2001후96 판결.
9) 대법원 2002. 12. 26. 선고 2001후96 판결, 이에 따른 특허법원의 판결로는 특허법원 2006. 9. 14. 선고 2006허1223 판결이 있다.

제170조(대가에 관한 불복의 소)

① 제123조 제3항에 따른 대가에 대하여 심결·결정을 받은 자가 그 대가에 불복할 때에는 법원에 소송을 제기할 수 있다.

② 제1항에 따른 소송은 심결·결정의 등본을 송달받은 날부터 30일 이내에 제기하여야 한다.

③ 제2항에 따른 기간은 불변기간으로 한다

Ⅰ. 본조의 의의

본조는 디자인보호법 제123조 제1항·제2항에 따라 통상실시권이 허락되면서 그 대가에 대하여 심결·결정을 받은 자가 그 대가에 대하여 불복이 있는 때에는 별도의 불복방법으로 법원에 소송을 제기할 수 있도록 한 규정이다.

통상실시권 허여의 심결 중 대가만에 대하여 불복이 있을 때에는 심결취소소송을 제기할 수 없고 본조에 의하여 그 증감을 청구하여야 한다(디자인보호법 제166조 제7항).

심결이나 결정 전체에 대하여 불복하는 것이 아니라 단지 대가의 액수에 대하여만 불복하는 경우에는 대가를 지급하거나 수령할 당사자 간의 문제이고 처분기관이 관여할 사항은 아니므로, 대가액을 지급하거나 지급받을 당사자가 법원에 소송을 제기하여 그 금액을 조정 받을 수 있도록 한 것이다.[1]

Ⅱ. 대가에 관한 불복의 소의 성질

이 소송은, 당해 심결·결정 중 대가의 액이라는 금전상의 분쟁에 관하여

---

[1] 정상조·박성수 공편, 특허법 주해Ⅱ, 박영사(2010), 896(최성준 집필부분). 특허권의 통상실시권에 관한 논의이나 디자인권의 통상실시권에 관하여도 마찬가지로 적용될 수 있을 것이다.

이에 직접 이해관계를 갖는 당사자 사이에서 다투어지고, 대립당사자의 공격·방어를 통하여 사안을 보다 명확하게 할 수 있고, 그 소송의 목적이 금액의 변경에 그치므로, 통상의 민사소송과 유사한 형태의 소송이다.

　　보통 형식적 당사자소송이란, "행정청의 처분 등을 원인으로 하는 법률관계에 관한 소송 중 소송 형태상 법률관계의 내용을 다투는 것이어서 형식적으로는 당사자소송이지만, 실질적으로는 행정청의 처분을 다투는 것을 포함하고 있는 소송(행정청의 처분 등에 의해 형성된 법률관계의 내용을 다투며 그 법률관계의 주체를 당사자로 하는 소송)"이라고 하거나,[2] "행정청의 처분·재결 등의 효력을 직접 다투는 것이 아니고, 처분 등의 결과로서 형성된 법률관계에 대하여 그 법률관계의 한쪽 당사자를 피고로 하여 제기하는 소송"이라고 설명하는데,[3] 대가의 증감을 다투는 소송에서 당사자가 직접 다투는 것은 대가에 관한 법률관계의 내용이고 그 전제로서 심결·결정의 효력이 소송의 대상이 되는 것이므로, 이 소송은 형식적 당사자소송이라고 할 수 있고,[4] 반면에 대가에 대한 불복의 소에서 그 액을 변경하는 판결은 심결·결정의 필요적 결정사항의 일부를 변경하는 것에 의하여 실질적으로는 심결·결정 그 자체의 효력을 좌우하는 결과를 야기한다. 이런 점에서 형식적 당사자소송도 그렇듯이 이 소송도 그 실질에 있어서는 일종의 취소소송(항고소송)이라고 할 수 있다는 견해가 있다.[5]

Ⅲ. 대가에 관한 불복의 소에 적용되는 법령

　　이 소송을 형식적 당사자소송이라고 본다면 이 소송에는 본조 및 디자인보호법 제171조의 특별규정이 적용되는 외에는 행정소송법(제14조 내지 제17조, 제22조, 제25조, 제26조, 제30조 제1항, 제32조, 제33조, 제39조 내지 제43조)이 적용, 준용되고, 행정소송법에 특별한 규정이 없는 사항에 대하여는 법원조직법과 민사소송법 및 민사집행법의 규정이 준용된다는 견해가 있다(행정소송법 제8조).[6]

---

2) 박균성, 행정법론(상), 박영사(2009), 935-936, 939; 정상조·박성수 공편(주 1), 896(최성준 집필부분)에서 재인용.

3) 김남진, 행정법Ⅰ, 법문사(2001), 856; 김동희, 행정법Ⅰ, 박영사(2008), 706; 정상조·박성수 공편(주 1), 896(최성준 집필부분)에서 재인용 .

4) 정상조·박성수 공편(주 1), 896(최성준 집필부분).

5) 정상조·박성수 공편(주 1), 896(최성준 집필부분).

6) 정상조·박성수 공편(주 1), 897(최성준 집필부분).

Ⅳ. 관할법원

이 소송이 형식적 당사자소송이라는 견해에 의하면 디자인보호법 제171조에 의하여 통상실시권자, 전용실시권자 또는 디자인권자를 피고로 한 경우 그 관할법원은 행정소송법 제9조 제1항 본문에 따라 피고의 소재지를 관할하는 행정법원(행정법원이 없으면 지방법원 행정부)가 되고,[7] 민사소송이라는 견해에 의하면 위 소송의 관할법원은 피고를 기준으로 민사소송법 제2조(보통재판적), 제24조(지식재산권 등에 관한 특별재판적)[8]에 의하여 정해진다.

Ⅴ. 제소기간

심결취소소송과 마찬가지로 대가에 관한 불복의 소는 당해 심결·결정의 등본을 송달받은 날부터 30일 이내에 이를 제기하여야 한다. 이 제소기간은 불변기간이다. 부가기간에 대하여는 아무런 규정을 두고 있지 않지만, 민사소송법 제172조 제2항(법원은 불변기간에 대하여 주소 또는 거소가 멀리 떨어진 곳에 있는 사람을 위하여 부가기간을 정할 수 있다)을 유추적용하여 대가에 관한 심결·결정을 한 심판관이나 특허청장이 부가기간을 정할 수 있다는 견해가 있다.[9] 제소기간의 계산 및 불변기간의 의미에 관하여는 디자인보호법 제166조 제3, 4항 참조.

〈박정훈〉

---

7) 정상조·박성수 공편(주 1), 897(최성준 집필부분).
8) 지식재산권에 관한 소를 제기하는 경우에는 민사소송법 제2조 내지 제23조의 규정에 따른 관할법원 소재지를 관할하는 고등법원이 있는 곳의 지방법원에 제기할 수 있다고 규정하고 있다.
9) 정상조·박성수 공편(주 1), 898(최성준 집필부분).

> **제171조(대가에 관한 소송의 피고)**
> 　제170조에 따른 소송에서 제123조 제3항에 따른 대가에 대하여는 통상실시권자·전용실시권자 또는 디자인권자를 피고로 하여야 한다.

　본조는 디자인보호법 제170조가 규정하는 '대가에 관한 불복의 소'의 피고를 정하고 있는 규정이다.

　통상실시권 허락의 심판의 경우(디자인보호법 제123조 제1, 2항) 그 대가에 관한 불복의 소는 통상실시권자·전용실시권자 또는 디자인권자를 피고로 하여야 한다.

〈박정훈〉

> ### 제172조(변리사의 보수와 소송비용)
> 소송을 대리한 변리사의 보수에 관하여는 「민사소송법」 제109조를 준용한다.
> 이 경우 "변호사"는 "변리사"로 본다.

<소 목 차>

Ⅰ. 소송비용 부담의 재판

법원이 사건을 완결하는 재판을 할 때에는 반드시 직권으로 그 심급의 소송비용 전부의 부담에 관한 재판을 하여야 하므로(민사소송법 제104조), 심결취소소송의 경우에도 주문에서 심결취소소송의 비용을 부담할 자를 정하여야 한다.

그런데 소송비용은 패소자가 부담하는 것이 원칙이다(민사소송법 제98조), 따라서 소를 각하하거나 원고의 청구를 기각하는 경우에는 "소송비용은 원고가 부담한다"고 표시하고, 원고의 청구를 받아들여 심결을 취소하는 경우에는 "소송비용은 피고가 부담한다"로 표시한다.

일부패소의 경우 그 소송비용은 각 당사자가 분담하는 것이 원칙이고, 분담의 방법은 청구액과 인용액과의 비율에 따라 부담시키지만, 소송의 전 과정을 통한 당사자의 소송활동을 참작하여 법원이 적절하게 정하면 된다(민사소송법 제101조 본문). 다만 일부패소의 경우에도 한 쪽 당사자에게 소송비용의 전부를 부담시킬 수 있는데(민사소송법 제101조 단서), 예를 들어 일방 당사자의 패소부분이 극히 근소한 경우가 이에 해당한다.

사건을 완결하는 재판과 함께 하는 소송비용 부담의 재판에서는 소송비용을 부담할 자 및 소송비용 부담의 비율만을 정하고, 액수의 확정에 관하여는 나중에 별도의 신청에 의하여 소송비용액의 확정결정(민사소송법 제110조)을 하는 것이 일반적이다. 판결 선고 후에도 새로운 소송비용(예를 들어, 판결서 송달비용)이 생기는 등 판결 선고 시 소송비용의 구체적인 범위를 확정하는 것이 기술적으로 곤란하기 때문이다.[1] 이 경우 소송비용 부담의 재판이 집행권원이 되고, 소송비용액의 확정결정은 소송비용 부담의 재판에 의하여 확정된 소송비용상환

---

[1] 법원실무제요, 민사소송[Ⅰ], 법원행정처(2005), 407.

청구권의 집행을 위하여 그 액수만을 정하는 부수적 재판이다.[2)]

다만, 소송이 소의 취하, 상소의 취하 등에 의하여 완결된 경우나, 참가 또는 이에 대한 이의가 취하된 때에는 법원은 당사자의 신청에 의하여 소송비용 부담의 재판과 소송비용액 확정결정을 동시에 한다(민사소송법 제114조 제1항).

Ⅱ. 변리사 보수의 소송비용 산입

소송을 대리한 변호사에게 당사자가 지급하였거나 지급할 보수는 대법원규칙이 정하는 금액의 범위 안에서 소송비용으로 인정된다(민사소송법 제109조 제1항). 본조는 변리사가 특허법원이나 대법원에 계속 중인 심결취소소송을 대리한 경우 변리사 보수도 소송비용에 산입되도록 하게 한 것이다.

그런데 소송비용에 산입되는 변호사의 보수는 당사자가 보수계약에 의하여 지급한 또는 지급할 보수액 전액이 아니고 그 보수액의 범위 내에서 대법원 규칙인 "변호사 보수의 소송비용 산입에 관한 규칙[3)]"이 각 심급단위로 소송목적의 값을 기준으로 하여 정한 금액이다. 이 경우 소송목적의 값은 민사소송 등 인지법 제2조에 의하므로(「변호사 보수의 소송비용 산입에 관한 규칙」 제4조 제1항), 심결취소소송의 소송목적의 값은 민사소송 등 인지규칙[4)] 제17조의2, 제18조의2에 의하여 1억 원이다.

아직 변리사 보수의 소송비용 산입에 관한 규칙은 제정되어 있지 않지만 실무상 민사소송법 제109조의 위임에 따라 제정된 대법원 규칙인 "변호사 보수의 소송비용 산입에 관한 규칙"을 적용하고 있다. 위 대법원규칙 제3조 및 별표의 기준에 의하면 특허법원에서의 소송비용에 산입될 변리사의 보수는 당사자가 보수계약에 의하여 지급한 또는 지급할 보수액과 480만원(=390만원+3,000만원×3%) 중 적은 금액이다.

〈박정훈〉

---

2) 대법원 2001. 8. 13.자 2000마7028 결정[공2001, 2151] 참조.
3) 규칙 제2496호(시행 2013. 12. 1).
4) 규칙 제2541호(시행 2014. 10. 1).

제 9 장
「산업디자인의 국제등록에 관한 헤이그협정」에 따른 국제출원

제 1 절   특허청을 통한 국제출원

> **제173조(국제출원)**
> 「산업디자인의 국제등록에 관한 헤이그협정」(1999년 세계지식재산기구에 의하여 제네바 외교회의에서 채택된 조약을 말하며, 이하 "헤이그협정"이라 한다) 제1조(vi)에 따른 국제등록(이하 "국제등록"이라 한다)을 위하여 출원을 하려는 자는 특허청을 통하여 헤이그협정 제1조(vii)에 따른 국제출원(이하 "특허청을 통한 국제출원"이라 한다)을 할 수 있다.

<소 목 차>

Ⅰ. 본조의 의의

본조는 헤이그협정에 따른 국제출원이 특허청을 통하여 제출될 수 있도록 함으로써 국내출원인의 편의를 도모하기 위한 것이다. 세계지식재산기구(World Intellectual Property Organization, WIPO)의 국제사무국에 직접 제출되는 국제출원은 특허청의 업무와 관련이 없으므로 이에 대한 별도의 규정은 없다.

Ⅱ. 특허청을 통한 국제출원

1. 헤이그협정 개요

헤이그협정은 하나의 국제출원서를 WIPO 국제사무국 또는 출원인의 체약당사자 관청에 제출하면 복수의 지정 체약당사자(국가 또는 정부간기구)에 출원한 효과를 부여하는 산업디자인의 국제등록에 관한 조약으로, 특허의 특허협력조약(Patent Cooperation Treaty), 상표의 마드리드의정서(Protocol relating to the Madrid Agreement Concerning the International Registration of Marks)와 유사한 조약이다.

최초 헤이그협정(1925. 11. 6. 체결, 1928. 6. 1. 발효)은 실체심사를 하지 않는 유럽국가가 중심이 되어 체결되었으나 이후 몇 차례 개정을 거쳐 왔다. 이 중 중요한 것이 1934년 런던 개정협정, 1960년 헤이그 개정협정, 1999년 제네바 개정협정이다. 1934년 런던 개정협정은 저작권적 접근방식으로 권리자가 국제사무국에 디자인을 기탁하면 즉시 지정국에서 보호의 효력이 발생하는 것이 특징이다. 이 협정은 2010. 1. 1.에 동결되어 현재 적용되지 않는 조약이다. 1960년 헤이그 개정협정은 디자인 보호방식을 저작권적 접근방식에서 특허적 접근방식으로 변경한 것이 특징이다. 즉 디자인을 국제사무국에 기탁하면 지정국에 출원한 효과가 있지만 그 이후의 절차는 지정국의 국내법을 따른다. 지정국 관청은 국제등록의 공보를 접수한 날부터 6개월 이내에 디자인에 대한 보호를 거부할 수 있다. 마지막으로 우리나라가 가입한 1999년 제네바 개정협정[1](1999. 7. 2. 채택, 2003. 12. 23. 발효)이다. 이 협정은 심사주의 국가의 제도와 조화를 추구한 점이 특징이다. 즉 WIPO 국제사무국 또는 출원인의 체약당사자 관청에 국제출원서를 제출하고 소정의 형식요건 심사를 거쳐 국제등록부에 등록하고 공개한다. 국제등록의 공개는 지정된 체약당사자 관청에 의해 국제출원서가 접수된 것으로 간주되며, 그 관청은 국제공개일로부터 6개월(무심사주의) 또는 12개월(심사주의) 이내에 거절이유를 통지하여야 한다. 상기 기간 내 거절이유를 통지하지 않는 경우 해당 지정 체약당사자에서 디자인권의 효력이 발생한다. 이 협정의 공식명칭은 「산업디자인의 국제등록에 관한 헤이그협정의 제네바 개정협정(Geneva Act of the Hague Agreement Concerning the International Registration of

---

1) 김창현, 헤이그협정 가입국가의 디자인 제도 연구, 특허청(2011), 13.

Industrial Designs)」이며, 체약당사자수는 49개(2015. 5월 현재)이다. 우리나라는 이 협정의 체약당사자(2014. 3. 31. 가입, 2014. 7. 1. 발효)이다.

2. 국제등록

국제등록이라 함은 헤이그협정 제1조(vii)에 따른 국제출원 또는 각종 변경 신청서가 규정된 요건에 부합하는 경우 그 내용이 국제등록부에 등록되는 것을 의미한다. 주의할 점은 국제출원의 대상이 된 산업디자인이 국제등록되었다 하더라도 지정 체약당사자에서 권리로서의 효력을 갖는 것은 아니라는 점이다. 즉 국제출원의 대상이 된 산업디자인은 국제등록된 후에 국제공개가 되며, 이후 지정 체약당사자 관청에 의해 해당 체약당사자 영역 내에서의 보호여부가 결정된다.

3. 특허청을 통한 국제출원(간접출원)

헤이그협정 제4조(1)에서 출원인은 국제출원서를 WIPO 국제사무국에 직접 제출하거나 출원인의 체약당사자 관청에 간접적으로 제출할 수 있으며, 체약당사자는 자신의 관청을 통하여 국제출원이 제출될 수 없다고 WIPO 사무국장에게 선언할 수 있다고 규정하고 있다. 그러나 우리나라는 이런 취지의 선언을 하지 않았으므로 본조에서 출원인은 특허청에 국제출원서를 제출할 수 있음을 명확히 규정한 것이다.

출원인의 체약당사자 관청을 통한 국제출원을 금지한 국가로는 아프리카지식재산기구(OAPI), 크로아티아, 유럽연합(EU), 프랑스, 라트비아, 모나코, 몬테네그로, 슬로베니아, 마르세도니아, 우크라이나 등 10개 체약당사자가 있다.[2]

동 협정에 따른 국제출원은 선행하는 국내출원이나 국내등록이 있을 것을 전제로 하지 않는 점에서는 마드리드의정서에 따른 국제상표출원제도와 다르며, 우리나라를 출원인의 체약당사자로 하여 국제출원을 하면서 지정 체약당사자로 우리나라를 지정(자기지정)할 수 있는 점에서는 특허협력조약에 따른 국제특허출원제도와 유사하다.

〈전호범〉

---

2) 헤이그협정에 따른 선언(20개)을 한 국가의 목록은 다음 WIPO 웹사이트에 공개되어 있다(http://www.wipo.int/hague/en/declarations/declarations.html).

> **제174조(국제출원을 할 수 있는 자)**
> 특허청을 통한 국제출원을 할 수 있는 자는 다음 각 호의 어느 하나에 해당
> 하여야 한다. 2인 이상이 공동으로 출원하는 경우에는 각자 모두가 다음 각
> 호의 어느 하나에 해당하여야 한다.
> 1. 대한민국 국민
> 2. 대한민국에 주소(법인인 경우에는 영업소를 말한다)가 있는 자
> 3. 그 밖에 산업통상자원부령으로 정하는 바에 따라 대한민국에 거소가 있
>   는 자

Ⅰ. 본조의 의의

본조는 특허청을 통해 국제출원을 할 수 있는 자의 적격을 규정하기 위한
것이다. 본조는 특허청을 통해 국제출원을 할 수 있는 자는 대한민국 국민이거
나 대한민국 내에 주소, 영업소 또는 거소를 가진 자 중 어느 하나에 해당하여
야 하며, 2인 이상이 공동으로 출원한 경우 출원인 각자가 국제출원의 적격을
가져야 함을 규정하고 있다.

Ⅱ. 국제출원을 할 수 있는 자

1. 개   요

헤이그협정 제3조에 따른 국제출원의 적격을 본조에서 그대로 규정하고 있
다. 즉 헤이그협정의 체약당사자인 국가 또는 정부간기구 회원국의 국민이거나
그 체약당사자 영역에 주소, 거주지 또는 진정하고 실효적인 산업상 또는 상업
상의 영업소를 가진 자는 국제출원을 할 수 있다고 규정하고 있다. 상기 각각의
요건에는 자연인 또는 법인이 모두 포함된다.

국민, 주소, 거주지 및 진정하고 실효적인 산업상 또는 상업상 영업소에 대

한 개념은 동 협정에 명확히 규정되어 있지 아니하므로 체약당사자의 법률에 따른 개념을 적용할 수 있다.[1] 우리나라의 경우 디자인보호법 시행규칙 제87조에서 거소('거주지'를 의미한다)를 "30일 이상 거주할 목적으로 대한민국에 체류하는 장소"라고 정의하고 있다.

2. 출원인의 체약당사자 결정[2]

가. 복수의 적격

출원인의 체약당사자는 국적, 주소, 영업소 또는 거소 등 국제출원의 적격을 기초로 출원인이 자신의 체약당사자를 자유롭게 선택할 수 있다. 예를 들어 출원인이 국제출원의 적격 중 주소란에 1999년 제네바 개정협정의 체약당사자 A를 표시하고, 국적란에 이 개정협정의 체약당사자 B를 표시한 경우, 출원인의 체약당사자는 체약당사자 A와 B 중에서 출원인이 표시한 국가로 한다.

1960년 헤이그 개정협정과 1999년 제네바 개정협정에 대하여 국제출원할 수 있는 적격을 모두 가지는 출원인은 더 많은 체약당사자에서 산업디자인을 보호받기 위하여 출원인의 체약당사자를 표시할 수 있다. 예를 들어 1960년 헤이그 개정협정의 체약당사자 A의 국적을 가지고 1999년 제네바 개정협정의 체약당사자 B에 주소를 가지는 출원인은 1960년 헤이그 개정협정의 체약당사자와 1999년 제네바 개정협정의 체약당사자를 모두 지정할 수 있다. 만약 1960년 헤이그 개정협정과 1999년 제네바 개정협정에 따라 복수의 국제출원을 할 수 있는 적격을 가지는 출원인이 두 개정협정에 모두 가입한 체약당사자를 지정하는 경우 최신 개정협정인 1999년 제네바 개정협정이 해당 국제출원에 적용된다.

나. 공동출원

2인 이상의 출원인이 공동으로 출원하는 경우 각각의 출원인이 동일한 개정협정의 체약당사자에 대해 국제출원의 적격이 있어야 국제출원을 할 수 있다. 예를 들어 출원인 1이 1999년 제네바 개정협정의 체약당사자 A의 국민이고, 출원인 2는 1999년 제네바 개정협정의 체약당사자 B에 주소를 가지는 경우 이들

---

1) Guide to the International Registration of Industrial Designs, Part B, Chapter Ⅱ, para. 02.03.
2) Guide to the International Registration of Industrial Designs, Part B, Chapter Ⅱ, para. 02.13-02.17.

제174조(국제출원을 할 수 있는 자)   1127

출원인은 공동으로 국제출원을 할 수 있다.

〈전호범〉

제175조(국제출원의 절차)

① 특허청을 통한 국제출원을 하려는 자는 산업통상자원부령으로 정하는 방식에 따라 작성된 국제출원서 및 그 출원에 필요한 서류(헤이그협정의 특정 체약당사자가 요구하는 서류 등을 말한다)를 특허청장에게 제출하여야 한다.

② 국제출원서에는 다음 각 호의 사항을 적거나 첨부하여야 한다.

1. 헤이그협정 제1조(vii)에 따른 국제출원의 취지

2. 특허청을 통한 국제출원을 하려는 자의 성명 및 주소(법인인 경우에는 그 명칭 및 영업소의 소재지를 말한다). 국제출원을 하려는 자가 2인 이상으로서 그 주소가 서로 다르고 대리인이 없는 경우에는 연락을 받을 주소를 추가로 적어야 한다.

3. 제174조 각 호에 관한 사항

4. 디자인을 보호받으려는 국가(헤이그협정 제1조(xⅱ)에 따른 정부 간 기구를 포함하며, 이하 "지정국"이라 한다)

5. 도면(사진을 포함한다. 이하 같다)

6. 디자인의 대상이 되는 물품 및 물품류

7. 헤이그협정 제5조(1)(vi)에 따른 수수료의 납부방법

8. 그 밖에 산업통상자원부령으로 정하는 사항

③ 특허청을 통한 국제출원을 하려는 자가 헤이그협정 제5조(5)에 따른 공개 연기신청을 하려는 경우에는 국제출원서에 도면을 대신하여 산업통상자원부령으로 정하는 바에 따른 견본을 첨부할 수 있다.

④ 특허청을 통한 국제출원을 하려는 자는 지정국이 요구하는 경우에 다음 각 호의 사항을 국제출원서에 포함하여야 한다.

1. 디자인을 창작한 사람의 성명 및 주소

2. 도면 또는 디자인의 특징에 대한 설명

3. 디자인권의 청구범위

<소 목 차>

I. 본조의 의의

본조는 특허청을 통해 제출되는 국제출원서의 제출방식 및 필수적 기재사항을 규정하기 위한 것이다. 본조 제1항은 특허청에 국제출원서를 제출하는 방식을, 제2항은 국제출원서에 필수적으로 기재하여야 하는 사항을, 제3항은 출원인이 공개연기 신청을 하여 국제출원을 하는 경우 도면 대신 견본을 제출할 수 있음을, 제4항은 제2항 각 호의 사항 외에 지정국이 요구하는 추가적 필수 기재사항을 국제출원서에 기재하여야 함을 규정한 것이다.

II. 국제출원의 제출방식

본조 제1항은 특허청을 통해 국제출원을 하려는 자는 산업통상자원부령으로 정하는 방식에 따라 작성된 국제출원서와 그 출원에 필요한 서류를 제출하여야 함을 규정하고 있다. 산업통상자원부령인 디자인보호법 시행규칙 제90조 제1항에서 국제출원서와 헤이그협정 공통규칙 제7조(4)(c)에 따라 특정 체약당사자가 요구하는 서류를 영어로 작성하여 별지 제18호서식의 국제출원서 등 제출서에 첨부하여 제출하여야 한다고 규정하고 있다. 특정 체약당사자가 요구하는 서류라 함은 체약당사자 법에서 디자인 창작자의 서약이나 선언을 제출하도록 요구하는 국가(예: 미국)를 지정한 국제출원인 경우 자신을 출원 디자인의 창작자로 믿고 있다는 창작자 선언서나 그 창작자 선언서를 대신하는 대체기술서를 의미한다.

III. 국제출원의 필수 기재사항

본조 제2항은 헤이그협정 제5조(1)에 따른 국제출원의 필수내용을 규정하고 있다. 즉, 국제출원서에 국제출원의 취지, 출원인의 성명 및 주소, 해당되는 경우 연락받을 주소, 디자인보호법 제174조에 따른 국제출원의 적격, 지정국, 도면, 물품 및 물품류, 수수료 납부방법 및 그 밖에 산업통상자원부령으로 정하는 사항이 필수적으로 기재되어야 한다고 규정하고 있다.

국제출원의 취지는 서면출원시 공식서식(DM/1)을 사용하거나 국제사무국 또는 특허청에서 제공하는 전자출원프로그램을 이용하여 제출함으로써 충족될 수 있다. 연락받을 주소는 서로 다른 주소를 가진 2인 이상의 출원인이 있고 대리인의 성명과 주소가 기재되지 아니한 국제출원인 경우 기재되어야 한다. 실무상 연락받을 주소가 기재되지 않는 경우에는 첫 번째 출원인의 주소가 연락받을 주소로 취급된다. 그 밖에 산업통상자원부령으로 정하는 사항은 디자인보호법 시행규칙 제90조 제3항에서 출원인의 체약당사자, 디자인의 수 및 도면의 수, 공개와 관련된 사항, 출원인의 서명이라고 규정하고 있다. 이 중에서 출원인의 체약당사자는 출원인이 국제출원의 적격을 가지는 체약당사자이다. 예를 들어 특허청에 국제출원을 하는 경우 대한민국 국민이거나 대한민국 내 주소, 영업소, 또는 거소 중 하나의 국제출원 적격을 만족하는 경우 출원인의 체약당사자는 대한민국이며, 국제출원서에는 'KR'과 같이 국가의 약칭을 기재하면 된다. 국제등록의 공개방식에는 즉시공개, 공개연기, 통상의 공개가 있다. 국제출원서에 즉시공개 또는 공개연기를 신청할 수 있으며, 이와 같은 신청이 없는 경우 통상의 공개로 간주된다. 즉시공개는 국제등록이 완료된 후에 바로 공개되며, 공개연기는 최장 30개월 내에서 공개가 연기되고 그 연기기간이 만료될 때에 공개된다. 통상의 공개에 해당되는 국제출원은 국제출원일 또는 우선일로부터 6개월 후에 공개된다.

Ⅳ. 견본의 제출방식

헤이그협정 제5조(1)(iii)는 국제출원에 도면이 제출되어야 함이 원칙이나, 예외적으로 직물지와 같은 2차원의 산업디자인에 한하여 공개연기를 신청하는 경우 도면 대신 견본이 제출될 수 있다고 규정하고 있다. 헤이그협정 공통규칙 제10조 및 시행세칙 제406조에서 견본의 제출방식에 대해 세부적으로 규정하고 있다.

본조 제3항은 견본의 제출방식을 산업통상자원부령에서 정하도록 위임하고 있다. 산업통상원자원부령인 디자인보호법 시행규칙 제90조 제4항에서 견본의 수는 국제사무국에 제출하는 견본 1개와 지정국 중 비밀사본을 받기 원한다고 통지한 국가에 제출하는 견본의 수를 합한 수[1]만큼 제출해야 하고, 견본의 크기는 가로 26.2센티미터, 세로 17센티미터, 두께 0.3센티미터를 넘지 않아야 하

---

1) 견본의 수 및 견본의 제출방식은 헤이그협정 공통규칙 제10조 및 시행세칙 제406조.

며, 각각의 견본들이 가로 21센티미터, 세로 29.7센티미터의 직사각형 용지에 부착되고 오름차순으로 번호가 매겨져 있어야 하며, 모든 견본은 하나의 포장에 담겨야 하고 어느 방향이든 그 크기가 30센티미터를 넘지 않아야 할 것을 규정하고 있다. 위와 같은 견본의 제출방식은 서면출원을 전제로 한 것이므로 견본과 함께 제출되는 국제출원은 서면으로만 제출될 수 있다.

V. 국제출원의 추가적 필수 기재사항

　헤이그협정 제5조(2)에서 자국 관청이 심사주의 관청이고 자국법상 출원일을 인정받기 위하여 창작자의 신원에 관한 표시, 산업디자인의 도면 또는 특징에 관한 간단한 설명 또는 청구범위가 출원서에 기재하여야 한다고 규정하고 있는 체약당사자는 WIPO 사무국장에게 이를 선언할 수 있으며, 이러한 체약당사자를 지정하는 경우 이를 국제출원서에 기재하여야 한다고 규정하고 있다.

　이와 같은 헤이그협정상 요건을 준수하기 위하여 본조 제4항은 지정국이 요구하는 경우 출원인은 디자인을 창작한 사람의 성명 및 주소, 도면 또는 디자인의 특징에 관한 설명 또는 디자인의 청구범위 중 해당하는 사항을 국제출원서에 기재하여야 한다고 규정하고 있다. 2015년 5월 현재 창작자의 신원에 대해 선언한 체약당사자는 미국, 루마니아이고, 도면 또는 디자인의 특징에 관한 간단한 설명에 대해 선언한 체약당사자는 일본, 루마니아, 시리아이며, 청구범위에 대해 선언한 체약당사자는 미국이다.

　참고로 위 사항에 대해 선언을 하지 않은 체약당사자를 지정하는 경우 출원인은 창작자의 신원이나 도면 또는 디자인의 특징에 관한 간단한 설명을 기재할 수 있으나 청구범위는 기재할 수 없다.[2]

〈전호범〉

---

2) Guide to the International Registration of Industrial Designs, Part B, Chapter Ⅱ, para. 03.04.

> **제176조(국제출원서 등 서류제출의 효력발생시기)**
> 국제출원서, 그 출원에 필요한 서류 및 제177조 제2항에 따른 서류는 특허청장에게 도달한 날부터 그 효력이 발생한다. 우편으로 제출된 경우에도 또한 같다.

I. 본조의 의의

본조는 특허청을 통해 제출되는 국제출원서류의 효력발생시기를 도달주의로 함을 규정하기 위한 것이다. 즉 국제출원서류가 우편으로 제출되는 경우에도 특허청장에게 도달한 날부터 효력이 발생함을 명확히 규정한 것이다.

II. 국제출원서 등 서류제출의 효력발생시기

헤이그협정 공통규칙 제13조(3)에서 관청을 통해 제출되는 국제출원은 관청의 접수일로부터 1개월 내에 WIPO 국제사무국에 도달되어야만 관청의 접수일이 국제출원일로 인정되며, 그 외의 경우에는 국제사무국에 도달한 날이 국제출원일이 된다고 규정하고 있다.

본조는 이러한 헤이그협정상 기간요건을 준수하고 특허청의 방식심사 및 출원인의 보정 등에 소요되는 기간을 고려하여 국제출원서, 그 출원에 필요한 서류, 디자인보호법 제177조 제2항에 따른 대체서류 등 국제출원서류가 우편으로 제출되는 경우에도 특허청장에게 도달한 날부터 그 효력이 발생한다고 규정한 것이다.

〈전호범〉

제177조(기재사항의 확인 등)

① 특허청장은 국제출원서가 도달한 날을 국제출원서에 적어 관계 서류와 함께 헤이그협정 제1조(xxviii)에 따른 국제사무국(이하 "국제사무국"이라 한다)에 보내고, 그 국제출원서 사본을 특허청을 통한 국제출원을 한 자(이하 이 조에서 "국제출원인"이라 한다)에게 보내야 한다.

② 제1항에도 불구하고 특허청장은 국제출원서의 기재사항이 다음 각 호의 어느 하나에 해당하는 경우에는 국제출원인에게 상당한 기간을 정하여 보완에 필요한 서류(이하 이 장에서 "대체서류"라 한다)의 제출을 명하여야 한다.

1. 산업통상자원부령으로 정하는 언어로 작성되지 아니한 경우
2. 국제출원의 취지가 명확하게 표시되지 아니한 경우
3. 특허청을 통한 국제출원을 한 자의 성명 또는 명칭이 적혀 있지 아니하거나 명확하게 적혀있지 아니하여 국제출원인을 특정할 수 없는 경우
4. 국제출원인(대리인이 디자인에 관한 절차를 밟는 경우에는 그 대리인을 말한다)과 연락을 하기 위한 주소 등이 명확하게 적혀있지 아니한 경우
5. 도면 또는 견본이 없는 경우
6. 지정국 표시가 없는 경우

③ 제2항에 따른 제출명령을 받은 자가 지정기간 내에 대체서류를 제출한 경우에는 그 대체서류가 특허청장에게 도달한 날을 국제출원서가 도달한 날로 본다.

<소 목 차>

Ⅰ. 본조의 의의

본조는 국제사무국 등에 대한 국제출원서류의 통지방식, 특허청의 방식심사 의무 및 하자발견 시 처리방식 등을 규정하기 위한 것이다. 본조 제1항은 국제출원서에 도달일을 적어 그 서류를 국제사무국에 보내고 그 사본을 출원인에게 통지해야 하고, 제2항은 국제출원서의 기재사항이 국제출원일을 인정할 수 없는 보완사유에 해당하는 경우 대체서류의 제출을 명해야 하며, 제3항은 대체서류가 제출된 경우 대체서류의 도달일을 국제출원서의 도달일로 본다고 규정

하고 있다.

II. 국제출원서의 국제사무국 송부 등

헤이그협정 공통규칙 제13조(1)에서 국제출원이 출원인의 체약당사자 관청을 통해 제출되는 경우 그 관청은 국제사무국에 출원서의 도달일과 국제출원서류를 통지하여야 하며, 출원인에게 그 도달일과 국제사무국에 송달한 사실을 통지하여야 한다고 규정하고 있다.

본조 제1항은 이와 같은 헤이그협정상 요건을 준수하기 위하여 국제출원서의 도달일을 국제출원서에 기재하여 국제사무국에 보내고, 그 국제출원서 사본을 출원인에게 보내야 한다고 명시하고 있다. 국제출원서의 도달일은 WIPO 국제사무국에 의해 국제출원일로 인정되며, 국제사무국의 방식심사가 완료된 후국제등록부에 국제등록일로 기록된다.

III. 국제출원 기재사항의 확인 등

헤이그협정 공통규칙 제14조(2)에서 국제출원이 국제사무국에 접수되는 날에 규정된 언어로 작성하지 아니한 경우, 국제등록을 받고자 하는 표시가 누락된 경우, 출원인의 신분을 확인할 수 있는 표시가 없는 경우, 출원인 또는 대리인과 연락할 표시가 없는 경우, 산업디자인의 도면이나 견본이 제출되지 아니한경우, 적어도 하나의 체약당사자를 지정하지 아니한 경우 등 국제출원일을 연기시키는 하자가 있는 경우 국제출원일은 국제사무국에 의하여 그러한 하자의 보정이 접수되는 날이라고 규정하고 있다.

본조 제2항은 국제사무국과 마찬가지로 특허청을 통해 제출되는 국제출원에 대하여 특허청의 방식심사 의무를 규정한 것이다. 국제출원일을 연기시키는하자가 있는 국제출원에 대하여 국제사무국에서만 방식심사를 하게 되는 경우3개월의 보정기간을 거치므로 국제출원일이 최대 4~5개월 후로 연기되나, 특허청에서 방식심사를 하는 경우 단기간의 보정기간을 거치게 되므로 국제출원일이 2~3주 후로 연기된다.

Ⅳ. 대체서류 제출 시 국제출원서의 도달일

본조 제3항은 제2항에 따라 국제출원일을 연기시키는 하자가 있는 국제출원에 대해 대체서류의 제출명령을 받은 자가 지정기간 내에 대체서류를 제출한 경우에는 국제출원서의 도달일은 최초 국제출원서의 제출일이 아닌 그 대체서류가 특허청장에게 도달한 날이라고 규정하고 있다.

〈전호범〉

제178조(송달료의 납부)
① 특허청을 통한 국제출원을 하려는 자는 특허청장이 국제출원서 및 출원에 필요한 서류를 국제사무국으로 보내는 데에 필요한 금액(이하 "송달료"라 한다)을 특허청장에게 내야 한다.
② 송달료, 그 납부방법·납부기간, 그 밖에 필요한 사항은 산업통상자원부령으로 정한다.
③ 특허청장은 특허청을 통한 국제출원을 하려는 자가 송달료를 내지 아니한 경우에는 상당한 기간을 정하여 보정을 명하여야 한다.
④ 특허청장은 제3항에 따른 보정명령을 받은 자가 지정된 기간에 송달료를 내지 아니한 경우에는 해당 절차를 무효로 할 수 있다.

〈소 목 차〉

I. 본조의 의의

본조는 국제출원서류를 국제사무국에 보내는데 필요한 송달료의 납부근거를 마련하고, 송달료 미납 시 처리절차를 규정하기 위한 것이다. 제1항은 특허청을 통해 국제출원을 한 자가 국제출원서 등 제출서류를 WIPO 국제사무국에 보내는 데 소요되는 비용을 납부해야 함을, 제2항은 송달료 금액, 납부방법 등을 산업통상자원부령에 위임함을, 제3항은 송달료 미납 시 보정명령의 대상이 됨을, 제4항은 제3항에 따라 보정명령을 받은 자가 지정기간 내에 송달료를 납부하지 아니한 경우에 국제출원을 무효로 할 수 있음을 규정하고 있다.

II. 송달료의 납부

헤이그협정 제4조(2)에서 체약당사자의 관청을 통하여 제출된 국제출원에 대하여 그 관청은 출원인에게 송달료를 납부할 것을 요구할 수 있다고 규정하고 있다.

본조 제1항은 특허청장이 디자인보호법 제177조 제1항에 따라 국제출원서류 또는 그 사본을 WIPO 국제사무국 또는 국제출원인에게 보내는 데 소요되는 비용을 징수할 수 있는 근거를 규정한 것이다.

　　본조 제2항은 송달료 금액, 그 납부방법, 납부기간 등에 관하여 산업통상자원부령으로 정하도록 위임하고 있다. 산업통상자원부령인 특허료 등의 징수규칙 제12조에서 송달료는 1출원마다 전자출원 5,000원, 서면출원 15,000원이며, 송달료의 납부기한 및 납부방법 등에 관하여 국내출원을 준용함을 규정하고 있다.

　　본조 제3항은 특허청장은 국제출원인이 송달료를 납부하지 않는 경우 기간을 지정하여 보정명령을 하여야 함을, 제4항은 그 기간 내 송달료를 납부하지 않은 경우 국제출원 절차를 무효로 할 수 있음을 규정하고 있다.

〈전호범〉

제2절 국제디자인등록출원

제179조(국제디자인등록출원)
① 헤이그협정 제1조(ⅵ)에 따른 국제등록으로서 대한민국을 지정국으로 지정한 국제등록(이하 "국제디자인등록출원"이라 한다)은 이 법에 따른 디자인등록출원으로 본다.
② 헤이그협정 제10조(2)에 따른 국제등록일은 이 법에 따른 디자인등록출원일로 본다.
③ 국제디자인등록출원에 대하여는 헤이그협정 제1조(ⅷ)에 따른 국제등록부(이하 "국제등록부"라 한다)에 등재된 국제등록명의인의 성명 및 주소(법인인 경우에는 그 명칭 및 영업소의 소재지를 말한다), 도면, 디자인의 대상이 되는 물품, 물품류, 디자인을 창작한 사람의 성명 및 주소, 디자인의 설명은 이 법에 따른 디자인등록출원인의 성명 및 주소(법인인 경우에는 그 명칭 및 영업소의 소재지를 말한다), 도면, 디자인의 대상이 되는 물품, 물품류, 디자인을 창작한 사람의 성명 및 주소, 디자인의 설명으로 본다.

<소 목 차>

Ⅰ. 본조의 의의

본조는 헤이그협정에 따라 우리나라를 지정국으로 지정한 국제디자인등록출원을 국내법상 디자인출원으로 의제하기 위한 것이다. 제1항은 대한민국을 지정국으로 지정한 국제등록은 국내법상 디자인등록출원으로, 제2항은 국제등록일은 국내법상 출원일로, 제3항은 국제등록부에 등재된 사항은 국내법상 출원서 기재사항으로 간주됨을 규정한 것이다.

II. 국제디자인등록출원의 국내출원 의제

헤이그협정 제10조(2)에서 국제등록일은 국제출원을 제출한 날이며, 동 협정 제14조(1)에서 국제등록은 국제등록일부터 각 지정 체약당사자에서 그 체약당사자의 법에 따라 제출된 출원과 동일한 효력이 있다고 규정하고 있다.

이에 따라 본조 제1항은 우리나라를 지정국으로 지정한 국제등록(이하 '국제디자인등록출원'이라 함)을 국내출원으로 보고, 제2항은 국제디자인등록출원에 대하여 국제등록일을 국내출원일로 보며, 제3항은 국제등록부에 등재된 국제등록명의인의 성명 및 주소, 도면, 물품 및 그 물품류, 창작자 정보, 디자인의 설명 등 국제출원 내용이 국내출원의 내용으로 간주됨을 규정한 것이다.

〈전호범〉

제180조(디자인등록요건의 특례)

　　제33조 제3항을 국제디자인등록출원에 대하여 적용할 때에 "제52조, 제56조 또는 제90조 제3항에 따라 디자인공보"는 "헤이그협정 제10조(3)에 따른 국제등록공보, 제56조 또는 제90조 제3항에 따라 디자인공보"로 한다.

<소 목 차>

Ⅰ. 본조의 의의　　　　　　　　　　｜　Ⅱ. 디자인등록요건의 특례

Ⅰ. 본조의 의의

　　본조는 디자인보호법 제33조 제3항1)에 따른 확대된 선출원의 원칙을 적용함에 있어 헤이그협정 제10조(3)에 따른 국제등록공보가 디자인보호법 제52조에 따른 출원공개를 위한 디자인공보로 간주됨을 규정한 것이다.

Ⅱ. 디자인등록요건의 특례

　　헤이그협정 제10조(3)에서 국제등록은 국제사무국에 의하여 공개되고, 그러한 공개는 모든 체약당사자에게 충분히 공개된 것으로 간주되고 권리자에게 그 밖의 공개가 요구되지 아니한다고 규정하고 있으며, 국제사무국은 국제등록의 공개 사본을 각 지정관청에 송부한다고 규정하고 있다.

　　따라서 본조는 대한민국을 지정국으로 지정한 국제디자인등록출원에 대하여 디자인보호법 제33조 제3항에 따른 확대된 선출원의 원칙을 적용함에 있어 헤이그협정 제10조(3)에 따라 국제등록공보에 게재된 것을 디자인보호법 제52조에 따라 디자인공보에 출원공개된 것으로 간주됨을 규정한 것이다.

<전호범>

---

1) 디자인보호법 제33조 제3항(확대된 선출원주의)은 디자인등록출원한 디자인이 그 출원을 한 후에 같은 법 제52조(출원공개), 제56조(거절결정된 출원의 공보게재), 또는 제90조 제3항(등록공보)에 따라 디자인공보에 게재된 다른 디자인등록출원(선출원)의 출원서 기재사항 및 출원서에 첨부된 도면, 사진 또는 견본에 표현된 디자인의 일부와 동일하거나 유사한 경우에 그 디자인은 등록받을 수 없으나, 두 출원의 출원인이 동일한 경우에는 이 원칙을 적용하지 아니한다고 규정하고 있다.

> **제181조(디자인등록출원의 특례)**
> ① 국제디자인등록출원에 대하여 이 법을 적용할 때에 국제등록공개는 제37조 제1항에 따른 디자인등록출원서의 제출로 본다.
> ② 국제디자인등록출원에 대하여 이 법을 적용할 때에 국제등록부에 등재된 사항과 도면은 제37조 제1항 및 제2항에 따른 디자인등록출원서의 기재사항과 도면으로 본다.
> ③ 국제디자인등록출원에 대하여는 제37조 제2항 제2호 중 창작내용의 요점 및 같은 조 제3항을 적용하지 아니한다.

Ⅰ. 본조의 의의

본조는 국제사무국으로부터 받는 국제디자인등록출원서의 도달시점을 명확히 하고, 그 서류에 기재된 사항을 국내법상 기재사항으로 의제하기 위한 것이다. 제1항은 국제디자인등록출원에 대하여 국제등록의 공개를 디자인보호법 제37조 제1항에 따른 국내출원의 제출로 보고, 제2항은 국제등록부에 등재된 사항과 도면은 디자인보호법 제37조 제1항 및 제2항에 따른 국내출원의 기재사항과 도면으로 본다고 규정하되, 제3항은 디자인보호법 제37조 제2항 제2호 중 창작내용의 요점을 기재하여야 하거나 디자인보호법 제37조 제3항에 따라 도면 대신 견본을 제출할 수 있다는 국내법상 규정이 적용되지 아니함을 규정하고 있다.

Ⅱ. 디자인등록출원의 특례

헤이그협정 공통규칙 제26조(3)에서 국제등록공보의 각 발행본은 세계지식재산기구(WIPO)의 웹사이트에 공개된 날 각 해당 관청이 접수한 것으로 간주된다고 규정하고 있다. 또한 동 협정 제12조(2) 및 동 협정 공통규칙 제18조(1)에서 지정 체약당사자 관청은 국제공개일로부터 6개월(심사관청인 경우에는 6개월을 12개월로 대체한다고 선언가능하다) 내에 국제사무국에 국제디자인등록출원에 대한 거절을 통지하여야 한다고 규정하고 있다. 따라서 특허청이 국제사무국으로부터 국제디자인등록출원서류를 받는 시점은 국제공개일이다.

본조 제1항은 국제등록의 공개가 국내출원의 제출로 간주됨을, 제2항은 국제등록부에 등재된 사항과 도면이 국내출원의 기재사항과 도면으로 간주됨을 규정하고 있다. 다만, 헤이그협정에 따른 국제출원의 기재사항 중 도면에 대한 기재사항인 창작내용의 요점은 필수적 기재사항이 아니며, 국제공개를 통해 받는 국제디자인등록출원에는 항상 도면(사진을 포함한다)이 첨부되어 있다. 이러한 점을 고려하여 제3항은 그 도면에 창작내용의 요점이 기재되어 있어야 한다는 디자인보호법 제37조 제2항 제2호와 도면 대신 견본이 제출될 수 있다는 디자인보호법 제37조 제3항을 국제디자인등록출원에 대하여 적용하지 아니한다고 규정한 것이다.

〈전호범〉

> **제182조(출원일 인정 등의 특례)**
> 국제디자인등록출원에 대하여는 제38조를 적용하지 아니한다.

Ⅰ. 본조의 의의

본조는 국제디자인등록출원에 대하여 국내법상 절차의 보완제도를 적용하지 않기 위한 규정이다. 즉 출원일을 연기시키는 중대한 하자가 있는 경우 지정된 기간 내에 절차보완서가 특허청장에게 제출된 날이 출원일로 간주된다고 규정한 디자인보호법 제38조를 국제디자인등록출원에 대하여 적용하지 아니한다고 규정하고 있다.

Ⅱ. 출원일 인정 등의 특례

헤이그협정 제9조에서 국제출원이 국제사무국에 직접 제출되는 경우 국제사무국의 접수일이 국제출원일이 되며, 체약당사자 관청을 통하여 제출되는 경우 관청의 접수일이 국제출원일이 되나. 국제출원일을 연기시키는 하자가 있는 경우 국제사무국이 그러한 하자의 보정서를 접수하는 날이 국제출원일이 된다고 규정하고 있다. 또한 동 협정 공통규칙 제13조(3)에서 체약당사자 관청을 통하여 제출된 국제출원은 1개월 이내에 국제사무국에 그 국제출원이 접수되는 경우에 한하여 관청에 접수된 날이 국제출원일이 되며, 1개월 이후에 국제사무국에 접수된 국제출원의 경우에는 1개월 후 접수된 날이 국제출원일이 된다고 규정하고 있다.

본조는 국제디자인등록출원에 대한 출원일 인정의 권한은 국제사무국에 있으므로 절차보완서가 특허청장에게 제출된 날이 출원일로 간주된다고 규정한 디자인보호법 제38조를 국제디자인등록출원에 대하여 적용하지 아니함을 명확히 하고 있다.

〈전호범〉

> 제183조(국제등록의 소멸로 인한 국제디자인등록출원 또는 국제등록디자인권의 취하 등)
> ① 헤이그협정 제16조(1)(ⅳ)에 따른 포기 및 같은 협정 제16조(1)(ⅴ)에 따른 감축 등 변경사항의 등재에 따라 국제등록의 전부 또는 일부가 소멸된 경우에는 그 소멸된 범위에서 해당 국제디자인등록출원의 전부 또는 일부가 취하된 것으로 보며, 국제등록디자인권(국제디자인등록출원인이 제198조 제2항에 따라 국내에서 설정등록을 받은 디자인권을 말한다. 이하 같다)의 전부 또는 일부가 포기된 것으로 본다.
> ② 제1항에 따른 취하 또는 포기의 효력은 국제등록부에 해당 국제등록의 변경사항이 등재된 날부터 발생한다.

<소 목 차>

Ⅰ. 본조의 의의

본조는 포기(Renunciation) 또는 감축(Limitation)[1]으로 국제등록부의 기록이 변경되는 국제디자인등록출원에 대하여 국내법상 효력을 부여하기 위한 것이다. 즉 제1항은 포기 또는 감축 등 국제등록의 변경사항이 등재되는 경우 그 소멸된 범위 내에서 국제디자인등록출원 또는 국제등록디자인권이 취하되거나 포기된 것으로 보며, 제2항은 그러한 취하 또는 포기의 효력은 해당 국제등록의 변경사항이 국제등록부에 등재된 날부터 발생한다고 규정하고 있다.

Ⅱ. 국제등록의 소멸로 인한 국제디자인등록출원 등의 취하·포기

헤이그협정 제16조에서 국제출원인 또는 권리자의 신청에 의해 국제등록의 대상인 모든 디자인을 포기(Renunciation)하거나, 하나 또는 일부의 디자인으로 감축(Limitation)하는 경우, 국제사무국은 이를 국제등록부에 기록해야 하고, 그러

---

1) 국제등록의 포기(Renunciation)는 국제등록의 대상인 모든 디자인에 대하여 지정 체약당사자의 일부 또는 전부에 대하여 포기하는 것을 의미하고, 국제등록의 감축(Limitation)은 지정 체약당사자의 일부 또는 전부에 대하여 국제등록에 포함된 하나 또는 일부의 디자인으로 감축하는 것을 의미한다.

한 국제등록부에 기록된 사항은 해당 체약당사자 관청의 등록부에 기록된 것과 동일한 효력이 있으며, 국제사무국은 이를 공개하고 그 공개사본을 해당 체약당사자 관청에 송부한다고 규정하고 있다.

본조 제1항은 포기나 감축이 국제사무국에 의해 국제등록부에 등재되는 경우 그 소멸된 범위 내에서 국제디자인등록출원은 취하되며, 국제등록디자인권은 포기되는 것으로 간주됨을, 제2항은 제1항에 따른 취하 또는 포기의 효력은 국제등록부에 포기나 감축이 등재된 날부터 발생한다고 규정하고 있다.

〈전호범〉

> **제184조(비밀디자인의 특례)**
> 국제디자인등록출원에 대하여는 제43조를 적용하지 아니한다.

Ⅰ. 본조의 의의

본조는 국제디자인등록출원된 디자인에 대하여 국내법상 비밀로 할 것을 청구할 수 없음을 명확히 규정하기 위한 것이다. 즉 디자인권의 설정등록일부터 3년 이내의 기간을 정하여 출원된 디자인의 일부 또는 전부에 대하여 비밀로 할 것을 청구할 수 있다는 디자인보호법 제43조를 적용하지 아니한다고 규정하고 있다.

Ⅱ. 비밀디자인의 특례

헤이그협정 공통규칙 제26조(3)에 따라 국제사무국에 의한 국제공개를 통해 해당 지정체약당사자 관청에 통지되는 국제디자인등록출원에 대해서는 디자인권의 비밀유지를 청구하는 것이 불가하므로 디자인보호법 제43조를 적용하지 아니한다고 규정하고 있다.

〈전호범〉

제185조(국제등록공개의 연기가 신청된 국제디자인등록출원의 열람 등)

① 특허청장은 헤이그협정 제11조에 따라 국제등록공개의 연기가 신청된 국제디자인등록출원에 대하여 다음 각 호의 어느 하나에 해당하는 경우에는 같은 협정 제10조(5)(a)에 따른 비밀사본의 열람청구에 응하여야 한다.

1. 국제디자인등록출원을 한 자(이하 이 절에서 "국제디자인등록출원인"이라 한다)의 자격에 관한 행정적 또는 사법적 절차의 진행을 목적으로 분쟁 당사자가 국제디자인등록출원에 대한 열람청구를 하는 경우
2. 국제등록부에 등재된 국제등록명의인의 동의를 받은 자가 열람청구를 하는 경우

② 제1항에 따라 비밀사본을 열람한 자는 그 열람한 내용을 무단으로 촬영·복사 등의 방법으로 취득하거나 알게 된 내용을 누설·도용하여서는 아니된다.

Ⅰ. 본조의 의의

본조는 비밀유지 의무가 있는 국제디자인등록출원에 대하여 열람 가능한 사유를 예외적으로 열거하고, 이렇게 열람된 내용이 무단으로 누설 또는 도용되어서는 아니 됨을 명확히 규정하기 위한 것이다. 즉 제1항은 국제등록에 대한 공개의 연기가 신청된 국제디자인등록출원에 대하여 국제출원인의 자격에 관한 분쟁절차의 진행 목적상 분쟁당사자 또는 국제등록명의인의 동의를 받은 자가 열람청구를 하는 경우 특허청장은 그 열람청구에 응하여야 함을, 제2항은 제1항에 따라 비밀사본을 열람한 자라 하더라도 열람을 통해 알게 된 내용을 무단으로 누설 또는 도용해서는 아니 됨을 규정하고 있다.

Ⅱ. 국제등록공개의 연기가 신청된 국제디자인등록출원의 열람

헤이그협정 제10조(4) 및 (5)에서 국제사무국은 국제등록을 공개할 때까지

비밀로 유지하여야 하고, 공개되지 아니한 국제등록의 사본을 관련 지정 체약당사자 관청에 국제등록 후 즉시 송부하며, 그 관청은 심사목적으로만 사용할 수 있고 그 국제출원의 적격에 관한 분쟁절차를 목적으로 관련 당사자에게 비밀리에만 공개할 수 있다고 규정하고 있다. 또한 동 협정 제11조(4)에서 국제등록의 권리자는 연기기간 동안 언제라도 그 권리자가 명시한 제3자에게 국제등록의 대상이 되는 일부 또는 전부 산업디자인의 초록을 제공하거나 열람을 허용할 것을 국제사무국에 신청할 수 있다고 규정하고 있다.

따라서 본조 제1항은 공개가 연기된 국제디자인등록출원의 출원적격에 관한 분쟁절차에서 분쟁당사자가 열람신청을 하거나 국제등록명의인의 동의를 받은 자가 열람신청을 하는 경우 특허청이 그 열람신청에 응하도록 규정하고 있으며, 제2항은 제1항에 따라 그 비밀사본을 열람한 자라 하더라도 다른 자에게 무단으로 누설하거나 도용해서는 아니 된다고 규정하고 있다.

〈전호범〉

제186조(출원보정의 특례)
① 제48조 제1항을 국제디자인등록출원에 대하여 적용할 때에 "도면의 기재사항이나 사진 또는 견본"은 "도면의 기재사항"으로 한다.
② 국제디자인등록출원에 대하여는 제48조 제3항을 적용하지 아니한다.
③ 제48조 제4항을 국제디자인등록출원에 대하여 적용할 때에 "제1항부터 제3항까지의 규정"은 "제1항 및 제2항"으로 하고, "제62조에 따른 디자인등록거절결정"은 "헤이그협정 제10조(3)에 따른 국제등록공개가 있은 날부터 제62조에 따른 디자인등록거절결정"으로 한다.
④ 제48조 제5항을 국제디자인등록출원에 대하여 적용할 때에 "제1항부터 제3항까지의 규정"은 "제1항 및 제2항"으로 한다.

<소 목 차>

I. 본조의 의의

본조는 국제디자인등록출원에 대한 보정대상, 보정시기 등을 명확히 하기 위한 것이다. 본조 제1항은 국제디자인등록출원에 대하여 출원의 보정대상을 규정한 디자인보호법 제48조 제1항을 적용함에 있어 "도면의 기재사항이나 사진 또는 견본"을 "도면의 기재사항"으로 대체함을, 제2항은 일부심사등록출원을 심사등록출원으로 변경하거나 심사등록출원을 일부심사등록출원으로 변경하는 보정을 규정한 디자인보호법 제48조 제3항을 적용하지 아니함을, 제3항은 출원의 보정시기를 규정한 디자인보호법 제48조 제4항을 적용함에 있어 "제1항부터 제3항까지의 규정"을 "제1항 및 제2항"으로, "제62조에 따른 디자인등록거절결정"을 "헤이그협정 제10조(3)에 따른 국제등록공개가 있은 날부터 제62조에 따른 디자인거절결정"으로 대체함을, 제4항은 보정이 출원의 요지가 변경된 것으로 설정등록 후에 인정되는 경우의 해당 출원의 출원일을 규정한 디자인보호법 제48조 제5항을 적용함에 있어 "제1항부터 제3항까지의 규정"을 "제1항 및 제2항"으로 대체함을 규정하고 있다.

Ⅱ. 출원보정의 특례

헤이그협정 공통규칙 제9조(1)(a)에서 산업디자인의 도면은 사진이나 그래픽 표현물의 형식으로 제출되어야 한다고 규정하고 있다. 예외적으로 동 공통규칙 제10조(1)에서는 국제출원이 2차원적인 산업디자인이고 공개 연기 신청을 한 경우 도면 대신 견본이 제출될 수 있다고 규정하고 있다. 동 공통규칙 제16조(4)에서 견본이 제출된 경우 공개 수수료 납부기간이 만료되기 3개월 전까지 도면이 제출되어야 하고, 이후 국제등록 공보에 게재됨으로써 각 지정체약당사자 관청에 국제출원서가 접수된 것으로 간주된다고 규정하고 있다.

본조 제1항은 국내출원과 같이 국제디자인등록출원에 대해서도 보정을 허용하되, 견본이 통지되지 아니하므로 보정대상에서 견본을 제외한다고 규정한 것이다. 디자인보호법 제175조 제2항 5호에서 도면에는 사진이 포함된다고 규정하고 있으므로 사진도 보정대상에 포함된다.

본조 제2항은 국제등록의 공개를 통해 국제사무국으로부터 받는 국제디자인등록출원에는 심사등록출원인지 또는 일부심사등록출원인지를 구분하는 표시가 없으므로 디자인보호법 제48조 제3항을 적용하지 아니한다고 규정한 것이다. 다만, 디자인보호법 시행규칙 제38조 제3항에서 2류, 5류, 또는 19류에 속하는 물품인 경우에는 일부심사등록출원으로만 출원할 수 있다고 규정되어 있으므로 국제디자인등록출원에 대하여도 2류, 5류 또는 19류에 속하는 물품인 경우에는 일부심사등록출원으로, 그 외 물품류에 속하는 물품인 경우에는 심사등록출원으로 간주하여 심사하게 된다.

본조 제3항은 국제디자인등록출원에 대하여 보정시기를 규정한 디자인보호법 제48조 제4항을 적용함에 있어 위에서 언급한 바와 같이 디자인보호법 제48조 제3항에 따른 보정을 배제하고, 특허청이 국제사무국으로부터 국제디자인등록출원을 받는 시점은 국제공개일이므로 헤이그협정 제10조(3)에 따른 국제등록공개가 있은 날부터 등록여부결정의 통지서가 발송되기 전까지 보정할 수 있음을 규정하고 있다.

본조 제4항은 국제디자인등록출원에 대하여 보정이 설정등록 후 요지가 변경된 것으로 인정된 경우 그 보정서의 제출일을 해당 출원의 출원일로 본다고 규정한 디자인보호법 제48조 제5항을 적용함에 있어 위와 같이 디자인보호법

제48조 제3항에 따른 보정을 배제한다고 규정하고 있다.

〈전호범〉

> **제187조(분할출원의 특례)**
>
> ① 제50조 제1항을 국제디자인등록출원에 대하여 적용할 때에 "디자인등록출원의 일부"는 "제63조에 따른 거절이유통지를 받은 경우에만 디자인등록출원의 일부"로 한다.
>
> ② 제50조 제3항을 국제디자인등록출원에 대하여 적용할 때에 "제48조 제4항"은 "제186조 제3항"으로 한다.

I. 본조의 의의

본조는 국제디자인등록출원에 대한 분할의 대상 및 시기를 명확히 하기 위한 것이다. 본조 제1항은 국제디자인등록출원에 대하여 출원의 분할대상을 규정한 디자인보호법 제50조 제1항을 적용함에 있어 "디자인등록출원의 일부"를 "제63조에 따른 거절이유통지를 받은 경우에만 디자인등록출원의 일부"로 대체하며, 제2항은 출원의 분할시기를 규정한 디자인보호법 제50조 제3항을 적용함에 있어 "제48조 제4항"을 "제186조 제3항"으로 대체함을 규정하고 있다.

II. 분할출원의 특례

헤이그협정 제13조에 따라 지정 체약당사자는 자국법령이 디자인의 단일성 등의 요건을 규정하고 있는 경우 이를 WIPO 사무총장에게 선언할 수 있고, 그 관청은 이러한 요건이 충족될 때까지 거절통지를 할 수 있으며, 출원인은 그 통지에 기재된 거절이유를 극복하기 위하여 해당 관청에서 국제등록을 분할할 수 있다. 따라서 국제디자인등록출원이 디자인의 단일성 등 국내법상 요건을 위반한 경우 특허청은 거절이유통지를 할 수 있으며, 그러한 경우 출원인은 거절이유를 극복하기 위하여 분할출원을 할 수 있다.

본조 제1항은 국제디자인등록출원에 대하여 분할의 대상을 규정한 디자인보호법 제50조 제1항을 적용함에 있어 자진보정은 허용되지 아니하므로 국제디자인등록출원의 일부를 거절이유통지를 받은 경우에만 분할할 수 있도록 규정하고 있다.

본조 제2항은 국제디자인등록출원에 대하여 분할의 시기를 규정한 디자인보호법 제50조 제3항을 적용함에 있어 디자인보호법 제186조 제3항에서 정한 기간, 즉 국제등록공개가 있은 날부터 등록여부결정의 통지서가 발송되기 전까지, 재심사를 청구할 때, 또는 거절불복심판 청구일로부터 30일 이내에 분할출원을 할 수 있다고 규정하고 있다.

〈전호범〉

> **제188조(조약에 따른 우선권 주장의 특례)**
> 제51조 제4항을 국제디자인등록출원에 대하여 적용할 때에 "디자인등록출원일"은 "헤이그협정 제10조(3)에 따른 국제등록공개가 있은 날"로 한다.

Ⅰ. 본조의 의의

본조는 국제디자인등록출원에 대하여 조약에 따른 우선권 주장 증명서류의 제출기간을 명확히 하기 위한 것이다. 즉 우선권 주장 증명서류의 제출기간을 규정한 디자인보호법 제51조 제4항을 적용함에 있어 "디자인등록출원일"을 "헤이그협정 제10조(3)에 따른 국제등록공개가 있은 날"로 대체한다고 규정하고 있다.

Ⅱ. 조약에 따른 우선권 주장의 특례

국제디자인등록출원에는 우선권 주장취지, 최초로 출원한 관청, 최초 출원번호 및 그 출원일자 등 우선권 주장 정보가 기재되어 있으나, 이를 입증하기 위한 증명서류는 첨부되어 있지 않다. 따라서 지정 체약당사자 관청이 우선권 주장에 대한 인정 여부를 판단하기 위해서 그 증명서류를 받을 수 있는 절차를 마련할 필요가 있다.

본조는 국제디자인등록출원에 대하여 우선권 주장 증명서류의 제출기간을 규정한 디자인보호법 제51조 제4항을 적용함에 있어 디자인보호법 제181조에 따라 국제디자인등록출원이 특허청에 제출되는 날로 간주되는 국제공개일부터 3개월 이내에 우선권 주장 증명서류가 제출되어야 함을 규정하고 있다.

〈전호범〉

> **제189조(출원공개의 특례)**
> 국제디자인등록출원에 대하여는 제52조를 적용하지 아니한다.

Ⅰ. 본조의 의의

본조는 국제디자인등록출원에 대하여 출원공개를 신청할 수 없음을 규정하기 위한 것이다. 본조는 국제디자인등록출원에 대하여 출원공개의 신청을 규정한 디자인보호법 제52조를 적용하지 아니함을 규정하고 있다.

Ⅱ. 출원공개의 특례

헤이그협정 제10조(3)에서 국제등록은 국제사무국에 의하여 공개되고, 그러한 공개는 모든 체약당사자에게 충분히 공개된 것으로 간주되고 권리자에게 그 밖의 공개가 요구되지 아니한다고 규정하고 있다. 또한 헤이그협정 공통규칙 제26조(3)에서 국제등록 공보의 각 발행본은 세계지식재산기구(WIPO)의 웹사이트에 공개된 날 각 해당 관청이 접수한 것으로 간주된다고 규정하고 있으며, 디자인보호법 제181조 제1항에서 국제등록공개가 있은 날에 각 지정 체약당사자 관청에 국제디자인등록출원이 제출되는 것으로 간주된다고 규정하고 있다.

본조는 국제사무국에 의해 국제등록의 공개가 있은 후에 각 지정체약당사자 관청에 통지되는 국제디자인등록출원에 대해서 출원공개를 신청할 수 없으므로 디자인보호법 제52조를 적용하지 아니한다고 규정한 것이다.

〈전호범〉

제190조(출원공개 효과의 특례)

　제53조 제1항을 국제디자인등록출원에 대하여 적용할 때 "제52조에 따른 출원공개"는 "헤이그협정 제10조(3)에 따른 국제등록공개"로 하며, 같은 조 제2항 및 제6항을 국제디자인등록출원에 대하여 적용할 때 "제52조에 따라 출원공개된"은 각각 "헤이그협정 제10조(3)에 따라 국제등록공개된"으로 한다.

<소 목 차>

Ⅰ. 본조의 의의

　　본조는 국제디자인등록출원에 대한 국제등록공개에 대하여 손실보상청구권 등 국내법상 출원공개의 효과를 부여하기 위한 것이다. 즉 본조는 국제디자인등록출원에 대하여 출원공개의 효과를 규정한 디자인보호법 제53조 제1항을 적용함에 있어 "제52조에 따른 출원공개"를 "헤이그협정 제10조(3)에 따른 국제등록공개"로 하고, 디자인보호법 제53조 제2항 및 제6항을 적용함에 있어 "제52조에 따라 출원공개된"을 "헤이그협정 제10조(3)에 따라 국제등록공개된"으로 대체함을 규정하고 있다.

Ⅱ. 출원공개 효과의 특례

　　헤이그협정 제10조(3)에 따라 국제사무국에 의한 국제등록의 공개는 모든 체약당사자에게 충분히 공개된 것으로 간주되고 권리자에게 그 밖의 공개가 요구되지 아니한다고 규정하고 있다. 이와 같은 사정을 반영하기 위하여 디자인보호법 제189조에서 국제디자인등록출원에 대하여 디자인보호법 제52조에 따른 출원공개를 신청할 수 없다고 규정하고 있다.

　　본조는 국제디자인등록출원에 대하여 서면경고, 보상금청구권 등 출원공개의 효과가 디자인보호법 제52조에 따른 출원공개가 있은 후부터가 아닌 헤이그협정 제10조(3)에 따른 국제등록의 공개가 있은 후부터 발생하도록 규정하고 있다.

<전호범>

> **제191조(디자인등록을 받을 수 있는 권리 승계의 특례)**
> ① 제57조 제3항을 국제디자인등록출원에 대하여 적용할 때에 "상속이나 그
> 밖의 일반승계의 경우를 제외하고는 디자인등록출원인 변경신고"는 "국제디
> 자인등록출원인이 국제사무국에 명의변경신고"로 한다.
> ② 국제디자인등록출원에 대하여는 제57조 제4항 및 제5항을 적용하지 아니
> 한다.
> ③ 제57조 제6항을 국제디자인등록출원에 대하여 적용할 때에 "제2항 및 제5
> 항"은 "제2항"으로 한다.

Ⅰ. 본조의 의의

본조는 국제디자인등록출원에 대한 권리의 승계절차를 명확히 정하기 위한
것이다. 본조 제1항은 국제디자인등록출원에 대하여 디자인등록출원 후 디자인
등록을 받을 수 있는 권리의 승계를 규정한 디자인보호법 제57조 제3항을 적용
함에 있어 "상속이나 그 밖의 일반승계의 경우를 제외하고는 디자인등록출원인
변경신고"는 "국제디자인등록출원인이 국제사무국에 변경신고"로 함을 규정하
고 있다. 제2항은 디자인등록을 받을 수 있는 권리의 상속이나 그 밖의 일반승
계를 규정한 디자인보호법 제57조 제4항과 동일인으로부터 디자인등록을 받을
수 있는 권리를 승계한 자가 2 이상으로서 같은 날에 2 이상의 디자인등록출원
인 변경신고가 있는 경우 협의하여 정한 자에게만 신고의 효력이 발생한다고
규정한 디자인보호법 제57조 제5항을 국제디자인등록출원에 대하여 적용하지
아니함을 규정하고 있다. 제3항은 같은 자로부터 디자인등록을 받을 수 있는 권
리를 승계한 자가 2 이상으로서 같은 날에 2 이상의 디자인등록출원이 있는 경
우 지정기간 내 협의결과를 신고하지 아니하면 디자인등록을 받을 수 없다고
규정한 디자인보호법제57조 제6항을 적용함에 있어 "제2항 및 제5항"은 "제2
항"으로 함을 규정하고 있다.

Ⅱ. 디자인등록을 받을 수 있는 권리 승계의 특례

헤이그협정 제16조 및 그 공통규칙 제21조에 따라 국제등록의 대상이 되는 산업디자인의 전부 또는 일부에 대하여 명의변경이 있는 경우 양도인(구 권리자) 또는 양수인(신 권리자)은 공식서식을 통해 국제사무국에 명의변경을 신청하여야 한다. 국내출원에 대해서는 상속이나 그 밖의 일반승계가 있는 경우 그 승계인은 그 취지를 지체 없이 특허청장에게 신고하여야 함을 디자인보호법 제57조 제4항에서 특별히 규정하고 있으나 이 신고는 대항요건도 효력발생요건도 아니므로 신고가 없어도 이전의 효력에는 영향이 없다.[1] 그러나 국제디자인등록출원에 대한 모든 명의변경은 국제사무국에 신청하여 그 기록을 변경하여야 하므로 상속이나 그 밖의 일반승계의 경우에도 계약 등에 의한 특정승계와 마찬가지로 국제사무국에 명의변경신청을 하여야 한다.

본조 제1항은 국제디자인등록출원에 대하여 디자인보호법 제57조 제3항을 적용함에 있어 상속이나 그 밖의 일반승계가 있는 경우에도 국제디자인등록출원인이 국제사무국에 명의변경신고를 해야 그 효력이 발생된다고 규정하고 있다.

본조 제2항은 국제디자인등록출원에 대하여 상속이나 그 밖의 일반승계가 있는 경우 특허청장에게 신고할 것을 규정한 디자인보호법 제57조 제4항과 동일인으로부터 디자인등록을 받을 수 있는 권리를 승계한 자가 2 이상으로서 같은 날에 2 이상의 디자인등록출원인 변경신고가 있는 경우 협의하여 정한 자에게만 신고의 효력이 발생된다고 규정한 디자인보호법 제57조 제5항을 적용하지 아니한다고 규정하고 있다.

본조 제3항은 국제디자인등록출원에 대하여 같은 자로부터 디자인등록을 받을 수 있는 권리를 승계한 자가 2 이상으로서 같은 날에 2 이상의 디자인등록출원이 있거나 디자인등록출원인 변경신고가 있는 경우 지정기간 내 협의결과를 신고하지 않으면 디자인등록을 받을 수 없다고 규정한 디자인보호법 제57조 제6항을 적용함에 있어 "제2항 및 제5항"을 "제2항"으로 대체한다고 규정하고 있다.

〈전호범〉

---

1) 노태정·김병진 공저, 디자인보호법(3정판), 세창출판사(2009), 144.

> **제192조(우선심사의 특례)**
> 제61조 제1항 제1호를 국제디자인등록출원에 대하여 적용할 때에 "제52조에 따른 출원공개"는 "헤이그협정 제10조(3)에 따른 국제등록공개"로 한다.

Ⅰ. 본조의 의의

본조는 국제디자인등록출원에 대한 우선심사의 대상을 명확히 하기 위한 것이다. 본조는 우선심사의 대상을 규정하고 있는 디자인보호법 제61조 제1항 제1호를 적용함에 있어 "제52조에 따른 출원공개"를 "헤이그협정 제10조(3)에 따른 국제등록공개"로 한다고 규정하고 있다.

Ⅱ. 우선심사의 특례

디자인보호법 제190조는 헤이그협정 제10조(3)에 따른 국제등록의 공개가 있은 후부터 디자인보호법 제53조에 따른 출원공개의 효과를 부여함을 규정하고 있다.

본조는 국제디자인등록출원에 대하여 디자인보호법 제61조 제1항 제1호를 적용함에 있어 헤이그협정 제10조(3)에 따른 국제등록공개 후 디자인등록출원인이 아닌 자가 업으로서 디자인등록출원된 디자인을 실시하고 있다고 인정되는 경우 다른 디자인등록출원에 우선하여 심사하게 할 수 있도록 규정하고 있다.

〈전호범〉

<소 목 차>

Ⅰ. 본조의 의의

   본조는 국제디자인등록출원에 대하여 거절결정의 대상을 명확히 하기 위한
것이다. 본조는 산업통상자원부령으로 정한 물품에 대하여 일부심사등록출원으
로 출원할 수 있고 이를 위반한 경우 디자인등록거절결정을 하여야 한다고 규
정하고 있는 디자인보호법 제62조 제1항 제2호 중 디자인보호법 제37조 제4항
을 국제디자인등록출원에 대하여 적용하지 아니한다고 규정하고 있다.

Ⅱ. 거절결정의 특례

   국제디자인등록출원이 심사등록출원 또는 일부심사등록출원 중 어느 하나
에 해당하는지 여부는 디자인보호법 시행규칙 제38조 제3항에 따른 물품의 분
류에 따라 자동으로 결정된다. 즉, 디자인보호법 시행규칙 제38조 제3항에서 정
한 바에 따라 국제분류 중 2류, 5류, 또는 19류에 속하는 물품인 경우에 일부심
사등록출원으로, 나머지 분류에 속하는 물품인 경우에는 심사등록출원으로 간
주된다.

   본조는 국제디자인등록출원에 대하여 거절결정의 대상을 규정한 디자인보
호법 제62조 제1항 제2호를 적용함에 있어 심사등록출원을 일부심사등록출원으
로 또는 일부심사등록출원을 심사등록출원으로 잘못 기재된 사례가 발생할 수
없으므로 디자인보호법 제37조 제4항에 위반되어 디자인등록을 받을 수 없는
경우를 거절결정의 대상으로 하지 않도록 한 것이다.

<전호범>

<소 목 차>

Ⅰ. 본조의 의의　　　　　　　　　　　｜　Ⅱ. 거절이유통지의 특례

Ⅰ. 본조의 의의

본조는 국제디자인등록출원에 대하여 거절이유를 통지하는 절차를 정하기
위한 것이다. 본조는 거절이유 통지절차를 규정한 디자인보호법 제63조 제1항
을 적용함에 있어 "디자인등록출원인에게"를 "국제사무국을 통하여 국제디자인
등록출원인에게"로 대체한다고 규정하고 있다.

Ⅱ. 거절이유통지의 특례

헤이그협정 제12조에 따라 국제등록의 대상이 되는 산업디자인의 전부 또
는 일부가 지정 체약당사자 법에 따른 보호부여의 요건을 충족하지 아니하는
경우 그 관청은 체약당사자 영역에서 보호의 효력을 거절한다고 국제사무국에
통지할 수 있으며, 국제사무국은 거절통지의 사본을 국제등록의 권리자에게 지
체 없이 통지하여야 한다.

본조는 심사관이 국제디자인등록출원에 대하여 디자인보호법 제63조 제1항
을 적용함에 있어 거절이유를 국제디자인등록출원인에게 직접 통지하는 것이
아니라 국제사무국을 통하여 국제디자인등록출원인에게 간접적으로 통지해야
함을 명확히 규정하고 있다.

〈전호범〉

제195조(직권보정의 특례)

국제디자인등록출원에 대하여는 제66조를 적용하지 아니한다.

I. 본조의 의의

본조는 국제디자인등록출원에 대한 직권보정은 허용되지 아니함을 규정하기 위한 것이다. 본조는 디자인등록출원서 또는 도면에 적힌 사항이 명백히 잘못된 경우에는 직권으로 보정할 수 있다고 규정한 디자인보호법 제66조를 국제디자인등록출원에 대하여 적용하지 아니한다고 규정하고 있다.

II. 직권보정의 특례

헤이그협정 제8조 및 그 공통규칙 제14조에 따라 국제사무국이 국제출원을 접수한 때에 그 국제출원이 동 협정상 요건을 충족하지 아니한 것을 알게 된 경우 국제사무국은 출원인에게 보정을 권고한 날부터 3개월 내에 필요한 보정을 하도록 요청하고, 그 기간 내에 보정을 하지 않는 경우 그 국제출원은 포기된 것으로 간주된다. 또한 동 협정 공통규칙 제21조 및 제22조에 따라 국제등록에 관하여 오류가 있다고 판단하는 경우 국제사무국은 직권으로 또는 권리자의 신청에 의하여 국제등록부를 수정하고 권리자에게 통지한다. 따라서 헤이그협정상 국제출원 및 국제등록에 대한 하자 또는 오류가 있는 경우 이에 대해 보정을 할 수 있는 권한은 국제사무국에 있다.

본조는 국제디자인등록출원에 대한 직권보정은 지정 체약당사자 관청인 특허청의 권한사항이 아니므로 디자인보호법 제66조에 따른 직권보정을 국제디자인등록출원에 대하여 적용하지 아니한다고 규정한 것이다.

〈전호범〉

> **제196조(등록료 및 수수료의 특례)**
> ① 국제등록디자인권의 존속기간을 헤이그협정 제17조(2)에 따라 갱신하려는 자 또는 국제디자인등록출원인은 산업통상자원부령으로 정하는 물품 및 물품류에 따라 같은 협정 제7조(1)에 따른 표준지정수수료 또는 같은 협정 제7조(2)에 따른 개별지정수수료를 국제사무국에 내야 한다.
> ② 제1항에 따른 표준지정수수료 및 개별지정수수료에 관한 사항은 산업통상자원부령으로 정한다.
> ③ 국제디자인등록출원이나 국제등록디자인권에 대하여는 제79조부터 제84조까지 및 제86조(제1항 제2호에 따른 무효심판청구에 대한 수수료는 제외한다)를 적용하지 아니한다.

<소 목 차>

Ⅰ. 본조의 의의

본조는 국제디자인등록출원에 대한 수수료의 납부절차 및 금액 등을 명확히 하기 위한 것이다. 본조 제1항은 국제디자인등록출원인 또는 국제등록디자인권을 갱신하려는 자는 산업통상자원부령으로 정하는 물품류에 따라 표준 또는 개별 지정수수료를 국제사무국에 납부해야 함을, 제2항은 제1항에 따른 표준 또는 개별 지정수수료에 관한 사항을 산업통상자원부령에서 정하도록 위임함을, 제3항은 등록료 납부에 관하여 디자인보호법 제79조부터 제84조까지 및 제86조(제1항 제2호에 따른 무효심판청구에 대한 수수료는 제외한다)는 국제디자인등록출원이나 국제등록디자인권에 대하여 적용하지 아니함을 규정하고 있다.

Ⅱ. 등록료 및 수수료의 특례

헤이그협정 제7조에서 자국 관청이 심사관청인 체약당사자는 국제출원 또는 국제등록의 갱신과 관련하여 표준지정수수료를 개별지정수수료로 대체한다고 선언할 수 있고, 개별지정수수료 금액은 국내출원에 상응한 금액을 받을 수 있으며, 국제사무국은 납부된 지정수수료를 관련된 체약당사자에게 송금한다고 규정하고 있다.

본조 제1항은 산업통상자원부령인 디자인보호법 시행규칙 제38조 제3항에 따라 국제분류 중 2류, 5류, 또는 19류에 대한 국제디자인등록출원(일부심사등록 출원)에 대해서는 표준지정수수료를, 그 외의 분류에 대한 국제디자인등록출원 (심사등록출원)에 대해서는 개별지정수수료를 국제사무국에 납부하여야 할 것을 규정한 것이다. 참고로 우리나라는 헤이그협정의 가입서를 기탁할 때에 2류, 5류, 또는 19류에 대한 국제디자인등록출원에 대해서는 3수준의 표준지정수수료가, 그 외의 분류에 대한 국제디자인등록출원에 대해서는 국내출원에 상응한 금액의 개별 지정수수료가 적용된다고 국제사무국의 사무총장에게 선언[1]한 바 있다.

제2항은 표준지정수수료 및 개별지정수수료에 관한 사항을 산업통상자원부령에 위임한다고 규정하고 있다. 산업통상자원부령인 특허료 등 징수규칙 제12조 제2항에서 일부심사등록출원에 적용되는 표준지정수수료와 심사등록출원에 적용되는 개별지정수수료 금액을 세부적으로 규정하고 있다. 개별지정수수료에는 국내출원의 출원료와 1년에서 5년까지의 등록료가 포함되어 있다. 참고로 특허청은 헤이그협정의 공통규칙 제28조(2)에 따라 원화로 표시된 개별지정수수료 금액을 국제사무국 사무총장에게 통지하였으며, 국제사무국 사무총장이 국제연합의 공식 환율을 적용하여 스위스 통화로 확정한 바 있다.

제3항은 헤이그협정 제7조에 따른 지정수수료와 관련된 업무는 국제사무국의 소관사항이므로 특허청과 출원인 간 등록료 및 수수료 납부에 관한 사항을 규정하고 있는 디자인보호법 제79조부터 제84조까지와 제86조를 국제디자인등록출원 또는 국제등록디자인권에 대하여 적용하지 아니한다고 규정한 것이다. 다만, 심사관이 청구한 무효심판에 대한 수수료가 면제될 수 있도록 하기 위해서 디자인보호법 제86조 중 제1항 제2호는 국제등록디자인권에 대해서도 적용하도록 한 것이다.

〈전호범〉

---

1) 헤이그협정상 우리나라의 선언사항은 WIPO 홈페이지(http://www.wipo.int/edocs/hagdocs/ en/2014/hague_2014_1.pdf)에서 확인할 수 있다.

> **제197조(등록료 및 수수료 반환의 특례)**
> 제87조를 국제디자인등록출원에 대하여 적용할 때에 같은 조 제1항 제3호는 국제디자인등록출원에 대하여는 적용하지 아니한다.

<소 목 차>

I. 본조의 의의 　　　　　　　　　　　Ⅱ. 등록료 및 수수료 반환의 특례

I. 본조의 의의

본조는 국제디자인등록출원에 대하여 출원 후 1개월 이내에 취하 또는 포기한 경우 특허청에 국제출원수수료에 대한 반환의무가 없음을 명확히 하기 위한 것이다. 본조는 출원 후 1개월 이내에 취하 또는 포기한 경우 출원료 및 우선권주장신청료의 반환의무를 규정하고 있는 디자인보호법 제87조 제1항 제3호를 국제디자인등록출원에 대하여 적용하지 아니한다고 규정하고 있다.

Ⅱ. 등록료 및 수수료 반환의 특례

헤이그협정 공통규칙 제14조(3)에서 국제사무국이 출원인에게 하자의 보정을 권고한 날부터 3개월 내에 그 하자를 보정하지 아니하는 경우 국제출원을 포기한 것으로 보며, 이 경우 국제사무국은 납부된 수수료[1] 중 기본료를 공제한 나머지 금액을 반환한다고 규정하고 있다. 그러나 그 외의 경우에 대해서 국제출원수수료를 반환할 수 있는 동 협정상 근거가 마련되어 있지 아니하다.

본조는 헤이그협정에 따른 국제출원수수료의 반환 여부는 국제사무국의 소관사항이므로 출원 후 1개월 이내에 취하 또는 포기한 경우 출원료 및 우선권주장 신청료에 대한 특허청의 반환의무를 규정한 디자인보호법 제87조 제1항 제3호를 국제디자인등록출원에 대하여 적용하지 아니한다고 규정한 것이다.

<전호범>

---

[1] 헤이그협정 공통규칙 제12조에서 국제출원은 기본수수료, 공개수수료 및 지정수수료 등 국제출원수수료의 납부를 조건으로 한다고 규정하고 있다.

> 제198조(디자인권 설정등록의 특례)
> ① 국제디자인등록출원에 대하여는 제90조 제2항을 적용하지 아니한다.
> ② 특허청장은 국제디자인등록출원에 대하여 제65조에 따른 디자인등록결정이 있는 경우에는 디자인권을 설정하기 위한 등록을 하여야 한다.

Ⅰ. 본조의 의의

본조는 국제디자인등록출원에 대한 설정등록 절차를 명확히 하기 위한 것이다. 본조 제1항은 국제디자인등록출원에 대하여 등록료를 납부했을 때 디자인권으로 설정등록을 한다고 규정한 디자인보호법 제90조 제2항을 적용하지 아니함을, 제2항은 디자인등록결정이 있는 경우에 바로 디자인권의 설정등록을 하여야 함을 규정하고 있다.

Ⅱ. 디자인권 설정등록의 특례

헤이그협정 공통규칙 제29조에서 지정된 체약당사자에 관하여 국제사무국에 납부된 표준 또는 개별 지정수수료(국제등록일부터 5년까지의 수수료가 포함되어 있다)는 국제등록의 효력이 발생한 월의 다음 월에 국제사무국이 체약당사자의 계좌로 입금한다고 규정하고 있다. 이는 지정 체약당사자 관청의 수입이 되는 표준 또는 개별 지정수수료가 국제디자인등록출원에 대한 등록 여부를 결정하기 전에 체약당사자 관청의 계좌로 입금된다는 것을 의미한다.

본조 제1항은 국내법상 설정등록료를 포함한 국제출원수수료가 미리 납부되어 있으므로 등록료를 납부했을 때 디자인권의 설정등록을 한다고 규정한 디자인보호법 제90조 제2항을 국제디자인등록출원에 대하여 적용하지 아니한다고 규정한 것이며, 제2항은 설정등록료를 납부하는 별도의 절차가 필요치 아니하므로 특허청장 직권으로 등록결정이 있는 날에 디자인권의 설정등록을 하도록 규정한 것이다.

〈전호범〉

> **제199조(디자인권 존속기간 등의 특례)**
> ① 국제등록디자인권은 제198조 제2항에 따라 국내에서 설정등록된 날부터 발생하여 헤이그협정 제10조(2)에 따른 국제등록일(이하 "국제등록일"이라 한다) 후 5년이 되는 날까지 존속한다. 다만, 국제등록일 후 5년이 되는 날(이하 이 항에서 "국제등록만료일"이라 한다) 이후에 등록결정이 되어 제198조 제2항에 따라 국내에서 설정등록된 경우에는 설정등록된 날부터 발생하여 국제등록만료일 후 5년이 되는 날까지 존속한다.
> ② 제1항에 따른 국제등록디자인권의 존속기간은 헤이그협정 제17조(2)에 따라 5년마다 갱신할 수 있다.

I. 본조의 의의

본조는 국제등록디자인권에 대한 존속기간을 명확히 하기 위한 것이다. 본조 제1항은 국제등록디자인권의 존속기간은 원칙적으로 국내에서 설정등록된 날부터 시작하여 국제등록일로부터 5년이 되는 날까지이며, 예외적으로 국제등록일로부터 5년이 되는 날 이후에 설정등록된 경우에는 설정등록된 날부터 시작하여 국제등록만료일 후 5년이 되는 날까지라고 규정하고 있으며, 제2항은 국제등록디자인권의 존속기간은 헤이그협정 제17조(2)에 따라 5년마다 갱신할 수 있다고 규정하고 있다.

II. 디자인권 존속기간의 특례

헤이그협정 제17조에서 국제등록은 국제등록일부터 5년의 최초 보호기간 동안 유효하고, 갱신수수료를 납부할 경우 5년의 추가 기간 동안 갱신할 수 있으며, 지정 체약당사자에서의 존속기간은 국제등록일부터 기산하여 최소 15년까지이며, 지정 체약당사자 법에서 15년 이상의 존속기간을 규정한 경우 그 기간까지 존속될 수 있다고 규정하고 있다.

　　본조 제1항은 국제등록일로부터 5년이 경과하기 전에 국내에서 설정등록된
국제등록디자인권은 설정등록된 날부터 시작하여 국제등록일로부터 5년이 되는
날까지 존속하며, 국제등록일로부터 5년이 경과된 후에 국내에서 설정등록된 국
제등록디자인권은 설정등록된 날부터 시작하여 최초 5년의 국제등록만료일로부
터 5년이 되는 날까지임을 규정한 것이다.

　　본조 제2항은 헤이그협정 제17조(2)에 따라 국제등록디자인권은 5년 단위
로 존속기간을 갱신할 수 있음을 규정한 것이다. 참고로 국내에서 설정등록된
국제등록디자인권은 디자인보호법 제91조에 따라 국제등록일 후 20년이 되는
날까지 존속할 수 있으므로 세 번 갱신할 수 있다.

〈전호범〉

<소 목 차>

Ⅰ. 본조의 의의

　본조는 국제등록디자인권의 보호범위를 명확히 하기 위한 것이다. 본조는
법 제48조에 따른 보정이 없었던 경우는 국제등록부에 등재된 사항과 도면 등
에 의해서, 디자인보호법 제48조에 따른 보정이 있었던 경우에는 보정된 출원서
기재사항과 도면 등에 의해서 국제등록디자인권의 보호범위가 정하여진다고 규
정하고 있다.

Ⅱ. 등록디자인권 보호범위의 특례

　헤이그협정 제12조에서 지정 체약당사자 관청은 국제등록의 대상이 되는
산업디자인의 일부 또는 전부에 관하여 자국법에 따른 보호부여의 요건이 충족
되지 아니하는 경우 그 효력을 거절할 수 있다고 규정하고 있으며, 동 협정 제
14조는 지정 체약당사자 관청이 거절을 통보하고 그 이후에 거절의 일부 또는
전부를 철회한 경우 그 거절이 철회된 범위 내에서 자국법에 따른 보호의 효력
이 있다고 규정하고 있다.

　본조 제1호는 디자인보호법 제48조에 따른 출원의 보정이 없이 설정등록된
국제등록디자인권의 보호범위는 최초 국제등록부에 등재된 사항, 도면 및 디자
인의 설명에 의하여 정하여지며, 제2호는 국내법상 요건을 충족하기 위하여 디

자인보호법 제48조에 따라 보정된 후 설정등록된 국제등록디자인권의 보호범위
는 국내에서 보정된 출원서 기재사항, 도면 등에 의하여 정하여짐을 규정한 것
이다.

〈전호범〉

> **제201조(디자인권 등록효력의 특례)**
> ① 국제등록디자인권의 이전, 포기에 의한 소멸 또는 존속기간의 갱신은 국제등록부에 등재함으로써 효력이 발생한다. 다만, 특허청장이 국제등록디자인권의 이전이 제96조 제1항 단서 또는 같은 조 제2항에 위반되어 효력이 발생하지 아니한다고 국제사무국에 통지한 경우에는 그러하지 아니하다.
> ② 제98조 제1항 제1호를 국제등록디자인권에 대하여 적용할 때에 "이전(상속이나 그 밖의 일반승계에 의한 경우는 제외한다), 포기에 의한 소멸 또는 처분의 제한"은 "처분의 제한"으로 한다.
> ③ 제98조 제2항을 국제등록디자인권에 대하여 적용할 때에 "디자인권·전용실시권"은 "전용실시권"으로 한다.

〈소 목 차〉

Ⅰ. 본조의 의의

본조는 이전, 포기, 갱신, 처분의 제한 등 국제등록디자인권에 대한 변경등록의 효력을 정하기 위한 것이다.

본조 제1항은 국제등록디자인권의 이전, 포기에 의한 소멸 또는 존속기간의 갱신의 효력은 국제등록부에 등재함으로써 발생함을 규정하고 있다. 다만, 국제등록디자인의 이전이 기본디자인과 관련디자인이 함께 이전되지 않아 디자인보호법 제96조 제1항 단서에 위반되거나 공유권의 지분 이전 시 다른 공유자의 동의를 받지 아니하여 디자인보호법 제96조 제2항에 위반되는 경우에는 이전의 효력이 국내에서 발생하지 아니한다고 규정하고 있다.

본조 제2항은 국제등록디자인권에 대하여 디자인보호법 제98조 제1항 제1호를 적용함에 있어 디자인권의 이전(상속이나 그 밖의 일반승계에 의한 경우는 제외한다), 포기에 의한 소멸 또는 처분의 제한 등 3가지 등록사항 중 처분의 제한에 대해서만 특허청에 등록되어야 그 효력이 발생함을 규정하고 있다.

본조 제3항은 국제등록디자인권에 대하여 디자인보호법 제98조 제2항을 적용함이 있어 디자인권, 전용실시권 및 질권 등 3가지 사항 중 전용실시권과 질권에 대한 상속이나 그 밖의 일반승계의 경우 특허청장에게 신고하여야 함을 규정하고 있다.

II. 디자인권 등록효력의 특례

헤이그협정 제16조에서 산업디자인의 일부 또는 전부에 대한 소유권 변경, 모든 산업디자인에 대한 포기, 하나 또는 일부 산업디자인으로의 감축, 권리자 성명·주소의 변경, 국제사무국의 대리인에 관한 사항 등 동 협정에 따른 변경 사항은 출원인의 신청에 의해 국제등록부에 기록되고, 이러한 기록은 지정 체약당사자 관청의 등록부에 기록된 것과 동일한 효력이 있으며, 국제사무국에 의해 지정 체약당사자 관청에 통지된다고 규정하고 있다. 다만, 소유권 변경에 대한 국제등록부의 기록이 체약당사자 법에 따른 기술서나 첨부서류를 접수할 때까지 체약당사자에서 효력을 발생하지 아니한다고 선언한 경우에는 그 효력을 부인할 수 있다고 규정하고 있다. 바꾸어 말하자면 실시권이나 질권 등 처분의 제한과 관련된 사항은 동 협정상 국제등록사항이 아니며, 상속이나 그 밖의 일반 승계의 경우에도 계약 등에 의한 특별승계와 마찬가지로 소유권 변경등록을 국제등록부에 등록하여야 한다.

본조 제1항은 국제등록디자인권의 이전, 포기, 갱신 등 국제등록의 변경사항의 효력은 국내등록부에 등재될 때가 아니라 국제사무국에 의해 국제등록부에 등재될 때에 발생된다고 규정하고 있다. 제1항 단서에서는 국제등록디자인권의 이전이 기본디자인과 관련디자인을 함께 이전하지 아니하여 디자인보호법 제96조 제1항 단서에 위반되거나 공유권의 지분 이전시 다른 공유자의 동의를 받지 아니하여 디자인보호법 제96조 제2항에 위반되어 효력이 발생하지 아니한다고 국제사무국에 통지한 경우에는 국제등록부에 등재된 이전의 효력이 발생하지 아니함을 규정하고 있다. 참고로 우리나라는 공유권의 지분 이전이 있는 경우 다른 공유자의 동의를 증명하는 서류를 받을 때까지 대한민국 내에서 이전의 효력이 없다고 동 협정 제16조(2)에 따른 선언[1]을 하였다.

본조 제2항은 국제등록디자인권에 대하여 디자인보호법 제98조 제1항 제1호를 적용함에 있어 국제등록부에 등재될 때 효력이 발생하는 국제등록의 이전이나 포기에 대해서는 적용하지 아니하고, 국제등록부에 등재할 사항이 아닌 처

---

[1] 헤이그협정에 대한 우리나라의 선언사항은 WIPO 웹사이트(http://www.wipo.int/edocs/hagdocs/en/2014/hague_2014_1.pdf)에서 확인할 수 있다.

분의 제한사항에 대해서만 국내 등록부에 등록함으로써 효력이 발생함을 규정하고 있다.

본조 제3항은 국제등록디자인권에 대하여 디자인보호법 제98조 제2항을 적용함에 있어 국제등록부에 등재될 때 효력이 발생하는 상속이나 그 밖의 일반승계에 의한 디자인권의 이전에 대해서는 적용하지 아니하고, 국제등록부에 등재할 사항이 아닌 전용실시권 및 질권에 대한 상속이나 그 밖의 일반승계에 대해서만 특허청장에게 신고하여야 함을 규정하고 있다.

〈전호범〉

제202조(디자인권 포기의 특례)
① 국제등록디자인권에 대하여는 제106조 제1항을 적용하지 아니한다.
② 제107조를 국제등록디자인권에 대하여 적용할 때에 "디자인권·전용실시권"은 각각 "전용실시권"으로 한다.

<소 목 차>

Ⅰ. 본조의 의의

본조는 국제등록디자인권에 대하여 포기의 제한 및 그 효과를 명확히 하기 위한 것이다. 본조 제1항은 디자인권자가 전용실시권자, 질권자, 통상실시권자의 동의를 받지 아니하면 디자인권을 포기할 수 없다고 규정한 디자인보호법 제106조 제1항을 국제등록디자인권에 대하여 적용하지 아니하며, 제2항은 디자인권, 전용실시권, 통상실시권은 포기하였을 때부터 그 효력이 소멸된다고 규정한 디자인보호법 제107조를 국제등록디자인권의 포기가 아닌 전용실시권 또는 통상실시권의 포기에 대해서만 적용됨을 규정하고 있다.

Ⅱ. 디자인권 포기의 특례

헤이그협정 제16조에서 권리자에 의한 국제등록의 포기 등 국제등록의 변경사항은 국제등록부 등재사항으로 권리자가 지정 체약당사자에 대하여 모든 산업디자인을 포기하고자 하는 경우 국제사무국에 직접 신청하여야 하며, 국제사무국은 이를 국제등록부에 등재하고 공개하며, 지정 체약당사자 관청에 그 사본을 송부하여야 한다고 규정하고 있다. 그러나 헤이그협정에 따른 국제등록의 변경사항에는 실시권 또는 질권의 설정 또는 변경이 포함되지 아니하다. 이는 실시권, 질권 또는 처분의 제한과 관련된 사항에 대하여 지정체약당사자 관청이 자율적으로 국내등록부에 등재할 수 있다는 것을 의미한다.

본조 제1항은 실시권자 또는 질권자의 동의를 받지 않은 경우 국제등록의 포기를 제한할 수 있는 헤이그협정상 근거가 없으므로 디자인보호법 제106조

제1항을 국제등록디자인권에 대하여 적용하지 아니함을 규정한 것이다.

　본조 제2항은 국제등록에 대한 포기는 국제등록부에 등재된 때부터, 실시권에 대한 포기는 국내등록부에 등재된 때부터 그 소멸의 효력이 발생하므로 국제등록디자인권에 대하여 디자인보호법 제107조를 적용함에 있어 디자인권의 포기에 대해서는 적용하지 아니하고 실시권의 포기에 대해서만 적용한다고 규정한 것이다.

〈전호범〉

> **제203조(국제등록부 경정의 효력 등)**
>
> ① 헤이그협정 제1조(viii)에 따른 국제등록부의 경정(이하 이 조에서 "경정"이라 한다)이 있는 경우에는 해당 국제디자인등록출원은 경정된 대로 효력을 가진다.
> ② 경정의 효력은 해당 국제디자인등록출원의 국제등록일로 소급하여 발생한다.
> ③ 경정이 산업통상자원부령으로 정하는 사항에 관한 것으로서 해당 국제디자인등록출원에 대한 등록여부결정이 있은 후에 통지된 경우에 그 등록여부결정은 없었던 것으로 본다.

〈소 목 차〉

Ⅰ. 본조의 의의

본조는 특허청이 국제사무국으로부터 국제등록부의 오류를 경정하는 통지를 받는 경우 그 경정의 효력을 정하기 위한 것이다. 본조 제1항은 국제등록부의 경정이 있는 경우 해당 국제디자인등록출원은 경정된 대로 효력을 가지고, 제2항은 그 경정의 효력은 국제등록일로 소급하여 발생하며, 제3항은 산업통상자원부령으로 정하는 경정이 등록여부결정이 있은 후에 통지되는 경우 그 등록여부결정을 없었던 것으로 본다고 규정하고 있다.

Ⅱ. 국제등록부 경정의 효력

헤이그협정 공통규칙 제22조에서 국제사무국은 직권 또는 신청으로 국제등록에 관하여 오류가 있다고 판단하는 경우 이에 따라 국제등록부를 수정하고 권리자에게 통지하여야 하며, 모든 지정 체약당사자 관청은 그 경정의 효력을 인정하지 않는다고 통지할 권리를 가진다고 규정하고 있다.

본조 제1항 및 제2항은 국제사무국 등의 착오로 인한 국제등록부 등재사항의 오류는 출원인에게 귀책사유가 없으므로 국제사무국의 경정통지가 있는 국제디자인등록출원은 국제등록일로 소급하여 경정된 대로 효력을 가진다고 규정한 것이다.

본조 제3항은 산업통상자원부령에서 등록여부결정을 없었던 것으로 보는 중대한 경정의 유형을 정하도록 위임하고, 그러한 경정통지가 있는 경우 국제디자인등록출원의 동일성이 변경된 것으로 보아 기존의 등록여부결정을 없었던 것으로 보고 다시 심사하도록 규정한 것이다. 기존의 등록여부결정을 없었던 것으로 보는 중대한 경정은 디자인보호법 시행규칙 제94조에서 출원인이 달라지는 경정, 요지변경에 해당하는 경정, 국제등록일 또는 우선일에 대한 경정이라고 규정하고 있다.

〈전호범〉

> **제204조(권리침해에 대한 금지청구권 등의 특례)**
> 국제등록디자인권에 대하여는 제113조 제2항을 적용하지 아니한다.

〈소 목 차〉

Ⅰ. 본조의 의의

　　본조는 국제등록디자인권에 대하여 비밀디자인임을 전제로 권리침해의 금지 및 예방을 청구할 수 없음을 명확히 하기 위한 것이다. 본조는 비밀로 할 것을 청구한 디자인의 권리자 또는 전용실시권자는 디자인출원번호 및 출원일자, 등록번호 및 등록일, 도면 등의 사항이 기재된 특허청장으로부터 받은 증명서류를 제시하여 경고한 후가 아니면 자기의 권리를 침해한 자 등에 대하여 침해의 금지 또는 예방을 청구할 수 없다고 규정한 디자인보호법 제113조 제2항을 국제등록디자인권에 대하여 적용하지 아니한다고 규정하고 있다.

Ⅱ. 권리침해에 대한 금지청구권 등의 특례

　　헤이그협정 공통규칙 제26조(3)에서 국제등록의 공보는 세계지식재산기구(WIPO)의 웹사이트에 공개되며, 공보의 각 발행본은 세계지식재산기구(WIPO)의 웹사이트에 공개된 날에 각 해당 관청이 접수한 것으로 간주된다고 규정하고 있다. 이에 따라 디자인보호법 제181조 제1항에서 국제등록의 공개는 디자인보호법 제37조 제1항에 따른 디자인등록출원서의 제출로 본다고 특례규정을 두고 있다.

　　본조는 모든 국제등록디자인권은 국제공개가 된 후에 설정등록되는 것으로 해당 디자인을 비밀로 할 것을 청구할 수 없으므로 비밀디자인의 권리자 또는 전용실시권자가 자신의 디자인권에 대한 침해의 금지 또는 예방을 청구하는 것을 규정하고 있는 디자인보호법 제113조 제2항을 국제등록디자인권에 대하여 적용하지 아니한다고 규정한 것이다.

〈전호범〉

> **제205조(서류의 열람 등의 특례)**
> 제206조 제2항을 국제디자인등록출원에 대하여 적용할 때에 "제52조에 따라 출원공개"는 "헤이그협정 제10조(3)에 따라 국제등록공개"로 한다.

<소 목 차>

Ⅰ. 본조의 의의

본조는 국제디자인등록출원에 대한 증명·발급·열람·복사 등의 신청이 있더라도 특허청장이 이에 대해 허가하지 아니할 수 있는 경우를 명확하게 하기 위한 것이다. 본조는 국제등록디자인출원에 대하여 특허청장 또는 심판원장은 서류의 열람 등의 신청이 있더라도 출원공개되지 아니하고 설정등록되지 아니한 디자인등록출원에 관한 서류와 공공의 질서 또는 선량한 풍속을 문란하게 할 우려가 있는 것은 허가하지 아니할 수 있다고 규정한 디자인보호법 제206조 제2항을 적용함에 있어 "제52조에 따라 출원공개"를 "헤이그협정 제10조(3)에 따라 국제등록공개"로 한다고 규정하고 있다.

Ⅱ. 서류의 열람 등의 특례

헤이그협정 제10조(4)에서 국제사무국이 국제출원 또는 국제등록을 공개하기 전까지는 비밀로 유지하여야 함을 규정하고 있다. 또한 동 협정 제10조(5)에는 국제사무국이 자국관청의 심사목적으로 활용하기 위해 공개가 되지 아니한 국제등록의 사본('비밀사본'이라 함)을 받기를 원한다고 통지한 지정 체약당사자 관청에 그 사본을 송부한 경우 그 관청은 국제출원의 적격에 대한 분쟁절차에서 요구되는 경우를 제외하고는 외부의 어떠한 자에게도 누설할 수 없다고 규정하고 있다. 특허청은 국내출원에 대한 심사를 위하여 비밀사본을 받기 원한다고 국제사무국에 통지하였으며, 이에 따라 국제공개가 되지 아니한 국제디자인등록출원을 미리 받아 다른 출원을 위한 심사자료로만 활용하고 있다.

본조는 국제디자인등록출원의 경우 디자인보호법 제52조에 따라 특허청에 의해 출원공개되는 것이 아니라 헤이그협정 제10조(3)에 따라 국제사무국에 의해 국제등록이 공개되는 것이므로 국제디자인등록출원에 대하여 디자인보호법 제206조 제2항을 적용할 때에 국제등록공개되지 아니하고 디자인권의 설정등록이 되지 아니한 디자인등록출원에 관한 서류의 열람 등의 신청을 허가하지 아니할 수 있도록 규정한 것이다.

〈전호범〉

제10장
보 칙

제206조(서류의 열람 등)
① 디자인등록출원 또는 심판 등에 관한 증명, 서류의 등본 또는 초본의 발급, 디자인등록원부 및 서류의 열람 또는 복사가 필요한 자는 특허청장 또는 특허심판원장에게 신청할 수 있다.
② 특허청장 또는 특허심판원장은 제1항의 신청이 있더라도 제52조에 따라 출원공개되지 아니하고 디자인권의 설정등록이 되지 아니한 디자인등록출원에 관한 서류와 공공의 질서 또는 선량한 풍속을 문란하게 할 우려가 있는 것은 허가하지 아니할 수 있다.

Ⅰ. 본조의 의의 및 취지

1. 의　　의

디자인등록출원에 대해서는 제52조 제2항에 따른 출원공개 또는 제90조 제3항 따른 등록공고의 경우를 제외하고는 그 내용을 일반 공중에게 공개할 수 없다.

이 조는 디자인등록출원 또는 심판 등에 관한 증명, 서류의 등본 또는 초본의 발급, 디자인등록원부 및 서류의 열람 또는 복사(이하 이 조에서는 "열람 등"이라 한다)에 관한 일반원칙 및 예외를 구체적으로 정하는 것이다.

2. 취　지

디자인권은 창작한 디자인을 공개하는 대가로서 부여하는 것이므로 일반 공중이 자유롭게 그 내용이 담긴 서류에 접근할 수 있어야 한다.

이 조는 서류의 열람 등에 관하여 그 대상 및 범위 등을 명확히 함으로써 일반 공중이 디자인등록출원 등의 내용에 관한 상세한 정보를 얻을 수 있는 수단을 제공하기 위한 것이다.

Ⅱ. 서류의 열람 등

1. 서류 열람 등의 요건

가. 열람 등의 신청인

서류에 대한 열람 등이 필요한 자는 누구든지 열람 등을 신청할 수 있다(제1항). 즉, 출원인, 디자인권자, 이해관계인뿐만 아니라 일반 공중 모두가 개인적 필요에 따라 서류의 열람 등을 신청할 수 있다.

나. 열람 등의 대상

열람 등을 신청할 수 있는 대상은 디자인등록출원서류, 심사서류, 심판서류 및 디자인등록서류 등 특허청장 또는 특허심판원장에게 관리하는 모든 서류이다(제1항).

여기에는 출원인 등 당사자가 제출한 서류는 물론이고 특허청장 또는 특허심판원장이 생산한 공문서도 해당한다.

다. 열람 등의 방법

열람 등을 신청할 수 있는 범위는 열람, 복사, 등본발급, 초본발급 및 증명발급이다.

열람은 신청인이 서류 등을 눈으로 보고 내용을 확인하는 것을 뜻하며, 특허청이 홈페이지를 통하여 전자적인 방식으로 제공하는 것도 열람의 한 방식으로 볼 수 있다.

서류의 초본은 원본의 내용 중 일부분을 발췌하여 적은 것을 말하고, 서류의 등본은 원본의 전체내용을 그대로 옮겨 적은 것을 의미한다.

증명은 서류의 등본에 대하여 그 내용이 서류의 원본과 같다고 문서로서 인증하는 것을 의미한다.

라. 열람 등의 신청절차

서류의 열람 등을 신청하려면 다음의 서식을 제출하여야 한다(디자인보호법 시행규칙 제95조 제1항).

① 디자인등록원부 발급신청, 자료열람(복사)신청, 서류등본(초본) 발급신청 및 디자인원부기록사항 발급신청의 경우에는 특허법 시행규칙 별지 제29호서식의 열람(복사, 교부)신청서

② 심판청구사실증명, 심결확정사실증명 및 심결문송달증명 신청하거나 외국에 디자인등록출원을 하려는 자가 그 디자인등록출원에 관한 파리협약 제4조 D(1)에 따른 우선권을 주장하기 위한 증명서의 발급을 신청하는 경우에는 특허법 시행규칙 별지 제19호서식의 증명신청서

신청인이 전보(電報) 또는 구두(전화를 포함)로 서류의 등본 또는 초본의 발급이나 복사를 신청한 경우에는 그 발급이나 복사 전까지 위의 신청서를 제출하여야 한다.

대리인을 통하여 열람 등을 신청하는 경우에는 위의 서식에 그 대리권을 증명하는 서류를 첨부하여야 한다(디자인보호법 시행규칙 제95조 제2항).

2. 서류의 열람 등이 허용되지 않는 경우

가. 공개되지 않은 디자인등록출원에 관한 서류

특허청장 또는 특허심판원장은 열람 등의 신청이 있더라도 제52조에 따라 출원공개되지 아니하고 디자인권의 설정등록이 되지 아니한 디자인등록출원에 관한 서류에 대해서는 이를 허가하지 않을 수 있다.

그러나 출원공개가 되지 않은 디자인과 동일하거나 유사한 디자인에 관한 심사, 일부심사등록 이의신청, 심판, 재심 또는 소송의 당사자나 참가인이 청구하는 경우 등에는 열람행위에 한하여 응하여야 한다(디자인보호법 제43조 제4항).

나. 공서양속을 문란하게 할 우려가 있는 서류

특허청장 또는 특허심판원장은 열람 등의 신청이 있더라도 서류에 포함된 디자인의 내용 등이 공공의 질서 또는 선량한 풍속을 문란하게 할 우려가 있는 것에 대해서는 이를 허가하지 않을 수 있다.

〈고재홍〉

제207조(디자인등록출원·심사·심판 등에 관한 서류의 반출 및 공개금지)

① 디자인등록출원, 심사, 디자인일부심사등록 이의신청, 심판, 재심에 관한 서류 또는 디자인등록원부는 다음 각 호의 어느 하나에 해당하는 경우를 제외하고는 외부로 반출할 수 없다.

1. 제59조 제1항 또는 제2항에 따른 선행디자인의 조사 등을 위하여 디자인등록출원 또는 심사에 관한 서류를 반출하는 경우

2. 제208조 제2항에 따른 디자인문서 전자화업무의 위탁을 위하여 디자인등록출원, 심사, 디자인일부심사등록 이의신청, 심판, 재심에 관한 서류나 디자인등록원부를 반출하는 경우

3. 「전자정부법」 제32조 제3항에 따른 온라인 원격근무를 위하여 디자인등록출원, 심사, 디자인일부심사등록 이의신청, 심판, 재심에 관한 서류나 디자인등록원부를 반출하는 경우

② 디자인등록출원, 심사, 디자인일부심사등록 이의신청, 심판 또는 재심으로 계속 중인 사건의 내용이나 디자인등록여부결정·심결 또는 결정의 내용에 관하여는 감정·증언하거나 질의에 응답할 수 없다.

<소 목 차>

Ⅰ. 본조의 의의 및 취지

1. 의　　의

디자인등록출원, 심사, 디자인일부심사등록 이의신청, 심판, 재심에 관한 서류 또는 디자인등록원부는 원칙적으로 외부에 반출할 수 없다.

본조는, 디자인등록출원 등에 관한 서류의 반출 및 공개 등에 대한 사항을 구체적으로 규정하는 것이다.

2. 취   지

디자인등록출원, 심사, 디자인일부심사등록 이의신청, 심판, 재심에 관한 서류 또는 디자인등록원부는 보호받아야 할 개인정보 등이 담겨 있으므로 정당한 근거가 없이는 외부에 유출되지 않도록 관리하는 것이 중요하다.

이 조는, 디자인등록출원 등에 관한 서류를 예외적으로 반출할 수 있는 경우 등에 관하여 명확한 기준을 제시함으로써 디자인이 무단으로 공개되거나 이용되는 등의 부작용을 예방하기 위한 규정이다.

Ⅱ. 디자인등록출원 등에 관한 서류의 반출 및 공개 금지

1. 반출 및 공개의 원칙적 금지

디자인등록출원, 심사, 디자인일부심사등록 이의신청, 심판, 재심에 관한 서류 또는 디자인등록원부는 원칙적으로 외부에 반출할 수 없다(제1항 본문). 즉, 디자인등록출원 등에 관한 서류는 특별히 정한 경우에만 반출 및 공개가 허용된다.

한편, 출원공개의 신청이나 디자인권의 설정등록 등과 같이 그 출원디자인이나 등록디자인에 관한 내용을 일반 공중에게 널리 알릴 필요가 있는 경우에는 디자인공보를 발간한다.

2. 반출 및 공개의 예외적 허용

가. 전문기관에 선행디자인조사 등을 의뢰하는 경우

제59조 제1항에 따라 전문기관에 디자인등록출원에 대한 선행디자인조사 또는 디자인분류 등을 의뢰하는 경우에는 디자인등록출원 또는 심사에 관한 서류를 반출할 수 있다(제1항 제1호).

나. 행정기관 등에 심사관련 협조 등을 요청하는 경우

제59조 제2항에 따라 관계 행정기관, 해당 디자인 분야의 전문기관 또는 디자인에 관한 지식과 경험이 풍부한 사람에게 디자인심사에 필요한 협조를 요청하거나 의견을 듣고자 하는 경우에는 디자인등록출원 또는 심사에 관한 서류를 반출할 수 있다(제1항 제1호).

다. 디자인문서 전자화업무를 위탁하는 경우

제208조 제2항에 따라 디자인문서 전자화기관에 디자인문서 전자화업무를 위탁하여 수행하려는 경우에는 디자인등록출원, 심사, 디자인일부심사등록 이의신청, 심판, 재심에 관한 서류나 디자인등록원부를 반출할 수 있다(제1항 제2호).

라. 온라인 원격근무를 실시하는 경우

행정기관 등의 장은 필요하면 소속 직원으로 하여금 특정한 근무장소를 정하지 아니하고 정보통신망을 이용한 온라인 원격근무를 하게 할 수 있다(전자정부법 제32조 제3항 전단).

이에 따라, 온라인 원격근무를 실시하는 데 필요한 경우에는 디자인등록출원, 심사, 디자인일부심사등록 이의신청, 심판, 재심에 관한 서류나 디자인등록원부를 반출할 수 있다(제1항 제3호).

특허청은 2005년부터 소속공무원이 그 업무수행을 위하여 특허청장이 제공한 장소가 아닌, 특허청장이 승인하는 자택 또는 특정 장소에서 근무할 수 있는 형태의 재택근무제도를 도입하여 시행하고 있다(특허청훈령 제677호 특허청 재택근무 시행규정).

그러나 원격근무라 할지라도 모든 특허넷시스템 안에서 정보통신망을 통해 업무를 수행하고 있으므로 실제로 서면서류가 외부에 반출되는 사례는 거의 없다. 다만, 디자인에 관한 물품의 견본 등은 정보통신망을 통해 주고받을 수 없으므로 반출이 될 수도 있다.

Ⅲ. 디자인등록출원 등의 내용에 관한 감정 등 금지

특허청 직원이나 특허심판원 직원은 다음의 사항에 관하여는 감정하거나 증언하거나 질의에 응답할 수 없다(제2항).

① 디자인등록출원으로 계속 중인 사건의 내용
② 디자인등록출원에 대한 심사로 계속 중인 사건의 내용
③ 디자인일부심사등록 이의신청으로 계속 중인 사건의 내용
④ 심판 또는 재심으로 계속 중인 사건의 내용
⑤ 디자인등록여부결정
⑥ 심판에서의 심결 또는 결정의 내용

만약 계속 중인 출원, 심사 또는 심판 등 사건의 내용에 관하여 감정 등을 허용하게 되면 해당 사건을 공정하게 처리하는 데 나쁜 영향을 미칠 수 있을 뿐만 아니라, 특허청 또는 심판원 직원이 사적인 분쟁에 개입하는 결과가 발생할 우려가 있다.

〈고재홍〉

제208조(디자인문서 전자화업무의 대행)

① 특허청장은 디자인에 관한 절차를 효율적으로 처리하기 위하여 디자인등록출원, 심사, 디자인일부심사등록 이의신청, 심판, 재심에 관한 서류 또는 디자인등록원부를 전산정보처리조직과 전산정보처리조직의 이용기술을 활용하여 전자화하는 업무 또는 이와 유사한 업무(이하 "디자인문서 전자화업무"라 한다)를 할 수 있다.

② 특허청장은 디자인문서 전자화업무를 산업통상자원부령으로 정하는 시설 및 인력을 갖춘 법인에 위탁하여 수행하게 할 수 있다.

③ 제2항에 따라 디자인문서 전자화업무를 위탁받은 자(이하 "디자인문서 전자화기관"이라 한다)의 임직원 또는 임직원으로 재직하였던 사람은 직무상 알게 된 디자인등록출원 중의 디자인에 관하여 비밀을 누설하거나 도용하여서는 아니 된다.

④ 특허청장은 제30조 제1항에 따른 전자문서로 제출되지 아니한 디자인등록출원서, 그 밖에 산업통상자원부령으로 정하는 서류를 제1항에 따라 전자화하고 특허청 또는 특허심판원에서 사용하는 전산정보처리조직의 파일에 수록할 수 있다.

⑤ 제4항에 따라 파일에 수록된 내용은 해당 서류에 적힌 내용과 같은 것으로 본다.

⑥ 디자인문서 전자화업무의 수행방법, 그 밖에 디자인문서 전자화업무의 수행을 위하여 필요한 사항은 산업통상자원부령으로 정한다.

⑦ 특허청장은 디자인문서 전자화기관이 제2항에 따른 산업통상자원부령으로 정하는 시설 및 인력 기준에 미치지 못하는 경우에는 시정을 명할 수 있으며, 디자인문서 전자화기관이 시정명령에 따르지 아니한 경우에는 디자인문서 전자화업무의 위탁을 취소할 수 있다. 이 경우 미리 의견을 진술할 기회를 주어야 한다.

〈소 목 차〉

Ⅰ. 본조의 의의 및 취지

1. 의　　의

특허청장은 디자인에 관한 절차를 효율적으로 처리하기 위하여 디자인등록출원, 심사, 디자인일부심사등록 이의신청, 심판, 재심에 관한 서류 또는 디자인등록원부를 전산정보처리조직과 전산정보처리조직의 이용기술을 활용하여 전자화하는 업무(이하 이 조에서는 "디자인문서 전자화업무"라 한다)를 할 수 있다(제1항).

본조는 디자인문서 전자화의 대상, 절차, 및 효과 등에 관하여 구체적인 사항을 정하는 것이다.

2. 취　　지

특허청은 디자인에 관한 절차를 전자적으로 처리하기 위하여 특허넷시스템이라는 전산정보처리조직을 운영하고 있다. 따라서 서류가 서면으로 제출된 경우에는 이를 신속하고 정확하게 전자화하여 처리할 필요가 있다.

본조는 디자인에 관한 절차를 수행하는 데 있어 효율성을 높일 수 있는 수단을 마련하기 위한 것이다.

Ⅱ. 디자인문서 전자화

1. 디자인문서 전자화의 개념

디자인문서의 전자화란 특허청에 서면으로 제출된 서류를 특허청이 운영하는 특허넷시스템에서 전자적 방식으로 처리될 수 있도록 표준화된 전자자료의 형태로 변환하는 작업을 말한다.

2. 디자인문서 전자화의 대상

전자화의 대상은 서면으로 제출된 것으로서 접수 이후 특허청의 특허넷시스템에서 전자적 방식으로 처리될 수 있도록 전자문서로 변환할 필요가 있는 서류이다(제4항).

온라인 및 플로피디스크 또는 광디스크 등 전자적 기록매체에 의하여 접수되는 전자문서는 여기에서 말하는 전자화의 대상이 아니다.

실제로, 전자화할 대상은 다음에 열거된 것을 제외한 서류이다(디자인보호법 시행규칙 제98조).

① 특허법 시행규칙 제7호서식에 따른 전자문서첨부서류등 물건제출서(전자적 기록매체를 제출하는 경우만 해당)

② 특허법 시행규칙 제59호서식에 따른 전자화내용 정정신청서

③ 발급신청서(서류의 등본·초본 발급만 해당)

④ 증명신청서(심판청구사실, 심결확정사실 및 심결문등본송달의 증명인 경우만 해당)

위 서류들을 전자화의 대상에서 제외한 이유는 단순히 물건을 제출하거나 문서등본을 신청하는 등의 서류로서 그 자체를 전자화하여 관리할 실익이 작기 때문이다.

3. 디자인문서 전자화의 절차

가. 전자화 작업

특허청장 또는 특허심판원장은 서면으로 제출된 특허청이 운영하는 특허넷 시스템에서 전자적으로 처리될 수 있도록 표준화된 형태의 전자문서로 변환하여 전산정보처리조직의 파일에 저장한다.

나. 전자화 결과 통지

디자인등록출원서 또는 보정서(도면 등의 내용보정만 해당), 그 밖에 전자화한 내용에 대한 확인이 필요하다고 인정하는 서류를 전자화한 경우에는 그 전자화한 결과를 출원인에게 통지한다(디자인보호법 시행규칙 제99조 제1항).

다. 전자화 내용 정정신청

전자화 결과를 통지를 받은 출원인 등은 전자화된 내용이 서면으로 제출된 내용과 다른 경우에는 그 통지를 받은 날부터 30일 이내에 특허법 시행규칙 별지 제59호서식의 전자화내용 정정신청서를 특허청장 또는 특허심판원장에게 제출하여야 한다(디자인보호법 시행규칙 제99조 제2항).

4. 전자화된 디자인문서의 효력

특허청장이 전자문서로 제출되지 아니한 디자인등록출원서 등을 전자화하

여 특허청 또는 특허심판원에서 사용하는 전산정보처리조직의 파일에 수록한 내용은 해당 서류에 적힌 내용과 같은 것으로 본다(제5항). 즉, 서면으로 제출된 서류를 전자화하여 전산정보처리조직의 파일에 수록한 디자인문서는 해당 서류의 정본으로서의 효력이 인정된다.

Ⅲ. 디자인문서 전자화업무 위탁

1. 디자인문서 전자화업무의 위탁수행

특허청장은 디자인문서 전자화업무를 산업통상자원부령으로 정하는 시설 및 인력을 갖춘 법인(이하 이 조에서는 "디자인문서 전자화기관"이라 한다)에 위탁하여 수행하게 할 수 있다(제2항).

특허청장은 디자인문서 전자화업무의 효율적인 수행을 위하여 필요하다고 인정하는 경우에는 둘 이상의 자에게 디자인문서 전자화업무를 위탁할 수 있다(디자인보호법 시행규칙 제96조 제3항).

특허청장은 디자인등록출원 중인 디자인에 관한 비밀유지 및 디자인문서 전자화업무의 효율적인 수행을 위하여 필요한 경우에는 그 업무를 위탁받은 자에게 시정조치를 요구할 수 있다(디자인보호법 시행규칙 제96조 제4항).

2. 디자인문서 전자화업무의 위탁신청

디자인문서 전자화업무를 위탁받으려는 자는 신청서에 다음의 서류를 첨부하여 특허청장에게 제출하여야 한다. 이 경우 특허청장은 전자정부법 제36조 제1항에 따른 행정정보의 공동이용을 통하여 신청인의 법인 등기사항증명서를 확인하여야 하며, 이를 통하여 확인할 수 없거나 신청인이 확인에 필요한 정보를 제공하지 않는 경우에는 법인 등기사항증명서를 첨부하게 하여야 한다(디자인보호법 시행규칙 제96조 제2항).

① 사업계획서(작업 절차도를 포함)
② 사업실적서(유사한 업무를 수행한 경험이 있는 경우로 한정)
③ 장비 및 전문인력 보유현황 기술서
④ 신청일이 속하는 회계연도의 전 회계연도의 재산목록 및 대차대조표

3. 디자인문서 전자화업무의 위탁취소

특허청장은 디자인문서 전자화기관이 산업통상자원부령으로 정하는 시설
및 인력 기준에 미치지 못하는 경우에는 이를 시정하도록 명령할 수 있다(제7항
전단).

디자인문서 전자화기관이 특허청장의 시정명령에 따르지 않는 경우에는 디
자인문서 전자화업무의 위탁을 취소할 수 있다. 이 경우 디자인문서 전자화기관
에게 미리 의견을 진술할 기회를 주어야 한다(제7항 후단).

Ⅳ. 디자인문서 전자화기관

1. 디자인문서 전자화기관의 요건

가. 시설(디자인보호법 시행규칙 제96조 제1항 제1호)

① 디자인등록출원 중인 디자인에 관한 비밀유지에 적합할 것

② 데이터 입력장치, 데이터 저장장치 등의 디자인등록출원, 심사, 디자인
일부심사등록 이의신청, 심판, 재심에 관한 서류 또는 디자인등록원부를 전산정
보처리조직과 전산정보처리조직의 이용기술을 활용하여 전자화하는 업무 또는
이와 유사한 업무의 효율적인 수행에 적합한 장비를 갖출 것

나. 인력(디자인보호법 시행규칙 제96조 제1항 제2호)

① 학사학위를 가진 사람으로서 전산정보처리 분야에서 9년 이상 업무를
수행한 경력이 있는 사람 1명 이상을 보유할 것

② 임직원 중 변리사법 제2조에 따른 업무를 하는 다른 기관의 임직원을
겸하는 사람이나 같은 법 제5조에 따라 등록한 변리사가 없을 것

2. 디자인문서 전자화기관의 업무규정

디자인문서 전자화기관은 다음의 사항이 포함된 디자인문서 전자화업무에
관한 업무규정을 제정하여 특허청장의 승인을 받아야 한다(디자인보호법 시행규
칙 제97조 전단).

① 디자인문서 전자화업무의 실시방법 및 처리절차에 관한 사항

② 디자인문서 전자화업무에 관한 대장·서류 및 자료의 보존에 관한 사항

③ 디자인문서 전자화업무와 관련하여 알게 된 비밀의 유지에 관한 사항

④ 그 밖에 디자인문서 전자화업무에 필요한 사항

디자인문서 전자화기관은 디자인문서 전자화업무에 관한 업무규정을 변경하려는 경우에도 특허청장의 승인을 받아야 한다(디자인보호법 시행규칙 제97조 후단).

3. 디자인문서 전자화기관의 비밀유지의무

디자인등록출원에 관한 서류의 전자화는 일반적으로 출원공개 또는 등록공고를 하기 전에 이루어지므로, 그 과정에서 비밀상태에 있는 출원디자인의 내용이 무단으로 공개되거나 이용되지 않도록 하는 것이 중요하다.

디자인문서 전자화기관의 임직원 또는 임직원으로 재직하였던 사람은 직무상 알게 된 디자인등록출원 중의 디자인에 관하여 비밀을 누설하거나 도용하지 못하도록 규정하고 있다(제3항).

디자인문서 전자화기관은 디자인등록출원 중인 디자인에 관한 비밀유지에 적합한 시설을 갖추도록 하고 있다(디자인보호법 시행규칙 제96조 제1항 제1호 가목).

디자인문서 전자화기관은 디자인문서 전자화업무와 관련하여 알게 된 비밀의 유지에 관한 사항이 포함된 업무규정을 정하여 특허청의 승인을 받도록 하고 있다(디자인보호법 시행규칙 제97조 제2항 제3호).

디자인문서 전자화기관의 직원이나 그 직원으로 재직하였던 사람이 디자인등록출원 중인 디자인에 관하여 직무상 알게 된 비밀을 누설하거나 도용한 경우에는 5년 이하의 징역 또는 5천만원 이하의 벌금에 처하게 된다(디자인보호법 제225조 및 제226조).

〈고재홍〉

> **제209조(서류의 송달)**
> 이 법에 규정된 서류의 송달절차 등에 관한 사항은 대통령령으로 정한다.

<소 목 차>

Ⅰ. 서류송달의 개념

1. 서류송달의 의의

디자인보호법상 서류의 송달이라 함은 디자인에 관한 절차상의 처분을 비롯하여 관계인에게 영향을 미칠 수 있는 행위에 관한 서류를 일정한 방식에 의하여 관계인에게 알리는 것을 목적으로 하는 행정권의 작용을 말한다. 디자인 절차상의 관계인은 출원인, 이의신청인, 심판청구인·피청구인 등이 될 것이다. 송달은 서류나 의사가 사실상 상대방에게 도달하기만 하면 충분하다. 송달은 공권적 행위이므로 적법하게 송달이 행하여진 이상 송달받을 사람이 현실적으로 서류의 내용을 알았는가의 여부에 상관없이 법적으로 정해진 효과가 발생한다. 한편, 문서의 통지나 송부도 그 목적이나 법률적 효과의 발생에 있어서는 송달과 동일하지만 무방식이라는 점에서 송달과 구별된다.[1]

송달에 관한 규정을 두고 있는 이유는 특허청 또는 특허심판원의 디자인에 관한 처분 등이 관계인의 권리·의무에 현저히 영향을 미칠 수 있는 내용이거나 또는 일정한 사항에 관하여 관계인에게 그 내용을 알릴 필요가 있는 경우에 행정행위가 기재된 서류를 수령할 자에게 확실히 송달함으로써 후일의 분쟁발생을 가능한 한 방지하는 데에 있다.[2]

---

[1] 특허심판원, 심판편람, 제10판(2011), 479.
[2] 노태정·김병진, 디자인보호법(3정판), 세창출판사(2009), 458; 정상조·박성수 공편, 특허법 주해Ⅱ, 박영사(2010), 1113(한규현 집필부분).

2. 디자인보호법상의 송달서류의 종류

디자인등록출원이나 심판 등의 절차에 관해 특허청 또는 특허심판원이 송달하는 서류는 법령에 의해 정해진다. 송달되는 서류로는 ① 디자인등록출원인에게 송달되는 디자인등록여부결정 등본(제67조 제2항),[3] ② 디자인등록출원인에게 송달되는 보정각하결정 등본(제49조 제2항),[4] ③ 디자인일부심사등록 이의신청의 대상이 된 등록디자인의 디자인권자에게 송달되는 디자인일부심사등록 이의신청서 부본(副本)(제68조 제3항),[5] ④ 피청구인에게 송달되는 심판청구서 부본 및 청구인에게 송달되는 답변서 부본(제134조 제1항 및 제2항),[6] ⑤ 당사자 및 참가인에게 송달되는 구술심리 기일·장소 서면(제142조 제3항),[7] ⑥ 당사자 및 다른 참가인에게 송달되는 참가신청서 부본(제144조 제2항),[8] ⑦ 당사자, 참가인 및 심판에 참가신청을 하였으나 그 신청이 거부된 자에게 송달되는 심결 또는 결정 등본(제150조 제6항)[9] 등이 있다.

3. 본 조문의 연혁

디자인(의장)은 1946년 제정된 특허법에서는 특허의 일종으로 보호받다

---

3) 제67조(디자인등록여부결정의 방식) ② 특허청장은 디자인등록여부결정을 한 경우에는 그 결정의 등본을 디자인등록출원인에게 송달하여야 한다.

4) 제49조(보정각하) ② 심사관은 제1항에 따른 각하결정을 한 경우에는 그 결정등본을 디자인등록출원인에게 송달한 날부터 30일이 지나기 전까지는 그 디자인등록출원(복수디자인등록출원된 일부 디자인에 대하여 각하결정을 한 경우에는 그 일부 디자인을 말한다)에 대한 디자인등록여부결정을 하여서는 아니 된다.

5) 제68조(디자인일부심사등록 이의신청) ③ 심사장은 디자인일부심사등록 이의신청이 있을 때에는 디자인일부심사등록 이의신청서 부본(副本)을 디자인일부심사등록 이의신청의 대상이 된 등록디자인의 디자인권자에게 송달하고 기간을 정하여 답변서를 제출할 기회를 주어야 한다.

6) 제134조(답변서 제출 등) ① 심판장은 심판이 청구되면 청구서 부본을 피청구인에게 송달하고 기간을 정하여 답변서를 제출할 수 있는 기회를 주어야 한다. ② 심판장은 제1항의 답변서를 받았을 때에는 그 부본을 청구인에게 송달하여야 한다.

7) 제142조(심리 등) ③ 심판장은 제1항에 따라 구술심리로 심판을 할 경우에는 그 기일 및 장소를 정하고 그 취지를 적은 서면을 당사자 및 참가인에게 송달하여야 한다. 다만, 해당 사건에 출석한 당사자 및 참가인에게 알렸을 때에는 그러하지 아니하다.

8) 제144조(참가의 신청 및 결정) ② 심판장은 참가신청이 있는 경우에는 참가신청서 부본을 당사자 및 다른 참가인에게 송달하고 기간을 정하여 의견서를 제출할 수 있는 기회를 주어야 한다.

9) 제150조(심결) ⑥ 심판장은 심결 또는 결정이 있으면 그 등본을 당사자, 참가인 및 심판에 참가신청을 하였으나 그 신청이 거부된 자에게 송달하여야 한다.

가,[10] 1961. 12. 31. 법률 제951호로 디자인 보호를 위한 단독 '의장법'이 제정·시행되었다. '의장법'의 법명은 2004. 12. 31. 법률 제7289호로 '디자인보호법'으로 변경되었다. 1961년 제정 의장법에서부터 특허법의 서류송달에 관한 규정을 준용하여 오다가, 2009. 6. 9. 법률 제9764호로 개정된 '디자인보호법'부터 특허법의 준용에서 탈피하여 별도의 조문으로 제77조의3(서류의 송달)을 두었다. 이 조문은 2013. 5. 28. 법률 제11848호로 전부 개정되어 2014. 7. 1.부터 시행 중인 현행 디자인보호법 제209조로 이동 배치되었다.

Ⅱ. 본 조문의 내용

디자인보호에 규정된 서류의 송달절차 등에 관한 사항은 대통령령(시행령)으로 정한다는 규정이며, 이에 따라 대통령령인 디자인보호법 시행령 제9조(서류의 송달 등)는 다음과 같이 규정하고 있다.

① 법 제209조에 따라 송달할 서류는 특허청 또는 특허심판원에서 당사자나 그 대리인이 직접 수령하거나 정보통신망을 이용하여 수령하는 경우 외에는 등기우편으로 발송하여야 한다.

② 특허청장 또는 특허심판원장은 제1항에 따라 서류를 송달한 경우에는 다음 각 호의 구분에 따라 수령증이나 그 내용을 보관하여야 한다. 1. 당사자나 그 대리인이 특허청 또는 특허심판원에서 직접 수령하는 경우: 수령일 및 수령자의 성명이 적힌 수령증, 2. 당사자나 그 대리인이 정보통신망을 이용하여 수령하는 경우: 특허청 또는 특허심판원이 운영하는 발송용 전산정보처리조직의 파일에 기록된 내용, 3. 등기우편으로 발송하는 경우: 등기우편물 수령증

③ 디자인일부심사등록 이의신청, 심판, 재심, 통상실시권 설정의 재정(裁定) 및 디자인등록의 취소에 관한 심결 또는 결정의 등본을 송달하는 경우에는 「우편법」 제15조 제3항에 따른 선택적 우편역무 중 특별송달의 방법으로 하여야 한다. 다만, 법 제31조 제1항에 따른 전자문서 이용신고를 한 자에게 송달하는 경우에는 정보통신망을 이용하여 할 수 있다.

④ 송달을 하는 경우에는 법이나 이 영에 특별한 규정이 있는 경우 외에는

---

10) 디자인(의장)은 미군정기인 1946. 10. 5. 미국 특허법을 모델로 하여 군정법령 제91호로 제정된 '특허법'의 제21조(미장특허의 수득)로 보호받다 1961. 12. 31. 특허법에서 분리되어 단독 '의장법'이 되었다.

송달을 받는 자에게 그 서류의 등본을 보내야 하며, 송달할 서류의 제출을 갈음하여 조서를 작성하였을 때에는 그 조서의 등본이나 초본을 보내야 한다.

　⑤ 미성년자, 피한정후견인(디자인권 또는 디자인에 관한 권리와 관련된 법정대리인이 있는 경우로 한정한다) 또는 피성년후견인에게 송달할 서류는 그 법정대리인에게 송달한다.

　⑥ 2인 이상이 공동으로 대리권을 행사하는 경우에는 그 중 1인에게 송달한다.

　⑦ 교도소·구치소 등 교정시설에 구속된 사람에게 송달할 서류는 그 소장에게 송달한다.

　⑧ 당사자나 그 대리인이 2인 이상인 경우에 서류를 송달받기 위한 대표자 1인을 선정하여 특허청장 또는 특허심판원장에게 신고한 경우에는 그 대표자에게 송달한다.

　⑨ 송달 장소는 송달을 받을 자의 주소나 영업소로 한다. 다만, 송달을 받으려는 자가 송달 장소(국내로 한정한다)를 특허청장 또는 특허심판원장에게 미리 신고한 경우에는 그 장소로 한다.

　⑩ 송달을 받을 자가 송달 장소를 변경하였을 때에는 지체 없이 그 사실을 특허청장에게 신고하여야 한다.

　⑪ 송달을 받을 자가 정당한 사유 없이 송달받기를 거부하여 송달할 수 없게 되었을 때에는 발송한 날에 송달된 것으로 본다.

　⑫ 법에 따라 송달할 서류 외의 서류의 발송 등에 관하여는 특허청장이 정하는 방법에 따른다.

Ⅲ. 서류송달의 종류(방법)

각종 문서의 송달은 법령에서 규정하고 있는 방식에 의해서 이루어지고, 송달의 방법은 교부송달·우편송달·전자송달·공시송달로 구분할 수 있으며, 기타 재외자에 대한 송달은 성격상 특성이 있다. 이하 각각에 대해서 살펴본다.

1. 교부송달

교부송달이라 함은 송달받을 자(수신인)에게 송달할 서류를 직접 교부하는 방법으로 송달하는 것을 말한다(디자인보호법 시행령 제9조 제1항). 대리인이 있는

경우에는 대리인을, 복대리인 또는 중도 수임 대리인이 있는 경우에는 특별한
이유가 있는 경우를 제외하고는 복대리인 또는 중도 수임 대리인을 수신인으로
한다. 여기서 특별한 이유가 있는 경우란 우선하여 통지할 대상이 아닌 대리인
또는 당사자가 심사관의 통지 직전에 보정서 또는 의견서 등 심사와 직접 관련
되는 절차를 밟은 때를 말한다. 대리인이 2인 이상인 경우에는 특별한 이유가
있는 경우를 제외하고는 출원서에 첫 번째 기재된 대리인을 수신인으로 한다.
대리인이 복수로서 포괄위임을 받은 대리인이 있는 경우 개별사건별 대리인에
게 우선하여 송달한다.[11]

　　교부송달을 하는 경우에는 수령자로부터 수령일자 및 성명을 기재한 수령
증을 받아 비치하여야 한다(디자인보호법 시행령 제9조 제2항). 다만, 문서발송대
장 또는 문서교부대장의 해당란(서명란)에 수령자가 수령일자 및 성명을 기재
날인하는 경우에는 수령증의 비치로 갈음할 수 있다. 위 수령인이 변리사 본인
이 아닌 경우에는 변리사의 인감도장과 대행자의 인장을 함께 날인하여야 한다
(특허청 송달함 설치운영규정 제7조).

2. 우편송달

　　우편송달은 송달할 서류를 우편으로 송달하는 방법을 말하며, 우편으로 발
송할 경우에는 등기우편으로 발송하여야 한다(디자인보호법 시행령 제9조 제1항).
서류의 송달은 당사자 또는 대리인이 직접 수령하거나 정보통신망을 이용하는
경우를 제외하고는 등기우편으로 발송한다. 등기우편으로 발송한 경우에는 우
체국의 등기우편물 수령증을 보관하여야 한다(디자인보호법 시행령 제9조 제2항).
그러나 디자인일부심사등록 이의신청, 심판, 재심, 통상실시권 설정의 재정(裁
定) 및 디자인등록의 취소에 관한 심결 또는 결정의 등본을 송달하는 경우에는
우편법 제15조 제3항에 따른 선택적 우편역무 중 특별송달의 방법으로 하여야
한다. 다만, 디자인보호법 제31조 제1항[12])에 따른 전자문서 이용신고를 한 자에
게 송달하는 경우에는 정보통신망을 이용하여 할 수 있다(디자인보호법 시행령
제9조 제3항).

---

11) 특허청, 특허·실용신안 심사지침서, 특허청(2012), 1605.
12) 제31조(전자문서 이용신고 및 전자서명) ① 전자문서로 디자인에 관한 절차를 밟으려는
　　자는 미리 특허청장 또는 특허심판원장에게 전자문서 이용신고를 하여야 하며, 특허청장
　　또는 특허심판원장에게 제출하는 전자문서에 제출인을 알아볼 수 있도록 전자서명을 하여
　　야 한다.

3. 전자송달(정보통신망 이용 송달)

특허청장, 특허심판원장, 심판장, 심판관, 제70조[13] 제3항에 따라 지정된 심사장 또는 심사관은 제31조[14] 제1항에 따라 전자문서 이용신고를 한 자에게 서류의 통지 및 송달을 하려는 경우에는 정보통신망을 이용하여 할 수 있으며, 이에 따라 정보통신망을 이용하여 한 서류의 통지 등은 서면으로 한 것과 같은 효력을 가진다. 정보통신망을 이용한 서류의 통지 등은 그 통지 등을 받을 자가 자신이 사용하는 전산정보처리조직을 통하여 그 서류를 확인한 때에 특허청 또는 특허심판원에서 사용하는 발송용 전산정보처리조직의 파일에 기록된 내용으로 도달한 것으로 본다(제32조). 다만, 심결문의 경우는 송달받을 자가 심결등본 등을 발송일로부터 4일내에 확인하지 않으면 특별송달방법으로 심결등본 등을 재발송 한다.[15]

4. 공시송달

공시송달이라 함은 서류의 송달을 받을 자의 주소나 영업소가 불분명하여 그 서류를 통상적인 송달방법에 의해서는 송달할 수 없는 경우에 행하는 특수한 송달방법을 말하고, 공시송달은 서류를 송달받을 자에게 어느 때라도 교부한다는 뜻을 디자인공보에 게재함으로써 한다. 최초의 공시송달은 디자인공보에 게재한 날부터 2주일이 지나면 그 효력이 발생한다. 다만, 같은 당사자에 대한 이후의 공시송달은 디자인공보에 게재한 날의 다음 날부터 그 효력이 발생한다

---

13) 제70조(심사·결정의 합의체) ① 디자인일부심사등록 이의신청은 심사관 3명으로 구성되는 심사관합의체에서 심사·결정한다.

　② 특허청장은 각 디자인일부심사등록 이의신청에 대하여 심사관합의체를 구성할 심사관을 지정하여야 한다.

　③ 특허청장은 제2항에 따라 지정된 심사관 중 1명을 심사장으로 지정하여야 한다.

　④ 심사관합의체 및 심사장에 관하여는 제131조 제2항, 제132조 제2항 및 제133조 제2항·제3항을 준용한다.

14) 제31조(전자문서 이용신고 및 전자서명) ① 전자문서로 디자인에 관한 절차를 밟으려는 자는 미리 특허청장 또는 특허심판원장에게 전자문서 이용신고를 하여야 하며, 특허청장 또는 특허심판원장에게 제출하는 전자문서에 제출인을 알아볼 수 있도록 전자서명을 하여야 한다.

　② 제30조에 따라 제출된 전자문서는 제1항에 따른 전자서명을 한 자가 제출한 것으로 본다.

　③ 제1항에 따른 전자문서 이용신고 절차, 전자서명 방법 등에 관하여 필요한 사항은 산업통상자원부령으로 정한다.

15) 특허심판원(주 1), 482.

(제210조).

공시송달은 뒤쪽 제210조 부분에서 설명한다.

5. 재외자에 대한 송달

재외자(在外者)로서 디자인관리인이 있는 때에는 그 재외자에게 송달할 서류는 디자인관리인에게 송달하여야 한다. 디자인관리인이 없는 때에는 그 재외자에게 송달할 서류를 항공등기우편으로 발송할 수 있다. 이 경우 그 발송을 한 날에 송달된 것으로 본다(제211조). 이같이 재외자로서 디자인관리인이 없는 때의 우편송달은 발신주의를 채택하고 있음을 주의할 필요가 있다.

재외자에 대한 송달은 뒤쪽 제211조 주해 부분에서 설명한다.

〈손영식〉

> **제210조(공시송달)**
> ① 송달을 받을 자의 주소나 영업소가 불분명하여 송달할 수 없을 때에는 공시송달을 하여야 한다.
> ② 공시송달은 서류를 송달받을 자에게 어느 때라도 교부한다는 뜻을 디자인공보에 게재함으로써 한다.
> ③ 최초의 공시송달은 디자인공보에 게재한 날부터 2주일이 지나면 그 효력이 발생한다. 다만, 같은 당사자에 대한 이후의 공시송달은 디자인공보에 게재한 날의 다음 날부터 그 효력이 발생한다.

Ⅰ. 본 조문의 개요 및 연혁

1. 조문의 개요

본 조문은 공시송달에 관한 사항을 규정하고 있으며, 공시송달이라 함은 서류의 송달을 받을 자의 주소나 영업소가 불분명하여 그 서류를 통상적인 송달방법에 의해서는 송달할 수 없는 경우에 행하는 특수한 송달방법을 말한다. 공시송달은 서류를 송달받을 자에게 어느 때라도 교부한다는 뜻을 디자인공보에 게재함으로써 한다. 최초의 공시송달은 디자인공보에 게재한 날부터 2주일이 지나면 그 효력이 발생한다. 다만, 같은 당사자에 대한 이후의 공시송달은 디자인공보에 게재한 날의 다음 날부터 그 효력이 발생한다.

공시송달은 통상의 방법으로는 송달을 할 수 없는 경우에 절차의 진행과 당사자의 권리보호를 위하여 두고 있는 제도이다.[1)]

2. 조문의 연혁

디자인(의장)은 1946년 제정된 특허법에서는 특허의 일종으로 보호받다가,[2)]

---

1) 정상조·박성수 공편, 특허법 주해Ⅱ, 박영사(2010), 1117(한규현 집필부분).
2) 디자인(의장)은 미군정기인 1946. 10. 5. 미국 특허법을 모델로 하여 군정법령 제91호로 제정된 '특허법'의 제21조(미장특허의 수득)로 보호받다 1961. 12. 31. 특허법에서 분리되

1961. 12. 31. 법률 제951호로 디자인 보호를 위한 단독 '의장법'이 제정·시행
되었다. '의장법'의 법명은 2004. 12. 31. 법률 제7289호로 '디자인보호법'으로
변경되었다.

　　디자인보호법(의장법)이 준용하던 특허법 제218조(서류의 송달)는 1990. 1.
13. 법률 제4207호로 특허법이 전문 개정되면서 법률유보원칙의 강화 차원에서
시행령에 규정되어 있던 송달절차 등에 대한 법적 근거 규정으로 신설된 것이
다. 2009. 6. 9. 법률 제9764호로 개정된 '디자인보호법'부터는 특허법 준용에서
탈피하여 별도의 조문으로 제77조의4(공시송달)를 두었다. 이 조문은 2013. 5.
28. 법률 제11848호로 전부 개정되어 2014. 7. 1.부터 시행 중인 현행 디자인보
호법 제210조로 이동 배치되었다.

Ⅱ. 공시송달의 요건: 송달불능(제1항)

　　공시송달을 하기 위해서는 송달을 받을 자의 주소나 영업소가 불분명하여
송달을 할 수 없어야 한다. 공시송달의 경우에는 송달받을 자가 송달의 내용을
현실적으로 알 가능성이 희박하므로 신중하게 하여야 하며, 다른 송달방법에 의
하는 것이 어려운 때에 한하여 보충적으로 하여야 할 것이다.3) 방식담당자 등
이 통상의 방법으로 탐색을 하여도 송달받을 자의 주소나 영업소를 알 수 없는
경우에 공시송달을 실시할 수 있다.

　　우리 판례는 "공시송달 사유로 들고 있는 '주소 또는 영업소가 불분명하여
송달할 수 없는 때'라 함은 송달을 할 자가 선량한 관리자의 주의를 다하여 송
달을 받아야 할 자의 주소 또는 영업소를 조사하였으나 그 주소 또는 영업소를
알 수 없는 경우를 말하는 것"이라고 하면서,4) "피청구인에 대하여 청구서 사본
을 등록원부상의 주소로 1회 송달하여 본 후 반송되자 바로 내부결재를 받아
그 이후의 서류송달을 공시송달의 방법에 의하고 있으나, 등록원부에 피심판청
구인의 주민등록번호가 기재되어 있어 관련 행정기관에 조회하는 등의 방법으
로 직권 조사하여 보는 등 피심판청구인의 실제 주소를 알 수 있는 방법이 없

어 단독 '의장법'이 되었다.
　3) 이시윤, 신민사소송법, 제6증보판, 박영사(2012), 411.
　4) 대법원 2005. 5. 27. 선고 2003후182 판결; 한편, 민사소송법상 공시송달 역시 통상의 조
　　사를 다하였으나 주소나 영업소를 알 수 없는 정도의 객관성을 기준으로 판단하고 있다
　　[김상원 외 3인, 주석 신민사소송법(Ⅲ), 한국사법행정학회(2004), 141].

는 것이 아님에도 불구하고, 그러한 노력도 없이 바로 공시송달결정을 한 것은
적정한 절차의 진행이라고 볼 수 없는 것이다"라고 판시하고,[5] "수취인이 장기
여행 중이라는 사유는 우편송달의 사유는 될지언정, 공시송달의 요건에 해당하
지 않는다"라고 판단하는 등[6] 송달받을 자의 불이익 방지를 위하여 공시송달의
요건을 비교적 엄격하게 해석하고 있다.

Ⅲ. 공시송달의 절차 및 방법(제2항)

특허청 실무상 공시송달의 절차는 보통 다음과 같이 진행된다. 발송서류가
반송된 경우에 해당 제출인의 성명, 주민등록번호, 법인명, 법인번호 및 주소를
기재하여 방식팀 조회담당에게 주소확인 요청을 하며, 조회담당은 주소확인 요
청을 취합하여 정부민원포털 등 행정정보공유시스템 전산망을 이용해서 제출인
의 주소 조회를 실시하고 그 결과를 방식심사 담당자에게 통지한다. 전산망에
의한 조회에 의하여 제출인의 새로운 주소를 확인할 수 없는 경우에는 심판청
구서 등에 기재된 전화번호 등으로 제출인의 주소를 확인한다. 이러한 조치에도
불구하고 제출인의 주소를 확인할 수 없는 경우에는 반송된 서류에 대하여 담
당부서에 공시송달을 의뢰한다. 다만, 심사관은 위와 같은 절차에도 불구하고
사안별로 검토하여 송달받을 자에게 송달이 정확하게 될 수 있는 경우 그 방법
에 따라 송달할 수 있다.[7]

등록원부상에 표시된 주소와 다른 현주소에 대하여 당사자 일방의 신고가
있고 증거에 의하여 현주소라고 판단이 되는 경우에는 그 현주소로 송달한다.
공시송달 후 출원인 정보변경에 의하여 출원인의 주소가 변경되면 공시송달한
서류를 출원인에 재발송하여 준다. 그러나 재발송하여야 할 서류와 관련된 절차
가 종료된 경우에는 재발송하지 않는다.[8]

공시송달은 서류를 송달받을 자에게 어느 때라도 교부한다는 뜻을 디자인
공보에 게재함으로써 한다(제210조 제2항). 공시송달은 특허청장이 지정하는 자
가 송달기관으로서 송달할 서류를 보관하고, 동시에 송달서류, 송달받을 자, 송

---

5) 대법원 1991. 10. 8. 선고 91후59 판결.
6) 대법원 1969. 2. 19. 선고 68마1721 판결.
7) 특허심판원, 심판편람, 제10판(2011), 483; 특허청, 특허 · 실용신안 심사지침서, 특허청
 (2012), 1606.
8) 특허청(주 7), 1607.

달사유 등을 디자인공보에 게재함으로써 행하고, 송달받을 자가 출석하면 어느 때라도 그 서류를 교부받을 수 있게 하여야 한다.9) 공시송달 이후 당사자가 서류를 직접 교부해 줄 것을 신청한 경우에는 서면출원에 대하여는 수령증을 받아 출원포대에 보관하고, 전자출원에 대하여는 전산부서에 요청하여 이력을 기재하고 수령증은 심사과별로 보관한다.10)

Ⅳ. 공시송달의 효력(제3항)

최초의 공시송달은 디자인공보(웹공보)에 게재한 날부터 2주일이 지나면 그 효력이 발생한다. 다만, 같은 당사자에 대한 이후의 공시송달은 디자인공보에 게재한 날의 다음 날부터 그 효력이 발생한다(제210조 제3항).

공동출원인에 대한 공시송달에 대하여 우리 판례는 "공동출원인 전원의 주소 또는 영업소가 불분명하여 송달받을 수 없는 때"에 공시송달을 하여야 하고, 그렇지 않는데도 불구하고 공동출원인 중 1인에 대하여 이루어진 공시송달은 부적법하여 그 효력이 발생하지 않는다고 판시하고 있다.11) 따라서 출원인이 복수인 경우 등 송달 받을 당사자가 복수인 경우에는 송달한 서류가 반송되면 그 서류를 즉시 공시송달하는 것이 아니라 다른 당사자에 재송달 해 보아야 한다.12)

한편, 특허법이나 디자인보호법에는 공시송달의 요건에 위배된 경우 그 공시송달의 효력에 관하여 아무런 규정이 없으므로 요건위배 공시송달의 효력이 문제될 수 있다. 민사소송절차에서는 공시송달의 명령 없이 한 공시송달은 무효이나 공시송달이 요건에 위배된다 하더라도 재판장이 공시송달을 명하여 민사소송법 제195조13) 이하의 공시송달 절차가 취하여진 이상 그 공시송달은 유효하다는 것이 확립된 판례이다.14) 이로 인하여 당사자가 입는 불이익은 소송행위의 추완 절차에 의해서 구제받을 수 있기 때문이다.15) 특허청이 실시한 공시송

---

9) 정상조 · 박성수 공편(주 1), 1119.
10) 특허청(주 7), 1607.
11) 대법원 2005. 5. 27. 선고 2003후182 판결.
12) 특허청(주 7), 1607.
13) 민사소송법 제195조(공시송달의 방법) 공시송달은 법원사무관등이 송달할 서류를 보관하고 그 사유를 법원게시판에 게시하거나, 그 밖에 대법원규칙이 정하는 방법에 따라서 하여야 한다.
14) 대법원 1984. 3. 15. 선고 84마20 판결; 대법원 1994. 10. 21. 선고 94다27922 판결 등.
15) 김상원 외 3인(주 4), 63.

달이 요건을 구비하지 못한 경우에 어떻게 처리할 것인가에 대하여 심사·심판 절차에서는 민사소송에서와 같은 재판장의 허가 재판에 해당하는 것이 없고 추완의 절차도 한정적이므로 당사자의 권리구제 강화차원에서 요건을 구비하지 못한 공시송달은 무효라는 견해와 특허나 디자인의 심판절차는 민사소송에 준하는 준사법적 절차의 측면이 있으므로 민사소송절차에서와 마찬가지로 보아도 무방하다는 견해가 있다.[16]

〈손영식〉

---

16) 정상조·박성수 공편(주 1), 1120-1121.

> 제211조(재외자에 대한 송달)
> ① 재외자로서 디자인관리인이 있으면 그 재외자에게 송달할 서류는 디자인관리인에게 송달하여야 한다.
> ② 재외자로서 디자인관리인이 없으면 그 재외자에게 송달할 서류는 항공등기우편으로 발송할 수 있다.
> ③ 제2항에 따라 서류를 항공등기우편으로 발송한 경우에는 그 발송을 한 날에 송달된 것으로 본다.

<소 목 차>

I. 본 조문의 개요 및 연혁

1. 조문의 개요

재외자(在外者)라 함은 국내에 주소 또는 영업소를 가지지 아니하는 자를 말하며, 외국인에 한하지 않고 내국인도 국내에 주소 또는 영업소가 없으면 재외자가 될 수 있다.[1] 본 조문은 국내에 주소 또는 영업소를 가지지 아니하는 재외자에 대한 송달 규정이다. 재외자에게 송달할 서류는 국내에 디자인관리인이 있으면 그에게 송달하고, 디자인관리인이 없으면 항공등기우편으로 재외자에게 서류를 발송할 수 있으며, 이때는 발송한 날 송달된 것으로 본다. 재외자는 원칙적으로 디자인관리인에 의하지 아니하면 디자인에 관한 절차를 밟을 수 없도록 규정한 디자인보호법 제6조[2]의 부수적 규정이며, 재외자가 관련된 디자인

---

[1] 특허심판원, 심판편람, 제10판(2011), 488.
[2] 제6조(재외자의 디자인관리인) ① 국내에 주소 또는 영업소가 없는 자(이하 "재외자"라 한다)는 재외자(법인인 경우에는 그 대표자)가 국내에 체류하는 경우를 제외하고는 그 재외자의 디자인에 관한 대리인으로서 국내에 주소 또는 영업소가 있는 자(이하 "디자인관리인"이라 한다)에 의하지 아니하면 디자인에 관한 절차를 밟거나 이 법 또는 이 법에 따른 명령에 따라 행정청이 한 처분에 대하여 소(訴)를 제기할 수 없다.
② 디자인관리인은 위임된 권한의 범위에서 디자인에 관한 절차 및 이 법 또는 이 법에

절차를 원활히 진행하기 위해서 둔 규정이다.

2. 조문의 연혁

의장법(디자인보호법)이 준용하던 특허법 제221조(재외자에 대한 송달)는 1990. 1. 13. 법률 제4207호로 특허법이 전문 개정되면서 신설된 규정이다. 2009. 6. 9. 법률 제9764호로 개정된 '디자인보호법'부터는 특허법 준용에서 탈피하여 별도의 조문으로 제77조의5(재외자에 대한 송달)를 두었다. 이 조문은 2013. 5. 28. 법률 제11848호로 전부 개정되어 2014. 7. 1.부터 시행 중인 현행 디자인보호법 제211조로 이동 배치되었다.

Ⅱ. 재외자의 디자인관리인에게 송달(제1항)

디자인보호법은 특허법상의 특허관리인이나 상표법상의 상표관리인과 마찬가지로 국내에 거주하지 않는 재외자(在外者)가 직접적으로 국내의 절차를 수행하면 절차가 지연되고 번잡해질 수 있으므로 원활한 절차수행을 위해서 디자인관리인 제도를 두고 있다. 본 항은 재외자의 디자인관리인이 국내에 선임되어 있으면 그 재외자에게 송달할 서류를 디자인관리인에게 송달한다는 규정이다.

디자인보호법 제6조에 근거해서 재외자의 디자인관리인은 재외자의 대리인 역할을 하며, 재외자가 국내에 체류하는 경우를 제외하고는 디자인관리인이 디자인에 관한 절차를 밟는다.[3] 이에 따라 재외자가 관련된 디자인심사·심판 등의 절차에서 발생하는 서류는 국내에 있는 디자인관리인에게 송달을 하도록 본 항이 규정하고 있는 것이다.

Ⅲ. 재외자에게 항공등기우편으로 발송(제2항)

제211조 제2항은 재외자이지만 국내에 디자인관리인이 없는 경우에는 그 재외자에게 송달할 서류를 항공등기우편으로 발송할 수 있다는 규정이다.

재외자는 원칙적으로 디자인관리인에 의하지 아니하면 디자인에 관한 절차

따른 명령에 따라 행정청이 한 처분에 관한 소송에서 본인을 대리한다.
3) 재외자가 디자인관리인에 의하지 않고 심사·심판관련 서류를 제출한 경우는 해당서류의 반려사유에 해당한다[특허심판원(주 1), 488].

를 밟을 수 없지만, 재외자로서 디자인관리인을 선임하지 아니하거나 일단 선임
된 디자인관리인을 해임하는 등의 사유로 디자인관리인이 없는 경우에도 절차
는 진행되어야 하기 때문에 그 재외자에게 송달하는 서류를 항공등기우편으로
송달할 수 있도록 한 것이다.

Ⅳ. 항공등기우편 발송의 효력발생 시점(제3항)

제211조 제3항은 제2항에 따라 서류를 항공등기우편으로 발송한 경우에는
그 발송을 한 날에 송달된 것으로 본다고 규정하고 있다.

서류의 송달은 통상 도달한 날 효력이 발생하는 '도달주의'가 원칙이지만
(제28조), 본 항은 이에 대한 예외로서 서류를 항공등기우편으로 발송한 날 송달
된 것으로 간주하는 '발송주의'를 채택하고 있다. 디자인관리인이 없는 경우에
특별히 발송주의를 택한 이유는 국내에 거주하지 않는 재외자가 관련된 디자인
절차의 지연을 방지하여 원활한 절차진행을 도모하기 위해서이다. 본 항의 발송
주의는 서류 수령에 있어서 재외자에게 불리한 결과를 초래할 가능성이 많으므
로 본 항은 재외자로 하여금 국내에 디자인관리인을 선임하도록 유도하는 역할
도 한다고 할 수 있다.[4]

한편, 우리 특허법원 판례는 발송주의를 재외자의 입장에서 다소 융통적으
로 해석하고 있는 것으로 보인다. 특허법원은 "특허심판원이 이 사건 심결의 정
본을 재외자(在外者)인 원고에게 상표법 제92조에 의하여 준용되는 특허법 제
220조 제2항에 의하여 항공등기우편으로 발송하였고 같은 조 제3항에 의하여
발송한 날에 송달된 것으로 간주되어 발송일인 2006. 11. 30.로부터 30일이 경
과한 2006. 12. 31. 이 사건 심결이 확정되었다. 그러나 원고로서는 이 사건 심
결에 대한 심판청구서부본 등을 송달받지 못하여 심판청구가 계속된 사실을 처
음부터 알지 못한 채 이 사건 심결이 있었고, 이 사건 심결의 정본이 항공등기
우편으로 발송되었다가 반송되었으며, 이 사건 심결이 확정된 후인 2007. 3. 30.
경에야 비로소 원고가 그러한 사실을 알게 되었다면, 특별한 사정이 없는 한 원
고가 제소기간인 불변기간을 지키지 못한 것은 원고가 책임질 수 없는 사유로
말미암은 것이라고 보아야 한다. 따라서 원고의 이 사건 소는 추완요건을 갖춘
것으로서 적법하다"라고 판시함으로써 재외자에 대하여 발송주의 원칙을 적용

---

4) 특허청, 조문별 특허법해설, 영인정보시스템(2002), 541.

하여 정상적으로 확정된 심결에 대해서도 일정한 경우에 재외자의 추완을 인정
하였다.5)

〈손영식〉

---

5) 특허법원 2007. 12. 13. 선고 2007허3257 판결.

제212조(디자인공보)

① 특허청장은 디자인공보를 발행하여야 한다.

② 디자인공보는 산업통상자원부령으로 정하는 바에 따라 전자적 매체로 발행할 수 있다.

③ 특허청장은 전자적 매체로 디자인공보를 발행하는 경우에는 정보통신망을 활용하여 디자인공보의 발행사실·주요목록 및 공시송달에 관한 사항을 알려야 한다.

④ 디자인공보에 게재할 사항은 대통령령으로 정한다.

<소 목 차>

Ⅰ. 본조의 의의 및 취지

1. 의   의

출원공개의 신청이나 디자인권의 설정등록이 있으면 그 출원디자인이나 등록디자인에 관한 내용을 일반 공중에게 널리 알리기 위하여 디자인공보를 발행한다.

본조는 디자인공보를 발행하는 주체 및 방식과 아울러 그 게재내용 등에 관하여 구체적인 사항을 규정하는 것이다.

2. 취   지

출원디자인이 출원공개에 의해 일반 공중에게 알려지면 제55조에 따라 누구든지 그 디자인이 등록될 수 없다는 정보를 제공함으로써 심사에 참여할 기회를 얻는다.

등록디자인이 등록공고에 의해 일반 공중에게 알려지면 누구든지 디자인일부심사등록 이의신청을 할 수 있으며, 이해관계인은 디자인등록무효심판을 청구할 기회를 갖게 된다.

본조는 출원디자인이나 등록디자인에 관한 상세한 정보를 일반 공중에게 효과적으로 제공할 수 있는 수단을 마련하기 위한 것이다.

Ⅱ. 디자인공보

1. 디자인공보의 구분

가. 공개디자인공보

공개디자인공보에는 제52조 제1항에 따른 공개신청이 있는 디자인등록출원 및 제56조 본문에 해당하는 디자인등록출원에 대하여 다음 각 호의 사항을 게재한다(디자인보호법 시행령 제10조 제3항).

① 디자인등록출원인의 성명과 주소(법인의 경우에는 그 명칭과 영업소 소재지)

② 디자인의 대상이 되는 물품 및 물품류

③ 디자인심사등록출원 또는 디자인일부심사등록출원이라는 사실

④ 창작자의 성명과 주소

⑤ 디자인등록출원번호 및 디자인등록출원일

⑥ 출원공개번호 및 공개연월일

⑦ 도면 또는 사진(견본의 사진을 포함)

⑧ 창작내용의 요점

⑨ 디자인의 설명

⑩ 부분디자인인 경우에는 부분디자인의 디자인등록출원이라는 사실

⑪ 제35조에 따른 관련디자인등록출원인 경우에는 기본디자인의 표시

⑫ 제41조에 따른 복수디자인등록출원인 경우에는 디자인의 일련번호

⑬ 제51조 제1항에 따른 디자인등록출원인 경우에는 우선권주장의 기초가 된 출원의 출원일(제51조 제4항에 따른 우선권 증명서류가 제출되기 전에 공개하는 경우에는 그 내용도 포함)

⑭ 제56조에 따라 게재하는 경우에는, 동일하거나 유사한 디자인에 대하여 같은 날에 디자인등록출원을 한 2 이상의 출원인 간에 협의가 성립하지 아니하거나 협의를 할 수 없어 해당 출원에 대하여 모두 거절결정을 하였거나 거절한다는 취지의 심결이 확정된 사실

⑮ 그 밖에 특허청장이 게재할 필요가 있다고 인정하는 디자인등록출원공개에 관련된 사항

나. 등록디자인공보

등록디자인공보에는 다음의 사항을 게재한다. 다만, 제43조에 따른 비밀디자인의 경우에는 ⑦에서 ⑨까지 사항은 디자인등록출원인의 청구에 따른 비밀지정기간이 지난 후에 게재한다(디자인보호법 시행령 제10조 제2항).

① 디자인권자의 성명 및 주소(디자인권자가 법인인 경우에는 그 명칭 및 영업소 소재지)

② 디자인의 대상이 되는 물품과 그 물품이 속하는 물품류

③ 디자인심사등록 또는 디자인일부심사등록이라는 사실

④ 디자인의 창작자의 성명 및 주소

⑤ 디자인등록출원번호 및 디자인등록출원일

⑥ 디자인등록번호 및 디자인등록일

⑦ 디자인의 도면, 사진 또는 견본의 사진

⑧ 디자인의 창작내용의 요점

⑨ 디자인의 설명

⑩ 물품의 부분에 관한 디자인인 경우에는 부분디자인의 등록이라는 사실

⑪ 관련디자인등록출원되어 등록된 디자인인 경우에는 기본디자인의 표시

⑫ 복수디자인등록출원되어 등록된 디자인인 경우에는 디자인의 일련번호

⑬ 조약에 따른 우선권을 주장하며 디자인등록출원되어 등록된 디자인인 경우에는 우선권주장의 기초가 된 출원의 출원일

⑭ 출원공개된 디자인등록인 경우에는 출원공개 사실 및 공개연월일

⑮ 그 밖에 특허청장이 게재할 필요가 있다고 인정하는 사항

2. 자연인인 디자인권자 등의 주소 게재범위

특허청장은 디자인공보에 자연인인 디자인권자, 자연인인 디자인등록출원인 또는 자연인인 창작자의 주소를 게재하는 경우에 그 디자인권자, 디자인등록출원인 또는 창작자의 신청이 있으면 그 주소의 일부만을 게재할 수 있다(디자인보호법 시행령 제10조 제4항).

디자인공보에 주소를 부분적으로 게재하는 경우에 그 범위는 국내주소의 시·군·구까지로 하고 있다(특허청고시 제2014-20호 공보의 주소 게재방식에 관한 고시 제5조).

3. 디자인공보의 발행방식

디자인공보는 산업통상자원부령으로 정하는 바에 따라 전자적 매체로 발행할 수 있다(제2항). 여기에서, 전자적 매체란 읽기전용 광디스크 또는 정보통신망을 말한다(디자인보호법 시행규칙 제100조).

특허청장은 전자적 매체로 디자인공보를 발행하는 경우에는 정보통신망을 활용하여 디자인공보의 발행사실, 주요목록 및 공시송달에 관한 사항을 알려야 한다(제3항).

특허청장은 정보통신망에 연결된 특허청 홈페이지를 이용하여 공보사항을 게재하는 방식으로 디자인공보를 발행하고 있다(특허청훈령 제709호 특허청 공보 발행업무 취급규정 제5조).

따라서, 일반 공중 누구나 특허청 홈페이지에서 출원공개 또는 등록공고가 이루어진 디자인을 출원번호, 등록번호, 물품명칭, 물품분류기호 등 다양한 질의어를 사용하여 자유롭게 열람할 수 있다.

〈고재홍〉

> **제213조(서류의 제출 등)**
> 특허청장 또는 심사관은 당사자에게 심판 또는 재심에 관한 절차 외의 절차
> 를 처리하기 위하여 필요한 서류, 그 밖의 물건의 제출을 명할 수 있다.

<소 목 차>

Ⅰ. 본 조문의 개요 및 연혁

특허청장 또는 심사관은 심판에 관한 절차 외에 심사 등에 관한 절차의 신속·정확한 처리를 위하여 필요한 경우에 당사자에게 필요한 서류 등의 제출을 명할 수 있다는 규정이다.

의장법(디자인보호법)이 준용하던 특허법이 1990. 1. 13. 법률 제4207호로 전문 개정되면서 제222조(서류의 제출 등)로 신설된 규정이다. 2009. 6. 9. 법률 제9764호로 개정된 '디자인보호법'부터는 특허법 준용에서 탈피하여 디자인보호법에 별도의 조문인 제78조의2(서류의 제출 등)를 두었다. 이 조문은 2013. 5. 28. 법률 제11848호로 전부 개정되어 2014. 7. 1.부터 시행 중인 현행 디자인보호법 제213조로 이동 배치되었다.

Ⅱ. 심사에 관한 서류 등 제출 명령

본 조문에 따라 특허청장 또는 심사관은 당사자에게 심판 또는 재심에 관한 절차 외의 절차를 처리하기 위하여 필요한 서류, 그 밖의 물건의 제출을 명할 수 있다. 서류나 관련 물건 등의 제출 명령을 규정한 이유는 심사 과정에서 해당 디자인에 관한 설명서나 실시물건 등 참고자료를 제출하게 함으로써 심사의 효율성과 적정성을 높이고자 하는 것이다.[1]

본 조문에 위반한 경우, 즉 심사관 등의 서류 제출 등 명령을 받고도 당사자가 이를 제출하지 아니한 경우에 대한 별도의 제재조치에 대해서는 디자인보

---

1) 정상조·박성수 공편, 특허법 주해Ⅱ, 박영사(2010), 1127(김기영 집필부분).

호법에 규정하지 않고 있다.[2) 다만, 출원인 등이 심사관의 자료요청을 부당하게 거부하면 심사결과에 부정적 영향을 미칠 수는 있을 것이다.

본 조문에서 '심판 및 재심을 제외한 이유'는 디자인보호법 제134조, 제145조 및 제164조에서 별도로 심판 또는 재심 절차에서 심판장이 필요한 경우 당사자를 심문하거나 직권으로 증거조사·증거보전 등을 할 수 있음을 규정하고 있기 때문이다. 예컨대, 심판장은 심판절차에서 당사자가 문서제출명령을 신청하면 문서소지자에게 관련문서의 사본·등본 등의 제출을 명할 수 있고(제145조), 이 명령을 받은 자가 정당한 이유 없이 명령에 응하지 않으면 과태료도 부과할 수 있다(제229조).[3)

한편, 디자인 침해소송 시 법원이 손해액 계산을 용이하게 하기 위하여 디자인보호법 제118조(서류의 제출)는 "법원은 디자인권 또는 전용실시권의 침해에 관한 소송에서 당사자의 신청에 의하여 해당 침해행위로 인한 손해를 계산하는 데에 필요한 서류를 제출하도록 다른 당사자에게 명할 수 있다. 다만, 그 서류의 소지자가 그 서류의 제출을 거절할 정당한 이유가 있을 때에는 그러하지 아니하다"라고 규정하고 있다.

〈손영식〉

---

2) 특허청, 조문별 특허법해설, 영인정보시스템(2002), 544.
3) 제229조(과태료) ① 다음 각 호의 어느 하나에 해당하는 자에게는 50만원 이하의 과태료를 부과한다. 1. <생략> 2. 특허심판원으로부터 증거조사 또는 증거보전에 관하여 서류나 그 밖의 물건 제출 또는 제시의 명령을 받은 자로서 정당한 이유 없이 그 명령에 따르지 아니한 자. 3. <생략>
　　② 제1항에 따른 과태료는 대통령령으로 정하는 바에 따라 특허청장이 부과·징수한다.

I. 입법취지와 법적 성격

　　본조는 등록디자인을 실시할 권리를 가진 자가 그 등록디자인에 관한 물품
또는 그 물품의 용기나 포장 등에 디자인등록의 표시를 할 수 있음을 규정하고
있다. 이는 해당 물품에 적용된 디자인이 등록디자인임을 나타냄으로써 디자인
권 침해를 사전에 예방하고, 등록디자인이 표시된 상품이 디자인권자 등에 의하
여 생산・판매되는 상품임을 공중에게 알림으로써 일반 수요자를 보호하려는
데 그 입법취지가 있다.[1]

　　본조는 "디자인등록의 표시를 할 수 있다"는 임의규정 형식으로 되어 있을
뿐 아니라, 그 표시를 하지 않는 경우에 대한 제재규정을 두지 않음으로써, 그
표시를 할 것인지 여부를 디자인권자 등의 재량에 맡기고 있다. 일본 의장법 제
64조는 "의장권자 등은 … 그 물품이 등록의장이라는 취지의 표시를 붙이도록
노력하여야 한다"고 규정하고 있는데, 일본의 통설은 이를 훈시규정으로 보고
있다.[2] 파리조약 제5조 D항이 "권리의 존재를 인식시키기 위하여 특허의 기호
내지 표시 … 를 물품에 붙일 것을 요하지 아니한다"고 정하고 있으므로, 디자
인등록의 표시를 의무사항으로 규정하거나 강행규정으로 해석하기는 어렵다고
할 것이다.

---

1) 특허청, 조문별 상표법해설, 특허청(2007), 483; 정상조・박성수 공편, 특허법 주해 II,
박영사(2010), 1129(박원규 집필부분).
2) 寒河江孝允・峯 唯夫・金井 重彦 編, 意匠法コンメンタール(第2版), レクシスネクシ
ス・ジャパン株式會社(2012), 739(峯 唯夫 집필부분); 滿田重昭・松尾和子 編, 注解 意匠
法, 靑林書院(2010), 664(工藤 莞司 집필부분).

Ⅱ. 디자인등록표시를 할 수 있는 자

본조에 의하여 디자인등록표시를 할 수 있는 자는 디자인권자·전용실시권자 또는 통상실시권자로서 모두 등록디자인을 실시할 권리를 가진 자들이다. 이들 외의 자는 원칙적으로 디자인등록표시를 할 수 없다고 해석해야 할 것이다.[3] 그러나 위와 같이 디자인등록표시를 할 수 있는 자가 아닌 자가 한 디자인등록표시가 허위표시[4]에 해당하는지 여부에 관하여는, 그와 같은 디자인등록표시는 대상물건이 진정한 등록디자인에 관한 물품인지 여부에 관계없이 항상 허위표시로 보아야 한다는 견해와 대상물건이 진정한 등록디자인에 관한 물품인 이상 디자인등록표시 자체가 허위표시에 해당하지는 않는다는 견해가 대립하고 있다.[5] 생각건대, 디자인보호법 제215조(허위표시의 금지)가 허위 여부의 판단기준을 '표시한 사람이 권리자인지 여부'가 아니라 '표시된 내용이 허위인지 여부'에 따라 판단하도록 정하고 있는 점, 디자인등록표시 제도는 반드시 디자인권자 등만을 보호하기 위한 것이 아니라 침해가능성이 있는 자나 일반 수요자를 보호하기 위한 측면도 있는 점 등에 비추어, 후자의 견해가 타당하다고 할 것이다.

Ⅲ. 디자인등록표시를 할 수 있는 대상

본조에 의한 디자인등록표시를 할 수 있는 대상은 등록디자인에 관한 물품 또는 그 물품의 용기나 포장 등이다. 포장 등에는 포장용기, 포장지, 포장상자 등이 포함된다. 본조를 재량규정으로 보는 이상 본조에서 그 대상의 범위가 특별히 문제되지는 않으나, 디자인보호법 제222조(허위표시의 죄)는 제215조(허위표시의 금지)를 위반한 자를 처벌하도록 규정하고 있으므로, 위 규정들과의 관계에서 그 대상의 범위가 문제될 수 있다.[6] 형사처벌과 관계되는 제215조에서는 '용기나 포장'이라고만 규정하여 본조의 '용기나 포장 등'보다 명확한 범위를 설정하고 있다.

---

3) 정상조·박성수 공편(주 1), 1129(박원규 집필부분).
4) 디자인보호법 제215조는 허위표시를 금지하고 있고, 제222조는 이를 위반한 자에 대하여 3년 이하의 징역 또는 2천만 원 이하의 벌금에 처하도록 하고 있다.
5) 정상조·박성수 공편(주 1), 1130(박원규 집필부분).
6) 寒河江孝允·峯 唯夫·金井 重彦 編(주 2), 740.

Ⅳ. 디자인등록표시의 방법

디자인등록표시를 하는 방법에 관하여는, 디자인보호법 시행규칙 제101조가 "법 제214조에 따른 디자인등록표시는 물품 또는 그 물품의 용기나 포장 등에 등록디자인이라는 문자와 그 등록번호를 표시한다"고 규정하고 있다. 일반적으로 「등록디자인 제○○○○호」의 형태로 표시한다.

"등록디자인"이라는 문자를 영문자 등 외국문자로 표시한 것을 위 법 및 시행규칙에 따른 표시로 볼 수 있는지에 관하여 특허표시의 방법과 관련하여 논의가 있다. 영문자 등 외국문자 표시가 상품거래에서 널리 사용되고 있는 실정과 그 의미의 동일성에 비추어 이를 특허법 시행규칙 제121조에서 정한 특허표시 또는 디자인보호법 시행규칙 제101조에서 정한 디자인등록표시로 보아야 한다는 견해도 있을 수 있으나, 위 각 시행규칙은 명시적으로 "특허" 또는 "등록디자인"이라고만 규정하고 있으므로, 외국문자로 표시한 것을 위 각 법 및 시행규칙에 따른 특허표시 또는 디자인등록표시라 하기는 어려울 것이다.[7]

Ⅴ. 디자인등록표시의 효과

위와 같은 디자인등록표시가 되어 있는 사실 자체만으로 어떠한 법률효과가 발생하는 것은 아니다. 다만, 디자인등록표시가 되어 있지 않는 경우보다 침해자의 고의 또는 중과실을 입증하기가 쉬워질 것이다. 디자인보호법 제115조 제5항은 "제4항에도 불구하고 손해액이 같은 항에 규정된 금액을 초과하는 경우에는 그 초과액에 대하여도 손해배상을 청구할 수 있다. 이 경우 디자인권 또는 전용실시권을 침해한 자에게 고의 또는 중대한 과실이 없을 때에는 법원은 손해배상액을 산정할 때 그 사실을 고려할 수 있다"고 규정하고 있으므로, 디자인등록표시를 한 디자인권 또는 전용실시권을 침해한 자는 고의 또는 중대한 과실이 없었음을 들어 손해배상액의 감액을 주장하기는 어려울 것이다. 또한, 디자인등록표시를 한 등록디자인을 침해한 경우에는 디자인권 또는 전용실시권 침해죄(디자인보호법 제220조)에 대한 객관적 구성요건의 입증이 용이하게 되고, 손해배상액을 정함에 있어서 이를 참작할 수 있을 것이다.

---

7) 정상조·박성수 공편(주 1), 1130(박원규 집필부분).

그러나 디자인보호법 제116조(과실의 추정)는 "① 타인의 디자인권 또는 전용실시권을 침해한 자는 그 침해행위에 대하여 과실이 있는 것으로 추정한다. 다만, 제43조 제1항에 따라 비밀디자인으로 설정등록된 디자인권 또는 전용실시권의 침해에 대하여는 그러하지 아니하다. ② 디자인일부심사등록디자인의 디자인권자·전용실시권자 또는 통상실시권자가 그 등록디자인 또는 이와 유사한 디자인과 관련하여 타인의 디자인권 또는 전용실시권을 침해한 경우에는 제1항을 준용한다"고 규정하고 있고, 이에 따라 침해행위가 있는 경우 디자인등록표시가 되어 있는지 여부와 무관하게 침해자의 과실이 추정되어 손해배상책임 등이 발생하게 되므로, 디자인권자 등이 디자인등록표시를 하였는지 여부가 민사책임의 성립 여부 판단에 영향을 주는 것은 아니다.8)

〈김태현〉

---

8) 정상조·박성수 공편(주 1), 1131(박원규 집필부분).

> **제215조(허위표시의 금지)**
> 누구든지 다음 각 호의 어느 하나에 해당하는 행위를 하여서는 아니 된다.
> 1. 디자인등록된 것이 아닌 물품, 디자인등록출원 중이 아닌 물품 또는 그 물품의 용기나 포장에 디자인등록표시 또는 디자인등록출원표시를 하거나 이와 혼동하기 쉬운 표시를 하는 행위
> 2. 제1호의 표시를 한 것을 양도·대여 또는 전시하는 행위
> 3. 디자인등록된 것이 아닌 물품, 디자인등록출원 중이 아닌 물품을 생산·사용·양도 또는 대여하기 위하여 광고·간판 또는 표찰에 그 물품이 디자인등록 또는 디자인등록출원된 것으로 표시하거나 이와 혼동하기 쉬운 표시를 하는 행위

<소 목 차>

Ⅰ. 입법취지

본조는 물품이나 광고에 허위의 디자인등록표시를 하는 행위와 그 허위표시를 한 것을 양도하는 행위를 금지하는 규정이다. 그 입법취지는, 허위의 디자인등록표시를 하여 시장에서의 우월한 지위를 얻으려고 하는 행위를 규제하여 등록디자인을 실시할 권리를 가진 자와 일반 수요자를 보호하고 건전한 상거래 질서를 도모하려는 데 있다.[1] 이를 위하여 본조는 금지되는 행위를 구체적으로 열거하고 있고, 그 위반행위에 대하여는 제222조에서 형사처벌하는 규정을 두고 있다. 그리고 본조에 해당하는 허위표시는 「부정경쟁방지 및 영업비밀보호에 관한 법률」 제2조 제1호 바목에서 정하고 있는 '품질 등 오인야기행위'(상품 또는 그 광고에 상품의 품질, 내용, 제조방법, 용도 또는 수량을 오인하게 하는 선전 또는 표지를 하는 행위)에 해당하여, 금지청구나 손해배상청구의 대상으로 되는 경

---

1) 특허청, 조문별 상표법해설, 특허청(2007), 485.

우가 많을 것이다.[2]

Ⅱ. 금지되는 허위표시행위 등의 내용

1. 물품 또는 그 물품의 용기나 포장에 허위표시하는 행위(제1호)

본 호에서 금지되는 행위는, 디자인등록된 것이 아닌 물품, 디자인등록출원 중이 아닌 물품 또는 그 물품의 용기나 포장에 디자인등록표시 또는 디자인등록출원표시를 하거나 이와 혼동하기 쉬운 표시를 하는 행위이다. 이는 등록 또는 출원 중인 디자인에 관한 물품이 아닌 물품 등에 등록 또는 등록출원 중인 디자인의 표시를 하여서는 아니 된다는 의미이다. 예를 들면, 귀걸이에 관한 디자인등록을 한 디자인권자가 귀걸이가 아닌 물품 등에 그 디자인등록의 표시를 하는 경우 등이 이에 해당한다.

한편, 디자인권자 등이 아닌 자가 한 디자인등록표시가 허위표시에 해당하는지 여부에 관하여는, 그와 같은 디자인등록표시는 대상물건이 진정한 등록디자인에 관한 물품인지 여부에 관계없이 항상 허위표시로 보아야 한다는 견해와 대상물건이 진정한 등록디자인에 관한 물품인 이상 디자인등록표시 자체가 허위표시에 해당하지는 않는다는 견해가 대립하고 있음은, 앞서 디자인보호법 제214조의 주해 부분에서 본 바와 같다.

용기나 포장에는 용기, 포장용기, 포장지, 포장상자 등이 포함된다. 용기나 포장에 해당하는지 여부에 관한 구체적인 범위를 판단함에 있어서는, 형사처벌의 대상이 되는 행위는 엄격하게 해석하여야 한다는 원칙과 허위의 디자인등록표시를 하여 시장에서의 우월한 지위를 얻으려고 하는 행위를 규제하여 등록디자인을 실시할 권리를 가진 자와 일반 수요자를 보호하고자 하는 본조의 입법취지를 비교형량하여 적절한 범위를 정할 필요가 있다.

디자인보호법 시행규칙 제101조가 "법 제214조에 따른 디자인등록표시는 물품 또는 그 물품의 용기나 포장 등에 등록디자인이라는 문자와 그 등록번호를 표시한다"고 규정하고 있고, 일반적으로 「등록디자인 제○○○○호」의 형태로 디자인등록표시를 하고 있다. 따라서 허위표시 여부를 판단함에 있어서도, 위의 형태와 동일 또는 유사한 방법으로 표현되어 거래자나 일반 수요자를 혼동시키

---

2) 寒河江孝允·峯 唯夫·金井 重彦 編, 意匠法コンメンタール(第2版), レクシスネクシス·ジャパン株式會社(2012), 741(峯 唯夫 집필부분).

는 표시인지가 고려되어야 한다. '등록디자인'이라는 표현의 유무가 관건이므로 '등록번호'의 유무는 주요 판단기준이 아니라고 할 것이다.

2. 허위표시를 한 것을 양도·대여 또는 전시하는 행위(제2호)

본호는 제1호의 허위표시를 한 물품, 그 용기나 포장을 양도, 대여하거나 또는 양도나 대여하여 전시하는 행위를 금지하고 있다. 허위의 디자인등록표시로 거래자나 일반 수요자를 오인시키고 시장에서의 우월한 지위를 얻는 것은 결국 이와 같은 양도, 대여 및 전시행위를 통하여 이루어진다. 본조의 입법취지나 금지되는 행위태양에 비추어, 양도나 대여는 반드시 유상행위만으로 한정할 것은 아니고, 무상의 증여행위나 사용대차행위도 포함된다고 할 것이다.

3. 광고·간판 또는 표찰에 허위표시하는 행위(제3호)

본 호에서 금지되는 행위는, 디자인등록된 것이 아닌 물품, 디자인등록출원 중이 아닌 물품을 생산·사용·양도 또는 대여하기 위하여 광고·간판 또는 표찰에 그 물품이 디자인등록 또는 디자인등록출원된 것으로 표시하거나 이와 혼동하기 쉬운 표시를 하는 행위이다. 제1호와의 차이는, 그 표시대상이 물품, 용기, 포장이 아니라 광고·간판 또는 표찰이라는 점과 물품을 생산·사용·양도 또는 대여하기 위한 표시이어야 한다는 점이다. 또한, 물품이나 용기, 포장에 대한 표현방법과 달리 광고 등에서의 표현방법은 훨씬 다양할 수 있기 때문에 허위표시 여부를 판단함에 있어서도 이 점이 고려되어야 한다.

4. 디자인권이 소멸된 후의 행위

디자인권자가 그 디자인권이 소멸한 후에 본조에 해당하는 행위를 하는 경우에도 행위 시점에는 디자인권이 존재하지 않기 때문에 본조의 금지되는 행위에 해당한다.[3] 마찬가지로, 디자인권이 존속하는 기간에 정당하게 디자인등록표시가 된 물품이라도 이를 디자인권이 소멸한 후에 양도, 대여, 전시하는 행위도 본조의 금지되는 행위에 해당한다고 할 것이다.

---

3) 정상조·박성수 공편, 특허법 주해Ⅱ, 박영사(2010), 1178(구본진 집필부분); 寒河江孝允·峯 唯夫·金井 重彦 編(주 2), 743.

Ⅲ. 본조 위반의 효과

본조를 위반한 자는 디자인보호법 제222조(허위표시의 죄)에 의하여 3년 이하의 징역 또는 2천만 원 이하의 벌금에 처해진다. 제227조에서는 제222조(허위표시죄)에 대하여 양벌규정을 적용하고 있다. 즉, 법인의 대표자나 법인 또는 개인의 대리인·사용인, 그 밖의 종업원이 그 법인 또는 개인의 업무에 관하여 허위표시죄에 해당하는 행위를 하면 위와 같이 그 행위자를 벌하는 외에 그 법인에게도 6천만 원 이하의 벌금형을 과하도록 규정하고 있다.

〈김태현〉

〈소 목 차〉

Ⅰ. 입법취지

일반적으로 행정청의 처분 등[1])에 대하여 불복이 있는 경우에는 행정심판법이나 행정소송법이 정하는 바에 따라 그 취소, 무효등 확인, 부작위위법 확인의 행정심판이나 행정소송을 제기할 수 있는 것이 원칙이다(행정심판법 제3조, 제5조, 행정소송법 제4조, 제18조).

본조는 이에 대한 예외로 심사관이나 심판관의 보정각하결정, 디자인등록여부결정, 디자인등록취소결정, 심결, 심판청구나 재심청구의 각하결정에 대하여는 행정심판법이나 행정소송법 등 다른 법률에 의한 불복을 할 수 없도록 규정하고 있다. 대신 디자인보호법에 그에 관한 불복절차를 정하고 있거나 일부 처분에 관하여는 아예 별도로 불복할 수 없도록 규정하고 있다. 행정심판법이나 행정소송법도 '다른 법률에 특별한 규정이 있는 경우'에는 일반적인 행정심판이나 행정소송을 제기할 수 없도록 규정하고 있는데(행정심판법 제3조 제1항, 행정소송법 제8조 제1항, 제18조 제1항), 본조는 위와 같은 '다른 법률에 특별한 규정이 있는 경우'에 해당한다.

---

1) 행정소송법 제2조 제1호는, "'처분 등'이라 함은 행정청이 행하는 구체적 사실에 관한 법집행으로서의 공권력의 행사 또는 그 거부와 그 밖에 이에 준하는 행정작용(이하 '처분'이라 한다) 및 행정심판에 대한 재결을 말한다"고 규정하고 있다.

그 입법취지는, 특허 · 실용신안 · 상표 · 디자인에 관한 사항은 고도의 전문지식과 국제적인 기준에 따른 처리가 요구되는 특수성이 있으므로, 일반적인 행정심판 또는 행정소송에 의한 불복절차보다는 특허법이나 디자인보호법 등 해당 법률에서 정한 불복절차를 통하여 해결할 필요가 있을 뿐 아니라, 불필요한 불복절차가 남용될 우려가 있는 부분에 대하여는 절차의 신속한 처리를 위하여 불복할 수 없도록 하는 것이 합리적이기 때문이다.[2] 대법원 2006. 10. 26. 선고 2004두14274 판결은, "구 특허법(2001. 2. 3. 법률 제6211호로 개정되기 전의 것) 제224조의2(현행 특허법 제224조의2 제1항)는 특허요건 등에 관한 판단에 고도의 전문지식이 필요하다는 점에서 그 불복을 행정심판법이 아닌 특허법이 정하는 바에 따라 전문기관인 특허심판원 및 특허법원에서 처리하기 위하여 마련한 규정이다"라는 취지로 판시하고 있다.

Ⅱ. 다른 법률에 의한 불복이 제한되는 처분(제1항)

1. 디자인보호법에 불복절차를 두고 있는 처분

디자인보호법에 불복절차를 두고 있음에 따라 다른 법률에 따른 불복을 할 수 없는 처분으로는, 심사관이나 심판관이 한 보정각하결정(디자인보호법 제49조, 제124조, 제164조), 디자인등록여부결정(디자인보호법 제62조, 제65조, 제124조), 디자인등록취소결정(디자인보호법 제73조), 심결(디자인보호법 제129조, 제153조, 제157조), 심판청구나 재심청구의 각하결정(디자인보호법 제128조, 제164조)이다. 심사관의 보정각하결정에 대하여는 디자인보호법 제119조에 따라 심판을 청구할 수 있고, 디자인등록거절결정 또는 디자인등록취소결정에 대하여는 디자인보호법 제120조에 따라 심판을 청구할 수 있을 뿐이다. 심결(디자인보호법 제158조, 제159조에 따라 재심을 청구할 수도 있다.)[3] 심판관의 보정각하결정 및 심판청구나 재심청구의 각하결정에 대하여는 디자인보호법 제166조에 따라 특허법원에 심결취소소송을 제기할 수 있을 뿐이다. 또한 디자인등록결정에 대하여는 불복절

2) 정상조 · 박성수 공편, 특허법 주해Ⅱ, 박영사(2010), 1135(최성준 집필부분).
3) 대법원 1996. 3. 12. 선고 95누18826 판결[공1996, 1262]은, "(구 특허법 하에서) 항고심판에서의 하자가 행정법의 법리상 취소할 수 있는 사유에 해당하거나 당연무효의 사유에 해당되는가의 여부에 불구하고 특허법 제186조 제1항의 규정에 따르지 아니하고 바로 행정소송으로 고등법원에 그 취소나 무효확인을 구할 수는 없어서 이러한 항고심판을 대상으로 한 행정소송은 부적법하다"고 판시하였다.

차가 없고 이해관계인 또는 심사관이 디자인보호법 제121조에 따라 무효심판을 청구하여 그 디자인권을 소급적으로 소멸시킬 수 있을 뿐이다.

특허청은 그 이유를, "행정심판절차보다는 신속·공정·독립된 절차의 요청에 한층 적합한 구제수단으로 특허심판절차를 인정하는 것이 타당하다고 판단하여 이를 제도화하였고, 특허에 관한 절차를 신속하게 처리하기 위하여 특허법에 의하여 각 처분에 대한 불복을 인정하지 아니하는 것이 소송경제에 비추어 합리적이라고 판단하여 이를 명확히 한 것이다"라고 설명하고 있다.4)

2. 디자인보호법에 불복할 수 없도록 규정하고 있는 처분

본조는 디자인보호법에 따라 불복할 수 없도록 규정되어 있는 처분은 행정심판법이나 행정소송법 등 다른 법률에 따른 불복도 할 수 없도록 정하고 있다. 그러한 처분으로는, 디자인일부심사등록 이의신청에 대한 각하결정 및 이의신청기각결정(디자인보호법 제73조 제6항), 심사 또는 소송절차의 중지(디자인보호법 제77조 제3항), 제척 또는 기피 신청에 관한 결정(디자인보호법 제139조 제4항), 심판참가결정신청에 대한 결정(디자인보호법 제144조 제5항) 등이 있다.

특허청은 위와 같은 처분 등에 관하여 불복을 허용하지 않는 이유를, "이들에 대하여 각각 불복신청을 인정하는 것은 특허(디자인)에 관한 절차의 신속한 처리를 방해할 수 있을 뿐만 아니라 이들 결정에 대하여는 심판 또는 심결취소소송으로 구제를 받을 수 있는 길이 별도로 열려 있기 때문이다"라고 설명하고 있다.5)

III. 그 밖의 처분에 대한 불복(제2항)

위와 같이 디자인보호법이 정한 바에 따라 다른 법률에 의한 불복을 할 수 없는 처분을 제외한 그 밖의 처분에 대하여는 당연히 일반적인 행정심판법이나 행정소송법에 따라 불복할 수 있다. 그러한 처분은 일반 행정처분의 성질을 그대로 가지고 있기 때문이다. 특허청장·특허심판원장·심판장·심사관의 디자인에 관한 절차 기간 단축 또는 연장 불허가처분(디자인보호법 제17조), 특허청장 또는 특허심판원장의 절차무효처분(디자인보호법 제18조), 특허청장 또는 특허심

---

4) 특허청, 조문별 특허법해설, 특허청(2007), 523.
5) 특허청(주 4), 524.

판원장의 열람·복사신청 불허가처분(디자인보호법 제206조) 등이 이에 속한다.

한편, 행정소송법 제18조 제1항은 "취소소송은 법령의 규정에 의하여 당해 처분에 대한 행정심판을 제기할 수 있는 경우에도 이를 거치지 아니하고 제기할 수 있다. 다만, 다른 법률에 당해 처분에 대한 행정심판의 재결을 거치지 아니하면 취소소송을 제기할 수 없다는 규정이 있는 때에는 그러하지 아니하다"고 규정하고 있다. 디자인보호법에는 위 제18조 제1항 단서와 같은 규정을 두고 있는 경우가 없으므로, 디자인보호법이 규정하고 있는 위와 같은 처분들에 대하여는 행정심판을 거치지 않고 바로 취소소송을 제기할 수 있다고 할 것이다.[6]

〈김태현〉

---

6) 정상조·박성수 공편(주 2), 1136(최성준 집필부분).

제217조(비밀유지명령)

① 법원은 디자인권 또는 전용실시권의 침해에 관한 소송에서 당사자가 보유한 영업비밀(「부정경쟁방지 및 영업비밀보호에 관한 법률」 제2조 제2호에 따른 영업비밀을 말한다. 이하 같다)에 대하여 다음 각 호의 사유를 소명한 경우에는 그 당사자의 신청에 의하여 결정으로 다른 당사자(법인인 경우에는 그 대표자), 당사자를 위하여 소송을 대리하는 자, 그 밖에 그 소송으로 인하여 영업비밀을 알게 된 자에게 그 영업비밀을 그 소송의 계속적인 수행 외의 목적으로 사용하거나 그 영업비밀에 관계된 이 항에 따른 명령을 받은 자 외의 자에게 공개하지 아니할 것을 명할 수 있다. 다만, 그 신청 시점까지 다른 당사자(법인인 경우에는 그 대표자), 당사자를 위하여 소송을 대리하는 자, 그 밖에 그 소송으로 인하여 영업비밀을 알게 된 자가 제1호에 규정된 준비서면의 열람이나 증거 조사 외의 방법으로 그 영업비밀을 이미 취득하고 있는 경우에는 그러하지 아니하다.

1. 이미 제출하였거나 제출하여야 할 준비서면 또는 이미 조사하였거나 조사하여야 할 증거에 영업비밀이 포함되어 있다는 것
2. 제1호의 영업비밀이 그 소송 수행 외의 목적으로 사용되거나 공개되면 당사자의 영업에 지장을 줄 우려가 있어 이를 방지하기 위하여 영업비밀의 사용 또는 공개를 제한할 필요가 있다는 것

② 제1항에 따른 명령(이하 "비밀유지명령"이라 한다)의 신청은 다음 각 호의 사항을 적은 서면으로 하여야 한다.

1. 비밀유지명령을 받을 자
2. 비밀유지명령의 대상이 될 영업비밀을 특정하기에 충분한 사실
3. 제1항 각 호의 사유에 해당하는 사실

③ 법원은 비밀유지명령이 결정된 경우에는 그 결정서를 비밀유지명령을 받은 자에게 송달하여야 한다.

④ 비밀유지명령은 제3항의 결정서가 비밀유지명령을 받은 자에게 송달된 때부터 효력이 발생한다.

⑤ 비밀유지명령의 신청을 기각 또는 각하한 재판에 대하여는 즉시항고를 할 수 있다.

〈소 목 차〉

Ⅰ. 본조의 의의

디자인권을 비롯한 지식재산권의 침해에 관한 소송에서는 권리자나 침해자가 보유하는 제품의 구조나 제조방법, 판매방법, 고객명부 등 영업비밀에 관하여 주장·증명할 필요가 있는 경우가 많다. 당사자가 보유하는 정보를 영업비밀로 계속 보호받기 위해서는 그 비공지성이 유지될 필요가 있음에도 불구하고 소송절차에서의 주장·증명을 위하여 준비서면이나 증거에 영업비밀을 포함하는 경우 재판 심리과정에서 공개됨으로써 소송상대방에 의하여 외부에 누설되어 최종적으로 비공지성을 상실할 위험이 크다.[1]

그러므로 소송절차에서 영업비밀의 노출을 감소시켜 당사자가 주장·증명을 충분히 할 수 있도록 하여 심리를 충실히 할 필요가 있는바, 그에 대한 해결방안이 비밀유지명령 제도이다. 이 제도는 소송절차에서 제출하는 준비서면이나 조사되는 증거에 영업비밀이 포함되어 있는 경우 이를 알게 된 소송당사자 등에게 소송수행의 목적을 넘어서 해당 영업비밀을 이용하거나 제3자에게 공개하지 말 것을 명하는 법원의 명령이다.

그런데 이 제도는 한·미 자유무역협정이 체결됨에 따라 그 협정문 제18.10조 제11항 나호[2]의 규정, 즉 "각 당사국은 소송절차에서 생성되거나 교환된 비밀정보의 보호에 관한 사법명령의 위반에 대하여 민사 사법절차의 당사자, 변호인, 전문가 또는 법원의 관할권이 미치는 그 밖의 사람에게 제재를 부과할

[1] 정상조·박준석, 지식재산권법, 홍문사(2013), 246.
[2] 문병철, 특허법 일부 개정법률안 검토보고서(2011. 10), 25.

수 있는 권한을 사법당국이 가지도록 규정한다"는 합의사항을 우리 디자인보호
법 등 지식재산권법 분야에서 이행하기 위하여 도입된 것이나,3) 비밀유지명령
의 발령요건과 효과 및 그 취소절차 등 대부분 일본 부정경쟁방지법 등의 기존
제도를 수용한 것이다.4)

    민사소송법에는 비밀보호제도와 관련하여 증언거부(민사소송법 제315조 제1
항), 문서제출의 거부(민사소송법 제344조 제1항 3호 다목), 문서제출신청 심리절차
에서의 비밀심리(민사소송법 제347조 제4항), 비밀보호를 위한 열람 등의 제한(민
사소송법 제163조) 등의 제도가 마련되어 있다. 그러나 영업비밀이 소송기록에
기재된 경우 비밀보호를 위한 소송기록의 열람 제한 절차에 의하여 제3자에게
열람 복사시키지 않을 수 있지만 상대방 당사자에 대하여는 이를 제한시킬 수
없다. 또 그 위반행위에 대한 제재도 분명하지 않아서 기본적인 한계가 있다.5)
그리고 비밀심리제도는 서증제출의무의 여부를 판단하기 위한 경우에나 이용할
수 있어 적용범위 자체가 한정된다.6) 이와 같이 민사소송법에는 영업비밀 누설
금지를 방지하기 위한 충분한 절차가 마련되어 있지 아니하여, 지식재산권의 침
해에 관한 소송에서는 본조의 역할이 기대된다. 그러나 상표의 유사 여부나 물
품의 디자인의 유사 여부가 주로 문제로 되는 상표권이나 디자인권의 침해에
관한 소송에서는 비밀유지명령 제도가 그다지 이용되지 않을 것으로 보인다.

    본조는 비밀유지명령의 발령요건, 신청 및 발령절차, 불복신청 등에 대하여

  3) 비밀유지명령 제도는 저작권법(법률 제11110호) 제129조의3에 규정된 것을 비롯하여, 디
     자인보호법(법률 제11111호) 제81조의2, 「부정경쟁방지 및 영업비밀보호에 관한 법률」(법
     률 제11112호) 제14조의4, 상표법(법률 제11113호) 제92조의7, 실용신안법(법률 제11114
     호) 제30조에 의한 특허법 준용, 특허법(법률 제11117호) 제224조의3에 유사한 내용으로
     규정되어 지식재산권 분야의 대부분 법률에 신설되었다.
  4) 일본의 경우에는 자유무역협정과는 상관없이 사법제도 개혁 작업의 일환으로 2004년 모
     든 지식재산권법에 비밀유지명령제도가 도입되었다[설범식, "최근 일본의 지적재산관계법
     개정 내용", LAW & TECHNOLOGY 제3호(2005), 서울대학교 기술과법센터, 90 참조].
  5) 민사소송법 제163조 제1항에 따른 비밀보호를 위한 열람 등 제한 결정의 효과와 관련하
     여, "상대방 당사자가 열람 등에 의하여 알게 된 영업비밀을 제3자에게 누설한 때에는 민
     법 제750조의 불법행위가 성립하여 손해배상의무가 발생한다고 봄으로써 간접적으로 소송
     기록 열람제한의 실효성을 담보하여야 할 것이고, 또 제3자에게 누설하는 행위는 부정경
     쟁방지 및 영업비밀보호에 관한 법률상의 부정경쟁에 해당하여 그 비밀을 가지는 당사자
     는 동법에 기하여 손해배상이나 금지청구를 할 수 있다"고 설명되고 있으나[주석 민사소
     송법 II, 한국사법행정학회(2012), 551(안정호 집필부분)], 더 나아가 형사상의 책임을 물
     을 수는 없다.
  6) 전효숙, "지식재산소송절차와 비밀유지명령 제도", 이화여자대학교 법학논집 제17권 제2
     호(2012. 12), 37.

규정한 민사소송법의 특별규정이다.

Ⅱ. 연   혁

본조는 2011. 12. 2. 개정 디자인보호법(법률 제11111호) 제81조의2에 신설되었다. 아울러 제81조의3(비밀유지명령의 취소), 제81조의4(소송기록 열람 등의 청구통지 등), 제85조의2(비밀유지명령위반죄) 규정도 함께 신설되었다.

한편 2013. 5. 28. 법률 제11848호로 전부 개정된 현행 디자인보호법은 조문체계의 정리에 따라 종전 제81조의2의 규정을 제217조로 이동하였다.

Ⅲ. 비밀유지명령의 적용범위

1. 디자인권 또는 전용실시권의 침해에 관한 소송

비밀유지명령은 '디자인권 또는 전용실시권의 침해에 관한 소송'에서 그 당사자가 보유한 영업비밀을 해당 소송의 계속적인 수행 외의 목적으로 사용하거나 비밀유지명령을 받은 자 외의 자에게 공개하지 않을 것을 명하는 제도이다. 따라서 기본이 되는 디자인권 침해소송의 계속이 전제로 되지만, 기본사건과는 별개의 신청사건으로 절차가 진행된다.

디자인권 또는 전용실시권의 침해에 관한 소송이란 디자인권이 침해되었음을 이유로 금지청구(제113조), 손해배상(제115조)을 청구하는 소송을 말한다. 또한 디자인권 침해금지청구권이나 손해배상청구권의 부존재확인소송도 이에 포함된다.[7] 직무발명의 대가사건은 민사사건이지만 침해를 원인으로 하지 않고, 심결 등에 대한 소(제166조)는 행정소송의 일종으로서 비밀유지명령 규정이 적용되지 않는다.[8] 독점적 통상실시권 침해에 기한 손해배상청구소송도 포함되지 않는다.[9] 위반행위에 대하여 형사벌의 제재가 내려지는 제도의 확대적용 또는 유추적용은 허용되지 않는다고 해석되기 때문이다.

이 점에서 '디자인권 또는 전용실시권의 침해에 관한 소송'에 가처분 사건

---

7) 中山信弘・小泉直樹 편, 新注解 特許法(下), 靑林書院(2011), 1886(大野聖二/井上義隆 집필부분).
8) 전효숙(주 6), 39; 中山信弘・小泉直樹 편(주 7), 1886(大野聖二/井上義隆 집필부분); 小野昌延 편, 新注解 不正競爭防止法(下), 靑林書院(2012), 1127-1128(伊原友己 집필부분).
9) 小野昌延 편(주 8), 1127(伊原友己 집필부분).

도 포함되는지 여부에 대하여 문제가 되는데, 넓은 의미의 소송에는 보전소송도 포함된다는 점, 디자인권 침해금지 청구는 대부분 가처분신청절차를 통하여 이루어지고, 가처분이 본안소송화하는 것이 실무의 경향인 점 등을 고려하면 가처분 사건에도 비밀유지명령 규정이 적용된다고 할 것이다.[10] 이와 관련하여 일본 하급심은 가처분사건은 소송에 포함되지 않는다고 보았으나, 최고재판소는 포함된다고 판시하였다.[11]

한편, 우리나라에만 있는 권리범위확인 심판제도는 사실상 디자인권의 침해 여부의 판단이 행하여지는 절차임에도 특허심판원의 심판절차나 그 심결에 대한 취소소송 절차에는 비밀유지명령 신청의 적용대상이 되지 않는 것은 불합리하므로 권리범위확인 심판절차 내지 그 심결취소소송 절차에도 적용될 수 있도록 하는 법 개정이 이루어져야 할 것이라는 주장이 있다.[12] 그 필요성에는 동감하나 그 경우에는 비밀유지명령을 내리는 주체와 취소절차 및 심판기록 열람청구에 대한 통지 등에 관하여 신중한 검토가 필요할 것이다.

2. 비밀유지명령의 신청인과 상대방

가. 신 청 인

비밀유지명령은 당사자의 신청을 받아 법원이 명한다. 당사자라 함은 영업비밀을 보유하는 침해소송의 당사자를 말한다. 즉 영업비밀을 보유하는 당사자만이 신청할 수 있고, 영업비밀의 보유자가 아닌 당사자는 신청할 수 없다.

영업비밀의 보유자라 함은 영업비밀을 스스로 창작, 작성 등을 한 본래의 보유자뿐만 아니라 넓게 영업비밀을 보유하고 있는 자를 의미한다고 해석함이 마땅하다.[13]

한편, 일본 하급심 결정[14] 중에는, 특허권자인 원고가 피고에 대하여 피고의 수입 판매 제품이 특허권침해에 해당한다는 이유로 양도 등의 금지를 청구한 특허권침해소송에, 해당 제품의 제조자가 원고에 대하여는 특허권침해에 기한 손해배상청구권의 부존재확인을 구하고, 피고에 대하여는 매매계약에 기한

---

10) 전효숙(주 6), 39.
11) 이에 대한 자세한 내용은 檜山敬士 저/노갑식 역, "가처분사건에 있어서 비밀유지명령의 신청", 사단법인 한국특허법학회 역, 특허판례백선, 박영사(2014), 579-584 참조.
12) 전효숙(주 6), 39, 60.
13) 中山信弘・小泉直樹 편(주 7), 1885(大野聖二/井上義隆 집필부분).
14) 大阪地裁 결정, 平 20. 4. 18. 判夕 1287호, 220.

손해배상청구권의 부존재확인을 구하는 독립당사자참가를 한 사안에서, 병합심
리되고 있는 소송(원고와 피고 사이의 소송)이 특허권침해소송이면 특허권침해소
송이 아닌 소송의 당사자에 지나지 않는 독립당사자참가인도 비밀유지명령 신
청이 가능하다고 하여 이를 인정한 사례가 있다.[15]

나. 상 대 방

비밀유지명령의 상대방은 다른 당사자(법인인 경우에는 그 대표자), 당사자를
위하여 소송을 대리하는 자, 그 밖에 해당 소송으로 인하여 영업비밀을 알게 된
자 중에서 비밀유지명령 신청인이 비밀유지명령을 받을 자로 기재한 사람이다.
따라서 상대방은 기본사건의 당사자와 반드시 일치하지는 않는다. 아래 비밀유
지명령을 받을 자 부분에서 상술한다.

Ⅳ. 비밀유지명령의 요건

1. 준비서면이나 증거에 영업비밀이 포함되어 있을 것(제1항 제1호)

가. 영업비밀의 의의

영업비밀이란 「부정경쟁방지 및 영업비밀보호에 관한 법률」 제2조 제2호에
따른 영업비밀을 말한다(디자인보호법 제217조 제1항 본문). 즉 공연히 알려져 있지
아니하고 독립된 경제적 가치를 가지는 것으로서, 상당한 노력에 의하여 비밀로
유지된 생산방법, 판매방법, 그 밖에 영업활동에 유용한 기술상 또는 경영상의 정
보를 말한다. 요컨대, ① 비공지성(비밀성), ② 경제적 유용성(경제성), ③ 비밀관
리성(관리성)을 갖춘 정보만이 영업비밀로서 비밀유지명령의 대상이 될 수 있다.

나. 준비서면 또는 증거의 의미

준비서면은 당사자가 변론 또는 변론준비기일에서 말로 하고자 하는 사항
을 기일 전에 미리 적어 법원에 내는 서면을 말한다. 준비서면인지 여부는 그
내용에 의하여 정해지는 것이고, 서면의 표제에 따르는 것은 아니다. 준비서면
에는 통상의 준비서면 외에 답변서와 요약준비서면이 있다.[16]

비밀유지명령의 대상은 준비서면에 기재된 영업비밀 또는 증거에 포함된

---

15) 小野昌延 편(주 8), 1125(伊原友己 집필부분).

16) 이시윤, 신민사소송법, 박영사(2014), 353-354; 법원실무제요 민사소송[Ⅱ], 법원행정처
   (2005), 458.

영업비밀이다. 소장은 준비서면에 포함되지 않는 점에서 소장에 기재된 영업비
밀을 대상으로 하여 비밀유지명령을 신청할 수는 없다.[17) 이는 소장을 제출하는
단계에서 비밀유지명령을 받을 자를 누구로 할 것인지가 명확하지 않은 점, 소
장에 기재된 영업비밀을 대상으로 하여 비밀유지명령이 발령된다면 비밀유지명
령을 받을 자로 된 당사자가 소송대리인에게 상담할 수 없게 되는 문제가 있는
점, 또한 영업비밀이 소장에 기재된 경우 보충송달(민사소송법 제186조)을 할 수
없게 되는 송달실무상의 문제가 생기는 점 등을 이유로 든다.[18)

　　답변서는 피고가 처음으로 제출하는 준비서면이므로 답변서에 영업비밀을
기재하고 비밀유지명령을 신청하는 것은 가능하다. 실무상으로는 제1회 변론기
일 또는 제1회 변론준비기일 전에는 비밀유지명령을 받을 자를 누구로 정할지
명확하지 않기 때문에 답변서의 기재사항을 대상으로 하여 비밀유지명령을 신
청하는 것은 상정하기 어려울 것이다.

　　증거라는 개념에는 증거방법, 증거자료, 증거원인 등 여러 가지 의미가 있
으나,[19) 여기서는 증거방법을 말하는 것으로 보인다. 증거방법은 법원이 사실의
존부를 확정하기 위하여 조사하는 대상이 되는 유형물을 말한다. 증거방법 중에
서 문서, 검증물, 전자정보저장물 등은 물적 증거이고, 증인, 감정인, 당사자본인
은 인적 증거이다. 비밀유지명령의 대상이 되는 것은 주로 서증인데, 서증을 신
청할 때에는 소지하는 문서를 제출하거나 문서를 가진 사람에게 그것을 제출하
도록 명할 것을 신청하는 방식으로 한다.

다. 이미 제출하였거나 제출하여야 할 준비서면 또는 이미 조사하였거나 조사하여야 할 증거

　　아직 제출하지 아니한 준비서면이나 조사하지 아니한 증거에 영업비밀이
포함되어 있는 경우, 상대방이 그 준비서면이나 증거에 접근하지 않은 이상 준
비서면이나 증거에 포함된 영업비밀의 비밀관리성이 유지된다. 따라서 이러한
준비서면이나 증거에 포함된 영업비밀이 비밀유지명령의 대상으로 될 수 있음
은 당연하다.

　　한편 이미 제출한 준비서면이나 조사한 증거는 일반적으로 영업비밀의 요
건인 비밀관리성을 상실하게 되어, 원칙적으로 비밀유지명령의 대상으로 될 수

---

17) 전효숙(주 6), 45; 中山信弘·小泉直樹 편(주 7), 1894(大野聖二/井上義隆 집필부분).
18) 中山信弘·小泉直樹 편(주 7), 1894-1895(大野聖二/井上義隆 집필부분).
19) 이시윤(주 16), 441; 법원실무제요 민사소송[Ⅲ], 법원행정처(2005), 1.

없다.[20] 그러나 영업비밀이 포함된 준비서면이나 증거가 이미 제출되었거나 조사되었어도 그 영업비밀을 대상으로 하여 비밀유지명령이 발령되었고 해당 부분의 소송기록에 대한 열람 등의 제한결정이 되어 있다면(민사소송법 제163조), 그 영업비밀의 개시를 받은 비밀유지명령 대상자는 비밀유지명령에 기하여 영업비밀을 유지할 의무를 부담하고, 또한 제3자는 소송기록의 열람 등을 통하여 그 영업비밀에 접근할 수 없는 이상, 그 영업비밀은 비밀관리성 및 비공지성을 상실하지 않고, 비밀유지명령의 대상으로 될 수 있다. 따라서 '이미 제출한 준비서면'이나 '이미 조사한 증거'라 함은 비밀유지명령의 대상자를 사후에 추가하는 것을 상정한 문언이라고 해석하여야 할 것이다.[21] 디자인보호법 제219조는 비밀유지명령의 대상자가 사후적으로 추가되는 상황을 예정하고 있다(디자인보호법 제219조 주해 부분 참조).

2. 영업비밀의 사용 또는 공개를 제한할 필요가 있을 것(제1항 제2호)

이 요건은 영업비밀의 소송 수행 목적 외 사용 또는 공개를 제한할 필요성을 정한 것이다. 즉 영업비밀이 해당 소송 수행 외의 목적으로 사용되거나 공개되면 당사자의 영업에 지장을 줄 우려가 있어 이를 방지하기 위하여 영업비밀의 사용 또는 공개를 제한할 필요가 있어야 한다.

실무상으로는 영업비밀 해당성을 판단할 때의 사실인정과 함께 이 요건에 대한 판단도 함께 이루어질 것으로 보인다.

3. 준비서면의 열람이나 증거 조사 외의 방법으로 그 영업비밀을 이미 취득하고 있는 경우가 아닐 것(제1항 단서)

비밀유지명령의 신청 시점까지 다른 당사자(법인인 경우에는 그 대표자)나 당사자의 소송대리인 등이 준비서면의 열람이나 증거 조사 외의 방법으로 그 영업비밀을 이미 취득하고 있는 경우에는 비밀유지명령의 발령 대상이 아니다.

비밀유지명령은 소송절차에서 현출되는 영업비밀을 보호함을 목적으로 하여 도입된 것이고, 소송절차와 무관하게 취득하거나 보유하고 있는 영업비밀은 그러한 목적과는 관계없기 때문이다.[22]

---

20) 中山信弘·小泉直樹 편(주 7), 1894(大野聖二/井上義隆 집필부분).
21) 전효숙(주 6), 45; 中山信弘·小泉直樹 편(주 7), 1895(大野聖二/井上義隆 집필부분).
22) 전효숙(주 6), 46; 中山信弘·小泉直樹 편(주 7), 1898(大野聖二/井上義隆 집필부분).

　　비밀유지명령 신청 사건의 심리 단계에서는 비밀유지명령을 받을 자가 그 영업비밀을 준비서면의 열람이나 증거 조사 외의 방법으로 이미 취득하고 있는지 여부를 알 수 없다. 그 단계에서는 비밀유지명령을 받을 자에게 신청의 대상으로 되어 있는 영업비밀이 개시되지 않기 때문에 이미 취득하고 있는지 여부에 대한 심리 방법이 거의 없다. 따라서 본 요건은 비밀유지명령 신청의 요건이 아니라, 비밀유지명령을 받은 자가 그 취소를 신청할 때 소명해야 하는 요건으로 볼 것이다.[23]

Ⅴ. 비밀유지명령의 신청

1. 신청시기 및 사전협의

　　비밀유지명령의 신청은 기본사건인 "디자인권 또는 전용실시권의 침해에 관한 소송"의 계속을 전제로 하여 행하여지는 부수사건이어서 기본사건이 계속하기 전의 단계에서는 신청할 수 없다.

　　그리고 비밀유지명령을 신청하기 위해서는 그 비밀유지명령을 받을 대상자를 특정할 필요가 있는바, 신청인으로서는 누가 대상자로서 적당한지 쉽게 알 수 없고, 대상자로 되는 자도 형사벌의 제재 개연성 아래 장래의 행동을 강하게 제약받게 되므로, 사전협의의 절차를 통하여 대상자로 될 자를 확정할 필요가 있다.[24] 사전협의는 기본사건의 당사자들이 소송 외에서 임의로 행할 수도 있지만, 기본사건의 변론준비절차에서 법원의 관여 아래 행하는 것이 바람직하다.[25] 따라서 제1회 변론준비기일 전에 신청하기는 쉽지 않을 것이다.

2. 비밀유지명령 신청서의 기재사항

　　비밀유지명령은 서면으로 신청하여야 하고, 그 신청서에는 ① 비밀유지명

---

23) 中山信弘・小泉直樹 편(주 7), 1899(大野聖二/井上義隆 집필부분).
24) 전효숙(주 6), 47; 中山信弘・小泉直樹 편(주 7), 1899(大野聖二/井上義隆 집필부분).
25) 전효숙(주 6), 47. 한편, 일본에서는 진행협의기일(일본 민사소송규칙 제95조)을 이용하여 사전협의 절차를 진행하고 있는데, 그 절차에서 ① 개시될 주장 및 증거의 범위 ② 상대방의 소송대리인 중에서 비밀유지명령을 받을 자로 될 후보자 ③ 상대방 당사자본인 또는 대표자, 사용인 기타 종업원 중에서 비밀유지명령을 받을 자로 될 후보자, ④ 비밀유지명령을 받을 자로 된 상대방 종업원 등이 비밀유지명령의 발령 후에 퇴직하거나 인사 이동한 경우의 조치 등 사후처리 등에 대한 협의가 진행된다고 한다[中山信弘・小泉直樹 편(주 7), 1899-1900(大野聖二/井上義隆 집필부분)].

령을 받을 자, ② 비밀유지명령의 대상이 될 영업비밀을 특정하기에 충분한 사실, ③ 제1항 각호의 사유에 해당하는 사실을 기재하여야 한다. 이하 차례로 살펴본다.

가. 비밀유지명령을 받을 자(제2항 제1호)

비밀유지명령을 받을 자는 기본사건의 "다른 당사자(법인인 경우에는 그 대표자), 당사자를 위하여 소송을 대리하는 자, 그 밖에 그 소송으로 인하여 영업비밀을 알게 된 자"이다.

당사자가 법인인 경우에는 대표자가 비밀유지명령을 받을 자로 될 수 있고, 법인 자신은 비밀유지명령의 대상자가 될 수 없다.[26] 그리고 소송참가가 있는 경우 참가인도 당사자에 포함되고, 비밀유지명령의 대상자가 될 수 있다고 해석된다. 일본에서는 보조참가인의 경우에도 비밀유지명령의 대상자가 될 수 있는지 여부에 관하여 논의가 있는데, 견해가 나누어져 있다.[27] 즉 민사소송법 제163조 제1항이 규정하는 비밀보호를 위한 열람 등의 제한 결정이 있는 경우에도 열람 등을 신청할 수 있는 '당사자'에 보조참가인도 포함된다고 해석하는 입장에서는 이러한 경우 보조참가인이 열람 등의 제한이 이루어지는 소송기록을 비밀유지명령에 기한 의무 부담 없이 소송기록에 포함된 영업비밀을 취득하지 못하도록 보조참가인을 대상자로 하는 비밀유지명령의 신청을 인정할 필요가 있다고 한다.[28] 한편 보조참가인이 민사소송법 제163조 제1항의 '당사자'에 포함되지 않는다고 해석하는 입장에서는 보조참가인은 열람의 제한이 이루어지고 있는 소송기록의 열람 등의 청구를 신청할 수 없고, 그 열람 등을 통하여 비밀정보가 누설되는 사태가 생기지 않으므로 보조참가인을 대상자로 하는 비밀유지명령의 신청을 인정할 필요가 없다고 한다.

'당사자를 위하여 소송을 대리하는 자'는 기본사건인 디자인권 등 침해소송 당사자의 소송대리인을 말한다. 여기에는 법정대리인과 임의대리인 모두 포함한다.

'그 밖에 그 소송으로 인하여 영업비밀을 알게 된 자'라 함은 당사자나 당사자의 소송대리인은 아니나 그 소송으로 인하여 영업비밀을 알게 되는 자, 즉 당사자의 사용인이나 종업원 등과 같은 자를 말한다.

---

26) 中山信弘·小泉直樹 편(주 7), 1891(大野聖二/井上義隆 집필부분).
27) 中山信弘·小泉直樹 편(주 7), 1891(大野聖二/井上義隆 집필부분) 참조.
28) 小野昌延 편(주 8), 1131(伊原友己 집필부분).

나. 비밀유지명령의 대상이 될 영업비밀을 특정하기에 충분한 사실(제2항 제2호)

비밀유지명령 신청서에는 그 대상인 영업비밀을 특정하기에 충분한 사실을 기재하여야 한다. 신청인으로서는 가능한 한 상대방에게 영업비밀이 상세하게 알려지기를 원하지 않을 것이므로 지나치게 엄격한 기준을 요구할 수는 없을 것이고, 영업비밀이 어떠한 것인지를 비밀유지명령의 대상자가 알 수 있는 정도면 될 것이다.[29] 영업비밀의 특정문제는 영업비밀이 관련된 재판에서 매우 어려운 과제인데 영업비밀의 유형화나 산출물에 의한 특정, 영업비밀원본증명제도의 활용 등이 제시되고 있다.[30]

비밀유지명령과 관련하여 일본의 실무는, 신청서에 영업비밀의 구체적인 내용을 기재하지 않고 제출 예정인 준비서면이나 증거를 특정한 다음, 해당 준비서면이나 증거에서의 기재 위치를 특정하여 인용하는 방식으로 이루어진다고 한다.[31] 이는 비밀유지명령 신청서는 원칙적으로 그 부본이 피신청인(신청서에 비밀유지명령을 받을 자로 기재된 자)에게 송달되므로 비밀유지명령의 발령에 앞서 피신청인이 영업비밀을 제시받는 상황을 피하기 위한 것이라고 한다.[32] 우리도 이용 가능한 방식이라고 생각된다.[33]

그리고 영업비밀 기재문서를 신청서에 첨부하면, 신청서 부본이 피신청인에게 송달되기 때문에 아직 비밀유지명령을 발령하지도 않은 채 영업비밀의 내용이 알려질 염려가 있다. 또한 신청이 각하되거나 취하된 후에도 신청서가 열람 복사될 가능성이 있다. 따라서 신청서에 영업비밀 기재문서를 첨부하거나 정식으로 소명자료로 제출하는 것도 적절하지 않다. 실무에서는 신청서나 소명자료와는 별도로 사실상 법원에 제출하는 것으로 취급함이 상당할 것이다.[34]

---

29) 전효숙(주 6), 47.

30) 박성수, "영업비밀의 특정에 관한 실무상의 제문제 —소송실무상의 문제점을 중심으로—", 민사판례연구 XXXIX, 박영사(2012), 918.

31) 中山信弘・小泉直樹 편(주 7), 1900-1901(大野聖二/井上義隆 집필부분). 예컨대 "○○년 ○월 ○일자 피고 준비서면 ○면 ○행부터 ○면 ○행까지에 기재된 영업비밀" 등과 같은 형식이다.

32) 한편, 大阪地方裁判所에서는 비밀유지명령 신청서의 부본을 피신청인에게 송달하지 않는 방식으로 운용하고 있다고 한다[中山信弘・小泉直樹 편(주 7), 1901(大野聖二/井上義隆 집필부분)].

33) 전효숙(주 6), 47.

34) 전효숙(주 6), 48.

다. 본조 제1항 각호의 사유에 해당하는 사실(제2항 제3호)

앞에서 살펴본 비밀유지명령의 발령 요건에 해당하는 사항인 준비서면의 기재나 증거의 내용에 영업비밀이 포함되어 있다는 것(제1항 제1호) 및 그 영업비밀을 그 소송 수행 외의 목적으로 사용하거나 공개하면 신청인의 영업에 지장을 줄 우려가 있어 이를 방지하기 위하여 그 사용 또는 공개를 제한할 필요가 있다는 것(제1항 제2호)을 기재한다.

Ⅵ. 비밀유지명령 신청사건의 심리와 결정

1. 심리절차

비밀유지명령 신청사건의 심리절차에 관한 특별한 규정은 없다. 일반 신청사건과 마찬가지로 변론을 열 것인지 아닌지를 정하고 변론을 열지 아니할 경우에, 법원은 당사자와 참고인을 심문할 수 있고, 서면심리만으로 마칠 수도 있다(민사소송법 제134조 제1항 단서, 제2항). 법원은 원칙적으로 비밀유지명령 신청서의 부본을 피신청인(비밀유지명령을 받을 자)에게 송달하고, 서면심사 또는 심문을 통하여 비밀유지명령 발령의 요건을 심리한다. 비밀유지명령은 형사벌을 수반하는 강력한 효과를 생기게 하므로 발령 전에 피신청인에게 충분한 절차적인 보장을 할 필요가 있어 심문을 하는 것이 바람직하다.[35] 그러나 피신청인은 비밀유지명령이 발령된 후가 아니면 영업비밀의 구체적인 내용을 알 수가 없어 비밀유지명령의 발령 요건에 대하여 반증을 드는 것은 사실상 불가능하여, 피신청인의 심문에 의하여 충실한 심리를 실현하는 것은 곤란한 면이 있다.[36]

2. 소명책임

비밀유지명령의 신청인은 ① 신청의 대상인 정보가 영업비밀일 것, ② 해당 영업비밀의 소송 목적 외 사용 또는 공개를 제한할 필요가 있을 것이라는 본조 제1항 각호의 요건에 대하여 소명할 것이 요구된다(본조 제2항 제3호).

영업비밀 해당성에 대한 소명은 소송기록의 열람 등의 제한 신청(민사소송

---

35) 전효숙(주 6), 48.

36) 비밀유지명령 신청서의 부본을 피신청인에게 송달하지 않는 방식으로 운용하고 있는 大阪地方裁判所에서는 피신청인에 대한 심문도 예정하고 있지 않다고 한다[中山信弘・小泉直樹 편(주 7), 1902(大野聖二/井上義隆 집필부분)].

법 제163조)에서도 요구되고 있는바, 동 신청에서는 그 해당성을 비교적 유연하
게 인정하고 있다. 그러나 형사벌의 수반 하에 비밀유지명령의 대상자로 된 자
의 장래의 행동을 강력하게 제약하는 비밀유지명령 신청사건에서는 유연하게
인정하여서는 안 될 것이다. 영업비밀 해당성에 대한 소명의 정도는 부정경쟁방
지 및 영업비밀보호법상 영업비밀 사건에서의 청구원인의 입증과 동일한 수준
으로 요구되어야 한다.37) 그리고 소명의 방법으로는 회사의 비밀관리규정, 진술
서 등이 있다.

3. 비밀유지명령 신청에 대한 결정

가. 결정의 주문

소송요건을 결하는 등 부적법한 경우에는 각하결정을, 적법한 신청으로서 비
밀유지명령의 요건을 모두 갖춘 경우에는 인용결정을, 적법한 신청이지만 비밀유
지명령의 요건을 갖추지 못한 경우에는 기각결정을 한다(본조 제4항, 제5항 참조).

인용결정의 주문은 "별지1 목록 기재 각 비밀유지명령 대상자는 별지2 목
록 기재 영업비밀을 서울중앙지방법원 2015가합1○○○○ 소송 수행 외의 목적으
로 사용하거나 제3자에게 공개하여서는 아니 된다"라고 기재하고, 첨부된 별지1
비밀유지명령 대상자 목록에는 비밀유지명령을 받는 사람의 성명과 주소를, 별
지2 영업비밀 목록에는 "피고의 2015. 1. 5.자 준비서면 ○면 ○행 ~ ○면 ○행"
등으로 기재한다.38)

나. 결정서에 영업비밀 기재문서를 첨부할 것인지 여부

결정서에는 영업비밀의 내용이 구체적으로 기재되는 것은 아니고, 영업비
밀이 기재된 준비서면 등도 첨부되지 않는다. 이는 영업비밀이 포함된 준비서면
등이 피신청인의 인원수만큼 사회에 나돌기 때문에 그 누설의 위험이 높아지는
점, 피신청인이 사망한 경우에 상속인이 그 중요성에 유의하지 않고 부주의하게
공개할 위험성이 있는 점, 비밀유지명령의 취소나 형사벌의 관계에서도 법원이
결정 원본을 보존할 때 해당 영업비밀 기재문서를 동시에 보존하는 것으로 처
리하면 충분한 점 등의 이유에서이다.39) 이에 대하여 일본에서는 비밀유지명령
이 취소되지 않는 한 형사벌이 있을 수 있는 것이므로 피신청인에 대하여 비밀

---

37) 中山信弘·小泉直樹 편(주 7), 1902(大野聖二/井上義隆 집필부분).
38) 전효숙(주 6), 48 참조.
39) 전효숙(주 6), 49; 中山信弘·小泉直樹 편(주 7), 1903(大野聖二/井上義隆 집필부분).

유지명령의 대상을 명확하게 해 둘 필요가 있는 점, 기록이 폐기된 후에 비밀유지명령의 취소를 신청할 때에도 유지해야할 영업비밀의 범위가 명확할 필요가 있다는 점 등을 이유로 비밀유지명령의 결정서에 영업비밀 기재문서를 첨부해야 한다는 견해도 있다.[40]

기각이나 각하결정서에는 영업비밀 기재문서를 첨부할 필요는 없고, 그 이유 중에 영업비밀 기재문서를 특정하고 그에 관한 비밀유지명령의 신청이 있었다는 취지를 구체적으로 기재하면 될 것이다.[41]

4. 비밀유지명령의 송달방법

법원은 비밀유지명령이 결정된 경우에는 그 결정서를 비밀유지명령을 받은 자에게 송달하여야 한다(본조 제3항). 만일 결정서에 영업비밀 기재문서를 첨부하는 방식으로 운용하는 때에는 결정서의 송달과정에서 영업비밀이 누설될 위험이 있기 때문에, 결정서의 송달은 원칙대로 교부송달(민사소송법 제178조 제1항)을 해야 하고, 보충송달의 방법에 의하는 것은 타당하지 않다. 결정서에 영업비밀 기재문서를 첨부하지 않는 때에는 송달과정에서 영업비밀의 누설 위험은 발생하지 않으나 결정서를 송달받는 것만으로는 피신청인이 영업비밀의 내용을 구체적으로 파악하기 어렵다. 그래서 이 경우에도 비밀유지명령의 피신청인은 법원에 출석하여 결정서를 교부송달받고, 아울러 영업비밀 기재문서인 기본사건의 준비서면이나 증거를 열람 복사하여 비밀유지명령의 대상이 되는 영업비밀의 내용을 파악하는 식으로 운용할 것이다.[42]

Ⅶ. 비밀유지명령의 효력

1. 효력의 발생 시기와 종기

가. 시   기

비밀유지명령의 효력은 비밀유지명령 결정서가 비밀유지명령을 받은 자에게 송달된 때부터 발생한다(본조 제4항).

---

40) 小野昌延 편(주 8), 1148(伊原友己 집필부분).
41) 전효숙(주 6), 49.
42) 전효숙(주 6), 49; 中山信弘·小泉直樹 편(주 7), 1903-1904(大野聖二/井上義隆 집필부분).

앞서 기술한 바와 같이 결정서 정본을 피신청인에게 교부송달하고, 비밀유지명령의 피신청인인 기본사건의 상대방 당사자나 소송대리인에게 비밀유지명령의 대상인 영업비밀이 포함된 준비서면 등의 부본을 교부하는 실무가 바람직하다. 일본에서는 이러한 경우 피신청인으로부터 "나는 오늘 비밀유지명령 결정서의 정본을 송달받았고 동시에 해당 영업비밀이 포함되어 있는 아래 서류를 송달받았으며, 그 자리에서 비밀유지명령의 대상인 영업비밀 기재문서의 내용을 확인하였습니다"라는 내용 등이 기재된 확인서를 받아둔다고 한다.[43]

나. 종　기

비밀유지명령의 효력은 그 비밀유지명령이 취소될 때까지 존속한다(디자인보호법 제218조). 형사벌로 담보되는 비밀유지명령은 그 존속기간이 일의적으로 명확할 것이 바람직하기 때문이다.[44] 민사소송법상의 소송기록 열람제한 결정의 효력도 제한결정이 취소될 때까지 존속한다.

비밀유지명령의 신청인이 사망하거나 도산한 경우에는 상속인이나 비밀유지명령의 대상인 영업비밀에 관한 사업의 양수인이 존재하는 한, 비밀유지명령의 효력이 존속한다고 해석된다.[45] 비밀유지명령을 받은 자가 사망한 경우에는 그 명령을 받은 자에 대한 효력은 상속인에게 승계되지 않는다고 해석되므로 비밀유지명령의 효력은 소멸한다.[46] 비밀유지명령을 받은 종업원이 전직하거나 퇴직하여도 그 효력이 존속하고, 비밀유지명령을 받은 소송대리인이 기본사건에 관하여 사임하여도 그 효력은 존속한다.[47]

2. 효력의 내용

가. 비밀유지의무

비밀유지명령이 발령되면 비밀유지명령을 받은 자는 그 영업비밀을 해당 소송의 계속적인 수행 외의 목적으로 사용하거나 그 영업비밀에 관계된 비밀유지명령을 받은 자 외의 자에게 공개하여서는 안 되는 의무를 진다(본조 제1항 본문). 따라서 영업비밀이 포함된 준비서면 등을 송달받은 비밀유지명령 대상자인 기본사건의 소송대리인은 이를 엄중하게 보관하여야 한다.

43) 中山信弘・小泉直樹 편(주 7), 1904(大野聖二/井上義隆 집필부분).
44) 中山信弘・小泉直樹 편(주 7), 1904(大野聖二/井上義隆 집필부분).
45) 中山信弘・小泉直樹 편(주 7), 1904(大野聖二/井上義隆 집필부분).
46) 中山信弘・小泉直樹 편(주 7), 1904(大野聖二/井上義隆 집필부분).
47) 전효숙(주 6), 50.

비밀유지명령을 받은 자가 (기본사건의 소송대리인으로서) 변호사인 경우에는 그 영업비밀과 관련된 업무를 수행하는 것은 일반적으로 상정하기 어렵기 때문에 비밀유지명령에 기한 의무 부담으로 인하여 향후 업무수행에 지장이 생길 개연성은 적다. 그러나 비밀유지명령을 받은 자가 변리사 또는 연구개발을 수행하는 종업원인 경우에는 어느 정도 업무에 지장이 생기는 것은 피할 수 없다. 비밀유지명령의 대상인 영업비밀과 관계된 디자인의 디자인출원 업무나, 연구개발 업무를 수행하는 것은 그 영업비밀의 공개 내지 사용을 의심받기 때문에 이러한 업무를 담당하려면 세심한 주의가 필요하다.[48]

해당 소송의 계속적인 수행의 목적으로 비밀유지명령의 대상인 영업비밀을 사용하는 것은 가능하므로 기본사건의 소송준비를 위하여 그 영업비밀을 사용하여 실험을 하는 것은 허용된다. 그러나 이때에도 제3자는 물론 비밀유지명령을 받은 자가 아닌 회사의 대표자나 개발부의 직원 등에 대하여 영업비밀을 공개하는 것은 허용되지 아니한다.[49]

비밀유지명령 결정서에 준비서면이나 서증의 기재 위치를 형식적으로 특정하여 인용하는 방법에 의하여 영업비밀을 특정한 경우라도, 그 명령에 의하여 금지되는 것은 그 준비서면 등에 기재된 정보의 사용과 공개이다. 해당 준비서면이나 서증의 기재 부분 그 자체를 공개하는 것만이 금지되는 것은 아니다. 따라서 신청인이 비밀유지명령의 대상이 된 영업비밀과 동일한 사항을 그 발령 후에 제출하는 준비서면에 기재하거나 동일한 사항을 포함하는 별도의 증거를 제출한 경우에는, 그 영업비밀은 이미 발령된 비밀유지명령의 대상으로 되어 있어 당연히 그 준비서면의 기재부분이나 증거의 해당 내용을 공개하는 것도 금지된다.[50]

신청인은 기본사건에서 영업비밀 기재문서를 제출하게 되지만, 그 경우 소송기록의 열람제한을 동시에 신청할 필요가 있다. 비밀유지명령은 그 대상자에게 비밀유지의무를 부과하는 것이어서 제3자의 소송기록 열람 등을 제한하는 효력까지 가지는 것은 아니기 때문이다.

---

48) 中山信弘・小泉直樹 편(주 7), 1906(大野聖二/井上義隆 집필부분).
49) 전효숙(주 6), 51.
50) 전효숙(주 6), 51; 中山信弘・小泉直樹 편(주 7), 1905(大野聖二/井上義隆 집필부분).

나. 비밀유지명령위반

(1) 형사책임

비밀유지명령을 위반한 자에게는 형사벌이 가해진다. 법정형은 5년 이하의 징역 또는 5천만원 이하의 벌금으로서, 징역형과 벌금형을 선택해서 부과할 수 있다(디자인보호법 제224조 제1항). 양벌규정은 적용되지 않는다(디자인보호법 제227조 참조).[51]

비밀유지명령위반죄는 비밀유지명령을 신청한 자의 고소가 없으면 공소를 제기할 수 없는 친고죄이다(디자인보호법 제224조 제2항). 비밀유지명령위반죄 사건을 공개된 형사법정에서 심리하는 과정에서 비밀유지명령에 의하여 보호되어야 할 영업비밀이 침해될 우려가 있으므로 그 소추를 영업비밀 보유자의 의사에 맡기기로 한 것이다.[52]

(2) 민사책임

비밀유지명령을 위반한 자는 비밀유지명령에 기한 의무에 위반하여 비밀유지명령 신청인의 법률상 보호되는 이익을 침해한 것으로 민법상의 불법행위책임(민법 제750조)을 진다. 그리고 부정한 목적(부정한 이익을 얻거나 그 영업비밀 보유자에게 손해를 입힐 목적)으로 해당 영업비밀을 사용하거나 공개하는 것은 영업비밀 침해행위로서 침해금지의 대상이 되거나 손해배상의 책임을 질 수 있다(「부정경쟁방지 및 영업비밀보호에 관한 법률」 제10조, 제11조).

디자인권 등에 관한 침해소송의 당사자(회사의 경우에는 대표자)는 비밀유지명령 대상자가 아닌 경우에도 비밀유지명령을 받은 피용자가 비밀유지명령에 위반하면 사용자책임(민법 제756조)을 지는 경우가 있다.

Ⅷ. 비밀유지명령의 추가신청

비밀유지명령 발령 후에 기본사건에서 비밀유지명령 신청인 쪽 당사자가

---

51) 특허법 제230조, 실용신안법 제50조, 상표법 제97조, 「부정경쟁방지 및 영업비밀보호에 관한 법률」 제19조의 양벌규정도 디자인보호법과 마찬가지로 비밀유지명령위반죄에 대하여는 그 적용을 배제하고 있다. 한편 저작권법 제141조는 "법인의 대표자나 법인 또는 개인의 대리인, 사용인 그 밖의 종업원이 그 법인 또는 개인의 업무에 관하여 이 장의 죄를 범한 때에는 행위자를 벌하는 외에 그 법인 또는 개인에 대하여도 각 해당 조의 벌금형을 과한다"고 하여 비밀유지명령위반죄도 양벌규정에 포함하고 있다.

52) 전효숙(주 6), 52; 中山信弘·小泉直樹 편(주 7), 1907(大野聖二/井上義隆 집필부분).

영업비밀인 자신의 제품의 구조나 디자인, 방법을 추가로 개시하는 경우에는 동일한 비밀유지명령 대상자에 대하여 추가로 단계적으로 비밀유지명령을 신청할 필요가 있다. 또한 동일내용의 영업비밀에 관하여 복수의 대상자에 대한 비밀유지명령을 신청할 필요가 있는 경우에는 가능한 한 1회에 복수의 대상자에 대한 비밀유지명령을 신청하는 것이 바람직하다.[53] 그러나 비밀유지명령을 받은 상대방의 담당 종업원이 전직, 퇴직 또는 사망하거나 소송대리인이 사임하여 새로운 담당 종업원 또는 소송대리인을 추가하여 비밀유지명령의 대상자로 할 필요가 있는 경우도 상정된다. 그리고 처음부터 개발자 등을 비밀유지명령 대상자로 지정하는 경우 영업비밀이 혼합(Contamination)되어 연구개발이 위축될 가능성이 있으므로 비밀유지명령을 받는 측에서는 가능한 한 개발자 등 중요한 종업원에 대하여는 비밀유지명령의 대상자로 되는 것을 원하지 않을 수 있는데, 이러한 경우 재판의 진행에 따라 점차 비밀유지명령 대상자를 확대해 나갈 필요도 있다.[54]

IX. 비밀유지명령 신청에 대한 각하 또는 기각결정

비밀유지명령 신청을 각하하거나 기각하는 경우에도 그 결정서에는 비밀유지명령의 결정서와 마찬가지로 영업비밀을 구체적으로 기재하지 않는다. 그리고 영업비밀이 기재된 준비서면 등도 첨부하지 않는다. 비밀유지명령 신청인은 신청사건 심리 시에 제출하였던 영업비밀 기재 문서를 반환받게 된다.

X. 불복절차

(1) 비밀유지명령이 발령되면 이에 대하여는 즉시항고를 할 수 없고, 비밀유지명령은 바로 확정된다. 비밀유지명령을 받은 자가 이에 불복하는 경우에는 발령을 요건을 갖추지 못하였음을 이유로 하여 비밀유지명령의 취소를 신청할 수 있다(디자인보호법 제218조 주해 부분 참조).

(2) 비밀유지명령의 신청을 기각 또는 각하한 재판에 대하여는 즉시항고를 할 수 있다(본조 제5항). 영업비밀이 기재된 준비서면 등은 항고심 심리 시에 다시 제시하여야 한다.

---

53) 전효숙(주 6), 52.
54) 전효숙(주 6), 52.

　　신청인이 즉시항고를 하지 않는 경우에는 비밀유지명령에 의한 보호를 구하였던 사항을 기재한 준비서면 등을 어떻게 할 것인지 고민하게 된다. 신청인은 기본사건의 법원에 이를 그대로 제출할 수도 있고, 해당 사항의 일부 또는 전부를 삭제하거나 새로운 준비서면 등을 작성하여 제출할 수도 있다.

〈설범식〉

제218조(비밀유지명령의 취소)

① 비밀유지명령을 신청한 자 또는 비밀유지명령을 받은 자는 제217조 제1항에 따른 요건을 갖추지 못하였거나 갖추지 못하게 된 경우 소송기록을 보관하고 있는 법원(소송기록을 보관하고 있는 법원이 없는 경우에는 비밀유지명령을 내린 법원)에 비밀유지명령의 취소를 신청할 수 있다.

② 법원은 비밀유지명령의 취소 신청에 대한 재판이 있는 경우에는 그 결정서를 그 신청을 한 자 및 상대방에게 송달하여야 한다.

③ 비밀유지명령의 취소 신청에 대한 재판에 대하여는 즉시항고를 할 수 있다.

④ 비밀유지명령을 취소하는 재판은 확정되어야 그 효력이 발생한다.

⑤ 비밀유지명령을 취소하는 재판을 한 법원은 비밀유지명령의 취소 신청을 한 자 또는 상대방 외에 해당 영업비밀에 관한 비밀유지명령을 받은 자가 있는 경우에는 그 자에게 즉시 비밀유지명령의 취소 재판을 한 사실을 알려야 한다.

<소 목 차>

I. 본조의 의의

비밀유지명령을 받은 사람은 그 영업비밀을 해당 소송의 계속적인 수행 외의 목적으로 사용하거나 그 명령을 받은 사람 외의 사람에게 공개하여서는 안되는 무거운 의무를 지게 되나, 그 비밀유지명령 결정에 대하여 즉시항고할 수 있는 절차가 없다. 또한 비밀유지명령을 받은 사람은 그 비밀유지명령 신청 사건의 심리단계에서 그 비밀의 구체적 내용을 제시받지 못하여 그 단계에서는 비밀유지명령 발령 요건에 대하여 충분히 반론하기도 어렵다. 따라서 비밀유지명령 발령 당시에 이미 그 발령 요건을 갖추지 못한 경우 비밀유지명령을 받은 사람은 본조에 따라 비밀유지명령의 취소를 신청하여 그 명령의 의무에서 벗어날 수 있다.

본조는 비밀유지명령의 발령요건이 사전에 흠결되어 있었거나 사후에 흠결이 생긴 경우 비밀유지명령의 취소절차를 정하고 있다.

II. 연   혁

본조는 2011. 12. 2. 개정 디자인보호법(법률 제11111호) 제81조의3에 신설되었다. 아울러 제81조의2(비밀유지명령), 제81조의4(소송기록 열람 등의 청구 통지 등), 제85조의2(비밀유지명령위반죄) 규정도 함께 신설되었다.

한편 2013. 5. 28. 법률 제11848호로 전부 개정된 현행 디자인보호법은 조문체계의 정리에 따라 종전 제81조의3의 규정을 제218조로 이동하였다.

III. 비밀유지명령 취소의 신청권자 및 상대방

1. 신청권자

비밀유지명령의 취소 신청권자는 "비밀유지명령을 신청한 자 또는 비밀유지명령을 받은 자"이다(본조 제1항).

비밀유지명령을 신청한 사람이 비밀유지명령의 취소를 신청하는 것은 비밀유지명령이 발령된 후에 라이센스 계약이나 비밀유지계약을 포함하는 화해가 성립한 경우 등이 상정된다.[1]

그리고 하나의 영업비밀에 관하여 복수의 대상자에게 비밀유지명령이 내려진 경우에도 비밀유지명령을 받은 자들이 개별적으로 취소신청을 할 수 있고, 반드시 전원이 공동하여 취소신청을 할 필요는 없다.

---

1) 전효숙, "지식재산소송절차와 비밀유지명령 제도", 이화여자대학교 법학논집 제17권 제2호(2012. 12), 55; 中山信弘・小泉直樹 편, 新注解 特許法(下), 靑林書院(2011), 1910(大野聖二/井上義隆 집필부분).

2. 상 대 방

가. 비밀유지명령을 받은 자가 취소신청하는 경우

비밀유지명령을 받은 사람이 취소를 신청하는 경우에는 비밀유지명령의 신청인이 상대방이 된다.

비밀유지명령의 신청인은 개인인 경우와 회사 등 법인인 경우가 있는데, 개인이 사망하거나 법인이 도산한 경우에도 명령상대방에 대한 비밀유지명령의 효력에 영향을 미치는 것은 아니다.[2] 따라서 비밀유지명령의 신청인이 사망하거나 도산한 경우에도 상속인 또는 비밀유지명령의 대상이 된 영업비밀에 관한 사업의 양수인이 존재하는 경우에는 그 상속인 또는 사업의 양수인이 비밀유지명령 취소신청의 상대방이 된다. 상속인 또는 사업의 양수인이 존재하지 않는 경우에는 법원에 특별대리인의 선임을 신청하여 특별대리인을 상대방으로 하여 취소신청을 할 수 있다.[3]

나. 비밀유지명령의 신청인이 취소신청하는 경우

비밀유지명령의 신청인이 취소신청을 하는 경우에는 비밀유지명령을 받은 사람 전부 또는 일부를 상대방으로 하게 된다.

비밀유지명령을 받은 사람은 개인인 자연인이므로 언젠가 사망한다. 비밀유지명령을 받은 사람이 사망한 경우 그 명령을 받은 지위는 상속되지 아니한다고 해석된다.[4] 비밀유지명령을 받은 사람이 해당 영업비밀과 관련된 사업을 양도한 경우에도 비밀유지명령을 받은 사람에 대한 명령의 효력이 사업의 양수인에게 승계되지 아니한다. 따라서 비밀유지명령 취소신청의 상대방을 특정하기 위한 절차적 부담이 생기는 것은 아니다.[5]

Ⅳ. 비밀유지명령의 취소사유 및 소명책임

1. 취소사유

비밀유지명령의 취소는, 비밀유지명령의 발령 단계에서 발령 요건을 갖추

---

2) 小野昌延 편, 新注解 不正競爭防止法(下), 靑林書院(2012), 1160(伊原友己 집필부분).
3) 中山信弘·小泉直樹 편(주 1), 1910-1911(大野聖二/井上義隆 집필부분).
4) 小野昌延 편(주 2), 1160(伊原友己 집필부분).
5) 中山信弘·小泉直樹 편(주 1), 1911(大野聖二/井上義隆 집필부분).

지 못한 점이나 비밀유지명령의 발령 후에 발령 요건을 갖추지 못하게 된 점을
사유로 하여 신청할 수 있다. 전자는 발령에 대한 명령상대방의 불복절차로서
기능하고, 후자는 사정변경에 의한 취소신청이다.

비밀유지명령의 발령 요건은, ① 영업비밀이 준비서면 또는 증거에 포함되
어 있을 것(디자인보호법 제217조 제1항 제1호), ② 영업비밀이 소송 수행 외의 목
적으로 사용되거나 공개되면 당사자의 영업에 지장을 줄 우려가 있어 그 영업
비밀의 사용 또는 공개를 제한할 필요가 있을 것(디자인보호법 제217조 제1항 제2
호), ③ 비밀유지명령의 신청 시점까지 다른 당사자 등이 준비서면의 열람이나
증거조사 외의 방법으로 그 영업비밀을 이미 취득하고 있는 경우가 아닐 것(디
자인보호법 제217조 제1항 단서) 등이다. 따라서 비밀유지명령의 취소에서는 이러
한 요건의 결여가 문제로 된다.

그리고 기본사건인 특허권 등의 침해소송에서 특허권의 침해를 인정하는
원고 승소판결이 확정된 경우에는, 비밀유지명령의 대상이 된 피고의 영업비밀
이 원고의 특허권에 독자의 구성요소를 부가한 이용발명에 해당하는 경우를 제
외하고는, 대상제품이나 대상방법이 원고의 특허권의 범위에 속하고 있고 독자
의 노하우로서 유용성이 인정되지 않는 것이기 때문에 비밀유지명령의 취소사
유가 될 것이라는 견해가 있다.[6]

이에 대하여 대상제품, 대상방법이 특허권을 침해하고 있다는 점과 그것이
영업비밀로서 보호되는지 여부는 별도의 문제여서 침해라는 판결이 확정되었다
는 사정만으로 바로 비밀유지명령의 취소사유가 된다고 해석할 것은 아니라는
견해도 있다.[7]

2. 소명책임

비밀유지명령의 취소신청에 있어서 디자인보호법 제217조 제1항 각 호의
비밀유지명령 발령의 요건을 갖추지 못하였다는 것은 취소신청인이 소명할 것
이 아니라, 비밀유지명령 신청인이 위 요건의 존재를 소명해야 한다. 영업비밀
보유자는 통상적으로 영업비밀 해당성에 관하여 가장 잘 소명을 할 수 있는 입
장에 있고 비밀유지명령 발령 시에 그 점을 소명했기 때문이다.[8]

---

6) 전효숙(주 1), 54; 三村量一・山田知司, "知的財産權訴訟における秘密保持命令の運營
   について," 判夕 1170호, 10.
7) 中山信弘・小泉直樹 편(주 1), 1912(大野聖二/井上義隆 집필부분).
8) 전효숙(주 1), 54.

제217조 제1항 본문 단서의 요건은 조문의 구성이나 비밀유지명령의 신청인이 알 수 있는 사항이 아닌 점에 비추어 비밀유지명령을 받은 사람이 소명책임을 부담한다고 할 것이다.[9]

한편, 비밀유지명령 발령 후 사후적으로 요건을 갖추지 못하게 된 경우에는, 여전히 영업비밀성 등의 발령요건에 대하여 비밀유지명령 신청인 측에 소명책임이 있다는 견해와 취소를 신청하는 비밀유지명령을 받은 사람 측에 있다는 견해가 가능하나,[10] 취소신청인이 자신에게 유리한 법률효과의 발생을 구하는 것이므로 그가 소명책임을 진다고 보는 후자의 견해가 공평의 원칙에 부합한다고 생각된다.[11]

Ⅴ. 비밀유지명령의 취소신청 절차

1. 신청 시기

비밀유지명령 취소신청은 비밀유지명령이 발령되어 그 효력이 존속하는 동안 할 수 있다.

2. 취소신청서의 기재사항

비밀유지명령의 효력은 그 명령을 취소하는 재판이 확정될 때까지 존속하기 때문에 비밀유지명령 취소신청서에는 비밀유지명령의 대상이 된 영업비밀을 구체적으로 기재하는 것은 피해야 한다. 비밀유지명령의 대상으로 된 영업비밀은 형식적으로 특정하는 데 그치고, 비밀유지명령의 취소사유를 구체적으로 적어야 할 것이다.

그리고 비밀유지명령의 취소신청인이 취득하고 있는 정보가 그에게 영업비밀로 관리되고 있는 경우에는, 비밀유지명령 취소신청서의 열람 등을 통하여 제3자에게 그 영업비밀이 누설되지 않도록 열람 등의 제한 신청(민사소송법 제163조)을 할 필요가 있다. 비밀유지명령의 취소를 구하는 영업비밀이 복수인 경우 이를 한 통의 비밀유지명령 취소신청서에 기재하여 모두 합하여 그 취소결정을 받을 수 있다.

---

9) 中山信弘・小泉直樹 편(주 1), 1912(大野聖二/井上義隆 집필부분).
10) 小野昌延 편(주 2), 1162(伊原友己 집필부분).
11) 전효숙(주 1), 54.

3. 신청 법원

비밀유지명령 취소신청은 소송기록을 보관하고 있는 법원에 한다(본조 제1
항). 여기서 '소송기록'은 비밀유지명령 신청사건 기록을 말하는 것이 아니라,
기본사건인 침해소송 기록을 말한다. 따라서 기본사건이 1심 법원 계속 중에 1
심 법원에서 비밀유지명령이 발령된 경우 취소신청을 할 당시 기본사건이 항소
심 법원에 계속하고 있다면 기본사건의 소송기록이 있는 항소심 법원에 신청해
야 한다.12) 소송기록이 보존기간 만료로 폐기되어 이를 보관하고 있는 법원이
없는 경우에는 비밀유지명령을 내린 법원에 신청하여야 한다(본조 제1항 괄호).

4. 취소신청 사건의 심리

취소신청서가 접수되면 그 부본은 상대방에게 송달되고, 원칙적으로 신청
인 및 상대방에 대한 심문이 행하여질 것이다.

비밀유지명령을 받은 사람은 비밀유지명령 취소신청을 스스로 할 수도 있
고, 함께 비밀유지명령을 받은 소송대리인을 비밀유지명령 취소신청의 소송대
리인으로 선임하여 그 신청을 하게 할 수도 있다.

한편, 비밀유지명령을 받은 사람이 그 명령을 받지 아니한 변호사를 비밀유
지명령 취소신청 사건의 대리인으로 선임할 수 있는지 여부에 대하여 일본에서
견해가 나뉘어져 있다. 부정설은, 그 영업비밀을 공개하지 않고 비밀유지명령
취소신청 사건을 위임하는 것은 현실적으로 불가능한 점, 기본사건인 디자인권
등 침해소송의 소송대리인인 변호사라 하더라도 그가 비밀유지명령을 받지 않
았다면 그에게 영업비밀의 공개가 허용되지 않는 반면 비밀유지명령의 취소신
청을 하는 경우라고 하여 그 대리인으로 되는 변호사에게 합법적으로 영업비밀
을 공개할 수 있다고 해석하는 것은 형평에 맞지 않는다는 점 등을 들어 비밀
유지명령을 받지 아니한 변호사에게 그 취소신청 사건을 위임할 수 없다고 한
다.13) 이에 대하여 긍정설은, 변호사에게는 직업상 비밀유지의무가 부과되어 있
으므로 비밀유지명령을 받은 변호사인지 여부를 불문하고 취소신청 사건에 관
한 상담과 소송위임이 가능하다고 한다.14)

---

12) 전효숙(주 1), 55.
13) 中山信弘·小泉直樹 편(주 1), 1914(大野聖二/井上義隆 집필부분).
14) 小野昌延 편(주 2), 1162-1163(伊原友己 집필부분).

Ⅵ. 비밀유지명령의 취소결정

1. 취소결정

비밀유지명령 취소결정의 결정서에는 "이 법원 2015카기1000 비밀유지명령 신청사건에 관하여 이 법원의 2015. ○. ○.자 비밀유지명령을 취소한다"고 기재하고, 비밀유지명령을 받은 사람 중 일부에 대하여 취소하거나 대상 영업비밀 중 일부 영업비밀에 대하여만 취소하는 경우에는 그 부분을 특정하여 기재한다.

법원은 비밀유지명령의 취소신청에 대한 재판이 있는 경우에는 그 결정서를 취소신청을 한 자 및 상대방에게 송달하여야 한다(본조 제2항).

취소결정에 대하여는 즉시항고기간을 경과하는 등으로 확정되어야 효력이 발생한다(본조 제4항). 확정일을 증명하기 위하여 법원의 확정증명을 발급받아 두면 좋을 것이다.

2. 취소결정 확정 후 일부 명령상대방에 대한 통지

법원은 비밀유지명령을 받은 사람 중 일부만 취소신청을 하거나 비밀유지 명령의 신청인이 일부의 명령상대방에 대하여만 취소신청을 하여 그 취소결정 이 이루어진 경우에는 즉시 나머지 비밀유지명령을 받은 자에게도 취소재판을 한 사실을 알려야 한다(본조 제5항). 비밀유지명령을 받은 사람 중 일부에 대하 여 비밀유지명령이 취소되어도 나머지 명령상대방에 대한 비밀유지명령의 효력 이 당연히 잃는 것은 아니므로, 나머지 명령상대방에게 취소재판을 한 사실을 통지한다.

Ⅶ. 비밀유지명령 취소신청의 각하 또는 기각

법원은 비밀유지명령 취소신청을 각하하거나 기각하는 재판을 한 경우 그 결정서를 신청인 및 상대방에 대하여 송달한다(본조 제2항). 비밀유지명령취소 신청인은 이에 불복이 있는 경우 즉시항고를 할 수 있다(본조 제3항).

〈설범식〉

> **제219조(소송기록 열람 등의 청구 통지 등)**
> ① 비밀유지명령이 내려진 소송(모든 비밀유지명령이 취소된 소송은 제외한다)에 관한 소송기록에 대하여 「민사소송법」 제163조 제1항의 결정이 있었던 경우에 당사자가 같은 항에서 규정하는 비밀 기재 부분의 열람 등의 청구를 하였으나 그 청구절차를 해당 소송에서 비밀유지명령을 받지 아니한 자가 밟았을 때에는 법원서기관, 법원사무관, 법원주사 또는 법원주사보(이하 이 조에서 "법원사무관등"이라 한다)는 「민사소송법」 제163조 제1항의 신청을 한 당사자(그 열람 등의 청구를 한 자는 제외한다. 이하 제3항에서 같다)에게 그 청구 직후에 그 열람 등의 청구가 있었다는 사실을 알려야 한다.
> ② 제1항의 경우에 법원사무관등은 제1항의 청구가 있었던 날부터 2주일이 지날 때까지(그 청구절차를 밟은 자에 대한 비밀유지명령신청이 그 기간 내에 이루어진 경우에는 그 신청에 대한 재판이 확정되는 시점까지) 그 청구절차를 밟은 자에게 제1항의 비밀 기재 부분의 열람 등을 하게 하여서는 아니 된다.
> ③ 제2항은 제1항의 열람 등의 청구를 한 자에게 제1항의 비밀 기재 부분의 열람 등을 하게 하는 것에 대하여 「민사소송법」 제163조 제1항의 신청을 한 당사자 모두의 동의가 있는 경우에는 적용되지 아니한다.

<소 목 차>

Ⅰ. 본조의 의의

비밀유지명령의 대상이 된 영업비밀이 포함된 준비서면이나 증거는 법원에 제출되어 다른 준비서면이나 증거와 마찬가지로 소송기록에 철하여진다.

비밀유지명령의 신청인은 해당 영업비밀이 포함된 문서가 제3자에 의하여 열람되지 않도록 소송기록의 열람 등의 제한 신청을 하게 되지만, 기본사건인 디자인권 등 침해소송의 상대방 당사자가 하는 열람 등의 청구에 대하여는 이를 제한할 수 없다(민사소송법 제163조). 즉 상대방 당사자가 소송기록의 열람 등의 청구를 하였으나, 해당 소송에서 비밀유지명령을 받지 아니한 자가 그 청구절차를 밟았을 때에는[1] 민사소송법상 그 열람 등의 제한을 할 수 없고, 그 당사자의 사용인, 대리인 등은 영업비밀 기재 문서의 열람 등을 통하여 비밀유지명령에 기한 의무를 부담함이 없이 그 명령의 대상이 된 영업비밀을 취득할 수 있게 된다.

이에 본조는 비밀유지명령의 신청인에게 소송기록의 열람 등의 청구절차를 밟은 자를 비밀유지명령을 받을 자로 추가하는 비밀유지명령 신청을 할 기회를 주어 비밀유지명령(법 제217조 제1항)의 실효성이 무너지는 상황을 막기 위한 절차를 정하고 있다.

II. 연　　혁

본조는 2011. 12. 2. 개정 디자인보호법(법률 제11111호) 제81조의4에 신설되었다. 아울러 제81조의2(비밀유지명령), 제81조의3(비밀유지명령의 취소), 제85조의2(비밀유지명령위반죄) 규정도 함께 신설되었다.

한편 2013. 5. 28. 법률 제11848호로 전부 개정된 현행 디자인보호법은 조문체계의 정리에 따라 종전 제81조의4의 규정을 제219조로 이동하였다.

III. 소송기록 열람 등의 청구 통지

1. 소송기록의 열람 등 신청

민사소송법은 소송기록에 대한 접근을 넓게 인정하고 있어 당사자나 이해관계를 소명한 제3자는 소송기록의 열람·복사, 재판서·조서의 정본·등본·초본의 교부를 신청할 수 있다(민사소송법 제162조 제1항). 소송대리인은 재판장의

---

[1] 특허법 제224조의5, 디자인보호법 제219조는 「부정경쟁방지 및 영업비밀보호에 관한 법률」 제14조의6과 같은 표현 형식으로 규정하고 있는 반면, 상표법 제92조의9 제1항은 "… 해당 소송에서 비밀유지명령을 받지 아니한 자가 열람 등이 가능한 당사자를 위하여 그 비밀기재 부분의 열람 등의 청구절차를 밟은 때", 저작권법 제129조의5 제1항은 "… 당사자가 같은 항에 규정하는 비밀 기재 부분의 열람 등을 해당 소송에서 비밀유지명령을 받지 아니한 자를 통하여 신청한 경우"라고 표현을 다소 달리하고 있으나 그 의미는 거의 같다고 본다[전효숙, "지식재산소송절차와 비밀유지명령 제도", 이화여자대학교 법학논집 제17권 제2호(2012. 12), 53].

허가를 받아 그 사용인, 사무원, 그 밖의 사람으로 하여금 재판기록의 열람·복사를 하게 할 수 있다(재판기록 열람·복사 규칙 제7조 제1항).

　　그런데 소송기록 중에 개인의 사생활이나 영업비밀이 기재되어 있는 경우에는 소송기록의 열람·복사 등의 절차를 거쳐 누설될 염려가 있다. 민사소송법은 당사자의 비밀유지라는 이익과 제3자의 기록열람 등의 청구권 사이에 조정을 꾀하여, 당사자의 신청을 전제로 소송기록 중 비밀 기재부분의 열람 등을 신청할 수 있는 자를 당사자로 한정할 수 있는 절차를 정하고 있다(민사소송법 제163조).

　　다만, 당사자 외의 제3자에 대하여 열람 등의 제한결정이 있는 경우에도 당사자가 재판기록 열람 등의 신청권자로서 그의 대리인이나 사용인 등에 의한 재판기록의 열람 등의 신청절차를 밟게 하는 것이 가능한바,2) 이와 같은 경우에는 당사자 외의 제3자도 그 영업비밀을 알게 된다.

　　그리고 비밀유지명령 신청사건은 기본사건인 디자인권 등의 침해소송과는 별개의 사건으로, 그 당사자는 비밀유지명령의 신청인과 비밀유지명령을 받은 사람(기본사건의 당사자, 소송대리인, 종업원 등)이다. 따라서 기본사건의 당사자라도 비밀유지명령 신청사건의 당사자가 아닌 경우에는 그 신청사건의 소송기록의 열람 등의 제한 결정이 있으면, '당사자'(민사소송법 제163조 제1항)의 입장에서 그 열람 등의 신청을 할 수 없다.

2. 통지의 의의

　　비밀유지명령의 신청인은 영업비밀이 적혀 있는 문서(준비서면, 증거)를 기본사건인 디자인권 등 침해소송의 소송기록으로 제출하는 경우, 동시에 비밀보호를 위한 열람 등의 제한신청을 함으로써(민사소송법 제163조 제1항) 해당 영업비밀 기재부분의 열람 등을 거쳐 영업비밀이 제3자에게 누설되는 상황을 방지

---

2) 재판기록 열람·복사 예규(재일 2012-2)
　　　제4조(신청권자)
　　　① 민사재판기록 및 이에 준하는 재판기록의 열람·복사를 신청할 수 있는 사람은 다음과 같다.
　　　　1. 당사자(당사자로부터 열람·복사의 위임을 받은 사람 포함)
　　　　2. 법정대리인 또는 특별대리인(이로부터 열람·복사의 위임을 받은 사람 포함)
　　　　3. 소송대리인(규칙 제7조 제1항에 따른 사용인 등 포함)
　　　　4. 이해관계를 소명한 제3자
　　　　5. 그 밖에 법령이 허용하는 사람

할 필요가 있다.

원래 비밀보호를 위한 소송기록의 열람 등의 제한 결정이 있는 경우에도 당사자에 의한 열람 등의 신청은 제한되지 않고(민사소송법 제163조 제1항), 당사자가 열람 등의 신청 주체로 되어 그 신청절차를 당사자 본인이나 그 대리인, 사용인이 밟으면 이들은 소송기록 중 영업비밀 기재부분의 열람 등을 통하여 영업비밀을 취득할 수 있다.

이 경우 열람 등의 신청절차를 행하는 자(당사자 본인, 그 대리인이나 사용인)가 비밀유지명령을 받은 사람이면 비밀유지명령에 따른 의무 하에, 이미 제시받고 있는 영업비밀 기재 문서를 다시 열람 등을 하는 데 지나지 않고, 여기에 아무런 문제도 생기지 않는다. 그러나 열람 등의 신청절차를 밟은 자가 비밀유지명령을 받은 사람이 아닌 경우에는 이들은 소송기록 중 영업비밀 기재부분의 열람 등을 통하여 비밀유지명령에 기한 의무를 부담함이 없이 영업비밀을 취득하게 되어 비밀유지명령의 실효성에 문제가 생긴다.

그래서 법원사무관 등은 비밀유지명령의 신청인에게 소송기록의 열람 등의 청구절차를 밟은 자를 비밀유지명령을 받을 자로 추가하는 비밀유지명령의 신청을 할 것인지 여부를 판단하게 하기 위하여 그 청구가 있었다는 사실을 알려야 한다는 규정을 두게 되었다(본조 제1항).

3. 열람 등의 잠정적 정지

소송기록 중 영업비밀 기재부분의 열람 등을 신청할 수 있는 자를 당사자로 한정하는 결정이 있었던 경우(민사소송법 제163조 제1항), 비밀유지명령을 받지 아니한 사람이 그 비밀 기재부분의 열람 등의 청구절차를 밟은 때에는 법원사무관 등이 민사소송법 제163조 제1항의 비밀보호를 위한 열람 등의 제한결정 신청을 한 당사자에게 그 비밀 기재부분의 열람 등의 청구가 있었다는 사실을 알려야 하고(본조 제1항), 그 경우에는 법원사무관 등은 비밀 기재부분의 열람 등의 청구절차를 밟은 자에 대하여 그 청구가 있었던 날부터 2주일이 지날 때까지(그 청구절차를 밟은 자에 대한 비밀유지명령신청이 그 기간 내에 이루어진 경우에는 그 신청에 대한 재판이 확정되는 시점까지) 열람 등을 하게 하여서는 아니 된다(본조 제2항). 즉 이러한 경우에는 그 비밀 기재부분의 열람 등의 절차를 밟은 자는 일정한 기간 그 열람 등을 할 수 없게 된다.

4. 적용제외

기본사건인 디자인권 등 침해소송에서 비밀유지명령이 발령되었으나 그 후 비밀유지명령이 취소된 경우나, 비밀 기재부분의 열람 등의 청구를 한 당사자가 비밀유지명령의 신청인 자신인 경우에는 비밀유지명령의 신청을 하게 할 기회를 줄 필요가 없어, 법원사무관 등은 민사소송법 제163조 제1항의 비밀보호를 위한 열람 등의 제한결정 신청을 한 당사자에게 비밀 기재부분의 열람 등의 청구가 있었다는 사실을 통지하지 않는다(본조 제1항 괄호).

그리고 민사소송법 제163조 제1항의 비밀보호를 위한 열람 등의 제한결정 신청을 한 당사자 모두가 그 비밀 기재부분의 열람 등의 청구를 한 자에게 열람 등을 하게 하는 것에 대하여 동의하고 있는 경우에는 법원사무관 등은 열람 등의 잠정적 정지조치를 취하지 않고 바로 열람 등을 하게 한다(본조 제3항). 그 비밀 기재부분의 열람 등의 청구절차를 밟으면서 처음부터 열람 제한결정 신청인 모두의 동의서를 첨부한 경우에는 비밀유지명령의 신청을 하게 할 기회를 줄 필요가 없으므로 본조 제1항의 통지도 생략할 수 있을 것이다.

Ⅳ. 통지를 받은 당사자의 대응절차

1. 새로운 비밀유지명령의 신청

해당 소송에서 비밀유지명령을 받지 아니한 자가 비밀 기재부분의 열람 등의 청구를 하였다는 사실의 통지가 있는 경우(본조 제1항), 열람 등의 청구절차를 밟은 자는 청구가 있었던 날부터 2주일이 지날 때까지(그 청구절차를 밟은 자에 대한 비밀유지명령신청이 그 기간 내에 이루어진 경우에는 그 신청에 대한 재판이 확정되는 시점까지), 그 열람 등을 할 수 없다(본조 제2항). 비밀유지명령 신청인은 그 열람 등의 청구절차를 밟은 자를 '비밀유지명령을 받을 자'로 하는 비밀유지명령을 신청할 것인지 여부를 검토하고, 그 필요가 있다고 판단할 경우에는 위 기간 내에 비밀유지명령을 신청할 것이 요구된다.

새로운 비밀유지명령을 신청하지 않는다면 비밀 기재부분에 대하여 열람 등의 청구절차를 밟은 자가 비밀유지명령에 기한 의무를 부담함이 없이 그 영업비밀을 취득하여 영업비밀성을 잃게 되므로 통상은 새로운 비밀유지명령을 신청하게 될 것이다.

2. 새로운 비밀유지명령을 받을 사람

새로운 비밀유지명령의 신청에 의하여 추가되어야 할 사람은 소송기록의 열람 등의 청구절차를 밟은 사람이다.[3]

따라서 비밀유지명령의 신청인이 아닌 디자인권 등 침해소송의 상대방 당사자는 비밀유지명령을 받지 아니한 종업원이나 대리인으로 하여금 소송기록의 열람 등의 청구절차를 밟게 함으로써 사후적으로 비밀유지명령을 받을 자로 추가시키는 것이 가능하게 된다.

비밀유지명령을 신청할 때 통상적으로 그 '비밀유지명령을 받을 자'로 되어야 할 사람은 법원과 양 당사자 사이에서 이루어지는 사전협의를 통하여 확정되기 때문에 비밀유지명령을 받을 자를 사후적으로 추가하여야만 하는 경우는 많지 않을 것이다. 비밀유지명령의 신청인이 아닌 기본사건인 침해소송의 상대방 당사자의 담당자(종업원)가 교체된 경우, 비밀유지명령을 받은 담당자보다 다른 사람이 그 영업비밀을 검토하는 것이 적임인 경우, 나아가 사전협의절차에서 합의된 '비밀유지명령을 받을 자' 중 일부가 비밀유지명령 신청서에서 제외된 경우 등에 있어서 비밀유지명령의 신청인이 '비밀유지명령을 받을 자'를 추가하는 새로운 비밀유지명령의 신청을 하지 않을 때에는 본조의 절차를 통하여 비밀유지명령을 받을 자를 추가시키는 것이 사실상 가능하게 된다.[4]

〈설범식〉

---

3) 中山信弘・小泉直樹 편, 新注解 特許法(下), 靑林書院(2011), 1919(大野聖二/井上義隆 집필부분).
4) 中山信弘・小泉直樹 편(주 3), 1919-1920(大野聖二/井上義隆 집필부분).

제220조(침해죄)
① 디자인권 또는 전용실시권을 침해한 자는 7년 이하의 징역 또는 1억원 이하의 벌금에 처한다.
② 제1항의 죄는 고소가 없으면 공소를 제기할 수 없다.

<소 목 차>

Ⅰ. 의　　의

본조는 소유권과 유사한 배타적 독점권인 디자인권 또는 전용실시권(이하 합하여 부를 때는 '디자인권 등'이라고 함)을 침해한 자에 대한 처벌규정으로서, 디자인권 등을 형사적으로 보호를 위한 것이다. 디자인보호법은 디자인권 등의 보호를 강화하기 위하여 2001년 법 개정을 통해 종전의 5년 이하 징역 또는 5천만 원 이하의 벌금을 현재의 벌칙으로 상향조정하였다.

디자인권 등 침해죄는 형법 제8조가 정한 '타 법령에 정한 죄'에 해당하므로, 제228조의 몰수규정 등 특별한 규정을 제외하고 형법 총칙이 그대로 위 침해죄에 관하여 적용된다. 디자인권 등 침해죄가 성립하기 위해서는 형법상의 일반 범죄와 마찬가지로 구성요건에 해당하는 위법하고 책임 있는 행위가 있어야 하고 침해 결과의 발생을 요한다. 본조의 디자인권 등 침해죄는 친고죄로 규정되고 있고, 과실범과 미수범에 대한 처벌규정을 두고 있지 않다.

Ⅱ. 해　　설

1. 디자인권 또는 전용실시권을 침해

침해대상이 되는 권리에는 디자인권뿐만 아니라 전용실시권도 포함된다. 그리고 본조의 "침해"라는 문언은 그 개념이 포괄적이어서 죄형법정주의와의 관계에서 다소 문제될 수 있으나 침해의 대상이 되는 권리인 디자인권과 전용실시권의 성격이 비교적 명확하므로 그와 같은 점이 특별히 문제되지 않는다고 보고 있다.[1] 침해는 디자인권 등의 존재와 효력을 해하는 행위로서 '정당한 권한 없이 업으로서 등록디자인 또는 이와 유사한 디자인에 관한 물품을 생산·사용·양도하는 등의 행위로써 실시'하는 것을 의미하게 된다(다만 이러한 직접침해행위뿐만 아니라 간접침해행위도 본조의 '침해'에 해당할 수 있는지에 관해서는 이하 4.항에서 상술한다). 등록디자인 뿐만 아니라 이와 유사한 디자인에까지도 디자인권 등 침해죄가 성립하는 것은, 디자인이 특허, 실용신안의 기술적 사상과는 달리 물품의 형태로 구체적·명시적으로 표상되므로 동일성 개념만으로는 그 보호대상이 협소하여 실질적인 디자인이 보호가 실현되지 않고 또 디자인제도의 목적을 달성할 수 없기 때문이다.[2]

비록 본조에 '업으로서'라는 문언기재가 없으나 실시행위는 업으로서 실시되는 경우만을 처벌하는 취지라고 이해하는 데에 이견이 없다('업으로서'의 의미에 관하여는 제92조 주해부분 참조). 그리고 생산·사용·양도 등 "실시"의 구체적인 태양은 제2조 제7호의 정의규정에 정한 바와 같은 의미이다(해당 주해부분 참조).

2. 고   의

형법 제13조, 제14조가 과실행위는 법률에 특별한 규정이 있는 경우에 한하여 처벌한다는 내용으로 고의책임의 원칙을 규정하고 있다. 다른 지식재산권 관련 법률과 마찬가지로 디자인보호법은 본조에 의한 침해죄의 성립에 고의를 요하지 않는다거나 과실범에 대하여도 처벌할 수 있다는 규정을 두고 있지 않으므로, 민사상의 침해사건과 달리 침해행위자에게 고의가 있는 경우에 한하여 본조의 침해죄가 성립한다.

고의에 있어서의 인식의 대상에는 구성요건적 사실에 대한 인식은 물론 결과범에 있어서는 행위와 결과 간의 인과관계에 대한 인식까지 요하며, 이는 본조에서도 마찬가지이다. 그리고 절도죄에 있어서 재물의 타인성에 대한 인식을

---

[1] 寒河江孝允 외 2인 편저, 의장법コンメンタール(제2판), LexisNexis(2012), 766(矢野敏樹·高瀨亞富 집필부분).
[2] 노태정·김병진, 디자인보호법(3정판), 630; 김원준, 산업재산권법, 585; 조국현, 의장법, 457; 齊藤瞭二 저, 정태련 역, 의장법, 세창출판사(1993), 347; 荒木好文, 도해 의장법, 사단법인 발명협회(2003), 155.

요하는 것처럼 본조의 침해죄에 있어서도 디자인권 등의 타인성에 관한 인식이
필요하다. 따라서 타인의 디자인권 등을 침해한다는 인식이 없었던 경우에는 침
해에 대한 고의를 인정할 수 없다.3) 대법원도, 의장권의 지분을 양도하는 경우
에 이를 등록하여야만 효력이 발생하고, 의장권이 공유인 경우에 공유자는 다른
공유자의 동의 없이 그 의장권에 대하여 전용실시권이나 통상실시권을 허여할
수 없다 하더라도 의장권의 지분을 사실상 양수한 자가 등록을 하지 아니한 채
스스로 그 의장권을 실시하거나 또는 의장권등록 명의자의 묵시적인 동의하에
제3자에게 그 전용실시권 또는 통상실시권을 허여함으로써 제3자가 그 의장권
을 실시하는 경우라면 그 사법상의 효력유무와는 관계없이 사실상의 공유자 또
는 제3자에게 의장권 침해의 범의가 있다고 볼 수는 없다고 판시하였다.4) 다만
이러한 지식재산권의 타인성이나 침해의 의미 등에 대한 침해자의 인식은 정확
한 법적 평가를 요구하는 것이 아니고, 문외한에 의하여 판단된 법적, 사회적
의미 내용, 즉 문외한으로서의 소박한 가치평가이면 충분하다.

　　형법 제16조는 "자기의 행위가 법령에 의하여 죄가 되지 아니하는 것으로
오인한 행위는 그 오인이 정당한 이유가 있는 것인 때에 한하여 벌하지 아니한
다"고 규정하고 있는데, 이 규정은 본조의 침해죄에 대하여도 그대로 적용된다.
대법원은, 형법 제16조의 위와 같은 규정은 단순한 법률의 부지의 경우를 말하
는 것이 아니고, 일반적으로 범죄가 되는 경우이지만 자기의 특수한 경우에는
법령에 의하여 허용된 행위로서 죄가 되지 아니한다고 그릇 인식하고 그와 같
이 그릇 인식함에 정당한 이유가 있는 경우에는 벌하지 아니한다는 취지라고
판시하였고,5) 이러한 법률의 착오로 말미암아 위법성에 대한 인식을 결한 경우
에는 범의(고의)를 조각한다는 입장을 취하고 있다.

　　그런데 지식재산권 침해죄에 있어서는 침해의 대상이 추상적인 권리이어서
그 보호범위를 확정하기도 쉽지 않으므로 일반인이 스스로 자신의 행위가 침해
에 해당하는지 여부를 판별하기는 어렵기 때문에 전문가의 조력을 받는 경우가
많다. 특허심판원의 권리범위확인심판과 같이 전문적이고 중립적인 기관에 의

---

3) 이성호, "지적재산권에 대한 침해와 침해자의 고의·과실", 사법논집 28집, 법원도서관
　(1997), 468-469.
4) 대법원 1984. 12. 26. 선고 82도1799 판결[공1985.3.1.(747), 281]
5) 대법원 1995. 6. 16. 선고 94도1793 판결[공1995.8.1.(997), 2670]; 대법원 1998. 10. 13.
　선고 97도3337 판결[공1998.11.15.(70), 2720]; 대법원 2010. 12. 23. 2010도10469 판결[비
　공개] 등.

한 판단을 거친 경우는 물론이고, 변호사나 변리사 등 전문가로부터 진지하게 조언을 구하고 그 결과를 정직하게 신뢰하여 행동한 경우에도 침해죄의 고의를 인정하기는 어려울 것이다. 대법원은, 의장권자로부터 제품(발가락 삽입부가 5개로 형성된 양말)의 제조 중지요청을 받은 즉시 변리사에게 문의하여 침해가 되지 않는다는 취지의 회답과 전문적인 감정을 받았고, 이에 따라 자신이 제조하는 제품에 대하여 등록출원을 하여 등록결정까지 받았으며, 관련사건에서도 같은 취지로 판결이 선고되다가 대법원에 이르러 침해가 된다는 반대취지의 파기환송판결이 선고된 사안에서, 의장권 관계 법률에 관하여 전혀 문외한인 피고인으로서는 위 파기환송판결이 있을 때까지는 자신이 제조하는 제품이 의장권자의 의장권을 침해하는 것이 아니라고 믿을 수밖에 없었다고 할 것이므로, 그 제조·판매 행위가 법령에 의하여 죄가 되지 않는다고 오인함에 있어서 정당한 이유가 있는 경우에 해당한다고 판시하였다.[6]

다만 전문가에게 자문을 구함에 있어 중요한 사항을 감추거나 자기에게 일방적으로 유리한 자료만을 제출한 경우, 화학분야의 전문가에게 그와 다른 기계분야의 자문을 구한 경우, 전문가가 확정적인 회답을 하지 아니하고 불명확하게 회답한 경우 등과 같이, 조력을 구하는 태도와 전문가의 전문분야 및 전문 정도, 회신내용 등에 따라서는 비록 전문가의 의견에 기초하여 행동하였다고 하더라도 침해의 고의가 인정될 수도 있다.[7] 이와 관련하여, 대법원은 법률의 착오에 대한 정당한 이유가 있다고 인정할 수 있는지에 관하여 비교적 엄격한 기준으로 판단하고 있고, 이는 침해여부에 관하여 법원의 판결 이전에 부정확한 법리와 제한된 사실조사에 근거하여 얼마든지 잘못된 판단이 내려질 수 있다는 점과 경우에 따라서는 그러한 잘못된 판단이 침해행위자의 유도에 의하여 이루어질 수도 있다는 점 등을 고려한 데에 기인한다고 보는 견해가 있다.[8] 대법원은 상표권 침해 사안에서, 피고인들이 변리사로부터 그들의 행위가 고소인의 상표권을 침해하지 않는다는 취지의 회답과 감정결과를 통보받았고, 피고인들의 행위에 대하여 3회에 걸쳐서 검사의 무혐의처분이 내려졌다가 최종적으로 고소인의 재항고를 받아들인 대검찰청의 재기수사명령에 따라 공소가 제기되었으며, 피고인들로서는 대법원의 판례들을 잘못 이해함으로써 자신들의 행위는 죄가

---

6) 대법원 1982. 1. 19. 선고 81도646 판결[공1982.3.15.(676), 277].
7) 이성호(주 3), 473.
8) 박태일, "상표권침해 및 상품주체오인혼동행위 형사사건에 관한 연구", 법조(통권641호), 법조학회(2010. 2.), 328-330.

되지 않는다고 확신을 하였고, 특허청도 피고인들의 상표출원을 받아들여서 이를 등록하여 주기까지 하였다는 등의 주장사유들만으로는, 고소인의 상표권을 침해하는 것이 아니라고 믿은 데에 정당한 이유가 있다고 볼 수 없다고 판시하였다.9) 대법원은 또 디자인권 침해 사안에서, 피고인이 피해자로부터 경고장을 받아 등록의장이 등록된 사실을 알게 되고 자신이 판매하는 낚시찌가 등록의장의 권리범위에 속한다는 특허심판원의 심결 내용까지 알게 되었음에도 등록의장과 유사한 낚시찌를 계속 판매하였다면, 피고인이 위 경고장을 받은 후 변리사로부터 등록의장권을 침해하지 않는다는 취지의 답변을 받았고 제3자가 피고인에게 낚시찌를 판매한 행위에 대하여 검찰에서 일시적으로 혐의 없음의 불기소처분을 받았으며 그 제3자가 자신이 제조하는 낚시찌에 대하여 의장등록을 받았다는 등의 사유들만으로는, 피고인이 자기의 행위가 등록의장권을 침해하는 것이 아니라고 믿은 데에 정당한 이유가 있다고 할 수 없다고 판시하였다.10)

3. 위 법 성

본조의 침해가 되는 등록디자인 또는 이와 유사한 디자인의 실시는 정당한 권원이 없는 실시이어야 한다. 디자인권의 효력이 미치지 않는 물건이거나 법정실시권이 인정되는 등으로 디자인권이 제한되는 경우가 있는데, 이에 관하여 위법성이 조각되는 사유로 보는 것이 일반적인 견해이다.11) 이에 따르면 디자인보호법에서 허용하고 있는 행위의 성질은 형법 제20조의 정당행위(법령에 의한 행위)가 될 것이다. 대법원도 구 의장법 제51조에서 정한 무효심판청구 등록 전의 실시에 의한 통상실시권이 문제되는 사안에서, 그와 같이 통상실시권을 가지는 자의 실시 대상이 되는 의장이 다른 사람이 등록받은 의장과 동일·유사하다고 하더라도 그 의장을 실시하는 행위가 위법성이 있다고 할 수는 없다고 판시하였다.12) 위와 같은 경우의 그 실시행위는 형식적으로는 권리자의 권리범위에 속하는 것이지만 민사책임의 성립조각은 물론 형사책임의 위법성을 조각하는 사유(법령에 의한 행위)에 해당하는 것이다.

---

9) 대법원 1998. 10. 13. 선고 97도3337 판결[공1998.11.15.(70), 2720].

10) 대법원 2009. 7. 23. 선고 2007도8804 판결[미간행].

11) 강동세, 지적재산권의 형사적 이해, 세창출판사(2003), 29; 이상경, 지적재산권소송법, 육법사(1998), 320.

12) 대법원 2004. 9. 24. 선고 2003도3081 판결[공2004.11.1.(213), 1778]; 대법원 2007. 4. 12. 선고 2006도290 판결[미간행].

4. 등록디자인의 무효사유가 있는 경우

등록디자인이 그 등록출원 전에 이미 공지된 디자인 등과 동일·유사한 경우에는 등록무효심판의 유무와 관계없이 권리범위가 인정되지 않는다. 즉 등록디자인이 그 출원 전에 국내 또는 국외에서 공지되었거나 공연히 실시된 디자인이나 그 출원 전에 국내 또는 국외에서 반포된 간행물에 게재되었거나 전기통신회선을 통하여 공중이 이용가능하게 되어 있던 디자인과 동일 또는 유사한 경우에는 그에 대한 등록무효의 심결이 없어도 그 권리범위를 인정할 수 없다.13) 이는 특허나 실용신안이 전부 공지되어 신규성이 없을 경우 무효심판에 관계없이 그 권리범위를 부인하는 것과 같은 취지로서, 등록디자인이 공지된 부분으로만 이루어진 경우에는 거기에 어떤 신규성 있는 창작이 가미되어 있다고는 할 수 없기 때문이다. 대법원은 위와 같은 사유로 인하여 권리범위가 인정되지 아니하는 등록디자인에 대하여는 그 등록디자인과 동일한 디자인의 물품을 제작, 판매하였다 하여 디자인권침해죄를 구성할 수 없다고 판시하였다.14)

5. 간접침해의 경우

간접침해행위를 한 경우 고의의 주관적 요건까지 구비됨으로써 그러한 행위가 직접침해행위에 의한 디자인권 등 침해죄에 대한 종범으로 처벌될 수 있음은 물론이다. 그런데 간접침해행위가 직접침해행위와는 별도로 디자인권 등 침해죄로 성립할 수 있는지에 대해서는 다음과 같이 견해가 나뉠 수 있다. 먼저 간접침해행위도 침해행위에 해당되므로 민사책임을 물을 수 있을 뿐만 아니라 고의가 있는 경우 디자인권 등 침해죄가 성립한다고 보아 이를 긍정하는 견해가 있을 수 있고, 또한 침해의 전 단계에 있는 간접침해행위에 대해서는 민사책임을 물을 수 있을 뿐이고 죄형법정주의 원칙상 침해죄의 형사책임까지 물을 수는 없다고 보아 이를 부정하는 견해도 있을 수 있다. 현재는 위와 같은 간접침해행위의 침해죄 성립여부에 관한 논의가 특허권침해죄에 집중되고 있는

---

13) 대법원 1987. 7. 24.자 87마45 결정[공1987.10.15.(810), 1514]; 대법원 1991. 9. 24. 선고 90후2119 판결[공1991.11.15.(908), 2615]; 대법원 2001. 9. 14. 선고 99도1866 판결[비공개]; 대법원 2003. 1. 10. 선고 2002도5514 판결[비공개]; 대법원 2004. 4. 27. 선고 2002후2037 판결[공2004.6.1.(203), 924]; 대법원 2008. 9. 25. 선고 2008도3797 판결[비공개]; 대법원 2012. 11. 29. 선고 2011후4097 판결[비공개] 등.

14) 대법원 2008. 9. 25. 선고 2008도3797 판결[미간행].

데,15) 이러한 견해 대립은 디자인권 등 침해죄에서도 마찬가지로 옮겨 볼 수 있다. 다만 아래 대법원판결의 취지에 비추어 보면 디자인권 등 침해죄의 성립여부에 관해서 이를 부정하는 견해가 기존 대법원의 태도에 더 부합될 수 있는 것처럼 보인다.

즉 대법원은 특허권침해죄 사안에서, 구 특허법(1990. 1. 13. 법률 제4207호로 개정되기 전의 것)은 제64조에서 '침해로 보는 행위'(강학상의 간접침해행위)라 하여 현실로 특허권 또는 전용실시권(이하 '특허권 등'이라 약칭함)의 침해로 보기 어려운 예비단계의 행위를 침해행위로 의제하는 규정을 두고 있는바, 여기에서 위 제64조에 해당하는 간접침해행위에 대하여 특허권 등 침해의 민사책임을 부과하는 외에 위 법 제158조 제1항 제1호(특허권 등을 침해한 자에 대한 처벌규정)에 의한 형사처벌까지 가능한가가 문제될 수 있는데, 확장해석을 금하는 죄형법정주의의 원칙에 비추어, 또한 특허권 등 침해의 미수범에 대한 처벌규정이 없어 특허권 등 직접침해의 미수범은 처벌되지 아니함에도 특허권 등 직접침해의 예비단계 행위에 불과한 간접침해행위를 위 벌칙조항에 의하여 특허권 등 직접침해의 기수범과 같은 벌칙에 의하여 처벌할 때 초래되는 형벌의 불균형성 등에 비추어 볼 때, 위 제64조의 규정은 특허권자 등을 보호하기 위하여 특허권 등의 간접침해자에게도 민사책임을 부과시킴으로써 특허권자 등을 보호하기 위한 취지의 정책적 규정일 뿐 이를 특허권 등의 침해행위를 처벌하는 형벌법규의 구성요건으로까지 규정한 취지는 아닌 것으로 봄이 옳을 것이라고 판시하였다.16) 이 판결에 대하여는 다음과 같은 반론이 있다. 즉 그 논리전개가 형식논리에 치우쳐 있고, 특허권침해행위를 범죄로 처벌하는 제도를 유지하면서 간접침해를 법이 침해행위로 규정하고 있는 이상 민사상의 침해와 형사상의 침해를 구별하는 것에는 근본적인 문제가 있으므로, 간접침해행위도 특허권 등 침해죄의 구성요건에 해당된다고 보는 것이 타당하다는 것이다.17)

무엇보다 디자인보호법 제114조(침해로 보는 행위)에서 "디자인권 또는 전용실시권을 침해한 것으로 본다"는 내용으로 간주규정을 두고 있고, 디자인권 등

---

15) 긍정설로는 도두형, "특허권의 간접침해행위의 가벌성", 판례월보 291호, 판례월보사(1994), 19-21; 윤선희, 지적재산권법, 세창출판사(2004), 122. 부정설로는 민형기, "지적재산권의 형사상 보호", 재판자료 제57집, 법원도서관(1992), 247; 송영식 외 6인 공저, 제2판 송영식 지적소유권법(상), 육법사(2013), 713-714; 정상조·박준석 공저, 지적재산권법, 홍문사(2011), 231-232.

16) 대법원 1993. 2. 23. 선고 92도3350 판결[공1993.4.15.(942), 1116].

17) 도두형(주 15), 21.

침해죄의 "디자인권 또는 전용실시권을 침해한 자"에 위 규정이 정한 간접침해
행위를 한 자를 제외시킬만한 어떠한 문리해석상의 근거가 발견되지 아니한다.
이러한 점에서 볼 때 위 대법원판결과 부정설이 공통적인 논거로 삼고 있는 죄
형법정주의의 원칙이나 형벌의 불균형성만을 들어서 간접침해행위에 대하여는
디자인권 등 침해죄 본범의 성립이 부정된다고 단정하기는 어려워 보인다.[18]

6. 친 고 죄

일반적으로 특정 범죄의 처벌을 당사자의 의사에 따르도록 할 것인지, 나아
가 당사자의 의사에 따르도록 할 때에도 당초 고소가 있어야 수사를 개시하고
처벌할 수 있는 이른바 친고죄로 할 것인지, 당사자의 명시한 의사에 반하여 처
벌할 수 없도록 하는 이른바 반의사불벌죄로 할 것인지는 모두 다분히 입법정
책적인 문제라 할 것이다. 그러나 지식소유권에 관한 범죄는 민사적 색채를 지
닌 법정범적인 요소가 강하므로 이를 친고죄로 규정하고 있는 입법례가 많고,
우리 디자인보호법도 그러한 입법례에 따라 친고죄로 하고 있다. 친고죄로 한
데에는 그와 같은 이유 이외에도 그 전용실시나 그로 인한 이득의 귀속은 포기
가 가능한 법익이고, 그 권리의 범위가 추상적이고 명확하지 아니하여 제3자 특
히 수사기관이 침해행위 여부를 가리는 것이 쉽지 아니하며, 사후 고소의 취하
나 처벌불원의 의사표시가 가능한데도 초동수사 단계에 있어 수사기관이 임의
로 이를 조사하고 더욱이 강제수사로 이어질 경우 인권침해의 우려마저 강하다
는 데에도 그 근거가 있는 것으로 볼 수 있다.[19] 한편 일본은 1998년 법 개정으
로 종전의 친고죄에서 비친고죄로 변경하였다.

〈정택수〉

---

18) 박태일(주 8), 335면에서, 하급심 실무상 상표법 제66조 제1항 제2, 3, 4호 소정의 각 행
위에 대하여 상표권침해죄로 공소가 제기되고 유죄판결 되는 사례가 다수 발견되고, 이 가
운데에는 상고되었다가 대법원의 상고기각판결로 확정된 것으로서 대법원 1999. 4. 13. 선
고 99도148 판결, 대법원 2008. 3. 27. 선고 2008도966 판결, 대법원 2008. 11. 27. 선고
2008도7940 판결 등이 있다고 지적하면서도, 다만 위와 같이 상고기각판결이 내려진 사건
에서 간접침해행위에 대하여 상표권침해죄의 성립을 인정하는 것은 죄형법정주의에 반한
다는 취지의 주장이 제기되어 판단된 것은 아니므로, 상고기각으로 유죄 확정된 사례만을
근거로 대법원이 상표권침해죄에 대하여는 특허권침해죄와는 달리 간접침해행위도 처벌하
는 입장이라고 단정하기는 어렵다는 견해를 피력하고 있다.
19) 민형기(주 15), 242-243; 강동세(주 11), 48.

> **제221조(위증죄)**
> ① 이 법에 따라 선서한 증인, 감정인 또는 통역인이 특허심판원에 대하여 거짓의 진술·감정 또는 통역을 한 경우에는 5년 이하의 징역 또는 1천만 원 이하의 벌금에 처한다.
> ② 제1항에 따른 죄를 범한 자가 그 사건의 디자인등록여부결정, 디자인일부심사등록 이의신청에 대한 결정 또는 심결이 확정되기 전에 자수한 경우에는 그 형을 감경하거나 면제할 수 있다.

Ⅰ. 입법취지와 법적 성격

본조는 디자인보호법에 따라 선서한 증인, 감정인, 통역인이 특허심판원에 대하여 거짓의 진술, 감정, 통역을 한 경우에 처벌하는 규정이다. 차례대로 위증죄, 허위감정죄, 허위통역죄로 불린다. 그 입법취지는 선서한 증인 등이 심판절차에서 거짓 진술 등을 하지 못하도록 하여 국가 심판권의 적정한 행사를 보장하기 위하는 데 있다.[1] 따라서 본조의 보호법익은 국가적 법익이고, 고소를 요구하지 아니하는 비친고죄로 규정되어 있다.

형법 제152조(위증) 제1항은 "법률에 의하여 선서한 증인이 허위의 진술을 한 때에는 5년 이하의 징역 또는 1천만 원 이하의 벌금에 처한다"고, 제153조(자백, 자수)는 "전조의 죄를 범한 자가 그 공술한 사건의 재판 또는 징계처분이 확정되기 전에 자백 또는 자수한 때에는 그 형을 감경 또는 면제한다"고, 제154조(허위의 감정, 통역, 번역)는 "법률에 의하여 선서한 감정인, 통역인 또는 번역인이 허위의 감정, 통역 또는 번역을 한 때에는 전2조의 예에 의한다"고 각 규정하고 있다. 그런데 특허심판원의 심판절차는 형법 제153조에서 정한 '재판 또는 징계처분'이 아니기 때문에 위 형법 규정을 그대로 적용하기는 어려워 디자

---

1) 특허청, 조문별 특허법해설, 특허청(2007), 530.

인보호법에 별도의 규정을 두고 있는 것이다.[2] 즉, 본조는 형법 제153조에 대한 특별규정을 두기 위하여 별도의 처벌규정을 둔 것으로 이해되고,[3] 따라서 본조의 주된 역할은 제2항의 감면규정이 하고 있다. 다만, 형법은 '형을 감경 또는 면제한다'고 하여 필요적 감면사유로 규정하고 있으나, 본조는 '형을 감경하거나 면제할 수 있다'고 하여 임의적 감면사유로 규정하고 있는 점에서 차이가 있다.

Ⅱ. 구성요건과 공범관계 등

1. 적용대상

본조는 '디자인보호법에 따라 선서한' 증인·감정인·통역인이 특허심판원에 대하여 거짓의 진술·감정·통역을 한 경우에 적용된다. 디자인보호법에서 독자적인 선서 규정을 둔 것은 없고 모두 민사소송법의 선서 규정을 준용하고 있다. 즉 디자인보호법 제145조는 심판에서의 증거조사 및 증거보전에 관하여는 민사소송법 제2편 제3장 중 증거조사 및 증거보전에 관한 규정을 준용하도록 규정하고 있다.

민사소송법 제2편 제3장 중 증거조사 및 증거보전에 관한 규정 중 제2절은 증인신문에 관하여, 제3절은 감정에 관하여 각각 규정하고 있고, 통역인은 제143조 제2항에서 감정인에 관한 규정을 준용하도록 하고 있다. 제2절 증인신문에 관한 규정 중 본조와 관계되는 조문은, 제314조(증언거부권),[4] 제315조(증언거부권),[5] 제319조(선서의 의무),[6] 제320조(위증에 대한 벌의 경고),[7] 제321조(선서의

---

2) 정상조·박성수 공편, 특허법 주해Ⅱ, 박영사(2010), 1175(구본진 집필부분); 寒河江孝允·峯 唯夫·金井 重彦 編, 意匠法コンメンタール(第2版), レクシスネクシス·ジャパン株式會社(2012), 784(矢野 敏樹 집필부분).

3) 박재윤 등 공편, 주석 형법[각칙(2)], 한국사법행정학회(2006), 82(강일원 집필부분); 滿田 重昭·松尾和子 編, 注解 意匠法, 靑林書院(2010), 733(靑木 康·靑木淸志 집필부분).

4) 제314조(증언거부권) 증인은 그 증언이 자기나 다음 각 호 가운데 어느 하나에 해당하는 사람이 공소제기되거나 유죄판결을 받을 염려가 있는 사항 또는 자기나 그들에게 치욕이 될 사항에 관한 것인 때에는 이를 거부할 수 있다. 1. 증인의 친족 또는 이러한 관계에 있었던 사람 2. 증인의 후견인 또는 증인의 후견을 받는 사람

5) 제315조(증언거부권) ① 증인은 다음 각 호 가운데 어느 하나에 해당하면 증언을 거부할 수 있다. 1. 변호사·변리사·공증인·공인회계사·세무사·의료인·약사, 그 밖에 법령에 따라 비밀을 지킬 의무가 있는 직책 또는 종교의 직책에 있거나 이러한 직책에 있었던 사람이 직무상 비밀에 속하는 사항에 대하여 신문을 받을 때 2. 기술 또는 직업의 비밀에 속하는 사항에 대하여 신문을 받을 때 ② 증인이 비밀을 지킬 의무가 면제된 경우에는 제1항의 규정을 적용하지 아니한다.

6) 제319조(선서의 의무) 재판장은 증인에게 신문에 앞서 선서를 하게 하여야 한다. 다만,

방식),8) 제322조(선서무능력),9) 제323조(선서의 면제),10) 제324조(선서거부권),11) 제
326조(선서거부에 대한 제재)12) 등이 있다. 그리고 제3절 감정에 관한 규정 중 본
조와 관계되는 조문은, 제333조(증인신문규정의 준용),13) 제334조(감정의무),14) 제
338조(선서의 방식),15) 제340조(감정증인)16) 등이 있다.

한편, 디자인보호법 제142조 제7항은 심판에 관하여는 민사소송법 제143
조・제259조・제299조 및 제367조를 준용하도록 규정하고 있다. 그 중 민사소
송법 제299조(소명의 방법),17) 제367조(당사자신문)18)에도 선서에 관한 규정이 포
함되어 있으나, 이는 증인, 감정인, 통역인에 관한 규정은 아니므로 본조의 적용
대상은 아니다. 디자인보호법 제229조 제1항 제1호는 위 선서에 관한 규정들(민

　　특별한 사유가 있는 때에는 신문한 뒤에 선서를 하게 할 수 있다.
　7) 제320조(위증에 대한 벌의 경고) 재판장은 선서에 앞서 증인에게 선서의 취지를 밝히고,
　　위증의 벌에 대하여 경고하여야 한다.
　8) 제321조(선서의 방식) ① 선서는 선서서에 따라서 하여야 한다. ② 선서서에는 "양심에
　　따라 숨기거나 보태지 아니하고 사실 그대로 말하며, 만일 거짓말을 하면 위증의 벌을 받
　　기로 맹세합니다"라고 적어야 한다. ③ 재판장은 증인으로 하여금 선서서를 소리내어 읽
　　고 기명날인 또는 서명하게 하며, 증인이 선서서를 읽지 못하거나 기명날인 또는 서명하지
　　못하는 경우에는 참여한 법원사무관등이나 그 밖의 법원공무원으로 하여금 이를 대신하게
　　한다. ④ 증인은 일어서서 엄숙하게 선서하여야 한다.
　9) 제322조(선서무능력) 다음 각 호 가운데 어느 하나에 해당하는 사람을 증인으로 신문할
　　때에는 선서를 시키지 못한다. 1. 16세 미만인 사람 2. 선서의 취지를 이해하지 못하는 사람.
　10) 제323조(선서의 면제) 제314조에 해당하는 증인으로서 증언을 거부하지 아니한 사람을
　　신문할 때에는 선서를 시키지 아니할 수 있다.
　11) 제324조(선서거부권) 증인이 자기 또는 제314조 각 호에 규정된 어느 한 사람과 현저한
　　이해관계가 있는 사항에 관하여 신문을 받을 때에는 선서를 거부할 수 있다.
　12) 제326조(선서거부에 대한 제재) 증인이 선서를 거부하는 경우에는 제316조 내지 제318
　　조의 규정을 준용한다.
　13) 제333조(증인신문규정의 준용) 감정에는 제2절의 규정을 준용한다. 다만, 제311조 제2항
　　내지 제7항, 제312조 및 제321조 제2항의 규정은 그러하지 아니하다.
　14) 제334조(감정의무) ① 감정에 필요한 학식과 경험이 있는 사람은 감정할 의무를 진다.
　　② 제314조 또는 제324조의 규정에 따라 증언 또는 선서를 거부할 수 있는 사람과 제322
　　조에 규정된 사람은 감정인이 되지 못한다.
　15) 제338조(선서의 방식) 선서서에는 "양심에 따라 성실히 감정하고, 만일 거짓이 있으면
　　거짓감정의 벌을 받기로 맹세합니다"라고 적어야 한다.
　16) 제340조(감정증인) 특별한 학식과 경험에 의하여 알게 된 사실에 관한 신문은 증인신문
　　에 관한 규정을 따른다.
　17) 제299조(소명의 방법) ① 소명은 즉시 조사할 수 있는 증거에 의하여야 한다. ② 법원은
　　당사자 또는 법정대리인으로 하여금 보증금을 공탁하게 하거나, 그 주장이 진실하다는 것
　　을 선서하게 하여 소명에 갈음할 수 있다. ③ 제2항의 선서에는 제320조, 제321조 제1항・
　　제3항・제4항 및 제322조의 규정을 준용한다.
　18) 제367조(당사자신문) 법원은 직권으로 또는 당사자의 신청에 따라 당사자 본인을 신문
　　할 수 있다. 이 경우 당사자에게 선서를 하게 하여야 한다.

사소송법 제299조, 제367조)에 따라 선서하고도 특허심판원에 대하여 거짓 진술을 한 행위에 대하여는 50만 원 이하의 과태료를 부과하도록 규정하고 있다.

2. 행위의 주체[19]

본조의 행위주체는 '선서한 증인·감정인·통역인'이다. 선서하지 않은 증인 등은 본조의 행위주체가 될 수 없으므로, 본죄는 행위자가 일정한 신분을 가질 것을 요건으로 하는 신분범이다.

선서란, 특허심판원에서 심판 등의 증거조사나 증거보전을 할 때 양심에 따라 진실을 말하고 성실하게 진술·감정·통역할 것을 맹세하는 것을 말한다. 선서는 진술 등을 하기 전에 하는 것이 원칙이지만, 진술 등을 한 후에 선서가 이루어질 수가 있고, 그 전후를 불문하고 본죄의 적용대상이 된다.[20] 선서무능력자가 한 선서는 무효라고 보아야 하므로 선서무능력자에게 잘못 선서를 시킨 경우에는 위증죄가 성립하지 않는다.[21]

증언거부사유가 있음에도 증언거부권을 고지받지 못함으로 인하여 그 증언거부권을 행사하는 데 사실상 장애가 초래되었다고 볼 수 있는 경우에는 위증죄가 성립하지 않는다.[22]

---

19) 이하의 내용은 주로, 박재윤 등 공편(주 3), 80-121(강일원 집필부분); 정상조·박성수 공편(주 2), 1176-1177(구본진 집필부분)의 내용을 참조하였다.

20) 寒河江孝允·峯 唯夫·金井 重彦 編(주 2), 783(矢野 敏樹 집필부분).

21) 박재윤 등 공편(주 3), 87(강일원 집필부분).

22) 대법원 2010. 1. 21. 선고 2008도942 전원합의체 판결[공2010상, 465]은 다음과 같이 판시한다.

"위증죄의 의의 및 보호법익, 형사소송법에 규정된 증인신문절차의 내용, 증언거부권의 취지 등을 종합적으로 살펴보면, 증인신문절차에서 법률에 규정된 증인 보호를 위한 규정이 지켜진 것으로 인정되지 않은 경우에는 증인이 허위의 진술을 하였다고 하더라도 위증죄의 구성요건인 '법률에 의하여 선서한 증인'에 해당하지 아니한다고 보아 이를 위증죄로 처벌할 수 없는 것이 원칙이다. 다만, 법률에 규정된 증인 보호 절차라 하더라도 개별 보호절차 규정들의 내용과 취지가 같지 아니하고, 당해 신문 과정에서 지키지 못한 절차 규정과 그 경위 및 위반의 정도 등 제반 사정이 개별 사건마다 각기 상이하므로, 이러한 사정을 전체적·종합적으로 고려하여 볼 때, 당해 사건에서 증인 보호에 사실상 장애가 초래되었다고 볼 수 없는 경우에까지 예외 없이 위증죄의 성립을 부정할 것은 아니라고 할 것이다.

이러한 기준에서 보면, 재판장이 선서할 증인에 대하여 선서 전에 위증의 벌을 경고하지 않았다는 등의 사유는 그 증인신문절차에서 증인 자신이 위증의 벌을 경고하는 내용의 선서서를 낭독하고 기명날인 또는 서명한 이상 위증의 벌을 몰랐다고 할 수 없을 것이므로 증인 보호에 사실상 장애가 초래되었다고 볼 수 없고, 따라서 위증죄의 성립에 지장이 없다고 보아야 한다. 그리고 증언거부권 제도는 앞서 본 바와 같이 증인에게 증언의무의 이행을 거절할 수 있는 권리를 부여한 것이고, 형사소송법상 증언거부권의 고지 제도는 증증인이란, 자기의 경험에 의하여 알게 된 구체적인 사실에 대하여 심문에 응하여 진술하도록 특허심판원으로부터 명을 받는 제3자를 말한다. 감정인이란, 심판관의 판단능력을 보조하기 위하여 특별한 학식과 경험을 가진 자에게 지식 또는 그 지식을 이용한 판단을 보고할 경우에 있어서 그 학식과 경험을 가진 자를 말한다. 통역인이란, 특허심판원에 있어서의 사용언어가 한글이기 때문에 외국인 등의 진술을 용이하게 하기 위하여 두는 제3자를 말한다. 다만, 민사소송법 제143조 제1항은 "변론에 참여하는 사람이 우리말을 하지 못하거나, 듣거나 말하는 데 장애가 있으면 통역인에게 통역하게 하여야 한다. 다만, 위와 같은 장애가 있는 사람에게는 문자로 질문하거나 진술하게 할 수 있다"고 규정하고 있으므로, 통역인은 반드시 외국인의 경우에만 사용되는 것으로 한정되지 않는다.

3. 행위 ― 허위의 진술·감정·통역

본조의 행위는 허위의 진술(위증)·감정·통역을 하는 것이다. '허위'의 의미에 관하여는 객관설과 주관설이 대립하고 있다. 객관설은 증인이 객관적 사실에 반하는 내용의 사실을 증언하는 것을 의미하고 그것이 증인의 주관적인 기억과 일치하는가는 문제되지 않는다고 해석한다.[23] 독일의 통설적인 견해이다. 이에 반하여 주관설은 증인이 자기의 기억에 반하는 증언을 하는 것을 의미하

인에게 그러한 권리의 존재를 확인시켜 침묵할 것인지 아니면 진술할 것인지에 관하여 심사숙고할 기회를 충분히 부여함으로써 침묵할 수 있는 권리를 보장하기 위한 것임을 감안할 때, 재판장이 신문 전에 증인에게 증언거부권을 고지하지 않은 경우에도 당해 사건에서 증언 당시 증인이 처한 구체적인 상황, 증언거부사유의 내용, 증인이 증언거부사유 또는 증언거부권의 존재를 이미 알고 있었는지 여부, 증언거부권을 고지받았더라도 허위진술을 하였을 것이라고 볼 만한 정황이 있는지 등을 전체적·종합적으로 고려하여 증인이 침묵하지 아니하고 진술한 것이 자신의 진정한 의사에 의한 것인지 여부를 기준으로 위증죄의 성립 여부를 판단하여야 한다. 그러므로 헌법 제12조 제2항에 정한 불이익 진술의 강요금지 원칙을 구체화한 자기부죄거부특권에 관한 것이거나 기타 증언거부사유가 있음에도 증인이 증언거부권을 고지받지 못함으로 인하여 그 증언거부권을 행사하는 데 사실상 장애가 초래되었다고 볼 수 있는 경우에는 위증죄의 성립을 부정하여야 할 것이다.

이와 달리, 피고인이 증인으로 선서한 이상 진실대로 진술한다고 하면 자신의 범죄를 시인하는 진술을 하는 것이 되고 증언을 거부하는 것은 자기의 범죄를 암시하는 것이 되는 처지에 있다 하더라도 증인에게는 증언을 거부할 수 있는 권리를 인정하여 위증죄로부터의 탈출구를 마련하고 있는 만큼 적법행위의 기대가능성이 없다고 할 수 없고 선서한 증인이 허위의 진술을 한 이상 증언거부권 고지 여부를 고려하지 아니한 채 위증죄가 바로 성립한다는 취지로 대법원 1987. 7. 7. 선고 86도1724 전원합의체 판결에서 판시한 대법원의 의견은 위 견해에 저촉되는 범위 내에서 이를 변경하기로 한다."

23) 이재상, 형법각론, 박영사(2004), 778; 백형구, 형법각론, 청림출판(1999), 618.

고 그것이 객관적 진실과 일치하는가는 문제되지 않는다고 해석한다.24) 우리나라의 통설이다.

　　판례도 주관설의 입장에서 "허위의 진술이란 객관적 사실이 허위라는 의미가 아니라 증인이 경험한 사실을 기억에 반하여 진술하는 것을 말하고, 따라서 증언이 객관적 진실에 반하였다고 하여 기억에 반하는 진술, 즉 위증을 하였다고 할 수 없으며, 반대로 증인이 기억에 반하는 진술을 한 때에는 비록 진실과 일치하는 내용을 증언한 경우라도 허위의 진술을 한 경우에 해당한다"고 판시하고 있다.25)

　　마찬가지로, 감정인에 의한 허위의 감정이란, 감정인의 소신에 반하는 의견 내지 판단을 진술하는 것이고, 그것이 객관적 사실과 일치하는지 여부는 본죄의 성립 여부에 영향이 없다. 또한 통역인에 의한 허위의 통역도, 통역인의 지식에 반하는 내용으로 통역하는 것이고, 그것이 객관적 진술과 일치하는지 여부는 본죄의 성립 여부에 영향이 없다.26)

　　진술의 대상은 사실(증인이 경험한 사실)에 제한되며 의견 내지 판단은 포함되지 않는다.27) 또한, 증인의 증언이 기억에 반하는 허위진술인지 여부는 그 증언의 단편적인 구절에 구애될 것이 아니라 당해 신문절차에 있어서의 증언 전체를 일체로 파악하여 판단하여야 할 것이고, 증언의 의미가 그 자체로 불분명하거나 다의적으로 이해될 수 있는 경우에는 언어의 통상적인 의미와 용법, 문제된 증언이 나오게 된 전후 문맥, 신문의 취지, 증언이 행하여진 경위 등을 종합하여 당해 증언의 의미를 명확히 한 다음 허위성을 판단하여야 한다.28)

4. 기수시기와 공범관계

　　위증죄는 미수범을 처벌하지 않기 때문에 기수시기가 중요하다. 본죄의 기수 시기는 1회의 증인신문절차에서 증언 전체를 마치고 더 이상 그 진술을 철

24) 정영석, 형법각론, 법문사(1983), 85; 정영일, 형법개론, 박영사(2004), 772; 황산덕, 형법각론, 방문사(1983), 88; 정성근·박광민, 형법각론, 삼지원(2002), 824.
25) 대법원 1982. 9. 14. 선고 81도105 판결[공1982.11.15.(692), 973]; 1984. 2. 28. 선고 84도114 판결[공1984.5.1.(727), 661]; 1985. 11. 26. 선고 85도711 판결[공1986.1.15.(768), 168]; 1989. 1. 17. 선고 88도580 판결[공1989.3.1.(843), 323]; 1996. 8. 23. 선고 95도192 판결[공1996.10.1.(19), 2931]; 2005. 12. 23. 선고 2004다46366 판결[미간행].
26) 寒河江孝允·峯 唯夫·金井 重彦 編(주 2), 784(矢野 敏樹 집필부분).
27) 대법원 1996. 2. 9. 선고 95도1797 판결[공1996.4.1.(7), 1011].
28) 대법원 1988. 12. 6. 선고 88도935 판결[공1989.1.15.(840), 121]; 2001. 12. 27. 선고 2001도5252 판결[공2002.2.15.(148), 431]; 2007. 10. 26. 선고 2007도5076 판결[미간행].

회할 수 없는 단계에 이르렀을 때 기수로 된다고 보는 것이 통설이다.29) 따라서 허위의 진술 등을 한 사람이 그 신문절차가 끝날 때까지 이를 바로잡은 때에는 위증죄가 성립하지 않는다.30) 선서한 증인 등이 같은 기일에 여러 가지 사실에 대하여 허위의 진술 등을 한 경우에는 포괄하여 1개의 위증죄가 성립한다.31)

　　한편, 형사 피고인이 자기의 형사사건에 관하여 타인을 교사하여 위증하게 한 경우에 본죄의 교사범이 성립할 수 있는지에 대하여는, 적극설과 소극설이 대립한다. 판례는, "피고인이 자기의 형사사건에 관하여 허위의 진술을 하는 행위는 피고인의 형사소송에 있어서의 방어권을 인정하는 취지에서 처벌의 대상이 되지 않으나, 법률에 의하여 선서한 증인이 타인의 형사사건에 관하여 위증을 하면 형법 제152조 제1항의 위증죄가 성립되므로 자기의 형사사건에 관하여 타인을 교사하여 위증죄를 범하게 하는 것은 이러한 방어권을 남용하는 것이라고 할 것이어서 교사범의 죄책을 부담케 함이 상당하다"고 판시하여,32) 적극설을 취하고 있다.

Ⅲ. 자수한 경우의 임의적 감면(제2항)

　　본조 제2항은, 위증죄·허위감정죄·허위통역죄를 범한 자가 그 사건의 디자인등록여부결정, 디자인일부심사등록 이의신청에 대한 결정 또는 심결이 확정되기 전에 자수한 경우에는 그 형을 감경하거나 면제할 수 있도록 규정하고 있다. 자수를 장려하여 위증 등에 의한 잘못된 결정이나 심결이 내려지는 것을 사전에 방지하려고 둔 정책적 규정이다. 증인에 대하여는 형법 제153조(자백, 자수)에서, 감정인이나 통역인에 대하여는 형법 제154조(허위의 감정, 통역, 번역)에서 각각 같은 취지의 규정을 두고 있는 점, 특허심판원의 심판절차는 형법 제153조에서 정한 '재판 또는 징계처분'이 아니기 때문에 위 형법 규정을 그대로 적용하기는 어려워 디자인보호법에 별도의 규정을 두고 있는 점, 형법은 '형을 감경 또는 면제한다'고 하여 필요적 감면사유로 규정하고 있으나, 본조는 '형을

---

29) 백형구(주 23), 619; 정성근·박광민(주 24), 826.
30) 대법원 1993. 12. 7. 93도2510 판결[공1994.2.1.(961), 401]; 2010. 9. 30. 선고 2010도7525 판결[공2010하, 2052].
31) 대법원 1990. 2. 23. 선고 89도1212 판결[공1990.4.15.(870), 825]; 1998. 4. 14. 선고 97도3340 판결[공1998.5.15.(58), 1418]; 2007. 3. 15. 선고 2006도9463 판결[미간행].
32) 대법원 2004. 1. 27. 선고 2003도5114 판결[공2004.3.1.(197), 416].

감경하거나 면제할 수 있다'고 하여 임의적 감면사유로 규정하고 있는 차이가 있는 점은 앞서 설명한 바와 같다.

　　자수란, 디자인보호법에 따라 선서한 증인·감정인·통역인이 거짓의 진술·감정·통역을 하였다는 범죄사실을 인정하는 것을 말한다. 형법 제52조(자수, 자복) 제1항은, "죄를 범한 후 수사책임이 있는 관서에 자수한 때에는 그 형을 감경 또는 면제할 수 있다"고 규정하고 있다. 다만, 형의 감면을 받기 위해서는, 자수가 그 사건의 디자인등록여부결정, 디자인일부심사등록 이의신청에 대한 결정 또는 심결이 확정되기 전에 이루어져야 한다.

　　이와 같은 법률상의 형의 감경방법에 관하여는 형법 제55조[33])가 규정하고 있고, 형사소송법 제322조(형면제 또는 형의 선고유예의 판결)는 "피고사건에 대하여 형의 면제 또는 선고유예를 하는 때에는 판결로써 선고하여야 한다"고 규정하고 있다.

Ⅳ. 처　　벌

　　본죄의 위증죄, 허위감정죄, 허위통역죄를 범한 자는 5년 이하의 징역 또는 1천만 원 이하의 벌금에 처해진다. 2011년 개정법에서 형법 제152조(위증) 제1항, 제154조(허위의 감정, 통역, 번역)에서 정하고 있는 형과 같은 수준으로 올렸다.

　　참고로, 본조 외에 선서에 관한 규정이 포함되어 있는 민사소송법의 준용규정들 중 민사소송법 제299조(소명의 방법)의 규정을 위반한 거짓 진술에 대하여는 200만 원 이하의 과태료(민사소송법 제301조)를, 민사소송법 제367조(당사자신문)의 규정을 위반한 거짓 진술에 대하여는 500만 원 이하의 과태료(민사소송

---

33) 형법 제55조(법률상의 감경) ① 법률상의 감경은 다음과 같다. <개정 2010.4.15.>
　　1. 사형을 감경할 때에는 무기 또는 20년 이상 50년 이하의 징역 또는 금고로 한다.
　　2. 무기징역 또는 무기금고를 감경할 때에는 10년 이상 50년 이하의 징역 또는 금고로 한다.
　　3. 유기징역 또는 유기금고를 감경할 때에는 그 형기의 2분의 1로 한다.
　　4. 자격상실을 감경할 때에는 7년 이상의 자격정지로 한다.
　　5. 자격정지를 감경할 때에는 그 형기의 2분의 1로 한다.
　　6. 벌금을 감경할 때에는 그 다액의 2분의 1로 한다.
　　7. 구류를 감경할 때에는 그 장기의 2분의 1로 한다.
　　8. 과료를 감경할 때에는 그 다액의 2분의 1로 한다.
　　② 법률상 감경할 사유가 수 개 있는 때에는 거듭 감경할 수 있다.

법 제370조 제1항)를 각 부과하도록 되어 있으나, 디자인보호법 제229조 제1항 제1호[34])는 이와 비슷한 거짓 진술을 한 행위들에 대하여 50만 원 이하의 과태료만 부과하도록 규정하고 있다.

〈김태현〉

---

34) 디자인보호법 제229조(과태료) ① 다음 각 호의 어느 하나에 해당하는 자에게는 50만 원 이하의 과태료를 부과한다. 1. 제145조에 따라 준용되는 민사소송법 제299조 제2항 및 제367조에 따라 선서를 한 자로서 특허심판원에 대하여 거짓 진술을 한 자

> **제222조(허위표시의 죄)**
> 제215조를 위반한 자는 3년 이하의 징역 또는 2천만 원 이하의 벌금에 처한다.

Ⅰ. 입법취지와 법적 성격

본조는 제215조(허위표시의 금지)의 규정을 위반한 자에 대하여 형벌을 부과하는 규정이다. 그 입법취지는, 허위표시행위는 국가의 디자인등록제도에 반할 뿐만 아니라, 거래계나 일반 수요자를 오인시켜 건전한 상거래질서를 해할 우려가 있으므로, 이러한 행위를 막기 위한 데 있다.[1] 따라서 본조의 보호법익은 어디까지나 거래의 안전이라고 하는 사회적 법익일 뿐 디자인권자를 위한 개인적 법익이 아니다.[2] 그 결과 처벌요건으로서의 고소를 요구하는 디자인권침해죄와는 달리 고소를 요구하지 아니하는 비친고죄로 규정되어 있다.

허위표시죄는 허위를 요소로 하고 있는 점에서 형법상 사기죄와 공통되는데, 표시행위 자체를 처벌하는 점에서 사기죄의 예비죄적인 성격을 가지고 있다. 허위표시를 한 상품을 판매하는 경우에는 형법상의 사기죄가 성립될 수 있고, 이 경우 본죄와 사기죄의 죄수관계에 관하여는 상상적 경합에 해당한다는 설, 허위표시죄는 사기죄에 흡수된다는 설, 수단과 결과의 관계에 있는 견련범이라는 설[3] 등이 있다.[4]

「부정경쟁방지 및 영업비밀보호에 관한 법률」 제2조 제1호 바목은 "타인의

---

1) 특허청, 조문별 상표법해설, 특허청(2007), 495.
2) 정상조·박성수 공편, 특허법 주해Ⅱ, 박영사(2010), 1178(구본진 집필부분); 寒河江孝允·峯 唯夫·金井 重彦 編, 意匠法コンメンタール(第2版), レクシスネクシス·ジャパン 株式會社(2012), 777(矢野 敏樹 집필부분); 滿田重昭·松尾和子 編, 注解 意匠法, 青林書院(2010), 730(青木 康·青木淸志 집필부분).
3) 滿田重昭·松尾和子 編(주 2), 730(青木 康·青木淸志 집필부분).
4) 寒河江孝允·峯 唯夫·金井 重彦 編(주 2), 779(矢野 敏樹 집필부분).

상품을 사칭(詐稱)하거나 상품 또는 그 광고에 상품의 품질, 내용, 제조방법, 용도 또는 수량을 오인하게 하는 선전 또는 표지를 하거나 이러한 방법이나 표지로써 상품을 판매·반포 또는 수입·수출하는 행위"('품질 등 오인야기행위'라고 한다)를 부정경쟁행위로 규정하고, 같은 법 제18조 제3항은 그 위반자에 대하여 3년 이하의 징역 또는 3천만 원 이하의 벌금에 처하도록 정하고 있다. 특허의 허위표시행위는 간접적으로 상품의 품질 또는 내용에 오인을 야기하는 행위가 되어 위와 같은 부정경쟁방지 및 영업비밀보호에 관한 법률 위반죄에도 해당할 여지가 있지만,[5] 디자인권의 허위표시행위의 경우에는 반드시 상품의 품질 또는 내용에 오인을 야기하는 행위에 해당한다고 보기는 어렵기 때문에, 본조의 허위표시죄 외에 부정경쟁방지 및 영업비밀보호에 관한 법률 위반죄로도 처벌할 수 있을지는 의문이다.

Ⅱ. 허위표시행위의 의의와 유형

1. 허위표시행위의 의의

허위표시행위는 디자인등록되거나 디자인등록출원 중이 아닌 물품 등에 디자인등록표시나 디자인출원표시를 하거나 이와 혼동하기 쉬운 표시를 하는 행위 등을 말하고, 제215조에 그 유형을 3가지로 열거하고 있다.

디자인보호법 시행규칙 제101조가 "법 제214조에 따른 디자인등록표시는 물품 또는 그 물품의 용기나 포장 등에 등록디자인이라는 문자와 그 등록번호를 표시한다"고 규정하고 있고, 일반적으로 「등록디자인 제○○○○호」의 형태로 디자인등록표시를 하고 있다. 따라서 허위표시 여부를 판단함에 있어서도, 위의 형태와 동일 또는 유사한 방법으로 표현되어 거래자나 일반 수요자를 혼동시키는 표시인지가 고려되어야 한다. 하지만 반드시 위와 같은 디자인등록표시 방법대로 표시되어야 본조의 처벌대상이 되는 것은 아니다. 거래계나 일반 수요자를 오인시켜 거래안전을 해하는 행위를 막기 위한 입법취지에 비추어 볼 때, '디자인특허'나 '디자인등록' 등 '등록디자인'과 유사한 표현이 표시되어 있으면 충분하다고 해야 한다. '등록디자인'이나 그에 유사한 표현의 유무가 관건이고, '등록번호'의 유무는 문제가 되지 않는다고 할 것이다.

한편, 디자인권자 등이 아닌 자가 한 디자인등록표시가 허위표시에 해당하

---

5) 寒河江孝允·峯 唯夫·金井 重彦 編(주 2), 779(矢野 敏樹 집필부분).

는지 여부에 관하여는, 그와 같은 디자인등록표시는 대상물건이 진정한 등록디자인에 관한 물품인지 여부에 관계없이 항상 허위표시로 보아야 한다는 견해와 대상물건이 진정한 등록디자인에 관한 물품인 이상 디자인등록표시 자체가 허위표시에 해당하지는 않는다는 견해가 대립하고 있음은, 앞서 디자인보호법 제214조의 주해 부분에서 본 바와 같다.

또한, 디자인권자가 그 디자인권이 소멸한 후에 본조에 해당하는 행위를 하는 경우에도 행위 시점에는 디자인권이 존재하지 않기 때문에 본조의 금지되는 행위에 해당한다.[6] 마찬가지로, 디자인권이 존속하는 기간에 정당하게 디자인등록표시가 된 물품이라도 이를 디자인권이 소멸한 후에 양도, 대여, 전시하는 행위도 본조의 금지되는 행위에 해당한다고 볼 것이다.

2. 허위표시행위의 유형

가. 물품 또는 그 물품의 용기나 포장에 허위표시하는 행위(제215조 제1호)

본 호에서 금지되는 행위는, 디자인등록된 것이 아닌 물품, 디자인등록출원 중이 아닌 물품 또는 그 물품의 용기나 포장에 디자인등록표시 또는 디자인등록출원표시를 하거나 이와 혼동하기 쉬운 표시를 하는 행위이다. 이는 등록 또는 출원 중인 디자인에 관한 물품이 아닌 물품 등에 등록 또는 등록출원 중인 디자인의 표시를 하여서는 아니 된다는 의미이다. 예를 들면, 귀걸이에 관한 디자인등록을 한 디자인권자가 귀걸이가 아닌 물품 등에 그 디자인등록의 표시를 하는 경우 등이 이에 해당한다.

용기나 포장에는 용기, 포장용기, 포장지, 포장상자 등이 포함된다. 용기나 포장에 해당하는지 여부에 관한 구체적인 범위를 판단함에 있어서는, 형사처벌의 대상이 되는 행위는 엄격하게 해석하여야 한다는 법원칙과 허위의 디자인등록표시를 하여 시장에서의 우월한 지위를 얻으려고 하는 행위를 규제하여 등록디자인을 실시할 권리를 가진 자와 일반 수요자를 보호하고자 하는 본조의 입법취지를 비교형량하여 적절한 범위를 정할 필요가 있다.

나. 허위표시를 한 것을 양도·대여 또는 전시하는 행위(제215조 제2호)

본호는 제1호의 허위표시를 한 물품, 그 용기나 포장을 양도, 대여하거나 또는 양도나 대여하여 전시하는 행위를 금지하고 있다. 허위의 디자인등록표시

---

6) 정상조·박성수 공편(주 2), 1178(구본진 집필부분).

로 거래자나 일반 수요자를 오인시키고 시장에서의 우월한 지위를 얻는 것은 결국 이와 같은 양도, 대여 및 전시행위를 통하여 이루어진다. 본조의 입법취지나 금지되는 행위태양에 비추어, 양도나 대여는 반드시 유상행위만으로 한정할 것은 아니고, 무상의 증여행위나 사용대차행위도 포함된다고 볼 것이다.

다. 광고·간판 또는 표찰에 허위표시하는 행위(제3호)

본호에서 금지되는 행위는, 디자인등록된 것이 아닌 물품, 디자인등록출원 중이 아닌 물품을 생산·사용·양도 또는 대여하기 위하여 광고·간판 또는 표찰에 그 물품이 디자인등록 또는 디자인등록출원된 것으로 표시하거나 이와 혼동하기 쉬운 표시를 하는 행위이다. 제1호와의 차이는, 그 표시대상이 물품, 용기, 포장이 아니라 광고·간판 또는 표찰이라는 점과 물품을 생산·사용·양도 또는 대여하기 위한 표시이어야 한다는 점이다. 또한, 물품이나 용기, 포장에 대한 표현방법과 달리 광고 등에서의 표현방법은 훨씬 다양할 수 있기 때문에 허위표시 여부를 판단함에 있어서도 이 점이 고려되어야 한다.

Ⅲ. 처　벌

디자인과 관련된 허위표시를 한 자는 3년 이하의 징역 또는 2천만 원 이하의 벌금에 처해진다. 제227조에서는 허위표시죄에 대하여 양벌규정을 적용하고 있다. 즉, 법인의 대표자나 법인 또는 개인의 대리인·사용인, 그 밖의 종업원이 그 법인 또는 개인의 업무에 관하여 허위표시죄에 해당하는 행위를 하면 위와 같이 그 행위자를 벌하는 외에 그 법인에게도 6천만 원 이하의 벌금형을 과하도록 규정하고 있다.

〈김태현〉

> **제223조(거짓행위의 죄)**
> 거짓이나 그 밖의 부정한 행위로써 디자인등록 또는 심결을 받은 자는 3년 이하의 징역 또는 2천만 원 이하의 벌금에 처한다.

<소 목 차>

Ⅰ. 입법취지와 법적 성격

본조는 디자인출원심사나 심판 과정에서 허위의 자료를 제출하는 등의 거짓이나 부정한 행위로써 디자인등록이나 심결을 받은 자를 처벌하는 규정이다. 심사관이나 심판관이 그러한 거짓이나 부정한 행위에 속아 잘못된 판단을 하게 되는 경우, 국가의 권위나 심사 및 심판 기능이 침해되고 그로 인하여 일반 공중의 디자인실시의 자유가 침해될 수 있으므로 이를 보호하고자 하는 데 입법취지가 있다.[1] 따라서 본조의 보호법익은 국가적 법익 내지 사회적 법익(일반공중의 디자인실시의 자유를 보호하는 의미에서)[2]이고, 그 결과 처벌요건으로서의 고소를 요구하지 아니하는 비친고죄로 규정되어 있다.

거짓행위의 죄('사위행위죄'라고도 한다)는 형법상 사기죄의 특별죄이지만, 사기죄는 개인의 재산을 보호하기 위한 규정인 데 비하여, 본죄는 국가적 법익 내지 사회적 법익을 보호하기 위한 규정이라는 데 차이가 있다.

---

1) 특허청, 조문별 상표법해설, 특허청(2007), 496; 정상조·박성수 공편, 특허법 주해Ⅱ, 박영사(2010), 1181(구본진 집필부분); 寒河江孝允·峯 唯夫·金井 重彦 編, 意匠法コンメンタール(第2版), レクシスネクシス·ジャパン株式會社(2012), 773(矢野 敏樹 집필부분).
2) 滿田重昭·松尾和子 編, 注解 意匠法, 靑林書院(2010), 727(靑木 康·靑木淸志 집필부분).

II. 구성요건

1. 거짓이나 그 밖의 부정한 행위

거짓이나 그 밖의 부정한 행위는 심사관이나 심판관을 속여 착오에 빠뜨리게 하여 디자인등록이나 심결을 받은 행위를 의미한다. 즉, 심사관에게 허위자료를 제출하여 디자인등록을 받을 수 없는 디자인임에도 불구하고 디자인등록을 받는 행위 등을 말한다. 적극적인 조작행위 뿐만 아니라 진실한 사실을 은폐하는 소극적 행위도 이에 포함될 수 있으나, 단순히 디자인등록을 받을 수 없는 공지의 디자인을 출원하여 디자인등록을 받으려 하였다는 행위만으로는 이에 해당하지 않는다.[3]

대법원 2010. 9. 9. 선고 2010도2985 판결[공2010하, 1953]은, "구 상표법 제96조에서 규정한 '사위 기타 부정한 행위로써 상표등록을 받은 자' 및 구 디자인보호법 제85조에서 규정한 '사위 기타 부정한 행위로써 디자인등록을 받은 자'라고 함은 정상적인 절차에 의하여서는 상표 및 디자인 등록을 받을 수 없는 경우임에도 위계 기타 사회통념상 부정이라고 인정되는 행위로써 상표 및 디자인 등록을 받는 자를 가리킨다고 할 것이다"라고 판시하고 있다.

특허에 관한 판례인 대법원 2004. 2. 27. 선고 2003도6283 판결[공2004. 4. 1.(199), 574]은, "구 특허법 제228조에 정한 '사위 기타 부정한 행위로써 특허를 받은 자'라고 함은 정상적인 절차에 의하여서는 특허를 받을 수 없는 경우임에도 불구하고 위계 기타 사회통념상 부정이라고 인정되는 행위로써 그 특허를 받은 자를 가리킨다고 할 것인데, 우선 '특허출원 전에 국내에서 공지되었거나 공연히 실시된 발명'이거나 '특허출원 전에 국내 또는 국외에서 반포된 간행물에 게재된 발명' 등으로서 특허를 받을 수 없는 발명임에도 불구하고 특허출원을 하였다는 사실만으로는 그 '사위 기타 부정한 행위'가 있었다고 볼 수 없을 뿐만 아니라, 특허출원인에게 특허출원 시 관계 법령상 그러한 사정을 특허관청에 미리 알리도록 강제하는 규정 등도 없는 이상, 특허출원 시 이를 특허관청에 알리거나 나아가 그에 관한 자료를 제출하지 않은 채 특허출원을 하였다고 하여 이를 가리켜 위계 기타 사회통념상 부정이라고 인정되는 행위라고 볼 수도

---

3) 정상조·박성수 공편(주 1), 1181(구본진 집필부분).

없다”고 판시하고 있다.⁴⁾

한편, 타인의 디자인창작을 자기의 창작으로 사칭하여 출원하는 모인행위에 의하여 디자인등록을 받은 행위가 ‘거짓이나 그 밖의 부정한 행위’에 포함되는지가 문제된다. 대법원 2010. 9. 9. 선고 2010도2985 판결[공2010하, 1953]은, “상표 및 디자인 등록에 있어서 사위행위죄는 상표 및 디자인 등록 과정에서 허위의 자료나 위조된 자료를 제출하는 등 심사관을 부정한 행위로써 착오에 빠뜨려 등록 요건을 결여한 상표 및 디자인에 대하여 등록을 받은 자를 처벌함으로써 국가의 심사권의 적정한 행사를 보장하려는 취지에서 둔 규정이라고 할 것이므로, 서비스표 및 디자인 등록 출원을 위임받은 자가 위임의 취지에 위배하여 자신의 명의로 등록 출원하였다는 사실만으로는 ‘사위 기타 부정한 행위’가 있었다고 볼 수 없다”고 판시하고 있다. 일본의 통설적 견해도 본죄는 디자인권을 부여해야 하는지 아닌지에 관한 기술적 판단을 오인시키는 행위를 벌하는 것이므로 모인행위는 본죄에 해당하지 않는다고 한다.⁵⁾ 대법원 1983. 12. 27. 선고 82도3238 판결[공1984. 2. 15.(722), 280]은, “타인 명의의 시험성적서를 마치 피고인의 것인양 특허청에 제출하는 등의 행위를 하여 그 타인이 특허를 받을 수 있는 권리를 피고인 자신이 발명한 것처럼 모인하여 특허를 받았다면 피고인의 행위는 사위의 행위로서 특허권을 받는 경우에 해당한다”고 판시하고 있지만, 이 판결은 ‘단순한 모인행위는 본죄에 해당하지 않는다’는 취지로 판시한 위 2010도2985 판결과 대비하여 볼 때, ‘모인행위 때문에 사위행위에 해당한다’라는 취지보다는 ‘허위의 서류를 제출하는 등 위계 기타 사회통념상 부정이라고 인정되는 행위로써 특허를 받은 행위 때문에 사위행위에 해당한다’는 취지에 방점이 찍힌 판결로 이해할 수 있다.

2. 인과관계

본죄는 거짓이나 그 밖의 부정한 행위를 하여 디자인등록이나 심결을 받는 행위를 처벌하는 것으로 결과범에 해당하므로, ‘거짓이나 그 밖의 부정한 행위’와 ‘디자인등록이나 심결을 받는 행위’ 사이에 인과관계가 있어야 한다. 따라서 거짓이나 그 밖의 부정한 행위가 있어도 심사관이 착오에 빠지지 않은 채 사위

---

4) 이 판결에 대한 평석은, 임호, “사위 기타 부정한 행위로 특허를 받은 자에 대한 제재”, 법률신문 3267호(2004. 5.), 15가 있다.

5) 寒河江孝允·峯 唯夫·金井 重彦 編(주 1), 774(矢野 敏樹 집필부분).

행위와 무관하게 디자인등록이나 심결을 한 경우에는 인과관계가 없어 본죄가 성립하지 않는다.[6]

3. 디자인등록 또는 심결을 받은 자

본죄는 디자인등록 또는 심결을 받은 때에 기수가 된다. 디자인등록결정을 받은 것만으로는 부족하고 등록까지 받을 것을 요한다. 일단 등록을 받은 디자인에 대하여 나중에 무효심판에서 무효심결이 확정되더라도 본죄는 성립한다. 심결을 받은 이상 그 심결이 확정되지 않더라도 본죄는 성립한다.[7]

Ⅲ. 처 벌

거짓이나 부정한 행위로써 디자인등록 또는 심결을 받은 자는 3년 이하의 징역 또는 2천만 원 이하의 벌금에 처해진다. 제227조에서는 본죄에 대하여 양벌규정을 적용하고 있다. 즉 법인의 대표자나 법인 또는 개인의 대리인·사용인, 그 밖의 종업원이 그 법인 또는 개인의 업무에 관하여 허위표시죄에 해당하는 행위를 하면 위와 같이 그 행위자를 벌하는 외에 그 법인에게도 6천만 원 이하의 벌금형을 과하도록 규정하고 있다.

〈김태현〉

---

6) 寒河江孝允·峯 唯夫·金井 重彦 編(주 1), 775(矢野 敏樹 집필부분); 滿田重昭·松尾 和子 編(주 2), 728(靑木 康·靑木淸志 집필부분).
7) 정상조·박성수 공편(주 1), 1182(구본진 집필부분).

> **제224조(비밀유지명령위반죄)**
> ① 국내외에서 정당한 사유 없이 제217조 제1항에 따른 비밀유지명령을 위반한 자는 5년 이하의 징역 또는 5천만원 이하의 벌금에 처한다.
> ② 제1항의 죄는 비밀유지명령을 신청한 자의 고소가 없으면 공소를 제기할 수 없다.

Ⅰ. 본조의 의의

본조는 디자인권 등의 침해에 관한 소송에서 비밀유지명령 제도가 도입됨에 따라 그 실효성을 확보하기 위하여 신설된 규정이다.

즉 제217조 제1항의 비밀유지명령에 위반하여 비밀유지명령의 대상인 영업비밀을 해당 소송의 계속적인 수행 외의 목적으로 사용하거나 해당 비밀유지명령을 받은 자 외의 자에게 공개하는 행위를 형사처벌의 대상으로 한다. 이는 민사소송 절차에서 생산되거나 교환된 비밀정보의 보호에 관한 사법명령의 위반에 대하여 사법당국이 제재를 부과할 수 있는 권한을 규정한 한·미 FTA 협정문 제18.10조 제11항을 반영하기 위한 것이다. 비밀유지명령 위반은 법규 위반이 아닌 법원의 명령에 대한 위반이며, 심리 중에 알게 된 비밀을 소극적으로 유지하지 못한 것이라는 점에서 일정한 목적을 가지고 누설한 목적범과 형량에 있어서 차이를 두는 것이 합리적이므로, 산업기술유출방지법 및 일본 부정경쟁방지법 등과 같이 5년 이하의 징역 또는 5천만원 이하의 벌금으로 규정하였다.[1]

그리고 민사소송법상의 비밀심리제도(in camera)를 형사소송까지 확대하여 비공개로 할 수 있는 법적 근거가 없는 이상, 명령위반에 대한 형사소송에서 영업비밀이 공개될 가능성이 있으므로 영업비밀 보유자에게 영업비밀 유지 이익의 선택권을 주어 친고죄로 규정하였다.

---

1) 특허청, 부정경쟁방지 및 영업비밀보호 업무해설서(2012), 238 참조.

Ⅱ. 연   혁

본조는 2011. 12. 2. 개정 디자인보호법(법률 제11111호) 제85조의2에 신설되었다. 즉 한·미 자유무역협정이 체결됨에 따라 그 합의사항을 우리 디자인보호법 등 지적재산권법 분야에서 이행하기 위하여 비밀유지명령(제81조의2) 제도가 도입되면서,[2] 비밀유지명령의 취소(제81조의3), 소송기록 열람 등의 청구 통지 등(제81조의4)과 함께 비밀유지명령위반죄(제85조의2) 규정도 함께 신설되었다.

한편 2013. 5. 28. 법률 제11848호로 전부 개정된 현행 디자인보호법은 조문체계의 정리에 따라 종전 제85조의2의 규정을 제224조로 이동하였다.

Ⅲ. 구성요건

"제217조에 따른 비밀유지명령"이라 함은 제217조의 규정에 기하여 내려진 결정을 말하고, 그 결정에 위반하는 행위가 본조의 대상으로 된다. 비밀유지명령에 대하여는 제217조의 주해를 참조 바란다.

"국내외에서"라고 규정하고 있으므로 대한민국 내에서뿐만 아니라 대한민국 외에서 범한 자도 처벌된다. 영업비밀의 국외 사용, 개시 행위의 처벌과 마찬가지로 영업비밀의 보호법익의 관점에서 생각해 보면 국외에서 영업비밀이 공개되어도 영업비밀의 재산적 가치가 감소하는 것에 틀림없기 때문에 비밀유지명령위반에 대하여는 국외범에 대하여도 처벌의 필요가 있다.

비밀유지명령을 위반함에 "정당한 사유"가 있는 경우에는 구성요건에 해당하지 않는다고 해석할 수도 있으나 위법성 조각사유에 해당한다고 볼 것이다.

Ⅳ. 형   벌

비밀유지명령을 위반한 자에게는 형사벌이 가해진다. 법정형은 5년 이하의 징역 또는 5천만원 이하의 벌금으로서, 징역형과 벌금형을 선택해서 부과할 수 있다(본조 제1항).

---

2) 정상조·박준석, 지식재산권법, 홍문사(2013), 246.

저작권법상의 비밀유지명령위반죄[3]와 달리 징역형과 벌금형을 병과할 수는 없다. 양벌규정도 적용되지 않는다(디자인보호법 제227조 참조).[4]

V. 친 고 죄

비밀유지명령위반죄는 친고죄이다(본조 제2항). 비밀유지명령위반죄 사건을 공개된 형사법정에서 심리하는 과정에서 비밀유지명령에 의하여 보호되어야 할 영업비밀이 현출되어 침해될 우려가 있기 때문에 본죄를 친고죄로 하여 그 소추를 피해자인 영업비밀의 보유자의 의사에 맡긴 것이다.[5]

즉 법원의 명령에 대한 위반이 현실화된 이상 충분한 억지력을 주기 위해서는 친고죄로 구성해서는 안 된다는 견해와 친고죄로 구성하여 영업비밀 보유자에게 영업비밀 유지 이익의 선택권을 주어야 한다는 견해가 있을 수 있는데, 비친고죄로 구성하는 경우, 피해자가 형사재판을 원하지 않아도 검사가 기소하면 공판절차가 개시되므로 형사처벌을 통해 보호하고자 하는 영업비밀이 형사소송 과정에서 다시 공개되어 버릴 가능성이 있으므로, 영업비밀을 침해받은 자는 비밀유지명령 위반에 대하여 자신의 영업비밀이 누설되는 것을 감수하고서라도 형사소추를 하여 처벌할 것인지, 아니면 영업비밀을 중시하여 소추하지 않을 것인지 여부를 스스로 비교 형량하여 판단하게 하는 등 비밀유지명령 위반에 대하여 형사처벌의 근거를 마련함으로써 영업비밀을 보호하여 건전한 거래질서를 확립할 수 있을 것으로 기대하고 친고죄로 구성하였다고 한다.[6]

〈설범식〉

---

3) 저작권법 제136조 제1항은 징역형과 벌금형을 병과할 수 있다고 규정하고 있다.
4) 특허법 제230조, 실용신안법 제50조, 상표법 제97조, 「부정경쟁방지 및 영업비밀보호에 관한 법률」 제19조도 디자인보호법 제227조와 마찬가지로 비밀유지명령위반죄에 대하여는 양벌규정을 적용하지 않는다. 한편, 저작권법 제141조는 "법인의 대표자나 법인 또는 개인의 대리인, 사용인 그 밖의 종업원이 그 법인 또는 개인의 업무에 관하여 이 장의 죄를 범한 때에는 행위자를 벌하는 외에 그 법인 또는 개인에 대하여도 각 해당 조의 벌금형을 과한다"고 규정하여 비밀유지명령위반죄에 대하여도 양벌규정을 적용한다.
5) 전효숙, "지식재산소송절차와 비밀유지명령 제도", 이화여자대학교 법학논집 제17권 제2호(2012. 12), 52; 中山信弘・小泉直樹 편, 新注解 特許法(下), 靑林書院(2011), 2722(森崎博之/岡田誠 집필부분).
6) 특허청(주 1), 239 참조.

제225조(비밀누설죄 등)

① 특허청 또는 특허심판원 직원이나 그 직원으로 재직하였던 사람이 디자인등록출원 중인 디자인(헤이그협정 제11조에 따라 연기 신청된 국제디자인등록출원 중인 디자인을 포함한다)에 관하여 직무상 알게 된 비밀을 누설하거나 도용한 경우에는 5년 이하의 징역 또는 5천만 원 이하의 벌금에 처한다.

② 특허청 또는 특허심판원 직원이나 그 직원으로 재직하였던 사람이 제43조 제1항에 따른 비밀디자인에 관하여 직무상 알게 된 비밀을 누설한 경우에는 5년 이하의 징역 또는 5천만 원 이하의 벌금에 처한다.

③ 제43조 제4항에 따라 비밀디자인을 열람한 자(제43조 제4항 제4호에 해당하는 자는 제외한다)가 같은 조 제5항을 위반하여 열람한 내용을 무단으로 촬영·복사 등의 방법으로 취득하거나 알게 된 내용을 누설하는 경우에는 2년 이하의 징역 또는 2천만 원 이하의 벌금에 처한다.

④ 제185조 제1항에 따라 비밀사본을 열람한 자가 같은 조 제2항을 위반하여 열람한 내용을 무단으로 촬영·복사 등의 방법으로 취득하거나 알게 된 내용을 누설·도용하는 경우에는 2년 이하의 징역 또는 2천만 원 이하의 벌금에 처한다.

<소 목 차>

Ⅰ. 입법취지와 법적 성격

본조는 특허청 또는 특허심판원 직원이나 그 직원으로 재직하였던 사람이 디자인등록출원 중인 디자인에 관하여 직무상 알게 된 비밀을 누설하거나 도용하는 행위를 처벌하는 규정이다. 디자인등록출원 중인 디자인에 관한 비밀이 누설되거나 도용되면 출원인의 이익을 해하게 될 뿐 아니라 디자인등록 제도의 질서와 신뢰가 무너지게 되므로 이를 보호하고자 하는 데 입법취지가 있다.[1]

---

[1] 조문별 특허법해설, 특허청(2007), 534; 정상조·박성수 공편, 특허법 주해Ⅱ, 박영사(2010), 1171(구본진 집필부분); 寒河江孝允·峯 唯夫·金井 重彦 編, 意匠法コンメンタール(第2版), レクシスネクシス·ジャパン株式會社(2012), 786(矢野 敏樹·高瀨 亞富

따라서 본조의 보호법익은 개인적 법익과 함께 국가적 법익이고, 처벌요건으로서의 고소를 요구하지 아니하는 비친고죄로 규정되어 있다.

본조가 아니더라도 특허청 또는 특허심판원 직원은 국가공무원으로서 국가공무원법 제60조[2])에 따라 '비밀 엄수의 의무'를 지고, 이를 위반하였을 경우에는 국가공무원법 제78조에 정한 대로 징계처분을 받고, 형법 제127조(공무상 비밀의 누설)에 따라 2년 이하의 징역이나 금고 또는 5년 이하의 자격정지에 처해질 수 있다. 본조는 위와 같은 국가공무원법 제60조, 제78조의 특별규정에 해당한다. 국가공무원법은 행정청의 비밀유지를 주된 보호대상으로 하고 있지만, 본조는 출원인의 개인 이익을 주된 보호대상으로 하고 있을 뿐 아니라 비밀누설행위 외에 도용행위도 처벌하는 점에서 차이가 있다.[3]

II. 구성요건

1. 특허청 또는 특허심판원 직원이나 그 직원으로 재직하였던 사람

본조의 행위주체는 특허청 또는 특허심판원 직원이나 그 직원으로 재직하였던 사람이다. 따라서 특허청 또는 특허심판원 직원이나 그 직원으로 재직하였던 사람은 공무상 알게 된 비밀유지에 관하여 본조와 국가공무원법의 관련 규정을 모두 적용받게 된다.

2. 직무상 알게 된 비밀

'직무상'이란 형법 제129조(수뢰)에서 규정한 '그 직무에 관하여'와 같은 의미로 형법상의 해석이 그대로 적용된다. 즉, 해당 공무원의 일반적인 직무권한에 속하는 것이면 충분할 뿐 본인이 구체적인 업무담당자로서 담당하는 사무일 필요는 없다.[4] 특허청 또는 특허심판원 직원이 그 지위에 근거하여 수행하는 모든 공무집행을 의미하는 것이고, 본래의 직무만이 아니라 그 직무와 밀접한 관계가 있는 모든 행위를 포함한다.[5]

집필부분); 滿田重昭・松尾和子 編, 注解 意匠法, 靑林書院(2010), 735(靑木 康・靑木淸志 집필부분).

2) 국가공무원법 제60조는, "공무원은 재직 중은 물론 퇴직 후에도 직무상 알게 된 비밀을 엄수하여야 한다"고 규정하고 있다.

3) 寒河江孝允・峯 唯夫・金井 重彦 編(주 1), 786(矢野 敏樹・高瀨 亞富 집필부분).

4) 寒河江孝允・峯 唯夫・金井 重彦 編(주 1), 787(矢野 敏樹・高瀨 亞富 집필부분).

5) 정상조・박성수 공편(주 1), 1172(구본진 집필부분).

3. 비밀을 누설하거나 도용

'비밀'은 일반에게 알려지지 않은 것으로 등록출원 중인 디자인을 말한다. 일반에게 알려지지 않음으로써 출원인에게 개인적 이익이 되는 것이다. '누설'이라 함은, 비밀을 제3자에게 알리는 것이고, 그 알리는 방법에는 제한이 없다. '도용'이라 함은, 직무상 알게 된 디자인등록출원 중인 디자인을 무단으로 이용하는 것이다.

본조는 행위의 객체인 비밀의 종류를 2가지로 규정하고 있다. 제1항은 디자인등록출원 중인 디자인(헤이그협정 제11조에 따라 연기 신청된 국제디자인등록출원 중인 디자인을 포함한다)을, 제2항은 디자인보호법 제43조 제1항(디자인등록출원인은 디자인권의 설정등록일부터 3년 이내의 기간을 정하여 그 디자인을 비밀로 할 것을 청구할 수 있다)에 따른 비밀디자인을 각각 규정하고 있다.

한편 본조 제3항은, 디자인보호법 제43조 제4항[6])에 따라 비밀디자인을 열람한 자(제43조 제4항 제4호에 해당하는 자는 제외한다)가 같은 조 제5항을 위반하여 열람한 내용을 무단으로 촬영·복사 등의 방법으로 취득하거나 알게 된 내용을 누설하는 행위를 처벌하고 있다.

또한 본조 제4항은, 디자인보호법 제185조 제1항[7])에 따라 비밀사본을 열람한 자가 같은 조 제2항을 위반하여 열람한 내용을 무단으로 촬영·복사 등의 방법으로 취득하거나 알게 된 내용을 누설·도용하는 행위를 처벌하고 있다.

---

6) 디자인보호법 제43조 제4항
  특허청장은 다음 각 호의 어느 하나에 해당하는 경우에는 비밀디자인의 열람청구에 응하여야 한다.
  1. 디자인권자의 동의를 받은 자가 열람청구한 경우
  2. 그 비밀디자인과 동일하거나 유사한 디자인에 관한 심사, 디자인일부심사등록 이의신청, 심판, 재심 또는 소송의 당사자나 참가인이 열람청구한 경우
  3. 디자인권 침해의 경고를 받은 사실을 소명한 자가 열람청구한 경우
  4. 법원 또는 특허심판원이 열람청구한 경우
7) 디자인보호법 제185조 제1항
  특허청장은 헤이그협정 제11조에 따라 국제등록공개의 연기가 신청된 국제디자인등록출원에 대하여 다음 각 호의 어느 하나에 해당하는 경우에는 같은 협정 제10조(5)(a)에 따른 비밀사본의 열람청구에 응하여야 한다.
  1. 국제디자인등록출원을 한 자의 자격에 관한 행정적 또는 사법적 절차의 진행을 목적으로 분쟁 당사자가 국제디자인등록출원에 대한 열람청구를 하는 경우
  2. 국제등록부에 등재된 국제등록명의인의 동의를 받은 자가 열람청구를 하는 경우

Ⅲ. 처   벌

본조 제1항, 제2항을 위반하여 디자인등록출원 중인 디자인이나 비밀디자인을 누설하거나 도용한 자는 5년 이하의 징역 또는 5천만 원 이하의 벌금에 처해진다. 또한, 본조 제3항, 제4항을 위반하여 비밀디자인이나 비밀사본을 열람한 자가 열람한 내용을 무단으로 촬영·복사 등의 방법으로 취득하거나 알게 된 내용을 누설·도용하는 경우에는 2년 이하의 징역이나 2천만 원 이하의 벌금에 처해진다.

〈김태현〉

> 제226조(전문기관 등의 임직원에 대한 공무원 의제)
> 제59조 제1항에 따른 전문기관 또는 제208조에 따른 디자인문서 전자화기관의 임직원이나 임직원으로 재직하였던 사람은 제225조를 적용할 때에 특허청 직원 또는 그 직원으로 재직하였던 사람으로 본다.

Ⅰ. 입법취지

본조는 전문기관 또는 디자인문서 전자화기관의 임직원이나 그 임직원으로 재직하였던 사람이 제225조에서 정한 비밀누설죄 등을 저지른 경우에 이들을 특허청 직원 또는 그 직원으로 재직하였던 사람으로 보고 처벌하는 규정이다. 이들은 원래 공무원은 아니지만, 제225조를 적용할 때는 공무원인 특허청 직원 또는 그 직원으로 재직하였던 사람으로 본다. 전문기관은 선행디자인의 조사 등을 위하여 디자인등록출원이나 심사에 관한 서류를 취급하는 경우가 있고, 디자인문서 전자화기관은 서면으로 등록출원된 디자인문서에 대한 전자화업무 등을 위하여 디자인등록출원서류 등을 취급하는 경우가 있다. 따라서 이를 취급하는 임직원이 그 업무 수행 중에 알게 된 비밀(등록출원 중인 디자인 등)을 누설하거나 도용하지 못하게 함으로써 출원인의 개인적 이익과 디자인제도의 질서유지 및 신뢰를 보호하고자 하는 데에 그 입법취지가 있다.[1]

Ⅱ. 공무원 의제대상

1. 제59조 제1항에 따른 전문기관의 임직원

디자인보호법 제59조(전문기관의 지정 등) 제1항은, "특허청장은 디자인등록출원을 심사할 때에 필요하다고 인정하면 전문기관을 지정하여 선행디자인의

---

[1] 특허청, 조문별 특허법해설, 특허청(2007), 535; 정상조 · 박성수 공편, 특허법 주해Ⅱ, 박영사(2010), 1173(구본진 집필부분).

조사, 그 밖에 대통령령으로 정하는 업무를 의뢰할 수 있다"고 규정하고 있다. 그에 따라 디자인보호법 시행령 제4조는 전문기관의 지정기준을 정하고 있고, 제5조는 특허청장이 전문기관에 의뢰할 수 있는 업무로, 1. 선행디자인의 조사 업무, 2. 디자인물품의 분류 업무, 3. 디자인심사자료의 정비·구축 업무를 열거하고 있다. 위와 같은 전문기관의 임직원이 특허청장의 의뢰를 받은 업무를 수행함에 있어서 비밀누설죄 등을 범하는 경우에는 특허청 직원으로 의제하여 제225조에 따른 처벌을 받게 된다.

2. 제208조에 따른 디자인문서 전자화기관의 임직원

디자인보호법 제208조(디자인문서 전자화업무의 대행) 제2항은, "특허청장은 디자인문서 전자화업무를 산업통상자원부령으로 정하는 시설 및 인력을 갖춘 법인에 위탁하여 수행하게 할 수 있다"고 규정하고 있다. 위와 같이 특허청장으로부터 디자인문서 전자화업무를 위탁받은 기관의 임직원이 특허청장의 의뢰를 받은 업무를 수행함에 있어서 비밀누설죄 등을 범하는 경우에는 특허청 직원으로 의제하여 제225조에 따른 처벌을 받게 된다.

〈김태현〉

> **제227조(양벌규정)**
>
> 법인의 대표자나 법인 또는 개인의 대리인, 사용인, 그 밖의 종업원이 그 법인 또는 개인의 업무에 관하여 제220조 제1항, 제222조 또는 제223조의 어느 하나에 해당하는 위반행위를 하면 그 행위자를 벌하는 외에 그 법인에는 다음 각 호의 구분에 따른 벌금형을, 그 개인에게는 해당 조문의 벌금형을 과(科)한다. 다만, 법인 또는 개인이 그 위반행위를 방지하기 위하여 해당 업무에 관하여 상당한 주의와 감독을 게을리하지 아니한 경우에는 그러하지 아니하다.
> 1. 제220조 제1항의 경우: 3억원 이하의 벌금
> 2. 제222조 또는 제223조의 경우: 6천만원 이하의 벌금

Ⅰ. 취   지

범죄행위의 방지를 강화하고 법적 규제의 목적을 충분히 달성하기 위하여 디자인권침해의 죄, 사위행위의 죄 및 허위표시의 죄에 대해서는 그 행위자를 처벌하는 외에 범죄행위를 한 대표자·대리인·사용자 및 종업원을 고용한 법인 또는 개인에 대하여도 형벌을 과한다는 양벌규정으로, 1973년 법 개정으로 도입되었다.

이는 사용자의 위치에 있는 법인 또는 개인에 대해서 사회적인 감독책임을 묻는 성격이 짙다고 하겠다. 사회적 지명도가 있는 회사의 경우 양벌규정으로 처벌되면 그 선고형의 다과를 불문하고 명성이나 신뢰도에 타격을 입을 수 있다. 그러나 양벌규정의 기계적 적용은 사실상의 2중처벌로서 기업 활동에 제약이 된다는 비판도 있다.

Ⅱ. 요   건

양벌규정이란 업무주체인 법인의 대표자, 업무주체인 법인 또는 개인의 대

리인 또는 사용자 기타 종업원이 업무주체의 업무에 관하여 위법행위를 했을
때, 실제 행위자를 벌하는 외에 업무주체인 법인 또는 개인에 대해서도 소정의
벌금형을 과한다는 취지의 규정이다.

  여기서 '법인의 대표자'란 주식회사의 대표이사 등과 같이 행위자의 법률행
위가 법인의 행위로 간주되는 관계에 있는 자를 말하고, '대리인'이란 업무주체
인 법인 또는 개인과 대리관계에 있는 자를 말하며, '사용자 기타 종업원'이란
업무주체인 법인 또는 자연인과의 고용계약에 의하여 노무를 제공하는 자를 말
한다.

  양벌규정은 범죄행위를 한 자의 행위가 업무주체인 법인 또는 개인의 '업
무에 관하여' 행하여진 경우에 적용된다. 본래의 업무를 수행하기 위하여 행하
여진 행위일 필요는 없고, 업무와 관련하여 행하여진 행위이면 충분하다. 예컨
대 법인 또는 개인의 대리인의 경우, 그 범죄행위가 대리의 목적을 달성하기 위
한 행위로서 본인의 업무에 관한 것이면 충분하고, 대리권의 범위 내일 필요는
없다.

Ⅲ. 처벌 및 면책

  법인의 대표자, 법인 또는 개인의 대리인·사용자 기타 종업원이 그 법인
또는 개인의 업무에 관하여 디자인권침해죄(제220조 제1항), 허위표시의 죄(제222
조) 또는 거짓행위의 죄(제223조)를 범한 때에는 행위자를 벌하는 외에 그 법인
또는 개인에게 벌금형을 과한다. 그 내용은 다음과 같다.

  행위자가 디자인권침해죄를 범한 때에는 법인에 대해 3억 원 이하의 벌금
을, 행위자가 허위표시의 죄 또는 거짓행위의 죄를 범한 때에는 법인에 대해 6
천만 원 이하의 벌금에 처한다. 개인의 경우에는 각 해당 조문의 벌금형을 과한
다. 이와 같이 법인을 개인에 비하여 중하게 처벌하는 것은 디자인권의 침해에
있어서 정당한 권원 없이 업으로서 등록디자인 또는 이와 유사한 디자인을 실
시하는 침해행위 등은 법인기업의 업무의 일환으로 행해지고 있고, 등록디자인
또는 이와 유사한 디자인의 실시 등에는 통상 어느 정도의 제조능력이 필요함
과 아울러 침해의 주체가 주로 법인이기 때문에 침해에 의해 초래되는 이익도
개인에 의한 경우에 비해 크다고 예상되기 때문이라고 한다.[1]

---

1) 노태정·김병진 공저, 디자인보호법(2009), 727.

다만, 법인 또는 개인이 그 위반행위를 방지하기 위하여 해당 업무에 관하여 상당한 주의와 감독을 게을리 하지 아니한 경우 즉, 법인 또는 개인이 무과실인 경우 면책이 된다. 이와 같은 면책조항은 2008년 법개정으로 도입되었다. 다른 법에 규정되었던 면책조항이 없는 양벌규정에 대한 일련의 헌법재판소의 위헌결정이 있은 후에 헌법재판소의 결정의 취지에 맞추어 개정되었다.

'위반행위를 방지하기 위하여 해당 업무에 관하여 상당한 주의와 감독을 게을리 하지 아니한 경우'의 해석에 대하여는 '당해 위반행위와 관련된 모든 사정, 즉 당해 법률의 입법취지, 처벌조항 위반으로 예상되는 법익 침해의 정도, 그 위반행위에 관하여 양벌규정을 마련한 취지는 물론 위반행위의 구체적인 모습, 그로 인하여 야기된 실제 피해 결과와 피해의 정도, 법인의 영업 규모 및 행위자에 대한 감독가능성 또는 구체적인 지휘감독 관계, 법인이 위반행위 방지를 위하여 실제 행한 조치 등을 종합하여 판단하여야 한다'고 한다.[2]

〈김용덕〉

---

2) 대법원 2010. 4. 15. 선고 2009도9624 판결.

> **제228조(몰수 등)**
>
> ① 제220조 제1항에 해당하는 침해행위를 조성한 물건 또는 그 침해행위로부터 생긴 물건은 몰수하거나 피해자의 청구에 의하여 피해자에게 교부할 것을 선고하여야 한다.
>
> ② 피해자는 제1항에 따른 물건을 받은 경우에는 그 물건의 가액을 초과하는 손해액에 대하여만 배상을 청구할 수 있다.

Ⅰ. 취지 및 연혁

이 조문은 디자인권침해자의 침해행위에 의한 이득을 방지하고 피해자로 하여금 디자인권침해물건의 교부를 청구할 수 있는 근거를 마련한 규정이다. 다만 그 물건의 교부가 이루어진 경우 피해자는 그 물건의 가액을 초과하는 손해의 액에 한해서 배상을 청구할 수 있도록 함으로써 피해자와 침해자의 이익을 조절하는 장치를 마련하고 있다.

1961년 제정법 당시 '몰취'라는 이름으로 규정되었으나 1973년 법개정으로 삭제되었다가 2009년 법개정으로 다시 도입되었다.

Ⅱ. 내　　용

1. 침해물의 몰수 및 교부(제1항)

가. 몰수의 정의

몰수란 형법상 형의 일종으로(형법 제41조) 범죄반복의 방지나 범죄에 의한 이득의 금지를 목적으로 범죄행위와 관련된 재산을 박탈하는 것을 내용으로 하는 재산형이다. 본조에서 몰수는 디자인권침해자의 침해행위에 의한 이득을 금지함이 그 목적이다.

형법상 몰수는 원칙적으로 부가형으로 되어 있어 다른 형벌을 선고하는 경우에 한하여 이와 함께 과할 수 있다. 다만, 행위자에게 유죄의 재판을 아니할 때에도 몰수의 요건이 있을 때에는 몰수만을 선고할 수 있다(형법 제49조).

재산의 박탈을 내용으로 하는 재산형인바, 몰수에 의하여 국가는 권리를 원시적으로 취득하는 반면에 피몰수자의 물권은 소멸한다.

나. 몰수의 대상

몰수는 원칙적으로 범인 이외의 자의 소유에 속하지 아니하고 범죄 후 범인 이외의 자가 정을 알면서 취득한 물건의 경우에만 할 수 있다(형법 제48조).

법원은 디자인권침해행위를 조성한 물건 또는 그 행위로부터 생긴 물건에 대하여 몰수할 수 있다. 몰수는 다른 형벌을 선고하는 경우에 한하여 이와 함께 부과할 수 있는 부가형이므로 원칙적으로 디자인권 등 침해죄로 유죄재판을 선고하는 경우에 한하여 이와 함께 부과할 수 있다.

형법상 몰수는 특별한 규정이 있는 경우를 제외하고는, 필요적으로 선고해야 하는 것이 아니고 법원의 재량에 의해서 선고할 수 있는 임의적 몰수가 원칙이다. 본 규정의 형식상 필요적 몰수를 규정한 것인지에 대해서 논란이 있을 수 있다. 판례는 피고인이 범죄행위의 대가로서 받은 돈이라 할지라도 이는 반드시 몰수하여야 되는 것이 아니라 몰수 여부는 법원의 재량에 속한다고 하고 있다.[1]

원래 몰수는 부정한 이익을 범인에게 보유하게 하여서는 안 된다고 하는 형벌적 의미와 위험한 물건을 방치하여서는 안 된다는 보안처분적 고려에서 범죄행위의 결과물과 그 제공물 등을 박탈한다는데 본질이 있는 것이다. 그러나 지식재산권 침해의 조성물, 그 침해로 인하여 생긴 결과물은 모두 산업상 및 국민경제상 유용한 물건으로서 이를 필요적으로 몰수하거나 피해자에게 교부하여야 할 합리적 이유가 없고 자칫 잘못하면 과잉 조치가 될 우려가 있기 때문에 이를 감안한 결론으로 보인다. 따라서 디자인권 등 침해죄로 유죄재판을 선고하는 경우에도 반드시 몰수형을 부가하여야 하는 것은 아니다.

형법 제49조 단서에 따를 때, 예외적으로 행위자에게 유죄의 재판을 아니할 때에도 몰수의 요건이 있을 때에는 몰수만을 선고할 수 있다. 따라서 예컨대 디자인권침해죄로 기소된 피고인에 대하여 법원이 형의 선고유예를 하는 경우에도 몰수의 요건이 있는 때에는 몰수형만의 선고를 할 수 있다.[2]

---

1) 대법원 1971. 11. 9. 선고 71도1537판결.
2) 대법원 1973. 12. 11. 선고 73도1133판결[공1974. 1. 1.(479), 7641].

다. 교부의 대상

법원은 디자인권침해행위를 조성한 물건 또는 그 행위로부터 생긴 물건에 대하여 피해자의 청구가 있으면 그 물건을 교부할 수 있다. 판례는 몰수형이 법원의 재량에 속하는 것이라고 하고 있다. 위 판례에 의하면 침해조성물건 및 침해행위로부터 생긴 물건의 교부 여부도 법원의 재량에 속한다고 보는 것이 타당하다.

2. 배상의 청구(제2항)

피해자는 침해행위를 조성한 물건 또는 그 침해행위로부터 생긴 물건을 교부받는 경우에는 그 물건의 가액을 초과하는 손해의 액에 한하여 손해배상을 청구할 수 있다. 디자인권침해로 인한 피해자와 침해자의 이익을 합리적인 범위에서 형량하기 위하여 이 규정을 두었다.

〈김용덕〉

제229조(과태료)

① 다음 각 호의 어느 하나에 해당하는 자에게는 50만원 이하의 과태료를 부과한다.

1. 제145조에 따라 준용되는 「민사소송법」 제299조 제2항 및 제367조에 따라 선서를 한 자로서 특허심판원에 대하여 거짓 진술을 한 자

2. 특허심판원으로부터 증거조사 또는 증거보전에 관하여 서류나 그 밖의 물건 제출 또는 제시의 명령을 받은 자로서 정당한 이유 없이 그 명령에 따르지 아니한 자

3. 특허심판원으로부터 증인, 감정인 또는 통역인으로 출석요구된 사람으로서 정당한 이유 없이 출석요구에 응하지 아니하거나 선서·진술·증언·감정 또는 통역을 거부한 자

② 제1항에 따른 과태료는 대통령령으로 정하는 바에 따라 특허청장이 부과·징수한다.

<소 목 차>

I. 취지 및 성격

민사소송법의 규정에 의한 선서를 한 자가 특허심판원에 대하여 허위진술을 하거나, 서류 기타 물건의 제출 또는 제시의 명령을 받은 자가 정당한 이유 없이 그 명령에 응하지 아니하는 경우 등에 과태료를 과함으로써 진술의 진실성을 보장하고 특허청 또는 디자인심판원으로부터 명령을 받은 자가 부당하게 불응함을 방지하기 위하여 과태료 부과의 요건 및 관련 절차를 규정한 것으로

1961년 법제정 당시부터 '과료'라는 이름으로 규정되었다가 1980년 법개정으로 '과태료'로 변경되었다.

　행정법상 의무위반행위에 대하여 일반 공권력에 근거하여 일반사인에 대하여 제재로서 과해진 벌을 행정벌이라고 하고, 그 중 형법에 정해진 형벌을 과하는 경우를 행정형벌이라고 하며, 형벌이 아닌 제재로서 과태료라고 하는 금전벌을 과하는 경우를 행정상의 질서벌이라고 한다. 이러한 측면에서 볼 때, 제1항은 과태료처분을 받는 대상자를 규정한 것이다. 왜냐 하면 전술한 바와 같이 과태료는 금전벌의 일종이지만 형벌은 아니기 때문이다.

Ⅱ. 과태료 처분의 대상

1. 제145조에 따라 준용되는「민사소송법」제299조 제2항 및 제367조에 따라 선서를 한 자로서 특허심판원에 대하여 거짓 진술을 한 자

디자인보호법 제145조에서는 심판에서의 증거조사 및 증거보전에 관하여 민사소송법의 규정을 준용하고 있다. 민사소송법 제299조 제2항(소명에 갈음한 선서) 및 제367조(당사자신문의 선서)에 따라 선서를 한 후 허위의 진술을 한 당사자 및 대리인을 대상으로 한다. 디자인보호법 제221조가 선서한 증인, 감정인 도는 통역인을 대상으로 하는데 비하여 이 조항은 당사자 또는 대리인의 허위진술이 대상이다.

　당사자본인의 허위진술에 대하여는 증인 등에 대하여 형벌로 처벌하는 것에 비하여 과태료에 처하는데 당사자는 자신의 이해에 대하여 진술이 강요됨에도 그것이 허위라 하여도 형벌을 과하는 것은 가혹하기 때문이다.

2. 특허심판원으로부터 증거조사 또는 증거보전에 관하여 서류나 그 밖의 물건 제출 또는 제시의 명령을 받은 자로서 정당한 이유 없이 그 명령에 따르지 아니한 자

디자인보호법 제145조 제2항에 의하여 준용되는 민사소송법 중 제344조(문서의 제출의무) 및 제366조(검증의 절차 등)에 의하면, 민사소송법 제344조의 문서제출의무에 준하는 의무를 부담하는 문서의 소지자, 민사소송법 제366조에 의한 검증목적물 소지자 등은 각각 그 제출 및 제시 의무를 부담한다. 그러한 자가 정당한 이유없이 그 의무에 반하는 때에는 과태료에 처한다는 것이다.

3. 특허심판원으로부터 증인, 감정인 또는 통역인으로 출석요구된 사람으로서 정당한 이유 없이 출석요구에 응하지 아니하거나 선서·진술·증언·감정 또는 통역을 거부한 자

특허심판원으로부터 출석요구된 자, 즉 증인·감정인·통역인은 출석의무 및 선서의무와 함께 증인은 증언의무, 감정인은 감정의무, 통역인은 통역의무를 각 부담한다. 이들이 위와 같은 의무를 위반한 경우에 과태료에 처한다는 규정이다.

일본의 의장법1)과는 달리 당사자는 이 조항의 위반주체에 포함되지 않았다. 그럼에도 위반의 행위태양에 '진술'이 포함되었는바, '진술'은 민사소송법상 당사자의 재판부에 대한 소송행위라는 점에서 이 조항에 열거되는 것이 타당한지에 의문이 있다.

본 규정의 '정당한 이유'에 관하여는 민사소송법 제311조의 '정당한 이유'와 동일하게 해석된다. 예컨대, 증인이 법정에 나올 수 없을 정도의 변환이나 교통기관의 고장, 폭설 등 천재지변 때문에 출석할 수 없었던 겨우, 긴요한 출장, 관혼상제, 그 밖에 불가피한 사정이 있어서 출석하지 못한 경우 등은 정당한 사유로 인정될 수 있다.2) 출석요구서를 받고도 그 내용을 확인하지 않았거나 기일에 출석해야 하는 사실을 잊어버린 경우와 같이 과실에 의해 불출석한 경우에는 정당한 사유가 있다고 보기 어렵다.

증인에 대한 출석요구서의 불비도 정당한 사유가 될 수 있다. 예컨대, 출석할 법정과 시간의 기재가 빠졌다든가 불분명한 경우, 당사자 또는 신문사항의 요지의 기재가 없어서 누구와 누구 사이의 소송이며, 무엇을 신문하려는 것인지 알 수 없는 경우에는 출석하지 아니하더라도 제재를 과할 수 없다.

증인의 불출석에 대한 정당한 사유의 존재는 증인 자신이 입증하여야 하고,3) 증언 거부의 경우와 마찬가지로 소명으로 족하다고 본다.4)

---

1) 일본 의장법 제76조 "이 법률의 규정에 의해 특허청 또는 그 촉탁을 받은 재판소로부터 호출을 받은 자가 정당한 이유 없이 출두하지 않거나 선서, 진술, 증언, 감정 또는 통역을 거부한 때에는 10만엔 이하의 과료에 처한다."

2) 대법원 2010. 11. 11. 선고 2010다56616은 "당사자신문절차에서 당사자가 출석할 수 없는 정당한 사유란 법정에 나올 수 없는 질병, 교통기관의 두절, 관혼상제, 전재지변을 말한다"고 한다.

3) 대법원 2010. 11. 11. 선고 2010다56616은 "당사자신문절차에서 당사자가 출석할 수 없는 정당한 사유의 존재는 그 불출석 당사자가 이를 주장·입증하여야 한다"고 한다.

4) 민일영·김능환 공편, 주석 민사소송법(Ⅴ), 한국사법행정학회(2012), 259(신광렬 집필 부분).

Ⅲ. 과태료 부과 기준 및 절차

1. 과태료 부과 기준

제2항은 과태료 부과 및 징수절차를 대통령령에 위임한 것으로, 이에 근거하여 디자인보호법 시행령 제12조는 과태료의 부과기준을 정하고 있다.

위 기준에 따르면 제1항 제1호 및 제2호의 경우에는 1회 위반의 경우 12만 5천원, 2회 위반의 경우 25만 원, 3회 위반의 경우 50만 원을 부과하고, 제3호의 경우에는 1회 위반 5만 원, 2회 위반 10만 원, 3회 위반 20만 원을 부과한다.

2. 과태료 부과 절차

가. 과태료의 부과

과태료는 대통령령이 정하는 바에 의해 특허청장이 부과한다.

특허청장이 질서위반행위에 대하여 과태료를 부과하고자 하는 때에는 미리 당사자에게 대통령령으로 정하는 사항을 통지하고 10일 이상의 기간을 정하여 의견을 제출할 기회를 주어야 한다. 이 경우 지정된 기간까지 의견제출이 없는 경우에는 의견이 없는 것으로 본다.[5] 당사자는 의견제출 기한 이내에 특허청장에게 의견을 진술하거나 필요한 자료를 제출할 수 있다.[6] 특허청장은 상기의 의견제출 절차를 마친 후에 서면으로 과태료를 부과하여야 한다.[7]

나. 과태료 부과에 대한 불복

특허청장의 과태료의 부과에 불복하는 당사자는 과태료 부과통지를 받은 날부터 60일 이내에 특허청장에게 서면으로 이의제기를 할 수 있다.[8] 이의제기가 있는 경우에는 특허청장의 과태료 부과처분은 그 효력을 상실한다.[9] 또한 과태료 부과에 이의가 제기된 때에는 이의제기를 받은 날부터 14일 이내에 이에 대한 의견 및 증빙서류를 첨부하여 관할법원에 통보하여야 한다.[10] 과태료 사건은 다른 법령에 특별한 규정이 있는 경우를 제외하고는 당사자의 주소지

---

5) 질서위반행위규제법 제16조 제1항.
6) 질서위반행위규제법 제2항.
7) 질서위반행위규제법 제17조 제1항.
8) 질서위반행위규제법 제20조 제1항.
9) 질서위반행위규제법 제20조 제2항.
10) 질서위반행위규제법 제21조 제1항.

지방법원 또는 그 지원의 관할로 한다.[11]

다. 가산금 징수 및 체납처분

특허청장은 당사자가 납부기한까지 과태료를 납부하지 아니한 때에는 납부기한을 경과한 날부터 체납된 과태료에 대하여 100분의 5에 상당하는 가산금을 징수하며,[12] 행정청은 당사자가 이의제기기한 내에 이의를 제기하지 아니하고 상기 가산금을 납부하지 아니한 때에는 국세 또는 지방세 체납처분의 예에 따라 징수한다.

〈김용덕〉

---

11) 질서위반행위규제법 제25조.
12) 질서위반행위규제법 제24조 제2항.

사항색인

디자인보호법 주해

초판인쇄	2015년 10월 20일
초판발행	2015년 10월 30일
편저자	정상조·설범식·김기영·백강진
펴낸이	안종만
편 집	이승현
기획/마케팅	조성호
표지디자인	김문정
제 작	우인도·고철민
펴낸곳	㈜ **박영사**
	서울특별시 종로구 새문안로3길 36, 1601
	등록 1959. 3. 11. 제300-1959-1호(倫)
전 화	02)733-6771
f a x	02)736-4818
e-mail	pys@pybook.co.kr
homepage	www.pybook.co.kr
ISBN	979-11-303-2751-8 93360

copyright©정상조·설범식·김기영·백강진, 2015, Printed in Korea

정 가   68,000원